JN438822

인간의 지능 탐구

-지능 심리학-

Handbook of Intelligence

Robert J. Sternberg 편저 | 김정휘·추연구·허주연 옮김

박학사

옮긴이 머리글

이 방대하고 중량감 있는 지능 심리학 책에서는 지능이란 무엇이며(What is intelligence) 전문가들은 지능의 본질을 어떻게 해석, 탐구, 쓰임새를 개발, 확장하여 왔는가, 지능 연구 동향과 향후 과제는 어떻게 제안되고 있는가를 여러 전문가들이 구체적으로 소개하고 있다.

이 책은 천재급 심리학자로서 예일대학교 교수인 스턴버그(Robert J. Sternberg) 박사가 편저, 출판한 *Handbook of Intelligence*(2000, New York: Cambridge University Press)를 번역한 것이다.

이 책의 방대한 내용 중에서 이질적인 문화 차이와 지능 이론의 쓰임새를 고려하고, 국내 학계 동향과 본인의 역량의 한계를 반영하여, 편저 형식의 이 책 28개 장 중에서 14개 장을 선택적으로 발췌하고 옮긴이의 학문적 호기심과 취향을 반영하여 난해한 번역을 시도했다. 원서가 출판된 지 12년만에 시장성과 상업성이 의심스러운 번역서를 우리말로 국내 독자들에게 소개할 수 있도록 수고해 주신 구본하 사장님과 편집, 출판에 따른 번거로운 업무의 진행에 노고가 많은 직원들에게 감사드린다.

지능 심리학 분야의 전문가들이 각 장의 주제를 집필하고 스턴버그 교수가 기획, 출판하여 *Handbook of Intelligence*라는 제목의 이 방대한 책을 편찬했지만, 각 주제가 별도의 단행본이나 이 책의 형식처럼 편저 형태의 책으로 펴낼 수 있는 주제인 동시에 별도의 독립된 강의 주제일 수가 있다. 이미 그러한 시도로서 사회성 지능(SQ), 감성 지능(EQ), 실용 지능(PC), 역경극복 역량(resilience; adversity intelligence; AQ), 도덕 지능(moral intelligence), 앞으로 연구, 개발, 개념 구안(개념화)과 실용화, 훈련 프로그램 개발과 응용이 기대되는 지도력 지능(leadership intelligence, LQ) 등의 분야에서 지능 심리학 이론과 실제에 관한 접목과 성과가 이뤄지고 있다.

지능 심리학 분야의 전문가들이 집필한 권위 있는 이 책을 펴내기 전에 옮긴이는 이미 가드너, 콘 하버와 워크가 펴낸 『지능 심리학(Intelligence: Multiple Perspectives)』(2006)을 우리말로 소개한 바 있다. 이어서 방대한 분량의 이 책을 오랜 난산 작업 끝에 또다시 펴내는 것—국내의 학부나 대학원 심리학과와 교육학과에서 교과목에 지능 심리학 과정이 개설되어 있지 않고 전문 연구자도 희소한 현실임에도 그리고 시장성도 의심스러운 학문적 환경 속에서도 『**인간의 지능 탐구: 지능 심리학**』이라는 제목의 이 책을 펴내는 이유—은 지식 기반 사회(knowledged-based society)와 창의력이 중시되는 2000년대에도 학문적으로나 현실 생활에서 여전히 지능 심리학이 현재 진행형으로 무시할 수 없는 중요한 연구 주제가 되고 있다는 교육 심리학 전공 학자로서의 신념과 판단, 애정, 학문적 내공의 결실이다. 심리학이나 교육학 특히 교육 심리학 분야에서 필요한 전공 분야의 양서—지능 심리학 영역에서—가 출판된 것이 학문적으로나 개인적으로 보람과 성과가 있는 업적으로 인정받기를 기대한다. 이 방대한 양서를 우리말로 옮기는 고독하고 지루한 내공(內功)의 노력을 하면서 우리 학계(심리학과 교육 심리학계)에서도 많은 전문가들이 참여하여 또는 어느 역량 있는 탁월한 전문 학자가 장인정신을 갖고 이만한 수준의 책(저서와 번역서)을 펴낼 수 있는 시기가 도래하기를 기대한다. 국내에서 출판된 그 많은 심리학이나 교육 심리학 책들 중에서 지능 심리학 분야의 책들은 희소하다. 그 중에 몇 권의 번역서와 저서〔『인간의 지능』(황정규, 2010, 서울: 학지사)이 유일하며 오래전에 출판된 이 책은 수정판이다. 그리고 『사고와 문제 해결 심리학』(김영채, 1995, 서울: 박영사)〕이 있을 뿐이다. 김영채 교수가 집필한 이 책은 인지 심리학 분야의 저서이다.

이러한 현실은 국내 학계에서 지능 심리학 전문가가 많지 않음을 시사하는 것이다.

지능 심리학 전문가들이 지능 심리학 탐구를 하면서 한 가지 주제를 다양한 관점에서 접근, 해석한 심오하고 방대한 이 번역서에서 지능 연구 동향의 현주소와 향후의 연구 과제를 파악할 수가 있다.

그런데 이 책에서 깊이 있게 다뤄지지 않은 지능 심리학 관련 주제가 뇌 기반 학습(brain-based learning)이다. 지식 기반 사회(knowledged-based society)에서 특히 지능 심리학 분야에서 중요하게 다뤄지고 있는 주제가 뇌기반 학습과 교육이다. 관련 이론과 방법이 육아, 심성 발달(EQ), 장애자나 품행 장애와 같은 불량 행동(misbehavior)을 하는 청소년 치료교육(청소년의 공격성, 폭력적인 행동, 예: 학교 폭력), ADHD 아동 지도와 육아, 성인의 뇌 손상으로 인한 장애 발생의 증상 치료(가소성 이론), 학습장애(LD), 또는 사이코패스 문제 등에 대한 대처 방안에서 뇌 과학에의 접근과 관련 방안을 제시하지 않고 있는 점이 아쉽다. 2000년대에 뇌 과학이 현대 심리학 연구에서 가장 영향력이 있는 학문적인 화두로 떠오르고 있다고 생각한다. 그러나 뇌 과학이 만능인가. 모 대학 심리학과에 뇌 과학 전공교수가 있는데 자신의 전공 분야의 대학교수로서는 얼마나 유능한지는(?) 몰라도 학문을 연구하고 자아실현(성장 동기의 실현)을 위해서 노력하는 학생을 가르치는 교육(학)자로서는 자질상에 문제가 있다고 보이는데 인간의 얼굴을 한 뇌 과학자(비유하자면, 인간의 얼굴을 한 자본주의)가 유능한 교육(학)자(교수)인 것으로 생각을 한다. 그를 교육자로서 자질에 문제가 있다고 판단하는 근거는 교육자들에게서 애송되는 헨리 반 다이크의 무명교사 예찬사(Unknown Teachers)의 함의에 불일치하기 때문이다. 다음과 같은 감동적인 내용이 이 시에 묘사되어 있다.

> "학문의 즐거움을 가르침에서 전수하며,
> 지극히도 값있는 정신적 보물을 젊은이들과 더불어 나누도다.
> 지식은 서책에서 배울 수 있으되,
> 지식을 사랑하는 마음은, 오직 따뜻한 인간적 접촉으로서만
> 얻을 수 있는 것이로다."

두뇌를 신앙으로, 즉 두뇌 제일주의 신앙으로 떠받드는 일은 없도록 주의와 각성이 필요하다는 경고를 일찍이 석학 아인슈타인이 한 바가 있다. 그는 그 이유를 (인공) 두뇌에는 인격이 없어서 인류를 안전하고 행복하게 인도할 수가 없기 때문이라고 지혜로운 설명을 했다. 지도자에게 요구되는 덕목으로서 지력(IQ)이 중시되던 시대에서 2000년대에는 EQ(감성 지능)+CQ(창의적 지능)+SQ(사회성 지능, 인간친화 지능)+Sq(섬기는 지능, Servant Leaderships Intelligence, SLI)+AQ(실천하는 지능)+HQ(정직성, Honest Intelligence)+MQ(도덕성 지능, moral intelligence) 등 지능(학벌) 이외에 보다 더 중시되는 능력(예: 타인을 배려, 공감하는 심성, 친절성, 인간미, 용기, 정의감)이 많이 있다.

이 책을 펴내는 지난한 과제를 진행하면서 다음에 예시한 앨버트 아인슈타인의 명언을 지향점으로 숙고했다.

> "머리가 가슴을 방해하지 않게 하라."

지능 문제에 대한 최근의 두뇌과학에의 접근이 불충분하게 다뤄진 점이 문제로 제기되지만, 그러나 지능 심리학의 현재의 위상을 폭넓게 조망, 해석한 최신 양서이다. 현대 심리학과 교육 심리학에서 지능 심리학에 대한 연구와 관련 이론의 탐구와 분석, 측정 방법, 개념화 구안 등의 제안이 현재 완료형이 아니라 현재 진행형인 과제라는 것을 확인할 수 있는 근거 자료를 제시했다. 동시에 지능 심리학 관련 전문가도 많다. 그러나

국내에서는 심리학과 교육학, 특히 교육 심리학 분야에서는 일부 소수의 지능 심리학자가 있을 뿐이다. 따라서 지능 심리학 분야에서 인적 자원이 불충분하다.

이 책에서 어떠한 주제를 다루고 있는가, 즉 각 장별로 중요한 담론과 연구와 고찰이 필요한 주제가 무엇인가에 관해서 필자들이 제안한 개념 구안을 독자들의 이해를 돕기 위하여 간추려서 소개한다.

- 지능 개념이 중요한 이유, 지능의 사회화, 암묵적 이론 대 명시적 이론(1장)
- 지능의 성질 및 지능과 사회에 관한 암묵적 이론; 플라톤, 제퍼슨, 해밀턴, 잭슨의 관점(1장)
- 지능의 사회적, 역사적 관점, 지능 개념에 내재된 은유(1장)
- 지능 개념에 대한 연구 동향; 서구와 동양에서의 지능 개념의 차이(1장)
- 지능의 성질에 대한 전문가의 관점, 지능 개념에 대한 문화적 차이(1장)
- 좋은(건강한) 지능과 나쁜(병든) 지능(1장)
- 어떤 사람이 지적이다, 머리가 좋다, 명석하다는 표현의 함의(含意, implications)(2장
- 지능을 설명하는 모형의 내재적 조건(2장)
- 인간 지능에 대한 모형, 지능의 신경 중추 효율성 모형, 즉 지적능력의 신경생리학적 근거를 탐구하기 위하여 지능이 신경의 정확도를 반영한다는 가정, 평균화된 유발 전위(AEP)와 지능지수 사이에 높은 상관성, IQ와 신경중추 능력 간의 유관성, 신경중추 효율성 (NEM), 대뇌 포도당 대사율(CGMRs), 신경전도 속도(NCV), 지능의 계층적 모형이론, 지능의 유동 요인과 결정 요인 이론, 인지적 행동과 생물학적 친족성 간의 관계 연구(2장)
- 계층적 지능 모형론의 문제점, 지능의 상황 모형의 문제점, 지능의 상황 이론과 상대주의 이론, 환경 모형 이론, 지능의 삼위일체 이론, 가드너(Gardner)의 MI의 유형과 성질, 지능의 생물 생태적 모형(bioecological model), 영재성의 묵시적 이론의 차이와 문제점(2장)
- 지능지수(IQ)가 지능을 측정하는 데 불완전한 수단이라는 이론(2장)
- 고(高)지능자가 IQ가 낮은 사람보다 더 적은 에너지를 소비하는 두뇌를 가졌고, 그 결과 더 적은 포도당을 소비한다.(2장)
- 두뇌의 효율성과 학습 사이에 강한 관계성
- 지능의 작용 과정에서 또는 정보처리 과정상에서 선택적 부호화, 조합, 비교, 실행 기능과의 유관성(2장)

- 지능 이론의 구안과 측정, 능력의 개인차의 근원(유전과 환경)을 판별하는 방법, 지능검사의 개발에서 갈톤(Galton)과 스피어맨, 비네를 지능 연구에 선조(先祖, progenitors)라고 칭송되고 있는데 옮긴이는 갈톤이 이 분야에 개척자였음을 추가했다, 그리고 지능 심리학에서 서스톤, 길포드, 아이젠크, 젠센과 스턴버그의 기여(3장)
- 교육 심리학과 지능 심리학의 발전에 기여한 골턴의 기여(3장)
- 지능에 관한 심리학적인 구안개념으로서 지능이라고 하는 그 무엇을 어떻게 측정하는지를 알고 있지만, 무엇이 측정되는지는 알지 못하는 문제점(3장)
- IQ의 차이, 즉 능력의 개인차의 원천, IQ에 있어서 다양성의 근원(3장)
- 지능 연구의 기반으로서 실험심리학의 기초가 소멸된 근거, 복잡한 인지과정과 상위 인지과정을 지능 측정에 반영하는 노력(3장)
- 지능의 형성과 발현 과정, 기능 수행에서 유전과 환경이 끼치는 영향에 대한 논구의 향방(3장)
- 지능이란 무엇인가? 지능의 성질을 제시해 주는 이 문제 제기에 대한 해명은 현재 완료형으로 그리고 전문가들이 동의할 수 있는 합의된 지능 정의가 제안된 것이 아니라 현재와 미래에도 연구와 제안이 계속 발표되고 있는 현재 진행형인 미완의 연구 과제이다. 그리고 지능의 쓰임새가 학교 교육에서 중시되고 있는 학업지능의 범위를 초월하여 현실 생활, 사회생활, 직장 생활, 공·사 생활, 실존 문제에 대한 대처, 성공적이고 행복한 삶(그러나 성공이 반드시 행복을 보장하는 것은 아니다), 인간관계의 역동성 등을 포함하는 방향으로 지능의 쓰임새가 발전, 분화, 진화하고 있다는 것이 현재의 지능 연구의 동향이다.(3장)
- 개인차 심리학, 개인차의 원인론, 유전력(heritability) 패러다임의 개념, 개인차의 인과관계에 대한 유전력 접근법이 환경의 영향을 배제하는가? 즉, 유전력 패러다임이 유전과 환경의 인과 관계적 기여를 어떻게 측정하는가?(4장)
- 쿤(Kuhn)이 제안한 과학적 패러다임의 내재적 조건(4장)
- 유전력 패러다임과 IQ의 관계에 대한 동향(4장)
- 개인의 IQ를 측정할 때 관찰된 값들에 대한 표현형 값(phenotypic value), 유전자형(genotype), IQ에 대한 유전과 환경의 영향 연구(주류와 선택적 연구)(4장)
- 동류교배와 배우자 수렴, 부모–자녀 간의 상관관계의 특이성, 지적 장애의 원인(산모의 나이, 염색체 이상, 생식 세포의 비분리 가능성, 유전력 패러다임에 대한 우려의 유형)(4장)
- 유동 지능–결정 지능 이론과 3계층 이론, 일반능력 요인(5, 6장)

- 확인적 요인분석, 척도 해석, 구성개념 타당성, 잔여화한 능력 점수, 잔여화한 능력 접근법, 척도의 타당성을 결정하는 요인들, 얼마나 잘 측정하는가, 일반지능 요인 이론의 문제점과 반대 이유(5장)
- 심리검사 해석 지침서, 심리검사에 대한 포괄적 접근 방식의 특징, 지능검사의 총집에 대한 형태 분석, 차이 점수, 규준 점수(5장)
- 핵심 프로파일의 근거, 프로파일 분석에서 포괄적 접근법과 형태적 접근법(5장),
- 특이도의 수준과 양, 특이도에 어떤 최적 수준이 존재하는 가? (5장)
- 지능과 창의성의 함의의 차이, 지능과 창의성이 성질상 동질적인가에 대한 의문(6장)
- 지능과 창의성 간의 유의미한 관계: (1) 지능은 창의성의 상위 갖춤새, (2) 지능은 창의성의 부분 갖춤새, (3) 지능과 창의성은 서로 중첩되는 갖춤새, (4) 지능과 창의성은 서로 관련성이 없고, (5) 지능과 창의성은 본질적으로 같은 것이다. (6장)
- 창의성 육성과 측정, 창의성 검사의 고안, 창의성 연구를 위한 운동에 대한 길포드(Guilford)의 기여(6장)
- 지능과 창의성에 대한 길포드의 접근 방법의 매력이 상실 된 이유(6장)
- 카텔(Cattell)의 지능 모형(결정지능 대 유동지능)과 기본 정신 능력(6장)
- 가드너(Gardner)의 다차원 지능론(MI), 지능과 창의성은 발현에서 무엇이 어떻게 다른가? (6장)
- 분석적 지능이 우수한 지적인 학생과 창의적인 학생 간에 학교생활에서 누가 잘 적응하며, 예상되는 문제는? (6장)
- 창의적인 학생에게 지식(분석적 지능 또는 암묵적 지식)이 양날의 칼로 작용하는 이유(지식의 양면성)(6장)
- 교실수업이 수요자의 학습유형 접근 방식(learning-style approach)으로 변해야 기대하는 학습효과가 나타날 수 있다는 주장의 논거는? (6장)
- 지능 개념과 창의성 개념에 관한 기본적 발견—성격 평가 연구소(IPAR)의—연구 결과의 시사점: IQ로 측정되는 통상적인 지능개념과 창의성에 관한 세 가지 근본적 발견(6장)
- 교내 영재성과 창의적 영재성(schoolhouse and creative-productive giftedness)의 차이(6장)
- 교사들이 창의성이 높은 집단의 학생보다 고 지능 학생을 선호하는 이유와 이들 두 집단이 선호하는 직업의 유형(6장)

- 높은 창의성과 높은 지능, 낮은 창의성과 낮은 지능
  높은 창의성과 낮은 지능, 높은 지능과 낮은 창의성
  이들 두 집단의 특성과 차이에 관한 Kogan과 Wallach의 연구(1965) 결과와 시사점 (6장)
- IQ를 영재성을 식별하는 유일한 기준으로 사용할 경우에 창의적인 학생의 70%를 배제하게 된다는 근거와 시사점(6장)
- 10년 규칙(주기설)(6장)
- 영재성과 창의성 그리고 지능이 높다는 의미는 같은 의미인가, 영재(성)의 의미, 영재성의 구성 요인, 영재성, 지능, 창의성, 천재(성)의 의미(7장)
- 영재성을 판별하기 위해서 빈번하게 사용되는 지능검사의 문제점(7장)
- 터어만이 스탠포드 대학에서 영재들의 발달 특성을 연구할 당시에 영재 학생들에 대한 일반적인 관점(오해)(7장)
- 영재 연구의 어머니 레타 홀링워스(Leta Hollingworth) 교수가 설립, 운영한 헌터(Hunter) 대학교 부속초등학교 의 설립 목적과 성과는? (7장)
- 학교내에서 영재성, 교과 학습 영재성, 검사 수검상의 영재(7장),
- 영재성 판별 도구로서 IQ 검사를 이용하는 데 수반되는 문제점(7장)
- 터어만(1959)은 지능지수(IQ)를 영재성과 대등한 것으로 해석하는 것에 대하여 제기한 의문(7장)
- Renzulli, Gardner, Sternberg, Tannenbaum, Feldman, Feldhusen(8장), Gagné의 영재성 정의의 내용과 문제점과 비판(7장)
- 영재 판별 기준에서 IQ 상위 5~10% 이내에 포함되는 학생으로 선발하는 관행의 문제점(7장)
- 영재성이 단일 요인 또는 다차원 요인으로 구성되어 있는가? (7장)
- 창의성은 영재성을 발견할 수 있게 하는 기초, 토대, 근원(underpinning, basement, the foundation)이라는 관점(7장)
- 전통적인 영재성 판별 검사법의 대안으로 제시된 방안들의 문제점(7장)
- 렌줄리는 재능 창고(talent pools)라는 용어를 사용했고, 탄넨바움이 잠재적 영재성(potential giftedness)이란 용어를 사용한 이유와 피트로(Piitro, 1992)가 아동기에 영재성을 판별하는 것이 부적합하다고 주장한 이유(7장)[1)]
- 터만이 "천재의 유전성 연구"에서 사용한 "천재"라는 용어가 잘못 사용되었다는 비

1) 웩슬러 아동용 지능검사에서 산출할 수 있는 최고 점수는 IQ 155이다.

판(7장)

- 천재(성)의 개념과 그 유형(類型, types)(7장 [보충 자료])
- 실용적 지능(practical intelligence, PI)의 본질과 다른 지능과의 유관성, 실용지능이 높은 사람과 낮은 사람과의 차이(8장)
- 배타적 정의(exclusionary definitions), 바구니 속기법(과제), 직업 선택에서 IQ 검사의 유용성에 대한 의문(논란)(8장)
- 실용적 지식(practical know-how), 지적 수행에 대한 비교 문화적 연구(8장)
- 암묵적 지식의 형태로서 실용적 지식, 암묵적 지식은 직업의 세계에서 성공에 대한 확고한 예언자이다. (8장)
- 암묵적 지식과 인용 회수 사이에 상관관계, 지능, 지혜, 창의성 간의 유관성, 과제 집착력(8장)
- 잠재적 영재성(potentially giftedness)과 이미 나타난(인증된) 영재성(demonstrated giftedness), 즉 잠재력 대 수행능력을 영재 학생 판별이나 교육 실제에서 구분, 반영하지 않는 문제(8장)
- 영재성을 인지적 구성요인이라기보다는 사회 문화적 구성요인이라고 주장하는 학파. 지능 검사 실시와 관련된 비네와 터어만의 관점의 차이(8장)
- 학문적 성취와 사회 적응 간의 유관성(8장)
- 사회성 지능과 사교적 역량, IQ 검사와 실용적 지능 측정 사이에 상호관련성, 실용지능, 유동 지능, 결정 지능 사이에 상호상관성, 지능의 실용주의(pragmatics of intelligence), 사회성 능력(social competence)(8장)
- 실용적 지능(인)의 전형: ① 이상적으로 지적인 사람, ② 학문적으로 지적인 사람, ③ 일상생활에 대하여 지적인 사람(8장)
- 실용적 지능이 다른 종류의 지능과 연관되는 방법(8장)
- 기존의 지능 심리학 관련 문헌(1996년 이전 문헌)들에서 실용 지능이 무시되어 온 이유(8장)
- 실용 지능과 미국의 교육철학과 철학사에서 중시되고 있는 프래그머티즘(pragmatism)과 한국 교육 사상과 교육사에서 중시되는 성호의 실학사상(실학파)과의 유관성의 비교, 분석(8장)
- 지적 능력을 강조한 감성 지능 모형과 성격 속성이 포함된 모형이 결합된 감성 지능의 혼합 모형(9장)
- 감성 지능은 감성과 인지가 교차해서 나타난 결과이며, 개인과 사회에 대한 EQ의 기여(무엇을 누가 어디에서 어떻게, 그 성과는)를 어떻게 설명할 수가 있는가? (9

장)

- EQ는 스턴버그 교수가 성공 지능의 구성 요인으로 제시한 분석 지능과 어떻게 구분되는 능력인가? (9장) 성공 지능처럼 실패 지능도 분석, 연구, 관련 대처 방안을 탐구할 만한 가치가 있지 않은가?
- 감성 지능의 모형, 감성적으로 지적인 사람의 가정환경과 특징(9장)
- Bar-On(1997)의 지능 정의, 바온이 분류한 인생에서 성공과 관련된 성격 특성과 성공관(9장)
- IQ는 인생에서의 성공을 결정하는 요인의 대략 20%에만 기여하기 때문에 나머지 80%는 다른 요인들이 영향력을 발휘한다고 골만(1995)은 해석했으며, 그는 인생에서의 성공에 감성 지능은 $r = 0.45$로 보다 더 높은 수준으로 기여한다고 했다. 골만의 이 설명이 교육 실제, 학생 지도, 국가와 기업의 성공 신화의 본질에 전해 주는 함의(9장, 19장)
- EQ는 부부 생활에도 중요한 영향을 끼친다. (9장)
- 학생들의 행복감과 학업성취 수준과의 관계, 감성 지능의 혼합모형과 학문적 성공도 예측과의 관계(9장)
- 벡(Beck)의 우울증 항목표, 감성 지능의 지적 능력 모형, 감성 지능(EQ)이 지능(IQ)보다 성공을 더 잘 예언하는가, 감성을 자극하는 데 영향을 끼치는 변이들(9장)
- 지적 능력 검사의 장점, 능력에 기반을 둔 감성 지능 측정(9장)
- 현존하는 지능(actual intelligence), 개인적 성공에 필요, 충분조건, 성공의 개념, 성공에 대한 집합적 기준(9장)
- 터만(Terman)의 성공관(9장), 사연 많은 삶에서 인간의 효능성과 성공 연구(9장)
- 감성 지능의 중요성과 감성 지능의 영역과 요소(9장)
- 손 다이크, 버논, 무스와 훈트, 죤 듀이(Thorndike, 1920; Vernon, 1933; Moss & Hunt, 1927: John Dewey, 1909)의 사회성 지능 정의(10장)
- 사회성 지능의 원형, 마키아벨리적 지능 개념, 사회성 지능과 감성 지능의 차이, 사회성 지능으로서 성격, 성격에 관한 사회성 지능에의 관점, 지능 모형(10장)
- 인지적 사회학습 이론, 자아 효능감 예측, 선언적 지식과 절차적 지식, 직관적 지식, 사회성 지능 평가와 심리측정 학적인 평가의 차이(10장)
- 사회성 지능과 지적 장애 개념의 유관성, 발달과업(10장)
- 지적 장애의 진단에 학문적 지능과 사회성 지능의 결함(장애)도 포함시켜서 정의하기(10장)
- 그린스펀(Greenspan. 1979)이 제안한 세 가지 구성요소로 구성된 사회성 지능의

계층 모형(10장)

- 사회성 지능에 대한 테일러(Taylor. 1990)와 캔터와 킬스트롬(Kihlstrom, 1987)의 견해(10장)
- 자폐증 아동에 대한 정신이론과 마음이론, 바론과 코헨 (Baron-Cohen, 1995)이 주장한 이론(즉, 자폐아동의 결정적인 문제는 사회성 지능의 결여라는 주장)의 문제점(10장)
- 웩슬러(Wechsler, 1950)의 지능 정의(11장)와 전문가들의 지능 정의의 특징과 차이(16장)
- 지적인 요인뿐만 아니라 비지적 요인이 분명하게 드러난 객관적으로 인정되는 성격검사(11장)
- 성격과 지능을 결합시켜 심리검사를 제작하거나 관련시킨 연구가 필요한 이유(11장)
- 지능과 성격 간의 상호작용을 이해하기 위한 두 가지 접근 방법(성격 검사의 제작에 있어서)(11장)
- 개인차에 대한 카텔의 연구 모형, 성격과 지능 간에 인과 관계적 및 상호작용적 관계, 인지과학의 전통적인 이론(11장)
- 개인차 연구 방법: (1) 정보처리 모형, (2) 행동 유전학과 제휴한 정신생리학적 분석틀, (3) 능력과 동기를 분석하는 실용지능 개념의 이용(11장)
- 지능의 단일 방향성(unidirectional)과 성격의 양방향성(bidirectional)(11장)
- 지능검사와 성격검사가 수검자에 대한 기대 효과, 시험 불안(test anxiety)이 있는 수험생에 대한 대처 방안(11장)
- 특성 불안과 상태 불안, 지능과 성격사이에 인과적 관계 연구, 외향성 효과, 만성피로증후군(CFS), 성격 연구 방법에 적용되는 인지과학적 관점, 성격과 지능 사이에 과정 지향적 관계의 근거들(11장)
- 아이센크 부부(Eysenck & Eysenck, 1985)의 각성 이론, 각성 효과가 성격 유형(외향성 대 내향성)에 따라 달리 나타난다. (11장)
- 각성 효과에 영향을 끼치는 변인들(성격 유형, 카페인, 시점: 시간 압력, 즉 아침, 저녁, 점심 때, 새벽 등)(11장)
- 불안 효과, 주의 편향 효과, 인지적 간섭 가설, 귀인 이론과 귀인 영역, 자기 효능감과 자기 운영력(11장)
- 지능이 개인적 성장과 적응, 스트레스에 끼치는 영향을 완충시키기(11장)
- 지능의 성질에 관한 상식적인 관점들, 고전적인 지능관, 학습장애와 난독증, IQ 검

사에서 낮은 점수를 받은 학생들, 지능의 학문적 기능과 인지적 기능, 일반기능 관점, 또는 제한된 특정 영역에 적용되는 특수 기능인가에 대한 관점(12장)

- 지능의(지식의) 이해, 생성, 계획 기능과 같은 능력의 집합, 지능의 유형, 지능이 교육될 수 있는 정도, 지능(지력)이 교육 가능한가? (12장)
- 교과목에 대한 전문적 지식에 대한 연구를 하는 교과목 심리학(psychology of school subjects)과 인지적 분석, 학습전략의 교수법 연구(12장)
- 지능(창의력, 영재성)의 정적 기능 관점(static skill view)과 역동적 기능 관점(dynamic skill view of intelligence)의 비교(12장)
- 적성–처치 상호작용(ATI: Aptitute Treatment Interection)의 장·단점(12장)
- 골턴(Galton)의 우생학, 두뇌개발 프로그램
- 지능의 성질에 관한 해석으로서 지능은 선천적인 인지 기량인가, 또는 정적인 인지 기량인가, 지능은 일반적인 인지 기량인가, 아니면, 단일한 또는 다차원적인 인지 기량인가? (12장)
- 지능 연구와 측정, 분석에서 심리학과 교육학의 통섭이 이뤄졌다. Terman, Guilford, Ginsberg, Sternberg, Gardner, Ceci, Jensen, Vygotsky, Flynn, Eysenck, Spearman, Wagner, Resnick, Scarr, Hunt, Hebb, Grigorenko, Ericsson, Cronbach, Cole, Cattell, Kail & Pellegrino Anderson, Salovey, Mayer, Goleman, Bar–On. Vroon, Horn, Hunt 등 심리학자와 교육학자가 개발, 이론화한 지능 이론과 측정 방법, 개념 구안을 (학교) 교육, 즉 학생의 개인차를 측정, 평가해야 하는 필요에 따라서 학교 교육 현장에서 교육 측정과 평가, 학생의 심성 측정과 진단, 평가, 아울러서 학생의 재능 판별과 진단(사정)을 위해서 유용하게 사용되어 왔다. 즉, 지능 검사를 비롯한 심리검사와 교육 평가 도구의 개발 보급은 심리학과 교육학의 후속 발전에 중요한 영향을 끼쳤다. (12장)
- 학습 장애(learning disability, LD)의 특성, 교과목 심리학의 역할(12장)
- 지능을 학습 가능한 기량이라는 관점(learnable–skill view) 그리고 역동적 기량 관점(dynamic skill view of intelligence)에서 정의할 수 있는 근거는? (12장)
- 지능의 유형(예: 생물학적 지능, 심리측정학적 지능, 사회적 지능, 학업 지능)(12장)
- 지능은 영역 특수적이며, 관련 기량은 학습, 육성, 개발될 수 있으며 필요와 쓸모나 통섭에 따라서 진화, 분화한다. (12장)
- (학교) 교육에서 지능이 어떻게 기여하는가? (12장)
- 두뇌 개발 프로그램이 기대하는 만큼 효과를 거두지 못한 이유는?(12장)
- 지능과 지혜를 겸비한 인물은 누구인가? 지도자(통치자), 고위층은 일반적으로 지

혜로운가, 지혜를 아는 것과 실천하는 것이 동일한가? 지능과 지혜를 겸비한 인물은 평범한 사람과 무엇이 어떻게 다른가? (13장)

- 지도자가 지적이지도 않고 지혜롭지도 않은 사람일 경우에 그 부작용과 해악(害惡)이 역사적으로 밝혀진 관련 사례는? (13장)
- 지혜의 성질과 구성 요건은, 지능과의 유관성, 노력이나 경험, 훈련이나 교육에 의하여 지혜가 배양되는가? (13장) 지혜가 항상 선하고 정의지향적인가?
- 지도자는 간이 크고, 통이 커야 한다는 말이 있다. 전자는 담대함을, 후자는 관용성을 뜻하는데 이 말은 지능과 지혜, 성격과 행동 중 어디에 관련되는가? (13장)
- 지혜는 지능과 어떻게 상호작용하는가? (13장)
- 지혜의 성질과 기능, 특성, 구성 요소, 다른 유관 개념 구안, 쓰임새, 지혜의 원형의 모형화(modeling)에 대한 연구 방법은? (13장)
- 고 지능, 창의력, 영재성(giftedness)과 재능(talent), 비범함(extraordinary minds), 성숙성, 통찰력이나 선견지명, 영성 과 지혜, 예술성과의 관련성(13장)
- 인간의 능력 모형에서 인지적, 능동적 갖춤새, 정의적 측면, 창의적, 심미적 측면의 통합 가능성과 균형 관점(13장)
- 암묵적 지식의 본질, 측정, 실용적 지식과의 유관성, 지혜의 균형 이론(13장)
- 지능과 지혜 간의 관련성 탐구 방법: 지혜 연구에서 암묵적 이론 접근법, 명시적 이론 접근법, 정의적 차원, 반성적 차원(13장)
- 현명한 사람, 지혜의 덕목으로서 겸손함(13장), 인간의 능력에서 인지적 측면, 능동적, 정서적 측면의 통합의 중요성(13장)
- 지혜의 핵심 가치로서 암묵적 지식(13장)
- 지능과 지혜 간의 관련성 탐구 방법, 지혜 연구에서 암묵적 이론 접근법, 명시적 이론 접근법, 정의적 차원, 반성적 차원 접근, 사회적 겸손함, 현명한 사람(13장)
- 이해관계의 균형에 대한 대응, 지혜에서 균형 이론, 암묵적 지식의 한계, 실용적 지식과 지혜가 동일한 것이 아닌 것, 지혜의 선행 자극 조건으로서 균형이론(balance theory), 암묵적 지식과 실용적 지능 간의 유관성(13장)
- 이상적으로 지혜로운 사람(행동), 지적인 사람(행동), 창조적인 사람(행동)에 대한 이상적 모형(13장)
- 지혜의 세 가지 종류: 일반적 인간 요인, 전문적이고 특수한 요인, 편의적이고 경험적 상황(13장)
- 지적 장애에 대한 정의의 변천사 동향, 지적 장애 연구의 영역과 기억 모형 연구와 기억 유형(14장)

- 지적 장애에 대한 향후의 연구 방향(14장)
- 현자(賢者) 증후군(savant syndrome)의 특징과 관련 연구 동향(14장)
- 경도와 최중도 지적 장애, 다운 증후군의 원인, 표현형 유전자(14장)
- "뇌의 척수 손상"으로 다리가 마비된 쥐가 ① 화학 약품 주입+② 전기 자극+③ 초콜릿으로 의지력을 훈련시키자 계단을 오르기 시작했다."는 실험이 장애자 재활 훈련에, 즉 두뇌 과학(brain science)의 응용 효과상으로 기대되는 향후 성과는?(14장)
- 두뇌의 가소성(可塑性, plasticity)의 함의(14장)

이 책은 8장의 '실용 지능'에서 밝힌 바와 같이 동일한 제목의 책이 출판 연도를 달리해서 두 번 출판된 바 있다. 즉, 『인간 지능 핸드북(Handbook of Intelligence)』의 초판은 1982년에 출판되었고, 이 최근 판은 2000년에 출판된 것이다. 이 책은 2000년 판을 우리말로 옮긴 것이다.

20년의 시차를 두고 동일한 편집자에 의해서 발행된 두 책의 내용을 비교해 보면 2000년 판에는 1982년 판에는 없던 주제가 새로 추가되었으며, 이것으로 모든 학문이 다 그렇지만 지능 심리학도 진화, 발전, 분화, 통섭하고 있음을 확인할 수가 있다.

28개 장으로 구성된 이 책의 방대한 내용 중에서 선택적으로 모두 14개 장으로 구성된 이 책을 번역, 출판했다. 학문으로서 지능 심리학[2]이 관련 개념구안(개념화)이나 연구 방법, 교육 심리 측정과 평가와 심리검사 제작, 심리 진단과 해석에서 다루고 포섭하고 있는 주제와 스펙트럼이 매우 다양하고도 광범위한 것을 발견할 수가 있다.

각 장의 주제들은 별도로 대학원 석·박사 과정에서 강의 주제로 다뤄질 만한 주제들이다. 감성지능, 사회성 지능, 지도력 지능, 실용지능 등의 한글판 번역서가 출판되었다. 지능 심리학에서 새롭게 떠오르는 매력 있는 주제가 뇌 과학, 행동 생태학, 진화 심리학, 건강 심리학, 행동 유전학, 호르몬, 정신발달 병리학이다.

이 책에서는 지능과 지적 발달 장애(14장) 이외에는 나쁜(不良) 뇌(bad brain)와 병든 뇌(예: 노인성 알츠하이머 치매나 파킨슨 병, 뇌졸중, 지적 장애, 뇌성마비 등), 악한 뇌(독재자와 사이코패스나 상습 살인범, 폭력범이나 사기꾼의 뇌)와 선한 뇌(good brain), 착한 뇌, 거룩하고 신성(神聖)한 뇌, 건강한 뇌, 심미적이고 예술적인 뇌에 관해서는 다루지 못한 아쉬움이 있다. 아울러서 나쁜 지능의 실증적인 예로서 교육이 사람을 더 똑

---

2) 한국의 심리학계나 교육학계에서 '지능 심리학'이라는 이름은 김정휘 교수가 2006년에 최초로 사용했다고 생각한다.

똑하게 만든다고 하는데 그래서 교육받은 사람들이 더 영악해지고 있다. 영악해지고 있는 몰인간적인 고약한 인간의 심리와 그들의 지능, 즉 사기성, 허위의식, 합법을 가장한 불법, 사이코패스(psychopath) 소시오패스(sociopath)의 지능, 법 위에 군림하는 변호사, 폭력배의 지능에 관해서는 다루고 있지 않다. 외상후 스트레스 장애(PTSD), 외상후 스트레스 증후군(PTSS) 피해자를 대상으로 감성지능을, 그리고 행복도와 감성지능 간의 관계도 서민을 괴롭히는 사채업자의 몰인간적이고 아노미적인 비리 행태를 엄벌하고자 검찰과 법원이 나서서 전국적으로 단속하고 있다. 사채업자의 불법 행태에 대한 조사와 처벌 백서라도 발표하는 것이 필요하다.

현대 심리학이나 뇌 과학 분야에서 향후에 후자에 관해서 전문적이고 심도 있는 연구와 이론화, 실질적인 접근 방법이 필요하다. 지능 심리학에 관한 신간에서도 이 분야에 관한 연구가 다뤄지고 있지 않음을 확인할 수가 있다. 지능에 관한 연구는 현재 진행형이다.

Ericsson, K. A., Carness, N., Feltovich, P. J., & Hoffman, R. R. (Eds.). (2006). *The Cambridge Handbook of Expertise and Expert Performance*. New York: Cambridge University Press.

Flynn, J. R., (2007). *What is Intelligence*. New York: Cambridge University Press.

Hunt, E., (2011). *Human Intelligence*. New York: New York: Cambridge University Press.

Mackintosh, N. J. (2011). *IQ and Intelligence*. New York: Oxford University Press.

Sternberg, R. J., & Grigorenko, E., (Eds.) (1997). *Intelligence, Heredity, and Environment*. New York: Cambridge University Press.

"선을 행하면 악이 줄어들고 악을 행하면 선이 줄어든다."고 한다. 선과 악이 인간의 심성과 행동, 삶에서 공존하며, 선택의 문제가 아닌가. 지능도 선을 위한 지능과 악을 위한 지능이 인간의 실존, 문화, 인간 역사에서 공존해 오고 있지 아니한가. 따라서 지능 심리학에서 이 문제를 소홀히 다룰 수가 없다고 보는데 관심을 갖고 다루고 있지 않은 것 같아서 아쉽다.

아울러서 많은 내공(內功)과 교육 심리학에 관한 애정과 학문적 호기심이 어울려서 완성된 이 지능 심리학을 펴내면서 제기했던 의문은 누구에게 필요하고 무엇을 위한 지능 심리학인가, 심리학이나 교육 심리학계에서 과연 필요한 책인가, 즉 2012년에 내한했던 저명한 교육 심리학자인 스턴버그 교수가 제안한 실용 지능(practical intelligence, PI)과 관련된 문제 제기였다.

지능 심리학의 유용성과 쓸모에 대한 문제 제기는 우리나라의 3.1 독립운동을 확산시키는 데도 기여한 바 있는 토머스 제퍼슨의 실용주의 사상과도 맥락이 일치된다.

미국의 독립 선언문을 기초했으며 제3대 대통령이었던 토머스 제퍼슨(Thomas Jefferson)은 미국 건국의 아버지 가운데 한 사람으로서 행복추구의 자유를 실현하고 향유(享有)하라고 자유에 관한 가장 위대한 선언서를 이 세상에 남겼다. 버지니아 대학교의 설립자이기도 한 제퍼슨은 교육의 힘을 통해서 사람들이 내재적 자유를 누릴 수 있는 토대를 마련했다.

토머스 제퍼슨은 유용한 지식 증진을 위한 미국 철학협회(American Philosophical Society for Promoting Useful Knowledge)를 조직했다. 이 협회의 강령에는 다음과 같은 내용이 포함되어 있다.

> "사색으로 끝나는 지식은 무용지물이다. 공론(空論)이 행동으로 바뀔 때, 이론이 일상생활에 적용될 때, 지식이 생활을 보다 편안하게 만들고 인류의 행복을 증진시킬 때, 지식은 진실로 쓸모가 있는 것이 된다."

오랜 세월 동안 많은 내공(內功)이 축적된 난해한 이 책을 번역하면서 미국의 지능 심리학의 수준과 전문 학자들의 역량과 업적, 전문성을 확인할 수가 있었다. 이 작업에 몰입할 수 있는 즐거움과 자유로움을 구가하면서 앞으로도 지능 심리학의 효용성과 탐구 주제로서의 생명력은 현재와 미래에도 진행형이라는 점을 발견할 수 있었다.

인용지수(SCI)가 학자로서의 명성, 저명성, 학문적 권위와 연구 역량 평가 준거로 애용(?)되고 있는 것이 국내 학계의 풍토인 것 같은데 옮긴이는 논문이나 저서에 제시한 참고문헌으로 평가하고 있는 인용지수의 신뢰성 자체를 불신한다.

2011년 한국연구재단은 어느 두 인문사회 학술지에 발표된 논문 110편이 국내에서 한 번도 인용(cite)되지 않았다는 분석 결과를 공개했다(부산대학교 김세환 교수, "지나치게 큰 '논문'의 위력." 조선일보, 2013. 4. 5. A13).

지도력 지능에 대한 문제제기를 하면, 2012년 겨울에 새 대통령이 선출되었는데 애국심이 강하고 국가와 국민, 사회에서 발생하고 있는 여러 가지 난제들을 과감하게 해결하는 지도력 지능을 발휘해서 존경받는 대통령이라는 칭송을 할 수 있기를 기대한다.

역사, 문화적으로 내부 위기 문제를 직시하지 못하고 둔감하게 대처해서 자멸한 국가가 있었음을 반면교사(反面教師)로 삼아 국격(國格) 유지와 관리 차원에서 대오 각성하고 국정을 정치(행정, 사법, 입법)적 부패에 대한 엄벌(종신형), 경제(금융 관리 차원, 업계와의 유착, 기업체의 비자금 관리로 인한 부정부패 연결 고리 차단, 금융 사기범이나 금융 범죄자에게 종신형과 재산 몰수해서 서민 피해자들에게 배상하고 관리 감독자를 업벌), 재벌들의 비리(중소기업 거래 관행에서 지배우위, 독점 관행이나 탈세, 국방(불량 무기조달, 비행기를 허위로 수리한 증명서의 제출로 사기를 친 업자, 군수품 조달 업자는 역적이고 간첩 침략으로 다뤄야 한다) 부패 연루자 종신형, 문제가 많은 건축법 개정, 산업기술을 해외에 유출해서 국부의 막대한 손실을 초래하는 개탄할 범죄자, 금융 부정자에게 종신형으로 엄벌하고 교통사고 피해자를 양산하는 현행 법 체계의 개정, 인권 침해와 보호라는 미명하에 시민이 경찰을 농락해도 치안관리를 제대로 하지 못하는 사법권이 위협받는 고약한 현실, 만연되어 있는 사회악 등 비리와 부정부패를 일소하기 위해 엄한 법체계를 운영하고 인치가 아니라 법을 무서워하는 엄정한 법치 국가 운영으로 기강을 바로 잡고 국가와 국민의 안위를 잘 관리 운영하는 똑똑하고 현명한 애국적인 지도자의 출현이 필요하다.

심리학이나 교육학(Educology)적으로는 필요한 학문이지만 현재 국내의 대학이나 대학원에서 지능 심리학 과정이 개설, 운영되고 있지도 않고, 독자층도 제한되어 있어서—이 책은 전문가용이다—시장성이 기대되지 않음에도 방대한 이 양서가 출판될 수 있도록 용기를 발휘하시고 모험을 해 주신 구본하 사장님과 편집부 직원들의 수고에 감사드린다.

어려운 교육 환경 속에서도 뜻한 바가 있어서 사도(師道)의 길에 헌신하기 위해서 공부하고 있는 춘천교육대학교 국어교육과 졸업반 강근호 군이 이 책의 집필 과정에서 무더운 여름철에 많은 수고를 해 줘서 고맙게 생각하며, 가족들의 인내심도 도움이 되었다.

2014. 4. 30.
옮긴이 김정휘

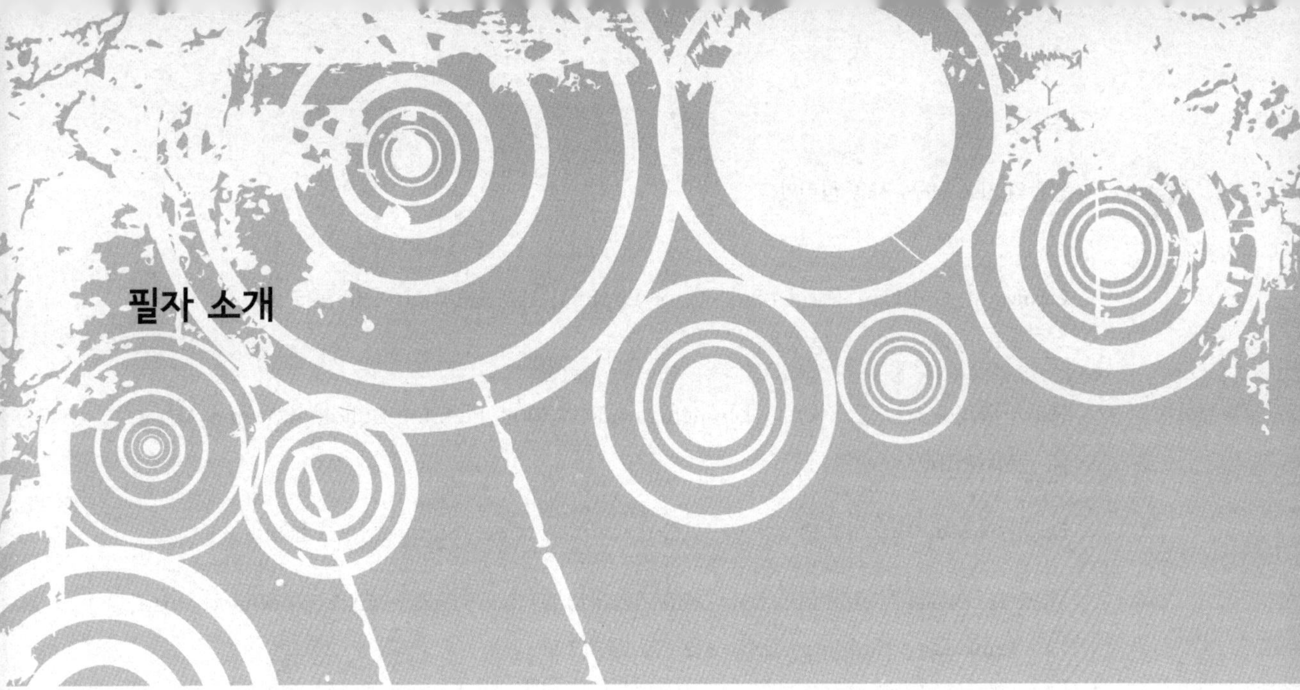

필자 소개

John D. Mayer, Department of Psychology, University of New Hampshire, Conant Hall, Durham, NH 03824

Peter Salovey, Department of Psychology, Yale University, P.O. Box 208205, New Haven, CT 06520-8205

David Caruso, Work-Life Strategies, 2701 Summer Street, Stamford, CT 06905

Linda A. O'Hara, Department of Psychology, Yale University, P.O. Box 208205, 2 Hillhouse Avenue, New Haven, CT 06520-8205

Gerald Matthews, Department of Psychology, University of Dundee, Dundee, Scotland

Moshe Zeidner, School of Education, University of Haifa, Mt. Carmel, Haifa 31905, Israel

Richard E. Mayer, Department of Psychology, University of California at Santa Barbara, Santa Barbara, CA 93106

Robert M. Sternberg, Department of Psychology, Yale University, PO. Box 208205, 2 Hillhouse Avenue, New Haven, CT 06520-8205

Nathan Brody, Wesleyan University, Department of psychology Middletown, CT 06459-0408

Carolyn M. Callahan, The University of Virginia, 140, Ruffner Hall, 405 Emmet Street, Charlottesville , VA 22903

Nancy Cantor, The University of Michigan, Roo 3068, Fleming Building, Annnn Arbor, MI 48109

David Caruso, Work Life Strategies, 2701 summer street, Stamford, CT 06905

Mark H. Daniel, Test Publishing, American Guidance service 4201 Woodland Road, Publisher's Building, Circle MN 55014-1796

Janet E. Davidson, Department of Psychology, Box 16, 0615 SW Palatine Hill Road, Lewis & Clark University, Portland, OR97219-7899

Douglas K. Detterman, Department of Psychology, Mather Memorial Building 109, Case Western Reseve University, Cleveland, OH 44106

Downing, C. L. Department of psychology, Box 16, 0615 SW Palatine Hill Road, Lewis & Clark University, Portland, OR97219-7899

Lynne T. Gabriel, Department of Psychology, Mather Memorial Building 109, Case Western Reserve University, Cleveland, OH 44106

Joanne M. Ruthsatz, Department of Psychology, Mather Memorial Building 109, Case Western Reserve University, Cleveland, OH 44106

John F. Kihlstrom, Department of Psychology, University of California—Berkeley, 3210 Tolman Hall, MC 1650, Berkeley, CA 94720-1650

Elena L. Grigorenko, Department of Psychology, Yale University, P.O. Box 208205, New Haven, CT 06520-8205

차례

제 1 장

지능의 개념*

Robert J. Sternberg
(Yale 대학교 심리학과 교수)

> 지능을 신(神), 즉 두뇌 제일주의 신앙으로 받드는 일은 결코 없도록 주의해야 한다. 지능에는 강한 근육은 있지만, 인격은 없다. 지능은 우리를 인도할 수가 없다.
> – 노벨상을 수상한 물리학자 아인슈타인

한 방향만을 보면 모든 사람이 지능이 무엇인지 알고 있는 것 같지만, 다른 방향에서 보면 지능의 본질에 관해서 실제로 아무도 모르고 있다. 사람은 모두 지능의 개념을 가지고 있다 그 개념은 또한 민간이론(folk theories) 또는 암묵적 이론(implicit theories)으로 불리기도 한다. 하지만, 아무도 지능이 실제로 무엇인지 확실하게 알지 못한다. 이 장에서는 지능의 본질이 실제로 무엇인지에 관계없이 지능 분야의 전문가들이 지능을 개념화한 방법을 다룬다.

지능의 개념이 중요한 이유

사람들이 지능을 어떤 것으로 생각하는지에 대해서 왜 관심을 가져야 하는가? 사람들이

* The Concepts of Intelligence

지능의 성질에 대해 갖고 있는 개념이 중요한 이유를 예시하면 적어도 네 가지로 구분해서 설명할 수가 있다.

첫째, 지능의 암묵적 이론을 통해 사람들은 자신의 지능과 타인의 지능을 지각하고 평가하는 방법을 유도한다. 사람들이 자신과 다른 사람들의 능력을 평가하는 것을 더 잘 이해하기 위해서, 전문가들이 제안한 암묵적 이론을 이해하는 것이 필요하다. 예를 들어, 부모가 자녀에 대한 언어 발달의 암묵적 이론을 통해 부모들은 몇 살 때 자신들의 자녀의 말하기에 대한 다양한 교정을 적극적으로 할 것인지 결정할 것이다. 더 일반적으로, 부모의 암묵적 지능이론을 통해 자녀가 몇 살에 다양한 인지 과제를 수행할 준비가 되어 있는지 결정할 것이다. 입사 면접관(job interviewers)은 회사에서의 채용 여부를 지능에 대한 자신의 암묵적 이론을 바탕으로 결정할 것이다. 사람들은 누구와 데이트하는지 그와 같은 이론에 따라 결정할 것이다. 요약하면, 지능의 암묵적 이론에 대한 지식이 중요한 이유는 그 지식이 사람들이 자신의 일상생활에서 판단을 내리는데 이용되는 지식이기 때문이다.

둘째로, 과학적 방법을 사용하는 연구자의 암묵적 이론(implicit theories)이 명시적 이론(explicit theories)의 근원이 될 것이다. 따라서 이들 암묵적 이론이 무엇인지를 아는 것이 유용하다. 암묵적 이론이 골격을 제공하거나 대지에 골격을 까는 역할을 하여 현상의 일반적 영역을 정의하는 데 유용하며 특히 잘 이해되지 않은 현상에 대해 유용하다. 이 암묵적 이론이 제안할 수 있는 것이 많건 적건 간에 현상의 어떤 측면이 과거의 연구 속에 포함됐는가이다.

셋째, 암묵적 이론은 연구자가 현재의 명시적 이론이 틀리거나 오해의 여지가 있다고 의심할 때 유용할 것이다. 어떤 암묵적 이론에 대한 연구에서 현존하는 암묵적 이론과 명시적 이론 사이에 일치하는 바가 적다는 것이 밝혀진다면, 암묵적 이론은 틀린 것일 수 있다. 하지만 명시적 이론이 틀렸거나 수정이나 보완해야 할 부분이 있을 가능성도 고려할 필요가 있다. 예를 들어 몇 가지 암묵적 지능이론으로부터 일부 명시적 이론이 확장되어야 할 필요성이 제기되었다. (암묵적 지식에 관한 보다 구체적인 설명은 독자의 이해를 돕기 위해서 이 책의 13장에서 스턴버그 박사가 집필한 지능과 지혜에서 보충 설명을 했으므로 참조하기 바란다.)

끝으로, 암묵적 지능이론을 이해하는 것이 발달상의 차이와 문화적 차이를 쉽게 이해할 수 있도록 도움을 줄 수 있다. 앞에서 언급한 것처럼 사람들은 지적 수행에 대한 예측을 하는데 예측은 아동의 연령에 따라 변한다. 이 예측이 문화에 따라 부분적으로 어떤 차이가 있는지 고려해 보자. 예를 들어, 서구적 형태의 교육을 받는 아동에 대한 예측은 서구적 교육을 받지 않는 아동에 대한 예측과 확실하게 차이가 있고 적어도 차이가 있어야 한다(Greenfield, 1997).

이 장은 네 부분으로 구성되어 있는데, 첫 부분에서 지능의 개념에 대한 연구 동향을 논의했다. 이 논의는 두 개의 절로 구분되었다. 첫 번째 절에서는 서구에서의 지능 개념을 다루고 둘째 절에서는 서구를 제외한 나머지 세계에서의 지능 개념을 취급했다. 두 번째 장에서는 지능의 전문 개념이라고 할 수 있는 것을 다루었다. 두 번째 장은 다시 세 개의 절로 구성되었다. 첫 번째 절에서는 전문가들이 제안한 지능의 개념을 다루었다. 그리고 지능의 본질에 관한 전문가의 개념 중 직접적인 정의가 아닌 다른 수단으로 추론된 개념을 기술했다. 마지막 절은 몇 가지 일반적으로 암묵적인 비유를 묘사하는데 이 비유에서 전문가들이 제안한 지능의 명시적 이론들이 유도되었다. 이 장의 세 번째 부분은 지능이 사회와 연관된 방법을 대략적으로 다루었고, 네 번째 부분은 간략한 요약과 결론으로 구성했다.

지능의 개념에 대한 연구 동향[1)]

서구에서의 지능 개념

지능의 암묵적 이론에 대한 몇 개의 연구 중 미국 본토의 성인을 대상으로 한 연구를 나와 내 동료들이 수행했으며 우리는 세 가지 경향의 중요한 연구에 참여해 왔다. 첫 번째 경향은 일반인과 전문가들 속에 있는 지능의 암묵적 이론과 학구적 지능, 일상생활에서 지능에 관한 것이다(Sternberg, Conway, Ketron, & Bernstein, 1981). 두 번째 경향은 일반인과 전문가들 속에 있으며 다양한 분야의 노력에 대한 지능의 암묵적 이론뿐만 아니라 지혜와 창의성에 관한 것이다(Sternberg, 1985c). 연구의 세 번째 경향은 성인의 생애 전반에 걸친 지능의 암묵적 이론에 관한 연구이다(Berg & Sternberg, 1985),

첫 번째 경향의 연구(Sternberg, et al., 1981)에서, 세 개의 요인이 드러났으며 이 세 가지 요인을 통해 일반인들이 지적인 사람의 등급을 이상적으로 분류한다. 이 요인들은 실제적 문제 해결, 언어 능력, 사회적 능력으로 명명된다. 첫째 요인은 논리적 추론과 관념들 사이의 연관성 식별, 문제의 모든 면에 대한 통찰과 같은 행동이 포함된다. 둘째 요인은 명확하고 또렷하게 말하는 행동, 언어를 유창하게 구사하고 대화를 잘하는 행동과

---

1) (옮긴이 주) 이 장의 이 절에서 다룬 내용과 다른 관점에서 지능의 연구 동향을 체계적으로 설명한 보충 자료 참고 요망〔옮긴이의 논문인 진화하는 지능과 그 함의(含意, implications)에서 심도 있게 다룸〕.

같은 것이 포함된다. 셋째 요인은 있는 그대로 타인을 인정하는 행동, 실수를 인정하는 행동, 세상사에 세심한 관심을 보이는 행동과 같은 것이 포함된다. 스턴버그(Sternberg, 1985c)는 두 번째 경향에 대한 연구에서 유사한 결과를 얻었다.

세 번째 경향의 연구에서 버그와 스턴버그(Berg & Sternberg, 1985)는 평생 동안 발달되는 지능의 암묵적 이론에 대하여 연구했다. 연구에 참여한 사람의 연령층은 20세에서 80세의 범위를 가졌으며 평균 30세, 50세, 70세의 세 집단으로 구분했다. 관계된 주요 발견 내용은 고령자는 평균적 지능과 비범한 지능을 소유한 사람을 구분하는 특징에 대해 일상생활 능력을 더 중요한 것으로 보는 경향이 젊은 연령층보다 크다는 것이다. 더 나아가 중년이나 고령자들은 결정지능(crystallized intelligence)을 가장 연령 구체적(age-specific) 전형으로 문제 해결 능력에 결부시키는 경향이 있었다. 따라서 유동적(추상적 추리) 능력과 결정적(지식에 기반을 둔) 능력 사이의 구분은 고령 집단에서는 젊은 집단에서만큼 중요하지 않은 것처럼 보인다.

지능의 암묵적 이론에 대하여 연구자들이 수행한 연구 중 가장 흥미 있는 연구는 아동이 지능의 본질을 어떻게 이해하야 하는가에 대한 연구를 시도했다. 지글러와 리차드(Siegler & Richards, 1982)는 대학생들에게 각 연령에서 지능은 무엇이라고 생각하는지를 물었다.

특히, 질문에 답한 사람들은 생후 여섯 달에서 두 살까지 유아와 성인에 대한 지능의 본질을 묘사했다. 저자는 다섯 가지 특성(언급된 빈도에 따라)을 연령에 따른 지능의 특징으로 가장 많이 언급된 것으로 보고했다. 생후 6개월의 연령적 특성은 사람과 사물의 인지, 운동 협응력(motor coordination), 경계, 환경인식, 언어화이다. 두살 때는 특징이 언어 능력과 학습능력, 사람과 환경 인식, 운동 협응력과 호기심이다. 열 살은 언어 능력과 그 뒤이어 학습 능력, 문제 해결 능력, 추론 능력이 같은 회수로 언급되었고, 창의력을 특징으로 한다. 성인 수준에서는 특징이 추론 능력, 언어 능력, 문제 해결 능력, 학습 능력, 창의력이다. 명백하게 지능을 나이가 들수록 지각과 운동적인 측면이 감소하면서 점점 더 인지적인 면이 증가하는 것으로 생각하는 경향이 있다.

아동의 지능에 관한 암묵적인 이론에 대한 연구 중에서 대학생들이 참여한 것보다 교사들이 참여한 연구가 더 흥미롭다. 프라이(Fry, 1984)는 초등(elementary)과 중등(secondary), 고등(tertiary) 교육기관의 교사들에게 지능에 대한 개념에 관하여 질문했다. 초등교육기관(elementary school)에 재직하고 있는 교사들은 인기도, 우호성, 준법성, 환경에 대한 관심과 같은 사회적 변인을 강조한 것을 지능에 대한 개념으로 생각하는 추세였다. 대조적으로 중등교육기관(secondary school)에 재직하고 있는 교사들이 보인 경향은 언어적 변수에 대한 강조로 언어 유창성과 활동력 같은 변수를 자신들의 개념에서 강조했다. 고등교육기관(tertiary school)에 재직하고 있는 교사들은 추론 능력, 광범위한 지식, 논리적 사고, 현명하게 문제를 처리하는 능력과 같은 인지적 변수를 지능에 가장 중요한 것으로 간주하는 경향을 보였다. 따라서 세 교육기관의 교사들은 실제로는 스턴버그 등(Sternberg et al., 1981)이 암묵적인 이론에 대한 연구에서 얻은 세 가지 요인을 요약한 것이지만, 한편으로 연령 차이에 따라 다른 요인의 적응성을 강조한 것이다. 즉, 문제 해결 능력은 대학생의 지능으로 교사들의 개념에 적용되고, 언어 능력은 중, 고등학생의 지능으로, 사회적 기량은 초등학교 학생들의 지능으로 교사들의 지능 개념에 적용되었다.

유센과 케인(Yussen & Kane, 1985)도 지능의 개념을 연구했지만 연구 대상에 성인이 아닌 아동을 참여시켰다. 그들은 초등학교 1, 3, 6학년 학생들과 면담했다. 아동들은 지능의 시각적 징후나 지능과 관련이 있는 자질, 지능의 지속성과 융통성과 같은 주제에 관한 질문을 받았다. 저자가 발견한 사실은 고학년 아동의 개념은 저학년의 아동의 개념에서 보다 더 크게 분화되었다는 것과 나이가 많아질수록 아동들은 점점 더 지능을 내재적인 자질로 간주한다는 것이다. 하지만 나이가 많은 아동은 드러난 징후가 지능을 나타낸다는 생각을 어린 아동들보다 덜 중요하게 여겼다. 또한 나이가 많은 아동들은 어린 아동들보다 지능에 관계된 자질에 대해 덜 광범위했다. 어린 아동들은 지능을 대체로 사회적 기량(social skills)의 측면으로 생각하는 만큼 나이가 많은 아동들은 학문적 기량(academic skills)으로 생각하는 경향이 있다.[2)]

드웩(Dweck, 1999; Dweck & Elliot, 1983)은 아동들 사이의 지능 개념을 연구하여 아동들은 일반적으로 지능의 적응성에 대해 두 개념 중 하나를 가진 것을 알았다. "현존 이론가(entity theorist)"들이 믿는 것은 지능은 인간이 태어날 때부터 소유하는 것으로 그 수준은 일생 동안 일정하게 유지된다는 것이다. 이것을 믿는 아동들은 자신의 지능을 발전시키는데 스스로 할 수 있는 것이 별로 없다고 생각하기 때문에, 자신의 수행을 통해 지능을 보여 주는 쪽을 선택하는 경향이 있다. 때때로 실수를 할까 두려워하며, 특히 다른 사람이 보고 있을 때 자신의 과업에 대해 "좋은 인상"을 주려고 시도한다. 반면

---

2) (옮긴이 주) 이 사실은 매우 중요한 함의(含意, implications)가 있음을 시사한다. 즉, 연령 차이에 따라서 요구되고, 중시되는 지능의 내용에 차이가 있다는 것이다. 초등학교 아동들은 사회적(인간관계) 기량과, 인기도, 우호성, 준법성을, 그리고 나이가 들어갈수록 내재적인 자질을; 중고등 학생들은 언어능력, 활동성, *친학구적 태도(*옮긴이가 추가함)를; 대학생들은 문제해결능력, 추론능력, 광범위한 분야에 대한 지식과 논리적 사고력, 현명하게 문제를 처리하는 능력이나 학구적 능력과 같은 인지지능을 지능으로 인식했다.

"발전 이론가(incremental theorist)들은 지능이 일생 동안 발전하는 것으로 믿으며, 발전의 방법을 학습이라고 생각한다. 따라서 그들은 수행 지향적이기보다 학습 지향적인 경향이 있고 자신의 지능을 발전시킬 수 있는 새로운 과제를 찾는다.

니콜스(Nicolls, 1990)는 능력에 대한 아동의 지각개념을 연구했다. 드웩의 연구와 같이, 그의 연구는 아동들이 지능 및 지능과 노력 간의 관계에 대한 관점에서 차이를 보여주었다. 어떤 아동들은 노력과 능력이 대체로 무관한 것으로 보는 반면 다른 아동들은 관계가 있는 것으로 보았다. 니콜스는 또한 아동들은 전반적 지능에 대한 관점에도 차이를 보인다는 것을 알았다. 어떤 아동들은 지능의 발달(향상)을 노력에 의한 학습과 지식의 습득으로 보는 반면[3] 다른 아동들은 그렇지 않았다. 또한 아동이 영리해짐에 따라, 정보자료의 획득을 정보자료를 통해 문제를 해결하는 것과 구분하기 시작했다.

---

3) (옮긴이 주) 옮긴이는 지능의 본질과 기능, 쓰임새에 대한 관점에서 지능은 진화, 분화한다는 관점을 지지한다. 그러나 진화의 목표, 종점이 어디인지는 미지수이다. 옮긴이가 연구한 바에 의하면 지능도 진화, 분화, 발달하고 있어서 지능의 유형(types)이 기존의 지능검사가 측정하고 있는 학업지능(academic intelligence) 이외에 30여 가지나 되며, 학교, 교육, 교과서, 교실, 교사의 지도 역량을 뛰어넘어서 사회, 직장, 산업기술 현장, 학구적 세계, 예술, 창의성, 조직이나 집단을 통솔, 지휘하는 기업체 등에서 보다 요긴하게 활용되며 지능은 정적인 실체가 아니라 역동적인 쓰임새가 인간 실존과 관련하여 확대, 재생산되고 있다. 뿐만 아니라 두뇌의 기능과 역할과의 유관성, 좋은 지능(건강한 아동과 청소년의 지능, 성공한 예술가나 노벨상 수상자, 영재나 롤 모형이 되고 있는 존경받는 명사)과 나쁜(병든) 지능(예: 노인성 알츠하이머 치매나 뇌졸중, 사이코패스, 소시오패스, 광기(madness), 악한 독재자 등), 즉 나를 지배하는 지능 또는 지능을 지배하는 나에 관해서 심도 있는 연구와 이론이 발표되고 있다.

좋은 지능(건강한 지능)과 나쁜 지능(미친, 병든 지능)의 작동 기제를 심리학자인 와이너와 임상정신의학자인 헤프터(Weiner & Hefter, 2000)는 다음과 같이 흥미 있게 새로운 해석을 했다.

지능에서 결정적이고 매우 중요한 역할을 수행하는 인간의 대뇌는 이성적인 역할을 담당하는 신피질과 본능적이고 감정적, 충동적인 역할을 담당하는 변연계로 구성되어 있는데 신피질을 이성적인 뇌라고 하고, 변연계를 원시적인 뇌라고 분류할 수가 있다. 변연계에 전기 방전을 가하면, 때때로 정신이상의 증상이나 환각제에 의해서 생기는 정신착란 증상이 나타난다. 아마도 이 변연계가 인간 특유의 감정이라고 할 수 있는 희열감이나 경외감과 여러 가지 미묘한 정서들을 조절할 것이다. 이 변연계에 이상이 생기면, 원인을 알 수 없는 격노나 공포심, 또는 감상(感傷)이 나타난다. 이런 병을 앓는 사람은 그들의 느낌을 설명할 수가 없으며, 후일 자신의 행동이 비이성적이고 부적합했음을 발견한다. 이들의 행동과 생활이 비정상적이며, 영향을 끼친 것으로 볼 수도 있다(Sagan, 1978, 소현수 옮김, 1980, 74). 문명화된 사회에서는 이 두 가지가 빈번히 충돌을 일으키며, 이성과 감정을 대변하는 이 두 운영체계는 우리의 뇌 속에서 계속해서 충돌을 일으키며, 그 싸움에서 누가 최종적으로 승리하느냐에 따라서 우리의 행동은 어제와 오늘이 서로 다르게 표출되는 것이다.

서구 이외의 세계에서 지능에 대한 개념

몇 가지 경우에서, 지능에 대한 서구 개념은 다른 문화에서 공유되지 않는다(Berry, 1984; Sternberg & Kaufman, 1998). 예를 들어, 서구의 지적 처리 속도에 대한 강조를 공감하지 않는 문화가 많이 있다(Sternberg et al., 1981). 다른 문화 속의 사람들은 심지어 매우 빠르게 성취된 과업의 질에 의문을 가지며, 처리의 속도보다 깊이에 중점을 둘 수도 있다. 그런 문화는 독자적인 것이 아니다. 일부 서구의 유명한 이론가도 처리의 깊이가 학습한 것에 대한 완전한 습득과 이해에 갖는 중요성을 지적했다(예: Craig & Lockhart, 1972).

양과 스턴버그(Yang & Sternberg, 1997)는 지능에 대한 중국의 철학적 개념을 검토했다. 유교적 관점은 선행(善行, benevolence)의 특성과 옳은 일(what is right)을 행하는 특성을 강조했다. 서구의 개념과 같이, 지적 인간은 많은 노력을 학습에 소모하고, 학습을 즐기며, 일생을 통해 학습을 지속하는 사람이다. 노자가 제창한 도교(道教) 철학자의 전통에서는 대조적으로 겸손과 판단에 대한 전통적 기준으로부터 해방, 자신과 외부 환경에 대한 완전한 지식의 중요성을 강조했다.

지능 개념의 이해에 대한 동양과 서양의 차이는 아마 오늘날도 지속되고 있을 것이다. 양과 스턴버그(Yang & Sternberg, 1997b)가 현재 대만 사람의 지능개념을 연구해서 그들의 개념에 내재된 다섯 가지 요인을 발견했다. (a) 일반적 인지 요인으로 전통적 서

겉보기에는 너무나 정상적인 사람들이 드러내 보이는 상식적으로 이해가 안 되는 그리고 비이성적인 행동을 하는 행동의 원인은 두뇌에서 이 두 가지의 충돌 결과로 나타난 것이다. 그래서 당사자는 그런 상황 전개에 대하여 다음과 같이 고백한다.

그때는 "내가 미쳤었어, 돌았어... 제 정신이 아니었어, ... 그 짓은 본능이 한 짓이지, ...악마가 한 짓이지, ... 미친 짓이었지... 그런데 이 현상을 이 저자들은 "내가 미친 것이 아니라, 뇌가 미친 것이다. 즉, 미친 뇌가 나를 움직인다."라고 해석을 했다(Weiner & Hefter, 2000; 김경숙 외 옮김, 13.)

이 설명에서 정신병리, 즉 이상 행동과 뇌 기능 간의 유관성이 있음을 추론할 수가 있다.

참고문헌

김경숙·민승남 옮김(2006), 미친 뇌가 나를 움직인다, 서울: 사이(Weiner, D. L., & Hefter, G. M., 2000, *Battling the Inner Dummy: The Craziness of Apparently Normal People*. New York: Prometheus Books, Inc.)

소현수 옮김(1980), 지능의 진화사, 서울: 중앙일보·동양방송(Sagan, C., 1978, *The Dragons of Eden*. Random House. Inc.)

구적 지능검사 개념의 일반 요인과 상당히 유사하다. (b) 개인 간 지능 (c) 개인 내부적 지능 (d) 지능적 자기주장 (e) 지적 은둔(intellectual self-effacement). 첸(Chen, 1994)의 연구는 비슷한 분야이면서 결론이 다른데, 중국인의 지능 개념에 내재된 세 개의 요인을 찾았다. 비언어적 추론능력, 언어적 추론능력, 기계적 기억이다. 차이가 나는 이유는 연구의 대상이 중국의 다른 인구 집단을 연구 대상으로 했을 수도 있고, 방법론의 차이가 있거나, 연구가 실시된 시기의 차이일 수도 있다.

첸과 첸(Chen & Chen, 1988)은 명시적으로 홍콩에 있는 중국어 학교와 영어 학교를 졸업한 중국인을 대상으로 지능을 개념을 비교했다. 그들은 두 집단 모두 비언어적 추론기능을 지능 측정에 가장 중요한 기능으로 간주한다는 사실을 발견했다. 언어적 추론기능과 사회적 기능이 그 다음이고 뒤이어 계산 기능을 중요시했다. 기억력은 가장 중요하지 않은 것으로 간주되었다. 중국어 학교 졸업생의 집단은 언어적 기능을 영어 학교 졸업생 집단에서 보다 덜 중요하게 생각했다. 더 나아가 초기의 연구에서 첸, 브레이스웨이스, 후앙(Chen, Braithwaith, & Huang, 1982)은 중국 학생들은 사실을 기억하는 것을 지능에 중요한 조건으로 생각했고 반면 오스트레일리아(Australia)는 그와 같은 기억은 사소한 것으로 여긴다는 사실을 알았다.

다스(Das, 1994)는 또한 동양적 지능 개념을 검토하고 불교와 힌두교 철학자들은 지능을 잠에서 깨어나는 것, (각성)관찰하기, 인식하기, 이해하기, 파악하기가 포함되며 또한 결정과 지적 노력과 같은 것에 심지어 더 지적 요인에 추가되는 것으로 감정과 의견을 포함시켰다.

지능 개념에 대한 문화적 차이는 오래 전부터 알려 졌었다. 기일과 키이츠(Gill & Keats, 1980)는 오스트레일리아의 대학생들은 학구적 기능에 가치를 두는데 말레이(Malay)의 학생들은 언어 능력이나 창의성 같은 실제적 기능에 가치를 두는 것을 알게 되었다. 다센(Dasen, 1984)은 말레이 학생들이 사회적이고 인지적 속성을 자신의 지능 개념에서 강조하는 것을 발견했다.

서구의 학교교육은 다른 것(Srivastava & Misra, 1996)을 강조하는데, 일반화 즉 주어진 정보자료에서 그 이상의 의미를 찾는 것(Connolly & Bruner, 1974; Goodnow, 1976), 속도(Sternberg, 1985a), 문제 해결의 최소행동(Newell & Simon, 1972), 창의적 사고(Goodnow, 1976) 같은 것들이다. 더 나아가 침묵은 지식이 부족한 것으로 간주되었다(Irvine, 1978). 대조적으로 아프리카의 울로프(Wolof)족은 상위계급이나 고귀한 사람은 말을 적게 하는 것으로 생각한다(Irvine, 1978). 울로프족과 서구인의 개념 차이가 암시하는 것은 아프리카인의 지능 개념을 보는 유용성과 서구의 개념과 비교 가능하게 행동으로서 표현되는 것이다.

루즈기스와 그리고렌코(Ruzgis & Grigorenko, 1994)가 주장해 온 것은 아프리카에서 지능의 개념은 대부분 조화롭고 안정적 집단 간 관계를 촉진하거나 유지하는 데 도움이 되는 기능에 집중돼 있으며 집단 간의 관계가 똑같은 중요성을 갖거나 때로는 더 중요하다는 것이다. 서펠(Serpell, 1974, 1977, 1982)은 잠비아의 체와족(Chewa) 성인은 사회적 책임, 협동성, 복종을 지능에 중요요인으로 생각하며, 따라서 성인에 대한 존경심을 보일 때 아이들이 지적이라고 생각한다는 사실을 발견했다. 케냐의 부모들은 가족과 사회 활동에 정당한 참여를 지능의 중요한 요인으로 강조한다(Super & Harkness, 1986). 짐바브웨에서, 지능을 의미하는 말 "*ngware*"은 사실은 세심하고 신중하다는 의미이며 특히 사회적 관계에서 그렇다는 의미를 갖는다. 바울레족(Baoule) 사이에는 가족과 공동체에 대한 봉사, 연장자에 대한 공손함과 존경을 지능의 핵심으로 간주한다(Dasen, 1984).

워버(Wober, 1974)는 지능의 개념을 우간다에 다른 종족 구성원 사이의 차이와 종족 내의 다른 씨족 간의 차이를 조사했다. 바간단족(Bagandan)을 예로 들면, 지능을 정신적 질서와 관련시키나 바토로족(Batoro) 사람들은 지능을 어느 정도의 정신적 혼란과 결부시키는 경향이 있었다. 의미 미분척도(semantic-differential scale) 상으로, 바간단족의 지능에 대해 지속적이고, 단단하며, 완고한 것으로 생각하는 반면 바토로족은 부드럽고, 순종적이며, 유연한 것으로 생각했다.

하크니스와 서퍼(Harkness & Super, 1983)는 케냐 서부의 코크웨트족(Kokwet) 간의 지능 개념을 분석했다. 발견된 사실은 아동의 지능은 성인의 지능과 다른 것으로 생각한다는 것이다. 'ngom'이란 단어는 아동에게 적용되며 책임감, 고도의 언어 인지적 민첩성, 대인 관계에 대한 적절한 관리를 표현하는 것 같았다. "utat"는 성인에게 해당되며 창의성, 능숙함, 때때로 지혜와 이타성을 의미했다. 별개의 단어인 "keelat"는 명석함(Smartness)과 날카로움(Sharpness)을 나타내는데 이용되었다.

지능의 사회적 측면을 비슷하게 강조하는 것이 두 개의 다른 아프리카인 집단인 말리의 송헤이족과 케냐의 사미아족에서 발견되었다(Putnam & Kilbrude, 1980). 다른 아프리카 부족인 요루바는 심도 있는 청취를 바로 지능에 의지하는 것보다 중요한 것으로 강조했고, 문제의 모든 측면을 보는 능력과 문제를 전체적인 전후관계에서 적절한 위치에 놓을 수 있는 능력의 중요성을 강조했다(Durojaiye, 1993).

지능의 사회적 측면을 강조하는 것은 아프리카에만 한정된 것이 아니다. 많은 아시아 문화권에서 지능의 개념은 지능의 사회적 측면을, 전통적인 서구의 지능지수(IQ)에 근거한 개념에서 보다 더 중요성을 강조한다(Azuma & Kashiwagi, 1987; Lutz, 1985; Poole, 1985; White, 1985).

주목해야 할 점은 아프리카나 아시아의 개념 중 어느 것도 지능의 사회적 개념을 배타적으로 강조하지는 않았다. 여러 연구자와 공동연구를 통해 스턴버그와 그리고렌코(Grigorenko, 1977; Sternberg et al., 인쇄 중)는 케냐의 지방에서 지능의 개념들을 연구했다. 연구 대상인 마을 중 한 곳은 아동의 90% 이상이 기생충에 감염되어 있었다. 결국 아동들은 복부통증을 자주 경험했다. 전통적인 의술은 대단히 다양한 야생 허브를 처방했고 그 허브가 기생충을 처리하는데 이용되었다. 적어도 그들 허브 중 몇 가지는 비록 낮은 비율에 지나지 않지만 실제로 효과가 있었다. 하지만 우리의 목적상 더 중요한 것은 야생 허브를 이용해 스스로 처방을 하는 방법을 알게 된 아동은 이런 종류의 비공식적인 지식을 갖지 않은 아동에 비해 적응성이 뛰어난 것으로 평가된다는 사실이다. 명확하게 이 문화에서 널리 인정되는 부류의 우월적 적응성은 서구에서는 인정되지 않을 것이고 그 역도 만찬가지이다.

비록 지능의 개념이 서구의 개념에서 보다 더 사회적 기능을 강조하더라도, 동시에 지능의 인지적 측면을 인정한다. 주목할 것은 지능에 대한 하나의 전체적 서구 개념이나 심지어 단일한 미국 개념조차 없다는 것이다. 오카가키와 스턴버그(Okagaki & Sternberg, 1993)는 캘리포니아 산호세(San Jose)의 서로 다른 소수민족 집단은 지적이라는 것이 의미하는 바가 다른 개념을 갖는다는 사실을 알았다. 예를 들어, 라틴계 학부모는 자신의 지능 개념에서 사회적 능력에 대한 기능을 중요하게 여기는 반면 아시아계 학부모는 인지적 기능에 더 큰 비중을 두는 경향이 있다. 미국계 백인 부모들 역시 인지적 기능을 강조했다. 지배적 문화의 대표자로서 교사들은 인지적 기능을 사회적 능력에 대한 기능보다 더 강조했다. 다양한 집단의 아동들(라틴계와 아시아계의 하위집단을 포함한다)에 대한 수행 등급 서열은 학부모들이 교사의 지능 개념을 공유하는 정도에 따라 완벽하게 예측될 수 있었다. 그것은 교사들이 자신의 지능 개념에 일치하는 지능 개념에 순응하게 된 아동에게 높은 점수를 주는 경향이 있다는 것이다. 그러나 지능의 사회적 측면은 광범위하게 정의된 것으로서 인생의 후기에 인지적 지능과 같거나 그 이상 중요할 수도 있다. 예를 들어 인지적 과제를 완성하는데 필요한 조직은 구성원이 협동할 수 없다면 과제를 수행할 수 없을 것이다. 히이드(Heath, 1983)은 또한 흑인과 백인 집단간 지능의 차이를 발견하여 흑인 집단이 비언어적 대화 기능을 더 강조하며 백인 집단은 언어적 대화 기능에 더 강조점을 둔다는 것을 알았다.

지능의 본질에 대한 전문가의 관점

지능의 전문적 정의

지능의 본질에 관한 정의로서 가장 평판이 좋다거나 평판이 나쁘다는 것은 아마 각자의 관점에 달렸을 것이라고 보링(Boring, 1923)이 "새로운 공화국(The New Republic)" 기사에서 제안했다. 보링은 지능은 지능검사에서 검사된 것이라고 제안했다. 보링은 조작적 정의가 지능을 이해하는데 마침표를 찍을 수 있으리라고 믿을 만큼 어리석지는 않았다. 반대로 그가 생각한 것은 "협소한 정의이지만, 더 과학적 논의를 통해 정의를 확대할 때까지, 면밀한 논의를 위한 출발점"이라는 것이다(p. 35).

그 정의가 평판이 안 좋은 것으로 생각하는 사람이 있을 정도이고, 그 이유는 그들이 정의에 아마 심각한 결점이 있다고 생각하기 때문일 것이다. 우선 지능을 정의하기보다 지능의 정의에서 멀어지는 것처럼 보인다. 현재까지 지능검사에서 측정하는 것이 전부 명확하지 않기 때문에 지능이 무엇인가에 대한 이 정의의 근거가 명확할 수 없는 것이다. 둘째는 지능검사가 완벽하게 상호 연관되지 않는다. 따라서 지능의 정의가 의미하는 종류의 단일한 실재(singular entity)가 생기지 않는다. 아니면 단일한 실재가 생기더라도, 그것은 측정한 것의 일부이지 전체가 아니다(Spearman, 1927). 셋째, 정의가 극도로 보수적이어서, 전통적인 검사 범위를 넘어서면 정의를 통한 지능의 이해가 불가능해진다. 끝으로 많은 사람들이 정의가 순환적(Circular)이라고 생각한다.

아마 가장 명성이 높은 전문가들이 지능의 본질을 어떻게 정의하고 있는가에 대한 연구는 교육 심리학 학회지의 1921년 지능과 그 측정에 대한 토론회 기록 *Journal of Educational Psychology*("Intelligence and its measurement", 1921)의 편집자에 의해 수행된 바가 있다. 이 주제에 대해 기고자들은 지능의 본질에 관하여 다음과 같이 몇 기지 정의를 제공했다. 지능이란,

1. 진실과 사실의 관점에서 좋은 대답을 하는 능력(E. Thorndike)
2. 추상적 사고를 수행하는 능력(L. M. Terman)
3. 감각적 능력으로서 지각적 인지, 인지속도, 연상, 재능, 상상의 범위 즉 유연성, 집중의 범위, 반응의 속도와 민첩성(Freeman)
4. 학습능력 즉 환경에 적응하며 학습하기(S. S. Colvin)
5. 상대적으로 새로운 삶의 환경에 자신을 적응시키는 능력(R. Pintner)
6. 지식에 관한 능력과 지식을 소유하는 능력(B. A. C. Henmon)
7. 생물학적 기제로 이를 통해 자극의 효과를 수집하고 행동에 어느 정도 결합된 효

과를 제공하는 것(J. Peterson)

8. 본능적 적응(instinctive adjustment)을 억제하는 능력, 상상 속에서 경험된 시행착오(trial and error)의 관점에서 억제된 적응을 재정의하는 능력, 사회적 동물로서 개인의 이익에 따라 나타나는 행동에서 수정된 본능적 적응을 깨닫는 능력(L. L. Thurstone)
9. 능력을 획득하는 능력(The capacity to acquire capacity, H. Woodrow)
10. 경험을 통해서 학습을 하거나 이익을 얻는 능력(W. F. Dearborn)
11. 감각, 지각, 연합, 기억, 상상력, 구별, 판단력, 추론(N. E, Haggerty). (지능이란 무엇인가를 다룬 보충 자료 참조)

제안된 여러 가지 정의 속에서 공통된 주제에 관한 내용을 간추려보면, 그것들은 지능이란, 환경에 순응하는 능력과 학습하는 능력이라는 것에 관해서 공통된 의견이 제시되었다. 이 토론회에 동참한 다른 기고자들은 지능에 관해서 명확한 정의를 제시하지는 않았지만, 대신 지능을 어떻게 측정하는가에 관해서 관심을 나타냈다.

물론, 지능의 성질에 관한 정의가 학회의 연구 논문집(essay)과 학술모임(symposium)에서 발표된 이래로 많은 정의가 제안되었으며, 지능의 정의의 본질에 대한 논평(Miles, 1957)도 발표되었다. 하지만 후속 토론회에서는 앞의 토론회에서 발표된 내용을 갱신하도록 계획되었다.

65년 뒤에 지능 분야에서 스물 네 명의 전문가(두 명이 한 팀인 경우를 포함해서)에게 지능을 정의해 달라고 요청했다(Sternberg & Detterman, 1986). 응답자는 다음과 같다. 안네 아나스타시(Anne Anastasi), 폴 발테스(Paul Baltes), 조나단 바론(Jonathan Baron), 존 베리(John Berry), 앤 브라운과 조셉 캄피오네(Ann Brown and Joseph Campione), 어얼 버터휠드(Earl Butterfield), 죤 비 캐롤(John B. Carroll), 제이 피 다스(J. P. Das), 더글라스 데터만(Douglas Detterman), 윌리암 에스테스(William Estes), 한스 아이젱크(Hans Eysenck), 하워드 가드너(Howard Gardner), 로버트 글라서(Robert Glaser), 젝클린 구두나우(Jacqueline Goodnow), 존 혼(John Horn), 로이드 험프리(Lloyd Humphreys), 어얼 훈트(Earl Hunt), 아서 젠센(Arthur Jensen), 제임스 펠레그리노(James Pellegrino), 산드라 스카(Sandra Scarr), 로져 섕크(Roger Schank), 리차드 스노우(Richard Snow), 로버트 스턴버그(Robert Sternberg), 에드워드 지글러(Edward Zigler).

여기에서는 응답해 준 사람 각 자가 제안한 정의를 검토하기보다는 두 토론회에서 제안된 지능의 성질에 관한 정의의 주요 공통점과 차이점을 요약할 것이다(Sternberg &

Berg, 1986 참조).[4)]

첫째, 적어도 지능의 본질에 관한 두 토론회에 걸쳐 있는 몇 가지 일반적 합의점이 존재한다. 열거된 행동의 빈도 사이에 상관관계는 0.5였는데 이것은 과거와 현재의 개념이 중간 정도에서 중첩되는 것을 나타낸다. 환경에 대한 순응, 기본적 지적 처리, 고차원 사고(예: 추론, 문제 해결, 결정 내리기)와 같은 속성은 양쪽 목록에서 모두 지배적이었다.

둘째, 특정 주제는 두 토론회 모두에서 지배적이었다. 비록 어느 토론회에서도 합의를 이루지 못했지만 지능은 하나인가 아니면 다면적인가와 같은 하나 대 다수에 대한 주제는 계속 관심의 대상이었다. 앞에서 소개한 바 있는 토론회에서처럼 1986년 토론회의 일부 응답자들은 지능을 생물학적 또는 인지적 요인의 관점으로 좁은 의미로 정의하였지만, 반면 다른 응답자들은 동기와 개성을 포함하는 요인들의 광범위한 배열을 포함시켰다. 하나 대 다수의 문제처럼 외연(外延, breadth)의 문제도 해결되지 않은 채 남겨졌다.

셋째, 65년 간 관점의 유사성에도 불구하고, 두 목록 상에 현저한 차이가 있음을 또한 발견할 수 있다. 지식의 내용과 인지의 통제 둘 다로 생각되는 상위 인지는 1986년의 토론에서는 중요한 역할을 하지만 1921년의 토론에는 실질적으로 전혀 어떠한 역할도 하지 못했다. 상위 인지와 집행 처리(executive processes)가 두드러지게 된 이유는 현재의 지능 연구에서 컴퓨터 계산의 개념이 도입되었기 때문이다. 최근의 토론회에서 매우 크게 강조된 사항은 지식 및 지식과 지적 처리 사이의 상호관계의 역할이다. 강조 사항의 변화는 유기체 내에서 일어나는 기능의 모든 측면이 해당되는 것은 아니다. 최근의 응답자들은 지능의 정의에 관한 배경 특히 문화적 배경에 상당한 비중을 두고 있었으나 초기 토론회에서는 배경에 대한 강조는 없었다.

지능의 정의는 고전적 개념(Katz, 1972)의 관점에 근거를 두는 경향이 있고 그 개념에 의하여 지능의 명확한 속성을 규정하려고 시도하였다. 즉, 어떤 사람이 지적으로 간주되기 위해 개별적으로 어떤 속성들이 필요하고 이들 속성이 결합하여 충분조건이 되는지 규정하려고 시도했다. 네이서(Neisser, 1979)가 지적한 바와 같이 지능은 아마 원형적으로(prototypically) 조직되지 않았고, 이것은 명확하게 정의되는 속성이 없다는 의미인데 대신 단지 지적인 사람에게 전형적 경향인 특정한 속성은 없을 것이라고 했다. 이 관점에 의하면, 지적인 사람은 어떤 속성을 보이는 사람이다. 그러나 거기에는 어떤 사람을 지적인 사람으로 묘사하는데 필수적이거나 충분하다고 식별되는 특정한 속성(particular attributes)이 없을 수 있다는 것이다.

---

4) (옮긴이 주) 이것을 하대현 숙명여자대학교 교수에 의하여 번역되어 『지능이란 무엇인가』라는 제목으로 출판했다.

또 다른 가능성은 지능에는 어떤 원형도 없다는 것이다. 하나의 능력이 아닌 다수의 능력에 관한 지능의 관점에서, 사람들이 주장할 수 있는 바는 지적이기 위해 너무 많은 방법이 있어서 하나의 원형이나 소수의 원형들만으로 어떤 사람을 지적이라고 간주하기에 충분치 않다는 것이다. 그보다, 지적인 사람의 다양한 예를 머릿속에 기억하고 어떤 사람의 지능을 기억된 예와 관련시켜 평가한다고 주장할 수 있다.[5] 예를 들어, 우리가 아는 사람 중에 어떤 사람은 시험을 잘 보고, 어떤 사람은 상식이 풍부하며, 기타 등등의 예가 있을 수 있다. 이 모형은 개념의 다중 전형(典型) 이론(multiple-exemplar theories of concept)의 의미에 근거를 두었을 것이다(Ross & Spalding, 1994).

전문가가 보는 지능의 개념에 대한 추론

역사적 관점. 역사적으로 어떤 학자들은 지능을 연구하는 데 있어서 전문가로 인정되었지만, 지능의 분야에 있는 사람들에게 인정받지 못했다. 그들은 작가, 철학자, 신학자, 기타의 사람으로 자신의 저작에서 지능의 본성에 대해 사색했지만 명확하게 정의하려고 하지는 않았던 사람이다. 이들의 생각 중 몇 가지를 여기에서 요약한다(더 완벽에 가까운 분석은 스턴버그(Sternberg, 1990)을 참조하기 바란다.)

호머(Homer)는 오디세이(Odyssey)에서 외모가 좋은 것과 머리가 좋은 것을 구분했다. 호머는 어떤 사람이 외모가 보잘 것 없어도 명확하고 설득력 있는 방식으로 이야기할 수 있다는 것을 이야기했다. 이에 상대되는 사람은 아마 멋진 외모를 가졌지만 다른 사람과 의사소통을 하는 능력은 부족한 사람일 것이다.

플라톤(Plato)은 지능의 본질에 대해 할 말이 많았다. 아마 그의 가장 잘 알려진 논평은 대화편 테아에테투스(Theaetetus)에 나온다. 소크라테스(Socrates)는 테아에테투스에게 인간의 정신에 밀랍 덩어리가 있고 그 밀랍 덩어리는 사람에 따라 크기가 다르다고 상상해 보라고 했다. 또 밀랍 덩어리의 굳기, 습도, 순도도 사람에 따라 다르다고 했다. 소크라테스는 호머를 이야기하며 밀랍이 순수하고, 명확하며, 충분히 깊다면 정신은 쉽게 정보자료를 학습하고 저장하며 혼란에 빠지지 않을 것이라고 제안했다. 이런 밀랍은

---

5) (옮긴이 주) 천재(성)의 본질, 전형, 창의적인 천재: 그들은 누구인가, 천재들은 보통사람과 비교해서 무엇이 어떻게 다른가, 즉 천재적인 인물들의 차이와 특징을 탐구하고 설명을 하고자 하는 경우에 인증된 실존 인물인 특정 천재들의 생애와 업적, 후세의 평판이나 평가와 명성, 후세에 끼친 영향이나 공헌을 보고 인간으로서 천재(성)의 진면목을 평가하는 것과 유사하다. 즉, 지능의 성질을 정의함에 있어서 지적인 처리나 문제 해결이 요구되는 상황에서 그가 어떻게 해결, 대처하는 가를 보고서 그의 지적 능력을 평가하는 것과 같다.

진실한 것만 생각할 것이고, 밀랍 속의 생각이 명확하기 때문에, 이들 인상은 밀랍 덩어리 속에 적절한 자신의 위치로 빠르게 분산될 것이다. 만약 밀랍이 맑지 않고 불순하며 너무 물렁물렁하거나 너무 딱딱하다면, 지능에 결함이 있게 될 것이다. 물렁한 밀랍을 가진 사람은 쉽게 학습하지만 쉽게 잊을 것이다. 밀랍이 너무 딱딱한 사람은 학습에는 느리지만 기억은 오래갈 것이다. 밀랍에 보풀이 일거나, 주름이 졌다거나 꺼끌꺼끌한 사람이나 밀랍에 흙이나 오물이 섞인 사람은 희미한 생각만 가지고 있을 것이다. 이 사람은 단단한 밀랍을 가진 사람과 같은데 그들의 생각에는 전혀 깊이가 없기 때문이다. 밀랍이 너무 물렁해도 희미한 생각만 가능한데 밀랍이 쉽게 납작해지거나 변형되기 때문이다.

아리스토텔레스(Aristotle)[6] 역시 지능에 대해 잘 형성된 관점을 가지고 있었다. 분석론 후서 1권(Posterior Analytics Book 1)에서 아리스토텔레스는[7] 지능을 “예지(quick wit)”의 개념으로 생각했다. 예를 들어, 지적인 사람은 부자와 이야기 중인 사람을 보고 재빨리 그 사람이 부자로부터 돈을 빌리려고 한다는 결론을 내릴 수 있다고 했다.

현재의 관점.[8] 앞에서 언급된 연구에서 스턴버그(Sternberg, 1985c; Sternberg et al.,

---

6) (옮긴이 주) 지식인, 특히 현자(賢者)의 스승으로 존경받고 있다.

7) (옮긴이 주) 이솝우화, 탈무드, 고금소총, 성경, 불경 등 대중적으로 많이 읽히는 책들도 지능, 지혜, 예지를 다루고 있다. 예시한 책들은 실생활에서의 삶에 대한 지혜를 다루고 있다. 이 책에서 지능과 지혜를 다룬 장을 참조 요망.

8) (옮긴이 주) 데터만(Detterman, 1990)은 지능을 다수의 서로 독립적인 인지과정들로 구성된 하나의 복합체로 간주했다.

에스테스(Estes)는 인공지능 분야에서 수행된 연구에서 시사 받아 인간 지능의 성질을 구명할 수 있다고 보고 지능에는 세 가지 중심능력—① 상징을 조작하는 능력, ② 대안적인 선택의 결과를 평가하는 능력, ③ 상징의 순서를 통해서 탐색하는 능력—이 있다는 의견을 제안했다.

아이젱크(Eysenck, 1988)는 지능에서 대단위 근거보다는 생물학적 근거를 중시하고 지능을 과학적으로 이해하기 위해서는 생물학적 수준에서 이해하는 접근이 필요하다고 믿고 다음과 같이 정의했다.

지능이란, 대뇌피질을 통해서 정보자료(information)를 오류 없이 전달하는 과정에서 파생되는 것으로 간주되는데 특히 대뇌피질에서 발생하는 유발전위가 그러한 정보자료 전달의 정확성을 사정(査定, assessment)해 주는 역할을 하기 때문에 지능의 유용한 측정치가 될 수 있다고 제안했다.

가드너(Gardner)는 일상적인 생활환경에서 자연스럽게 발생하는 인지 유형의 다양성과 환경과 문화와의 상호작용 관계 속에서 생존적인 가치가 있는 덕목과 관련해서 지능을 이해해야 할 필요성을 제안하고, 지능은 단일 요인이 아니라 상이한 여러 구성요인들 간의 복합체라고 제안을 했다.

1981)는 일반인의 관점과 함께 전문가의 관점도 검토했다. 지능 전문가(expert)들은 모두 심리학 분야에서 종사했다. 1981년 스턴버그 등(Sternberg et al., 1981)에 의한 연구에서 비교 가능한 요인 분석이 일반인에게 수행된 것과 같이 실시되었다. 세 개의 해석 가능한 요인이 전문가에 대한 분석에서 나타났다. 그것은 언어적 요인, 문제 해결 능력, 실용적 지능이다. 이들 요인들은 일반인에 대한 분석에서 나온 요인과 비슷하지만 좀 더 학구적인 경향이 있는데 요인들을 채우는 행동의 관점으로 볼 때 그렇다.

스턴버그(Sternberg, 1985c)는 전문가의 개념에 주목했지만 이 연구에서 전문가는 미술, 경영, 철학, 물리학의 교수였다. 전문가들은 지능의 개념에서 차이점을 보였는데, 그 차이는 자신들의 전공 분야인 학문의 요구사항을 반영하는 것처럼 보였다. 예술대학 교수들이 지식과 그 지식을 가능한 대안을 저울질하고 유사점을 찾는데 사용하는 능력을 강조하는 반면, 경영학 교수들은 논리적으로 사고하는 능력, 문제의 기본적 측면에 집중하는 능력, 다른 사람의 주장을 잘 따라가며 어떤 결론을 향하는지를 아는 능력을 강조했다. 경영학 교수들이 암묵적 이론에서 논법에 대한 평가를 크게 강조하지만 예술대학 교수들은 경영학 교수들에 비해 작았다. 철학 교수들은 비평적이고 논리적 능력을 매우 크게 강조하며, 특히 복잡한 논법을 따라가서 그 논법의 오류를 발견하고 대응 논법을 만드는 능력을 강조했다. 철학자의 관점은 매우 확실하게 논리성과 합리성의 측면을 강조하며, 논리성과 합리성은 철학적 논법을 분석하거나 생성하는데 필수적이다. 반면에 물리학자들은 정확한 수학적 사고와 물리적 현상과 물리적 개념을 연관시키는 능력, 자연법칙을 빠르게 이해하는 능력에 강조점을 두었다. 따라서 때로는 미약하지만 전문가들은 지능에 대한 암묵적 이론에 대한 질문에 자신의 직업에서 중요한 기능을 강조하는 경향이 있다.

전문가가 보는 지능에 관한 개념에 내재된 은유

나는 지능의 전문가 개념에 내재된 몇 가지 식별할 수 있는 은유를 주장해 왔다(Sternberg, 1985b, 1990).

지리학적 은유. 첫 번째 은유는 지리적 은유(geographic metaphor)로 지능을 정신적 지도(map of the mind)로 본다. 이 관점을 가진 이론가에는 스피어만(Spearman,

---

출처: Detterman, D. K.,(1986). Human intelligence is a complex system of separate processes. In Sternberg, R. J. & Detterman, D. K., (Eds.) *What is intelligence?* Norwood. N. J. Ablex. 57–61; Eysenck, H. J., (1988). The biological basis of intelligence. In Irvine, S. & Berry, J., (Eds.) *Human abilities in cultural context.* New York: Cambridge University Press. 87–104.

1927), 서스톤(Thurstone, 1938), 길퍼드(Guilford, 1971), 카텔(Cattell, 1971), 버논(Vernon, 1971), 캐롤(Carroll, 1993)이 포함된다. 이 은유에서 분석의 기본단위는 일반적으로 개인차의 원인이라고 여겨지는 요인이다. 이 은유가 갖고 있는 장점은 (a) 제안된 정신적 구조에 대한 명확한 묘사, (b) 지능검사를 통한 직접 조작 가능, (c) 도구로 정교한 정량측정 기구(quantitative machinery)의 이용 가능성이다. 단점은 (a) 지적 처리에 대한 관심 부족, (b) 탐구적 요인분석에 근거한 이론에 대한 반증의 어려움, (c) 개인차에 대한 의존, (d) 탐구적 요인 분석에서 순환적 불명확성, (e) 일상생활의 지능에 대한 불확실한 일반화이다.

컴퓨터 공학적 은유. 두 번째 은유는 컴퓨터 공학적 은유이다. 이 은유를 채택한 이론가는 시몬(Simon, 1976), 훈트(Hunt, 1978), 스턴버그(Sternberg, 1977)가 있다. 분석의 기본단위는 기본 정보자료 처리(또는 요인)이다. 이 은유의 주창자는 일반적으로 연구에 반응시간 분석, 절차 분석과 컴퓨터 모의실험을 이용한다. 이 은유의 장점은 (a) 지능의 처리와 전략에 대한 상세한 묘사, (b) 과업 수행에 대한 실시간 분석, (c) 도구로 정교한 정량측정 기구 및 컴퓨터 이용 가능성이다. 단점은 (a) 개인차의 근원인 지능 구조에 대한 관심 부족, (b) 컴퓨터에 의해 지능모형이 잘 만들어졌는지 불확실, (c) 일상생활에 대한 불확실한 일반화이다.

생물학적 은유. 세 번째 은유는 생물학적 은유이다.[9] 이 은유의 중요 이론가는 루리아(Luria, 1973, 1980), 헵(Hebb, 1949), 할스테드(Halstead, 1951)가 있고 최근에 버논 등(Vernon & Mori, 1992; Wickett & Vernon, 1994)이 가세했다. 분석의 기본단위는 이론에 따라 차이가 있다. 헵의 이론에서 기본단위는 세포의 모임이다. 버논의 이론에서는 신경전달의 속도이며, 루리아와 할스테드와 같은 다른 이론가는 두뇌와 다양한 지적 기능을 연결하는 구조적 이론들을 제안했다. 다양한 분석 방법이 이용되었고 이들 방법은 유발전위(EP) 측정, 신경전달 속도 측정, 반뇌의 기능 평가(assessment of hemispheric specialization), 양전자방출 단층촬영술(PET)과 기능적 자기공명영상법(fMRI)을 통해 다른 종류의 지적 과제와 관계된 뇌의 각 부분을 추적하기 위해 방사능 추적자를 이용하는 것을 포함한다. 이 은유의 장점은 (a) 지능을 두뇌에 있는 생물학적 근원과 연결시키고, (b) 종종 매우 정확한 실험적 기법과 측정 기법을 적용하며, (c) 아직 실현되지 않았지만 문화에 따른 차이를 줄이거나 문화적으로 공정한 측정을 실현할 수 있는

---

9) (옮긴이 주) 스마트 드러그(Smart Drug)라고 불리는 지능을 향상시켜 주는 약물에는 바소프레신(Vaso Pressin)이 널리 사용 또는 남용되고 있다. 새로운 기억을 정착시키는 역할을 하고 있다.

흥미 있는 가능성을 가지고 있다. 단점은 (a) 이 접근법에 의한 결과는 아직 믿을 만한 기록의 수준에 불과하여 아직 실제적 적용이 어려우며, (b) 지능이 표현되는 상황을 무시하는 경향이 있고, (c) 요구 사항은 특히 인과 관계의 측면에서 자료의 범위를 넘어간다. 이 마지막 관점은 공들일 가치가 있다. 휴면 상태에서 뇌파검사를 통해 주장하는 것처럼 지능검사 점수와 연관성을 증명한다면 가치가 있을 것이다(Hendrickson, 1982; Eysenck, 1982). 내재적인 생물학적 처리가 어느 정도 지능을 야기한다는 것이 휴면 뇌파검사와 지능검사 점수의 상호관계가 확실하지 않다. 예를 들어, 인지적 처리가 상호관계의 원인이라면 총명한 사람은 시간을 생각하는데 쓸 것인 반면 덜 총명한 사람은 그렇지 않을 것이다. 또는 생물학적 처리와 인지적 처리가 모두 다른 어떤 것에 의존할 수도 있다. 예를 들어, 뇌파는 단지 어떤 종류의 두뇌활동의 지표를 나타내지만 두뇌활동의 본질은 명확하지 않다. 유발전위와 같은 다른 측정법도 같은 제약이 있다.

유전적이고 인식론적 은유. 네 번째 은유는 유전적이고 인식론적인 은유이다. 중요 이론가로는 피아제(1972)가 있다.[10] 분석의 기본단위는 도식(schema)이다. 전형적인 사용 방법은 사례연구와 실험을 통한 근접 관찰이 있다. 이 은유의 장점은 (a) 지능과 지적 발달에 대한 이론으로서 포괄성, (b) 전 세계적으로 모든 연령대의 아동에 대해 수행

---

10) (옮긴이 주) Piaget의 인지발달 이론의 함의와 문제점을 예시하면 다음과 같다(Wagner & Sternberg, 1984, 이 책의 9장을 참조).

함의

1. 학교 학습의 실제에서 적극적인 발견이 수동적이고 수용적인 학습보다 유리하다.
2. 근본적으로 동기가 중요하다.
3. 실질적 학습 상황이어야 한다.
4. 유연성이 필수적이다.

문제점

1. 피아제 이론은 수행(performance)보다 인지 능력의 발달 과정에 관한 이론이다.
2. 지능 구조상의 발달의 각 단계가 긴 시간에 걸쳐 있고, 진행되기 때문에 각 발달 단계별 연속적인 지도의 유용성이 제한된다.
3. 그의 이론은 학교 학습보다 인지발달상의 성장을 강조한다.
4. 피아제의 이론은 어떤 실험적인 근거가 부족하여 현재까지 교육적 개입의 근거로서 미흡하다.
5. 옮긴이가 생각하기로는 지능발달에서 문화·사회적 영향, 인간관계의 역동성, 그리고 정상 아동이라면, 내재적 추동(internal drive)이 지능 발달에 중요한 기능을 발휘한다는 점을 간과했고, 뇌신경 가소성(plasticity)의 역할과 지능도 진화, 분화 발달한다는 점을 인식하지 않았다는 문제점이 있다.

된 광범위한 연구, (c) 많은 구조와 처리를 기술한 세밀함이다. 단점은 지능의 (a) 다른 측면들에 반대되는 것으로서 논리적이고 과학적인 측면에 대한 집중, (b) 개인이 지적 성숙에 이르기 이전인 대략 11세에서 12세의 연령을 지능 발달의 최종 단계가 시작되는 것으로 보는 시기의 부적절성, (c) 아동들이 다양한 지적 수행능력을 보이는 연령에 대한 과대평가이다.

인류학적 은유. 다섯 번째 은유는 인류학적 은유이다. 여기서 문제는 어떤 형태의 지능을 문화적인 개입으로 간주해야 하는가이다. 분석의 기본단위는 문화적 상황과 상호작용 하는 개인이다. 인류학적 경향의 이론가는 베리(Berry, 1984), 코올(Cole, 1996), 그린필드(Greenfield, 1997)가 있다. 이 은유의 장점으로 (a) 지적 행동의 구성요인과 어쩌면 지능의 본질을 결정하는 것에서도 문화의 역할 인정, (b) 문화들 간에 적용 가능한 거대한 잠재력, (c) 문화적 배경에 따른 지능검사 방법의 필요성 인정이 있다. 단점은 (a) 인지적 기능이 명확하지 않거나 정의되지 않으며, (b) 이론에 명세된 내용이 중요한 세부사항이 부족하고, (c) 지능이 문화의 본질에 따라 변한다는 극도의 상대주의적 입장을 취하여 이론의 간결성이 부족하다는 것이다.

사회학적 은유. 이 은유는 지능에서 사회화의 중요성을 강조한다. 잘 알려진 이론가에는 비고츠키(Vygotsky, 1978), 포이에르스타인(Feuerstein, 1980)이 속한다. 비고츠키에게 있어서, 특히 중요한 구성개념은 내면화로 이를 통해 아동은 사회적 상호작용 속에 행동을 보고 내재화한다. 즉, 상황의 관련된 측면을 자신의 내부로 받아들여 자기 것으로 만드는 것이다. 포이에르스타인의 경우 핵심 구성개념은 조정된 학습으로 여기서는 지식 획득이 일어날 때 부모나 교사 같은 조정자가 상황을 아동에게 설명하는 것이다. 이 은유의 장점은 (a) 다른 사람과 처음 만났을 때 경험을 내면화하는 것에 대한 중요성 인식, (b) 내면화에서 조정자의 역할 인식, (c) 잠재된 능력과 개발된 능력의 표현 사이의 차이에 대한 인식이다. 단점은 (a) 내면화가 일어나는 방법에 대한 세부 사항이 부족하고, (b) 조정 전후의 수행상 차이인 비고츠키의 기초에 인접 발달 영역에 대한 실제 측정방법이 의심스러우며, (c) 교육에 참가한 많은 학생들로부터 유도된 결론에 관해 모호성(ambiguities)이 존재하는 것이다.

체계 은유. 체계 은유(System metaphor)는 지능이 다차원적 분석을 통합시킨 복합적인 체계라는 개념에 근거를 두었다. 다차원적 분석에는 지리학, 컴퓨터 공학, 생물학, 인류학, 사회학을 비롯한 그 외에 다른 분야의 분석이 포함된다. 분석의 기본단위는 체계와 그 요인의 상호작용이다. 이 은유의 이론가는 가드너(1983, 1993)와 스턴버그

(1985b, 1997)가 있다. 이 은유의 장점은 (a) 지능의 복합성에 대한 인식, (b) 다차원적 분석의 통합, (c) 이론들 속에 포함된 광범위한 능력이다. 단점은 (a) 불가능하지는 않지만 이론을 검사하기 어렵고, (b) 이론이 너무 복잡하여 간략함이 부족하며, (c) 몇 개의 이론은 깊이보다 범위에서 더 명확해지는 경향이 있다.

은유들은 맞거나 틀린 것이 아니다. 은유는 차등적으로 유용하다. 대체로 은유의 유용성은 목적에 따른다. 따라서 어떤 은유가 가장 적합한지는 은유를 필요로 하는 목적에 달린 것이다.

지능과 사회에 대한 암묵적 이론

스턴버그는 전체로서 지능이 사회와 관계되는 방법에 대한 세 가지 중요한 이론이 있다고 했다(Sternberg, 1997). 이론을 하밀톤적(Hamiltonian) 이론, 제퍼슨적(Jeffersonian) 이론, 잭슨적(Jacksonian) 이론으로 부를 수 있다. 이 관점들은 엄격하기보다 느슨하게 미국의 세 명의 위대한 정치가, 즉 역사적 인물들인 알렉산더 하밀톤(Alexander Hamilton), 토마스 제퍼슨(Thomas Jefferson), 앤드류 잭슨(Andrew Jackson)의 철학에 근거를 두고 있다.

하밀톤의 관점(Hamiltonian view)은 플라톤의 관점(Platonic view)과 유사한 것으로 사람은 각각 서로 다른 수준의 지능을 가지고 태어났고 그 사람이 정부 관리였던 플라톤의 용어처럼 철학자 왕이든 지능이 낮은 사람들을 관리하기 위해 지능이 더 높은 사람들의 지도가 필요하다는 것이다.[11] 헤른스타인과 머레이(Herrnstein & Murray, 1994)는 그들이 인지적(IQ 점수가 높은) 엘리트의 출현에 대해 쓰면서 대체로 스스로를 돌볼 수 없는 비 엘리트(IQ 점수가 낮은)들의 무책임한 집단에 대한 책임을 갖는 것으로 썼을 때 하밀톤의 관점을 공유했던 것으로 보인다. 헤밀톤적 관점은, 그냥 두면 비엘리트들은 일종의 혼란을 초래할 것이고 항상 그래왔다고 보는 것이다.

제퍼슨의 관점(Jeffersonian view)은 인간은 정치적으로나 사회적 권리에 있어서 동등하고 따라서 평등한 기회를 가져야 하지만, 그들이 반드시 기회를 똑같이 이용하지 않고 반드시 자신들의 성과에 대해 똑같은 보상을 받지 않는다는 것이다. 인간은 똑같이 주어진 기회를 통해 자신이 성취한 만큼 보상받아야 하며 그들이 성취할 지도 모르는 것이나 성취했어야 하는 것, 성취할 수 있는 것으로 보상을 받는 것이 아니다. 실패한 사람은

11) (옮긴이 주) 현인(賢人)이 나라를 통치해야 한다고 주장했다.

단지 기회를 가졌다는 것 때문에 성공한 사람과 똑같은 보상을 받지 않는다. 이 관점에서 교육의 목적은 해밀톤적 관점에서처럼 엘리트를 선호하거나 육성하는 것이 아니라 아동들이 그들이 가진 기능을 완전히 이용할 수 있는 기회를 주는 것이다. 나의 관점은 이것과 비슷하다(Sternberg, 1997).

잭슨의 관점(Jacksonian view)은 모든 사람은 동등하며 인간 자체로서만이 아니라 그들의 능력에서도 동등하다는 것으로 어떤 사람이 공무원 또는 법률가, 책임 있는 어느 위치에서든 다른 사람과 똑같이 잘 할 수 있다는 관점이다. 민주주의에 대한 이 관점에서 사람은 근본적으로 특별한 기능만 제외하면 서로 대체 가능하고 모든 기능이 학습 가능하다. 에릭손(Ericsson, 1996)이 이 관점과 관련된 제안을 했다. 이 관점에서 우리는 한 집단을 다른 집단에 비해 선호할 가능성이 있는 어떤 조직도 필요하거나 요구하지 않는다.

결론

지능과 지능의 사회화와 관계에 대한 암묵적 이론은 아마도 지금까지 해 왔던 것보다 더 주의 깊게 고려될 필요가 있으며 그 이유는 암묵적 이론이 종종 명시적 이론의 내재적 전제조건이나 과학적 부분으로 여겨지는 실험을 계획할 때조차 내재적 전제조건이 되기 때문이다. 다른 이론가들과 실험자들이 다른 전제조건에서 시작하여 문제에 대한 과학적 측면을 논의한다고 믿을 때 실제로는 자신들의 과학적 연구에 적용된 서로 다른 전제조건 때문에 서로의 범위를 넘어선 이야기를 하는 수도 있다. 예를 들어 같은 젠센(Jensen, 1998)을 어떤 학자는 어느 정도 제한적인 일반요인(Neisser, 1999)이 실제로 존재한다는 것에 대한 강박관념으로 보는 사실이 다른 학자에 의해 지적으로 유연한 사람이나 정치적으로 공정한 사람이 설명하여 제기하고(Bouchard, 1999) 싫어 하는 사실에 대한 용감하고 과학적인 탐구로 간주될 수 있다. 학자들이 그들의 암묵적 이론과 가정을 논의할 능력이 있는 한 그들의 명시적인 이론과 자료에 대해 논의할 때보다 더 범위를 넘어선 이야기를 할 것이다.

헌사

이 장은 미국 교육부의 교육연구 및 개선국의 지도에 따라 자비츠법 프로그램(Javits Act Program)의 지원 하에 준비되었다. 연구 과제를 수행하는 수혜자는 자신의 직업적 판단을 자유롭게 표현할 수 있다. 따라서 이 장은 반드시 미국 교육부나 교육연구 및 개선국의 입장이나 정책을 대표할 필요는 없으며 어떤 공식적 승인을 받을 필요는 없다.

참고 문헌

Azuma, H., & Kashiwagi, K. (1987). Descriptions for an intelligent person: A Japanese study. *Japanese Psychological Research*, *29*, 17–26.

Berg, C. A., & Sternberg, R. J. (1985). A triarchic theory of intellectual development during adulthood. *Developmental Review*, *5*, 334–370.

Berry, J. W. (1984). Towards a universal psychology of cognitive competence. In P. S. Fry (Ed.), *Changing conceptions of intelligence and intellectual functioning* (pp. 35–61). Amsterdam: North-Holland.

Boring, E. G. (1923, June 6). Intelligence as the tests test it. *New Republic*, *35*, 35–37.

Bouchard, T. J. (1999). The definitive case of g. [Review of the book The g factor: The science of mental ability.] *Contemporary Psychology*, *44*, 133–135.

Carroll, J. B. (1993). *Human cognitive abilities: A survey of factor-analytic studies*. New York: Cambridge University Press.

Cattell, R. B. (1971). *Abilities: Their structure, growth and action*. Boston: Houghton Mifflin.

Chen, M. J. (1994). Chinese and Australian concepts of intelligence. *Psychology and Developing Societies*, *6*, 101–117.

Chen, M. J., Braithwaite, V., & Huang, J. T. (1982). Attributes of intelligent behaviour: Perceived relevance and difficulty by Australian and Chinese students. *Journal of Cross-Cultural Psychology*, *13*, 139–156.

Chen, M. J., & Chen, H. C. (1988). Concepts of intelligence: A comparison of Chinese graduates from Chinese and English schools in Hong Kong. *International Journal of Psychology*, *223*, 471–487.

Cole, M. (1996). *Cultural psychology: A once and future discipline*. Cambridge, MA: Harvard University Press.

Connolly, H., & Bruner, J. (1974). Competence: Its nature and nurture. In K. Connolly & J. Bruner (Eds.), *The growth of competence*. New York: Academic Press.

Craik, F. I. M., & Lockhart, R. S. (1972). Levels of processing: A framework for memory research. *Journal of Verbal Learning and Verbal Behavior*, *11*, 671–684.

Das, J. P. (1994). Eastern views of intelligence. In R. J. Sternberg (Ed.), *Encyclopedia of human intelligence* (Vol. 1, pp. 387–391). New York: Macmillan.

Dasen, P. (1984). The cross-cultural study of intelligence: Piaget and the Baoule. *International Journal of Psychology*, 19, 407–434.

Durojaiye, M. O. A. (1993). Indigenous psychology in Africa. In U. Kim & J. W. Berry (Eds.), *Indigenous psychologies: Research and experience in cultural context*. Newbury Park, CA: Sage.

Dweck, C. S. (1999). *Self-theories: Their role in motivation, personality, and development*. Philadelphia: Psychology Press.

Dweck, C. S., & Elliott, E. S. (1983). Achievement motivation. In P. H. Mussen (General Ed.) & E. M. Heatherington (Vol. Ed.), *Handbook of child psychology: Vol. 4. Socialization, personality, and social development* (4th ed., pp. 644–691). New York: Wiley.

Ericsson, K. A. (Ed.). (1996). *The road to excellence*. Mahwah, NJ: Erlbaum.

Eysenck, H. J. (Ed.). (1982). *A model for intelligence*. Berlin: Springer-Verlag.

Feuerstein, R. (1980). *Instrumental enrichment: An intervention program for cognitive modifiability*. Baltimore, MD: University Park Press.

Fry, P. S. (Ed.). (1984). *Changing conceptions of intelligence and intellectual functioning: Current theory and research*. Amsterdam: North-Holland.

Gardner, H. (1983). *Frames of mind: The theory of multiple intelligences*. New York: Basic.

Gardner, H. (1993). *Multiple intelligences: The theory in practice*. New York: Basic.

Gill, R., & Keats, D. M. (1980). Elements of intellectual competence: Judgments by Australian and Malay university students. *Journal of Cross-Cultural Psychology, 11*, 233–243.

Goodnow, J. J. (1976). The nature of intelligent behavior: Questions raised by cross-cultural studies. In L. Resnick (Ed.), *The nature of intelligence* (pp. 169–188). Hillsdale, NJ: Erlbaum.

Greenfield, P. M. (1997). You can't take it with you: Why abilities assessments don't cross cultures. *American Psychologist, 52*, 1115–1124.

Guilford, J. P. (1967). *The nature of human intelligence*. New York: McGraw-Hill.

Halstead, W. C. (1951). Biological intelligence. *Journal of Personality, 20*, 118–130.

Harkness, S., & Super, C. M. (1983). The cultural construction of child development: A framework for the socialization of affect. *Ethos, 11*, 221–231.

Heath, S. B. (1983). *Ways with words*. New York: Cambridge University Press.

Hebb, D. O. (1949). *The organization of behavior: A neuropsychological psytheory*. New York: Wiley.

Hendrickson, A. E. (1982). The biological basis of intelligence. Part I: Theory. In H. J. Eysenck (Ed.), *A model for intelligence* (pp. 151 196). Berlin: Springer-Verlag.

Herrnstein, R. J., & Murray, C. (1994). *The bell curve*. New York: Free Press.

Hunt, E. B. (1978). Mechanics of verbal ability. *Psychological Review, 85*, 109–130.

Intelligence and its measurement: A symposium. (1921). *Journal of Educational Psychology, 12*, 123–147, 195–216, 271–275.

Irvine, J. T. (1978). "Wolof magical thinking": Culture and conservation revisited. *Journal of Cross-Cultural Psychology, 9*, 300–310.

Jensen, A. R. (1998). *The g factor: The science of mental ability*. Westport, CT: Praeger/Greenwood.

Katz, J. J. (1972). *Semantic theory*. New York: Harper and Row.

Luria, A. R. (1973). *The working brain*. New York: Basic.

Luria, A. R. (1980). *Higher cortical functions in man* (2nd ed., rev. & expanded). New York: Basic.

Lutz, C. (1985). Ethnopsychology compared to what? Explaining behavior and consciousness among the Ifaluk. In 0. M. White & J. Kirkpatrick (Eds.), *Person, self and experience: Exploring Pacific ethnopsychologies* (pp. 35–79). Berkeley: University of California Press.

Miles, T. R. (1957). On defining intelligence. *British Journal of Educational Psychology*, *27*, 153–165.

Neisser, U. (1979). The concept of intelligence. In R. J. Sternberg & D. K. Detterman (Eds.), *Human intelligence: Perspectives on its theory and measurement*. Norwood, NJ: Ablex.

Neisser, U. (1999). The great g mystery. [Review of the book The g factor: The science of mental ability.] *Contemporary Psychology*, *44*, 131–133.

Newell, A., & Simon, H. A. (1972). *Human problem solving*. Englewood Cliffs, NJ: Prentice Hall.

Nicholls, John G. (1990). What is ability and why are we mindful of it? A developmental perspective. In R. J. Sternberg & J. Kolligian, Jr. (Eds.), *Competence considered* (pp. 11–40). New Haven, CT: Yale University Press.

Okagaki, L., & Sternberg, R. J. (1993). Parental beliefs and children's school performance. *Child Development*, *64*, 36–56.

Piaget, J. (1972). *The psychology of intelligence*. Totowa, NJ: Littlefield Adams.

Poole, F. J. P. (1985). Coming into social being: Cultural images of infants in Bimin–Kuskusmin folk psychology. In G. M. White & J. Kirkpatrick (Eds.), *Person, self and experience: Exploring Pacific ethnopsychologies* (pp. 183–244). Berkeley: University of California Press.

Putnam, D. B., & Kilbride, P. L. (1980). *A relativistic understanding of social intelligence among the Songhay of Mali and Samia of Kenya*. Paper presented at the meeting of the Society for Cross–Cultural Research, Philadelphia, PA.

Ross, R. H., & Spalding, T. L. (1994). Concepts and categories. In R. J. Sternberg (Ed.), *Handbook of perception and cognition: Thinking and problem solving* (pp. 119–148). San Diego, CA: Academic Press.

Ruzgis, P. M., & Grigorenko, E. L. (1994). Cultural meaning systems, intelligence and personality. In R. J. Sternberg and P. Ruzgis (Eds.), *Personality and intelligence* (pp. 248–270). New York: Cambridge.

Serpell, R. (1974). Aspects of intelligence in a developing country. *African Social Research*, No. 17, 5 76–596.

Serpell, R. (1977). Strategies for investigating intelligence in its cultural context. *Quarterly Newsletter of the Institute for Comparative Human Development*, 11–15.

Serpell, R. (1982). Measures of perception, skills, and intelligence. In W. W. Hartup (Ed.), *Review of child development research* (Vol. 6, pp. 392–440). Chicago: University of Chicago Press.

Siegler, R. S., & Richards, D. D. (1982). The development of intelligence. In R. J. Sternberg (Ed.), *Handbook of human intelligence* (pp. 896–971). New York: Cambridge University Press.

Simon, H. A. (1976). Identifying basic abilities underlying intelligent performance of complex tasks. In L. B. Resnick (Ed.), *The nature of intelligence* (pp. 65–98). Hillsdale, NJ: Erlbaum.

Spearman, C. (1927). *The abilities of man*. London: Macmillan.

Srivastava, A. K., & Misra, G. (1996). Changing perspectives on understanding intelligence: An appraisal. *Indian Psychological Abstracts and Review*, *3*, 1–34.

Sternberg, R. J. (1977). *Intelligence, information processing, and analogical reasoning: The componential analysis of human abilities*. Hillsdale, NJ: Erlbaum.

Sternberg, R. J. (1985a). *Beyond IQ: A triarchic theory of human intelligence*. New York: Cambridge University Press.

Sternberg, R. J. (1985b). Human intelligence: The model is the message. *Science*, *230*, 1111–1118.

Sternberg, R. J. (1985c). Implicit theories of intelligence, creativity, and wisdom. *Journal of Personality and Social Psychology*, *49*, 607–627.

Sternberg, R. J. (1990). *Metaphors of mind: Conceptions of the nature of intelligence*. New York: Cambridge University Press.

Sternberg, R. J. (1997). *Successful intelligence*. New York: Plume.

Sternberg, R. J., & Being, C. A. (1986). Quantitative integration: Definitions of intelligence: A comparison of the 1921 and 1986 symposia. In R. J. Sternberg & D. K. Detterman (Eds.), *What is intelligence? Contemporary viewpoints on its nature and definition* (pp. 155–162). Norwood, NJ: Ablex.

Sternberg, R. J., Conway, B. E., Ketron, J. L., & Bernstein, M. (1981). People's conceptions of intelligence. *Journal of Personality and Social Psychology*, *41*, 37 55.

Sternberg, R. J., & Detterman, D. K. (1986). *What is intelligence?* Norwood, N. J.: Ablex.

Sternberg, R. J., & Grigorenko, E. L. (1997). The cognitive costs of physical and mental ill health: Applying the psychology of the developed world to the problems of the developing world. *Eye on Psi Chi*, *2*, 20–27.

Sternberg, R. J., & Kaufman, J. C. (1998). Human abilities. *Annual Review of Psychology*, *49*, 479–502.

Sternberg, R. J., Nokes, K., Geissler, P. W., Prince, R., Okatcha, F., Bundy, D. A., & Grigorenko, E. L. (in press). The relationship between academic and practical intelligence: A case study in Kenya. *Intelligence*.

Super, C. M., & Harkness, S. (1986). The developmental niche: A conceptualization at the interface of child and culture. *International Journal of Behavioral Development*, *9*, 545–569.

Thurstone, L. L. (1938). *Primary mental abilities*. Chicago: University of Chicago Press.

Vernon, P. E. (1971). *The structure of human abilities*. London: Methuen.

Vernon, P. A., & Mori, M. (1992). Intelligence, reaction times, and peripheral nerve conduction velocity. *Intelligence*, *8*, 273–288.

Vygotsky, L. S. (1978). Mind in society: The development of higher psychological processes. Cambridge, MA: Harvard University Press.

White, G. M. (1985). Premises and purposes in a Solomon Islands ethnopsychology. In G. M. White & J. Kirkpatrick (Eds.), *Person, self and experience: Exploring Pacific ethnopsychologies* (pp. 328–366). Berkeley: University of California Press.

Wickett, J. C., & Vernon, P. A. (1994). Peripheral nerve conduction velocity, reaction time, and intelligence: An attempt to replicate Vernon and Mon. *Intelligence*, *18*, 127–132.

Wober, M. (1974). Towards an understanding of the Kiganda concept of intelligence. In J. W. Berry & P. R. Dasen (Eds.), *Culture and cognition: Readings in cross-cultural psychology* (pp. 261–280). London: Methuen.

Yang, S., & Sternberg, R. J. (1997a). Conceptions of Intelligence in ancient Chinese philosophy. *Journal of Theoretical and Philosophical Psychology*, *17*, 101–119.

Yang, S., & Sternberg, R. J. (1997b). Taiwanese Chinese people's conceptions of intelligence. *Intelligence*, *25*, 21–36.

Yussen, S. R., & Kane, P. (1985). Children's concept of intelligence. In S. R. Yussen (Ed.), *The growth of reflective thinking in children* (pp. 207–241). New York: Academic Press.

제 2 장

지능에 관한 최신 모형[1)]

Janet E. Davidson
(Lewis & Clark 대학교 심리학과 교수)
C. L. Downing
(Lewis & Clark 대학교 심리학과 교수)

교육 목표의 우선순위를 정하라

공부를 잘해서 성적을 올리기
IQ와 EQ를 높이기
대학 합격률을 높이기 위해서
인성 지도를 잘해서 인간미를 갖추게 하기
행복한 학교생활이 되도록 학교와 학급을 경영하기
교사와 학생에게 좋은 학교를 만들기
교원 평가와 수업 평가에서 양호한 결과를 나타내서 교육력을 높이기

---

1) (옮긴이 주) 이 논문과 유사한 제목으로 스턴버그 교수가 논문을 발표한 바 있으나 다루고 있는 내용과 지향성에 서로 특징과 차이가 있다.
Sternberg, R. J., (2003). *Contemporary Theories of Intelligence.*
Reynolds, W. M., Miller, G. E., & Weiner, I. B., (Eds.). *Handbook of Psychology. Vol. 7. Educational Psychology.* New Jersey: John Wiley & Sons, Inc. 23-40.

학교 조직을 건강하게 만들기
교사의 직무 스트레스를 예방, 치료, 상담하고 대처 프로그램을 추진하기
교사가 승진 목표를 달성하기 위하여 이용 수단으로 활용하기

현재의 지능 모형

어떤 사람이 지적이라는 것이나 또는 어떤 사람이 다른 사람보다 더 지적이라는 것이 의미하는 바는 무엇인가? 별로 놀랄 것도 없이, 이 의문에 대한 해답은 그 답을 이야기하는 수준에 따라 다르다. 지능 평가를 어떤 사회의 구성원이 수행하기 때문에, 그것의 개념화는 종종 여러 가지 형태를 갖고 있으며 그 형태는 언제, 어디서, 어떻게 평가를 했는가에 의해서 변할 수 있다.

인간의 지능을 정의하고 측정하는 것은 나름대로 어려움이 있지만, 그 목적은 가치가 있다. 지능에 대한 사회의 관점을 이해하고 명시적으로 만들어, 우리는 귀중한 재능을 찾아내고 키울 수 있다. 추가하여, 이 정의하기 힘든 복합 개념의 근원을 찾는다면 이것은 인간 지성의 작용에 대한 과학적 지식을 발전시킨다.

지능의 성질을 이해하는 한 가지 방법은 이론에 근거한 모형을 이용하는 것이다. 이들 지능 모형은 가끔 지능에 대해 기존의 연구를 설명하는 은유를 이용하고 미래의 의문을 명확하게 한다(Sternberg, 1990). 그러나 모형은 또한 사회와 과학에 유용한 특정 기준을 만족시켜야 한다. 첫째, 모형은 관련된 가정과 기존 지식에 의한 경험적 지원에 근거를 두고 틀릴 경우도 증명할 수 있어야 한다. 둘째, 요인과 요인들이 상호작용하는 기제(mechanism)는 잘 정의되어야 하며 내적으로 밀접하게 결합되어야 한다. 셋째, 모형은 시간과 상황에 따라 지적 행동을 기술하고, 설명하며, 예측할 수 있어야 한다. 마지막으로, 지능 모형은 지능 분야를 발전시킬 새로운 연구와 응용을 생성하는데 효과적이어야 한다. 이들 기준은 이론에 관한 논문에 기술된 기준과 유사하다(Davidson, 1990; Hempel, 1966; Kaplan, 1964).

이 장에서는 네 가지 유형의 인간 지능에 대한 현대 모형인 신경 중추의 효율성 및 계층적 계통, 전후관계에 의한 계통, 복합 계통 모형을 기술할 것이다. 지면의 제약 때문에 현재의 관점에서 단 하나의 예만을 제시한다. 각각의 소주제를 기술한 후 우리는 다음과 같은 의문으로 되돌아 갈 것이다. 이 유형의 모형이 쓸모 있는가? 다른 말로, 우리는 네 개의 모형 각각이 지능에 대한 지적 모형으로 우리의 기준을 만족시키는지를 분석할 것이다.

지능의 신경 중추 효율성 모형

많은 지능 이론가들이 지능의 중심은 실제로 두뇌라고 믿는다. 이 견해에 따르면, 우리는 지적 능력의 신경생리학적 근거(neurophysiological bases)를 발견해서 지적 행동을 이해하고 적절히 측정할 수 있어야 한다. 신경 중추적 모형(neural efficiency model)의 전제는 고도로 지적인 사람은 덜 지적인 사람의 두뇌보다 더 정확하고 빠르게 작동하는 두뇌를 가졌다는 것이다.

기술의 발전에 의해 몇 가지 기법이 두뇌의 효율성을 직접 측정할 수 있게 한다. 이 기법에는 유발전위(Evoked Potentials), 대뇌 포도당 대사율(Cerebral Glucose Metabolic Rate; CGMR), 신경 전도 속도(Nerve Conduction Velocity; NCV)가 있다.

유발 전위

드러나는 어떤 응답이나 수검자에 대한 사전 지식이 필요 없는 측정법을 상상할 수 있다. 수검자는 그냥 안락한 의자에 앉아 일정하지 않은 간격으로 들리는 소리를 듣기만 하면 된다. 두피에 부착된 전극이 유발 전위를 측정하고 소리에 반응하는 두뇌의 전기적 활동을 반영한다. 헨드릭슨(A. E. Hendrickson, 1982)과 헨드릭슨(D. E. Hendrickson, 1982)에 따르면, 지능지수가 낮은 사람은 전기적 두뇌활동에서 평균적인 양의 변이성을 보일 것이며 이것은 그들 두뇌의 피질을 통해 정보자료를 전달하는데 오류가 있기 때문이다. 반면, 높은 지능지수를 보이는 사람은 상대적으로 오류가 적은 정보자료를 전달하기 때문에 유발전위에서 작은 변산도(變散度, variability)가 나타날 것이다.

지능이 신경의 정확도를 반영한다는 가정을 검증하기 위해 헨드릭슨은 자료분석 방법을 개발했고 그 방법은 기본적으로 평균화된 유발전위(Averaged Evoked Potential; AEP)로부터 생성된 파동형(waveform)의 제일 꼭대기에 놓인 실(string)을 모사(模寫)한 것이다. 실의 길이가 긴 것은 전기적 활동과 일치하고 짧은 실은 정보자료 전달의 오류에 의한 변이성을 반영한다. 이 연구에서 발견된 흥미 있는 사실은 측정된 실의 길이는 대략 지능지수의 0.8과 상호 연관성이 있는 것이다. 다른 말로, 연구자들은 인간 두뇌 속에 전기적 활동의 일관성과 그들이 웩슬러 성인용 지능척도(Wechsler Adult Intelligent Scale)를 위한 검사를 받으며 한 응답 사이에 대단히 강한 관련성을 발견한 것이다. 더 정교한 분석이 실을 사용한 실험을 대체한 이래로 평균화된 유발전위와 지능지수 사이의 관계가 청각적 자극뿐만 아니라 시각적 자극에 의해서도 발견되었다(Ertl & Schafer, 1969; Reed & Jensen, 1992).

평균화된 유발전위와 지능지수 사이에 높은 상호관련성이 어떤 관련성을 얻을 수 있더라도 항상 재현되지 않는다는 사실에 주목해야 한다(Barrett & Eysenck, 1992). 상관관계는 0.2에서 0.8의 범위에 있었다. 일치하지 않는 결과에 대한 설명 중의 하나는 연구마다 연구자들이 피험자에게 부여한 주의집중에 대한 요구에 차이가 있다는 것이다(Bates & Eysenck, 1993). 최근의 연구(Bates, Stough, Mangan, & Pellet, 1995)에서, 지능지수가 높은 피험자는 주의집중이 요구되는 상황에서 주의집중이 요구되지 않는 상황에서 보다 실 길이가 짧아지는 것을 보였다. 대조적으로 지능지수가 낮은 피험자는 주의집중하지 않은 상황보다 주의집중한 상황에서 실 길이가 길어졌다. 이들 연구자들은 그들의 연구 결과가 높은 지능지수를 가진 피험자에게 신경 중추적 정확성이 크다기보다 높은 신경 중추 효율성과 능력을 증명한다고 결론을 내렸다.

같은 계통을 따라, 지능지수와 신경 중추 능력 사이의 관계가 발견되었다. 더 명확하게 높은 지능지수의 피험자는 낮은 지능지수의 피험자와 달리 예상치 못한 문항에 대한 응답에서 높은 진폭의 평균화된 유발전위를 보였고 예상된 문항에 대한 응답에서는 낮은 진폭을 나타냈다(Schafer & Marcus, 1973; Schafer, 1979). 샤퍼(Schafer, 1982)에 따르면, 효율적이고 지적인 두뇌는 자극에 반응하는데 유연하여 낯설거나 예상치 못한 자극을 처리하기 위해 더 많은 신경단위를 익숙하거나 예상된 정보자료 처리에는 적은 신경단위를 사용한다.

또 다른 유망한 연구 계통은 유발 전위를 조사 시간 과제에 대한 수행을 결합한 측정법과 관계된다. 조사 시간 과제는 잘 연구된 정보자료 처리 지수(information-processing index)로 단순한 정보자료를 수용하는 속도를 반영한다(Deary & Stough, 1996). 전형적인 조사 시간 과제에서 수검자는 두 개의 평행한 수직선을 보게 되고, 길이가 다른 두 선 중 어느 선이 더 긴지 선택하게 된다. 선들은 다양한 시간 동안 보여지며, 그 후에 일반적으로 시각 처리를 차단하기 위해 마스크로 가리게 된다. 많은 정보자료 처리 과제와 달리 반응시간은 조사 시간 과제의 대상이 아니다. 실험자는 피험자에게 결정을 내릴 수 있을 때까지 충분한 시간을 갖도록 권한다. 조사 시간은 대체로 특정한 수준의 정확성을 얻기 위해 각 피험자에게 필요한 자극의 노출 시간으로 결정된다. 조사 시간은 지능검사에 대한 수행에서 대략 20%에 이르는 변차를 설명한다(Deary & Stough, 1996). 덧붙여, 수직선을 처리하는 동안 초기에 수집된 유발 전위를 통해 조사 시간에 대한 높은 수행을 보이고 지능지수가 높은 피험자를 구분할 수 있었다(Caryl, 1994). 이 발견은 효율적인 자극분석 기구는 지적 행동에 내재되어 있다는 사실을 의미한다.

대뇌 포도당 대사율

신경중추 효율성 모형에 대한 더 큰 증거는 피험자가 일련의 과제를 수행하는 동안 양전자 방출 단층 촬영술(PET)을 이용하여 대뇌 포도당 대사율(Cerebral glucose metabolic rates, CGMRs)을 측정한 연구에서 나왔다. 두뇌가 지적 활동을 수행할 때 두뇌는 포도당 대사를 통해 소모된 에너지를 보충한다. 어떤 주어진 과제를 수행하는 동안 두뇌에 의해 소모된 에너지의 양이 사람에 따라 차이가 있다는 것이 발견되었다. 더 명확하게 높은 지능지수를 가진 사람은 지능지수가 낮은 사람보다 더 적은 에너지를 소비하는 두뇌를 가졌고, 그 결과 더 적은 포도당을 소모했다(Haier et al., 1988).

추가하여, 비디오 게임에서 시간이 지남에 따라 수행상 큰 향상을 보인 사람은 그들 두뇌의 어느 부분에서 포도당 대사의 양이 크게 감소하고 과제에 관련된 두뇌 영역에서는 대사의 수준이 높아지는 것으로 나타났다(Haier, 1992). 이러한 결과는 두뇌의 효율성과 학습 사이에 강한 관계성이 있음을 의미한다. 또한 어떤 점에서, 연구자들이 다른 지적 과제를 수행할 때 특정한 가장 활동적인(most active) 두뇌영역과 가장 효율적인(most efficient) 두뇌영역을 식별할 수 있다는 것을 의미한다.

신경전도 속도

신경전도 속도(nerve conduction velocity, NCV)와 지능에 관한 연구 역시 신경중추 효율성 모형에 대한 증거가 된다. 신경전달 속도는 전기적 자극이 신체의 한 부분에서 다른 부분으로 전이되는 속도를 측정한다. 지능지수가 높은 사람에게 팔의 중앙 신경(Vernon & Mori, 1992)과 손의 신경(Barrett, Daum, & Eysenck, 1990)에서 전도속도가 더 빠른 것이 발견되었다. 신경전도 속도가 어떤 인지 활동에도 관계되지 않은 말초 신경계통에서 측정되었기 때문에 이 결과는 매우 흥미 있다. 하지만 신경전도 속도와 지능의 관계에 대한 연구는 아직 초기단계이고 어떤 결과들은 재현되지 않는다는 사실에 주목해야 한다(Reed & Jensen, 1991; Wickett & Vernon, 1994).

신경중추 효율성 모형에 대한 비평

신경중추 효율성 모형은 몇 가지 이유 때문에 매력적이다. 과학적 관점에서 보면, 모형은 복잡하지 않고 단순화된 지능의 관점을 생물학적 현상으로 제공해야 한다. 신체기관을 지능과 직접 연관시켜 연구하는 것이 두뇌 대한 추론을 위해 행동을 측정하는 것보다 더 현명하다. 실제적 관점에서, 신경생리학적 측정은 "문화적 차이로부터 자유로운" 지능 측정에 대한 희미한 희망이 된다. 신경생리학적 측정은 어떤 사람이 사전지식이 부족하거나 검사 받는 기능이 부족하여 불이익을 당하는 경향을 줄일 수 있을 것이다.

불행하게도, 지능에 대한 현재의 어떤 이론도 문제점이 없지 않다. 앞에서 언급된 것처럼, 신경중추 효율성 모형에 대한 실험적 증거가 일관성이 없다. 어떤 연구는 지능지수와 신경생리학적 측정에 높은 연관성을 보이는데 계획상 유사한 다른 연구에서는 연관성이 약한 이유는 아직 명확하지 않다. 자극 강도, 전극의 위치, 과제의 요구사항이 상관관계에 영향을 주는 변수들에 포함된다. 하지만 이들 변수의 효과는 잘 알려지지 않았다(Eysenck, 1994).

신경중추 효율성 모형(The Neural Efficiency Model, NEM)의 또 다른 문제점은 실험적 증거의 근거가 지능지수를 타당하며, 안정하고, 신경생리학적 측정에 대한 표준으로 충분하다고 보는 데 있다. 이 책의 많은 부분이나 다른 책(Gardner, 1983; Sternberg, 1985)에서 지능지수는 지능을 측정하는데 불완전한 수단이라는 설득력 있는 증거를 제시했다. 우리는 평균화된 유발전위, 대뇌포도당 대사율, 신경전도 속도가 더 폭 넓게 정의된 지능 측정법과도 상호 연관성을 보이는지 아직 모른다. 비록 신경생리학적 측정이 학교 수업에서 필요한 것과 같은 능력에는 상호 연관성을 보이지만, 성인기의 느린 지적 성취에 대한 관계는 확실하지 않다. 덧붙여, 서로 다른 문화를 포함하는 더 광범위한 연구가 필요한데, 이를 통해 신경생리학적 측정과 지능의 관계를 서로 다른 문화 속에서 얻을 수 있는지 결정해야 한다.

마지막으로, 현재 신경중추 효율성 모형이 모든 것을 설명하지 못한다. 이 모형은 두뇌의 신경중추 효율의 원인이 되는 기제를 제시해야 한다. 비슷한 경우로 인과성의 방향도 설명할 수 없다. 두뇌 효율성이 높은 지능의 내재적 원인이라고 결론을 내리려고 하지만, 다른 가능성으로 신경생리학적 기능과 인지 기능이 아직 발견되지 않은 생리적이거나 심리적 기능의 다른 측면을 반영한 것일 수도 있다. 불행하게도, 상호관계 연구는 인과 관계를 설명할 수 없다. 다른 형태의 측정이 두뇌의 효율과 개인의 지적 행동 사이의 관계를 설명하는데 필요하다.

요약하면, 신경중추 효율성 모형은 지능 분야의 장래 연구와 지식에 많은 가능성을 보여 주었다. 신경생리학적 측정과 지적 행동의 관계는 흥미롭다. 하지만 두뇌와 행동이 상호작용하여 지능이 되는 기제는 더 명확해져야 하고 더 광범위한 검증이 필요하다. 다행이, 모형은 엄청난 발견적 해법상(heuristic) 평가를 받는데, 현재의 실험적 증거가 고무적이고 이 분야에 많은 연구가 계속될 것이란 사실에 의심의 여지가 없기 때문이다.

지능의 계층적 모형 이론

계층적 모형을 포함해서 심리측정학적 모형에 내재된 기본 가정은 지능구조를 지적 능력 검사에 대한 점수의 상호관계를 분석하여 찾을 수 있다는 것이다. 이 모형을 개발하기 위해 많은 사람이 다양한 유형의 지적 문제를 풀었다. 그리고 검사 점수에 요인 분석을 위한 통계 기법을 적용하여 지능의 개인차에 대한 "요인"이나 잠재적 근원을 식별하였다. 예를 들어, 한 유형의 문제에 대한 수행이 다른 문제와 매우 높은 연관성을 가지면, 두 유형에 의해 측정된 능력은 상호 연관된 것으로 간주되는 것이다. 상호 연관된 능력의 집합이 하나의 요인으로 참조된다.

현재 계층적 모형은 초기 두 개의 심리측정학적 이론에 의해 가장 잘 이해될 수 있는데, 스피어만과 서스턴의 이론이다. 스피어만(Spearman, 1927)은 모든 유형의 지능검사 수행에 관계된 단일 요인을 발견했다. 스피어만은 이 요인을 일반요인(*g*)으로 명명했고 이 요인이 개인이 다른 시기에 다른 과제에 분배할 수 있는 고정된 양의 "지적 에너지"에 일치한다고 믿었다. 그는 또한 중요성이 떨어지는 것으로 간주한 특수요인(*s*)의 군집을 발견했는데 각각의 특수요인은 산술 계산이나 어휘와 같은 단일 유형의 지능검사의 수행에 관계되었다.

반면, 서스턴(Thurston, 1938)은 자신이 광범위한 지능검사와 스피어만이 사용한 분석법과는 다른 분석법을 사용했을 때 지능의 일반요인에 대한 증거를 찾을 수 없었다. 대신, 서스턴의 분석에 의해 심리학적 해석이 가능한 일곱 개의 독립적 요인, 즉 기본 정신능력이 발견되었다. 이들 능력은 어휘 이해(단어의 정의를 아는 것), 다변(짧은 시간에 많은 단어를 말하기), 숫자 기능(계산과 수학적 문제 해결), 공간(머릿속에서 그림이나 물체를 회전시키는 것) 지각 속도(자극의 형태를 빠르게 인식), 귀납(유추를 해결하고 문제를 끝내기 위해 규칙이나 원리를 발견하는 것), 기억력(일련의 단어, 그림, 숫자를 암기)이 있다.

상당량의 자료가 스피어만과 서스턴의 이론에 모두 맞지 않기 때문에, 가장 최근의 심리측정학적 지능 모형은 지능에 대한 계층구조를 제시했다. 계층구조는 하나 또는 그 이상의 일반요인을 계층의 최상위에 놓고 특수요인을 하위 수준에 놓는다. 더 정확하게, 일차 요인이 서로 연관돼 있다면, 상호 연관성을 설명하기 위한 이차요인이 형성된다. 계층구조의 최하층에 일차요인이 나타나고 더 광범위한 이차요인이 바로 그 위층에 있게 된다. 같은 방식으로 삼차요인은 이차요인들의 상호관계를 설명하기 위해 구성된다. 삼차요인은 이차요인보다 더 광범위하고 계층상 이차요인의 상위에 나타난다. 다른 말로 하면, 계층구조상 더 상위의 요인은 사람들의 심리측정학적 검사 수행과 더 멀리 떨어져 있다.

현재 특별히 두 개의 계층구조 모형이 스피어만과 서스턴의 지능에 대한 관점을 조화시키는 데 도움이 된다. 유동적이며 결정(crystallized) 지능이론(*gf-gc* 이론)은 스피어만의 일반 요인 개념을 명확하게 하며 유아기에서 성인으로 성장하는 발달을 설명하는 데 적합하다(Horn, 1994). 캐롤(Carroll, 1993)의 삼차원 이론(three stratum theory)은 유동요인 및 결정요인 이론(*gf-gc* 이론)을 구체화시키는 자료를 포함하여 광범위한 심리측정학적 결과의 메타분석(meta-analysis)에 근거를 두었다.

지능의 유동요인 및 결정요인(gf-gc) 이론

유동요인 및 결정요인 이론(*gf-gc* theory)의 이름은 초기 형(Cattell, 1943, 1963)의 이론이 일반 지능이 유동지능(*gf*)과 결정지능(*gc*)의 두 부분으로 구성되었다고 제안한 것에서 유래되었다. 그 이래로 이론은 계속 발전해서 이론의 계층적 구조에 다른 이차 요인을 추가시켰다(Horn, 1986). 이들 요인을 추가한 근거는 다섯 가지가 있다. 그것은 수행상의 개인차(구조적 증거), 유아기에서 성인기에 이르는 발달상의 변화(발달적 증거), 심리측정학적 수행과 신경생리학적 기능 사이의 관련성(신경 인지적 증거), 학창 시절의 예측과 직업적 수행(성취의 증거), 인지적 행동과 생물학적 친족성(Biological relatedness) 간의 관계(행동적이며 유전적 증거)이다.

우리는 유동요인 및 결정요인 이론을 두 계층 모형으로 생각할 수 있다. 광범위한 이차 요인이 최상층을 구성하고 그 바탕에는 40개의 일차요인이 하위층을 이룬다. 일차요인은 서스턴의 기본 정신능력을 포함한다. 아울러서 Horn의 위계이론을 그의 정보자료 처리 과정에 따라 기능적으로 이차 요인 능력을 구성한다는 것이다(Horn, 1986)

지능에서 유동요인과 결정요인은 최상위 계층의 인지 기능을 나타내며, 그 기능은 관계 학습(즉 추론)이다. 유동요인은 자극 유형 사이의 관계를 지각하는 능력, 관계의 의미를 이해하는 능력, 관계에서 추론을 유도하는 능력을 포함한다. 유동요인(지능)은 기존의 경험이나 문화적 배경보다 중추신경계의 효율적 작동에 의해서 좌우된다. 표준화된 검사는 이런 유형의 지능을 유추, 순서계열 완성(series completion), 기타 추상적 추론에 관계된 과제를 통해 측정한다. 결정요인(지능)은 어떤 문화 속에서 교육과 경험에 의해 결정되는 것으로 개인이 일생을 통해 획득하는 기능과 지식으로 구성된다. 결정요인은 어휘 이해, 의미적 관계 평가, 의미적 관계의 인지를 포함한다. 표준화된 검사는 결정요인을 어휘, 일반 지식, 어휘 이해력 문제를 통해 측정한다. 정량적 지식(quantitative knowledge, *gq*)은 결정요인 형태의 하나로 획득과 보유에 대한 자체적 처리를 가지고

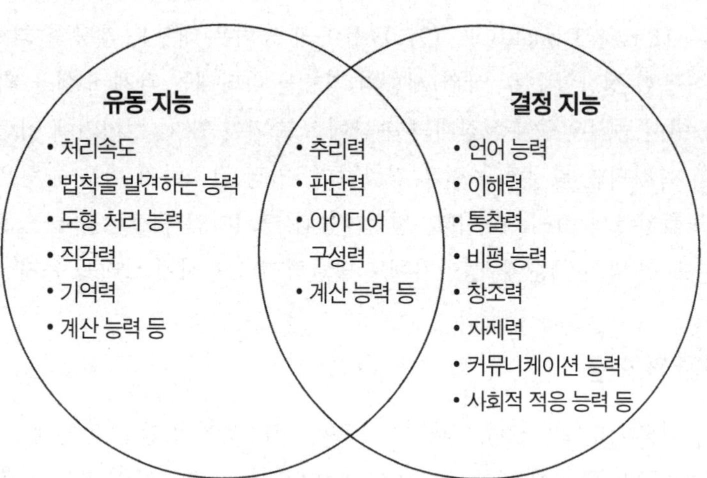

그림 2-1 지능의 두 가지 유형

주: 이 그림 자료는 원문에는 없지만 결정지능과 유동지능의 성질을 이해하는 데 도움이 되는 자료라고 생각되어 추가, 인용한 자료이다.

출처: 이정환 옮김. 2007. 나이를 이기는 결정지능. 경기도: 비전하우스〔사토 신이치(佐藤眞一), *Crystallized Intelligence*〕

있다. 따라서 모형에서 독립적인 구성요인으로 묘사되기도 한다. 유동요인과 결정요인의 근원에 대해서 약간의 의견 차가 있다. 카텔(Cattell, 1941)은 유동요인을 유전적이고 생물학적 영향에서 유도하면서 결정요인은 주로 환경적 영향을 반영했다. 반면에, 혼(Horn, 1994)은 두 요인 모두 독특한 유전 가능성을 가지며 문화적 영향을 받는다고 주장했다.

정보자료 처리의 다음 단계인 지각 조직(perceptual organization)은 관계학습 단계에서 정보자료를 제공한다. 지각 조직은 처리속도, 정보자료를 시각화하는 능력, 청각 정보자료를 처리하는 능력을 포함한다.

세 번째 단계는 연합 처리(association processing)이다. 연합 처리는 정보자료를 단기기억 저장소에서 불러오거나 복구하는 능력과 장기기억 보관소에서 인출(引出)하는 정보자료의 양을 포함한다.

혼(Horn)의 계층적 모형에서 최하위 단계는 감각적 수용(sensory reception)이다. 이 단계는 두 가지 감각적 탐지 능력인 하나의 환경에서 대량의 시각적 정보자료를 탐지하고 심상적 기억 속에 저장하는 능력과 하나의 환경에서 대량의 청각적 정보자료를 탐지하고 반향성 기억에 저장하는 능력이다.

유동요인 및 결정요인 이론은 일생에 걸친 지적 발달을 설명하고 예측할 수 있다

(Horn, 1994; Horn & Donaldson, 1976). 유아의 능력은 대부분 계층의 최하위 단계에 집중된다. 아동이 성장할수록, 상위 계층의 기능을 나타내는 과제 수행을 더 잘하게 된다. 하지만, 어떤 능력은 중추신경계의 손상에 노출되어 있다. 성인기에 이런 회복 불가능한 손상이 축적되면 특정한 능력은 감소한다. 가장 감소하기 쉬운 능력은 유동지능, 단기기억, 정보자료의 처리속도이다. 결정지능과 장기기억과 같은 다른 능력은 중추신경계의 영향을 덜 받기 때문에, 성인기에도 발달하거나 안정된 상태를 유지한다.

지능의 삼차원 이론

삼차원 지능 이론(Carroll, 1993, 1996)은 캐롤이 심리 측정학 관련 논문에서 보고된 460개 이상의 자료군을 폭넓게 재분석한 자료에 바탕을 두었다. 이 모형은 다른 계층적 모형과 유사하지만(Gustafsson, 1988), 유동요인 및 결정요인 모형과는 계층의 첨단에 삼차 일반요인을 추가한 점에서 크게 차이가 난다.

더 자세히 설명하면, 캐롤은 지능구조를 피라미드로 묘사했다. 피라미드의 정점은 차원 III으로서 스피어만의 일반요인(*g*)와 개념적으로 일치한다. 비록 캐롤이 스피어만이 g를 정신 에너지를 나타내는 것으로 해석한 것에 찬성하지 않지만, *g*가 모든 지적 활동에 내재하며 높은 유전 가능성을 가진 것에는 동의했다.

피라미드의 중간인 차원 II는 *g*에 의해 다른 영향을 받는 여덟 개의 요인이 있다. 이들 광범위한 능력은 유동요인 및 결정요인 이론의 이차 요인과 유사하며, 주어진 영역에서 수행에 영향을 주는 개인의 지속적 특성을 나타낸다. 여덟 개의 능력은 유동지능, 결정지능, 일반적 기억과 학습, 광범위한 시각적 지각, 광범위한 청각적 지각, 광범위한 정보자료의 회상, 광범위한 인지 속도, 처리 속도이다. 이들 능력을 나열한 순서는 각각의 능력이 일반요인에 의해 영향을 받거나 또는 상호작용하는 정도를 반영한다. 예를 들어, 유동지능은 대부분이 g에 관계된 요인이며, 처리 속도는 가장 관계가 적은 요인이다.

피라미드의 바닥은 차원 I로서 정량적 추론과 사전적 지식과 같은 다양한 특수 능력으로 구성된다. 유동요인 및 결정요인 모형에서처럼 이들 요인 중 일부는 서스턴의 기본 정신능력(primary mental abilities)을 나타낸다. 차원 I의 각 능력은 하나 또는 그 이상의 차원 II를 구성하는 여덟 개 요인과 관계된다.

캐롤은 이 세 개의 차원이 엄격하게 정의된 것이 아니라는 점을 강조했다. 각 차원의 능력은 넓은 범위의 지적 행동을 지배하는 것에 대한 각 능력의 일반성의 정도를 반영한 것에 불과하다. 차원 I은 특정한 전략이나 특수한 형태의 지식의 획득을 반영한 매우 한정적 능력이며, 차원 II는 지적 행동의 넓은 영역에서 나타나는 약간 한정된 능력을 포함한다. 차원 III은 하나의 능력, *g*만 가지며 *g*는 모든 지적 활동에 내재된 요인이며 일반성은 정도의 문제이기 때문에 어떤 능력은 차원을 결정하기 쉽지 않다. 따라서 캐롤은 그가 식별한 세 개의 차원 사이에 중간적 차원이 존재할 수 있다는 것을 인정했다.

최근의 연구는 삼차원 모형(three-stratum model)을 뒷받침한다. 예를 들어, 비클레이, 케이트, 울페(Bickley, Keith, & Wolfe, 1995)는 6,000명 이상 다양한 연령대의 참가자들을 대상으로 검사 점수에 대한 계층확인적 요인 분석(hierarchical confirmatory factor analysis)을 실시했다. 이들 참가자들은 개정된 우드콕-존슨 교육 심리적 총집 검사-개정판(Woodcock-Johnson PsychoEducational Battery-Revised; McGrew, Werner, & Woodcock, 1991)를 위한 표준화 집단의 일부였다. 이 총집 검사는 혼의 유동요인 및 결정요인 이론에서 도출된 능력들 중 많은 것을 나타내기 위해 고안되었다. 모든 능력들은 일반요인 *g*와 높은 상호관계를 가지며 확증적 요인분석의 결과는 삼차원 모형의 엄격한 해석을 뒷받침했다. 하지만 삼차원 모형의 개정판은 캐롤의 모형에서 둘째와 셋째 계층 사이에 중간 계층의 존재 가능성을 암시한다. 이들 중간적 요인은 *gt*, *gq*, *gc*로 표시한다.

지능의 계층적 모형론에 대한 논평

앞에서 기술된 두개의 지능의 계층적 모형 이론은 지능 모형에 요구되는 기준 중에서 많은 것을 만족시킨다. 첫째, 두 이론 모두 기존의 연구에 근거하여 많은 초기 심리측정학적 발견들을 조화시켰다. 더 자세히 설명하면, 두 이론은 스피어만과 서스턴의 입장을 조정하여 함께 지능의 구조를 설명할 수 있는 방법을 제시했다. 둘째, 유동요인 및 결정요인 이론과 삼차원 이론은 대량의 실험적 증거를 구체화하여 잘 정의된 지능의 계층적 구조를 뒷받침했다. 특히 삼차원 이론은 지능검사와 그 수행에 내재된 일반 및 특수한 능력과 그들의 관계성을 폭넓게 묘사했다. 또한 많은 연구자들에 의해 제안되고 검증된 광범위한 요인 속에는 크고 확실하게 중첩되는 부분이 있다. 셋째, 이 계층적 이론은 시간의 경과와 폭넓은 문제들에 대한 지적 검사 수행을 기술하고, 설명하며, 예측한다. 유동요인 및 결정요인 모형은 특히 일생에 걸친 지적 발달을 설명하고 예측하는데 유용하다. 끝으로, 이들 이론 및 그 이전의 이론들은 인간 지능에 대한 많은 연구를 촉진시켰다. 지능 구조에 대한 영감을 주었을 뿐만 아니라, 정보자료 처리 과제에 대한 수행과 결합하여 이용하면, 이들 이론은 인지 처리의 본질을 밝히는 데 도움이 된다(Carroll, 1993). 이들은 또한 이 장의 뒷부분에서 논의할 복합체계 모형(Complex System models)에 영향을 주어 우드-콕 존슨 교육 심리적 총집 검사와 같은 지능 이론에 근거한 검사의 개발을 초래했다.

그러나 다른 총집 검사, 다른 요인 순환(factorial rotation) 자료, 다른 해석을 이용하면 다른 계층구조 모형이 나올 수 있다. 예를 들어, 혼의 유동요인 및 결정요인 이론은 개인차에 대한 잠재 원인으로 일반요인 *g*가 나오지 않지만 캐롤의 삼차원 모형에는 *g*가 나온다. 부분적으로 계층 모형 사이의 차이 때문에, *g*는 현재 지능 이론에서 논란의 여지가 많으며 활발하게 이야기되는 주제이다. 심지어 비심리측정학적 연구자도 자신의 이론에 *g*의 심리측정학적 개념을 통합하거나 통합하지 않는 이유를 정당화하려고 한다. 불행하게도, *g*가 나타내는 것은 명확하지 않다. 혼(1989)은 *g*를 기본적으로 통계적 가공물로 간주했다. 다른 해석으로 *g*는 단일 차원의 일반 정신능력으로 지적 수행에 내재하며 특히 추상적 추론에서 명백하게 드러난다(Carroll, 1993; Spearman, 1927). 세시(Ceci, 1996)는 *g*가 환경적, 생물학적, 상위 인지적, 동기적, 기질적인 변수나 또는 여러 종속 변수들이 하나로 맞물린 것과 같은 하나 또는 그 이상의 변수들의 결과물일 수 있다고 주장했다. 명백하게, *g*에 대한 더 좋은 이해는 지능 구조에 대한 더 나은 이해를 가능하게 할 것이다.

*g*를 이해하기 위해 *g*와 *gf*(유동요인)의 관계를 이해할 필요가 있을 것 같다. 몇 가지를 확인하기 위한 요인분석은 *g*와 *gf*를 구분할 수 없었다(Gustafsson, 1984, 1988). 혼(1989)은 이 사실을 지능은 *g*보다 더 특수하며 단일한 요인으로 모든 지적 수행상 개인차를 설명할 수 없다는 자신의 관점에 대한 증거로 해석했다. 캐롤(1993)은 *g*와 *gf*의 강한 연관성은 두 요인의 높은 유전 가능성(heritability)이 원인일 것이라고 제안했다. 다른 가정은 *g*와 *gf*가 근본적으로 같은 능력을 나타낸다는 것이다(Gustafsson, 1988). 최근의 연구는 *gf*가 *g*와 똑같지 않지만 캐롤 모형의 차원 II와 차원 III 사이에 속할 것이라고 했다(Bickley, Keith, & Wolfe, 1995). *g*를 측정하는데 *gf*의 측정이 꼭 필요한 것이 아닌 특수한 기능을 요구할 수 있다. 하지만 그러한 기능의 정확한 본질은 아직 알려지지 않았다. 일반적으로 지능검사에 대한 지적 수행을 초래하는 지적 처리와 다른 상황에 대한 지적 처리는 상세한 기술이 필요하다.

요약하면, *g*가 지능에 대해 우리에게 무엇을 말하며 무엇을 말하지 않는지가 명확해지면 지능의 본질에 대한 우리의 지식도 그만큼 커진다. 그리고 나면, 이 분야의 이론과 연구는 *g*를 근본으로 설정하거나 *g*가 존재하지 않는다는 것을 설명할 필요가 없이 한 걸음 더 나아갈 수 있다.

상황 모형

지능에 대한 많은 모형들은 서구 사회의 관점과 실험실적 연구에 기반을 두고 있다. 지능에 대한 절대적 입장은 지능이 다양한 인종을 포함하는 지적 처리와 반응들을 포함한다고 가정한다(Berry, 1994). 이 입장에 따르면, 서구 문화의 이론과 평가 기법은 모든 인간에게 적용된다. 대조적으로 상황 모형은 지능은 때때로 상황이 다를 경우 특히 문화적 차이에 의해 다른 의미와 다른 구체성을 갖는다는 가정을 기반으로 한다. 이 가정을 따르는 연구는 어떤 문화에서 지적 행동으로 간주되는 것이 때때로 다른 문화에서는 멍청한 것으로 생각된다는 것을 보여 준다(Berry & Bennett, 1992; Das, 1994; Wober, 1974).

지적 행동에 관한 정의에서 문화적 가변성(cultural variability)의 고전적 예로, 코레, 게이, 글릭과 샤프(Cole, Gay, Glick, & Sharp, 1971)가 리베리아(Liberia)의 크펠레족(Kpelle) 몇 사람에게 20가지 사물을 분류하도록 했다. 비록 사물이 네 가지 언어적 부류(음식, 음식용기, 의류, 도구)에 속했지만, 참여자들은 칼과 감자를 묶는 것과 같은 짝짓기 기능을 수행했다. 끝내 연구자들은 바보나 했을 방법으로 분류해 보라고 요구했다. 그러자 크펠레족 참여자들은 많은 문화에서 지적인 것으로 간주하는 방법인 언어적 부류에 따라 문항을 분류했다.

일반적으로, 지능이 평가되는 상황은 지능에 대한 결론을 달라지게 할 수 있다. 예를 들어, 브라질 거리의 아동에 대한 연구(Carraher, Carraher, & Schiemann, 1985)는 이들 9에서 15세의 아이들이 문제를 자신들이 파는 물건의 상황에서 제시하면 암산으로 정보 자료를 더하고, 빼며, 곱할 수 있다는 것을 보였다. 그러나 그 아동들은 자신들이 취급하지 않는 물건에 관계된 숫자는 잘 다루지 못했다. 가장 낮은 수행은 추상적 숫자를 다루는 문제를 풀 때 나타났다. 비슷한 경우로, 세시와 브론펜브렌너(Ceci & Bronfenbrenner, 1985)는 아동의 시간 관리를 집과 연구실 환경에서 연구했다. 특히, 그들은 아동이 문제풀이 과제에 대한 시간적 압력을 처리하는 방법을 그들이 과제를 수행하는 장소의 함수로 관찰했다. 세시 등은 결과의 유형이 환경에 따라 완전히 다른 것을 알았다. 세시와 로아찌(Ceci & Roazzi, 1994)는 사회적, 지적, 물리적 상황이 지적 수행에 영향을 준다고 제안했다.

지능의 상황 이론들이 지능에 대한 상황의 역할을 강조하는 정도에 차이가 있다. 상대주의적 이론들의 지능에 대한 묘사와 평가는 지능의 고유한 의미들에 근거를 두었다(Berry, 1994; Berry, Irvine, & Hunt, 1987). 환언하면, 지능은 문화적 상황 속에서 지능의 특정한 의미에 따라 정의된다. 예를 들어, 아프리카에서 지능은 느린 행동(slowness)

과 복종을 의미하기(Wober, 1974) 때문에, 아프리카에서 지능의 구성개념은 생각의 속도와 창의성에 가치를 두는 문화의 구성개념과 차이가 있다. 상대주의의 극단적 형태는 지능은 단일한 속성이 전혀 없다는 것을 의미한다. 따라서 지능에 대한 개인적 수준의 정량적 비교는 상황이 다르면 아무런 의미가 없다.

지능에 대한 다른 이론들은 절대적 관점과 상대적 관점 사이의 입장을 취한다(Berry, 1994). 이들 이론들은 사람의 내적인 능력과 외적인 능력이 그들의 지능에 기여한다고 가정한다. 지적 처리는 모든 인간들에게 공통된 내적 특징이다. 단일 지적 처리가 지적 반응과 능력으로 전이되는 방법의 차이는 근본적으로 외적인 문화적 요인에서 발생하는 차이의 결과이다. 문화적 차별성의 법칙에 따르면(Irvine & Berry, 1988), 지적 발달은 환경적이고 문화적 상황에 의해 발현되고 변형된다.

베리와 이어빈(Berry & Irvine, 1986)은 환경적 모형을 제안하여 어느 정도 계층적인 네 단계의 상황과 그 상황이 지적 행동에 영향을 주는 방식을 기술했다. 1단계는 최고의 단계로 인간이 살고 있는 환경적 상황이다. 이것은 인간이 물리적 환경과 상호작용하는 무대이다. 1단계는 자원과 상대적으로 지속적인 다른 특성으로 구성되며, 이 특성들은 어떤 문화적 계통 내에서 사람의 행동에 대한 상황을 제공한다. 관습의 성취와 획득은 적응성 있는 반응을 통해 일어난다. 2단계는 경험적 상황으로 환경적 상황 속에서 발달과 학습에 대한 기초를 제공한다. 2단계에는 의도적인 훈련과 재발되는 경험이 포함된다. 이 단계의 심리학적 산물은 일련의 장기적 능력, 특질, 태도로 사회화와 문화화의 과정에서 학습된 것이다. 3단계는 상황적 상황이며 일상 활동과 같은 특정한 단기적 활동을 초래하는 직접 접해 있는 주변 환경이나 당면한 경험이 포함된다. 4단계는 평가 상황이다. 이 단계는 심리학자나 유사한 기능을 가진 사람이 어떤 사람의 환경적 특성을 조작하여 검사 점수나 행동적 반응을 얻으려고 할 때 나타난다. 지능검사가 개인의 다른 세 종류의 상황을 반영하지 못하면, 검사 결과는 대표성을 갖지 못할 것이다. 다른 말로, 지적 행동은 각 문화의 환경적, 경험적, 상황적 상황에 의해 결정된다. 따라서 지적 행동은 이들 상황 속에서만 이해할 수 있고 평가할 수 있다.

상황 모형에 대한 비평

상황 모형은 지능이 유일한 특질이나 관례적인 지능검사를 통해 정확하게 측정될 수 있는 능력의 집합이 아니라는 점을 강조했다. 네이서(Neisser, 1976)는 인지적이고 심리학적인 연구를 그 연구가 설명하고자 하는 현실세계의 실상에 연관시키는 것의 중요성을 강조했다. 불행하게도 그의 의도는 최근에 와서야 비로소 지능 분야에 영향을 주기 시작했다.

일반적으로, 지능에 대한 상황적 관점은 수행에 대한 상황의 영향을 보여 주는 많은 양의 경험적 증거에 근거를 두고 있다. 이들 과학적 발견은 지능의 개념과 평가에 대해 의미가 있다. 또한 그 본성에 의해, 상황 모형은 주어진 시간과 상황 속에서 지적 행동을 설명한다. 이 모형은 지능의 영역이 고정적인 지능지수에 근거한 접근법을 넘어서게 하는데 영향을 주었다.

그러나 현재의 상황 모형은 언제 그리고 어떻게 상황이 지능 연구에 통합될 수 있는지 명확한 설명을 하지 못한다. 다른 유형과 양에 의한 통합은 지능에 대해 다른 결과와 관점을 만들 수 있다. 비슷하게, 이런 통합은 어떤 상황 속에서 지적 수행의 개인차를 완전히 설명하지 못한다. 예를 들어, 상황 이론이 어떤 개인 특정한 유형의 지식을 획득하거나 어떤 전략을 선택한 반면 다른 사람은 같은 상황 속에서 그렇게 하지 않은 이유나 방법에 대해 설명할 수 있는 기구를 제시하지 않았다.

간단히 말해서, 상황적 접근은 연구자나 실제 이용자가 자신들의 지능에 대한 문화적 이론을 해석하고 적용하는데 주의를 기울여야 한다는 점을 상기시키는 중요한 역할을 한다. 비록 더 자세한 설명이 이 분야에 도움이 된다고 하더라도 상황적 관점은 지능을 완전히 이해할 수 있기 전에 고려해야 할 필요가 있는 외적 요인들을 중요하게 여긴다.

복합체계 모형

지능에 대한 많은 모형들이 주로 지능의 신경 생리적이나 인지적 요인에 중점을 두면서 지능지수를 유일한 측정수단으로 삼고 있다. 그러나 현재 세 가지 관점은 더 넓은 영역을 포함한다. 이들 관점은 생물학적 모형과 계층 모형, 상황 모형을 통합하여 지능을 개념화하였다. 이를 통하여 복합 체계를 구성하고 여기에 지적 처리와 환경적 영향 및 다중 능력간의 상호작용을 포함하게 된다. 복합체계 모형(complex system model)에 따르면, 지능은 역동적이기 때문에 환경 조건이 바뀔 때마다 변할 수 있다.

지능의 삼위일체 이론

로버트 스턴버그의 지능의 삼위일체 이론(triarchic theory, Sternberg, 1985, 1988, 1997)에 따르면, 지능은 세 가지 흥미 있는 측면으로 구성되어 있다는 것이다. 첫째는 개인의 내적인 것으로 정보자료 처리 기능을 구성하여 지적 행동을 유도하는 측면이다. 두 번째 측면은 자신의 인지적 역량과 주변 환경을 적절하게 대응시키는 능력이다. 세 번째 측면은 자신의 경험을 최대한 살려서 새로운 상황이나 낯선 정보자료를 잘 처리하는 능력을 포함한다. 이제 이들 세 측면을 깊이 있게 다룰 것이다.

지능의 내재적 측면. 삼위일체 이론에 따르면 우리는 부분적으로 지능을 지적 행동을 유도하는 정신적 기구로 이해할 수 있다. 이 정보자료 처리 기능은 상위요인(metacomponents), 수행요인(performance components), 지식획득 요인(knowledge-acquisition components)으로 구성되며, 이들 요인은 스턴버그가 초창기에 주장했던 "요소" 이론(Componential theory, Sternberg, 1977)의 근본을 형성했다.

상위요인은 고차원의 정신적 처리로 지적인 인간이 자신의 문제 해결 노력을 효과적으로 이끌기 위해 사용하는 것이다. 이 요인은 모든 과제에 공통적으로 기능하며 다음과 같은 사항이 포함된다.

1. 해결해야 할 문제가 존재한다는 것과 해결의 필요성의 인식
2. 문제에 대해 주어진 상황과 목표, 장애물 정의
3. 문제 해결에 필요한 하위 차원을 선택
4. 적당한 문제 해결 전략 결정
5. 상황 및 상황간의 관계, 문제에 내재된 목표에 대한 정신적 표현 또는 "인지도(認知圖, mental map)"를 작성
6. 자신의 주의력을 포함하여 문제 해결을 위한 지적 자원의 분배
7. 문제를 푸는 동안 목표를 달성하는 과정에 대한 감독
8. 문제 해결을 했을 때 그 결과에 대한 평가

스턴버그(1985)에 의하면[2] 상위요인을 사용에 대한 개인의 차이는 지능을 요인분석을 통해 연구했을 때 항상 등장하는 g의 존재를 설명할 수 있다는 것이다.

대조적으로, 수행요인은 하위처리로서 지적 인간이 상위요인(meta-component)가 내린 지침을 수행하는데 이용된다. 수행요인은 때때로 당면한 문제의 유형을 지정하기

---

2) (옮긴이 주) Sternberg의 영재성의 묵시적 이론(Implicit Theory of giftedness)에 의하면 그는 인지적 영재성을 지능의 정보자료 처리 지능론으로 설명하였다(1993.1995). 정보자료 처리 지능론의 구성요건들, 즉 메타요인, 수행요인, 획득, 보유, 변환 요인에서 뛰어난 기능을 발휘하여 이들 요인 모두에게 탁월하게 접근할 수 있고 그것을 정보자료 처리 즉 수행(문제발견-문제 해결)하는데 매우 유능하며 이들 능력은 연습, 노력, 교육, 촉매 작용을 통해서 훈련할 수 있다고 했다 그는 영재성은 수월성, 희귀성, 인증, 가치로움이라는 행동과 수행을 통하여 나타난다고 주장했다(김정휘·주영숙·문정화·문태형, 2004, 영재학생을 위한 교육: 교사와 부모를 위한 지침서, 서울: 박학사).

도 한다. 수행요인은 문제의 요소 부호화, 가능성 있는 해답과 자신이 지적으로 생성한 답의 비교, 자신의 해답에 대한 정당화, 물리적으로 답을 제시하는 것이 포함한다.

수행요인과 같이, 지식획득 요인은 낮은 차원의 처리이다. 지식획득 요인은 인간이 문제 해결에 필요한 지식을 습득하는 방법을 학습할 수 있게 한다. 스턴버그는 지적 행동에 매우 중요한 세 종류의 지식획득 요인을 발견했다. 그 요인은 선택적 부호화, 선택적 조합, 선택적 비교이다.

선택적 부호화는 일련의 정보자료들 중에서 어떤 요소가 자신의 목적과 관련이 있는지 결정하는 것이다. 사람들은 상황의 다양성에 의해 많은 양의 정보자료를 받지만 이 중에 단지 일부만 자신의 목표와 관련 있다. 예를 들어, 교사의 문제는 일반적으로 자료가 너무 많아 그것들을 다루기에 시간이 너무 부족한 것이다. 뛰어난 교사는 자신의 교육적 목표에 적합한 정보자료를 골라내고 관련성이 없는 정보자료는 무시한다.

선택적 조합은 정보자료들 중 관련된 성분을 합하여 하나로 결합시키는 것이다. 지적인 교사는 때때로 자신의 학생에 대한 일관된 심상을 형성하도록 여러 가지 사실들을 결합하는 방법을 개발한다.

선택적 비교는 자신의 머리 속에 있는 기존의 기억과 새로운 정보자료의 관계를 찾는 것이다. 예를 들어, 지적인 교사는 학급이 새롭게 학습해야 할 내용을 학생들이 기존에 학습했던 정보자료에 연결시킨다. 기존의 정보자료를 새로운 정보자료에 연결시킴으로써 학생들은 새로운 내용을 더 빠르고 자세하게 학습할 수 있다.

스턴버그는 상위요인과 수행요인, 지식획득 요인이 모든 문화에서 나타나며 평가된다고 제안했다. 하지만 이들 요인이 지적으로 구체화된 것은 문화에 따라 다르며 그 이유는 문제와 평가가 문화에 따라 틀리기 때문이다.

삼위일체지능 이론의 내적인(또는 요인적인) 부분에 대해서 다양한 참가자와 문제를 통한 광범위한 검증이 이루어졌다. 예를 들어, 스턴버그와 그의 동료들은 지적인 문제 해결자는 덜 지적인 해결자에 비해 더 많은 시간을 부호화, 전략 계획, 해답 검증 요인에 쓰는 경향이 있음을 발견했다(Sternberg, 1988).

지능의 외재적 측면. 삼위일체 지능 이론에 따르면, 지능의 두 번째 측면은 상위요인, 수행요인, 지식획득 요인을 실세계에 적용하는 것이다. 지적인 사람은 대체로 특정 환경에 적응할 때 그 시기와 방법을 알고 있다. 적응이 효과가 없으면, 자신의 필요와 능력에 맞게 환경을 바꾸는 시기와 방법도 알고 있다. 환경의 변형이 선택 가능하지 않다면, 더 적절한 환경을 찾는 시기와 방법도 택할 수 있다.

지능의 실용적 측면은 성공을 위한 전략 속에 명시적으로 포함되거나 언어에 의해 표현될 수 없는 환경에 대한 암묵적 지식을 인간이 획득할 수 있게 한다. 예를 들어, 와그너와 스턴버그(Wagner & Sternberg, 1985)는 일부 기업 경영자들은 특정 표준지능검사에 좋은 점수를 받지 못하지만 경영에 대한 암묵적 지식(tacit knowledge)의 측정에는 좋은 결과를 보인다는 것을 발견했다. 이들 경영자들은 자신의 시간과 에너지를 표준지능검사에 배분하는 데는 서툴더라도 경영 환경에 배분하는 방법은 잘 알고 있다.

지능의 경험적 측면. 지능의 세 번째 측면은 자신의 경험을 상대적으로 새로운 문제를 해결하고 처리 과정을 빠르게 자동화하는데 이용하는 것이다. 지적인 많은 사람들은 새로운 정보자료의 직관적 처리에 능숙하다. 그들은 지식획득 요인인 선택적 부호화, 선택적 결합, 선택적 비교를 이용하여 관계된 정보자료를 추출하고 적용하며 이들 정보자료는 대체로 새로운 상황에서는 불투명한 것이다. 예를 들어, 이 세 측면에 대한 연구에서 밝혀진 것은 지적인 재능이 있는 아동들은 새로운 문제를 해결할 때 처리를 바로 적용할 수 있다는 사실이다. 대조적으로 지적으로 평범한 학생들은 어떤 정보자료를 부호화하고 어떻게 정보자료를 결합하며 어떤 정보자료들을 비교해야 하는지 명시적으로 지시를 받아야 했다(Davidson & Sternberg, 1984).

새로운 상황에 대한 대응에 추가하여, 지적인 많은 사람들은 과제에 대한 의식적이고 계획적인 지적 처리에서 무의식적이고 자동적인 처리로 전이가 빨랐다. 이 전이는 사람이 힘들이지 않고 특정 처리를 수행하며 한 번에 하나 이상의 과제를 수행할 수 있도록 했다.

새로운 상황에 대한 대응과 처리의 자동화는 모든 문화적 환경에서 중요한 기능으로 서로 연관되어 있다. 새 정보자료를 효율적으로 처리함으로써 지적인 사람은 지적 자원을 새 정보자료를 빠르게 학습하고 자동화하는데 이용할 수 있다. 실제로 자동성(automatize)이 주의력이 필요한 자원과 작업을 위한 작동기억(working memory)을 개방하여 사람이 새 정보자료에 의식적으로 집중할 수 있도록 한다.

지능의 유형. 지능의 내재적 측면 및 외재적 측면과 경험적 측면은 함께 작용한다. 하지만, 한쪽 측면이 강한 사람이 반드시 다른 두 측면도 우수한 것은 아니다. 스턴버그에 의하면, 모든 문화에서 지적인 사람에게 나타나는 공통적인 특성은 자신의 장점을 극대화하면서 자신의 약점을 개선하거나 보충하는 능력이다.

더 자세히 말하면, 어떤 사람은 특히 정보자료를 분석하고 비교하는 상위요인과 수행요인, 지식획득 요인을 이용하는데 능하다. 스턴버그에 따르면, 이런 사람들은 분석적 지능을 보였다. 다른 사람은 지능의 정신적 요인을 이용하여 새로운 산출을 이루거나 새로운 것을 발견함으로써 창의적 지능을 보여 준다. 실용적 지능은 환경에 적응하거나

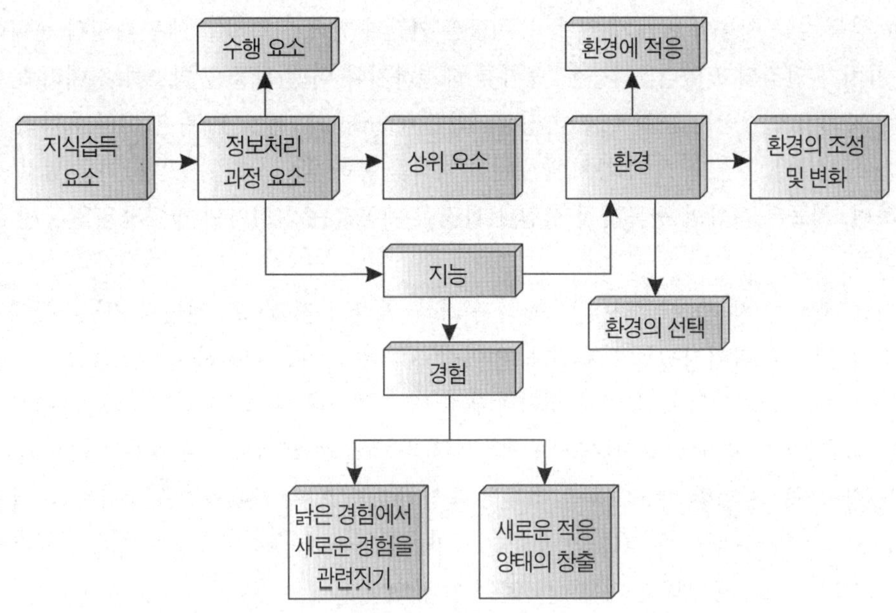

그림 2-2 스턴버그의 지능의 삼위일체 이론

주: 이 그림 자료는 원문에는 없지만 독자의 이해를 돕기 위해 추가한 자료이다.

출처: 김정휘·주영숙. (2006). 교육 심리학 탐구, 서울: 형설출판사.

자신에게 적합한 환경으로 변형하거나 환경을 선택하는 데 도움이 되는 지적 요인을 통해 나타난다.[3)] 스턴버그와 그의 동료들(Sternbreg, Ferrari, Cinkenbeard, & Grigorenko, 1996)은 자신의 분석적 능력이나 창의적 능력, 실용적 능력에 맞는 방법으로 배우는 학생이 자신의 능력에 맞지 않는 지도법에 의해 배우는 학생에 비해 높은 성취를 보이는 것을 발견했다.

가드너의 다차원 지능 이론

스턴버그처럼, 하워드 가드너(Howard Gardner)도 단일 능력으로서 지능 개념을 설명하는 접근 방안에 반대했다. 그러나 가드너의 다차원 지능 이론(Multiple Intelligence: MI)은 지능의 영역을 더 강조하고 스턴버그의 삼위일체 지능 이론(triarchic theory)만큼 지적 처리에 관심을 갖지 않았다.

MI 이론에 따르면(Gardner, 1983, 1998), 적어도 10가지의 매우 독립적이고, 대등한

3) (옮긴이 주) 이 세 가지가 스턴버그가 제안한 성공 지능의 구성요인인데, 11장의 관련 설명 참조.

중요성을 갖는 지능의 형태가 있으며, 이들은 인간과 함께 진화하고 매우 다양한 문화에서 가치가 인정되고 있다. 지능은 "문제를 해결하거나 어떤 산물을 창조하며 여러 문화에서 가치를 인정받는 능력"으로서 정의되었다 (Gardner, 1993). 사람은 여러 유형의 지능을 유전이나 훈련, 문화적 가치에 대한 사회화를 통해 발전시킬 수 있다. 다른 말로 표현하면, 지능은 사람의 생물학적 성질과 환경이 제공하는 기회와의 상호작용을 통해 진화한다.

이들 지능 중 세 가지는 언어적, 논리 수리적, 공간적 지능으로 전통적 지능검사에서 측정되는 것 즉 학업지능과 관계된다. 언어적 지능은 언어를 이용하여 설명하고 설득하며 정보자료를 기억하고 의미를 명확하게 하는 능력이다. 논리 수리적 지능은 추상적 기호체제에서 관계성을 조작하는 능력과 생각과 양을 논리적으로 평가하는 능력이다. 이들 학업지능은 현행 학교교육을 통해서 육성되고 있으며, 기존의 지능검사는 이 학업지능을 측정할 수 있도록 고안, 이용되고 있다. 공간적 지능은 시공간적 관계를 지각하고 시각적 관계와 공간적 관계를 변환하는 기능이다.[4]

나머지 다섯 가지는 음악적, 신체 운동적, 인간 친화적, 개인 이해적(개인 성찰적), 자연 관찰적 지능으로 대부분의 문화가 이들의 가치를 인정하지만 전통적 지능검사를 통해 측정되지는 않는다. 음악적 지능은 다양한 음악적 성질에 대한 민감성과 음의 고저, 음색, 박자를 감상하고 생산하며 화합시키는 능력이다. 신체 운동적 지능은 자신의 신체를 능숙하게 사용하는 것이다.[5] 개인 이해적 지능은 자신의 동기, 감정, 장점과 단점에 대한 이해를 반영한다. 인간 친화적(인간관계·사회성) 지능은 다른 사람의 동기, 행위, 감정에 대한 이해 및 민감성을 포함한다. 자연친화적 지능은 가드너가 최근에 자신의 이론에 포함시킨 것이다(Gardner, 1998). 이 지능은 자연 환경에서 발견되는 경향을 이해하는 능력이다.

비록 가드너가 지능이 상대적으로 각각 독립적인 것으로 믿었더라도, 한 영역 내에서 서로 협동한다는 점을 인정하였다. 예를 들어 수학에서 복합단어 문제는 논리·수학적 지능과 언어적 지능을 요구한다. 비슷하게, 유능한 음악가는 아마도 신체 운동적 지능과 음악적 지능이 있어야 자신의 분야에서 수행을 잘할 수 있을 것이다.

---

4) (옮긴이 주) 기존의 지능검사가 이 세 가지 능력, 언어지능과 논리적 지능 그리고 수리적 지능, 즉 학업 지능(academic intelligence, AI)을 측정하는데 역점을 두어서 제작 이용되어 왔고 이들 능력을 학교교육에서 육성하는 데 많은 노력과 수고가 투입되어 왔다.

5) (옮긴이 주) Marland는 영재성 정의에서 초기(1972)에는 이것을 영재성 유형에 포함시켰으나 개정된 정의에서는 제외시켰다.

표 2-1 어떤 직업을 선택해야 할까

지능의 유형	관련 직업
언어 지능	연설가·극작가·시인·기자·작가(문인)
논리·수학 지능	수학자·과학자·컴퓨터 프로그래머
시각·공간 지능	실내 장식가·건축가·발명가·예술가·파이롯트·항해사
자연 탐구 지능	식물학자·수의사·해양학자·지질학자
음악 지능	연주가·작곡가·음악 비평가·악기 제작자·성악가
신체 운동 지능	배우·무용가·운동선수·조각가·싱크로나이즈 감독과 선수
개인 이해(自省) 지능	철학가·소설가·심리상담가·정신건강의학과 의사·심리학자
대인 관계 지능(인간 친화지능)	교사·정치인·심리 치료사·세일즈맨·점원·의사·간호사·성직자

MI 이론은 지능에 관한 다른 이론들과 달리 지필검사 결과를 근거로 한 것이 아니다. 대신 가드너는 여덟 개의 상대적으로 독립적인 지능의 존재를 지지하는 여러 종류의 증거를 이용했다. 관련 증거의 한 가지 종류는 신경심리적 자료로 두뇌의 특정 부분에 손상을 입으면 어떤 능력들에 결함이 생기지만 다른 능력들은 영향을 받지 않는다는 것이다. 어떤 방식에 의해 두뇌는 문항 영역에 따라 조직화되어 있고 각 영역은 자신의 신경조직을 가지고 있는 것처럼 보인다. 관련 증거의 다른 출처는 자폐아나 고집불통의 대학자, 신동, 한 분야에서는 뛰어나지만 다른 분야에는 평범한 재능을 타고난 사람들에게서 나타나는 고르지 않은 수행이다. 지능의 한 종류에서 뛰어난 능력이 다른 종류의 지능에 대한 우월성에 관한 전조(前兆)가 되지 않는다. 증거의 세 번째 출처는 각 지능은 자신만의 발달 과정과 식별 가능한 지적 조작을 가지고 있다는 것이다. 예를 들어 음악적 지능은 어느 정도 다른 지능들과 별도로 발달하고 다른 지능들과 달리 음의 고저를 구분하는 능력을 요구한다. 또 다른 출처는 어떤 능력은 여러 문화에서 나타나고 다른 종(species)에서 보이는 근원적 형태와 관련된 것으로 보이는 진화의 역사를 보여 준다는 것이다. MI 이론의 증거에 대한 다섯 번째 출처는 어떤 능력은 문화적으로 결정된 기호체계에 의해 표현된다는 것이다.[6] 예를 들어, 음악적 지능은 한 종류의 표시법을 가지며 수학적 지능은 다른 형태로 부호화되고 언어적 지능은 자체적인 기호와 규칙을 가

6) (옮긴이 주) 이들 MI의 극대화와 자아실현 간의 유관성, MI의 극대화가 행복이나 정신건강에 긍정적 영향을 주는가는 연구와 분석이 필요한 주제이다.

[보충 자료]

자연 친화 지능의 쓰임새의 과정과 결과와 향후 영향을 조망해 보면, 그 효과는 긍정적이거나 부정적 효과로 나타나고 있는 것을 확인할 수가 있는데 그 목적지와 결과는 어떻게 전개될 것인지가 중요한 과제이고 삶의 주제이다. 한국의 경우에 기후 온난화, 유례를 찾아보기 힘든 가뭄, 홍수, 산사태, 어패류 서식지의 이동, 과일 등 식자재 재배지 이동, 기후와 온도 변화, 눈과 비의 시기와 양의 예측 불가능, 해충 서식지 이동 등의 변화의 풍속도의 이동과 변화를 확인할 수가 있다.

관련된 자료를 예시한다.

인류가 농경사회에 정착하면서 생긴 것들

- 쌀, 밀, 옥수수 등 개량 작물 출현
- 인구 폭발, 동물의 가축화
- 홍역, 결핵, 천연두, 독감 등 전염병의 주기적 창궐
- 비만 시작, 충치 급증
- 당뇨 고혈압 뇌졸중 암등 만성질환 발병
- 도시화, 계급 지위 분화, 정치제도 출현
- 전쟁이 빈발해지면서 전투력과 국방 중요시
- 만물정령 신앙 → 인간 닮은 유일신 종교 출현
- (안전성이 검증되지 않은)유전자 변형 식품 재배와 공급 및 소비*

*이 내용은 옮긴이가 추가한 것임.

출처: 김한영 옮김(2012), 판도라의 씨앗, 서울: 을유문화사

지고 있다. 이들 구체적 기호체계는 원형 그대로 표현될 수 없는 지능을 문화의 특정한 영역에 적용될 수 있게 한다.

비록 가드너가 표준화된 심리측정학적 측정이 일반요인을 나타낼 수 있다는 점을 인정했지만, 그는 이것들의 측정 범위가 좁아서 g의 설명적이고 예언적인 가치를 심하게 제한한다고 주장했다. 가드너와 그의 동료들은 지능은 실제로 그것이 사용되는 환경에서 가장 잘 측정된다고 믿기 때문에 지필검사는 부정확하다는 결론을 내렸다(Chen & Gardner, 1997; Gardner, 1992). 결국 MI 이론은 실제 환경에서 관찰과 과제수행을 통해 검증된다. 예를 들어, 첸과 가드너(1997)의 논문에서 언급된 아담스(Adams)는 4세 아동의 가정을 방문하여 취학전 아동의 논리 수학적, 언어적, 예술적, 대인 관계적, 음악적, 기계적 능력들을 검사했다. 스펙트럼 현장 과제목록(Spectrum Field Inventory)이라

고 불리는 일련의 다양한 게임형식의 과제 수행을 통해 서로 관련성이 거의 없는 여섯 가지 인지적 능력을 밝혀냈다. 실제로 단지 10%의 대상 아동만이 모든 과제에서 같은 수준의 수행을 보였다. 하지만, 이 연구의 결과를 일반화하기에는 제한사항이 있는데 그것은 대상 아동의 수가 너무 적고(42명) 대부분 중상류 가정의 아동으로 구성되었다는 것이다.

지능의 생물 생태적 모형

생물 생태적 이론(bioecological theory)에서 세시(Ceci, 1996; Ceci, Rosenblum, de Bruyn, & Lee, 1997)는 지능은 타고난 잠재적 능력과 환경적 배경, 내적 동기 사이의 상호작용의 함수라는 제안을 했다. 가드너와 같이, 세시의 믿음은 인간에게는 다차원의 천부적 재능이 있고 그 재능은 특정 배경에 의해 육성된다는 것과 사람이 한 부분에 장점이 있으면 다른 부분에 약점이 있다는 것이다. MI 이론과 차이는 지능의 생물 생태적 모형 이론이 명시적으로 발달적이며 처리지향적 본성을 갖는다는 점이다.

지능의 생물 생태적 이론에 따르면,[7] 사람의 천부적 능력은 생물학적 자원저장(re-

---

7) (옮긴이 주) 전기 스위치로 인간의 기억을 껐다가 켠다는 것이 입증되었다고 한다. 따라서 이러한 시도가 알츠하이머나 뇌졸중을 치료할 수 있는 가능성이 전망된다. 전기 스위치로 전등을 끄고 켜는 것처럼 사람의 기억도 한 순간에 끄고 켤 수 있는 없을까. 이것은 전혀 실현 불가능한 상상은 아니라는 것이다. 미국의 서던 캘리포니아 대학교(USC) 생의학공학과의 시어도어 버거 박사 연구팀이 쥐를 대상으로 인위적으로 기억을 "끄고 켜는" 실험에 성공했다. 연구팀은 생쥐를 방에 넣고 두 가지 지렛대 중 한쪽을 누르면 먹이를 받아 먹도록 훈련을 시켰다. 훈련을 거듭하자 생쥐는 정확하게 한쪽 지렛대만 눌러 먹이를 얻었다. 지렛대와 먹이의 상관관계에 대한 기억이 형성된 것이다.

동시에 연구진은 쥐의 뇌 활동을 분석했다. 연구진이 주목한 곳은 뇌의 해마 부위였다. 해마는 단기 기억을 장기 기억으로 바꾸는 곳으로 알려졌다. 해마가 죽으면 장기기억을 할 수가 없다. 해마 중에서는 CA3와 CA1이라는 두 부위의 상호작용이 장기 기억의 핵심인 것으로 밝혀져 있다. 먼저 약물로 두 부위의 상호작용을 차단했다. 그러자 쥐는 자신이 어느 쪽 지렛대를 눌렀는지 5~10초밖에 기억하지 못했다. 장기기억이 차단된 것이다.

다음에는 쥐의 해마에 삽입한 전극을 통해서 CA3과 CA1의 상호작용을 촉진하는 전류를 흘렸다. 그러자 약물로 장기 기억이 손상된 쥐가 이전처럼 기억력을 되찾았다. 반대로 전류를 차단하면, 단시 10초밖에 기억하지 못했다. 전기 스위치로 기억을 켰다 껐다 하는 일이 가능해질 것이다. 이번 연구 결과는 「신경과학 저널(Journal of Neuroscience)」에 게재됐다.

연구진은 영장류의 원숭이를 대상으로 한 실험을 신경과학 저널에 게재했다.

연구진은 영장류인 원숭이를 대상으로 한 실험을 계획 중이다. 원숭이 실험에서도 같은 효과가 확인되면 알츠하이머나 뇌졸중으로 기억력에 손상을 당한 환자를 도울 수 있다고 연구진은 밝혔

source pool) 계통에서 나온다. 이들 다차원 저장소들은 통계적으로 서로 독립적이다. 각 저장소는 대조 발견 기능, 기억 용량, 시각적 회전 능력과 같은 각각의 정보자료 처리 기능에서 서로 다른 측면들을 책임진다.

환경적 능력과 상호작용이 어떤 천부적 인지기능의 잠재능력이 발달하고 어떤 능력이 제외되는지를 결정한다. 영역에 한정적인 인지처리 및 영역에 한정적인 지식, 기타 다른 배경적 측면이 사람의 생물학적 경향의 발달과 변형에 도움을 준다. 이 진행적 상호작용 과정은 그 자체로 더 많은 변화로 이어지는 변화를 초래한다. 환언하면, 생물학적 자질과 중요한 환경적 배경의 상호작용에 의한 하나의 변화가 어떤 사람의 발달에 변형을 일으키는 폭발적 효과를 촉발시킬 수 있다. 하나의 과정에서 상대적으로 작은 변화라도 결국 다른 과정에 큰 변화를 초래할 수 있다. 결과는 인간 발달이 선형적(linear)이라기보다는 비 가변적이며 급격한 상승효과를 따른다는 것이다.

천부적인 잠재능력과 환경적 자원이 상호작용하는 시기는 때로는 지적 발달에 매우 중요하다. 몇 가지 신경연결은 민감한 발달기에 특정한 환경적 자극이 없으면 사라진다. 신경 연결을 잃게 되면 특정 잠재능력은 완전한 발전을 이룰 수 없다. 유사하게, 특정한 환경적 경험은 견고한 신경연결을 형성하여 개인의 인지능력의 발달을 촉진시킨다.

생물 생태적 모형에 따르면, 사람의 환경적 자원에 관련된 유형은 두 가지가 있다(Ceci et al., 1997). 한 유형은 인접환경 자원(proximal process)으로 불리며 아동과 그 아동과 밀접한 환경 속의 사물, 사람, 활동들, 기호들과의 지속적이고 상반되는 상호작용을 포함한다. 이들 적극적 상호작용은 아동이 더 복잡한 형태의 지적 행동을 점진적으로 발전시킬 수 있도록 한다. 환언하면, 인접환경 자원은 유전형(genotype)에서 개체표현형(Phenotype)으로 전환에 중요한 역할을 한다는 것이다. 두 번째 유형은 원심(distal) 환경으로 불리며 인접 환경의 질과 형태에 영향을 끼치는 환경적 차원들로 구성된다. 책이나 지속적으로 안전한 이웃의 존재와 같은 많은 안정적 원심 자원(환경)은 이들이 풍족하지 않은 환경적 배경에서 보다 더 높은 인접 환경을 촉진할 것이다. 실제로 높은 수준의 인접 환경은 높은 수준의 지적 행동과 관계되어 있다. 예를 들어, 부모의 배경, 부모의 자녀양육 성향, 스트레스의 수준이 부모와 자녀 간의 상호작용이 애정의 형태에 도움이 되며 애착에 따른 인접 환경을 도출한다. 인생의 후기에 유아기 동안 확고한 애착관계가 형성된 아동은 그렇지 못한 아동에 비해 학교생활에서 더 우수한 수행을

다. 이런 환자는 대부분 해마 부위가 손상되어 장기기억을 하지 못하는 것으로 알려졌다(이영환, 동아일보, 2011. 6. 22).

보이는 경향이 있다.

비록 생물학적 자원과 환경적 자원의 상호교환이 지적 발달에 필수적이지만, 충분하지는 않다. 생물 생태적 모형에 따르면, 사람은 자신의 천부적 능력을 극대화하고 자신의 환경을 이용하도록 동기를 부여해야 한다. 사람이 특정 분야에 동기가 유발되면, 그 분야에 관계된 정보자료에 대한 자신의 지적 심상에 정성을 다하는 경향이 있다. 공들인 지적 심상은 더 효율적인 인지적 처리에 연결되기 때문에, 사람은 어떤 영역을 배경으로 하는 정보자료를 그렇지 않은 정보자료보다 더 잘 처리하고 기억할 수 있다. 예를 들어, 세시와 리커(Ceci & Liker, 1986)는 경마에서 도박에 능하여 경마의 승자를 예상하는 복잡한 전략을 잘 만드는 사람이 다른 상황에서 비슷한 수준의 복잡성이나 형태의 추론을 보여 주지 못하는 것을 발견했다. 사실, 이들은 평균 지능지수를 가졌거나 그보다 약간 낮은 지능지수를 가졌다. 생물 생태적 모형에 의하면, 동기는 영역 간 일정치 않은 지적 수행의 원인이다. 유사하게, 주어진 영역의 지식은 지적 처리와 추론 기능에 영향을 주며 영역 간 고르지 않은 지적 수행을 초래한다.

복합체계 모형에 대한 비평

인간의 지적 수행이 어떤 상황에서는 우수하고 다른 상황에서는 그렇지 않은 이유에 대한 설명에서, 이들 세 가지 복합계통 모형(complex system models)은 지적 행동의 범위, 적응성, 복합성을 강조했다. 또한 이런 강조를 통해, 지능의 영역을 협소하고 정적인 지능 개념 이상으로 발전시켰다. 특히, 이들 세 모형은 지적 능력이 발달하고 시간과 환경에 따라 변화하는 방법을 설명하는 데 도움을 주었다. 첨가하여, 복합체계 모형은 지능에 대한 생물학적, 심리측정학적, 정보자료 처리적, 배경적인 접근법의 입장을 통합함으로써 지능의 하위분야에 대한 통합을 이루었다. 지능에 대한 더 전통적인 이론들과 달리, 이 모형은 생리학적, 인지적, 발달학적 연구에 걸친 폭 넓은 연구에 주의를 기울였다.

비록 세 모형이 지능의 다른 측면을 강조하지만, 그들은 상호 배타적인 것이 아니다. 스턴버그(1997)가 언급한 것처럼, 그의 분석적, 실용적, 창의적 유형의 지능은 가드너의 지능의 상징적 영역에 적용될 수 있다. 예를 들어, 분석적이고 언어적 지능을 가진 사람은 문학 비평에 뛰어날 것이다. 실제적이고 수학적 지능에 뛰어난 사람은 회계사가 될 수 있을 것이다. 재능 있는 화가는 창조적이고 공간적 지능을 가진 사람일 것이다. 환언하면, 삼원이론의 내적, 외적, 경험적 측면은 대부분 MI 이론과 양립할 수 있다. 비슷하게, 생물 생태적 이론은 삼원이론 및 MI 이론과 사람이 지능의 형태와 영역을 발달시키는 방법을 설명하는 데 도움이 된다는 점에서 서로 양립할 수 있다.

앞에서 암시된 바와 같이, 복합체계 이론들의 장점 중 하나는 지능의 복합성을 완전히 전부 반영할 수 있는 광범위한 시각으로 지능을 보려는 과학적이고 사회적인 욕구를 반영했다는 점이다. 비록 세 모형이 자신들의 광범위성에 의해 인정을 받지만, 각자는 타당성과 유용성을 인식시키기 위해 깊이 있는 연구가 더 필요하다. 각 모형에 따라 다른 요인에 대한 더 이상의 정교함과 요인들이 상호작용하는 방법에 대한 더 상세한 설명이 없이는 세 종류의 복합 모형 중 어떤 것이 완전히 검증되거나 완전히 부정될 수 있는지 명확하지 않다. 같은 방법으로, 이들 모형 중 어느 것이 지적 요인이나 지능 중에 놓친 것이 있는지 여부를 결정할 수 있는 방법이 명확하지 않다.

다행히, 각 복합체계 이론의 부분들을 실험적으로 검증할 수 있다. 예를 들어, 삼위일체 지능 이론은 지능의 상위요인을 상대적으로 영역에 대한 일반적인 것으로 보는데 반해 MI 이론과 생리 생태적 이론은 영역의 특성을 강조한다. 사람이 상위요인을 넓은 범위의 문항 분야에 잘 적용하는 방법을 깊이 연구하면 영역 특성과 영역 일반성간의 문제를 해결하는 길이 열릴 것이다. 각 모형이 그 완벽성에 대해 검증될 때까지 부분적 검증은 수정을 위한 지침을 줄 것이고 각 모형이 그 가정에 적합한 노선에 있다는 것을 확인하는 데 도움이 될 것이다.

결론 및 함의

이들 지능 모형 이론들이 얼마나 지적인가? 지능의 정의에서 불완전한 가르침으로부터도 학습할 수 있는 능력이 포함된다면(Resnick & Glaser, 1976), 이 질문에 대한 대답은 이 모형들은 매우 지적이라는 것이다. 이들 현재 모형의 창안자들은 선행 연구의 모호함과 결점을 통해 학습했다. 예를 들어, 현재의 계층적 모형은 스피어만과 서스턴의 모형이 갖는 몇 가지 문제를 해결했다. 상황 모형과 복합 모형은 이전의 지적 과제 수행에 대한 고르지 않은 형태의 혼란성을 설명했다. 일반적으로, 현재의 모형은 그 이전의 모형보다 더 광범위하고 장래성이 있는 것처럼 보인다. 스턴버그(1986)의 지능에 대한 정의를 이용하면, 최근의 모형은 이전 이론의 장점을 강화하고 많은 단점을 제거했다.

비슷하게, 어떤 정의가 환경에 대한 적응(Binet & Simon, 1916)을 포함한다면, 이들 모형은 대단히 지적이다. 현재의 모형은 과학과 사회가 지능을 통상적 지능검사에서 측정되는 것 이상의 어떤 것으로 보는 관점의 변화에 대한 대응으로 만들어졌다. 특히 상황 모형과 복합체계 모형은 지능에 대한 매우 넓은 범위의 개념을 갖고 있다. 신경중추 효율성 모형은 지능에 대한 생리학적 근거를 이해하려는 과학적 요구에 대한 응답이다.

표면적으로, 이들 네 가지 모형은 서로 매우 다른 것처럼 보인다. 신경중추 효율성 모형(NEM)은 지능의 생리학적 측면에 집중했다. 계층적 모형은 지적 능력에 대한 개인차의 잠재적 근원의 관점에서 정신의 구조를 연구했다. 상황 모형은 지능의 구성개념을 창조하고 구성개념에 영향을 주는 외적 원인을 강조했다. 끝으로 복합체계 모형은 지능을 다중적인 상호작용의 차원에서 보았다. 다른 말로, 각 유형의 모형들은 지능의 다른 수준(또는 일련의 수준들)을 분석하고 설명했다. 각 모형은 어떤 사람이 지적이라는 것과 어떤 사람이 다른 사람보다 더 지적이라는 것이 의미하는 바에 대한 질문에 서로 다른 답을 제시했다.

하지만, 여기에서 검토한 네 종류의 모형에는 적어도 하나의 공통점이 있다. 그들은 모두 지능의 중요한 측면으로 인지적 처리의 적응성에 가치를 두는 것처럼 보인다. 예를 들어, 신경중추 효율성 모형은 신경중추의 적응성을 포함한다. 계층 모형은 새로운 정보자료에 적응하는 능력을 포함하는 유동지능을 통합했다. 배경 모형은 지능을 문화나 배경에 대한 적응의 관점에서 보았다. 복합체계 모형은 지능 또는 지능들을 자신의 문화적 가치나 요구에 잠재적 능력을 적응시키는 것으로서 설명했다.

현재 모형들의 공통적인 단점이 하나 있다면, 그것은 이들 모형이 모두 더 자세한 설명을 필요로 한다는 것이다. 신경중추 효율성 모형은 두뇌와 지능의 관계를 완전히 설명하지 못한다. 계층 모형은 지능의 일반요인이 나타내는 것이 무엇인지 또는 심리측정학적 측정 결과가 일반요인에 연관되는 방법을 확실하게 설명하지 못했고 어떤 범위의 상황 속에서 지적 행동을 설명하지 못했다. 상황 모형은 주어진 배경에서 지능의 개인차가 생기는 방법이나 이유를 설명하지 못한다. 마지막으로 복합체계 모형에서는 다른 측면들이 작동하고 서로 상호작용하는 방법이 모호하다.

현재 모형들의 형태적 다양성은 인상적이다. 한때 지능 분야는 심리측정학적 모형이 지배적이었고 그 이후에는 정보자료 처리적 방법론에 의해 개발된 이론이 지배적이었다. 10년전 이었으면 이 장에서는 지능의 정보자료 처리적 모형에 대한 절이 포함되고 생물학적, 배경적, 복합체계적 관점에 대한 내용을 적었을 것이다. 현재 새로운 형태의 모형이 현장에서 우리의 지능에 대한 개념을 변형시키고 발전시키는데 큰 역할을 하고 있다. 이들 새 모형은 정보자료 처리적 모형을 통합하고 확장시킨 것들이다. 동시에, 이들 중 많은 모형들이 지적 행동이 나타나는 배경에 주의를 기울이고 있다. 개별적으로 각 모형은 지능에서 상황이 의미하는 바를 다른 측면에서 분석, 탐구하고 있다. 종합적으로, 현재 이들 모형들은 지능에 대한 광범위한 관점을 생성하고 생산적 연구를 위한 새로운 방향을 설정하는 데 도움을 준다.

참고 문헌

Barrett, P. T., Daum, I., & Eysenck, H. J. (1990). Sensory nerve conduction and intelligence: A methodological study. *Journal of Psychophysiology*, *4*, 1–13.

Barrett, P. T., & Eysenck, H. J. (1992). Brain evoked potentials and intelligence: The Hendrickson paradigm. *Intelligence*, *16*, 361–381.

Bates, T., & Eysenck, H. J. (1993). String length, attention, and intelligence: Focused attention reverses the string length–IQ relationship. *Personality and Individual Differences*, *15*, 362–371.

Bates, T., Stough, C., Mangan, C., & Pellet, O. (1995). intelligence and complexity of the averaged evoked potential: An attentional theory. *Intelligence*, *20*, 27–39.

Berry, J. W. (1994). Cross–cultural variations in intelligence. In R. J. Sternberg (Ed.), *Encyclopedia of human intelligence* (pp. 316–322). New York: Macmillan.

Berry, J. W., & Bennett, J. A. (1992). Cree conceptions of cognitive competence. *International Journal of Psychology*, *27*, 73–88.

Berry, J. W., & Irvine, S. H. (1986). Bricolage: Savages do it daily. In R. J. Sternberg & R. K. Wagner (Eds.), *Practical intelligence: Nature and origins of competence in the everyday world* (pp. 271–306). Cambridge University Press.

Berry, J. W., Irvine, S. H., & Hunt, E. B. (Eds.). (1987). *Indigenous cognition: Functioning in cultural context*. Dordrecht, Netherlands: Nijhoff.

Bickley, P. C., Keith, T. Z., & Wolfe, L. M. (1995). The three–stratum theory of cognitive abilities: Test of the structure of intelligence across the life span. *Intelligence*, *20*, 309–328.

Binet, A., & Simon, T. (1916). *The development of intelligence in children* (E. S. Kite, Trans.) Baltimore, MD: Williams & Wilkins.

Carraher, T. N., Carraher, D. W., & Schliemann, A. D. (1985). Mathematics in the streets and in schools. *British Journal of Developmental Psychology*, *3*, 21–29.

Carroll, J. B. (1993). *Human cognitive abilities: A survey of factor–analytic studies*. Cambridge: Cambridge University Press.

Carroll, J. B. (1996). A three–stratum theory of intelligence: Spearman's contribution. In I. Dennis & P. Tapsfield (Eds.), *Human abilities: Their nature and measurement*. Mahwah, NJ: Lawrence Erlbaum Associates.

Cattell, R. B. (1941). Some theoretical issues in adult intelligence testing. *Psychological Bulletin*, *38*, 592.

Cattell, R. B. (1943). The measurement of adult intelligence. *Psychological Bulletin*, *40*, 153–193.

Cattell, R. B. (1963). Theory of fluid and crystallized intelligence: A critical experiment. *Journal of Educational Psychology*, *54*, 1–22.

Caryl, P. C. (1994). Early event–related potentials correlate with inspection time and intelligence. *Intelligence*, *18*, 15–46.

Ceci, S. J. (1996). *On intelligence: A bioecological treatise on intellectual development*. (Expanded

Edition). Cambridge, MA: Harvard University Press.

Ceci, S. J., & Bronfenbrenner, U. (1985). Don't forget to take the cupcakes out of the oven: Strategic time-monitoring, prospective memory and context. *Child Development*, *56*, 175-190.

Ceci, S. J., & Liker, J. (1986). Academic and nonacademic intelligence: An experimental separation. In R. J. Sternberg & R. K. Wagner (Eds.), *Practical intelligence* (pp. 119-142). New York: Cambridge University Press.

Ceci, S. J., Rosenblum, T., de Bruyn, E., & Lee, D. L. (1997). A bio-ecological model of intellectual development: Moving beyond h^2. In R. J. Sternberg & E. L. Grigorenko (Eds.), *Intelligence, heredity, and environment* (pp. 303-321). New York: Cambridge University Press.

Ceci, S. J., & Roazzi, A. (1994). The effects of context on cognition: Postcards from Brazil. In R. J. Sternberg & R. K. Wagner (Eds.), *Minds in context: Interactionist perspectives on human intelligence* (pp. 74-101). New York: Cambridge University Press.

Chen, J., & Gardner, H. (1997). Alternative assessment from a multiple intelligences theoretical perspective. In D. P. Flanagan, J. L. Genshaft, & P. L. Harrison (Eds.), *Contemporary intellectual assessment: Theories, tests, and issues* (pp. 105-121). New York: Guilford Press.

Cole, M., Cay, J., Click, J., & Sharp, D. W. (1971). *The cultural context of learning and thinking*. New York: Basic Books.

Das, J. P. (1994). Eastern views of intelligence. In R. J. Sternberg (Ed.), Encyclopedia of human intelligence (pp. 387-39 1). New York: Macmillan.

Davidson, J. E. (1990). Intelligence recreated. *Educational Psychologist*, *25* (3&4), 337-354.

Davidson, J. E., & Sternberg, R. J. (1984). The role of insight in intellectual giftedness. *Gifted Child Quarterly*, *28*, 58-64.

Deary, I. J., & Stough, C. (1996). Intelligence and inspection time: Achievements, prospects, and problems. *American Psychologist*, *51*, 599-608.

Ertl, J. P., & Schafer, E. W. P. (1969). Brain response correlates of psychometric intelligence. *Nature*, *223*, 421-422.

Eysenck, H. J. (1994). EEC evoked potentials. In R. J. Sternberg (Ed.), *Encyclopedia of human intelligence* (pp. 391-394). New York: Macmillan.

Gardner, H. (1983). *Frames of Mind: The theory of multiple intelligences*. New York: Basic Books.

Gardner, H. (1992). Assessment in context: The alternative to standardized testing. In B. Gifford & M. O'Connor (Eds.), *Alternative views of aptitude, achievement, and instruction*. Boston: Kluwer.

Gardner, H. (1993). *Frames of mind: The theory of multiple intelligences* (10th anniversary edition). New York: Basic Books.

Gardner, H. (1998). Are there additional intelligences? The case for naturalist, spiritual, and existential intelligence. In J. Kane (Ed.), *Education, information, and transformation* (pp. 111-132). Englewood Cliffs, NJ: Prentice Hall.

Custafsson, J. E. (1984). A unifying model for the structure of intellectual abilities. *Intelligence*, *8*, 179-203.

Gustafsson, J. E. (1988). Hierarchical models of individual differences in cognitive abilities. In R. J.

Sternberg (Ed.), *Advances in the psychology of human intelligence.* (Vol. 4, pp. 35–71). Hillsdale, NJ: Erlbaum.

Haier, R. J. (1992). Cerebral glucose metabolism and intelligence. In P. A. Vernon (Ed.), *Biological approaches to the study of human intelligence*. Norwood, NJ: Ablex.

Haier, R. J., Siegel, B. V., Jr., Nuechterlein, K. H., Hazlet, E., Wu, J. C., Paek, J., Browning, H. L., & Buchsbaum, M. S. (1988). Cortical glucose metabolic rate correlates of abstract reasoning and attention studied with positron emission tomography. *Intelligence*, *12*, 199–217.

Hempel, C. C. (1966). *The philosophy of natural science*. Englewood Cliffs, NJ: Prentice Hall.

Hendrickson, A. E. (1982). The biological basis of intelliPart I: Theory. In H. J. Eysenck (Ed.), *A model for intelligence* (pp. 151–196). New York: Springer–Verlag.

Hendrickson, D. E. (1982). The biological basis of intelligence. Part II: Measurement. In H. J. Eysenck (Ed.), *A model for intelligence* (pp. 197–228). New York: Springer–Verlag.

Horn, J. L. (1986). Intellectual ability concepts. In R. J. Sternberg (Ed.), *Advances in the psychology of human intelligence* (Vol. 3, pp. 35–77). Hillsdale, NJ: Erlbaum.

Horn, J. L. (1989). Models of intelligence. In R. L. Linn (Ed.), *Intelligence, measurement, theory, and public policy* (pp. 29–33). Urbana: University of Illinois Press.

Horn, J. L. (1994). Theory of fluid and crystallized intelligence. In R. J. Sternberg (Ed.), *Encyclopedia of human intelligence* (pp. 443–451). New York: Macmillan.

Horn, J. L., & Donaldson, C. (1976). On the myth of intellectual decline in adulthood. *American Psychologist*, *31*, 701–719.

Irvine, S. H., & Berry, J. W. (1988). The abilities of mankind: A reevaluation. In S. H. Irvine &J. W. Berry (Eds.), *Human abilities in cultural context* (pp. 3–59). New York: Cambridge University Press.

Kaplan, A. (1964). *The conduct of inquiry: Methodology for behavioral science*. San Francisco: Chandler.

McGrew, K. S., Werder, J. K., & Woodcock, R. W. (1991). *WJ–R technical manual: A reference on theory and current research*. Chicago: Riverside.

Neisser, U. (1976). *Cognition and reality: Principles and implications of cognitive psychology*. San Francisco: Freeman.

Reed, T. E., & Jensen, A. R. (1991). Arm nerve conduction velocity (NCV), brain NCV, reaction time, and intelligence. *Intelligence*, *15*, 33–47.

Reed, T. E., & Jensen, A. R. (1992). Conduction velocity in a brain nerve pathway of normal adults correlates with intelligence level. *Intelligence*, *16*, 259–272.

Resnick, L. B., & Claser, R. (1976). Problem solving and Intelligence. In L. B. Resnick (Ed.), *The nature of intelligence* (pp. 205–230). Hillsdale, NJ: Erlbaum.

Schafer, E. W. P. (1979). Cognitive neural adaptability: A biological basis for individual differences in intelligence. *Psychophysiology*, *16*, 199.

Schafer, E. W. P. (1982). Neural adaptability: A biological determinant of behavioral intelligence. *International Journal of Neuroscience*, *17*, 183–191.

Schafer, E. W. P., & Marcus, M. M. (1973). Self-stimulation alters human sensory brain responses. *Science*, *181*, 175–177.

Spearman, C. (1927). *The abilities of man*. New York: Macmillan.

Sternberg, R. J. (1977). *Intelligence, information processing, and analogical reasoning: The componential analysis of human abilities*. Hillsdale, NJ: Erlbaum.

Sternberg, R. J. (1985). *Beyond IQ: A triarchic theory of human intelligence*. New York: Cambridge University Press.

Sternberg, R. J. (1988). *The triarchic mind:A new theory of human intelligence*. New York: Cambridge University Press.

Sternberg, R. J. (1990). *Metaphors of mind*. New York: Cambridge University Press.

Sternberg, R. J. (1997). The triarchic theory of intelligence. In D. P. Flanagan, J. L. Censhaft, & P. L. Harrison (Eds.), *Contemporary intellectual assessment: Theories, tests, and issues* (pp. 92–104). New York: Guilford Press.

Sternberg, R. J., Ferrari, M., Clinkenbeard, P. R., & Grigorenko, E. L. (1996). Identification, instruction, and assessment of gifted children: A construct validation of a triarchic model. *Gifted Child Quarterly*, *40*(3) 129–137.

Thurstone, L. L. (1938). *Primary mental abilities*. Chicago: University of Chicago Press.

Vernon, P. E., & Mori, M. (1992). Intelligence, reaction times, and peripheral nerve conduction velocity. *Intelligence*, *16*, 273–288.

Wagner, R. K., & Sternberg, R. J. (1985). Practical intelliin real-world pursuits: The role of tacit knowledge. *Journal of Personality and Social Psychology*, *49*, 436–458.

Wickett, J. C., & Vernon, P. A. (1994). Peripheral nerve conduction velocity, reaction time, and intelligence: An attempt to replicate Vernon and Mon. *Intelligence*, *18*, 127–132.

Wober, M. (1974). Towards an understanding of the Kiganda concept of intelligence. InJ. W. Berry & P. Dasen (Eds.), *Culture and cognition* (pp. 261–280). London: Methuen.

[보충 자료]

우리 아이는 어떤 지능이 발달했을까

■ 언어 지능

새로운 단어를 빠르게 익힌다
또래에 비해 조리 있게 말한다
책을 가리지 않고 두루 읽는다
이야기를 듣고 쉽게 의미를 알아듣는다

끝말잇기 등 언어적 유희를 즐긴다

■ **논리·수학적 지능**

"이건 어떻게 움직여"라며 작동 원리를 자주 묻는다

사물 간의 공통점과 차이점을 쉽게 찾아낸다

수 개념이 또래에 비해 빠르다

'만일 ~이라면' '왜'라는 질문을 끊임없이 한다

놀이를 하다 문제가 발생하면 스스로 해결한다

■ **시각·공간 지능**

색에 민감하다

그림 그리기 및 만들기를 좋아한다

집이나 물건의 위치를 정확히 기억한다

퍼즐 맞추기, 미로 찾기 등의 놀이를 잘한다

그림을 그릴 때도 세부적인 묘사를 잘한다

■ **자연탐구 지능**

집에서 키우는 화분, 개, 고양이 등을 잘 돌본다

꽃, 나무, 새 등 동식물에 관심이 많다

날씨의 변화에 민감하다

자연 다큐멘터리를 자주 본다

동식물의 습성 및 생리를 잘 기억한다

■ **음악 지능**

음악의 가락, 리듬, 음색에 민감하다

리듬에 따라 춤추기를 좋아한다

음악이 나오면 본능적으로 즐거워한다

노래를 자주 따라 부른다

엉터리라도 작곡을 해 나름대로 흥얼거린다

■ **신체 운동 지능**

또래에 비해 근육이 발달돼 있다

순발력이 뛰어나 민첩하게 움직인다

실내보다 실외에서 놀기를 좋아한다

공, 놀잇감, 바늘 등을 쉽게 다룬다

달라진 환경(이사·전학 등)에 잘 적응한다

■ **자기 성찰(自省) 지능(개인 이해 지능)**

독립심이 강하다

혼자 놀 때 오히려 몰두한다
어려도 자신의 의견과 주장이 뚜렷하다
목표한 바를 이루기 위해 끝까지 노력한다
자신의 기분, 느낌을 분명히 표현한다

■ **인간 친화 지능(대인 관계 지능)**
또래에게 인기가 있다
친구와 협동하는 것에 능숙하다
새로운 사람을 만나는 것을 좋아한다
타인의 감정, 기분 등을 잘 파악한다
낯선 사람에게 먼저 다가선다

※ 부분별로 몇 개 이상이 나와야 뛰어나다는 것은 아니다. 이는 개인별로 기준이 다를 수 있기 때문이며, 다만 전체를 모두 점검해 보고, 그 중에서 가장 많이 체크된 분야의 지능이 우수하다고 볼 수 있다.

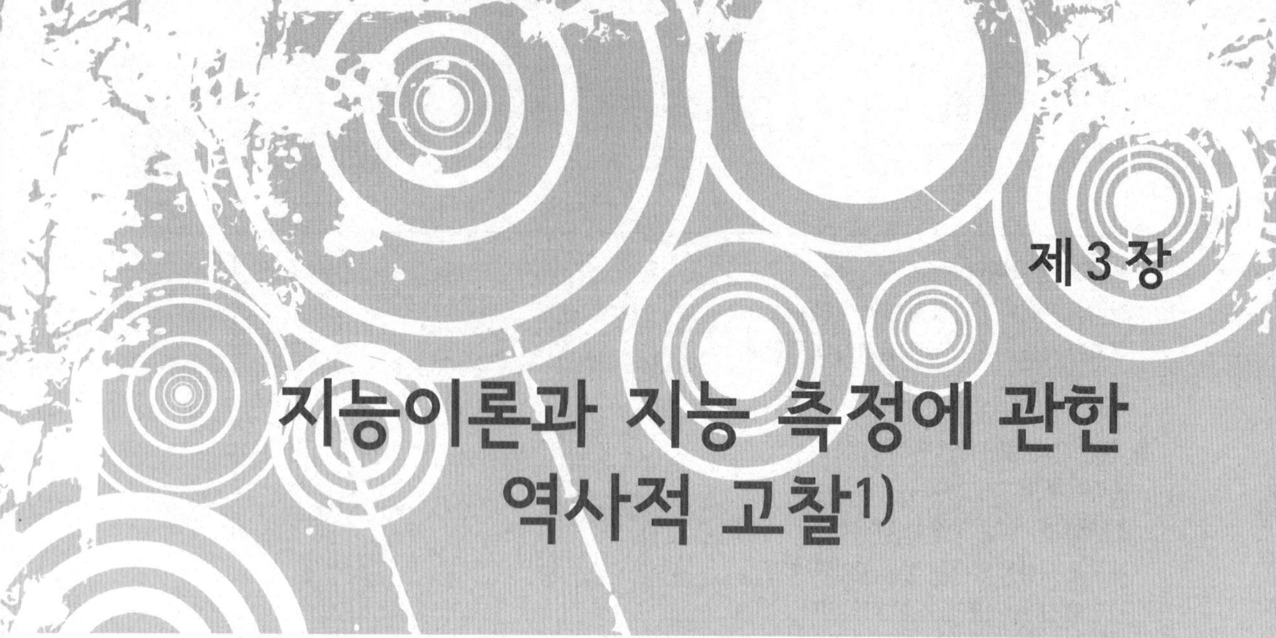

제 3 장

지능이론과 지능 측정에 관한 역사적 고찰[1)]

Nathan Brody
(Middletown, Wesleyan 대학교 심리학과 교수)

진리의 행보는 우리가 애써 만들어 놓은 학문의 경계를 존중해 주지 않는다.

프랜시스 갈톤(Francis Galton)

1859년에 다윈의 『종의 기원(On the Origin of Species)』의 발간되기 바로 6년 전에 그의 사촌인 프란시스 갈톤은 맥밀런스 매거진(Macmillan's Megazine)에 두 개의 논문을 발표했는데 〈유전적 재능과 특성〉이라고 합쳐진 이름으로 발표되었다. 이 논문들은 1869년에 유전적 천재에 관한 한 권의 책으로 확장되었다. 갈톤의 책은 자연선택에 대한 다윈의 사상을 벨기에의 통계학자인 케틀레(Quetelet)의 작업(1849)과 결합한 것이

1) (옮긴이 주) 이 논문과 유사한 제목으로 스턴버그 교수가 논문을 발표한 바 있으나 다루고 있는 내용과 지향성에 서로 특징과 차이가 있다.
Nathan Brody. (2000). History of Theories and Measurement of intelligence. In Sternberg, R. J. (Ed.). *Handbook of Psychology.* New York: Cambridge University Press.

었다. 갈톤은 천재성은 정상적으로 분포되며 유전될 수 있는 인간의 특성이라고 주장했다. 갈톤은 지능의 분포에서 인종적인 위계가 존재한다고 믿었다. 그래서 그는 고대 그리스인들은 능력상으로 동시대의 영국인들보다 우월했으며, 그의 동시대의 영국인들은 아프리카인이나 그들의 미국인의 후손들보다 우월하다고 주장했다.

갈톤의 단순과정에 의한 측정

갈톤은 1882년 런던의 사우스 켄싱턴 박물관(South Kensingtonn Museum) 내에 개인차 측정을 위한 연구소를 설립했다. 박물관 방문자들은 약간의 돈을 내면 청각 및 시각적 구별 능력은 물론 자극에 대한 반응 시간과 근력계를 이용한 악력(握力, exert hand-sequeeze pressure on a dynamometer)까지 포함되는 일련의 검사를 받을 수 있었다. 이와 같은 측정 문항들의 선택에는, 복잡한 인지 기능에 대한 기초로서 감각으로부터 이끌어 낸 지식의 중요성에 대한 영국의 경험주의 철학자들이 가진 믿음과, 지적 발달 장애자(idiot)들은 감각구별 능력이 손상되어 있다는 자신의 믿음이 영향을 끼쳤다. 그는 높은 지능을 가진 사람들은 낮은 지능을 가진 사람들보다 더 날카로운 식별 능력을 가지고 있다고 상정했다(Galton, 1883).

천재성의 본질에 대한 이해의 기초로서 비교적 단순한 인지 기능의 측정에 대한 갈톤의 관심은 19세기 말에 활동적 연구 영역의 원조격이었다. 개인차에 대해 관심이 높은, 제임스 맥킨 카텔(James McKeen Cattell)은 독일의 분트(Wundt)의 미국인 학생이었다(1886년에 학위를 받았음). 1890년에 카텔은 〈지능검사와 측정(Mental Tests and Measurements)〉이라고 이름붙인 논문에서 10가지 심리적 기능의 측정에 대해 기술했는데, 여기에는 촉각 식별, 고통의 절대 역치, 무게 식별, 청각 자극에 대한 반응 시간 등등이 포함되어 있었다. 카텔은 정신검사(mental test, 또는 멘탈 테스트)라는 용어를 처음으로 사용했다. 카텔이 주도한 연구 프로그램은 갈톤으로부터 영향을 받은 것이었다. 갈톤은 카텔의 1890년 논문에 주석을 붙임으로써 그 연구를 지지했으며, 심리적 측정법들로부터의 점수들을 지적 우수성의 평가에 연계시키는 것이 유용할 것이라고 지적했다.

몇몇 여러 심리학자들이 1890년대에 대규모로 개인들을 평가했다. 재스트로(Jastrow)는 위스콘신 대학교의 대학생들에게 유사한 검사를 시행한 후(1891-1892), 이어서 1893년에 시카고에서 열린 콜롬비아 전시회 방문자들을 평가하는데 사용한, 순간노출식으로 제시된 자극을 판정하는 능력뿐만 아니라 식별능력, 반응 시간, 선, 색, 및 형태에 대한 기억 등에 대한 대용량 종합검사를 발전시켰다(Philippe, 1894 참조). 보아스

(Boas)는 1891년 클라크 대학에서 기억, 들은 것, 본 것에 대한 측정을 이용해서 학교에 다니는 아동들의 대규모 표본을 대상으로 검사를 행했다(Bolton, 1891-1892 참조). (이 장 뒷부분에서 갈톤의 업적을 설명한 보충 자료 참조—옮긴이 주)

비네(Binet)의 반응

비네는 기초적 인지 과정에 초점을 두고 지능을 측정하는 시도에 반대했다. 지능은 복합적 인지 과정에 집중해서 연구되어야 한다고 그는 확신했다. 오어른(Oehrn)은 숫자 기억, 덧셈 능력, 및 읽기와 받아쓰기 능력상의 개인차를 연구했다. 이 연구를 검토하면서 비네와 앙리(Binet and Henry, 1896)는 개인차는 단일 기능보다는 복합 기능에서 보다 다양하게 나타난다는 것을 지적했다. 비네는 에빙하우스(Ebbinghaus, 1897)의 작업에서도 영향을 받았는데, 그는 계산, 숫자 기억, 문장 속의 단어나 글자의 빠진 부분을 채워넣는 삭제검사(cancellation test)라고 부르는 일련의 검사를 시행했다. 에빙하우스는 아동의 수행에 피로가 끼치는 영향을 평가하기 위해 한 수업일 전 과정을 통해 여러 차례 이 검사를 시행했다. 삭제검사는 지능에 있어서의 개인차에 대한 통찰을 제공했는데 왜냐하면 그 개인들은 포괄적인 분석을 위해서 그 안에 이종(異種, disparate)의 요소들을 결합하는 것이 필요했기 때문이다. 에빙하우스는 한 자리 숫자 수준 기억과 계산의 검사 같은 비교적 단순한 인지 기능의 측정 상의 개인차는 학업성적으로 평가되는 지능에 있어서의 차이와 분명한 관계를 표시하지 않는다는 점을 지적했다. 이에 반해서, 조합을 수반하는 복잡한 판단인 삭제검사는 지능 상의 개인차와 연관성을 가지고 있었다. 비네와 앙리(Binet and Henry, 1896)는 단일 기능상의 개인차 연구에 몰두하는 지능연구 프로그램에 대해 회의를 표시했다. 그들은 "감각과 단순 과정에 상당한 부분이 투여되고 그보다 우월한 과정에는 거의 관심을 부여하지 않는 점에 너무도 놀랐다" (Binet and Henry, 1896). 그들은, 개인차의 적절한 평가를 위해서는 그 중에서도 특히 도안, 문장, 음악의 악절 등등의 기억, 형상화(imagery), 추상적 단어에 의해 제시되는 의미를 논하거나 이야기를 구성하는 능력에 의해 평가되는 상상력(imagination), 이해도(comprehension), 피암시성(suggestibility), 미학적 판단 등에 대해 평가하는 것이 요구될 것이라고 믿었다. 그들은 이러한 복합적 기능을 평가하는데 사용할 수 있을 것이라고 생각한 측정 도구들의 사례를 제공했다.

지능 측정에 있어서 단순 과제나 복합적 과제의 상대적 중요성에 대한 논쟁은, 지능에 대한 연구 역사에 있어서 아마도 확실하게 가장 중요한 두 개의 논문인 1904년 스피어맨(Spearman)의 논문과 1905년의 비네와 시몬(Binet and Simon)의 논문 속에서 명백하게 드러났다. 스피어맨은 한 이론을 발전시켰으며, 비네와 시몬은 공동으로 하나의 검사법을 개발했다. 그 이론과 검사법 양자가 20세기 나머지 기간 동안의 지능에 대한 연구의 양상을 만들었다.

스피어맨의 논문

경험적 기초

스피어맨의 연구에서 경험적 요소는 파생적(derivative)이었는데, 즉 감각 식별력의 개인차를 측정하고 이 측정 성적을 표본이 된 학생들의 학업 성과의 측정과 지능 점수 부여에 연결시키려는 시도에 기초하고 있었다. 스피어맨은 이 문제에 대한 많은 초기 연구들을 비판했는데, 위슬러(Wissler, 1901)를 예외로 하고, 그들이 상관관계의 결과를 보고하지 않고, 관계에 대한 주관적 인상에 의존했다는 것이었다. 위슬러의 연구는 심리 측정들 간의 관계를 평가하기 위해 상관계수를 최초로 이용했다. 그의 연구는 일련의 반응 시간, 감각적 식별력 측정 결과 및 학업성적 측정치에 대한 관계를 보고했다. 그는 자신의 검사표에서 상관관계를 얻은 후에, 심리적 기능의 상이한 측정결과는 긍정적으로 상호 연관되어 있지도 않고, 학업등급과도 연관성이 없다는 것을 지적했다. 이 연구는 엄청난 영향을 끼쳤다. 이 연구는 콜롬비아 대학의 제임스 맥킨 카텔(James McKeen Cattell)의 연구소에서 수행되었다. 이것은, 1886년에 발표된 논문으로 시작되어 카텔이 15년 동안 주창해 온 방법을 사용하여 지능을 측정하려는 시도에 관한 포괄적 분석을 대변한다. 이 연구의 결과는 처음 갈톤에 의해 주창된 기법들에 의한 지능 측정 시도에 마침표를 찍는데 기여했다는 것이다. 스피어맨(1930)은 자신이 관련 자료를 수집할 당시에는 위슬러의 작업을 알지 못했으며, 그것을 알았다면 아마도 자신의 연구를 수행하지 않았을 것이라고 언급했다.

스피어맨의 지능 이론

스피어맨은 감각적 식별능력의 몇 가지 측정치 속에서 상관관계를 얻었다(Spearman, 1904a). 상관관계는 정적으로(positive) 나타났으며, 총합 지수(aggregate index)에 의해 측정될 수 있는 식별능력이 있음에 주목했다. 그는 감각적 식별능력 측정 결과를 학업성과 측정치에 연관시켰다. 그는 학업성과 측정치들 상호간에 정적인 상관관계를 가지고 있었으며 감각 식별능력에 대한 측정 결과와도 정적인 관계라고 언급했다. 그의 행렬(또는 상관관계표, matrix) 속의 상관관계 모두가 정적으로 나타났다.

스피어맨은 측정치들 사이의 상관관계는 측정상의 오류에 의해 희석될 수 있음을 지적했다. **미국 심리학 논문집**(American Journal of Psychology)의 같은 호에 실린 한편의 논문에서 그는 측정 오류로 인해 획득한 상관관계를 수정하는데 사용될 수 있는 하나의 공식을 개발했다(Spearman, 1904b). 스피어맨은 식별능력의 총합지수들(aggregate indices)과 학업성적에 의해 결정되는 지능의 총합지수들을 얻었다. 그 둘 사이의 희석된 상관관계는 그로 하여금 "**지능 내의 공통 및 필수적 요소는 감각 기능에 있어서의 공통 및 필수 요소와 일치한다.**"라는 결론에 이르게 했다(Spearman, 1904a, p. 269, 고딕체 부분은 원문).

스피어맨은 자신이 획득한 행렬 속의 상관관계를 설명하는 이론을 발전시켰다. 스피어맨은 상관관계의 정적인 집합체를 설명하는 공통 지적 능력이 분명히 존재할 것이라고 가정했다. 이것을 일반 지능(general intelligence)을 지칭하는 *g*라고 이름 붙였다. 그는 특정 측정치에 있어서의 변량(變量, variance)은 *g*에 속하는 요소와 상위의 두 번째의 특수한 원천인 *s*에 속하는 요소로 구분될 수 있을 것이라고 가정했다. 이 지능의 "양 요인 이론(two-factory theory)"은 여러 가지 결과들을 가지고 있다. 만약 각 측정에 연관된 특이성이 독립적이면, 그리고 *s*가 *g*와 상관관계가 없으면, 지능의 여하한 2개의 측정값 사이의 상관관계는 그것들이 *g*를 공유하는 정도로 설명된다. 높은 *g* 대 *s* 비율을 가지는 측정값은 낮은 *g* 대 *s* 비율을 가지는 측정값들보다 상호간에 더욱 실질적으로 상관관계를 갖는 경향이 있다. 따라서 지능 측정치는 그들의 *g* 부하량 측면에서의 계층 순으로 배열될 수 있다. 내림차순 *g* 부하량에 의해 정의된 순서로 세워진 검사들에 의해 형성된 상관관계의 행렬은 내림차순의 행과 열의 값들을 나타낼 것이다.

비네의 지능검사

스피어맨의 이론은 갈톤이 주창한 기법들을 이용해서 지능을 측정하려는 시도에 기초하고 있었다. 비네는 1896년에 출판된 앙리(Henri)와의 논문에서 주장된 여러 종류의 복합 과제들을 이용해서 지능을 측정하려고 시도했다. 지능검사를 개발하려는 비네의 시도는, 측정이 필요하다고 생각한 몇 가지 상이한 복합 기능들에 대한 계량적 지수들을 개발하기 위한 자신의 능력 속에서 몸부림치고 있었다. 1904년 독일에서의 한 학회에서 앙리는 (비네와 공동으로 작업한) 한편의 논문을 발표했는데 그들의 1896년 논문 속에서 추천된 방법들을 사용한 지능 측정 시도는 성공하지 못했음을 지적했다 (Wolf, 1973 참조). 한 개인의 지적 기능의 전체 그림을 제공하는 충분한 수의 측정방법들을 제한된 시간 내에 얻어 내는 것은 불가능했다. 1년 후, 비네와 시몬은 공동으로 최초로 지능검사를 출간했다(1905). 그 검사법은 지적 장애 아동 및 비정상 아동들의 연구를 위해 지명된 한 위원회에 비네가 과학 고문으로 지명된 것에 대한 대응으로 개발되었다. 도구를 만들어 낼 필요가 있다는 것은 비네를 기운나게 했으며, 각 사람 속에 존재하는 지능의 개별 특수 사례의 복합성(idiographic complexity)에 완전하게 접근하는 데 있어서 계량적 지수(quantitative index)는 전지전능(全知全能)하지 않다는 자신의 믿음의 일부를 경시하게 만들었다.

비네와 시몬은 검사자가 어떤 아동의 기능 수준을 확실하게 파악하고 그 아동에게 특별한 교육 기회를 제공하는 것이 적절한지 여부를 판정할 수 있게 만드는 측정 도구를 개발하기를 원했다. 그 검사는 네 가지 양상으로 현대적 검사와 닮아 있었는데, 첫째, 복합적 정신 기능을 일차적으로 검사하는 것으로서, 어휘와 이해력(예: 잠이 오면 해야 할 일이 무엇인가요?)에 대한 검사를 포함한다. 둘째, 문항들은 상이한 종류의 능력들을 평가하려고 시도한다. 셋째, 특별한 연구 장비들 없이 그 검사를 시행할 수 있다. 넷째, 난이도에 따라서 문항들을 분류할 수 있다는 것이다. 비네와 시몬은 지적 장애 아동들이 일반적으로 더 어린 정상 아동들의 수준과 비교할 만한 수준으로 행동한다고 믿었다.

비네는 이 검사의 두 개의 수정판을 발간했다. 1908년 수정판은 강조점을 지적 능력이 정상인 아동들에게로 옮겼으며 각 문항들마다 특정한 연령 등급을 부여하는 것이 포함되어 있었다. 1911년도 수정판은 각 연령마다 5개 문항을 이용하여 검사하도록 검사를 확장해서, 분수적으로 정신연령(MA)을 계산이 가능하게 만들었다(Peterson, 1926 참조). 비네는 정신연령 점수를 지능점수(IQ)로 전환한 적은 없었으나, 스턴(Stern, 1912)은 IQ 지수를 고안했다. 그 원래 버전에서는 연대기적 연령에 대한 정신연령의 비율은 100을 곱해서 나오게 제작되어 있었다.

요약: 기초

비네와 스피어맨은 실질적으로나 유형적으로도 지능을 다른 방향에서 접근했다. 스피어맨은 수학적 추상화의 영역 내에서 자기 영역 안에 머물러 있었다. 그는 자연적 세계가 제시하는 형태와 관찰의 다양성을 뛰어넘는 일관성 있고 심하게 단순하기까지 한 구조를 찾아 헤맸다. 비네는 특정 개인의 삶 속에서 표출되는 지능을 이해하는 데 있어서 수반되는 개인적 다양성을 감식할 수 있는, 미묘한 차이와 변량에 끝없이 매달렸다. 스피어맨은 독일의 심리학 전통인 방법론적 단순화에 매혹되어 있었다. 반대로 비네는 페흐너(Fechner)의 정신물리학에 대한 윌리엄 제임스(William James)의 혐오감을 공유하고 있어서, 지능처럼 복잡한 어떤 것을 이해하는 데 있어서는 그 정확도가 환상이라고 믿었다(James, 1890, p. 549 참조). 그리고 두 사람은 서로의 성취에 대해 똑같이 회의적이었다. 비록 스피어맨(1927)은 자신의 이론이 아동의 지적 기능을 대표하는 단일 지수를 추출하려는 비네의 시도에 이론적 기반을 제공한다고 생각하기는 했지만, 비네의 검사는 자신이 필수적 문제라고 생각한 것, 즉 g의 이해를 설명하는 데 있어서 중요성을 가지지 못한다고 생각했다. 비네는 1904년에 스피어맨이 발표한 두 가지 논문을 검토했는데(1905), 지능이 감각적 식별능력과 관계가 있다는 주장에 너무 놀랐다고 적었다. 그는 또한, 상당히 다른 지식과 기량을 가진 두 명의 사람이 동일한 점수를 얻을 수 있기 때문에 g를 단일의 실재물(實在物, singular entity)로 보는 개념은 잘못된 것이라고 지적했다. 비네의 회의적 시각은 비네의 검사의 영어판을 개발한 미국의 심리학자인 루이스 터먼(Lewis Terman)에 의해 공유되었다. 터먼은 스피어맨의 수학적 추론에 대한 독단주의와 과도한 신념을 싫어했다.

초기 연구에 대한 이와 같은 간략한 고찰은 이 장을 구성할 다섯 가지의 주제와 관련된 문제들에 대한 고찰의 기반을 제공한다. 첫째, 스피어맨이 암시한 것처럼 지능을 단일한 것으로 생각하는 것이 적절한가? 둘째, 지능과 심리학 연구소에서 평가된 단일 및 복합 인지과정 간의 관계는 무엇인가? 이 주제에 대한 비네와 스피어맨의 시각은 후속된 연구에 어떻게 영향을 끼쳤으며 연관되었는가? 셋째, 지능은 유전되는가? 갈톤이 옳았는가? 넷째, 비네가 창안한 지능검사와 관련해서 무엇이 행해졌으며 그리고 무엇이 시행되었어야 했는가? 다섯째, 비네는 지능검사법을 개발, 실용화했고, 스피어맨은 지능 이론을 가지고 있었다. 그러나 어느 쪽도 지능검사에 의해 무엇이 측정되는 것인지에 대한 분명한 개념을 실제로는 가지고 있지 않았다. 지능이란 도대체 무엇인가?

단일 요인 대 중다 요인 문제

g는 충분하지 않다

지능은(의 구성 요소는) 한 개인가 여러 개인가? 스피어맨의 분석적 절차는 단일한 일반 능력의 존재를 위한 행렬을 검사하고 특정한 측정의 *g* 부하량(loading) 또는 포화(saturation)를 결정하는 우아한 방법을 제공한다. 그 방법의 적용은 *g*가 행렬 속의 모든 공변량을 설명하지 않음을 표시한다. 스피어맨은 자신의 1904년 논문에서 라틴어 문법과 라틴어 번역 그리고 프랑스어 문장과 프랑스어 받아쓰기의 지식에 대한 측정치들 사이의 상관관계를 분석했다. 그는 이들 쌍 사이의 반교정된(disattenuated) 상관계수는 그들의 *g* 부하량 분석으로 기대되는 것보다 더 높았음을 지적했다. 그는 이들 두 개의 총합에서의 공통 변량의 단지 74%만을 *g*가 설명하다고 믿었다. 따라서 *g*에 추가되는 특정 요인이 반드시 존재해야 한다는 것이다. 스피어맨은 행렬 속의 변량의 이러한 추가적 원천들을 무시했다. 그에게는 *g*가 핵심 구성요소였으며 그리고 "특정한 군집(specific communities)"(스피어맨이 행렬 속에서 공변량에 기여하는 *g* 이외의 변량의 원천에 대해 붙인 명칭)은 지엽적인 동요(incidental perturbations)였다.

시릴 버트(Cyril Burt, 1909-1910)는 스피어맨과 비네가 발전시킨 착상들을 검사하기 위해 고안된 자신의 처음 발간한 논문에서 검사 총집에 대한 상관관계들을 산출했다. 버트는 일반 요인의 존재에 대한 증거를 제공하는 정량 다면체(positive manifold)를 획득했다고 언급했다. 그는 또한 감각적 식별 능력에 연관된 특정 요인의 증거가 존재했고 그리고 아울러서 *g*가 행렬 속의 모든 공변량을 설명할 수 없다는 것을 지적했다.

서스톤(Thurstone)의 지능 이론

*g*로부터 독립적인 능력 측정치의 상관관계의 행렬 속에서 변량의 원천에 집중하는 첫 번째 체계적 시도는 루이스 서스톤의 연구에 의해서 수행되었다(1931, 1938a; Thurstone and Thurstone, 1941). 서스톤은 상관관계 행렬 속에 존재하는 독립 요인들을 확인하기 위하여 다중 요인분석 방법을 개발했다. 요인들의 선택은, 단일 요인에 고도로 부하량을 두고 다른 요인들에는 '0'에 가까운 부하량을 가진 검사 문항들 속에서 요인구조를 강제하는 "단순 구조(simple structure)"의 준거에 의해 인도되었다. 행렬을 분석하는 이와 같은 방법은 특정 검사에서의 변량들을 몇 가지 독립 요인들로 분해하는 결과를 낳았다. 그래서 또한 한 개인은 여러 가지 능력들 각각에 있어서의 강점과 약점의 일람표(프로파일)에 의해 묘사될 수 있게 된다. 서스톤의 분석은 그로 하여금 언어 이해력(verbal comprehension), 수리력(number facility), 공간 추론력(spatial reasoning), 기억력(memory), 연역 추론력(deduction), 귀납 능력(inductive abilities) 등을 포함하는 기본적 정신 능력 요인들(primary ability factors)의 존재를 가정하게 했다.

서스톤의 분석과 스피어맨의 분석은 애초부터 서로 간에 조화를 이루지 못하지 않을 수 있었다. 서스톤의 방법은 *g*가 상관관계의 행렬 속에 존재하지 않은 때에 작동한다. 능력의 상관관계표 속의 변량들 대부분이 *g*가 원인인 경우라면, 상호 독립적인 요인들의 단순 구조들을 얻는 것이 불가능할 것이었다. 행렬 속의 변량들의 상당 부분이 *g*로부터 독립적인 집단 요인들에 속했다면, 다른 검사들의 *g* 부하량을 결정하기 위한 스피어맨의 방법들은 성공적이지 않았을 것이다.

상호접근(rapprochment)

서로 다른 상반된 강조점에도 불구하고, 스피어맨과 서스톤은 그들의 차이를 해소할 수 있었다. 서스톤은, 지능상 광범위하게 다른 개인들로부터 추출된 능력 행렬들(ability matrices)의 분석을 위해 단순 구조를 획득하는 것은 가능하지 않았다고 지적했다. 그 요인들은 완곡하게 서로서로 연관되어 있거나 상관관계를 가져야만 했다. 만약 요인들이 상호 연관되어 있다면, 그때는 *g*의 유도(derivation)에 이르게 하는 2차적 요인분석을 수행하는 것이 가능하다. 스피어맨은 *g*가 행렬 속의 변량 전체를 설명하지 않는다는 것을 인식했다(그가 1904년에 이미 지적했던 점을 상기하라). 특정 능력들은 서로서로 연관되고 있고 *g*는 능력 구조의 정점에 존재하는 상위어인 지능의 위계 모형(hierarchial model of intelligence)을 이용함으로써 이들 차이를 해소할 수 있었다.

분명히 *g*의 중요성에 대한 상이한 강조와 이러한 상이한 강조에 관련된 요인분석의 상이한 방법이 존재했다. 버논(Vernon, 1950)의 것과 같은 영국의 요인분석은 행렬 속의 *g* 변량을 분석하고 다음으로 나머지 변량을 분석하는 것으로 그들은 요인 분석을 시작하기를 선호했다. 버논의 분석에서는 두 개의 가장 중요한 특정 요인들을 *k* : *m*과 *v* : *ed*라고 이름을 붙였는데, *k* : *m*은 기계적 및 공간 능력 측정에 의해 정의되는 요소이며 *v* : *ed*는 언어적 능력과 수학적 추론처럼 교육적 노출과 연관된 다른 능력들로 정의되는 요소이다. 미국의 요인분석은 특정 능력으로 시작해서 다음으로 특정 능력이나 요인들 속에서 획득한 관계의 분석에 의해 하나 또는 그 이상의 좀 더 높은 위계의 능력을 유도하는 쪽을 선호했다. 하지만 위계적 구조의 존재에 대해 일반적 합의가 존재했다.

길포드(Guilford)의 지능 구조 모형 이론

1960년대에 길포드는 위계적이지 않은 지능 모형을 개발했다(Guilford, 1967, 1977, 1981, 1985; Guilford & Hoepfner, 1971). 길포드는 지능 측정에 사용될 수 있는 검사들의 서술적 분석(descriptive analysis)을 시작했다. 그는 3차원 분류법을 개발했는데, 이것으로 작용(operation), 결과(product), 내용(content)의 차원들 위의 그 위치에 따라 어떤 심리검사 문항도 분류할 수 있게 했다. 그는 다섯 가지 작용을 구별했는데, 인지(cognition) 작용, 기억(memory) 작용, 확산적 생성(divergent production; 대안의 생성) 작용, 수렴적 생성(convergent production) 작용, 및 평가(evaluation) 작용 등이 그것이다. 이들 작용 각각은 네 가지 내용 유형 중 하나에 적용될 수 있는데, 도형적(figural), 상징적(symbolic), 의미적(semantic), 및 행동적(behavioral)인 내용들이다. 이들 과정을 이러한 내용들에 적용하는 것은 여섯 가지 결과들 중 하나를 낳을 수 있는데, 단위(unit), 유목(class), 관계(relations), 체계(system), 변환(transformation), 함축(implication) 등이 그것들이다. 모형 속에서 이와 같은 120개의 독립된 능력들은 모형의 기하학적인 삼개 면 각각에서 모든 가능한 조합에 의한 위치로 정의된다. 길포드는 이어서(1977) 수치적 내용을 청각적(auditory)인 것과 시각적(visual)인 것으로 두 개로 구분함으로써 모형을 수정했으며, 결과로 독립된 요인들의 개수는 150개로 확장되었다.[2)]

길포드는 상관관계 행렬의 검사와, 사전 정의된 요인들이 시험되는 검사들의 적재량 전에, 그 요인들이 정의되는 데 있어서 "표적 회전(targeted rotation)"을 이용했다. 그 과정들의 결과는, 높은 부하량을 가진 검사에 의해 명확하게 정의되지 않는 요인들, 그리고 획득한 요인들은 고도로 복제적이지는 않았다는 것이었다(Brody & Brody, 1976). 혼과 냅(Horn and Knapp, 1973)은 임의 선택된 표적 회전이 검사 적재량과 요인들 사이에 잘 맞는다는 점에서 길포드의 표적 회전과 등가(equivalent)임을 입증했다.

길포드는(1981) 더 높은 위계 구조의 가능성을 허용하도록 자신의 이론을 후에 수정했다. 그는 공통된 위상적 위치를 공유하는 검사들은 상호간에 연관될 것이라고 가정했다. 150개의 1순위 요인들(first-order factors)은 결합해서 85개의 2순위 요인을 구성하고, 이들을 다시 결합해서 16개의 3순위 요인들을 형성한다. 예를 들어서 의미적 내용의 기억 작용은 1순위 요인을 구성하고 단위에 대한 기억은 2순위 요인을 그리고 기억은 3순위 요인을 구성하는 식이다. 이 모형은 광범위하게 검증된 적은 없으며, 일부 예비적 분석에서는 관련 자료가 잘 지지하지는 않았다(Brody, 1992; Kelderman, Mellenbergh, & Elshout, 1981 참조).

카텔의 지능 이론

레이몬드 카텔(Raymond Cattell) (1963, 1971, 1987; Horn & Cattell, 1966)은 유동지능(fluid intelligence) 또는 *gf*와 결정지능(crystallized intelligence) 또는 *gc*라고 하는 두 개의 상이한 *g* 요소들 사이의 구별에 기초해서 지능 이론을 발전시켰다. 유동지능은 *g*에서 생리학적으로 영향을 받는 차원으로서 성인이 나이가 늘어나면서 감퇴되는 것으로 간주되었으며, 한편 *gc*는 교육과 문화적 노출에 의해 영향을 받으며 나이가 많은 성

2) (옮긴이 주) 길포드의 지능 구조 모형 이론이 발표 초기에는 120개로, 그 후에 150개로, 이를 다시 수정하여 180개로 지능이 구성되어 있는 것으로 수정, 발표하였다.

인은 감퇴되지 않는 것으로 간주되었다. 카텔의 이론은, 1순위인 서스톤 능력 요인들을 결합해서 구성한 2순위 요인 분석에 의해 지지되었는데, *gf*와 *gc*는 더 높은 순위의 요인들이다. 이론상의 수정의 결과로 다섯 개의 2순위 요인들의 세부내용이 만들어졌는데, *gf*와 *gc*에 기억, 시각화(visualization), 및 속도(speed) 요인을 추가했다. *gf*와 *gc*는 사선으로 나타나고(oblique), 종종 .5를 초과하는 상관도를 보였다.

능력 요인들의 구조에 대한 가장 포괄적인 분석은 캐롤(Carroll, 1993)의 연구에서 발견된다. 캐롤은 능력 매트릭스(450개가 넘는 매트릭스를 포함)의 목록들을 재분석해서 3개 층위의 분류 구조를 개발했는데, *g*는 능력의 위계구조의 최정점인 단일한 3순위 층위로 존재한다. 그의 개념 내에서는, *g* 아래의 2순위 층위에는 8개의 능력들이 g에 대한 부하량에 따른 서열순으로 위치한다. *g* 부하량이 높은 순서로부터, 유동지능(fluid intelligence), 결정지능(crystallized intelligence), 일반 기억과 학습(general memory and learning), 광역 시각 인지(broad visual perception), 광역 인지 속도(broad cognitive speedness), 및 처리속도(반응 시간 결정 속도) 등이 구성된다. 2순위 층위 능력들 각각은 보다 범위가 좁은 몇 개의 1순위 차원의 능력들과 연계되어 있다.

요약과 결론

현재의 관점에서 보면 지력의 분류학적 구조(taxonomic structure of abilities)를 밝히기 위한 상관관계 행렬(correlation matrices)을 분석하려는 시도는, 현실을 왜곡된 방법으로 구현하려는 심리학자들의 노력에 구조를 부여하는 완강하게 반대하는 현실의 존재에 의해 압도되고 있다. 그 논쟁이 얼마나 강렬하든, 그리고 그 분석 방법이 얼마나 솔직하던 간에, 두 가지 기초적 결과가 능력의 구조에 대한 탐색 결과를 지배하고 있다. 첫째, 사실상 인지적 기능의 모든 측정은 상호간에 정의 상관관계를 갖는다. 능력 측정의 행렬은 대개 행렬 내의 변량의 약 50%를 설명하는 g 요인을 보유한다. 둘째, g는 행렬 내의 모든 변량은 고갈시키지는 않는다. 더 좁은 범위의 능력 측정이 존재하지만 그것들은 행렬 내의 관계를 설명하도록 요구되어야만 한다. 이러한 결과를 회피하는 것을 바랬던 유일한 이론가는 길포드였으며, 이론과 자료 사이의 일관성을 획득할 필요에 의해 제공된 규율을 그가 우회하는 것을 가능하게 하는 분석방법들을 개발하는 것에 의해서만 그것이 가능할 수 있었다. 이것은 1904년에 스피어맨이 주도한 지능 행렬 분석(analysis of ability matrices)이 지력의 분류적 구조를 확인하는 방법으로 선호된다는 것을 의미하는 것이 아니다. 예를 들면 지능의 발전에 영향을 끼치는 생리학적 구조를 탐색하는 것에 의해 탐구하거나 또는 아마도 다른 문화에서 가치를 부여받는 성취 결과를 분석하는 것에 의해서처럼 다른 곳에서 시작할 수도 있을 것이다.

지능의 실험적 기초

왜 그것이 사망했는가?

20세기에 대부분의 기간 동안, 지능에 있어서의 개인차의 연구를 인지과정에 대한 실험심리학과 통합하려는 시도는 빈사상태였다. 19세기에 이들 연구영역들 간의 보다 협동적 관계에 종지부를 찍게 한 적어도 네 가지 이유가 존재한다. 첫째, 식별능력과 더 높은 차원의 정신과정이 하나이며 동일한 것이라는 스피어맨의 결론의 극단적 성격은, 동시대의 많은 사람들에게 잘못된 개념으로 인식되었다. 비네가 이 결론에서 경악했었던 것은 이미 지적한 바 있다. 제임스 맥킨 카텔의 제자였던 에드워드 리 손다이크(Edward Lcc Thorndike)는 스피어맨의 결과를 그가 어떻게 해석했는지에 대해 다음과 같은 내용으로 1904년에 스피어맨에게 편지를 썼다.

> 우리가 여하한 감각 능력을 측정할 때에는 우리는 단순 감각 능력과, 결정을 내리는데 사용 가능할 만한 모든 단서들을 이용해서 주의를 기울이고 결과를 얻으려고 열망하라는 지시를 이해하는 능력의 복합물을 측정하는 것입니다. 이들 후자의 요인들은 우리가 지력(知力)이라고 부르는 것에 속하는 요인들과 실제적으로 동일할 것입니다... 측정된 감각능력은 자극의 단순 수용의 기능이 아니라 소위 더 높은 능력들을 수반하는 것입니다(손다이크가 스피어맨에게 보낸 편지, Joynson, 1989, pp. 328–329에서 재간됨).

스피어맨은 자신의 결론이 잘못 표현되었음을 깨닫고는 1909년 발표된 버트(Burt)의 논문 주석에 다음과 같이 적었다.

> 내가 말한 의미는 (다른 사람들이 자연스럽게 받아들이는 것과 달리) 지능이 감각 식별에 기초하고 있다는 의미가 아니었다. 그런 문제라면 그 반대의 의미이다. 나는 감각 식별력과 어떤 교사가 일반적 지능을 보다 깊은 기본적 원인에 기초하는 것으로 귀인하게 하는 목록 양자 모두를 취한다(스피어맨, 버트의 저작, 1909–1910, p. 165 중에서).

스피어맨과 손다이크는 부분적인 합의를 이룬 것인데, 감각적 식별능력과 지능 사이의 관계에 대한 논거가 무엇이건 간에, 식별능력에 대한 연구는 지능에 대한 이해로 귀결되지 않을 것이라는 것이었다. 만약 스피어맨의 원래의 주장이 표면적으로 불합리하고, 그러한 주장에 대한 무르익은 숙고의 결과로, 복합적인 지적 기술이 기초적 인지과정으로부터 기인한다는 방식을 설명하도록 고안된 연구 프로그램의 생명력에 대한 의심에 이르게 되면, 그때는 지능 이해를 위해서 기초 인지과정 연구를 추구할 이유가 없어지게 되는 것이다.

둘째, 지능검사법의 고안은 심리학자들에게 연구소 기반 연구로부터 응용이라는 주제(applied issues)로 전환하게 만드는 기법들을 제공했다. 검사법들은 개인들을 상이한 교육 경로에 위치하게 만들고, 다양한 직무 기회에 개인들을 선택하는데 사용될 수 있었다. 검사 점수의 배분에 대한 연구들과 지능의 계속성과 변화에 대한 연구들의 많은 사례가 존재했다. 심리측정적 조사는 검사의 속성에 초점을 맞추었는데, 문항 특성, 요인 구조, 및 검사 점수의 신뢰도와 예측 타당도 등이 포함되었다. 실질적으로 이러한 연구 모두는 인지과정을 연구하기 위해 고안된 연구소들 외부에서 수행되었다.

셋째, 20 세기 대부분의 시간 동안, 많은 실험 심리학자들은 인지과정의 이해를 위한 한 방법으로 동물의 학습에 대한 연구에 홍미를 갖고 있었다. 톨먼(Tolman, 1932)이나 홀(Hull, 1943)과 같은 저명한 학습이론가들은, 인간의 인지에 대한 기초적 원리들이 쥐의 학습 능력에 대한 분석에 의해 이해될 수 있다고 믿었다.

넷째, 위슬러(Wissler)의 결과와 샤프(Sharp)의 초기 연구(1898–1899)의 결과는 많은 심리학자들에게 지능에 대한 실험적 기초에 대한 연구는 생명력을 갖지 못한다는 것을 확신하게 만들었다. 티치너(Titchener)의 연구소에서 일하면서 샤프는 비네와 앙리가 제안한 측정 도구의 하위조합으로 그들이 제안한 고위 정신 기능에 대한 검사방법의 일람표 속에서 7명의 대학원생들을 검사했는데, 기억, 상상력 및 주의에 대한 검사 등이 포함되어 있었다. 샤프는 결과에 대한 주관적 인상에 의존했으며, 계량적 분석은 이용되지 않았다. 그녀는 "다양한 검사들 속에서 관찰되는 개인차에 있어서의 일관성(correspondences)의 부족이 그 존재를 인식할 수 있을 만큼 상당히 존재했다"라고 결론내렸다(Sharp, 1898–1899, p. 389). 그녀는 또한, 비록 자신의 연구 속에서 기초적 과정들에 대한 어떠한 측정 도구들도 포함하고 있지 않았지만, 단순한 기초적 과정들보다는 복합적인 과정들을 이용하는 것에 의해 개인차에 대해 보다 많은 것들을 배울 수 있을 것이라고 결론내렸다. 그리고 그녀는 티치너의 연구소에서 유행하고 있던, 심리학에 대한 구조적이고 내성적(內省的, structural introspective)인 접근방법에 대해서는 그 검사들이 가치 있는 결과를 산출하지 않을 것으로 보인다고 결론지었다. 그러한 사례의 성격과 연구 결과 보고 내의 계량적 세부내역의 부족을 고려할 때, 샤프의 연구로부터 끌어내어지는 적절한 결론이 무엇이어야 하는가는, 무언가 있다 하더라도 분명하지 않다.

위슬러(Wissler)의 연구는 스피어맨에 의해 비판받았다(1904a). 그는 22개 검사가 45

분 동안 집단을 대상으로 실시했다고 적었으며, 추가적으로 검사자는 피험자의 여러 가지 신체적 특징에 대해 기술하도록 했다. 반응시간 측정 도구들은 셋 내지 네 가지의 관찰들로부터 추출되었는데 아주 신뢰할 만하지는 않았다. 주제가 된 재능들의 범위와 검사가 시행된 다소 우연적인 방법들을 고려할 때, 경험적 결과들이 가치가 적다거나 없다고 결론내리는 것은 합리적이지 않다. 그것들의 경험적 장점과 무관하게, 위슬러의 결론의 연구소 배경조건에서 연구되었던 기초 인지 과정들이 지능의 본질에 대한 통찰력을 제공해 줄 수 없다는 믿음에 기여한 것은 의심할 여지가 없다.

디어리(Deary, 1994)는, 세기의 전환기(at the turn of the century)에 수행된 지능과 기초 감각과정 간의 관계에 대한 연구들을 고찰했다. 그는 이 연구들의 결과들이 실제로 스피어맨의 발견을 지지하고 있음을 지적했다. 스피어맨(1904a)은 지능의 지표로 사용된 감각 식별 지수들과 학업성취 사이에 .25에서 .47까지 범위로 상관관계를 획득했다. 버트(Burt, 1909-1910)는, 선의 길이와 지능 추산치 사이의 식별능력측정치 사이에 .30에 가까운 상관관계를 얻었다. 손다이크, 레이, 그리고 딘(Thorndike, Lay, and Dean, 1909)은 지능 추산치와 식별능력 사이에서 .23의 상관관계를 보고했다. 비록 적절함이 약한 발견으로부터 추출된 위슬러의 결론이 당신의 많은 심리학자들이 사실이라고 믿은 것을 정의한 것이기는 했지만, 스피어맨이 얻은 결과는 동시대의 경험적 연구들에 의해 지지되었다.

재생: 복합성의 재현

연구소에서의 조사와 지능 연구 사이의 19세기의 통합은 1960년대, 1970년대, 그리고 1980년대에 재현되었다. 나이서(Neisser)의 책 『인지 심리학(Cognitive Psychology)』은 1967년에 출간되었는데 인지 과정에 대한 연구의 떠오르는 양상들을 개괄했다. 두 가지 전문 연구 논문집(journal)이 창간되었는데 이 논문집에 연구소에 기반을 둔 측정 도구들을 지능의 개인차 연구에 연결시키는 많은 연구 논문들이 발표되었다. 「지능(Intelligence)」지가 1977년 디터먼(Ditterman)에 의해서 시작되었고 「성격과 개인차(Personality and Individual Differences)」 논문집은 아이젱크(Eysenck)가 1980년부터 발간하였다.

지능에 대한 정보처리 접근방식의 영향은 헌트(Hunt)와 그 동료들의 연구 속에서 관찰될 수 있다. 헌트, 루네보그 및 루이스(Hunt, Lunneborg, & Lewis, 1975)는 언어 능력에 연결되어 있는 것으로 간주된 연구소 과제들을 연구했다. 이러한 유형의 첫 연구의 하나로 헌트는 순간노출기(tachistoscopically)상으로 제시된 글자의 쌍들의 정체 판정

(identity judgements)을 피실험자들에게 요구했다. 동일한 자극은 물리적으로 동일하거나(예: *AA*) 의미적으로 동일한(예: *Aa*) 글자들로 구성되었다. 의미적으로 동일한 자극에 대한 반응시간은 물리적으로 동일한 자극에 대한 반응시간보다 더 길게 나타났다. 반응시간의 차이는 의미적 부호에 접근하는데 걸린 시간의 측정이라고 가정되었다. 높은 언어 능력을 가진 사람들은 낮은 언어 능력을 가진 사람들보다 의미적 부호에 더 빠르게 접근했다.

스턴버그(Sternberg, 1977)는 유추 문제를 해결하는데 요구되는 몇 가지 요소들에 대한 수행상의 개인차 측정치를 얻도록 고안된 요인 분석(componential analysis)을 개발했다. 스턴버그는 과제 수행에 영향을 끼치도록 몇 가지 요소과정들이 결합되는 방법 속에서 정의된 과제에 대한 이론으로 시작했다. 그 과제의 성격을 다양하게 만듦으로써 과제 수행을 결정하는 요소들 각각에 대한 개인차 측정치를 획득할 수 있다. 스턴버그의 분석은 개인차 연구에 대한 고전적 접근방법을 대변한다. 지능에 대한 이해가 복합적 인지 과제를 연구하는 것에 의해 도출될 수 있다는 발상은 원래 19세기에 그 기원을 가지고 있다. 그러나 초기 연구들은 성공적 수행에 이르게 하는 과정들을 추론하기 위해서 성과의 결과물을 조사하는데 의존했다. 요인 분석은 과제 속성에 대한 실험적 조종에 기초한다. 스턴버그의 연구와 헌트의 연구는 지능에 있어서의 개인차 연구를 인지과정에 대한 실험주의적 접근법과 통합하려는 하나의 시도로 간주될 수 있다.

재생: 단순성의 재현

지능을 이해하기 위한 기초로 기초적 인지과정에 대한 실험적 연구 또한 존재했다. 젠센은 1964년에 영국의 아이센크의 학과(Eysenck's Department)에서 안식년을 보냈다(Jensen, 1997 참조). 아이센크는 젠센에게 반원형으로 배치한 일련의 불빛으로 구성한 장치를 이용해서 얻은 반응시간 측정을 시행한 로쓰(Roth, 1964)의 연구들에 대해 얘기해 주었다. 실험 대상자는 불이 켜졌다고 표시되면 가능한 한 재빨리 각 불빛 아래의 버튼을 누르도록 요구되었다. 출발점 버튼으로부터 각 불빛 아래 버튼으로 이동하는데 소요된 시간은 불을 밝힐 수 있는 가능한 수가 증가되면서 늘어났다. 로쓰는 가능한 자극의 조합의 기능으로서의 반응속도 증가의 기울기가 지능에 역으로 관계를 갖는 것을 발견했다. 후속적으로 젠센(1982, 1987)은 로쓰의 장치의 사용에 기초한 반응속도 측정상의 성적과 지능의 개인차에 연관된 연구 프로그램을 주도했다. 이 연구에 대한 젠센의 첫 번째 실질적인 요약이 1982년 『지능에 관한 한 모형(A Model for Intelligence)』이라는 이름이 붙여진 아이센크가 편집을 담당한 책 속에서 발간되었다. 같은 책에서 브랜드와 디어리(Brand and Deary)는 탐지시간(inspection time)에 대한 연구들의 결과를 보고했다. 탐지시간 과제들이 눈에 띄게 상이한 자극과 쌍을 이루면서 실험 대상자들에게 제시되었다. 이 과제 중 한 가지 유형에서는 길이가 다른 두 개의 선들이 피실험자들에게 제시되었는데. 이어서 두 개의 두꺼운 선들이 주어져서, 앞서 제시된 자극을 가려버림으로써 후행 차폐물의 역할을 하게 했다. 선의 길이를 정확하게 판정하는데 걸린 최소 지속시간이 얻어졌으며, 지속시간의 식역(識閾, thresholds) 지능과 역(逆, inversely)의 관계를 가지고 있었다.

디어리(1986)는 탐지시간의 측정이 1886년 제임스 맥킨 카텔이 사용한 측정과 유사함을 지적했다. 카텔(1886)은 회색 배경에 반해서 제시된 자극의 색상을 정확하게 판정하는데 걸리는 시간의 측정치를 산출했으며, 그리고 순간재현기(tachistoscope)와 유사한 장치를 이용해서 글자와 단어들을 판단하는데 요구된 시간의 역치를 얻었다. 그는 자극을 판단하는데 요구되는 시간은 지능의 개인차와 연관되어 있다고 믿었다.

평가적 해설

반응시간과 탐지시간 같은 비교적 기초적인 과정에 지능을 연결시키려는 시도와, 요인분석에서 그리고 의미 부호 접근속도에 대한 헌트의 측정에서 측정된 상대적으로 복잡한 과정에 지능을 연결시키려는 시도는, 19세기에 진행된 연구의 특성을 보여 주는 두 가지 유사한 접근방법들과 표면적 유사성 이상을 가지고 있다. 반응시간과 탐지시간 측정에 기초한 한 접근법은 환원주의적(reductionist)인 것이었고, 현재의 표현법을 쓰자면 기초적이라고 주장되는 정보처리 능력의 분석으로부터 복잡한 지적 과정의 이해를 추구하는 밑에서 위로의 상향식(bottom-up) 분석방법이다. 다른 쪽의 접근방법은 복잡한 지적 과정의 이해는 오직 상대적으로 복잡한 과제들의 수행을 연구함으로써만 획득할 수 있다는 것을 상정한다. 각각의 접근방법은 나름대로의 강점과 약점을 가지고 있다. 복잡한 과제 수행 상의 개인차 분석에 기초한 연구의 뛰어난 강점은 그러한 분석이 복잡한 지적 성취를 규정하는 인지과정을 분석한다는 바로 그 사실 자체이다. 두 가지 어려움이 복잡한 인지과정에 지능을 연관시키는 접근방법의 특성으로 존재한다. 첫째, 특정 과제 수행의 요소변수의 분석으로부터는 범상황적(cross-situational)으로 적용되는 일반성을 얻는 것이 어렵다. 그러한 변수들은 다른 과제의 수행에 기초한 관련된 변수들의 수행을 일정불변하게 예측할 수 없다. 둘째, 인지심리학에게 가장 관심이 높은 변수들이 지능상의 개인차에 가장 실질적으로 연관되는 것은 아닌 경우가 종종 있다는 것이다. 예를 들어서 헌트 등(Hunt et al., 1975)의 의미 부호에 대한 접근속도 연구에서, 언어적 능력과 가장 높은 상관관계를 갖는 과제로부터 도출된 측정 도구는 의미적으로 그리고 물리적으로 동일한 자극의 판정에 대한 평균 반응 시간이었으며, 물리적으로 동일한 자극과 반해서 의미적으로 동일 자극에 접근하는 데 있어서의 초과 시간(excess time)이라는 이론적으로 의미 있는 변인은 아니었다는 점이다.

상향식 접근방법은 변수의 범상황적(cross-situation) 일반성 문제를 부분적으로 우회한다. 반응시간과 탐지시간 측정은 지능 측정에 사용된 과제로부터 형태와 성격 측면에서 비교적 거리가 멀다. 이 접근방법에는 또한 다음과 같은 어려움이 존재한다. 즉, 기초적 처리 측정과 보다 복잡한 과제 수행 간의 상관관계는 상대적으로 낮다. 복잡한 지적 기능이 단순 측정치로부터 도출되게 하는, 그런 것이 있다고 해도, 그러한 수단으로서의 과정을 설명하는 믿을 만한 이론은 존재하지 않는다. 이에 추가해서, 추출된 관계는 손다이크가 감각식별 능력과 지능 사이의 관계에 대해 스피어맨에게 보낸 편지의 내용과 유사한 방식으로 해석되어 왔다. 과제의 주장된 단순성은 환상일 수 있다. 복잡한 지적 기술은 보다 기초적인 과정으로 도출될 수 없을 수 있지만, 단순 과정을 측정하려는 시도는 전략상의 영향에 의해 의도하지 않게 훼손될 수 있다(탐지시간에 관한 반대되는 견해에 대해서는 Egan, 1994 참조).

유전과 환경3)

사실상 지능 연구의 선구자들 모두는 지능이 유전되는 특질이라고 믿었다. 또한 그 선구자들 모두는 지능의 발전은 부적절한 환경적 노출에 의해 방해될 수 있는 가능성을 알고 있었다. 스피어맨(1904a)은 지능의 핵심이라고 잘못 믿고 있던 감각식별 능력이 사회계층 배경과 연관된 환경적 노출에 의해 영향을 받는다는 점을 지적했다. 비네(1911)는 상이한 사회적 배경을 가진 아동들에 대해 그가 시행한 검사에서 성적에 차이가 존재한다는 점을 지적했는데, 그 원인은 지능 발달에 환경이 적절한 자극을 제공한 정도라고 생각했다. 비록 상대적으로 다른 노출 조건을 가진 사람들이 유전적 이유로 지능상 적절한 기술과 지식의 발전에 있어서 차이를 가질 수 있다고 하더라도, 기술과 능력의 여

---

3) (옮긴이 주) 지능의 결정 요인으로서 또는 지능의 발현 과정이나 성과(결과)로서, 그 외 지능의 원천(source)으로서 유전과 환경 간의 복잡, 다양한 관련성이나 함의에 대한 분석, 논의, 연구, 증명은 지능 연구에서 중요한 본질적인 과제인데 이 과제를 심도 있게 다룬 참고 문헌을 소개한다.
Sternberg. R. J., & Grigorenko, E., (Eds.). (1977). *Intelligence, Heredity, and Environment*. New York: Cambridge University Press.

하한 측정은 필수적으로 사람들이 지능 측정이 평가하는 지식이나 기술을 획득하는 기회를 반영해야만 한다는 것이 널리 인정되고 있다. 손다이크 등(1926, p. 436)을 비롯한, 지능 분야의 연구자들은 사회가 받아들이는 자명한 이치 또는 공리가 존재한다고 단언했다.

> 모든 연구자들은 다음과 같은 공리를 수용할 것이다. (1) 만약 두 사람이 삶에서 동일한 환경에 종속되어 왔다면, 그들 사이의 각각의 그리고 모든 차이는 근원적 본질 때문일 것이다... 훈련이 전혀 필요하지 않는 지적 과제, 그 성공은... 존재하지 않으며 존재할 수 없다는 공리에 대해서는, 모든 연구자들이 수용하지는 않을 것이다.

만약 수행(performance)을 지능으로 모두 측정할 수가 있다면, 지능이 지식을 획득할 복합적 기회와 환경적 노출로부터 혜택을 얻는 유전적으로 영향받은 능력에 의해 결정된다면, 유전적 및 환경적 영향이 지능 측정상 성적에 기여하는 정도를 확인할 수 있겠는가?

가족 연구

갈톤(1869)은 저명한 사람들의 친족들 속에서 저명인사가 출현할 발생률을 표로 만들었다. 그는 저명인 발생률이 가족 관계의 접근성과 연관되어 있음을 관찰했는데, 즉 저명한 사람들의 1차적 친족들(아버지와 아들)은 2차적 친족(할아버지와 손자)보다 저명할 가능성이 더 높았다. 갈톤은, 저명한 사람의 직계 가족은 유전적 원인보다는 가족의 사회적 유리함과 관련된 환경적 영향 때문에 유명해질 것이라고 주장할 수 있을 것이라고 언급했다. 비록 가족 배경의 영향과 유전적 영향들이 자연가족(natural family)에 대한 연구 속에 철저하게 뒤섞여 있기는 하지만, 갈톤은 자신이 수집한 관련 자료가 저명함에 대한 환경적 영향보다는 유전적 영향을 지지한다고 믿었다. 그는 많은 저명한 사람들이 빈곤한 사회적 배경을 가지고 있었음을 지적했다. 만약 가족에의 영향이 저명함을 낳는다면, 사회적으로 특권적이지 않은 가족에 의해 길러진 사람들 중에서 어떻게 저명한 사람을 발견하는 것이 가능하겠는가?

갈톤의 지적 저명함(intellectual eminence)에 대한 연구에는 여러 가지 다른 혈통 연구들이 이어졌다. 이들 중 가장 유명한 연구 자료가 고다드(Goddard)의 칼리카크(Kallikak) 가계 연구였다.

고다드(1912)는 가명의 혁명전쟁 당시에 군인으로 지적 장애자인 여성과 관계를 해서 마틴 칼리카크 주니어(Martin Kallikak, Jr.)라는 아들을 낳은, 마틴 칼리카크라는 사람의 후손들을 연구함으로써, 혈통 연구 속에서 천성과 양육의 영향을 분리하려고 시도했다. 이 여자의 후손들 중 한 사람이 고더드가 운영한 지적 장애아를 위한 바인랜드학교(Vineland Training School for the Feebleminded)에서 거주하고 있었다. 마틴 칼리카크는 후에 사회적으로 특권층에 속하는 여성과 결혼했다. 이 지적 발달 장애 여성의 후손들은 마틴 칼리카크의 결혼 관계 집안 후손들보다 더 많이 낮은 지능을 가진 것으로 나타났다. 고더드는 이것이 천성(유전)이 양육을 지배한다는 강력한 증거를 제공하는 것이라고 상정했다. 고더드는 연구 방법에서 천성(유전)과 양육(환경)을 실제로 분리해서 연구하지는 않았다. 칼리카크의 사생아 쪽 후손들은 그들이 양육된 가족과 연관된 불리한 환경에 의해 영향을 받았을 수도 있고 그들의 모친으로부터 받은 유전적 영향이라고 주장되는 것에 의해서도 영향을 받았을 수가 있다.

쌍생아 연구

갈톤은 지능에 대한 유전적 및 환경적 영향을 확인하는 방법으로서 쌍생아 연구법을 도입했다. 갈톤(1883)은 두 가지 유형의 쌍생아, 즉 일란성 쌍생아(monozygotic, MZ)와 이란성 쌍생아(dizygotic, DZ)가 있다는 것을 알고 있었다. 비록 그는 출생시간이 비슷한 쌍생아는 계속 유사하며 출생이 비슷하지 않은 쌍생아는 유사한 환경에 노출됨에도 불구하고 계속 비슷하지 않다고 주장했지만, 그는 성별이 같은 DZ 쌍생아와 MZ 쌍생아 사이를 구별하지 않았다. 그는 이러한 관련 자료가 천성이 양육보다 우위에 선다는 것을 지지하는 증거를 제공한다고 믿었다.

손다이크(1905)는 쌍생아 쌍들에게서 유사성의 지속에 있어서 차이가 있을 수 있다는 것을 지적했다. 그는 상이한 나이의 쌍생아들에게 지능검사를 시행했으며, 나이가 많은 쪽인 쌍생아들이 나이가 작은 편인 쌍생아들보다 서로 간에 유사성이 더하지 않은 것으로 이는 공통의 양육의 영향이 유사한 능력을 생산하지 않는다는 것을 제시하는 것이라고 지적했다. 그는 그의 관련 자료가 천성이 양육보다 우위에 선다는 것을 지지하는 것이라고 믿었다. 손다이크 또한 환경이 성취에 있어서의 차이를 만들어 낼 것이라고 주장했다. 그는 자신의 입장을 다음과 같이 표현했다.

> 어떤 정신적 특성상의 상대적 차이는 ... 거의 전적으로 선조 때문이지 교육 때문이 아니다. 하지만 이것은 교육상 더 좋은 방법들이 적어도 그들의 성적을 50% 증진시킬 수 있다는 것을 부인하는 것은 아니다(Thorndike, 1905, p. 11).

아마도 현대의 연구들과 유사한 첫 번째 쌍생아 연구는 뉴먼, 프리먼, 및 홀징거

(Newman, Freeman, & Holzinger)가 시도한 연구였다(1937). 이들 연구자들은 동성의 DZ 쌍생아들과 MZ 쌍생아들에 대한 연구를 시도했다. 어떤 쌍생아들이 일란성이던 이란성인지를 결정하는 기초로서 대단히 유전적인 다양한 신체적 특성들을 이용할 수 있을 것이라고 그들은 가정했다. 그들은 그들이 MZ로 분류한 쌍생아들이 DZ라고 분류한 쌍생아동들보다 지능상 더 유사함을 발견했다. 이에 더해서 뉴먼 등은, 서로 떨어져 양육된 19쌍의 MZ 쌍생아동들이 지능에서 .67의 상관관계를 얻었다.

입양 아동 연구

입양 조건을 이용해서 유전과 양육의 영향을 구분하려는 첫 시도들은 1920년대 발표되었다. 이 시기에 이루어진 가장 중요한 연구로는 지능검사로 입양한 부모와 입양된 아동들 간의 상관관계를 원래의 부모와 그들의 생물학적 아동들의 상관관계를 비교한, 버크가 연구(Burk, 1928)한 자료가 있다. 통제조건으로서 가족과 입양된 가족들은 사회적 배경에서 다양한 지표들을 가지도록 짝지어졌다. 그녀는 입양아동인 경우 아동에 대한 양친평균 상관관계는 .20이었으며 친부모인 경우에는 아동에 대한 양친평균의 상관관계는 .52였음을 지적했다. 그녀는 라이트(Wright, 1921)가 개발한 생리측정적 과정들을 이용해서 그녀의 관련 자료를 분석했으며, 지능의 유전력은 .8에 가까우며 가정환경은 IQ 변량의 약 17%를 설명한다고 결론을 내렸다.

결론

금세기의 네 번째 20년 말까지 유전되는 특성으로 지능을 보는 관점을 옹호하는 증거들이 얻어졌다. 쌍생아 연구들은 지능 측정에서 MZ 쌍생아가 DZ 쌍생아보다 좀 더 유사했음을 표시했다. 떨어져서 양육된 MZ 쌍생아들은 지능상으로 유사했다. 입양된 아동들은 그들의 친부모들의 지능검사 점수보다 양부모들의 지능검사 점수들과 낮은 상관관계를 보였다.

논쟁과 새로운 발전

지능에 대한 유전적 영향의 중요성에 대한 믿음은 1961년과 1974년에 나온 두 권의 책에 의해 도전을 받았다. 헌트는(J. McV. Hunt, 1961) 지능은 실질적으로 순응성(malleable, 또는 영향을 받기 쉬운 성질, malleability)을 믿었고 삶의 초기의 적절한 수정이 지능을 실질적으로 증가시킬 수 있다고 지적했다. 지능의 순응성에 대한 헌트의 믿음은 세기 전환기에 만들어진 논쟁들을 연상시켰다. 비네는 지능의 순응성(malleable)을 믿은 사람들의 "가차없는 비관주의"와 반대 입장을 주장했다. 그는 아동의 지능을 증가시키도록 고안된 정신적 정형외과학의 기법들(techniques of mental orthopedics)의 사용을 옹호했다. 손다이크가 인용한 부분은 지능의 순응성에 대한 믿음이 지능의 유전력에 대한 믿음과 공존할 수 있었음을 보여 주는 명백한 근거를 제공했다. 헌트는 IQ가 계획된 개입법에 의해 실질적으로 증가될 수 있다고 주장하는 연구들을 인용하지 않았다. 그의 주장은 부분적으로는, 적절한 자극을 제공하지 못한 것이 지적 발달에서 장기적 영향을 끼칠 수 있다는 것을 표시하는 동물연구들로부터의 증거에 기반하고 있었다. 헌트는 또한 헵(Hebb, 1942)이 분석한 뇌 손상에 대한 연구에 의존했다. 아동들은 성인들보다 더 빠른 회복을 보여서, 삶의 더 늦은 시기의 개입법보다는 조기 개입으로 개발상의 더 큰 순응성(malleability)을 얻을 수 있음을 제시했다. 헌트의 사상은 미국의 두뇌 개발(Headstart) 프로그램의 개발에 영향을 주었다.

카민(Kamin, 1974)은 입양아 관련 자료와 쌍생아 연구 관련 자료들에 관해서 결정적인 재분석을 제시했는데, 그러한 관련 자료 내의 다양한 결함들을 지적했으며, IQ의 유전력은 증거가 거의 없다고 주장했다. 카민은 버트가 그의 경력 말기에 발표된, 분리되어 자란 MZ 쌍생아들이 지능에서 .86의 상관관계를 나타냈다는 연구의 결과를 분석했다. 카민은 분리된 MZ 쌍생아들에 대한 상관관계는 버트의 연구들의 여러 개의 상이한 보고서들 속에서 두드러지게 동일한 상태로 남아 있었으며, 연구를 위한 표본의 크기들이 새로운 쌍생아들이 추가되면서 변화되기까지 했다고 지적했다. 버트가 자신의 관련 자료를 조작했는지 또는 옳지 않은 방법으로 관련 자료를 수집하고 발견한 것을 보고했는지는 확인하기 어렵다("버트 사건"에 대한 상충된 견해들에 대해서는, Hearnshaw, 1979 및 Joynson, 1989 참조). 카민은 지능의 유전력에 대한 근거의 불확실성의 반그림자(penumbra)를 만들려고 시도했다.

지능의 유전력에 대한 연구들을 둘러싸고 있는 불확실성의 많은 부분은 카민의 책이 발표된 이래 지난 20여 년 동안 해소되어 왔다. 현재는 지능이 유전적 특질이라는 관점이 널리 인정되고 있다. 의견상의 변화의 부분은 더 뛰어난 입양과 쌍생아 연구 및 분리 양육된 MZ 쌍생아에 대한 새로운 연구들에 기인한다. 상당 부분 이들 새로운 발전들은, 20 세기의 네 번째 10년간이 끝나기 전에 부상한 결과들에 점증하는 증거를 제공한 것으로 간주될 수 있다. 하지만 지능에 대한 유전적 영향의 중요성에 대한 견해들을 바꾸는데 크게 역할을 한 새로운 조합의 발견들 중 하나가 있었다. 1949년 발표된 스코닥과 스킬(Skodak and Skeel)의 연구를 예외로 하고, 입양 연구들 어느 것도 종단적 관련 자료를 획득하지 않았다. 입양의 영향에 대한 연구의 대부분은 상대적으로 어린 아동들로부터 관련 자료를 얻었던 것으로, 지능에 대한 유전적 영향에 대한 관련 자료의 많은 부분은 청소년기 이전의 아동들을 다룰 때 얻을 수 있는 것이 사실이다. 얼렌마이어 킴링과 자빅(Erlenmeyer-Kimling and Jarvik, 1963) 그리고 부차드와 맥귀(Bouchard and McGue, 1981)는 지능에 대한 친족 관계에 대해 개괄했다. 그들의 요약은 아동에 대한 관련 자료에 의해 압도적으로 결정되었다.

스코닥과 스킬은 입양된 아동과 그들의 생물학적 모친 사이의 상관관계가 아동이 나이가 많아지면서 증가되어서 아동이 11~17세가 되었을 때 최종적으로 .41의 상관관계 값을 획득할 수 있음을 발견했다. 1972년에 출판된 IQ의 유전력에 대한 관련 자료들의 철저하고 복잡한 검토 속에서 젱크스(Jencks)는 스코닥과 스킬의 관련 자료들은 변칙적이었다고 언급했다. 생물학적 부모와 그들의 입양된 아동들 사이에서 얻어진 상관관계는 너무 높아서 그의 모형 적합화 과정(model-fitting procedure)에 순응시키기에는 너무 높았다. 나이가 많은 아동들에 대해 IQ의 유전력이 더 어린 아동들에 대한 IQ 유전력보나 너 클 것이라는 가능싱이 고려되지 않았다.

1980년대에 세 개의 입양 연구가 보고되었는데 IQ에 대한 유전적 및 환경적 영향에 대한 재평가에 이르게 되었다. 스카와 와인버그(Scarr & Weinberg, 1983)는 생물학적 부모의 교육 수준이 입양한 아동의 IQ에 끼치는 영향을 그 아동들이 16~22세 되었을 때를 연구했는데, 생물학적 어머니와 아버지에게서 각각 .28과 .43의 상관관계가 있는 것으로 나타났으며, 이 값들을 자신의 아이들을 양육한 친부모들에 대한 상응하는 상관관계와 비교할 만 했다. 로얼린, 혼, 및 윌러만(Loehlin, Horn, and Willerman, 1988)은 텍사스 입양아 연구(Texas Adoption Study)로부터 얻어진 시간 종단적 관련 자료를 분석하고는 입양 아동의 IQ와 그들을 입양한 부모의 IQ 사이의 상관관계는 10년 동안의 종단적 연구 속에서 감퇴되었고, 반면에 생물학적 어머니와 그들의 입양된 아동의 IQ들 사이의 상관관계는 변함없이 일정하였음을 지적했다. 그들은 또한, 같은 가성에서 양육된, 생물학적으로 무관한 형제들 사이의 상관관계는 그들의 10년간의 종단연구 속에서 거의 '0'에 가까운 값까지 떨어졌음을 지적했다. 필립스와 펄커(Philips & Fulker, 1989)는 콜로라도 입양 프로젝트(Colorado Adoption Project)로부터의 관련 자료를 분석하여, 생물학적인 부모의 IQ와 그들의 입양된 아동의 IQ 사이의 관계에 대한 한 종단적 연구 속에서 상관관계의 증가를 그리고 양부모와 그들이 입양한 아동들의 IQ들 사이의 관계에서는 그 값이 떨어진 결과를 얻었다(이 연구로부터의 새로운 결과에 대해서는 Plomin et al., 1997 참조). 1987년 플로민과 다니엘스(Plomin and Daniels)는 아동기 초기 이후 함께 양육된 생물학적으로 무관한 아동들에 대한 지능상의 관계는 본질적으로 0이며, 양부모와 그들을 입양한 양부모들과의 관계도 아동기 후에는 거의 0임을 표시하는 새로운 발견들을 다룬 영향력이 큰 논문을 썼다. 이들 관련 자료는, 나이가 많은 사람들에게 있어서 지능에 대한 환경의 영향의 대부분이, 한 가족 속에서 양육된 아동들은 서로 달라지게 만들게 한다는 것을 표시하는 것으로 해석될 수 있다. 이들 관련 자료는 지능의 유전력이 아동기 초기로부터 성인기로 가면서 증가된다는 것을 암시한다. IQ에 대한 감소되는 가족의 영향이 전체 사회 영역에 걸쳐서 획득되는지의 여부는 알려져 있지 않다. 그리고 극단적 빈곤 속에서 양육된 효과에 관해서는 현재의 연구들이 인도하는 바는 거의 없다.

비네의 발견에서 무엇이 일어났는가?

지능검사의 개발

비네의 지능 척도는 미국 심리학자들에 의해 열렬히 수용되었다. 고다드는 그 척도를 영어로 번역했으며, 그것이 자영 시설에서 거주하고 있는 지적 장애자들의 지적 기능에 대한 정확한 지표들을 제공한다고 믿었다.

고다드처럼 터먼(Terman)은 클라크 대학의 스탠리 홀(G. Stanley Hall)의 제자였다. 1916년에 터먼은 비네 지능 검사의 영어판인 스탠포드-비네(Stanford-Binet) 검사를 출판했다. 터먼의 검사는 상이한 연령을 가진 사람들에 대한 IQ 점수의 거의 동일한 평균과 표준 편차를 산출해 내도록 고안했다.

고더드와 터먼은 1차 세계대전에 참전하는 신병 선발용으로 지능검사를 개발하기 위하여 여키스가 이끄는 위원회에 참가했다(Yerkes, 1921). 여키스와 그의 동료들은 집단 지능검사를 개발했는데 그 결과로 백칠십오만 명의 군인(신병)들에게 시행되었다. 이 검사에는 육군 알파(Army Alpha) 검사와 육군 베타(Army Beta) 검사의 두 가지 버전이 있었다. 전자는 문자해독이 가능한 사람들을 검사하기 위한 언어형 검사이고, 후자는 문맹이거나 영어가 능숙하지 못한 사람들을 위해 사용된 동작형 검사였다. 이 검사들은 군 입대를 거절하기 위한 기초뿐만 아니라 다른 종류의 군사훈련에 사람들을 배치하기 위한 기초로서 사용되었다. 그 검사들은 시험을 치른 사람들의 동시대 집단(cohort)[4]의 수행결과의 비교에 의해 어떤 개인의 수행 결과에 있어서의 IQ 편차에 의존했다. 지능검사 점수는 평균을 임의적으로 100에 맞추고 표준편자가 15가 되도록 비율에 맞게 변

4) (옮긴이 주) (인구) 통계학에서 동일한 나이나 성별의 구성원과 같이 일반적인 특징을 공유하는 개인의 집단이나 표본

환하였다. 터먼과 메릴(Terman & Merrill, 1960)은 결과적으로 스탠포드-비네 검사의 1960년 수정판의 IQ 편차(deviation IQ)를 적용했다. IQ 편차는 또한 웩슬러(Wechsler)에 의해 그의 다양한 버전의 검사에서도 사용되었다(Wechsler, 1958 참조).

1930년대에는 지능의 집단검사가 개발되어 공립학교 학생들에게 널리 시행되었다. 헨먼-넬슨 검사(Henmon-Nelson test)가 1932년과 1935년 사이에 도입되었다(Henmon & Nelson, 1932-1935). 이들 검사는 다중선택 형식을 이용했으며 초등학교 3~8학년 학생들 대상으로 시행되었다. 정신적 성숙도를 측정하는 캘리포니아 검사(California Test of Mental Maturity)는 7~14학년 학생들에게 사용할 수 있도록 설계되었다. 캘리포니아 검사는, 지능은 다중요소로 적합하게 구성할 수 있다는 생각을 반영하는 능력들의 윤곽을 제공하도록 설계되었다(Sullivan, Clark, & Tiegs, 1936-1939). 써스톤 또한 공립학교에서도 사용할 수 있도록 고안된 다중요소적 측정법의 실험적 버전을 출판했다(Thurstone, 1938b).

대학 입학허가용 검사의 개발은 1920년대에 프린스턴의 브리검(Brigham)의 작업으로부터 도출되었다(Downey, 1961 참조). 이 작업은 후에 결과적으로, 다중선택 형식을 이용한 언어적 및 계량적 적성을 측정하기 위해 고안된, 학업적성검사(Scholastic Aptitude Test, SAT)의 개발로 연결되었다.

무엇을 목적으로?

19 세기의 네 번째 10년의 말까지 미국에서 지능을 검사하는 것이 일반적이지만 지능검사의 이용에 대해서는 많은 논쟁이 수반되었다. 지능 연구에 참여한 사람들은, 많은 사람들이 이의를 제기한 사회정책을 옹호했다. 지능에 대한 연구는, 1869년에 갈톤에 의해 그리고 1994년에 헤른스타인과 머레이(Herrnsteing and Murray)가 고려한 주제인, 과연 어떤 사람들을 재생산해야 하는 것인가 하는 생각에 영향을 끼친 우생학적 주장을 지지하는데 이용되었다.[5] 1차 세계대전 때의 육군 검사의 결과는 남부유럽 이민자에 대한 고정관념적인 관점을 촉진시키는데 이용되었으며, 검사 프로그램의 개발에 개입했던 심리학자들 중 한 명이었던 브리검으로 하여금 미국으로의 이민의 제한과 "결함 있는 혈통(defective strains)"을 확대시키는 정책의 제한을 위해 고안된 프로그램 개발을

5) (옮긴이 주) IQ에 대한 우생학적 주장과 영재 교육론자로서의 주장이 반영된 것으로 보이는 다음과 같은 논지도 제안된 바도 있다.
"만약, 우리가 국가를 소유할 가치가 있는 계층의 사람들이 국가를 소유하도록 하려면, 정신적인 퇴화가 번식하는 것을 될 수 있는 데로 막아야 한다."(미국의 영재 교육의 아버지 Terman)

주장하게 만들었다(Brigham, 1923). 그리고 갈톤으로부터 시작해서 아이젱크(Eysenck. 1971), 헤른스타인과 머레이(Herrnstein and Murray, 1994), 그리고 젠센(Jensen, 1998) 등의 현시대의 저작들로 이어지는, 지능에 대한 연구에 관여하고 있는 많은 사람들은, 유전적인 원인으로 아프리카인과 그 후손들은 백인들과 지능상 차이가 있다고 믿었다. (즉, 인종 간에 지능의 차이가 있음을 주장했다.)

사실상 지능 연구의 선구자들 모두는 지능측정의 수행 결과는 지식을 획득할 복합적 기회와 천부적으로 부여받은 차이로부터, 즉 천성과 양육(nature and nurture)으로부터 추출된다고 믿었다. 만약 사람들이 지식과 정보에 대한 노출에 차이가 있게 되면, 그때는 사람들을 다양한 사회적 역할에 배치하는데 지능검사를 이용하는 것은 사회적 특권을 강화하는 도구로 보여질 수도 있다. 저명한 저널리스트 월터 리프만(Walter Lippman)은 IQ 검사를 비판하는 일련의 글들을 발표했다. 그는 IQ 검사가 사회적 특권을 재생산하는 도구라고 간주했다(Block & Dworkin, 1976 참조) 맥클래랜드(McClelland)는 1973년 논문에서 중세의 라틴어 지식과 지능검사의 점수를 비교하면서 유사한 견해를 표현했다. 라틴어는 소수의 집단에게만 가르쳐졌다. 만약 라틴어에 대한 지식의 검사가 중세에 어떤 사람들에게 사회적 특권을 부여하는데 사용되었었다면, 적절한 훈련에 접근할 수 있었던 사람들의 특권적 지위를 강화시켰을 것이다. 이와 같은 논리로 또한 지능검사도, 타고난 사회적 지위 덕분에 지능검사가 평가하는 관련 지식에 대해 접근할 수 있었던 사람들에게 임의적으로 보상을 주는 도구로서 간주될 수 있다는 것이다.

다른 입장도 존재한다. 개인이 지적 능력과 기술을 발전시키는 정도가 가족 배경에 한정되지 않는 천부적으로 부여받은 것을 반영할 수 있다는 것이다. 개인에게 사회적 특권을 할당하기 위한 기초로 검사를 이용하는 것은 사회적 특권을 깨뜨리는 방법이 될 수 있다. 이와 같은 생각은, 배경이 특권적이지 않은 사람들에 의해서 천재성을 획득할 수 있다는 갈톤의 관찰로부터 나온 것이다. 헤른스타인과 머레이(1994)는 SAT에 대한 의존이 증가하면 사회적 특권에 의해서보다는 지적 능력에 의해 규정된 하버드 학생 집단을 만들어 낼 수 있다고 주장했다.

선발을 위한 검사의 이용에 대한 논쟁은 영국에서는 그래머 스쿨(grammar school)에 대비한 종합중등학교(comprehensive school)의 상대적 장점에 대한 논쟁으로 표출되었다(Carroll, 1985; Hearnshaw, 1979, Chapter 7; Simon, 1974 참조). 그래머 스쿨은 입학 허가의 근거로 지능 검사를 요구하며 그래머 스쿨은 엘리트 집단으로 간주되었다. 버트(Burt)와 같은 그래머 스쿨 옹호자들은 검사가 지적으로 재능을 가진 아동들이, 영국의 사회에서 특권층인 부유한 가족 출신 아동들을 교육하는 학비가 비싼 기숙학교였던 "공립"학교에서 제공하는 것과 비교될 만한 교육을 받을 수 있게 해 줄 것이라는 점을 주장했다. 이 관점을 기반으로, 그래머 스쿨의 입학허가용 심리측정 검사의 이용이 영국에서 대학을 다니는 학생들의 사회적 배경을 넓힐 것이라고 판단한 것이다.

비록 중등학교(secondary school) 교육은 미국에서 선택적이라기보다는 압도적으로 종합적이었지만, 입학 조건으로 검사를 이용하는 고등학교들이 존재했다. 아프리카계 미국인을 위한 분리주의 정책을 적용하는 학교(segregated school)인, 워싱턴 DC의 던바(Dunbar), 뉴욕의 헌터(Hunter), 보스톤 라틴스쿨(Boston Latin School)과 같은 학교들은 입학조건으로 학업 및 지능검사를 이용하였으며 중산층이나 저특권 배경 출신의 학생들에 대한 성공적 교육의 오랜 역사를 가지고 있다. 이들 학교의 졸업생들은 많은 미국의 선택적 단과대학 및 종합대학들에서 학문적 탁월함의 결과들을 획득한 바 있다. 물론 그들이 만약 비선택적인 종합학교를 다녔더라도 학업에서 전적으로 성공적이었을 것이라는 것도 가능하다.

미국심리학회의 회장 취임 연설에서 리 J. 크론박(Lee J. Cronbach)는, 심리학은 자신이 이름붙인 "과학적 심리학의 두 가지 원칙(two disciplines of scientific psychology)"들을 결합하기 위한 방법을 개발할 필요가 있다고 언급했다(Cronbach, 1957). 응용심리학의 최적화된 프로그램은, 그 속에서 상이한 능력을 가진 개인들에게 음식을 공급할 수 있게 하도록 고안될 수 있는 환경을 창조하는 것이 될 것이다. 크론박과 스노우(Cronbach and Snow, 1977)는 그들이 적성 × 처치 상호작용(aptitude × instruction interaction)이라고 칭한 문제를 다룬 문헌들에 대한 종합적 고찰을 행했는데, 이것은 지적 능력과 기타의 개인적 성격상으로 동일하지 않은 개인들을 상이한 교육기회에 노출되도록 배정하는 것을 권장하기 위한 과학적 기초가 존재하는지의 여부를 확인하기 위한 것이었다. 그들은, 교육적 경험에 개성을 부여하는 것에 대해 문헌들이 거의 또는 전혀 기초를 제공하지 않는 것을 발견하고 실망했다. 그들은 그 문헌 속에서 반복된 발견의 대부분이 g가 교육결과에 불변적으로 연관된다는 것을 발견했다. g와 학업성취 사이의 관계의 경사를 줄여줄 교과과정 경험을 설계하는 것이 가능하지만, g의 영향을 제거하는 교육 과정을 존재하지 않았다. g 요인은 개인들을 상이한 교육적 경험에 배정하는 기초를 제공할 수 있었다. 비록 동일한 학급 내에서 상이한 학습 경험을 배정하는 것이, 특히 교과과정의 구조가 상이한 학습능력을 반영하도록 적절히 차별화되었을 때는(Rogers, 1994), 미미하게 이익이 있기는 했지만, 지능검사 점수에 기초해서 사람들을 상이한 경로에 배정하는 것은 초등학교에서의 성적에는 거의 또는 전혀 영향이 없었다. IQ 검사가 그러한 배정에 최적적 기반을 제공하는지의 여부는 분명하지 않다. 교사들은 자신의 학생들의 교육적 성취에 대해 알고 있어야만 하고, 그러한 지식은 학생들에게 상이한 교육적 경험을 배정하기 위한 동등하게 건전한 또는 보다 더 우월한 기반을 제공할지 모른다. 또한 크론박과 스노우(Cronbach and Snow)의 문헌 조사 후에 발표된 더 새로운 연구들은, g가 아닌 다른 능력들을 고려하여 상이한 교육 경험을 개인들에게 부여하는 최적화된 방법에 대한 정보자료를 제공할 수 있을 수도 있다(이러한 사례의 하나로는 Sternberg, Ferrari, Clinkenbeard, & Grigorenko, 1996의 논문을 참조 요망).

지능이란 무엇인가?6)

생의 말년에 이르러 비네는(1911) 지능은 이해, 창의, 방향성, 및 비판(comprehension, inventiveness, direction, and criticism)이라는 네 가지 단어의 의미 속에 포함되어 있다고 언급했다. 그는 지능이란 외부세계에 대한 이해를 지향하는 과정으로 재구성을 향해 작동한다고 지적했다. 재구성이란 비평적 평가에 주제가 되어야만 한다(The reconstruction must be subject to a critical evaluation). 1921년에 출판된 지능의 정의에 대한 한 심포지움은 풍부한 정의들과 약간의 합의를 도출해 냈다(Thorndike et al., 1921). 1986년 스턴버그와 디터먼(Sternberg and Detterman)은 1921년 심포지움의 후속작업 결과를 발간했는데, 지능의 적절한 정의에 대한 상당한 불일치와 결합된 일부영역에서의 합의가 존재하고 있음을 지적했다. 1923년 보링(Boring)은 지능을 지능 검사가 검사하는 것이라고 정의했다. 그러한 정의는 질문을 구걸하는 불성실한 시도로 간주될 수 있거나 또는, 그것이 무엇이던 간에 정적인 관계의 다양체(또는 긍정적 다양체, positive manifold)를 형성하는 모든 검사는 공통적인 무엇을 검사가 측정하는 것이라는 스피어맨의 주장과 조화되는 것으로 간주될 수 있다. 이것은 검사 속의 공통적 요소에 대한 정의를 제공하지 않는다. 손다이크 등(Thorndike et al., 1926)은 공통적 요소는 많은 다양한 요소들 속의 연상(association)으로부터 추출된다고 주장했다. 그들은 "... 지적 작용의 고도의 형태는 단지 연상 또는 연결 형성과 동일한 것으로서 동일한 종류의 생리학적 연결에 의존하지만 **그 연결은 아주 많아야** 한다."고 주장했다(Thorndike et al., 1926, p. 414, 고딕체는 원문대로임). 이 가정은, 일반요인의 모습은 다양한 지적 과제를 해결하는데 사용되는 별개의 요소들 속에 존재하는 중첩의 결과라고 주장했던 톰슨이 발전시킨(1916) 것과 유사했다. 따라서 이 정적인 관계의 다양체(positive manifold)는 우연의 법

---

6) (옮긴이 주) 같은 제명(題名)의 전문 도서를 스턴버그(Sternberg) 등이 편저 출판했는데 최근에 플린도 펴냈다.

James R. Flynn, (2007). *What is Intelligence?: Beyond the Flynn Effect.* New York: Cambridge University Press. 216.

칙에 따라 결합된 별개의 요소들 간의 관계의 결과이다. 스피어맨(1927)은 g는 정신 에너지에 그리고 그가 상호 연관성과 관계의 교육에 수반된다고 정의한, 인지과정에 연관된다고 주장했다. 관계에 대한 교육에는, 다음과 같은 것을 "알게 될 때 떠오르는", 두 가지 또는 그 이상의 생각 사이의 관계를 지적하는 능력이 포함된다. 즉, "맥주 맛은 약한 키니네 같은 맛이다... 또는 '모든 A는 B'라는 명제는 '어떤 A는 B'라는 명제를 증명한다" 같은 것이다. "어떤 음표를 듣고 나서 5단계 높은 음표를 상상하려고 노력하는" 능력(Spearman, 1927, pp. 165-166)에 의해서 입증되는 것과 같이, 상호 연관성의 추론에는, 어떤 생각과 어떤 관계로부터 상호 연관된 생각을 이끌어 내는 능력이 포함된다. 스피어맨은 또한 개인들은 내성(內省) 능력에서 차이가 있음을 지적하면서, 지능은 "자기 자신의 경험의 이해"에 연관되어 있음을 암시했다. 그는 또한 "그런 종류의 아무 것도 아직 측정되지 않는 것으로 보인다"라고 주장했다(Spearman, 1927, pp. 164-165). 스피어맨의 g 이론과 톰슨의 g 해석은 은유적인 것으로서, 어느 쪽도 경험적 연구 프로그램과는 가깝게 연결되어 있지 않았다. 현시대의 이론가들은 지능의 정의에 대해 또는 g 이론에 대해서 의견일치를 획득하지 못한 상태이다.

최종 견해

비네, 갈톤, 그리고 스피어맨은 지능에 관한 당대의 연구의 선조(先祖, progenitors)들이다. 그들의 기여는 지능에 대한 연구의 우리 시대의 논의들 속에서 공명하고 있다. 지능에서 유전적 영향에 대한 갈톤의 믿음은 널리 받아들여졌다. 고대 그리스인, 영국인, 그리고 아프리카인이라고 정의된 능력의 유전적 위계에 대한 그의 믿음은 아시아인, 백인, 그리고 아프리카인의 인종적 위계에 대한 현시대의 논의들과 유사하다(Jensen, 1998; Lynn, 1987; Rushton, 1995 등을 참조할 것). 비록 인종적으로 정의된, 유전적으로 영향을 받는 지능의 위계에 대한 믿음은 지능에 대한 많은 현시대의 학생들에게 수용되고 있지 않기는 하지만, 그러한 믿음은 계속해서 표현되고 있다. 지능에 관한 내용에 대해 알고 있는 것으로 추정되는 심리학자들의 다수가, 지능검사 점수에 있어서의 인종적 차이는 상이한 인종적 속성을 가진 사람들 사이의 유전적 차이에 의해 부분적으로 결정된다고 믿는 것으로 스나이더맨과 로쓰먼(Snyderman and Rothman)에 의해 1990년에 조사되었다. 지능과 기초 인지과정 사이의 관계에 대한 갈톤의 믿음은 현 시대의 연구 중 한 활동적 프로그램과 연관되어 있다. g의 압도적 중요성에 대한 스피어맨의 신념은 많은 현시대의 논의들 속에 표출되고 있으며, 비네가 주도한 것과 유사하게 지능을 측정하려는 시도들은 흔히 일어난다.

우리는 지능이라고 불리는 그 무엇을 어떻게 측정하는지를 알고 있지만, 그러나 우리는 무엇이 측정되었는지를 알지 못한다. 그것이 무엇이던 측정된 것이 학업적 배경조건에서 성취를 예견하는지에 대해서는 알고 있다. 그리고 우리는 우리가 측정한 것이 그 사람의 유전자에 의해 영향을 받았다는 것을 안다. 어느 편인가 하면, 이러한 지식으로 어떤 일이 행해져야 하는지는 우리는 알지 못한다. 지능에 대한 연구의 역사에 대한 고찰은 우리에게 우리의 선조들이 어떻게 선견지명이 있었는지를 알려 줄 수 있을 것이다. 대부분의 경우, 우리는 그들이 무엇을 알았는지를 알지만 그들이 알지 못한 것이 무엇인지를 알지 못하며, 그들의 작업 속에서 많은 논쟁적이고 이의를 제기할 만한 것들이 발견되는 것은, 유사한 생각이 우리의 동시대 사람들에 의해 제출되었을 때에는 오늘날에도 동일하게 그러하다.

참고 문헌

Binet, A. (1905). Analyse de C. E. Spearman, the proof and measurement of association between two things and general intelligence objectively determined and measured. *L'Année Psychologique*, *11*, 623–624.

Binet A. (1911). *Les idees modernes sur les enfants*. Paris: Flammarion.

Binet, A., & Henri, V. (1896). La psychologie individuelle. *L'Année Psychologique*, *2*, 411–465.

Binet, A., & Simon, T. (1905). Methodes nouvelles por le diagnostic du niveau intellectuel des anormaux. *L'Année Psychologique*, *11*, 191–244.

Block, N. J., & Dworkin, G. (1976). *The IQ controversy*. New York: Pantheon.

Bolton, T. L. (1891–1892). The growth of memory in children. *American Journal of Psychology*, *4*, 362–380.

Bouchard, T. J., Jr., & McGue, M. (1981). Familial studies of intelligence: A review. *Science*, *212*, 1055–1059.

Boring, E. G. (1923). Intelligence as the tests test it. *New Republic*, *35*, 35–37.

Brand, C. R., & Deary, I. J. (1982). Intelligence and "inspection time." In H. J. Eysenck (Ed.), *A model for intelligence*. Berlin: Springer–Verlag.

Brigham, C. C. (1923). *A study of American intelligence*. Princeton, NJ: Princeton University press.

Brody, E. B., & Brody, N. (1976). *Intelligence: Nature, determination, and, consequences*. New York: Academic Press.

Brody, N. (1992). *Intelligence* (2nd ed.). San Diego: Academic Press.

Burks, B. S. (1928). The relative influence of nature and nurture upon mental development: A comparative study of foster parent–foster child resemblance and true parent–tine child resemblance. *Yearbook of the National Society for the Study of Education, 27*, 219–316.

Burt, C. (1909–1910). Experimental tests of general intelligence. *British Journal of Psychology, 3*, 94–177.

Carroll, J. B. (1985). The measurement of intelligence. In R. J. Sternberg (Ed.), *Handbook of human intelligence* (pp. 29–120). Cambridge, U.K.: Cambridge University Press.

Carroll, J. B. (1993). *Human cognitive abilities: A survey of factor–analytic studies*. New York: Cambridge University Press.

Cattell, J. M. (1886). The time taken up by cerebral operations. *Mind, 11*, 220–242, 377–392, 524–538.

Cattell, J. M. (1890). Mental tests and measurements. *Mind, 15*, 373–381.

Cattell, R. B. (1963). Theory of fluid and crystallized intelligence: A critical experiment. *Journal of Educational Psychology, 54*, 1–22.

Cattell, R. B. (1971). *Abilities: Their structure and function*. Boston: Houghton Mifflin.

Cattell, R. B. (1987). *Intelligence: Its structure growth and action*. Amsterdam: North–Holland.

Cronbach, L. J. (1957). The two disciplines of scientific psychology. *American Psychologist, 12*, 671–684.

Cronbach, L. J., & Snow, R. E. (1977). *Aptitudes and instructional methods*. New York: Irvington.

Darwin, C. (1859). The origin of species. London: Murray. Deary, I. J. (1986). Inspection time: Discovery or rediscovery. *Personality and Individual Differences, 7*, 625–631.

Deary, I. J. (1994). Sensory discrimination and intelligence: Postmortem or resurrection? *American Journal of Psychology, 107*, 95–115.

Downey, M. T. (1961). *Carl Campbell Brigham: Scientist and educator*. Princeton, NJ: Educational Testing Service.

Ebbinghaus, H. (1897). Über eine neue Methode zur Prüfung geistiger Fähigkeiten und ihre Anwendung bei Schulkindern. *Zeitschrift für angewandte Psychologie, 13*, 401–459.

Egan, V. (1994). Intelligence, inspection time, and cognitive strategies. *British Journal of Psychology, 85*, 305–316.

Erlenmeyer–Kimling, L., & Jarvik, L. F. (1963). Genetics and intelligence: A review. *Science, 142*, 1477–1479.

Eysenck, H. J. (1971). *Race, intelligence, and education*. London: Temple Smith.

Eysenck, H. J. (Ed.). (1982). *A model for intelligence*. Berlin: Springer–Verlag.

Galton, F. (1869). *Hereditary genius: An inquiry into its laws and consequences*. London: Macmillan.

Galton, F. (1883). *An inquiry into human faculty*. London: Macmillan.

Goddard, H. H. (1912). *The Kallikak family*. New York: Macmillan.

Guilford, J. P. (1967). *The nature of human intelligence*. New York: McGraw–Hill.

Guilford, J. P. (1977). *Way beyond the IQ: Guide to improving intelligence and creativity*. New York: McGraw–Hill.

Guilford, J. P., & Hoepfner, R. (1971). *The analysis of intelligence*. New York: McGraw–Hill.

Heainnshaw, L. S. (1979). *Cyril Burt: Psychologist*. Ithaca, NY: Cornell University Press.

Hebb, D.O. (1942). The effects of early and late brain injury upon test scores, and the nature of normal adult intelligence. *Proceedings of the American Philosophical Society, 85*, 275–292.

Henmon, V. A. C., & Nelson, M. J. (1932–1935). *Henmon –Nelson test of mental ability*. Boston: Houghton Mifflin.

Herrnstein, R. J., & Murray, C. (1994). *The bell curve: intelligence and class structure in American life*. New York: Free Press.

Horn, J. L., & Cattell, R. B. (1966). Refinement and test of the theory of fluid and crystallized intelligence. *Journal of Educational Psychology, 57*, 253–270.

Horn, J. L., & Knapp, J. R. (1973). On the subjective character of the empirical base of Guilford's structure-of-intellect model. *Psychological Bulletin, 80*, 33–43.

Hull, C. L. (1943). *Principles of behavior*. New York: Appleton–Century–Crofts.

Hunt, E., Lunneborg, C., & Lewis, J. (1975). What does it mean to be high verbal? *Cognitive Psychology, 7*, 194–227.

Hunt, J. M. (1961). *Intelligence and experience*. New York: Ronald.

James, W. (1890). Principles of psychology. New York: Dover. Jastrow, J. (1891–1892). Some anthropological and psychologic tests on college students–A preliminary survey. *American Journal of Psychology, 4*, 420–427.

Jencks, C. (1972). Inequality. New York: Harper and Row. Jensen, A. R. (1982). Reaction time and psychometric g. In H. J. Eysenck (Ed.), *A model for intelligence* (pp. 93–132). Berlin: Springer–Verlag.

Jensen, A. R. (1987). Individual differences in the Hick paradigm. In P. A. Vernon (Ed.), *Speed of information processing and intelligence* (pp. 101–175). Norwood, NJ: Ablex.

Jensen, A. R. (1997). Introduction: Hans Eysenck and the study of intelligence. In H. Nyborg (Ed.), *The scientific study of human nature: Tribute to Hans J. Eysenck at eighty*. Oxford, U.K.: Pergamon.

Jensen, A. R. (1998). *The g factor*. New York: Praeger.

Joynson, R. B. (1989). *The Burt Affair*. London: Routledge.

Kamin, L. J. (1974). *The science and politics of IQ*. Potomac, MD: Erlbaum.

Kelderman, H., Mellenbergh, G. J., & Elshout, J. J. (1981). Guilford's facet theory of intelligence: An empirical comparison of models. *Multi variate Behavioral Research, 16*, 37–61.

Loehlin, J. C., Willerman, L., & Horn, J. M. (1989). Modeling IQ change: Evidence from the Texas Adoption Project. *Child Development, 60*, 993–1004.

Lynn, R. (1987). The intelligence of mongoloids: A psychometric evolutionary and neurological theory. *Personality and Individual Differences, 8*, 813–844.

McClelland, D. C. (1973). Testing for competence rather than for "intelligence." *American Psychologist, 28*, 1–14.

Neisser, U. (1967). *Cognitive psychology*. New York: Appleton–Century–Crofts.

Newman, H. H., Freeman, F. N., & Holzinger, K. J. (1937). *Twins a study of heredity and environment*. Chicago: University of Chicago Press.

Oehrn, A. (1895). Experimentelle Studien zur Individual–Psychologie. *Psychologischen Arbeiten, 1*,

92–152.

Peterson, J. (1926). *Early conceptions and tests of intelligence*. New York: World Book Company.

Philippe, J. (1894). Jastrow.–Exposition d'anthropologie de Chicago.–Tests psychologique. *L'Année Psychologique, 1*, 522–526.

Phillips, K., & Fulker, D. W. (1989). Quantitative genetic analysis of longitudinal trends in adoption designs with application to IQ in the Colorado Adoption Project. *Behavior Genetics, 19*, 621–658.

Plomin, R., & Daniels, D. (1987). Why are children in the same family so different from each other? *Behavioral and Brain Sciences, 10*, 1–16.

Plomin, R., Fulker, D. W., Corley, R., & DeFries, J. C. (1997). Nature, nurture, and cognitive development from 1–16 years: A parent–offspring adoption study. *Psychological Science, 8*, 442–447.

Quetelet, M. (1849). *Letters on probabilities*. London: Layton.

Rogers, K. B. (1994). Ability grouping. In R. J. Sternberg (Ed.), *Encyclopedia of Human Intelligence*. Vol. 1 (pp. 5–10). New York: Macmillan.

Roth, E. (1964). Die Geschwindigkeit der Verarbeitung von Information und ihr Zusammenhang mit Intelligenz. *Zeitschrift für Experimentelle und Angewandte Psychologie, 11*, 616–622.

Rushton, J. P. (1995). *Race, evolution, and behavior*. New Brunswick, NJ: Transaction Publishers.

Scarr, S., & Weinberg, R. A. (1983). The Minnesota Adoption Studies: Genetic differences and malleability. *Child Development, 54*, 260–267.

Sharp, S. E. (1898–1899). Individual psychology: A study in psychological method. *American Journal of Psychology, 10*, 329–391.

Simon, B. (1974). *The politics of educational reform, 1920–1940*. London: Lawrence and Wishart.

Skodak, M., & Skeels, H. M. (1949). A final follow–up study of 100 adopted children. *The Pedagogical Seminary and Journal of Genetic Psychology, 77*, 3–9.

Snyderman, M., & Rothman, S. (1990). *The IQ controversy, the media and public policy*. New Brunswick, NJ: Transaction.

Spearman, C. (1904a). "General Intelligence" objectively determined and measured. *American Journal of Psychology, 15*, 201–293.

Spearman, C. (1904b). The proof and measurement of association between two things. *American Journal of Psychology, 15*, 72–101.

Spearman, C. (1927). *The abilities of man*. London: Macmillan.

Spearman, C. (1930). Charles Spearman in C. Murchison (Ed.), *A history of psychology in autobiography*. Worcester, MA: Clark University Press.

Stern, W. L. (1912). *Psychologischen Methoden derlntelligenz–Prüfung*. Leipzig: Barth.

Sternberg, R. J. (1977). *Intelligence, information processing and analogical reasoning: The componential analysis of human abilities*. Hillsdale, NJ: Erlbaum.

Sternberg, R. J., & Detterman, D. K. (1986). *What is intelligence? Contemporary viewpoints on its nature and definition*. Norwood, NJ: Ablex.

Sternberg, R. J., Ferrari, M., Clinkenbeard, P., & Grigorenko, E. L. (1996). Identification, instruction, and assessment of gifted children: A construct validation of a triarchic model. *Gifted Child Quarterly*, *40*, 129–137.

Sullivan, E. T., Clark, W. W., & Tiegs, E. W. (1936–1939). *California Test of Mental Maturity*. Los Angeles: California Test Bureau.

Terman, L. M. (1916). The measurement of intelligence. Boston: Houghton Mifflin.

Terman, L. M. (1930). Trails to psychology. In G. Murchison (Ed.), *A history of psychology in autobiography*. Vol. 2. Worcester, MA: Clark University Press.

Terman, L. M., & Merrill, M. A. (1950). *The Stan ford-Binet Intelligence Scale*. Boston: Houghton Mifflin.

Thomson, G. H. (1916). A hierarchy without a general factor. *British Journal of Psychology*, *8*, 271–281.

Thorndike, E. L. (1904). Letter to Charles Spearman. 17 October 1904. Reproduced in R. B. Joynson (1989). *The Burt affair*. London: Routledge.

Thorndike, E. L. (1905). Measurements of twins. *Columbia University Contributions to Philosophy and Psychology*, *13*, 1–64.

Thorndike, E. L., Bergman, M. V., Cobb, & Woodyard, E. (1926). *The measurement of intelligence*. New York: Bureau of Educational Research, Columbia University.

Thorndike, E. L., Lay, W., & Dean, R. R. (1909). The relation of accuracy in sensory discrimination to general intelligence. *American Journal of Psychology*, *20*, 364–369.

Thorndike, E. L. (1921). Intelligence and its measurement: A symposium. *Journal of Educational Psychology*, *12*, 123–147, 195–216, 271–275.

Thurstone, L. L. (1931). Multiple factor analysis. *Psychological Review*, *38*, 406–427.

Thurstone, L. L. (1938a). *Primary mental abilities*. Chicago: University of Chicago Press.

Thurstone, L. L. (1938b). *Tests for primary mental abilities: Experimental edition*. Washington, DC: American Council on Education.

Thurstone, L. L., & Thumstone, T. G. (1941). *Factorial studies of intelligence*. Chicago: University of Chicago Press.

Tolman, E. C. (1932). *Purposive behavior in animals and men*. New York: Appleton-Century-Crofts.

Vernon, P. E. (1950). *The structure of human abilities*. London: Methuen.

Wechsler, D. A. (1958). *The measurement and appraisal of adult intelligence* (4th ed.). Baltimore: Williams and Wilkins.

Wissler, C. (1901). The correlates of mental and physical tests. *Psychological Review*, Monograph No. 3.

Wolf, T. H. (1973). *Alfred Binet*. Chicago: University of Chicago Press.

Wright, S. (1921). Systems of mating. *Genetics*, *6*, 111–178.

Yerkes, R. M. (Ed.). (1921). *Psychological examining in the United States Army*. Memoirs, National Academy of Sciences, Vol. 15.

<보충자료>

교육 심리학 및 지능 심리학의 발전에 기여한 갈톤의 업적

교육 심리학사(心理學史)에서 어느 누구도 언급하고 있지 않지만, 필자는 우생학자인 갈톤이 심리학에 기여한 업적을 무시할 수 가 없으며, 따라서 그가 교육 심리학의 발전에 역사적으로 훌륭하게 기여한 바가 크다고 평가하는데, 이러한 관점에서 갈톤이 무엇을 어떻게 기여했는지를 이 기회에 고찰하고자 한다. 갈톤이 교육 심리학 발달사에 기여한 점을 공인하는 것은 당연하다고 생각한다. 이제 갈톤이 교육 심리학계와 지능 심리학에 무엇을 어떻게 공헌했는지를 소개한다.

우생학 창시자인 갈톤이 영재교육(Gifted Education)의 원리와 실제에 어떠한 공헌을 했는가는 다음과 같은 표현에서 발견할 수가 있다.

프랜시스 갈톤(Francis Galton, 1822~1911)을 영재 아동 교육 운동의 할아버지, 비네(Binet)를 산파역(midwife)으로, 터만(Terman)을 아버지로, 레타 홀링워스(Leta Hollingworth) 여사를 영재교육에서 자애로운 양육의 어머니(大母)로 기리고 있는 것에서 갈톤의 업적을 가름할 수가 있다.

갈톤은 어렸을 때부터 나타난 영특한 두뇌와 합쳐진 그의 그칠 줄 모르는 호기심은 대단히 다양한 종류의 업적을 이룩했다. 이런 점에서 갈톤은 또 다른 어린 천재 존 스튜아트 밀(John Stuart Mill)을 닮았다. 갈톤도 밀처럼 어린 시절부터 어른과 같은 총명한 능력들을 발휘하였다고 한다. 그는 3살 때부터 영어를 읽고 쓸 수 있었으며 5살 때는 라틴어를 번역했고 6살 되던 생일에는 셰익스피어(Shakespeare)를 인용하였다고 한다(Goodwin, 1999; 박소현 외 옮김, 2004. 171.)

갈톤이 교육 심리학에 기여한 업적을 예시해 보면, 그는 우생학자답게 지능 특히 천재성의 유전을 연구하였는데, 특히 우생학적으로 좀 더 영리한 인간을 길러 내려는 노력을 초기에 창의적으로 시도했다.

산업혁명 초기에 도시와 산입이 빌달하면서 새로운 사회적, 경제적 도전에 대처능력이 있는 인적 자원을 많이 선발하여 훈련, 배치하는 과업이 국가, 사회적으로 필요하게 되었다. 따라서 인적 자원의 공급기관인 학교교육을 확대하고, 재능 있는 학생을 교육시킬 수 있도록 연구하고, 지능검사를 실시하여 능력이 우수한 사람을 선발하는 등 많은 노력이 이뤄졌다. 다윈(Darwin)의 배다른 사촌으로 매우 활동적이었던 갈톤은 다윈의 연구에 고무되어 새로운 이론인 선택적 번식(selective breeding), 즉 인간의 생활을 개선하고 삶의 질을 높이면 인류의 정신능력을 향상시킬 수 있다고 하는 우생학(eugenics)을 주장하였다.

갈톤은 『유전적 천재(Hereditary Genius)』(1869)에서 지능이 유전된다는 자신의 주장을 입증하기 위하여 역사적 사실들을 논문의 증거로 제시했다. 이 연구를 수행하기 위하여 갈톤은 사회 여러 분야에서 성공한 인물들의 전기문이 실려 있는 책에서 가장 유명한 사람들의 이름을 고르거나 다른 곳에서 저명인사들을 선정하여 조사를 하였다. 이 조사 대상에는 판사, 정치가, 군 장교, 작가, 예술가, 명문 캠브리지대학의 수학과 수재 등이 총망라되었다. 그렇게 한 다음에 갈톤은 이와 같이 유명한 사람들의 족보를 조사했다. 그는 유명한 사람들의 친척도 대부분 유명하고 성공한 인물이라는 사실을 발견했다. 그는 이러한 집단들이 공통적으로 조카나 기타 친척, 좀 더 먼 유명한 먼 친척보다는 유명한 아버지 밑에서 십중팔구 유명한 아들이 나왔다. 따라서 갈톤의 주장은 유명한 사람과 가장 가까운 사람이 훨씬 더 유명해지기가 쉽기 때문에 지능은 유전된다는 것이 결론이었다.

천재성은 유전된다는 주장만을 내세우고 다른 가능성은 전혀 고려하지 않은 것은 갈톤의 실수였다.

분명히 이와 같은 현상에 대해서 환경에 따라서 다른 해석이 가능하다는 주장, 즉 마태 효과가 나타난다는 것이다. 예를 들면, 아들이 유명한 것은 유명한 사람(부모)의 가정에서 자랐기 때문이고, 조카들은 그렇지 못했기 때문이라는 주장이 제기될 수가 있다. 갈톤은 능력 있는 사람은 타인으로부터 주목을 받고 많은 관심을 끌 수 있으므로 명성이 단지 그 사람의 사회적 위치나 영향력을 나타내는 것만은 아니라고 주장을 했다.

갈톤은 지능 연구에서 최초로 통계학을 응용했다. 지능 연구에서 수학을 응용한 그의 업적은 가히 혁명적이라고 할 수 있다(Gardner 외, 1996; 김정휘 옮김, 2006. 60). 그는 개인의 타고난 능력을 "평균 편차의 법칙(law of deviation from an average)"에 따라 배치할 수 가 있다고 주장하고 지능을 계층과 같이 차별적으로 발생하는 조건과는 무관하게 타고난 능력으로 생각했기 때문에 지능이 평균편차의 법칙을 따른다고 주장했다. 그러나 지적인 사람의 자녀는 그 부모들만큼 지적이지 못한 것으로 나타났다고 결론을 내렸는데 이와 같이 한 세대에는 최상의 가치였던 것이 다음 세대에는 평균적인 가치로 변하는 경향을 "평균으로의 회귀"라고 한다. 즉, 갈톤의 분석에 의하면, 특성이 세대를 거치면서 평균주변을 맴도는 경향을 보였다는 것이다.

그는 자신이 연구했던 특성들 가운데서 개인차 또는 변산성(變散性, variability)에 관해서 알고 싶어 했다. 이러한 변산성을 파악하기 위하여 그는 많은 사람들을 대상으로 한 엄청난 양의 자료가 필요했다. 이 자료를 수집하기 위하여 그는 "간단한 실험측정 방법인 심리검사"를 고안했다(Boring, 1950, 484를 인용한 Gardner 등, 1996에서 재인용). 그리고 개인차 연구에 상관관계(그는 상호관계라고 했는데, 두개의 변인이 서로 관련되는 정도를 통계적으로 나타내는 개념, 숫자로 관계의 크기를 나타낸다.) 개념을 인간의 특성 연구에 사용했다. 그는 지적 능력을 측정하려는 의도에서 지능검사를 개발하려는 시도를 이미 100년 전에 최초로 시도했다(Gardner 외, 1996; 김정휘 옮김, 2006, 63-64).

또 한편으로 그는 개인차 연구를 하면서 수백 명의 손가락 끝에 있는 소용돌이 모양을 측정하여 모든 사람이 각자 특이한 지문을 가지고 있음을 입증하였다. 런던 경찰국은 이 "지문" 기법을 수사기법으로 사용하게 되었으며(Goodwin, 1999; 박소현 외 옮김, 2004, 171), 전 세계적으로 오늘날에도 범죄자를 수사하기 위한 절차 중의 하나로 지문 탐문 기법이 애용되고 있으며, 따라서 범죄심리학의 발전에도 갈톤이 기여했다고 해석할 수가 있다.

갈톤을 탐험가, 통계학자, 심리학자, 우생학 창시자로 그의 생전의 업적을 심리학계에서는 기리고 있다.

지능의 평균으로의 회귀는 더 영리한 인간을 길러내고 싶었던 갈톤에게 큰 좌절감을 안겨 주었다. 인류문화가 세대를 거치면서 견디지 못할 만큼의 극단적인 간섭 없이는 우생학은 더 우수한 지능을 갖춘 인간을 만들어 낼 수 없다고 생각했기 때문이다. 예시한 갈톤의 공로 때문에 심리학사와 심리학 개론, 심리검사, 심리측정과 교육 평가에서 그의 업적이 기술되고 후학들이 배우고 있다.

그러나 그는 1970년대 후반부터 행동 유전학(Behavior Genetics)으로 발전하고 있는 유전학의 기본 사상을 제공한 공로가 있다. 그러나 이 시대의 행동유전학자들은 갈톤이 초기에 주장했던 것처럼 생물학만이 지능을 결정한다고 생각하지 않고, 유전뿐만 아니라 환경도 그리고 최근에는 (2011) 제3의 영역, 즉 자궁 속 9개월의 경험이 유전 못지않게 중요하다는 이른바 “태아 기원설”, 즉 지능 결정 요인이 된다는 이론이 각광을 받고 있다. 즉, 학문도 발전, 진화한다.

참고 문헌

김정휘·허주연·추연구 옮김. (2012). 인간의 지능 탐구: 지능 심리학. 서울: 박학사. (Sternberg, R. J., (Ed.). (2000). *Handbook of Intelligence*. New York: Cambridge University Press.)

김정휘 옮김. (2006). 지능 심리학-다양한 관점에서 지능 연구하기. 서울: 시그마프레스. (Gardner, H., Kornhaber, M. L., & Wake, W. K., (1996), *Intelligence: Multiple Perspectives*. New York: Thomson Learning.)

박소현, 문양호, 김문수 옮김. (2004). 현대 심리학사. 서울: 시그마프레스. (Goodwin, C. J. (1999). A History of Modern Psychology. New York: John Wiley & Sons, Inc.)

천홍범 옮김. (1992).

Hunt, E., (2011). *Human Intelligence*. New York: Cambridge University. Press.

Mackintosh, N. J., (2011). *IQ and Human Intelligence*. New York: Oxford University Press.

Elena L. Grigorenko
(Yale 대학교 심리학과 교수)

잘난 부모의 자녀들도 존경받는 유명 인사가 되는가

유전력과 지능

개인의 지적 성질이 수많은 방법으로 다양하다는 것을 깨닫는 일은 자신의 동료 남녀들에 대해 생각해 보기만 하면 쉽게 가능한 일이다. 지적 기능상의 개인차에 대한 가장 오래된 심리학의 지표는 지능지수(intelligence quotient, IQ)이다. 비록 IQ는 원래 아동들을 지적 기능 수준이 비슷한 나이의 또래들의 그것과 상응하는 아이들과 정신적 기능 수준이 그렇지 않은 아이들의 집단으로 구분하기 위해 고안된 것이었지만[1], 그것은 이후

* Heritability and Intelligence

1) (원저자 주) 1905년에, 비네와 시몬이 자신들의 검사법을 발표했을 때, 그들은 이 시도의 목표는 학교에서의 학업에 성공할 아동들(왜냐하면 이들이 충분한 지능을 가지고 있기 때문에)과 실패할 아동들(왜냐하면 이들이 지능이 부족하기 때문에)의 집단을 구분하는 것이라고 주장했다(1916). 저자들은 상이한 교육 프로그램에 대한 학생들의 적합성을 결정하기 위해 적절한 도구를 고안한다

로 지적 기능의 개인적 차이(또는 다양성)의 지표로 가장 빈번하게 사용되도록 진화되었다. 그러나 이 장의 초점은 IQ 자체에 있어서의 개인차를 분석하는 것이 아니라 그보다는 이러한 차이의 원천(sources)을 분석하는 것이다. 달리 말하자면 어떤 힘이 사람들을 IQ에 있어서 유사하거나 유사하지 않게 만드는가 하는 것을 논구(論究)하려는 것이 이 장의 주제이다.[2)]

IQ에 있어서 다양성의 원천은 개인차 심리학(psychology of individual difference)이라고 알려진 영역의 주제로 연구, 논의되어 왔다. 이 하위영역은 심리학의 가장 오래된 분야 중의 하나이며, 다른 성숙한 분야들처럼 연속적인 이론적 전환을 보여 왔다. 이 경우에 상이한 이론들이 사람들 간에 차이를 보이는 특성들(traits)의 인과 관계를 설명하기 위해 사용되어 왔다(예: Kimble, 1993). IQ에 있어서의 개인차의 원인론에 대한 기념비적 연구는 유전력(heritability)의 개념, 즉 모집단 내의 사람들 중에서, 그들 사이의 유전적 차이에 귀인할 수 있는, 표현형적(관찰된) 차이의 비율을 통계적으로 설명하는 것이다. 심리학의 하위분야들 속에서 IQ의 유전력 기반 연구만큼 논쟁적이면서도 아직 불모인 하위분야는 거의 없다고 말해져 왔다(Danzinger, 1997). 이 연구들에 대한 논쟁들은 그 수량과 파급력에서 주목할 만한 수준이다. 논쟁은 심리학에 대해 유전력의 개념의 흥미로움과 의미심장함에 대한 필수적 질문들로 시작해서(예: Block, 1995), IQ에 있어서의 개인차 연구의 기반이 되는 방법론으로 연결되고(예: Feldman & Otto, 1997), 이 지능 심리학 분야에서 주요한 발견들과 해석들에 대하여 질문을 던지는 것으로 마무

는 기술적인 목적으로 그들의 목표를 제한했던 것이다. 비네와 시몬은 단일 지능 점수를 계산하기 위한 수단을 제공했지만 그 의미는 불명확하며, 그 점수는 단지 아동의 자리에 대한 결정을 내리는 것이 필요할 때 실제적인 편의의 문제로서 사용되어야 한다고 주의를 주었다.

2) (원저자 주) 주요 논의의 시발점인 여기서 중요한 논점이나 명확화가 이루어져야 한다. IQ의 유전력 연구에 대한 많은 저작들 속에서 저자들은 IQ, 지능, 및 그리고 일반 인지능력 요인(general cognitive ability factor; 소위 *g* 요인) 등의 용어들을 상호 호환적으로 사용한다. 그러나 다른 사람들이 수없이 말한 것처럼, 지능에 대한 유전력 연구는 실제로는 IQ에 대해서만으로 제한되어 있다. 따라서 그러한 용어의 확장은(IQ로부터 지능으로) 오직 IQ 이외에는 지능에 보완할 것이 없다고 상정될 때만 정당화될 수 있다. 그러므로 지능은 IQ 그 이상의 무엇이라고 상정하게 되면, IQ와 지능이라는 용어를 호환해서 사용하는 것이 옳지 않게 된다. 따라서 이 장에서는 (직접 인용된 원문에서 다른 용어가 나타나지 않는 한) IQ라는 용어를 사용할 것이다.

(옮긴이 주) 유전력(hereditability)은 특정 형질이 유전에 의해서 조절되는 정도로서, 이 유전력과 나이, 쌍생아, 조현병(調絃病: 정신분열증) 같은 이상 행동(abnormal behavior)간의 유관성을 연구하는 경향이다. *Handbook of Intelligence*의 편저자인 스턴버그 박사는 이 유전력과 지능의 주제를 지능 발달 분야에 포함되는 주제로 다루고 있다.

리된다(예: Wahlstein & Gottlieb, 1997).

이 장에서는 일반적인 그리고 특히 IQ에 있어서의 인간 특성들(traits)의 개인차의 인과 관계에 대한 유전력 접근법〔이하 '유전력 패러다임(heritability paradigm)'으로 칭함〕은 개인차의 과학(the science of individual differences)에서의 그 임무를 완수했다고 단언한다. 유전력 패러다임은 심리학에서 유용했는데 왜냐하면 그것은 우리가 지적인 기능의 개인차에서 인과 관계를 이해하려고 시도할 때, 배타적으로 환경만을 참조하는 것이 아니라 유전자에도 또한 눈을 돌리는 전통을 확립했기 때문이다. 행위자가 누구인가(즉, 유전자와 환경)가 입증되면, 그 분야에는 어떻게 그 게임이 진행되는지(즉, 어떻게 유전자와 환경이 개인성(individuality)을 생산해 내는 데에 협력하는가를 설명할 필요가 생긴다. 유전력 패러다임은 첫 번째 질문에 있어서 유효했었지만, 두 번째 질문에는 적합하게 들어맞지 않는다. 이 장은, 지적인 기능에 있어서의 개인차에 대한 인과 관계에 대한 증진된 이해는, 현재 모양을 갖춰가고 있는 새로운 패러다임은, 유전자와 환경의 인과 관계적 기여를 추산(estimating)하기보다는 측정(measuring)하는 패러다임으로부터 올 것이라고 주장한다.

유전력 접근법: 패러다임의 매력

왜 패러다임이라고 부르는가?

심리학에 대한 유전력 패러다임의 의미와 중요성에 대한 과학자들의 해석은 다양하다. 어떤 과학자들은 그것을 과학적 시도로 보지만(예: Hunt, 1997) 반면에 견해를 달리하는 또 다른 과학자들은 그것은 심리학자들의 불모의 발명(infertile invention), 즉 이 분야의 막다른 골목의 하나라고 주장한다(Danzinger, 1997). 유전력 패러다임이라는 용어를 여기에서는 인간 특성(human traits) 내의 개인적 다양성의 원천을 연구하는 두드러지게 방법론적인 전통을 말한다. 이 전통은 또한 표현형적 불일치(phenotypic variance)를 소위 유전적 및 환경적 요소들로 분해(decomposition)하는 것으로도 알려져 있다. 유전력 패러다임은 인간 형질 내의 관찰된 표현형적 불일치를 추산 가능한(측정된 요소가 아니라!) 요소들로 분해하는 것만을 말한다는 점을 지적하는 것이 중요하다. 프란시스 갈톤 경은 유전력 패러다임의 기반을 구축했으며, 수많은 개척적인 저작들에 의해 드러나듯이(예: Jinks & Fulker, 1970; Neale & Cardon, 1992; Plomin, DeFries, McClearn, & Rutter, 1997) 그것은 후속적으로 많은 변환을 통해서 연구의 강력한 한 하위분야로 진화했다. 이 유전력 패러다임의 핵심은 (1) 어떤 형질 속에서 개인차가 부상할 때의 유전자와 환경의 결정론적(deterministic) 역할, (2) 개인의 발달적 궤적에 독립적으로 기여하는 별개의 힘으로서의 천성과 양육의 분리 가능성(separability), 그리고 (3) 유전자와 환경의 다양성이 인간 형질들의 다양성에 상대적으로 기여한 것에 대한 추산 가능성(estimability) 등에 대한 가설(assumption)들이다.

유전력 접근방법을 패러다임으로 분류하는 것이 왜 중요한가? 이 제목은 개인차 영역의 더 넓은 맥락 속에서 유전력의 총체적 역할을 우리가 이해하는 데 도움을 준다. 개성(individuality)의 출현을 위한 생리학적 요인들의 중대성 증진에 있어서 유전력 접근방법의 중요성과 그 사회적-역사적 역할은 그 접근방법의 지지하는 측면(예: Plomin & DeFries, McClearn, & Rutter, 1997; Plomin & Petrill, 1997)뿐만 아니라 그것에 의심을 가진 측(예: Danzinger, 1997)과 반대하는 이들(예: Wahlsten, 1998; Wahlsten & Gottlieb, 1997)에 의해서도 논의되어 왔다. 그들이 이 접근방법을 수용하던 거부하던 간에, 과학자들은 과학 발전을 위한 그 의미 있음에 의문을 제기하지 않는다. 하지만 현재 그 분야는, 우리가 오늘 어디에 자리 잡고 있으며 다음에는 무엇을 해야 하는지에 관심을 두고 있다. 이런 점에서 유전력 접근방법을 패러다임으로 분류하는 것은 우리가 패러다임 전환의 불가피성(Kuhn, 1962, 1977)에 대해 쉽게 논의할 수 있게 해 주며 그래서 유전력 접근방법의 설명적 한계와 새로운 패러다임의 필요성을 우리가 입증하는 것을 촉진한다.

쿤(Kuhn, 1962)에 의하면[3] 어떤 과학적 패러다임은 (1) 항구적인 집단의 신봉자들을 끌어들일 수 있을 만큼 충분히 전례가 없고, (2) 연구자들이 다루고 해결할 많은 도전적이고 흥미 있는 문제들을 남겨 둘 수 있을 만큼 충분히 개방적이며, (3) 과학적 실행의 별개의 규칙과 기준들로 특성이 묘사될 수 있을 만큼 충분히 발전된, 과학적 성취들에 의해 특징지어진다. 유전력 패러다임이 이 요구조건을 만족시킨다는 것이 이 책의 주장이다. 1960년대 말과 1970년대 초반에 형성되면서 이 패러다임은 (1) 흥미로운 질문들(예: 인간 형질의 다양성에 대한 유전적 다양성의 중요성)에 대한 해답을 제공할 것을 약속했고 명석한 과학자들 집단을 끌어당겼으며, (2) 발전의 일반적 방향성을 지정해 주

---

3) (옮긴이 주) 쿤의 이 책이 번역되어 소개된 바 있다.

Kuhn, T., (1962). *The Structure of Scientific Revolutions*. Chicago: The University of Chicago Press.

조형 옮김. (1980). 과학 혁명의 구조. 서울: 이화여자대학교 출판부.

김명자. (2007). 과학 혁명의 구조. 서울: 까치.

면서도 특정 질문들의 형성을 위한 충분한 공간을 남겨 두었고, (3) 자체적 필요를 지원하는 복잡한 방법론적 장치들을 발전시켰다. 더구나 유전력 접근방법의 발달적 궤적은 패러다임적 발전을 표시하는 것으로 과학 철학자들에 의해 확인된 것들과 조화된다. 부분적으로는 이 접근방법은 공통적인 이론적 사전가설과 방법론(이론을 발전시키기 위한 공통적 실행 조합)이라는 특징을 가진다(Smith, 1997). 추가적으로, 유전력 패러다임의 확립은, 관련 연구들의 대부분이 발표되는 특화된 연구 논문집인 행동 유전학(Behavior Genetics)의 형성, 지지하는 전문가 학술단체인 행동 유전학회(The Behavior Genetics Association)를 설립, 그리고 교육의 과정 속에 특별한 위치에 대한 장(이 분야에는 수많은 교과서들이 존재하며, 그들 중 어떤 것들은 속간되는 개정판으로 재출판되어 오고 있다) 등으로 표시된다.

패러다임은 몇 가지 문제들의 해결에 있어서 그 경쟁자(또는 전임자)보다 더 성공적이기 때문에 그 지위를 얻는다. 그것은 미해결 질문에 대한 해답을 약속하면서 나타나지만, 결국 논쟁이 해결되고 우세한 패러다임이 지배하기 시작할 때까지 처음에는 저항을 받는다. 확립을 위한 이 전투가 일단 끝나면, 우세한 패러다임 속에서 일하는 과학자들은 그 패러다임의 향상과 확장에 주로 몰두하고 그것을 더 튼튼하고 강력하게 만든다. 이 장이 주장하는 것은 유전력 패러다임은 그 설명력이 소진되었으며 서서히 현장에서 밀려나고 있다는 것이다.

이 논증은 세 가지 단계로 연결될 것이다. 첫째, 그 패러다임의 현시대의 최신의 IQ 유전력 연구들의 개관이 제공될 것이다. 둘째, 유전력 패러다임 측면에서는 변칙적인 몇 가지 관찰 결과를 지적할 것이다. 마지막으로, IQ에서 나타나는 개인차에 대한 인과관계의 이해를 증진시키는 가능성 있는 방법들에 대해 논하고, 이 분야에서 새롭게 부상하는 패러다임을 위한 기반을 형성하는 어떤 흥분되는 발전상에 대해 지적할 것이다.[4)]

유전력 패러다임과 IQ: 최신 상황

모든 패러다임은 세 개의 주요 문제 조합을 다룬다(Kuhn, 1962). 첫 번째 조합은 그 분야에서 알려진 많은 사실들 중에서, 그 패러다임에 의미 깊은 그러한 사실들을 확인하는 것이다. 유전력 패러다임의 경우 IQ가 개인차 분야에서 축적된 사실들 중 어떤 것들이 중요한 것으로 간주되어야 하는가? 두 번째 문제 조합은 중요한 사실들과 이론을 조화시키는 것이다. 달리 말하자면, 일단 중요한 요인들이 선택되고 나면, 그것들로부터 어

4) (옮긴이 주) 낡은 것이 사라지고 새로운 시대에 새로운 것이 도래했다는 주장이 제기된 바도 있다.

떤 추론이 가능할 수 있게 되는가 하는 것이다. 마지막으로 세 번째 조합의 문제는 이론의 표현과 관련되어 있다. 즉, 어떻게 중요한 사실들을 그 패러다임이 해석하고 그것을 이론과 연결시킬지에 관한 것이다. 유전력 패러다임에 있어서 관심사인 사실들은 IQ에 있어서의 가족 내(친족적)의 유사성이다. 이론에 대해 관찰된 IQ의 유사성-차이를 조화시키는 방법이 표현형적 변량의 분해(decomposition of phenotypic variance)이다. 측정된 IQ의 차이는 유전자와 환경에 의해 설명된다. 이들 발견의 궁극적 해석은 발달적 IQ 궤적들에 있어서 중요한 그리고 중요하지 않는 동인(agent)을 확인하는 것을 목표로 한다(예: Harris, 1995; Rowe, 1997).

IQ의 유전력 패러다임은 복수의 철저한 연구들과 가설 및 신념의 특징적 조합에 의해 지지된 구체적인 과학적 성취 결과이다. 이 패러다임은, 이론적인 것(유전력 지표 h^2의 사용으로 표현되는), 방법론적인 것(구별되는 방법론들의 활용에 의해 나타나는), 그리고 도구적인 것(특정 소프트웨어들의 선호에 의해 표현되는) 및 심지어 철학적인 것(유전적 결정론에 대한 멘델주의적 관념에 대한 지지로 표현되는), 모든 종류의 책무들(commitments)을 끌어안는다. 과학적 인식을 형성하는 강력한 도구로서 유전력 패러다임은 많은 형상들의 인지, 처리, 및 해석의 전제조건이다. 달리 말하자면, 그 지지자들에게는 유전력 패러다임이 세상을 구축하는 것으로, IQ의 개인차라는 관찰된 현실이라는 뒤범벅을 분류해서 "유전"과 "환경"이라고 꼬리표를 붙인 깔끔하게 포장된 박스들에 집어넣을 뿐만 아니라, "유전자와 환경: 상호작용과 상관관계"라고 이름 붙여진 좀 어지럽혀진 박스들에도 집어넣는 것이다. 다음 문항에서 이 포장이 어떻게 행해지는지를 설명할 것이다.

선택된 개념들

다음과 같은 논의를 목적으로 해서, 몇 가지 핵심적인 개념들을 먼저 정의해야만 한다.

개인의 IQ가 측정될 때 관찰된 값들은 **표현형 값**(phenotypic value, 또는 표현형)이라고 칭한다. 따라서 어떤 모집단 내에서 모든 사람들은 그 사람의 표현형 값(IQ 점수)에 의해 성질을 나타낼 수 있다. 만약 충분한 사람들이 형질에 대해 측정을 받았다면, 표현형 값에 대한 분포의 모수들(평균, 분산, 고차 적률)이 어떤 모집단들에 대한 특성으로 나타날 수 있다. 이 분포는 주어진 모집단 내에서 IQ의 개인차의 양을 정한다.

문제는 이 분포를 어떻게 설명하는가 하는 것이다. 달리 말하자면 이 표현형 값들이, 상이한 원인들에 기인하는 요소들로 어떻게 나눠질 수 있는가 하는 것이다. 1차적이고 가장 명백한 구분은 유전자형과 환경에 기인하는 요소들로 나누는 것이다. 유전자형

(genotype)은 개인이 소유한 유전자의 독특한 배열을 나타내며, 환경(environment)은 표현형을 결정하는 비유전적 영향 모두를 표시한다.

표현형-유전자형 차이의 중요성은 그것이 관찰 가능한 성질과 관찰 불가능한 성질 사이의 관계를 묘사한다는 것으로서, 즉 관찰 가능한 형질(표현형)이 그 개인의 잠재된 특성(유전자형)의 완전한 표시가 아니라는 것이다. 표현형과 상응하는 유전자형 사이의 관계는 환경적 영향(또는 환경적 편향)으로 설명될 수 있다. 예를 들어 일란성 쌍생아들은 동일한 유전자형을 가진 것으로 종종 생각되는데[5], 환경적인 차이 때문에 한 사람이 다른 사람보다 더 높은 IQ를 가질 수 있다. 개인의 표현형(P)와 그 개인의 유전자형(G) 그리고 환경(E) 사이의 이러한 관계는 다음과 같이 단순한 수학적 공식으로 표현될 수 있다.

$$P = G + E.$$

그러나 연구자들은 종종 이 두 가지 기여요인들(G와 E)을 그것들의 하위요소들로 분리하곤 한다. 그렇게 하면,

$$P = (A + D + I) + (S + N)$$

이 되고, 여기서 A는 상가적 효과(additive effect, 유전자들 내 및 유전자들 사이 양자에 있어서 대립 유전자[6]의 복합효과)를, D는 우성 효과(dominant effect, 대립 유전자들 사이의 상호작용으로부터 결과 되는 것들), I는 상위성(epistatic) 효과(상이한 유전자들

---

5) (원저자 주) 분명한 것은, 이 널리 지지되는 믿음에 대해 자세히 들여다보면, 꽤나 흥미로운 결과를 얻을 수 있다는 것이다(간략한 고찰에 대해, Martin, Boomsma, & Machin, 1997 참조). 예를 들어 홀(Hall)은 일란성 쌍생아들에게서 태아 상태의 발달 동안에 형성된 유전적 차이에 대해 보고했다(1996a, b). 더구나 연구자들은 일란성 쌍생아에 대해 언급할 때, 일란성 쌍생아라도 단일융모막(monochorionic, MC) 일란성 쌍생아와 두융모막(dichorionic, DC) 일란성(MZ) 쌍생아가 존재하고 그들은 유전자형적으로 및 표현형적으로 보다 부정합인 것을 지적하면서, '동일한(identical)'이라는 용어의 정확성에 대해 의문을 제기했다(Keith & Machin, 1997; Machin, 1996). 특히 MC-MZ 쌍생아는 DC-MZ 쌍생아보다 행태적 표현형에서는 더 유사하고 생리학적 표현형에서는 덜 유사하다고 주장했다(Charlemaine & Pons, 1998). MZ 쌍생아들의 차이가 동일한(일란성) 쌍생아의 유전적 유사성에 대한 정설을 위태롭게 할 만큼 충분히 중대한 것인지에 대해서는 아직 판정되지 않은 상태이다.

6) (원저자 주) 대립 유전자(allele)는 변형으로, 어떤 주어진 유전자가 있으면, 그 사람은 2개의 대립 유전자를 갖게 되는데, 1개는 어머니로부터 물려받은 것이며 다른 1개는 아버지로부터 물려받은 것이다.

사이의 상호작용으로부터 결과 되는 것들), S는 모든 가족 구성원들에 의해 공유되는 환경적 효과, 그리고 N은 비공유(개인적) 환경효과를 각각 칭한다.

하지만 이 공식은 표현형의 일반적 요소들만을 묘사한다. 어떤 모집단 내에서 표현형의 다양성(즉, 개인차)을 설명하기 위해서는, 분산(variance, 변량)의 개념을 이용해야 하는데, 총 변량은 표현형 변량 또는 표현형 값의 변량이며, 각각의 요소들의 총합이다. 다시 말해서,

$$V_P = V_G + V_E = (V_A + V_P + V_I) + (V_S + V_N).$$

그러나 이런 묘사는 분명한 명확화가 필요하다. 첫째, 유전자형과 환경적 요소들은 상호 연관될 수 있다; 그렇게 되면 V_P는 G와 E의 공변량의 두 배만큼 증가될 것이다〔이 항은 대개 유전자형-환경 상호관계인, 2Cov(G)(E)로 불린다〕. 둘째, 유전자와 환경 사이의 상호작용이 일어날 수 있어서, 그 등식에 또 다른 추가적 항을 도입한다(이 항은 유전자형-환경 상호작용인 V_{GXE}로 불려진다).

변량의 이러한 분해에 기초해서, 유전력 계수는 어떤 특성 내의 변량(표현형적 변량)에 대한 유전자의 기여도의 지표로 정의된다. 만약 이 계수가 V_A/V_P로 정의되면, 그것은 좁은 의미에서의 유전력이라고 부른다. 그것이 V_G/V_P로 정의되면, 그것은 넓은 의미에서의 유전력이라고 부른다.

그러나 그 요소들을 통한 표현형적 변량의 묘사는 조리 있는 추상화(coherent abstraction) 이상은 아니다. 우리로 하여금 표현형에 대한 인과 관계의 영향을 묘사하도록 허용하는 것은 유용하지만, 그것은 친족들 사이의 유사 및 차이의 표시와 연결될 때에만 "살아 있게" 된다.

IQ: 친족 수천 쌍을 대상으로 한 수년간의 연구

IQ에 대한 유전적 및 환경적 영향에 관한 문헌들은 엄청나게 많다. 그렇기 때문에 여기서는 선택적으로 그리고 주류의, 널리 논의된 관련 자료와 대표적 발견들[7]에 대해 1차적으로 집중할 것이다. IQ에 대한 유전력 연구의 현재 상황에 대한 광범위한 검토 결과

---

7) (원저자 주) 이 고찰에서는 다음과 같은 유전력에 기초한 IQ 연구들 같은 몇 가지 중요 문제들을 다루지 않는다. 소수자 인구의 IQ(예: Levin, 1994, 1997; Loehlin, 1992; Waldman, Wainberg, & Scarr, 1994), 개발도상국 인구의 IQ에 대한 연구들(예: Pal, Shyam, & Singh, 1997), 환경적 영향의 평가와 해석(예: Rowe, 1997), 그리고 유전력-환경 계수의 발달적 변동(예: McGue et al., 1993) 등이 그것이다.

가 여러 연구자들에 의해 최근에 제공된 바 있다(예: Bouchard, 1998; Plomin & Petrill, 1997; Sternberg & Grigorenko, 1997). 이 연구의 초점은 "지능에 있어서의 개인차에 대한 유전적 영향은 중대하고 실질적이다(significant and substantial)"(Plomin & Petrill, 1997, p. 56)라는 표현 속에 담겨 있다. 그래서 남은 과제는 "중대하고 실질적"이라는 의미("significant and substantial" mean)가 무엇인지를 이해하는 것이다. 이 다소 애매하지만 어렵게 얻어 낸 결론은 어떤 근거에 기반하고 있는가?

혈연관계가 있거나 아니건 간에 자기 자신의 선택에 의해 함께 사는 사람들은 생활을 같이 하지 않는 사람들의 임의의 집단보다 그들의 IQ에 있어서 보다 유사하다. 예를 들어서 유전적으로 무관하지만 함께 살고 있는 사람들로서 임의로 선택한 사람들의 IQ 점수의 상관관계는 .06이었고, 유전적으로 무관한 학생들로서 기숙학교를 같이 다니고 한 기숙사에서 살고 있는 학생들의 IQ 점수들의 상관관계는 .37, 그리고 유전적으로 무관한 부부간의 상관관계는 .42, 그리고 생물학적 부모와 함께 살고 있는 자녀들의 IQ 점수의 상관관계는 약 .33이었다(Grigorenko, 미발표 관련 자료). 첫 번째 상관계수는 명백히 나머지들과 아주 다른 반면, 다른 세 가지의 경우 서로서로 의미 있는 차이를 나타내지 않는다. 하지만, 비록 같이 살고 있는 사람들의 상관관계가 유사해 보일지라도, 이 표면적인 유사성의 기반이 되는 인과 관계 논증은 사례마다 달라진다.

기숙사를 함께 쓰는 학생들 사이의 상관관계는 같은 학교에서 공부하고 같은 기숙사에서 살고 있는 것에 기인할 수 있다. 추가적으로 어떤 학교들은 유사한 유전자형을 가진 사람들이 찾거나 그 학교들이 그러한 사람들을 찾는 것일 수 있다. 예를 들어 입학의 조건으로 어떤 최소 달성 검사 점수를 정해놓은 것에 의해서 학교들이 IQ뿐만 아니라 특정한 유전자형을 효과적으로 선택한다. 따라서 학생들이 그들의 환경의 많은 부분을 공유하고, 그래서 학교의 선별 정책의 결과로 유사한 유전자형들을 가질 수도 있다.

배우자간의 상관관계는 동류교배(assortative mating: 인간 짝짓기의 선택적 교배, 상대방의 선택이 IQ 유사성에 의해 주도된다) 및 배우자 수렴(spousal convergence: 겹치는 환경적 경험 때문에 함께 사는 사람들의 유사성이 증가하는 것)에 기인할 수 있다. 예를 들어서 A, B, 및 C 유전자형들을 가진 사람들에게서 높은 IQ 수준이 나타났고, 중간 수준 IQ를 가진 사람들의 경우 D, E, 및 F 유전자형들을 갖는 경향이 있었고, 낮은 수준의 IQ를 가진 사람들의 경우 G, H, 및 J 유전자형을 갖는 경향이 있었다고 가정해 보자. 높은 IQ를 가지고(유전자형 A, B, 및 C를 가진 사람들) 높은 IQ를 가진 배우자들을 선택한(즉 유전자형 A, B, 및 C를 가진 상대를 선택) 사람들은, 또한 배우자의 유전자형을 선택하고 있을 것이다. 따라서 배우자 사이의 표현형적 IQ 상관관계는 사실은 그들의 유전자형 사이의 상관관계를 반영하고 있는지 모른다. 달리 말하자면, 같이 살고 있기 때문일 뿐만 아니라, 자신과 지능적으로 유사한 상대를 선택함으로써 비슷한 유전자형을 가진 사람을 각각이 선택했기 때문에도 한 배우자는 다른 배우자와 닮을 수 있다는 것이다. 부부는 환경을 공유하며, 유사한 유전자형을 가질 가능성이 아주 높은 것이다.

생물학적 부모와 자녀들의 IQ 점수의 상관관계는, 배우자간 및 같은 기숙사에서 사는 학생들의 IQ 상관관계만큼과 거의 같은 크기를 갖는다. 다른 두 상관관계들과 달리 이 상관관계는 유전자형의 우연적(표현형에 기초한) 상관관계 때문이 아니다. 왜냐하면 생물학적 관계 때문에 부모와 그들의 자녀들은 유전자를 공유하기 때문이다. 하지만 그들은 그들 가족의 환경 또한 공유한다.

따라서 의도적이건 아니건 간에 함께 생활하는 사람들 간의 세 가지 IQ 상관관계들 모두는 유전적 및 환경적 영향 양자 모두에 의해 설명될 수 있다. 달리 말하면 세 가지 상관관계 모두의 인과 관계의 성질에 관한 추론은 설명 요인으로 유전자 및 환경을 모두 포함한다. 이들 설명 요인들을 수량화하는 경우, 처음 두 상관관계(같은 기숙사의 학생들과 배우자 사이)는 잠재적 원인들인 유전자와 환경 양자 모두가 어떻게든 측정될 때에만 정보자료적 가치를 가진다. 다른 한편으로, 세 번째 상관관계(부모와 자녀들)의 경우에는 유전자와 환경이 특정되지 않을 때에도 이 상관관계는 다른 유형의 친족들 사이의 상관관계와 비교될 수 있기 때문에 정보자료로서 유익할 수 있을 것이다.

부모-자녀 간의 상관관계의 특이성은 IQ에서 개인차의 인관관계에 대한 연구에서 생산성 있게 이용되어 온 준실험적 설계의 발전을 자극했다. 이 설계의 기초적 아이디어는, IQ의 다양성의 유전적 및 환경적인 원천들을 구별하는 방법을 찾으려고 노력하면서, 쌍생아 및 입양 가족을 이용할 것을 제안했던, 프란시스 갈톤 경에 의해 개발된 것이었다(Galton, 1876, 1883). 만약 IQ 차이가 유전적 차이에 (중대하게 그리고 실질적으로) 기인하는 것으로 상정하는 경우, 그리고 어떤 사람들이 같은 가족 환경을 공유하는지 아닌지 뿐만 아니라 그들이 상호간에 생물학적으로 관련되는 정도에 대해 우리가 알고 있는 경우, 친족 간의 IQ 점수들의 상이한 쌍들 사이의 상관관계에 대한 기대치의 피라미드가 구성될 수 있다. 함께 생활하는 유전적으로 연결되어 있는 가족 구성원들은 입양에 의해 형성된 가족의 유전적으로 무관한 구성원들보다 더 유사할 것으로 기대할 수 있다. 함께 생활하는 생물학적 형제들은, 함께 생활하는 이복형제들보다 더 비슷할 것으로 기대되는데, 전자의 경우 유전자의 50%를 공유하지만 후자의 경우 유전자의 25%만을 공유하기 때문이다. 상이한 수준의 관련성을 가진 가족 구성원들에 대해서, 상응하는 상이한 기대치들을 배치할 수 있다. 일반 법칙은 유전적 관련성의 정도가 작을수록 IQ 점수의 상관관계는 낮아진다는 것이다. 그리고 **그림 4-1**은 함께 떨어져 생활하는 다양한 수준의 친족들의 IQ에 대해 수행된 수백 개의 연구들의 결과를 요약한 것

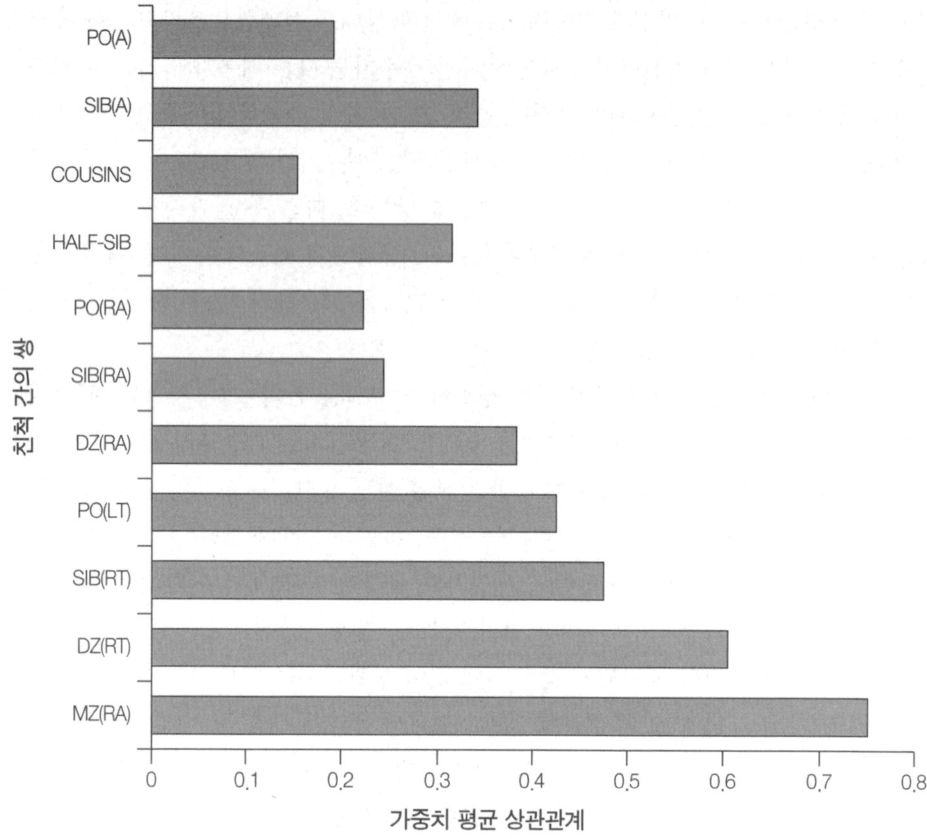

그림 4-1. 가족, 쌍생아, 입양과 친척의 IQ의 쌍 사이의 상관관계 자료—RT: 함께 양육, RA: 분리 양육, LT: 함께 생활, MZ: 일란성 쌍생아, DZ: 이란성 쌍생아, Sib: 형제, PO: 부모-친자녀, A: 입양. Bouchard와 McGue(1981), Loehlin(1989), 그리고 Plomin과 Petrill(1997)로부터 인용함.

이다. 그리고 실제로, 일반적으로 상관관계들이 기대치와 잘 들어맞고 있어서, 친족관계에서 유전적으로 멀어지면 멀어질수록 그들의 IQ 점수들은 서로 간에 덜 비슷함을 보여 준다.

유전력 패러다임의 주요 주장은 가족 내의 유사성에 관한 정보가 IQ의 개인 간 다양성의 원천을 파헤치는데 이용될 수 있다는 것이다. 획득할 필요가 있는 정보의 핵심 부분은 친족 간인 쌍들에서의 IQ의 상관관계이다. 이들 상관관계의 인과 관계적 구조에 대한 지식은, 친족들의 상이한 쌍들 사이의 상관관계들이 결합될 때, 유전자와 환경의 기여에 대한 평가를 가능하게 한다는 것이다. (예를 들면, 함께 양육된 일란성 쌍생아들은 그들의 유전자 전체를 공유하며, 그리고 한 가정에서 산다, 따라서 그들의 IQ 사이의 상관관계가 1이 아니라는 사실을 설명해야 하는 요인은 그 쌍생아들이 상이하게 경험한 환경적 영향의 어떤 배열이 된다.) 이것이 유전력 패러다임의 핵심이며, 이 안에서 유전자와 환경에 기인하는 변량은 추산될 수 있고, 그것은 측정되어야 하는 것은 아니다.

이들 원천을 여러 가지 방법으로 수량화시켜서 설명할 수 있다고 하더라도, 사용되는 가장 인기 있는 통계치는 유전계수(heritability coefficient: 종종 유전력 또는 h^2이라고 칭함)의 통계치이다. 상이한 쌍의 친척들로부터 평가했을 때(예: 떨어져서 입양된 유전적 친척들 대 함께 양육된 유전적 친척들), 유전계수는 중대하게 다르다(예: Boucard & McGue, 1981), 하지만, 이들 차이는 방법상의 변화에 기인한다(Plomin et al., 1997). 특히 h^2는 함께 양육된 개인들 간의 유사성을 비교함으로써 얻었을 때보다 떨어져서 양육된 개인들 간의 유사성을 비교하여 얻을 때 더 높게 나타난다. 서로 다른 연구들로부터(즉, 상이한 동시대 집단, 상이한 연령 집단, 그리고 상이한 유형의 친족들에 걸쳐서) 집적한 결과, 유전계수는 신뢰도 있게 추산되는 것으로 생각된다. 관련된 연구 결과를 간략하게 소개한다.

가족 연구

IQ에 대한 가족 내 유사성에 관한 첫 연구들이 수행된 1920년대 후반 이후로 상당히 많은 연구 결과들이 출간되었다(이들에 대한 고찰에 대해서는 Bouchard & McGue, 1981 참조할 것). 그 관련 자료가 두 부분, 즉 소위 구(舊) 연구(1980년 이전 수행)와 신 연구(1980년 이후 수행)로 나눌 수 있다는 것에 대해서는 일치된 견해들을 가지고 있다. 구 연구들은 상대적으로 적은 표본들을 가지고 있었고 방법론적으로 덜 복잡했었으며, 보다 높은 유전력 추산치를 제공했다(약 .42의 중앙값의 상관관계). 신 연구들(예: 하와이 연구, DeFries, Vandenberg, & McClearn, 1976; DeFries et al., 1979)은 더 큰 표본 크기와 보다 복잡해진 방법론으로 특징지어진다. 이 연구들에서 얻은 상관관계는 더 낮은 경향이 있다(예: r = .26; DeFries, Corey, Johnson, Vandenberg, & Wilson, 1982).

이러한 차이에 대한 세 가지 설명이 제시되어 왔다. 첫째, 구 연구와 신 연구 관련 자료의 부조화는 두 연구 사이의 시간적 틀 사이에 일어난, 연구된 모집단 속에서 발행한 환경 및 유전 변화에 기인할 수 있다. 이 설명은 환경 영향에 대해서는 설득력이 있어 보이지만(1930년대 이후 삶은 극적으로 변화되었다), 유전 요소에 대해서는 그렇게 보이지 않는다. 둘째, 새로운 관련 자료의 범위에서 제한이 있을 수 있다(Caruso, 1983). 신 관련 자료는 주로 중산층 백인 가족들로부터 수집되었는데, 일반적 인구에서 관찰되는 것보다 IQ 상의 변화가 얼마간 적게 나타나며 따라서 현재의 발견들은 평균 이상의 IQ를 가진 집단으로 제한된다. 셋째, 가장 설득력 있는 것으로, 구 연구와 신 연구들 사이의 방법론적 차이의 역할을 강조하는 설명이다. 신 연구들에서의 방법론적 과정들은 보다 표준화되어 있다. 더구나 비록 구 연구들이 더 긴 시간 동안 연장되기는 했지만, 신 연구들은 동일한 검증 시설에서 동시에 많은 가족들에 시행된 검사가 수반되었다.

쌍생아 연구[8)]

IQ에 집중된 최초의 행동-유전적 쌍생아 연구는 메리먼(Merriman, 1924)에 의해 수행되었다. 그 이후로 전세계적으로 수천 명의 쌍생아들이 일반적 및 특정 인지능력 연구에 선발되어 참여하였다. 이들 연구의 메타분석(Bouchard & McGue, 1981; Loehlin & Nichols, 1976)은 약 .50의 유전력을 제시한다. 이와 같은 추산치들은 동류교배(assortative mating)나 비첨가적인 유전 변량(nonadditive genetic variance) 등의 영향에 대해 교정되지 않은 것이다.

IQ에 대한 쌍생아 연구들에 대한 세부적 고찰은 이 장의 범위를 벗어난다. 그러나 그것들 중 몇 가지는 우리의 광역의 논의에도 불구하고 흥미로운 특정 주제들을 다루었다. 예를 들면, 연구자들은 일란성 쌍생아(MZ)와 이란성 쌍생아(DZ)들을 대상으로 연령에 따른 일반적 인지능력에 대한 상관관계를 요약했다(McGue et al., 1993). MZ와 DZ 쌍생아 상관관계의 차이는 아동기 초기에서 중기로 진입하면서 약간 증가했으며 성인기에는 극적으로 증가했다. 성별이 같은 쌍생아 300쌍과 100쌍의 쌍생아가 아닌 자녀들에 대한 한 연구로부터 나타난 또 다른 중요한 발견은 성별과 연령(7세에서 12세까지)에 따라 균등 분포(evently distributed)를 보인다는 것이었다. 그 쌍들은 IQ 분포의 낮은 쪽과 높은 쪽 끝단에서 과샘플링(oversampling)되었다(Detterman, Thompson, & Plomin, 1990; Thompson, Detterman, & Plomin, 1993). 다른 발견 자료들 중에서도 이 연구가 표시하는 것은 IQ의 유전력은 능력이 우수한 피험자들과 낮은 피험자들에게서 다르게 나타난다는 것이었으며, 이것은 상이한 유전적 기제가 IQ 분포의 상이한 말단부에서 IQ의 개인차의 발현에 개입할 수 있음을 제시하는 것이다.

입양-분리 연구

가족과 쌍생아 연구들처럼 많은 입양아동 연구들 또한 IQ의 유전력에 대해 조사했다. 생물학적 친족들 사이의 상관관계로 얻어진 추산치의 범위는 비록 넓기는 하지만(.22에

---

8) (옮긴이 주) 국내에서는 유일하게 서울대학교 의과대학 내에 관련 연구 담당 연구소가 있다. 심리학과의 관련 교수도 동참하는 것으로 알려져 있다.

서 .72까지) 약 .50의 평균 유전력 점수를 나타냄으로써, 개인들 사이의 유전적 차이가 그들의 IQ 검사상의 수행 결과의 차이의 약 절반을 설명한다는 것을 의미한다.

관심의 초점이 된 입양 연구들은 분리 양육된 MZ 쌍생아들에 대한 연구였다. 이들 연구들은 초기에 논의된 것들보다 더 높은 유전력 추산치를 제시하는 경향을 보였다. 분리 양육된(reared apart) MZ 쌍생아들 45쌍으로부터 얻어진 상관관계는 .78이었다(Bouchard, Lykken, McGue, Segal, & Tellegren, 1990). 떨어져서 양육된 48쌍의 MZ 쌍생 아동들을 포함한 스웨덴의 한 쌍생아 연구도 또한 .78의 같은 상관관계를 보고했다(Pedersen, Plomin, Nesselroader, & McLlearn, 1992).

수많은 가족, 쌍생아, 그리고 입양 연구들이 모형 적합화 접근방법(model-fitting approach)을 이용한 전방위 분석 속으로 통합되었다(Chipuer, Rovine, & Plomin, 1990; Loehlin, 1989). 이 접근방법은 상이한 연구들로부터 수집된 관련 자료를 동시에 분석할 수 있게 함으로써, 단순 상관관계들을 비교하는 것으로 가능한 것보다 더 정교하고 정확한 유전적 및 환경적 기여를 추산할 수 있게 해 준다. 이들 분석의 결과는 지능의 유전력을 50~51%로 추산했다(Plomin & Nelderhiser, 1992). 많은 과학적 발견들과 달리 이것은 IQ의 다양성에 있어서 유전자와 환경의 영향에 대한 보통 사람들의 해석인, 관찰된 다양성은 절반은 유전적이고 절반은 환경적이고 따라서 유전자와 환경 모두가 중요하다는 생각과 잘 들어맞는다.

유전력 패러다임 속에서 획득한 결과들의 내적 일관성(internal consistency)은 다른 과학자들에 의해서 다르게 해석되었다. 어떤 학자들은 이들 결과가 IQ에 관한 천성(유전)-양육(환경) 논쟁을 해소했다고 선언하는데 충분한 확신을 주는 것이라고 말했지만(예: McGue, Bouchard, Iacono, & Lykken, 1993), 반면 다른 학자들은 이 반반이라는 발견을 최종 결과로 인시하면서 자원의 낭비와 해석력의 부족을 안타까워했다(예: Fischer & Silvern, 1985; Gottlieb, 1992; Lerner, 1991; Oyama, 1985). 그러나 패러다임 내에서 획득한 관련 자료의 내재적 일관성이 패러다임을 "옳은 것"으로 만들어 주는 것은 아니다(Kuhn, 1962). 패러다임은 관련 자료의 일관성이 또는 그 부족 때문에 전환되는 것이라기보다는, 구 패러다임이 그 분야의 발전에 대한 새로운 단계를 제공하거나 새로운 관찰 결과를 설명할 수 없기 때문에 일어나는 것이다.

우려의 목소리

과학자들은 IQ에 있어서의 다양성이 유전자의 차이가 절반의 원인이고 환경적 차이가 그 절반을 기여하는 것이라는 결론을 두고 씨름하면서 다양한 우려를 표시했다. 이들 우려의 어떤 것들은 이 패러다임을 믿는 사람들로부터 제기되었고(즉, 패러다임을 신뢰하며 그것을 강화시키기를 원하는 사람들로부터), 어떤 것들은 패러다임 외부로부터 제기되었다(즉, 그 패러다임을 완전히 기각하기를 제안하는 사람들로부터).

그것은 옳다, 하지만...

패러다임 내에서 제기되는 우려는 다음과 같은 다섯 가지 다른 관점들로 요약될 수 있다.

첫째, 그 요약 보고서들은 대부분 신뢰구간(confidence interval)에 대해 알려 주지 않으면서 독자들에게 가중평균(또는 중앙값) 상관관계를 제시하였다. 하지만 원래의 자원들의 평가 결과는 좀 넓은 신뢰구간을 드러냈다. 예를 들자면, 부차드(Bouchard)는 SATSA(Swedish Adoption/Twin Study of Aging)의 상관관계는 .32의 95% 신뢰구간은 .30~.56이었으며, MISTRA(Minnesoata Study of Twins Reared and Apart)의 상관관계에서 같은 신뢰구간이 .13~.71(떨어져서 양육된 DZ 쌍생아의 경우)이였음을 지적했다. 비슷하게 노인이 된 쌍생아들 사이의 .62 상관관계(McClearn et al., 1997)에 대한 신뢰구간은 .29~.73이었다(Feldman & Otto, 1997). 그러나 그러한 작은 흠집이 중요한데, 불행히도 신뢰구간이 무시하기에는 너무 크다는 것이다.

둘째, 유전계수는 특정 시점에서 특정 모집단에 적용된다. 르원틴(Lewontin, 1974)은 유전력의 통계치는, 주어진 시간에 독특한 유전자형의 주어진 분포에 의해 특징지어진 모집단에 있어서 특정한 환경조건 하의 특성에 대한 국부 분석(local analysis) 결과를 우리에게 제공해 주는 것임을 강조했다. 주어진 시점에서의 통계로서는 유전력은 무엇이 일어났는지, 무엇이 일어날 것인지 또는 무엇이 일어날 수 있는지에 대한 어떠한 정보도 제공할 수 없다. 그것은 어떠한 진화적 역사도 보여 주지 않으며 미래를 예견하지도 않는다. 묘사를 위해서는 출산율 같은 특정 인구 특성이 고려된다. 출산율은 주어진 역사적 시점에서의 모집단의 상태를 반영한다. 예를 들어서 러시아에서는 페레스트로이카(perestroika: 옛 소련의 고르바초프 대통령 당시의 개혁 정책) 시작 이전에 출산율은 1,000명당 16명이었다. 그 이후 꾸준한 감소 추세를 보였는데 이것은 아동 양육과 관련된 사회와 당대의 문제들을 반영한다. 1996년에 출산율은 1,000명당 8.9명이 되었다(Semia v. Rossii, 1997). 그것이 정의된 방법 때문에 유전력은 G 와 P 의 비율이라는 두 요소에 의존한다. 다시 말하면 P는 E에 종속된다. 따라서 G 또는 E 어느 쪽에서의 여하한 변화는 유전계수의 변화로 반영될 수 있다. 구체적으로는, 여하한 환경적 변화는 h^2의 변화로 귀결될 수 있다. 유전력의 "안정성(stability)"은 어떤 인구 내의 출산율이나 롤러블레이드를 타는 사람들의 그것보다 높지 않다.

특히, 유전계수는 (a) 환경의 다양성이 증가하거나(예: 많은 형태와 양식의 학교교육이 제공될 때) 또는 (b) 유전자의 다양성이 감소할 때, 하락할 것으로 예측된다. 반면, 유전계수는 (a) 환경의 다양성이 감소하거나(예: 단일화된 학교교육이 제도화됨으로써) (b) 유전적 다양성이 증가할 때(예: 상이한 모집단을 대표하는 친족관계 쌍들의 대량의 표본에서 다양성을 수량화함으로써), 상승할 것으로 기대된다.

세 번째 주요 관심은 유전력이 IQ 이면의 기능성에 대한 "과정(process)"의 설명이라기보다는 "상태(state)"의 설명을 제공한다는 점이다. 다음의 사례는 이들 두 가지 형태의 설명 사이의 차이를 묘사해 준다. 즉, (a) 하나의 원은 주어진 지점으로부터 등거리인 모든 점의 궤적이다. (b) 한 원을 그리기 위해서는 콤파스의 한쪽은 고정시킨 채 다른 한쪽을 시작점에 돌아올 때까지 회전시키면 된다고 말하는 식이다. 유클리드(Euclid)에 의하면, 한 사람이 (b)에 묘사된 과정을 수행하면, (a)가 정의한 대상물을 생산해 낼 것이라는 것이다. 명제 (a)는 원에 대한 상태의 설명이며, 반면 명제 (b)는 과정 설명을 제공한다. 많은 과학적 행동들은 이러한 전통을 따른다. 즉, 일단 그들이 어떤 현상의 설명을 획득하면, 과학자들은 그 현상을 낳는 과정에 대한 미분 방정식을 찾으려고 시도한다. 유전력 개념에 있어서 괴로운 점은 (a)로부터 (b)로의 단계가 불명확하다는 점이다. h^2의 추산치는 그것이 정밀한지 또는 정밀하지 않은지와 관계없이, 과학자들이 기저의 과정들(underlying processes)에 대한 이해에 가까이 다가가게 해 주지 않는다. 형질이 상이한 발전단계에서 유사 또는 상이한 유전자 조합에 의해 영향을 받는지의 여부를 판단하기 위해, 상이한 발전단계(예를 들어, Fulker, Cherny, & Cardon, 1993; Loehlin, Horn, & Willerman, 1989)와 상태에서 획득한 친족들 사이의 표현형적 상관관계를 분해하는 정교한 종단적 다변량(longitudinal multivariate) 모형들조차도 이 문제를 극복하지 못한다. 유전력의 지표들과 이 지표들을 낳는 생물학적 과정들에 대한 여하한 이해 사이에는 거대한 격차가 존재한고 있다.

넷째, 종종 유전계수(heritability coefficient)는 방정식의 요소들 사이의 고차원 상호작용(higher order interaction)들을 포함한 결과로 부풀려진다. 특히, 유전자와 공유 환경(shared environment: 거의 실제상으로는 획득이 불가능한 매우 거대한 관련 자료조합이 이것을 탐지하는데 요구된다) 사이의 상호작용의 존재는 V_G의 추산치를 부풀리고, 그 결과로 h^2의 추산치도 그렇게 된다(Molenaar, Boomsma, & Dolan, 1999). 더구나 유전자와 비공유 환경 사이의 상호작용의 존재는 V_N의 추산치를 팽창시키는 경향이 있다(Molenaar, Boomsma, & Dolan, 1999). 통계 능력의 제약 때문에, 이들 고차 효과(higher order effects)의 중요성을 강조하는 경험적 연구는 부족하다. 결과적으로, V_S의 인위적으로 억제된 기여는, 공유 환경의 중요성 부족으로 잘못 해석될 수 있다(예:

Harris, 1995).

마지막으로, IQ의 유전력에 관해 발견된 연구들의 일반화는, 그것들 대부분이 압도적으로 백인, 중산층, 북미와 유럽의 인구로부터 왔기 때문에 극히 제한된다. 오직 소수의 연구들(예: Moore, 1986; Scarr & Weinberg, 1977; Scarr, Weinberg, & Waldman, 1993)을 예외로 하고, 이와 같이 좁은 변수들 외부의 인구들은 연구되지 않았다. 유전력 평가는 인구-특정적인(population-specific) 것이 아니기 때문에, 현재의 지식을 다른 인구로 확장할 때는 극단적인 주의가 필요하다. 더구나 상대적 연관성(relative correlation)의 광범위한 다수는 9세에서 20세 사이의 연령인 개인의 표본들로부터 나왔다(Bouchard & McGue, 1981; McGue, Bouchard, Iacono, & Lykken, 1993). 최근 연구들(이에 대한 검토는 Plomin & Petrill, 1997 참조)은 연령대를 확대하여 얻은 유전력 추산치에서 어떤 변동을 보여 주고 있다. 그래서 50~51%라고 얻은 유전력 추산치는 전 연령대에서 나타나는 IQ의 개인차에 적용할 수 없다. 또한 상이한 연령집단에서 관찰되는 h^2의 변동이 환경적 또는 생물학적 사건들을 반영하는지의 여부도 불확실하다.

요컨대, 유전력 패러다임을 그 분야의 주도 패러다임으로 받아들이는 과학자들은 발견된 것들(앞선 논의들을 참조)과 그에 대한 해석 양자 모두에 대한 어떤 특정한 우려를 가지고 있는 것이다(Sternberg & Grigorenko, 1999). 그러나 h^2 추산치의 부정확하고 혼란스러운 성질, 상이한 모집단들 및 상이한 발달 단계에서 나타나는 그 변동, 그리고 발견된 것들의 일반화 가능성의 전반적 부족 등은 수정 가능한 것으로 일반적으로 여겨지고 있다. 이 계열의 대표적 과학자들에 의하면, 훌륭한 연구는 유전력 패러다임에 바람직한 개선을 가져올 것이라고 한다. 하지만 패러다임 그 자체는 여전히 우세한 것으로 간주된다.

그것이 틀렸지만...

그러나 다른 사람들은 유전력 패러다임의 기반이 되는 이론과 그것에 의해 획득된 관련 자료의 성질 양자 모두에 도전했다. 포괄적인 유전력 추산치에 대한 이론적 도전은 (a) 심리학에서의 유전력 개념[9]의 의미와 호소(appeal)에 의문을 제기한 사람들(예: Block, 1995), (b) 유전력 추산치의 통계적 양상에 대해 의문을 던진 사람들(예: Schönemann, 1944, 1997), 그리고 (c) 유전자 결정론(genetic determinism)의 교리(dogma)를 재해석하는 사람들로 결과적으로 고전적 형태의 유전력 개념을 거부한 사람들(예: Gottlieb, 1992) 등으로부터 제기되고 있다.

---

9) (옮긴이 주) 유전력(hereditability)이란, 특정 형질이 유전에 의해서 조절되는 정도.

유전력 개념의 유용성

아주 소수의 심리학자들과 과학사학자들은 심리학에 있어서의 유전력의 개념의 유용성에 대해 의심을 표현했다(예: Block, 1995; Danzinger, 1997). 유전력에서 흥미로운 성질의 하나는 어떤 형질이던 그 형질이 분포되기만 하면, 어떤 모집단을 대상으로 해도 그것이 계산될 수 있다는 것이다. 달리 말하면 비록 우리가 그 특성이 무엇인지를 알지 못한다고 해도 어떤 특성에 대해 유전력을 추산할 수 있다는 것이다.

심리학을 위한 유전력의 가치에 대한 논의 속에서 블록은(Block, 1995) 유전자 결정론과 유전력 사이의 차이의 중요성을 강조했다. 유전자 결정론은 무엇이 후손에게 전수(傳受)되었는가〔즉, 유전적 변이(變移, genetic variation)에 의해 선조로부터 물려받은〕와 관련이 있고 그래서 그 형질의 값에 대한 책임이 있다. 유전력은 그 형질의 값 내의 관찰된 다양성은 무엇 탓인가에 관한 것이다(즉, 그 모집단 내의 형질 차이의 얼마만큼의 비율이 유전적 차이에 의해 설명될 수 있는가). 개념적으로, 유전지 결정주의는 개인들에게 적용할 수 있지만(즉, '나는 녹색 눈동자를 가지고 있는데 왜냐하면 내 어머니는 녹색 눈을 그리고 내 아버지는 청색 눈을 가지고 있기 때문이다'라고 하는 진술은 말이 된다.), 반면에 유전력은 집단이나 인구에만 적용할 수 있다(즉, '나의 IQ의 유전력은 50%이다'라는 진술은 말이 되지 않는다).

어떤 형질은 유전자 결정론 없이도 높은 유전력을 가질 수 있다. 멀지 않은 이전 시절 오직 남성들만이 비행기를 몰 수 있었을 때, 어떻게 비행기를 조종하는지를 아는 것의 유전력은 높았다. 하지만 어떤 한 사람이 이 지식을 가지고 있었던 것에 있어서의 차이는 염색체 차이 즉 XX 대 XY에 의해 "설명되었었다." 현재는 비행기 조종은 더 이상 남성만의 특권이 아니다. 비행법을 아는 것의 유전력은 의심할 여지없이 감소되었다. 주목할 만한 것은, 19세기 초기이거나 20세기이던 간에, 비행기를 조종한다는 것은 결코 유전적으로 결정되지 않아 왔다는 것이다. 더구나 어떤 특성의 유전력은 극적으로 변화될 수 있는데, 거의 0에서 거의 1까지의 범위를 가진다. 두발 형태를 예로 생각해 보자. 옛날에, 사람들이 머리를 자르지 않았을 때에는 헤어스타일이란 것 자체가 없었고 두발 길이 상 차이는 1차적으로 유전자에 있어서의 차이에 대응했다("장발" 유전자를 가진 사람들은 "단발" 유전자를 가진 사람들보다 더 긴 두발을 가지고 있었다). 물론, 환경 내의 다양성에 기인하는 어떤 차이가 존재했지만(예: 식이 품질), 두발 길이의 관찰된 차이의 대부분은 유전자 내의 차이 탓이었기 때문에 유전력은 높았다. 그리고 나서 사람들이 머리를 자르기 시작했고 성별과 문화에 의한 차이는 헤어스타일의 역사를 표시했다. 어떤 특정 역사적 순간에 어떤 특정한 문화적 집단에서, 남성과 여성 모두 머리를 자르지만(예: 티벳 전사들), 다른 시간 그리고 다른 장소에서는 양성 모두 머리를 자르지 않았다(예: 중세의 스코틀랜드). 그리고 다른 상황에서는 남성의 압도적 다수가 머리를 잘랐다(예: 1940년대에서 1960년대까지의 소련 사회). 패션에 동반해서 유전력들은 거의 0에서 거의 1까지의 범위에서 변화했다. 즉, 유전력 계수는 불변성(constancy)을 의미하지 않는다. h^2의 값과 의미는 시간과 장소 양자 모두에 따라 변하는 것이다.

눈에 띄는 양상은, 특히 IQ의 유전적 결정의 증거로도 해석된 발견들 대부분은 지적 장애 연구들로부터 나왔다는 것이다(이에 대한 고찰로는 Burack, Hodapp, & Zigler, 1988 참조). 집적된 근거자료들이 압도적으로 보여 주는 것은 인간 발달 과정 중 한 개의 단일한 유전자 돌연변이 또는 여러 개의 다른 유전적 기제에 의해 발생한 한 개의 잘못된 순서가, 두뇌의 발달과 기능에 중대한 변형을 일으킬 수 있고 그 결과로 지적 장애로 귀결될 수 있다는 것이다. 왈스트룀(Wahlström, 1990)은 지적 장애와 연관된 503개의 별도의 장애들의 목록을 작성했다. 이들 중에서 69개는 22개의 염색체들 중 한 개에 위치하며, 73가지는 X 염색체와 연결되어 있어서, 명백하게 인간 유전자가 지적 장애 발생 원인으로서 치명적 역할을 하는 것을 보여 주었다. 이에 대해 좀 더 살펴보자(이 책의 14장 지능과 지적 발달 장애에서 관련 설명 내용을 참조).

지적 발달 장애의 일종인 다운 증후군을 예로 들면, 이 장애는 유전자적으로 결정되지만, 유전되지는 않는다. 다운 증후군의 비율은 33세 미만의 산모의 신생아 출생 1,000명 중 0.9인데, 이것은 산모가 35세에서 38세인 경우 2.8로, 그리고 산모가 44세 이상인 경우에는 3.8까지 높아진다(Trimble & Baird, 1978). [10] 다운 증후군의 95% 사례는, 1차적으로 모친 쪽 생식세포(germ cell) 속의 염색체 21번의 비분리(nondisjuction)의 결과로 일어난다(Gardner & Sutherland, 1996; Mikkelsen, Poulsen, Grimsted, & Lange, 1980). 비분리는 생식세포가 염색체의 한 개 사본만을 수용하는 대신에 두 개의 사본을 수용하는 현상이다. 이 생식세포가 수정되면, 수정 후 세포는 주어진 염색체의 세 개의 사본을 가지고 있게 된다. 비분리는 산모 나이와 강력하게 연관되어 있다. 또한 환경적 독성이 정자형성(spermatogenesis)에 끼친 영향(Olshan, Bard, & Teschke, 1989)으로부터 생겨나는 아버지 쪽이 원인의 비분리 가능성에 대한 추정 또한 존재한다. 지적 발달 장애의 발전에 개입된 것으로 생각되는 해당 기제는 유전자량의 불균형(imbalance in gene dosage)(즉, 물려받은 유전적 물질의 양)이다. 달리 말하면 중요한 것은 후손이

---

10) (옮긴이 주) 관련 자료와 설명은 "지능과 지적 발달 장애"(14 장)를 참조 요망. 본문에서 설명하고 있는 것처럼 염색체 이상 이외에 노산(老産), 즉 산모의 나이가 많은 것(예: 35세 이상)이 다운 증후군 자녀를 출산할 가능성이 매우 높은 고 위험군으로 인정되고 있다.

무엇을 물려받았는가가 아니라 얼마나 많이 물려받았는가 쪽이라는 것이다. 이배체(diploid, 정상) 세포와 비교해서 삼염색체성(trisomy, 한 개 염색체의 3개의 사본을 가진 세포들)에 개입된 유전자 산물(gene product)의 혈액 수준은 정상 수준보다 1.5배 높은 것으로 나타났다(Epstein, 1986). 일반적 생리적 기제는 올바른 양으로 올바른 유전자 산물(gene products)을 만들어 내야 한다. 유전자량 효과(遺傳子量 效果, dosage effect)는 극적인 발달적 영향을 가지고 있는데 발단단계 동안의 제어적 기제들을 특정하게 또는 비특정적으로 훼손시킨다.

두 개의 유전적 현상인 각인(imprinting)(특정한 부계 기원의 염색체에 일어나는 염색체 재배열)과 결실-미세결실(deletion-microdeletion)(염색체 절단)이 최근 몇 년 사이에 발견되었는데, 지적 장애의 유전학에서 중요한 역할을 하고 있는 것으로 보인다. 다양한 유전적 증후군들〔자콥슨 증후군(Jacobson syndrome), 스미스-마게니스 증후군(Smith-Magenis syndrome), 프레이더-윌리 증후군(Prader-Willi syndrome), 안젤만 증후군(Angelman syndrome), 윌리엄스 증후군(Williams syndrome) 등〕은 그 표현형에서는 유의미하게 다르지만, 공통적인 한 개의 심각한 표현형적 형질들을 가지고 있으며 유사한 유전적 기제를 공유함을 나타낸다.

지적 장애에 대한 이 간단한 답사의 초점은 낮은 IQ의 발현을 낳는 유전적 기제의 광범위한 다양성을 묘사하고 이들 기제에 대한 현시대의 지식의 깊이를 강조하기 위한 것이다. 다시 말해 소위 지적 발달 장애 표현형은 다양한 증상들의 전체 스펙트럼을 보여주며, 낮은 IQ는 그것들 중 단지 하나에 증상에 불과하다. 하지만 지적 발달 장애의 발생에 단지 한 개의 유전자만 개입되는 것이 아니라는 것은 IQ에 있어서의 정상적 다양성과 연관되어 있음을 보여 주었다. 그래서 비록 유전력 패러다임의 지지자들은 이들 발견을 IQ 기반의 다양성에 있어서 게놈의 중요성의 근거로 종종 인용하고 있기는 하지만(예: Plomin & Petrill, 1997), (a) 이들 특정 유전자 또는 일반적 유전적 기제(예: 염색체 이상) 어느 것도 IQ 다양성 내에 내포되어 있지 않으며(그리고 그들이 그래야만 한다고 믿을 어떠한 선험적 이유도 없다), (b) 예시한 바 있는 사례와 관련된 발견들 어느 것도 유전력 패러다임 내에서 만들어지지 않았다(대부분은 분자 유전학(molecular genetics) 분야에서 일어났다.)는 점에 주목해야 한다. 달리 말하자면 지적 발달 장애와 낮은 IQ에 대한 유전적 현상과 관련된, 모든 종류의 최근의 발견들이 있었지만, 유전력 패러다임은 이 정보자료를 유용할 수 없거나 그것을 만들어 낸 이러한 진보를 촉진시키는데 공을 세운 것도 아니다.

심리학을 위해 유전력 개념의 유용성에 대한 논쟁의 또 다른 중요한 국면은 "기준선(baseline)"과 "파생적(derivative)" 환경이라는 두 가지 개념의 의미에 관한 것이다. 기준선〔또는 Kitcher, 1996이 언급했듯이 정상적인(normal)〕 환경은 (1) 어떤 인구 내에서 가장 자주 표현되는 것, 또는 (2) 그 보유자에게 효익을 주도록 그 특성이 발전되도록 허용하는 것 중 어느 한 가지로 정의될 수 있을 것이다. 파생적 환경은 어떤 부분적 기준선 환경과 비교했을 때 수정된 것이다. 이들 두 유형의 환경 사이의 차이에 대한 훌륭한 묘사는 페닐케톤뇨증(phenylketonuria, PKU)의 다양한 발전 경로들 속에서 발견될 수 있는데, PKU는, 페닐알라닌(phenylalanine)의 신진대사 과정 속에 관여하는 페닐알라닌 수산화 효소라는 효소(enzyme phenylalanine hydroxylase, PAH)의 변형된 기능과 행동에 의해 야기되는 과페닐알라닌혈증(hyperphenylalaninemia, HPA)의 주요 형태이다. PKU의 유병률은 상이한 인종과 민족적 집단들 사이에서 다양하게 나타나는데(Scott & Cederbaum, 1990), 최고 높은 비율(1만분의 일)은 북유럽인들에서 관찰되었다(DiLella & Woo, 1987). 이 장애의 유전자적 기제는 지적 장애에 관련된 다른 조건들과 비교할 때 가장 잘 이해된다. 페닐케톤뇨증(尿症)은 염색체 12의 단완(short arm)에 할당된 PHA좌를 가진 상염색체 열성(autosomal recessive) 병증이다(Lidsky et al., 1984). 이 발견 이후로, 상이한 성질, 상이한 인구 기원, 상이한 강도의 결과를 가진 73개의 상이한 PAH 돌연변이들이 설명되었다(Kayaalp et al., 1996). 그래서 연구자들은(Okano et al., 1991; Svensoon, von-Dobeln, Eisensmith, Hagenfeldt, & woo, 1993) 상이한 돌연변이들 사이의 관계와 PAH 효소의 활동 정도에 대해 입증했다. 즉, 효소활동 상의 감소 수준이 지적 장애의 수준과 관련이 있는 것으로 나타났다(Ramus, Forrest, Pitt, Saleeba, & Cotton, 1993).

페닐케톤 뇨증(尿症)은 흔히 환경적으로 변형된 유전적 장애의 고전적 표본으로 언급된다. 치료에는 발달 초기 동안의 페닐알라닌의 식이제한이 포함되는데, 거의 100% 효과적인 것으로 처음에 선언되었었다(예: Smith & Wolff, 1974). 하지만 최근 연구들은 조금은 덜 인상적인 결과들을 표시했다. 출산시에 탐지되어 치료를 받은 사람들이 치료를 받지 않은 형제자매들과 비교해서 비록 식이치료가 중대하게 돌연변이의 효과를 감소시키기는 했지만, 페닐알라닌 식이요법이 그 결함의 완벽한 치유에까지는 이르지 못했다. 특히 PKU 치료를 받은 아이들의 IQ는 영향을 받지 않은 형제자매들의 IQ보다 4-7점 정도 낮은 것으로 추산된다(Koch, Azen, Freidman, & Williamson, 1984). 더구나 10세 때에 식이요법을 중단하게 되면 지적인 수행, 읽기, 철자 등에서 쇠퇴가 나타날 수 있으며(Fisher, Azen, Friedman, & Koch, 1989), 치료를 받은 여성들에게서도 모계 쪽 PKU는 그 후손들에게서 높은 선천성 결함과 후속적인 지적 장애 비율과 연관되어 있었다(Lenke & Levy, 1980).

모든 이러한 복잡한 문제들이 있음에도 불구하고 PKU는, 유전적으로 결정된다고 한 때 생각했던 조건의 뛰어난 표본이지만, 이제는 이 믿음에 의문이 제기되고 있다. 특히 유전적 결정론의 개념은 이것과 맞지 않는데, 왜냐하면 유전적으로 결정된 것은 지적 발달 장애의 상태가 아니라 페닐알라닌 신진대사 기제의 붕괴 상태이기 때문이며, 그것은 음식 중에 페닐알라닌이 있으면 지적 발달 장애의 발전으로 연결될 수가 있게 된다. 그래서 블록(Block, 1995)이 주장하는 것처럼, 무엇이 스스로를 유전적으로 결정되는 것으로 표현하는가 하는 것은 무엇이 기준선 환경인가 하는 점에 의존하는 것이다. 페닐알라닌 식이요법 환경에서 PKU라는 질병의 표현형은 유전적으로 결정되는 것으로 보이지만 반면 페닐알라닌이 없는 식사 환경 속에서는 유전적으로 결정되지 않는 것으로 나타난다. 어떤 이는 기준선 환경은 자연적으로 발생한 것이고 그래서 1차적인 것으로 간주되어야 한다고 말할지 모른다. 하지만 이러한 주장은 이 장에서 내가 주장하는 바, 즉 유전계수가 환경의 일반적 성질에 대해 민감하지 않다는(즉, 그 환경이 기준선이던 파생적이던 간에) 내용에 내해서는 직접적인 관련이 없다. 두 가지 질적으로 다른 환경들 속에서 h^2, 즉 그 인구 내의 특성 차이의 원인에 있어서의 유전적 및 환경적 변화들의 비율은 상이할 것이지만, 유전력 패러다임은 이 차이를 어떻게 설명할 것인지에 대한 장치를 가지고 있지 않다.

마지막으로, 유전력 패러다임이 처음 보기에는 환경 요인과 유전 요인을 꽤나 깔끔하게 분리해 놓은 것으로 보였을지라도, 문제와 혼돈되는 요인들이 가득 차 있음이 다른 비유전력 기반 연구들에 의해 명백해졌다. 예를 들어, 가벼운 지적 발달 장애 수준의 아동들이 낮은 사회경제적 계층(socioeconomic status, SES)의 가족들로부터 의미 있게 높은 빈도로 나온다는 것이 연구자들에 의해 지속적으로 발견되었다(Birch, Richardson, Baird, Horobin, & Illsley, 1970; B. Hagberg, G. Hagberg, Lewerth, & Lindberg, 1981; Rao, 1990). 그리하여 특히 낮은 사회경제적 계층이, 정상 범위의 중간 내에서 사회적 배경 상의 관찰된 변화로부터 입증될 것보다도 훨씬 더 중요한 환경적 위험요인으로 드러날지도 모르게 되었다(Capron & Duyme, 1989). 이 표현형-의존적 환경 조건형성(phenotype-dependent environmental conditioning)은 유전력에 기초한 연구들을 통해서는 감지되는 것이 어렵다(실제로는 불가능하다!). 더구나 조산 및 주산기 합병증(obstetric and perinatal complication)들이 정신적으로 지적 발달 장애인 아동들 속에서 높은 빈도로 보이는 것이 관찰되었다(Hagberg et al., 1981; Rao, 1990; Rutter, Tizard, & Whitmore, 1970). 하지만 이 현상의 인과 관계는 혼란 요소들(confounding factors)의 존재 때문에 입증이 어려운 것으로, 예를 들어서 낮은 출생체중 또한 사회적 불리함과 연관되어 있지만 높은 유전력을 가진 것으로 보이지는 않는다(Read & Stanley, 1993). 또한 아동의 발달에 대한 부모의 지적 발달 장애의 재귀적인 영향

(recursive influence)의 가능성도 존재한다(Keltner, 1994). 불행하게도 지적 발달 장애를 가진 부모의 의해 제공되는 가정환경의 특성에 대해서는 많은 연구들이 존재하지 않는 상태이다(Dowdney & Skuse, 1993; Tymchuk, 1992). 일반적으로는, 가벼운 지적 발달 장애 증상의 아동들의 부모는 낮은 IQ와 낮은 SES 양자 모두를 가지고 있고, 실제적 양육에 영향을 끼치는 몇 가지 역경들이 이들 요인들과 연관되어 있다(Broman, Nichols, Shangnessy, & Kennedy, 1987; Lamont & Dennis, 1988). 따라서 전반적으로 연구들을 통해 나타나는 것은, 일반 인구로부터 나온 관련 자료에서의 유전-환경 상호작용의 무시할 만한 중요성이 특별한 부분 모집단에서는 중요한 것으로 드러날 수 있다는 것이다(Plomin, DeFries, & Fulker, 1988). 생물학적으로(유전적으로) 위험에 빠져 있는 아동들의 경우 열악한 양육조건에 의해 불리한 영향을 받을 가능성이 있을 수 있다고 제시하는 것이 합리적이다(Sameroff & Chandler, 1975). 분명한 것은, 유전력 기반 접근방법들에서 정의된 것처럼 환경적 영향의 어떤 순수한 기여를 지적해 내는 것은 어렵다는 것이다. 어떠한 "환경적" 요인이 검증된다고 해도 그것은, 유전자이든 다른 생물 작용제이든 간에 "무언가 다른 것"과 조합하여 작용하는 것이다.

요컨대, 유전력 개념은 IQ의 발달에 있어서 유전자와 환경의 중요성을 해석하는 접근방법들을 오도했다고 많은 사람들이(예: Block, 1995; Gottlieb, 1992) 인식했다. IQ에 있어서 유전적 개입을 지지하는 것으로 제시되고 있는 생물학적 근거들은 지적 발달 장애 연구들로부터 온 것으로, 그 모두는 유전력 패러다임의 외부에서 수행된 것이다. 주어진 역사적 순간의 통계로서, 만약 새로운 환경적 작용제가 그 인구 속으로 도입될 때, 유전력은 무엇이 일어날지에 대한 어떤 정보도 제공할 수 없다. 새로운 환경 작용제(environmental agent)의 충격은 연구된 특성의 생물학적 기제가 이해될 때에만 예측 가능하다. 그리고 유전력은 이와 같은 기저의 생물학적 기제에 대한 우리의 이해에 도움을 주지 못한다. IQ의 표현형적 변량(phenotypic variance)을 분석하는 것, 즉 어떤 부분은 유전자, 다른 부분은 환경에 기인하는 것으로 분석한다는 "달성하기 어렵기로 악명 높은 목표(notoriously elusive goal)"(Feldman & Otto, 1997)의 가치에 의문을 제기하는 사람들도, 지적 기능에 있어서의 개인차의 유전적 변량의 중요성에 대해서는 의문시하지 않는다는 점을 지적하는 것이 중요하다(예: Wahlsten & Gottlieb, 1997). 하지만 비판자들은, 환경이던 유전자이던 측정된 표시 결과를 가지고 있지 않은 채로 모형을 맞추는 추정작업의 잠재적 위험을 강조한다(Block, 1995).

유전력 추산의 통계적 양상

관련 자료의 형태(즉, 그 관련 자료가 쌍생아, 형제자매, 부모 자녀의 쌍이거나 다른 형태의 친족관계를 이용해서 얻었는지)와 사용 가능한 소프트웨어(즉, 포괄적인지 특화된 것인지)에 따라, 유전계수를 계산하는 몇 가지 방법이 존재한다. 상이한 방법들은 편향된 유전력 추산으로 귀결될 수 있는 상이한 가정들을 만든다. 따라서 예를 들어 쌍생아를 다룬 저작들에서 가장 자주 사용되는 방법은 $2(r_{MZT} - r_{DZT})$라는 공식을 이용하는 것이다(Falconer, 1990). h^2을 계산하는 이 방법은 두 가지를 상정하는데, MZ와 DZ 쌍생아들의 동일한 환경과 모든 유전적 변량의 부가적 성격이 그것이며, 이 두 가지 모두 문헌들 속에서 의문이 제기된다(예: 전자에 대해서는 Grigorenko & Carter, 1996; 후자에 대해서는 Chipuer, Rovine, & Plomin, 1990을 개별적으로 참조).

비슷하게, 연구자들은 인간 특성에 있어서 유전력 추산치의 계산에 있어서 만들어진 여러 가지 다른 가정들(예: Capron, A. R.)은 물론 유전력 평가를 위한 상이한 방법들에서 사용된 다양한 통계적 기법들에 대해서도(Schönemann, 1989, 1993, 1994, 1997) 의문을 제기했다. 즉, 유전력 추산치의 획득을 위한 통계적 방법들이, 유전적 및 환경적 변수들의 진정한 임의적 속성에 대해 비현실적인 가정을 하였으며(Schönemann, 1993), 유전력 방정식으로부터 상호작용 조건을 빠뜨렸으며(Schönemann, 1994; Wahlsten, 1990), 동류교배의 중요성을 무시했다(Capron, A. R. Vetta, & A. Vetta, 1998)는 것이다. 또한 비판자들은 관련 자료가 재분석될 때 선택된 모형의 맞춤의 적정성(Feldman & Otto, 1997; Schönemann, 1989, 1994)에 대해 의문을 제기했으며, 기반이 되는 유전적 모형의 적정성에 대해서도 의혹을 표시했다(Weiss, 1992, 1995).

발달체계 이론

유전력 패러다임에 대한 이러한 계열의 비판의 기초는 변증법적 생물학(dialectical biology; Levins & Lewontin, 1983)과 발달체계 이론(developmental systems theory; Ford & Lerner, 1992; Gottlieb, 1992)에 있다. 이들 접근법들은 유전력 개념에 의문을 제기하며 유전적 결정론의 개념 그 자체를 수정하기까지 한다(Strohman, 1997). 이들 접근법을 지지하는 연구자들에 의하면. 유전자는 한 개 세포의 복잡한 신진대사 체계의 하나의 통합적인 일부이며, 유전자의 기능은 특정 폴리펩티드(specific polypeptide. 아미노산 다중 결합물)의 선형구조의 부호화에만 제한된다는 것이다. 그러나 이 단백질의 세포상의 결과는 그 단백질이 합성되는 그 세포의 복잡한 환경에 의존한다. 아울러서 유기체의 발달에 있어서의 그 역할뿐만 아니라 그 세포의 전반적 "운명"은 주변의 세포들에 의존한다. 그 결과로 개인 유기체의 발달 궤적은 이 유기체가 존재하고 발달하는 환경적 배경에 의존한다. 주어진 유전자의 실행(즉, 그 기능적 상태와 행동 성질)은 그 유전자 외부의 사건들에 의해서 결정된다(즉, 다른 유전자들이 포함되는 사건들, 그 유전자의 세포 환경 속에서 발생되는 사건들, 그리고 기관 외부 사건들조차도). 따라서 발달 체계의 전제 조건은 조건부이다. 어떤 특정 유전자의 돌연변이(그것이 물려받은 것이던 획득한 것이던)는 개인 발달의 궤적을 극적으로 바꿔버릴 수 있지만, 특정한 행태적 결과에 대해 부호화하는 것은 아니다. 더구나 돌연변이는 외부 동요에 더 민감하고, 해로운 환경적 작용제가 존재 시에 자기조절 능력이 떨어지는 유기체에서는 돌연변이가 더욱 자주 발생하는 것으로 추정된다. 유사하게 어떤 유전자의 자연그대로(원래의, 돌연변이가 아닌)의 변이체(variant)는 어떤 특정한 특성을 부호화하지 않는다. 비록 그 유전자가 어떤 특성 내의 표현형적 다양성에 기여한다고 해도, 그 효과는 불확정적이며 상대적이다.

이 접근법에 의하면, 유전력 패러다임은 (1) 모집단 차원의 유전적 전통에 배타적으로 기초하고 있으며 개별적 발달 궤적에 대해서는 영향을 끼치지 않으며, (2) 유전적 원천만을 진화를 위해 중요한 것으로 간주하고, (3) 발달적 결과에 대한 비발달적 이해를 조장한다(Wahlstern & Gottlieb, 1997).

요컨대, 유전력 패러다임에 대한 외부의 비판은 (1) 유전력 개념이 심리학을 위해 갖고 있는 중요성과 관심도(유전자가 문제라면, 우리가 이 패러다임을 이용해서 달성할 수 있는 다른 것이 무엇이란 말인가?), (2) 그 방법론적 장치들의 적정성(어떤 분석적 방법처럼 h^2 추산치는 몇 가지 단순화된 가정에 기초하고 있다; 여기서 우려는 연구자가 이러한 단순화를 시행하면서 목욕물을 버리면서 아이까지 버리는 우(愚)를 범하는 것은 아닌지 하는 것이다), 그리고 (3) 유전력이 구체적인 발달적 실상보다는 추상적인 인구의 변화 자료에 몰두한다는 것 등이다.

새로운 관련 자료, 새로운 우려

유전력의 패러다임은 다양한 확산 형태를 통해 전 세계를 여행했다. 그것은 영국에서 기원해서, 북미에서 처음 번성했다가 물러났다. 그리고는 유럽으로 돌아와서 잠시 러시아를 방문했고 미국으로 돌아가는 식이었다. 방문했던 각 나라에서 이 패러다임은 추종자들과 반대자들을 남겼다. 과학사가들은 유전력 패러다임 방문의 결과는 주어진 나라의 정치적 및 이데올로기적 체계의 성격에 달려 있다고 주장한다(Danzinger, 1997). 하지만 세계여행 중에 유전력 패러다임에 이데올로기적 색채가 입혀졌던 다양한 방법들은 제쳐두고, 이 패러다임의 과학적 속성의 부분들에 대해 살펴보자.

인간 유전력 패러다임의 내적 속성 중 하나는 그것이 왜곡이 가능하다는 점이다. 하지만, 포퍼(Popper, 1968)가 명확하게 설명한 것처럼 왜곡 가능성은 과학적 질문의 핵심 그 자체이다. 한 줌의 관련 자료를 해석함으로써 과학자들은 그것과 관련 자료를 넘어서 도달하는 가설을 내놓는다. 그리고 나면 이 가설은 핵심 가설을 입증하거나 논박하기 위한 목적으로 고안된 실험적 작업 속에서 하나의 과학적 배경(하나의 틀)을 형성한다. 그 가설이 이들 시험들을 더 오랫동안 견뎌내면 낼수록 그것은 더욱 영향력을 가지고 지속된다. 유전력 패러다임을 과학적인 것으로 간주하는 한(Bouchard, 1998), 그것을 입증하기 위한 실험적 방법들이 존재해야 한다. 실험은 식물들과 동물들로 수행되는데, 인간을 연구하는 일의 특성 때문에(즉, 인간에게 실험적인 유전적 연구를 수행하는 것은 금기시되기 때문에) 입증 실험들은 인간이 아닌 다른 종들에게 수행된다. 그래서 현재 인간에 대해 유전력 패러다임의 평가에 이용되는 주요한 분석적 도구는 관찰 결과(인간이 아닌 것을 대상으로 한 실험을 통해 획득하는 실험적인 것과 인간에 대한 비실험적 연구를 통해 얻은 비실험적인 것 모두)를 패러다임과 관련시켜 변칙적인 것과 정상적인 것으로 분류(classification)하는 것이다. 이 패러다임을 지지하는 관찰된 근거들을 제공하는 몇 가지 증거들이 존재한다(예: Bouchard, 1998; Plomin & Petrill, 1997).[11] 다음에 예시한 논의들은 이 패러다임과 불일치하는 관찰 결과들에 대한 문의의 시작점으로 유용할 것이다.

비정상적인 관찰

인간의 특성을 형성하는 유전자의 힘을 보여 주려는 그 "첫 번째 프로젝트"를 완수하기 위해 서두르는 가운데, 유전력 패러다임은 그 현재의 이론들이 감당하지 못하는 많은 불일치들을 설명할 틈이 없었다. 이 패러다임은 예상치 못한 것을 이끌어 내려는 시도는 하지 않는다는 점에 주목하라. 실제로 그 패러다임에 의해 공급된 말끔한 포장박스들 중에 하나가 잘 맞지 않는 대부분의 현상들은 무시된다(이것은 많은 다른 패러다임의 경우에도 일반적인 양상이다). 어떤 패러다임 내에서 일하는 과학자들은 일반적으로 새로운

---

11) (원저자 주) 극소수의 패러다임만이 자신의 부당성 입증을 적극적으로 추구한다. 이런 점에서 유전력 패러다임도 예외가 아니다(예: Simonton, 1994). 자신을 확장하고 확인하려는 시도 속에서 유전력 패러다임은 생활 사건들처럼 전통적으로 환경적인 것으로 생각되어 온 변수들 속의 변량을 분해하려고 시도해 왔다(Billig, Hershberger, Iacono, & McGue, 1996).

이론을 창조하려는 시도는 하지 않으며(Barber, 1961), 그보다는 그들의 연구를 그 패러다임이 이미 입증한 것들을 분명하게 만드는데 방향을 둔다. 이들 과학자들은 새로운 관찰 결과를 옛날 패러다임 속에 통합시키기 위해 분투한다. 그러한 관찰 결과들 중에서 (1) 인구의 대립 유전자 빈도(population allele frequency)에 대한 h^2 추산치의 갈수록 증가하는 명백한 의존성, (2) 다면발현(pleiotropy)의 효과, 그리고 (3) 개인성을 형성하는 상호적 행동들 속의 유전자와 환경의 힘 사이의 구별성이 갈수록 명백하게 결여되는 점(이 절에서 논의될 것이다) 등이 존재한다. 이 장의 이 절에서는 그러한 관찰 결과들을 지적하고 어떻게 현재의 발견들이 동시에 유전력 패러다임의 전형적 양상들을 잃고 있는지(그래서 그 지지자들조차 h^2를 "넘어서는" 것에 대해 얘기한다)를 보여 주며, 그리고 근본적인 패러다임의 전환에 필요한 점증하고 있는 관련 자료들을 제공할 것이다.

유전자를 찾아서

유전력과 유전자 빈도

이 장 도입부에서 제공된 표현형(*P*)의 묘사로 잠시 돌아가 보자. *P*에 대한 모든 인과 관계적 원인들에 관한 설명에서 그 유전적 요소들은 *A*(상가적인, additive), *D*(우성의, dominant), 그리고 *I*(상위성의, epistatic) 유전적 영향으로 구성된다고 말해져 왔다. 비록 IQ의 변량에 있어서 *I*의 중요성에 대한 일부의 제안이 있어 오기는 했지만(Chipuer et al., 1990), 중요한 것은 대부분 *A*와 *D*라는 점에는 아무도 논란을 하지 않을 것이다. 하지만 *A*와 *D*가 도대체 무엇이란 말인가? 따라서 V_A, V_D, 그리고 V_I는 어떻게 결정되는 것인가?[12] 간단히 말해서, 유전적 변량의 각각의 요소는 유전자형 값과 모집단 내에서 이 유전자형을 구성하는 대립 유전자의 총수를 기초로 해서 추출된다. 달리 말하면

---

12) (원저자 주) 표현형은 측정 가능하기 때문에 해당하는 값은 **표현형 값**(phenotypic value)이라고 부른다. 유전자형의 영향과 연관된 값은 **유전자형 값**(genotypic value)이라고 칭해지며, 환경의 영향과 연관된 값은 **환경 편차**(environmental deviation)라고 부른다. **편차**(deviation)라는 용어가 여기에서 사용되는 특정한 이유가 있다. 어떤 주어진 인구에서 표현형 값의 평균은 유전자형 값의 평균과 등가(等價)이다. 따라서 유전자형 값으로부터 관찰된 표현형 값의 이탈은 환경의 편향적인 영향에 기인한다. **모평균**(또는 **모집단 평균**, population mean)이라는 용어는 표현형 값의 평균이나 유전자형 값 평균 용어들과 호환적으로 사용된다.

원칙적으로 유전형 값은 측정 가능하지만, 실제적으로는 그렇지 못하다(일부 대단히 특별하고 아주 제한적인 사례들을 예외로 하고). 연역을 목적으로, 관심대상인 유전자형에 임의의 값을 부여하는 것이 일반적이다. 두 개의 대립 유전자 *B*와 β를 가진 어떤 유전자가 있을 때, 두 대립 유전자 중 대립 유전자 *B*가 표현형 값을 증가시킨다고 가정해 보자. 이 경우에 동형접합체(homozygote)

표현형적 변이에 기여하는 모든 유전적 조건들은 타고난 본성과 물려받은 대립 유전자들의 빈도에 의존한다.

유전력 값이 변량의 모든 요소들의 크기에 의존하기 때문에, 그것들 중 어느 하나의 변화도 h^2에 영향을 끼치게 된다. 따라서 대립 유전자 빈도는 모집단마다 극히 다양하기 때문에, 그리고 유전력의 모든 유전적 요소들은 유전자 빈도에 의존하기 때문에, 유

---

*BB*의 유전자형 값은 $+b$, 동형접합체 $\beta\beta$의 유전자형 값을 $-b$라고 칭하며, 이형접합체(heterozyote) $B\beta$(또는 βB)의 유전자형 값은 d로 칭한다. 이들 유전자형 값들은 **그림 4.A**에서 볼 수 있는 것과 같이 눈금자 상에 위치시킬 수 있다.

이제 우리는 대립 유전자 빈도(즉, 주어진 인구에서 주어진 대립 유전자가 얼마나 자주 보이는지)가 모평균 형질에 영향을 끼치는지 보여 줄 수 있다. B와 β의 대립 유전자 빈도를 각각 p와 q라고 해 보자. 고전적인 집단 유선학(population genetics)의 법칙에 기초해서(세부적인 사항에 대해서는 Plomin, DeFries, McLearn, & Rutter, 1997을 참조), 우리는 유전자형 빈도를 *BB*에 대해서는 p^2, $B\beta$에 대해서는 $2pq$, βB에 대해서는 q^2로 결정할 수 있다. 전체 모집단에 있어서 평균값은 각 유전자형의 값에 그 빈도를 곱함으로써 얻어지며, 세 개의 유전자형에 걸쳐 합이 구해진다(summing over).

$$\text{모집단 평균(population mean)} = p^2b+2pqd+(-q^2b) = b(p-q)+2dpq.$$

이 식의 의미를 이해하기 위해서, 빈도를 개체 숫자들로 머릿속에서 전환하라. 이 유전자형을 가진 개체들의 수로 주어진 유전자형의 값을 곱하면 그 유전자형을 가진 개체들의 값의 총합이 된다. 세 가지 유전자형(*BB*, $B\beta$ 및 βB)에 대한 유사한 값들을 합하면 모든 개체의 값의 총합이 된다. 따라서 모집단 평균에 대항 어떤 유전자의 공헌은 (이 유전자가 2개의 변형체, 즉 2개의 대립 유전자 B와 β만을 가진다고 가정하면) 2개의 항을 가지는데, $b(p-q)$는 동형접합체의 영향을 반영하며, $2dpq$는 이형접합체의 영향을 반영한다. B와 β 사이의 관계의 상이한 유형들(우열 없음 또는 완전한 우성)은 그 범위를 $2b$로 하는 상이한 값을 낳는다. 초우성인 사례는 값의 이러한 범위를 확장한다.

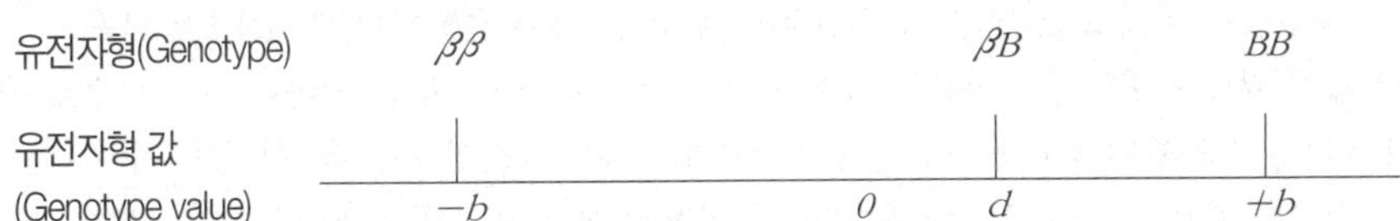

그림 4.A. 임의 할당된 유전자형 값. 눈금자의 0점은 동형접합체들의 값의 중간점을 보여 준다. 이형접합체의 값 d는, 대립 유전자 B의 대립 유전자 β에 대한(또는 그 역의) 우성의 정도에 의존한다. 우열이 0인 사례($d=0$)에서 $B\beta$의 유전자형 값은 0점의 우측에 위치하고 두 개의 동형접합체들의 중간에 놓이게 된다. 만약 B가 β보다 우성이면, 이때 $d>0$이고, 만약 β가 B보다 우성이면 이때 $d<0$이다. 만약 우성이 완전우성이면 이때 $d=+b$(또는 $-b$, 우성의 성격에 따라서). 초우성(overdominance)이 존재하는 경우에는 $d>+b$ 또는 $d<-b$가 된다.

전력 추산치도 모집단마다 달라진다. 예를 들어, 주목할 만한 시간 동안 상당히 고립되어 온 상대적으로 작은 모집단들은 종종 그들의 최초의 대립 유전자 빈도에서 변화를 겪으며, 그래서 기대 이상으로 특정한 대립 유전자들이 훨씬 더 자주 관찰되고 다른 것들

이전에 언급한 것처럼, 이 사례는 가능한 가장 단순한 것으로서, 분석된 형질은 오직 하나의 유전자에 의해서만 통제되고 이 유전자의 오직 두 개의 대안적 변형인 대립 유전자 B와 β만이 존재하는 경우이다. 하지만 복합적인 형질의 유전학에 대해 과학자들이 배우는 것이 많으면 많을수록, 심리학 분야에 관심사인 인간 형질들 대부분은 많은 유전자들의 기능을 포함한다는 믿음은 더 강해진다. 몇 개 유전자들의 공헌과 평균에 대한 그것들의 공동 영향은 또한 상이한 유형들의 것일 수 있다. 단순화를 위해, 한 형질에 대한 상이한 유전자들의 영향의 조합이 부가적인 것에 의했다고 가정해 보자(하지만 비부가적인, 즉 우세한 것과 상위성의 조합들 또한 존재한다). 예를 들어, BB의 유전자형 값이 b이고 CC의 그것은 c이면, $BBCC$의 유전자형 값은 $b+c$이다. 결과적으로 몇 가지 유전자들의 공동 효과로부터 결과된 모집단 평균은 분리된 유전자 좌(遺傳子座, locus)들 각각의 공헌 총합이 되며, 아래와 같은 식으로 표시된다.

$$\text{모집단 평균(population mean)} = \Sigma b(p-q)+2\Sigma dpq.$$

이제 유전적 부가 효과와 (A)의 정의에 도달하기 위한 우리의 분석적 추론에서 한 발짝 더 나아가 보자. 여기서의 주제는 유전자형 값의 개념을 부모로부터 자녀들로의 유전자 이전의 개념과 연결시키는 것이다. 부모는 자신들의 유전자를 전하는 것이지 유전자형을 전하는 것이 아니다. 유전자형은 새로운 각 세대에서 조합된다. 따라서 유전자형이 아닌 유전자에 대해서 말하려면 다른 개념이 필요하게 되는데, 이 개념은 평균 효과(average effect)라고 이름이 붙여졌다. 평균 효과는 유전자형 값 b와 d 그리고 대립 유전자 빈도에 의존한다. 묘사를 위해, 모두 대립 유전자 B를 가지고 있고, 모집단으로부터의 생식체(gamete)들과 임의로 결합하는(즉, 그 모집단으로부터 끌어 낸 생식체 출현의 빈도는 B와 β의 빈도에 의해 결정된다) 다수의 생식세포들을 가정해 보자. 그러면 그렇게 생성된 유전자형의 평균은 대립 유전자 B의 평균 효과에 의한 모집단 평균과 달라진다. 평균 효과의 의미를 파악하는 또 다른 방법은 대립 유전자 치환(allele substitution)을 통해 그것을 정의하는 것이다. 임의로 고른 한 개의 유전자형(예: β)을 다른 유전자형(예: B)으로 바꾸고 관찰된 표현형 값의 결과된 변화를 기록할 수 있다고 가정해 보자. 이와 같은 치환을 다중 횟수로 반복하면, 이들 과정에 의해 생성되는 모집단 평균에서의 변화를 계산할 수 있을 것이다. 이 변화는 대립 유전자 치환의 평균 효과를 표시할 것이다. 그 치환된 대립 유전자가 대립 유전자 β라면, 두 가지 유형의 치환이 발생할 수 있다. 즉, (1) $B\beta$가 BB로 전환되어(그리고 그 사건의 빈도는 p가 될 것이다. 즉, 대립 유전자 의 모집단 빈도), 그 값이 d에서 $+b$로 바뀌며, 결과적으로 그 효과는 $(b-d)$가 되는 경우와, (2) $\beta\beta$가 BB로 전환되어(그리고 그 사건의 빈도는 q가 될 것이다. 즉, 대립 유전자 B의 모집단빈도), 그 값이 $-b$에서 d로 바뀌며, 그 효과는 $(d+b)$가 될 것이다. 대립 유전자 치환의 평균 효과는 $p(b-d)+q(d+b) = b+d(q-p)$가 된다. 대립 유전자 치환의 평균 효과는 두 대립 유전자 B와 β의 평균 효과 간의 차이임을 주목하라.

은 기대보다 아주 훨씬 드물게 관찰된다. 그러한 모집단들은 더 큰 규모의 모집단들보다 더 낮은 유전력을 보일 것이 기대된다. 표현형적 변량에 대한 기여 측면에서 가장 "강력한" 대립 유전자들은 그 빈도가 중간 수준에 있는 것들이다. 대립 유전자 빈도들에 변화를 가한 효과는, 그 변량이 많은 유전자들 속의 변량에 의해 설명되는 형질(소위 다인자 형질)들에 대해 조사되어 왔고, 모집단-특정적 대립 유전자 빈도에 변화를 가한 효과는 많은 유전자들이 수반되는 형질들에서조차도 극적임이 발견되었다(Kendler & Kidd, 1986). 따라서 상이한 대립 유전자 빈도를 가진 모집단 내에서, 비록 이들 모집단

최종적으로, 소개될 필요가 있는 마지막 개념은 육종가(breeding value)이다. 평균효과 개념의 유용성은 부모가 그들의 자녀들에게 그들의 유전형이 아니라 대립 유전자를 전달한다는 사실로부터 나온다. 결과적으로, 그들 자녀의 유전사형 값의 평균을 결정하는 것은 그 부모들의 대립 유전자들의 평균효과이다. 따라서 어떤 부모의 특성을 그 자녀의 특성들을 통해 설명하는 개념이 필요하게 된다. 이 개념이 육종가(또는, 육종가치 종축가치)이며, 그 자손의 평균값에 의해 판정되는 어떤 개체의 값이다. 이 개념을 파악하기 위해서, 모집단으로부터 임의로 배우자들을 선택하고, 많은 자손들을 낳은 일부다처주의자를 생각해 보자. 이 경우, 이 일부다처자의 육종가는 모평균으로부터의 자손들의 평균 편차의 2배이다(편차가 두 배가 되는 것은 그 일부다처자가 자손에게 유전자의 절반만을 제공하기 때문이다. 나머지 반은 모집단으로부터 임의적으로 나온다). 서로 다른 배우자들로부터의 자손들이 많으면 많을수록 그 일부다처(polygamist)의 육종가 추산치의 정확성도 높아진다. 이해해야 하는 대단히 중요한 것은, 평균효과 개념과 유사하게 육종가 개념이 이중 의존성(double dependency)의 특성을 가진다는 것이다. 즉, 개체로부터의 의존성과 모집단으로부터의 의존성이다. 평균효과가 대립 유전자의 특성(예: 그것이 B이던 β이던)과 모집단 내에서의 빈도 양자 모두의 속성인 만큼, 육종가는 개체(즉 그 자손)와 배우자가 나온 모집단(즉 모평균)의 속성이다.

육종가는 평균 효과의 측면에서 정의될 수 있다. 그것은 개체가 가진 대립 유전자들의 평균효과의 합이다(각각의 유전자에서 대립 유전자들의 쌍들에 걸쳐서 그리고 모든 유전자들에 걸쳐서 합이 얻어진다). 각 유전자형 값의 육종가에 그 모집단 내에서의 이 유전자형의 빈도를 곱하고, 그 모집단 내의 모든 유전자형에 대한 그 산출물들에 걸쳐진 합을 구하면 평균육종 가가 얻어진다. 종종 육종가는 상가적 유전자형(additive genotype)으로 불리며, 육종가에서의 변화는 유전자의 상가적 효과(additive effect)에 기인한다, 변량의 측면에서 보면 다음과 같이 된다.

$$V_A = 2pq[b + d(q-p)]^2$$ (보다 상세한 내용은, Falconer & Mackay, 1996 참조)

이 개념이 앞선 8개 문단이 제시된 주요 이유이다. 요약하면, 육종가는 부모로부터 자손으로 전달되는 값을 표현하는 것이고, 그리고 따라서 (1) 어떤 개체의 기대되는 육종가는 두 부모의 육종가의 평균이고, (2) 그 육종가의 기대치는 또한 그 개체의 유전형 값 기대치이며, (3) 육종가의 변량(또한 상가적 유전자 변량으로도 불린다)은 전달된 대립 유전자들과 그들의 모집단 빈도의 성질에 의해 결정된다.

내의 환경적 조건이 유사하다고 할지라도 동일한 표현형적 형질을 위한 h^2는 상당히 다를 수 있다.

표현형적 변량의 분해를 제시하는, 양적 유전학과 행동 유전학을 다룬 압도적 다수의 교과서들은, 대립 유전자 빈도와 유전자 변량 성분 사이의 관계를 논한다. 간단히 말해서, 유전적 변량의 모든 성분들은 유전자 빈도에 의존하며, 그리고 따라서 이들 성분들에 대한 여하한 추산치는 그것들이 기대되는 모집단에 대해서 만이다. 상이한 모집단들에 걸친 유전력 추산치를 해석하는데 수반되는 복잡성은 명백하다. 변량 분해의 원리들이 처음 개발되었고(예: Kempthorne, 1995) 유전력 패러다임이 심리학 분야를 막 파고들기 시작한 1950년대 후반에는, 상이한 모집단 내의 상이한 대립 유전자들의 빈도를 실제로 아는 것을 비현실적인 것 같았다. 그 당시에는 유전자 표지들이 없었고, 유전자 지도는 극히 제한적인 수준이었고, 컴퓨터는 느렸으며, 유전자형 분석에는 천문학적으

이 기술적 삽입문의 마지막 부분은 표현형 변량의 우성의 유전력 요소에 할애할 것이다. 우성 효과(dominant effect, 우성편차)는 단일 유전자 좌에 있어서 유전자형 값 *G*와 육종가 *A* 사이의 차이에 의해 결정된다. 우성(dominance)은 한 유전자의 상이한 대립 유전자들의 "불평등(inequality)"으로부터 결과 되는 속성이다. 모든 대립 유전자들이 그 권리상 동등할 때에는 어떤 우성도 존재하지 않으며, 육종가는 유전자형 값과 일치하게 된다. 우성효과는 다른 권리를 가진 두 개의 대립 유전자를 쌍으로 만드는 것으로부터 초래되는 것으로, 이들 대립 유전자들은 한 유전자 내에서 상호작용을 해서, 유전자형 값이 육종가로부터 벗어나게 만든다. 유전자의 평균 효과와 유전자형의 육종가처럼 우성 편차(dominance deviation) 또한 유전자 빈도에 의존한다. 변량의 측면에서 보면 다음과 같이 된다.

$V_P = 2pqd^2$ (보다 상세한 내용은, Falconer & Mackay, 1996을 참조)

유사하게, 표현형 변량(phenotypic variance)의 V_I 성분 또한 대립 유전자 빈도에 의존한다는 것을 보여 줄 수 있다. 이것이 가능한 것은, 만약 유전자가 서로 상호작용을 해서 상위성 상호작용을 보여 주면, 상호작용 변량들의 속성들의 파생은 그것들이 성분으로 세분화되는데 달려 있기 때문이다(예: 만약 두 개의 유전자가 서로 상호작용을 하면, 변량의 성분은, 두 유전자들의 상가적 성분들의 상호작용과, 한 유전자 내의 우성과 다른 유전자의 상가적 성분과의 상호작용 등등을 더해서 포함한다). 왜냐하면 상위성 변량의 각각의 하위성분은 대립 유전자 빈도에 의존하기 때문에, 그 조건 또한 그것들에 의존하는 것이다.

변량의 유전적 성분에 대한 유전자 빈도의 영향은 **그림 4.B**에 보여지는 것과 같다. 이 그래프를 기초로, 유전적 변량에 대한 유전자의 기여는, 모집단 내의 이들 유전자의 빈도에 의존해서 달라진다는 일반적 결론이 도출될 수 있다. 특히, 대립 유전자들은 높거나 낮은 빈도일 때보다는 간헐적 빈도에서 더욱 많은 변량에 기여한다. 특별히, 열성 대립 유전자들은 낮은 빈도에서 아주 작은 변량에 기여한다.

로 높은 비용이 요구되었다. 그 당시의 주장은, 실제상 연구자는 대립 유전자 빈도와 대립 유전자 효과들에 대해서 그것들이 알려져 있지 않기 때문에 관여할 수 없다는 것이었다. 그러나 이제는 대립 유전자 빈도들이 알려져 있다(또는 적어도 상당히 낮은 비용으로 결정될 수 있다). 약 10년 전에 과학자들은 표현형 변량의 요소들의 추산치에만 관심을 쏟았는데 당시에는 유일하게 가능한 것이었기 때문이다. 30년 전에는, 인간의 형질의 변량에서 유전적 변화가 어떤 역할을 한다고 믿었던 사람들의 주요한 "이데올로기

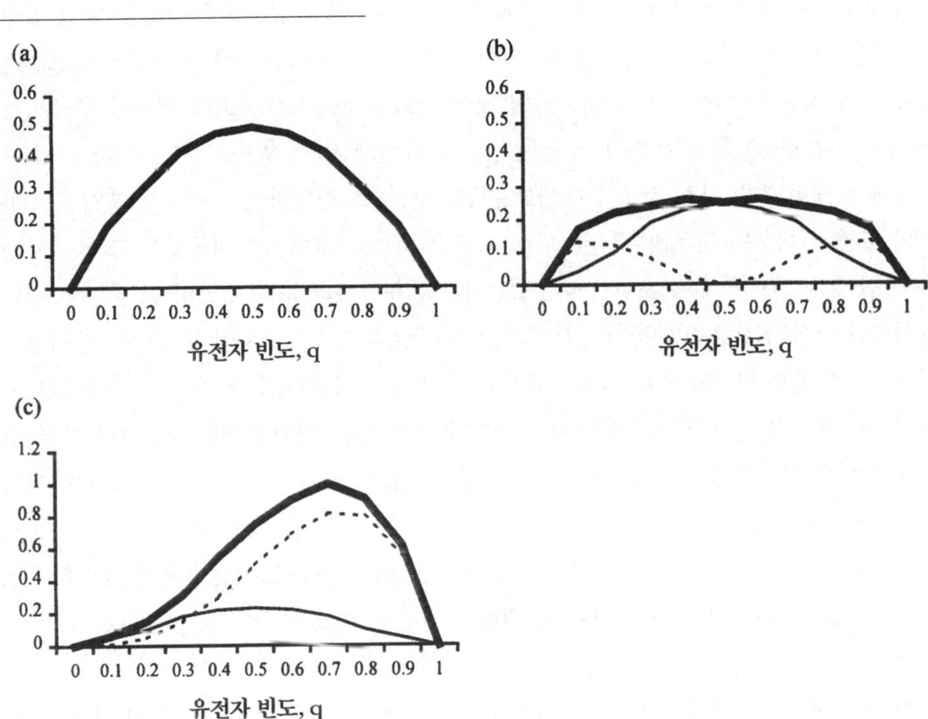

그림 4.B. 대립 유전자 빈도와 두 개의 대립 유전자를 가진 단일 유전자로부터 나오는 유전적 성분 변량의 강도 사이의 관계(Falconer & Mackay, 1996에서 응용). 유전자형 변량(genotypic varience)은 굵은 실선으로, 상가적 변량(additive varience)은 점선, 우성 변량은 가는 실선으로 나타냈다. 유전자 빈도 q는 열성 대립 유전자의 그것이다(결과적으로 $p=1-q$가 된다). 위 그래프 (a)에서 (c)까지는 우성의 정도의 차이를 보여 준다. 그래프 (a)는 우성이 0일 때($d=0$)를 반영하는 사례를 반영한다. 이 사례에서 유전자형 변량은 모두 상가적이고 $p=q=.5$일 때 최상이 됨에 주목한다. 두 번째 사례 (b)에서는 그래프는 순수한 초우성(pure overdominance)의 사례를 보여 준다($b=0$). 우성 변량은 $p=q=.5$일 때 최대가 된다. 하지만 상가성 변량은 $p=q=.5$일 때 0이며, $q\sim.1(p\sim.9)$와 $q\sim.9(p\sim.1)$에서 극대화된다. 이 사례에서 유전자형 변량은, 유전자 빈도의 넓은 범위에 걸쳐서 실질적으로 일정한 수준을 유지하는 것이 눈에 띈다. 그렇지만 그 구성(composition)은 의미가 크게 변화한다. (c)에서 우성은 완전한 수준이다($d=b$). 유전자형 변량이 $q\sim.7$에서 극대화되고, 우성 변량은 $p=q=.5$일 때 최대가 되고(그래프 (b)와 동일함), 상가적 변량은 $p\sim.7$일 때 최대화됨을 주목한다.

적" 임무는 유전자가 중요하다는 것을 보여 주는 것이었다. 유전력 패러다임은 그렇게 하는 길을 제공했다. 하지만 이들 과학자들은 자신들의 방향으로 달려갔다. 1980년대 후반까지, 조사를 시행한 대부분의 사회학 및 행태학 과학자들과 교육자들은 개인차에서의 유전적 요인들의 역할을 인정했다(Snyderman & Rothman, 1987, 1988). 과학계는 확신을 가졌었다. 앞으로 나아가기 위해서 연구자들은 분해의 제한을 극복해야만 하며, 그리고 측정과 집계를 시작해야 한다. 실제로 그들은 그렇게 하기 시작했다(Daniels et al., 1998; Neale, 1997; Martin, Boomsma, & Machin, 1997).

다음과 같은 묘사를 생각해 보자. 1996년에 두 집단이 독립적으로 작업을 하고 있었는데, 한쪽은 이스라엘(Ebstein et al., 1996)에서, 그리고 다른 한쪽은 미국국립보건원(NIH, National Institute of Health)에서(Benjamin et al., 1996) 소위 신자극 추구성향(Novelty Seeking) 형질(흥분성, 스릴 추구, 성미급함으로 특징지을 수 있는)과 뇌의 변연계에서 표현되며, 다른 것들 중에서도 기쁨의 감각을 전달하는 신경전달 물질인 도파민의 활동 속에 개입된 어떤 유전자 사이의 연결을 보고했다. 그 연구들은 그 유전자의 한 대립 유전자(DRD4)에 초점을 맞추었는데, 그 유전자의 분자 코드의 한 부분이 연속해서 7번 반복되는 유전자였다(소위 7회 반복 대립 유전자). 신자극 추구성향 형질상의 점수가 7회 반복 인자를 가진 사람들에게서 더 높게 나타났다. 그러나 후속 연구들은 원 발견들을 확인하지 못했거나 또는 미미하게만 의미 있는 결과들만을 얻었다(신자극 추구 성향의 하위척도 중 하나인 탐색적 흥분성(Exploratory-Excitability)만으로 제한되었음. 이에 대한 고찰은 Baron, 1998 참조). 이와 같은 일관되지 않는 결과들은 행동 유전학 분야에서 그리고 정신건강의학 유전학(psychiatric genetics) 분야에서 계속적으로 나오고 있는 하나의 질문을 제기했다. 원래의 관찰은 거짓 양성(false positive, 또는 가양성)이었던 것인가?

이 분야에서의 진실로 탄탄한 발견의 보증 마크는 (1) 복수의 복제시험에 의한 확인, (2) 이전에 "올바른" 유전자 후보를 선택했을 낮은 개연성, (3) 모집단 혼합(population admixture) 등이다. 마지막 것은 주로 민족적 변이(ethnic variation) 때문으로서, 앞에서 논의된 것처럼, 모집단들은 상이한 대립 유전자들의 빈도에 있어서 상호간에 극적으로 다르기 때문이다. 예를 들어서 DRD4 유전자 내의 다양한 대립 유전자들에 대한 전 세계적 조사가 보여 준 것은, 신자극 추구성향의 형질과 연관된 7회 반복 대립 유전자가 미주에서는 꽤 높은 빈도로 나타났지만(약 48%), 동아시아와 남아시아에서는 단지 가끔만(약 2%) 나타남으로써, 상이한 인구집단에서의 대립 유전자 빈도에서 중대한 차이를 입증했다(Chang, Kidd, Livak, Pakstis, & Kidd, 1996). 대립 유전자 7회 반복형의 최고 빈도는 아메리카 원주민인 티쿠나족(Ticuna)의 78% 빈도였으며, 최저는 1%(일본인의 경우)였다. 만약 그 주장이 사실이고, 실제로 신자극 추구성향 점수와 7회 반복 대립 유전자 존재 사이의 상관관계가 존재한다면, 그렇다면 신자극 추구 성향의 유전력 추산치가 일본에서는 중대하게 낮고 티쿠나 인디언들에게서는 중대하게 높을 수 있는 것인가(물론 두 모집단에서 7회반복 대립 유전자의 육종 가(breeding value)는 동일하다고 가정되었다)? 물론 신자극 추구 성향 형질에 있어서의 변이가 상이한 인구에서의 상이한 대립 유전자와 연관되어 있을 수는 있다. 하지만 자연이 그러한 변이를 편성한 것은 좀 비능률적인 것처럼 보일 것이다. 더 나은 삶을 찾아 오래 전에 아프리카를 떠난 현대 인류의 조상들이(Tishkoff et al., 1996) 남아 있던 사람들보다 신자극 추구 성향이 더 높았을 것임을 추정해 보면, 왜 자연은 이 변이를 유지하지 않았는가?

이 좀 더 넓은 범위의 진화에 대한 질문들은 하지만 이 글의 범위를 벗어난다. 여기서의 초점은 모집단 대립 유전자 빈도에 대한 유전력 추산치의 내재적 유전력을 보여 주는 것이다. 유전력 패러다인이 나타났을 때, 과학의 상태는 어떤 주어진 형질에 개입된 유전자들에 대한 상세한 설명을 확신하는 것을 허락하지 않았다. 현재는 이것이 가능하다. 구 유전력 패러다임의 분해는 측정의 패러다임으로 대체되어야만 한다. 인간 형질의 발달의 배경이 되는 생물학과, 주어진 환경 속에서 구체적인 개인적 성숙 과정에서 실현 속에서 이 생물학이 실현되는 방법에 대해 우리가 흥미를 가진다면, 우리는 이제 변량을 분해하는 것을 단순히 계속해 갈 수는 없다.

QTL(s), 다상유전증(多相遺傳症, pleiotropy)[13], 기타 합병증

양적 형질 pleiotropy

유전적 전날로부터 결과 되는 본질적으로 불연속적인 변이(한 개체가 양친으로부터 어떤 대립 유전자를 물려받았는지 아닌지 여부, 하지만 중간 상태는 없다)가 어떤 인간 형질(우리 경우에는 IQ)의 연속적인 변이 속에 자신의 모습을 드러내는 것이 어떻게 일어날 수 있는 것인가? 이 "역설"에는 두 가지 이유가 있다. 첫째, 단연코 대부분의 인간 형질들은 하나보다는 많은 유전자들에 의해 영향을 받는다.[14] 둘째, 상이한 비유전적 원

---

13) (옮긴이 주) 유전학에서 하나의 유전자에 의해서 서로 관련이 없는 여러 증상들이 특정 질환에서 나타나는 현상. 즉, 대동맥류, 안구 렌즈의 전위, 골격 기형 및 거미 모양의 손. 이 중에서 어느 것 또는 전부가 해당될 수가 있다.

14) (옮긴이 주) 단순화된 사례를 생각해 보자(Falconer & Mackay, 1996에서 응용). 어떤 모집단 내에서 6개 값들에서 관찰된 어떤 형질 A가 있고(즉, 형질 A의 6개의 표현형 값들이 존재하는 것

천들로부터의 변이가 겹쳐진다. 달리 말해서, 이와 같은 많은 유전자들의 개입으로부터 결과된 의사-연속적 변이(pseudo-continuous variation) 상에, 비유전적 원천의 진실로 연속적인 변이들이 겹쳐지면, 눈에 띄는 값의 날카로움이 완전히 무뎌질 것이다. 그래서 변이는 아무리 우리의 측정 도구들이 정확하다 해도 어떤 인구 속에서 보면 연속적인 것이다.

잠시 학교에서 일반적으로 가르치고 있는 유전학에 대해 다시 생각해 보자. 그 유전학은 1차적으로 멘델주의적 성질들에 관한 것이다(이것 아니면 저것인 형태의 질적인(qualitative) 상태에 관한 것들로서, 멘델의 완두콩들은 황색 아니면 녹색이다). 질적 및 양적 형질들에 관련된 유전자들의 차이는 다른 변화 원천에 상대적인 그들의 효과의 강도에 놓여 있다. 관찰 가능한 불연속성(discontinuity)을 낳기에 충분히 큰 효과를 가진 유전자는(즉, 대체로 0[no] 또는 1[yes]인 어떤 형질의 뚜렷한 값의 존재로 귀결되는) 개별적으로 연구될 수 있으며, 비록 그 형질에 기여하는 다른 유전자들과 기타의 비유전적인 변이 원천이 존재하기는 해도, 하나의 주유전자(major gene)로 언급된다. 표현형 값 내의 어떤 간극(불연속성)을 생산할 만큼 충분히 크지 않은 효과를 가진 유전자는 개별적으로 연구될 수 없으며, 소 유전자(minor gene)으로 불린다. 하지만 이러한 분류는 지나친 단순화이며, 사실은 중간적 효과를 생산하며 주 유전자로도 소 유전자로도 분류할

으로, $x=0$, $x=1$, $x=2$, $x=3$, $x=4$, $x=5$ 등이다.) 형질 A에 있어서의 변이는 완전히 유전자들에 의해 결정된다고 가정해 보자. 이제 형질 A가, 동등한 빈도($p=q=0.5$)에서 각각 두 개의 대립 유전자를 갖는 다섯 개의 유전자들에 의해 영향을 받는다고 가정하자. 마지막으로, 각각의 유전자에는 완전 우성인 한 개의 대립 유전자가 존재한다고 가정해 보면, 우성 대립 유전자들과 형질 A 사이의 관계는, 각각의 우성 대립 유전자가 그 형질의 값에 한 개의 단위 측정치를 더하는 것과 같은 것이다. 따라서 6개의 별개의 형질 A의 값들이 존재하게 되고, 이들 값들은 그 개체가 다섯 개 유전자좌 각각에서 출현한 우성 대립 유전자를 가질지 여부에 의해 결정된다(만약 다섯 개 유전자좌 어디에도 우성 대립 유전자가 없으면 $x=0$, 만약 다섯 개 유전자좌 중 하나가 우성 대립 유전자를 가지면 $x=1$, 만약 두 개의 유전자좌가 우성 대립 유전자를 가지면 $x=2$, 이런 식이 된다). 다시, 그 모집단 내에 오직 여섯 개의 표현형 값들만이 존재하며, 따라서 만약 이용된 측정 도구가 충분히 정확하면, 이때 모든 측정된 개체들은 자신의 값 집단 내에 반드시 위치하게 된다.

만약 형질 A에 기여하는 더 많은 유전자들이 존재한다면, 하지만 그것들 각각은 작은 영향을 가진다면 어떻게 되는가? 이 유전적 기제는 그들 사이의 더 작은 차이들을 가진 더 많은 표현형 값의 존재로 귀결된다. 값들 사이의 차이가 작은 경우에는, 그것들을 탐지하는 것은 더욱 더 어려울 것이다(그 측정 오차가 무시해도 좋을 만큼 작은 이상적인 측정 도구가 존재하지 않는 한). 따라서 개입된 유전자의 수의 증가와 값들 사이의 차이의 감소(그리고 결과적으로 측정 오차에 대한 진짜 값의 비율의 감소)에 의해서, 상이한 표현형 값들 사이의 불연속성은 인식할 수 없게 된다.

수 없는 유전자들이 존재한다. 다수 유전자들의 동시적 영향으로부터 결과 되는 어떤 형질 내의 변이는 다인자 변이(polygenic variation)라고 칭하며, 상응하는 유전 양식을 다인자 유전(polygenic inheritance)이라고 부른다.

이 장의 전체적인 맥락에서 제기되는 합리적인 질문은 우리가 소위 연속적 형질(예: IQ)이라고 하는 것이 다수의 유전자들에 의해 어떻게 통제되는지를 알 수 있는가 하는 것이다. 연구자들은 두 가지 계열의 증거들을 지적한다(Falconers & Mackay, 1996). 첫 번째 계열의 증거는 분석적인 것으로, 다인자 유전 이론으로부터 무엇이 기대되는가에 대해 일반적으로 만족스럽게 동의되는 다양한 출처들로부터 획득한 많은 관찰 결과들이다. 두 번째 계열의 증거는 실험적인 것으로, 질적 형질에 영향을 끼치는 유전자들의 특정한 염색체 상의 위치(chromosomal location)들을 지도로 표현할 수 있는 방법들이 실제로 존재한다(달리 말하자면, 이들 방법들은 관심 유전자들의 정확한 위치의 결정을 허용한다). 이들 방법들을 통해 확인된 유전자들을 양적 형질 유전자 좌(Quantitative Trait Loci, QTL)라고 부른다.

어떤 주어진 형질의 통제에 개입하는 유전자들의 완전한 묘사는 그 유전자들을 개별적으로 계산해야만 한다는 점을 주목하자. 즉, 대립 유전자 빈도와 관심 형질 상의 각 대립 유전자들의 영향의 강도가 고려되어야만 한다는 것이다. 역시 몇 년 전까지만 해도 두 세 개의 유전자들 이상이 개입하는 유전력 발현의 세부적 묘사는 인식하는 것조차 불가능했다. 그 유전자들의 개별적 속성에 대한 지식의 이러한 부재를 보상하기 위해 이론적 작업은 어떤 비현실적 가설을 만들어야 했는데, 어떤 주어진 QTL에 개입된 모든 유전자들의 빈도는 거의 동일하다는 가설과, 어떤 형질에 작용하는 유전자의 수는 확인 불가능하다(무한하다)라는 가설과 같은 것이었다.

IQ에 관심을 가진 심리학자들이 QTL이라는 용어에 점점 더 익숙해지기 시작했다. 그 이전에 이것을 접해 본 적이 없던 사람들은(예: Plomin, 1977; Plomin & Petrill, 1997) 1998년 봄 신문 헤드라인에서 IQ에 대한 또 다른 감수성 유전자(susceptibility gene)가 확인되었다는 발표와 만났다.[15] 6번 염색체에 위치한 첫 감수성 유전자는 3년 전에 보고된 바가 있었지만(Skuder et al., 1995), 이 발견은 이후에 동일한 과학자 집단에 의해 이의가 제기되었다(Petrill et al., 1998). 처음의 긍정적 발견은 소집단의 아동들 속에서

15) (원저자 주) 이 연구의 눈에 띄는 특성은 그 간결함이다. 복잡한 인간 형질들의 다른 많은 연구들 앞에는 관심 형질의 세대간 전달의 패턴에 대한 복잡한 분석들과, 주어진 효과에 대한 유전자를 탐지하기에 충분하도록 강력한 표본 크기(Risch & Marikangas, 1996), 그리고 다양한 환경적 공변량들을 통제하려는 노력들(Goldin et al., 1997)이 있었다. 이 간결함이 일련의 반복 검증이 필요 없는(nonreplication) 환상적 발견으로 귀결될지 여부는 미래가 보여 줄 것이다.

획득되었고, 두 번째 발견은 첫 번째 표본의 규칙을 적용한 확장된 집단 내에서 얻어졌다(하지만 낮은 IQ 집단은 제외했다). 또한 100개가 넘은 부정적이거나 정보가치가 없는 집단들에서도 두 개의 다른 약한 긍정 신호들이 있었다(Ball et al., 1988; Daniels et al., 1998; Plomin, McClearn, & Smith, 1994; Plomin, McClearn, & Smith, 1995). 현재 상태에는 그 프로젝트가 표적 집단(target group)에서 IQ 평균이 103인 51명의 아동들과 IQ 평균이 136인 51명의 아이들뿐만 아니라 반복검증 표본(replication sample)으로 40명의 극도로 높은 IQ를 가진 사람들과 50명의 평균 IQ를 가진 사람들의 DNA 자료를 이용했다. 유전적으로 이질적인 표본을 연구하기 때문에 발생하는 수많은 가능한 복잡화를 피하기 위해 플로민(Plomin)과 동료들은 그들의 연구대상을 복합적인 혈통을 가진 백인 미국인들로 국한시켰다. 이 당대 표본 속에서 연구자들은 IQ와 IGF2R 유전자(인슐린과 같은 성장요인 수용체 유전자)와 아주 가깝게 위치한 구역에 있는 한 대립 유전자 사이의 대립 유전자 연관성(allelic association)을 보고했다(Chorney et al., 1998). 표적 표본 내의 거의 모든 대상들은 가장 공통적인 유전자형인 대립 유전자 4와 대립 유전자 5를 1개 또는 양자 모두를 가지고 있었다. 그러나 고 IQ 집단의 거의 절반은 평균 집단 내에서 보다 2배 높은 비율로, 대립 유전자 5의 사본을 적어도 1개 가지고 있었다. 이 발견은 102명의 다른 아동들에서 반복 검증되었는데, 그 중 절반은 평균 160의 극히 높은 IQ 평균을 가지고 있었다.

이 발견이 탄탄한 것으로 간주되기 위해서는 많은 다른 연구들과 상이한 모집단들에 걸쳐서 반복 검증되어야만 한다. 그러나 여기서 논의될 필요가 있는 것은 반드시 특정 발견(그것이 지지될 수도 있고 아닐 수도 있다)일 필요는 없고, IQ를 위한 QTL 프로젝트의 넓은 의미가 대상이다. 이 논의는 세 가지 상이한 주제들을 포괄하는데, (1) 유전력 연구가 QTL 연구를 위한 여하한 종류의 사전 조건이었는가, (2) 그러한 통계적 연관성 발견이 인과 관계의 증거인지 여부, 그리고 (3) IGF2R 수용체 유전자와 같은 극도로 강한 유전자에서의 변이가 IQ 변이에 기여하는 것이 무엇을 의미할 가능성이 있는 것인가 등이 된다.

첫 번째 주제에 관한 한, 유전력 연구들이 QTL 연구를 위한 극히 중요한 기반작업을 했다고 공적을 부여할 수는 없다. 유전력 연구들이 어디에서 유전자 탐색을 시작해야 하는지 또는 어떤 공변량들(그것이 생물학적이던 환경적이던 관계없이)이 고려되어야만 하는지를 제안하지는 않았다. 유전력 패러다임 안에서 성숙된 QTL 연구는 그곳에서, "단지 행동상의 유전적 영향의 중요성을 입증하는 것을 넘어서는 새로운 단계"(Plomin, 1997, p. 85)에 대해 문의하는 어떠한 유용한 것도 발견하지 못했다. 달리 말하자면, 앞으로 나아가야 할 때였음에도 불구하고, 유전적 영향의 중요성을 단지 보여 주는 것 이상으로 유전력 연구들로부터 가져올 만한 것들이 많지 않았다. 유전력 패러다임의 어떤 지지자들은 주류로 빠져나갔는데(Plomin, 1997), 특정 유전자의 어떤 변이가 IQ 변이에 기여할 수 있는지를 탐색하기 시작했다.

두 번째 논의 주제는 대립 유전자 연관성의 발견이 인과 관계의 증거인지의 여부에 관한 것이다. 그 대답은 아니오라는 것이다, 어떤 특정한 표현형의 생물학적 인과 관계를 보여 주기 위해서는 주어진 표현형으로 귀결되는 생물학적 기제를 이해해야만 한다. 사실은 어떤 연관관계가 존재할 수 있으려면 그 배경에는 다중의 조건들이 존재하며, 그리고 그들 중 두 가지만〔(1) 연관된 대립 유전자의 진정한 원인적 중요성, (2) 연관된 대립 유전자와 원인적으로 관련된 변이를 가진 유전자 사이의 연계〕이 기저가 되는 생물학적 기제에 대한 정보적 가치를 가진다. 그 자체로는 연관성이라는 사실은 불행하게도 인과 관계적 발견이 아니고, 인과 관계적 발견의 알 수 없는 확률일 뿐이다. 추가적으로 연관성 연구의 방법론적 패러다임은 반복 검증이 불가능한 결과를 조장하고 질병에 대한 어떠한 직관도 거의 제공하지 못한다고 주장되어 왔다(Kidd, 1993). 또한 IQ의 다인자 모형은 논의되어온 유일한 모형이 아니라는 점에 주목하자. 예를 들어 웨이스(Weiss, 1992, 1995)는 IQ에 대한 주 유전자 가설을 지지하는 자신의 관련 자료를 제시했다. 더구나 복잡한 형질들의 생물학적 기제에 대한 우리의 이해에 기여하는 작업의 많은 부분은 실험적 동물 모형의 사용을 통해 수행되었다. 따라서 신중한 측에 서서 보면, p-값이 중간 수준일 때 제한된 작은 표본 속에서의 변이와 함께 발생하는 변이를 가진 어떤 유전자를 확인하는 것은 IQ의 생물학적 기제의 기반을 이해하는 것으로부터 멀리 떨어져 있는 것이다.

마지막으로, 세 번째 문제는 또 다른 논의 거리를 제기한다. IGF2R 수용체 유전자(또는 인슐린과 같은 발육인자 2, 다면체(multifaceted) 호르몬의 하나)에 대해서는 거의 알려진 바가 없다. IGF2R 수용체는 암에서 어떤 역할 담당하는 것으로 보고되었으며, 그래서 비록 어떤 역할도 입증된 바는 없지만, 이 유전자가 뇌의 발달과 매일매일의 물질대사 양자 모두에게 영향을 끼칠 수 있다는 가설이 제기되었다(De Souza et al., 1995). 수만 개의 유전자들이 성인 뇌에서 발현되는 것으로 발견되었으며, 더 많은 유전자들이 뇌의 발달과 성숙에 개입되어 있다(Sutcliff, 1988). 대체로, IFG2R은 특화된 IQ 유전자는 아니다. 이 유전자가 여러 가지 다른 기능들을 가진 것으로 나타나며, 얼마간은 IQ에 있어서의 변이에도 관여하는 것으로 보이기는 한다. 이와 같은 IGF2R의 다중기능적 속성은 다상유전증(多相遺傳症, pleiotropy)에 대한 고려의 필요성을 제기한다.

다상유전증(pleiotropy)

다상유전증은, 영향을 끼치는 형질들에 있어서의 동시적 변이를 야기시키는 분리하는 유전자(segregating gene)(즉, 그 유전자는 세대에서 세대로 전달된다)처럼, 한 유전자가 두 가지 이상의 형질에 영향을 끼치는 속성이다(Falconer & Mackay, 1996). 다상유전증의 효과는 1차적으로 주 유전자들의 공통 속성으로 연구되었다. 예를 들어 성장률을 증가시키는 유전자들은 키나 체중을 증가시키고, 그래서 표현형 수준에서 상관관계를 일으키는 경향이 있다. 다상유전증으로부터 결과 되는 상관관계의 강도는 두 개의(또는 그 이상의) 형질들이 동일한 유전자나 유전자들에 의해 영향을 받는 정도를 설명한다. 이들 상관관계는, 전달된 유전자들이 표현형적 성질들 양자 모두를 증가시는 것을 표시하면서 정적인(positive) 값을 가지거나, 한 가지 형질은 증가시키고 다른 형질은 감소시키면서 부적인(negative) 값을 가질 수도 있다. 따라서 다면 발현이 탐지 가능한 표현형 상관관계를 반드시 일으키는 것으로, 만약 유전자들이 서로 다른 방향들로 작용하는 경우에는 형질들 사이의 표현형적 상관관계를 찾아낼 수 없을 수도 있다.

다상유전증 유전자들은 어떤 유전자가(또는 유전자들이) 어떤 형질을 결정한다는 유전적 결정론의 고전적 해석을 따르지 않는다. 다상유전증 유전자는 세포 내에서 일어나는 과정들에 영향을 끼쳐서, 넓은 범위의 표현형들의 발달에 참여한다. 다상유전증 때문에 동일한 유전자들이 한 형질에 대해서는 주 유전자로, 또 다른 형질에 대해서는 소유전자로 분류될 수 있다. 식물과 동물 유전학 분야에서는 다중적인 표현형적 성질들에 영향을 끼치는 돌연변이들의 많은 표본들이 축적되어 왔다(Barton, 1990; Wagner, 1996). 또한 다상유전증에 관한 상당한 양의 분석 작업들도 있었다. 특히 분석적 연구들은, 비록 이들 돌연변이들 중 하나가 어떤 형태의 선택의 대상이 될 때조차도, 비록 유전적 원인들이 상호 연관되지 않을 수 있음에도 불구하고, 표현형적 상관관계가 우연의 의한 것보다 훨씬 더 자주 관찰될 것임을 보여 주었다(Waxman & Peck, 1998).

표현형적 유전자의 효과에 대한 직관적인 이해를 얻기 위해서는 다음 예를 생각해 보자. 뇌에서의 도파민 신호체계의 중요성은 잘 알려져 있고, 연구자들은 이 체계의 기능에 관여하는 몇 가지 유전자들을 발견한 바 있다. 하지만 최근에 많은 과학자들은 도파민 체계의 기능성에 영향을 줄 수 있는 뇌 안의 다른 체계들에 흥미를 갖기 시작했다. 크레젤과 동료들은(Kręźel et al., 1998) 생쥐에게서 레티노산(retinoic acid)의 계에 대한 돌연변이의 충격에 대해 연구했다. 그들은 상이한 레티노산 수용체들에서의 돌연변이가, 중변연계의 신호 경로(mesolimbic signaling pathway)의 기능장애에 연관된 운동능력 이상(locomotive defects)을 낳을 수 있음을 발견했다. 이 연구의 결과로서 과학자들은, 변형된 비타민 A 신호법이 도파민계(dopaminergic system)의 기능장애에 연계된 병증들(예: 파킨슨씨병과 조현병)의 병인 속에 포함될 수 있다는 것을 제안했다. 추가적으로, 레티노이드계의 기능 분열 증상을 가진 돌연변이 생쥐에 대한 연구를 요약하고 이들 돌연변이에 의해 야기된 고도의 다면발현 효과들을 지적하는 과정에서, 연구자들은, 중추신경계 내의 레티노이드 수용체들의 폭넓은 분포를 고려할 때, 레티노산 유전자들의 기능의 붕괴는 도파민계뿐만 아니라 레티노이드 신호(retinoid signaling)에 의해 조절되는 다른 체계들의 기능에도 영향을 끼칠 수 있음을 제안했다.

좀 더 복잡한 문제를 다루자면, 어떤 정해진 유전자들은 다상유전증이 발현할 것으로 "설계되었을" 뿐만 아니라, 그것들은 만약 그 세포가 그렇게 할 필요성을 가질 때에는 또한 다상유전증이 될 수 있는 것으로 보인다. 예를 들어, 중추신경계 내의 개별적 뉴런들은 오직 단일 고속 전달체(a single fast transmitter) 만을 방출하며 그래서 그것들은 특화된 그리고 특화된 유전자들에 의해 통제된다는 것이 널리 받아들여지는 믿음이다. 하지만 최근의 발견은, 어떤 단일 뉴런이, 더 빠른 글리신 성분(glycinergic component)과 더 느린 GABA(감마 아미노뷰티르산) 성분의 동시방출을 일으켜서 이 뉴런에 표적을 두고 있는 시냅스후 세포(postsynaptic cell)에서 기능적으로 별개의 수용체들을 활성화시킬 수 있음을 보여 주었다(Jonas, Bischofberger, & Sandkühler, 1998). 이 기제의 기능적 의미는 아직 이해되지 못했지만, 두뇌의 엄청난 가소성(可塑性, plasticity) 그리고 따라서 뇌의 기능에 관여하는 유전자들의 엄청난 가소성을 지적하는 것이다. 가장 최근의 발견은 어떤 단일 뉴런이 세 가지 방향(글리신만으로, GABA만으로, 또는 양자 모두) 중 하나로 반응할 수 있음을 제시한다. 왜 뇌는 항상 움직이고 있는 전도 기제(conductance mechanism)를 활성화하는데 두 개의 전달물질을 가지며 동일한 시냅스로부터 방출된 수 있게 하는 그러한 수고를 하려는 것인가(Nicoll & Malenka, 1998)? 이에 대해서는 두 가지 가설이 제시되었다. 하나는 이와 같은 "2배 정밀도(double precision)"가, 종종 정확한 타이밍에 의존하는 운동협응 행동(motor coordination)을 위해 필요하다고 제안하는 것이다. 두 번째 가설은 동시전달(cotransmission)은 전달 단위들 중 하나에서 유전적 결함이 발생했을 경우에 활성화되는 보상적 기제를 가능하게 할지 모른다고 제안했다. 특정한 신경전달 물질의 생산을 통제하는 유전자들이 서로 서로의 상황을 감시하면서 협력하고 다른 표현형의 통제에 개입함으로써 어떤 세포 구조작용(cell rescue operation)을 실행할 준비상태를 만드는 것이 가능하다.

이 논의에서 마지막 부분은 IQ상의 변이에 직접적으로 기여하는 그러한 유전자는 없을지도 모른다는 것이다. 사실 IQ는 많은 하위수준의 정보처리 과정에 대한 하나의 복합 반사체(complex reflector)이기 때문에, 어떤 유전자들이 다른 것들과 만들어 낸 다양한 산발적인 상관관계들의 수집 결과일 수 있다. 예를 들어 많은 인지 과정들에서 표현형적 변이성(variability)이 신경전달 물질들의 시냅스 집중(synaptic concentration)에 있어서의 변이성과 연결되어 있음은 의심할 여지가 없다. 이들 집중에 있어서의 변이성은 대부분 해당 유전자들에게 있어서의 변이성 때문일 공산이 높다. 어떤 이유로 신경전달 물질들에 있어서의 이 변이성이 다른 인지 과정에서의 변이성보다 IQ에 있어서의 변이성에 더 관련이 있다는 가설을 지지하는 여하한 증거가 존재하는가? 그 반대일 가능성이 높다. 유전력 패러다임 내부에서조차, 상이한 인지 능력들에 걸쳐 있는 실질적인(추산된!) 유전자 중복에 대해 논의하는 목소리들이 존재한다(Petrill, 1997). 유전자들을 세포 과정들, 환경, 그리고 행동에 연결시키는 복잡성의 양상들이 급속도로 밝혀지고 있음은, 우리가 유전자와 행동 사이를 탐색하는데 사용해 온 오래된 지도에 대해 재고할 것을, 그리고 아마도 미래를 위한 새로운 인도 장치(guides)의 설계를 제안하고 있다.

유전적 기제의 복잡성

이 절에서는 상이한 인지적 표현형들에 관여하는 유전적 기제들의 두 가지 예가 논의될 것이다. 이들 기제는 심리학자들이 관심을 갖는 여하한 특정 표현형들의 생물학적 기제들(biological mechanisms any particular phenotypes)의 성질인 복잡성의 실례들이다. 여기서 제시된 작업들은 유전력 패러다임의 외부에서 실행되는 점에 주목하자.

선천적 지적 발달 장애의 가장 흔한 원인은 남자 1,500~2,000명 그리고 여자 2,000~2,500명 중 1명에 영향을 끼치는 소위 취약 X 증후군(fragile X syndrome)인데(Webb, Bundley, Thake, & Todd, 1986), 발병률 추산치는 모집단에 따라 다양하게 나타나는데, 핀란드 남성(1,250명 중 1명)에서 가장 높고 호주 남성(5,000명 중 1명)에서 가장 낮게 나타난다(Sherman, 1996). 이 X 염색체 이상은 X 연관 지적 발달 장애의 약 50%의 원인이 된다. 이 증후군에 의해 야기되는 지적 발달 장애는 대체로 심한(중증) 지적 발달 장애를 겪는 사람들에게서 미약한 수준에서 중간 수준 범위(IQ 35~69)로 나타나고 다른 사람들의 경우 정상 지능을 나타낸다. 이 증후군은 다른 몇 가지 다른 이해할 수 없는 인간 질병들(예: 위축성 근 경직증, 헌팅턴 병)과 함께, X 염색체 상의 어떤 유전자 내에서 일어나는 세 개의 핵산염(核酸鹽, nucleotide)의 반복 배열의 확장의 의해 야기된다. 이 반복 배열의 특이한 속성은, 각 세대에서 이들 반복이 복제되고 그 배열이 갈수록 길어져서 결국에는 유전자 기능의 희생에 이르게 되는 것이다. 그 영향의 발현은 우성기제(dominant mechanism)에 의해 통제되는 것으로, 두 대립 유전자들 중 적어도 하나가 충분히 확장되기만 하면 완전한 병증이 발생한다. 추가하자면, 대부분의 경우 그 질병의 심도는 반복의 길이에 따른다(반복이 길어지면 길어질수록 상태가 더 심해진다).

FMR-1 유전자를 포함하는 영역에서의 트리뉴클레오티드(또는 삼핵산) 반복 배열(trinucleotide repeat sequence)의 역할은 1991년에 드러났다(Davies, 1991; Oostra, 1996). 일반적 모집단 내의 개체들은 6에서 50회의 트리뉴클레오티드 반복을 보인다. 하지만 임상적으로 그리고 세포유전학적으로 정상인 절대 보유자(obligate carrier)들, 즉 표현형적으로 자신은 정상적이지만 그 아이들은 질병에 영향을 받는(남자와 여자 모두) 사람들의 경우에는, 50 내지 200회 반복을 보인다. 전돌연변이(premutation)라고부르는 이 확장된 배열(50 초과 반복을 포함하는 DNA의 신장)은 불안정하며 200 또는 그 이상으로 반복을 확장할 가능성이 있다. 취약 X 증후군은 완전 돌연변이(full mutation)의 존재라는 특징을 갖는데, 200회 보다 더 큰 반복을 가지고 있다. 완전 돌연변이의 중요성을 조사하기 위해 설계된 연구들은, 200보다 더 큰 반복 횟수를 가진 사람들은 FMR-1 유전자를 발현시키지 않음을 보여 주었다(Pieretti et al., 1991). 비록 FMR-1 유전자을 취약 X 증후군의 표현형에 연결시키는 완전한 경로는 아직 발견되지 않은 상태이지만, 이 유전자가 뇌에서, 특히 뉴런의 세포질에서(Devys, Lutz, Rouyer, Belloeq, & Mandel, 1993) 발현된다는 것은 알려져 있다. 이 증후군이 표시되는 데 있어서의 그 유전자의 역할은 이제 확증되었다(De Boulle et al., 1993; Gedeon et al., 1992).

이 논문의 맥락 속에서 취약 X 증후군의 유전적 기제가 흥미를 갖게 만드는 것은 두 가지 이유 때문이다. 첫째, 이 사례에서 가족 속에서 전달되는 것은 완전한 표현형(예: 지적 장애라는 표현형)이 아니라 그보다는, 만약 그 반복의 확대가 계속되면 세대를 거치면서 계속 악화되는 증상들의 조합이라는 점이다. 그러나 흥미로운 것은 그러한 "중개자적(intermediate)" 개체들은 표현형적으로는 오직 후행적(backwards)으로만 확인될 수 있다는 것으로, 즉 그 후손들에서 질병이 완전한 하행(descendens)된 후에만 가능하다는 것이다. 달리 말하면 반복의 확대가 병리적인 역치(閾値, pathological threshold)를 넘지 않는 한 그 보유자는 표현형적으로 정상인 사람들과 다르지 않다는 것이다.

둘째, 지적 발달 장애의 일종인 다운 증후군의 생물학적 기제와 유사하게, 취약 X 증후군도 또한 유전적으로 결정되지만 물려받는 것은 아니라는 점이다. 현재의 견해에 의하면(Singer, 1998), 그 확대는 거의, 세포 주기에서 DNA 복제 과정 동안 DNA 폴리메라아제(DNA polymerase)가 반복에서 더듬거리고(stutter) 그러면서 반복을 중복시킬 수 있는, 생식세포 또는 태아일 때 일차적으로 발생하는 것으로 보인다.

예를 들면, 장기기억에 대한 연구들을 고려함으로써, 복잡한 표현형에 잠재되어 있는 유전적 기제의 복잡성에 대한 우리의 인식을 더 넓혀갈 수 있다. 시냅스의 가소성(synaptic plasticity)(즉, 뉴런이 행동과 경험으로 시냅스 연결의 강도를 변경할 수 있는 능력)이 기억 저장에 있어서 중대한 역할을 한다는 것이 오래전부터 알려져 있다. 이 지식에 기반해서 오래 지속되는 시냅스 가소성을 조절하는 유전적 발현에 대한 분자 연구들은 이들 과정에 대한 양성 조절체(positive regulator)를 확인하는데 1차적으로 집중했다. 하지만 최근 작업에서 시냅스 가소성의 지속되는 형태는 양성 조절 체계의 연장된 활성화뿐만 아니라 기억 저장을 중지 또는 저해하는 억제수단(inhibitory restraint)의 철회 또한 필요하다는 것이 드러났다. 어떤 연구자들은(예: Abel, Martin, Bartsch, & Kandel, 1998) 그 산물이 기억 저장을 억제하는 소위 "기억 억압 유전자들(memory suppressor genes)"이 존재해야 함을 제안했다. 이 가설에 의하면, 적어도 두 개의 유전자군이 장기기억에 개입되는데, 한쪽은 유도(induction)를 조절하며 다른 쪽은 억제(inhibition) 또는 철회(withdrawal)를 조절한다고 본다. 이에 따라서 유전자 발현에 있어서의 차이는 학습욕구(learning needs)에 의해 조장되어야 한다고 추정된다. 즉, 어떤 기억 유전자들은 뉴런 활동에 반응해서 자신의 발현을 증가시키는 반면 다른 유전자들은 자신의 발현을 억제할 것이라는 것이다. 오늘날의 분자 분석 도구들은 연구자가, 뉴런 활동의 상이한 유형과 단계가 진행되는 동안 실험대상 조직에서 유전적 발현을 비교하는 것을 목표로 하는 접근방법들을 사용할 수 있게 해 준다. 이와 같은 계통들은 오직 전체관적으로(holistically)만 연구될 수 있다. 달리 말하자면 유전자 발현에 있어서의 변화들은 뉴런 작용의 맥락 속에서 기록되어야만 하며, 사실은 그것은 유전자 입장에서는 외부의(원한다면, 환경적인 것이라고도 말할 수 있다) 사건이다. 유전자는 자신의 발현 유형을 시냅스 작용에 반응해서 변화시키는 것이며, 이 체계는 본래부터 상호작용적인 것이고 따라서 그 체계의 유전적 및 환경적 성분들을 다르게 만들려는 어떠한 시도는 근본적으로 결함이 있는 것이다. 다음에 논의하려고 하는 환경 속에서의 유전자의 기능에 대한 논의 중에 이 상호연계성을 좀 더 완전하게 고찰할 것이다.

환경 속의 유전자

유전력 패러다임에 대한 가장 신랄한 비판의 하나는 유전자와 환경의 주 영향의 분리 가능성을 상정하는데 집중된다. 사실 이러한 생각은 그 패러다임 자체만큼이나 오래된 것이다. 1913년 찰스 다윈의 아들이자, 당시 영국우생학협회(British Eugenics Society)의 장이었던 레오나드 다윈(Leonard Darwin)은 자신의 한 논문에서 "그 효과 측면에서 전체로서의 유전력을 전체로서의 환경과 비교하는 것은 불가능한 일이다. 왜냐하면 어떤 살아 있는 존재도 둘 중의 하나가 없이는 한 순간도 존재할 수 없기 때문이다."라고 썼다(p. 135). 하지만 표현형적 변량을 그 성분으로 쪼개는 편리함이 레오나드 다윈과 많은 다른 사람들의 우려보다 우위에 섰다. 하지만 발달은 어지럽게 뒤섞인 결과이며 유전자와 환경의 인과 관계적 힘들로 깔끔하게 분리할 수 없는 것이라는 것임을 제시하는 관찰 결과들이 계속 쌓여 갔다. 다음과 같은 예들은 어떻게 유전자가 서로 다른 형태의 환경들과 상호작용하는지를 묘사한다. 이들 환경은 세포 단위에서 문화에 이르기까지 발달하고 성숙해 가는 개체(그것이 동물이던 사람이던)에 의해 경험되는 영향들의 폭넓은 스펙트럼에 걸쳐 있다. 현재의 시점에서는 인간의 지적 기능에 관해서 유전자와 환경의 상호작용(coaction)의 세부적 양상에 대해서는 상대적으로 알려진 바가 많지 않다. 이것이 다음에 나오는 묘사들의 어떤 부분은 동물들에게 있어서의 인지 기능에 대한 연구들로부터 왔으며 반면에 다른 부분들은 IQ를 제외한 표현형들에 대한 인간을 대상으로 한 연구 자료들에서 도출되고 있기 때문이다. 다음의 몇 단락들은 복합적인 행동적 표현형들을 형성하는 유전자와 환경의 상호작용의 형태들을 묘사한다. 이 사례들은 지적인 기능에 있어서의 개인차를 유발하는 기제들에 대한 우리의 사고의 형틀로서 작용할 것이다.

유전자와 분자 환경

유전자와 그것이 위치하는 분자 환경 사이의 친근함의 정도를 이해하기 위해서는 정상적 건강의 유지를 위해 요구되는 필수 영양분의 하나인 콜린(cholin) 연구들을 고찰해 보자(Blustajn, 1998). 멕, 윌리엄스, 및 그 동료들(Meck, Smith, & Williams, 1989; Meck & Williams, 1997a, b)은 태아의 발달 동안의 콜린(choline)[16]의 가용성과 몇 가지 인지적 지표들 사이의 연계를 연구했다. 이들 연구자들은, 높은 세포 분열과 태아의 뇌에서의 세포 예정사(programmed cell death)를 특징으로 갖는 임신 기간 동안(11일에서 17일까지)에 쥐의 식이 중의 콜린의 양을 통제했다. 쥐들은 각각 (1) 콜린 없음, (2) 콜린 섭취 제한, (3) 제한량의 세 배의 콜린 섭취 조건으로 세 집단으로 실험을 하였다. 이와 같은 치명적인 임신 기간 동안을 제외하고는 어미 쥐와 새끼들 모두 정상적인 먹이가 제공되었다. 아주 짧은 시간 동안의 콜린 양의 이러한 변경은 분명하게 자손들에서 일생 지속되는 행동 변화를 낳았다. 성체가 되었을 때 집단 (3) 어미의 후손들은 일시 기억, 공간, 그리고 주의력 과제들에서 상대적으로 더 능숙했다. 대조적으로 집단 (1) 어미의 후손들은 몇 가지 주의력 및 기억 과제들에서 장애를 보였다. 더구나 집단 (3) 어미들의 후손들은 기억 실행력을 유지함으로써 노년기에 일반적으로 관찰되는 기억력 쇠퇴를 보이지 않았다. 신경물리학적 및 신경화학적(각각 Cermak, Holler, Jackson, &

16) (옮긴이 주) 체내에서 지방대사에 필수적이며, 비타민 B 복합체에 포함되어 있는 지방성 물질

Blusztajn, 1998; Pyapali, Turner, Williams, Meck, & Swartzwelder, 1998) 관련 자료들이 제시하는 것은, 태아기의 콜린 가용성이, 장기 강화작용의 역치를 낮추고 신경전달물질인 아세틸콜린(acetylcholine)의 방출을 증가시킴으로써, 해마의 시냅스 가소성에 연결되어 있다는 것이다. 이 두 가지 기제 모두는 학습과 기억에 있어서 중요한 것들이다(Bliss & Collingridge, 1993; Fibiger, 1991).

이들 발견은 세포 역학이 단순하게 DNA로부터 읽어 들인 마법 주문(naiveté)에 의해 단순하게 작동한다는 믿음의 순진성에 대해 다시 한 번 강조하는 것이다. 반면에 세포가 게놈 속에 담겨 있는 정보들에 대해 민감한 만큼, DNA는 세포의 상태에 민감한 것이다. 더구나 일부 극단적 상황에서는 세포역학이 유전자들에 대해 제한을 부과한다. 위에 설명한 것들과 유사한 관찰들이 선형 DNA-행동 형질 패러다임(linear DNA-behavioral trait paradigm)과 유전적 및 환경적 영향의 분리성이라는 가정에 등을 돌렸다.

유전자와 경험

유전 자체가 경험에 대한 "계획"을 가지고 있는 것으로서, 즉 경험을 위한 공간을 남겨두고 있다. 예를 들면 연구자들(Crair, Gillespie, & Stryker, 1998)은 고양이의 시각피질(visual cortex)의 발달에 있어서 시각적 경험의 역할에 대해 연구했다. 일반적으로 고양이에게 있어서 양식화된 시각적 경험(patterned visual experience)은 출생 일주일 후 정도의 시점에서 눈을 뜰 때 시작된다. 2주 정도를 자라게 되면 고양이는 방향성(orientation)과 안구 우위성(ocular dominance)에 대한 피질지도(cortical map)를 발달시킨다. 과학자들은 정상인 고양이와 양쪽 안구를 가린(즉, 양안 눈꺼풀을 눈뜨기 시점 전에 봉합하여 양식화된 시각적 경험을 할 수 없게 만든 것임) 고양이들에게서 방향성과 안구 우위성을 위한 지도의 발달에 대해 연구했다. 연구 결과 3주차까지 정상인 경우와 양안을 가린 고양이들에게서 동일하게 피질 지도가 발달되었기 때문에, 초기의 양식화용 영상이 중요하지 않은 것으로 나타난다는 것을 보여 주었다. 이와 같은 결과들은 피질지도의 내재적인 기초적 구조에 대한 가설을 지지하는 것으로 보이는데, 즉 이들 지도의 형성이 유전적으로 결정되어 있는 것으로 나타나기 때문이다. 그러나 후의 양식화 경험은, 피질 뉴런(cortical neuron)의 반응성(responsiveness)과 선택성(selectivity)을 유지하는 그 이상의 시각피질 발달을 위해 대단히 중요하다. 크레이어 등(Crair et al., 1998)은 자신들의 발견이 피질 발달에 있어서 내재적인 요인들과 경험적 요인들 사이의 상호작용을 묘사하는 것으로 해석했다. 유전자는 기초 지도를 형성하고 나면 경험이 그것을 정련하고 향상시키는 것으로, 시각 피질의 발달은 경험으로부터 독립적인 단계와 경험에 의존하는 단계를 순서적으로 거쳐 진전된다.

신경계의 발달에 있어서 최초의 연관의 구성이 유전적으로 결정된다고 가정하는 이러한 해석은 더 진전된 의문이 제기되었다. 아주 최근까지 신경계의 발달에 있어서 연계는 최초에 활동으로부터 독립적인(activity-independent) 과정인 축색돌기 경로탐색(axon pathfinding)과 표적 선택(target selection)에 의해 형성된다는 것이 공통된 믿음이었다. 이 최초 설정은 삶의 그 후 단계에서 신경활동에 의해 정련되는 것으로 생각되었다. 그러나 최근의 실험들 속에서 연구자들은 시상 축색돌기들(thalamic axons)에 의한 피질의 표적 선택이라는 최초 단계에서조차 활동 의존적인(activity-dependent) 과정들이 일어난다는 것을 제시하는 결과들을 획득했다(Catalano & Shatz, 1998). 축색돌기의 망구성 초기단계 동안 고양이에게 화학물질을 주입함으로써 연구자들은 망막 내에서 발생하는 자생적 활동의 잠재성을 가진 행동(spontaneous action-potential activity)들을 차단했다. 그 결과 뉴런들 다수는 축색돌기를 이동시켜서, 시각피질로 자신들을 투사하기보다는 일반적으로는 우회하는 기타의 뇌 영역들 속으로 자신들을 투사했다. 즉, 피질에 작용했던 그 축색돌기들이 국소적으로 해체(disorganized)되었다. 그래서 피질 연계 설정의 초기 단계들조차도 활동 의존적인 것으로 보인다.

더 높은 수준의 포유류 표현형들에서의 경험의 역할을 탐구하기 위해서, "성체에서는 새로운 뉴런은 없다(no-new-neurons-in-adults)"는 원칙에 도전하는 최근 연구들의 흥미로운 증거들에 대해서도 생각해 보자(Barinaga, 1998). 조류나 파충류 같은 하등 종들의 경우에 일생 동안 뇌의 뉴런들이 생산된다는 것이 이전 연구들을 통해 밝혀진 바가 있다. 고등 동물들에 대해서도 이전에 연구된 바 있지만 성체에서의 뉴런 생성은 증거가 나타나지 않았다(Rakic, 1985). 그러나 최근에 연구자들(Gould, Ranapat, McEwen, Flugge, & Fuchs, 1998)은 다 자란 중남미산 비단털 원숭이과의 작은 원숭이(marmoset monkey)가 해마에서 새로운 뉴런을 만든다는 것을 보고했다. 더구나 관련 연구들은 스트레스 축소(Gould & McEwen, 1995) 및 풍부한 경험(Kempermann, Kuhn, & Gage, 1998)이 뉴런생성 비율을 증가시킬 수 있다는 점을 제시했다. 이에 추가해 이들 결과는 경험이 뉴런 교체 비율을 조절할 수 있음을 제시했다. 과학자들은 왜 라킥(Rakic)이 붉은털 원숭이(rhesus monkey)로는 부정적 결과를 얻었는지를 아직 설명하지 않은 상태에서, 한편으로 굴드와 맥커윈은 비단털 원숭이에게서 긍정적 결과를 얻었다. 분명히 두 발견들 모두 이 문제를 결론짓기 위해서는 반복 실험이 시행되어야 하고 인간에 대한 가능한 결과도 조사되어야 할 것이다. 이에 추가해서, 또 다른 과학들은, 새롭게 태어난 뉴런은 어떻게 기존의 뉴런망에 흡수될 것인지 그리고 이 새로운 개체는 어떤 가능한 이익과 불이익을 가져올 수 있을지에 대한 관심사에 도전하고 있다. 에둘러 말하기는 했지만, 뉴런 생성이 그 후의 삶에서의 학습과 기억 증진에 중요할 수 있다는 가설은 고려할 가치가 있어 보인다.

이러한 관찰 조합은 유전자와 행동을 연결하는 구조에 있어서의 복잡성의 또 다른 갖춤새(set)를 드러낸다. 갈수록 명백해지는 것은, 학습과 기억이 일어날 때에 어떻게 유전자가 행동하고 그 세포 내에서는 무엇이 일어나는지에 대한 이해는, 어떤 특정 유전자가 확인되고 그것이 환경과의 작용에 대한 관계의 특성이 밝혀질 때에만 가능한 것이다. 유전력 패러다임은 인간 지능과 관련된 한 개의 새로운 유전자도 아직 밝혀내지 못한 상태이다.

유전자와 생활환경

여기에서는 암 연구의 몇 가지 양상에 대해 고찰함으로써 생활환경에 대한 영향의 사례에 대해 검토해 보자. 대부분의 암이 유전자와 환경의 상호작용의 결과라는 것은 현재 공통적으로 받아들여지고 있지만(Doll, 1996; Perere, 1996; Perera & Weinstein, 1996), 유전적 요인들 자체로는 모든 암의 단지 약 5% 만을 설명할 뿐이다(Knudson, 1985; Venitt, 1994). 나머지 95%의 암은 환경적 요인들이 유전적 및 획득된 감수성과 공동작용한 것이 원인이다(Perera, 1997).

예방 작업에서 두 개의 공통적인 접근방법들이 사용되어 왔다. 첫 번째는 개인들이 해로운 생활방식을 수정하도록 돕는데 집중한다. 두 번째 접근방법은 일과 생활 조건을 조절함으로써 발암물질에 대한 비자발적 노출을 억제하는 것을 강조한다. 두 접근방법 모두에 공통되는 기반은, 어떤 모집단 내의 모든 개체들이 어떤 특정 발암물질 흡수에 대해 동일한 생물학적 반응을 갖는다는 가정이다. 하지만 이들 접근법들은 특정 모집단 속에서 위험 평가나 예방을 촉진할 수 없었는데, 최근에는 감수성에 있어서의 개인 간 의 차이가 건강 정책 입안자들의 중심 관심사가 되었음에도 불구하고, 같은 상황이었다.

암 발생에 상호작용하는 환경-감수성의 상이한 경로를 묘사하고 분류할 이와 같은 필요성으로부터, 분자 역학(molecular epidemiology)이라는 새로운 접근방법이 부상했는데, 특정 인구 내의 위험 요인을 연구하기 위해서 생물표지(biomarker)와 다양한 환경적 노출의 특정화(specification)에 의존한다. 암에 대한 위험을 정의하는 과정에서 분자 역학은 생물학적(감수성) 및 환경적 요인들 사이의 몇 가지 현저한 상호작용들에 대해 기록했다(Perera, 1997). 특히 흥미를 끈 생물학적 지표들 중에는, 신진대사-해독 효소들을 부호화하는 유전자들이 있는데, 두 개의 가장 유해한 환경적 발암물질은, 화석연료의 산화의 산물인 다환 방향족 탄화수소(PAH, polycyclic armatic hydrocarbon)와 흡연으로 나타나는 방향족 아민(armatic amine)이다. 생물학적 감수성 지표들과 환경적 발암물질 상호관계의 복잡성에 대해 얼마간 묘사해 보자.

일반적으로, 일부의 소위 대사 유전자(metabolic gene)들은 환경의 발암물질에 대한 개인의 생물학적 반응에 강한 영향을 정보자료 발암물질에 대한 노출의 결과로, 상이한 신진대사 과정들의 잔류물들은 DNA에 달라붙어서 그 결과 부가체(adduct)라고 불리는 구조를 형성해서 발암전구물질적 DNA 손상(procarcinogenic DNA damage)을 일으킨다. 흡연자들 그리고 PAH에 대한 노출비율이 높은 사람들은 더 많은 PAH-DNA 부가체들을 갖는 경향이 있음이 나타난 바 있다. 하지만 이러한 관계는 누구에게나 일률적이지는 않다. 예를 들면, 페레라(Perera, 1996)는 동등한 노출 조건 하에서 발암물질-DNA 결합에 있어서의 상당한 개인 간의 차이를 발견했다.

특히, 어떤 발암적 산물들은 많은 화학물질(스테로이드에서 오염물질까지)의 초기의 촉매과정 단계 중에 일어난다. 이들 단계들은 소위 P450 효소에 의해 수행된다. P450 효소의 생산은 CYP1A1을 포함하는 몇 개의 유전자들에 의해 통제되는데, 어떤 PAH를 신진대사시키는 생산물들을 내놓는다. 이 유전자는 다형적인 것으로, 즉 그 모집단 내에서 몇 개의 변이들이 존재한다. 백인의 10%는 흡연자에게서 폐암 위험이 증가되는 것과 연관된 어떤 형태의 효소를 가지고 있다. 이어서 어떤 연구들은 폐암 위험 증가가 CYP1A1 유전자의 어떤 변이와 연관되어 있음을 보여 주었다(Kawajiri, Eguchi, Nakachi, Sekiya, & Yamamoto, 1996; Nakachi, Imai, Hayashi, Watanabe, & Kawajiri, 1991; Xu, Kelsey, Wiencke, Wain, & Christiani, 1996). 보다 중요한 것은, 연구자들이 이와 같은 "감수성 높은" CYP1A1 유전자형을 가진 경우와 그렇지 않은 경우인 가벼운 흡연자(light smoker)들을 비교했을 때, 전자의 위험은 후자보다 7배 높게 나타났다는 것이다. 하지만, 그 유전자형을 가진 중증 흡연자(heavy smoker)와 그렇지 않은 중 흡연자를 비교했을 때, 감수성 유전자형을 가진 사람들의 위험은 그 유전자형을 가지지 않은 중증 흡연자에게서 발생하는 위험의 2배보다 작았다(Kawajiri et al., 1996; Nakachi et al., 1991).

화학물질들의 촉매작용의 마지막 단계에서 작용하는 효소들은 일반적으로 배출 가능한 산물로 만들기 위해 발암성 대사 산물(metabolite)들을 해독한다. 이러한 효소들 중 하나인 GSTM1은 PAH의 역반응 중간체(reactive intermediate)를 해독한다. 이 효소를 생산하는 유전자는 백인의 약 50%에서 완전히 결실되어 있다. GSTM1 결실이 방광암과 폐암의 위험 증가와 연관되어 있다는 상당한 수준의 증거가 존재한다(Bell et al., 1993; McWilliams, Sanderson, Harris, Richert-Boe, & Henner, 1995). 감수성-노출 상호작용의 복잡성은, GSTM1 결실의 유전자형을 가진 사람들이 담배 연기에 대한 노출이 없는 상태에서는 방광염을 발전시킬 위험은 무시해도 좋을 정도라는 관찰 결과에 의해 묘사된다. 그러나 연기에 대한 노출은, PHA-DNA 부가체가 GSTM1 결실인 사람들에게서 높게 나타나기 때문에, 이와 같은 사람들을 고위험에 빠지게 만드는 것으로 보인다(Kato, Bowman, Harrington, Blomeke, & Shields, 1995; Ryberg, Hewer, Phillips, & Haugen, 1994a, b).

간단히 말해서, 노출에 반응한, 부가체의 형성과 돌연변이의 출현은 대사 유전자(metabolic gene)에 있어서의 변이에 의해 강하게 조절된다. 발암성 화학물질의 대사 활성화나 해독에 영향을 끼치는 이 유전적 변이는 집단 위험도(population risk)의 중요 결정요인(determinant)이다. 많은 연구들이 대사 유전자들에 있어서의 특정 변이가 발암물질에 대한 노출이 낮을 때에 발암성 부가물과 암 위험에 대해 더 크게 영향을 준다는 것을 제시함을 지적하는 것은 흥미롭다(Perera, 1997). 고도 노출시에 환경적 상해가 유전적 변이를 압도하는 것이 가능하다(비록 모든 형태의 변이에 대해 이것이 지지되지는 못할 수 있다 하더라도).

환경적 발암물질에 대한 개인의 반응의 복잡성은, 영양공급과 기존의 건강상태와 같은 요인들이 고려될 때 더욱 분명해진다. 예를 들어, 몇몇 연구들은, GSTM1 결실을 가진 유전자형의 흡연자들이 알파 토코페롤과 특정 카로테노이드들과 같은 미량영양소(micronutrient)들이 부족한 식이 상태에서는, 발암물질이 야기하는 DNA 손상에 대항하는 보호가 감소될 수 있다는 것을 보여 주었다(Mooney et al., 1997; Mooney & Perera, 1996).

위에서 간략하게 설명된 암에 대한 작업들은 특정 유전자형에 대한 환경적 섭취의 영향의 중요성을 강조하고 있다. 분명하게도 일반적 인구집단에서의 법칙이 모든 하위집단에서도 옳은 것은 아니다. 인구집단이 그 소속원들의 유전자형의 형태들에 의해 계층화되면(이들 유전자형이 무엇인지 정확하게 알아야 할 필요성에 주목하라), 그 상이한 계층은 특별한 환경적 작용제에 대한 민감도의 전체 범위를 묘사할 수 있을 것이다. 지적 기능의 사례에 있어서는 IQ의 유전력은, 서로서로에 대한 상이한 분포의 부가(superimposing)를 반영하는 변량의 이질성으로 특징지어지는 잘 정의되지 않은 인구집단들 속에서 얻어진 추상적 지표이다. 지적 기능의 측면에서 유전자와 환경 사이의 연계에 대한 어떠한 의미 있는 해석은, 특정한 유전자형과 특정한 환경의 확인, 수량화 및 서술에 기초해서만 존재할 수 있는 것이다.

유전자와 문화

마지막으로 게놈에 대한 사회적 규칙의 영향을 보여 주는 사례들을 검토해 보자. 힌두의 카스트 제도의 엄격한 규칙들은 3,000년 넘게 그 추종자들의 결혼선택을 통제해 왔다. 이러한 문화적 전통은 현대의 힌두 사람들의 유전자에 명확한 표지(mark)를 남겼다. 과학자들이 Y 염색체(오직 부계를 통해서만 물려받는 성 염색체의 하나)와 미토콘드리아 DNA(모계를 통해서만 유전됨)상의 표지들을 분석했을 때, 그들은 흥미로운 패턴을 발견했다(약식 보고 내용에 대해서는 Gibbons, 1998을 참조할 것). 상이한 카스트에 속하는 힌두 남성들로부터 수집된 유전적 물질들을 이용해서 연구자들은 카스트들 사이의 유전적 차이를 수량화했다. 미토콘드리아 DNA에 기초한 경우 그러한 차이는 상층 카스트와 하층 카스트 사이에서 보다는, 상층과 중간층 및 중간층과 하층 카스트들 사이에서는 더 낮게 나타났다. Y 염색체에 대한 DNA 검사에 기초한 경우에는 상층 카스트에 속하는 남성들이 중간층 카스트에 속하는 남성들과 비교했을 때보다 하층 카스트에 속하는 남성들에 대해 더 많은 유전적 표지들을 공유하고 있지 않음을 발견하여 카스트의 경계선을 거의 넘지 않음을 표시하고 있음을 발견했다. 통털어 이러한 관련 자료가 제시하는 것은 힌두의 여성들이 때로는 상층과 결혼을 해서 더 높은 카스트로 사회계층을 상승시킴을 제시하는 것이다. 그러나 힌두의 남성들은 자신이 태어난 카스트 내에 머물러 있는 경향이 있는 것이다. 이 군집화는 이들 남성들의 모계 선조들이 인근 카스트로부터 상승 이동해 오면서 이웃하는 카스트들 사이의 유전자들을 혼합시켰음을 의미한다. 이 발견은, 여성들의 상승이동을 조장하는 엄격한 사회적 규칙은 문화-역사적 기록(Kao & Sinha, 1997)과 소설(Roy, 1997)들 속에 기록되어 온 것으로부터 유래한 것은 놀랄 일이 아니다. 이 장의 맥락 속에서 지적해 둘 가치가 있는 것은 또 한 번, 어떤 문화적 배경 속에서의 유전자와 환경의 혼합된 공동작용이다. 더구나, 힌두 사회의 결혼 관습은 유전력 패러다임의 기저가 되는 통계적 모형에 대한 방법론적 도전을 제기한다(예: Capron et al., 1998). 즉, 각 카스트 내에서 배우자들 사이의 유전적 유사성이 계량화되고 유전력 추산치 속에 반영되지 않는 한, 친족들 사이의 상관관계에 기초해서 h^2를 얻는 전통적인 패러다임의 방법들은 왜곡된 변수 추산치를 산출시킬 것이다. 이에 추가해서, 이 연구로부터의 결과들은 사회적 역사를 밝히는 데 있어서 유전적 연구의 힘을(그것이 관련된 유전자들의 세부적인 계량화를 포함할 때) 입증하는데, 이것은 유전력 패러다임의 분해 도구들로는 갖출 수 없는 것이다.

이 절에서는 다양한 이유로 유전력 패러다임 내에서는 충분히 다루어지지 않는 몇 가지 주제들을 유전력 패러다임에 대한 논의 속으로 도입했다. 그 주제들은 (1) 모집단 특정적 대립 유전자 빈도에 대한 h^2 추산치의 의존성, (2) 표현형적으로 상관되어 있는 형질들의 기저를 이루는 생물학적 기제들을 이해하는 데 있어서의 다상유전증(多相遺傳症, plieotropy) 효과의 중요성, (3) 복잡한 표현형적 형질들에 있어서의 변이의 원인이 되는 유전적 기제들의 복합성, (4) 유전적 변이의 기저를 이루는 표현형적 발현에 있어서의 환경이 통합되어 있는 역할 등이다. 그러한 주제들이 다루어지지 않은 것에 대한 한 가지 설명은 그 패러다임이 이들 주제들을 처리할 도구를 가지고 있지 않다는 것이다.

이 모든 사항들에 비추어 볼 때 이 분야가 어디로 나가기를 바라는 것인지에 대한 나의 답은 한편으로는 단순하지만 다른 면에서는 복잡하다. 그것이 단순한 이유는, "우리는 관련된 기제들을 확인, 측정, 그리고 분석해야 한다."라는 한 개의 짧은 말로 근본적으로 표현될 수 있기 때문이다. 하지만 이 해결방법은 확인, 측정, 및 분석의 대상물들이 (그것이 특정한 유전자이던 특정한 환경이던 간에 관계없이) 모형 속에 포함되어야 하는데, 동일한 사상에 기초한 다변량 분석을 위한 표현현적 상관관계로서가 아니라(예: Plomin & Petrill, 1997), 우리가 모델링하고 있는 치밀하게 설계된 체계의 관찰된 요소들로서 포함되어야 하기 때문에 또한 복잡한 것이다. 유전력 패러다임의 출현 이후로 항상 우리는 측정할 수 있는 능력이 없었기 때문에 추산해야만 했다. 이제 우리는 측정을 할 수 있게 되었으며 따라서 우리의 추산하는 습성을 억제해야만 한다. 심리학 분야 및 기타 분야에서의 어떤 발전이, 우리가 측정을 할 수 있다는 나의 단언을 가능하게 하는 것인가?[17]

무엇이 나타나고 있는가?

모든 과학 영역들은 이론과 관찰의 혼합으로 발전한다. 하지만 어떤 이론이, 비록 그것이 단순화되어 있고, 환원적이고 애매한 이론이라고 해도, 그것이 없이는 무엇을 관찰할지 그리고 어떤 실험을 설계해야 할지 생각할 수 없게 된다. 표현형적 형질의 다양성에 대한 유전자 다양성의 중요성을 전달하는 데 있어서의 유전력에 기초한 접근방법의 역할을 과대평가하기는 어렵다. 하지만 그렇게 해 왔었다. 그러면 그 다음에 오는 것은 무엇인가?

유전학에서

현재 나타나고 있는 것의 강도는 숨막힐 듯 강하다. 생물학자들이 유전자 부호를 깨뜨린(즉, DNA를 단백질로 번역하는 열쇠를 발견한) 이후 30년 동안 그들은 DNA 부호의 "개별화(personification)"에 계속해서 집중해 왔다. DNA 염기서열인 뉴클레오티드 C(s.

---

17) (옮긴이 주) 이 세상에 존재하는 현상을 추정이 아니라 측정할 수 있다고 심리학자들은 주장한다.

시토신), T(s. 티민), G(s. 구아닌), 그리고 A(s. 아데닌)에 있어서 어떤 개인 간 변이가 중요하고 어떤 것은 중요하지 않은가? 이제는 유전학자들은 이 질문에 답하는 데 있어서 이전보다 더 나은 위치에 서 있다.

한 가지 새로운 발전은 SNP(single nucleotide polymorphism, 단일염기다형성; 스닙이라고 발음)에 대한 탐구이다. SNP에 대한 노력에는 세계적으로 많은 대학 연구소들과 사기업들이 참여했으며 정부 및 사기업의 자금에 의존하고 있다. 여기에 걸린 희망은 연구자들이 다수의 유전자들이 관여하는 질병의 발전에 기여하는 유전자들을 집어 낼 수 있게 되는 것이다(예: 조현병과 당뇨병). 이러한 사업의 기본적 전략은, 유전적 변이를 수량화하고 알려진 유전자들의 다양한 형태들을 연구하고, 인간 게놈의 새로운 지도 제작점을 제공하는 것을 목적으로, 주요 인구집단 범주로 인간 DNA에 있어서의 수십만 개의 개별성 변이(single-based variation)들을 수집하는 것이다. 이 사업에 대한 사기업 자금의 주요 투자는 그 잠재적 결과에 대한 기대 때문에 이루어진 것인데, 유전자형의 빠른 판별을 위한 도구를 제공할 수 있기 때문이다. 예를 들어서, 애피매트릭사라는 어떤 제약회사와 MIT의 과학자 집단 사이에서 어떤 협력사업을 통해서 2,000개 이상의 SNP들을 확인할 수 있는 감지장치를 창조해 낸다고 가정해 보자. 이 감지장치는 사전 입력된 DNA 배열을 입힌 전자장치일 것인데, 시험물질을 주입해서 탐침한 유전형의 구성에 대한 광범위한 양의 정보자료들을 공급해 줄 것이다.

이들 관련 자료를 갖는 다는 의미는 대단히 매력적인 일이다. 이 정보자료는 우리로 하여금 다양한 치료 접근법들(생물의학적 및 행동적인 것 모두)을 개별화하는 것을 가능하게 해 준다. 예를 들어서 몇몇 제약사들은, 어긋난 유전자들 때문에 임상시험에서 약물에 반응하지 않을 가능성이 있는 환자들을 판별하기 위해 특화된 SNP의 지도를 원한다. SNP에 대한 시도는 또한 미래의 약물치료를 위한 새로운 가능성을 구축한다. 이렇게 상상해 보자. 당신이 어떤 통증이 있어서 의사를 찾아갔을 때, 당신의 증상에 대한 처방을 해 주는 대신에 그 의사가 즉석에서 당신에 대한 DNA 검사를 한 후에 당신의 유전자형과 연계된 특정 분자구조에 부합되는 "당신의" 약물이 되도록 일반적 약품의 제조법을 수정함으로써, 당신에 대한 치료의 효과는 증진된다. 약물치료는 약물내성(drug resistance)과 부작용 같은 문제 발생을 극복할 수 있도록 개인화될 수 있을 것이다. 또 다른 사례는 더더욱 극단적이다. SNP의 사용을 통해서, 복잡한 복합유전자 상태의 출현에 개입된 유전자들이 확인되면, 임상의사는 그 환자의 SNP 목록에 기초한 이들 질병에 대한 개인적인 소인(predisposition)을 평가할 수 있게 될 것이다.

그리고 이와 같은 임상적 적용은, 복합적인 행동 형질들 내의 다양성의 근원에 대한 탐색에 사용되는 많은 정보자료들을 또한 제공해 줄 것이다. 다음 10년 동안 과학자들은 행동에 직접 및 간접적으로 영향을 주는 수천 개의 유전자들을 확인할 것이다(Hamer, 1997). 그러나 이제는 유전적 변이의 부가적 성분들을 추측하고 추산하는 대신에 연구자들은 그것을 측정할 수 있게 될 것이다. 그리고 기술 수준과 그러한 측정의 비용은 상이한 인구집단, 연령 집단, 그리고 생물학적 관계 속의 유전자형들에 있어서의 차이를 수량화할 수 있게 해 줄 것이다.

심리학에서

살아 있는 것들(그것이 단세포 기관이던 인간이던 간에)은 세포를 형성하고 그것이 완전한 기관으로 발전되도록 명령을 내리는 단백질들을 만들기 위한 지령들을 저장하기 위해 DNA를 이용한다. DNA 사슬은 4개의 다른 단위들(A, C, T, G)로 구성되어 있다. 이들 단위체들은 코돈(codon)이라고 부르는 3글자 단어로 집단이 나눠지는데 각 코돈은, 어떤 단백질(많은 아미노산들을 구성되는 복합 폴리펩타이드)의 구성단위가 되는 어떤 아미노산을 지정한다. 특별한 세포 기제가 DNA 부호를 RNA에 복사하고 이 부호를 세포의 단백질 공장에 배달하면, 그곳에서 아미노산으로부터 폴리펩타이드(polypeptide) 조합을 감독하는 안내서로 사용된다. 합성 단백질은 신피질 내의 억제적 및 자극적 신경망(inhibitory and excitatory network)의 기능적 체계를 조절한다(이것이 복잡한 피질의 정보저리 과정의 생리학적 기초로 간주된다.). 이 체계의 역학(dynamics)은 극도로 복잡하다(Hasselmo, 1995). 서로 다른 신경전달 물질들은 다양한 수용체들과 상호작용을 하고, 다음에는 상이한 수용체들의 활성화는 피질의 뉴런들의 다양한 집단의 흥분성(excitability)에 상이한 결과들을 생산해 낼 수 있게 된다. 따라서 어떤 피질 사건(cortical event)이 일어나는지, 그리고 그것이 피질회로(cortical circuit) 내의 정보의 흐름에 어떻게 영향을 끼칠지는, 뉴런의 특정 하위집단에 위치해 있는 어떤 정해진 수용체에 대한 어떤 정해진 신경전달 물질의 작용방식에 달려 있다(그리고는 그것이 어떤 특정 피질 신경망에 속해 있는지에 의존해서, 그것은 특정한 후시냅스 작용과 연결을 갖게 된다). 특정한 신경전달 물질 체계에 의한 뉴런 하위집단의 그러한 상이한 조절은, 환경 속에서 극소의 변동에 반응해서, 피질 신경망 내에서 정보 흐름이 제대로 통제되게 하는 기질(substrate)을 제공한다(Xiang, Huguenard, & Prince, 1998). 현대의 신경과학에서 널리 인정되는 믿음은 이 피질 신경망의 기능이 인간의 심리 과정의 기질이라는 것이다.

신경과학의 급속한 발전과 인지, 정서 또는 감각적 자극에 대한 신경생리학적 반응의 지도를 그리는 데 있어서 기능적으로 자기공명영상(magnetic resonance imaging, MRI)

과 양전자 단층촬영(positron emission tomography, PET) 방법의 사용(예; Posner & Raichle, 1994; Raichle, 1998)은 원론적으로, 복잡한 인지적 표현형들의 유전적 연구의 새로운 가능성을 활짝 열어 주었다. 여기서 도전 과제가 된 것은, 모습이 드러난 신진대사와 신경전달 물질 사건들 수준에서, 첫째로는 다양한 유형에 반응하는, 그리고 둘째로는 참가자 자체의 생각과 정서에 반응하는, 이들 작용들을 어떻게 수량화하는가를 산정해 내는 것이 되었는데, 동시에 관심대상 유전자에서의 변이(예: 도파민과 GABA 체계에 관여하는 유전자들)에 대해서도 고려되었다. 비록 여전히 드물지만 그러한 연구들의 일부 사례가 있다(Japan Science & Technology Corporation and Uppsala University PET Centre, 1997). 이 분야는, 뇌의 생화학적 작용에 어떻게 유전자가 개입하는지에 대한 것(Sutcliff, 1988)과 정신활동에 의해 야기된 뇌에서의 생화학적 흔적이 어떻게 유전자 표현에 영향을 주는가(예: Mlot, 1998; Knudsen, 1998; Schacter, 1998)에 집중하는 두 가지 발진 지표들을 포괄하고 있다.

다른 연구 줄기는 환경에 대한 측정은 물론 환경 변화에 대응하는 적응적 행동반응의 측정의 개선에 초점을 맞추고 있다. 예를 들어 새롭게 발전하고 있는 연구 궤적들 중에 한 가지는 도전적인 적응체계(challenging adaptive system)의 패러다임과 관련이 있다. 심리학 연구의 고전적 계보들 중 하나는 환경 혼란에 반응한 인간의 운동 행동(motor behavior)의 적응을 다루는 것이다. 이 방향의 선구자는 헬름홀츠(Helmholtz, 1867)였는데, 그는 프리즘 안경을 썼을 때 시야에서 일어나는 행동 전환에 대해 연구할 것을 최초로 제안했다. 이 작업은 수많은 연구자들에 의해 확장되었고(이에 대한 고찰은 Welch, 1978 참조), 다른 양상들로 전달되었다(예: 말하기, Houde & Jordan, 1998). 유전자-환경 체계가 변화하고 있는 환경 속에서 연구될 때, 이 유전자-환경 체계에 무엇이 일어날 것인가? 유진력 패러다임은 새로운 환경이 체계 내에 도입되었을 때 h^2에서의 변동을 예측할 수 없다. 그러한 반응은 활성화된 유전형과 활성화되지 않은 유전형 사이의 차이(Ceci, de Bruyn, & Lee, 1997)가 탐구될 수 있도록 측정될 필요가 있다.

어떤 특정한 표현형의 실현에 관여하는 유전적 기제들에 대한 증가된 이해와 연결된, 환경 적응에 대한 그러한 연구들은 놀랄 만한 치료적 결과를 낳을 수 있다. 예를 들어 다음과 같은 상황을 생각해 보자. 색식별 능력(color vision)의 생산은 보통 사람들에게 있어서 단파장, 중파장, 및 장파장 색소들을 사용함으로써 완성된다. 색맹에는 상이한 유형들이 존재하는데, 그들 대부분은 유전적으로 결정된다. 녹색약인 사람들(중파장 원뿔 색소를 위한 유전자가 결여된 색약자들)의 색식별력의 상대적 보존을 연구하는 연구자들은, 이를 색약자들에 의한 삼원색의 유지 정도는, 잃어버린 중파장 색소들의 대체물이 될 수 있는, 장파장 색소들을 쪼개는 뇌의 능력과 연관되어 있다는 것을 제시했다(J.

Neitz, M. Neitz, & Kainz, 1996). 이 유전적 결함을 보상하기 위해서, 녹색약인 사람들에게 완전하고 생생한 색체감을 주기 위해 그들의 뇌의 기능을 이용하기 위한 컴퓨터 소프트웨어가 개발될 수 있을 것이다(Altschuler & Lades, 1997).

여기에서 그치는 것은 아니지만 마지막으로는, 인지상 개인적 변이의 근원을 조사하는 연구들은 인지 및 문화 심리학 분야에서의 새로운 발전들로부터 혜택을 볼 것이라는 점이다. 유전력 패러다임은 거의 배타적으로 IQ와 기타 통상적인 정신능력 지표들만을 가지고 있고, 인지심리학 분야에서의 새로운 발전들을 의식적으로 무시하고 있다(Bouchard, 1998). 이 선택은 그 패러다임에 내재적인 것인데, 왜냐하면 분해 가능한 표현형적 상관관계들을 위해서 그들은 특정한 심리측정적 기준들을 충족시켜야 하기 때문이다. 이들 기준들은 정신능력에 대한 전통적인 지표들과 함께, 학교 외부의 환경에서는 차별적 타당성을 보여 주어 왔다(예: Sternberg, 1998). 추가적으로, 비서구적 발달체계에 있어서의 개인적 다양성의 근원을 연구하는 방법들이 고려되어야만 한다.

따라서 심리학과 유전학에 있어서의 새로운 기술적, 방법론적, 및 이론적 발전은, 이전보다도 더 유전적 및 환경적 요소들 양자의 측정에 더 심하게 의존하는 것이 당연하다. 그 분야에 있어서의 이러한 발전은, 유전력 패러다임의 외부에서 일하고 있는 사람들(예: Greenspan, 1997)뿐만 아니라 이 전통적 틀 내에 빠져 있는 사람들(예: Plomin, 1997)에 의해서도 인정되고 있다. 우리가 IQ의 개인차에 대한 인과 관계를 계속해서 연구하던, 아니면 IQ를 지적 기능의 다른 표지로 교체하던 간에, 우리의 접근방법이 변화되어야 한다는 것은 명백하다. 그리고 앞에서 설명한 것처럼 많은 정보자료들이 지난 수년간 동안에 축적되어서 지적 기능에 있어서의 표현형적 차이의 기저가 될 수 있는 기제들에 대한 가설을 세우는 것과 그 분야에서의 전진의 위대한 출발점을 만드는 것이 가능해졌다.

패러다임의 변화에 있어서: "선왕은 가셨도다, 신왕 만세!"

물론 어떤 사람들은 패러다임의 전환으로 바뀐 것은 단지 현상에 대한 과학자들의 해석뿐이라고 주장할 것이다. 현상 그 자체는 고정되어 있다. 따라서 프리스틀리(Priestly)와 라브와지에(Lavoisier)는 모두 산소를 보았지만, 본 것에 대한 그들의 해석은 달랐다. 아리스토텔레스와 갈릴레오는 모두 진자운동(振子運動. pendulums)을 보았지만, 그들은 본 것을 달리 해석했다. 쿤에 의한 적절한 지적(Kuhn, 1962)은 해석만이 바뀌는 것은 아니라는 것이다. 패러다임이 전환되면, 동일한 현상에 대해 과학자들이 수집한 관련 자료들 또한 바뀐다. 그것은 마치 과학자들이 헬름홀츠의 안경(Helmholtz's glasses)을 착용하는 것이 필요한 것과 같다. 즉, 그들은 이전처럼 동일한 현상을 직면할 필요가 있지만 그것의 변형된 모습을 본다.

이 변형의 지점에 도달하기까지 많은 걸출한 노력들이 투자되었다. 유전력 패러다임의 기여한 바를 과대평가하기는 어렵다. 그것은 (1) 지적 기능상의 변이를 위한 유전자 다양성의 타당성과 중요성에 대해 과학자들이 인식하게 했으며, (2) 방법론, 능력, 그리고 설명적 결과 측면에서 심리적 연구의 뛰어난 표본들로 간주되는 몇 가지 연구들을 위한 이론적 기초를 제공했고, (3) 눈에 띄는 방법론적 및 도구적 발전으로 이끌었으며, (4) 지금 과학적 발전의 새로운 방향으로 작용하고 있는 수많은 미해결 질문들을 만드는 결과를 낳았다(예: 지적 기능에 있어서의 개인차의 발달적 변화와 분자적 기반).

그럼에도 불구하고, 행동적 형질을 연구하는 유전력 패러다임은 하향식 분해 접근법을 위해서 환경에 대한 생물학과 심리학을 1차적으로 우회했다. 이 접근법 속에서 인지 기능은 분리된 기능적 모듈로 구성되고, 각각은 별개의 정신 과정을 수행하며(그것이 IQ 또는 어떤 다른 지표 속에서 반영되던 간에), 그 각각은 별개의 유전자 조합과 별개의 환경 조합에 의해 통제되는 것으로 설계되었다.

복잡한 인간의 행동적 표현형에 대한 유전적 다양성의 기여의 해석의 단순성은, 존재하고 있는 유전적 기제의 거대한 다양성과 가소성(可塑性, plasticity)에 대한 연구자의 전반적인 경시 탓일 수 있다. 매주 게놈의 복잡한 성질을 강조하는 새로운 정보 조각들이 드러나고 있다고 말하는 것은 정당하다. 하지만 유전력 패러다임 연구들 속에서 환경의 역할에 대한 과도하게 단순화된 해석은 다른 원인을 가지고 있다. 표면적으로는, IQ에 대한 환경의 영향의 충격을 입증하는 강력한 증거들에도 불구하고, 소위 유전-양육 논쟁에 있어서 환경론자들의 지위는 유전주의자들의 지위보다 약한 강도를 가지고 있어 왔다. 이 불균형은 부분적으로는 환경론자들이 IQ를 불가지의 의심할 여지없는 실체의 어떤 기초가 되는 잠재적인 형질의 지표로서 받아들인 것으로부터 결과된 것이다 (Danzinger, 1997). IQ 개념의 역사는, 필수적으로 유전주의자적인 구조로서 출현했고 발전했음을 보여 준다. IQ를 수용하고 그들 연구의 좀 취약한 방법론을 이용함으로써, 환경론자들은 유전력 패러다임의 확립을 무의식적으로 조장했다. 그 패러다임 내에서는 환경의 복잡성은 소위 비공유적인 환경적 기여로 축소되었다(Samelson, 1985). IQ 측면에서는 환경론자들의 지위는 너무 약해 보여서, 유전주의자의 위치와 대조하면서, 후자를 과학적인 것으로 그리고 전자는 인도주의적이라고까지 언급되었다(Hunt, 1997). 거기에는 치밀함이 없다!

패러다임의 전환은 마치 매년의 계절 변화처럼 피할 수 없으며 강제될 수도 없다. 그것은 수렴하는 경험의 문제이다. 유전자와 환경으로 언급되는 것들에서 무엇이 인과 관계의 힘을 구성하는 것인지에 대한 경험적 측정은 그 분야가 발달의 개인적 궤적을 표적으로 삼는 것을 가능하게 해 준다. 많은 복잡한 인간의 상태 속에서의 변이체(variant)의 중요성을 지적하는 증거들이 증가하고 있다. 프란시스 콜린스(Francis Collins)[18]의 말을 빌리자면 "완벽한 표본은 존재하지 않는다"(Lin, 1996)는 것이며, 연구자들은 가능한 한 많은 표본들과 접해야만 한다.

새로운 분자-유전학적 및 역학적 관련 자료들은 환경-유전자 상호작용의 복잡성을 묘사하고 있는데, 한 개의 유전자가 아닌 복수의 유전자들이 복잡한 형질의 통제에 관여하며, 이들 유전자의 효과는 민족, 나이, 성별, 영양 상태, 유해환경에 대한 노출과 같은 요인들에 의해 조절된다. 이런 점에서, 중요한 것은 문제가 되는 유전자들과 환경들의 조합을 정확히 찾아내는 것이다. 지적 기능(그것이 일반적인 것이던 아니면 특정한 인지능력이던 간에)에 대한 행동-유전자 연구들의 가장 큰 잠재적 결과는 감수성이 높은 하위집단을 보호하기 위한 개입법들을 설계하기 위해 유전자와 환경 간의 상호작용에 대해 충분히 아는 것에 있다. 그러한 "최선의" 개입법 연구는 병에 걸리기 쉬운 유전자형, 영양 장애, 민족, 연령, 성별, 그리고 건강상태로부터 결과 되는 상이한 위험들에 대한 지식의 기반 위에서 수행될 수 있을 것이다. 이 개입법은 교육, 건강 감시, 그리고 행동수정(behavior modification. BM) 프로그램 등의 발전을 필요로 할 것이며, 이것들은 최대 효과를 가지도록 모두 세심하게 설계되어야 한다. 달리 말하면, 인구집단의 균질성의 잘못된 기본 가정(변이의 분해는 이것을 기반으로 한다)은 그 인구집단 내에서 노출과 감수성의 분포에 대한 지식의 중요성을 인지하는 것으로 대체되어야 한다(Hattis, 1991).

연구자들이 탐구하고자 노력하고 있는 체계의 복잡성은 경이로울 정도이다. 그리고 이제 중요한 것은 정밀도이다. 정밀도의 필수적 수준은 분해라는 추측 게임을 통해서는 획득할 수 없으며, 기제의 확인, 측정 및 분석에 의해 지지되어야 한다. 이 장의 전체적 의도는 규범적인 것이다. 나는 개인차의 인과 관계학의 질문을 더 잘 다루기 위해서 과학자들이 해야 할 필요가 있는 것들에 있어서의 변화를 옹호한다. 내가 주장하는 것은 유전자의 역할에 대해 과학자 사회의 주의를 끌어들이는 것에서, IQ의 유전력 패러다임은 그 임무를 완수했다는 것이다. 더구나 심리학과 기타의 과학 분야들로부터의 사례들을 이용해서, 개인성의 출현으로 귀결되는 복잡성에 대한 우리의 이해를 증진시키기 위

18) (원저자 주) 콜린스는 미국 국립인간게놈연구소(National Human Genome Research Institute)의 소장이다

해서 특정 유전자들과 특정 환경들 간의 상호작용의 기제에 대해 이해하게 되는 것을 상상한다. 나의 논의를 개인차에 대한 과학의 전진을 위한 유전력 패러다임의 역할에 질문을 던지는 것에 대체로 한정시켰기 때문에, 내가 자연과학자들의 가치를 전달하는 사람처럼 비춰졌을지 모르겠다. 그랬다면 다음에 언급되는 부분들은 더더욱 중요할 것이다.

첫째, 지적 기능에 있어서의 개인차에 대한 미래의 연구들 속에서 유전력 패러다임의 유용성을 묵살하는 것은 무엇이 연구되어야 하는가에 대한 질문을 해결하지 않는다. 나는 IQ에 대한 고찰에 있어서 의도적으로 내 자신은 제한을 두었는데, 하지만, 심리학 분야를 위해 이 개념의 중요성에 대한 논쟁에 있어서는 이 개념이 자연의 초월적 속성이라기보다는 대체로 하나의 사회적 발명이라고 말하는 사람들(Danzinger, 1997; Smith, 1997; Stenberg & Grigorenko, 1997) 쪽에 속한다. 지적인 기능에 있어서의 개인차를 이해하는 것은 대단히 중요한 질문이며, 그렇게 하는 데 있어서 과학자들은 자신들이 사회적으로 구성된 존재(socially constructed entity)로 제한하지 않아야 하는 것으로, 그것의 수명은 그것을 발명한 시대의 길이에 의해 제한될 것으로 보이기 때문이다.

둘째, 지적 기능에 대하여 게놈이 개입하는 기제를 이해하는 일의 중요성을 강조하는 데 있어서 그리고 분해라는 단순화 전략에 반대하면서, 나는 이 장을 유전자쪽으로 편향되게 했다. 어떤 개별성도, 그 생화학적 자화상이 얼마나 세밀하다고 할지라도, 그 사람의 의도, 도덕적 가치, 그리고 문화적 및 정치적 배경을 고려하지 않고는 이해될 수 없다. 하지만 과학자들은 생화학에 매달린다. 이 수준에서는 그들의 연구소에서 차이를 만들어 낼 수 있지만, 상황적 수준에서의 여하한 진전은(가족 환경에 대한 이해조차도) 정치적 의지가 개입되고, 그것은 과학적 추론의 범위를 넘어서는 것이다.

그리고 비록 인간 행동과 인긴의 삶의 복잡성에 대해 인정했지만, 여전히 나는 그것의 이해에 이르는 길에 필요한 것은 정밀도, 즉 확인, 측정, 그리고 분석이라고 믿는다.

감사의 글

이 장의 초기 글에 대해 귀중한 검토 결과를 제안해 준 주디스 앳킨스(Judith Edkins, 이리나 시로트키나(Irina Sirotkina), 로저 스미스(Roger Smith), 그리고 로버트 스턴버그(Robert Sternberg) 박사들 여러분에게 감사의 인사를 전한다. 이 장은 미국 교육부의 교육 연구 및 진흥처(Office of Educational Research and Improvement)로부터의 기금 Grant R2065R50001의 지원 하에 준비되었다. 여기서 표시된 입장은 교육부나 미국 정부의 입장을 반드시 대변하는 것은 아니며 본인의 입장에 대한 어떤 지원도 추론할 수 없다.

참고 문헌

Abel, T., Martin, K. C., Bartscn, D., & Kandel, E. R. (1998). Memory suppressor genes: Inhibitory constraints on the storage of long-term memory. *Science*, *279*, 238-241.

Altschuler, E. L., & Lades, M. (1997). Color vision, genetics, and computers? *Science*, *278*, 788.

Ball, D., Hill, L., Eley, T., Chorney, M., Chorney, K., Thompson, L. A., Detterman, D. K., Benbow, C., Lubinsky, D., Owen, M., McGuffin, P, & Plomin, R. (1998). Dopamine markers and general cognitive ability. *Neuroreport*, *9*, 347-349.

Barber, B. (1961). Resistance by scientists to scientific discovery. *Science*, *CXXXIV*, 596-602.

Baninaga, M. (1998). No-new-neurons dogma loses ground. *Science*, *279*, 2041-2042.

Baron, M. (1998). Mapping genes for personality: Is the saga sagging? *Molecular Psychiatry*, *3*, 106-108.

Barton, N. H. (1990). Pleiotropic models of quantitative variation. *Genetics*, *124*, 773-782.

Bell, D. A., Taylor, J. A., Paulson, D. F., Robertson, C. N., Mohler, J. L., & Lucier, C. W. (1993). Genetic risk and carcinogen exposure: A common inherited defect of the carcinogen-metabolism gene glutathione S-transferase Ml (GSTM1) that increases susceptibility to bladder cancer. *Journal of the National Cancer Institute*, *85*, 1559-1564.

Benjamin, J., Li, L., Patterson, C., Greenberg, B. D., Murphy, D. L., & Hamer, D. H. (1996). Population and familial association between the D4 dopamine receptor gene and measures of novelty seeking. *Nature Genetics*, *12*, 81-84.

Billig, J. P., Hershbenger, S. L., Iacono, W. C., & McGue, M. (1996). Life events and personality in late adolescence: Genetic and environmental relations. *Behavior Genetics*, *26*, 543-554.

Binet, A., & Simon, T. (1916). *The development of intelligence in children*. Baltimore: Williams & Wilkins. (French original published in 1905).

Birch, H. C., Richardson, S. A., Baird, D., Horobin, C., & Illsley, R. (1970). *Mental subnormality in the community: A critical and epidemiological study*. Baltimore: Williams & Wilkins.

Bliss, T. V. P., & Collingnidge, C. L. (1993). A synaptic model of memory: Long-term potentiation in the hippocampus. *Nature*, *361*, 31-39.

Block, N. (1995). How heritability misleads about race. Cognition, 56, 99-128.

Blusztajn, J. K. (1998). Choline, A vital amine. *Science*, *281*, 794-795.

Bouchard, T. J. (1998). Genetic and environmental influence on adult intelligence and special mental abilities. *Human Biology*, *70*, 257-279.

Bouchard, T. J., Lykken, D. T., McCue, M., Segal, N. L., & Tellegen, A. (1990). Sources of human psychological differences: The Minnesota Study of Twins Reared Apart. *Science*, *250*, 223-228.

Bouchard, T. J., & McGue, M. (1981). Familial studies of intelligence: A review. *Science*, *212*, 1055–1059.

Broman, S., Nichols, P. L., Shaughnessy, P., & Kennedy, W. (1987). *Retardation in young children: A developmental study of cognitive deficit*. Hillsdale, NJ: Lawrence Erlbaum Associates.

Burack, J., Hodapp, R. M., & Zigler, E. (Eds.) (1998). *Handbook of mental retardation and development*. New York: Cambridge University Press.

Capron, C., & Duyme, M. (1989). Assessment of the effects of socioeconomic status on IQ in a full cross–fostering study. *Nature*, *340*, 552–554.

Capron, C., Vetta, A. R., & Vetta, A. (1998). Genetic model fitting in IQ, assortative mating and components of IQ variance. *Race, Gender, & Class*, *5*(3), 51–60.

Caruso, D. R. (1983). Sample differences in genetics and intelligence data: Sibling and parent–offspring studies. *Behavior Genetics*, *13*, 453–458.

Catalano, S. M., & Shatz, C. J. (1998). Activity–dependent cortical target selection by thalamic axons. *Science*, *281*, 559–562.

Ceci, S. J., Rosenblum, T., de Bruyn, E., & Lee, D. Y. (1997). A bio–ecological model of intellectual development: Moving beyond h^2. In R. J. Sternberg, & E. L. Grigorenko. Intelligence, heredity, and environment (pp. 303–322). New York: Cambridge University Press.

Cermak, J. M., Holler, T., Jackson, D. A., & Blusztajn, J. K. (1998). Prenatal availability of choline modifies development of the hippocampal cholinergic system. *FASEB Journal*, *12*, 349–357.

Chang, F.–M., Kidd, J. R., Livak, K. J., Pakstis, A. J., & Kidd, K. K. (1996). The world–wide distribution of alleles frequencies at the human dopamine D4 receptor locus. *Human Genetics*, *98*, 91–101.

Charlemaine, C., & Pons, J. C. (1998). What monozygotic twins tell us about genetic determinism. *Race, Gender, & Class*, *5*(3), 12–40.

Chipuer, H. M., Rovine, M., & P10mm, R. (1990). LISREL modelling: Genetic and environmental influences on IQ revisited. *Intelligence*, *14*, 11–29.

Chorney, M. J., Chorney, K., Seese, N., Owen, M. J., Daniels, J., McCuffin, P., Thompson, L. A., Detterman, D. K., Benbow, C., Lubinsku, D., Eley, T., & Plomin, R. (1998). A quantitative trait locus associated with cognitive ability in children. *Psychological Science*, *9*, 159–166.

Crair, M., Gillespie, D. C., & Stryker, M. P. (1998). The role of visual experience in the development of columns in cat visual cortex. *Science*, *279*, 566–570.

Daniels, J., Holmans, P., Williams, N., Turic, D., McCuffin, P., Plomin, R., & Owen, M. J. (1998). A simple method for analyzing microsatellite allele image patterns generated from DNA pools and its application to allelic association studies. *American Journal of Human Genetics*, *62*, 1189–1197.

Danzinger, K. (1997). *Naming the mind*. Thousand Oaks, CA: Sage.

Darwin, L. (1913). Correspondence, Heredity and Environment. *Eugenic Review*, *5*, 153–154.

Davies, K. (1991). Breaking the fragile X. *Nature*, *351*, 439–440.

De Boulle, K., Verkerk, A. J. M. H., Reyniers, E., Vits, L., Hendrick, J., Van Roy, B., Van Den Bos, F., de Craaff, E., Oostra, B. A., & Willems, P. J. (1993). A point mutation in the FMR–1 gene associated with fragile X mental retardation. *Nature Genetics*, *3*, 31–35.

DeFries, J. C., Corey, R. P., Johnson, R. C., Vandenberg, S. C., & Wilson, J. R. (1982). Sex–by–generation and ethnic group–by–generation interactions in the Hawaii, Family Study of Cognition. *Behavior Genetics*, *12*, 223–230.

DeFries, J. C., Johnson, R. C., Kuse, A. R., McClearn, C. E., Polovina, J., Vandenberg, S. C., & Wilson, J. R. (1979). Familial resemblance for specific cognitive abilities. *Behavior Genetics*, *9*, 23–43.

DeFries, J. C., Vandenberg, S. C., & McClearn, C. E. (1976). Genetics of specific cognitive abilities. *Annual Review of Genetics*, *10*, 179–201.

Detterman, D. K., Thompson, L. A., & Plomin, R. (1990). Differences in heritability across groups differing in ability. *Behavior Genetics*, *20*, 369–384.

De Souza, A. T., Hankins, C. R., Washington, M. K., Fine, R. L., Orton, T. C., & Jirtle, R. L. (1995). Frequent loss of heterozygosity on 6q at the mannose 6–phosphate/insulin–like growth factor II receptor locus in human hepatocellular tumors. *Oncogene*, *10*, 1725–1729.

Devys, S., Lutz, Y., Rouyer, N., Belloeq, J.–P., & Mandel, J.–L. (1993). The FMR–1 protein is cytoplasmic, most abundant in neurons and appears normal in carriers of a fragile X premutation. *Nature Genetics*, *4*, 335–340.

DiLella, A., & Woo, S. L. C. (1987). Molecular basis of phenylketonuria and its clinical applications. *Molecular Biology and Medicine*, *4*, 183–192.

Doll, R. (1996). Nature and nurture: Possibilities for cancer control. *Carcinogenesis*. *17*, 177–184.

Dowdney, L., & Skuse, D. (1993). Parenting provided by adults with mental retardation. *Journal of Child Psychology and Psychiatry*, *34*, 25–48.

Ebstein, R. P., Novick, 0., Umansky, R., Riel, B., Osher, Y., Blame, D., Bennett, E. R., Nemanov, L., Katz, M., & Belmaker, R. H. (1996). Dopamine D4 receptor (DRD4) exon III polymorphysm associated with the human personality trait of novelty seeking. *Nature Genetics*, *12*, 78–79.

Epstein, C. J. (1986). *The consequences of chromosomal imbalance: Problems, mechanisms and models*. New York: Cambridge University Press.

Falconer, D. S. (1990). *Introduction to quantitative genetics*. New York: Longman Group.

Falconer, D. S., & Mackay, T. F C. (1996). *Quantitative genetics*. Essex, England: Addison Wesley Longman, Ltd.

Feldman, M. W., & Otto, S. P. (1997). Twin studies, heritability and intelligence. *Science*, *278*, 1383–1384.

Fibiger, H. C. (1991). Cholinergic mechanisms in learning memory and dementia: A review of recent evidence. *Trends in Neuroscience*, *14*, 220–223.

Fischer, K. W., & Silvern, L. (1985). Stages and individual differences in cognitive development. *Annual Review of Psychology*, *36*, 613–648.

Fishier, K., Azen, C. C., Friedman, E. C., & Koch, R. (1989). School achievement in treated PKU children. *Journal of Mental Deficiency Research*, *33*, 493–498.

Ford, D. H., & Lerner, R. M. (1992). *Developmental systems theory: An integrative approach*. Newbury Park, NJ: Sage.

Fulker, D. W., Cherny, S. S., & Cardon, L. R. (1993). Continuity and change in cognitive development. In R. P10mm & C. E. McClearn (Eds.), *Nature, nurture and psychology* (pp. 77–97). Washington, DC: American Psychological Association.

Galton, F. (1876). The history of twins as a criterion of the relative powers of nature and nurture. *Royal Anthropological Institute of Great Britain and Ireland Journal, 6*, 391–406.

Galton, F. (1883). *Inquiries into human faculty and its development*. London: Macmillan.

Gardner, R. J. M., & Sutherland, C. R. (1996). *Chromosomal abnormalities and genetic counseling*. New York: Oxford University Press.

Gedeon, A. K., Baker, F., Robinson, H., Parlington, M. W., Cross, B., Korn, B., Poustka, A., Yu, S., Sutherland, C. R., & Mulley, J. C. (1992). Fragile X syndrome without CGG amplification has an FMR–1 deletion. *Nature Genetics, 1*, 341–344.

Gibbons, A. (1998). Anthropologists probe genes, brains at annual meeting. *Science, 280*, 380–381.

Coldin, L. R., Bailey–Wilson, J. F., Borecki, I. B., Falk, C. T., Goldstein, A. M., Suarez, B. K., & MacCluer, J. Q. (Eds.). (1997). Genetic Analysis Workshop 10. *Genetic Epidemiology, 14*, 549–1137.

Gottlieb, C. (1992). *Individual development and evolution. The genesis of novel behavior*. New York: Oxford University Press.

Gould, F., & McEwen, B. S. (1995). Neuronal birth and death. *Current Opinion in Neurobiolpgy, 3*, 676–682.

Gould, F., Tanapat, P., McEwen, B. S., Flugge, C., & Fuchs, F. (1998). Proliferation of granule cell precursors in the dentate gyms of adult monkeys is diminished by stress. *Proceedings of the National Academy of Sciences of the United States of America, 95*, 3168–3171.

Greenspan, S. I. (1997). Twin studies, heritability, and intelligence. *Science, 278*, 1384–1385.

Grigorenko, E. L., & Carter, A. S. (1996). Co–twin, peer, and mother–child relationships and IQ in a Russian adolescent twin sample. *Journal of Russian and East European Psychology, 34*(6), 59–87.

Hagberg, B., Hagberg, C., Lewerth, A., & Lindberg, U. (1981). Mild mental retardation in Swedish school children: 1. Prevalence. *Acta Paediatrıca Scandinuvica, 70*, 441 444.

Hall, J. C. (1996a). Twinning: Mechanisms and genetic implications. *Current Opinion in Genetics & Development, 6*, 343–347.

Hall, J. C. (1996b). Twins and twinning [editorial). *American Journal of Medical Genetics, 61*, 202–204.

Hamer, D. (1997). The search for personality genes: Adventure of a molecular biologist. *Current Directions in Psychological Science, 6*, 111–115.

Harris, J. R. (1995). Where is the child's environment? A group socialization theory of development. *Psychological Review, 102*, 458–489.

Hasselmo, M. E. (1995). Neuromodulation and cortical function: Modeling the physiological basis of behavior. *Behavioural Brain Research, 67*, 1–27.

Hattis, D. (1991). Use of biological markers and pharmacokinetics in human health risk assessment. *Environmental Health Perspectives, 90*, 229–238.

Helmholtz, H. V. (1867). *Treatise on psychological optics* (Vol. 3).

Hirsch, J. (1990). A nemesis for heritability estimation. *Behavior and Brain Sciences, 13*, 137–138.

Houde, J. F., & Jordan, M. I. (1998). Sensimotor adaptation in speech production. *Science, 279*, 1213–1216.

Hunt, F. (1997). Nature vs. nurture: The feeling of vijà dé. In R. J. Sternberg & F. L. Grigorenko (Eds.), *Intelligence, heredity, and environment* (pp. 531–551). New York: Cambridge University Press.

Japan Science & Technology Corporation and Uppsala University PET Centre. (1997). Subfemtomole Biorecognition Project report.

Jinks, J. L., & Fulker, D. W. (1970). Comparison of biometrical genetical, MAVA, and classical approaches to the analysis of human behavior. *Psychological Bulletin, 73*, 311–349.

Jonas, P., Bischofberger, J., & Sandkühler, J. (1998). Corelease of two fast neurotransmitters at a central synapse. *Science, 281*, 419–424.

Kao, H. S. R., & Sinha, D. (Eds.) (1997). *Asian perspectives on psychology. Cross-cultural research and methodology series* (Vol. 19). New Delhi, India: Sage Publications, Inc.

Kato, S., Bowman, F. D., Harnington, A. M., Blomeke, B., & Shields, P. C. (1995). Human lung carcinogen–DNA adduct levels mediated by genetic polymorphisms in vivo. *Journal of the National Cancer Institute, 87*, 902–907.

Kawajini, K., Eguchi, H., Nakachi, K., Sekiya, T., & Yamamoto, M. (1996). Association of CYP1A1 germ line polymorphisms with mutations of the p53 gene in lung cancer. *Cancer Research, 56*, 72–76.

Kayaalp, F., Carter, K., Waters, P. J., Byck, S., Treacy, F., Scriver, C. R., & the PAH Mutation Analysis Consortium (1996). Mutant PAH genotypes and associated metabolic phenotypes: A meta-analysis. *American Journal of Human Genetics, 4*, A201.

Keith, L., & Machin, C. (1997). Zygosity testing; current status and evolving issues. *The Journal of Reproductive Medicine, 42*, 699–707.

Keltner, B. (1994). Home environments of mothers with mental retardation. *Mental Retardation, 32*, 123–127.

Kempermann, C., Kuhn, H. C., & Cage, F. H. (1998). Experience–induced neurogenesis in the senescent dentate gyrus. *Journal of Neuroscience, 18*, 3206–3212.

Kempthomne, 0. (1955). The theoretical values of correlations between relatives in random mating populations. *Genetics, 40*, 153–167.

Kendler, K. S., & Kidd, K. K. (1986). Recurrence risks in an oligogenic threshold model: The effect of alterations in allele frequency. *Human Genetics, 50*, 83–91.

Kidd, K. K. (1993). Associations of disease with genetic markers: Déjà vu all over again. *American Journal of Medical Genetics (Neuropsychiatric Genetics), 48*, 7 1–73.

Kimble, C. A. (1993). Evolution of the nature–nurture issue in the history of psychology. In R. Plomin & C. F. McLearn (Eds.), *Nature, nurture and psychology* (pp. 3–26). Washington, DC: American Psychological Association.

Kitcher, P. (1996). Fascinating genetalk. In *An unequal inheritance*, New York: Simon & Schuster.

Knudsen, F. (1998). Capacity for plasticity in the adult owl auditory system expanded by juvenile experience. *Science, 279*, 1531–1533.

Knudson, A. C. (1985). Hereditary cancer, oncogenes, and antioncogenes. *Cancer Research, 45*, 1437–1443.

Koch, R., Azen, C., Freidman, F. C., & Williamson, M. L. (1984). Paired comparisons between early treated PKU children and their matched sibling controls on intelligence and school achievement test results at eight years of age. *Journal of Inherited Metabolic Disorders, 7*, 86–90.

Kreźel, W., Ghyzelinck, N., Samad, T. A., Dupé, V., Kastner, P., Bomrelli, F., & Chambon, P. (1998). Impaired locomotion and dopamine signaling in terinoid receptor mutant mice. *Science, 279*, 863–867.

Kuhn, T. (1962). The structure of scientific revolutions. Chicago: The University of Chicago Press.

Kuhn, T. (1977). *The essential tension: Selected studies in scientific tradition and change*. Chicago: The University of Chicago Press.

Lamont, M. A., & Dennis, N. R. (1988). Aetiology of mild mental retardation. *Archives of Diseases in Childhood, 63*, 1032–1038.

Lenke, R. R., & Levy, H. L. (1980). Maternal phenylketonuria and hyperphenylalanemia: An international survey of the outcome of treated and untreated pregnancies. *New England Journal of Medicine, 303*, 1202–1208.

Lemner, R. M. (1991). Changing organism–context relations as the basic process of development: A developmental contextual perspective. *Developmental Psychology, 27*, 27–32.

Levin, M. (1994). Comment on the Minnesota Transracial Adoption Study. *Intelligence, 19*, 13–20.

Levin, M. (1997). *Why race matters: Race differences and what they mean*. Westport, CT: Praeger.

Levins, R., & Lewontin, R. (1985). *The dialectical biologist*. Cambridge, MA: Harvard University Press.

Lewontin, R. (1974). The analysis of variance and the analysis of causes. American *Journal of Human Genetics, 26*, 400–411.

Lidsky, A. S., Robson, K. J. H., Thirumalachary, C., Barker, P. F., Ruddle, F. H., & Wodd, S. L. C. (1984). The PKU locus in man is on chromosome 12. *American Journal of Human Genetics, 36*, 527–535.

Lin, H. J. (1996). Smokers and breast cancer. 'Chemical individuality' and cancer predisposition. *JAMA, 276*, 1511–1512.

Loehlin, J. C. (1989). Partitioning environmental and genetic contributions to behavioral development. *American Psychologist, 44*, 1285–1292.

Loehlin, J. C. (1992). Should we do research on mace differences in intelligence? *Intelligence, 16*, 1–4.

Loehlin, J. C., Horn, J. M., & Willerman, L. (1989). Modeling IQ change: Evidence from the Texas Adoption Project. *Child Development, 60*, 993–1004.

Loehlin, J. C., & Nichols, R. C. (1976). *Heredity, environment, and personality*. Austin: University of Texas Press.

Machin, G. A. (1996). Some causes of genotypic and phenotypic discordance in monozygotic twin pairs. *American Journal of Medical Genetics, 61*, 216–228.

Martin, N., Boomsma, D., & Machin, C. (1997). A twin–pronged attack on complex traits. *Nature*

Genetics, *17*, 387–392.

McGue, M., Bouchard, T. J., Jr., Iacono, W. C., & Lykken, D. T. (1993). Behavioral genetics of cognitive ability: A life–span perspective. In R. Plomin & G. E. McClearn (Eds.), *Nature, nurture and psychology* (pp. 59–76). Washington, DC: American Psychological Association.

McClearn, C. F., Johansson, B., Berg, S., Pedersen, N. L., Ahemn, F., Petrill, S. A., & Plomin, R. (1997). Substantial genetic influence on cognitive abilities in twins 80 or more years old. *Science*, *278*, 1560–1563.

McWilliams, J. F., Sanderson, B. J. S., Harris, F. L., Richemt–Boe, K. E., & Henner, W. D. (1995). Clutathione S–transferase Ml (CSTM1) deficiency and lung cancer risk. *Cancer Epidemiology Biomarkers & Prevention*, *4*, 589–594.

Meck, W. H., Smith, R. A., & Williams, C. L. (1989). Organizational changes in cholinergic activity and enhanced visuospatial memory as a function of choline administered prenatally or postnatally or both. *Behavioral Neuroscience*, *103*, 1234–1241.

Meck, W. H., & Williams, C. L. (1997a). Characterization of the facilitative effects of perinatal choline supplementation on timing and temporal memory. *Neuroreport*, *8*, 2831–2835.

Meck, W. H., & Williams, C. L. (1997b). Simultaneous temporal processing is sensitive to prenatal choline availability in mature and aged rats. *Neuroreport*, *8*, 3045–3051.

Memniman, C. (1924). The intellectual resemblance of twins. *Psychological Monographs*, *33*, 1–58.

Mikkelsen, M., Poulsen, H., Gminsted, J., & Lange, A. (1980). Non–disjunction in trisomy 21: Chmomosomal heteromorphisms in 110 families. *Annals of Human Genetics*, *44*, 17.

Mlot, C. (1998). Probing the biology of emotion. *Science*, *280*, 1005–1007.

Molenaar, R C., Boomsma, D. I., & Dolan, C. V. (1999). The detection of genotype–environment interaction in longitudinal genetic models. In M. L. LaBuda & F. L. Grigorenko (Eds.), *On the way to individuality: Current methodological issues in behavioral genetics* (pp. 53–70). Commack, New York: Nova Science Publishers, Inc.

Mooney, L. A., Bell, D. A., Santella, R. M., Van Bennekum, A. M., Ottman, R., Paik, M., Blaner, W. S., Lucier, C. W., Covey, L., Young, T. L., Cooper, T. B., Glassman, A. H., & Perera, F. P. (1997). *Carcinogenesis*, *18*, 503–509.

Mooney, L. A., & Perera, F. P. (1996). Application of molecular epidemiology to lung cancer chemoprevention. *Journal of Cellular Biochemistry–Supplement*, *25S*, 63–68.

Moore, F. C. J. (1986). Family socialization and the IQ test performance of traditionally and transracially adopted black children. *Developmental Psychology*, *22*, 317–326.

Nakachi, K., Imai, K., Hayashi, J., Watanbe, J., & Kawajiri, K. (1991). Genetic susceptibility to squamous cell carcinoma of the lung in relation to cigarette smoking dose. *Cancer Research*, *51*, 5177–5180.

Neale, M. C. (1997). *Mx: Statistical Modeling*, 3rd ed. (Box 980126, MCV, Richmond, VA 23298).

Neale, M., & Cardon, L. R. (1992). *Methodology for genetic studies of twins and families*, *NATO ASI Series*. Dordrecht, The Netherlands: Kluwer Academic Press.

Neitz, J., Neitz, M., & Kainz, P. M. (1996). Visual pigment gene structure and the severity of color vision defects. *Science*, *274*, 801–804.

Nicoll, R. A., & Malenka, R. C. (1998). A tale of two transmitters. *Science*, *281*, 360–361.

Olshan, A. F., Bard, P. A., & Teschke, K. (1989). Parental occupation exposure and the risk of Down's syndrome. *American Journal of Human Genetics*, *44*, 646–651.

Oostra, B. A. (1996). FMR1 protein studies and animal model for FXS. In R. J. Hagerman & A. Cronister (Eds.), *Fragile X syndrome: Diagnostics, treatment, & research* (pp. 193–209). Baltimore, MD: The Johns Hopkins University Press.

Oyama, S. (1985). *The ontogeny of information: Developmental systems and evolution*. Cambridge: Cambridge University Press.

Pal, S., Shyam, R., & Singh, R. (1997). Genetic analysis of general intelligence 'g': A twin study. *Personality and Individual Differences*, *22*, 779–780.

Pedersen, N. L., Plomin, R., Nesselroadem, J. R., & McClearn, C. F. (1992). A quantitative genetic analysis of cognitive abilities during the second half of the life span. *Psychological Science*, *3*, 346–353.

Perera, F. P. (1996). Molecular epidemiology: Insights into cancer susceptibility, risk assessment, and prevention. *Journal of the National Cancer Institute*, *88*, 496–509.

Perera, F. P. (1997). Environment and cancer: Who are susceptible? *Science*, *278*, 1068–1073.

Petrill, S. A. (1997). Molarity versus modelarity of cognitive functioning? A behavioral genetic perspective. *Current Directions in Psychological Science*, *6*, 96–99.

Petrill, S. A., Ball, D., Eley, T., Hill, L., P10mm, R., McClearn, G. E., Smith, D. L., Chomney, K., Chomney, M., Hershz, M., Detterman, D. K., Thompson, L. A., Benbow, C., & Lubinski, D. (1998). Failure to replicate a QTL association between a DNA marker identified by FST00083 and IQ. *Intelligence*, *25*, 179–184.

Pieretti, M., Zhang, F., Fu, Y.-H., Warren, S. T., Oostra, B. A., Caskey, C. T., & Nelson, D. L. (1991). Absence of the expression of the FMR-1 gene in fragile X syndrome. *Cell*, *86*, 817–822.

Plomin, R. (1997). Current directions in behavioral genetics: Moving into the mainstream. *Current Directions in Psychological Science*, *6*, 85.

Plomin, R., DeFries, J. C., & Fulker, D. W. (1988). *Nature and nurture during infancy and early childhood*. Cambridge, UK: Cambridge University Press.

Plomin, R., DeFries, J. C., McClearn, C. F., & Ruttem, M. (1997). *Behavioral Genetics*. New York: W. H. Freeman and Company.

Plomin, R., & Neiderhiser, J. M. (1992). Quantitative genetics, molecular genetics, and intelligence. *Intelligence*, *15*, 369–387.

Plomin, R., McClearn, C. F., & Smith, D. L. (1994). DNA markers associated with high versus low IQ: The IQ QTL Project. *Behavior Genetics*, *24*, 107–118.

Plomin, R., McClearn, C. F., & Smith, D. L. (1995). Allelic associations between 100 DNA markers and high versus low IQ. *Intelligence*, *21*, 31–48.

Plomin, R., & Petrill, S. A. (1997). Genetics and intelligence: What is new? *Intelligence*, *24*, 53–78.

Popper, K. (1968). *The logic of scientific discovery*. New York: Harper & Row.

Posner, M. I., & Raichle, M. F. (1994). *Images of mind.* New York: Scientific American Library/Scientific American Books.

Pyapali, C. K., Turner, D. A., Williams, C. L., Meck, W. H., & Swartzwelder, H. S. (1998). Prenatal dietary choline supplementation decreases the threshold for induction of long-term potentiation in young adult rats. *Journal of Neurophysiology*, *79*, 1790–1796.

Raichle, M. F. (1998). Behind the scenes of functional brain imaging: a historical and physiological perspective. *Proceedings of National Academy of Sciences*, *95*, 765–772.

Rakic, P. (1985). Limits of neurogenesis in primates. *Science*, *227*, 1054–1056.

Ramus, S. J., Forrest, S. M., Pitt, D. B., Saleeba, J. A., & Cotton, R. C. H. (1993). Comparison of genotypes and intellectual phenotype in untreated PKU patients. *Journal of Medical Genetics*, *30*, 401–405.

Rao, J. M. (1990). A population-based study of mild mental handicap in children: Preliminary analysis of bostetric associations. *Journal of Mental Deficiency Research*, *34*, 59–65.

Read, A. W., & Stanley, F. J. (1993). Small-for-gestationalage term birth: The contribution of socio-economic, behavioral and biological factors to recurrence. *Paediatric and Perinatal Epidemiology*, *7*, 177–194.

Risch, N., & Merikangas, K. (1996). The future of genetic studies of complex human diseases. *Science*, *273*, 1516–1517.

Rowe, D. C. (1997). A place at the policy table? Behavior genetics and estimates of family environmental effects on IQ. *Intelligence*, *24*, 133–158.

Roy, A. (1997). *The god of small things*. New Delhi, India: Harper Perennial.

Rutter, M., Tizard, J., & Whitmore, K. (Eds. (1970). *Education, health, and behavior*. London: Longman.

Ryberg, D., Hewer, A., Phillips, D. H., & Haugen, A. (1994a). p53 mutations in lung tumors: Relationship to putative susceptibility markers for cancer. *Cancer Research*, *54*, 1551–1555.

Ryberg, D., Hewer, A., Phillips, D. H., & Haugen, A. (1994b). Different susceptibility to smoking-induced DNA damage among male and female lung cancer patients. *Cancer Research*, *54*, 5801–5803.

Samelson, F. (1985). Organization for the kingdom of behavior: Academic battles and organizational policies in the twenties. *Journal of the history of the Behavioral Sciences*, *21*, 33–47.

Sameroff, A. I., & Chandler, M. J. (1975). Reproductive risk and the continuum of caretaking casuality. In F. D. Horowitz (Ed.), *Review of child development research* (Vol.4, pp. 187–224). Chicago: University of Chicago Press.

Scarr, S., & Weinberg, R. A. (1977). Intellectual similarities within families of both adopted and biological children. *Intelligence*, *1*, 170–191.

Scarr, S., Weinberg, R. A., & Waldman, I. D. (1993). IQ correlations in transracial adoptive families. *Intelligence*, *17*, 541–555.

Schacter, D. (1998). Memory and awareness. *Science*, *280*, 59–60.

Schönemann, P. H. (1989). New questions about old heritability estimates. *Bulletin of the Psychonomic Society*, *27*(2), 175–178.

Schönemann, P. H. (1993). A note on Holzinger's hericoefficient h^2. *Chinese Journal of Psychology*, *35*, 59–65.

Schönemann, P. H. (1994). Heritability. In R. J. Sternberg (Ed.), *Encyclopedia of human intelligence* (pp. 528–536). New York: Macmillan.

Schönemann, P. H. (1997). On models and muddles of heritability. *Genetica*, *99*, 97–108.

Scott, C. R., & Cederbaum, S. D. (1990). Disorders of amino acid metabolism. In A. F. H. Emery & D. H. Rimoin (Eds.), *Principles and practice of medical genetics* (pp. 1639–1673). Edinburgh: Churchill Livingstone.

Semia v. Rossii [Family in Russia]. (1997), 4.

Sherman, S. (1996). Epidemiology. In R. J. Hagerman & A. Cronister (Eds.). *Fragile X syndrome: Diagnostics, treatment, and research* (pp. 165–192). Baltimore, MD: The Johns Hopkins University Press.

Simonton, D. (1994). *Greatness*. New York: The Guilford Press.

Singer, R. H. (1998). Triplet-Repeat Transcripts: A role for RNA in disease. *Science*, *280*, 696–698.

Skuder, P., Plomin, R., McClearn, C. F., Smith, D. L., Vignetti, S., Chorney, K., Chorney, M., Kasacsa, S., Thompson, L. A., Detterman, D. K., Petrill, S. A., Daniels, J., Owen, M. J., & McGuffin, P. (1995). A polymorphism in mitochondrial DNA associated with IQ? *Intelligence*, *21*, 1–12.

Smith, R. (1997). *The Norton history of the human sciences*. Dunmore, PA: W. W. Norton & Company, Inc.

Smith, J., & Wolff, O. H. (1974). Natural history of phenylketonuria and early treatment. *Lancet*, *2*, 540–544.

Snyderman, M., & Rothman, S. (1987). Survey of expert opinion on intelligence and aptitude testing. *American Psychology*, *42*, 137–144.

Snyderman, M., & Rothman, S. (1988). *The IQ controversy, the media and public policy*. New Brunswick, NJ: Transaction Books.

Sternberg, R. J., & Grigorenko, E. L. (Eds. (1997). *Intelligence, heredity, and environment*. New York: Cambridge University Press.

Sternberg, R. J., & Grigorenko, E. L. (1999). Myths in psychology and education regarding the gene-environment debate. *Teachers College Record*, 536–553.

Sternberg, R. J. (1998). "How intelligent is intelligence testing?" *Scientific American Presents*, *9*, 12–17.

Strohman, R. C. (1997). The coming Kuhnian revolution in biology. *Nature Biotechnology*, *15*, 194–200.

Sutcliff, J. C. (1988). mRNA in the mammalian central nervous system. *Annual Review of Neuroscience*, *11*, 157–198.

Tishkoff, S. A., Dietzsch, F., Speed, W., Pakstis, A. J., Kidd, J. R., Cheung, K., Bonné-Tamir, B., Santachiara-Benerecetti, A. S., Mona, P., Knings, M., PSabo, S., Watson, F., Risch, N., Jenkins, T., & Kidd, K. K. (1996). Global patterns of linkage disequilibrium at the CD4 locus and modern human origins. *Science*, *271*, 1380–1387.

Thompson, L. A., Detterman, D. K., & Plomin, R. (1993). Differences in heritability across groups differing in ability, revisited. *Behavior Genetics*, *23*, 331–336.

Trimble, B. K., & Baird, P. A. (1978). Maternal age and Down syndrome: Age specific incidence rates by single year intervals. *Journal of Medical Genetics*, *2*, 1.

Tymchuk, A. K. (1992). Predicting adequacy of parenting by people with mental retardation. *Child Abuse and Neglect*, *16*, 1165–1166.

Venitt, S. (1994). Mechanisms of carcinogenesis and individual susceptibility to cancer. *Clinical Chemistry*, *40*, 1421–1425.

Vetta, A. (1980). Correlation, regression, and biased science. *The Behavior and Brain Sciences*, *3*, 357–358.

Wagner, G. P. (1996). Apparent stabilizing selection and the maintenance of neutral genetic variation. *Genetics*, *143*, 617–619.

Waldman, I. D., Wainberg, R. A., & Scarr, S. (1994). Racial-group differences in IQ in the Minnesota Transracial Adoption Study: A reply to Levin and Lynn. *Intelligence*, *19*, 29–44.

Wahlsten, D. (1990). Insensitivity of the analysis of variance to heredity-environment interaction. *Behavioral and Brain Sciences*, *13*, 109–161.

Wahlsten, D. (1998). Origins of genetic determinism in medieval creationism. *Race*, *Gender*, *& Class*, *5*(3), 90–107.

Wahlsten, D., & Gottlieb, C. (1997). The invalid separation of effects of nature and nurture: Lessons from animal experimentation. In R. J. Sternberg & F. L. Gnigorenko (Eds.), *Intelligence*, *heredity*, *and environment* (pp. 163–192). New York: Cambridge University Press.

Wahlström, J. (1990). Gene map of mental retardation. *Journal of Mental Deficiency Research*, *34*, 11–27.

Waxman, D., & Peck, J. R. (1998). Pleiotropy and preservation of perfection. *Science*, *279*, 1210–1213.

Webb, T. P., Bundley, S., Thake, A., & Todd, J. (1986). The frequency of the fragile X chromosome among schoolchildren in Coventry. *Journal of Medical Genetics*, *23*, 396–399.

Weiss, V. (1992). Major genes of general intelligence. *Personality and Individual Differences*, *13*, 1115–1134.

Weiss, V. (1995). The advent of a molecular genetics of general intelligence. *Intelligence*, *20*, 115–124.

Welch, R. B. (1978). *Perceptual modifications: Adapting to altered sensory environments*. New York: Academic Press.

Xiang, Z., Huguenard, J. R., & Prince, D. A. (1998). Cholinergic switching within neocortical inhibitory networks. *Science*, *281*, 985–988.

Xu, X., Kelsey, K. T., Wiencke, J. K., Wain, J. C., & Chnistiani, D. C. (1996). Cytochrome P450 CYP1A1 MspI polymorphism and lung cancer susceptibility. *Cancer Epidemiology*, *Biomarkers*, *and Prevention*, *5*, 687–692.

제 5 장

지능검사 점수의 해석*

Mark H. Daniel
(미국 생활지도 연구소, 심리검사 발행인)

여보! 스트레스는 환상을 부추긴다는 것을 알아요.

— 영화 ≪뷰티플 마인드≫에서

천사같이 노래하지만 행동은 악마같이 한다.

지능검사 총집(總集, 또는 지능 종합검사, intelligence test battery)을 해석하는 데 있어서 제기되는 세 가지 근본적인 질문은 다음과 같은 것들이다.

1. 어떤 능력들이 다양한 척도들에서의 수행의 기저를 이루고 있는가?
2. 어떻게 해야 척도들이 그러한 수행의 기저 능력들을 잘 측정하는가?
3. 그러한 능력들에 대한 신뢰할 수 있는 정보자료를 검사 결과로부터 어떻게 추출할 수 있는가?

이 장에서는, 특정한 심리 측정 도구들에 관해서 상술한 질문들에 응답하기를 시도하지 않고, 상술한 세 가지 문제들을 어떻게 다룰 수 있는지에 관해서 논의할 것이다.

---

* Interpretation of Intelligence Test Score

지능검사의 점수를 해석을 하는 폭넓은 의도들 중의 하나는 수검자의 인지적 강점과 약점들에 대한 이해를 얻는 것이다. 이해를 위해서는 지능검사 자체와 그 검사들의 이론적 토대에 집중하는 것이 요구된다. 이해를 위해서 어떤 검사 점수는 그것이 의미 있는 구안 개념(meaningful construct)과 명백한 관계를 가질 때에만 해석될 수 있다. 해석의 두 번째 목적은 직업적 또는 교육적 성공 또는 특정 개입법이 효과적일 가능성("처치 타당성")에 대한 예측이다.

이 장에서는 이해를 위한 해석이라는 첫 번째 목적에 집중할 것이다. 많은 심리학자들은, 비록 이러한 이해의 가치가 경험적으로 입증된 사례가 드물기는 하지만(Reschly, 1997), 의뢰인(내담자)을 효과적으로 돕는 능력에는 필수적은 아니더라도 다소간에 도움이 된다고 생각한다(Keith, 1994). 진단(diagnosis)은 대상자나 주제에 대한 이해의 특정한 형태이다.

지능검사는 무엇을 측정하는가?

어떤 지능 종합검사가 측정하는 것이 무엇인가라는 질문은 지능 모형을 고려하지 않고서는 다룰 수 없다. 현재 사용 가능한 지능검사들의 기반이 되는 두 가지 지배적인 모형들은 위계적 심리측정 능력모형(hierarchical psychometric abilities model)과 다스-루리아 신경심리적 모형(Das-Luria neuropsychological model)이다. 이 장에서 논의의 목적은 이들 또는 여타의 특정 모형을 옹호하는 것이 아니며, 모형들에 대한 모든 언급은 오직 해석에 있어서의 일반 주제들의 묘사를 위한 것이다.

심리측정 능력모형의 두 가지 버전인 유동지능-결정지능 이론(Gf-Gc theory, Horn & Noll, 1997) 및 3계층 이론(three-stratum theory, Carroll, 1993)은 동일한 여덟 개의 "광역 능력들(broad abilities)"을 구별한다는 점에서 거의 동일하다(능력 요인들은 중간층에 있는데, 하부에 세부적 능력들이 위치하고 그 상위 층위 3 에는 일반지능 요인이 위치한다). 유동지능과 결정지능에 추가해서, 이들 광역 능력들은 시각적 및 청각적 처리, 단기기억, 장기기억 인출(引出, long-term memory retrieval), 그리고 두 가지 속도 관련 능력(일반 인지속도 및 올바른 결정 속도)들을 포함한다. 유동지능-결정지능 이론과 3계층 이론 사이의 한 가지 차이는 전자가 아홉 번째 광역 능력으로 양적 추론(quantitative reasoning)을 다루는 반면에, 후자는 이 능력을 유동지능의 하나의 일부로 생각하는 것이다. (1장의 관련 내용 참조) 그러나 더 중요한 차이는 유동지능-결정지능 이론은 광역 능력들보다 상위의 3단계 등급의 일반능력 요인(general ability factor)을 포함하지 않는 것이다. 3계층 모형에서는 일반능력 요인이 광역 능력들에 상이한 정도의 영향을 끼치는데, 유동지능 및 결정지능에 대해서는 강한 영향을 그리고 속도에 관련된 광역 능력들에 대한 상당히 약하게 흡수된다.

지능에 대한 다스-루리아 모형(Das, Naglieri, & Kirbly, 1994)은 세 가지 주요 처리 수준 또는 단위(level or unit)를 구분하는데, 그 각각은 뇌의 어떤 영역에 연관되어 있다. 각성과 주의가 첫 번째 단위를 구성하며, 두 번째 단위는 연속적인 또는 동시적 형태의 정보 부호화에 대응하며, 세 번째 단위는 계획과 감시 같은 집행 통제 기능으로 구성된다. 이 모형의 두드러지는 특징은 능력(과제 내용과 지식에 더 의존하는 것으로 간주되는 것)보다는 정보처리 과정(즉, 정보가 어떻게 다루어지는지)에 집중한다는 점이다. 과정 측정은 신경체계의 통합성(integrity)을 반영하려는 의도는 아니며(Das et al., 1994, p. 22), 그리고 이 모형에는 일반지능 구성개념과 유사한 것은 없다.

유동지능-고정지능 및 3계층 모형 그리고 다스-루리아 모형 양자 모두 능력의 다중 차원을 강조한다. 그래서 이들 모형에 기초한 종합검사들 각각은 여러 개의 점수들을 제공하는데, 광역 능력 또는 기능단위들 수준의 복수의 점수들과, 총체적인 복합점수, 그리고 개별 하위검사들에 대한 점수들이 그것이다.

조사의 방법

지능 총집검사의 하위검사들과 복합 척도들이 무엇을 측정하는가 하는 문제는 몇 가지 중요한 방법으로 조사되었다. 하위검사 수준에서 내용과 과제 분석이 시작점이며, 명확하게 정의되어 있고 이론적 모형 속에 명확하게 위치를 잡고 있는 과제들의 경우는 좀 더 나아갈 수도 있다. 400가지가 넘는 다중능력 관련 자료 조합들에 대한 캐롤(Carroll, 1993)의 요인분석은 인지적 과제들(즉, 한정능력(narrow ability)들은 종종 하위검사들에 대응한다.)이 그것들이 속한 광역 능력 요인들에 대해 갖는 관계의 상대적 강도에 대한 요약된 정보자료를 제공한다. 일반지능 요인(유동지능-고정지능 모형의 단기기억)은 흥미로운 표본을 제공해 준다. 20개의 관련 자료조합들에 기초해서 자유회상기억(free-recall memory)이라는 한정적 능력은 일반기억(general memory) 능력에서 .79의 부하량을, 연상기억(associative memory) 한정능력은 평균 .66의 부하량을 가지며, 유의미 기억(meaningful memory)은 .46을 기억범위(memory span)sms .36의 부하량을 각각 갖는다. 따라서 단기기억 측정이 대부분 또는 배타적으로 기억 범위 과제로 구성되는 지능검사는 광역 단기기억 요인들에 대한 효과적 측정을 제공하지 못하며 대신에 한정적 요인들에 초점을 두고 있다. 비록 광역 능력들의 대부분에 대해서 캐롤이 보고

한 한정능력 부하량들의 범위가 일반 기억에서만큼 넓지는 않지만, 각각의 광역 능력에 연관된 한정적 능력들의 목록은, 심리측정 능력모형에 기초한 도구들의 내용 및 과제 분석을 위해서 귀중한 참조 자료가 된다.

다스-루리아 신경심리적 모형에 기반한 검사들인 카우프만 아동용 지능검사 총집(Kaufman Assessment Battery for Children, K-ABC; Kaufman & Kaufman, 1983)과 종합 인지기능 진단 검사(Cognitive Assessment System, CAS; Naglieri & Das, 1997) 등을 위해서, 내용과 과제 분석은 하위검사의 구성개념 유효화에 심하게 의존하는데, 이것은 그 모형이 각 기능단위들과 연관된 과정들의 명확한 설명을 제공하기 때문이다. 이 이론적 관점의 첫 번째 조작화로서 이들 측정 도구들은, 이미 존재하고 있던 표지자 변인들(marker variables)과의 상관관계들에 의존하는 심리측정적 능력검사들이 누린 기회들을 가지고 있지 못했다.

검사가 무엇을 측정하는지를 탐색하기 위한 또 다른 기법은 둘 이상의 검사들과 결합 탐색적 요인분석(joint exploratory factor analysis)의 관련된 과정들에 대한 상관관계 분석이다. 특히, 명세화된 능력들의 효과적이고 상대적으로 순수한 측정이라고 믿어지는 표지자 하부조합이나 척도들이 존재할 때는, 비록 검사들 간의 상관관계가 하위검사들의 또는 척도들의 신뢰도보다 실질적으로 낮을 때에는 그 결과가 아주 유익(informative)하지는 않다고 해도, 상관관계 분석이 강력한 도구가 될 수 있다. 탐색적 요인분석은, 추출할 요인들의 수에 있어서의 불확정성(indeterminacy)에 의해 설명도구로서는 약화된다. 어떤 조사 연구가 상이한 수의 요인들(종종 검사 지침서에서 발견된다)에 대해 여러 개의 결과들을 제시할 때는, 그 검사가 측정하는 것이 무엇인지에 대한 분명한 이해를 형성하는 것이 어려울 수 있게 되는 것이다. 요인들이 어떻게 순환되는지에 있어서의 불확정성 역시 분명한 결론의 도출에 방해가 된다.

확인적 요인분석(confirmatory factory analysis, CFA)은 구조방정식 모델링(structural equation modeling)의 한 하부조합으로서 아마도 인지적 검사의 기저를 이루는 능력 영역에 대한 탐구에 있어서 가장 강력한 도구가 된 것으로 보인다. 이 방법은 탐색적 요인분석에 비해 몇 가지 중요한 이점들을 가진다. 첫째, 하나의 검사 또는 어떤 검사 조합이 분석되던 간에, 변수들이 이론적 모형의 요소들에 가정했던 방법으로 대응하며, 관찰된 상관관계와 기대된 상관관계들 사이의 부적합(misfit)이 계량될 수 있다면, 하위조합들의 상호상관관계(intercorrelation)들의 패턴은 기대했던 패턴과 비교 가능해진다. 부적합의 성질은 어떤 특정한 하위검사 또는 척도들이 측정되고 있는가에 대한 대안적 가설을 지적할 수 있을지 모른다. 관련 자료가 모형에 적합할 때는 부하량들은 해석에 대한 암시를 갖게 된다.

CFA의 또 다른 가치 있는 적용은 두 가지 이상의 검사들이 함께 분석될 때에도 가능하다. 한 개의 검사에 대한 어떤 척도의 기반이 되는 잠재적 속성이, 다른 검사의 상응하는 척도의 기반이 되는 속성과 동일한 지 여부를 검사할 수 있다. 이 기법은 예를 들면 웩슬러 아동용 지능검사 수정판의 동작성 검사(WISC-R Performance scale), DAS 공간지각능력 척도(DAS Spatial Ability scale), 카우프만 지능검사 동시처리 척도(K-ABC Simultaneous Processing scale) 모두가 동일한 능력 요인들을 반영한다는 것을 보여 주는데 사용되어 왔다. 키이쓰가 담당한 장(Keith, 1997)은 CFA가 타당성과 해석을 구축하는데 기여할 수 있는 다양한 방법들을 묘사하기 위해 이 발견은 물론 다른 것들도 제시하고 있다.

요인의 이해 대 척도의 이해

상당 부분 CFA에 기초한 실질적인 연구 문헌들이, 상이한 검사들의 척도의 기지를 이루는 요인들이 상호간에 그리고 함축적으로 이론적 모형에 어떻게 연관되는지에 대해 발전되고 있다. CFA의 발전과 합의를 이룬 심리측정적 능력 모형의 부상은 통합적으로 지능검사의 구성개념 유효화에 대한 생산적인 연구을 촉진시키고 있다. 비록 이런 유형의 정보자료가 이들 도구들이 무엇을 측정하는지를 분명히 하는데 유용하기는 하지만, 어떤 특정 척도가 기저 요인을 얼마나 잘(how well) 측정하는가라는 동등하게 중요한 질문을 처리하는 것은 아니다. 상이한 도구의 두 척도가 동일한 능력 영역에 의해 설명된다는 입증은, 그러한 척도들의 점수들이 서로 근접하게 일치한다거나, 또는 어느 하나가 그 영역에 대한 고도로 타당한 측정이 된다는 것을 의미하지는 않는다.

이런 의미에서 어떤 척도의 타당성은, 즉 척도 점수와 요인 사이의 대응 강도는, 몇 가지 특성들에 의존한다. 하나는 능력 요인의 측정 도구로서의 척도를 구성하는 개별 하위검사들의 타당성이다. 각각의 하위검사의 변량의 얼마만큼이 그 요인 때문인 것인가? 하위검사에서의 요인 결정적 변량의 비율이 증가하면, 하위검사들의 공통 변량은 복합적 척도 점수에 점점 더 큰 영향을 갖게 될 것이다. 광역 능력 요인들에 대한 한정 능력 과제들의 적재량에 대한 캐롤(Carroll, 1993)의 요약 관련 자료는 이러한 분석에 적합하다.

두 번째 특성은 그 하위검사가 광역 능력 요인 속에 들어 있는 한정 능력 영역을 표본으로 추출해 내는 적정성이다. 유일한 공통변량(common variance)이 광역 능력 변량인 하위검사의 어떤 조합으로부터 어떤 척도를 구축할 수 있는 한, 합성치(composite)에 대한 하위검사 특정적 변량(한정적 능력 또는 과제 특이성(task idiosyncrasy)을 반영하는)의 영향은 최소화된다. 표면적 특성상 그리고 그들이 측정하는 한정 영역들에 있어서 유사하지 않은 하위검사들은 고도로 타당한 모형을 달성하기 위한 하나의 전략이다. 광역 능력의 타당한 측정 결과를 생산해 내기 위해서 얼마나 많은 상이한 한정 능력들이 합성척도에 포함되어야 하는지는 알려져 있지 않다. 우드코크(Woodcock, 1990)는 최소치로 둘을 잡았지만 어떤 광역 능력들에는 더 큰 수가 포함되어야만 할지 모른다.

마지막으로 하위검사의 신뢰도는 합성 척도의 타당도에 기저 요인의 측정으로서 영향을 정보자료 오차 변량(error variance)은 정의상 하위검사들 사이에서는 상관관계가 없지만, 하위검사들의 수량이 증가됨에 따라 합성척도에 감소적 영향을 준다. 따라서 하위검사 신뢰도가 낮을 때에는 타당한 척도를 구성하기 위해서는 더 많은 하위검사들이 필요하게 된다.

'얼마나 잘 측정하는가'라는 질문의 중요성을 명확하게 하는 데 있어서, 척도가 측정하는 것이 무엇인가를 조사하는 추가적 방법론이, 내용 및 과제 분석, 상관관계 분석, 그리고 탐색적 및 확인적 요인분석 등을 이미 가지고 있는 목록에 추가되어야만 한다. 이것은 척도와 기저 요인들(탐색적 또는 확인적 방법들 중 어느 것인가를 통해 정의된)과의 상관관계를 계산하는, 드물게 사용되지만 잠재적으로 대단히 유용한 과정이다. 척도-요인 상관관계 계산의 과정은 고서치에 의해 기술되었다(Gorsuch, 1983, pp. 272-275). 단일 총집검사(battery)의 분석에 있어서 실제로 계산된 척도 점수(일반적으로 하위검사 점수들의 합)가 잠재된 속성에 얼마나 강하게 상관성을 갖는지를 아는 것은 유용할 것이다. 파커와 애트킨슨(Parker & Atkinson, 1994, 1995)은 WISC-III 및 WAIS-R 표준화 샘플들에 대한 이 정보를 보고했는데, 언어 이해력 지표(verbal comprehension index)에 대해 .80 중반, 주의집중력 장애로부터 이탈 지표(즉, 주의산만하지 않음. Freedom from Distractibility index)에서는[1] .60대 중반의 범위를 가지는 척도-요인 상관관계를 발견했다〔이들 상관관계들의 놀랍도록 낮은 수준은 부분적으로는 요인들의 직각 회전(orthogonal rotation) 때문이다〕. 구스타프슨과 운트하임(Gustafsson & Undheim, 1996)은 WISC-III의 전체 지능지수(Full-Scale IQ)와 일반지능 요인들 사이에서 .84의 상관도를 추산했다. 공통의 기저 능력 영역을 갖는 요인적으로(factorially) 유사한 척도들의 상관관계의 비교를 가능하게 해 주는, 두 개 이상의 검사들에 대한 결합 요인분석(joint factor analysis)이 실행가에게는 더 큰 가치를 가질 것이다. 단 한 개가 아니라 여러 개의 검사들에 의해 정의된 공통 요인들을 가짐으로써 그 요인은 준거틀로서

1) (옮긴이 주) 주의집중 장애로부터 벗어난 상태, 즉 침착하지 못하고 주의가 산만하고 버릇없이 과잉 행동하던 녀석이 정반대의 행동을 하는 전혀 달라진 모습으로 변신한 사례를 암시하는 지표. 경위가 어떻게 되었든 간에 주의가 산만하지 않음을 시사함.

사용되고 있는 이론적 모형 속의 능력 영역들에 보다 더 근접하게 대응할 수 있게 될 것이다. 이 유형의 정보자료는 검사 선택을 안내할 뿐만 아니라 실행가들이 알려진 대로라면 유사한 척도들 사이의 점수 차이를 해석하는 데에도 도움을 줄 것이다.

다양한 이유로, 동일한 능력의 측정인 상이한 검사의 척도들은 종종, 그들의 신뢰도에 따라 기대할 만한 수준보다 상당히 낮은 수준의 상관관계를 보이는데, CFA를 통해서 동일한 기저요인을 공유하는 것으로 보여진 것들조차 그러하다. 이것은 때로는 전체 합성치에 대한 점수처럼 가장 믿을 만한 점수들이어야만 하는 것들에서조차도 사실이다. 다음 단원은 이 현상에 대한 것이다.

종합적 복합척도

모든 지능검사는 비록 일반지능 요인을 포함하지 않는 이론 모형에 기초해서 설계된 것들조차, 종합점수 즉 총점(overall score)을 산출한다. 이것은 전문가들이 종합적 능력 합성 값에 무게를 둔다는 실제적 중요성을 입증한다. 총점은 일반적으로 강력한 예측변수로 생각되며 적어도 인지평가 결과를 해석하는 유용한 시작점으로 인식된다. 이러한 관점에서 볼 때, 지능검사 점수의 의미에 대해서 종합적 복합척도가 측정하는 것은 무엇인가라는 질문보다 더 중요한 것은 없을 것이다.

모든 종합적 복합척도 점수가 동일한 구성개념을 측정하는 것은 아니라는 것은 관찰 가능한 사실이다. 검사 개발자가 일반지능을 개념화하는 방법은, 종합적 복합척도(overall composite scores)가 어떻게 설계될 것인지에 영향을 끼칠 것이며, 그것이 어떻게 해석될 수 있는지에 대해서는 중대한 영향을 끼칠 것이다. 따라서 그것들은 어떤 식으로든 동일한 방식으로 해석되기나 적용되지는 않을 것이다.

표 5-1은 일곱 가지 널리 사용되는 지능검사들의 종합적 복합척도들이 공유하는, 신뢰할 수 있는 변량들의 비율을 보여 주는 것으로, 검사 지침서 내에서 제공된 보통의 표본들에 대한 관련 자료를 이용한 것이다. DAS, 웩슬러 척도, KAIT, 그리고 SB-4 검사들은 많은 부분을 공유하고 있다. 그들의 종합적 복합점수들은 낮은 .80대에서 낮은 .90대까지의 상관관계를 갖는다. 반면에, WJ-R, K-ABC, 그리고 CAS의 종합적 복합점수는 앞에서 언급한 4개의 검사들(그리고 상호간에) 실질적으로 낮은 수준의 상관관계를 나타낸다. WJ-R(Woodcock-Johnson 교육심리 검사) 복합척도는 웩슬러 척도, SB-4, 그리고 K-ABC의 인지 처리과정 척도(Mental Processing Composite, MPC)와 거의 .75에 가까운 상관관계를 보였으며, K-ABC MPC와 CAS의 전체 척도(Full Scale)는 웩슬러 척도와 DAS의 종합적 복합척도와 .70대 상관관계를 나타냈다. K-ABC MPC의 CAS 전체

표 5-1 지능검사들의 종합적 복합점수에 의해 공유되는 신뢰할 만한 변량의 비율

	Wechsler[a] FSIQ	SB-FE Comp.	WJ-R BCA	DAS GCA	KAIT Comp.	K-ABC MPC	CAS FS
Wechsler		77%	59%	86%	79%	65%	50%
SB-FE	372		64%	83%	76%	66%	–
WJ-R	216	121	–	–	–	65%	–
DAS	153	55	–	–	–	63%	–
KAIT	461	79	70	27	–	–	–
K-ABC	252	245	–	–	–	–	–
CAS	87	–					

주: 모든 관련 자료는 5세 이상인 경우에 대한 그 검사의 기술적 매뉴얼로부터 나옴. 모든 표본 크기는 대각선 상에서 나타냄. 상관관계는 범위 제한 때문에 조정되었고, 피셔의 z변환을 이용해서 평균화되고, 반교정되고(disattenuated), 승수조작됨(squared). 대시 기호는 매뉴얼에서 아무런 상관관계가 보고되지 않은 것을 의미한다.

[a] WPPI-R, WISC-R, WISC-III, 또는 WAIS-R

척도와의 상관관계는 아직 보고된 적이 없지만, 두 가지 도구들 모두 연속적 및 동시적 처리와 언어 능력의 제외에 의해 높아진 결과를 기대할 수 있다.

왜 어떤 도구들의 복합점수는 다른 것들로부터 상당히 이탈하는지 그리고 상이한 복합점수들이 특정되는 것에 대해 이들 결과가 의미하는 것은 무엇인가? 복합점수들 사이의 비유사성은 일반지능 영역이 실제의 심리적 구성개념으로서 존재하는 것인지, 그리고 그것이 맞다면 그 성격은 무엇인지에 대한 이론적 입장의 차이를 반영하는 것이다.

고등 일반능력 요인(higher order general ability factor)은 전형적으로, 다양한 인지과제들에 대한 검사의 위계적 요인분석 속에서 나타난다. 이 요인이 개인의 일원화된 특성을 대표하는 것이라는 개념은 많은 지지자들을 가져왔다. 예를 들어, 요인분석에서 g 의 뚜렷한 개별성에 근거해서 캐롤(Carroll, 1991)이 내린 결론은 "g가 단일하다고, 즉 대단히 다양한 행동과 수행에 영향을 끼치는, 개인이라는 구조 속의 하나의 단일한 실체 또는 위상을 대표한다고 가정하는 것은 인색한 것이다(p. 434)"라는 것이다. 구스타프손의 인지능력 검사의 위계적 분석은 그로 하여금 고위의 일반 요인은 유동지능의 광역능력과 일치한다는 결론을 내리게 했다(Undheim & Gustafsson, 1987).

현재의 부동지능(gf)-결정지능(gc) 모형의 주저자인 혼(Horn)은 아마도 g(일반지능)로 명명될 수 있는 단일한 능력 영역은 존재하지 않는다는 반대의 관점의 주도적 지지자일 것이다. 혼과 놀(Horn & Noll, 1997)은 이러한 입장을 옹호하기 위한 세 가지 주장을 제공한다. 한 가지는, 다양한 인지적 검사를 구성하는 과제의 선택이 그 검사로부터 추출되는 일반적 요인의 성격에 크게 영향을 준다는 것이다. "일반지능 이론의 문제점은 요인들이(이하 원문대로) 연구 자료마다 서로 다르다는 것이다... 일반요인들은 하나의 일반지능이 아니라 상이한 혼합물 측정치를 표상한다"(Horn & Noll, 1997). 따라서 혼은 합리적으로 대규모의 그리고 다양한 검사 조합들로부터 추출된 일반 요인들이 수렴될 것인가라는 경험주의적 질문에 대한 손다이크(Thorndike, 1994)의 의견에 동의하지 않는다.

g에 반하는 두 번째 주장은, 만약 구스타프손이 주장하는 것처럼 g와 유동지능 Gf가 동일하다면, 구조방정식 모형에서 g 요인은 통계적으로 과소확인되고(underidentified) 그리고 다른 광역 능력 요인들 속의 상관관계를 설명할 수 없을 것이라는 것이다. 이어서 "일반적" 요인은, 지능을 성격 짓는다고 생각되는 능력들 모두를 반영하지 않는다는 것이다. g에 반대하는 세 번째 주장은 특징과 복잡성 수준에 있어서 다양하지만 이론적으로는 Gf처럼 단일한 광역 능력에 연결되어 있는 과제 조합들에 대한 연구들에 기초한다. 이들 과제들 중의 상관관계들은 어떤 단일요인적(unifactoral) 조합의 기준을 만족시킬 수 있을지도 모르지만 Gc처럼 어떤 다른 광역 능력을 측정하는 몇 개의 하위검사들이 그 조합에 더해지게 될 때는 더 이상 그 기준을 만족시키지 못한다. "그 증거는 따라서 유동지능의 g 요인은 일반지능의 g 요인이 아니라는 것을 표시하는 것이다"(Horn & Noll, 1997, p. 71).

종합적 복합점수가 상대적으로 가깝게 일치하는 네 가지 검사들(DAS, SB-4, Wechsler 척도 및 KAIT)은 복합점수들 모두가 3층위 모형의 일반능력 요인에 높은 부하량을 가지는 몇 가지 광역 능력들로 구성되어 있기 때문에 그런 결과를 보이는 것이다. SB-4와 DAS의 경우 종합적 복합점수는 의도적으로 g 측정의 타당성을 최적화하는 방식으로 구조화되었다. 두 측정 도구의 저자들은 일반지능을 의미 있고 묘사 가능한 개인특성으로 보았다. 예를 들어 SB-4의 저자들은 "g의 최선의 측정은 맥락의 다양성 속에서 관계적 사고를 요구하는 인지적 과제들의 다양한 조합으로부터 생겨난다는 것이 우리의 강력한 믿음이다"(Thorndike, Hagen, & Sattler, 1986, p. 6) 손다이크는 g를 "기본적인 유기체적 실체(a basic organismic reality)"를 갖는 것으로 보았다(Thorndike, 1994, p. 153). 그 측정 도구의 종합적 복합척도는 언어추론(verbal reasoning; 결정지능), 양적추론(quantitative reasoning; 결정 또는 유동지능), 추상-시각적 추론(abstract-visual reasoning; 유동지능과 시각적 처리), 및 단기기억 등의 측정으로 구성되어 있다.

DAS의 종합적 복합 척도는 약간은 다른 경로를 통해서 비슷한 조성에 도달했다(언어 능력 또는 결정지능 Gc, 비언어적 추론 또는 유동지능 Gf, 그리고 공간지각 능력 또는 시각-공간 지각력 Gv에 대한 척도들을 결합). 표준화에 따라 그 검사의 최초의 회전 조작을 하지 않은 공통 요인에 최고의 부하량을 갖는 척도들은 종합적 복합 척도에 산입되도록 선택되었고, 반면 상대적으로 낮은 부하량을 갖는 하위검사들은 제외되었는데, 그래도 그것들이 제공하는 질적으로 다른 정보자료들 때문에 검사 문항으로는 유지되었다(Elliot, 1990). SB-4의 저자들처럼 DAS의 저자는 일반요인은 심리적 실체라고 믿었던 것으로, 그것을 "어떤 개인이 개념화와 정보의 전환을 포함하는 복잡한 정신적 과정을 수행하는 일반능력"이라고 특징지었다(Elliot, 1990, p. 20).

비록 내용 선택을 인도하는 데 도움이 되는 Gf-Gc 모형같은 잘 정련된 분류법의 혜택을 볼 수는 없기는 했지만, 웩슬러 또한 일반능력의 유의미함을 믿었다. 웩슬러는 지능을 "어떤 개인이 의도적으로 행동하고, 합리적으로 사고하며, 자신이 처한 환경을 효과적으로 다루는 총합 또는 전반적 능력"이라고 개념화했다(1939, p. 3). 그는 다양한 형태의 과제들로부터의 표본의 가치를 깨달았지만, 그는 이 과제들이 지능을 발휘하려는 사람이 상이한 수단들을 제공한다고 보았기 때문에, 종합적 복합 척도를 구성하는 데 있어서 체계적으로 선택하지는 않았다. 웩슬러 도구들에 대한 현재의 분석들은 전체 지능지수(Full-Scale IQ)가 시각적 처리와 양적 추론의 희생 하에 언어 능력 측정 쪽으로 편향되었음을 발견했다(Carroll, 1997; Parker & Atkinson, 1994, 1995).

코프만 청소년 성인용 지능검사(Kaufman Adolescent and Adult Intelligence Test, KAIT)의 종합적 복합 척도는 유동지능-결정지능 모형 속의 광역 능력들 중에서 g 부하가 가장 높은 두 가지를 측정하는 척도들로 구성되어 있다. 이 모형과 일관성 있게 KAIT의 저자들은 복합척도를 "하나의 이론적 구성개념으로서보다는 총괄적 점수로 더" 간주했다(Kaufman & Kaufman, 1993, p. 8). 그러나 복합척도 속에 포함된 특정한 Gf-Gc 광역 능력들 때문에 3층위 이론의 일반요인에 대한 강렬한 측정을 제공한다.

이들 네 가지 도구들 중에서 어떤 것이 3층위 모형의 일반능력을 가장 유효하게 측정하는 것인지는 아직 해답은 나와 있지 않지만 흥미로운 질문이다. 이 질문을 다루는 한 가지 방법은 네 가지 검사들이 동일한 일반능력 영역을 반영하는지를 판정하기 위해 합동 확인적 요인검사(joint confirmatory factor analysis)를 실시하고, 그렇다는 결과가 나온다면, 그들 각각이 그 영역을 얼마나 잘 측정하지를 보기 위해 척도-요인 상관관계를 계산하는 것이 될 것이다. **표 5-1**의 관련 자료는 이들 도구들 사이의 차이가 크지 않을 것임을 표시한다.

표 5-1에 포함된 다른 세 가지 도구들인 WJ-R, K-ABC, 및 CAS의 종합적 복합척도의 구성개념 의미를 고려할 때, 완전히 다른 해석 관련 질문이 부상한다. 이들 복합척도

들은 3층위 이론의 일반능력 요인의 근사치를 내고 있다고 말할 수 없는데, 그 이유는 이들 세 가지 검사의 저자들은 일반능력을 유의미한 구성개념으로 개념화하지 않기 때문이다. 그러므로 논리적으로 이들 일반 복합 척도들을 유효화하는 데 반하는 기준은 존재하지 않으며, 이들 도구들의 이론적 관점으로부터 볼 때, 이들 복합 척도들이 다른 도구들의 그것보다 더 또는 덜 구성개념에 타당한지를 질문하는 것은 의미 없는 일이다. 또한 만약 종합 복합척도가 설명 가능한 구성개념을 측정하는 것이 목적이 아니라면, 복합척도 안에 포함될 능력들을 선택하는 것은 자의적이 되거나 또는 적어도 구성개념 타당성보다는 다른 고려에 의해 주도될 것이다.

유동지능-결정지능 모형에 근접한 WJ-R 검사를 만든 우드코크는, 일반요인은 무의미하다는 점에서 혼과 의견을 같이 한다. "기술적으로 지능의 광역 점수들이 계산될 수 있다는 점은 의문의 여지기 없다. 하지만 그러한 광역 점수들이 실제적으로 무엇을 의미한단 말인가? 기껏해야 그것은 다양한 인지적 능력들을 요구하는 다양한 삶의 상황들 속에서의 평균적 결과를 예견할 뿐이다. 그것들은 우리가 어떤 특정한 것을 예견하는 것을 허락하지 않는다"(Woodcock, 1990, p. 257). WJ-R의 종합 복합척도는 Gf-Gc 모형의 광역 영역들 일곱 가지를 측정하는 척도들로 구성되는데, 3층위 이론에서 상대적으로 낮은 g 포화도(飽和度, saturation)를 갖는 속도 및 청각적 과정과 같은 척도들이 포함되어 있다. 이것이 다른 검사들의 복합척도 점수들과의 중복이 낮은 수준인 것을 설명할 수 있을 것이다. 구성개념 정의의 부족은 적용상으로뿐만 아니라 해석에 있어서도 문제를 끌어들일 수 있다. 예를 들어 약한 g 측정치의 산입은, 종종 하위검사들이 확인하도록 되어 있는 그러한 특정한 인지적 결핍을 가진 피험자의 복합척도 점수들을 억압할 위험을 가진다(Elliott, 1997).

K-ABC와 CAS가 기반으로 하고 있는 신경생리학적 모형 역시 일반능력의 구성개념을 포함하지 않고 있다. 두 도구 모두, 종합 복합척도는 다양한 과정 영역들에서의 개인의 상태에 대한 개요로서, 그리고 예측을 위해서는 유용할 수 있지만 기저 영역의 측정으로서는 아닌 점수로 제공된다. CAS 종합 지능지수는 "어떤 개인의 인지적 기능의 종합적 수준에 대한 지표를 제공"한다(Naglieri & Das, 1997, p. 7). K-ABC의 인지 처리과정 척도(Mental Processing Composite)는 "지능은 복잡하며, 아마도 가장 지적인 행동은 연속적 및 동시적 처리의 통합으로부터의 결과일 것"이라는 믿음에 기초하고 있다(Kaufman & Kaufman, 1983, p. 31). WJ-R에서처럼 이들 도구의 종합적 복합 척도들이 다른 도구들의 그것과의 상대적인 일치성 부족은, 그것들이 일반능력 구성개념을 측정하도록 설계된 것이 아니라는 사실에 의해 아마도 설명될 수 있을 것이다.

어떤 능력 영역을 반영하도록 구축되지 않는 종합적 복합 척도들은, 결정지능 측정을 포함하지 않는 복합척도들의 도구들에 대한 문화적 배경의 영양 감소 같은 실질적으로 유리한 점을 가질 수 있다. 하지만 그것들은 검사 사용자에게 해석의 문제를 남겨 주는데, 그것은 그 복합 척도의 중요성을 낮게 하고(downplaying) 검사 내의 하위 척도들에 대해 주의를 맞춤으로써 가장 잘 처리될 수 있는 것이다.

요약하면, 종합적 복합 척도들이 구성된 방법은 그것들이 무엇을 측정하는지 그리고 그것들이 어떻게 해석되어야 하는지에 대해 폭넓은 영향을 끼친다(Jensen, 1992; Woodcock, 1990). 검사 총집의 기저를 이루는 공통 요인의 성질에 대하여, 어떠한 합리적으로 크고 다양한 조합의 인지적 과제들을 가지게 되면, 요인은 g 에 아주 근접할 것이라고 주장되어 왔다(예: Thorndike, 1994), 하지만 개별적으로 시행되는 지능검사에 있어서 수렴이 항상 일어나는 것은 아니며, 또는 조금 더 정확하게 말하면, 복합 척도들에 대한 점수들은(비록 기저의 공통 요인들은 그렇더라도) 일치하지 않는다는 것이다. 이것은 "검사들의 상대적으로 균질한 하위집단이 일반 인지능력 이외의 다른 요인들로부터는 중대한 변량을 도입하지 않을 만큼 충분히 폭넓고 균등하게 인지적 과제들의 전영역의 표본들이 추출되어야만 한다"(Thorndike, 1994, p. 153)는 손다이크의 경고를 위반한 결과일 것 같다.

실행가들은 지능검사들의 종합적 복합 척도들이 상호교환적으로 해석될 수 있다고 가정하지 않아야 한다. 고도로 상호 연관된 종합적 복합척도들은, 아마도 캐롤, 손다이크, 또는 엘리엇(Carroll, Thornndike, or Elliot)에 의해 제안된 구성개념 설명을 이용해서, 비슷한 방법으로 해석될 수도 있다. 하지만 상호 연관된 관련 자료가 복합척도들이 의미 깊게 분기함을 지적할 때에는, 그들의 해석은 그들의 내용과 그들의 이론적 토대에 대한 신중한 평가에 기반해야만 하는 것이다.

하위 복합척도

현대의 모든 지능검사들에는, 특히 심리측정상의 능력 모형에서는 캐롤(Carroll, 1993)이 "광역 능력들(broad abilities)"이라고 이름붙인 척도와 그리고 Das-Luria 모형에서는 처리 양식들(processing styles)과 일반능력의 척도보다 한 수준 아래의 척도들이 포함된다. 이 척도들에 대한 타당한 해석은 그것들이 무엇을 측정하는지에 대한 명확한 이해에 달려 있다. 심리측정 모형과 관련해서는 일반능력보다 광역 능력들의 구성개념의 해석에 대해서는 의견차이가 적다. 예를 들어, 결정지능 또는 시각적 처리 능력의 성격에 대한 논쟁들은, g를 둘러싼 논란들이 뒤따르는 만큼의 폭넓은 관심을 끌지는 않고 있다. 왜냐하면 하위 수준 능력들은 개별 피험자들에게 덜 심각한 의미를 갖는 것으로 보이기 때문에, 하위수준의 함의에 대하여 의미 있는 고찰을 하지 않기 때문인 것으로 생각한다. 이유가 무엇이던 간에, 논쟁의 낮은 수준은, 동일한 광역 능력을 측정하는 것으로 칭해지는 상이한 검사들 상의 수렴을 보여 주는 많은 양의 상호 연관적 관련 자료들의 결과는 아니다. 역으로 그러한 관련 자료의 양은 결정지능을 제외한 모든 광역 능력들로 봐서는 적은 것이다.

결정적 능력(crystallized ability)은 현대의 심리측정 기반의 측정 도구들 속에 잘 표현되고 있다. 22개의 검사간 상호 상관관계들의 중간값은 그것들의 지침서에서 보고된 것[2]에 따르면 .78인데(보통의 샘플에서는 그 범위가 .61~.85까지임), 범위 제한을 위해 조정하면 아마도 이 평균이 .80대 초반까지 올라갈 것이다. 따라서 결정지능의 측정에 대해서는 검사들 사이에 상당한 합의가 존재한다. 그럼에도 불구하고 이들 척도들이 일반적으로 .90대의 신뢰도를 가지고 있는 점을 고려하면 그리고 확인적 요인분석들이 이들 척도들의 적어도 일부에 대한 기저가 되는 잠재된 속성들이 동일하다는 것을 보여 주었음을 고려하면(Keith, 1997), 어떻게 그리고 어떻게 잘, 척도들이 그 광역 능력들을 반영하는지에 있어서 척도들 내의 차이들이 존재한다고 결론을 내려야만 한다.

다른 광역 능력들에 대해서는, 관련 자료가 있다고 해도 얼마 되지 않는다. 단지 SB-4와 WJ-R 두 검사 도구만이 기억 척도를 가지고 있는데, 두 도구에서의 상관관계에 대해서는 보고된 바 있다(.65와 .71). 유동지능, 시각적 처리, 또는 양자 모두에 초점을 맞춘 척도를 만들어 내려고 시도한 검사들은 DAS, KAIT, 그리고 WJ-R뿐이며, 이들 도구들의 쌍들 사이의 상관관계 연구를 포함하는 지침서는 없다. (비슷한 조건이 Das-Luria 모형으로 만들어진 도구들에 존재하는데, CAS와 K-ABC 과정 척도들 사이의 상관관계는 아직 출간된 적이 없다.) 그렇다면 심리측정 또는 신경심리학 모형들을 참고로 한 척도 점수들의 전반적인 해석은 경험주의 기반을 가지고 있지 않은 것으로, 척도들과 모형 구성개념들 사이의 관계의 강도는 일반적으로 알려져 있지 않다.

시각적 처리의 측정은 어떤 척도의 기저를 이루는 능력요인(들)에 대한 이해와 척도 그 자체의 점수의 이해 사이의 차이에 대한 명확한 표본을 제공한다. 확인적 요인분석은 동일한 요인이 WISC-R의 수행성(Performance) 척도와 DAS의 공간능력(Spatial Ability) 척도의 기저가 되고 있음을 보여 주었다(Keith, 1997). 그럼에도 불구하고 이 두 척도의 상관관계는 .70 초반에 그치고 있다(Elliott, 1990). 이 분석에서의 요인 부하량은

---

2) (원저자 주) 다음의 척도들 내의 상관관계들임: DAS Verbal Ability 척도; K-ABC Achievement 척도; KAIT Crystallized 척도; SB-4 Verbal Reasoning 척도; WPPSI-R, WISC-R, WISC-III, 및 WAIS-R의 Verbal IQ 척도; 그리고 WJ-R Comprehension-Knowledge 척도.

그림 맞추기(Picture Completion)와 그림 배열(Picture Arrangement) 하위검사들이 구성개념과 맞지 않는 변량들을 더해서, 공통의 기저요인 측정으로서의 수행성 척도의 타당성을 약화시키고 있음을 시사했다. 방법론에 대한 앞쪽 장에서 설명된, 척도-요인 상관관계는 DAS와 WISC-R 척도들 양자 모두의 구성개념의 타당성을 드러내고 있다.

단일 검사들에 대해 수행된 요인분석들이 척도 구성개념 타당성의 1차적 자원이 되어왔다. 척도 개발를 위한 요인분석의 한 가지 긍정적인 특색은 그것이, 하위검사 점수들이 합해질 때 그 영향이 확대되는, 변량의 공통 원천을 공유할 하위검사들 내에서 응집성(cohesiveness)을 확보하게 해 주는 것이다. 또한 확인적 요인분석이 사용되는 경우에는 특히, 이론적 모형에 대한 검사의 요인 구조의 대응도는 척도의 구성개념적 의미를 위한 근거가 될 수 있다는 것이다. 요인들 사이의 상관관계, 또는 위계적 분석의 경우에는 하위 요인들의 고위의 일반요인에 대한 상관관계가 척도 타당성에 관련해서 시사성을 가질 수 있다. 예를 들어, 키이스와 위타(Keith & Witta, 1997)의 표준화 관련 자료에 대한 분석에서 발견된 것처럼, WISC-III의 세 번째 요인이 네 가지 요인들의 일반지능에 대한 부하량 중 가장 높다면(.90), 그 요인은 "주의산만성 없음(freedom from distractability)"이라기보다는 고순위의 지적 처리를 표시하는 것으로 해석되어야 한다(하지만 구스타프손과 운트헬름(Gustafsson & Undhelm, 1996)의 동일한 관련 자료에 대한 위계적 분석에서는, 세 번째 요인의 일반능력 부하량은 .80으로 나와서, 첫 두 가지 요인들에 대한 부하량보다 낮았다는 점에 주의하라.)

단일 검사의 요인분석은 그럼에도 불구하고 다수 검사 분석 자료와 비교하면 구성개념 타당도에 대해서 제한적인 도구이다. 우선 한 가지 이유는, 여하한 검사의 요인구조는 그것을 포함하는 하위검사의 성질과 다양성에 의해 제한된다. 단일 검사들의 요인분석은 대개 요인들이 과소 고려되는데(underfactoring) 그 이유는 어떤 광역 능력들은 단지 한 개의 하위검사에 의해 표시되고 그래서 하나의 요인으로 드러날 수 없기 때문이다(Woodcock, 1990). 좋은 실례는 WISC-R에서 WISC-III으로의 변화 중에 상징 찾기(Symbol Search) 하위검사가 추가된 효과이다. 두 번째 속도 측정 문항을 도입한 것은, 네 번째 요인(처리속도)를 만들어 냈으며 세 번째 요인이 성질을 변경시켰다. 이와 같이 요인분석에 기반해서 형성된 척도들임에도 불구하고 요소적으로 복잡할 수 있으며(factorially complex), 결코 명확한 해석을 허용하지 않을 수 있다. 그리고 우리가 고찰한 것처럼 단일검사 요인분석은 도구들 간의 측정 일관성을 거의 달성하지 못한다. 전반적으로 이 기법은 척도 해석을 위한 충분한 기반이 되지 않는 것이다.

척도 해석에 대한 또 다른 중요한 지원 형태는, 요소 하위검사들의 내용, 과제의 요구조건, 그리고 경험적 타당성에 대한 분석이다. 캐롤(Carroll, 1993)과 우드스톡(Woodstock, 1990)은 많은 검사 도구들의 하위검사 및 척도들에 대한 경험적인 기반을 갖는 분석을 제공했다. 맥그루와 플래내건(McGrew & Flanagan, 1998; McGrew, 1997; Flanagan & McGrew, 1997)은 이러한 유형의 분석을 더 진전시켜서, 모든 지능검사들의 척도와 하위검사들을 하나의 공통적 해석체계(common interpretive system) 속으로 끌어들이는 어떤 프로그램의 부분이 되도록 했다. 이 접근방법을 이용해서, 어떤 지능검사상의 한 척도의 구성 개념적 의미는, 그 성분의 하위검사에 의해 측정된 한정능력들을 대조하여, 그것들이 Gf-Gc 모형에 어떻게 적용되는지를 본 다음, 그 척도가 위계구조 내에서 어느 곳에 속하는지를 판정하는 것에 의해서 평가되게 된다. 만약 하위검사들이 상대적으로 낮은 구성개념-부적절 변량을 가지고 어떤 단일한 한정능력을 압도적으로 측정하는 것으로 발견되면, 그 척도는 그 한정능력을 반영하는 것으로 해석될 것이다. 예를 들어서 장기기억 인출군(Long-Term Retrieval cluster) 내의 두 개의 WJ-R 하위검사인 이름 학습 능력(Names Learning)과 시청각 학습능력(Visual-Auditory Learning) 양자 모두 연상기억장치(associative memory)의 특정능력을 측정하는 것이며, 그래서 그 능력군은 한정능력 수준에서 최상으로 해석된다 (Flanagan & McGrew, 1997). 유사한 결론을, DAS의 정보처리 속도(Speed of Information Processing) 하위검사처럼, 어떤 단일하고 균질적 하위검사로 구성된 척도에 대해서도 끌어내게 될 것이다.

다른 한편으로 어떤 복합척도 내의 하위검사들이 어떤 광역 능력 안에 자리 잡고 있는 한정능력들 두 가지 이상에 대해 잘 측정하면, 플래네건과 맥그루(Flanagan & McGrew, 1997)가 제안한 지침에 따르면, 그 척도는 그 광역 능력의 타당한 측정으로 간주될 수 있다. 그 하위검사들이 공통으로 갖는 영역(즉, 광역 능력)은 그 복합 척도에 강한 영향을 주게 되는데, 이것은 하위검사들 사이의 공변량이 그 복합척도의 변량에 기여할 것이기 때문이다. 같은 이유로, 그 요소 하위검사의 단 하나에서 표현된 외부적 변량은 그 복합 척도에 거의 영향을 주지 않을 것이다.

그 척도의 구성개념 타당성은 물론 요소 하위검사 각각이 그 척도가 측정하려고 하는 능력요인과 가지는 관계의 강도에도 또한 의존한다. 캐롤(1993), 우드코크(1990), 그리고 맥그루(1997) 모두 이 질문에 대해 관련된 정보들을 제공하고 있는데, 그럼에도 불구하고 맥그루(1997)가 관찰한 것처럼 이런 종류의 분석의 경험적 기반은 아직 완전한 것과는 거리가 멀다.

이 유형의 결과를 평가하는 데 있어서 필수적으로 기억하고 있어야 하는 것은 요인들과 척도들 사이의 구별(distinction)이다. 그 척도는, 자신의 기저요인들이 동일한 광역능력에 밀접하게 대응하고 있을 수 있는 척도들 사이에서 관찰되는 완벽한 상관관계와는 거리가 먼 상황을 설명하는, 기저요인과 무관한 변량의 실질적 양을 담고 있을 수 있는 하위검사 점수들의 총합이다(Jensen, 1992). 요인분석에서 하위검사 부하량의 크기는, 그 하위검사들로 구성된 척도가 얼마나 탄탄하게 그 요인을 반영하는지를 표시하는 것이다. 예를 들어서, 비록 광역 시지각(Broad Visual Perception)을 측정하도록 설계된 WJ-R 하위검사들의 기저요인들이 높은 g 부하량을 가진다고 해도, 3계층 모형에 따라 그래야 하는 것처럼, 그 요인에 대한 하위검사 부하량이 대단치 않은 수준이면, 그에 따라 그 척도 점수는 이 광역 능력의 강력한 지표는 되지 못하는 것이다(McGrew, 1997).

지능검사 총집으로부터 어떻게 유용한 정보를 추출할 수 있는가?

지금까지의 논의는 척도의 구성개념 타당성에 관한 것이었다. 즉, 지능검사가 어떤 능력을 측정하며 얼마나 잘 측정할 것인가 하는 것이었다. 비록 이 질문들이 어떤 검사에 대해 만족스럽게 대답된 후조차, 실시자는 그 수검자(受檢者)를 이해하는 데 유용하도록 관련 정보자료를 어떻게 추출해야 하는가라는 문제에 직면하게 된다.

만약 오직 단일 척도가 시행되었고 해석되었다면, 그 과정은 직선적일 것이다. 하지만 점수들의 조합을 해석하는 데 있어서의 근본적인 문제점은, 척도들 사이의(일반능력을 반영하는) 그리고 하위검사들 사이의(광역 능력이나 과정처럼 추가적으로 낮은 순위의 요인들을 반영하는; Gustafsson & Snow, 1997) 다량의 공통 변량들로부터 발생한다. 다량의 공통요인 변량은 위계 속에서 낮은 능력들에 대한 정보를 집어삼키고 애매하게 만든다. 이것은, 그 검사의 기저를 이루는 그 모형이 일반능력 요인을 포함하고 있는지의 여부에 관계없이 사실이며, 신경생리학적 기반의 도구들은 물론 심리측정적 능력 검사들의 경우에도 사실이다(Kranzler & Weng, 1995). 지능검사에 대한 비난의 대부분은 점수들에 걸쳐 공유되는 변량이라는 이 현상으로 거슬러 올라갈 수 있다. 프로파일 분석(profile analysis)에 대한 비판은(예: Macmann & Barnett, 1992; McDermott & Glutting, 1997) 그것들이 웩슬러 척도와 기타 검사들은 단지 일반능력이외에는 아무것도 측정하지 않는다고 제시할 때, 아마도 사례를 과장하고 있는 것 같다. 프로파일의 불안정성(profile instability), 탐색적 요인분석, 그리고 저순위 분야 점수들에 의해 더해진 예측 타당도(predictive validity)의 양 등처럼 이 결론의 기반이 된 기법들 중 어떤 것들은 예를 들면 확인적 요인분석보다 차원성(dimensionality)과 구성개념 타당도의 평가에 있어서 덜 직접적인 방법이다. 하지만 이들 비판은, 다량의 공통변량을 포함하는 검사로부터 차별화된 능력에 대한 정보자료를 추출하는 어려움을 지적한 점에서는 옳다.

능력들 간의 관계를 표현하는 모형들

복수의 서로 연관된 능력 점수들에 의해 제기되는 해석상 문제를 개념화하기 위하여 유용한 기초는 두 가지 유형의 위계 모형들 사이에 대한 구스타프슨과 운트하임에 의해 만들어진 구별이다(Gustafsson & Undheim, 1996) 이들이 "약한(느슨한, weak)" 모형이라고 부른 한 유형은 세부적인 것에서 출발해서(bottom-up) 구축된다. 즉, 요인들은 처음에 관찰된 변수들로부터(예: 하위검사들) 추출되고, 그 다음에 이들 요인들 내의 상관관계들로부터 하나 또는 다수의 2차적 요인들이 추출되고, 이런 과정이 계속되는 것이다. 위계의 각 수준에서 각 요인은 한 능력을 표현하는 것으로 간주된다. 하지만, 상이한 수준에서의 능력들은 뚜렷하게 구별되지 않으며 대신에 변량을 공유한다. 이것은, 비록 상이한 수준은 상이한 정도의 세부사항을 제공함에도 불구하고, 마치 각 수준이 능력들의 어떤 완전하고 독립적으로 설정되어 있는 묘사이기 위해 설계된 것 같은 것이다.

"강한(strong)" 모형이라고 부른 다른 유형의 위계모형은 전체를 보는 관점에서 출발해서 세부적인 것으로 향하는 탑다운 방법으로 구축된다. 처음에는, 일반요인이 확인되고 모든 변수들로부터 그 변량이 제거된다. 다음으로 저순위 요인들이 잔여 변량(殘餘變量. residual variance)들 내의 상관관계들로부터 추출된다. 이 요인들은 잔여 능력들(즉, 일반능력으로부터 독립적인 능력들)을 표현하는 것이다. 이 과정은 하위수준의 잔여 요인들을 만들어 내도록 반복될 수 있다. 이 접근방법 속에서 하위수준 척도 내의 변량은 일부는 일반능력 때문에 또 일부는 잔여 광역 능력 요인 때문에 분해될 수 있다. 즉, 상위로부터 하위수준의 요인들까지 일련의 관계가 존재하는 것이다. 여기서 해석은 약한 보형에서처럼 단일 수준만이 아니라 모든 수준들을 고려할 것이다.

검사 분석자를 위해 강한 유형의 모형이 적어도 원칙상 확실한 이점을 제공한다. 실행가들은 종종 위계의 한 단일 수준보다는 더 많은 수준들을 해석하는데 관심을 가지고 있으며, 특히 그들이 해석하고 있는 검사가 일반능력을 유의미한 구성개념으로 다루는 모형에 기초할 때는 더욱 그러하다. 위계의 상이한 수준들을 표현하는 능력 점수들의 어떤 조합을 이해하는 일은 그 점수들이 중복되는 변량을 갖는 경우에는 개념적으로 어려운 것이 된다. 어떤 특정 점수가 높은 수준의 능력에 대비해서 어떤 낮은 수준 능력을 반영하는 정도에 대한 질문을 계속적으로 대면하게 되는 것이다. 이 문제는 능력 점수들이 잔여화하면(residualized) 제거된다.

그러나 실행상 어떤 검사 총집(test battery)을 강한 위계모형에 따라 해석하는 경우 문제가 제기된다. 개념적 차원에서 비록 잔여화한 능력점수들이 실제 능력들의 측정이라 할지라도 그것들은 어떤 의미에서는 인공적이다(Carroll, 1993). 그것들은, 위계의 여러 수준으로부터의 요인들에 의해 영향을 받는, 능력의 실세계에서의 표현에 대해서는 직접적으로 대응하지 않는다. 예를 들어 시각적 처리의 잔여화한 광역 능력 평균보다 더 높지 않은 어떤 사람이, 높은 수준의 일반능력 때문에 실세계에서의 시각화 과제에서는 더 뛰어난 수행을 할 수도 있다.

잔여화한 능력 점수들은 또한 심각한 측정 문제들도 제기하는데, 기존의 검사들은 아마도 처리할 준비가 되어 있지 않은 것들이다(Gustafsson & Snow, 1997). 잔여로 만든 점수들은 근본적으로 차이점수(difference score)이며 따라서 원 척도 점수들보다 낮은 신뢰도를 가지기 쉽다. 잔여로 만든 능력들에 대한 정확하게 개인을 순위 배열하는 것은 가치 있는 목표인 점을 가정하면 각 능력들에 대한 신뢰할 수 있고 타당한 여러 개의 변수들의 필요성이 존재하게 될 것이다(Gustafsson & Undheim, 1996). 따라서 해석을 위한 잔여화–능력 접근방법은 하위검사에 대해서보다는 척도들에 더 잘 맞을지 모른다. 또한 상이한 점수들의 신뢰도는 상위수준과 하위수준 능력 요인들 사이의 상관관계와 역의 연관성을 가지기 때문에 측정 요구는 높은 일반요인 부하량을 갖는 광역 능력들에서 특히 크게 될 것이다.

지능검사를 해석하는 흔히 사용되는 방법들의 유리한 점과 불리한 점들은 강한 위계 모형과 약한 위계모형 사이의 구별을 참조함으로써 더 쉽게 이해될 수 있다. 카우프만(Kaufman, 1979)이 발전시켰으며 교과서들(예: Sattler, 1988)과 출간된 심리 진단 검사들의 해석 지침서들(예: Elliott, 1990; Naglieri & Das, 1997)[3] 속에서 널리 추천되는, 탑다운 체계 유형의 한 방법은 강한 위계 모형과 밀접하게 관련되어 있다. 다른 방법들은 약한 위계 모형과 더 조화를 이루는데, 그것들은 동시에 하위 수준 점수들의 조합을 평가함으로써 시작하기 때문이다.

포괄적인 접근방법

이 유형의 해석 전략은 전체 복합척도 점수로부터 일반 능력에 대한 추론을 끌어 냄으로써 시작한다. 그러고 나서는 일반성의 다음으로 낮은 순위에서의 점수들 (일반적으로 광역 능력이나 과정 수준에서의 척도 점수들)이 변산도(variability)를 시험받는다. 이것

3) (옮긴이 주) 이 자료와 유사한 종류의 책이 출판되었으며 한글로 번역, 임상 심리학이나 심리 치료 현장에서 특히 심리검사 전문가들에게는 필독서로 널리 이용되고 있다.

Kellerman, H., & Burry, A., (1997). *Handbook of Psychodiagnostic Testing: Analysis of Personality in the Psychological Report*. Needham Heights.

은 (웩슬러, K-ABC, 그리고 CAS 지침서들에서 제시되었듯이) 척도 점수들의 조합적 비교(pairwise comparison)를 통해서 또는 (DAS와 SB-4를 위한 지침서들에서 권장된 것처럼) 그 척도 점수를 전체 복합척도 점수와 비교하는 것에 의해 실행될 수 있을 것이다. 척도 점수들 속에서 통계적으로 중대하거나 또는 희귀한 정도의 변산(變散, variation)이 존재하면, 그 변산은 임상적으로 중요한 하위 수준(예: 광역) 능력들에 있어서의 강점이나 약점을 반영하는 것으로 해석될 수도 있을 것이다. 현대의 검사들은 일반적으로 이러한 유형의 프로파일 분석에 대한 숫자화된 가이드라인을 그들의 지침서와 그리고 종종은 그들의 기록양식 위에서 제공한다.

강한 위계모형에 대한 이 접근법들의 유사성은 분명하다. 척도 점수들은 부분적으로는 일반능력의 그리고 부분적으로는 광역 능력들의 작용이다. 척도-점수 변산도를 분석하는 어느 쪽 방법도 그 피검자에게 있어서 광역 능력의 g와 무관한 요인(달리 말하자면, 잔여화된 능력)이 중대하게 높거나 낮은지 여부를 판정하는 대략의 방법이다. 그렇지 않으면 척도 점수들은 개별적으로 해석되지 않는다. (이 추론은 어느 정도 더 정확하게 만들자면, 각 척도 점수는 일반능력 점수로부터 예측된 척도 점수와 비교될 수 있을 것이다.) 어떤 유사한 과정을, 한정능력들 속의 중대한 장점이나 약점을 검사하는 어떤 척도 내의 하위검사들에 적용할 수 있을 것이다.

척도들이 일반능력을 평가하면 하는 만큼, 그것들은 상호간에 그리고 전체 복합 척도와 비슷한 경향을 가져야만 한다. 척도 간 변산을 생산할 수 있는 것은 일반능력으로부터 독립된 광역 능력 척도들의 비율만이 된다.

포괄적 접근방식(top-down approach)의 표준적 특징은, 척도 점수들이 중대하게 차이를 나타내는 경우 전체 복합 점수를 해석하는 것에 반하는 권고를 하는 것인데, 새틀러는 웩슬러 검사상 언어 및 수행 지능들이 차이를 가질 때 전체 척도 IQ는 “단지” “상당히 괴리된 주요 기술의 강제된 평균”(Sattler, 1988, p. 182)이라고 말하는 것도 그와 같은 것이다. 원칙적으로 변산도가 취급되는 방법은 복합척도의 성질과 의미에 관련된 그 사람의 입장에 달린 것이다, 높은 차이를 가진 요소 점수들로부터 얻은 복합 점수는 그 개인의 인지 능력의 유용하거나 정확한 요약은 아니라는 것이 확실해 보인다. 전체 복합점수를 하나의 평균이라고 보는 사람들에게는, 그것이 타당한 무엇인가를 갖는 것은 오직 성분들이 상대적으로 같은 수준을 가질 때뿐이다. 즉 전체 복합점수가 점수들의 조합의 속기적 요약으로 기능할 수 있을 때이다. 이러한 해석적 입장을 받아들이는 사람들에게 변화가 많은 성분들로부터 추출된 합성치 해석에 반대하는 권고는 분별 있는 것이다. 하지만 이 접근방법은 전체 복합척도의 유용성(utility)을 감소시킨다.

다른 한편으로 전체 복합 척도가 능력의 어떤 차원을 측정하는 것으로 간주되면, 요인이 되는 광역 능력들에 대한 어떤 개인의 점수들에 존재하는 일관성의 수준은 그 사람의 종합점수의 타당도와 무관하다고 주장될 수 있을 것이다. 하나 또는 다수의 요소 점수들의 정확도를 무시할 독립적 이유가 존재할 때를 제외하면, 전체 점수를 구성하는 하위 점수들에 있어서의 편차는 광역 능력들에 있어서의 강점과 약점을 반영하는 것으로 추정될 수 있다. 그러한 강점과 약점의 패턴은 정상적이며, 광역 능력의 "들쭉날쭉한(spiky)" 프로파일에 기초한 전체 복합점수가, 평탄한 프로파일에 기반하는 복합점수보다 일반능력 요인의 덜 정확한 측정이어야 할 어떤 통계학적 이유도 존재하지 않는다는 것이다. 더구나 요인 점수들 내의 편차를 이유로 그 합성치가 타당도가 낮은 것이 아닌가 의심한다고 해도, 그러한 관련 자료로부터 더 타당한 추산치를 생산해 낼 것을 기대할 수 있는 통계적 과정은 존재하지 않는다. (이 결론은 물론 지배문화에 대한 제한된 노출이 결정지능에 끼치는 영향이나 운동기능장애의 시각적처리 척도에 대한 영향처럼 점수의 타당도 자체에 대한 이유로 하나 또는 복수의 요인 점수들의 타당도가 의문시될 때의 상황에는 적용되지 않는다.)

내준적 점수(ipsative scores).[4] 포괄적인 접근방법에서 중대하게 높거나 낮은 척도 또는 하위검사 점수들에 대한 검사는 강한 위계 모형에서 잔여 능력 영역들을 측정하는 방법의 하나의 거친 형태라고 할 수 있다. 잔여화한 능력 점수에 근접하게 유사한 방법이 내준적 점수, 즉 그 척도 또는 하위검사와 상위 능력 측정치 사이의 차이점수(difference score)이다. 이 점수를 계산하는 적절한 방법은 획득된 척도 또는 하위검사 점수를 상위 능력으로부터 예측된 점수와 비교하는 것이 될 것이다. 이 예측은 그 척도 또는 하위검사의 상위 요인 부하량의 함수에 따라 달라질 것이다. 일반능력으로 인한 편차가 적은 어떤 척도나 하위검사에서 총집의 전체 복합척도로부터 예견된 점수는, 모든 피검자들의 집단 평균에 대해, 그들의 일반능력 수준에 무관하게, 근접할 것이다. 그러한 척

---

4) (옮긴이 주) 여기에서 내준적이라고 불리는 것으로 자아에서의 뜻을 가리키고 있다. 이것은 반응자가 두 개 또는 더 바람직한 선택권간을 비교하고 가장 선호되는 것을 선택하는(때때로 강요된 선택 척도라고 불린다) 특정한 유형의 척도를 말하는 것으로 심리학에서 이용되는 술어이다.

이것은 반응자가 주어진 진술과 동의하는 정도를 가장 잘 나타내주고 있는 점수를 선택하는 리커르트 유형을 이용하는 척도와는 대조적이다.

내준 비교는 또한 하위검증 점수 내에서 유의미한 차이를 비교하기 위한 표준화된 검증 내에서 때때로 이용된다.

리커르트 척도와 비교했을 때 내준 척도는 각 개인에 존재하는 특질을 평가하는 데 더욱 유용할지도 모른다. 반면에 리커르트 척도는 개인과 개인 간에 존재하는 특질을 평가하는 데 더욱 유용하다. 추가적으로 내준 척도는 위조를 식별하는 데 유용할지도 모른다.

도 또는 하위검사에 대해서는 내준적 점수와 비조정 점수 사이에는 거의 차이가 없을 것이다. 반면에 높은 일반능력 부하량을 가진 어떤 척도 또는 하위검사에 대해 예견된 점수는 전체 복합 점수처럼 집단 평균보다 거의 아주 높거나 아주 낮을 것이다.

내준적 점수화 연구는 일반적으로 실망스러운 결과들을 보고해 오고 있다(Glutting, McDermott, & Konold, 1997; McDermott & Glutting, 1997). 이렇게 되어야 하는 이유로는 몇 가지가 존재한다. 첫째, 분석들은 대개 하위검사에 집중하는데 이들은 차이점수가 신뢰할 만한 것으로 만드는데 필요한 신뢰도와 특이도(specificity)가 일반적으로 부족하다. 둘째, 모든 하위검사들을 동일한 표준(평균 하위검사 점수)과 비교할 때 그 하위검사의 일반능력 부하량을 고려한 기대 점수들보다는 단순화한 방법이 사용된다. 셋째, 어떤 연구들의 경우 높은 순위 능력 요인들에 대한 점수들 또한 고려함이 없이 내순석 하위검사 또는 척도 점수들의 타당도를 평가한다(McDermott, Fantuzzo, & Glutting, 1990). 내준적 점수들은 능력 편차의 주요 원천들을 벗거낸 것이기 때문에 그러한 다른 원천들을 표현하는 점수들과 어울리게 분석될 필요가 있다(Gustafsson & Snow, 1997). 이 장의 후반부에서 논의되는 것처럼, 잘 구성된 잔여화한 능력 점수들이 능력 위계의 고수준을 표현하는 점수들과 동시에 분석될 때, 그것들은 외적 준거(external criteria)들과의 실질적 및 정보적 관계를 가질 수 있게 된다.

형태 분석

포괄적인 프로파일 분석의 다른 대안은 프로파일의 패턴과 높이(elevation, 즉 외관)를 평가하는 것인데, 아마도 대표 프로파일(prototype profile)과 비교하게 된다. 이 접근방법은 Gf-Gc 모형같은 약한 위계 모형에 개념적으로 잘 들어맞는데, 그 이유는 그것이 광역 능력들을 일반요인보다는 서로서로 비교하는데 집중하기 때문이다. 광역 능력들에 대한 추론들은, 어떤 척도 점수가 전체 총합으로부터 중대하게 차이가 있는지를 판정하는 단계를 우회해서, 척도들과 연관된 규준 점수(normative score)들에 직설적인 방식으로 기초하고 있기 때문이다. 상대적 강점과 약점에 관한 추론들은 조합적 비교들에 기초할 수 있는 것이다.

지능검사 총집에 대한 형태분석(configural analysis)은 현재 선호되지 않고 있는데 그 이유는, 임상적 집단들을 위한 진단적으로 유용한 프로파일을 확립하는 시도에서 나타난 실망스러운 결과들 때문에, 그리고 이 접근방법은 포괄적 방식에 의해 생산되는 통계적 유의도(statistical significance)와 모집단 빈도 지표(population frequency index)가 부족하기 때문이다. 맥더모트와 글루팅 등은 표준화 집단(standardization sample)내 사례들에 대한 군집분석(cluster analysis)을 통해서 확인된 몇 가지 지능 총집들에 대한 "핵심적" 하위검사 프로파일을 제시한 바 있다(Glutting, McDermott, Prifitera, & Mc-Grath, 1994; Konold, Glutiing, & McDermott, 1997). 이것들은 일반적인 모집단 내에서 상대적으로 빈도 높게 (약간의 편차만을 가지고) 발생하는 프로파일들이다. 이들 핵심 프로파일들을 제공하는 근거는 다음과 같다. 카우프만(Kaufman, 1976)과 다른 사람들이, 보통의 개인들은 지능검사 상의 그들의 하위검사나 척도 점수에 있어서 상당한 변산성(variability, 또는 변산도)을 빈번하게 가진다는 사실을 공표하기 이전에는, 그러한 편차는 임상적으로 중요한 것으로, 아마도 정신병이나 신경증을 의미하는 것으로 간주되는 경향이 있었다. 이러한 해석 오류를 예방하기 위해서 최근에는 검사자료들은 모집단 내에서의 변산도의 다양한 양에 대한 상대적 빈도에 관한 정보자료를 이용할 수 있게 만들어서, 개인 간 점수 차이가 단지 그것들이 통계적으로 중요하다는 이유만으로 드문 것으로 추정되지 않게 되어 있다. 핵심 프로파일들을 제공하는 것은 실무자들이 어떤 특정 프로파일이 일반적인지 또는 특이한 것인지의 여부를 판단하는 데 도움을 주는 또 따른 방법이다. 맥더모트와 그 동료들은 이러한 목적에 사용될 수 있는 연산방식을 제공했다(예: Konold, Glutting, & McDermott, 1997). 그들이 추천하는 것은, 핵심 프로파일 중 하나에 대해 그들의 유사성(similarity) 기준을 만족시키기만 하면 어떠한 프로파일도 임상적으로 중요한 것으로 간주되어서는 안 되고, 핵심 프로파일에 대해 가장 차이가 큰 5%에 속하는 프로파일들만이 의미 있는 것으로 간주되어야 한다고 추천했다.

어떤 검사들로부터이던 간에 핵심 프로파일의 가장 현저한 특징은 그것들의 대부분은 거의 동일 수준이라는 것으로서, 즉 어떤 도구의 핵심 프로파일은 1차적으로 일반능력의 상이한 수준들을 표현하는 것이라는 점이다. 이것은 저자들이 사용한 방법론의 결과이다(즉, 내준적 점수들보다는 규준점수의 사용, 그리고 두 프로파일들 사이의 유사성의 통계적 지표의 선택 같은). 따라서 핵심 프로파일들은, 그 분산도가 지능 프로파일의 비전형적 특징이라기보다는 전형적이라는 점을 고려할 때, 모집단 내에서의 많은 사례들을 표현하는 것이 아닐 가능성이 높다. 레슬리가 적었듯이(Reschly, 1997), "드물게 발생한다는 점에서 비정상인 것은 하위검사 점수들의 일률적인 프로파일이다"(p. 143). 핵심 프로파일의 근거는 의미 있음을 희소성과 혼동하는 것이다. 분명한 것은, 변산도가 높은 프로파일들이 특이한 것이고 따라서 병증을 반영하는 것일 가능성이 높다는 한때의 일반적이었던 가정은 이제는 타당하지 않게 보일 수 있다는 것이다. 하지만 프로파일이 일반적이기 때문에 임상적 유의도를 가지지 않는다고 말하는 것은 다른 방향으로 도를 넘는 것이 된다. 일반적 인구집단에서의 특정한 프로파일의 발생 빈도는 그 개인의 인지적 강점과 약점을 이해하는 데 또는 다양한 시도에서 그 사람의 성공을 예견하는 데 있어서의 유용성과는 특별히 관련되지 않는다. 특히 여러 가지의 광역 능력들을 측정하는 지능검사에 대해서는, 오직 특이한 프로파일들만이 임상적으로 의미 있다고 하는 것은 사실이 아니다.

특이성

프로파일 분석에 대한 포괄적인 접근법과 형태적 접근법 양자 모두는 궁극적으로 차이 점수에 의존한다. 포괄적인 분석에서는 위계 하위 및 상위 수준에 있어서 점수 간의 차이에, 그리고 형태분석에서는 동일 수준에서의 점수들 사이의 차이에 의존하는 것이다. 상이한 점수들을 이용한 측정문제들은 척도 또는 하위검사 점수들이 높은 신뢰도와 낮은 상호 연관성을 갖는 한 축소된다(Gustaffson & Snow, 1997). 이 특성 조합을 특이도(specificity)라고 부르며, 신뢰할 수 있으며 그 척도 또는 하위검사에 대해 독특한 점수 변량의 비율(portion of score variance)이라고 조작적으로 정의된다. 앞서 행한 논의로부터 볼 때, 지능검사로부터 더욱 타당하고 신뢰할 수 있는 능력정보를 추출하는 것은, 능력 차원을 신뢰할 수 있게 측정할 수 있을 만큼 충분한 변수들이 존재하는 것을 보장하는 것에 의해, 그리고 차원들 사이의 원하지 않는 상관성의 원천을 감소시키는 것에 의해, 특이도의 수준을 증가시키는 노력이 행해져야 한다는 것이 분명하다. 해석 과정 속에서 특이도의 양은, 통계적으로 유의미한 강점과 약점이 관찰되는 빈도 속에서 그 모습을 드러낼 것이다. 단순하게 말하면, 낮은 특이도를 갖는 검사 총집은 인지적 강점과 약점을 드러낼 가능성이 낮다. 기존의 검사들은 그 척도와 하위검사들의 평균 특이도에서 차이를 보이며(Elliott, 1997), 그래서 세심한 검사 설계가 더 큰 특이도를 낳을 수 있다는 낙관론을 가질 이유가 있는 것이다. 척도들이 너무 철저하게 일반능력의 영향을 배제하지 않아서(이것이 가능하다는 가정 하에서) 일반요인의 측정이 약화될 수준처럼, 특이도에 어떤 최적 수준이 존재하는가라는 질문은 흥미롭다.

인지적 변수들 사이의 상관관계는 하위능력 수준에서 더 높기 때문에(Detterman & Daniel, 1989), 어떤 특정 인지적 지능검사의 특이도는 고위능력을 가진 피검사에게서 더 높게 나타나는 경향이 있을 것이다. 이것이 제시하는 것은 지능검사가 그러한 사람에게 사용될 때 프로파일 분석을 위한 더 탄탄한 기반이 존재한다는 것이다. 잔여화한 능력 해석방법을 개발하는 연구는 잔여 점수의 신뢰도를 극대화하기 위해 고위능력 표본들을 이용하는 것이 현명할 것 같다.

해석 모형과 예측 타당도

이 장의 주제가 지능검사에 의해 포착된 정보자료를 이해하고 추출해 내는 방법에 관한 것이기는 하지만, 준거 관련 타당도(criterion-related validation)에서도 이 주제가 암시하는 바에 대해서는 거론할 가치가 있다. 그 변량의 많은 부분이 일반요인 때문인, 일반능력 하위 능력들에 대해서 신뢰할 수 있고 독특한 정보를 획득하기 어렵다고 하는 인지검사들의 동일한 특성은, 직업 및 교육적 수행 같은 외부준거에 하위 능력들이 어떻게 연관되는가에 대한 조사도 또한 어렵게 만드는 것으로 보인다. 이것은 일반능력이 어떤 검사 내의 거의 모든 예측적 또는 설명적 능력을 제공한다는 결론에 이르게 한다(Jensen, 1992; McNemar, 1964; McDermott & Glutting, 1997; Ree & Earles, 1993).

그러나 구스타프손과 스노우(Gustaffson & Snow, 1997)는 광역 및 한정 능력들을 측정하는 대개의 방법은(즉, 척도 또는 하위검사 점수들로서) 비잉여적(nonredundant) 점수들의 프로파일을 위한 타당도의 실질적인 양이 무엇인지를 모호하게 만든다고 주장한다. 그들은 상관 요인 접근방법은 "광역 능력들이 두 개 이상의 예측변수들에 영향을 끼칠 때에는 예측변수들의 상대적 중요성을 적절히 평가하지 못한다"는 점을 관찰했다(Gustaffson & Snow, 1997, p. 116). 이 점을 입증하기 위해 그들은 광역 능력을 슈미트-레이만 기법을 이용해 직교화했을 때(즉, 고위 능력으로 인한 변량을 제거했을 때), 그것들이 직업 및 교육 범주들의 예측에 대한 부가적 타당도(incremental validity)의 많은 양에 기여할 수 있으며, 예측의 패턴은 상이한 실제 세계 행위들에 있어서의 광역 능력의 차별적 역할에 대해 정보자료를 제공하고 있음을 보여 주었다. 예를 들어 그들의 연구는 영어 과목에서의 학업적 성공은 결정 및 유동 능력들에 의해 균등하게 잘 예측되며, 반면에 수학과목에서의 성공은 결정지능보다는 유동지능에 훨씬 더 강하게 연관되어 있음을 보여 준다. 동일한 자료 갖춤새 속에서 비조정 척도 점수들에 기초한 분석들은 그러한 차별 효과(differential effect)를 드러내는데 실패하고 있다.

광역 또는 한정 능력들을 유효화하는 대안적이지만 개념적으로 유사한 방법은 맥그루, 키스, 플래네건 및 반더우드가 묘사한 것처럼 구조방정식모형(structural equation modelling)을 통하는 것이다(McGrew, Keith, Flanagan, & Vanderwood, 1997). 이 기법은 외부 범주들에 대한 광역 능력들의 관계가 그러한 범주에 대한 일반능력의 관계를 고려하면서 평가될 수 있게 해 준다. 잔여화 능력 접근방법처럼 이 방법은 광역 능력들에 의한 학업성취에 대해 실질적이고 차별적이며 의미 있는 예측을 보여 준다. 그러나 이들 연구자들은 구스타프손과 스노우처럼 프로파일을 유효화하기 위한 이러한 좀 더 복잡한 접근방법이 실제적으로 유용하게 적용되는데 대한 기대에 있어서는 조심스러워

하는데, 그 이유는 이 연구가 초기 단계에 있기 때문이며, 그리고 연구의 발견들을 개별적 사례에 이전하는 일은 평가 기술의 진보를 요구할 것이기 때문이다.

결론

지능검사와 점수를 해석하는 과제는 한 번도 쉬운 일이었던 적은 없었다. 그리고 이 장에서 묘사된 조사들이 새로운 기법이나 개발이 가까운 시기 내에 이 상황을 극적으로 변화시킬 것이라고 제시하지도 않는다. 널리 인정된 능력 분류법들을 참조해서, 검사 척도들의 기반을 이루는 능력들을 확인하는 꾸준한 작업은, 해석이 더욱 "측정 도구로부터 자유로운(instrument-free)" 것으로 만드는 경향이 있게 만들어야 한다. 그러나 해석에 있어서의 중요한 진전은, 해석을 염두에 두고 구축된 새로운 도구의 발전으로부터 주로 결과가 될 공산이 높다. 위계의 여러 수준에 위치한 능력들의 해석을 지원하기 위해서 그러한 도구들은, 상위 수준 능력들의 영향을 통제하면서 하위 수준의 능력들의 정확한 평가를 가능하게 하기 위해 충분히 세심하게 설계된 하위검사들을 포함시켜야만 할 것이다.

참고 문헌

Bickley, P. G., Keith, T. Z., & Wolfle, L. M. (1995). The three-stratum theory of cognitive abilities: Test of the structure of intelligence across the life span. *Intelligence*, *20*, 309–328.

Carroll, J. B. (1991). No demonstration that *g* is not unitary, but there's more to the story: Comment on Kranzler and Jensen. *Intelligence*, *15*, 423–436.

Carroll, J. B. (1993). *Human cognitive abilities: A survey of factor-analytic studies*. New York: Cambridge University Press.

Carroll, J. B. (1997). Commentary on Keith and Witta's hierarchical and cross-age confirmatory factor analysis of the WISC-III. *School Psychology Quarterly*, *12*, 108–109.

Das, J. P., Naglieri, J. A., & Kirby, J. R. (1994). *Assessment of cognitive processes: The PASS theory of intelligence*. Needham Heights, MA: Allyn & Bacon.

Detterman, D. K., & Daniel, M. H. (1989). Correlations of mental tests with each other and with cognitive variables are highest for low IQ groups. *Intelligence*, *13*, 349–359.

Elliott, C. D. (1990). *Differential Ability Scales introductory and technical handbook*. San Antonio, TX: The Psychological Corporation.

Elliott, C. D. (1997). The Differential Ability Scales. In D. P. Flanagan, J. L. Genshaft, & P. L. Harrison

(Eds.), *Contemporary intellectual assessment: Theories, tests, and issues* (pp. 183–208). New York: Guilford.

Flanagan, D. P., & McGrew, K. S. (1997). A cross–battery approach to assessing and interpreting cognitive abilities: Narrowing the gap between practice and cognitive science. In D. P. Flanagan, J. L. Genshaft, & P. L. Harrison (Eds.), *Contemporary intellectual assessment: Theories, tests, and issues* (pp. 3 14–325). New York: Guilford.

Glutting, J. J., McDermott, P. A., & Konold, T. R. (1997). Ontology, structure, and diagnostic benefits of a normative subtest taxonomy from the WISC–III standardization sample. In D. P. Flanagan, J. L. Censhaft, & P. L. Harrison (Eds.), *Contemporary intellectual assessment: Theories, tests, and issues* (pp. 349–3 72). New York: Guilford.

Glutting, J. J., McDermott, P. A., Prifitera, A., & McGrath, E. A. (1994). Core profile types for the WISC–III and WIAT: Development and their application in identifying multivariate IQ–achievement discrepancies. *School Psychology Review*, *23*, 619–639.

Gorsuch, R. L. (1983). *Factor analysis* (2nd ed.). Hillsdale, NJ: Erlbaum.

Gustafsson, J.–E., & Snow, R. E. (1997). Ability profiles. In R. F. Dillon (Ed.), *Handbook on testing* (pp. 107–135). Westport, CT: Greenwood.

Gustafsson, J.–E., & Undheim, J. 0. (1996). Individual differences in cognitive functions. In D. C. Berliner & R. C. Calfee (Eds.), *Handbook of educational psychology* (pp. 186–242). New York: Macmillan.

Horn, J. L., & Noll, J. (1997). Human cognitive capabilities: *Gf–Gc* theory. In D. P. Flanagan, J. L. Genshaft, & P. L. Harrison (Eds.), *Contemporary intellectual assessment: Theories, tests, and issues* (pp. 53–9 1). New York: Guilford. Jensen, A. R. (1992). Commentary: Vehicles of *g*. *Psychological Science*, *3*, 275–278.

Kaufman, A. S. (1976). A new approach to the interpretation of test scatter on the WISC–R. *Journal of Learning Disabilities*, *9*, 160–168.

Kaufman, A. S. (1979). *Intelligent testing with the WISC–R*. New York: Wiley.

Kaufman, A. S., & Kaufman, N. L. (1983). *Kaufman Assessment Battery for Children interpretive manual*. Circle Pines, MN: American Guidance Service.

Kaufman, A. S., & Kaufman, N. L. (1993). *Kaufman Adolescent and Adult Intelligence Test manual*. Circle Pines, MN: American Guidance Service.

Keith, T. Z. (1994). Intelligence is important, intelligence is complex. *School Psychology Quarterly*, *9*, 209–221.

Keith, T. Z. (1997). Using confirmatory factor analysis to aid in understanding the constructs measured by intelligence tests. In D. P. Flanagan, J. L. Genshaft, & P. L. Harrison (Eds.), *Contemporary intellectual assessment: Theories, tests, and issues* (pp. 373–402). New York: Guilford.

Keith, T. Z., & Witta, E. L. (1997). Hierarchical and cross–age confirmatory factor analysis of the WISC–III: What does it measure? *School Psychology Quarterly*, *12*, 89–107.

Konold, T. R., Glutting, J. J., & McDermott, P. A. (1997). The development and applied utility of a normative aptitude–achievement taxonomy for the Woodcock–Johnson Psycho–Educational

Battery-Revised. *Journal of Special Education, 31*, 212-232.

Kranzler, J. H., & Weng, L. (1995). Factor structure of the PASS cognitive tasks: A reexamination of Naglieri et al. (1991). *Journal of School Psychology, 33*, 143-157.

Macmann, C. M., & Barnett, D. W. (1992). Redefining the WISC-R: Implications for professional practice and public policy. *Journal of Special Education, 26*, 139-161.

McDermott, P. A., Fantuzzo, J. W., & Glutting, J. J. (1990). Just say no to subtest analysis: A critique on Wechsler theory and practice. *Journal of Psychoeducational Assessment, 8*, 290-302.

McDermott, P. A., & Glutting, J. J. (1997). Informing stylistic learning behavior, disposition, and achievement through ability subtests-or, more illusions of meaning? *School Psychology Review, 26*, 163-175.

McGrew, K. S. (1997). Analysis of the major intelligence batteries according to a proposed comprehensive Gf-Gc framework. In D. P. Flanagan, J. L. Censhaft, & P. L. Harrison (Eds.), *Contemporary intellectual assessment: Theories, tests, and issues* (pp. 15 1-179). New York: Guilford.

McGrew, K. S., & Flanagan, D. P. (1998). *The intelligence test desk reference (ITDR): Gf-Gc cross-battery assessment*. Needham Heights, MA: Allyn & Bacon.

McGrew, K. S., Keith, T. Z., Flanagan, D. P., & Vanderwood, M. (1997). Beyond g: The impact of *Cf-Cc* specific cognitive abilities research on the future use and interpretation of intelligence tests in the schools. *School Psychology Review, 26*, 189-210.

McNemar (1964). Lost: Our intelligence. Why? *American Psychologist, 19*, 871-882.

Naglieri, J. A., & Das, J. P. (1997). *Cognitive Assessment System interpretive handbook*. Itasca, IL: Riverside.

Parker, K. C. H., & Atkinson, L. (1994). Factor space of the Wechsler Intelligence Scale for Children-Third Edition: Critical thoughts and recommendations. *Psychological Assessment, 6*, 201-208.

Parker, K. C. H., & Atkinson, L. (1995). Computation of Wechsler Adult Intelligence Scale-Revised factor scores: Equal and differential weights. *Psychological Assessment, 7*, 456-462.

Ree, M. J., & Earles, J. A. (1993). g is to psychology what carbon is to chemistry: A reply to Sternberg and Wagner, McClelland, and Calfee. *Current Directions in Psychological Science, 2*, 11-12.

Reschly, D. J. (1997). Diagnostic and treatment validity of intelligence tests. In D. P. Flanagan, J. L. Censhaft, & P. L. Harrison (Eds.), *Contemporary intellectual assessment: Theories, tests, and issues* (pp. 437-456). New York: Guilford.

Sattler, J. M. (1988). *Assessment of children* (3rd ed.). San Diego: Author.

Thorndike, R. L. (1994). *g. Intelligence, 19*, 145-155.

제 6 장

지능과 창의성*

Robert J. Sternberg
(Yale 대학교 심리학과 교수)
Linda A. O'hara
(Yale 대학교 심리학과 교수)

학문은 상처투성이의 논쟁을 통해서 발전한다.

— 프랜시스 베이컨

지능과 창의성의 관련성

지능은 오랫동안 현존하는 환경에 적응하는 데 중요한 능력으로 간주되어온 반면 창의성은 새롭고 유용한 사고나 산물의 산출(production of an idea or product that is both novel and useful)에 관계된 것으로, 즉 현존하는 환경을 수정(modification)하거나 변환하는데(shaping) 중요한 능력으로 간주되었다("Intelligence and its Measurement," 1921; Sternberg, 1985a, b). 비록 지능("Intelligence and its Measurement," 1921; Sternberg & Detterman, 1986)과 창의성(Glover, Ronning & Reynolds, 1989; Rothen-

* Intelligence and Creating

berg & Hausman, 1976; Sternberg, 1988)의 본질을 설명하는 여러 가지 상이한 다른 정의가 많이 있지만, 이들 정의들은 적어도 간단하고 합의된 정의들과 몇 가지 요인을 공유하는 경향이 있다.

이런 정의에서 지능과 창의성 사이의 관계가 정확히 무엇인지는 명확하게 밝혀지지 않았다. 지능에 대한 광범위한 정의는 환경의 변형을 포함할 수 있고(Sternberg, 1985a), 창의성에 대한 광범위한 정의도 창의적 사고는 단지 새롭기만 한 것이 아니라 어떤 인식에 적응성이 있어야 한다는 사실을 인정한다(Sternberg & Lubart, 1995). 지능과 창의성 사이의 공정한 관계는 무엇인가?

옥스(Ochse, 1990)는 지능이 환경을 선택하고 변형시키는 범위까지 확장되면 그것은 천재성(genesis)이라고 제안했다. 환경을 자신의 삶의 조건에 맞도록 선택하고 변형시키기 위해, 상상력이 필요하며 그 상상력은 환경이 어떤 방식으로 존재해야 하는지 그리고 그 이상적인 환경을 어떻게 실제로 존재하게 할 수 있는지를 보여 준다. 반면에, 환경에 순응하는 능력은 자신을 환경에 맞추어 변화시키는 것이며 전형적으로 창의성과는 아마 전혀 관계가 없거나 거의 없을 것이고 심지어 자신의 창의성을 억제시킬 것을 요구한다. 예를 들어, 학교나 직업 환경에 대한 적응은 어떤 면에서 자신의 창의적 사고를 자신의 마음속에만 담아두거나 아니면 낮은 성적이나 업무수행 평가를 받을 수 있는 위험을 감수해야 한다는 의미이다. 게젤스와 칙센트미하이(Getzels & Csikszentmihalyi, 1972)에 따르면, 창의성과 지능은 다른 처리를[1] 나타낼 것이다. 지능은 창의적 노력이 사용되는 분야에 걸쳐서 요구되는 정도에 차이가 있다. 예를 들어, 창의적 예술가가 되

---

1) (옮긴이 주) 위대한 창의적인 과학자들의 업적을 살펴보면, 2007년 11월에 내한했던 Csikszentmihalyi(1997, 291)가 언급한 바와 같이 최초의 천문학자들, 최초의 화학자들, 최초의 작곡자들은 영역을 변화시킨 것이 아니라 스스로 영역을 만들어 낸다. 그러므로 어떤 면에서, 가장 창의적인 활동은 새로운 상징체계를 탄생시키는 것이라고 말할 수 있다는 해석에 동의할 수 있다. 물론 새로운 상징체계를 만든다는 것은 쉬운 일이 아니다. 많은 사람들이 새로운 모형, 관점, 원리를 발명해 내겠다는 원대한 꿈들을 갖고 있다. 창의적인 과학자, 발명가들은 각자 새로운 영역을 수립하기 이전에 기존 학문영역에서 성공한 사람들이었다. 아무도 입신출세나 권력이나 돈을 바라고 문화 발전에, 그리고 삶의 질을 개선시키는 데 유일한 과학적 위업을 발휘한 것이 아니다. 인류의 생존은 더 이상 생물학적 조건에만 의존하고 영향을 받는 것이 아니라 우리가 창안, 선택, 이용하는 사회·문화·정치적·군사적 도구에 의존한다. 위대한 문명의 발명품들—예술, 종교, 정치, 체제, 과학과 산업·생명과학 기술—이 문화적인 진화를 이끌어 간다(Csikzentmihalyi, 1997, 318)는 것이다.

Csikszentmihalyi, M. (1997). *Creativity: Flow and the Psychology of Discovery and invention.* New York: Harper Collins(한국에서는 『창의성의 즐거움』이라는 제목으로 번역되어 출간됨).

는데는 많은 지능이 요구되지 않지만 노벨상을 수상하는 물리학자가 되는 데는 틀림없이 많은 지능이 요구될 것이다. 사람들은 또한 지적 행동의 다양한 분야에서 요구되는 정도가 다양하다고 말할 수도 있다.

지능과 창의성이 성질상 같은 것인지 여부는 의문이다. 만약 같지 않다면, 그들이 어떻게 연관되어 있을까? 연관성이 있기나 한 것인가? 이 장에서, 우리는 그 의문에 관한 다음과 같은 다섯 가지 가능한 해답에 대한 논문들을 검토할 것이다. 즉, (1) 지능은 창의성의 상위 갖춤새(superset)이다. (2) 지능은 창의성의 하위 갖춤새(subset)이다. (3) 지능과 창의성은 근본적으로 중복 갖춤새(overlapping sets)이다. (4) 지능과 창의성은 본질적으로 같은 것이다(일치하는 갖춤새. coincident sets). (5) 지능과 창의성은 서로 어떤 관계가 없다(따로 분리된 갖춤새. disjoint sets).

지능과 창의성은 어떤 면에서 서로 중첩되지만, 그 이외에는 중첩되는 면이 없다. 물론 다른 이 관계들은 모두 제한적이다. 가장 통상적인 관점은 아마도 중첩하는 갖춤새일 것이다. 상이한 관점도 진지한 관심의 대상이 될 수 있는 가치가 있다.

우리는 전술한 각 관련성들을 차례로 고찰해 보고 이들 갖춤새의 관계가 이상적이기 때문에 틀림없이 현존하는 지능이나 창의성 이론 속에 복잡성과 풍요성을 제대로 다룰 수 없을 것이란 사실을 깨닫게 될 것이다. 우리는 고찰하는 범위를 주로 인간의 지능에 대한 연구로 제한하는데, 비록 인공지능 또한 당연히 창의성의 본질에 대한 중요한 영감을 제공할 수 있더라도 그렇다(Bodem, 1991, 1994; Johnson-Laird, 1988; Langley, Simon, Brandshaw, & Zytkow, 1987).

창의성의 상위 갖춤새로서 지능

지능과 창의성에 관한 관점 중 하나는 창의성의 상위 갖춤새(superset)로서 지능 또는 지능의 하위 갖춤새(subset)로서 창의성의 관점이다. 최초의 지능검사에서, 비네〔1896; Brown(1989)이 인용함〕는 상상력을 측정하기 위해 아동이 잉크 자국을 묘사하는 검사를 포함시켰다가 나중에 제외시켰는데 그가 잉크 반점 검사에 대한 신뢰할 만한 채점 체계를 개발하지 못했기 때문이다. 그 후 1905년 검사법에서, 비네와 시몬은 주어진 세 단어를 포함하여 운율 맞추기, 문장 완성하기, 문장 구성하기와 같은 자유형식의 검사 문항을 창의성을 다루기 위하여 추가했다. 그러나 또다시, 다음 판의 검사에서 창의성 측정 문항을 제외시켰다(Brown, 1989). 비네가 창의성 검사 때문에 겪었던 문제들은 한 세기 이상 지속된 앞으로 창의성 검사의 연구자들의 좌절에 대한 전조(前兆, aura)인 것처럼 보였다. 길퍼드는 이와 같은 좌절에도 불구하고 창의성 검사를 지속적으로 연구한 사람 중의 하나이다.

길퍼드의 지능구조 모형[2)]

길퍼드(1950, 1967, 1970, 1975)는 창의성 분야에서 막강한 영향을 끼쳤는데, 그가 학계(심리학과 교육학)에서 창의성이 상대적으로 무시되어 왔다고 지적했으며(Guilford, 1950), 그러한 주장은 최근에도 또 다시 제기되었다(Sternberg & Lubart, 1996). 길퍼드는 거의 단독적으로 창의성 연구에서 심리 측정학적 관심을 창출해 냈으며, 그는 또한 지능 분야에서도 중요한 이론가이기도 하다.

그의 지능구조(SOI) 모형론(structure of intellect model)에서, 길퍼드(1967)는 지능의 세 가지 기본적인 차원을 제안하여 그것으로 지능구조의 입방체를 형성했다. 세 가지 차원은 (1) 작용(조작)-인지, 기억, 확산적 사고, 수렴석 사고, 평가와 (2) 내용-수사, 기호, 의미, 행동 및 (3) 산출-단위, 분류, 관계, 체계, 전이, 의미이다. 다섯 가지 조작과 네 가지 내용, 여섯 가지 산출을 곱하여, 우리는 120가지 요인(길퍼드는 120개에서 시작한 후 150개로 수정했다가 후에 180가지로 증가시켰으며 CHC(Cattell-Horn-Carroll) 모형 설정에 기초가 되었으며 지능 측정과 요인분석과 연구에 기초를 구축했다. 그러나 SOI가 창의력과 사회성 지능을 측정하지 못한다는 한계가 있으며, 후속 연구자로부터 선험적 지지와 공감적 평가를 받지 못한다고 평가되고 있다.[3)] 창의성과 가장 밀접한 지력은 확산적 사고로 그것은 정보자료에 대한 광범위한 탐색과 수렴적 사고(convergent thinking)의 산물인 하나의 단일 정답을 찾는 것과는 대조적으로 다수의 새로운 답을 창안하는 것이다. 확산적 사고(divergent thinking)가 지능의 다섯 가지 작용 중에 하나이기 때문에 지능은 창의성의 상위 갖춤새로 볼 수 있다. 길퍼드는 또한 그의 지능구조 모형에서 창의성과 관련된 지력들은 전형적으로 전통적 지능검사에 의해서는 측정되지 않는다는 점을 지적했다(그리고 반세기가 지난 후인 현재에도 여전히 측정되지 않고 있

---

2) (옮긴이 주) 길퍼드는 심리측정 연구 방법과 인간의 지능 연구에서 탁월한 선구자였고 대가였다. 다음과 같은 저서를 남겼다.

Guilford, J. P., (1954). *Psychometric Methods*. New York: McGraw-Hill Book Company.

Guilford, J. P., (1967). *The Nature of Human Intelligence*. New York: McGraw-Hill Book Company.

3) (옮긴이 주) Brody(1992)를 인용한 Mackintosh(2011. 52)에서 재인용

Mackintosh, N. J., (2011). *IQ and Human Intelligence*. New York: Oxford University Press.

다). 통상적으로 지능검사는 대부분 다수 선택 문제에서 단일한 정답을 생성하는 수렴적 조작을 요구한다.

길퍼드(1975)는 창의적 문제의 해결과 관계된 몇 가지 요인을 식별했으며(Ochse의 논문을 참조, 1990), (a) 문제에 대한 감수성(sensitivity to problem)-문제를 분간하는 능력, (b) 사고의 유창성(fluency)-개념의 수, (c) 사고의 유연성(flexibility)-접근방법의 변화, (d) 사고의 독창성(originality)-기존의 것과 차별성이 포함된다. 이들 능력들은 더 세분될 수 있다. 예를 들어, 길퍼드는 관념적 유창성(ideational fluency)-사전에 조정된 특정 요구에 대한 반응으로 다양한 사고를 빠르게 생성하는 능력)과 연상적 유창성(associational fluency)-주어진 단어와 연관된 단어들을 열거하는 능력), 표현적 유창성(expressional fluency)-단어들을 구문이나 문장으로 조직하는 능력)을 구분했다. 비슷하게, 유연성은 자발적 유연성(spontaneous flexibility)-유연성이 필요 없을 때조차 유연해지는 능력)과 적응적 유연성(adaptive flexibility)-어떤 문제 해결 유형에서 필요시 유연해지는 능력)으로 분해될 수 있다.

길퍼드는 몇 가지 창의성 검사를 고안했고 그것은 토랜스(Torrance, 1974)의 창의성 검사에 발전적으로 수용되었다. 예를 들어, 의미 단위에 대한 확산적 사고 검사는 “당신이 생각할 수 있는 희고 먹을 수 있는 모든 것들의 이름을 말하라”는 것이다. 대안적 관계에 대한 사고 검사는 “아버지와 딸이 관련되는 다른 방식은 무엇인가?”이다. 체계 사고 검사는 “사막과 음식, 군대를 사용해서 가능한 많은 구문을 만들어라”와 같은 것이다. 다른 검사는 짧은 이야기에 대한 재치 있는 제목을 생각하거나 벽돌이나 옷걸이와 같은 일상적 사물의 독창적 사용법 열거하기 및 “사람들에게 수면이 필요하지 않다면 어떤 일이 벌어질까?”와 같은 주어진 사건에 대한 결과를 열거하기가 포함된다.

길퍼드와 호에프너(Guilford & Hoepfner, 1966)는 204명의 9학년생들에게 45가지 확산적 사고 검사를 실시하여 캘리포니아 지적 성숙도 검사(CCTM: California Test of Mental Maturity, 지능검사의 한 가지)와 의미의 확산적 사고 사이에 평균 0.37의 상호 연관성을 발견했고 CCTM과 시각 형태의 확산적 사고 사이에는 평균 0.22의 상호 상관성을 발견했다. 그들은 또한 지능과 확산적 사고 자료 사이의 산포도는 통상적으로 상호 연관성에서 나타나는 타원형 분포와 대조적으로 삼각형을 나타낸다는 점에 주목했다. 삼각형 형상의 분포는 IQ가 낮은 학생은 확산적 사고 능력도 낮지만 IQ가 높은 학생들은 수렴적 사고 검사 점수가 전 영역에 걸쳐 분포한다는 사실을 가리킨다(Guilford & Christensen, 1973). 이 발견은 슈버트(Schubert, 1973)가 육군을 대상으로 한 연구에서도 재현되었다.

지능에 대한 길퍼드의 접근은 그 매력을 많이 상실했다. 이 접근법이 쇠퇴하게 되는

데는 많은 이유가 있다. 중요한 이유는 길퍼드가 사용한 개개 사정을 무시한 회전(Procrutean rotation)이라고 불리는 축회전 방법이 자료와 이론 사이에 우수한 적합성을 의식적으로 생성한다는 사실이 알려졌기 때문이다(Horn & Knapp, 1973). 두 번째 이유는 120개의 요인이 어떤 면으로도 지능의 본질에 대한 인색한 해석과는 거리가 멀었기 때문에 대부분의 연구자들에게 너무 부담이 된다는 사실이 드러났다. 또한 그처럼 많은 수의 다양한 구성요인을 가지고 상대적으로 동질적 측정인 검사법을 만들기도 어렵다. 그러나 일반적으로, 사람들이 어떤 이론에 흥미를 잃는 순간은 다른 더 매력적인 이론이 나타나고, 그 이론이 길퍼드의 이론에 의해 사로잡혀 있던 사람들의 관심을 얻게 되었을 때이다.

길퍼드의 검사법에 대한 접근은 창의성 분야에서 대단한 영향력을 발휘해 왔지만, 현재는 부분적으로 그 매력을 잃었는데 그 이유는 검사법이 창의성에 대한 다른 등급들과 미약한 연관성만 보이고 현상에 대한 사소한 측면을 측정하는 것처럼 보이기 때문이다(Amabile, 1996; Beittel, 1964; Merrified, Gardner, & Cox, 1964; Piers, Daniels, & Quackenbush, 1960; Skager, Schultz, & Klein, 1967; Wallach & Kogan, 1965; Yamamoto, 1964).

카텔의 지능 모형

레이몬드 카텔(Raymond Cattell, 1971)의 지능론은 그의 결정지능과 유동지능 이론으로 잘 알려졌다. 그는 지능을 최상위에 일반능력이 자리 잡고 있고 바로 그 아래에 폭넓은 두 종류의 요인이 있는 계층적으로 자리하고 있는 것으로 보아야 한다고 제안했다. 결정지능(crystallized intelligence)은 언어 이해 및 일반 지식으로 측정되며, 사람의 축적된 정보자료를 말한다. 유동지능(fluid intelligence)은 추상적이고 귀납적 추론에 의해 측정되며, 특히 새로운 상황에서 인간이 정보자료를 획득하고 이용하는 능력을 말한다. 카텔은 이 요인을 어떤 식으로든 더 확대했다. 그는 또한 길퍼드 모형의 180개 요인들만큼 복잡하지는 않지만 그와 유사한 근본적인 능력을 가정했다. 카텔의 기본적 능력(primary abilities)에 포함되는 능력들은 언어, 숫자, 공간, 지각 속도(형태 구별), 종료 속도(시각적 인식, 형태 지각), 귀납적 추론, 연역적 추론, 자동적 기억, 기계적 지식 및 기능, 단어 유창성, 관념적 유창성, 종료 재구성(종료의 유창성), 유연성 대 견고성(독창성), 일반적 운동 조정, 수동적 기민성, 음악적 고저와 음색 민감성, 대표적 도안 기능, 표현 유창성, 운동 속도, 음악적 운율과 타이밍, 판단이다.

카텔(1971)은 길퍼드에 대해 비판적이었다. 그의 비판 내용 중에서 일부는 앞에 언급된 내용과 중복된다. 예를 들어, 카텔은 길퍼드의 지능구조 모형론에서 요인 분석에 의한 정당화 절차가 카텔에 따르면, 길퍼드를 창의성에서 확산적 사고의 역할을 과대평가하게 했다고 비평했다. 그리고 길퍼드의 검사법에 대한 다른 비판들처럼, 카텔은 다음과 같이 주장했다.

> 어떤 검사가 창의성을 측정한다는 판단은 단지 무엇이 창의성인가에 대한 검사 개발자가 관점의 투영에 지나지 않는다. 따라서 최근 10년 간 창의성에 대해 연구해 온 길퍼드 학파와 다른 연구자들이 지능검사를 고안했을 때, 창의성은 단순히 응답이 대중적 평균에 비해 상대적으로 괴상하거나 기묘함에 의해 또는 분단 단어 생성의 수에 등에 의해 평가되는 것으로 결말이 났다. 이것은 진실로 실체의 가려진 면에 대한 오해에 가깝다 (Cattell, 1971, p. 409).

카텔은 현실 생활에서의 창조적 수행이 우선 그 사람의 일반 지능 특히 결정지능에 대조되는 유동지능에 의해 결정되고, 그 다음 성격 요인에 의해 결정된다고 믿었다.

[보충 자료]

결정지능과 유동지능*

결정 지능(結晶知能, crystallized intelligence, Gc) 카텔과 혼(Cattell, R. B. & Horn)은 수많은 지능검사 문제를 요인 분석해서, 획득적인 지능인 결정성 지능(Gc)과 생득적인 지능인 유동적 지능(Gf) 이 두 가지 요인이 기본적인 지능이라는 주장을 했다. Gc는 언어, 수, 지식 등의 문제에 의해서 측정되는 지능이고 Gf보다 학교교육이나 문화적 환경의 영향을 받기 쉽다. 그러므로 20세 정도까지는 경험이나 학습에 의해서 향상된다고 알려져 있다.

지능 심리학에서 결정 지능론을 처음으로 주창한 미국의 심리학자인 레이먼드 카텔(Raymond Cattell)은 1960년대에 유동 지능 및 결정 지능 이론(Fluid and Crystallized Intelligence)이라는 논문에서 이 지능의 본질에 관한 견해를 제시했다. 카텔은 나이가 들수록 높아지는 지능을 고가의 다이아몬드 보석이 결정(結晶)을 이루고 있는 것에 비유하여 "결정 지능"이라고 명명(命名)했다. 그의 전술한 논문에 의하면, 이 결정지능은 60대가 되어도 향상된다고 밝혔다. 점차 통계학이 발달하여 심리측정 관련 자료를 다루는 방법이 발전하면서 결정지능은 60~80대까지도 향상된다는 사실이 밝혀졌다〔사토신이치(佐藤眞一) 지음, 이정환 옮김, 2007. 26〕. 결정 지능이란,

① 이 지능은 안정성과 성취력으로 특징지어 지는 인지 과업과 관련된 능력이다. 학교학습을 통해서 구체화되는 능력인데 특히 학업성취(학력)에 기초가 되는 능력이다.

② 조기 환경 조건에 크게 의존하는 능력이며 문화적 생활환경에서의 성장을 통하여 얻어지며, 학습과 실행(practice)에 의하여 발달하는 능력으로 상정된다.

③ 개인이 학습을 계속함에 따라서 발달 면에서 증대하며 이 구체화된 지능은 연령적으로 30세나 그 이상의 연령층에서 그 발달이 증진되는 것으로 추정되는 능력이다. 습득된 기존의 암묵적 지식, 경험, 기량(skill)에 의존하는 지능이다.

④ 학습에 의하여 축적된 지식으로, 세상의 법칙(삶의 이치)이나 그 법칙을 알아내기 위해서 필요한 절차에 관한 정보자료나 지식을 말한다. 이 결정지능을 측정하는 하위검사에서 필요한 대부분의 정보자료는 본질적으로 언어 능력과 관련이 있으므로 지능검사에서 언어지능을 측정하는 영역이 Gf를 가장 잘 알려 주며 결정지능을 가장 잘 반영하는 지능검사는 미국판 WISC와 한국교육개발원이 제작한 지능검사가 있다.

⑤ 유동지능은 학습이나 경험에 의한 영향보다는 뇌 기능 자체에 의존하며 환경에 영향을 받지 않는 유전적인 지능으로 이른바 뇌 기능 자체를 반영한다. 따라서 연령 증가에 민감하게 반응하며 나이가 들어서 뇌 기능이 저하되면 유동지능도 함께 저하된다. 그러나 결정지능은 학습이나 노력, 연습, 자극에 의해서 개발, 획득되는 후천적인 지능이므로 뇌가 기능적인 성장을 멈춘 후에도 향상, 개발이 될 수가 있다.

⑥ 뇌 기능이 발달할 때는 결정지능이 높아지는 속도가 빨라진다. 그리고 뇌기능이 저하되면 그 속도 역시 떨어진다. 그러나 후천 적으로 학습, 연습, 노력, 경험 등에 의해서 획득된 지능이기 때문에 유동지능만큼 뇌기능의 영향을 크게 받지 않는다. 예를 들면, 현저하게 뇌기능이 저하된 치매 환자라도 그 사람이 정상 이었을 때 획득, 활용한 지능을 드러내는 경우가 종종 있다. 그것은 뇌기능이 심각하게 저하되었어도 깊이 각인되어 있는 결정지능은 끝가지 남아 있기 때문이다〔사토신이치(佐藤眞一) 지음, 이정환 옮김, 2007. 23〕.

⑦ 결정지능의 특징 중의 하나는 실천을 통하여 배양되고 실천을 통하여 발휘되는 실용적 지능(practical intelligence, PI)이라는 것이다. 결정지능 속에는 현실 생활 문제 해결 능력과 사회적 역량이 자리 잡고 있기 때문에 이런 측면에서 결정지능은 실용적 지능이라고 할 수가 있다.

결정지능 = 실용적 지능

⑧ 결정지능은 WHAT의 지능이다. 육하(六何) 원칙, 즉 뉴스 보도에서의 기본 원리를 예로 들면, 누가(Who), 언제(When), 어디서(Where), 무엇을(What), 왜(Why), 어떻게(How)에서 무엇을(What)에 관한 지능이다.

⑨ 체험(경험)을 통하여 획득, 학습되는 사고의 내용 그 자체이며, 연습을 통하여 높아지는 기능(skill)과는 차원이 전혀 다른 성인의 예지(叡智)라고 할 수가 있다.

⑩ 지식이 많으면 많을수록 결정지능이 높은 것인가? 그렇지 않다. 아는 것이 많다고, 즉 지식이 박학다식(博學多識)하다고 해서 결정지능이 높다고 말할 수가 없다. 많이 알고 있는 지식을 어떻게 어디에 무엇을 위해서 활용하느냐에 의해서 실용 지능의 효용성이 나타나는 것이기 때문이다.

⑪ 결정지능을 높인다는 것은 현자의 지혜를 손에 넣어서 의미 있는 인생을 설계해 간다는 뜻이다〔사토 신이치(佐藤眞一)(2006) 지음, 이정환 옮김(2007), 37. 63〕. 훈련이나 연습에 의해서 지력이 향상되는 것은 WHAT의 지능이 아니라 HOW의 지능이다. 숫자 계산을 잘하고 사리가 분명하게 일 처리를 잘해도 그를 현명한 사람이라고 말하지 않는 이유는 높아진 지능이 HOW의 지능이기 때문이다. 즉, HOW가 WHAT의 지능, 예를 들면, 실용적 지능을 높이지는 않는다.

*결정지능과 유동지능의 성질에 관한 보충 설명 자료가 본문에서는 충분히 설명이 되지 않았기 때문에 옮긴이가 보충 자료를 추가해서 결정지능과 유동지능의 성질에 관해서 독자의 이해를 심화시키려는 시도를 했다.

출처: 이정헌 옮김(2007), 나이를 이기는 결정지능, 경기도: 비전하우스〔사토신이(佐藤眞一)(2006), *Crystallized Intelligence*〕

가드너의 다차원지능 이론

카텔의 능력 갖춤새(set of abilities)와 비슷하지만 덜 포괄적인 지능들의 집합이 하워드 가드너(1983, 1993, 1995)의 다차원지능(MI) 이론에서 제안되었다. 가드너에 따르면, 지능은 단일한 실체가 아니라 서로 다른 10가지 지능들의 집합이라는 것이다. 이들 지능들은 각각 두뇌의 독립된 모듈을 차지한다. 이 관점에 따르면, 사람들은 다양한 측면에서 지적일 수 있다. 예를 들어, 시인은 건축가가 지적인 것과 다른 방식으로 지적이고, 건축가는 무용가와는 다른 방식에서 지적이다. 더 나아가 이들 지능들은 다양한 방법으로 사용될 수 있는데, 그 방법은 창의적 방식을 제한하지 않고 그것을 포함한다. 따라서 창의적 기능은 다원지능의 한 측면(하위 갖춤새)이다. 여덟 가지 지능은 (a) 언어적(시나 단편 소설을 쓰는 것 같은) 지능, (b) 논리-수학적(논리나 수학적 증명을 해결하는 것처럼) 지능, (c) 공간적(새로운 도시의 지형을 파악하는 것처럼) 지능, (d) 신체-운동적(운동선수나 무용가에서처럼) 지능, (e) 음악적(소나타를 작곡하거나 첼로를 연주할 때처럼) 지능, (f) 인간 친화적(다른 사람을 이해하거나 서로 관계를 맺는 효과적 방법을 발견하는 것과 같은) 지능, (g) 자성적(自省的), 즉 인간 내재적(고도의 자각, 성찰(省察)에 도달할 때처럼) 지능, (h) 자연 친화적(자연 환경의 복합적 형태를 알아보는 능력 같은) 능력들이다.[4)]

---

4) (옮긴이 주) 가드너의 이 연구 결과가 국내에서 번역, 출판된 바 있다.

임재서 옮김, (2004). 열정과 기질. 서울: 북스넷. (Gardner, H. (1993). *Creating Minds.*)

가드너(1993)는 20세기 문화에서 대단한 창조적 기여를 한 7인의 삶을 분석했는데, 각자의 삶은 여러 가지의 다차원 지능들 중에 한 가지에서 특히 뛰어났다. 가드너가 분석한 사람은 지그문트 프로이드(인간 자성적 지능), 앨버트 아인슈타인(논리-수학적 지능), 파블로 피카소(공간적 지능), 이고르 스트라빈스키(음악적 지능), T. S. 엘리엇(언어적 지능), 마사 그라햄(신체-운동적 지능), 모한다스 간디(대인 관계적·인간 친화적 지능)이다. 찰스 다윈은 극히 뛰어난 자연주의적 지능을 가진 사람의 예일 것이다. 그렇지만 가드너는 대부분의 사람들이 실제로 한 가지 이상의 지능에서 장점을 가지고 있으며 또한 다른 부분에서 눈에 띄는 약점도 가지고 있다고 지적했다(프로이드의 약점은 아마 공간적 지능과 음악적 지능이었을 것이다).

비록 창의성이 새롭고 심지어 혁명적이기까지 한 착상(ideas)을 생성하는데 다원 지능을 이용하는 관점에서 이해될 수 있지만, 가드너(1993)의 분석은 창의적인 비범한 인물은 지적인 사람의 범위를 벗어난다. 예를 들어, 가드너는 이들 창조적 거인들의 행동에서 두 가지 중요한 주제를 지적했다. 그들은 창조적 발전을 이룰 때는 그 발전을 지원하는 체계를 갖는 경향과 "파우스트 거래(Faustian bargain)"도 불사하여 자신들의 경력에서 특출한 성공을 거두기 위해 전형적인 사람들(people typically)의 삶에서 누리는 기쁨을 포기하는 경향이 있다고 지적했다. 이들 속성들이 그 자체로 창의성의 본질인지는 명확하지 않다. 그러나 그 보다 이 속성들이 자신을 탁월함에 도달하게 하는 방향으로 향하는 방식에 따라 창의적 재능을 이용하도록 유도되는 사람들과 결합되어 있는 것처럼 보인다.

가드너는 더 나아가 칙센트미하이(1988, 1996)를 따라서 영역(어떤 특정한 과제 분야에 대한 지식의 몸체)과 분야(그런 지식의 몸체가 연구되고 정밀하게 구성되는 환경으로 비평가, 출판업자, 및 다른 "문지기〔守門將(수문장), 심판관(審判官), gatekeepers)[5]"

문용린 옮김, (1999). **비범성의 발견**. 서울: 해냄. (Gardner, H. (1997). *Extraordinary Minds*. New York: Brockman, Inc.)

5) (옮긴이 주) 영재 교육의 성패는 수문장 또는 선구안의 자질을 갖춘 교사에 의해서 좌우된다고 생각한다. 이와 관련된 예를 소개한다. 천재, 수재, 영재…. 이들은 처음부터 스스로 빛을 내기도 하지만 진흙 속에 파묻히거나 그늘에 가려 있는 경우도 있다. 이럴 땐 누군가 이들을 알아보고 빛을 발할 수 있는 길로 끌어줘야 한다. 정신건강의학과 전문의사로서 천재성과 광기 문제를 10년 동안 실증적으로 연구해서 밝힌 루트비히(Ludwig, 1995)는 발견되지 않은 천재는 없다고 지적함으로써 천재(인재) 발견과 육성에 있어서 전문가와 교육자의 역할이 매우 중요함을 지적했다(김정휘 옮김. (2005). **천재인가, 광인인가**. 서울: 이화여자대학교 출판부).

만유인력의 법칙으로 유명한 아이작 뉴턴은 소년 시절 다니던 학교의 교장 헨리 스토크스가 아와 같은 영역 내에서 활동하는 사람을 포함한다)의 중요성을 구분했다. 둘 다 창의성의 발달과 궁극적으로는 창의성의 인지에 중요하다.

창의성의 하위 갖춤새로서 지능

두 번째 모형에 따르면, 지능을 창의성의 하위 개념으로 간주할 수 있다. 창의성은 지능 및 그것이 무엇이든 다른 요소들로 구성된다.

스턴버그와 루바트의 투자이론

이런 종류의 대표적인 지능 이론은 스턴버그와 루바트(Sternberg & Lubart, 1991, 1995, 1996)의 창의성의 투자 이론(investment theory)이다(또한 Runbenson & Runco, 1992를 참조하기 바란다. 그들의 연구는 이론가들이 최초로 타고난 재능과 창의성에 대한 적극적 투자의 산물로서 각 개인에 대한 창의적 잠재력의 존재를 가정한 이론가들의 접근법과 관련된 내용이다). 스턴버그와 루바트의 이론에 따르면, 창의적인 사람은 우수한 투자가처럼, 싸게 사서 비싸게 판다. 하지만 창의적인 사람의 사고팔기는 자신의 생

니었다면 농장에 파묻혀 지낼 뻔했다. 스토크스는 뉴턴의 비범함을 일찌감치 꿰뚫어 봤다. 뉴턴의 모친이 뉴턴에게 농장을 맡기려 하자 한사코 반대하며 그를 케임브리지대학에 보내는 데 성공했다. 18세의 뉴턴이 케임브리지로 떠나던 날 스토크스는 전교생 앞에서 그를 칭찬하며 작별의 눈물을 흘렸다고 한다.

앨버트 아인슈타인도 비슷한 도움을 받았다. 그가 1916년 일반상대성 이론을 발표했을 때 유럽 과학자들은 별로 알아주지 않았다. 제1차 세계대전 직후 "독일인의 주장은 일고의 가치가 없다."는 감정론도 앞섰다. 하지만 영국의 물리학자 아서 에딩턴은 그 이론의 중요성을 깨닫고 자국 과학자들을 집요하게 설득했다. 그 결과 왕립협회는 '빛은 공간의 만곡을 따라 진행한다'는 아인슈타인의 주장을 확인하기 위해 18년 서아프리카에 개기일식 관찰단을 파견했다. 이때 그는 단장을 맡았다. 결국 왕립협회는 이듬해 아인슈타인의 이론이 옳다고 선언하기에 이르렀다.

가우스·오일러와 함께 하늘이 내린 3대 수학자로 꼽히는 인도의 스리니바사라마누잔(1887~1920)도 마찬가지다. 그는 어떤 문제도 한번 보기만 하면 척척 답을 냈다. 그러나 정식 교육을 받지 못해서인지 증명하는 데 서툴렀다. 쓱 봐서 알면 됐지 성 가시게 증명할 필요는 없다는 투였다. 그래서 그를 인정하지 않는 학자도 많았다. 그를 영국으로 불러 지원을 아끼지 않은 사람이 수학자 고드프리 하디였다. 자신은 라마누잔의 발끝에도 못 미친다며 라마누잔의 이론 전파에 힘썼다.

모두 주위에서 알아보고 도와준 덕에 빛을 발했던 사례들이다. 정부도 영재교육을 통해 그런 노력을 하고 있다. 하지만 인재를 알아보는 눈, 즉 안목이 없으면 영재교육은 성공할 수 없다.

각 속에 있다. 특히 그들은 사고를 생성하는데 그것은 마치 낮은 주가 수익률의 주식처럼, 상대적으로 인기 없거나 심지어 공공연히 무시된다. 그들은 다른 사람들에게 이들 사고의 가치를 확신시키려고 노력한다. 그리고 그들은 고가로 팔게 되는데, 그 의미는 그들이 다른 사람들로 하여금 그들의 현재 사고를 쫓아다니는 동안 자신들은 인기 없는 다음 사고로 옮겨간다는 뜻이다.

스턴버그와 루바트(1995)는 여섯 가지 중요 요건이 창의성 형성을 수렴한다고 주장했는데 그 요건은 지능, 지식, 사고 유형, 성격, 동기, 환경이다. 지능은 따라서 단지 합쳐서 창조적인 사고와 행동을 생성하는 여섯 개의 세력 중에 하나에 불과하다.

이 이론에 따르면, 지능의 세 가지 측면인 합성적, 분석적, 실용적 능력은 창의성의 핵심이다. 이들 세 측면들은 스턴버그(1985a, 1988, 1996)의 인간지능의 삼원이론에서 나왔다. 그들은 창조적 지능에서 서로 상호작용하고 함께 작용하는 것으로 간주된다.

합성적 능력(synthetic ability)은 새롭고 고품질의 사고와 적정한 과제를 생성하는 능력이다. 창의성이 사람과 과제, 환경과의 상호작용의 산물로 간주되기 때문에, 새롭고, 우수한 품질의 것이나 적정한 과제는 어떤 사람, 과제, 환경에서 다른 사람, 과제, 환경에 따라 변할 수 있다.

합성적 능력의 첫 번째 핵심 원소는 스턴버그(1985a)가 상위요인라고 언급한 고차원의 집행 처리로 과제 수행의 계획, 감독, 평가에 이용된다. 이 상위요인은 문제 재정의의 일종이다. 다른 말로, 창조적인 사람은 다른 사람들이 알고 있거나, 그들 스스로도 이미 알고 있는 어떤 방식으로 문제를 취해서 완전히 다른 방식으로 그 문제를 재정의한다, 이런 의미에서, 그들은 "대중을 부정한다." 예를 들어, 그들은 자신의 친구들 중 많은 사람이 특정 지역의 집을 샀다는 사실이 좋은 가격을 의미하는 것이 아니라 비싼 가격을 의미한다고 판단하는데, 그 지역의 집들이 이미 높은 수요에 의해 가격이 오른 상태이기 때문이다. 또는 그들은 자신이 이미 어떤 방식으로 인식한 문제를 재정의할 수도 있다. 예를 들어, 그들은 지출에 맞추어 돈을 더 벌려고 하기보다, 대신에 지출을 줄이도록 결정할 수 있다. 스턴버그와 루바트는 문제 재정의는 능력과 태도 모두와 관계된다고 지적했는데, 능력에 의해 재정의를 효과적으로 수행하지만 재정의를 수행하기 위한 결정을 태도에 따라 처음으로 내리게 된다.

창조적 거인들(creative giants)은 우리가 문제를 정의하는 방식에서 중요한 변화에 영향을 주었다. 예를 들어, 아인슈타인은 물리학자들이나 다른 사람들이 물리 법칙과 그 법칙이 우주에서 기능하는 방법을 이해하는 방식을 재정의했다. 다윈은 우리가 영겁(永劫, aeon)에 걸친 유기체의 발달을 보는 방식을 재정의했다. 피카소는 예술적 표현에 대한 가능성을 지각하는 방식을 재정의했다. 사람들은 또한 자신들의 일상적 삶에서 부딪치는 문제를 재정의하는데, 비록 중요성이 떨어지는 방식이지만 그렇다.

스턴버그는 문제를 새로운 방법으로 보는 능력에 대한 몇 가지 수렴적 검사를 고안했다. 한 종류의 문제에서(Sternberg, 1982; Tetewsky & Sternberg, 1986), 넬슨 구드만(Goodman, 1955)의 소위 새 수수께끼 교육에 근거하여, 참가자들은 grue(2000년까지 green 그리고 그 이후 blue) 및 bleen(2000년까지 blue 그 이후 green)와 같은 새로운 개념에 대해 배웠다. 참가자들은 그러고 나서 기존의 개념과 함께 새로운 개념을 사용하여 귀납 문제를 해결하는 능력에 대한 검사를 받았다. 이들 검사에 대한 점수는 중간 정도로 전통적 유동지능검사 점수와 연관되었다(즉, 유연하고 새로운 방식으로 사고하는 능력 검사로 기하학적 행렬 문제와 같은 것). 가장 중요한 것은, 창의적 사고자를 구분하는데 가장 최적으로 보이는 정보자료 처리 요소는 유연하게 개념 체계 사이를 왕래할 수 있는 처리가 관계된다(한 편은 green-blue, 다른 한편은 grue-bleen).

다른 형태의 문항(Sternberg & Gastel, 1989a, 1989b)은 참가자가 사실적 개념(예: "새는 날 수가 있다")이나 반사실적 개념(예: "제비는 돌차기 놀이를 할 수 있다")만으로 구성된 유추와 다른 종류의 귀납 문제를 해결하도록 한다. 반사실적 문항에 대한 점수는 통상적 유동지능에 대한 검사 점수와 중간정도로 연관되었고 반사실적 문항이 통상적 사고를 재정의하는 능력을 더 잘 측정하는 것처럼 보였다.

또 다른 종류의 문제(Sternberg & Kalmar, 1997)는 참가자들에게 사건들 사이의 관계를 사전 예측하거나 사후 추측하도록 요구했다. 예를 들어, 참가자들은 특정한 날짜가 찍힌 종이 상자 속 우유에 대해 듣고 미래의 어떤 특정 날짜에 우유가 상할지를 예측하는 질문을 받을 수 있다. 일부 문제는 상대적으로 직접적인 사전예측과 사후추측과 관련되며 다른 문제는 복합적이다.

창의성에 적용되는 지능의 합성적 부분(synthetic part)은 세 개의 지식획득 요소와 학습에 이용되는 처리 또한 관계된다. 이들 세 가지 처리는 창의성의 배경에서, 통찰력에 의한 사고의 토대가 된다. 그들은 선택적 부호화라고 불리고 관련되지 않은 정보자료와 관련된 정보자료를 구분한다. 선택적 결합은 관련된 정보자료의 단편을 새로운 방식으로 결합하는 것과 관계된다. 그리고 선택적 비교는 새 정보자료를 과거의 정보자료와 새로운 방식으로 연관시키는 것이다. 예를 들어, 보어(Bohr)의 원자 모형은 "태양계"의 축소판으로서 선택적 비교에 의한 통찰이 원자를 태양계와 연관시킨 것을 토대로 했다. 프로이트(Freud)의 정신에 대한 수리역학적 모형(hydraulic model) 또한 선택적 비교에 의한 통찰에 근거를 두었다.

스턴버그와 데이비드슨(Sternberg & Davidson, 1982; Davidson, 1986, 1995; Davidson & Sternberg, 1984)은 다양한 연구에서 이 통찰력 이론을 검증했으며 여기에

는 수학적 통찰력을 이용하는 문제에 관한 연구가 포함되었다(예: "만약 당신이 서랍 안에 푸른 양말과 갈색 양말을 4 대 5의 비율로 가지고 있다면, 같은 색의 양말 한 짝을 갖기 위해 적어도 몇 개의 양말을 서랍에서 꺼내야 하는가?"). 그들은 세 종류의 통찰력은 문제의 성격에 따라 분리될 수 있다는 사실과 통찰력 문제와 유동지능을 측정하는 통상적 검사법 사이에 중간 정도의 상호 연관성이 있음을 발견했다. 그들은 또한 초등학교 학생들에게 통찰력 있는 사고 능력을 향상시킬 수 있게 가르치는 것이 가능하다는 사실도 발견했다.

이 이론에 따르면, 지능의 분석적인 부분, 즉 부분적으로 통상적인 지능검사에서 측정되는 부분도 또한 창의성과 관련이 있다. 이 능력은 자기 자신의 생각을 평가하고 자신의 생각 중 어느 것이 실용적인 가치가 있는지 결정하기 위해 필요하다. 그러므로 어떤 주어진 생각이 추구할 가치가 있다면, 분석적 능력은 생각의 장단점을 평가하는데 이용될 수 있고 그럼으로써, 그 생각이 더 개선될 수 있는 방법을 제시할 수 있다. 고도로 복합적이나 낮은 분석적 능력을 가진 사람은 자신의 생각들 중 더 가치 있는 생각을 추구하려면, 아마도 생각들을 평가 역할을 위해 다른 사람의 도움이 필요할 것이다.

창의성과 관련된 세 번째 지능은 실용적 능력으로 자신의 지적 기능을 일상생활 환경에 적용하는 능력이다. 창의적 사고는 가끔 거부되는 경향이 있기 때문에, 창조적인 영향력을 원하는 사람은 자신의 생각을 효과적으로 전달하고 다른 사람에게 그 생각의 가치를 설득하는 능력을 학습하는 것이 중요하다. 본질적으로, 실용적인 능력은 "생각"을 파는 것과 관계있지만, 그 생각이 예술(판매 대상은 아마도 화랑이나 잠재적 고객, 비평가가 될 것이다)이나, 문학(판매 대상은 출판업자나 대중), 과학(판매 대상은 상대적으로 보수적 동료들), 기업가 정신(판매 대상은 가장 장래성 있는 혁신적 사업에만 기꺼이 투자할 벤처 캐피털리스트)의 어떤 영역이든 상관없다. 창의성이 사람, 과제, 환경의 상호작용 속에 있기 때문에, 생각을 파는데 실패했을 때, 초래될 확실한 결과는 절대로 창의적인 것으로 인정받지 못하거나 창조자의 사후에나 인정받는 것이다.

스턴버그, 페라리, 크린켄비어드, 그리고렌코(Sternberg, Ferrari, Clinkenbeard, & Grigorenko, 1996; 또한, Sternberg, 1997; Sternberg & Clinkenbeard, 1995; Sternberg, Grigorenko, Ferrari, & Clinkenbeard, 1999)는 능력들의 분석적이고 실제적이며 합성적 측면들이 매우 미약하게 연관되어 있기 때문에, 이들 능력 중에 한 가지에 능숙한 학생은 다른 능력에 목표를 둔 교육으로부터 특별히 이익을 얻지는 못할 것이라고 했다. 특히 전통적인 관점에서 지적인 학생, 즉 기억과 분석적 능력이 뛰어난 학생은 통상적인 교육(Conventional instruction)에서 이익을 얻는 경향이 있는데, 통상적 교육은 그런 능력을 강조하기 때문이다. 동시에 창의적인 학생은 학교에서 받는 수업에서 특별히 뛰어난 성취를 얻기 힘든데 그것은 창의적 능력보다는 전형적으로 기억과 분석적 능력을 강조하기 때문이다. 한 실험에서, 스턴버그, 페라리, 크린켄비어드, 그리고 렌코는 고등학생들이 자신의 능력 유형에 맞는 방식으로 교육받을 때(예: 분석적 또는 종합적 교육), 자신의 능력 유형과 별 상관없는 교육을 받은 학생들 보다 더 높은 수준의 성취를 이룬다는 사실을 발견했다.[6] 추적 조사에서, 스턴버그, 토얼프, 그리고렌코(Sternberg, Torff, & Grigorenko, 1998)는 3학년생(대략 8세)과 8학년생(대략 14세)들을 분석적이거나 창조적 또는 실용적으로 가르쳤을 때, 오직 기억 능력만 가르치거나 기억 능력과 함께 주로 분석적 능력을 가르친 학생들에 비해 높은 수준의 성취가 나타나는 것을 보였다.

투자이론에서 지식의 역할에 대해 이야기하는 것이 중요한데, 지식은 그 자체로 때때로 결정적 지능이라고 불리는 지능의 중요한 측면의 토대가 되기 때문이다(예: Cattell, 1971; Horn & Cattell, 1966). 투자이론에 따르면, 지식은 창의성에 대해 양날의 칼이 된다. 한편으로는 어떤 분야에서 현재 상태보다 더 앞으로 나아가기 위해 그 분야에 대한 지식이 필요하다. 반면에 지식이 사람들을 확고하고 고정관념에 얽매이게 만들기 때문에 창의성을 저해할 수 있다. 사람은 어떤 특정한 방식으로 사실을 보는데 너무 익숙해져서 그들이 다른 방식으로 그 사실을 보거나 상상만 하여도 문제를 일으키기 시작할 정도이다. 따라서 전문가는 지식 때문에 유연성을 희생시키기도 한다. 실제로 한 분야의 전문가가 자신들이 활동하는 영역에서 근본적인 구조적 변화가 생겼을 때 초보자보다 적응에 더 많은 어려움을 겪을 수 있다는 사실에 대한 증거가 있다(Frensch & Stern-

---

6) (옮긴이 주) 이러한 설명과 관련하여 교육계에 제안하고 싶은 의견은 학교 학습, 즉 교실수업은 학생(수요자) 중심의 학습 유형 접근(The learning-style approach) 방식으로 변해야 학습효과, 즉 교육 효과가 향상된다는 것이다. 즉, 어떤 학생은 아침에 잘 학습할 수 없으나 오후에는 수행을 매우 잘 할 수 있는가 하면, 어떤 학생은 밝고 시끄러운 상황에서는 학습을 잘 하지만 다른 학생은 부드러운 조명이 비치는 조용한 장소에서 최선의 학습을 잘 해 낸다. 어느 학생은 구조화된 교사 중심적 지시방법에서 또 다른 학생은 비공식적이고 비구조화된 학습환경에서 공부가 더 잘된다. 분석적 지능, 창의적 지능, 실용적 지능이 우수한 학생이 각자 선호하는 학습유형은 서로 다를 것이다. 아울러서 시각 자극 또는 촉각 자극 또는 청각 자극에 민감한 학생들이 선호하는 학습 유형도 다를 것이다.

그러나 학교 학습 현장에서는 이런 차이와 특징이 무시되고 교사 주도적인 일제 수업 위주로 주입식·암기 위주의 획일적인 교육이 이루어지고 있다. 따라서 낙오자가 생기는 것이 학생의 책임일 수가 없다. 상술한 논리에 의하면 학생과 학교교육이 실패하고 있으며, 낙오자가 생기는 것이 당연하다.

berg, 1989).

스턴버그와 루바트의 투자이론(Investment theory)에 따르면(1995), 또한 창의성은 사고방식, 개성, 동기, 환경에 대한 투자를 요구한다. 사고방식은 대중을 좇기보다 자기가 선택한 새로운 방법의 사고에 대한 선호도로 인용된다. 이런 사고방식을 선호에서, 사람은 대중을 거부할 수 있는 특정 성격과 어떤 창의적 시도에서 만날 수 있는 많은 장애물을 극복할 수 있는 지속적이고 단호한 동기가 필요하다. 창의성에 가장 도움이 되는 환경은 이들 장애물을 줄이고 새로운 사상이나 활동에 따르는 위험을 감소시키며, 그 위험을 감수한 사람에게 보상해 주는 환경이다.

스턴버그와 루바트(1995)는 투자이론을 검증하기 위해 사람들에게 네 개의 영역에서 그들에게 주어진 다양한 주제들 중에 두 개를 선택해 창조적 산출을 생성하도록 요구했다. 그들에게 주어진 주제는 쓰기(예: "열쇠구멍", "2983"), 예술(예: "벌레의 시각에서 본 지구", "시간의 시작"), 광고(예: "싹양배추", "커프스 링크"), 과학(예: "우리들 사이에 외계인이 숨어 있다면 어떻게 그들을 찾을 수 있을까?")와 같은 것들이다. 스턴버그와 루바트는 비록 창의적 지능의 일반성이 부분적으로 검사를 받은 모집단에 의해 변하더라도 단지 중간 정도의 상호 연관성을 영역 간에 걸쳐서 발견했고, 또한 창의성 산출의 평균 등급과 유동적 지능검사 사이에도 중간 정도의 상호 연관성을 발견했다.

최근의 연구(Grigorenko & Sternberg, 인쇄 중)에서, 분석적 지능, 창의적 지능, 실용적 지능 모두가 현재 러시아가 겪고 있는 경제 사회적이고 정치적인 환경의 급속한 변화에 대처하고, 적응하는 토대로서 연구되었다. 육체적인 건강과 정신적 건강을 나타내는 변인들이 측정 기준으로 사용되었다. 발견된 사실은 대처와 적응에 대한 최고의 예언지표가 실용적 지능이란 사실이다. 두 번째 예언지표는 분석적 지능이다. 창의적 지능은 어느 정도 혼합된 결과를 보였는데, 미약한 상호 연관성을 보이다가 한편으로 긍정적 방향과 부정적 방향 중에서 어느 한 방향으로 의미 있는 상호 연관성을 보이기도 했다. 이들 결과는 통상적인 분석적 지능과 창의적 지능은 현재 러시아와 같은 적어도 하나의 사회에서 일상생활에 대한 적응을 예측하는데 매우 독특한 형태를 보인다는 사실을 제시한다.

요약하여, 비록 분석적 지능들이 강한 상호 연관성을 보였더라도(Jensen, 1998), 창의적 능력들은 약한 상호 연관성을 보였다(실용적 지능이 그런 것처럼, Sternberg, Wagner, Williams, & Horvath, 1995). 그러므로 인간의 인지적 능력에서 일반 요인처럼 보이는 것은 실제로는 주로 분석적 능력에 적용되거나 심지어 배타적으로 분석적 능력에 적용되는 것 같다. 일단 사람들이 능력들을 더 광범위하게 보게 되면, 일반 요인은 대체로 사라지게 된다.

스미스의 계층 구조

창의성의 하위 갖춤새로서 지능에 대한 다른 흥미 있는 관점은 불룸의 교육목표 분류학(Bloom's Taxonomy of Educational Objectives)에 근거를 두고 스미스에 의해서 검증되었다(Smith, 1970, 1971). 불룸의 교육목표 분류학에서는 기본적으로 인지적 처리들이 주요 부류의 지식(major class of knowledge)에서 시작해 이해, 적용, 분석, 종합, 평가 분류로 진행되는 누적 계층 구조에 놓일 수 있다고 가정한다. 지적 능력은 처음 네 개의 부류에서 필요하고 끝에 두 가지 부류 합성과 평가에서는 창의성이 요구된다. 범주들이 계층적으로 누적되기 때문에, 종합과 평가는 그 대상으로서 새로운 행동 즉 창의성 외에도 이전 부류에 내재된 기능(즉, 지능)을 요구한다. 그러므로 스미스의 관점에서는 지능은 창의성의 하위 갖춤새이다.

스미스(1970)는 141명의 7학년생들에게 하나의 지능검사와 두 가지 창의성 검사 및 분류학 검사를 실시했다. 그는 지능검사와 창의성 검사를 중다회귀 분석을 통해 분류학 검사에 대한 수행을 예측하는데 이용했다. 그는 지능을 구성하는 처음 네 개의 부류에 대한 분산의 백분율이 의미를 가질 만큼 크다는 사실을 발견했다(지식-34%, 이해-53%, 적용-50%, 분석-28%). 창의성은 이들 네 부류에 대해 의미 있는 것처럼 보이는 더 이상의 분산을 나타내지 않음으로써 이론과 일치되었다. 재차 이론과 일치되게, 지능(각각 49%와 31% 기여)과 창의성(각각 20%와 14% 기여) 둘 다 종합과 평가 하위검사에 대한 개인적 차이들의 변동에 의미 있고, 독립적이며, 전반적인 기여를 했다.

중복 갖춤새로서 지능과 창의성

지능과 창의성을 중복되는 갖춤새(overlapping set)로 보는 관점은 어떤 방식에서 지능과 창의성이 서로 간에 비슷하고, 다른 방식에서는 그들이 별개라는 사실을 의미한다. 유사성의 논의에서 바론(Barron, 1963)은 다음과 같이 제안했다.

> 누군가 독창성을 자극 상황에 적응성 있고 유별나게 반응하는 능력으로 정의한다면, 그리고 지능을 단순히 문제를 해결하는 능력으로 정의한다면, 그러면 문제 해결 능력의 상위 단계에서 지능의 표현은 또한 독창성의 표현이 될 것이다. 말하자면, 매우 어렵고 희귀한 방식으로 해결된 문제는 정의에 의해 독창적인 해법이 요구된다(p. 219).

지능과 창의성 사이의 차이를 부각시키는데 로에(Roe, 1963/1976)가 다음과 같이 제안했다.

창의적 처리는 아마 문제 해결과 매우 가깝겠지만, 몇 가지 방식에서 문제 해결과 다르다. 문제 해결에서는, 당면한 목표가 특정한 것이고, 논리적이고 질서 정연한 양식의 접근법이 비록 항상 이용되지는 않더라도 바람직하다. 창의적 처리에서, 일반적으로 문제 해결에서와 같은 명확한 목표가 없고, 비논리적이지만 정연한 양식의 접근이 일반적이다. 뉴웰, 셔우, 시몬(Newell, Shaw, & Simon, 1958)은 "창의적 활동은 단순히 문제 해결 활동 중에 참신성, 독창성, 인내, 문제의 공식화에 대한 어려움으로 특징지어진 특수한 부류인 것처럼 보인다"고 제안했다. 중요한 차이는 전체로서 인간이 관련된 정도이다. 창의적 처리에서 관련 정도가 매우 큰데, 비인지적이고 감성적 요인이 많은 부분을 차지한다. 하지만 그들은 효과적인 문제 해결에는 장애가 된다(p. 172).

지능과 창의성을 구분하는 다른 방법은 쇼우크스미스(Shouksmith, 1973)에 의해 제안되었으며, 그는 어떤 반응에 대한 "정확성"이나 "올바름"을 판단하는 것은 지적 추론 즉 지능을 측정하는 시도이지만 반면, 반응의 "우수성"을 판단하는 것, 즉 답이나 해결책이 문제나 상황에 어울리는 정도나 적합한 정도는 창의성의 측정이라고 말했다. 공통되는 부분은 정확하고 우수한 응답으로 나타날 것이다.

창의성과 지능이 중복되는 갖춤새라고 보는 관점이 가장 보편적인 관점이 될 수 있었던 한 가지 이유는 그 제안자에 의해 수행된 상당한 분량의 연구로 인해 가장 잘 알려졌기 때문이다. 그 예는 캐서린 콕스와 루이스 터어만의 역사적 천재들에 대한 연구(Cox, 1926)를 비롯하여 맥키논(MacKinnon, 1962, 1967, 1975), 바론(Barron, 1963, 1969), 헬슨(Helson, 1971/1976), 고우(Gough, 1957)와 같은 버클리의 캘리포니아 대학의 성격 평가 및 조사 연구소(IPAR: Institute of Personality Assessment and Research)와 연관된 연구자들에 의해 수행된 다양한 직업을 대상으로 한 모든 연구들이다.

콕스가 연구한 301명의 천재 연구

콕스(1926)는 터어만과 공동으로 추진한 연구를 통해 1450년부터 1850년 사이에 가장 탁월했던 사람들에 대한 추정 IQ를 발표했다. 그들이 선정한 대상자들은 제임스 맥킨 카텔(James McKeen Cattell)이 작성한 1,000명의 명단에서 뽑은 것이며, 카텔은 그 명단을 인명사전에 할당된 공간의 크기에 따라 결정했다. 카텔의 명단에서 다음과 같은 사람들은 제외되었는데 세습적인 귀족이나 상류계층 사람들로 자신의 출생에 의해 부여된 지위를 능가하는 성취를 이루지 못한 사람, 1450년 이전에 활동한 사람, 카텔의 최초 명단에서 서열 510위 이하인 사람, 어떠한 기록이 남아 있지 않은 11명이 제외되었다. 이들을 제외한 명단에는 282명이 남았고 그들의 IQ는 집단 A로 요약했다. 추가하여, 그들은 또한 집단 B를 논했는데 여기에 포함된 19명의 다양한 인물은 카텔의 최초 명단에서 서열 510위 이하에서 선택되었다. 이렇게 하여, 명단에 포함된 인물은 총 301명이 되었다.

IQ를 추정하기 위해, 콕스와 터어만, 마우드 메릴(Cox, 1926)은 전기, 편지, 다른 저술과 기록을 다음 사항들에 대한 증거를 찾기 위해 검토했다. 조기의 교육, 조기 학습의 성격, 조기의 사고, 최초 독서와 수학적 수행을 시작한 연령, 조숙함의 전형인 활동, 평범하지 않은 지식의 지적 적용, 유사점과 차이점 인식, 독서의 양과 성격, 관심 범위, 학교 성적과 그것의 향상, 태도와 판단의 조숙성, 변별과 일반화, 이론화의 경향, 가족 지위. 물론 그들의 IQ 추정은 주관적이다. 그렇지만 어떤 면에서, 추정이 표준 IQ 검사에서는 볼 수 없는 실제 삶에서 지능이란 측면에서 생태학적인 타당성이 있다. 발표된 IQ는 이름하여 콕스, 터어만, 메릴 세 사람의 전문가가 내린 평가의 평균이다. 평가자간 신뢰도는 아동기 추정에 대해 0.90이고 청년기에 대해서는 0.89였다(Cox, 1926, pp. 67-68의 상호상관으로부터 계산).

그들의 평가에 기여한 요인 중 몇 가지의 예는 프란시스 갈톤(명단에는 포함되지 않았다, 그는 1822년에 출생한 『유전적 천재들(Hereditary Genius)』을 1869년에 발표했다)에 대한 기술로, 그의 IQ는 터어만이 200으로 추정했다. "프란시스 갈톤은 생후 12개월에 자기 이름의 대문자를 알았고 18개월에는 이름의 모든 대소문자를 알았다... 그는 작은 책, '파리 잡는 거미줄(Cobweb to Catch Flies)'을 생후 2년 반이 되었을 때 읽을 수 있었고 3세가 되기 전에 자신의 이름으로 서명할 수 있었다"(Cox, 1926, pp. 41-42). 4세가 될 때까지, 그는 라틴어 명사, 형용사, 능동태 동사를 모두 말할 수 있었고, 덧셈과 곱셈을 할 수 있었으며, 프랑스어를 어느 정도 읽을 수 있었고 시계를 볼 수도 있었다. 5세에는 월터 스콧(Walter Scott)을 인용하고 있었다. 6세에는 일리아드와 오디세이에 친숙해졌고, 7세에는 단지 재미로 셰익스피어를 읽었고 그것을 두 번 읽고 한 페이지를 암기할 수 있었다. 명백하게, 갈톤의 기록은 특출한 아동 중에서 한 명에 대한 기록이다.[7]

콕스는 선택된 집단의 평균 IQ가 아동기에는 135이고 청년기에는 145로서 아마 너무 낮다고 할 수 있는데, 자료가 가용하지 않을 때마다 선택되지 않은 사람들의 평균인 IQ 100(선택된 집단의 IQ 평균이 135와 145인 한)으로 돌아가는 지침 때문이라는 결론을 내렸다. 또한 자료의 비신뢰성도 평균의 회귀를 초래할 수 있다. 콕스가 언급한 자료에서 문제점 중에 하나는 IQ와 가용한 자료의 신뢰성 사이에 0.77의 강한 상호상관이다. 자료의 신뢰도가 높을수록 IQ도 높아지고, IQ가 높을수록 그 근거 자료의 신뢰도도 높

7) (옮긴이 주) 이러한 자료에서 갈톤이 조숙형 천재로 판단된다.

아진다. 그녀는 더 신뢰성이 높은 자료들이 사용 가능하다면, 모든 IQ들이 더 높게 평가될 것이라고 결론을 내렸다 그녀는 따라서 최초의 평가를 수정하여 집단의 평균을 아동기는 155, 청년기는 165로 높였다.

콕스가 주의 깊게 지적한 것처럼, IQ는 현존하는 사람의 IQ가 평가된 것이 아니고 그보다, 그 사람의 과거 기록에 대한 평가이다. "이 페이지에 기록된 뉴턴과 링컨의 IQ는 우리가 가지고 있는 기록 상 뉴턴과 링컨의 IQ이다. 하지만 기록은 인정된 것처럼 불완전하다."(Cox, 1926, p. 8)

콕스는 자료의 비신뢰성에 대한 보정 후, IQ와 탁월한 사람들의 서열사이에 상호 상관이 0.16 ±.039임을 알았다(Cox, 1926, p. 55). 딘 사이몬톤(Dean Simonton, 1976)은 다중회귀 기법을 사용하여 콕스의 자료를 재검토한 다음 콕스가 발견한 지능과 저명성(Eminence)의 서열 사이의 상호 연관성은 자료의 비신뢰성 특히, 오래된 사람일수록 더 자세해지는 표본추출 성향의 산물로서 최근에 태어난 사람일수록 낮은 IQ와 낮은 저명성의 서열을 갖는다는 사실을 보여 주었다. 사이몬톤의 분석에서, 지능과 서열화된 저명성 사이의 관계는 탄생 년도에 대해 전혀 조정되지 않았다(Simonton, 1976, p. 223-224). 어쨌든, 콕스는 저명성에서 지능 이외의 요인의 역할을 인식하고 "최고는 아니더라도 높은 지능이 대단한 인내력과 결합한 경우가 최고의 지능이 어느 정도 낮은 인내심과 결합한 경우 보다 더 높은 저명성에 도달하게 한다"고 결론을 내렸다(Cox, 1926, p. 187).

성격 평가 연구소

성격 평가 및 조사 연구소(The Institute of Personality Assessment and Reasearch, IPAR)는 1949년 버클리의 캘리포니아 대학에 설립되었다. 설립 목적은 효과적으로 기능하는 사람에 대한 연구(study of effectively functioning persons)에서 병리학에 의한 평가에 대응되는 심리학적 평가의 개발과 이용이다. 이 연구소 설립의 촉진제 역할을 한 것은 몇 명의 심리학자들이 2차세계대전 중 미전략 정보자료국(OSS)를 위해 인물평가 프로그램에 참가한 경험에서 비롯되었다. 이 프로그램에서 그들의 임무는 스파이, 방첩요원, 적 후방에서 활동하는 레스지스탕스의 통솔자, 적의 사기를 저하시키기 위해 고안되는 선전물의 창작자 및 그 밖의 비정규전 임무를 수행할 통솔자를 선발하는 것이었다(Barron, 1963; MacKinnon, 1967, 1975). 이 집단의 첫 연구는 당연히 예상 할 수 있는 것으로 버클리의 대학원생을 대상으로 했다. 하지만 여러 해가 지나면서, 맥키논은 건축가와 미국 에베레스트 등반대의 일원들을 연구했다. 바론은 공군 장교들과 기업의 행정 담당자, 예술가, 작가들을 연구했다. 헬슨은 남성과 여성 수학자를 연구했고 고우는 이론 과학자를 연구하고 형용사 검목표(Adjective Check List)와 캘리포니아 심리학 검사를 많은 연구 과정에서 실증했다.

전형적인 연구의 예는 그 분야의 전문가들이 어떤 분야에서 가장 창조적 인물을 지명하고 서열을 매기기는 것(교수들, 선배들, 잡지 편집자, 비평가)과 3일에 걸쳐 휴일에 버클리의 연구회에 참석하는 것에 동의한 사람들을 대상으로 길퍼드의 확산적 사고 검사와 지능 측정, 다양한 자기 성격묘사, 주제에 대한 통각 검사와 로르샤하 잉크 반점 검사와 같은 투사검사를 포함한 일련의 종합검사의 집행이다. 휴일은 연구종사자들에게 비공식적인 사회적 교류와 상황 검사, 집단 토론, 동작에 의한 단어 연상 게임, 기타 활동 속에서 참가자들을 면담하고 관찰할 수 있는 많은 기회를 제공했다. 전형적으로 10명의 참가자가 휴일 하루 동안 6내지 7명의 연구 종사자들에 의해 평가되었다. 휴일 평가의 등급은 덜 창조적인 전문가들의 등급과 연령과 지리적 업무 지역에 대해 상응하는 참가자들의 분야에서 비교되고 우편을 통해 그들에게 전달된 일련의 절차를 통해 평가된다.

창의성과 지능 등급들 사이의 관계를 설명하는 것은 IPAR 연구에서 단지 한 부분에 지나지 않는다. 더 큰 강조는 창의적인 사람의 성격 변수를 식별하는데 주어지며, 이것은 이 장에서 자세히 다루지 않는다. 343명의 군 장교를 대상으로 한 연구는 창의적인 사람과 지적인 사람을 구분하는 몇 가지 성격 변수를 조명한다. 바론(1963)은 독창성에서 높은 점수를 받았지만 지능검사(동의어-반의어와 언어적 유추를 포함한 개념 숙지 검사에 의해 측정된)에서는 낮은 점수를 받은 사람은 자신을 "허세를 부리는, 공격적인, 요구가 많은, 의존적인, 권위적인, 강요하는, 참을성이 부족한, 진취적인, 기탄 없는, 냉소적인, 단호한, 영향 받기 쉬운 성격으로, [지능검사 점수는 높으나 독창성은 낮은 사람은 자신을] 상냥한, 낙천적인, 호감 가는, 조용한, 이타적"으로 묘사했다(Barron, 1963, p. 222). 바론은 다음과 같이 말했다.

> 누군가 이들 자기 묘사를 독창적이며 지능적인 피험자에 대한 연구종사자의 묘사와 비교하면, 지능은 행동 상의 현실적 원칙의 조작을 나타내고 충동의 발현을 적절히 억제하며 본능적 에너지를 현실 그 자체의 세계에서 목표를 달성하기 위해 효과적으로 조직하는 책임이 있는 것처럼 보인다(p. 223).

바론(1963)은 많은 IPAR의 연구를 다음과 같이 요약했다.

> 지능과 창의성의 전 범위에 걸쳐 낮은 정적인 상관관계가 아마도, 0.40 주변에서 얻어진다. 하지만 대략 IQ 120이상에서, 측정된 지능은 창의성에서 무시할 수 있을 만큼 작은

요인이고, 우리 자신의 연구가 크게 강조한 동기적 변수와 개인적 특이성에 의한 변수는 창의성의 중요한 결정요인이다(p. 242).

지능과 성격 또는 동기 변수들의 상대적 중요성은 에디슨에 대한 일화에서 나타난다. 언젠가 귀가 어두운 사이러스 이튼(Cyrus Eaton)이 역시 귀가 잘 안 들리는 토마스 에디슨에게 보청기를 개선해 달라고 요청했다. 에디슨은[8] 그 요청을 거부하며 다음과 같이 말했다. "나는 그렇게 많이 듣는 것을 원하지 않습니다"(Crovitz, 1970, p. 56).

IQ로 측정되는 통상적 지능 개념과 창의성에 관한 세 가지 기본적 발견은 일반적으로 일치한다(예: Barron & Harrington, 1981; Lubart, 1994).

첫째, 창의적인 사람은 때때로 평균 이상인 120 이상의 IQ를 보이는 경향이 있다(Renzulli, 1986). 이 수치는 어떤 창조적인 사람에 대한 경계선이 아니라 그 보다는 낮거나 심지어 평균적인 IQ를 가진 사람조차 매우 창조적인 사람들의 서열에 잘 나타나지 않는 것처럼 보인다는 사실의 표현이다. 콕스(1926)가 연구한 천재들의 추정치는 평균 IQ 165를 나타냈다. 바론은 그의 창의적 작가들의 평균 IQ를 140 또는 그 이상으로 평가했는데 그것은 터어만의 개념 숙달 검사에 의한 평가였다(Barron, 1963, p. 242). IPAR의 연구에서 다른 집단들, 즉 수학자와 과학자들은 지능에서 평균이상 이었다. 로에(Roe, 1952, 1972)는 IPAR 학파가 성립되기 전에 탁월한 과학자들에 대한 면밀한 평가를 유사한 방식으로 수행했던 사람으로, 그녀의 연구 대상자들에 대한 추정 IQ를 121에서 194 사이로 평가했고 그 중간값은 137~166 사이로 나타났는데 그 값은 IQ 검사가 언어 능력이나 공간 능력, 수학적 능력 중 어느 부분에 대한 검사인지에 따라 변했다.

둘째, IQ 120 이상이 되면, IQ 120 이하에서의 영향만큼 IQ가 창의성에 큰 영향을 끼치지 않는 것처럼 보인다. 환언하면, 창의성은 IQ 120 이하에서 IQ와 더 크게 상호 연관성이 있지만, IQ 120 이상이 되면 단지 미약하거나 거의 상호 연관성이 없어진다[이 관계성은 가끔 문턱(경계선) 이론(threshold theory)[9]으로 불린다. 이에 대조되는 내용은

---

8) (옮긴이 주) 세계 최초로 전구를 발명한 사람이 발명왕 토머스 에디슨이라는 상식이 틀린 것이라고 보도했다. 사실은 영국의 화학자인 험프리 데이비가 처음 고안한 것을 에디슨이 발전시켰을 뿐이라는 것이다. 그러나 데이비가 세계 최초로 만든 전구는 빛이 너무 강렬해서 주거용으로 쓰기 힘들었다고 한다. 에디슨은 이것을 실용화하는데 성공해서 전구의 발명자로 알려진 것이라고 비즈니스 인사이더가 2012년 6월 3일 밝혔다.

9) (옮긴이 주) 감성 지능론(EQ)과 사회성 지능론(SQ)의 전도사를 자처하는 대니얼 골만(Daniel Goleman, 2010)은 지능, 즉 IQ의 문턱 이론(threshold theory of intelligence)의 쓰임새에 관한 함의를 다음과 같이 설명했다.

다음에 언급되는 Hayes(1989)의 인증이론(認證理論, certification theory)이 있다〕. 건축가 연구에서, 평균 IQ는 130이었고(평균보다 유의미하게 높은 IQ), 지능과 창의성 사이의 상호 연관성은 -0.08로 실질적으로 0과 다름없었다(Barron, 1969, p. 42). 그러나 군 장교들 대상의 연구에서는 참가자들이 평균 IQ를 보였고, 상관관계는 0.33이었다(Barron, 1963, p. 219). 이들 결과는 극도로 높은 창의성을 지닌 사람은 종종 높은 IQ를 갖지만 높은 IQ를 가진 사람이 필연적으로 높은 창의성을 나타내는 경향이 있는 것은 아니란 사실을 암시한다.

소수의 연구자(예: Simonton, 1994; Sternberg, 1996, 1999)들은 매우 높은 IQ는 실제로는 창의성을 간섭하게 될 것이라고 제안했다. 매우 높은 IQ를 가진 사람은 자신의 IQ와 유사한 기능(분석적 지능)에 의해 크게 보상을 받을 수 있기 때문에 그들 속에 창조적 잠재력을 개발하는데 실패하여 결국 창의성은 드러나지 않게 될 것이다. 콕스(1926)의 자료에 대한 재검토에서, 사이몬톤(1976)은 탁월한 지도자(eminent leaders)는 그들의 IQ와 탁월성(eminence) 사이에 상당한 부적인 상관관계인 −0.29를 보인다는 사실을 발견했다. 사이몬톤은 그 사실을 다음과 같이 설명했다.

> 지도자는 자신의 탁월성을 획득하기 전에 많은 수의 사람들이 그를 이해해야 하며, 이는 지적인 엘리트들의 마음에만 들면 되는 창조자들과는 다르다. 과학적, 또는 철학적, 문학적, 예술적, 음악적 창조자는 사후의 인정을 받기 위해 자신의 생존시에 탁월성을 획득하지 않아도 되는 반면 군사적, 정치적, 종교적 지도자들은 현재의 추종자들이 있어야 탁월성에 도달할 수 있다(Simonton, 1976, pp. 220, 222).

IQ는 학교 공부를 하거나 어떤 분야에서든 사회에서 취업을 하고 유지하는데 결정적인 역할을 한다. 기술과 언어적 기술, 수학을 배우는 데 교육이 매우 중요하고 이것을 뒷받침하는데 IQ가 매우 중요하다. 즉, 사연 많은 인생의 문턱(threshold)을 넘어 서기 위해서는 필요한 기량이 IQ, 즉 지능이고 교육력이다, 열심히 배워라, 가난에서 벗어나려면 배워야 한다는 권고도 지능의 문턱 이론의 적용을 시사하는 것이다. 생존(희망, 포부, 성취동기와 기회)의 문턱을 넘어서기 위하여 교육이 필요하다. 그래서 모든 사람이 배워야 한다. 식자우환(識字憂患)은 지능의 문턱이론의 역설을, 함의를 시사하는 표현인 것이다.

그러나 일단 문턱을 넘어서면, 다른 사람보다 더 뛰어난 생존 역량이 중요하다. EQ와 SQ(예: 애교)는 IQ라는 문턱을 넘은 다음에 요구되는 경쟁력이고 생존전략이다. 세속적으로 아부도 경쟁력이라고 하지 않는가?, 즉 IQ라는 문턱을 넘어선 다음에는 IQ(학벌)보다 더 중요한 또 다른 능력, 예를 들면, 창의력, 노력, 몰입, 끈기, 성실성, 인간 친화력, 지도력, 공금에 대한 탐욕 버리기, 실천력, 책임감, 역경 극복 역량(resilience), 스트레스 극복 능력, 인간미, 손·발을 잘 움직이는 마당발 근성 등 성공 또는 인간 승리의 삶을 살아가는 데 필요하고 중요한 자질이 많다.

셋째, IQ와 창의성간의 상관관계는 가변적이며, 일반적으로 약한 상관관계에서 중간 정도의 상관관계 범위에 있다(Flescher, 1963; Getzels & Jackson, 1962; Guilford, 1967; Herr, Moore, & Hasen, 1965; Torrance, 1962; Wallach & Kogan, 1965; Yamamoto, 1964). 상관관계는 부분적으로 창의성과 지능의 어떤 측면이 측정되는가와 그들이 어떤 방법으로 측정되는가 뿐만 아니라 창의성이 어떤 분야에서 나타나는가에 달려 있다. 지능은 예를 들어 수학과 과학에서의 지능의 역할과 예술과 음악에서의 지능의 역할이 다르다(McNemar, 1964)

삼원 모형

지금까지의 사실들이 서로 중첩되지만 일치하지 않는 창의성과 지능 사이의 관계에 대한 또 다른 개념화를 제안한다(예: 창의적인 사람은 어느 수준의 IQ를 요구한다). 예를 들면 렌줄리(1986)는, 삼원모형(three-ring model)을 제안하고, 거기에서 영재성이 (통상적 방법으로 측정된) 평균 이상의 지적인 능력, 창의성, 과제에 대한 몰입〔above-average ability(as measured in the conventional ways), creativity, and task commitment〕 사이의 교차점에 있다고 했다. 능력과 창의성을 나타내는 원은 따라서 중첩된다(7장의 관련 그림 참조).

렌줄리는 "교내(schoolhouse) 영재성"과 "창조적-생산적" 영재성을 구분하여 한 방면에서 영재성이 있는 것이 필연적으로 다른 분야에서도 영재성이 있다는 사실을 의미하지 않는다고 말했다. 교내 영재성은 검사를 받고 학습을 수행하는 통상적 영재성인 반면,[10] 창조적-생산적 영재성은 창조적 생각을 산출하는 영재성이다. 두 방식에서 영재성을 가진 사람은 서로 다르다. 따라서 우리가 IQ 검사를 영재성을 판별하는데 이용할 경우 매우 주의해야 하며, 그 이유는 창조적으로 사고하는 영재성을 놓칠 가능성이 있기 때문이다. 이 관점은 뒤에서 창의성과 지능이 서로 무관한 갖춤새로 보는 관점에 대해 논의하는 절에서 더 자세히 다루어질 것이다.

매드닉의 원격연합 검사

IPAR의 연구자들 및 안네 로에(Anne Roe)와 길퍼드(Guilford)에 의한 검사와 평가의 명백한 단점은 주관적인 채점뿐만 아니라 이들 검사와 평가를 수행하는데 요구되는 시

10) (옮긴이 주) 학업 지능(academic intelligence), 즉 분석적 지능이 우수한 사례와 관련이 있는 설명으로 이해된다.

간과 비용 문제이다. 대조적으로, 매드닉(Mednick, 1962)은 30개 문항에 대해 객관적으로 평가되는 40분의 창의적 능력 검사를 만들어 원격연합 검사(RAT: Remote Associate Test)라고 불렀다. 검사는 그의 이론인 창의적 사고의 처리는 "연합적 요인들을 특수한 요구를 만족하거나 어떤 측면에서 유용한 새로운 결합으로 형성하는 것이며, 새로운 결합에서 각 요인들이 상호간에 더 멀리 떨어져 있을수록, 처리나 해법은 더 창의적이 된다"라고 하는 개념에 근거를 두고 있다(Mednick, 1962). 이들 결합을 만들고 창조적 해법에 도달하는 능력이 필수적으로 결합을 형성할 재료, 즉 사람의 지식에 기반을 둔 연합 요인들의 존재에 의존하고 창의적 해법에 도달하는 가능성과 속도는 사람의 연합 조직에 영향을 받기 때문에, 매드닉의 이론은 창의성과 지능은 연관성이 매우 크다고 제안한다. 즉, 중첩되는 갖춤새(overlapping sets)라는 것이다.

RAT는 주어진 세 단어와 어느 정도 거리를 두고 연관된 네 번째 단어를 수검자가 제시하는 방식으로 구성된다. 주어지는 단어의 사례(실제 검사 문항은 아님)는 다음과 같다.

1) 쥐	푸른색	통나무집
2) 철도	소녀	학급
3) 놀람	직선	생일
4) 바퀴	전기	높은
5) 밖	개	고양이

우리는 이 장의 끝에 답을 첨부해서 독자들이 예제(例題)를 먼저 풀면서 흥미를 느끼도록 하였다.

RAT와 각각 WISC(아동을 위한 웩슬러 지능검사), SAT 언어부분, 로게-손다이크(Lorge-Thorndike) 언어 지능 측정 사이에 상관관계는 0.55, 0.43, 0.41을 보였다(Mednick & Andrews, 1967). 정량적 지능 측정과 상호 연관성은 낮았다(r = 0.20~0.34). 다른 창의성 수행 측정과 상관관계는 더 변화가 컸다(Andrews, 1975)

암묵적 이론들

지능과 창의성에 대한 겹쳐진 원의 모형을 제안하는 또 다른 접근법은 사람들의 암묵적 이론들, 즉 창의성과 지능에 대한 민간 개념을 이용하는 방법이다. 스턴버그(1985b)는 네 가지 분야(물리학, 철학, 예술, 경영)에서 비계량형 다차원척도법이라고 불리는 자료 분석 기법을 통해 그들의 암묵적 지능과 창의성(지혜를 포함하여) 이론을 생성할 수 있도록 전문가들뿐만 아니라 일반인들을 대상으로 정보자료를 수집했다.

스턴버그는 사람들의 암묵적 지능 이론이 다음과 같은 여섯 가지 요인과 연관된 것을 발견했다. (a) 실용적인 문제 해결 능력, (b) 언어 능력, (c) 지적 균형과 통합, (d) 목표 지향 및 성취, (e) 상황적 지능(즉, 일상적 생활 속의 지능), (f) 유동적 사고. 사람들의 암묵적 창의성 이론은 다음과 같은 여덟 가지 요소들이 관련된 것처럼 보인다. (a) 고정관념 탈피(사물을 새로운 관점에서 보기), (b) 통합과 지성(integration and intellectuality), (c) 심미적 감각과 상상력, (d) 결단력과 유연성, (e) 통찰력(직관력, 지각의 명민성, 인식 능력, 이해력), (f) 성취와 인정받기 위한 추진력, (g) 탐구적 경향, (h) 직관. 따라서 두 가지 구성요인들은 일부 중첩되는 것이 예를 들어, 환경과 목표 도달, 사고의 유연성(유동적 사고), 고정관념 탈피를 중시하는데서 나타난다. 사람들이 자신의 창의성과 지능 개념에 따라 가상적으로 등급화된 사람의 유형을 설명해 보라는 요구를 받았을 때, 스턴버그(1985b)는 창의성과 지능에 대한 그들의 등급들 사이에 0.69의 상관관계가 있음을 발견했다.

지능과 창의성이 중복된 정도는 자신의 암묵적 이론에 대해 질문 받은 특정한 사람들에 따라 변할 수 있다. 예를 들어, 스턴버그, 콘웨이, 케트론, 번스타인(Sternberg, Conway, Ketron, & Bernstein, 1981)에 의한 초기 연구는 보통 사람들 사이의 암묵적 지식에서 세 가지 요인, 실제적인 문제 해결, 언어 능력, 사회적 역량이 식별되었다. 이들 중에서 어떤 것도 크게 드러나게 창의성과 연관되지 않은 것처럼 보이는데, 비록 실용적 문제 해결이 몇 가지 경우에서 연관이 되더라도 그렇다. 더 최근에 이루어진 대만의 중국인의 지능 개념에 관한 연구는 일반적 인지 역량, 대인 관계적(인간 친화적) 역량, 인간내적(자성적) 역량, 지적인 자기주장, 지적인 겸양(intellectual self-effacement)을 요인으로서 구안했고, 창의성과 중첩이 거의 나타나지 않았다(Yang & Sternberg, 1997).

일치하는 갖춤새로서 지능과 창의성

하엔슬리와 레이놀즈(Haensly, Raynolds, 1989)는 창의성과 지능이 "단일 현상(unitary phenomenon)", 즉 공동집합(conjoint)으로 간주 되어야 한다고 주장했다. 그들은 창의성이 단지 다른 종류의 지적인 처리가 아니라 그 보다는 지능의 궁극적인 표현이라고 제안했다.

와이스버그(Weisberg, 1986, 1988, 1993)와 랭글리 등(Langley et al., 1987)과 같은 일부 연구자들은 창의성에 내재된 기구가 통상적인 문제 해결에 내재된 기구와 전혀 차

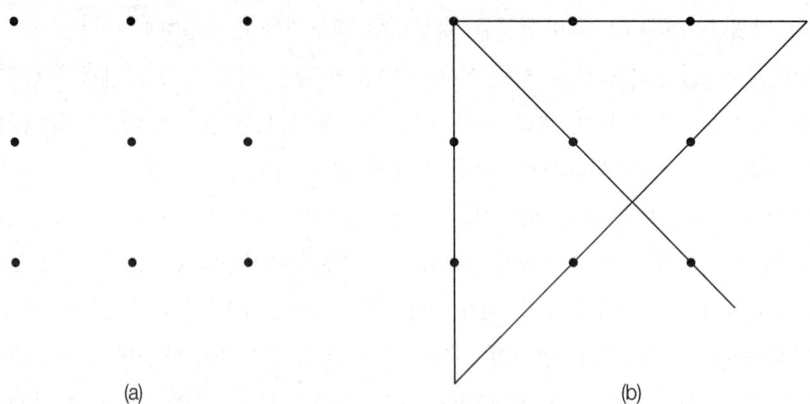

그림 6-1 아홉 개의 점 문제(a)와 해답(b). 아홉 개의 점이 정삼각형을 이루게 배열되어 있다. (a) 연필을 떼지 않고 연속적인 네 개의 직선으로 아홉 개의 점을 연결하는 문제이다. (b) 아홉 개의 점 문제는 선분이 점들의 지각적인 집단화인 사각형의 테두리를 벗어나야 풀린다. 사각형적인 배열이 야기하는 지각적인 갖춤새 때문에 대부분의 피험자는 이 문제를 해결하지 못한다.

이가 없다고 주장했는데, 통상적인 문제는 표면적으로 그것의 해결에 창의성이 개입할 필요가 전혀 없는 것처럼 보이는 종류의 문제이다. 이들 연구자들에 따르면, 작업은 평범한 처리들이 탁월한 결과를 초래했을 때 창의적인 것으로 간주된다. 퍼킨스(Perkins, 1981)는 이 관점을 "아무것도 특별하지 않은" 관점이라고 불렀다. 이 관점에 따르면, 우리가 창의성을 이해하기를 원한다면, 일상적인 문제 해결에 대해 연구하는 것 이상은 필요가 없다.

예를 들어, 와이스버그와 알바(Weisberg & Alba, 1981)는 사람들로 하여금 악명 높은 아홉 개의 점을 연결하는 문제를 풀게 했는데, 여기에서 한 열에는 세 개의 점이 있고 세 개의 열이 배열되어 점들이 정사각형의 형태가 되도록 구성된다. 문제는 네 개 또는 그보다 적은 수의 직선만을 사용하여 어떤 점도 두 번 거치지 않고 펜을 떼는 일도 없이 모든 점을 연결하는 것이다. 전형적으로 이 문제의 해법은 사람이 "기존의 틀을 벗어나게 하는" 직관력에 달려 있는 것으로 간주된다. 와이스버그와 알바는 심지어 사람에게 직관력이 주어졌을 때조차, 그들은 문제를 해결하는데 어려움을 겪는다는 사실을 보였다. 다른 말로, 아홉 개의 점을 연결하는 문제에서 요구되는 것이 무엇이던지, 그것은 단지 어떤 종류의 비범한 직관력만은 아니다(**그림 6-1** 참조).

서로 분리된 갖춤새로서 지능과 창의성

여러 연구자들은 지능이 창의성과 다르다는 사실 즉 그들이 별개의 따로 떨어진 갖춤새라는 사실을 증명하기 위해 노력해 왔다(예: Getzels & Jackson, 1962; Torrance, 1975; Wallach & Kogan, 1965). 비록 그들 중 어떤 연구자도 제안하지 않았고 많은 연구자들이 명백하게 창의성과 지능이 완전히 무관하다는 사실을 부인했지만, 그들이 강조하는 바는 확실하게 그쪽을 향하고 있다. 그들의 목표는 영재성을 지닌 아동을 식별하는데 전통적 IQ 검사에 의존하는 것에서 발생하는 문제에 관심을 집중시키려는 것처럼 보인다. 도날드 맥키논이 한 이야기(그는 마크 트웨인이 처음 이야기한 것으로 믿는다)는 잠재적 재능을 개발하고 표현하는 기능을 수행하는 환경을 제공하기 위해 잠재적 재능을 인식하는 문제와 그 중요성을 보여 준다. 그의 이야기는 다음과 같다.

> 어떤 사람에 관한 이야기로 그는 그때까지 살았던 장군들 중에 최고의 장군을 찾아다니는 사람이었다. 그런 사람을 어디에서 찾을 수 있는지를 묻던 중, 그는 그가 찾는 사람이 이미 죽어서 천당으로 갔다는 이야기를 들었다. 진주로 장식된 천당의 입구에서 그는 자신이 여행하는 목적을 성 베드로에게 알렸다. 그러자 성 베드로는 근처에 있는 어떤 영혼을 가리켰다. "하지만, 모든 장군들 중 최고의 장군이 아닙니다. 그가 땅위에 살고 있을 때, 저도 그를 알고 있었는데 그는 구두 수선공이었습니다."라고 그가 주장하자, 베드로가 말했다. "나도 안다. 하지만, 만약 장군이 되었더라면, 그들 중 최고의 장군이 되었을 것이다."(McKinnon, 1962, p. 484)

재능을 식별하는데 실패할 수 있다는 위험은 헤이스(Hayes, 1989)가 제안한 120 IQ 문턱(식역) 이론(IQ threshold theory)의 내안에서 명확해지며, 그것은 이미 중첩된 집합에 대한 부분에서 논의되었다. 헤이스의 인증이론(certification theory)에 따르면, 창의성과 IQ는 본질적으로 관련성이 없다. 그렇지만, 어떤 사람의 작업에서 창의성을 보여주기 위해서, 그는 틀림없이 특정한 수준의 표현의 자유를 획득해야만 한다. 예를 들어, 어떤 대학 교수는 자신의 작업에서 공장 근로자보다 창의성을 나타낼 수 있는 자유를 더 많이 갖고 있다. 이런 종류의 자유를 가진 위치는 전형적으로 학사 학위나 때로는 석사 학위를 요구한다. 학문적 수행은 IQ와 상호 연관된다. 그러므로 창조적으로 되기 위한 어떤 사람의 기회는 사람이 그 속에서 창의성을 발휘하게 될 직업 유형에 대한 인증이 되는 등급을 획득하기에 충분한 IQ 수준에 따라 결정될 것이다.

게젤스와 잭슨의 연구

게젤스와 잭슨(1962)은 6학년에서 12학년 사이의 245명의 남학생과 204명의 여학생을 대상으로 다섯 가지 창의성 측정을 실시하고 그 결과를 이미 학교에서 실행한 IQ 검사(비네(Binet) 또는 헨몬-넬슨(Henmon-Nelson), WISC 중에 어느 것이든) 점수와 비교했다. 그들 연구의 초점은 학생을 두 집단(높은 지능과 낮은 창의성을 가진 학생들과 높은 창의성과 낮은 지능의 학생 집단)으로 구분하고 학교에서 그들의 행동, 지향하는 가치, 환상이나 상상에 의한 사고, 가정환경을 연구하는 것이다.

그들이 제안한 다섯 가지 창의성 측정은 단어 연합, 사물의 용도, 감춰진 형태, 우화, 문제 작성이다. 이들 검사는 다른 연구자들도 사용하는 창의성의 전형적 예이다.

단어 연합에서, 아동은 매우 종합적인 물체들(예: bolt, bark, sack)에 대해 가능한 많은 정의를 내리는 것이다. 점수는 순수한 정의들의 개수와 이들 정의들이 속하는 범주들의 개수에 의해 부여된다. 예를 들어, 나사 못(bolt)에 대한 최고 점수는 "고정시키다, 도망치다, 음식을 급히 먹다, 한 통의 옷감, 말 한 필, 번갯불"이라는 답에 주어진다.

사물의 용도에서, 아동은 통상적으로 부여된 전형적 기능이 있는 사물에 가능한 많은 용도를 제시해야 한다. 이 검사는 길퍼드의 벽돌, 종이 클립, 이쑤시개에 대한 용도와 같은 검사 문항과 유사하다. 이 검사에서 점수는 사용 예의 개수와 그 독창성에 따라 부여된다. 벽돌에서 고득점은 "벽돌은 빌딩을 짓는데 사용할 수 있다. 당신은 또한 벽돌을 문진(文鎭)으로 사용할 수 있다. 당신은 벽돌을 문이 닫히지 않도록 괴어놓을 수도 있다. 벽돌을 데워서 침대를 따뜻하게 만드는데도 사용 가능하다. 당신은 벽돌을 무기로서 던질 수도 있다. 벽돌 가운데에 구멍을 내어 재떨이로 사용할 수도 있다."라고 쓴 답에 주어진다.

감춰진 형태는 카텔의 일련의 객체 분석적 검사 중 일부로서, 아동은 18개의 간단한 기하학적 도형을 제공받고 각각에는 4개의 복합적 도형이 이어진다. 아동은 더 복잡한 형태에 숨겨진 기하학적 도형을 찾으라는 지시를 받는다.

우화에서, 아동은 마지막 문장이 빠진 네 개의 우화를 제공받는다. 그 후 아동은 각 우화에 대해 세 가지 다른 결말, 즉 교훈적, 익살스러운, 슬픈 결말을 구성하는 문제를 받는다. 다음의 말썽 많은 개는 한 예이다.

> 어떤 말썽장이 개는 모든 보행자의 뒤를 조용히 따라다니다가 갑자기 그들을 무는 습관이 있다. 그래서 개의 주인은 그가 어디로 가든 소리를 내도록 개의 목에 방울을 달아야 했다. 개가 생각하기에 이것은 매우 좋은 일이었기 때문에 온 마을을 딸랑거리며 자랑스럽게 돌아다녔다. 하지만 나이든 사냥개가 말하기를…(p. 18)

점수는 역시 결말의 개수와 적절성, 독창성에 따라 부여된다. 여기 높은 평가를 받은 교훈적, 익살스러운, 슬픈 결말의 예가 있다. "자만의 뒤에 몰락이 뒤따른다.", "이것은 네 스스로를 물어뜯은 꼴이다.", "그 개는 계속되는 방울소리 때문에 결국 미쳐버렸다."

문제 작성에서는, 아동에게 네 개의 복합적 문장이 제시되고 각 문장은 많은 수식을 포함하고 있다. 아동은 주어진 정보자료를 이용해 가능한 많은 수학 문제를 만들어야 한다. 예컨대 어떤 사람을 기술하는데 그는 얼마만큼의 가격에 집을 사고, 그 중 얼마만큼을 지불했으며, 매달 잔액과 기타 비용을 지불한다. 이때 "스미스 씨가 집의 단열재 설치에 들인 비용을 얼마 만에 난방비 절감 효과를 통해 상쇄할 수 있는가?"라는 문제와 "스미스 씨는 현금 지불 후 얼마의 잔액이 남아 있는가?"라는 문제 중 앞의 문제가 더 많은 점수를 받는다.

창의성 측정에서 급간 상관은 우화와 감춰진 도형들 사이의 0.153에서 문제 작성과 단어 연합 사이의 0.488의 범위에 있었다. IQ와 창의성 측정간의 평균 급간 상관은 0.26이었다. 가장 낮은 급간 상관은 IQ와 우화 사이에서 여학생에 대해 0.12를 남학생에 대해 0.13을 보였다. 여학생에 대해 가장 높은 급간 상관은 IQ와 문제 작성에서 .39가 남학생에 대해서는 단어 연합에서 0.38이 나왔다. 주목해야 할 사실은 학교의 평균 IQ가 132로 창의성과 IQ 사이에 더 큰 상관관계를 예상할 수 있는 임계점보다 높다는 사실이다. 상관관계는 따라서 버트(Burt, 1962/1970)의 "창의성에 대한 새 검사법은 어떤 일상적 종합검사에 지능의 일반 요인을 측정하는 검사로서 만족스럽게 추가되었다."라는 비평에 증거가 될 수 있다. 맥네머(McNemar, 1964)는 전체 표본에 대해 IQ와 통합된 창의성 점수의 상관관계를 평가했는데, 이것은 게젤스와 잭슨은 제공하지 못했던 것으로 0.40이 나왔다. 0.40의 상관관계는 맥네머의 말에 의하면, 일상적 측정 오류와 제한된 범위의 IQ(평균 132), IQ가 스탠퍼드-비네, 헤몬-넬슨, 웩슬러 검사법이 혼합된 것이란 사실 때문에 약화되었다. 이들 약화 요인에 대해 보정된 상관관계는 버얼트와 맥네머가 여기서 사용된 창의성 검사가 지능검사와 매우 유사하다는 주장을 더 큰 지원을 제공할 것이다.

게젤스와 잭슨(1962)의 연구에서 높은 창의성의 집단(15명의 남학생과 11명의 여학생)은 통합된 창의성 측정에서 상위 20%의 점수를 받았지만 IQ 점수는 상위 20%보다 낮은 학생들로 구성된다. 높은 지능의 집단(17명의 남학생과 11명의 여학생)은 IQ에서 상위 20%의 점수를 받고 창의성은 상위 20% 이하인 학생들로 구성된다. 왈락과 코간(Wallach & Kogan, 1965)은 창의성 측정의 합산에 대해 게젤스와 잭슨의 연구 자료를 비판했는데 창의성 검사들이 IQ와의 상관관계보다 서로 간에 상관관계가 더 높지 않았기 때문이다.

게젤스와 잭슨(1962)의 주안점은 높은 창의성 집단의 평균 IQ(127)와 높은 지능 집단의 평균(150) 사이에 23점의 차이가 있음에도 불구하고, 두 집단의 학교 성적은 놀랍게도 학교 전체 학생들의 성적에 비해 똑같이 우수했다는 사실이다. 맥네머(1964)는 통렬한 비평을 통해, 만약 어떤 저자가 IQ, 창의성, 전체 학교 성적 사이의 상관관계를 전체 집단에 대해 제시하는데 주저한다면, 사람들은 "창조적 능력이 서로 반대되는 입장으로서 지능보다 학교 성적에 IQ만큼 중요하지 않다"는 사실을 추론하게 될 수 있다고 말했다(p. 879).

게젤스와 잭슨(1962)은 교사들이 창의성이 높은 집단의 학생보다 높은 IQ 집단의 학생들을 더 선호한다는 사실을 발견했다. IQ가 높은 학생들은 자신들의 성공에 중요하다고 스스로도 믿는 자질을 원하는데 바로 그 자질이 높은 창의성을 나타내는 집단의 자질보다 교사들에게 더 많이 인정받는다. 높은 지능의 학생들에게, 자신 스스로 가치를 인정하는 자질들과 성인들을 성공으로 이끄는 자질로 그들이 믿는 것 사이에 연관성은 꽤 밀접한 r = 0.81이었다. 즉, 이들 학생들이 매우 성공 지향적인 것처럼 보였다. 창의성이 높은 학생들에 대해서는, 그들이 중시하는 자질들과 성인이 되서 성공하게 될 때 필요한 자질들 사이에 실제적으로 연관성(r = 0.10)이 없었다. 이들 학생들은 통상적인 표준적 성인의 성공을 받아들이는 것처럼 보이지 않으며, 실제로 지능이 높은 학생들은 의사, 변호사, 교수와 같은 직업을 원하는데 비해 고창의성 학생들은 탐험가, 발명가, 작가와 같은 더 예외적인 직업을 원하는 것으로 보고되었다.

유머 감각은 IQ가 높은 집단에 비해 창의성이 높은 집단의 이상적 자질로 높은 순위를 갖는다. 창의성이 높은 학생들은 13가지 자질 중 유머감각을 3위로 평가했고 이는 이상적인 자신의 모습에서 원하는 자질들 중 대인 관계와 감성적 안정성 다음이며, 한편 IQ가 높은 학생들은 9위로 평가했다. 좋은 평판, 높은 지능, 목표 지향성은 IQ가 높은 학생들에게 더 좋은 평가를 받았다.

다양한 개방형 검사와 도화에서, 창의성이 높은 학생들은 무자극형 주제들, 예상치 못한 결말, 유머, 부조화, 장난기, 폭력에서 IQ가 높은 학생들보다 크게 우수했다. 창의성이 높은 학생들은 자극을 대체로 자기표현의 출발점으로 이용하는데 비해 IQ가 높은 학생들은 교류 지점이나 성취해야 할 과제로서 자극에 집중한다. 아래에 몇 개의 주목할 만한 예들을 제시했다.

어떤 사람이 업무상의 여행이나 전문적 토론회를 마치고 돌아가는 비행기 안에서 좌석을 뒤로 젖히고 앉아 있는 사진에서 지각되는 자극에 대한 대응으로서, IQ가 높은 집단의 한 학생은 다음과 같이 답했다.

스미스 씨는 성공적인 업무 여행을 마치고 집으로 돌아가는 중이다. 그는 행복감을 느끼면서 자신의 사랑스런 가족과 그들을 다시 만났을 때 얼마나 기쁠 것인지를 생각하고 있다. 그는 그때부터 한시간 정도 뒤에 그가 탄 비행기가 공항에 착륙하고 스미스 씨의 부인과 세 자녀가 그의 귀환을 환영하는 장면을 상상할 수 있다.

같은 사진에 대해, 창의성이 높은 한 학생의 대답은 다음과 같다.

그는 지금 그의 부인과 이혼 소송을 끝낸 네바다 주의 르노에서 비행기로 돌아오는 중이다. 그는 자신의 부인과 삶을 더 이상 참을 수 없었고 판사에게 말했는데, 밤마다 그녀가 얼굴에 콜드크림을 너무 많이 발라서, 그녀의 얼굴이 베개에서 미끄러지는 바람에 자신의 머리에 자꾸 부딪치기 때문이다. 그는 지금 미끄럼 방지 콜드크림에 대해 고려하고 있다.

"학교 운동장에서 술래잡기"에 대한 그림을 그리라고 하면, IQ가 높은 학생들은 창의성이 높은 학생들보다 자신의 그림을 더 자세하고 이해하기 쉽게 그리는 경향이 큰데, 예를 들어 건물을 그리고 거기에 학교라는 라벨을 붙이는 것처럼 의사교환과 이해도를 높이는데 주력하는데 반해, 창의성이 높은 학생은 지침 상의 특정한 세부 사항에 덜 구애받고 오해의 여지가 생기는 것도 특별히 신경 쓰지 않는다. 예를 들어, 술래잡기 그림으로서 창의성이 높은 어떤 학생은 "눈보라 치는 학교 운동장에서 술래잡기"라고 제목을 바꿔 달은 빈 종이를 제출했다.

월락과 코간의 연구

월락과 코간(Wallach & Kogan, 1965)은 게셀스와 젝슨(1962)의 연구에서 일련의 결점은 그들이 이용한 시험과 같은 상황 속의 측정에서 창의성이 제대로 표현되지 않는 데 있다고 주장했다. 이런 결점을 보완하기 위해, 월락과 코간은 일련의 시간제한 없이 게임과 같은 검사를 151명의 5학년생을 대상으로 고안했다. 그들의 다섯 가지 창의성 측정은 독특함과 응답의 개수에 의해 평가되고 다음과 같은 내용이 포함되었다.

1. 사례들－다음과 같은 사물의 이름을 말하는 것. 모든 둥근 물건, 모든 소음을 내는 사각형의 물건, 생각할 수 있는 모든 바퀴 달린 물건. 둥근 물건에 대해 특이한 응답은 구명구, 쥐구멍, 물방울 같은 것이고 평범한 응답은 단추, 접시, 문고리 등이다.
2. 대안적 용도－신문지, 자동차 타이어, 신발, 단추, 나이프, 코르크, 열쇠, 의자를 사

용할 수 있는 모든 용도를 말하는 것. 신문의 경우, "화가 날 때 찢어발긴다."는 독특한 응답이고, "종이 모자를 만든다."는 평범한 응답이었다.

3. 유사성—____과 ____의 유사점을 모두 말하는 것. 고양이와 쥐, 우유와 소고기, 커튼과 융단, 감자와 당근, 기차와 트랙터, 잡화점과 식당, 바이올린과 피아노, 라디오와 전화, 시계와 타자기, 책상과 테이블, 우유와 소고기에 대해, "그것들은 정부의 검사를 받는다."가 특이한 답이었으며, "그들은 동물에서 나온다."는 평범한 답이었다.
4. 형태 의미—이것이라고 생각할 수 있는 모든 것을 말하는 것. 학생들은 기하학적 형상들의 다양한 조합으로 이루어진 여덟 장의 그림을 보게 된다. 3개의 원으로 둘러싸인 삼각형의 경우, "쥐 세 마리가 치즈를 먹고 있다."가 독특한 답으로 "세 사람이 탁자 주변에 앉아 있다."가 평범한 답이었다.
5. 직선 의미—형태 의미와 비슷하나 도형을 직선으로 그린 것이 차이가 난다. 하나의 단순한 수평선에 대해, "일렬로 행진하는 개미"가 독특한 답이고, "막대기"는 평범한 답이었다.

월락과 코간(1965, 1972)은 그들이 연구한 학생들을 다양한 검사 결과에 따라 네 개의 집단으로 구분했는데 다음과 같다. 높은 창의성과 높은 지능의 집단(HC–HI), 낮은 창의성과 높은 지능의 집단(LC–HI), 높은 창의성과 낮은 지능의 집단(HC–LI), 낮은 창의성과 낮은 지능의 집단(LC–LI).

HC–HI 집단에서, 학생들은 높은 수준의 자신감과 자제력을 비롯하여 표현의 자유 또한 높은 수준이어서 외향적이고 동료들 사이에 있기가 높았고, 또한 높은 수준의 관심 범위와 집중력, 학문적 산물에 대한 관심을 가지고 있으며, 관상학적 자극에 매우 민감하다. 즉, 단지 물리적이고 기하학적인 묘사를 넘어 자극의 정서적이고 의미심장한 함축적 의미를 논의할 수 있는 능력이 있다. 그들은 또한 주목받기 위해 대단히 파괴적인 행동도 보이는데, 이는 열광이나 지나친 열성을 의미한다. 그들은 열망과도 같은 감정을 고백하는 경향이 있으며, 이런 감정이 그들에게 활력을 주는 요인인 것처럼 보인다.

LC–HI 집단에서, 학생들은 자신의 학문적 실패가 결국 모든 것에서 실패라고 믿는 만큼 학교 성적에 더 주의를 기울이고 더 집착한다. 그들은 파괴적인 방식으로 주목을 끌려는 경향이나 통상적이지 않은 생각을 나타내는 경향은 적지만 그래도 동료들 사이에서 인기가 있다. 이 집단의 학생들은 다른 집단에 비해 열망이 가장 적은 경우에 해당한다. 그들은 평가 받는 것에 대한 심리적 압박을 받는 상황에서 가장 우수한 수행을 보였다. 이 집단은 실수를 저지르는 것을 가장 두려워하는 것처럼 보였다. 다른 사람들의 기대에 대해 명확하게 이해하고 있기 때문에 그들은 "올바른" 행동 방식을 취할 수 있다.

HC-LI 집단에서, 이 집단 속의 학생은 교실에서 가장 큰 불이익을 당한다. 그들은 가장 조심스럽고 우유부단하며, 가장 자존심이 낮았고, 동료들 사이에 인기도 가장 적었으며, 자신의 학업에 대해 가장 비판적이었고 집중력도 가장 낮았다. 그들은 주의를 끌기 위해 파괴적 행동을 나타내는 경향이 가장 컸고 이것은 자신의 입장에 대한 일관성 없는 거부를 암시한다. 이들은 사회적 은둔을 통해 학문적 실패에 적응하는 경향이 있으며 평가에 대한 압력이 없는 상황에서 가장 우수한 수행을 나타낸다. 이들은 또한 LC-HI 집단과 대조적으로 평가받는 상황에 대해 과도한 공포를 느끼는 것처럼 보인다. HC-HI 집단의 학생들처럼, 이들은 대체로 유사성이 없어 보이는 사건들 사이에 관련성을 가정하는 경향도 크다.

LC-LI 집단에서, 학생들은 학문적 수행 상의 약점을 사회적 활동으로 상쇄하려는 것처럼 보인다. 그들은 HC-LI 집단의 학생들 보다 더 외향적이고, 덜 우유부단하며, 더 자존심이 강했다.

토랜스

토랜스(Torrance, 1963)는 게젤스와 잭슨(1962)의 연구를 반복하여 그들과 유사한 결과를 얻었다. 그는 또한 자신의 연구 표본들을 추적 조사하여, 창의성이 높은 집단의 55%는 특이한 직업을 가지게 되어 지능이 높은 집단에서 9%에 그쳤던 것에 그 비율이 높다는 점을 주목하고, 이 사실을 창의성 검사의 생태학적 타당성에 대한 증거로 삼았다(Torrance, 1975). 236명의 고등학생들을 토랜스 창조적 사고 검사(Torrance Test of Creative Think, TTCT)로 1959년과 1971년에 측정하여 예측 타당성을 밝히기 위한 장기간에 걸친 독립적인 연구에서, 토랜스(1975)는 창의성 종합 검사와 이후의 창조적 성취 상의 통합 점수에서 표준적인 0.51의 상관성을 발견했다.

TTCT를 개발하는 동안, 토랜스(1975)는 시간에 제한을 두지 않은 경우와 시간제한이 있는 경우의 변화와 다양한 교육법에 의한 변화를 경험하고 수천 회에 이르는 TTCT의 집행에서, 월락과 코간(1965)이 자신의 놀이와 유사한 측정의 수행을 통해 제거하려고 했던 시험 환경에 의한 스트레스의 존재가 명확하지 않다는 사실을 발견했다.

박사학위 논문과 발표된 연구 결과로부터 전부 388개의 상관성을 요약하면서, 토랜스는 "모든 자료들이 이들 두 변수(지능과 창의성)이 단순히 적정하게 연관되어 있다는 결론을 지지하는 것처럼 보인다"는 사실을 알았다(Torrance, 1975, p. 287). "형상(figural) 측정과 관련된 114개의 상관 계수의 중간값은 0.06이었고, 88개의 언어 측정과 관련된 상관성의 중간값은 0.21이었으며, 언어와 형상이 결합된 측정과 관련된 상관성은 0.20이었다"(Torrance, 1975, p. 287). 그는 "어떤 종류의 IQ 검사를 선택하든지, 단지 IQ를 영재성을 식별하는 유일한 기준으로 사용할 경우 우리는 70%의 창조적 아동들 배제시키게 될 것이다"라는 사실을 강조했다(Torrance, 1963, p. 182).

관행의 영향

최근에 일부 연구자들은 지능과 창의성이 관행의 영향(practice effects) 때문에 분리되었을 것이라고 제안했다(Ericsson, 1996; Ericsoon & Faivre, 1998; Ericsson, Krampe, & Tesch-Römer,1993). 이 관점에 따르면, 창의적인 전문가를 포함한 어떤 종류의 전문가도 자신의 수행을 향상시키려는 의식을 가진 개인적 관행에 의해 수행된 의도적 관행의 결과로 성장했다. 따라서 창조적인 전문가는 진실된 능력이라기보다 어떤 영역에서 특히 어떤 영역에서 창조적 작업의 수행에서 의도적 관행의 산물이다. 사실, 많은 연구자들은 10년 규칙(10-year rule)에 대해 이야기하는데(예: Gardner, 1993; Simonton, 1994), 이 규칙에 따르면 의미 있는 창의적 작품에는 그 분야에서 10년의 활동이 필요한 것처럼 보인다.[11]

에릭슨과 그의 동료들은 다양한 종류의 전문성이 실제로는 의도적 관행과 상관성이 있다는 사실을 보여 주는 여러 연구를 수행했다. 어떤 다양한 분야에서, 의도적 관행은 탁월함과 상관관계가 있었다. 로에(Roe, 1952)는 탁월한 과학자들에 대한 조사를 끝낸 후, 어떤 특정 분야에서 당신의 역량이 클수록 당신이 얼마나 우수한 수행을 할 수 있는지는 "그 일을 당신이 얼마나 열심히 했는지의 함수"라는 결론을 내렸다(p. 170).[12] 하지만 현재에는, 증거가 대체로 상호 연관되어 있는데 그 의미는 인과 관계를 평가하기 어렵다는 것이다. 예를 들어, 창의성이나 다른 재능을 가진 사람들은 그런 재능을 갖지 않은 사람들에 비해 의도적 관행에 더 많은 자극을 받을 수도 있다. 그럼에도, 창의성의 의도적 관행 관점은 배제될 수 없으며, 명백하게 의도적 관행은 창조적인 작업에 영향을 주고 창조적인 작업에 충분조건인지 여부에 관계없이 필수조건일 수도 있다.

---

11) (옮긴이 주) 10년 주기설을 주장하는 논거가 되고 있다.

12) (옮긴이 주) 훌륭한 연주자가 되는 조건과 연습량은 밀접한 관련성이 있다고 한다.

결론

아무리 최저로 어림잡아도, 창의성은 지능의 종합적, 분석적, 실제적 측면이 포함된 것처럼 보이며, 즉 떠오른 생각을 종합하고, 그 생각들의 질을 평가하는 분석을 하며, 효과적으로 생각을 교환하고 그들의 가치를 다른 사람에게 설득할 수 있도록 고안하는 실제적 측면이다. 하지만 기본 원리를 넘어서, 현장에서 창의성의 작용에 대한 견고한 합의점에 이르기가 어렵다.

상당한 분량의 연구에도 불구하고, 심리학자들은 지능과 창의성 사이의 본질적 관계에 대한 합의에 아직 도달하지도 못하고 심지어 지능과 창의성이 무엇으로 구성되었는지조차 합의되지 않았다.[13] 지능과 창의성 사이에 가능한 갖춤새 관계들이 제안되었고, 각각의 제안에 대해 적어도 몇 가지의 증거가 있다. 현 상황의 부정적 측면은 지능과 창의성 사이의 관계에 대해 확신을 가지고 말할 수 있는 것이 별로 없다는 사실과 합리적인 연구영역으로서 창의성의 운명은 아직 "자연" 과학자들과 "인문" 과학자들 사이에 논쟁이 현재 진행 중이란 사실이다.[14] 이 논쟁은 오랜 역사를 지닌 것으로 1879년에 프랜시스 갈톤이 과학적 현상은 정량화될 수 있어야 한다(scientific phenomena must be quantified)고 주장했던 때로 거슬러 올라간다(Crovitz, 1970, p. 24에서 인용함). 긍정적 측면은 중요한 개방적 연구 과제를 추구하는 사람들에게 창의성과 지능 사이의 관계에 대한 연구는 고려해 볼 가치가 있다. 문제는 이론적으로 중요하고 그 답은 틀림없이 헤아릴 수 없이 많은 아동과 성인들의 삶에 영향을 줄 것이다. 그러므로 우리는 가능한 빨리 적절한 해답에 의한 설명을 필요로 한다.

---

13) (옮긴이 주) 지능과 창의성의 성질과 기능, 구성요인, 기원에 관한 탐구와 해명은 현재 완료형이 아니라 현재 진행형이라고 생각한다.

14) (옮긴이 주) 창의력, 천재(성), 발명, 재능, 수월성이란 인간 수행의 최고 수준을 설명하는 용어이다. 창의적인 영재들의 업적은 인간의 삶을 풍요롭게 하고 활력과 통찰력을 제공해 준다. 심리학자들 특히 제4세력의 심리학인 인지 심리학은 기억, 논리적인 추리력, 비판적 사고력, 주의, 정보자료 처리와 같은 기본 정신적인 속성에 관심을 갖고 연구해 왔다. 그러나 최근에 심리학자를 비롯한 사회학자, 교육학자, 인류학자, 음악가, 예술가 등 예술인, 연극 전문가, 예술 비평가, 건축가와 정신과 의사 등이 창의성에 대한 관한 열의, 연구를 시도하고 있다.

1990년대에 이르러 창의성 과학(the science of creativity)은 학제적 접근과 창의적인 인물을 사회—즉, 심리학, 과학과 예술 사회학, 인류학, 예술, 의식 공연, 상이한 문화권에서의 언어, 전자공학(산업 공학)·생명과학 분야, 문화적인 접근—에서 창의성과 관련된 연구가 다양하게 이뤄지고 있다.

저자 후기

이 장은 로버트 J. 스턴버그에 의해 편집되고 캠브리지대학교 출판부에서 출판한 『창의성 핸드북』의 "창의성과 지능" 장에서 추출되었다("Creativity and Intelligence", *Handbook of Creativity*, 1999).

1. 여기에서 보고된 연구는 자비츠 법 프로그램(Grant No. R206R950001)의 지원과 미 교육부의 교육 연구와 개선국의 감독 하에 수행되었다. 이 연구에서 제시된 발견과 의견은 미국 교육부의 교육 연구와 개선국의 입장이나 정책이 반영되지 않았다.
2. RAT 예제에 대한 답: (1) 치즈, (2) 작업, (3) 파티, (4) 의자 또는 전선, (5) 집.

참고 문헌

Amabile, T. M. (1996). *Creativity in context*. Boulder, CO: Westview.

Andrews, F. M. (1975). Social and psychological factors which influence the creative process. In I. A. Taylor & J. W. Cetzels (Eds.), *Perspectives in creativity* (pp. 117–145). Chicago: Aldine.

Barron, F. (1963). *Creativity and psychological health*. Princeton: D. Van Nostrand.

Barron, F. (1969). *Creative person and creative process*. New York: Holt, Rinehart & Winston.

Bainron, F., & Harnington, D. M. (1981). Creativity, intelligence and personality. *Annual Review of Psychology*, *32*, 439–476.

Beittel, K. R. (1964). Creativity in the visual arts in higher education: Criteria, predictors, experimentation and their interactions. In C. W. Taylor (Ed.), *Widening horizons in creativity*. New York: Wiley.

Boden, M. (1991). *The creative mind: Myths and mechanisms*. New York: Basic Books.

Boden, M. (Ed.). (1994). *Dimensions of creativity*. Cambridge, MA: MIT Press.

Brown, R. T. (1989). Creativity: What are we to measure. In J. A. Clover, R. R. Ronning, & C. R. Reynolds (Eds.), *Handbook of creativity* (pp. 3–32). New York: Plenum Press.

Burt, C. L. (1970). Critical notice. In P. E. Vernon (Ed.), *Creativity: Selected readings* (pp. 203–216). Baltimore: Penguin Books. (Reprinted from *British Journal of Educational Psychology*, *32*, 1962, 292–298).

Cattell, R. B. (1971). *Abilities: Their structure, growth and action*. Boston: Houghton Mifflin.

Cox, C. M. (1926). *The early mental traits of three hundred geniuses*. Stanford, CA: Stanford University Press.

Crovitz, H. F. (1970). *Galton's walk: Methods for the analysis of thinking, intelligence, and creativity*. New York: Harper & Row.

Csikszentmihalyi, M. (1988). Society, culture, and person: A systems view of creativity. In R. J.

Sternberg (Ed.), *The nature of creativity* (pp. 325–339). New York: Cambridge University Press.

Csikszentmihalyi, M. (1996). *Creativity*. New York: Harper–Collins.

Davidson, J. E. (1986). The role of insight in giftedness. In R. J. Sternberg & J. E. Davidson (Eds.), Conceptions of gifttedness (pp. 201–222). New York: Cambridge University Press.

Davidson, J. E. (1995). The suddenness of insight. In R. J. Sternberg & J. E. Davidson (Eds.), *The nature of insight*. Cambridge, MA: MIT Press.

Davidson, J. E., & Sternberg, R. J. (1984). The role of insight in intellectual giftedness. *Gifted Child Quarterly*, *28*, 58–64.

Ericsson, K. A. (Ed.). (1996). *The road to excellence*. Mahwah, NJ: Lawrence Erlbaum Associates.

Ericsson, K. A., & Faivre, I. A. (1988). What's exceptional about exceptional abilities? In I. K. Obler & D. Fein (Eds.), *The exceptional brain: Neuropsychology of talent and special abilities* (pp. 436–473). New York: Guilford Press.

Ericsson, K A., Krampe, R. T., & Tesch–Römer, C. (1993). The role of deliberate practice in the acquisition of expert performance. *Psychological Review*, *100*, 363–406.

Flescher, I. (1963). Anxiety and achievement of intellectually gifted and creatively gifted children. *Journal of Psychology*, *56*, 251–268.

Frensch, P. A., & Sternberg, R. J. (1989). Expertise and intelligent thinking: When is it worse to know better? In R. J. Sternberg (Ed.), *Advances in the psychology of human intelligence* (Vol. 5, pp. 157–158). Hillsdale, NJ: Erlbaum.

Gardner, H. (1983). *Frames of mind: The theory of multiple intelligences*. New York: Basic.

Gardner, H. (1993). *Creating minds*. New York: Basic Books.

Gardner, H. (1995). *Leading minds*. New York: Basic Books.

Getzels, J. W., & Csikszentmihalyi, M. (1972). The creative artist as an explorer. In J. McVicker Hunt (Ed.), *Human intelligence* (pp. 182–192). New Brunswick, NJ: Transaction Books.

Getzels, J. W., & Jackson, P. W. (1962). *Creativity and intelligence Explorations with gifted students*. New York: John Wiley & Sons.

Glover, J. A., Ronning, R. R., & Reynolds, C. R. (Eds.). (1989). *Handbook of creativity*. New York: Plenum Press.

Goodman, N. (1955). *Fact, fiction, and forecast*. Cambridge, MA: Harvard University Press.

Gough, H. C. (1957). *California psychological inventory manual*. Palo Alto, CA: Consulting Psychologists Press.

Grigorenko, E. L., & Sternberg, R. J. (in press). Analytical, creative, and practical intelligences as predictors of adaptive functioning: A case study in Russia. *Intelligence*.

Guilford, J. P. (1950). Creativity. *American Psychologist*, *5*, 444–454.

Guilford, J. P. (1967). *The nature of human intelligence*. New York: McGraw–Hill.

Guilford, J. P. (1970). Creativity: Retrospect and prospect. *Journal of Creative Behavior*, *4*, 149–168.

Guilford, J. P. (1975). Creativity: A quarter century of progress. In I. A. Taylor &J. W. Cetzels (Eds.), *Perspectives in creativity*. Chicago: Aldine.

Guilford, J. ft, & Christensen, P. W. (1973). The one–way relation between creative potential and IQ.

Journal of Creative Behavior, *7*, 247–252.

Guilford, J. ft, & Hoepfner, R. (1966). Creative potential as related to measures of lQ and verbal comprehension. *Indian Journal of Psychology*, *41*, 7–16.

Haensly, P. A., & Reynolds, C. R. (1989). Creativity and intelligence. In J. A. Clover, R. R. Ronning, & C. R. Reynolds (Eds.), *Handbook of creativity* (pp. 111–132). New York: Plenum.

Hayes, J. R. (1989). Cognitive processes in creativity. InJ. A. Clover, R. R. Ronning, & C. R. Reynolds (Eds.), *Handbook of creativity* (pp. 135–145). New York: Plenum.

Helson, R. (1976). Women and creativity. In A. Rothenberg & C. R. Hausman (Eds.), The creativity question (pp. 242–250). Durham, NC: Duke University Press. (Reprinted from Women mathematicians and the creative personality. *Journal of Consulting and Clinical Psychology*, *36*, 1971, pp. 210–211, 217–220).

Herr, E. L., Moore, C. D., & Hasen, J. S. (1965). Creativity, intelligence, and values: A study of relationships. *Exceptional Children*, *32*, 114–115.

Horn, J. L., & Cattell, R. B. (1966). Refinement and test of the theory of fluid and crystallized intelligence. *Journal of Educational Psychology*, *57*, 253–270.

Horn, J. L., & Knapp, J. R. (1973). On the subjective character of the empirical base of Guilford's structure–of–intellect model. *Psychological Bulletin*, *80*, 33–43.

"Intelligence and its measurement": A symposium (1921). *Journal of Educational Psychology*, *12*, 123–147, 195–216, 271–275.

Jensen, A. R. (1998). *The g factor*. Greenwich, CT: Greenwood.

Johnson–Laird, P. N. (1988). Freedom and constraint in creativity. In R. J. Sternberg (Ed.), *The nature of creativity* (pp. 202–219). New York: Cambridge University Press.

Langley, ft, Simon, H. A., Bradshaw, C. L., & Zytkow, J. M. (1987). *Scientific discovery: Computational explorations of the creative processes*. Cambridge, MA: MIT Press.

Lubart, T. I. (1994). Creativity. In R. J. Sternberg (Ed.), *Thinking and problem solving* (pp. 290–332). San Diego: Academic Press.

MacKinnon, D. (1962). The nature and nurture of creative talent. *American Psychologist*, *17*, 484–495.

MacKinnon, D. (1967). The highly effective individual. In R. L. Mooney & T. A. Razik (Eds.), *Explorations in creativity* (pp. 55–68). New York: Harper & Row.

MacKinnon, D. (1975). IPAR's contribution to the conceptualization and study of creativity. In I. A. Taylor & J. W. Cetzels (Eds.), *Perspectives in creativity* (pp. 60–89). Chicago: Aldine.

McNemar, Q. (1964). Lost: Our intelligence? Why? *American Psychologist*, *19*, 871–882.

Mednick, S. A. (1962). The associative basis of the creative process. *Psychological Review*, *69*, 220–232.

Mednick, M. T., & Andrews, F. M. (1967). Creative thinking and level of intelligence. *Journal of Creative Behavior*, *1*, 428–431.

Merrifield, P. R., Gardner, S. F., & Cox, A. B. (1964). *Aptitudes and personality measures related to creativity in seventh–grade children*. Reports of the Psychological Laboratories of the University of Southern California, No. 28.

Newell, A., Shaw, J. C., & Simon, H. A. (1958). Elements of a theory of human problem solving.

Psychological Review, 65, 151–166.

Ochse, R. (1990). *Before the gates of excellence*. New York: Cambridge University Press.

Perkins, D. N. (1981). *The mind's best work*. Cambridge, MA: Harvard University Press.

Piers, E. V., Daniels, J. M., & Quackenbush, J. F. (1960). The identification of creativity in adolescents. *Journal of Educational Psychology, 51*, 346–351.

Renzulli, J. S. (1986). The three–ring conception of giftedness: A development model for creative productivity. In R. J. Sternberg & J. E. Davidson (Eds.), *Conceptions of giftedness* (pp. 53–92). New York: Cambridge University Press.

Roe, A. (1952). *The making of a scientist*. New York: Dodd, Mead.

Roe, A. (1972). Patterns of productivity of scientists. *Science, 176*, 940–941.

Roe, A. (1976). Psychological approaches to creativity in science. In A. Rothenberg & C. R. Hausman (Eds.), *The creativity question* (pp. 165–175). Durham, NC: Duke University Press. (Reprinted from *Essays on creativity in the sciences*, pp. 153–154, 166–172, 177–182, by M. A. Coler & H. K. Hughes, Eds., 1963, New York: New York University Press).

Rothenberg, A., & Hausman, C. R. (Eds.). (1976). *The creativity question*. Durham, NC. Duke University Press.

Rubenson, D. L., & Runco, M. A. (1992). The psychoeconomic approach to creativity. New *Ideas in Psychology, 10*, 131–147.

Runco, M. A. (1987). The generality of creative performance in gifted and nongifted children. *Gifted Child Quarterly, 31*(3), 121–125.

Schubert, D. S. (1973). Intelligence as necessary but not sufficient for creativity. *The Journal of Genetic Psychology, 122*, 45–47.

Shouksmith, C. (1973). *Intelligence, creativity and cognitive style*. London: Angus & Robertson.

Skager, R. W., Schultz, C. B., & Klein, S. P. (1967). Quality and quantity of accomplishments as measures of creativity. *Journal of Educational Psychology, 56*, 31–39.

Simonton, D. K. (1976). Biographical determinants of achieved eminence: A multivariate approach to the Cox data. *Journal of Personality and Social Psychology, 33*, 218–226.

Simonton, D. K. (1994). *Greatness: Who makes history and why?* New York: Guilford.

Smith, I. L. (1970). IQ, creativity, and the taxonomy of educational objectives: Cognitive domain. *The Journal of Experimental Education, 38*(4), 58–60.

Smith, I. L. (1971). IQ, creativity, and achievement: Interaction and threshold. *Multivariate Behavioral Research, 6*(1), 51–62.

Sternberg, R. J. (1982). Natural, unnatural, and supernatural concepts. *Cognitive Psychology, 14*, 451–488.

Sternberg, R. J. (1985a). *Beyond IQ: A triarchic theory of human intelligence*. New York: Cambridge University Press.

Sternberg, R. J. (1985b). Implicit theories of intelligence, creativity, and wisdom. *Journal of Personality and Social Psychology, 49*, 607–627.

Sternberg, R. J. (1988). *The triarchic mind: A theory of human intelligence*. New York: Viking.

Sternberg, R. J. (1996). *Successful intelligence*. New York: Simon & Schuster.

Sternberg, R. J. (1997). What does it mean to be smart? *Educational Leadership, 54*, 20–24.

Sternberg, R. J. (1999). A propulsion model of creative contribution. *Review of General Psychology, 3*, 83–100.

Sternberg, R. J., & Clinkenbeard, P. (1995). A triarchic view of identifying, teaching, and assessing gifted children. *Roeper Review, 17*(4), 255–260.

Sternberg, R. J., Conway, B. E., Ketron, J. L., & Bernstein, M. (1981). People's conceptions of intelligence. *Journal of Personality and Social Psychology, 41*, 37–55.

Sternberg, R. J., & Davidson, J. E. (1982). The mind of the puzzler. *Psychology Today, 16*, 37–44.

Sternberg, R. J., & Detterman, D. K. (Eds.). (1986). *What is intelligence? Contemporary viewpoints on its nature and definition*. Norwood, NJ: Ablex.

Sternberg, R. J., Ferrari, M., Clinkenbeard, ft, & Grigorenko, E. L. (1996). Identification, instruction, and assessment of gifted children: A construct validation of a triarchic model. *Gifted Child Quarterly, 40*, 129–137.

Sternberg, R. J., & Gastel, J. (1989a). Coping with novelty in human intelligence: An empirical investigation. *Intelligence, 13*, 187–197.

Sternberg, R. J., & Castel, J. (1989b). If dancers ate their shoes: Inductive reasoning with factual and counterfactual premises. *Memory and Cognition, 17*, 1–10.

Sternberg, R. J., Grigorenko, E. L., Ferrari, M., & Clinkenbeard, P. (1999). Triarchic analysis of an aptitude-treatment interaction. *European Journal of Psychological Assessment, 15*, 1–11.

Sternberg, R. J., & Kalmar, D. A. (1997). When will the milk spoil? Everyday induction in human intelligence. *Intelligence, 25*(3), 185–203.

Sternberg, R. J., & Lubart, T. I. (1991). An investment theory of creativity and its development. *Human Development, 34*(1), 1–32.

Sternberg, R. J., & Lubart, T. I. (1995). *Defying the crowd: Cultivating creativity in a culture of conformity*. New York: Free Press.

Sternberg, R. J., & Lubart, T. I. (1996). Investing in creativity. *American Psychologist, 51*(7), 677–688.

Sternberg, R. J., Torff, B., & Grigorenko, E. L. (1998). Teaching triarchically improves school achievement. *Journal of Educational Psychology, 90*(3), 1–11.

Sternberg, R. J., Wagner, R. K., Williams, W. M., & Horvath, J. (1995). Testing common sense. *American Psychologist, 50*, 912–927.

Tetewsky, S. J., & Sternberg, R. J. (1986). Conceptual and lexical determinants of nonentrenched thinking. *Journal of Memory and Language, 25*, 202–225.

Torrance, E. P. (1962). *Guiding creative talent*. Englewood Cliffs, NJ: Prentice-Hall.

Torrance, E. P. (1963). Explorations in creative thinking in the early school years: A progress report. In C. W. Taylor & F Barron (Eds.), *Scientific creativity: Its recognition and development* (pp. 173–183). New York: John Wiley & Sons.

Torrance, E. P. (1974). *The Torrance Tests of Creative Thinking: Technical-norms manual*. Bensenville, IL: Scholastic Testing Service.

Torrance, E. P. (1975). Creativity reasearch in education: Still alive. In I. A. Taylor &J. W. Cetzels (Eds.), *Perspectives in creativity* (pp. 278–296). Chicago: Aldine.

Wallach, M., & Kogan, N. (1965). *Modes of thinking in young children*. New York: Holt, Rinehart, & Winston.

Wallach, M., & Kogan, N. (1972). Creativity and intelligence in children. In J. McVicker Hunt (Ed.), *Human Intelligence* (pp. 165–181). New Brunswick, NJ: Transaction Books.

Weisberg, R. (1986). *Creativity, genius and other myths*. New York: Freeman.

Weisberg, R. (1988). Problem solving and creativity. In R. J. Sternberg (Ed.), *The nature of creativity* (pp. 148–176). New York: Cambridge University Press.

Weisberg, R. W. (1993). *Creativity: Beyond the myth of genius*. New York: Freeman.

Weisberg, R. W., & Alba, J. W. (1981). An examination of the alleged role of "fixation" in the solution of several "insight" problems. *Journal of Experimental Psychology: General, 110*, 169–192.

Yamamoto, K. (1964). Creativity and sociometric choice among adolescents. *Journal of Social Psychology, 64*, 249–261.

Yang, S.-Y., & Sternberg, R. J. (1997). Taiwanese Chinese people's conceptions of intelligence. *Intelligence, 25*, 21–36.

[보충 자료]

묵시적 창의성 이론의 내적 구조에서 조망한 창의성이 매우 뛰어난 영재 학생의 특성(Sternberg, 1985)

차원 1

정적 특성: 비폐쇄성, 개방적인, 자유로운(Nonentrenchment)

살아가는 규칙을 정함
충동적인(추진력 있는)(is implusive)
위험을 무릅쓰다
자신의 한계를 알려하지 않고 다른 사람들은 불가능하다고 보는 것을 시도해 보려고 함
감정적이다
자유로운 정신을 지녔다
하늘에 성을 짓는다
관습에 얽매이지 않는다
정통이 아닌(이단의)

부적 특성: 통합과 지적 능력(Integration and intellectuality)

이상과 현실간의 관계를 구분
그(녀)의 환경을 해석하고 이해하는 능력
유사점과 차이점을 분간하는 능력
관념(추상)적 아이디어를 이해하고 그 아이디어에 관심을 집중한다
생산적이다
높은 수준의 IQ를 지니고 있다
중요성을 아이디어에 둔다
높은 성취를 위한 집착 능력
항상 사고(생각)한다
낡은 정보자료, 이론 등을 새로운 방식으로 구성할 수 있다

차원 2

정적 특성: 심미적 취향 및 상상(Aestetic taste and imagination)
미술, 음악 등을 이해함
무엇인가 새로운 것을 창조해 낼 때 혼자 있고 싶어 한다
글을 쓰고, 그림을 그리고 음악 작곡을 한다
심미안이 있다(has a good taste)
그(녀)의 주변의 물건들을 사용하여 만들며 그들과는 독특한 것을 만들어 낸다
표현의 과정, 도구들과 조화를 이룬다
상상력이 풍부하다

부적 특성: 의사 결정 기술과 융통성(decisional skill and flexibility)
결정을 할 때 찬·반을 고려한 후 자신의 직감을 따른다
방향을 바꾸고 다른 과정을 이용할 수 있는 능력을 지님

차원 3

정적 특성: 통찰력(총명함, perspicacity)
사회적 기준, 자명한 이치, 가정(전제)에 의구심을 지님
지각이 예민하다
기꺼이 자신의 입장을 표명함

부적 특성: 성취와 인정의 추구(drive for accomplishment and recognition)
목표에 의해 동기 부여 받음
자신의 일에서 칭찬 받는 것을 좋아함
정열적이다
유머 감각이 있다

차원 4

정적 특성: 호기심(inquisitiveness)

어린아이처럼 호기심 있다

호기심이 많다

부적 특성: 직관(intuition)

직관력이 있다

주: Stress(Formula 1) = .08, R2 = .93

출처: Sternberg(1985b), "Implicit theories of intelligence, creativity, and wisdom", *Journal of personality & social psychology*, 49(3). p. 615를 인용한 김혜숙(1999, 57)의 다차원적 접근에 기초한 창의성 진단 측정 도구의 개발 및 타당화 연구. 숙명여자대학교 대학원 박사학위 논문에서 재인용함.

[보충 자료]

창의성의 유형

창의성의 성과와 유형은 그 성질, 상황, 분야(영역)에 따라 여러 가지로 구분된다.

- 표현적 창의성—예를 들면, 루이 암스트롱, 미켈란젤로, 레오나르도 다빈치, 베토벤
- 기술적 창의성—예를 들면, 명품 바이올린 제작자 스트라디바리우스
- 발명적 창의성—예를 들면 발명왕 에디슨, 장영실
- 혁신적 창의성—예를 들면, 심층심리학자(정신분석학자) 프로이드, 융, 토마스 에디슨, 마리 퀴리, 빌 게이츠, 스티브 잡스, 헨리 포드. 과학자
- 독창적 창의성—예를 들면, 아인슈타인
- 정보처리 기술의 창의성—예를 들면 빌 게이츠, 스티브 잡스, 이찬진, 안철수
- 영상예술 창의성—영화감독 스필버그, 임권택
- 직관적 창의성—사업가, CEO, 배우나 정치가, 군인, 증명이 필요 없었던 직관의 수학자 스리나 바사·라마누잔·뉴턴, 펠레만, 아인슈타인은 책을 거의 읽지 않았고 자신의 학술 연구 논문에서 다른 사람의 논문을 거의 인용하지 않았다고 한다. 현상의 과제, 실험의 예상, 검토과제를 제시하는 것으로 연구과제의 본질만 간결하게 표현했다고 한다. 즉, 직관과 독창성만으로 물리학 이론을 변혁시켰다. 위대한 왼손잡이들의 다수가 직관적 창의성이 뛰어나다고 알려져 있다.
- 영감적 창의성—교육자, 리더, 작가, 영화감독, 마틴 루터, 존 칼빈, 예수, 부처

영재성의 유형과 수준

영재성의 스펙트럼이 매우 다양하고 광범위하며 다차원적이다.

- 조숙형 영재−신동, 진성 영재(truth Gifted), 수학, 음악, 바둑(또는 체스), 스포츠 분야에서 발견됨
- 대기 만성형 영재(late bloomer)−아인슈타인, 에디슨
- 인지적 영재(진성 영재, Truth Gifted)−예를 들면 영국의 철학자, 수학자인 버트란드 러셀, 루트비히 비트겐슈타인

제 7 장

지능과 영재성*

Carolyn M. Callahan
(미국 Virginia 대학교 교육학과 교수)

"난 이제 자네들 생각을 훔쳐서 유명해질 생각이네."
– 수학 천재 존 내쉬의 굴절된 삶을 묘사한 영화
≪뷰티풀 마인드(Beautiful Mind)≫에서

우리가 어떤 아동이나 성인을 영재라고 할 때 이것은 무엇을 의미하는 것일까? 영재성을 어떻게 측정해야 할까? 영재성과 지능이 높다는 것은 같은 의미일까? 높은 지능지수의 함의(含意, implications)는? 영재성의 구성요인(constructs)을 이루는 부분으로 간주할 수 있는 다른 구성요인에는 무엇이 있을까? 성인의 영재성이 어느 정도까지 아동기의 태도에 관계되며 어느 정도의 동기, 노력, 학습 유형과 같은 요인이 탁월성(eminence)의 전조가 될까? 재능은 일차원적인가 다차원적인가? 천재성이 영재성과 같은 의미인가? 창의성과 영재성은 어떤 관련성이 있는가? 영재성이 존재하는가? 영재성이란 우리가 아동기나 성인이 되어서 가치를 부여하는 것을 나타내는 사회의 창조물인가 아니면 단순히 교육자들이 학생을 분류하기 위한 기법에 불과한 것인가? 이들 의

* Intelligence and Giftedness

문점에 대한 논쟁과 그에 대한 답이라고 성급하게 생각한 것들이 20세기의 대부분 학교를 운영하는 방식에 영향을 주었다.

뛰어난 수행이나 전문성은 모든 사회가 인정하며 권장하는 것이다. 그러나 모든 사회가 똑같은 재능을 인정하거나 장려하지 않는다. 영재성(또는 재능 있는, 매우 능력 있는, 똑똑한, 영리한, 유능한, 현명한, 지적인)이라고 불리는 것은 똑같은 특출한 수행이나 똑같은 특정한 특성을 보이는 사람에게 모든 사회에서 공통적으로 부여하는 것은 아니다. 어떤 사회는 인지적 성과의 범위를 넘어서 육체적인 능력이나 재능 즉 운동을 잘하는 능력 또는 예술적인 행위나 작품을 만드는 재능을 포함하기도 한다. 예를 들어, 야구를 잘하는 능력은 다른 사회보다 미국 사회에서 더 높은 평가를 받는다. 어떤 사회가 우수한 능력이란 개념을 지적 기능이나 지능의 영역으로 한정하더라도 영재성의 의미에 대한 합의를 이루기는 어렵다.

확실하게, 유명한 이론가들이 주장한 지능의 정의들이 다양하기 때문에 영재성에 대한 정의들도 다양한 것이다(Sternberg & Detterman, 1986). 지능의 차원성과 유전 가능성, 평가, 안정성을 둘러싼 논쟁과 교육자들의 영재성에 대한 논쟁이 같은 방향을 따라 진행되고 있다. 첨가하여, 천부적이란(gifted) 용어에 대한 의미, 적용, 함의에 관한 논쟁은 지능에 대한 다양한 정의가 영재성의 개념이나 정의에 통합되는 방식에 대해서 비지적 요인의 관련성과 중요성, 수행 능력(performance)과 잠재능력 중에서 어느 쪽에 상대적인 강조를 더 둘 것인가, 창의성과 같은 요인이 비범한 능력, 영재성과 동등한 요인인가를 고려하는가에 따라 달라진다.

서구 문화에서는 특히 학교에서, 영재성의 정의에 대한 일반적인 견해는 스텐퍼드-비네의 지능검사에서 발전한 표준화된 개인이나 집단 지능지수 측정에 근거를 두고 있다. 따라서 이 장에서는 지능을 측정하려는 움직임과 이에 상응하는 영재성에 대한 지능지수에 관한 정의의 영향 사이의 관계가 변하는 과정을 전체적으로 고찰하면서 시작할 것이다. 그 다음에 지난 삼십 년 간 변화하는 지능 개념을 반영한 대표적인 영재성의 정의를 이용하여 현재 영재성에 대한 사상의 다양성을 제시할 것이다. 끝으로 이 장에서는 현재 진행중인 논의로서 지능과 영재성에 대한 다양한 정의의 가치와 관련성에 대한 문제를 검토하고 영재성이 있는 아동을 구별하고 적정한 교육적 개입방법을 제시할 수 있는 장래성 있는 연구의 진행 상황을 정리할 것이다.

배경과 영향

영재성을 지닌 사람에 대한 관심은 지능에 대한 연구와 결합하여 현상으로서 연구하려는 시도는 프란시스 갈톤 경의 연구로 거슬러 올라갈 수 있다(Sir Francis Galton, 1869)[1]. 지능과 영재성에 관한 그의 연구인 『천재의 유전성(Hereditary Genius)』 연구는 유명인사와 그의 가족에 대한 회고적인 연구에 집중되었다. 우생학자인 갈톤이 관찰한 유명인사들은 탁월한 인물을 많이 배출한 가문 출신인 것처럼 보였다는 관찰에 근거하여, 탁월한 업적이 상속된 감각적 능력(즉 그가 지능이라고 믿었던 능력)의 결과라는 결론을 내렸다. 지능과 영재성이 유전에 크게 의존한다는 갈톤의 믿음은 영재 아동을 구별하는 사회적 태도와 관련된 교육 이념 및 관행, 학교가 수행하는 기능에 깊은 영향을 주었다. 미국에서 갈톤의 영재성 연구의 영향은 루이스 터어만(Lewis Terman)의 연구에서 바로 나타났다.

터어만의 영향

지능검사에서 측정되는 지능의 개념과 영재성에 대한 미국의 연구는 터어만이 비네-시몬 검사를 현대화하고 미국 문화에 맞게 수정하여 스탠퍼드-비네 지능지수를 만든 이래로 서로 떼어 낼 수 없는 관계가 되었다(Terman, 1916). 학문적 대가(master's thesis)인 터어만이 주장한 구성요인으로서 "천재성"에 관한 연구와 "일곱 명의 영리한 아동과 일곱 명의 우둔한 아동"(Terman, 1925, p. 1)을 연구한 자신의 박사학위 논문을 포함하면, 스탠퍼드-비네 검사에 대한 연구를 완료하고 바로 영재성을 지닌 아동에 대한 자신의 고전적 연구에 착수했다는 것은 당연한 것이다. 연구 대상 아동을 선정하기 위해 스탠퍼드-비네 검사를 적용하여 영재성이 있는 아동으로 1,500명을 가려내고(교사의 추천과 스탠퍼드-비네 검사[2]에서 IQ 140 이상으로 한정된 대상), 터어만은 이들 대상을 지

---

1) (옮긴이 주) 우생학의 창시자인 갈톤은 퀘이커 교도인 미국의 중산층 가정에서 자라난 영국인으로서 능력주의(meritocracy) 사회의 이상에 젖어 있었다. 갈톤은 어려서부터 여러 가지 자연현상과 사회현상을 통계학적으로 계산해 보는 버릇이 있었으며, 영국 내에서 저명인사의 목록을 작성해서 이들이 적지 않게 많은 유명하고 성공한 인물들(조상)의 후손임을 밝혀낸다. 그리고 지능을 비롯해서 성격이 형성되는 데는 양육(환경)보다는 천성(유전)이 더 중요하게 작용한다고 생각했다. 1870년경부터 갈톤은 엄청나게 수가 많아진 노동자 계층의 삶에서 어두운 사회상을 읽을 수 있었으며, 동시에 이들의 조직적인 정치 활동으로부터 안정된 사회 건설에 대한 위협을 느꼈다. 비록 우생학이 영국에서 시작되었지만, 국가의 여러 가지 정책 과제로 채택된 나라는 미국이었다. 긍정적 우생학과 부정적 우생학의 출현이 장애자 문제, 후에 히틀러의 나치정권이 유태인 대학살에 단초가 되는 해악을 초래하리라는 것을 예상했다면, 그는 얼마나 괴로워했을 것인가를 성찰하게 된다.

2) 적어도 IQ 140인 11세 이하인 모든 아동의 경우 하위 절단 점수는 나이 든 아동에게 사용한 것을 이용했으며 이들 중에서 하위 절단해서 IQ 132인 아동은 스텐포드-비네(Stanford-Binet) 지능

력, 체력, 사회성, 개성, 성격-도덕 차원에서 평가했다. 그 연구의 유산으로 적어도 연구 분야와 교육관행에 있어서, 20세기 내내 지능검사에 의해 측정되는 일반 지능개념과 영재성의 개념 사이에 지속적이며 불변하는 것처럼 보이는 밀접한 관계가 유지되었다. 예를 들어, 탄넨바움(Tannenbaum, 1996)은 계간 영재 아동(Gifted child Quarterly)에 1991년과 1992년에 게재된 22편의 실험적 연구 논문 중에서 13편이 유일한 측정 수단이나 중요한 수단으로 지능검사 지수를 연구대상을 정하는 수단으로 이용했다고 보고했다. 아빌, 칼라한, 훈세이커(Abeel, Callahan, & Hunsaker, 1994)는 지능검사가 각 학군에서 영재성을 판별하기 위해 가장 빈번하게 사용되는 평가도구라는 사실을 발견했다. 학교교육과 임상 심리학자들 사이에서 인지능력 평가를 위해 전통적이며 별도로 관리되는 지능검사의 이용이 강조되어 왔으며, 이러한 강조에 의해 지능지수가 부가적으로 영재성을 평가하는 척도로 계속 인정되었던 것이다.

지능검사에 대한 터어만의 연구는 갈톤의 믿음으로써 지능의 특질에 대한 유전력(heritability)과 지속성을 반영했다. 그가 개발한 지능검사에서 연구대상들이 상대적으로 안정된 결과를 보였다는 사실이 그런 믿음에 대한 확신을 갖게 했다(터어만과 그의 연구원들은 개인적인 변화를 검사 절차 때문에 생긴 인공적인 것으로 간주했다; Cravens, 1992). 지능이 상속되는 본성과 안정성(심지어 유전 가능성)에 대한 믿음은 교육관행에서 "영재성"이 개인의 특성이고 학교의 임무는 그것을 "찾는 것"이라는 가정에 잘 나타나 있다.

터어만의 종단적 연구는 또한 아동 및 성인 중에 지능검사 평균에 대해 2 이상의 표준편차를 보이는 사람들에 대해 기술하는 일련의 특성을 제공했다(Terman et al., 1925; Terman & Oden, 1947; Terman & Oden, 1959). 그 당시에 지배적 관점이었던 매우 지적인 사람은 특이하고(deviant) 비정상적(abnormal)이라고 보던 것과 달리, 터어만의 연구 대상인 아동들은 신체적, 행동적, 도덕적 차원뿐만 아니라 지적으로도 정상적이거나 우월한 것이 발견되었다. 이들 특성은 교과서나 영재 아동과 그들의 교육을 내용으로 하는 기사에서 영재성을 의미하는 특질로 제일 많이 이야기된다(Davis & Rimm, 1998; Gallagher & Gallagher, 1994). 당연히, 이 특성들은 스탠퍼드-비네 검사에서 측정하는 특성(사실에 대한 세세한 위치, 기억 및 인지, 많은 어휘의 기억, 세부 사항간의 관계를 지각하는 특출한 능력, 등)을 반영한다. 그 이후의 연구에서 지적 영역에 대한 터어만의 연구와 상응하는 특성들이 유도되었으며, 이것은 후기 연구에서도 같은 검사나 상호 연관성이 매우 큰 검사를 연구 대상들에게 적용했기 때문일 것이다.

검사를 실시한 표집에 포함했다.

1940년대 초반에 스탠퍼드-비네 검사는 헌터(Hunter) 대학부속 초등학교 학생을 인구의 상위 1%내에서 선발하기 위해 이용되었다. 그 학교는 레타 홀링워스(Leta Hollingworth)에 의해 비범한 지능을 소유한 인물을 조기에 발견하여 적절한 교육 기회를 제공하면 후일 위대한 업적을 성취하며 사회의 질과 정서적 개선에 기여할 수 있다는 그녀의 신념에 근거하여 설립되었다(Morelock & Feldman, 1997). 학교가 설립된 후 처음 10년간 이 학교 학생들의 스탠퍼드-비네 검사 지수의 중간값(IQ)은 151이었다. 그러나 그녀가 "뛰어난 영재(highly gifted)[3)]"인 아동에 대해 수행한 연구는 터어만의 연구와 같은 결과를 보이지는 않았다. 비록 양쪽 표본이 학교생활에 성공적이었지만, 홀링워스는 뛰어난 영재(highly gifted, 지능지수 150 이상)가 (1) 학교생활에서 적절한 학습 습관(desirable work habits)을 개발하지 못했고, (2) 자신에게 맞는 동료집단을 찾지 못했으며(종종 사회적 고립을 초래), (3) 중요한 윤리적 문제와 도덕적 문제를 이해하는 능력이 그 문제를 다루는 정서적 능력의 발달보다 인시 능력의 발달이 빠른데서 생긴 취약성을 포함하는 몇 가지 적응상 문제를 나타내는 경향이 있다고 결론을 내렸다(Morelock & Feldman, 1997).[4)]

---

3) (옮긴이 주) 김정휘(2001, 10)는 영재성의 수준에 따라 그 유형을 다음과 같이 구분할 것을 제안했다.

영재성의 수준에 따라 제안한 유목화(類目化, categorization)

수준	%	인구 비율	IQ 점수	표준변차의 균등화
영재(mildly gifted)	10	1:10	120+	+1.3
우수한 영재(moderately gifted)	1	1:100	135+	+2.3
뛰어난 영재(highly gifted)	0.1	1:1,000	145+	+3.0
특출한 영재(exceptionally gifted)	0.01	1:10,000	155+	+3.7
탁월한 영재(extremely gifted)	0.001	1:100,000	165+	+4.3

출처: 김정휘(2001), 영재성 발달에 영향을 끼치는 가족의 역할-영재 자녀는 부모가 만든다. 서울: 교육과학사. 10.

이 설득력 있는 자료의 한계는 웩슬러 지능검사에서 산출할 수 있는 최고점수는 IQ 155라는 것이므로 그 이상은 측정이 지난(至難)하다는 것이다. 고 IQ 아동의 발견이 용이하지 않은 것처럼, 고 창의적인 학생을 제대로 발견할 수 있는가, 또 고 IQ가 아닌 그러나 고창의적인 학생 판별에 역점을 두어야 영재 학생을 제대로 판별할 수가 있는 것이다. 252쪽에서 IQ 수준에 따라 영재성을 유목화하고 판별하는 것이 타당한가에 대한 문제 제기와 쟁점을 다뤘다. 이러한 시도에 대하여 터만(Terman, 1959)도 문제를 제기했다고 한다.

4) (옮긴이 주) 이러한 논평은 현재 우리나라에서 초·중등학교에서 실시하고 있는 영재 교육의 실

영재성의 개념

지능을 정의하고 평가하는데 지능지수를 이용하는 것과 영재성을 지닌 아동을 교육하는 것 사이의 강한 결합에 대한 지류중 하나는 지능의 개념과 영재성의 개념 사이의 관계에 중점을 둔 논의나 토론, 연구를 제한해 왔다는 것이다. 영재성의 개념("Conception of Giftedness," Sternberg & Davidson, 1986)과 같은 잘 알려진 예외를 포함하더라도 이 분야의 문헌은 드물게 보인다. 영재성에 대한 대안적 개념을 제안한 사람들도, 지능의 구성요인과 영재성의 구성요인에 관한 특정한 연관성이 어느 정도인지에 대해서는 견해 상에서 상당한 차이를 보인다. 영재성의 구성요인은 때때로 지능에 대한 특정 이론과 직접 연결되기도 하며(예: Sternberg, 1986a), 때로는 저자가 의도적으로 무시하거나 축소해 버리고(예: Stanley & Benbow, 1986), 어떤 때는 모호하고 어떤 경우는 이미 이해된 것으로 간주한다.

또한 현존하는 영재성의 정의나 개념은 (1) 지적 능력이 영재성의 정의에 대해 차지하는 정도, (2) 지능이 개념화되는 방법(창의성과 같은 다른 인지요인과 별개인지 아니면 결합되었는지), (3) 수행의 인지적 영역(창의성과 지능을 포함)이 다른 비지성적 요인(개성과 같은)와 결합하는 방법과 같은 그 근거에 따라 달라진다.

IQ를 근거로 한 영재성 정의

이미 앞에서 설명한 바와 같이 IQ 검사는 영재성 사정(査定, assessment)과 연구 문헌 다수가, 영재 아동 판별의 실제에서 우위를 차지하고 있으며, IQ 정의에 따라서 영재 교육의 실제에서 반영하고 있다. 터먼은 시몬-비네 지능검사(Binet-Simon test)를 추상적 지능과 상징적 사고(Morelock & Feldman, 1997)를 사정하려는 의도를 갖고 있었다. 지능검사의 단일 점수는 적성 개념과 결과적으로 적성을 측정하는 것을 반영하고 있으며, 주 정책과 지방 학교 관장 부서에서 영재성의 정의 요건을 충족하는 것으로 받아들여졌다(Abeel, Callahan, & Hunskaer, 1994). IQ 정의는 어느 특정 이론에만 의존하지 않으며, IQ 검사에서 우수함을 나타낸다는 것은 학교 공부에서도 성공적으로 잘 해 낼 것이라는 것을 예측할 수가 있다.

제에서도 나타나고 있는 문제점이라고 생각하지만 그 해법 추진에는 둔감한 상황이다.

영재성에 대한 연방정부의 개념

영재성에 대해 가장 광범위하게 받아들여진 정의(영재교육 프로그램에 대한 규제와 같은 정부 정책문서의 수와 인용된 수에 근거하여)는 미국 교육청이 내린 정의이다(또한 USOE나 머랜드 정의로 알려져 있다). 이 정의에 따르면 영재는 다음과 같은 분야에서 성취를 이루거나 잠재력을 보인 아동이다.

1. 일반 지능(General intellectual ability[5])
2. 특수한 학문적 적성(Specific academic aptitude)[6]
3. 창조적 또는 생산적 사고(Creative or productive thinking)[7]
4. 지도력(Leadership ability)[8]
5. (무대 위에서) 시각 또는 공연 예술(Visual and performing arts)[9]
6. 심리운동 능력(Psychomotor ability)(Marland, 1972, p. 10)[10]

이 정의가 1993년에 개정되었을 때, 영재라는 범주는 근본적으로 변화가 없으며 다음과 같이 정의되었다.

> 같은 연령이나 경험, 환경의 타인들과 비교했을 때, 특출한 수행능력을 가졌거나 고도의 성취를 이룰 수 있는 수행상의 잠재능력을 보이는 아동이나 청소년.

---

5) (옮긴이 주) 측정된 지능 수준 또는 학업 성적이 뛰어남. 또래 집단에 비하여 전반적으로 인지적인 발달이 유의미하게 우수하고 조숙하다.

6) (옮긴이 주) 어떤 특정 교과 영역에서 수월성이 지속적으로 우수하다.

7) (옮긴이 주) 새롭고 기발한 정교하고 참신하며 실용성이 있는 다양한 착상을 한다. 예사롭지 않게 독특하게 유의미하게 문제를 해결하고 또 기여하는 데 있어서 개인적인 역할이 결정적이며 우수한 독창성을 발휘한다.

8) (옮긴이 주) 공통의 목표를 성취하는 데 있어서 구성원들을 통솔하는 능력, 다른 사람에게 영감을 주고 지도·지시하며 영향력을 발휘하여 공통의 목적을 달성하는 예사롭지 않은 능력

9) (옮긴이 주) 그림, 연극, 무용, 음악, 조각, 공연 예술 등의 분야에서 수월성을 발휘. 예술 영역의 어떤 분야에서 독창성 수행, 생산성 발휘에서 수준 높은 능력을 발휘한다.

10) (옮긴이 주) 대·소 근육의 협응 운동이 요구되는 영역, 운동, 기계조작 기능의 탁월한 수행이나 재간·솜씨. 후에 수정된 정의에서는 영재성의 다른 유목에의 활동에서 이 영역이 포함되므로 분리할 필요가 없다는 이유에서 제외시켰으나 가네(Gagné) 등은 그의 영재성/재능 정의에서 이 유목을 포함시키고 있다.

> 이들 아동이나 청소년들은 지적으로, 창조적이거나 또는 예술적 영역에서 높은 수행능력을 보이며, 보통이상의 지도력을 가졌거나 특정한 학문 분야에서 우수성을 보인다. 이들은 학교에서 정상적으로 제공되는 것과는 다른 활동과 교육을 필요로 한다(U. S. Department of Education, 1993, p. 3).

이 정의에서 각 범주들은 서로 독립된 것으로 해석되었다. 더 나아가, 일반 지능의 범주는 "매우 지적"이라는 의미이며, 지능검사를 받았을 때 상위 3~5%의 학생들이 해당되는 것으로 해석되었다(Abeel, Callahan, & Hunsaker, 1994). 근본적으로, 어느 교육구에서 이 정의를 실제 관행에 적용할 때, 그들은 영재성에 대한 지능지수의 정의를 이용했다.

렌줄리의 삼 연결고리 정의

렌줄리(Renzulli, 1978)는 USOE 정의가 세 가지 결점이 있다고 비판했다. 첫째, 그는 특수 학문적 적성과 시각 및 공연예술과 같은 인간의 노력이 요구되는 분야(fields of human endeavor)와 수행영역과 관계가 있는 창의력, 일반 지적능력과 지도력(leadership)과 같은 과정들이 범주(categories) 상으로 서로 대응되지 않는다는 점을 지적했다. 둘째, 그는 범주가 상호 배타적이지 않으며 서로 중첩된다고 했다. 끝으로, 과제 집착력과 같은 비지적인 요인을 영재성의 요인에서 제외한 것을 비판했다. 그는 또한 단순한 지능지수나 영재성의 구성요인에 대한 정의가 불충분하고 분석적 지능에 근거한 어떤 정의에도 비판적이었다. 대안으로서 아동과 성인에게서 나타나는 영재성에 대한 논문들을 그 나름대로 해석한 것에 근거를 둔 정의를 다음과 같이 제시했다.

렌줄리(1986)는 두 가지 종류의 영재성이 있다고 주장했다. 첫째는 그가 "학교 내에서의 영재성"이라 부르는 것이다. 렌줄리에 따르면, 학교 내에서의 영재성(schoolhouse giftedness)은 지능검사나 다른 인지능력 검사에 의해 평가되는 유형의 영재성이다. 그는 이런 종류의 영재성을 "검사 수검 또는 교과학습 영재성(lesson-learning giftedness)"이라고도 불렀다(p. 57). 비록 그가 검사 수검(受檢, test-taking)의 영재성과 같은 개념에 의해 인구의 상위 3~5%로 인정된 학생들이 높은 학업성취를 보이며 그들이 받는 수업의 내용과 진도를 수정해야 할 필요가 있다는 점을 인정했지만, 이들 평가와 지능검사나 다른 인지능력 검사에 의해 측정된 요인들이 단지 제한된 양의 학업 성취를 평가하고 "창조적 생산자"가 될 가능성이 있는 많은 학생들을 발견하는데 실패했다는 점을 언급했다(예를 들어, 그의 주장에 따라 천부적인 것으로 인정받게 될 사람). 그의 삼 연결고리(회전문 모형) 정의에서는 창조적 또는 생산적 영재성을 가진 사람(creative-

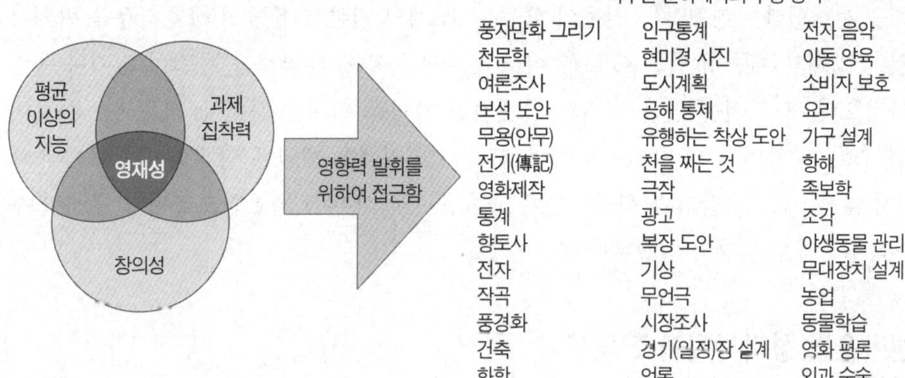

그림 7-1 Renzulli의 영재성 정의에 대한 그림 설명

productive gifted individuals)이 세 부류의 특질을 갖으며 그것은 평균이상의 지적 능력, 창의성, 과제에 대한 집착력이라고 주장한다.

렌줄리는 평균이상의 능력은 일반능력(추상적 사고, 정보자료 처리, 어휘와 수학적 추론, 공간적 관계와 같은 구성요인을 포함하는 능력) 또는 지식을 획득하는 특수한 능력에 의해 정의될 수 있다고 주장했다. 그는 화학, 발레, 수학, 조각, 사진, 작곡을 특수능력의 예로서 열거했다. 렌줄리의 모형에서 일반능력은 일반 적성이나 지능검사를 통해 평가된다. 특수능력은 특수한 적성이나 성취검사에 의해 (또는, 일반 적성과 크게 상호 연관되어 있다면, 수학이나 화학의 경우와 같이 일반능력 평가에 의해)평가된다(그림 참조). 렌줄리는 "수행능력이 있거나 수행할 수 있는 잠재능력을 가진 사람으로서 어떤 주어진 인간 노력의 영역에서 상위 15~20%를 대표하는 사람(p. 67)"은 평균이상의 지능을 가진 무리에 속하는 것으로 여겨야 한다고 주장했다. 렌줄리는 능력을 상대적으로 안정된 특질로 간주했다. 과제수행에 대한 헌신은 특정한 문제나 과제에서 발생하는 동기가 관리되는 형태를 나타낸다. 과제수행에 대한 헌신은 더 제한된 분야에 대한 집중성과 특질적 성격(trait characteristic)이라기보다 상태적 성격(state characteristic)이란 점에서 일반적 동기와 차이가 있다. 창의성은[11] 유창성, 유연성, 독창성과 같은 특성

11) (옮긴이 주) 길포드(Guilford)도 같은 견해를 밝혔다.

들의 조합으로 경험에 대한 개방성이나 호기심, 세부사항에 대한 민감성, 미학과 같은 형태로 나타나는 것이다.

렌줄리의 모형에 의한 영재성은 세 부류의 특질의 상호작용으로 나타나며 안정된 특질을 나타내지 않는다. 또한 그는 영재라는 인물을 정의하기보다 영재의 행동을 정의하는 쪽을 선택했다. "영재라는 인물의 행동은 세 개의 기본 부류들의 상호작용을 반영하는 것... 영재와 재능이 있는 아동은 이들 복합적 특질을 개발하는 능력이 있거나 특질을 가졌으며 그 특질을 인간 행위의 잠재적인 가치를 지니는 분야에 적용되는 아동이다"(p. 73). 이 정의가 의미하는 것처럼, 렌줄리의 영재성 개념은 영재성이 학교에서 제공되지 않는 재능 개발의 기회를(-영재 교육을 통해서-[12]) 제공함으로써 발달시킬 수 있는 특질이라는 입장과 연결된다.

탄넨바움의 심리사회적 정의[13]

탄넨바움(Tannenbaum) 역시 지능검사를 영재성을 판별하기 위한 표준(standard)으로 사용하는데 매우 비판적이었다. "기껏해야 IQ 검사는 장래에 과학이나 철학, 수학, 미술사, 문학의 교수가 될 수 있는 자질을 가진 사람이나 찾을 수 있을 뿐이며 창의성이 있는 과학자, 철학자, 수학자, 예술가, 시인, 극작가, 소설가와 같은 인물을 찾아내지 못한다"(1996, p. 55). 그는 "아동의 영재성(수월성)은... 그들의 잠재적 능력을 나타낸다. 그 능력은 도덕적, 신체적, 감성적, 사회적, 지적, 심미적인 삶의 활동 범위에서 비평가들이 극찬하는 수행을 보이거나 선구적 사상을 생각하는 잠재력을 가진 것을 의미한다"(Tannenbaum, 1986, p. 33). 탄넨바움은 렌줄리와 마찬가지로 지식을 사용(소비)하는 것보다는 생산하는 것을 영재성의 지표라고 주장했다. 또한 영재성을 지능의 범위 밖에 있는 요인들의 포치(布置, Constellation: 행동에 영향을 끼치는 자극이나 조건의 집합체)인 것으로 생각했다. 그는 우수한 일반지능(g 요인)과 어떤 분야에 대한 예외적인 특수한 자질, 지적이지 않은 요인들(예: 동기와 자아개념), 환경적 영향, 기회(우연, chance)나 행운을 영재성을 갖추는 데 필수적인 조건에 포함시켰다.

---

12) (옮긴이 주) 문장 속의 함의를 반영하려면 영재 교육을 의미한다고 판단했다.

13) (옮긴이 주) 그의 영재성 정의의 특징은 지식의 소비보다 생산, 창출 능력을 그리고 영재성의 쓰임새에서 공익성(도덕성)과 예, 체능과 같은 심미적 가치, 그리고 기회나 환경적 영향을 영재성 발휘에 필요한 촉매 요인으로 포함시켰다는 점이다.

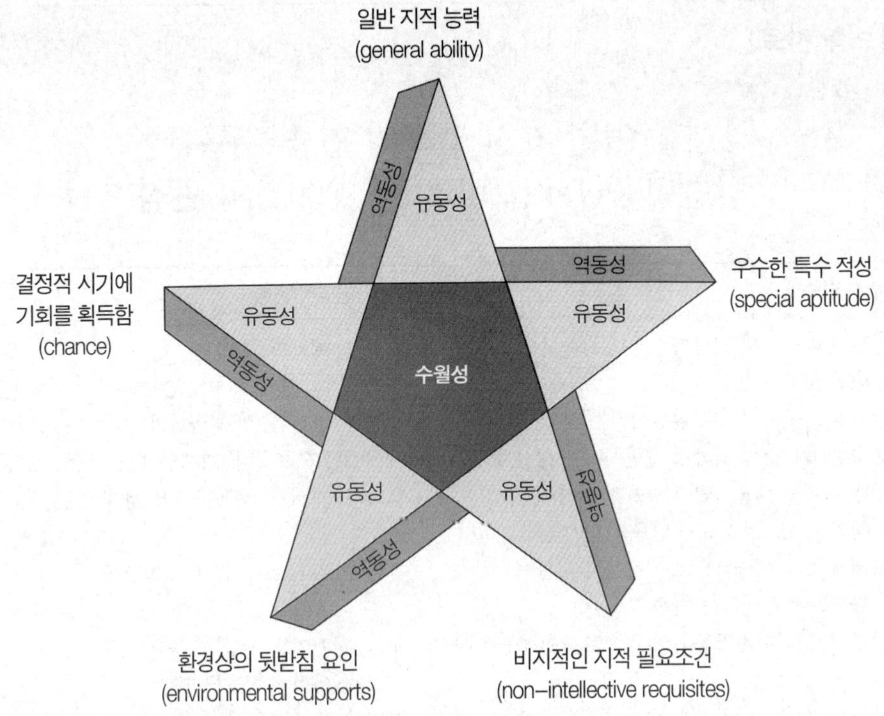

그림 7-2 탄넨바움의 영재성의 사회 · 심리적 정의

스턴버그의 삼위일체 지능 모형에 따른 영재성

영재성의 삼위일체 모형은 지능에 대한 삼원 모형에서 유래되었다. 지능의 세 요소(요인적, 경험적, 상황적 요소)들은 분석적, 창의적, 실용적 영재성으로 전환되었다. 요소하위이론은 정보자료 처리에 초점을 두었고 상위요인, 수행요인, 지식획득 요인이 포함된다. 이 분야에 장점을 지닌 사람은 아마 전통적 지능검사에서도 우수성을 보일 것이며 지능검사에 크게 의존하는 전통적 평가방법으로도 영재를 구분할 수 있을 것이다. 요소하위 이론은 인지적 행동을 완수하게 하는 기제들을 다룬다. 즉, 메타, 수정, 지식습득 요소들이 지적 행동(문제 발견과 해결)에 결정적으로 기능하는 것으로 제안된다. 경험적 하위이론(새로운 과제와 상황의 요구에 적절하지만 독특한 방법으로 대응하며 정보자료 처리를 자동화하는 능력)에 장점을 가진 사람은 더 창조적이다. 상황적 하위이론은 지능이란 "자신의 삶과 관련된 실제 환경에 대한 의도적인 적응, 조성, 선택(Purposive adaptation to, shaping of, and selection great-world environment)"(Sternberg, 1986a, p. 235)으로 정의된다. 이 지능과 영재성 모형 속에 예외적인 능력이 세 영역 중 어느 것

[보충 자료]

영재를 여덟 가지 범주의 인물로 구분한 탄넨바움(Tannenbaum, 2004)의 관점

범주	전형적인 예
창의적인 사고의 생산자	소설가, 예술가, 작곡가
능숙한 사고의 생산자	수학자, PC 프로그래머, 편저자
창의성을 구체적으로 실현시키는 생산자	발명자, 건축가, 설계 공학자
능숙한 솜씨를 발휘하여 실현시키는 생산자	다이아몬드 세공사, 기계공, 미술작품 단련공
무대 위에서 예술적인 기량을 발휘하여 창의적으로 공연하는 인물	음악가, 지휘자, 무용가, 시낭송자
무대 위에서 예술적으로 기량을 발휘하여 능숙하게 공연하는 인물	음악가, 지휘자, 무용가, 영화감독
인간에 대한 서비스를 창의적으로 수행하는 인물	교사, 정치지도자, 의학 분야 연구자, 교육·사회 과학 연구자
인간에 대한 서비스를 능숙하게 잘 수행하는 인물	행정가, 교육자

출처: Davis, G. A. & Rimm, S. B. (2012). *Education of the Gifted and Talented*. Boston: Allyn and Bacon. 22을 인용한 김정휘·주영숙·문정화·문태형. (2004). **영재 학생을 위한 교육: 교사와 부모를 위한 지침서**. 서울: 박학사에서 재인용.

에서도 나타날 수 있다. 스턴버그는 영재성을 위한 공식이나 상대적인 균형을 제시하지 않았지만 그의 이론에서 최고의 영재〔"성공 지능(successful intelligence, SI)"을 가진 사람처럼〕는 이 세 영역에서 모두 우수하고 언제 어떻게 각각의 영역을 이용해야 하는지를 잘 아는 세 영역의 균형을 유지할 수 있는 능력을 가진 사람이다(Sternberg, 1997)라고 제안했다. 더 나아가, 스턴버그의 이론은 각 요인과 관계된 특정 처리들은 수행분야에 따라 변할 수 있으며 세 요인과 무관하지 않다는 것을 인정했다. 그보다는 요인들을 비범한 능력의 수행을 창조하기 위해 상호작용하는 것으로 생각했다.

그림 7-3은 삼위일체 지능 이론 중에서 경험하위 이론을 제시한 것인데 여기에서는 상이한 과제 해결에 대한 경험과 지능이 상호작용을 통해서 기능하고 있는 것을 예시한 것이다.

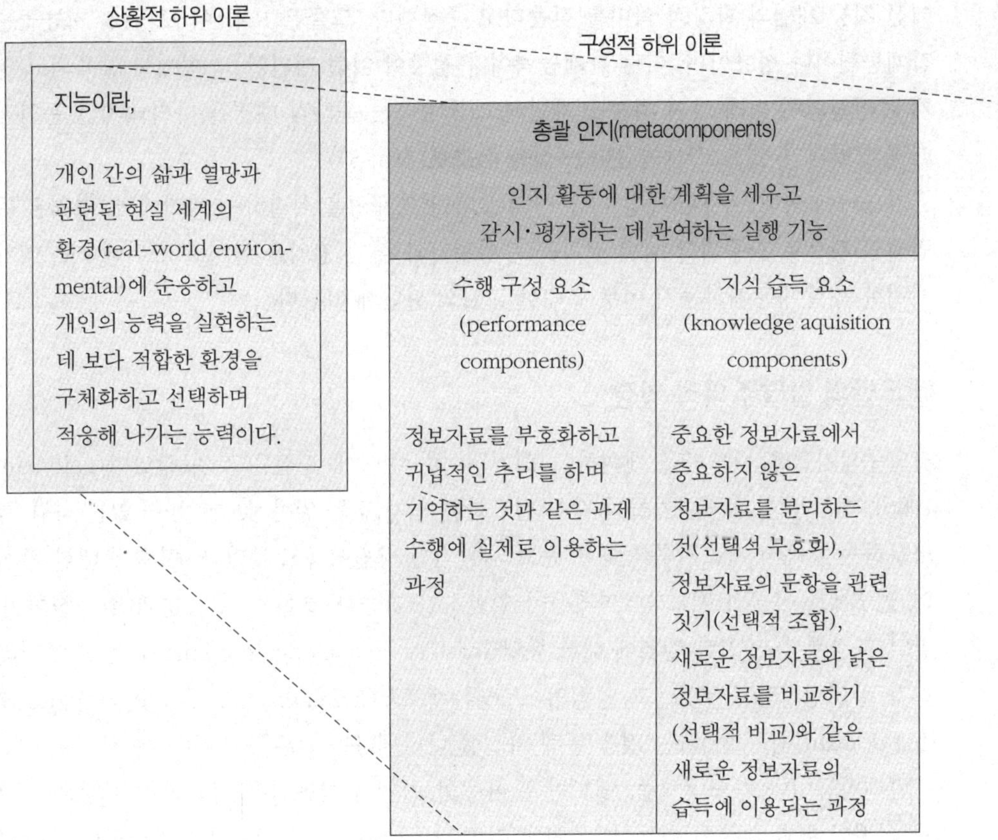

상황적 하위 이론

구성적 하위 이론

지능이란,

개인 간의 삶과 열망과 관련된 현실 세계의 환경(real-world environmental)에 순응하고 개인의 능력을 실현하는 데 보다 적합한 환경을 구체화하고 선택하며 적응해 나가는 능력이다.

총괄 인지(metacomponents)

인지 활동에 대한 계획을 세우고 감시·평가하는 데 관여하는 실행 기능

수행 구성 요소 (performance components)	지식 습득 요소 (knowledge aquisition components)
정보자료를 부호화하고 귀납적인 추리를 하며 기억하는 것과 같은 과제 수행에 실제로 이용하는 과정	중요한 정보자료에서 중요하지 않은 정보자료를 분리하는 것(선택석 부호화), 정보자료의 문항을 관련 짓기(선택적 조합), 새로운 정보자료와 낡은 정보자료를 비교하기 (선택적 비교)와 같은 새로운 정보자료의 습득에 이용되는 과정

그림 7-3 인간 지능의 삼위일체 이론

다차원 지능에 대한 가드너의 모형

지능에 대한 가드너의 모형(1983, 1993a), 즉 다차원 지능(Multiple Intelligence. MI) 모형은 영재 교육자들에 의해 영재판별 절차로 전환되었다. 이 절차는 가드너가 제안한 언어, 논리 수학; 공간, 음악, 육체 운동, 자성적(自省的), 대인 관계적(人間 親和的) 지능(Plucker, Callahan, & Tomchin, 1996; Maker, Neilson, & Rogers, 1994; Starnes, n. d.)들 중에서 한 가지 이상에 재능이 있는 학생들의 집단을 영재로 분류하는 것이다. 이 모형 속에서, 지능은 "하나의 능력 또는 능력군으로 인간이 문제를 해결하거나 특정한 문화적 배경에 대해 중요한 산출물을 만들 수 있게 하는 것"(Ramos-Ford & Gardner, 1977, p. 55)으로 정의된다. 더 나아가 라모스-퍼드와 가드너는 일곱 종류의 능력은 제한적인 의도를 가진 것이 아니라 그 보다 전통적으로 학교에서 평가되는 언어영역을 넘

어선 지능 개념의 확장적 의미를 갖는다고 주장했다. 그들은 또한 이 모형이 "지능들은 잠재능력이나 성향이며, 이런 잠재능력이나 성향이 어떤 개인이 그 속에서 양육되고 영재로 인정되며 여러 가지 지능을 개발하고 구현하는 문화적 배경을 나타내지만 문화적 배경과 별개인 것"으로 제안한다는 점을 강조했다(p. 55).

가드너에 의해 묘사된 특정 지능 영역에 따라 영재성을 식별하는 체계에서, 영역은 독립적인 것으로 간주되고 식별 절차는 수행평가와 어떤 영역을 설명하기 위해 가드너가 제시한 특질이 존재하는지 여부에 대한 교사의 판단에 따른다.

펠드만의 발달주의적 입장

발달주의자들은 펠드만을 제외하고 영재성이란 현상에 관심을 갖지 않았다(Feldman, 1986). 대부분 현재 이론가들과 같이 펠드만은 영재(또는 일반적으로 능력 있는 사람)를 구분하는 것에서 지능지수를 매우 좁고 제한적인 방법이라고 보았다. 천재에 대한 자신의 연구에도 불구하고, 그는 영재성이 일반화가 가능한 것이 아니라 영역적 특성이며, 발달 과정에서 "도전한 영역에 대한 통달(mastery of challenging domain)" 뿐만 아니라 그가 창의성이라고 부른 "그 영역의 구조를 재조직(reorganization of the structure of that domain)"(p. 287)하는 것을 통해 자신을 나타낸다는 결론을 내렸다.

탄넨바움이나 가드너처럼, 펠드만은 아동의 천재적 행동이나 성인의 영재성은 사람의 내적인 힘과 외적인 힘들이 "우연히 일치(co-incidence)"하는 것을 반영한다고 주장했다. 그는 이 힘들을 개인의 일생, 분야 또는 영역의 발달 내력, 개인에 내재된 역사나 문화적 경향, 진화의 시기와 동일시했다. 삶에 내재된 힘의 범주 중 하나는 인간의 내재적(생물학적이고 심리학적) 요인으로 어떤 사람이 특정 분야의 영재성에 대한 경향을 갖도록 한다는 것이다. 이 범주는 "두뇌의 용량"에 의한 지능(특정 분야에 대한 발달의 잠재력으로 정의되는)과 같은 생물학적 성질뿐만 아니라 신체적 기능과 청각적 기능이 포함된다. 펠드만은 또한 삶에서 아동이 영재성의 발달에 중요한 어떤 분야나 사회적, 정서적 환경을 접하는 시기를 고려했다. 이들은 환경적(가족적, 사회적, 문화적) 요인으로 간주되었다. 역사적 시간틀은 학습을 위한 기회(opportunity to learn, 소련이 세계 최초로 스프트닉 위성을 발사했을 때 수학과 과학이 강조된 것처럼)와 교육법이 발전하기 위한 기회를 반영한다. 끝으로 문화적이고 생물학적 진화요인들은 특정 재능의 발달을 촉진하거나 억제하도록 상호작용한다.

줄리앙 스탠리(Julian Stanley)와 조숙성

줄리앙 스탠리는 개념화된 영재성을 부정하고(Stanley & Benbow, 1986) 대신 수학적 조숙성(mathematical precocity)에 관심을 두었다. 그는 영재성이 심리학적 구성요인이란 개념도 피했다. "영재성은 마치 심리학을 위해 우리를 추상적 성질이란 진창 속에 집어던지는 것처럼 보인다"(p. 361)고 했다. 그러나 실제로, 그의 조숙성과 잠재적 재능에 대한 정의는 특정한 자질과 SAT-M과 같은 성취도 지표에 의해 협소하게 개념화된 개인 재능에 따라 정의되는 것처럼 보인다. 수학적 조숙성은 수학 기호체계와 학과분야 내에서 추론을 잘하는 능력으로 정의된다. 비록 스탠리가 초기에 수학에 중점을 두었더라도, 나중의 연구는 어휘능력 식별을 포함하고 그 연구가 "음악, 미술과 산물이나 수행의 개념으로 정의할 수 있는 다른 능력들"로 확장할 수 있다고 제안했다(p. 316).

비록 제안된 정의가 소모적인 정의가 아니더라도, 이들 정의들은 심리측정학적, 정보자료 처리적, 발달주의적 개념을 나타내며 이들 개념은 영재성의 개념화를 위해 현상을 연구하고 적절한 교육적 관행을 제시하기 위해 노력하는 연구자나 현장업무 실무자들에 의해 제시된 것이다.

영재성 개념을 선택하거나 영재 아동(학생) 판별 과정을 수행하는 문제에 있어서 지능검사의 영향

초기에 영재성과 지능지수를 연관시켰기 때문에 영재를 식별하고 적절한 교육적 도움을 제공하는 교육관행도 역시 비논리적으로 수행되었다. 초기에 많은 영재 판별 계통이 배타적으로 난일한 지능검사 결과(예를 들어, 앞에서 언급한 헌터 초등학교와 같은 경우)에만 의지했다. 판별 체계와 전략에 대한 최근의 발전에도 불구하고 스탠퍼드-비네 검사 결과(스탠퍼드-비네 검사나 웩슬러 지능지수와 연관성이 큰 다른 개인 또는 집단 검사)나, 성취도 검사, 때로는 검목표나 평점 척도(지능검사를 이용해 영재로 식별된 아동의 표본 특성에 근거를 둔)에 대한 의존은 계속되었다. 현재의 교육관행과 공공정책은 인간 능력을 정의하는데 지능지수의 지배에 의해서 크게 좌우되고 있다. 과거에 영재는 단순히 지능지수의 상위 5% 이내 또는 1%이내인 학생을 의미했었다(그리고 많은 교육구에서는 그 의미가 여전히 유효하다). 터어만(1959)이 지능지수를 영재성과 대등하게 여기는 것에 의문을 제기했음에도, 미국의 여러 주들은 지능지수의 하한선을 자금지원의 적합한 결정요인으로 정했다(미국 교육부, 1993). 영재성의 구성요인들이 지능지수와 헤어나기 어려운 연관성을 가지고 있다는 예로서, 영재교육 분야의 최근 교과서에 발췌한 다음 진술에서 사용된 단어를 고찰해 보자(Davis & Rimm, 1998). "스탠퍼드-비네 검사 제 4판을 기준으로 삼으면 영재로 인정되기가 어렵다"(p. 73). "스탠퍼드-비네 제 4판을 기준으로 했을 때와 같이, WISC III를 기준으로 했을 때는 영재로 판별되기가 더 어렵다"(p. 74). 이와 같은 진술은 오직 지능검사에서 특성을 확증했을 때만 그 사람을 영재로 인정할 수 있다는 믿음을 반영했다. 영재로 구분된 일반 집단 내에서 다음에 예시한 바와 같이 세부적 범주를 분류하기 위해 이용될 정도인 지능지수의 이용 규모는 별로 놀라운 일도 아니다. "뛰어난 영재"(exceptionally gifted, IQ 150 이상), "탁월한 영재"(severly and lor profundly, IQ 180 이상)(Webb, Meckstroth, & Tolan, 1982), "우수한 영재(moderately gifted)"와 같은 호칭이 지능지수(IQ)에 따라 점수로 명시된 분류 기준에 근거하여 지정된다(Morelock & Feldman, 1997; Newland, 1976).[14] 이것은 데이비스와 림(Davis & Rimm, 1998)에 의해 제시된 다양한 종류의 WISC와 같은 현재의 개정된 지능검사에 대한 비판을 초래했다. 그 이유는 "웩슬러 지능 검사에서 얻을 수 있는 최고 점수는 155이다... 1991년 WISC-III의 개정판은 일반적으로 지능지수를 5점정도 하향시켰다. 그러나 영재들의 점수가 분포된 상위분포에서 WISC-III 점수는 WISC-R 점수보다 8에서 9점 정도 낮게 유지된다"(p. 74). 스탠퍼드-비네 검사 제 4판 역시 같은 저자에 의해 "높은 영재성을 보인 아동들의 차별화"에 대해 유사한 비난을 받는다(p. 74).

영재를 판별하는 관행에 비논리적인 측면이 없어지지 않았다는 것은 소수민족이나 사회 경제적 하층민 집단에 속한 아동을 영재 교육 프로그램에 받아들이기 위한 평가 시에 전통적 지능검사의 대체물로 라벤의 격자형 추리 검사(Raven's Progressive Matrices: RPM)(Ford, 1996)를 원하는 것을 보면 알 수 있다. 시간제한 없는 비어휘적인 평가는 자극으로 시각적 유형을 이용하여 어휘능력에 더 많은 영향을 받는 IQ 평가를 대체하는 것으로 매우 다른 형태의 인지 기능을 평가한다. 이 평가는 표적 집단(target groups)에서 더 높은 점수를 받은 학생을 찾아내는 수단으로 권장된다. 밀스, 알바드, 브로디(Mills, Albard, & Brody, 1993)는 "현재 RPM이 측정하는 것과 그것(RPM 상의 점수)이 의미하는 바에 대해 완전히 파악할 수 있는 정보자료가 충분치 않다"(p. 186)라는 결론을 내렸으며, 이것은 RPM과 더 전통적인 지능검사가 상호 교환적으로 사용될 때 평가되는 구성요인에 대한 의문을 불러일으켰다.

영재성에 내재된 이론적 구성요인에 대한 관심 부족은 영재를 선별하여 구분하는 메트릭스 판별이라고 불리는 체계를 이용하는 관행에 잘 반영되어 있다. 사용되는 모형

---

14) (옮긴이 주) 앞에서 관련 자료를 표로 인용, 제시함.

중 가장 유명한 것은 발드윈 식별 메트릭스(Baldwin, 1985)이다. 메트릭스는 검사나 다른 평가 수단(예를 들어, 지능검사, 성취검사, 교사들의 검목표, 평정척도와 포트폴리오)에 대한 명확하지만 이론적 근거가 빈약한 수행 수준에 점수를 배분하는 것부터 적용되기 시작한다. 예를 들어, IQ가 130이상이면 5점을, IQ 120에서 130 사이는 4점을 배분하는 방식이 될 것이다. 독해력 측정 결과가 상위 3% 이상이면 5점, 4에서 10% 사이이면 4점하는 식으로 배분될 것이다. 어떤 교사의 등급 지수는 합산하여 30점이면 5점이 배분되고 25에서 29점 사이에는 4점이 배분될 것이다. 따라서 이들 메트릭스들의 점수를 합산하여 총점을 산출하는데 이 총점이 "영재성"에 대한 평가를 나타낸다고 가정한다.

영재성이란 일원적인가 다차원적인가?

영재성의 성질이 다차원적인지를 고려하는 첫 번째 문제는 영재성에 대한 정의에 반영되어 있고 그 정의에서 지능을 영재성의 많은 요인 또는 여러 차원들 중 하나에 포함되는 것으로 묘사된다. 미국 교육청의 정의(멀랜드 정의)가 적절한 예이다. 교육청의 정의는 일반지능, 특수한 학문적 적성, 창의적 또는 생산적 사고, 시각 또는 (무대 위에서의) 공연 예술 영역을 열거했다(Marland, 1972). 이 정의가 의미하는 바는 일반적 지능은 하나의 범주로 다른 범주들과 별개이며 각 범주에 속하는 능력들은 독립적으로 평가돼야 한다는 것이다. 유사하게 렌줄리, 가드너, 펠드만은 영재성을 다차원적인 것이며 그 속에서 재능이 표현되는 다수의 특수한 영역이나 분야를 고려하는 것으로 생각했다.

영재성의 차원과 지능의 차원. 지능의 성질이 일원적인지(unitary), 다차원적인지(multidimensional), 또는 계층적인지(hierarchical)에 대한 이론가들과 연구자들의 논쟁은 다른 장에서 많이 다루었을 것이다. 지능의 다차원성에 대한 심리학 분야에서 의견의 다양성 정도가 영재 교육에 대한 문헌과 관행에 영향을 끼치고 있다는 사실은 길퍼드, 가드너, 스턴버그와 같은 이론가들에 의해 증명되었다.

비록, 지능과 영재성의 단일성에 대한 개념(지능에 의해 정의될 경우)이 영재에 대한 심리학과 교육 분야를 지배해 왔더라도, 문헌이나 관행에 주목할 만한 예외가 있었다. 첫 번째는 길퍼드(1967)의 지적 구조(SI) 모형의 개발에 관한 연구이다. 내용, 작용(operation), 산출에 걸친 영역에서 지적 기능이 180개 요인으로 구성되어 있다고 하는 다차원 모형과 길퍼드의 제자 중 한 명이 그 모형에 의한 교육재료의 개발에 대해 발표한 이후, 영재를 위한 몇 가지 프로그램이 개발되어 그 모형을 영재를 식별하고 "정육면체"의 기하학적인 차원에 따라 학생의 장점과 단점을 파악하는데 이용했다. 교육자들은 특수한 지적 능력을 개발하는 목적의 교육적 활동을 실행에 옮겼다(Meeker & Meeker, 1986). 길퍼드는 SI 모형이나 관련된 도구를 영재를 식별하는데 이용하는 것을 제안하지 않았고, 현존하는 문헌들도 이 개념의 지능과 영재성에 근거를 두고 있는 도구나 교육 모형이 효과적이었는지 어느 쪽에 대해서도 어떤 실질적 증거를 제시하지 않는다. 길퍼드 연구가 더 광범위한 영향을 준 것은 지능검사로 발견할 수 없는 더 중요한 차원의 인간 능력이 있다는 제안이다. 그의 모형(1967)의 확산적 산출 "측면(slab)"과 창의성의 일반 구성요인(1950)에 대한 관심을 불러 모으기 위해, 길퍼드는 지능과 그에 따른 영재성을 수렴적 사고를 넘어서 확장하는 요인들의 결합으로 보는 가능한 방법들에 관한 토론을 시작했다.

지능의 요소나 구성요인들에 걸쳐 있는 영재성의 다차원성은 또한 스턴버그의 삼원이론(1985, 1986a)과 가드너의 다중지능 모형에 포함되어 있다. 가드너는 지능 그 자체가 다차원적이며 길퍼드가 내용, 작용, 산출의 수준으로 범주화한 것처럼 지능 차원을 범주화한 것은 아니다. 그 보다 가드너는 인간의 수행 영역들에 걸쳐 있는 다차원성을 이야기했다. 영재성에 대한 말랜드 정의처럼, 다중지능 모형(MI)은 범주의 독립성을 전제조건으로 삼았기 때문에 비판을 받았고(Scarr, 1989), 길퍼드의 모형과 가드너의 모형은 기본 능력들을 고정된 것으로 간주한 것 때문에 비판을 받았다(Sternberg, 1994). 가드너가 지능들의 상호 연관성을 인정했지만, 영재성을 정의하고 영재를 식별하기 위해 모형을 해석하는데 범주들의 독립성을 전제로 삼았다. MI 모형을 평가하기 위해 고안된 평가 도구에 대한 분석으로도 영재성의 독립적 범주를 식별하기 위해 그 도구를 이용하는 것의 정당성을 입증하지 못했다(Plucker, Callahan, & Tomchin, 1994).

스턴버그의 지능과 영재성에 관한 개념은 앞에서 언급된 것처럼, 명확하게 다차원적이지만 학문분야에 따른 영역을 따르는 것이라기보다 정보자료 처리 영역의 차원을 따른다. 덧붙여 설명을 하면, 스턴버그는 영재성이란, 단순히 경험을 쌓는 능력일 뿐만 아니라 우리의 강점을 내세우고 약점을 보완하며, 우리가 수행해야 할 과제가 가지고 있는 능력을 대응시키는 능력도 포함한다고 주장했다.

렌줄리(1986)는 일반능력과 특수능력을 그의 영재성에 대한 정의에서 "평균이상의 지능" 요인에 포함시켰다. 이들 개념에 대해 그가 제시한 설명은 그가 능력 요인을 다차원적인 것으로 본다는 사실을 암시한다. 일반능력 요인은 스턴버그의 지능 이론에서 제시된 세 분야의 많은 지적 특질(고차원의 추상적 추론, 어휘 및 공간적 추론, 공간적 관계들, 기억, 새로운 상황의 수용 및 변형, 정보자료 처리의 자동화 등)들이 포함되며, 비록 특수한 능력의 영역이 다음과 같이 정의되었더라도 그렇다. "위에서 예시한 일반 능력들과 다음과 같은 요인들의 결합을 적용하는 것 즉 하나 이상의 특수화된 지식 분야 또는 인간 수행 분야 및 사전에 얻어진 암묵적 지식과 기법의 공급, 전략을 특정 문제에 맞추어 획득하고 적절히 이용하는 능력 등과의 결합"(p. 75).

비록 그의 연구가 대단하긴 하지만, 펠드만(Feldman)은 인지 기능과 처리의 특수 집단이 있어서 주어진 영역에서 전문가와 영재성을 지닌 사람을 구분한다고 결론을 내렸다. 뒤에서 이야기될 다른 학자들처럼, 그는 영재를 구분하는 것은 단순한 인지적 능력뿐만 아니라 "재능과 성격의 차이, 사람이 그 속에서 발전하는 배경의 특성, 부모나 교사, 동료들 같은 발달 과정에서 중요한 영향을 끼치는 사람들(유의미한 인물들)의 특성, 어떤 주어진 순간에 통달했을 모든 다양한 분야들의 발달 상태와 같은 성향"을 포함하는 자질들의 결합이라고 주장했다(p. 291).

지능, 창의성, 영재성

영재성이 일원적인지 다차원적인지에 대한 토론으로, 영재성의 일원적 본성에 대한 대부분의 주장은 지능과 창의성의 관계에 대한 논의를 포함해 왔다. 주의를 기울여야 하는 것 중에 가장 의미 있고 자극적인 발언으로 지능이나 창의성, 영재성의 구성요인에 관계된 것은 1950년에 길퍼드 박사가 미국 심리학회(American Psychological Association, APA)에서 행한 회장 취임연설이었다. 그 연설과, 비록 일부 인지 심리학자들이 요인 분석의 방법론에 의한 가공물로 취급되기도 했지만, 자신의 지능구조에 대한 연구는 지능의 차원에 대한 활발한 논쟁을 불러일으키고 아주 미약하더라도 영재성을 정의하는 지능검사의 독점적 지위를 약화시키는 중요한 역할을 했다. 더 나아가, 길퍼드의 지능구조 모형(SI)에서 지적 기능에 대한 요인들이 또한 창의성의 요인이라는(예: 확산적 산출과 전이) 것에 관해서, 그의 모형은 창의성과 지능의 기능이 일부 겹치지만 서로 별개란 사실과 영재성을 정의하는 데 있어서 그 둘이 담당하는 상대적 역할에 대한 확대되는 논쟁의 일부가 되었다. 길퍼드의 SI 모형에서, 지능의 구조는 창의성의 차원을 포함한 것으로 가정했다. 지적 능력들의 결합된 요인으로서 창의성을 표현한 것은 길퍼드 모형의 고유의 특징이다. 하지만, 토랜스(Torrance, 1966)와 같은 최근의 이론가들과 교육 현장 관계자들은 지능을 형성하는 입방체에서 확산적 산출 측면을 다른 구조들로부터 분리하여 평가와 교육을 위해 사고의 차원을 따로 다루었다.

확실히 영재성을 위한 교육 분야는 그 정의에서 창의성의 개념을 포함해 왔다. 영재성과 관계된 창의성의 구성요인은 때때로 지능과 영재성에 대한 개념과 통합돼어 다뤄지기도 했다(길퍼드와 스탠퍼드의 모형에서처럼). 때로는 창의성은 지능의 구성요인과는 별개인 구성요인이지만 영재성을 구성하는 중요한 요인으로 간주되었다. 예를 들어, 마알랜드 정의는 이전의 목록에서 창의성을 영재성의 범주에 포함하면서 지적 능력 또는 특수한 학문적 능력과 시각 및 공연 예술과 분리된 것으로 간주했다.

영재에 대한 교육 분야에서 더 널리 인정되는 관점은 영재성의 독립적인 차원으로서, 마알랜드 정의에 기술된 그대로, 영재성에 내재된 기본적 구성요인으로서 창의성을 반영한다. 피르토(Piirto, 1992)를 예로 들면, 그는 창의성을 "영재성을 발견할 수 있게 하는 기초, 토대, 근원"(p. 24)이라고 불렀다. 이 관점은 렌줄리(1978)의 영재성 정의에 의해 표현되며 렌줄리의 정의는 창의성과 평균이상의 지적 능력과 과제 집착력의 상호작용이 영재성을 나타내는 행동의 근원이라고 했다. 렌줄리(Renzulli, Reis, & Smith, 1981)는 초기에 많은 인지적 정보자료 처리를 포함시켰었고 이후에는 일반지능과 함께 창의성(예: 관념적인 유연성과 독창성)을 연결시켰다. 그리고 같은 문헌(그와 같은 개념에 근거한)에서 그는 일반적 능력을 발견하는 지표로 창의성 검사를 권장했다. 후속 연구에서 그는 창의성의 구성요인(1986)을 다음과 같이 영재성의 정의 속에 포함시켜 다음과 같이 기술했다.

영재성이란,

> 사고의 유창성, 유연성, 독창성.
>
> 경험에 대한 개방성: 자신 또는 타인의 생각, 행동, 산출에서 새롭거나 다른(비이성적이더라도) 것에 대해 수용적인 사고.
>
> 호기심이 많고, 사색적이며, 대담한, "정신적으로 활동적인 사 고": 생각과 행동에서 위험을 감수하려는 경향이 있고 심지어 금지된 수준의 위험도의 감수성.
>
> 세부 사항에 민감한, 생각과 사고의 미적 특성: 외적 자극이나 자신의 생각, 느낌에 작용하거나 반응하려는 의지가 있는 사고이다(p. 75).

비록 어떤 전문가는 영재성과 창의성을 동일한 것으로 간주하지만(Tannenbaum, 1986), 아마비레(Amabile, 1989)나 룬코와 앨버트(Runco & Albert, 1986)같은 연구자나 이론가들은 조심스럽게 창의성과 영재성을 구분했다. 탄넨바움은 영재성과 창의성을 "단지 착상의 소비자나, 관람자, 착상(idea)에 대한 초보 감상가가 아닌 착상의 뛰어난 생산자나 수행자가 될 수 있는 잠재력"으로 간주했다(p. 49). 앨버트와 룬코(1986)는 영재성을 독립된 구성요인으로 간주했지만 고차원적인 능력에서 중요하지 않은 것으로 믿지는 않았다(지적 능력이 창의성과 별개라는 점을 전제로 하여).

스턴버그의 지능 정의는 창의성이나 합성지능(synthetic intelligence) 요소를 기술했다. 다른 문헌에서, 그는 지능, 지혜, 창의성이 서로 연관되어 있지만 이 세 개가 독특한 별개의 구성요인라고 기술했다(Sternberg, 1986b, 1989). 루바트와 함께(Sternberg & Lubart, 1993), 스턴버그는 창의성을 영재성의 독특한 한 유형으로 "지적 처리, 사고 유형, 개성, 동기, 환경, 영재성의 여섯 가지 자원이 합쳐져서 생겨난 것"이라고 제안했다(p. 7).

IQ 120에서 IQ와 창의성 측정 사이에 어떠한 관계를 보여 주지 못한 연구가 구성요인들의 독립성을 뒷받침하는 증거로 자주 제시된다(Tannenbaum, 1996). 그러나 연구에 이용된 분석법은 명백하게 독립적으로 고안되었다. 지능검사가 전통적이고 수렴적 도구인데 창의성은 확산적 사고를 평가하는 것이다. 비록 창의성이 지능검사 분야에 포함되어 왔지만, 창의성 평가에 지능검사를 이용하는 것은 (그만큼은 아니더라도) 지능의 영역을 측정하는데 IQ를 이용하는 것에 대한 비판만큼 여전히 큰 비난을 받는다(Tannenbaum,1996). "그와 같은 검사가 알 수 있는 것은 기껏해야, 창의성의 가장 작은 부분에 지나지 않는나"(Sternberg, 1986b).[15)]

다른 심리학적 구성요인과 영재성

지능의 구조에 대한 많은 제안들이 영재성의 다차원성에 대한 논쟁에 영향을 끼쳤지만, 영재성을 설명하는 요인으로서 지능과 다양하게 결부될 수 있는 다른 심리학적 구성요인들이 있다. 비록 원래 USOE 정의와 그 이후에 등장한 정의들이 영재성의 비지적인 요인에 대한 경우를 제시하지 않았지만, 여러 이론가들이 자신들의 정의에 성격 요인과 사회적 요인 심지어 행운(luck)도 이용했다(Feldhusen, 1986; Feldman, 1986; Renzulli, 1986; Tannenbaum, 1986).

펠드휴센(Feldhusen, 1986)은 긍정적인 자아개념과 성취동기를 일반지능에 주가하여 자신의 영재성 개념을 만들었다. 탄넨바움에 의해 제안된 영재성의 정의 또한 자아개념과 동기를 포함하지만 영재성의 완전한 표현에는 우월한 일반지능, 뛰어난 특수 능력, 도전적 환경, "행운의 미소(smile of good fortune)"와 결합된 "비지적(non-intellective)" 특질 요인들의 "올바른 혼합"(right blending, 1986, p. 49)을 포함시켰다(p. 49). 그는 성취동기, 자아 개념, 학문이나 예술 활동에 대한 흥미를 다른 "비지적 특질" 중에서 영

---

15) (옮긴이 주) 개인별로 기준이 다를 수 있기 때문에 부분별로 몇 개 이상이 나와야 뛰어나다는 것은 아니다. 다만 전체를 모두 점검해 보고, 그 중에서 가장 많이 체크된 분야의 지능이 우수하다고 볼 수 있다.

재성을 암시하는 특질로 선택했다. 그는 다음과 같이 말했다. "다섯 가지 요인들이 개별적인 재능분야에서 다른 방법으로 상호작용하지만 그들 모두가 결국 어떤 방법으로 영재성의 모든 형태를 대표한다"(p. 46).

언급된 것처럼, 렌줄리(1986)는 과제 집착력을 영재성의 세 가지 중요 요건 중 하나로 포함시켰다. 렌줄리는 과제 집착력을 일반 동기와 구분하여 과제 집착력이 특질이라기보다 상태라고 주장했다. 그것은 흥미가 큰 특정 과제에서 특정 시간에 적용되는 것이기 때문에, 렌줄리는 영재성이 특정한 시간에 특정 상황 하에서 어떤 학생에게 발생하는 행동들이라고 주장했다. 과제 집착력을 설명하기 위해, 그는 다음과 같은 지표를 제시했다.

수준 높은 흥미, 열정, 매료되기 위한 능력과 특정한 문제, 연구 분야, 일반 표현 형식에 대한 참여.

인내력, 지구력, 결단력, 노력, 헌신적 실천.

자신감, 강한 자아의식과 중요한 과업을 수행할 수 있다는 자신의 능력에 대한 신념, 열등감의 극복, 성공을 향한 추진력.

특수한 분야에서 중요한 문제를 찾을 수 있는 능력, 주어진 분야에서 중요 정보자료 통신망을 유지하고 새로운 발전을 접할 수 있는 능력(p. 75).

잠재력 대 수행

영재성을 정의할 때, 초기 USOE의 정의(Marland 정의)는 "인증된 성취(demonstrated achievement)를 했거나 잠재력을 보인 사람"(p. 2)으로 간주했다. 현재 미국 교육부의 정의(1993)는 "뛰어난 수행능력(high performance capability)"을 보인 사람을 포함한다(p. 3)로 표현되어 있다. 잠재능력과 이미 지니고 있는 능력을 이론과 실제 관행으로 변환하는 방법은 여러 가지가 있다. 이들 중 가장 전통적인 방법은 높은 성취를 이룰 수 있는 잠재능력에 대한 지표로 지능검사를 이용하는 것과 학력검사, 성적, 포트폴리오(portfolios, 학습 결과물 묶음)와 성과, 수행을 영재성을 인증하는 증거로 이용하는 것이다.

탄넨바움(1986)은 아동기에 영재성을 판별하는 것은 부적절하다고 주장했다. 그 보다 아동기에는 오직 잠재력만 발견할 수 있다고 주장했다. 그는 "잠재적 영재성(potential giftedness)"이란 용어를 사용하여 뛰어난 수행이나 산출을 이룰 것이 확실한 사람을 따로 분류했다.

렌줄리(1986)는 "재능 창고(talent pools)"란 개념을 잠재적 영재성을 표시하는 말로 사용하자고 제안했다. 일반 능력과 특수 능력을 표준화된 교육·심리검사에 의해서 측정된 것 보다 더 지속적인 특질로서 보는 관점에 따라 그는 재능 창고를 영재 아동 집단을 만드는 근거로 제안했다. 그 집단 속의 아동들은 영재성을 발휘할 수 있도록 여러 활동과 기회를 제공받게 된다. 이들 활동과 기회들은 잠재적 영재성을 지닌 아동의 창의성과 과제 집착력을 더 비중 있게 평가할 수 있도록 고안하였다.

잠재적 영재성과 이미 나타난 영재성의 구분은 이론이나 실제 판별과정에 반영되지 않는 경우도 있다. 현재 학습한 것을 제외하고 지능검사가 단순히 측정하는 정도에 대한 논쟁 때문에 대부분의 판별 체계가 인지적 능력과 성취도 측정을 조합하는 방법을 이용하고 있다(표준화된 교육·심리검사들과 성적, 기타 등을 통하여).

영재성에 대한 준거와 변화에 대한 관문으로서 지능검사의 계속적인 이용

지능과 영재성의 대안적 개념들에 대한 광범위한 논의에도 불구하고, 문화적 편견이나 인지적 처리에 대한 평가 범위가 지닌 한계를 폭넓게 공감하고 지능의 광범위한 분포범위를 평가할 수 있는 대체 수단의 개발에 관한 관심에도 불구하고, 지능검사는 영재성을 평가하고 영재를 위한 교육 프로그램에 적합한 학생을 선발하기 위한 중요한 도구로 남아 있다(Abeel, Callahan, & Hunsaker, 1994)[16]. 지능검사는 또한 영재교육 분야의 출판물에서 중요 지표로 여전히 이용된다.

전통적인 영재성 판별 검사법의 대안으로 제시된 것들이 허용되기에는 많은 장애물이 존재한다. 첫째, 가장 많이 사용되는 개인 지능검사들(예컨대, WISC-R, WISC-III, 스탠퍼드-비네 IV)이 학교에서 대부분의 평가 방법에 대한 추천과 결정권을 가진 사람에게 가장 친근하고 가장 권장되는 도구들이다. 예를 들어, "학교 관계자를 위한" 최근의 영재성 관련 출판물에서 겐샤프트, 비렐리, 홀링거(Gneshaft, Bireley, & Hollinger, 1995)는 스턴버그의 지능의 삼원이론(1995)으로 한 장을 채웠다. 그리고 영재성의 판별에 관한 다음 장에서 다양한 개인 혹인 집단 지능검사의 장점을 광범위하게 다루었지만 (Bireley, 1995) 가드너와 스턴버그가 제시한 모형에 의한 평가법은 아직 이용 가능한 것이 없다는 간단한 언급만 했다.

---

16) (옮긴이 주) 영재성 정의가 영재성/재능 판별 절차나 도구의 종류를 예시해 준다고 생각한다.

혁신적인 평가 절차에 대해 발표된 표준화된 검사법의 부족과 신뢰성과 타당성의 증거 부족이 영재성의 더 광범위하고 이론에 기초한 평가를 가로막고 있다(Plucker, Callahan, & Tomchin, 1996). 몇 가지 경우에 이론 자체나 이론의 제창자, 또는 양쪽 모두가 표준화되고 공인된 평가법의 개발에 미온적이다. 일례로 가드너는 제한된 시간 동안 자신의 모형 속의 요인을 평가하는데 반대하여 그가 주장하는 잠재력을 완전히 평가하려면 일곱 개의 영역(현재는 10가지)에서 수행을 나타내는 과제 수행을 장시간 관찰하는 방법 밖에 없다고 주장했다. 잠재적으로 영재성을 가진 학생들을 구분하려는 학교는 가드너의 모형에 따르면 상당한 시간과 자원을 투자해야 하고 그것들은 쉽게 사용할 수 있는 것이 아니다.

또 다른 이유는, 심리검사 방법의 개발자들이 지능검사의 "표준화"와 같은 형식이나 양식을 따르지 않거나 또는 현존하는 지능의 평가법과 상호 연관성이 적은 검사법의 개발이나 출판에 투자하기를 주저해 왔다(Sternberg, 1992). 내연기관 자동차의 생산자들이 대체 연료를 이용하는 자동차의 개발이나 판매에 반대하는 것처럼 전통적인 평가 도구의 제작사들에게 대체 평가법에 의해 이익을 얻을 수 있다는 보증이 없이는 위험부담이 너무 크다.

영재성과 천재성

영재 아동에 대한 터어만의 초기 연구 결과를 발표한 여러 권으로 이루어진 논문은 "천재에 대한 유전적 연구(Genetic Study of Genius)"라는 제목을 갖고 있다. 불행하게도, 이 제목은 쉽게 없어지지 않는 오해가 생기게 했는데, 그것은 영재성이 유전되는(종족적인 영향을 받고) 특질이며 오직 극도로 발전된 사고와 생산성("백만 명 중에 하나")을 보인 사람만이 영재로 불릴 수 있다는 그들의 믿음과 함께 영재성의 옹호자는 엘리트 주의자라는 인상이 생기게 된 것이다. 터어만은 1954년에 그의 높은 지능지수를 가진 연구 대상(그들은 대부분 자신의 직업에서 성공한 것으로 알려졌다)에 대해 천재란 용어를 쓴 것이 부적절했다는 것을 인정했다. 펠드만(Feldman)은 (터만이 연구에서 쓴) 용어는 "높은 지능과 탁월한 성취를 결합한 의미"로 구체화시켰어야 한다고 주장했다(1979, p. 38). 펠드만은 연구에서 천재를 지식 영역과 관련시켜 정의했다. "어떤 사람이 천재라고 불릴 가치 있는 창조적 공헌은 인간 지식의 전체적 영역에 변혁(transforms an entire domain of human knowledge)을 일으키는 것이다"(Morelock & Feldman, 1991, p. 362).

천재를 묘사할 때, 젠센(Jensen)은 우리가 영재와 비범함을 구분하는 데 유용하게 쓸 수 있는 천재와 "마법사(magician)" 사이를 묘사하는 다음과 같은 말을 했다.

> 보통 천재란, 우리가 현재보다 몇 배 나아졌을 때 바로 그만큼의 상태인 사람이다. 그의 지성이 활동하는 방법에는 어떤 숙달이 필요하지 않다. 그가 해 왔던 것을 우리가 이해했을 때, 우리도 역시 똑같은 것을 할 수 있다는 확신을 갖는다. 그것은 마법사의 경우와는 다르다. 그들은 수학적으로 표현하면 직교좌표로 우리의 위치를 표시할 때 한쪽 좌표를 천재라고 한다면 다른 쪽 좌표가 그들에 해당하며 그들의 지적 작용에 대한 의도나 목적 모두 이해할 수 없다. 우리가 그들이 무엇을 했는지를 알더라도 그 처리는 우리에게 완전히 암흑 속의 존재가 된다(Jensen, 1996. p. 36; Kanigel, 1991, p. 281).

[보충 자료]

천재(성)의 본질을 어떻게 설명할 수 있는가

다음에 소개하는 천재성의 유형 자료는 천재(성)의 특징과 차별성을 이해하는 데 도움이 되고 아울러서 천재성의 본질, 즉 창의적 천재, 그들은 누구인가라는 천재들의 진면목, 실체를 구체적으로 파악하고 연구, 분석하는 근거, 참조체제를 알 수 있도록 하는 데 이 자료가 도움이 된다. 이 자료는 천재(성)을 질적, 평가적, 수행적, 자아실현, 수월성, 수준의 차별성 관점에서 천재(성)의 유형을 구분, 제시한 것이며, 기존의 현행 IQ 검사 결과로 분류하고 있는 영재성의 유형(김정휘, 2001, 10)과 그 함의를 대비해 보는 것도 의미가 있을 것이다.

키비(Kivy, 2001; 이화신 옮김, 2010)는 천재(성)의 유형을 다음과 같이 분류했는데, 연구자에 따라서 그 유형이 더 추가될 수 있을 것이다. 키비는 이 분류에서 천재성에도 수준의 차이가 있음을 시사했는데(최상급의 천재와 마이너급 천재), 이것은 영재성의 수준을 IQ 수준에 따라 분류하는 방식과는 다른 방식이다. 그는 예술계의 독창적인 두 가지 천재성이 있음을 시사했다.

또한 "신에게 사로잡힌 천재"와 "신을 사로잡은 천재" 그리고 "적극적인 의미로서의 천재"와 "창조의 매개체로서의 천재" 그리고 "천재와 창조의 주체로서의 천재"로 구분하기도 했다(Kivy, 2001; 이화신 옮김, 2010, 61).

이 설명은 창의성이 천재(성)의 기원(origin)인 동시에 천재성의 필요조건이라는 점을 시사하는 것이다. 따라서 창의성이나 독창성이 빠진 천재(성)은 존재할 수가 없다고 단정할 수가 있다.

천재(성)의 유형

천재, 그들은 누구인가?

(1) 타고난 천재성(natural genius) 또는 진성 천재(眞性天才, truth genius)

길들여지지 않은 천재가 여기에 포함된다. 천재성의 선천성, 즉 천부적 수월성과 재능을 뜻한다. 조숙한 신동 천재들이 여기에 해당하는 데 천재들 중 최상급의 인물에 속하며 희소하다. 이들은 천재성을 발휘하기 전에 이에 필요한 사전 교육을 학문적으로 전수(傳受)받은 바도 없으며, 기술 전수나 사사나 멘토로부터 특별히 개별 지도를 받지도 않았으나 타고난 재능만으로 창조적 활동과 업적을 발휘한다.

그리고 동시대인의 기쁨, 존경, 동일시의 표상이 될 뿐만 아니라 후세인의 경탄과 존경의 대상이 되는 작품을 창작해 낸다. 예를 들면, 수학이나 음악, 미술, 조각 등의 분야에서 제도권 공교육이나 교사로부터 원리나 개념, 규칙을 배운 적도 훈련받은 일도 없는 이 위대한, 놀라운 천부적 천재, 신동의 사례가 여기에 해당한다. 이들은 원리나 개념을 모방하기보다는 혁신하고 창조한다. 그래서 이들의 착상과 궁리(생각)는 기발하고 길들여지지 않은 고귀한 그 무엇인가가 돋보인다. 이런 양태를 김용관(2010)은 생각의 진화로, 루트-번스타인(Root-Bernstein, 1999)은 생각의 탄생이라고 표현했다(Sparks of Genius). 제도권 교육이나 가르침으로부터 길들여지지 않은 진성 천재들은(Joseph Addison을 인용한 Kivy, 2001) 기술이나 어느 분야의 학문에 대한 사전 지식이 없이도, 즉 선천적인 재능만으로 창조적인 활동을 한다고 했는데, 이 말은 어떤 분야나 영역에서 통용되는 원리나 개념, 규칙을 경시하는 것이 아니라 이런 것들을 축척하지 않았거나 애초에 그런 지식에 대한 의식, 학습 준비성이 부족하다는 것을 시사한다.

타고난 천재란 뜻은, 엘리트주의 색체가 강하다. 즉, 이들은 보통사람과는 품격(quality이 다른 경이로운 인물로 그래서 초인(superman), 반신반인(半神半人)으로, 즉 신비하고 존귀(尊貴)한 인물로 인식했다.

타고난 천재성 개념은 서기 1세기의 인물로 추정되는 롱기누스(Longinus)가 제안했다. 신동으로 평가받은 헨델, 프랑스의 수학자인 파스칼, 모차르트, 바흐와 천지창조를 작곡한 하이든, 과학자인 테슬라와 천재 수학자인 러시아의 페렐만 등이 해당한다.

이들은 시대를 앞서가기 때문에 현 시대에서 부적응자일 수 있으며 자의반 타의반 주류에서 소외되고 현세를 등지고 은둔자적인 생활을 하기도 한다. 예를 들면, 과학문명을 1백년이나 앞당긴 공로자로 평가받는 과학 신동 니콜라 테슬라(그의 고향인 유고슬라비아의 베오그라드에는 테슬라의 이름을 딴 국립박물관이 세워졌다), 수학계의 노벨상으로 권위가 있는 필즈 메달 상을 거부한 러시아의 수학자인 블레비치 페렐만(44)도 은둔의 수학천재로 알려졌다.

어느 의미에서 학계와 예술계 그리고 사회가 이들을 맞이할 준비가 불충분한 것도 부분적인 원인일 수도 있으며 "사회가 우리를 몰라보는구나."라고 탄식과 원망을 하기도 한다. 이러한 사례에서 천재들의 생애가 반드시 행복한지 만은 않았다는 것이다. 학계와 사회가, 예술계와 국가와 산업계가 천재, 영재를 필요로 하면서도 이들을 홀대하는 것은 서로에게 불행한 일이다. 그래서 '천재는 불행한 인간'이라는 자조적(自嘲的)인 이야기가 회자되기도 한다.

영재 학생이 학교를 다녀와서 부모에게 "오늘 나는 너무 똑똑하다고 선생님과 친구들로부터 집단 따돌림을 당했어요. 이런 상황이 계속되는 데도 지겨운 학교를 매일 다녀야 하나요. 달리 해법이 없나요."라고 호소하기도 한다.

(2) 후천적으로 학습된 천재성(길러진 천재)

교육, 훈련, 노력, 환경적인 뒷받침에 의해서 육성, 양성된 천재. 그러나 특정 분야나 영역에서 비범한 재능이 있었으며, 본인이 자발적으로 그 일이 좋아서 몰입하고 전심전력으로 노력을 했으며, 동시에 그의 잠재적 재능을 발견, 지도해 준 매우 유능한 멘토(mentor)의 조력에 의해서 후일 비범한 인물로 대성한다. 축적된 규칙, 원리, 개념과 지침을 준수한다. 타고난 선천적 재능이 부족한 사람(예술가)은 자신의 능력을 발휘하기 전에 누구—장인, 달인, 명인, 사부—로부터 무엇인가를 배워야 한다.

이 경우에 교습(敎習)은 일대일, 면대면(面對面)으로 이루어진다. 에디슨은 육성된 천재보다는 타고난 천재를 더 우월한 것으로 평가했으며, 육성된 천재에게서 독창성을 발견하기란 쉽지 않다. 육성된 천재, 인재 양성을 위해서는 (영재)교육과 인재를 발견하고 키워주는 안목 있는 멘토(mentor), 수문장(守門將, gatekeeper)의 역할이 매우 중요하다. 멘토가 그 역량을 제대로 발휘하려면, 역량 있는 제자를 잘 만나야 한다. 노벨상 수상자는 노벨상을 받은 멘토와 같은 은사에게서 지도를 받은 제자가 배출된다고 한다. 즉, 스승과 제자는 상호 의존관계에 있다. 따라서 '스승은 제자 복이 있어야 하고, 제자는 스승 복이 있어야 한다'는 말이 있다.

(3) 노력형 일벌레형 천재(workaholic genius)

그 어떤 대상이라도 노력과 몰입, 즉 비범한 집중력으로 천재성을 지배할 수 있음을 암시한다. 끈기 있는 노력이라는 키워드로 천재성을 설명한다. 즉, 재능과 노력을 결합한(재능+노력+장기간의 몰입+기억력) 키워드로 천재성을 설명하지만, 역설적으로 바로 그 점이 천재성의 "해체"를 가속화한다. 이 일벌레형 천재론이 오늘날까지 유효하지만, 그러나 우리시대에 천재론의 상징이 될 수가 없다는 것이다. 그 이유는 이 이론은 아방가르드(avantgarde, 전위적) 예술가보다 일반대중에게 더 매력적으로 느껴질 것이라는 주장도 설득력이 없다. 오늘날 우리는 유대 기독교적 직업윤리가 통용되지 않는, "신속한 처방"이 요구되는 시대에서 살고 있다. 사람들은 즉각적인 욕구 충족을 갈구하기 때문에, 미래의 보상을 약속하는 따위의 노동집약적인 직업들이 결코 환영받지 못한다는 것이다(Kivy, 2001; 이화신, 2010, 304).

키비(Kivy, 2001)는 에디슨과 다빈치를 노력형 천재로 구분했다. 후천적 천재성을 선천적 천재성보다 열등하다고 생각하지 않는다는 견해도 있지만, 평가적 준거의 관점에서는 선천적 천재성의 우월성을 더 인정하는 경향이 강하다. 이들은 학습된, 길들여진 천재 유형에 속한다. 음악계에서 명연주자로서의 기량은 오랜 기간의 연습량과 몰입(비범한 집중력), 그리고 자발적으로 좋아서 연습하고자 하는 강박적인 욕망(동기)에 비례한다고 한다.

지퍼(Siefer, 2009; 송경은 옮김, 2010)에 의하면, 운동경기나 예술, 자연과학 등 어떤 분야에서든 세계 상위권에서 경쟁력을 갖추기 위해서는 어림잡아 10년 또는 1만 시간의 내공(노력)이 필요하다. 아무리 우수한 재능과 기량을 갖추었다고 해도 노력 없이 재능만으로 성공할 수가 있다고 믿는 전문가는 없다. 몇몇 예외적인 사례가 있지만, 작곡가들 가운데서 적어도 10년 이상 집중적으로 공부하지 않고 대가다운 실력을 발휘한 사람은 거의 없다. 천재성의 발휘에도 장인정신(匠人精神, craftmenships)이 필요한데 이 장인정신은 바로 노력이 뒷받침이 되어 발휘되는 것이므로 노력의 가치와 필요성을 결코 무시할 수가 없다(예술이나 대학 교수들이 학문에 열의를 기울이는 데도 장인정신이 가미된 노력이 충분조건이 된다).

헨델과 베토벤, 하이든이나 바흐, 뉴턴도 성실한 노력형 일벌레 천재(workaholic genius)였다고 한다. 바흐와 모차르트는 일을 즐겼다고 한다. 칸트(Kant)는 예술성과 천재성 사이에는 어떠한 필연적인 관련성이 있다고 했다(Kivy, 2001).

키비는 하이든을 근면한 자수성가형 인물로, 바흐를 성실한 노력가형 천재로 평가했다.

(4) 정치적으로 만들어진 천재

유리한 정치적 인연(예: 권력자와 학연, 인맥, 지연) 때문에 정치적으로 부풀려지거나 명성을 내세우는 사례로 진성 천재와 가짜 천재가 구분된다.

정치적으로 만들어진, 조작된 천재(허상 천재)의 위세 때문에 진성 천재가 합당한 대접을 받지 못한다.

우리는 운이 좋아서 높은 지위에 오른 사람이나, 후한 평판을 얻고 있는 사람들이 그럴 만한 재능이나 능력을 갖추지 못한 함량 미달인 경우를 종종 본다. 그럴 때 우리는 "운 좋게도 그때 거기 있었던 거야"라든가, "영향력 있는 사람들과 친하니까."라고 말한다.

이런 사례는 일상적인 일이며 일종의 상식이다. 음악의 위대성과 그 배후의 천재성에 대한 믿음이 "미학적 행위"에서 비롯된 것이 아니라 정치적, 사교적 이해관계가 영향을 준다면 음악적 위대성이나 천재성이 허상으로 그 가치가 손상된다.

음악가들은 베토벤과 하이든 간의 애증관계의 역동성을 정치적인 역학관계의 과정과 결과로 해석하기도 한다. 즉, 하이든은 베토벤의 스승이었으나 둘은 그리 좋은 사이가 아니었다. 그러나 하이든은 제자인 베토벤에 대한 존경심을 공공연히 드러내는 것을 꺼리지 않았다. 그를 제자로 받아들였다는 것 자체가 하이든이 열망으로 가득 찬 패기에 찬 베토벤의 장래성(후일 훌륭한 음악가로 대성할 가능성이 있는 재능)을 긍정적으로 평가했음을 의미한다. 베토벤 역시 ≪천지창조≫를 작곡한 하이든의 음악성, 천재성, 업적을 존경했으며, 그의 음악성에 영향을 받았다.

키비(Kivy, 2001)는 음악 애호가들도 사회적 지위와 출세를 추구하는 야심을 가지고 있는데 이러한 동인이 정치적으로 만들어진 천재를 만드는 데 일조한다고 해석했다. 즉, 천재성 발휘, 인증, 존경, 음악계에서의 명성 등에 정치사회적, 문화적 이해관계(이기심, 동종번식)가 직·간접적으로 작용한다는 것을 시사하는 것이다.

(5) 여성 천재

롱기누스(Longinus)는 오래전에 힘과 능력을 갖춘 재능을 나타내는 천재론을 내세웠으므로 그가 생각하는 천재론의 전형적인 모습(image)은 남성이다. 남존여비 사회에서 단지 여성이라는 이유만으로 잊혀진, 인정받지 못한, 무시당하고 폄하된 여성들의 굴욕적인 삶의 사연에서 여성 천재들도 예외가 아니었다.

그래서 이런 생각은 전통적으로 과거에는 천재 개념에서 여성은 천재가 될 수 없다는 사실을 시사한다. 그러나 소크라테스는 신이나 뮤즈(Muse: 학예나 시가, 음악, 무용을 관장하는 아홉 여신의 하나)의 여신이 명하는 작품을 완성하는 천재론을 제안해서 여성 천재의 존재를 인정했다. 문화, 역사적으로 여성 천재들이 존재하며, 존재해 왔다는 것은 분명한 사실이다. 그러므로 천재의 전형을 남성으로만 생각해 온 전통적인 천재의 개념은(이런 잘못된 고정관념이 과학계와 대학교 내에서 일반화되어 있던 시대에, 심지어 남자보다 열등한 여성이 어떻게 대학 교수가 될 수 있는가라고 편견을 갖고 있던 시대에 퀴리 부인이 노벨상을 두 번씩 수상하고도 비록 남편이 사망한 뒤에 그 자리를 물려받았지만 대학교수로 임명된 것은 그 당시 남성우월주의가 팽배해 있던 시기에 매우 놀라운 해법인 것이다) 잘못된 것이며 판단력 비판에서 칸트는 천재성에 대하여 폭넓게 논하면서도 여성 천재에 대하여 전혀 언급하지 않았고, 여성혐오자로 알려진 쇼펜하우어도 "여성들이 놀라운 재능을 지닐 수는 있지만 결코 천재가 될 수는 없다. 그 이유는 여성들은 객관적인 사고능력이 부족하고 주관적으로만 생각하기 때문이다."라고 했다. 부인 밀레바(여성 수학 천재)와의 결혼생활이 행복하지 못했던 천재적인 물리학자인 아인슈타인도 "여자란, 머리에서 창의력이 솟아나지 않는 사람"이라고 단언하는 여성 혐오자였다고 한다. 그러면서도 여러 명의 여성과 사귀기도 했다.

과거에는 여성들이 과학과 철학을 비롯한 일반적 지식을 추구하는 것이 금지되어 왔으며, 남성우월주의가 지배하던 시대에 많은 아주 뛰어난 여성 천재들이 단지 여성이라는 이유만으로 성차별을 받고 능력 발휘의 기회가 봉쇄되어 불이익과 불행한 삶을 기구하게 살은 사례를 다룬 책 이 출판된 바도 있다(McGrayne, 2005; 윤세미 옮김, 2007). 이 책에서 다뤄진 불행한 잊히고 여성이기 때문에 폄하된 여성 천재들은 남성 지배 사회에서 인정받지 못한 천재 여성들의 인생 여정을 사실적으로 소개했는데, 만일 이 여성 천재들이 뛰어난 재능을 발휘할 수 있는 기회가 제공되고 합당한 대접을 받았다면 인류 역사와 과학의 발전은 지금과는 다른 현저한 혁신과 진보와 개선이 이뤄졌을 것이다. 16세기 르네상스 시대부터 20세기까지 위대한 여성 미술가 50인의 삶을 조망한 『클라시커 50: 여성 예술가』라는 책이 출판되었다. 남성우월주의에 대한 피해의식이나 페미니즘적인 시각을 모두 배제하고 화가, 조각가, 사진가로서 작품세계를 중심으로 시대와 어떻게 조율했는지를 담백하게 서술하고 있다. 수준 높은 예술은 남성의 고유 영역이라는 여성 차별적인 생각이 지배적인 사회 분위기 속에서 그녀들은 눈부신 재능으로 명성을 떨치기도 하고, 연인이라거나 라이벌격인 남성 예술가들의 그늘에 가려서 제대로 인정받지 못하고 좌절과 스트레스의 충격에서 고통스러워하기도 했다.

오늘날은 진정한 천재성이 과거와 같이 남성 고유의 영역이나 인물로 한정하던 고정관념이 더 이상 수용되지 않는 신시대, 열린 사회, 열린 생각이 상식으로 인식되고 있다.

여성들이 열정, 상상력과 창의력, 본능, 직관력, 무의식, 에너지 그리고 승화된 성적 에너지, 탁월한 정치적인 역량을 발휘하는 여성들도 많다. 그러나 과거에는 배터스비(Battersby)가 자신의 저서인 성과 천재성(Gender and Genius, 1989)에서 밝힌 바와 같이 유능한, 뛰어난, 재능이 있는 여성 천재들이 여성의 천재성을 육성하는 제도와 관습이 없었고, 주로 남성 우월의식을 합리화하는 제도들로부터 외면당했기 때문에 불행하게도 여성의 천재성을 실현할 수가 없었다(Kivy, 2001; 이화신, 2010, 365).

"오늘날 여성의 힘이 강해지고 있다. 그것은 팔뚝의 힘이 아니라 두뇌의 힘이다."라는 말이 여러 분야에서 사실로 나타나고 있다.

(6) 예술적 천재성

창조성과 심미성 그리고 영감과의 합성에 의해서 예술적 천재성이 표현된다. 이것은 편의상 키비(Kivy, 2001)가 창작 영감설(the inspiration theory of creation) 또는 천재 영감설(inspiration theory of genius)이라고 분류한 이론과 서로 관련이 있는 이론이다.

『일리아드』와 『오디세이』 그리고 푸치니와 베토벤, 요한슈트라우스의 작곡, 오페라 아리아, 세계적 명성을 자랑하며 열광적 감흥을 자아낸 세계 3대 테너(루치아노 파바로티, 호세 카레라스, 플라시도 도밍고)의 미성(美聲), 종합예술이라는 영화, 레오나르도 다빈치나 미켈란젤로가 그린 그림이나 조각 등의 예술 작품들은 예술적 천재성의 진면목을 느낄 수 있는 증거이다.

이 예술적 천재성은 탁월한 예술적 재능+창의성+심미성+상상력(영감)+지속적인 열정과 자발적이고 강박적인 몰입+열린 기회(open chance)가 융합되어서 진가를 발휘하는 것이다. 가드너의 다차원 지능론(MI)의 문제점은 이 예술적 천재성을 제외하고 음악 지능만을 포함시켰다는 것이다.

천재의 유형이 어디에 속하던지 간에 음악적 천재성은 첫째, 평가 개념이며, 둘째, 천재성이란 성격이고 기질이며 정의적 특성인 동기, 몰입, 노력, 목표지향성과 관련된 특성이기 때문에 그것이 "발현 못할 조건"도 존재한다는 것이다.

첫째, 천재성은 "내적"으로나 "외적"으로나 평가적인 개념이다. 내적으로 평가한다는 것은, 천재성은 그것이 작용하는 노력의 장(field)에서 최고로 높은 가치를 지니는 작품을 산출하는 기질이다. 우리는 어떤 사람이 그가 발휘하는 소질 분야에서 가장 수준 높은 경지의 창작물을 산출하지 않는 한 "천재"라고 인정하지 않는다. 외적으로 평가한다는 것은 "내적"으로 한 분야에서 최고의 경지에 도달하는 작품을 산출했더라도, 그 "분야"가 최고의 가치를 지닌 분야가 아니라면 그 사람을 천재라고 부르지 않는다는 뜻이다. 천재성은 어렵고 희소하게 나타나는 능력이라는 점에서 평가적인 개념이다.

천재성은 발휘하기에 적합한 필요충분조건이 갖춰졌을 때만 표출되고 성과가 나타난다. 음악적 천재성은 필수조건을 갖춘 적합한 사회, 교육적, 정치적, 문화적 환경 속에서만 위대한 음악 작품을 통해서 천재성이 발휘된다. 이런 의미에서 영재를 발견, 육성하는 과업에 대한 영재 교육에의 책무가 크다. 천재(성)를 발견하고 육성하는 환경의 필요충분조건과 걸림돌을 점검하고 적합한 대책을 마련하는 것도 국가, 사회, 교육, 문화적 책무이다.

(7) 수학 천재—컴퓨터로 증명한 수학 난제의 불편한 진실

"$x^n+y^n=z^n$에서 n이 3 이상의 정수일 때, 이 방정식을 만족하는 정수에 x, y, z는 존재하지 않는다. 나는 경이적인 방법으로 이 정리를 증명했다. 그러나 책의 여백이 너무 좁아 여기에 옮기지는 않겠다."

350년 넘게 전 세계 수학자들을 실의와 도탄에 빠뜨렸던 것으로 악명 높은 '페르마의 마지막 정리'다. 직각삼각형에서 직각을 낀 두 변(x, y)의 길이를 각각 제곱해 더하면 빗변(z) 길이의 제곱과 같다($x^2+y^2=z^2$)는 '피타고라스의 정리'를 확장한 방정식이다.

• 350년 동안 풀리지 않은 수수께끼
1637년에 프랑스의 공무원이면서 아마추어 수학자였던 피에르 드 페르마(1601~1665)는 당시 보급됐던 일종의 수학 문제집『아리스메티카』의 여백에 이와 같은 말을 적어놓았다. 페르마가 세상을 떠난 뒤 그의 아들은 페르마가 남긴 주석을 정리해『아리스메티카』를 재출판했다.

이 책에는 다양한 수수께끼들이 적혀 있었다. 시간이 흐르면서 모든 수수께끼가 풀렸지만 단 하나 '마지막 정리'만큼은 아무도 증명한 사람이 없었다. 레온하르트 오일러, 에른스트 쿰머 등 당대의 수학자들이 증명에 뛰어들었지만 모두 실패했다. 이에 독일의 수학자 파울 볼프스켈은 마지막 정리를 증명한 사람에게 자신의 재산 10만 마르크를 기부하겠다고 밝히기도 했다. 그의 유지에 따라 1908년 괴팅겐 왕립과학원은 '볼프스켈 상'을 만들었다. 이 상의 유효기한은 2007년 9월 13일까지였다.

페르마의 마지막 정리는 난공불락의 성이었지만 그 자체로 수학이 발전하는 데 지대한 공을 세웠다. 이 문제를 풀기 위해 수많은 학자들이 새로운 이론과 계산 방법 등을 고안해 냈기 때문이다.

수수께끼가 풀린 것은 1994년이다. 영국 출신 수학자 앤드루 와일즈가 주인공이었다. 프린스턴 대학교 교수였던 그는 초등학교 시절 우연히 접했던 페르마의 마지막 정리를 보고 이것을 풀겠다는 평생의 목표를 정했다고 한다. 1986년부터 외부와의 접촉을 끊고 7년 동안 연구에만 매진했다. 1993년에 문제를 풀었다고 생각한 그는 영국 케임브리지대 강연회에 나서 결과를 발표해 학계에 파장을 일으켰다. 이후 논문을 검증하는 과정에서 치명적 오류가 발견돼 1년 동안 수정 작업을 거쳤다. 1994년 10월 최종적으로 수정된 논문을 공개했다. 1997년 6월, 와일즈가 볼프스켈상과 함께 5만 달러의 상금을 받는 것으로 페르마의 마지막 정리에 얽힌 이야기는 끝을 맺었다.

• 컴퓨터가 증명을 대신하는 시대
페르마는 '책의 여백이 너무 좁아' 증명을 쓰지 못했다고 했다. 실제로 와일즈의 논문은 100페이지를 훌쩍 넘으니 페르마의 변명도 틀린 말은 아니다. 와일즈가 페르마와 사투를 벌이는 동안 사용했던 도구는 펜과 종이뿐이었다. 수학적 논리를 하나씩 쌓아올리는 작업이기 때문에 별다른 도구를 필요로 하지 않았던 것이다. 그 동안 대다수 수학적 증명은 이런 방법으로 이뤄졌다.

그러나 이와 같은 풍토도 바뀌고 있다. 1852년 영국의 아마추어 수학자 프랜시스 구트리에는 영국 지도를 색칠하다 한 가지 물음을 갖게 된다. 임의의 구획으로 나뉜 지도를 색칠할 때 인접한 구획을 같은 색으로 칠하지 않으려면 최소한 몇 가지의 색이 필요한가라는 의문이었다.

네 가지 색이면 충분한 것처럼 보였지만 모든 지도에 적용이 가능한지 증명은 해 낼 수 없었다. '4색 문제'라고 불린 이 문제도 오랜 기간 수수께끼로 남아 있었다.

100년이 넘는 시간이 걸린 이 문제를 해결한 것은 컴퓨터였다. 1976년 미국 일리노이대 볼프강 하켄과 케네스 아펠은 '네 가지 색으로 무한히 많은 지도들을 칠할 수 있다는 것을 증명하려면 1482종의 지도만 검증하면 된다'는 결과를 얻어 냈다. 이들은 컴퓨터를 1,200시간 동안 작동시켜

1482종의 지도를 네 가지 색으로 칠할 수 있다는 사실을 증명해 냈다.

수학계는 이 사건을 두고 "컴퓨터를 제외한 그 누구도 이 증명을 검증할 수 없다"며 불안감을 표시했다. 이후 수많은 증명이 컴퓨터로 이뤄지고 있는 상황이다. 수학자 로널드 그레이엄은 "컴퓨터에 리만의 가설이 맞는지 물어봤는데 컴퓨터가 '네, 맞습니다. 그런데 그 이유를 설명한다 해도 당신은 이해하지 못할 겁니다.'라고 대답했다면 이 얼마나 황당하고 기죽는 일이겠는가?"란 말을 남기기도 했다(이승우, 2012).

(8) 은둔형 천재

앞에서 몇 사람의 은둔형 천재에 관해서 간단히 소개했는데 여기에서는 자의반, 타의반 은둔형 천재, 즉 국외자(outsider)로 생활한 저명한 학자 세 분의 프로필을 다룬다(이영석, 2012).

여기에서 국외자가 학생, 청소년이라면, 다음과 같이 호소할 수도 있다. "도대체 왜 나는 이상하게 생겨서 모든 주위 사람들과 충돌하는 것일까? 왜 나는 친구나 선생님과 사이가 좋지 않을까? 그리고 다른 사람들과 어울리면, 낯설게만 느껴져서 그 속에 섞여 있는 것이 오히려 불편하고 혼자 있는 것이 더 편할까. 오히려 저 평범한 학생들과 동료들이 더 부럽다. 나는 왜 남이 생각하지 못하는 엉뚱하고 기발한 생각과 행동을 해서 웃음거리가 되는 지나도 괴롭다." 은둔형 천재들, 즉 국외자들이 어려움을 겪는 중요한 이유는 그들만의 독특한 정체성 혼란 및 위기(identity confusion, identity crisis)에서 경험하는 스트레스 때문이다. 그러나 부모나 교사가 이들이 경험하는 정체성 위기의 심각성을 알아차리고 상담, 개입, 조력해 주지 못하는데서 이들이 남몰래 겪는 스트레스는 더욱 가중되어 외톨이가 되어 고민을 하게 되어 우울증이 나타나고, 욕구좌절 감당력(frustration tolerance)이 약화되어 자살에 이를 수도 있다. 그리고 교육환경과 사회 제도가 이들 비범한 창의적 천재들을 제대로 맞이할 준비와 대책 및 식견 있는 전문가나 멘토가 부족하거나 이들의 비범한 특성과 차이에 대한 무지(無知)와 이들의 착상(idea)이 시대를 앞서가기 때문에 이들에게 필요한, 적합한 대응을 하지 못해서 나타나는 문제이다.

역사가들 가운데서도 은둔형 천재, 즉 아웃사이더(局外者, outsider)에 해당하는 인물이 적지 않다. 예를 들어 보면, 아놀드 토인비(Arnold Joseph Toynbee, 1889~1975, 역사학자)와 에드워드 카(Edward Hallett Carr, 1892~1982, 역사학자, 정치가)도 영국의 역사학계에서는 일종의 아웃사이더였는데, 특히 이 두 사람은 삶의 행로가 상당부분 겹쳐 있어서 흥미롭다.

『역사의 연구』(한글판으로 번역됨)로 유명한 토인비는 명문 기숙학교를 거쳐서 영국의 명문대학인 옥스퍼드대학교에서 고전학을 공부한 엘리트였다. 제1차 세계대전시기에 외무부에서 근무한 후에 그는 옥스퍼드 베이리올 칼리지의 고전학 튜터로 학자생활을 시작했다. 그러나 그의 학자로서의 삶은 출발점부터 엇나가기 시작했다. 칼리지 동료들이 그에게 적대적인 태도를 보였기 때문이다.

이에 실망한 그는 곧바로 런던대학교 킹스 칼리지의 비잔틴사 및 현대 그리스 담당 교수로 자리를 옮겼다. 그러나 이곳에서도 그의 삶은 순탄치가 않았다. 그 무렵 그는 그리스와 터키 지역을 여행하면서 몇몇 언론 지면에 기고한 글들을 묶어서 여행기를 책으로 펴냈는데, 그리스 군사 정부를 비판하는 일부 내용이 문제가 돼 교수직을 사임하기에 이르렀다. 교수직 기금을 댄 그리스 후원자들이 그 내용에 분노했기 때문이었다.

그는 외무부로 들어가서 국제문제연구소에서 1950년대까지 활동하다가 은퇴했다. 더욱이 1934년에『역사의 연구』처음 5권을 간행했을 때만 하더라도 영국 역사학계에서는 아무도 관심을 기울이지 않았다.

1940년대에 시대별로 두 권짜리 축약본이 출간돼 미국에서 큰 주목을 받은 뒤에야 모국인 영국에서 독자층의 관심을 끌었을 뿐이다. 그가 이처럼 외면당한 이유는 그의 역사 서술 방법이 실증적이고 경험적인 기존 역사학계의 전통과 달랐기 때문이다.

『역사란 무엇인가』의 저자로 우리나라에서 잘 알려진 에드워드 카 또한 토인비와 비슷한 이력을 보여준다. 케임브리지 대학교에서 고전학을 전공한 그는 외무부에 근무하면서 도스토에프스키의 바쿠닌의 평전을 서술해서 이름을 얻었다. 소비에트 러시아 관련 단행본을 여러권 출판하고 국제 정세에 관한 논설로 필명을 날렸지만, 학계에서는 시민권을 얻지 못했다. 토인비와 마찬가지로 직업 역사가 집단으로부터 따돌림을 당했으며, 그 결과 대학에서도 자리를 잡을 수 없었다.

1940년대까지는 제도권 하계에서 그의 이력은 짧은 기간 웨일스대학교의 애버리트위스트에서 정치학과 국제관계론을 강의한 것이 전부였다.

결국, 그는 토인비가 주관하던 외무부의 국제문제연구소(채텀하우스)를 출입하면서 저술 활동을 계속할 수밖에 없었다. 제2차 세계대전 시기에는 외무부로 복귀해서 일거리를 맡기도 했으며, 그 후에는 유력지「더 타임스」지에서 한동안 일했다. 신문사에서도 그는 동료들과 불화(不和)를 겪었다.

그 때문에 신문사에서도 논설위원을 끝으로 더 이상 승진하지 못했다. 소련 전문가로 필명을 떨쳤으면서도, 달리 보면 그의 삶은 좌절의 연속이었다.

그는 런던 대학교와 옥스퍼드 대학교의 교수직을 간절하게 원했지만, 그때마다 보수적인 대학 내 분위기와 냉전기의 시대 상황 때문에 번번이 교수직으로의 진출이 좌절되었다. 그가 제도권 학계에 가까스로 진출한 것은 나이 60이 넘어서였다. 모교인 케임브리지 대학교 트리니티 칼리지에 부임할 때도 그의 공식 직함은 연구교수였다.

그가『역사란 무엇인가』를 쓰게 된 경우도 일종의 아이러니다. 그에게 케임브리지 대학교 트리벨리언 강좌를 청탁한 동료들은 소비에트 현대사에 관한 개괄적인 내용을 강의해 줄 것을 기대했다. 그러나 그들의 기대와는 달리 역사학과 역사서술의 근본 문제를 탐색하는 야망을 드러냈다. 그는 이 강좌에서 역사적 사실(facts), 역사학과 과학, 인간관계와 우연, 개인과 사회, 객관성의 문제 등 자신이 오랫동안 성찰한 내용들을 다양한 사례를 통해서 설명했기 때문에 학계의 큰 반향을 불러일으켰다.

아마 저자인 카 자신도 "역사란 무엇인가"에 관한 강의 내용이 출판된 후에 전 세계적으로 많은 지식인들로부터 큰 관심을 불러오리라고는 생각하지 못했을 것이다. 그는 시대가 절실하게 필요로 했던 문제를 정면으로 성찰하려고 했으며, 바로 이점 때문에 독자층의 폭넓은 관심을 얻었다고 할 수가 있다(이영석, 2012).

본인들에게는 자의반타의반으로 국외자(局外者, outsider)의 위치가 괴롭고 불만이었으며, 스트레스 유발의 원인(stressors)이 되었지만, 오히려 그런 경험이 전화위복, 심기일전의 경험이 되었다면 너무 가혹한 표현일까. 국외자였던 이들이 후일 주류(mainstream)로 위상이 역전된 것은 천재들의 삶의 편린에서 흔치 않게 발견되는 사례이다(예: 피카소).

20세기 후반부터 지금까지 수학분야, 특히 대수, 기하학 분야에서 혁명적 변화를 가져왔을 뿐만 아니라 새롭고 획기적인 업적을 남기며 지대한 영향을 끼친 국적이 없는 유별나게 특이한 수학자인 알렉산더 그로텐딕의 생애를 소개한다(양재현, 2012).

그로텐딕은 1928년 3월에 독일 베를린의 유대인 가정에서 태어났다. 그의 부친은 1890년 러시아 국경지역에서 태어나서 15세 때 무정부군에 징용, 차르 제국에 대항해서 싸우다가 포로가 돼 무기징역을 선고받고 투옥 중에, 1917년 10월 혁명을 틈타 탈옥, 무정부군에 합류해서 정치활동을 했다.

그로텐딕은 필즈상 수상자인 로랑 슈바르츠의 지도를 받으며 함수 해석학을 공부해서 박사학위를 받았다. 1964년경에 필즈 상 수상자인 장 피에르 세르의 학문적인 영향을 받아 대수기하학에 관심을 갖게 됐고 몇 년 후에는 리만-로흐-힐제브르흐 정리를 일반화하며 새롭고 완벽한 증명을 해서 주위 수학자들을 놀라게 했다.

그는 1958년에 사업가인 L'eon Motchane에 의해서 설립된 사설 수학연구소 IHES에 교수로 초빙되어 1970년까지 12년 동안 대수기하학 분야에서 새롭고 혁신적인 연구 업적을 창출하여 세계 수학계에 흐름을 바꿨다. 그는 1966년에 필즈 상을 수상했다. 1960년대 초반부터 세계 각지에서 많은 유능한 수학자들이 IHES를 방문해서 그에게서 새롭고 혁명적인 이론을 배웠다. 이들 중에는 후에 필즈상을 수상한 맘포드, 히로니카, 델리네 등도 있었다.

그는 모교인 몽펠리에대학교에 교수로 초빙되어 1988년에 공식적으로 은퇴했다. 1980년대 초반에 수학계에 컴백하려고 anabelian 기하학과 갈로아-타이흐뮐러 이론에 관한 연구 주제를 프랑스 수학계에 제출했으나 그의 연구 테마는 수학계에서 제대로 인정받지 못했다. 1991년 그는 거주하고 있는 집을 버리고 극소수의 친지 이외에는 아무도 거처를 모르는 곳으로 속세에서 벗어나 떠나버렸다. 소문에 의하면 피레네 산맥의 어느 한적한 곳에서 명상을 하며 도인처럼 지내고 있다고 한다.

여러 관련 자료에 의하면, 그는 타협을 모르는 직선적인 사람이었다고 한다. IHES 제직 시절에 주위의 교수들과 원만하게 지내지 못했으며, 부르바키 학파의 회원들이 대부분 에콜 노르말 쉬페르외르(ENS)의 졸업생이었지만 그의 모교는 몽펠리에 대학이었다. 그는 ENS 출신의 수학자들에게서 따돌림을 받은 면이 없지 않다. 그는 1960년에 이런 미묘한 상황과 부르바카 학파의 운영에 관한 의견 충돌로 인해서 이 학파에서 탈퇴했다.

그로텐딕은 1948년에 베이유에 의해서 제기된 "베이유 추측"을 풀어내려고 노력했지만 애석하게도 성공하지 못했다. 그러나 그의 제자인 델리네가 1970년대 초반에 그의 이론과 고전적인 수학적 결과를 이용해서 "베이유 가설"이 옳다는 사실을 증명했다.

그는 몽펠리에 대학에서 학생을 지도하면서 또 한편으로 산속에서 채소를 재배하면서 움막집에서 살았다고 한다. 전해진 근황에 의하면, 신의 존재성을 받아들이며, 영적인 삶을 영위하고 있다고 한다(양재현, 2012).

또다른 은둔형 천재의 사례로 루트비히 비트겐슈타인의 불우한 생애를 소개한다.

철학자 루트비히 비트켄슈타인(Ludwig Witgenstein)은 그의 작품을 창작하는 사이에 우울증과 자살의 유혹을 느끼며 살았다. 비범한 음악가였던 그의 형은 1902년에 자살했고, 셋째 형은 1903년에 독약을 먹고 죽었으며 동생은 독일 패전 후에 자살했다. 가장 어린 동생(막내)들은 유명한 피아니스트로, 모리스 라벨(Maurice Ravel)이 그를 위해 작곡한 왼손을 위한 콘체르토를 증정받는 인물이 되었다.

'철학과 언어 사이의 연관성'이라는 현대 철학의 새로운 담론을 만든 루트비히 비트겐슈타인. 그는 20세기의 가장 영향력 있는 철학자라는 성과 외에 세속의 소유와 지위를 모두 거부하고 구도자 같은 삶을 살았던 것으로도 유명하다.

그는 1889년 4월 26일 오스트리아 빈에서 철강 부호의 8남매 중 막내로 태어나 막대한 유산을 물려받았지만 '돈은 철학하는 데 방해가 된다'며 친구와 형제, 가난한 예술가들에게 모두 나눠주었다. 병역 면제자였음에도 제1, 2차 세계대전에 스스로 참전해 죽을 고비를 넘기기도 했다. 인생 후반기에는 영국 케임브리지대의 교수 자리도 박차고 나와 젊었을 적의 생각에 문제가 많았다며 스스로 자신의 학문적 성과를 비판하는 연구에 몰두하다 가족도 없이 외롭고 쓸쓸하게 타계했다.

케임브리지 대학 시절 그에게 수학을 가르친 버트런드 러셀은 "비트겐슈타인을 알게 된 것은 내 인생에서 가장 충격적인 정신적 체험 가운데 하나였다. 그는 천재의 완벽한 전형"이라고 찬탄했다. 제1차 세계대전 중에 '논리철학 논고'를 쓰고 나서 모든 의문을 해결했다고 생각한 그는 단순한 삶을 살겠다며 시골 초등학교 교사의 길을 걸었다. 그러나 교사생활은 생각했던 것과는 많이 달랐다. 그는 결국 교사직을 그만두고 헛간에서 살면서 수도원의 정원사로 일했다.

세속적인 관점으로 따지면, 주류 중의 주류로 태어났으면서도 철저하게 아웃사이더(국외자, outsider)를 자처한 그를 친구들은 가만두지 않았다. 그는 결국 케임브리지로 돌아가 학위를 받고 교수가 되지만 제2차 세계대전이 발발하자 다시 전쟁에 자원해 병원에서 환자 수송요원으로 일했다. 종전 후 모교인 케임브리지 대학으로 다시 돌아가지만 '교수라는 허무맹랑한 자리'가 '생매장된 존재'처럼 느껴진다면서 교수직을 포기하고 아일랜드의 한 농장으로 낙향했다.

그리고 몇 년 뒤 전립선암 진단을 받은 그는 모든 치료를 거부하고 지내다 1951년 4월 29일 세상을 떠났다. 수줍음이 많았고 옷차림은 남루했으며 헛간 같은 집에서 살면서 끊임없이 자신을 세상의 아래로 끌어내렸던 그는, 자신의 철학을 쉽게 풀어달라는 친구의 말에 이렇게 답했다. "자신이 무슨 말을 하고 있는지 모를 때는 침묵하라."(동아일보, 2005. 4. 29)

학계나 문화계, 예술계가 어느 의미에서는 집단 이기주의와 동종번식(inbreeding)과 보수주의, 기득권 옹호 성향 때문에 천재들은 국외자를 만들고 국외자가 주류에 편입되지 못하도록 차별하고 배제하기 때문에 천재들이 육성되지 못하는 문제점이 있다. 이런 현상은 어제 오늘도 현재 진행형으로 발생되고 있다. 그래서 은둔형 천재가 되고 국외자인 이들은 '남몰래 흘리는 눈물'을 닦으며 다음과 같이 탄식하고 있다. 이 점은 오늘날 영재교육계에 시사하는 바가 크다.

"발견되지 않은 천재는 없다."(Ludwig, 1995)

천재성의 정의(함의), 유형, 천재성 발휘에 관한 필요충분 조건을 논함에 있어서 유념해야 할 사항은 역사, 문화, 예술적으로 성공한, 추앙받는 천재보다는 성공하지 못한, 실패한, 좌절한 무명(無

名, unnown)의 천재가 더 많다는 사실이다. 키비(Kiby, 2001)의 지적처럼, 이보다 더 우울한 소식은 성공하지 못한 무명의 천재들이 천재성을 표출하지 못한 이유들이다. 즉, 천재성의 표출을 촉진시키는 데 필수적인 사회, 정치, 문화, 예술적 체계가 존재하지 않았기 때문이 아니라, 무명의 천재들이 전술한 체계에 참여할 기회가 원천적으로 봉쇄되어 있었기 때문이다. 천재들의 특성을 10여 년 간 연구한 바 있는 정신건강과 의사인 루트비히(Ludwig, 1995)는 발견되지 않은 천재는 없다고 밝혔다.

이런 논지에 따라서, 잠재적인 무명의 천재성을 발견하여 대성하도록 이끌어 주는 안목과 식견과 전문성 있는 수문장 역할을 하는 멘토의 역할이 중요하다는 점과 동시에 현세(現世)를 들지고 은둔해서 살고 있는 무명의 천재들이 가까이 하기엔 너무 먼 당신인 영재 교육 기회에 보다 용이하게 참여하고 접근 가능하도록 문호를 더 넓힐 필요가 있다. 동시에 참여 기회에 방해가 되는 제도적이고 관료적 조건부터 제거해야 한다(예: 평준화 교육과 특성화 교육 문제와 현행 고교 교육이 대학입시를 위한 준비 교육기관으로 매몰되어 있어 고교 본래의 고유한 기능이 상실되어 있고 구호뿐인 전인 교육의 문제).

지금까지 논의한 천재들도 영재교육의 대상에 포함되어야 하며 우리나라 영재교육계에서 천재들을 판별(다면 평가), 교육시킬 수 있는 방안 마련과 자원을 활용하여 육성할 수 있도록 준비가 되어 있어야 한다. 영재교육을 한다면서 영재가 없는 영재교육이라고 비난받지 않도록 영재교육 기관에 대한 평가 시스템도 가동되어야 한다.

지퍼(Siefer, 2009; 송경은 옮김, 2010)는 재능의 문화사를 다루면서 다음과 같은 사례를 소개했다.

클레식 음악계와 문학 분야에서는 천재가 우세한 반면, 대중문화(특히 연예계)에서는 약물(마약) 중독자나 자살자, 염세주의자, (성 중독자)들이 지배적이며, 수학분야에서는 무위도식형과 (광기 증상 소유자). 패션과 향수 분야에서는 동성애 아웃사이더들이, 철학에서는, 이 세상과 동떨어진 사색가들이, 물리학에서는 뉴턴이나 아인슈타인처럼 인습 따위에 전혀 신경을 쓰지 않는 학자들이 두각을 나타냈다고 한다.

전술한 천재성의 유형에서 알 수 있는 매우 중요한 사실은 어느 분야나 영역에 속하는 천재이든 간에 천재성의 기원 또는 필요조건, 특성 중에서 가장 중요한 조건이 창의성, 독창성, 수월성, 비범성, 영성, 유용성, 공익성이다. 그런데 여기에서 창의성은 학문, 과학, 예술, 발명 그 자체가 아니라 이것들의 중재자이며, 촉매요인이고 이것들의 원인이고 결과이다. 동시에 창의성은 인지적, 정의적, 행동적, 기능적인 특성이다.

인류 역사와 문화의 발전과 진화는 이들 소수의 희소가치가 있는 창조적 천재들에 의해서 주도되고 변환되어 왔다. 그런데 이들 귀중한 창의적 천재들은 시대를 앞서가기 때문에 현실 생활에서 갈등과 충돌, 부적응자로서 스트레스를 많이 받으며 좌절 속에서 삶을 살아가게 된다. 따라서 고급인재를 필요로 하는 지식기반 사회(knowlege-based society), 창의성을 필요로 하는 사회에서 이 창의적인 천재들이 그들의 재능을 발휘할 수 있는 환경조성에 지혜를 결집하는 것이 필요하다.

천재(genius)와 영재(gifted)

국가와 사회, 과학, 학문, 교육, 예술, 의학, 산업 기술이 천재, 영재의 출현과 공헌을 원하는가, 왜 그런가, 천재의 출현을 필요로 하는 이유는 무엇인가, 수월성 실현을 위한 영재교육의 실제에서, 학계(교육계)와 예술 분야에서, IT나 생명공학, 산업기술 분야에서 잠재되어 있는 천재 발견과 육성을 위해서 과연 제대로 충분히 노력을 했는가, 그 이유는 무엇인가, 이들이 일정 기간 부여된 재능 개발을 위한 교육을 받은 인재라는 인증을 받은 후에 이들이 진출할 수 있는 진로는 열려 있는가, 발견되지 않은 영재는 없다고 하는데 영재 판별을 위한 노력을 제대로 누가 어떻게 하는가, 현행 영재 판별 절차에 문제는 없는가, 장애가 있는 영재(예: ADHD나 여성 영재, 다문화 가정 자녀 등)에 대한 교육 대책은 충분하며 영재 교육 담당 교사의 자질과 양성(연수 체제) 프로그램에 문제는 없는가, 영재 교육 프로그램 운영 현황 평가 절차는 적합한가, 영재가 없는 영재교육이라는 지적, 영재 학교에서 자살 사건이 빈번하게 발생되는 이유와 예방 대책은 어떻게 추진해야 하는가 등 검토가 필요한 문제는 많다.

천재나 영재는 진정으로 위대한 인물들이라는 사실은 역사, 문화, 학문, 예술, 기술적으로 이들이 이룩한 탁월한 공헌에서 확인할 수가 있다. 그러나 이들은 단순히 세속적으로 유명 인사, 챔피언, 올림픽 금메달리스트, 인기 배우나 대중 가수, 어느 특정 분야에서 대단히 성공한 전문가 또는 중요한 상 수상자가 아니다. 진정 위대한 인물이란 자신들의 독창적이고 독특한 남다른 방법으로 수정, 변환, 혁신하는 사람이라고 저명한 심리학자인 윌리엄 제임스가 말했다. 그들은 자신들의 분야에서 놀라운 위업을 성취한 사람, 달인(達人, masters), 초(超) 엘리트(the ultra-elite), 예술계의 거장(cirtuoso), 최상급의 인물들(creme dela reme), 극치, 천하 명품, 최고의 정상을 지향하는 슈퍼스타이며 그의 삶과 성취가 전설적인 것이 되는 사람들이고 대부분의 형태의 인간 성취가 측정되는 황금 기준(gold standards)을 대표한다(Ludwig, 1995; 김정휘 옮김, 2007, 306). 묘비처럼 그 사람의 업적, 생산물, 공적과 창작품은 그들을 개인적으로 확인하는 방식이 필요하다. 수월성은 수월성을 매료시킨다. 이 적합한 표현이 시사하는 바는 위대해질 운명을 타고난 인물은 자신의 재능과 수월성에 충복(servant)이 된다는 것이다(Ludwig, 1995; 김정휘 옮김, 2007, 313).

영새, 선재, 신동, 귀재 여러 가지의 호칭으로 회자되고 있지만 그들에게 재능이 있다는 것이 위대해지기 위한 충분조건은 아니다. 초·중·고교·대학 시절에 영재, 신동으로 알려진 인물 중에서 매우 소수만이 저명해지며 훨씬 더 소수가 위대함의 고리(heights of greatness)에 도달한다.

인간의 뛰어난 재능 육성, 개발, 이용에 식견이 있는 각계의 전문가들은 수월성 개발과 활용이라는 최고의 사회적, 학문적, 예술적, 산업적인 가치를 실현하기 위해서는 영재가 철저하게 훈련되고 자신의 특별한 재능 분야에서 터를 잡는 것이 요구된다는 것에 동의한다. 이것을 달성하는데 필요한 시간은 분야, 영역에 따라 다르다.

영재 교육은 그 자체가 수단이 아니라 교육의 목적이다. 영재 교육의 종착점이 어디인지는 예측할 수가 없지만, 그리고 반대론자들의 비판을 경청, 때로는 수용하는 열린 태도로 영재 교육을 추진해야 한다. 다만, 불량한, 병든, 나쁜 해악을 끼치는 지력의 등장과 영향력은 제어를 해야 한다. 현실적으로 이 시대에도 그러한 사건의 발생 위험성은 언제, 어디에서, 누구에게라도 시 공간을 불문하고 수단, 방법, 대상을 가리지 않고 예측 불가능한 상황에서 상존하고 있으며, 현재 진행형이다. 최근에 발생된 예로 미국 무역센터(US Traid Center)인 쌍둥이 빌딩이 테러에 의한 붕괴사고로 불특정 다수의 사람의 살상 사고—007 영화에서나 있을 것 같은 사고—등이 관련된 사례이다. 따라서 우리의 현재와 미래의 삶이 불안하고 스트레스로부터 자유롭지 못하다. 그 처방은 사람에게서 찾아야 한다. 인재 육성의 책무가 따라서 중요하다.

천재(성)의 함의

창의적 천재, 그들은 누구인가, 이 시대에도 천재가 존재하는가, 천재들은 평범한 사람들과 비교할 때 무엇이 어떻게 다른가, 19, 20, 21세기의 천재들의 모습은, 그들의 공적은 서로 어떻게 다른가. 우리가 존경하고 있고 닮고 싶은 천재들은 결점이 없는 완벽한 인물인가. 천재성의 기원, 즉 천재들은 천부적으로 타고 나는가 또는 육성 가능한 존재인가, 노력하면 천재가 될 수가 있는가. 천재들의 삶은 행복한가? 이러한 매력적인 문제들은 쉽게 해명이 안 되는 주제이다.

천재(성)은 학문적(심리학, 영재교육론, 정신건강의학, 지능 심리학)으로나 매스미디어(TV, 신문, 월간이나 주간 정기간행물)와 자녀교육에서 인기 있는 주제로 다뤄지고 있어서 많은 관련 서적이 범람하고 있고 관련 이론이 다양하게 제시되고 있다.

이러한 현상이 긍정적인 면도 있지만, 부정적인 면도 있어서 천재라는 말이 지나치게 과잉이 되어 오히려 진정한 천재상이, 즉 실존적인 천재들을 이 시대에 찾아보기 힘든 역설적인 상황이 전개되고 있다. 천재라는 말이 대중에게 인기 있는 주제로 다뤄지고 있는 상황에서 부정확하게 쓰여지고 있으며, 오해가 있기도 하다.

천재(성)의 본질에 관하여 다음과 같은 의문이 제기되고 있다: 창의적 천재, 그들은 어떤 존재이며, 왜 위대하며 존경받는 이유가 무엇인가. 그들은 어떻게 천재로 만들어 지는가. 이들은 천부적으로 타고 나는가, 아니면 특출한 재능이 피땀 어린 노력과 내공(內攻) 또는 훌륭한 멘토(mentor)의 지도에 의해서 육성되는가, 천재들은 보통 사람과 비교해서 무엇이 어떻게 다른가, 천재들의 진로는 어떻게 설정되는가, 천재들은 행복한 삶을 누리는가, 부모는 천재를 어떻게 길러야 하는가, 천재성의 기원은 어떻게 설명되고 있는가. 천재들은 결점이 없는 완벽한 인간인가. 그들은 어떤 스트레스를 받는가. 그들은 만족스럽게 학교생활을 하는가 등 여러 가지 문제가 제기되고 있다.

창의적 천재, 그들은 누구인가에 관해서 전문가들의 관점을 소개한다(Kiby. 2001; Albert. 1983; Gardner. 1993; Tannenbaum . 1983; Clark. 2008; Amabile. 1996; Ludwig. 1995)

천재성 또는 천재에 해당하는 인물을 어떻게 설명해 왔는가를 예시한다. 창의적 천재란,

(1) 어떤 신적인 천품(天稟, 타고난 기품)을 떠올리게 할 뿐만 아니라 서양에서도 이 용어는 정령이나 수호신〔守護神: 신과 인간 사이의 초자연적인 존재(demon)〕같은 영적 존재(spiritual entity)라고 생각했다.

(2) 고대에는 위대한 것을 창조하는 능력은 신(창조주)들에게나 속한 것이지 피조물인 인간에게 속한 것이 아니었다고 해석했다.

(3) 그러나 천재를 신비화하여 이해하는 것으로 만족해야 할까? 과연 천재성은 인간의 지성으로 실현, 접근, 불가해한 존재인가?

(4) 천재와 정신병이 백지 한 장 차이라고 보는 또는 천재성에는 광기가 동반된다는 천재 광기설

이 제안되고 있다.

(5) 천재성·창의성의 기원을 유전적인 내력이나 뇌 구조의 특이성에서 찾으려는 시도도 이뤄지고 있다. 그러나 천재성을 과학적으로 해명했다고 주장하는 이들에 대해 유보적인 태도를 견지한다. 이들은 천재성이란, 다양한 요소들이 결합되어 이루어지고 그 결합에는 우연성이 작용한다는 의견을 제시하고 있다.

(6) 천재성의 본질, 그것의 출현, 위대함(greatness), 천재들의 두뇌가 작용하는 방식 등은 아직까지 크나큰 신비로 남아 있다. 어쩌면 영원히 해명되지 않을지도 모른다. 왜냐하면 천재성이란, 다양한 요소들이 예외적이면서도 우연적인 결합으로부터 오는(발생하는) 것이고 그 요소들의 결합은 아마도 기이한 우연들 중 하나에서 유래하는 것이기 때문이다. 이 우연이란, 기적에 가까운 것이며, 본질적으로 세계와 인간의 정신을 명쾌하게 해명하려는 우리의 의지를 벗어날 수밖에 없다. 아마도 천재성에 관한 수수께끼는 앞으로도 오랫동안 계속될 것이다.

(7) 천재들은 자기중심적인 편집광, 쉴 새 없이 무엇인가를 창조하는 사람, 상상력이 풍부하면서도 끈기 있는 다산성(多産性, productivity), 명석한 두뇌와 강렬한 개성의 소유자이다. 이들은 자기 분야의 결코 타의 추종을 불허하는 불멸의 족적(위업)을 남겼고 우리는 지금도 그 자취를 발견할 수가 있다.

(8) 천재, 즉 창조적 인물은 독창적이고 불안(우울)하며 자신의 작품에 사로잡혀 있고, 극단적인 경우에는 광기(madness)에 가까이 가 있는 성격 장애자이다(Brenot, 1997; 김웅권 옮김, 1998, 8). 브레노의 이 설명은 『천재와 광기』라는 저서에서 많은 천재들에게서 광기가 발견된다는 점을 밝히고 따라서 천재와 광기 사이에 유사성, 복합성(겹치기)과 배합되어(뒤섞여) 있음을 주장했다.

(9) 천재는 자연의 순수한 증여물이다. … 천재는 보는 데 그치지 않고… 그는 예술·학문·사업에서 감동을 받는다. 천재는 사물의 특징을 바꾸고 그의 성격을 그의 손이 닿는 모든 것 위에 확장되며, 과거와 현재를 넘어 뻗어 나가는 그의 빛은 미래를 밝혀 준다. 그는 그를 따라올 수 없는 자신의 세기를 앞서간다. 천재는 비범하여 순간에서 벗어나 있고 그의 시대에서 벗어난 인물이다. 그가 소유한 위대한 총명함은 그를 망상가 같은 비전을 지닌 인물로 만든다.

(10) 천재의 통찰력은 날카로운 인식력과 독창적인 분별력을 통해 동시대인들 위에 그를 올려놓는 자연의 증여물이다. 천재가 나타나는 것은 은총의 순간이며, 하늘의 선물이고 자연의 영감이며 자발적이고 예측을 불허하는 발견이다. 우리는 언제나 천재와 재간꾼, 영감과 상상력, 창의력과 모방이라는 고전적인 이분법 속에 있다. 천재는 자신의 시대 그리고 현세(現世)와 단절되어 있고 또한 역사와도 단절되어 있다. 그의 영감은 심층적이고 지속적으로 사유의 양식에 방향을 제시하는 형태로 예술·학문·문학을 새롭게 한다.

(11) 천재성은 번뜩이는 섬광(閃光)이며 혁명이고 그는 갑자기 초인적인 차원을 나타낸다.

(12) 천재적 인간은 그의 동시대 인물들과는 다른 사람(outre)이다. 그는 규범에서 벗어나며 특출한 인물이다. 이것이 그를 자주 소외—문자 그대로 타자(devenir outre), 국외자(outsider)가 되는 것—와 광기에 접근시키게 되는 것이다. 천재는 사상·테크닉·사건을 창조하는 자이다.

(13) 천재란, 예외적으로 천부적(타고난) 재능을 소유한 창조적이고도 독창적인 인물이라고 프

랑스의 정신과 의사는 스공(Segond)은 주장했다.

(14) 천재는 모든 사람들을 닮은 바 있지만 아무도 그를 닮을 수는 없다. 즉, 천재는 다른 사람들이 가지고 있는 평범한 자질들을 다 갖추고 있기 때문에 그는 모두를 닮을 수가 있는 것이다. 그러나 그만이 갖고 있는 특별하고 독창적인 자질을 보통 사람들은 가질 수 없으므로 아무도 그를 닮을 수 없는 것이다. 즉, 그의 재능이나 명성 또는 업적, 위대함은 타의 추종을 불허한다고 할 수 있다.

(15) 천재성과 광기(광기, madness)는 동일한 인격 구조의 표현이며 동전의 양면과 같다. 광기의 체험은 천재성, 창의성에 영향을 끼친다는 것이고 반대로 천재성, 창의성은 광기를 완화시킨다는 것이다.

(16) 천재란 비전을 지닌 자이고 계시된 자이며 언제나 예언자이다.

(17) 천재성, 창의성, 예술성에는 광기가 동반하는가? 또는 적과의 동침인가?

(18) 천재란 평범한 보통 사람들이 이해하지 못한 것들을 이해하는 사람이다.

(19) 천재란 직관의 가치를 굳게 믿는 사람들이다.

(20) 위대한 천재적 창조자들은 눈을 뜬 채 무의식에 몰입하여 꿈을 꾸는 사람들, 꿈속에서 별을 보며 걸어가는 현실과 동떨어진 존재들이다.

(21) 천재는 개인적이고 독특한 방식 고전적인 규칙들과는 종종 들어맞지 않기도 하는 파격적인 방식으로 창조를 하는 사람이다.

(22) 천재는 자기가 선택한 것의 가치를 신속하게 파악한다.

(23) 고대 그리스인들은 천재는 신들로부터 직접 재능을 부여 받은 사람이라고 생각했다(Clarke, 2002; 이세진 옮김, 2003, 175). 브레노에 의하면 여기에 해당하는 인물을 다음과 같이 예시했다: 랭보, 슈만, 괴테, 반 고흐, 모차르트, 헤밍웨이, 발자크, 플로베르, 니체, 미켈란젤로, 루소, 시므농, 피카소.

브레노(Brenot, 1997)의 이러한 해석은 시대를 앞서가는 삶의 방식, 상상력, 창의력의 면모를 묘사한 것이고 아울러서 그의 실존적 존재가 전 시대와 동시대의 가치, 문화, 삶의 양태와 연결되어 있지 않음을 시사한 것으로 판단된다. 이 정의에서 천재성은 타고난 재능이며 창의적 개념이 등장했다는 것을 주목할 필요가 있다.

(24) 천재성의 개념은 지능과 창의성의 궁극점(extreme ends)을 정착시키는 데 이용될 뿐만 아니라 천재는 기본적으로 광적이고 영감을 받았으며 행동과학, 사회과학의 기법으로는 거의 이해할 수 없이 아주 특이하고 존귀(尊貴)한 존재이다. 인간의 노력, 희망, 생애 따위가 절정에 도달한, 실현한 존재이다. 그리고 과거와 단절된 참신한 사고방식과 매우 탁월한 창의적인 성취를 하는 인물이다. 천재성은 예견할 수가 없다(Albert, 1980; 김정휘 옮김, 2002, 33).

(25) 옥스퍼드(Oxford) 영어 사전에는 천재(성)을 다음과 같이 설명했다.

① 예술, 사고(생각의 탄생), 실행 등 어느 특정 분야에서 위대한 것으로 존경받는 인물들에게 속한 것과 같은 고귀한 유형의 지적 능력, 상상력이 풍부한 창작, 독창적인 생각, 발견과 발명의 특출한 능력으로서 재능과 대비된다.

② 좀 더 세련된 정의로는 ⓐ 안내자의 영혼으로서의 천재, ⓑ 특징적인 성품과 천부적인 성향으로의 천재, ⓒ 천부적인 능력 또는 내재적 능력을 발휘하는 천재

③ 각각의 인물에게 개인적으로 구체화되어 있는 수호신

④ 비범하고 창조적인 힘으로서의 천재로서 천재성과 비범한 재능 사이에 구분은 없다.

(26) 천재들은 영감에 의해서 창조를 하는, 신을 사로잡거나 신에게 사로잡힌 자이다. 천지창조를 작곡한 헨델의 감동적인 이 명곡은 신으로부터 영감을 받아서 작곡을 했음을 인정할 수가 있다. 여기에서 전자를 적극적인 의미로 서의 천재를, 신에게 사로잡힌 자로서의 천재는 소극적 의미의 천재성을 뜻한다고 했다(Kiby, 2001; 이화신 옮김, 2010, 60).

(27) 천재는 숭고하게 태어나는 것이지 가르쳐서 만들어지는 존재가 아니다. 여기에서 숭고함이란, 심오함, 정신의 고매함, 생각의 고상함을 갖춘 인물로서 또는 소유한 능력이라는 의미인데, 이것은 학습된 능력이 아니라 타고난 재능이다.

(28) 천재는 신을 사로잡은 자(the possessor)이기도 하며 신에게 사로잡힌 자(the possessed)이다. 즉, 타고난 천재성의 기원이 창조주이신 신(god)의 섭리에 의해서 부여받은 재능(gifted)이라는 것이다. 한림대 석좌교수인 정범모(2003) 박사는 창의성에 관한 책에서 인간은 기본적으로 신으로부터 창의성을 부여받았으면서 동시에 창의성을 발휘하는 영리하고 지혜로운 존재라고 해석한 바가 있나.

(29) 천재는 창조의 주체로서 그리고 창조의 매개체로서 그 특성과 역할, 업적, 성과, 평가적 개념으로 천재를 자리매김할 수가 있다.

지금까지 전술한 천재의 정의 중 중요하다고 생각되는 함의를 간추려 소개하면,

(1) 예외적, 특출한, 비범한, 혁신적인 존재이다가 천재와 동의어로 쓰인다.

(2) 비범한 재능은 타고나며 인간 발달 면에서 조숙하다.

(3) 동시대·전시대 인물들과는 다른 사람이고 다른 삶을 살기 때문에 소외되어 있다. 가드너는 『창의적 지성(creative minds)』(1993)에서 천재들은 그 시대의 주류 세력으로부터 자의반, 타의반 소외되어 있어서 주변인(outsider)으로 머물러 있다가 후일 주류세력의 중심이 된다고 했다.

(4) 착상(idea), 테크닉, 기회, 지식을 창출해 내는 인물이다.

(5) 공적이고 광범위하며 지속적인 인정, 공증을 받는다.

(6) 행동, 성격, 동기 특성이 창의적이고 독창적인 인물이다.

(7) 광기와 같은 정신 질환이 수반되기도 한다.

(8) 생산적이고 탁월한 업적

(9) 연속적인 장기간의 업적과 그에 따른 결정적인 개인적 역할

(10) 업적의 발전 가능성

(11) 인지적, 예술적, 사회적, 신체 운동 기능적(예: 손재주) 도덕적, 창의적인 영역에서 수월성이 뛰어남

(12) 조숙함, 스스로 깨우침, 숙달을 향한 열정, 과제 집착력, 성취동기, 자아 효능감, 최고·완전을 지향하는 인물이다.

(13) 삶에서 목표 설정, 자아 정체감이 확고하다.

(14) 욕구 좌절 감당력(frustration tolerance), 역경 극복 역량(resilience), 스트레스 대처 능

력이 뛰어나거나 취약하다(예: 베토벤, 호킹, 다빈치와 에디슨, 장영실).

(15) 정보처리 능력이 우수함

(16) 천재성을 타고난 사람들은 사춘기를 되풀이하며 경험한다. 천재들의 특징이기도 한—이들은 영원한 젊음의 대가—천재적인 창조자는 다른 사람들보다 더 오랫동안 반복해서 청년기의 우여곡절, 즉 자아 정체성의 혼돈과 위기(예: 마약 중독, 종속성, 비장한 이상주의에의 성향, 정신분열증, 강박성 신경증, 우울과 불안, 편집증, 이성애에 의한 갈등, 자살충동)를 경험하고 괴로워한다.

(17) 소수의 일부 사례에서 나타나지만 가계 혈통에서 불행, 사건·사고 등 해악(害惡)을 초래하는 불량 가계(혈통)가 있다.

(18) 비전(vision)을 지닌 자이고, 언제나 예언자이다. 선견지명이 있다.

(19) 천재성은 시대 초월적이고 초자연적이며 선험적이라는 점에서 보통 사람들에게서 보이는 것과는 차원이 다르다. 천재는 타고 나는 것이지 후천적인 노력에 의해서 형성되는 것이 아니다(심상용, 2003, 30).

(20) 천재의 전형으로서 삶과의 불화를 지적할 수가 있다(심상용, 2003, 32).

(21) 천재들은 남들보다 먼저 보고(발견하고) 남들보다 먼저 생각해 낸다(先知先見).

천재(天才, genius)와 교육계에서 선호하는 영재(英才, gifted)라는 말의 용어상의 함의의 차이를 예시한다.

영재는 결과적으로 매우 뛰어나다는 의미이다. 즉, 영재는 태어난다기보다는 길러진다. 예컨대, 노력, 교육, 훈련, 기회, 내재적 성취동기, 멘토와의 만남, 어떤 교수-학습 기제, 각성, 몰입, 여러 가지 촉매 요건들, 부모의 희생, 본인의 인지적, 정의적, 예술적 소질, 연습량, 진로 등에 의해서 육성된다고 해석된다. 즉, 보통 사람의 위대한 이야기일 수가 있다.

천재는 천부적 소질론(天賦的 素質論), 즉 태어난다 또는 후천적인 노력에 의해서가 아니라 타고난다는 의미가 강하다. 이른바 위대한 사람의 위대한 이야기, 희소가치가 있는 진성 천재(眞性天才, truth genius, truth gifted), 초 엘리트(ultra elite)가 그 주인공일 수가 있다. 이 천재들은 시작(출발)부터, 즉 생의 초기(어린 시절)부터 매우 탁월했다. 이들의 공통점은 조숙성을 보이는 것인데 따라서 신동(prodigy)이 태어났다고 화제의 주인공이 되기도 한다. 천재급 인물들이 독학으로 놀랍고 매우 뛰어난 인간의 수준을 뛰어 넘은 위업(偉業)을 발휘한 사례를 발견할 수가 있다.

레오나르도 다빈치, 볼프강 아마데우스 모차르트, 루트비히 반 베토벤, 뉴턴, 존 폰 노이만, 미켈란젤로, 장영실 등의 천재들은 사회가 우리를 알아주지 않는구나 하고 탄식하기도 하는데 그래서 천재들의 삶이 반드시 행복하지가 않은 것 같다.

천재성과 재능(talent) 사이의 구분은 없다.

천재는 죽었다. 따라서 천재가 없는 또는 천재가 존재하지 않는다는 주장을 심상용(2005, 5, 7, 21)은 하고 있으며 그 근거를 다음과 같이 제시한 바 있다.

① 진실을 보여 주는 천재의 개념 자체가 신화이며, 허구라는 의미이다. 천재성의 시효가 상실되

었다.

② 현대가 천재의 생존 조건에 매우 부적합하기 때문이다.

③ 탁월한 인간, 인간을 넘어서는 인간으로서의 천재는 휴머니즘의 오랜 역사가 잉태한 야망의 산물에 지나지 않는다.

④ 천재란 르네상스로부터 낭만주의 시대에 이르는 동안 심화되어 온 인간에 대한 과도한 기대가 낳은 하나의 발명과 착상(idea)이었던 것이다.

⑤ 예술과 예술가들은 인간에게 진리의 부분들을 현시(顯示: 나타내 보임)하곤 했던 심오한 지식으로부터 멀어졌고, 위대한 정신과 그것을 향한 지향을 등졌다.

⑥ 예술가들 대신, 자신의 이미지만을 경작하는 자기현시주의자들이 되어 버렸다.

⑦ 예술가들이 출세, 부귀, 축재, 입신양명에 쉽게 영향 받고 상처받으며, 예술을 이용한 출세주의나 냉소주의로 전향한다. 따라서 그들은 개인적 성공에만 매료되고 희생할 능력이 없으며 재산 축재 이외에는 아무것도 믿지 않는 성향으로 재편해 간다. 욕망과 물신주의, 믿음 같은 것들은 결코 가치중립적인 개념이 아니다.

⑧ 천재가 죽었다고 진단한 또 다른 이유는 천재성과 예술이 상업주의와 영합하여 예술과 비즈니스가 동반자가 되면서 대성공을 거둔 예술가의 신화가 불가피해졌던 것 이다.

참고 문헌

고빛샘 옮김. (2010). 창조의 순간: 새로움은 어떻게 탄생하는가. 서울: 21세기북스. (Boden, M. A., (2004). *The Creiative Mind*. David Higham Association Limited.)

김웅권 옮김. (1997). 천재와 광기. 서울: 동문선. (Brenot, p., Ce. (1997). n Génie et la Folie.)

김용관. (2010). 생각의 진화. 서울: 국일미디어.

김정휘·주영숙·문정화·문태형. (2004). 영재학생을 위한 교육: 교사와 부모를 위한 지침서. 서울: 박학사.

김정휘. (2005). 천재들의 창의성과 광기의 관련성 연구(I, II). 학생 생활 연구. 제27집. 춘천교육대학교 학생지원 상담소.

김정휘 옮김. (2007). 천재인가, 광인인가: 저명인사들의 창의성과 광기의 연관성 논쟁에 대한 연구. 서울: 이화여자대학교 출판부. (Ludwig. A. M., (1995). *The Price of Greatness: Resolving the Creativity and Madness Controversy*. New York: The Guilford Press.)

김정휘 편저. (1993). 英才 學生, 그들은 누구인가. 서울: 교육과학사.

김정휘. (2001). 영재성 발달에 영향을 끼치는 가족의 역할—영재 자녀는 부모가 만든다. 서울: 교육과학사.

송경은 옮김. (2010). 재능의 탄생. 서울: 타임북스. (Siefer, W., (2009). *Das Genie in mir: Warum Talent erlernbar*. Frankfurt: Campus Verlag GmbH.)

심상용. (2005). 천재들은 죽었다. 서울: 아트북스.

양재현. 수학 이야기 II. 은둔 수학자 그로텐딕. 영성 찾아 피레네 골짜기로 숨어 버린 대수 기하학의 거인. 교수신문. 2012. 12. 3.

윤세미 옮김. (2007). 두뇌, 살아 있는 생각. 서울: 룩스미아.

이승우. 컴퓨터로 증명한 수학 난제의 '불편한 진실', 한국경제신문, 2012. 4. 28.

이영석. 아웃사이더와 학문. 교수신문. 2012. 9. 17.

이예원 옮김. (2010). 천재적 광기와 미친 천재성: 정신질환과 천재 성사이의 교차점. 서울: 시그마북스. (지오신산(趙鑫珊). (2007.) 天才⽆瘋子. 江西人民出版社.)

이화신 옮김. (2010). 천재: 사로잡힌 자, 사로잡은 자. 서울: 쌤 앤 파커스. (Kivy. P., (2001). *The Possessor and Possessed*. Yale University.)

정범모. (2003). 창의력이란 그 실체와 육성(교육포럼 21). 경기도: 교육과학사.

정준희 옮김. (2007). 위대한 생각의 발견: 역사상 가장 위대한 천재들의 생각 기술. 서울: 추수밭.(Gelb, M. J., (2003). *Discover Your Genius: How to Think Like History's Ten Most Revolutionary Minds*. New York: Harper Collins Publishers, Inc.)

Albert, R. S., (Ed.) (1983). *Genius and Eminence: The Social Psychology of Creativity and Exceptional Achievement*. Oxford: Pergamon Press.

Amabile, T. M., (1996). *Creative in Context*. Westview Press.

Andreasen, N. C., (2005). *The Creating Brain: The Neuroscience of Genius*. New York: Dana Press.

Colangelo, N., & Davis, G. A., (Eds.). *Handbook of Gifted Education*. Boston: Allyn and Bacon.

Kivy, P., (2001). *The Possessor and The Possessed*. Yale University Press.

Berns, G., (2008). *Iconoclast: A Neuroscientist Reveals How to Think Differently*. Harvard Busines School Publishing Corporation.

Karnes, F. A., & Stephens, K. R., (2008). *Achieving Excellence: Educating the Gifted and Talented*. New Jersey: Pearson Merrill Prentice-Hall.

사회적 구성요인으로서 영재성

교육 분야 내에서, 영재성이 인지적인 구성요인이 아니라 사회적 구성요인라고 주장하는 학파가 있다(Pendarvis & Howley, 1996; Sapon-Shevin, 1987, 1994). 그들의 주장은 영재 교육자들이 지능을 근거로 집단을 구성함으로써 영재성 개념을 "구체화"하는 것에 대한 우려를 반영했다(Borland, 1996, p. 134). 볼랜드(1997)는 "영재성이 자연적 사실이나 교육자들이 발견한 사실이 아니라 사회적으로 구성된 개념"이란 것에 동의했다(p. 6). 그는 의무교육에 의한 사회적 환경과 "지능검사의 만연하는 쓰임새"가 인지적 요인에 의한 지능 개념을 형성했다고 믿었다. 지능과 영재성의 구성요인을 둘러싼 논쟁은 심리적이고 과학적 문헌에서 특이한 용어를 도입한 이들 저자의 논문과 밀접하게 연결되어 있다. 인지적 구성요인들은 "영재들과 그 나머지 사람이란 두 부류의 인간이 존재하는 사례 연구이고 존재론적인 양분법" 때문에 비판의 대상이 되었다(Borland, 1997, p. 9). 사폰-쉐빈(Sapon-Shevin)은 우리는 "영재를 위해 고안된 학교 교칙과 정책, 합법적이고 교육적인 관행이 없다면, 이들 범주는 더 이상 존재하지 않을 것이다."라는 사실을 인정해야 한다고 주장했다(Sapon-Shevin, 1994, p. 17). 비록 그녀가 학습하는 방법과 속도에 대한 개인차를 인정했지만, 범주가 "다양한 이유 때문에 이 방식으로 학생을 측정하고 선택하며 분류하는 체계"의 요구 때문에 존재한다고 주장했다(p. 18). 볼랜드와 사폰-쉐빈의 경우, 영재란 범주의 탄생은 단지 지능검사의 잘못된 사용일 뿐만 아니라 연속체로서 능력, 능력들이 나타나고 기록되는 다양한 방식, 차별된 집단의 구성에 대한 경험적이고 교육적인 요구를 반영하는데 실패한 불필요한 양분법이다.

연구에서 계속되는 의문과 주제

영재성의 발달에 대한 이해

영재의 특성에 대한 이해는 대체로 터어만과 지능검사를 연구 대상을 선정하기 위한 기준으로 사용했던 다른 연구자들의 연구를 따르고 있다. 추가하여, 영재성에 대해 알고 있는 것은 대부분 집단 자료에서 나온 것들이다. 크래밴스(Cravens, 1992)는 터어만의 시대(Terman's time)를 다음과 같이 묘사했다.

> 개인은 자연이나 사회가 그들에게 부여한 집단을 떠나서 이해될 수 없었다. 터어만과 그의 연구원들에게 개인을 개인으로서 논의하는 것은 아무 의미가 없는 일이었기 때문에, 개인들에 관한 한 그들이 속한 집단을 제외하고 개인의 존재란 있을 수 없으며 이 경우 자신의 집단에서 분리된 천재들의 집단이 된다(pp. 187-188).

터어만의 시대와 1970년대 사이에 수행된 연구들은 여전히 이런 맥락을 유지했다. 로우(Roe)와 토랜스(Torrance)의 창조적인 사람의 특성에 대한 연구에서 같은 경향이 유지되어 집단 간의 특질을 찾았다. 이 목적을 위해, 영재성에 대한 대부분의 연구는 어떤 과정으로 현재의 그 사람이 되었는가 보다 현재 그 사람의 상태에 집중되었다. 그루버의 다윈(Darwin)에 관한 연구(Gruber, 1981)와 펠드만의 신동에 관한 연구(1991)가 기존의 틀을 깨고 사례 연구, 특출한 사람에 대한 질적 조사를 시작하여 주변환경과 영재성의 발달에 사이의 유관성(有關性)과 관련된 가설을 세울 수 있도록 했다. 가드너의 최근 연구(1993b)와 펠드만, 칙센트미하이(Csikszentmihalyi), 가드너(1994)의 연구는 이런 연구를 체계 모형으로 확대했고 체계 모형은 인간과 그 특성 및 특정 영역("주어진 분야와 관련된 형식적으로 조직된 지식의 체제"로 정의된[p. 22])의 발달 상태, 영역들의 참여자(이들은 영역의 구조에 영향을 주는 사람으로 교사, 비평가, 교육과정의 동료들이다.)를 포함하고 있다. 그들의 모형에 대한 분별력 있는 질적인 연구와 주의 깊게 고안된 양적 연구를 결합하면, 영재성의 발달에 영향을 주는 요인들의 복잡한 상호작용에 대한 이해를 촉진시킬 수 있는 잠재력을 가지고 있다. 월버그와 그의 동료들(Wallace & Walberg, 1987; Filippelli & Walberg, 1997)은 영재성의 사례 연구를 이용하는 방법을 찾는데 기여해 왔고 그런 연구에서 개인의 인지적이고 개성적 특질이 환경적 상황과 동적인 상호작용을 이해하게 된다. 비록 대부분의 연구가 그들의 성취가 명백하게 영재성을 지닌 행동으로 인정된 탁월한 사람들을 설명하기 위해 회고적으로(역사적 자료를 이용하여) 수행되어 왔지만, 생성된 모형들에 의해 탁월성(eminence)의 발전에 대한 원동력을 이해하기 위한 더 중량감 있는 연구의 가설을 세울 수 있다.

적합한 교육적 개입의 개발

확실하게, 볼랜드(Borland, 1997), 사폰-쉐빈(Sapon-Shevin, 1987, 1994) 외에 많은 영재성이 오직 사회적 구성요인라고 믿는 사람들이 주장하는 것처럼, 특권을 가진 엘리트 집단의 구성과 능력별 학급편성의 관행처럼 학생들을 분류하는 것과 관련하여 지능검사를 사용하는 것은 의심스러운 부분이 많이 있다. 그러나 그들의 주장은 그와 같은 구성요인이 만들어지는 이유에 내재된 의문에 대해 알지 못했다. 첫째, 영재란 호칭이 최근에 도입된 것이지만, 사회가 그 이전에도 재능을 발견하고 육성해 오지 않았을까 하는 것이다. 더 나아가, 비네나 터어만 또는 지적 또는 인지적 정보자료 처리를 연구했던 다른 많은 심리학자들이 엘리트 사회(elite society)를 만드는 것이나 부모들에게 자신의 자녀에게 특별한 특권을 만들어 줄 수 있는 수단을 제공하는 데 관심을 가졌었다는 사실을 믿을 수 있는 이유는 어디에도 없다. 비네는 개인 간의 수행과 능력의 차이를 연구하여 불리한 상황에서 자라는 아동에게 적절한 교육적 도움을 주려는 것이었고, 터어만의 의도는 수준 높은 인지적 기능을 가진 학생의 발달을 이해하려는 것이었다. 만약 학교가 존재하지 않는다면, 우리는 더 적은 숫자의 학생들에게 학습 장애자나 영재란 호칭을 부여할 것이다(Sapon-Shevin, 1994), 그러나 학교는 존재하고 있고 우리는 어떤 학생들은 학교 공부를 힘들어하는데 어떤 학생은 전혀 어려움을 느끼지 않는다는 사실을 알고 있다. 학교가 일관되게 지속적인 차이를 인식하고 개인의 요구에 맞추어 학교 수업을 조정한다면, 그리고 학교가 더 광범위한 개념에 따라 능력을 발견한다면, 아마 우리의 아동을 분류할 이유가 대단히 크게 줄어들 것이다. 아동이 적절한 어려움에 처하지 않는다면 그들을 분류할 이유가 있을까? 아동이 수준 높은 능력을 가지고 있다고 주장하는 사람들에게는 분류에 대한 필요성이 크게 작아질 것이다(Borland, 1994). 교육자들과 심리학자들에게 새롭게 등장하는 문제는 지능과 영재성에 대한 개념과 이해의 범위를 넓히기 위한 이론과 연구의 나아갈 길을 단단히 다짐으로써, 교육적 프로그램과 교육과정이 교육적 요구사항을 평가하고, 자신들의 동기들과 구분되는 능력을 보이는 학생들을 포함한 모든 학생들에게 적정한 수준의 과제를 부여하는데 적합하게 되도록 하는 것이다. 우리는 더 이상 지능검사 점수가 누가 영재인지 또는 영재성에 의한 행동을 보여 줄 것인지 말해 준다는 가정에 만족할 수 없다. 우리의 목표는 인지적 능력과 교육법에 걸친 차이와 이들 차이들의 관련성을 이해하여 모든 아동들이 자신의 모든 잠재력을 개발할 수 있도록 해야 한다는 것이다.

불행하게도, 영재성의 정의와 그것의 지능과의 관련성에 대한 많은 연구는 교육적 프로그램이나 관행에 대한 연구들과 몇 가지 주목할 만한 예외를 제외하고 동떨어져 있다. 스탠리(Stanley)와 그의 동료들은 비록 일반 지능이란 개념을 거부하고 수학적 추론의 특수한 영역에 집중했지만, 대학 평가위원회 학업 적성 검사(SATM 현재는 학문적성검사 SAT로 불림) 점수가 대단히 우수한 중학생 연령의 학생들에게 수학교과 과정을 월반하는 것이 그들이 조기에 고등학교와 대학 과정을 마치도록 자극할 수 있는 좋은 전략이 될 수 있다는 사실에 대해 상당한 증거를 제시한다(Stanley & Benbow, 1986). 두 가지 유형의 월반을 스탠리와 그의 동료들이 수학적 천재성을 가진 젊은이(SMPY)들에 대한 연구의 일부분으로 고려했다. 초기 연구는 정상 기간보다 빠르게 수학 과정을 마치고 대학에 조기 입학한 사람들을 수년간 추적하여 학문적 성취와 사회 적응에 대한 증거로 제시했다(Benbow, Lubinski, & Suchy, 1996; Stanley, 1996). 두 번째 유형의 월반은 존 홉킨스 대학의 학문적 재능을 지닌 청소년의 향상 센터(Center for the Advancement of Academically Talented Youth)에 의한 연구로 처방적 수업에 수반되는 진단용 검사(DT-PI. Diagnostic Testing followed by Prescrptive Instruction)로 알려져 있다. 벤보우(Benbow, 1986)는 DT-PI 모형을 다음과 같은 일련의 단계로 이루어진 월반 프로그램으로 묘사했다.

1. 적절한 표준 검사를 통해 학생의 현재 지식 수준을 결정
2. 검사 문항을 분석하여 부족한 부분을 식별
3. 식별된 약점을 극복하고 학생이 두 번째 유형의 검사를 완벽하게 수행할 수 있게 하는 교육 프로그램의 고안

4. 더 높은 수준의 수학 과정에 대해 1~3 단계를 반복(p. 12).

벤보우(1986)는 SAT-M에서 특히 높은 점수를 받은 학생들에 대한 사례 연구 자료를 증거로 제시했다.

레이스 등(Reis et al., 1993)은 압축된 교과 과정을 이용하는 교육 방식이 표준 성취도 검사에 부정적 영향을 주지 않았다는 증거를 제시했다. 교과 압축을 통해 교사들은 학생들이 자신의 학년 보다 앞선 과목의 현재의 수행 능력을 평가하고 나서 어떤 지식이나 기능, 다음 단계의 교육 단위에 대한 이해를 숙달했는지 결정한다. 다음, 교사는 학생의 약점이 발견된 분야를 숙달시키기 위한 집단 및 개인 프로그램을 개발한다. 마지막으로 학생들은 이미 알고 있는 내용을 반복하는 시간 동안 대안으로 가속화된 교과과정이나 내용을 보강한 교과과정을 학습할 수 있다. 레이스와 그녀의 동료들은 연구 중에 교사들이 아동의 성취도에 근거하여 상당한 부분(40~50%)의 교육 내용을 제외할 때에도, 이들 아동들은 압축되지 않은 정상 교과 과정을 통해 학습한 아동들과 같거나 그 이상의 성취를 이루는 것을 알았다.

레이스와 렌줄리(1982)는 영재성의 삼차원 정의에 의해 식별된 학생들이 특수한 적성과 성취도를 요구하는 정의에 따라 식별된 학생들이 보여 주는 것과 비슷한 수준의 산출을 보인다는 주장에 대한 증거를 제시했다. 지능 평가(삼차원 예)에서 상위 6-15% 사이의 점수를 받은 학생들의 산출과 지능검사의 상위 5% 이내인 학생들의 산출이 같은 수준을 나타내는 것으로 평가되었다.

인간 지능의 삼 연결고리 모형에 대한 최근 연구는 지능 이론과 영재성 이론 및 교육적 프로그램의 관행 사이에 긴밀한 연관성이 있음을 보여 준다(Sternberg, Ferrari, Clinkenbeard, & Grigorenko, 1996). 이 연구는 그 영역의 성취를 높이기 위해 삼 연결고리 모형을 이용한 기초 심리학 과정에서 고등학생 연령의 영재들을 식별, 교육, 평가하는 과정이 적절한지를 조사했다. 연구 범위의 일부로서 상대적으로 독립적인 세 가지 삼 연결고리 능력(분석적, 창조적, 실용적)에 대한 검사의 타당성을 증명했다. 교육적 관점에서 더 중요한 것은 분석적, 창조적, 실용적 성취에 관한 평가와 다중 선택 및 수기 평가에서 "자신의 능력에 맞는 과정에 참가한 학생이 자신의 능력과 일치하지 않는 과정에 참여한 학생보다 우수한 수행을 보였다"(p. 136). 더 나아가 여러 영역에 걸쳐 높은 점수를 받은 학생들은 한 분야에 장점을 가진 학생과 모든 상황에서 같은 수준의 수행 능력을 보였다. 다른 교과 분야와 여러 연령층에 대해 모형의 유용성을 조사하기 위해 계속된 연구는 지능 모형을 재능 개발에 대한 우리의 관행에 지침이 될 수 있는 연구로 인정되었다.

공통 분야

영재성이란 용어에 대한 다양한 해석과 영재성을 정의하고 평가하기 위해 지능 개념을 적절히 사용한 일반적인 역사에도 불구하고, 일반적 원칙에 대한 연구들이 새로운 합의점에 도달하는 것 같다.

지적 능력을 특히 한 가지 지능지수로 평가할 경우 렌줄리가 "학교 내 영재성(schoolhouse giftedness)"이라고 부른 것에 대한 적절한 전조이지만 아동이나 성인의 창의적 생산성을 설명하거나 예측하는데 불충분하며 학문적 성공을 예측하는 것에도 완벽하지 않다. "높은 지능지수는 개인이 다양한 과제를 얼마나 잘 해 나갈 지에 대한 단서가 될 수 있지만 특정 영역에서 얼마나 잘 해나가며 어떤 영역을 잘 할 것인지를 보장하지 않는다"(Tannenbaum, 1996, p. 47).

영재성(또는 비영재성)은 지능처럼 개인의 삶에서 바위처럼 불변하거나 고정된 것이 아니다. 더 나아가, 특히 범주화가 지능검사 점수와 같은 하나의 평가에 근거를 두었을 때 아동이 영재성이 있거나 없다고 판단하는 개념에 대한 불만이 증가하고 있다. 우리는 미국 교육부의 정의와 같은 "분리적" 개념화나 렌줄리나 스턴버그의 정의와 같은 "결합적" 정의를 통해서 제안된 것이든 더 광범위한 영재성의 이론적 정의를 점점 더 많이 본다(Borland, 1997). 또한 아동보다 행동을 구분하려는 경향(Renzulli et al., 1981)은 영원 불변의 구분과정에 대한 불편함과 인지적 능력의 유연성과 영재성을 표현하는 많은 다른 지능, 성격, 환경적 요인들 간의 상호작용에 대한 인식을 반영하고 있다. 더 나아가, 비인지적 요인과 함께 일반 인지 처리와 특수 영역 능력 및 지식의 상호작용에 대한 더 자세한 설명이 수준 높은 수행을 이해하는 것의 중심이 되었다.

영재를 식별하기 위한 여러 기준들은 단순히 지능지수에 의해 식별된 속성에 대한 더 많은 증거를 제시하는 것에 불과하다면, 영재성의 개념을 확장하는데 효과적이거나 적절한 교육적 개입에 대한 더 많은 지침을 제공해 주지는 않는 것으로 보인다.

가장 의미 있는 것은 아동의 범주화는 특수한 영역과 일반 영역에서 매우 능력 있거나 영재성이 있는 행동을 나타낼 잠재력을 가진 사람에 대한 교육적 심리학적 요구사항을 이해하려는 시도에 나서지 않는다는 사실이다. 점점 더, 연구자는 "적합한 검사"를 찾는 것에서 지적 잠재력을 성인이 되었을 때 성취로 변환시키데 필수적인 교육 프로그램이나 지원 체계에 아동의 능력을 대응시키는 방법을 찾는 것으로 관심을 돌렸다.

헌사

이 연구는 미국 교육부의 교육연구 및 개선국의 지도에 따라 자비츠법 프로그램(Javits Act Program)의 지원 하에 작성되었다. 여기에서 표현된 발견이나 의견은 교육연구 및 개선국의 입장이나 정책을 반영하지 않는다.

참고 문헌

Abeel, L. B., Callahan, C. M., & Hunsaker, S. L. (1994). *The use of published instruments in the identification of gifted students*. Washington, DC: National Association for Gifted Children.

Amabile, T. M. (1989). *Growing up creative: Nurturing a lifetime of creativity*. New York: Crown.

Baldwin, A. Y. (1985). *The Baldwin identification matrix 2*. New York: Trillium.

Benbow, C. P. (1986). SMPY's model for teaching mathematically precocious students, In J. S. Renzulli (Ed.), *Systems and models for developing programs for the gifted and talented*. Mansfield center, CT: Creative Learning Press.

Benbow, C. P., Lubinski, D., & Suchy, B. (1996). The impact of SMPY's educational programs from the perspective of the participant. In C. P. Benbow & D. Lubinski (Eds.), *Intellectual talent* (pp. 266–300). Baltimore: The Johns Hopkins University Press.

Bireley, M. (1995). Identifying high ability/high achievement giftedness. In J. Censhaft, M. Bireley, & C. L. Hollinger (Eds.), *Serving gifted and talented students: A resource for school personnel* (pp. 49–66). Austin, TX: Pro–ed.

Borland, J. H. (1994). Gifted education and the threat of irrelevance. *Journal for the Education of the Gifted*, *19*, 129–147.

Borland, J. H. (1997). The construct of giftedness. *Peabody Journal of Education*, *72*, 6–20.

Cravens, H. (1992). A scientific project locked in time: The Terman genetic studies of genius, 1920s–1950s. *American Psychologist*, *47*, 183–189.

Davis, C. A., & Rimm, S. B. (1998). *Education of the gifted and talented* (4th ed.). Boston: Allyn & Bacon.

Feldhusen, J. F. (1986). A conception of giftedness. In. R. J. Sternberg &J. F. Davidson (Eds.), *Conceptions of giftedness* (pp. 112–127). New York: Cambridge University Press.

Feldman, D. H. (1979). Extreme giftedness. In A. H. Passow (Ed.), *The gifted and talented: Their education and development. The 78th yearbook of the National Society for the Study of Education* (pp. 335–351). Chicago: University of Chicago Press.

Feldman, D. H. (1986). Giftedness as a developmentalist sees it. In. R. J. Sternberg & J. F. Davidson (Eds.), *Conceptions of giftedness* (pp. 285–305). New York: Cambridge University Press.

Feldman, D. H. (1991). *Nature's gambit: Child prodigies and the development of human potential*. New

York: Teachers College Press.

Feldman, D. H., Csikszentmihalyi, M., & Gardner, H. (1994). *Changing the world: A framework for the study of creativity*. Westport, CT: Praeger.

Filippelli, L. A., & Walberg, H. J. (1997). Childhood traits and environmental conditions of women scientists. *Gifted Child Quarterly*, *41*, 95–104.

Ford, D. Y. (1996). *Reversing underachievement among gifted black children*. New York: Teachers College Press.

Gallagher, J. J., & Gallagher, S. A. (1994). *Teaching the gifted child* (4th ed.). Boston: Allyn & Bacon.

Galton, F. (1869). *Hereditary genius*. London: Macmillan.

Gardner, H. (1983). *Frames of mind: The theory of multiple intelligences*. New York: Basic Books.

Gardner, H. (1993a). *Multiple intelligences*. New York: Basic Books.

Gardner, J. (1993b). *Creating minds: An anatomy of creativity seen through the lives of Freud, Einstein, Picasso, Stravinski, Eliot, Graham, and Ghandi*. New York: Basic Books.

Genshaft, J. L., Bireley, M., & Hollinger, C. L. (Eds.). (1995). *Serving gifted and talented students: A resource for school personnel*. Austin, TX: Pro–ed.

Guilford, J. P. (1950). Creativity. *American Psychologist*, *5*, 444–454.

Guilford, J. P. (1967). *The nature of human intelligence*. New York: McGraw–Hill.

Gruber, H. (1981). *Darwin on man*. Chicago: University of Chicago Press.

Horn, J. L., & Knapp, J. R. (1973). On the subjective character of the empirical base of Guilford's structure–of–intellect model. *Psychological Bulletin*, *80*, 33–43.

Jensen, A. R. (1996). Giftedness and genius: Crucial differences. In C. P. Benbow & D. Lubinski (Eds.), *Intellectual talent* (pp. 393–409). Baltimore: The Johns Hopkins University Press.

Maker, C. J., Neilson, A. B., & Rogers, J. A. (1994). Intelligence and creativity in multiple intelligences. *Teaching Exceptional Children*, *27*(1), 4–18.

Marland, S. P. (1972). *Education of the gifted and talented: Vol. 1. Report to the Congress of the United States by the U.S. Commissioner of Education*. Washington, DC: Department of Health, Education and Welfare.

Meeker, M., & Meeker, R. (1986). The 501 system for gifted education. In J. S. Renzulli (Ed.), *Systems and models for developing programs for the gifted and talented* (pp. 194–215). Mansfield Center, CT: Creative Learning Press.

Mills, C. J., Ablard, K. F., & Brody, L. F. (1993). The Raven's Progressive Matrices: Its usefulness for identifying gifted/talented students. *Roeper Review*, *14*, 183–186.

Morelock, M. J., & Feldman, D. H. (1991). Extreme precocity. In N. Colangelo & G. A. Davis (Eds.), *Handbook of gifted education* (pp. 347–364). Boston: Allyn & Bacon.

Morelock, M. J., & Feldman, D. H. (1997). High–IQ extreme precocity, and savant syndrome. In N. Colangelo & C. A. Davis (Eds.), *Handbook of gifted education 2nd ed.*, (pp. 439–459). Boston: Allyn & Bacon.

Pendarvis, F., & Howley, A. (1996). Playing fair: The possibilities of gifted education. *Journal for the Education of the Gifted*, *60*, 215–233.

Piirto, J. (1982). *Understanding those who create*. Dayton, OH: Ohio Psychology Press.

Plucker, J. A., Callahan, C. M., & Tomchin, F. M. (1996). Wherefore art thou, multiple intelligences? Alternative assessments for identifying talent in ethnically diverse and low income families. *Gifted Child Quarterly, 40*, 81–92.

Ramos–Ford, V., & Gardner, H. (1997). Giftedness from a multiple intelligences perspective. In N. Colangelo & C. A. Davis (Eds.), *Handbook of gifted education* (2nd ed., pp. 439–459). Boston: Allyn & Bacon.

Reis, S. M., & Renzulli, J. S. (1982). A research report on the revolving door identification model: A case for the broadened conception of giftedness. *Phi Delta Kappan, 63*, 619–620.

Reis, S. M., Westberg, K. L., Kulikowich, J., Caillard, F., Hebert, T., Plucker, J., Percell, J. H., Rogers, J. B., & Smist, J. M. (1993). *Why not let high ability students start school in January? The curriculum compacting study*. Storrs, CT: University of Virginia, National Research Center on the Gifted and Talented.

Renzulli, J. S. (1978). What makes giftedness? Reexamining a definition. *Phi Delta Kappan, 60*, 180–184, 261.

Renzulli, J. S. (1986). The three–ring conception of giftedness: A developmental model of creative productivity. In R. J. Sternberg & J. F. Davidson (Eds.), *Conceptions of giftedness* (pp. 53–92). New York: Cambridge University Press.

Renzulli, J. S., Reis, S. M., & Smith, L. H. (1981). *The revolving door identification model*. Mansfield Center, CT: Creative Learning Press.

Runco, M. A., & Albert, R. S. (1986). The threshold theory regarding creativity and intelligence: An empirical test with gifted and non–giftedchildren. *Creative Child and Adult Quarterly, 11*, 212–18.

Sapon–Shevin, M. (1987). Giftedness as a social construct. *Teachers College Record, 41*, 39–48.

Sapon–Shevin, M. (1994). *Playing favorites: Gifted education and the disruption of community*. Albany, NY: State University of New York.

Scarr, S. (1989). Protecting general intelligence: Constructs and consequences for interventions. In R. Linn (Ed.), *Intelligence: Measurement, theory and public policy* (pp. 74–118). Chicago: University of Illinois.

Stanley, J. C. (1996). In the beginning: The study of mathematically precocious youth. In C. P. Benbow & D. Lubinski (Eds.), *Intellectual talent* (pp. 225–245). Baltimore: The Johns Hopkins University Press.

Stanley, J. C., & Benbow, C. P. (1986). Youths who reason exceptionally well mathematically. In R. J. Sternberg & J. F. Davidson (Eds.), *Conceptions of giftedness* (pp. 361–387). New York: Cambridge University Press.

Starnes, W. T. (n.d.). A model program for identifying young underserved gifted students. In C. M. Callahan, C. A. Tomlinson, & P. M. Pizzat, (Eds.), *Contexts for promise: Noteworthy practices and innovations in the identification of gifted students* (pp. 43–60). Charlottesville, VA: National Research Center on the Gifted and Talented, University of Virginia.

Sternberg, R. J. (1985). *Beyond IQ: A triarchic theory of human intelligence*. New York: Cambridge

University Press.

Sternberg, R. J. (1986a). A triarchic theory of intellectual giftedness. In R. J. Sternberg & J. F. Davidson (Eds.), *Conceptions of giftedness* (pp. 223–243). New York: Cambridge University Press.

Sternberg, R. J. (1986b). Intelligence, wisdom, and creativity. *Educational Psychologist, 21*, 175–190.

Sternberg, R. J. (1989). Intelligence, wisdom, and creativity: Their matures and interrelationships. In R. Linn (Ed.), *Intelligence: Measurement, theory, and public policy* (pp. 117–146). Chicago: University of Illinois.

Sternberg, R. J. (1992). Ability tests, measurements and markets. *Journal of Educational Psychology, 84*, 134–140.

Sternberg, R. J. (1994). Commentary: Reforming school reform: Comments on Multiple intelligences: The theory in practice. *Teachers College Record, 95*, 561–569.

Sternberg, R. J. (1995). Changing conceptions of intelligence and their impact upon the concept of giftedness: The triarchic theory of intelligence. In J. Genshaft, M. Bireley, & C. L. Hollinger (Eds.), *Serving gifted and talented students: A resource for school personnel* (pp. 33–48). Austin, TX: Pro–ed.

Sternberg, R. J. (1997). Still smarting. *Teacher Magazine, 8*, 40–41.

Sternberg, R. J., & Davidson, J. F. (Eds.). (1986). *Conceptions of giftedness*. New York: Cambridge University Press.

Sternberg, R. J., & Detterman, D. K. (Eds.). (1986). *What is intelligence? Contemporary viewpoints on its nature and definition*. Norwood, NJ: Ablex.

Sternberg, R. J., Ferrari, M., Clinkenbeard, P., & Grigorenko, E. L. (1996). Identification, instruction, and assessment of gifted children: A construct validation of a triarchic model. *Gifted Child Quarterly, 40*, 129–137.

Sternberg, R. J., & Lubart, T. I. (1993). Creative giftedness: A multivariate investment approach. *Gifted Child Quarterly, 37*, 7–15.

Tannenbaum, A. J. (1986). Giftedness: A psychosocial approach. In R. J. Sternberg & J. F. Davidson (Eds.), *Conceptions of giftedness* (pp. 21–252). New York: Cambridge University Press.

Tannenbaum, A. J. (1996). The IQ controversy and the gifted. In C. P. Benbow & D. Lubinski (Eds.), *Intellectual talent* (pp. 44–77). Baltimore: The Johns Hopkins University Press.

Terman, L. (1916). *The measurement of intelligence*. Boston: Houghton Mifflin.

Terman, L. et al., (1925). *Genetic studies of genius: Vol. I. Mental and physical traits of a thousand gifted children*. Stanford, CA: Stanford University Press.

Terman, L. (1959). *The discovery and encouragement of exceptional talent*. Stanford, CA: Stanford University Press.

Terman, L., & Oden, M. H. (1947). *Genetic studies of genius: Vol. IV The gifted child grows up*. Stanford, CA: Stanford University Press.

Terman, L., & Oden, M. H. (1959). *Genetic studies of genius: Vol. V. The gifted group at mid–life: Thirty–five years follow–up of a superior group*. Stanford, CA: Stanford University Press.

Torrance, E. P. (1966). *Tests of creative thinking*. Lexington, MA: Personnel Press.

U.S. Department of Education. (1993). *National excellence: A case for developing America's talent.* Washington, DC: Author.

Wallace, T., & Walberg, H. J. (1987). Personality traits and childhood environments of eminent essayists. *Gifted Child Quarterly*, *31*, 65–69.

Webb, J. T., Meckstroth, E. A., & Tolan, S. S. (1982). *Guiding gifted children: A practical source for parents and children.* Columbus: Ohio Psychology Press.

제 8 장

실용적 지능*

Richard K. Wagner
(플로리다 주립대학교 심리학과 교수)

"나에게는 꿈이 있습니다(I have a dream)."

— 미국의 인권운동가 마틴 루터 킹 목사

현재 미국의 오바마 대통령은 그가 존경한 킹 목사의 이 말이 후일 대통령으로 취임하기까지 인생의 좌우명(座右銘)이 되었다고 고백했다.

실용적 지능[1)]

어떤 핸드북에서 흥미도 있고 중요하기도 한 페이지에는 목차가 실려 있는 몇 장의 페이

---

* Practical Intelligence

1) (옮긴이 주) 이 실용적 지능(practical intelligence, PI)은 카텔이 제안한 결정지능(crystallized intelligence, CI)과도 그 기능이 서로 관련이 있다는 이론이 제기되고 있다. 『일상생활에서의 실용적 지능』이라는 제명(題名)의 책을 여러 관련 전문가들이 공동으로 펴냈다.

Sternberg, R. J., Frosythe, G. B., Hedlund, J., Horvayh, J. A., Wagner, R. K., Williams, W. M., Snook, S. A., & Grigorenko, E. L., (Eds.). (2000). *Practical Intelligence in Everyday Life*. New York: Cambridge University Press.

지가 포함된다. 찾고자 하는 페이지 번호를 알려 주는 기능 이상으로, 목차는 어떤 시대에 어느 분야를 구성하는 내용들에 대한 한 가지 관점, 즉 편집자의 관점을 보여 준다. 핸드북을 편집하는 과정의 초기 단계에서 편집자는 제안된 목차를 구성해야만 한다. 그렇게 할 때, 어떤 분야를 형성하는 전경에 대한 단편이 편집자에 마음속에 존재하는 그대로 생성된다. 한 권 이상의 핸드북이나 그것만큼 광범위한 다른 인용물이 같은 분야를 목표로 비슷한 시기에 다른 시점에서 편집되고 있을 때, 목차를 비교함으로써 편집자는 문제의 주제나 분야에 대해 상대적으로 이전에 편집된 것과 나중에 편집된 것을 구분하는 단서를 얻을 수 있다.

이전 판의 『인간 지능의 핸드북(Handbook of Human Intelligence)』(Sternberg, 1982)과 최근판(2000) 간의 목차를 비교해 보면, 우리는 적어도 같은 편집자에 의해 거의 20년의 시간차를 두고 만들어진 단편을 통해 볼 수 있는 것으로서 인간의 지능이란 전경(前景) 속에서 실용적 지능의 위치에 대한 많은 정보자료를 얻을 수 있다. 간단히 이야기해서, 이전 판의 핸드북은 한 단원도 실용적 지능에 관한 지면을 할당하지 않았는데, 비록 지능의 배경적 근거 같은 주제의 연관성이 확실했어도 그랬다. 실제로, 실용적 지능은 이전 핸드북의 색인란에서조차 찾아볼 수 없었다. 지난 20년간 지능 분야에서 일어난 변화 중 어떤 것 때문에 이전 판에서는 색인란(찾아보기)에조차 나오지 않던 주제에 한 단원을 할당할 수 있는 이유를 제공한 것일까?

여기에서 그 문제에 대한 해답을 제시하려고 한다. 이 장은 두 개의 큰 부분으로 분리된다. 첫 째 부분은 전통적 지능과 다른 형태의 지능들과 구분되는 것으로서 실용적 지능의 본질을 이야기한다. 이 부분에 쓰인 내용은 실험적 연구에 대한 개관으로 도처에 존재하는 지능지수 검사로 대표되는 풍부한 학문적 부류의 지능과는 별개인 실용적 지능에 대한 식별과 정의를 위한 확산적 연구들의 연대기이다. 이들 연구들이 답을 구하려고 한 근본적인 문제는 실용적 지능의 본질이다. 두 번째 부분은 앞으로 연구될 중요한 과제를 언급한다. 실용적 지능이 다른 종류의 지능과 다르다는 점을 확립한 다음에 필요한 것은 실용적 지능과 학문적 지능 및 가능한 다른 종류의 지능 사이의 경계면을 조사하는 수렴적 노력이다. 이런 노력에 의해 해결해야 할 근본적인 문제는 실용적 지능이 다른 종류의 지능들과 연관되는 방식이다. 목표는 다름 아닌 인간 지능에 대하여 광범위하게 설명하는 것이다.

실용적 지능이란 무엇인가[2)]

지능을 정의하는 과제는 쉽게 동의할 수 있는 것도 특별히 쓸모 있는 것도 아니었다. 1921년 교육 심리학 연구 논문집(Journal of Educational Psychology)에서 17명의 지도적인 연구자들에게 지능을 정의해 달라고 요청했을 때, 응답자들 중 14명은 각자 다르게 지능을 정의했고 3명은 응답하지도 않았다. 65년 뒤에 지도적인 연구자들에게 같은 질문을 가지고 응답해 달라고 요청했을 때, 또다시 응답자들은 상당한 편차를 나타냈다(Sternberg & Detterman, 1986). 1921년과 1986년의 응답을 분석했을 때, 27가지 다른 속성들이 발견되었다(Sternberg, 1986). 그럼에도 불구하고, 실용적 지능에 관한 실무형 정의(working definitions)들에 대한 분석은 실용적 지능이란 용어에서 의미하는 바를[3)] 기술하는 첫 번째 시도로서 쓸모가 있다는 것이 판명되었다.

배타적인 정의들

배타적인 정의(exclusionary definitions)가 아닌 것을 유목화하여 어떤 것을 정의한다. 예를 들어, 학습 장애(learning disabilities, LD)의 정의는 이들의 빈약한 성취가 감각 기능 장애나 지적 장애에 기인한 것이 아닌 사례에 적용되는 용어라는 의미에서 배타적인 정의이다.

프레데릭슨(Frederiksen, 1986)은 실용적 지능을 학교 상황 밖에서 일어나는 거의 모

---

2) (옮긴이 주) 성공 지능론을 제안한 스턴버그(Sternberg, 1996) 교수는 실용지능이 높은 사람은 눈치 빠른 사람이고 실용지능이 부족한 사람은 단순한 사람, 또는 우둔한 사람(foolish)으로 구분했다. 이 실용적 지능(PI)은 정규교육을 통해서 보다는 일상생활에서 체험을 통해서 더 많이 배우게 되고 무엇에 관한 지식이라기보다는 무엇을 하는 방법을 아는 지식이라고 했다.

김정휘 옮김. (2006). 지능 심리학: 다양한 관점에서 지능 연구하기. 서울: 시그마프레스. 654.

3) (옮긴이 주) 이 실용적 정의를 제안한 스턴버그(Sternberg, 1996) 교수는 그의 독창적인 성공 지능의 구성요인 중에 하나로 포함시켜서 설명을 하고 있다. 그런데 이 실용 지능은 미국의 교육철학계의 중요 사상인 프래그머티즘(Pragmatism)과 우리나라에서는 성호 이익의 교육관과 사상과 이론, 접근방법상에서 많은 유사성이 즉 관련성이 있는 것으로 추론된다. 옮긴이가 교육 철학의 소양이 충분치가 않고 전문가도 아니기 때문에 두 분야를 섭렵, 비교해서 그 함의를 깊이 있게 논구할 만한 위치에 있지 않지만, 관련 문헌 자료를 참고로 해서 이 두 분야의 교육철학적 특징과 차이를 이 장 뒤에서 실용적 지능에 관한 보충자료로 간추려 약술 비교, 고찰하였다. 이런 시도가 교육 철학계에서 담론으로 고찰, 논의할 만한 가치가 있다고 생각을 한다. 이 장 말미의 보충 자료에서 유관성을 구체적으로 소개했다.

든 일(생활)에 대한 우리의 인지적 반응에 반영되는 것으로 설명했다. 프레데릭슨이 관심을 가졌던 것은 기업 경영 분야에서 나타나는 실용적 지능이다. 그는 바구니 속의 과제를 이용한 연구를 보급했다. 그는 관리자들에게 책상에 앉아서 취급을 해야 하는 메모, 전화 메시지, 과제를 모사한 바구니 속 과제를 통해 일을 하도록 요구했다. 관찰자들이 관리자의 행동을 "추가 정보자료 구하기", "조언 구하기", "과제를 부하에게 위임하기"와 같은 범주로 분류하도록 하여 수행을 분석했다. 바구니 속 기법을 이용한 연구들이 정부 행정, 공군의 행정 처리, 학교 행정과 같은 다양한 분야에서 수년에 걸쳐 수행되었다. 바구니 속 과제에 대한 효과적 수행은 주로 두 가지 사항에 의지하는 경우에서 발견되었다. 첫째는, 바구니 속에서 나오는 문제에 대한 영역 지식의 양이다. 이전에 자신의 일에서 과제나 문제 또는 그와 유사한 어떤 것을 다루어 본 적이 있는 관리자는 자신이 학습한 것을 바구니 속 문제들에 적용할 수 있었다. 둘째는, 관념적인 유창성으로 프레데릭스는 그것을 문제의 배경에서 관리자에 의해 생성된 관련된 생각이나 정보자료로 정의했다.

실용적 지능이 학교 밖 환경에서 발생하는 문제에 대한 인지적 응답 속에서 나타난다면, 그와 같은 문제는 학교 상황에 근거를 둔 문제와 어떻게 다른가의 의문이 생긴다. 지능검사처럼 교실에서 나타나는 문제는 (a) 잘 정의되고, (b) 다른 사람(교육 측정 전문가들)에 의해 만들어 졌으며, (c) 문제 해결에 필요한 모든 정보자료들이 함께 주어지고, (d) 하나의 정답만 존재하며, (e) 정답을 얻는 방법이 하나 또는 많아 봐야 몇 가지 정도만 존재하고, (f) 일상 경험과는 관계가 없다(Neisser, 1976; Wagner & Sternberg, 1985). 대조적으로, 일상생활에서 더 실용적 문제는 다양한 경력을 통해 마주칠 수 있는 문제를 포함하여, 대체로 (a) 빈약하게 정의되고, (b) 문제를 해결할 사람이 문제를 만들며, (c) 문제 해결에 필요한 정보자료가 부족하고, (d) 각각 장점과 단점이 있는 다양한 해답이 존재하는 특징이 있으며, (e) 하나의 답에 이르는 다양한 방법이 존재하는 것이 특징이고 (f) 일상적인 경험과 관련이 있다.

잘 정의되지 않았고, 필수적인 정보자료가 부족하며, 하나의 정답만 존재하는 것이 아니라는 특징이 주어졌기 때문에 실용적인 문제들은 해결이 거의 불가능한 것처럼 보일 것이다. 하지만 평범한 사람도 때로는 실용적 문제를 매우 잘 해결하고 뒤에서 설명하겠지만, 실용적 문제 해결은 나이든 사람이 학구적인 사람보다 뛰어나다. 핵심적인 것은 일상생활의 경험과 관계가 있다는 것이 마지막 특징이다. 사람들은 때때로 실용적 문제에 적용할 수 있는 대단히 많은 양의 특수한 지식을 가지고 있으며 많은 연구에 의해서 밝혀진 바와 같이 특정 영역에 대한 지식이 성공적인 문제 해결에 막강한 위력을 발휘한다. 관련된 영역의 지식의 양이 프레데릭슨의 바구니 속 과제 연구에서 수행에 대한 잠재적 지표라는 사실을 상기하자. 이에 대조적으로, 학문적 문제는 일상생활의 경험에서 멀어지는 경향이 있다. 만약 사실들과 허용되는 전략, 조작에 대한 정확한 지식이 없다면, 실질적으로 정보자료의 양이 아무리 많아도 정확한 답을 찾기에는 충분하지 않다.

일상적인 세계에서 실질적 문제와 교실과 지능검사에서 볼 수 있는 학문적 문제 사이의 중요한 차이에 대한 주장과 관계된 실험적 증거의 한 가지 예는 현실세계 척도로서 지능지수의 예언적 능력에 관한 연구로부터 나왔다. IQ 점수가 직업적 수행과 같은 실질적 수행 척도를 예상하는 정도는 논쟁의 영역이 되어 왔다. 직업 선택을 위한 IQ 검사의 유용성에 대한 의견은 그 범위가 선택에 IQ 검사를 이용하는 것에 대한 정당성이 적거나 없다는 관점(McClelland, 1973)에서 모든 직업에 대해 IQ 검사가 직업 수행의 타당한 예언적 지수라는 관점(Schmidt & Hunter, 1981)까지 다양하다. 다른 사람들은 IQ 검사가 유효하지만 개인이 다양한 직업 중에서 선택을 하기에는 충분하지 않은 정보자료를 제공한다고 주장하여 중간적 입장을 취하고 있다(Sternberg, Wagner, Williams, & Horvath, 1995; Wagner, 1997; Barrett & Depinet, 1991; Gottfredson, 1991; Hawk, 1986).

그럼에도 IQ 검사가 직업 선택을 예언하는 것에 대한 타당성에 관한 몇 가지 기본적 사실은 논란의 여지가 없는데 심지어 IQ 검사가 의미하는 바나 그것을 적절하게 해석하는 데에 논란의 여지가 있음에도 그렇다. 예를 들어, IQ 검사와 직업 수행 사이의 관찰된 평균 타당성 계수는 대략 0.2 수준에 있다(Hartigan & Wigdor, 1989; Wigdor & Garner, 1982). 이것은 IQ가 직업 수행에 대략 4%의 편차만 예측한다는 사실을 가리킨다. 하지만, IQ 점수와 직업훈련 과정 사이의 관찰된 평균 타당성 계수는 대략 0.4 수준까지 상승하고, IQ는 이제 대략 16%의 훈련 수행 상의 편차를 나타낸다. 따라서 예측돼야 할 기준 척도가 학교와 유사성이 커질수록, IQ 점수의 예언적 타당성도 커진다.

관찰된 타당성 계수(validity coefficients)는 몇 가지 이유 때문에 사람이 직업을 선택하는 경우나 학교 밖의 다른 상황에 대해 IQ 점수의 중요성에 대한 정확한 평가를 제공하지 못할 수도 있다. 그 이유 중 몇 가지는 관찰된 타당성 계수가 이름 값에 걸맞는 수치보다 작기 때문이지만, 다른 이유는 그 반대의 경우를 제안한다. 관찰된 타당성 계수가 의미하는 바보다 작은 값을 갖는지에 대한 이유들의 예는 이 계수가 범위 상의 제약과 측정 오차에 영향을 받는다는 사실을 포함한다. 범위 상의 제약은 예언의 타당성 연구의 대부분에 사용된 표본들이 이전에 어떤 회사에 고용됐던 경험이 있었던 사람들로 한정된 사실에서 나타난다. 그들이 고용된 적이 없었다면, 그 사람들을 예측돼어야 할 기준 척도로서 이용하려고 할 때, 직업 수행 자료는 사용 가능하지 않았을 것이다. 하지만 회사 입장에서 그들이 선택을 위한 검사에서 상대적으로 높은 점수를 받은 지원자만 고용했다면, 고용된 사람에 대한 검사 점수의 범위는 예비 지원자 집단을 구성하는 사람들의 점수 범위보다 좁을 것이다. 상관관계 계수의 크기는 자료들이 변화 가능한 폭에 따라 결정된다. 변화 가능한 폭이 좁으면 타당성 계수는 작아진다.

관찰된 타당성 계수는 또한 측정 오차에도 영향을 받는다. 검사나 예측되는 기준에 대한 낮은 신뢰도는 관찰된 타당성 계수의 크기를 감소시킨다. 관찰된 타당성 계수가 통계적으로 범위 상의 제한이나 측정 오차에 대해 보정되면, 관찰된 평균 타당성 계수는 0.5 수준까지 증가한다(Schmidt & Hunter, 인쇄 중). 범위 제한 효과는 직업 훈련 결과에 대한 평균 타당성 계수 또한 증가시킬 것이며, 훈련 수행에서 실제 직업 수행의 경우 보다 필답 검사를 통해 더 신뢰성 있는 측정이 이루어졌기 때문에 아마 그 정도가 직업 수행의 경우보다 작겠지만 측정 오차 효과도 평균 타당성 계수를 증가시킬 것이다. 따라서 직업 훈련에 대한 평균 타당성 계수는 직업 수행에 대한 평균 타당성 계수보다 클 것이며, 그것은 두 계수가 모두 범위 제한과 측정 오차에 대해 보정된 후에도 그럴 것이다.

타당성 계수는 예측에서 IQ 점수를 이용하는 것의 중요성을 과대평가할 수도 있는데 그 이유는 타당성 계수는 다른 예언적 지수들의 효과를 고려하지 않기 때문이다. 어떤 타당성 계수는 그 정의에 따라 단순히 검사 결과와 측정 기준 사이의 상관관계이다. 이 때문에, 타당성 계수는 개인의 직업 선택을 위해 다양한 근거를 이용하고 이들 근거들이 직업 수행에 대한 기준과 상호 연관성을 갖는다면, IQ 검사 고유의 예언적 능력을 과대평가할 것이다(Wagner, 1997). 타당성 계수는 단지 검사를 다른 출처를 가진 정보자료와 겹치는 것을 무시하고 유일한 정보자료 출처로 이용할 때 벌어질 일에 대해서만 알려준다. 실제 선택 상황에서, 다양한 출처의 정보자료들이 일상적으로 사용된다. 대학생들은 SAT나 ACT 점수 외에 고등학교 성적, 자기소개, 면접 등에 근거하여 선발된다. 입사 지원자들은 IQ 점수와 다른 입사시험 외에 이전 경험, 교육적 배경, 추천서에 근거하여 선발된다.

결론적으로, 배제(제외하기)에 근거한 실용적 지능에 대한 실무형 정의(working definition)는 그것의 외연(外延)에 장점이 있다. 그 범위 때문에, 실용적 지능의 중요한 측면이 우선순위를 고려 할 때 제외되지 않았을 것이다. 하지만, 그와같은 외연의 대가는 배제에 근거한 실무형 정의가 무엇을 연구해야 하는지에 대한 것처럼 특정한 사항에 대해 시사하는 바가 거의 없다. 다음 부분에서 더 포괄적인 실용적 지능에 대한 실무형 정의에 근거한 연구를 살펴볼 것이며 그것은 실용적 노하우의 구성요인에 근거를 둔 실무형 정의에서 시작할 것이다.

실용적 지식

베리와 어빈(Berry & Irvine, 1986)의 실용적 지식(practical know-how)에 대한 비교 문화적 연구는 다양한 문화에서 나타나는 실용적 지능의 흥미 있는 사례를 제공하며 특히 서구적 기준으로 "원시적"인 문화에 대해 흥미 있는 사례를 제공한다. 정교한 진단 도구나 예비품이 부족한 상황에서 생업으로 기계나 가정용 기구를 수리하는 사람이 한 가지 예가 될 수 있다. 만약 당신이 현대 서방 국가에 살고 있는데 자동차 엔진이 고장났다면, 수리공은 아마 당신의 차 엔진을 컴퓨터 진단기에 연결하여 제대로 작동하지 않는 모듈이나 부품을 찾아낼 것이다. 수리공은 고장 난 모듈이나 부품을 새것으로 교체할 것이고 대부분의 경우 문제는 해결될 것이다. 이와 대조적으로, 누군가 후진국을 여행할 때, 그는 현대적 고장 진단 장비나 예비 부품도 갖추지 못한 수리공에 의해 계속 운행되고 있는 자동차를 본다. 베리와 어빈은 그와 같은 사람을 기술하기 위해 손재주꾼(bricoleur)이란 개념을 채택했다. 레비-스트라우스(Levi-Strauss, 1966)가 자질구레한 부류의 작업을 표현하기 위해 처음 손재주꾼이란 용어를 사용했다. 손재주꾼이란 주변에 있는 어떤 자원이라도 수용하여 일을 끝내는 사람으로 숙련된 장인이나 수리공들은 기술 교본이나 특정한 도구에 의지하기 때문에 그들과 다르다. 손재주꾼은 상황과 사용 가능한 자원을 판단하고 즉석에서 해결책을 만들어 낸다.

글래드윈(Gladwin, 1970)은 미크로네시아의 푸루와트족의 해양 항해술을 연구했다. 푸루와트족은 커다란 카누로 여러 섬들을 여행한다. 항해술은 카누보다는 섬이 움직인다는 추상적 계통에 근거를 두고 있다. 이런 관점은 통상적인 지혜와는 다르지만 누군가 카누를 타고 있는 항해자의 입장에서 섬이 마치 항해중인 카누쪽으로 다가오거나 멀어지고 또는 옆으로 지나치는 것처럼 보인다는 사실을 이해할 수 있다. 여행은 항해자에 의해 세 가지 국면으로 분리된다. 첫 번째 국면은 도착지와 초기 침로를 선택하는 것으로 구성된다. 도착지 선정은 날씨, 바람, 계절에 대한 평가를 포함한다. 일단 카누가 해변을 벗어나면, 초기 침로는 카누로부터 출발한 섬을 연결하는 가상선에 의해 설정되며 그것은 목표 섬을 향하는 근접한 방향을 가리키는 것으로 알려진 선이다. 두 번째 국면은 정확한 침로를 유지하며 항해하는 것으로 구성된다. 정확한 침로를 유지하는데는 다양한 방법이 사용된다. 방향은 밤에는 별, 낮에는 태양, 바람과 파도의 방향을 참조하고 이테크(etak)에 의해 유지된다. 이테크는 일종의 항해 체계로 여기서는 여정이 항해 중 마주치는 참조되는 알려진 섬과 하늘의 별을 연결하는 가상선의 확장에 기반을 둔 구역들로 분리된다. 위치 정보자료는 추측 위치(예: 마지막으로 알고 있는 위치로부터 이동한 진로 방향과 예상되는 이동 거리를 기억하는 것)를 이용하거나 항해중 마주치는 해안 절벽이나 섬을 식별하는 방식으로 유지된다. 세 번째이자 마지막 국면은 목적지 섬의 위치를 필요로 한다. 이 마지막 국면에서 사용되는 기법은 해질 녘 새를 관찰하는 것이 포함되는데 이들은 밤에 섬에서 잠을 자는 것으로 알려졌다. 밤에는 냄새나 소리, 육지의 물체에 가려져 바람이나 속도 상의 변화에 주의를 기울이며 갈지자형 탐색을 채택한다.

지적 수행에 대한 비교문화적 연구의 다른 예들도 많이 있다(Berry et al., 1986; Blurton, Jones, & Konner, 1976; Cole, Gay, Glick, & Sharp, 1971; Laboratory of Comparative Human Cognition, 1982; Levy-Strauss, 1966; Scribner & Cole, 1981). 일반적으로 "원시적" 문화 속에서 학교에 다니지 않은 사람조차도 논리적 사고를 보이지만 대부분 실용적 문제를 해결하는 상황에서 나타난다. 수행해야 할 과제가 주어지면, 수행은 적용되는 특수한 재료들과 절차 및 실험적 상황의 다른 측면들에 크게 영향을 받는다(Berry & Irvine, 1986).

일련의 연구에서 와그너와 스턴버그는 암묵적 지식의 형태로서 실용적 지식(practical knnow-how)을 연구해 왔다(Sternberg, Wagner, Williams, & Horvath, 1995; Wagner, 1987; Wagner & Sternberg, 1985; 이 연구들의 접근법에 대한 비평으로, Jensen, 1993; Schmidt & Hunter, 1993). 암묵적 지식은 문서상 기록되거나 직접적으로 가르치는 경우가 거의 없는 실용적 노하우를 인용한다(Wagner, 1987). 암묵적 지식은 사람들에게 실제 상황을 기술한 시나리오를 제시한 후 그들이 다양한 행동 방식을 평가하도록 하여 측정되어 왔다. 암묵적 지식에 대한 연구는 기업 경영, 판매, 학문적 심리학(academic psychology), 학교생활에 걸친 다양한 영역에서 수행되어 왔다(Sternberg, et al., 1995).

이들 연구에서 일관성 있는 몇 가지 사항이 발견되었다. 예를 들어, 암묵적 지식은 실제로 일(직업)의 세계에서 성공에 대한 견고한 예언자라는 것이다. 전국에 걸쳐 있는 80개의 심리학 학부의 구성원들에 대한 연구에서 암묵적 지식과 학문적 심리학자로서 다양한 직업적 수행 지표 사이에 상호 연관성이 나타났다. 암묵적 지식과 학부 구성원의 평가된 자질 사이에 상호 연관성은 0.48이었다($p < 0.001$). 학자들의 생산성에 대한 최고의 단일 기준은 논문 인용 횟수이다. 인용횟수는 다른 연구자들에 의해 어떤 연구자의 발표된 논문이 참조된 횟수를 의미하며 그 사람의 연구가 특정 분야에서 과학의 영역에 영향을 준 정도를 나타내는 지수로 간주된다. 암묵적 지식과 인용횟수 사이의 상관관계(The correlation between tacit knowledge and citation count)는 0.44($p < 0.001$)였다. 비슷한 크기의 상호 연관성은 암묵적 지식과 기업 경영과 판매를 포함한 다른 영역에서 직업 수행 사이에서도 발견되고 있다. 이들 상호 연관성은 IQ 점수와 직업 수행

에 대한 같은 측정법에서 전형적으로 나타나는 상호 연관성의 약 두배가 된다.

암묵적 지식은 실제 세계에서 수행(real-world performance)을 IQ나 성격 측정에 의한 예측과는 별도로 예측한다. 암묵적 지식에 대한 측정 점수는 IQ와는 거의 상호 연관성을 보이지 안 는다. 예를 들어, 와그너와 스턴버그(1985)는 각각 22명과 60명의 학부생을 표본으로한 암묵적 지식과 변별 적성 구분 검사(Differential Aptitude Test)의 언어적 추론 부분 검사 사이에 거의 무의미한 0.16과 0.12의 상호 연관성을 보고했다. 북캐롤라이나주의 그린스보로에 창조적 지도력 센터에서 운영하는 지도력 개발 프로그램에 참여한 45명의 관리자를 표본으로한 암묵적 지식과 IQ 사이의 상호 연관성은 0.14였다.

학생들과 관리자들에 관한 이 연구의 한 가지 제한 사항은 그와 같은 표본들이 전체 인구의 IQ에 비해 한정된 범위의 IQ만 나타내며 아마도 암묵적 지식 또한 더 적은 범위만 나타낼 것이란 사실이다. 좁은 범위의 IQ는 IQ와 암묵적 지식 사이의 상호 연관성 크기를 제한 할 것이다. 하지만, IQ와 암묵적 지식 사이의 거의 0에 가까운 상호 연관성은 더 일반적인 표본을 대상으로한 연구에서도 보고되었다. 에디(Eddy, 1988)는 기업 관리자에 대한 암묵적 지식 일람표 점수와 631명의 공군 신병을 표본으로한 군사교육적성종합검사(ASVAB: Armed Service Educational Aptitude Battery) 점수를 수집했다. ASVAB는 미군의 모든 부분에 대한 신병 선발에 이용되는 다양한 종합검사이다. ASVAB에 대한 사전 연구는 인지적 능력에 대한 전형적 검사라는 사실을 보여 주었다. 다른 인지 능력 검사와 ASVAB 사이의 상호 연관성은 대략 0.7이고 요인 분석적 연구는 ASVAB가 적성구분 검사에서 측정되는 언어, 정량, 수학 능력과 캘리포니아 성취 검사에서 측정되는 언어와 수학 능력과 같은 것을 측정한다는 사실을 보였다.

암묵적 지식과 ASVAB 사이의 상호 연관성의 중간값은 0.07이고 이들의 범위는 0.06에서 0.15였다. 조사된 10개의 상호 연관성 중에, 600명을 넘는 표본 크기에 의한 영향에도 불구하고 단지 2개만 실질적으로 0이 아닌 것으로 간주할 수 있었다. 이들 자료에 대한 요인 분석은 일반적 ASVAB 요인들과 그것과 별개인 암묵적 지식 요인을 산출했다. 묵시적 지식 측정의 묵시적 지식 요인 측정치는 0.99였던 반면 암묵적 지식 측정에서 ASVAB 요인의 최대 측정치는 단지 0.06에 불과했다. 요인의 45도 회전은 ASVAB와 암묵적 지식 요인들 사이의 상호 연관성을 평가 가능토록 한다. ASVAB 요인들은 자신들 사이에는 중간 정도의 상호 연관성을 나타냈지만, 암묵적 지식 요인들과의 상호 연관성은 미세했다(0.075, 0.003, 0.096, 0.082).

우리는 이제 암묵적 지식과 성격 사이의 관계들을 다룬다. 앞에 언급된 창조적 지도력 센터 연구 참가자들은 성격[4]과 홍미 목록의 종합검사를 끝냈다. 이 검사는 다른 많은 것들 중에서 캘리포니아 심리 목록, 메이어스-브릭스 유형 지표(Myers-Briggs Type

Indicator), 기본적 대인 관계 지향 행동, 커얼턴(Kirton) 적응 혁신 목록을 포함했다. 관리적 수행은 가공의 사업상 문제를 해결하기 위해 공동 작업을 모사하는 소집단에 대한 수행 등급의 개념으로 수량화되었다.

암묵적 지식은 소집단 모사(simulations)에서 관리적 수행에 대한 최고의 예언자였다($r = 0.61$, $p < 0.001$). 계층적 다중 회귀분석이 암묵적 지식과 관리적 수행 사이의 관계가 성격 변수와 관리적 수행 사이의 관계와 독립적인지 여부를 결정하는데 이용되었다. 암묵적 지식은 다양한 성격 변수와 흥미 변수, 사용 가능한 지능지수의 조합을 나타내는 예언적 지표에 대한 다양한 종합검사의 제일 뒤에 추가되었다. 어떤 예언적 지표가 이미 모형 속에 포함되어 있는지에 관계없이 암묵적 지식은 의미 있고 중요한 예언적 능력을 더해 주었다. 이들 결과는 암묵적 지식과 직업 수행 사이의 관계가 적어도 공통적 성격 목록에 의해 측정될 때, 성격 요인에 포함되지 않는다는 사실을 나타낸다.

암묵적 지식은 직업 영역들 간에는 상대적으로 일반적인 것처럼 보인다. 와그너(Wagner. 1987)는 확증적 요인분석을 타인과 자신, 자신의 과제를 관리하는데 중요한 실용적 노하우를 측정하는 암묵적 지식 시나리오들 간의 관계에 대한 대안적 모형을 검증하기 위해 이용했다. 그 결과는 단일 일반 요인을 지지했다. 이것은 다른 사람을 효과적으로 다루는 방법을 알고 있는 것과 같은 영역 수행의 한 가지 측면에 대한 암묵적 지식이 많은 사람은 또한 자신의 생산성을 극대화하는 방법과 자신의 작업을 잘 하는데 중요한 과제를 수행하는 방법을 아는 것과 같은 영역 수행의 다른 측면에 대해서도 많은 암묵적 지식을 갖는 경향이 있다는 사실을 의미한다.

학부생들이 다른 영역(예: 기업 경영이나 학문적 심리학)에 대한 암묵적 지식 측정을 받을 때, 영역 간 점수의 상관관계는 0.5에서 0.6 사이의 범위에 있었다. 따라서 한 영역에 대한 암묵적 지식 측정에서 좋은 점수를 받은 사람은 다른 영역에 대한 암묵적 지식 측정에서도 좋은 결과를 나타내는 경향이 있었다.

실용적 수학

수학은 실용적인 지능에 관한 문제 측면에서 흥미 있는 영역의 한 예인데 그 이유는 수

4) (옮긴이 주) 성격 유전인자가 성격 형성에 끼치는 영향은 1.5~5%로 매우 작다. 예를 들면 호기심 유전인자(DRD4) 하나가 호기심 형성에 끼치는 영향은 3%밖에 안 된다. DRD4 유전인자를 가졌다고 모두 호기심이 많지는 않다는 얘기다. 인내심 유전자(HTR2A)와 협동심 유전인자(CNRA4)는 각각 성격에 5% 정도 영향을 준다. 내·외향성 다음으로 유전의 영향을 많이 받는 성격은 모험심(0.49)와 신경질적 경향(0.38)이다(동아일보, 2007. 2. 9).

학을 학교에서 학문적으로 가르치지만 실 생활에서는 학문적으로 적게 이용되기 때문이다.

누네스, 쉴리이만, 카라허(Nunes, Schliemann, Carraher, 1993)는 "길거리 수학(street mathematics)" 즉 일상적 목적으로 사용되는 수학의 몇 가지 예들을 기술했다. 예를 들어, 그들은 브라질 레시페(Recife)시 행상들의 자녀들을 연구했다. 아동들은 보통 대략 8세 때부터 그들 부모의 행상업을 돕기 위해 나서는데 부모가 다른 손님과 거래를 하는 동안 손님과 거래를 하거나 심부름을 하는 활동이 포함된다. 그와 같은 일은 수학적 문제 해결을 요구하며 이때의 수학적 문제는 종이와 연필 없이 해결해야 한다. 예를 들면, 코코넛 하나의 가격이 X일 때, 네 개의 코코넛 가격은 얼마인가? 또는 손님이 그녀의 물건값을 지불하기 위해 500 쿠루제로스(cruzieros)를 주었고 물건값은 375 쿠루제로스였다면, 그녀는 얼마의 거스름 돈을 주어야 하는가? 등이다. 한 연구에서, 계산의 정확성은 세 가지 배경에서 비교되었다(Carraher, Carraher, & Schliemann, 1985). 비공식적 배경은 아동이 일에서 실제 거래를 수행하도록 하는 것으로 구성된다. 이 배경에서 정확성의 수준은 98%이었다. 공식적 단어-문제 배경은 아동이 종이와 연필을 사용하여 몇 가지 설명적 배경을 제공하는 단어 문제를 해결하도록 하는 것으로 구성된다. 필요한 숫자들과 연산은 비공식적 배경에서 사용된 문제와 같았다. 정확성은 74%로 떨어졌다. 마지막으로, 공식적 대수 연산 배경은 똑같은 숫자들과 연산들이 관계된 수학 문제들(예: $4 \times 35 = ?$)을 단순히 다시 제공하는 것으로 구성되었다. 이런 조건 하에서, 정확도 수준은 단지 37%만 맞았다. 따라서 동일한 문제에 대한 수행도 학문적 배경에 반대되는 실용적 배경에서 제공될 때 더 우수했다.

레이브, 머터우, 델 라 로쉐(Lave, Murtaugh, & de la Roche, 1984)는 캘리포니아 잡화집의 고객들이 이용하는 모든 일상 수학을 연구했다. 고객들은 다른 크기의 용기들 속에 담을 수 있는 제품을 살 때, 최대의 가치를 얻고자 노력했다. 이들 연구들이 제품에 단가를 붙여놓는 관행이 정착되기 전에 수행되었다는 사실을 주목해야 한다. 비록 크기가 클수록 경제적으로 구매한 것이지만, 이것이 모든 경우에 해당되지는 않았다. 실제로 고객이 구매한 문항의 약 1/3이 가장 큰 크기의 제품이 가장 경제적인 경우가 아니었다. 고객의 행동에서 관찰된 것은 지적인 지름길의 이용으로 이 지름길은 완벽하게 정확한 것이 아니지만 그럼에도 가장 경제적인 크기를 결정할 수 있을 만큼은 정확했다. 어떤 오트밀이 10온스 상자는 상자당 0.98달러이고 24온스 상자는 상자당 2.29 달러인 경우를 예로 들어 보자. 고객은 오트밀 10온스 당 0.98달러를 온스당 10센트로 환산했다. 따라서 24온스에 상응하는 가격은 약 2.40달러였다. 24온스 박스에 대한 가격이 2.29달러라는 것은 2.40달러보다 확실히 낮은 가격이기 때문에 이 크기의 상자가 더 좋은 구매로 선택된다. 흥미롭게도 최선의 구매를 선택하는 정확성은 정신적 산술에 대한 M.I.T. 검사 상의 수행과 관련성이 없었다.

스크리브너(Scribner, 1984)는 우유가공 공장의 작업자들이 주문양을 채우는 방법을 연구했다. 그녀가 연구한 작업자들은 조립공이라고 불렸다. 그들의 작업은 양(예: 파인트, 쿼트, 갤런)과 품목(순수 우유, 저지방 우유, 탈지유)에 따라 다른 용기들에 대한 주문들을 종합하여 처리하는 것이다. 작업자들이 필요한 이동 회수를 최소화하는 방법에 따라 부분적으로 채워진 용기를 합치는 방식으로 주문을 채우는 것이 발견되었다. 그렇게 하는 것은 그들의 머릿속에서 다른 진법에 의한 숫자 체계와 관계된 양의 계산을 요구했다. 공장에서 가정교육을 적게 받은 사람들임에도 그들은 그런 계산을 할 수 있는 능력이 있었다. 주문을 채울 때 그들의 수행은 IQ, 산술시험 점수, 학년과 관계가 없었고 더 높은 교육을 받은 화이트칼라 그들이 결근했을 때 대신 일하면서 보여 준 것보다 우수한 수행을 나타냈다.

일상적 수학의 마지막 예는 세시와 라이커(Ceci & Liker, 1988)의 전문 경마 예상꾼에 대한 연구에서 제공된다. 세시와 라이커는 경마 예상꾼들이 경마에서 공시 승률을 예상하는데 이용하는 전략을 연구했다. 전문 예상꾼들은 여러 조각의 정보자료들 간 상호작용과 관계된 복잡한 알고리즘을 사용하는 것이 발견되었다. 예를 들어, 어떤 말의 승률에 대한 한 가지 단서는 그 말의 이전 경주에 대한 1/4 마일 통과 시간 공시이다. 하지만 시간을 직접 이용하기보다는 전문 예상꾼들은 그 말이 다른 말을 바깥쪽에서 추월하려고 시도하는지 여부, 다른 말의 속도, 추월을 시도하는 위치에 근거하여 통과시간을 조정한다. 조정하는 이유는 어떤 말이 다른 말을 곡선 트랙의 바깥에서 추월하려고 하면 필연적으로 난간에서 멀어져야 한다. 곡선에서 난간과 멀어지는 것은 더 먼 거리를 달린다는 것을 의미하고 이는 1/4 마일 통과속도에 영향을 준다. 세시와 레이커는 상호작용 전략의 사용은 공시 승률을 예상하는 정확도에 관계되지만 (승마)예상자의 IQ와는 관계없다는 것을 발견했다.

실용적 계획

구드나우(Goodnow, 1986)에 관한 한, 실용적 지능은 우리가 일상적 활동을 우리가 수행해야 하는 것을 성취하기 위해 조직하는 방법과 어떤 일이 어긋나기 시작할 때 활동을 재조직 하는 방법 속에서 표현된다. 등교를 준비할 때의 과제는 수행을 계획하는 일상의 좋은 예로 간주할 수 있다. 등교 준비에는 많은 활동이 제한된 시간에 민감한 순서에 따라 완료돼야 하기 때문이다. 이런 활동들은 샤워, 옷입기, 아침 식사, 이빨 닦기, 애완 동물 밥 주기, 수업 자료 챙기기, 버스 정류장까지 걸어가기 들이 포함된다.[5] 개인적, 발달적 차이는 아동들이 이들 과제를 조직화된 방법으로 성취하는 능력에서 쉽게 관찰된다. 더 중요하지 않을 찌라도, 필요할 때 수행해야 할 과제를 인식하는 것이 그것을 수행하는 것만큼 중요하다. 인식의 중요성에 관한 예는 자명종이 울리지 않아서 아동이 30분 늦게 일어난 경우 상황을 처리하는 것이다.

버어그(Berg, 1989)는 아동과 청년의 일상생활의 문제를 처리하는 효과적인 전략과 행동에 대한 지식을 연구했다. 일상생활 문제는 아동과 성인이 최근에 경험한 문제를 이야기해 보라는 요구를 받고 대답한 것을 분석한 근거에 따르면 발달 정도에 따라 변한다(Berg, Calderone, 1994). 5세에서 6세의 아동의 경우에 일상 문제는 주로 가족 구성원과 관계(예: 형제들과 싸움)와 허드레 일의 수행이 관련된다. 11세에서 12세의 아동은 일상 문제는 학교 과제(예: 숙제하기)와 스포츠나 취미와 같은 여가 활동들과 관계된 것들이다. 대학생들에게서 보고된 일상적인 문제는 대인 관계, 학교, 일 영역에 걸쳐 대단히 광범위하게 분포되어 있다. 장년기 성인의 경우에, 일상 문제는 건강과 가족 문제에 관한 것이다.

버어그는 학생들에게 일상적 문제를 제시하고 다음과 같은 여섯 가지 행동 방침의 효능성에 등급을 매겨 보라고 했다. 여섯 개의 행동 방침은 앞으로 취할 행동 계획, 더 많은 정보자료 획득, 문제에 대한 자신의 인식 변경, 환경을 변형시켜 문제 상황을 바꾸는 것, 다른 환경의 선택하여 자신을 문제로부터 벗어나게 하는 것이다. 일상 문제의 한 가지 예는 당신과 당신의 친구가 금요일 저녁에 영화를 보기 위해 외출하고 싶은데 영화는 밤 11시가 넘어야 끝난다. 그것은 11시 30분까지 당신이 귀가할 수 없다는 의미인데 당신의 부모는 금요일과 토요일 저녁에는 10시 30분까지 귀가해야 한다고 요구한다. 영화는 극장에서 한주 더 상영될 것이다. 학생들은 이런 상황에 대해 다음 세 가지 전략의 등급을 평가하라는 지시를 받았다. 토요일 오후까지 기다렸다 영화를 보는 전략, 자신들의 귀가 시간에 예외를 두도록 부모를 설득하는 전략, 더 늦은 귀가 시간이 허용된 친구의 집에서 그 날 밤을 지내는 전략이다. 결과는 어떤 전략은 전반적으로 다른 전략 보다 더 효과적이라고 여겨졌다. 그러나 이 결과가 전략의 효능성과 문제의 배경이 학교생활에 포함되는지 여부 사이의 상호작용에 의해 검증되지 않았다.

---

5) (옮긴이 주) 선행조직자(advanced organizer)의 예가 된다.

실용적 전제

개념학습은 수년간 실험 심리학자와 교육 심리학자들이 열정적인 관심을 보인 주제이다(Estes, 1982). 개념학습은 또한 비교 심리학자들에게도 홍미의 대상이 되어 왔는데 유사하거나 심지어 똑같은 과제들이 인간 및 하등동물 모두에게 주어질 수 있기 때문이다. 전형적인 개념학습 과제에서, 참가자들은 다양한 색깔의 기하학적 형태와 같은 자극이 제공되는 시행을 반복했다.. 식별된 개념은 색깔로서 녹색이거나 기하학적 형태로 삼각형일 수 있다. 반복 시행을 통해, 참가자들은 제공된 시행에서 개념이 나타났는지 여부를 추측하고 나서 추측의 정오 여부를 알게 되었다. 시험은 참가자가 개념을 식별하거나 성공하지 못한 채 시행횟수의 기준에 도달할 때까지 계속된다.

수많은 연구를 통해, 이런 종류의 개념학습을 설명하는 학습이론들이 제안되었다. 일상적 상황에서 발생하는 비슷한 유형의 개념학습 과제들은 우리가 다른 사람들의 행동 속에 규칙성과 우리가 처한 환경의 다른 측면 속의 규칙성을 발견할 수 있도록 한다. 일상생활에서 개념학습과 실험실 과제에서 나타나는 개념학습 사이의 차이에 대한 열쇠 중의 하나는 전제의 가능한 역할 속에 있다. 전제는 학습 상황에서 나타나는 추측, 가정, 선입관으로 간주된다. 연구실에서 개념학습 과제에서 전제의 역할은 완전히 제거되지 않는다면 최소화되는데 학습되는 개념의 임의성 때문이다(예 빨간 삼각형). 대조적으로, 사람들은 상당한 현실세계 지식을 전제의 형태로 일상적 학습상황에 적용한다.

예를 들어, 일련의 연구에서, 와그너(Wagner, 1990)는 실용적 개념학습 과제를 참가자들에게 제공했다. 각 문제에는 가공의 인물이 나오며 이야기된 그의 의도는 세 가지 일 중에 한 가지를 하는 것이며 그 일은 문제에 따라 다르다. 즉, 그가 자동차를 사거나 아파트를 고르거나 룸메이트를 선택하는 것이다. 일련의 사례에 이어서 그에 대한 묘사가 이루어지며, 각각은 문제에 따라 특정한 자동차나 아파트, 룸메이트에 대해 서술한다. 다음에 자동차에 대한 사례를 예시했다.

> 이 자동차에는 여섯 명이 안락하게 앉을 수 있다. 몇 가지 선택 사항이 있고 가격은 비슷한 크기를 가진 다른 차들의 평균가격 보다 훨씬 저렴하다. 이 차는 표준 트랜스미션을 장착했다. 적정한 크기의 화물칸이 있고 연료 탱크는 파열을 피하기 위해 후륜차축 근처에 있다. 차는 주행거리계 상 50,000마일을 운행했다. 이 모형의 보험요율은 낮다. 또한 수리시 인건비도 싸다.

참여자의 과제는 5점 등급을 이용하여 가공적 인물이 기술된 문항이나 사람을 얼마나 좋아할지를 예상하는 것이다. 예상이 끝나면, 같은 등급을 이용하여 참여자들에게 실제 등급을 알려 준다(즉 가공인물이 각 사례에서 기술된 것을 좋아하는 정도). 실제 등급은 사례가 각 특정 문제에 대한 전형성(prototype)을 나타내는 정도에 근거를 두었다.

참여자의 전제는 단지 각 문제 이전에 제시된 가공인물의 간단한 기술을 고치는 것으로 조작될 수 있었다. 부합되는 전제 조건 속에서 기술되는 것은 등급화된 사례를 좋아할 것으로 예상되는 사람이다. 예를 들어, 가족용 자동차 문제에 부합되는 기술은 "짐 스미스는 43세이다. 그는 결혼하여 네 명의 자녀를 두었고 각각 5, 7, 10, 15세이다. 스미스는 두 마리의 개와 한 마리의 고양이를 키우며 집단 활동을 즐긴다." 부합되지 안는 전제 조건에서, 등급화된 전형을 좋아할 것으로 기대되지 않는 사람이 기술된다. "짐 스미스는 UCLA 대학 신입생이다. 그는 자신의 전공보다 사회 활동에 더 흥미 있다. 사실, 그가 USC 대신 UCLA를 선택한 이유는 UCLA가 더 사회 활동이 활발하다고 들었기 때문이다." 중립적 전제 조건에 대한 기술은 등급화된 전형을 좋아하는지 여부와 관계없는 사람에 대해 썼다. "짐 스미스는 펜실바니아에서 태어났다. 그가 좋아하는 색깔은 빨간 색과 노란 색이다. 그는 자신을 뛰어난 사람으로 생각하는데, 비록 자신의 몫보다 더 많은 행운을 가졌더라도 그렇다."

과제 수행은 차이가 적을수록 더 우수한 수행을 의미하는 실제 등급값과 예측 사이의 차의 절대 값으로서 정량화되었다. 계획된 비교는 부합되는 전제 조건에 대한 수행은 중립적 전제 조건에 대한 수행보다 우수했고 중립적 전제 조건 상의 수행은 부합되지 않는 전제 조건에 대한 수행보다 우수했다. 학습을 위해 되짚어 주기(feedback)가 주어진 10번의 시도 후에도, 부적합한 전제 조건에 대한 수행은 한 번의 학습 시도만 주어졌던 다른 두 집단의 수행만큼 나쁘거나 심지어 그 이하였다. 하지만, 전제와 선입관의 형태로 된 세상에 대한 지식은 개념 학습 연구에서 타성적으로 연구되지 않았고, 사실 연구 재료는 그와 같은 효과를 완전히 제거하기 위해 신중하게 선택되었다. 끝으로 과제 수행은 전체 표본 및 독립된 집단 모두에 대해 언어 추론 수행과 관계가 없었다. 초등학교 4학년, 중학교 1학년 및 대학생을 대상으로 한 관련 연구에서, 과제 수행은 역시 언어 능력과 관계가 없었다.

세시와 브론펜브렌너(Ceci & Bronfenbrenner, 1985)도 관련된 연구를 수행했다. 이 연구에서 아동들은 두 가지 이상의 상황에서 같은 기본 과제를 수행했다. 예를 들어, 10세 아동은 커서를 예상 위치로 움직여서 기하학적 형태가 이동하는 화면상의 위치를 가리켜 보라는 요구를 받았다. 아동에게는 알려지지 않은 알고리즘이 이동을 결정했다. 따라서 형태는 수평방향 이동을 가리키고(예: 사각형 = 오른쪽, 원 = 왼쪽, 삼각형 = 수평 이동 없음), 색은 수직이동을 의미하며(예: 검은색 = 상향, 흰색 = 하향), 크기는 거리를 의미할 수 있다(예: 큰 형태 = 가까운 거리, 작은 형태 = 먼 거리). 어떤 검은 색의 큰 원은 위로 이동했다가 왼쪽으로 짧은 거리를 이동할 것이다. 수행은 750회의 연습 후에 거의 일정한 확률을 유지했다. 그러나 비디오 게임 상황에서 같은 문제가 주어졌을 때, 수행은 급격하게 개선되었다. 어떤 원이나 사각형, 삼각형이 움직일 것으로 예상되는 위치를 커서로 가리키는 대신, 아동의 과제가 새나 벌, 나비를 그물 표시로 잡는 것이 되었다. 알고리즘의 앞의 과제와 같았다. 이 상황에서, 수행은 연습 회수가 대략 절반만 집행된 후에도 거의 완벽에 가까운 수준에 접근했다.

사회적 판단

일반 지능에 대한 대부분의 정의는 사람이 환경에 적응하는 어떤 측면을 포함한다. 인간 문제에서 다른 사람의 중요성 때문에, 사회적 판단이나 능력을 실용적 지능에 대한 실용적인 정의에서 다루었다는 사실은 놀라운 일이 아니다. 예를 들어, 실용적 지능은 머어서, 고메즈-팔라치오, 파딜라(Mercer, Gomez-Palacio, & Padilla, 1986)에 의해 사회적 능력과 같은 뜻으로 간주되었다. 사회성 능력(social competence)은 개인이 여섯 종류의 사회적 역할에서 다른 사람의 표준적인 기대를 만족시킬 수 있는 정도로 정의된다. 여섯 가지 사회적 역할은 가족 역할, 동료 역할, 사회적 역할, 돈을 버는 사람과 소비하는 사람의 역할, 자기 유지 역할(self-maintenance roles), 비학문적 학교 역할(non-academic school roles)이다. 광범위한 행동이 사회적 역할에 포함되었다. 따라서 가족 역할은 범위가 가족 구성원을 다루는데 이용되는 대인 관계적 기능에서 가족 소유물을 수리하는 데 도움을 주는 것까지이다. 또한 표준적인 기대에 대한 강조와 표준적인 기대가 문화와 하위문화에 따라 변할 수 있는 의미라는 사실에 주목한다.

퍼드(Ford, 1986)는 그의 사회성 지능 개념에서 사교적 능력을 강조했다. 그는 실용적 지능이 중요한 처리(예: 외부인을 효과적으로 대하는 것) 목표 달성을 반영하는 것으로 간주했다. 인간의 사회적 본성 때문에, 이들 교류 목표 중 다수가 사회적 능력과 관계된다.

실용적 지능의 전형

네이서(Neisser, 1979)는 지능을 어떤 한 가지 실체로 정의하는 것이 불가능하다고 주장해 왔다. 그 보다, 우리가 할 수 있는 최선은 로쉬(Rosch, 1978)의 개념 이론의 관점에서 지능 개념을 고려하는 것이다. 실용적 지능은 따라서 목표 개념의 이상적 전형(ideal exemplar)의 특성을 나타내는 전형을 참조하여 정의된다. 실용적 지능의 경우에는, 어떤 사람이 전형적인 실용적으로 지적인 사람을 모방하는 정도에 따라 그가 실용적 지능을 가졌다는 소리를 듣는다. 이 관점에 의해, 과제는 전형을 식별하는 것이 된다.

이러한 접근의 한 가지 예는 스턴버그, 콘웨이, 케트론, 번스타인(Sternberg, Conway, Ketron, & Bernstein, 1981)에 의해 제공되며, 그들은 일반인과 전문가들에게 250가지 인물 묘사에 대해 얼마나 (a) 이상적으로 지적인 사람, (b) 학문적으로 지적인 사람, (c) 일상생활에 대해 지적인 사람으로서의 특징을 가지고 있는지 분류해 달라고 했다. 제시된 상황에서 흥미 있는 결과는 일상생활에서 지적인 사람에 대한 분류를 요인 분석한 결과이다. 일반인에게서 결과는 실용적 문제 해결 능력, 사회성 능력, 특성, 학습과 문화에 대한 관심의 네 가지 해석 가능한 요인을 나타냈다. 전문가에 대한 결과는 실용적 문제 해결 능력, 적응 행동, 사회성 능력의 세 가지 해석 가능한 요인들이 제시되었다. 퍼드와 미우라(Ford & Miura, 1983)는 비슷한 접근법을 사회성 능력이 있는 전형적 인물을 구분하는 데 이용했다. 결과는 네 가지 양상의 사회성 능력 즉 친사회성 기능(즉 다른 사람의 어려움에 대한 민감성), 사회적 도구 기능(즉, 일을 완수하는 방법에 대한 지식), 사교적 안정감(편안한 사회 활동), 자기 효능감(긍정적 자아 개념)에 대한 증거를 제시했다.

실용적 지능이 다른 종류의 지능과 연관되는 방법

상대적으로 최근에 발달했기 때문에, 실용적 지능에 대한 현존하는 대부분의 연구는 실용적 지능의 예를 제시하고 전통적인 지능 정의와는 다른 어떤 것을 나타내는 예에 대한 증거를 제시하는 것으로 구성된다.

지능에 대한 전통적인 문헌의 대부분이 실용적 지능을 무시했기 때문에 불완전하다는 전제를 우리가 받아들인다면, 이렇게 실용석 지능을 무시한 기원은 무엇인가? 확실히 이전의 이론가나 연구자는 의도적으로 비실용적인 지능에 관한 연구를 시작한 것이 아니었다. 이전 연구에서 제약이 제한된 이론이나 개념화 또는 측정의 결과일까? 이 문제의 해답은 남아 있는 분야 중에서 완성되어야 하며 가장 많은 비평의 대상이 되는 분야를 지적하는 데 도움이 될 것이다(예: 우리는 더 넓게 개념화해야 할 필요나 다른 측정을 사용해야 할 필요가 있는가?). 더 중요한 것은, 어떻게 전통적인 학문적 지능과 실용적 지능의 구성요인들을 하나의 인간 지능의 포괄적 평가 속에 통합시키는가이다.

제한된 개념화?

지능의 개념화에 관한 제한 때문에 수년간 학문적 지능에 비해 실용적 지능을 가볍게 다루어온 것일까? 스턴버그와 버어그(1986)가 1921년 교육 심리학 연구 논문집(Journal of Educational Psychology)에서 제출된 정의와 65년 후에 제출된 정의들에 대한 비교, 분석은 이 문제에 대한 답이 그렇지 않다라고 주장했다. 스턴버그와 버어그는 지능의 정의에 기여한 27개의 핵심 속성을 식별할 수 있었다. 1921년과 1986년의 자료에 대한 그들의 분석은 지능에 대한 현존하는 개념화는 실용적 지능에 대한 개념과 잘 일치한다는 사실을 가리킨다. 27개의 속성 중, 19개는 지능이 표현하는 본질이 학문적이냐 실용적이냐에 대해 중립적인 속성이었다(예: 상위 인지, 지식, 지적 처리 속도). 따라서 상위 인지는 수학문제를 풀 때나 공동으로 어떤 문제를 풀 때 수행을 감독하는데 이용될 수 있다. 지식은 실용적일 수도 학문적 일 수도 있으며, 지적 처리 속도는 생존을 위해서 사냥을 할 때만큼 SAT에서 답을 찾을 때도 중요할 수 있다. 속성 중에서 6개는 확실하게 실용적 지능과 연관된다(환경의 요구에 효과적으로 적응, 현실세계 표현, 문화에 의해 평가되는 것, 감성적, 동기적 구성요인들, 지적 능력에 대한 개인차, 드러난 행동적 표현-효과, 성공적 응답). 사실, 오직 두 가지 속성이 실용적 지능을 배제하는 측면인 것처럼 보인다(g, 학문적, 인지적 속성에 제한된 능력).

제한된 측정법?

IQ 검사는 알프레드 비네가 당시 공교육에서 도움을 받을 수 없는 아동으로 간주된 지적 발달 장애아를 식별하는 검사법을 고안하려고 노력한 이래로 거의 변화를 겪지 않았다. 비네의 처음 목적과 현재의 IQ 검사와 초기의 검사 사이에 유사성 때문에, 문제가 단순히 실용적 지능의 중요한 측면들을 평가하지 않는다고 할 수 있을까? 필요한 모든 정보자료를 사용 가능케 하는 것과 단 하나의 정답만 있는 것처럼 앞에서 언급된 학문적 문제와 실용적 문제 사이의 차이점을 상기하자(Neisser, 1976; Wagner & Sternberg, 1985).

사용된 과제의 본성의 함수로서 실용적 지능의 측정과 IQ 사이의 관계 변화 분석은 IQ 검사 양식은 지능의 더 실용적 측면 평가에 대한 민감성을 제한한다고 제안했다. 실용적 지능에 대한 책(Sternberg & Wagner, 1986)은 IQ 검사와 실용적 지능 측정의 폭넓은 다양성의 관계에 대한 보고들을 포함한다. 대부분은 IQ 검사와 실용적 지능 측정 사이에 상호관계가 적거나 거의 존재하지 않는 것으로 보고되었다. 하지만 적어도 눈에 띄는 하나의 예외가 있다. 윌리스와 샤이에(Willis & Schaie, 1986)는 그들이 측정한 실용적 지능과 유동적 지능 및 결정적 지능 모두 사이에서 0.6에서 0.7 범위의 상관관계를 보고했다. 하지만, 다른 연구가 실용적 또는 시뮬레이션에 근거한 측정을 고안한 반면,

윌리스와 샤이에의 실용적 지능 측정은 기본 기능 검사(Basic Skill Test, Educational Testing Service, 1977)로서 필답에 의한 심리 측정학적 검사였으며 다른 어떤 것들 보다 신문 기사 이해와 도로 표지판 읽기, 양식 채우기, 라벨 읽기를 요구했다. 사실, 검사는 처음 고등학교 3학년이 학교에서 학습한 내용에 대한 실생활의 적용을 평가하기 위해 고안되었다. IQ 검사와 실용적 지능 측정 사이의 관계에 대한 분석은 다음과 같은 일반화에 도달했다.

> 이 책에서 보고된 연구를 살펴보면, 실용적 지능과 학문적 지능의 측정 사이의 상호관계는 실용적 지능 측정 형식에 따라 변한다. 실용적 지능 측정이 시험과 같은 형식을 가지면 상호 연관성이 크고 측정이 시뮬레이션에 근거를 두면 상관관계가 거의 존재하지 않는다(Wagner, 1986, p. 372).

포괄적 구조 속으로 학문적 지능과 실용적 지능의 통합

실용적 지능을 연구하는 연구자들의 대부분의 노력이 확산적 목표를 지향해 왔다. 그 목표들은 실용적 성격의 지능 존재를 보이고 전통적 IQ 검사에 의해 측정되는 성격의 지능과 다르다는 것을 보여 준다. 현재 연구자들이 이들 목표를 달성하는데 대체로 성공했기 때문에 다음 목표는 더 수렴적인 것으로 어떤 방법으로 실용적 지능과 학문적 지능 또는 다른 성질의 지능이 포괄적인 설명 속에 통합되는지를 입증하는 것이다. 이것은 확신을 갖기에는 거대한 주제이지만, 이미 어느 정도의 진전이 이루어졌다. 몇 가지 예를 고려해 보자.

일생에 걸친 발달 모형

인지적 발달에 대한 전 생애 모형은 실용적 측면과 학문적 측면을 모두 포함하는 인간 능력의 포괄적인 설명의 예가 된다. 이와 같은 설명 중에서 세 가지를 기술할 것이다.

유동적 능력과 결정적 능력. 혼과 카텔(Horn & Cattell, 1966)은 일생 동안 다른 발달적 구실을 하는 두 종류의 기본적 지적 능력을 기술했다. 유동적 지능은 1, 5, __, 13과 같은 수열에서 다음 숫자를 추론할 때와 같은 지능검사를 받는 상황에서 참신성을 다루는데 요구되는 능력들이다. 결정적 지능은 어휘 검사에서 단어의 의미를 정의할 때처럼 문화적으로 변용된 지식을 나타낸다. 유동적 능력은 십대 후반에 최고 수준에 도달한 후 서서히 감퇴되기 시작하는 것처럼 보인다. 결정적 능력은 성인이 되어서도 높은 수준을 유지하고 오직 노년이 되어서야 분명한 감퇴가 나타난다(Dixon & Baltes, 1986; Horn, 1982; Schaie, 1977/1978). 학문적 문제와 실용적 문제의 다른 특성에 대한 분석을 근거로, 스턴버그(1995)는 유동적 능력은 실용적 문제보다 학문적 문제를 해결하는데 더 중요하고 반대로 결정적 능력은 학문적 문제보다 실용적 문제 해결에 중요하다고 추측했다. 그들은 또한 실용적 능력은 성인이 되어서도 지속되는 것은 결정적 능력이 실용적인 일상생활 문제를 해결하는데 유동적 능력의 역할에 비해 더 큰 기여를 한다는 사실을 반영한다고 추측했다.

이들 추측에 대한 몇 가지 증거는 일생에 걸친 발달 연구에서 나왔다. 나이든 성인은 전형적으로 자신들의 추론 능력이 성인이 되어서도 지속되거나 심지어 더 발달한다고 믿으며 학문적 능력이 감퇴한다는 증거에도 그렇게 믿었다. 예를 들어, 윌리엄스, 데니, 샤들러(Williams, Denney, & Schadler, 1983)는 65세 이상의 성인과 문제를 해결하고 생각하며, 추론하는 능력이 나이가 들면서 변화하는 것에 대해 면담했다. 참여자의 76%가 자신의 능력이 변하지 않았다고 완전히 믿었고 오직 4% 만이 자신의 능력이 감퇴했다고 믿었다. 참여자들이 많은 인지적 능력 검사에 대한 수행이 정규 교육이 끝난 후 감퇴한다는 이야기를 들었을 때 그들은 IQ 검사에서 나오는 종류의 문제를 언급하지 않았다고 대답했다. 그보다 그들은 금전 문제와 같은 "일상" 문제에 대한 수행을 언급한 것이었다. 윌리엄스 등의 연구는 나이든 성인의 자기인식을 다루었다. 이들 자기인식에 대한 증거로 무엇이 있는가?

데니와 팔머(Denny & Palmer, 1981)는 20세에서 79세의 성인을 대표하는 참여자에게 두 종류의 추론 문제를 제시했다. 실용적 추론 문제는 다음과 같은 실제 생활 상황으로 구성되었다. "당신이 자동차로 여행하다 심한 눈보라 속에서 주간 고속도로 상에 오도가도 못하게 되었다면, 당신은 어떤 행동을 할 것인가?" 그리고 "이제, 당신이 현관문 쪽으로는 창문이 없는 아파트에 살고 있다고 가정해 보자. 새벽 2시에 요란하게 문을 두드리는 소리와 어떤 사람이 '문열어. 경찰이다'라고 소리치는 것을 들었다면 당신은 어떤 행동을 취할 것인가?" 학문적 문제는 20문항의 과제로 구성되어 있다. 데니와 팔머는 두 종류의 문제에 대한 수행을 연령의 함수로서 좌표로 나타냈다. 학문적 문제에 대해서 수행은 20세 이후에 선형적으로 감소했다. 대조적으로 실용적 문제 해결은 40세와 50세에서 정점에 이를 때까지 증가한 후 감소했다.

코넬리우스와 카스피(Cornelius & Caspi, 1987)는 20세에서 78세의 성인을 대상으로 한 연구에서 일상생활 문제 해결과 유동적 지능, 결정적 지능의 관계를 고려했다. 일상적 문제 해결에 대한 과제는 소비자 문제(예: 집수리를 거부한 집주인을 어떻게 다루어야 하는가), 정보자료 구하기(예: 추가적 정보자료를 찾는데 필요한 복잡한 양식 완성하기), 개인적 관심(예: 보고싶은 연주회에 참석하고 싶지만 그것이 안전한지 확신할 수 없을 때 어떻게 해야 하는가), 가족 문제(예: 아들이나 부모로부터 비난에 대한 대응), 친구들과의 문제(예: 친구에게 자신과 더 자주 만나도록 설득하기), 직장에서 문제(예: 자격이 있음에도 승진이 되지 않았을 때)와 같은 영역들에서 표본 추출된 문제들로 구성되었다. 유동적 능력의 측정은 문자열 완성이었고 결정적 능력의 측정은 어휘를 정의하는 단어들이었다. 일상 문제 해결에 대한 과제의 수행과 결정적 능력의 측정은 70세까지 증가했다. 대조적으로, 유동적 능력에 대한 수행 측정은 30세까지 증가한 후 50세까지 일정하다 그 후에 감소했다. 일상적 추론 과제의 수행은 유동적 능력($r = 0.29$, $p < 0.01$)과 결정적 능력($r = 0.27$, $p < 0.01$) 모두에 중간 정도의 상호 연관성이 있었다. 비록 일상적 문제 해결과 결정적 능력이 일생에 걸쳐 비슷한 발달적 구실을 공유하지만 결정적 능력은 유동적 능력보다 일상적 문제 해결과 상호 연관성이 작았다.

지능의 실용주의와 기계주의. 발테스와 동료(Baltes, Dittmann-Kohli, Kliegel, 1984)들은 일생에 걸친 지능 발달 모형으로서 지능의 일상적 측면과 학문적 측면을 모두 포괄하는 모형을 제안했다. 이 모형은 혼과 캐텔(1966)의 유동적 능력과 결정적 능력의 구분에 대한 확장을 나타낸다. 지적 기능은 두 개의 상호 연관된 영역으로 구분된다. 첫 번째 영역은 지능의 기계학으로 불리며 정보자료 처리와 문제 해결의 내용에 무관한 구조를 나타낸다. 두 번째 영역은 지능의 실용주의(pragmatics of intelligence)라고 불리며 지능의 다른 특수한 측면과 함께 지식과 기능의 축적을 포함한다. 이 모형에 의하면, 지적 고령화는 성장, 안정, 퇴화의 측면들을 보인다. 지능의 기계학(mechanics of intelligence)에서 퇴화는 일반적으로 고령화와 연관된다. 대조적으로 지능의 실용주의적 측면은 선택된 분야에서 지속적이거나 심지어 강화될 수 있다. 성공적 고령화는 내적인 상황과 외적인 상황에 의해 유지되는 목표와 경로의 선택과 관계된다. 지능의 기계학과 실용주의의 경계는 보상에 의한 선택적 최적화가 일어난다. 축적된 지식과 기능은 지적 수행이 선택적 영역에서 최적이 되게 하며 지능의 기계학에서 더 전체적인 퇴화에 의해 상쇄된다.

인지적 견습기간(cognitive apprenticeship). 로고프(Rogoff, 1990)는 아동의 인지적 발달을 아동에게 그의 보호자나 동료에 의해 참가하도록 지도되어 그 아동의 문화적 도구에 대한 숙달과 이해를 일으키는 도제기간으로 보았다. 로고프는 생각을 일상적 대인 관계 문제나 물리적 문제를 해결하는 방향을 향한 지적 활동으로 간주했다. 아동의 발달적 과제는 이전 세대에서 유전된 지적 도구와 다른 사람에 의해 제공된 사회적 자원을 이용하여 그와 같은 문제를 식별과 해결을 학습하는 것이다. 비록 로고프가 일상적 문제 해결 학습을 강조했지만, 인지적 도제기간이 학교에서 학습에서 많은 사람들에 의해 선호된다는 점을 주목해야 한다.

다른 포괄적 모형

최근에 제안된 몇 가지 지능의 개념화는 지적 능력의 종류를 확대하려고 시도하며 여기에는 IQ 검사를 초월하는 것들이 포함된다(Neisser et al., 1996). 세 가지 그와 같은 예가 간단하게 설명될 것이다. 여기에 흥미를 가진 독자는 더 많은 정보자료를 위해 원래 자료를 직접 참고하기 바란다.

인간 지능의 삼원이론.[6] 스턴버그(1985)의 인간 지능의 삼원이론은 지능의 세 가지 핵심 측면을 제안한다. 특히, 그의 성공 지능론(SI)의 구성요인 중 하나인 분석적 지능은 대부분 전통적인 IQ 검사에서 측정되는 것이다. 다른 두 핵심 측면인 창의적 지능과 실용적 지능은 똑같은 중요성에도 분석적 지능 연구에 적용되어온 노력에 비해 아직까지 무시되어 왔다. 암묵적 지식과 다른 형태의 실용적 노하우의 중요성이 이론에서 일관적이다. 암묵적 지식은 지식획득 요인(이론에서 제안된 여러 종류의 요인 중 하나)이 취업 상황을 포함한 일상적 상황에 적용된 산출로서 간주된다.

스턴버그의 이론은 최근에 실용적 종류와 학문적 종류의 지능 사이에 관계를 이해하는데 더 적용성이 커지도록 확장되었다. 실용적 지능을 설명하는데 되풀이 되는 주제는 일상 문제를 해결하는 능력은 고도로 발달된 실용적 지식과 전문성의 형태에 달려 있다는 것이다. 문제 해결자가 자신들이 당면한 일상적 문제를 해결하는데 상당한 사전 경험을 적용할 수 있다. 대조적으로, IQ 검사에서 볼 수 있는 부류의 학문적 문제는 더 참신한 경향이 있고, 따라서 학문적 문제의 해결은 더 광범위하게 적용 가능한 전략과 이용과 제한된 양의 특수 학문적 지식의 이용에 더 크게 좌우된다.

다차원 지능(multiple intelligence, MI).[7] 가드너(1983)의 이론에 따르면, 인간 지

---

6) (옮긴이 주) 스턴버그의 지능 이론은 두 가지가 있다. 우리나라에서는 숙명여대 하대현 교수(1991)가 신 지능론이라고 한 삼위일체지능론(요소하위이론+경험하위이론+상황하위이론)과 성공 지능론(successful intelligence, SQ, SI. 분석지능+창의적 지능+실용적 지능)이 있는데 이 글에서 와그너(Wagner) 교수(2000)가 소개한 스턴버그의 지능론은 후자의 지능론을 약술한 것이다.

7) (옮긴이 주) 스턴버그와 가드너의 지능론의 시사점을 예시하면 (1) 성장, 발달 환경에서 교육의 중요성을 강조했고, (2) 실존적 자아의 중요성과 선택과 조성에 따른 자유 의지의 중요성을 강조했고, (3) 지능의 생성과 발휘에서 인간관계와 환경의 영향에 따른 중요성을 강조했으며, (4) 인간은

능은 인간의 지적 잠재력의 작은 집합으로 구성되며 지적 잠재능력은 다른 문화적 영역인 언어적, 음악적, 논리 수학적, 공간적, 신체 운동적, 인간 내적, 대인 관계적 영역들과 관련되어 있다. 언어적 지능은 구어와 문어에 대한 민감성으로 인용되고 의미의 미묘한 차이와 언어적 함축 사이의 상호작용을 인식하는 것을 포함한다. 음악적 지능은 박자, 음의 고저, 음질에 대한 민감성으로 이야기된다. 논리 수학적 지능은 숫자와 가설적 표현, 가설적 표현간의 관계에 대한 탐구의 용이성으로 참조된다. 공간적 지능은 시공적 요인에 대한 민감성과 하나의 시공적 요인을 다른 것으로 변환 할 때 용이성으로 인용된다. 신체 운동적 지능은 신체에 대한 민감성, 통제력, 활동으로 참조된다. 인간의 자아성찰 지능은 행동으로 실천하기에 앞서 심사숙고해서 자신에 대한 강점, 약점, 감정에 대한 이해와 개인적으로 고독한 결정을 내릴 때 의지하는 것으로 인용된다. 끝으로, 인간 친화 지능은 다른 사람의 의도와 소망에 대한 민감성과 다른 사람을 원하는 방향으로 이끄는 능력으로 이야기 된다.

가드너의 다차원 지능은 학문적 지능과 실용적 지능 양쪽에 걸쳐서 자리하고 있다. 언어적, 논리, 수학적, 공간적 지능은 일반적으로 IQ 검사로 측정할 수 있는 학문적 능력을 일반적으로 나타낸다. 인간의 자아성찰 지능, 인간 친화 지능은 일상적 상황에서 적용되는 실용적 능력을 더 많이 나타낸다. 음악적, 신체 운동적 지능은 아마도 둘 사이에 어딘가에 있을 것이다. 다차원지능들 사이의 관계와 관련하여, 가드너는 다양한 배경 속에서 반영된 지적 잠재력의 핵심집합은 서로 독립적이라고 주장했다.

지능, 지식, 성격. 엑커만(Ackerman, 1996)은 검사가 실용적 지식을 포함하여 지식의 중요성을 언급하지 않았기 때문에, IQ 검사가 극히 우수하거나 극히 저능한 극단적인

자의반, 타의반 환경의 지배를 받는 존재라는 것과 영성의 중요성을 역설했다. 두 사람의 지능관은 모두 지능의 긍정적 기능과 역할에만 가치 편향되어 있다. 사연 많은 인생이라는 드라마에는 좋은(선한) 지능이 있는가 하면 영악한 지능, 악한(나쁜) 지능이 공존하고 있으며 인간의 역사, 문화사, 전쟁사, 매스 미디어를 장식하는 사건, 사고의 소재인 뉴스의 내용이 이것을 증명한다. 남녀노소, 직종, 교육 수준, 사회경제적 지위, 국가별 발전 수준, 문화권, 경험하고 극복한 역경에 따라, 즉 실존적 고통 등은 지능의 성질을 이해하는데 중요한 영향을 끼칠 것이고 이들이 이해하는 지능의 내용에 차이가 있을 것 이다. 지능은 인간의 실존적 조건과 인간성의 반영이고 결과인 것으로 생각된다. 이 책의 6장에서 감성 지능에 관한 논의 중에서 바온(Bar — On)의 의견도 이 관점을 지지하고 있다.

바온은 지능은 능력과 역량, 기능들의 결합체로 기술되며 그것들은 일생을 효과적으로 살아가는데 이용될 수 있는 지식의 집합이다(Bar — On, 1997. 15.)라고 해석했다. 즉, 그는 지능을 사연 많은 삶에서의 생존 능력으로 해석했으며, 따라서 실존적 생애 과제라고 이해한 것으로 생각한다.

사람을 식별하는 것을 넘 어서 성인의 지능을 이해하는데 특별히 유용하지 않다고 주장했다. 대부분의 지능 개념은 지식을 무시한 특질이나 처리에 집중해 왔다.

지식에 대한 강조에 덧붙여, 엑커만과 헤게스타드(Ackerman & Heggestad, 1997)는 성격과 흥미를 성인의 지적 역량에 대한 포괄적 구조에 통합시키려고 시도했다. 최대 수행과 전형적 수행 사이의 구분이 이 시도에서 두드러지게 나타나고 학문적 지능과 실용적 지능을 연관시키는 의미를 지닌다. IQ 검사는 최대 수행 즉 수행 가능한 최고의 것을 측정하기 위해 고안된다. 최대 수행을 측정하려는 시도에 대한 주장은 이것이 일상 상황에서 나타나 는 수행보다 더 안전하다고 생각되기 때문이다. 대조적으로, 성격 측정은 전형적 수행 즉 실제로 나타날 가능성이 큰 수행을 측정하기 위해 고안된다. 엑커만과 헤게스타드는 전형적 지적 수행 측정에 대해 그것이 최대 수행측의 정보자료다. 실제 상황에서 일상적 인지적 시도에 대한 더 좋은 예언적 지표가 될 것으로 믿는다고 주장했다.

결론적으로, 지능 분야에서 지난 20년 간 가장 흥미 있고 중요한 발전은 실용적 지능에 대한 관심이다. 독창적 수단을 이용하여, 이 8장에서 그의 작업에 대해 기술했던 손재주꾼(bricoleurs)은 많은 사람들이 거의 불가능하다고 생각한 일을 수행했다. 그것은 진실로 IQ를 넘어선 무엇인가가 있다는 사실을 보여 준다. 학문적 지능과 실용적 지능 및 다른 형태의 지능을 통합하는 인간 지능의 포괄적 구조를 더 발전시키는 과제는 더 어려운 작업일 것이다.

참고 문헌

Ackerman, P. J. (1996). A theory of adult intellectual development: Process, personality, interests, and knowledge. *Intelligence*, *22*, 229–259.

Ackerman, P. J., & Heggestad, E. D. (1997). Intelligence, personality, and interests: Evidence for overlapping traits. *Psychological Bulletin*, *121*, 219–245.

Barrett, G. V., & Depinet, R. L. (1991). A reconsideration of testing for competence rather than for intelligence. *American Psychologist*, *46*, 1012–1024.

Baltes, P. B., Dittmann-Kohli, F., & Kliegl, R. (1984). New perspectives on the development of intelligence in adulthood Toward a dual-process conception and a model of selective optimization with compensation. In P. B. Baltes & O. G. Brim (Eds.), *Life-span development and behavior* (pp. 33–76). New York: Academic Press.

Berg, C. A. (1989). Knowledge of strategies for dealing with everyday problems from childhood through adolescence. *Developmental Psychology*, *25*, 607–618.

Berg, C. A., & Calderone, K. S. (1994). The role of problem interpretations in understanding the development of everyday problem solving. In R. J. Sternberg & R. K. Wagner (Eds.), *Mind in context: Interactionist perspectives on human intelligence* (pp. 105–132). New York: Cambridge University Press.

Berry, J. W., & Irvine, S. H. (1986). Bricolage: Savages do it daily. In R. J. Sternberg & R. K. Wagner (Eds.), *Practical intelligence: Nature and origins of competence in the everyday world* (pp. 271–306). New York: Cambridge University Press.

Berry, J. W., van de Koppel, J., Senechal, C., Annis, R., Bahuchet, S., Cavalli–Sforza, L. L., & Witkin, H. A. (1986). *On the edge of the forest*. Lisse: Swets and Zeitlinger.

Bluton Jones, N., & Konner, M. (1976). Kung knowledge of animal behavior. In R. B. Lee & I. DeVore (Eds.), *Kalahari hunter–gatherers* (pp. 326–348). Cambridge, MA: Harvard University Press.

Carraher, 'F. N., Cainraher, D. W., & Schliemann, A. D. (1985). Mathematics in the streets and in schools. *British Journal of Developmental Psychology*, *3*, 21–29.

Ceci, S. J., & Bronfenbrenner, U. (1985). Don't forget to take the cupcakes out of the oven: Strategic time–monitoring, prospective memory and context. *Child Development*, *56*, 175–190.

Ceci, S. J., & Liker, J. (1988). Stalking the IQ–expertise reWhen the critics go fishing. *Journal of Experimental Psychology: General*, *117*, 96–100.

Cole, M., Gay, J., Glick, J., & Sharp, D. (1971). *The cultural context of learning and thinking*. New York: Basic.

Cornelius, S. W., & Caspi, A. (1987). Everyday problem solving in adulthood and old age. *Psychology and Aging*, *2*, 144–153.

Denney, N. W., & Palmer, A. M. (1981). Adult age differences on traditional and practical problem–solving measures. *Journal of Gerontology*, *36*, 323–328.

Dixon, R. A., & Baltes, P. B. (1986). Toward life–span research on the functions and pragmatics of intelligence. In R. J. Sternberg & R. K. Wagner (Eds.), *Practical intelligence: Nature and origins of competence in the everyday world* (pp. 203–235). New York: Cambridge University Press.

Eddy, A. S. (1988). *The relationship between the Tacit Knowledge Inventory for Managers and the Armed Services Vocational Aptitude Battery*. Unpublished master's thesis, St. Mary's University, San Antonio, TX.

Educational Testing Service (1977). *Basic Skills Assessment Test: Reading*. Princeton, NJ: Educational Testing Service.

Estes, W. K. (1982). Learning, memory, and intelligence. In R. J. Sternberg (Ed.), *Handbook of human intelligence* (pp. 170–224). New York: Cambridge University Press.

Ford, M. E. (1986). For all practical purposes: Criteria for defining and evaluating practical intelligence. In R. J. Sternberg & R. K. Wagner (Eds.), *Practical intelligence: Nature and origins of competence in the everyday world* (pp. 183–200). New York: Cambridge University Press.

Ford, M. E., & Miura, I. (1983, August). *Children's and adults' conceptions of social competence*. Paper presented at the meeting of the American Psychological Association, Anaheim, CA.

Frederiksen, N. (1986). Toward a broader conception of human intelligence. In R. J. Sternberg & R. K.

Wagner (Eds.), *Practical intelligence: Nature and origins of competence in the everyday world* (pp. 84–116). New York: Cambridge University Press.

Gardner, H. (1983). Frames of mind. New York: Basic Books. Gladwin, 'F. (1970). *East is a big bird: Navigation and logic on the Puluwat atoll.* Cambridge, MA: Harvard University Press.

Goodnow, J. J. (1986). Some lifelong everyday forms of intelligent behavior: Organizing and reorganizing. In R. J. Sternberg & R. K. Wagner (Eds.), *Practical intelligence: Nature and origins of competence in the everyday world* (pp. 143–162). New York: Cambridge University Press.

Gottfredson, L. S. (1991). The evaluation of alternative measures of job performance. In A. K. Wigdor & B. F. Green, Jr. (Eds.), *Performance assessment in the workplace* (Vol. 1, pp. 75–126). Washington, DC: National Academy Press.

Hartigan, J. A., & Wigdor, A. K. (1989). *Fairness in employment testing*. Washington, DC: National Academy Press.

Hawk, J. (1986). Real world implications of *g*. *Journal of Vocational Behavior, 29*, 411–414.

Horn, J. L. (1982). The theory of fluid and crystallized intelligence in relation to concepts of cognitive psychology and aging in adulthood. In F. I. M. Craik & A. Trehub (Eds.), *Aging and cognitive processes* (pp. 237–278). New York: Plenum.

Horn, J. L., & Cattell, R. B. (1966). Refinement and test of the theory of fluid and crystallized intelligence. *Journal of Educational Psychology, 57*, 253–270.

Jensen, A. R. (1993). Test validity: g versus "tacit knowledge." *Current Directions in Psychological Science, 2*, 9–10.

Laboratory of Comparative Human Cognition. (1982). Culture and intelligence. In R. J. Sternberg, R. J. (Ed.), *Handbook of human intelligence* (pp. 642–719). New York: Cambridge University Press.

Lave, J., Murtaugh, M., & de la Roche, O. (1984). The dialectic of arithmetic in grocery shopping. In B. Rogoff & J. Lace (Eds.), *Everyday cognition* (pp. 67–94). Cambridge, MA: Harvard University Press.

Levi–Strauss, C. (1966). *The savage mind.* London: Weidenfiield & Nicholson.

McClelland, D. C. (1973). Testing for competence rather than for "intelligence." *American Psychologist, 28*, 1–14.

Mercer, J. R., Gomez–Palacio, M., & Padilla, E. (1986). The development of practical intelligence in cross–cultural perspective. In R. J. Sternberg & R. K. Wagner (Eds.), *Practical intelligence: Nature and origins of competence in the everyday world* (pp. 307–337). New York: Cambridge University Press.

Neisser, U. (1976). General, academic, and artificial intelligence. In L. Resnick (Ed.), *Human intelligence: Perspectives on its theory and measurement* (pp. 179–189). Norwood, NJ: Ablex.

Neisser, U. (1979). The concept of intelligence. In R. Sternberg & D. Detterman (Eds.), *Human intelligence: Perspective on its theory and measurement* (pp. 179–189). Norwood, NJ: Ablex.

Neisser, U., Boodoo, G., Bouchard, 'F. J., Boykin, A. W., Brody, N., Ceci, S. J., Halpeinn, D. F., Loehlin, J. C., Perloff, R., Sternberg, R. J., & Urbina, S. (1996). Intelligence: Knowns and unknowns. *American Psychologist, 51*, 77–101.

Nunes, T., Schliemann, A. D., & Cainraher, D. W. (1993). *Street mathematics and school mathematics.* New York: Cambridge University Press.

Rogoff, B. (1990). *Apprenticeship in thinking*. New York: Oxford University Press.

Rosch, E. R. (1978). Human categorization. In N. Warren (Ed.), Studies in cross-cultural psychology (pp. 1–47). London: Academic Press.

Schaie, K. W. (1977/1978). Toward a stage theory of adult cognitive development. *International Journal of Aging and Human Development*, *8*, 129–138.

Schmidt, F. L., & Hunter, J. E. (1981). Employment testing: Old theories and new research findings. *American Psychologist*, *36*, 1128–1137.

Schmidt, F. L., & Hunter, J. E. (1993). Tacit knowledge, practical intelligence, general mental ability, and job knowledge. *Current Directions in Psychological Science*, *1*, 8–9.

Schmidt, F. L., & Hunter, J. E. (in press). Measurable personnel characteristics: Stability, variability, and validity for predicting future job performance. In M. Kleinmann & B. Strauss (Eds.), *Instruments for potential assessment and personnel development*. Göttingen, Germany: Hogrefe.

Scribnein, S. (1984). Studying working intelligence. In B. Rogoff & J. Lace (Eds.), *Everyday cognition* (pp. 9–40). Cambridge, MA: Harvard University Press.

Scribner, S., & Cole, M. (1981). *The psychology of literacy*. Cambridge, MA: Harvard University Press.

Sternberg, R. J. (Ed.) (1982). *Handbook of human intelligence*. New York: Cambridge University Press.

Sternberg, R. J. (1985). *Beyond IQ: A triarchic theory of human intelligence*. New York: Cambridge University Press.

Sternberg, R. J. (1998). Abilities are forms of developing expertise. *Educational Researcher*, *27*, 11–20.

Sternberg, R. J., & Berg, C. A. (1986). Quantitative integration: Definitions of intelligence: A comparison of the 1921 and 1986 symposia. In R. J. Sternberg & D. K. Detterman (Eds.), *What is intelligence?* (pp. 155–162). Norwood, NJ: Ablex.

Sternberg, R. J., Conway, B. E., Ketron, J. L., & Bernstein, M. (1981). People's conceptions of intelligence. *Journal of Personality and Social Psychology, 41*, 37–55.

Sternberg, R. J., & Detterman, D. K. (Eds.) (1986). *What is intelligence?* Norwood, NJ: Ablex.

Sternberg, R. J., & Wagner, R. K. (Eds.). (1986). *Practical intelligence: Nature and origins of competence in the everyday world.* New York: Cambridge University Press.

Sternberg, R. J., Wagner, R. K., Williams, W. M., & Horvath, J. A. (1995). Testing common sense. *American Psychologist*, *50*, 912–927.

Wagner, R. K. (1986). The search for intraterrestrial intelligence. In R. J. Sternberg & R. K. Wagner (Eds.), *Practical intelligence: Nature and origins of competence in the everyday world* (pp. 361–378). New York: Cambridge University Press.

Wagner, R. K. (1987). Tacit knowledge in everyday intelligence behavior. *Journal of Personality and Social Psychology*, *52*, 1236–1247.

Wagner, R. K. (1990). Products and processes of practical reasoning. *International Journal of Research in Education*, *14*, 437–454.

Wagner, R. K. (1997). Intelligence, training, and employment. *American Psychologist*, *52*, 1059–1069.

Wagner, R. K., & Sternberg, R. J. (1985). Practical intelligence in real-world pursuits: The role of tacit knowledge. *Journal of Personality and Social Psychology*, *49*, 436–458.

Wigdor, A. K., & Garner, W. R. (Eds.). (1982). *Ability testing: Uses, consequences, and controversies.* Washington, DC: National Academy Press.

Williams, S. A., Denney, N. W., & Schadlein, M. (1983). Elderly adults' perception of their own cognitive development during the adult years. *International Journal of Aging and Human Development*, *16*, 147–158.

Willis, S. L., & Schaie, K. W. (1986). Practical intelligence in later adulthood. In R. J. Sternberg & R. K. Wagner (Eds.), *Practical intelligence: Nature and origins of competence in the everyday world* (pp. 236–268). New York: Cambridge University Press.

[보충 자료]

프래그머티즘과 성호 이익의 교육관

실용주의(Pragmatism)의 어원은 행동·실행이라는 뜻의 그리스어 '프라그마(pragma)'다. 그만큼 행동과 실천을 중시하는 철학이다. 유용성이 진리 판단의 기준이다. 지식도 인간에 게 유용하게 쓰이기 위한 도구로 본다. 실용주의는 현대 미국과 떼려야 뗄 수 없는 관계다. 미국이 내놓은 거의 유일한 철학 브랜드이고, 미국적 가치·프런티어 정신의 요체이기도 하다. 신대륙, 즉 신천지에서 역사적으로나 문화적으로 새로운 미국을 창조, 건국해야 하는 국가적이고 민족적인 위대한 과업을 창조, 실천해야 하는 미국인들은 생존에 필요한 참고할 만한 과거의 전통적이고 기존의 방법이나 선수학습, 지식, 즉 선행 조직자가 없었으므로 새로운 상황(환경), 문제 해결에 필요한, 적합한 새롭고 창조적인 생존 방법을 자생적으로 찾아야만 했다. 이와 같은 기반과 시대적 필요성에 부응하는 생활방법, 즉 생존 책략으로 찾아낸 것이 프래그머티즘이다.

창의성을 역사 창조의 재능이라고 기술한 영국의 저명한 역사학자인 토인비(Toynbee, 1964, 1968, 1974)는 미국이 신대륙에서 자국의 운명을 개척하려면 국민 안에 잠재해 있는 모든 창의성을 발굴하고 촉진해야 하는데 이런 시대정신에 부합하기 위해서 필요한 생존전략으로 등장한 사상과 철학이 프래그머티즘(Pragmatism)이라고 설파했다. 그는 창의성이 사회와 국가를 건설하는 원동력이기 때문에 사회와 국가를 흔들어 놓는다고 했다(Treffinger, 2004; 김정휘 외 옮김, 2008, 137, 152).

환언하여 지식의 수명(생명력)은 학계에서나 현실 생활에서 일반적으로 어떤 사고체계들(systems of thought)이 오랫동안 유지되고 또 번성하며 확대, 재생산될 수 있는 이유는 결국 그 사회에서 쓸모가 있었기 때문이다. 사고체계는 유기체와 마찬가지로 진화하며, 사람들의 일상생활을 도울 수 있을 만큼 쓸모 있는 부분만 결국 살아남게 되는 것이다(Ciarrochi et al., 2001).

실용주의의 뿌리로는 19세기 말 공리주의가 꼽힌다. 당시 유럽 자본주의는 극심한 빈부격차, 노동운동에 직면했다. 부르주아에겐 사회주의에 끌리는 노동자 계층에 맞서는 새로운 이념이 필요했다. '최대 다수의 최대 행복'을 내세운 공리주의가 그 대안이 됐다. 실용주의는 이런 공리주의의 미국적 전개로 불린다. 당시 미국 역시 남북전쟁의 후유증으로 통합을 위한 지적 치유가 필요했다. 시기적으로도 독점 자본주의의 문턱에 접어들고 있었다. 1872년 미국 매사추세츠 주 케임브리지에서는 지식인 살롱 '메타피지컬〔metaphysical, 형이상학(形而上學)〕 클럽'이 문을 열었다. 하버드대학교 철학교수였던 기호학자 찰스 S 피어스(Charles Sanders Peirce), 법학자(변호사)인 올리버 웬들 홈스(Oliver Wendell Holmes), 워너, 그린(Nicholas St. John Green), 미국 심리학의 아버지 윌리엄 제임스(William James), 교육철학자 존 듀이(John Dewey), 과학자이면서 철학자인 피스크(John Fiske), 라이트, 애버트(Francis Ellingwood Abbort) 등 8명이 핵심 멤버였다. 클럽은 9개월 만에 문을 닫았지만 책 『메타피지컬 클럽(Metaphysical Club)』은 여기서 실용주의와 오늘의 미국이 탄생했다고 썼다. 이들의 공통점은 "사상이 '저 멀리'에서 발견되기를 기다리고 있는 그 무엇이 아니라 포크나 나이프, 마이크로 칩처럼 사람들이 자신이 속한 세계에 대처하기 위해 고안한 도구라고 믿은 점"이다. 이들은 "사상의 생존은 그것의 불변성이 아니라 적응성에 달려 있다"며 "실용주의란 생각하는 방식에 관한 설명" "사람들의 신념이 쉽게 폭력으로 변질되지 않게 하기 위해 고안된 것"이라고 말했다. 내용이라기보다 태도로서의 실용주의다. 더 좋은 것을 위한 차선의 지식, 쓸모라고도 해석되고 있다.

관련 전문가들은 1872년경의 메타피지컬 모임에서 피어스가 관련 아이디어를 제안하고 그것에 관해서 심리학자인 제임스와 홈스 등 참석자들이 토론을 하였으며, 그 해 11월에 피어스의 프래그머티즘에 관한 논문을 통해서 이 세상에 처음으로 공식 표현되었다는 것이 학계에서 정설로 인정되는 설명이다. 즉, 실용주의라는 말은, 피어스가 1878년에 월간 「대중과학」에 발표된 논문에서 처음으로 학계에서 사용했다는 것이다(강준만, 2011, 52). 그러나 1997년에 프래그머티즘을 소개하는 책을 출판한 『메난드(Louis Menand)』(1997)는 이러한 설명에 이의를 제기하고 프래그머티즘의 태동에서 제임스의 역할에 더 주목해야 한다고 역설하였다.

그는 형이상학 클럽이란, 19세기의 철학 토론 집단에 대한 단순한 일반 명칭이었으며 철학 토론 집단을 좋아한 제임스는 형이상학 클럽을 만들고 회원들은 대부분 심리학자인 제임스의 철학적인 대화 상대자들이었다고 주장했다. 메난드는 제임스와 홈스가 1872년 이전에 현서하게 프래그머틱한 견해들을 이미 정형화하였다고 주장했다. 즉, 퍼스가 프래그머티즘이란 용어를 사용하기 전에 제임스는 벌써 프래그머티즘 사상의 핵심에 해당하는 아이디어들에 도달하였다는 것이다. 이러한 주장을 뒷받침하기 위하여 메난드는 제임스가 겪었던 우울증과 거기에서 벗어나는 과정과 그 후에 사상적 변환을 근거로 제시했다.

제임스는 1869년에 27세 나이로 하버드 의과대학을 졸업한 이후에 무기력증과 우울증 등 만성 질환으로 고생했다. 그는 자신을 괴롭히는 우울증을 철학적인 방법을 찾으면 해소될 수 있는 철학 문제로 생각하고 있던 중 그 해결 방안을 자유의지에 관한 르느비어(Charles Renouvier)의 책에서 찾아냈다고 1870년 어느 날의 일기에서 술회했다. 즉, 자유의지가 환상이 아니라 실재성을 지닌 것으로 보아야 한다는 잠정 결론에 도달하였다는 것이다.

제임스는 프래그머티즘을 학계에 널리 알리고 새로운 교육철학 또는 인본주의 사상으로 확대,

발전시키는 데 공헌한 인물이다. 이 점은 학계에서 이론이 없다는 것이다. 역사적으로도 프래그머티즘은 제임스가 1898년에 캘리포니아 대학교를 방문하여 행한 철학적 개념과 실천적 결과라는 강연을 통해서 세상에 알려졌다(김동식, 2002, 47). 프래그머티즘도 학자들의 논지와 관점, 사상의 갈래에 따라서 다음과 같은 여러 가지 분파가 이루어지고 있다.

(1) 제임스의 인간중심주의적 프래그머티즘

(2) 퍼스의 프래그머티시즘(pragmaticism)

(3) 듀이의 도구주의

(4) 고전적 프래그머티즘

(5) 로티의 네오프래그머티즘

프래그머티즘은 절대적 진리나 궁극적인 진리를 주장하지 않는다. 이것은 문제 해결이나 진리 탐구에서 절차나 과정을 무시하지는 않지만 실천적 효과나 유용성을 더 중시하기 때문에 다분히 결과주의적이다. 아울러서, 개념, 지식, 사고, 이론, 학문을 유기체가 환경에 적응하기 위한 수단이나 도구로 간주한다는 점에서 다분히 도구주의적이다. 듀이는 자신의 프래그머티즘을 아예 도구주의(instrumentalism)라고 불렀다(강준만, 2011, 53). 프래그머티즘은 우리의 지식이나 지능을 삶의, 실존, 문제 발생(원인)과 해결의 도구이며, 수단이라고 불렀다.

허버트 일철(J. Herbert Altschull)은 철학자 조지 산타야나(George Santayana)는 듀이의 실용주의가 무사고(無思考)의 도그마를 만들어서 하나님과 무한한 도덕적 가치를 배제한 "세속 종교"를 도입함으로써 '에덴동산의 뱀'이 된 것으로 보았다고 해석한 내용을 인용했다(강준만, 2011, 53에서 재인용). 즉, 프래그머티즘에 대한 공·과에 대한 평가가 엇갈리고 있다. 이 프래그머티즘의 응용 영역이 철학과 교육학에 한정되지 않고 후에 사회과학(예: 정치학회, 사회학회)으로 확대되었는데 이들 학문이 사회, 정치 갈등의 해결사로 현실 문제에 적극 참여하게 되었으며, 1903년에 실용주의의 창시자 중의 한 사람인 윌리엄 제임스가 대학에서 학문이 지나치게 전문적으로 세분화되고 있는 경향을 우려하면서 사회과학 분야의 박사과정을 "문어 박사(the Ph. D. octopus)"라고 부르면서 대학교육 내지 학문의 편협함이 대학을 질식시킨다고 개탄했다고 한다(James MacGregor Burns, 조중빈 옮김(2006)의 자료를 강준만(2011, 54)이 인용한 자료에서 재인용).

고려대학교의 이유선 교수(서양철학)는 실용주의라는 명칭이 우리 사회에서는 하나의 철학사상에 대한 이름이라기보다는 실리를 추구하는 생활태도를 지칭하는 것으로 오용되고 있어서 부적합하므로 프래그머티즘이라는 용어가 더 적합하다고 논평했다. 김동식 교수(2002)가 펴낸 유일한 단행본인 프래그머티즘 어디에도 대학을 실용학문의 장으로 만들고 시장 경쟁력이 없다는 이유로 인문학 관련 학과들이 폐과되는 인문학의 위기를 걱정하게 만드는 시장 만능주의가 프래그머티즘의 실천방향이라는 주장은 이 책 어디에서도 찾아볼 수가 없다고 비판했다.

참고 문헌

강준만. (2011). 아이비리그의 빛과 그늘: 능력주의 사회와 엘리트의 탄생. 서울: 인물과 사상사.

김동식. (2002). 프래그머티즘. 대우 학술총서 545. 서울: 아카넷.

김정휘·이정규·이민희 옮김. (2008). 창의성과 영재성. 영재교육필독 시리즈 10. 서울: 학지사. (Treffinger, D. J., (2004). *Creativity and Giftedness*. National Association for Gifted Children)
임성희. 실용주의. 중앙일보. 분수대. 2002.

이제 성호 이익이 주창한 실용적 교육사상을 고찰하면서 미국의 실용주의와 특징과 차이를 비교해 보고자 한다. 관련 자료를 검토하면서 발견한 놀라운 사실은 미국에서 프래그머티즘과 조선에서 성호의 실용적 교육사상이 등장한 시대와, 사회, 정치적 배경, 즉 시대정신(zeitgeist)이 서로 유사하다는 것과 시대정신을 각성, 실천을 주도한 지도자 급 인물이 그 당시에 지성인이었다는 것이다. 서로 지역과 역사, 문화, 민족성(인종), 정치적인 기반과 방향성이 상이했으며 지금과 같이 정보화사회가 되어 정보자료의 교류가 신속하게 이뤄진 것도 아니고 서로 간에 동향을 알고 교류가 가능하지도 않았으나 국가와 민족의 생존과 좌표설정, 현재의 문제점을 개선, 해결하기 위한 비전으로서 국가 내부에서 사생적으로 칭빌(創發)적으로 주창, 실천 운동으로 확산, 보급, 계몽되었다는 것을 알 수가 있다.

성호 이익의 실용적 교육 개혁 사상에 대한 설명은 단국대학교 명예교수인 이해명 박사(2005, 135-195)의 연구 자료 중에서 일부를 인용한 것이다.

1. 시대 정치, 사회적 배경

조선 후기의 한국 사회·정치적 위상은 임진왜란과 사화(史禍)로 인해서 심각한 민생문제와 사회정치적 불안 문제가 제기되었다. 즉, 임진왜란으로 인해서 산업이 피폐해졌으며, 당쟁과 여러 번의 사화로 인하여 양반사회의 질서가 무너졌다. 따라서 사회는 매우 혼란스러운 위기가 도래했다. 이러한 사회 정치적 난제를 해결하기 위한 방법으로 실학이 등장했다. 실학파들은 기존의 유학체계로는 임진왜란 이후 에 발생한 국가적, 시대적 난제들을 해결할 수 없다고 판단했다.

조선 왕소에서 발달한 성리학(性理學)은 이기설(理氣說)을 중심으로 하는 존재론(存在論)과 성즉이설(性卽理說)을 주장하는 윤리학, 그리고 거경궁리설(居敬窮理說)을 중심으로 하는 수양론(修養論)이 대종을 이루고 있는 형이상학(形而上學)이었다〔천관우(1976)을 인용한 이해명(2005, 135에서 재인용〕. 그러나 도(道)와 예(禮)를 중심으로 하는 성리학으로는 현실적인 난제들을 해결하는 데 한계가 있다는 것이 당시에 실학파들의 생각이었다.

2. 실학의 본질

실학은 유학의 공리공론을 극복하는 실용적인 학문을 의미한다. 당시 실학파들의 실용사상은 몇 가지 학파로 분류된다.

1) 성호 이익을 대종으로 하는 경세치용(經世致用) 학파가 있다. 지식이나 기술, 즉 학문이 세상을

다스리는 데 쓸모가 있어야 한다고 주장한다. 이들은 토지 정책이나 사회제도의 개편을 주장하고 있었다.

2) 연암 박지원을 중심으로 하는 이용후생(利用厚生) 학파다. 이들은 국가와 사회, 경제를 발전시키려면, 상공업이나 생산기술의 발달에 역량을 집중해야 한다고 주장한다.
3) 완당 김정희를 중심으로 하는 실사구시(實事求是: 사실에 중점을 두어 진리나 지식을 탐구하는 것) 학파다. 이들은 고증에 치중하는 과학적 방법을 중시했다.

그런데 이들 실학파 중에서 성호 이익은 당시의 사회적 위기를 극복하는 방법으로서 교육의 역할과 기능을 중시했다. 특히 유일한 인재 등용의 수단이었던 과거제도의 개편을 주장하였다. 그 이유는 사회, 국가적 위기를 극복하는 길은 정치를 잘 하는 데 있고, 정치를 잘하는 길은 우수한 인재를 양성하는 데에 있다고 보았기 때문이다. 그러나 과거시험에 의해서 선발된 인재들은 사장(詞章)의 지식만을 소유했을 뿐이지 현실 정치에 필요한 실무 능력이 부족하다는 문제를 지적했다. 따라서 사장에 능한 인재만을 키울 것이 아니라 실용적인 능력이 있는 인재를 양성하는 과거제도로 개혁되어야 한다는 것이다.

3. 실용적 교육 사상의 특성

1) 교육은 사회개혁을 위한 수단이어야 한다는 기능주의적 교육관을 주요 특징으로 제시할 수가 있다. 사회를 개혁하기 위해서는 우수한 인재 양성이 필요하고, 인재 양성을 위해서는 교육이 개혁되어야 한다는 것이다. 기능주의 교육관은, 교육이 국가 발전의 수단이고, 교육이 국가의 중요한 책무이며, 교육은 공적인 성격, 즉 공공재라는 관점을 갖고 있었다. 따라서 국가는 모든 국민에게 교육을 받을 수 있는 기회를 평등하게 제공해야 하고, 동시에 기술교육이나 실용교육을 중시한다. 개화기에도 개화파들은 교육을 국가 발전의 유용한 도구라고 생각하는 기능주의 교육관을 갖고 있었다.
2) 교육은 사장(詞章) 중심 교육에서 실용적 능력의 개발과 육성 중심으로 개편되어야 한다는 실용적 교육론을 주장하였다.
3) 교육은 교양적 지식, 상식이 아니라 구체적이고 쓸모 있는 지식을 가르쳐야 한다. 실제 업무 수행에 필요한 지식은 일반적인 원리나 개념이 아니라 구체적인 지식이나 기능이어야 한다는 논리다. 즉, 원리를 따지는 유학의 공리공론은 실용적이지 못하다는 것이다.
4) 사람의 능력은 다양하며, 사람의 능력은 평등하다는 인식을 했다.
5) 사회가 발전하기 위해서는 다양한 분야의 인재들이 양성되어야 한다. 따라서 교육은 인간의 다양한 능력을 키워주는 것이어야 하고, 또한 그렇게 되기 위해서는 누구나 잠재능력을 발휘할 수 있는 평등한 기회가 주어져야 한다고 주장한다.
6) 성호는 사교육보다 공교육의 기능을 중시하는 교육관을 갖고 있었다.
7) 국가가 발전하기 위해서는 국민이 교육을 통해서 계발되어야 하고 국가는 그 책임을 져야 마땅하다고 믿고 있었다. 즉, 국가 발전과 국민의 교육 수준이 서로 밀접하게 관련이 있다는 것, 즉 교육입국(敎育立國) 교육이 국가 발전과 부흥의 동력이 된다는 것을 깨닫고, 실천하고자

노력을 했다.

8) 교육이 국가의 책무이기 때문에 국가는 마땅히 모든 국민에게 교육을 받을 수 있는 기회를 제공해야 한다. 즉, 교육의 기회 균등을 주장하였다.

9) 교육은 사회개혁의 수단이기 때문에, 교육은 사회발전에 도움이 되어야 하며 아울러서 실용교육은 사회가 필요로 하는 지식이나 기술을 가르쳐야 한다는 의미다. 실용적인 교육을 하기 위해서는 실용적인 교육내용을 가르쳐야 할 뿐만 아니라 교육 방법도 실용적인 것이 되어야 한다는 것이다.

10) 유학자들의 교육은 행함이 없고 글을 읽고 외우는 것, 즉 공리공론(空理空論)으로 끝나는 것이었기 때문에 실제 생활에 도움이 되지 못했다고 비판했다.

11) 실용주의 교육관이 주창하는 바와 같이 교육내용이 국민들의 삶을 풍요롭게 하는, 즉 삶에 직결되는 것이어야 한다고 주장 하고 있는데 그 실천 방안으로 포함시킨 교과가 의약 등에 관한 건강에 관한 지식, 산수나 도량형기기 사용 지식 등의 생업과 관련된 지식, 미신타파 등의 과학적 지식 등이 교육내용 속에 포함되었다. 즉, 과학적 지식, 건강에 관한 지식, 산수에 관한 지식, 도량형기기 사용에 관한 지식, 언문에 관한 지식을 교육과성 내용 속에 포힘시겨시 유학자들이 중시한 시경, 서경, 예기 중심의 교과가 비중이 축소되는 교육 권력의 이동(educational power of shift)이 있었다. 그 유학자들이 중시하는 공리공론에 불과한 철학적 지식을 가르치는 것만으로 는 국민들의 삶의 방식과 질의 개선에 도움이 안 되므로 국민들의 삶의 문제를 해결하는 데 도움이 되는 경험과 행함(실천, doing)에 의해서 습득되는 교육(learning by doing) 이 필요하다.

12) 성호의 교육관은 책을 읽고 그 뜻을 풀이하는 현학적인 사고방식을 탈피하여 경험 중심의 지식관을 피력했으며, 고전 중심의 잡다한 지식관을 탈피하였고, 교육내용이 과거의 글을 읽고 그 뜻을 이해하는 것이 아니라 현재의 문제를 해결하기 위한 실용적인 것이어야 한다는 것이었다.

13) 사회와 국가에 필요한 인재는 문과(文科) 인재뿐만 아니라 무과(武科)나 잡과(雜科) 등의 다앙힌 분야의 인재들이며, 이들은 사히 각 분야에 산재되어 있으므로 신분 차별을 없애고 인물 중심으로 선발, 양성하는 교육의 기회를 평등하게 개방해야 한다는 것, 즉 사민평등(四民平等)을 주창했다. 여기에서 사민이란, 모든 백성을 말하는데 구분하자면 사농공상(士農工商), 즉 선비, 농부, 공장의 공원, 상인을 말하는데, 과거에는 이 신분에 따른 호칭으로 차별 대우의 근간이 되었다.

14) 실용적인 교육과정이 성공적으로 정착하기 위해서는 기존의 교육제도가 개편되어야 한다고 생각하고 우선 인재 선발이나 등용이 객관적 평가를 통해서 이루어 져야 한다고 주장했다.

15) 교육개혁을 위한 노력과 제안은 성호 이익 외에도 실학파가 과거제도가 개혁되어야 만 국가발전의 기초가 형성될 수가 있음을 주창했다. 그 외에 김옥균, 박영효, 유길준, 서재필 등 선 각자들에 의해서 개화기에 주도되었다.

서양식 신교육체제의 도입을 시도하여 교육의 힘으로 위기에 처한 국가(at-risk nation)를 변화시켜 발전시켜 보려는 노력, 즉 교육입국을 위해서 신념을 갖고 많은 노력을 했다(이해명, 2005, 136-142, 173-246). 이 분들의 애국심에 의한 교육입국 노력과 계획이 뜻한 바대로 만족스러운 성과를 거두지 못했지만, 그러나 이들의 문제의식이나 교육개혁의 방향과 목표는 한국 근대 교육사 고찰 시에 반영해야 할 것이며, 특히 후속 교육 개혁을 위한 장기 계획을 추진하는 경우에 지침으로 참고할 만하다.

참고 문헌

강준만. (2011). 아이비리그의 빛과 그늘: 능력주의 사회의 빛과 그늘. 서울: 인물과 사상사.

김동식. (2002). 프래그머티즘. 서울: 아카넷

김정휘·이정규·이민희 옮김. (2008). 창의성과 영재성. 영재교육 필독시리즈 10. 서울: 학지사. (Treffinnger, D. J.,(2004). *Creativity and Giftedness*. National Association for Gifted Children.)

이해명. (2005). 한국의 교육개혁은 왜 실패하였는가? 서울: 교육아카데미.

임성희. 실용주의. 중앙일보. 2002.

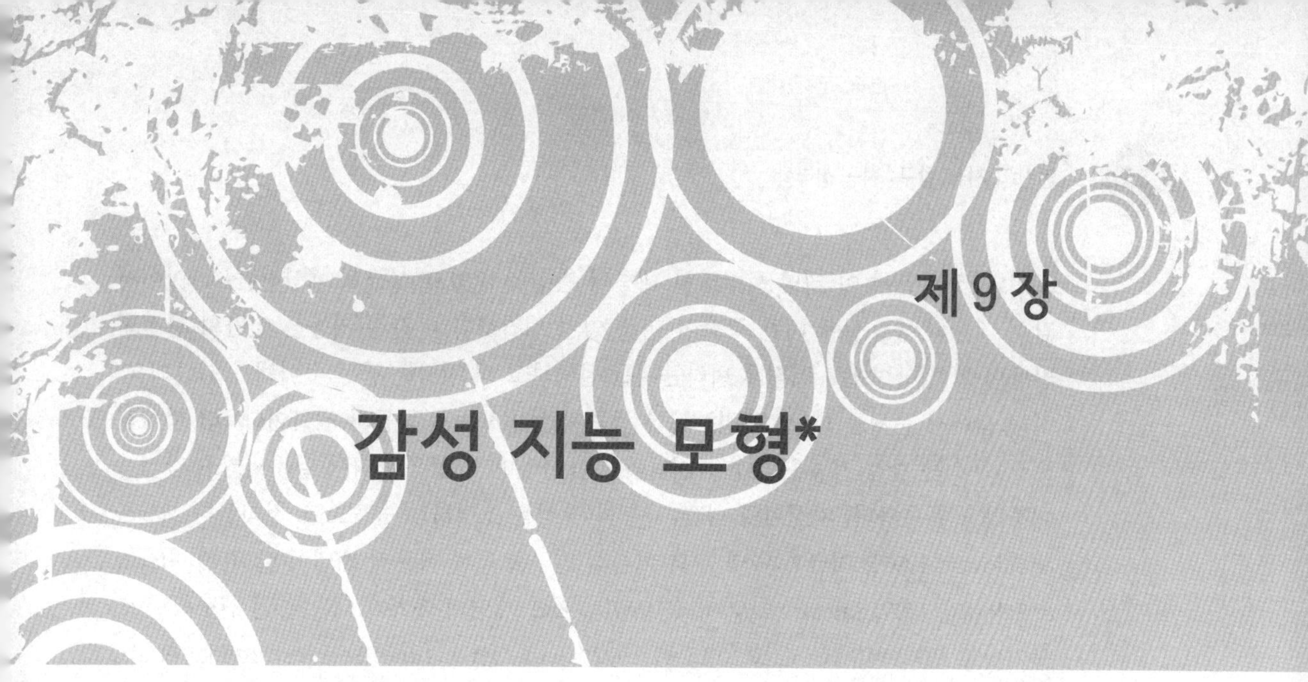

제 9 장

감성 지능 모형*

John D. Mayer
(뉴 햄프셔 대학교 심리학과 교수)
Peter Salovey
(예일 대학교 심리학과 교수)
David Caruso
(일 – 생활 책략 연구소, 스탠포드)

영국에서 이 세상에서 가장 아름다운 영어 단어가 무엇이라고 생각하는지 조사한 결과는 다음과 같이 나타났다.

어머니(Mother)
열정(Passion)
웃음(Smile)
사랑(Love)

감성 지능에 대한 현재의 모형들

감성 지능에 관한 연구는 1990년대 초에 시작된 학문적 문헌에서 처음 나타난 것처럼

* Models of Emotional Intelligence

보인다. 5년 만에 이 개념은 상당한 대중적 관심을 받았고 성공을 예상하는 데 있어서 감성 지능의 중요성에 대한 주장이 힘을 얻기 시작했다.[1] 감성 지능은 인간의 감성적 반응이 그 정확성에서 어떻게 변하는지를 설명하고 더 정확한 감성의 이해가 인간의 감성적 삶에서 문제를 더 잘 해결하도록 하는지 설명하는 능력들의 집합이다. 더 형식적으로, 우리는 감성 지능을 감성을 지각하고 표현하며, 감성을 생각에 일치시키고 감성을 이해하고 추측하며, 자신이나 다른 사람의 감성을 조절하는 능력으로 정의한다(Mayer & Salovey, 1997). 지금까지 몇 개의 이론적 연구를 통해 학문적 개념이 발전(예: Mayer & Salovey, 1997; Salovey & Mayer, 1990)해 왔고 개념의 근거가 되는 관련 연구의 수도 증가하고 있다(예: Averill & Nunley, 1992; Buck, 1984; Lane, Sechrest, Reidel et al., 1996; Mayer & Stevens, 1994; Rosenthal, Hall, DiMateo, Rogers, & Archer, 1979; Salovey, Mayer, Goldman, Turvey, & Palfai, 1995; Salovey & Sluyter, 1997).

학문적 연구가 시작되고 얼마 되지 않아서, 이 문제에 대한 유명한 책이 출판되었다(Goleman, 1995a). 이 책은 앞에서 언급된 논문에 인용된 대부분의 문헌에 대한 검토를 포함할 뿐만 아니라 상당량의 추가적 연구들로 감성과 지능, 감성과 사회적 행동, 아동의 감성과 사회적 발달을 촉진하기 위한 학교생활에 기반을 둔 EQ 개발 프로그램들에 대한 연구를 포함하고 있다. 이 책이 강조하는 것은 우리가 앞에서 논평했던 감성 지능을 가진 사람이 특정 분야에 대해 그렇지 못한 사람보다 사회적으로 얼마나 더 효율적인가에 관한 내용이다(Salovey & Mayer, 1990).

특히 강력하게 주장하는 것은 개인과 사회에 대한 감성 지능의 기여이다(Goleman, 1995a, p. xii). 이런 과학과 인간 잠재력의 결합은 광범위한 대중매체의 관심을 끌었는데 그 절정은 아마 타임지가 표제 기사에서 "당신의 감성지수는 얼마입니까?"라고 묻고 다음과 같이 말했을 때이다. "그것은 당신의 IQ가 아닙니다. 그것은 심지어 숫자로 표시

---

1) (원저자 주) 감성 지능이란 용어는 현재 논문들에서 사용되기 전부터 적어도 수십 년 간 사용되어 왔다. 일부 용어의 사용은 피아제 학파의 전통에서 유래되기도 한다〔예컨대, 그의 정의(情意, affect)와 지성에 관한 책〕. 피아제의 연구에 관심을 가진 논문은 비록 주목할 만하지만, 일반적으로 피아제의 발달 단계나 상대적으로 현재의 연구와 관련이 없는 개념들에 주목하고 있다(예: Leuner, 1966; Greenspan, 1989). 아마도 1990년 이전의 가장 흥미 있는 발달은 페인(Paynem, 1986)의 박사학위 논문 속에 있을 것이다. 페인은 그의 논문 초록에서 다음과 같이 썼다. "문명화된 세계 전반에서 감성에 대한 억제는 감성적인 우리의 발달을 질식케 했다." 그리고 그는 이 문제를 언급하고 탐구하는 엄밀하고 이론적이며 철학적인 기본 틀의 개발을 보고했다. 우리가 알고 있는 바에 따르면 우리가 인용하는 1990년 이전 연구는 연구의 실험적 영역에서 개념에 대한 최초의 개발로 표시된다.

되지도 않습니다. 하지만 감성 지능은 인생에서 성공에 대한 가장 뛰어난 예언자이며 영리하다(smart)는 의미를 재 정의하게 할 것입니다"(Time, 1995).

신속하게, 감성 지능에 대한 일반 개념은 광범위하게 알려지고, 많은 신문 잡지 기사(예: Bennetts, 1996; Henig, 1996; Peterson, 1997)나 대중 서적(예: Cooper & Sawarf, 1997; Gottman, 1997; Salerno, 1996; Segal, 1997; Shapiro, 1997; Simmons & Simmons, 1997; Steiner & Perry, 1997; Weisinger, 1997), 심지어 두 인기 연재만화 "딜버트(Adams, 1997)"와 "지피 더 핀헤드(Zippy the Pinhead, Griffith, 1996)"에도 등장했다.[2)]

이 장의 첫 부분에서는 감성적 지능에 대한 몇 가지 경쟁적 개념을 살펴볼 것이다. 감성, 지능, 감성 지능이란 용어가 의미하는 바에 대해 어느 정도 주목할 것이다. 지적 능력을 강조한 감성 지능 모형과 끈기, 열정, 낙천성과 같은 성격적 속성을 강조하고 있는 모형과 이 양자를 혼합한 모형 사이에는 경계선이 그어질 것이다. 감성 지능의 측정은 이장의 두 번째 부분에서 설펴보게 될 것이다. 정신 능력으로서 감성 지능의 존재를 지지하는 연구 논문은 점점 증가하고 있으며 이들은 감성 지능이 분석적 지능과는 구분되는 정신 능력으로 보았다. 감성 지능의 혼합 모형에 대한 연구 논문은 아직까지 준비단계에 불과하지만 어느 정도 진전을 보이고 있다. 논의를 위한 부분에서 우리는 감성 지능이 예측할 수 있는 것에 대한 주장을 더 자세히 언급하고, 개인의 성공에 대한 연구를 위해 일반적으로 지능과 개성의 분야에서 존재하는 실제적 기회와 가상적 기회들에 대해 논의할 것이다.

감성 지능에 대한 이론적 고찰

용어로서 감성과 지능

이론들은 내적으로 일관성이 있고, 전문적 용어를 의미 있게 사용하며, 중요한 사항을 예상해야 한다. 감성 지능 연구에서 한 가지 문제는 다른 것들은 더 광범위한 것처럼 보인 반면, 감성 지능이란 제목을 가진 이론들이 감성과 지능에만 관계된 것이다. 따라서 처음에 용어 구성, 감성, 지능 및 그들의 조합을 살펴보는 것이 좋을 것이다.

---

2) (원저자 주) 우리는 인기 있는 활동무대에 교육용 시디롬(CD-ROM)에 수록된 감성 지능검사를 가지고 나섰다. 우리는 처음으로 판매상이 사람들의 관심을 끌기 위해 어느 정도로 애쓰는지 경험했다. 우리의 출판업자는 비록(CD-ROM 자체에는 적혀 있지 않지만) 이 문구가 정확하다고 생각하지 않았지만, 깁스(Gibbs)의 *Time* 지 기사 중에 "진정한 지능의 측정법!"이라는 문구를 인용했다.

감성의 개념

감성은 셋 또는 네 가지 지적 조작의 근원적 부류중 하나로 간주된다. 이들 부류(classes)는 동기, 감성, 인지, (앞의 것들보다 덜 하지만) 의식을 포함한다(Bain, 1855/1977; Izard, 1993; MacLean, 1973; Mayer, 1995a, 1995b; Pluchik, 1984; Tomkins, 1962; Hilgard, 1980; Mayer, Chabot, & Carlsmith, 1997). 동기, 감성, 인지의 삼요인 중에서, 기본 동기는 신체 내부적 상태에 대한 반응으로 일어나고 배고픔, 갈증, 사회적 접촉에 대한 필요성과 성적 욕구와 같은 동인을 포함한다. 동기는 유기체가 생존과 번식을 위해 수행하는 단순한 행동들을 유도하는 역할을 한다. 동기의 기본 형태를 통해, 그들은 상대적으로 결정적인 상태 경로(예: 갈증은 열기를 식힐 때까지 계속될 것이다)와 특수한 양식에 따라 전형적으로 만족된다(예: 갈증은 물을 마심으로써 해소된다).

감성형은 이들 삼요인 중 두 번째 부류이다. 감성은[3] 개인과 환경(환경 속에 자신이 상상했던 것을 포함해서) 사이의 관계가 변했을 때 반응이나 신호로서 포유류들 전반에서 진화한 것처럼 보인다. 예를 들어, 분노는 위협이나 부정에 대한 반응으로 발생하고 공포는 위험에 대한 반응이다. 감성은 고정된 상황 경로를 따르지 않으며 대신 관계에 대한 외적 교환에 반응한다(또는 관계에 대한 내적 지각). 더욱이, 각각의 감성은 관계에 대한 몇 가지 행동적 기초 반응을 조직한다. 예를 들어, 공포는 도전이나 도주를 조직한다. 따라서 감성은 비록 인지만큼 유연하지 않더라도, 동기보다는 유연하다. 인지는 삼요인의 세 번째로서 유기체가 환경으로부터 학습하고 새로운 상황에서 문제를 해결할 수 있게 한다. 이것은 때때로 동기를 만족시키거나 긍정적인 감성을 유지하게 하는 역할도 한다. 인지는 학습, 기억, 문제 해결을 포함한다. 그것은 항상 진행 중이며 학습

---

3) (옮긴이 주) 최근의 심리학과 신경 해부학 관련 연구 결과들은 다음과 같이 설명한다. 감성은 사회적 상황에 대한 적응 반응에서 상당히 쓸모 있는, 때로는 필수적인 요건이라고 한다. 예를 들면, 뇌 손상 환자들을 대상으로 한 연구들에 의하면, 뇌의 전두엽의 특정 부위가 손상되어 감정 반응을 느낄 수 없는 환자들의 경우에 그들의 지적 능력에는 어떤 변화가 없음에도 불구하고 대인 관계에서 파탄을 초래하는 결정을 초래하는 결정을 내리는 경향이 있으며 따라서 인간관계에서 많은 어려움을 겪는다고 한다. 여기에서 인간의 삶, 즉 생존에서 감성의 역할에 대한 완전히 상반된 두 관점을 비교해 볼 수가 있다. 첫째는, 사회적 상황에 효과적으로 반응하기 위해서 감성이 필수적인 요건이라는 것이고, 둘째는, 감성이 판단 오류와 부적응적 반응을 초래하며, 이성에 위험하고 불필요한 영향을 끼친다는 것이다. 이 두 관점 중 어느 것이 옳다고 단정할 수 없지만, 처한 상황에 따라서 감성은 효과적인 생각과 반응을 촉진하거나 억제할 수가 있다고 해석할 수가 있다.

Ciarrochi, J., Forgas, J. P., & Mayer, J. D., (2001). *Emotional Intelligence in Everyday Life*. Taylor & Francis Group.

인간의 성격과 주요 성격의 하위 체계

하위 체계 수준	하위 체계의 목적: 내재적 욕구의 만족		하위 체계의 목적: 외부의 세계에 대한 반응
고: 학습 모형	자성(自省)적 자질 예: 자신에 대한 이해		인간 친화적 자질 예: 사회화에 친숙
중간: 상호작용 기능	동기와 정서의 상호작용 예: 동기가 분노로 연결되는 것을 차단		정서적 · 인지적 상호작용 예: 정서의 이해
저: 생물-관련 기제	동기 지향성 예: 섭식 욕구	정서의 질 예: 정서 표현	인지 능력 예: 형태를 지각하는 능력

그림 9-1 성격 및 주요 하위 체계에 대한 개관. 주로 가공의 낮고 높은 수준에 따른 성격 요인 표현(Mayer, 1995a; 1998b를 수정). 낮은 수준의 요인들은 일반적으로 동기, 정서, 인식 집단으로 일반적으로 나뉠 수 있다. 예를 들어, 먹기 충동은 동기이면서 다른 한편으로 일반화된 공포는 정서이다. 정서적 지능과 같은 중간 수준의 요인은 내적 정서와 인식 이해 사이의 상호작용과 같은 낮은 수준 집단들 사이의 상호작용과 관계가 있다. 자존심과 같은 높은 수준의 요인들은 낮은 수준의 작용을 더 복잡하고 통합된 열정 속으로 통합시키는 개인적, 사회적 세계를 반영한다.

에 근거한 유연하고 의도적인 정보자료 처리를 포함한다(Mayer et al, 1997). 이들 성격 요인의 세 가지 기본 부류들은 **그림 9-1**에 하층을 구성한다.

그림 9-1에서 그 상위의 수준은 동기와 감성(좌측), 동기와 인지(우측) 사이의 상호작용을 묘사한다. 많은 연구들이 감성이 인지와 상호 작용하는 방법을 이야기한다. 예를 들어, 억제된 욕구가 강화된 분노 또는 공격성에 도달했을 때, 동기는 감성과 상호 작용한다. 감성은 좋은 분위기가 어떤 사람에게 긍정적 시고를 하도록 했을 때, 인지와 상호작용을 한다. 어떤 사람들은 감성과 인지가 상호 작용하여 감성적 지능을 일으킨다고 예상한다.

기본적 동기, 감성, 인지를 그들 간의 상호작용과 구분하는 것이 현명하다. 세 영역은 더 복잡한 성격 기능으로 통합되어 우리는 더 이상 정서적 요인, 동기적 요인, 인지적 요인들을 독립적으로 이야기하지 않는다. 그 보다, 초점은 더 일반적인 성격이나 사회적 과정으로 바뀌었고 이들은 세 영역이 혼합된 것이다. 예를 들어 자아상은 이 세 영역 전부 또는 처리 양상의 혼합을 필요로 한다. **그림 9-1**의 상위 수준은 이들 더 일반적인 인간의 내적 자질과 대인 관계적 자질을 포함한다.

따라서 감성적 지능이란 용어는 감성이라는 정서와 인지(지능) 간의 교차와 관계된 어떤 것을 의미한다. 우리의 관점에서는 감성적 지능이나 그와 관련된 이론의 평가는 그 이론이 이들 교차에 얼마나 관련되었는지의 정도에 대한 평가가 필요하다.

지능의 개념

어떤 지능 연구자가 오해에 의해 군사 정보자료에 대한 회의에 초대되었는데 그 연구자는 정보자료 분야의 전문가로 인식되었지만 그가 연구한 정보자료의 분야에 대해서 몰랐던 것이다. 가드너(1999)는 그에 관한 이 실제 이야기를 다른 사람들에게는 다른 의미로 간주된다는 사실을 지적하는데 이용했다.[4] 비록 용어의 다른 의미들을 인정하더라도, 우리는 또한 과학에서 지능이 핵심적인 의미를 갖고 있다는 것을 믿고 있다. 인공 지능, 인간 지능, 군사 정보자료국(Offices of Military Intelligence), 모두 정보자료 수집과 그 정보자료에 대한 학습, 그 정보자료에 의한 추론을 의미하고 그들은 모두 인지 조작을 수반하는 지적 능력을 의미한다. 지적 능력 모형은 이론적인 형태로 터어만(Terman, 1921, p. 128)에 의해 제시되었으며 터어만은 지능을 다음과 같이 정의했다. "어떤 사람은 그가 추상적 사고를 수행할 수 있는 능력만큼 지적이다." 사실, 수년간 반복된 지능에 대한 토론회에서 결론은 지능의 첫 번째 특징은 추상적 추론과 같은 고도의 지적 능력이라는 것이다(Sternberg, 1997).

추상적 사고로서 개념화된 지능은 종종 한 유형이나 다른 유형의 성공, 특히 학문적 성공을 예상하는 것으로 간주된다. 하지만 비록 이것이 잠재적인 예언 지표지만, 완전한 것과는 거리가 멀고 상당한 편차가 아직 설명되지 않은 채로 남아 있다. 웩슬러(Wechsler, 1940, p. 44)가 적은 것처럼, "똑같은 지능지수를 가진 사람들이라도 그들이 환경에 효과적으로 대처하는 능력에 있어서 상당한 차이를 보인다." 이런 제약을 다루는 한 가지 방법은 인간의 삶을 근본적으로 복합적이고 우연한 사건과 복잡한 상호작용 모두에 의해서 지배되는 것으로 간주하는 것이다. 두 번째 접근법은 지능을 평가하는 더 좋은 방법을 찾는 것이다(예: Sternberg, 1997). 세 번째는 비지적 성격 특질과 같은

---

4) (원저자 주) 지능의 의미에 관한 문제는 이 분야에서 오래된 것에 속하며 우리를 낙담하게 하지 않을 것이다. 스피어만(1927, p. 24)은 다음과 같이 썼다.

> 지능에 대한 가장 열광적 옹호자는 스스로 그것에 의심을 품게 된다. 처음에 그 본질이 이름 속에 직접 전달되었다는 순진한 가정에서 출발했기 때문에, 그들은 그것의 실질적 본성이 무엇인지 이제야 알기 시작했다. 마지막 활동에서 이름이 사실 아무런 명확한 의미가 전혀 없다는 진실이 밝혀진다. 그것은 그 자체로는 아무렇게나 모든 종류의 일에 적용된 개념이 실체화된 말에 지나지 않는다는 것을 보여 준다.

요인들의 결합에 차이의 원인을 두는 것이다. 이들 접근법들은 모두 상호보완적이고 긍정적 결과에 대한 심리적 예언 지표를 강화시키는 데 있어서 다른 정도의 효율성을 가지고 이용되어 왔다.

IQ의 제한된 예언능력을 다루는 네 번째 대안은 지능 자체를 지적 능력과 비지적 성격 특성의 조합으로 재 정의하는 것이다. 따라서 웩슬러(1943, p. 103)는 "비지적 요인이 그 자체로 일반 지능의 요인들처럼 다룰 수 있는 영향력 있고 능동적인(동기가 되는) 능력인지 여부"를 생각했다. 다음 문장을 통해, 그는 그렇다고 결론을 내렸다. 하지만 그 몇 문장 이후에 그는 개념을 한정했다. 즉, IQ는 지적 행동(지능의 일부가 되는 것에 반대로)을 예언한다는 개념이다.[5] 웩슬러는 전처럼 중립적 입장을 유지했다. 한편으로 그는 때때로 지능을 "의도적으로 행동하고, 이성적으로 생각하며, 자신의 환경을 효과적으로 다루는 집합적이거나 포괄적 개인 능력"(이탤릭체로 된 부분은 웩슬러, 1958, p. 7을 인용)으로서 정의했다. 다른 한편으로, 그의 이름을 딴 지능검사는 지적 능력의 측정에만 집중하고 있다.

비록 대부분(전부는 아니지만) 지능 연구자들이 지능 이외의 특질이 성공을 예측한다는 것에 동의하지만, 많은 사람들이 그런 다른 특성을 지능으로 간주하려는 자신들의 목적을 소리 높여 주장하고 있다. 앞에서 언급한 것처럼, 지적 능력(즉, 인지)을 동기와 감성으로부터 구분하는 이론적 전통은 역사가 길다. 비지적 특성이란 화두는 지능을 잠재적으로 그 의미가 모호해지게 했다(Salovey & Mayer, 1994; Sternberg, 1997). 인간관계에서 우호성(goodness), 운동 능력(즉, 근 감각적 능력)과 음악, 무용, 미술에 대한 확실한 재능이 때때로 지능이란 꼬리표를 달기도 한다. 하지만 스카아(Scarr, 1989, p. 78)는 "그것을 지능으로 부르는 것은 지능의 이론이나 성격 특질과 특수한 재능이 합의된 지능의 정의를 넘어서는 것을 정당화하지 않는다."고 경고했다. 실험적 발견은 재차 지적 능력들이 일반적으로 다른 성격 특질과 어떤 단순하고 강한 방식에 따라 관련(상호 연관되지 않았다는)되지 않았다는 사실이 나타났다(비록 어떤 중간 정도의 더 복합적인 연관성은 발견되었지만; 다음에 소개한 자료를 참조한다: Mayer, Caruso, Zigler, & Dreyden, 1989; Sternberg & Ruzgis, 1994).

이 장에서 다루는 몇 가지 감성 지능 관련 연구는 감성 지능을 인지적 능력들과 다른 성격적 경향과 특질의 혼합물로서 정의한다. 이에 대한 동기는 사실은 성공을 예측하는 다양한 요인들의 집단처럼 보이는 것을 어떤 단일한 본질로서 명명하려는 열망 때문인 것처럼 보인다. 비록 우리가 그와 같은 용도를 막을 수 없더라도, 그것이 우리에게 상당

---

5) (옮긴이 주) 심리검사 전문가인 아나스타시(Anastasi)는 지능을 행동 역량이라고 정의했다.

한 어려움을 주었다. 예를 들어, 낙천성과 같은 어떤 특질이 성공을 예측한다고(지능처럼) 해서 지능이라고 명명하는 것이 이치에 맞는 것일까? 우리는 이것이 "졸음"은 술처럼 교통사고를 유발하기 때문에 "술"이라고 하는 것보다 더 이치에 맞는 것인지 의문이다. 그와 같은 단서에도 불구하고, 우리는 감성 지능이란 용어를 사용하는 모든 두드러진 모형들을 다룰 것이다. 하지만 우리는 전통적인 정의로서 감성과 지능의 상호작용에 초점을 두는 감성 지능의 능력 모형과 지적 능력과 관계된 지능과 다른 경향이나 특질들의 합성 개념으로 기술하는 혼합 모형을 구분할 것이다.

"감성 지능"이란 이름의 경쟁적 모형들6)

감성 지능의 능력 모형

서구 역사와 심리학에서 감성과 추론은 때때로 서로가 대립되는 것으로 간주되었다(예: Schaffer, Gilmer, & Schoen, 1940; Payne, 1986; Publilius Syrus, 100 B.C.E/1961; Woodworth, 1940; Young, 1936). 하지만 감성이 관계(유관성, relationship)에 대한 정보자료를 전달하는 것으로 보는 현재의 관점은 감성과 지능에 서로 나란히 작용할 수 있다고 제안한다. 감성은 어떤 사람과 친구, 가족, 상황, 사회 사이의 또는 더 내적으로 어떤 사람과 반사 작용 또는 기억 사이의 관계들을 반영한다. 예를 들어, 기쁨은 친구의 성공에 자신을 동일시하는 것을 가리키고, 슬픔은 자신에 대한 실망을 가리킬 것이다. 감성 지능은 부분적으로 그와 같은 감성 유형의 의미를 인지하고 그들에 근거하여 문제를

---

6) (옮긴이 주) 감성 지능(EQ)을 소개하는 양서가 번역, 소개되고 있다.

문용린·곽윤정·강만수·최경아 옮김. (2010). 정서지능: 그 오해와 진실. 서울: 학지사〔Matthews, G., Zeidner, M., & Roberts, R. D., (2002). *Emotional Intelligence: Science and Myths*. Massachusetts Institute〕.

Ciarrochi, J., Forgas, J. P., & Mayer, J. D., (Eds.) (2001). *Emotional Intelligence in Everyday Life*. London: Psychology Press.

Matthews, G., Zeidner, M., & Roberts, R. D., (2002). *The Science of Emotional Intelligence: Knows and Unkows*. New York: Oxford University Press.

위에서 소개한 두 권의 참고문헌을 보면, 골만(Goleman)과 살로베이(Salovey)와 카루소(Caruso) 교수 외에도 EQ 전문가가 다수 있음을 알 수가 있다. 즉, 지능 연구(관련 이론, 개념 구안, 연구 방법의 개발과 응용, 이론 구안)의 기초가 되는 인적 자원과 기반이 풍부함을 알 수가 있다.

EQ와 이상 심리에 속하는 정서장애 간의 유관성이 궁금하다.

추론하고 해결하는 능력을 인용한다(Mayer & Salovey, 1997; Salovey & Mayer, 1990).

감성 지능의 영역은 구분되는 몇 개의 능력을 기술한다. 지금 우리가 검토하고 있는 것처럼[7], 이들 감성 지능은 **표 9-1**의 1행에 보인 것처럼 네 개의 부류 즉 부문으로 나눌 수 있다(1행에 열거된 특정 기능들은 대표적 기능들이다. 표에 나타낸 것 외에도 각 부문에 포함될 수 있는 기능들이 더 있다). 대부분의 EQ의 기본 기능은 감성의 지각과 평가에 관련된 것이다. 예를 들어, 초기에 유아는 얼굴에 나타난 정서에 대해 학습을 한다. 유아는 부모의 얼굴에 나타난 비탄이나 기쁨에 의한 눈물을 부모가 그런 감성을 강하게 표현한 것으로서 관찰한다. 아동이 성장함에 따라, 그들은 더 정교하게 실제에 대한 단순히 예의적 미소와 표현의 정도 차를 구분한다. 또한 중요한 것은 사람이 감성적 경험을 객관적인 것으로 일반화하면, 만찬장에서처럼 다양하거나 세이커(Shaker) 교도의 입장처럼 금욕적으로 해석될 수 있다는 것이다(Arnheim, 1974).

기능들의 두 번째 집합은 기본적 감성 경험을 지적 삶에 동화시키는 것과 관련되며 감성을 서로 간에 저울질하거나 다른 감각이나 생각과 저울질하는 것 또는 감성에 직접 관심을 갖도록 하는 것이 포함된다. 예를 들어, 우리는 의식적으로 감성적 상태를 기억하여 그것과 소리나 색깔, 맛에서 느끼는 비슷한 감각과 비교할 수 있다.

세 번째 수준은 감성을 이해하고 추측하는 것과 관계된다. 특정 감성 즉 행복, 분노, 공포 등과 같은 감성의 경험은 규칙의 지배를 받는다. 분노는 보통 정의(justice)가 부정되었을 때 발생한다. 공포는 때때로 안도로 변형된다. 우울증은 우리를 다른 사람으로부터 멀어지게 할 것이다. 슬픔과 분노는 자신들만의 고유한 규칙에 따라 움직일 것이며, 그것은 나이트와 비숍(knight and bishop)이 체스 판에서 다른 방식으로 이동하는 것과 같다. 극도의 분노(anger)를 느끼다 한 시간 후에 창피해 하는 어떤 여성을 고려해 보자. 그것은 오직 중간에 어떤 사건이 개입해야만 가능한 것처럼 보인다. 예를 들어, 그녀가 분노를 적절하지 못한 방법으로 표현했거나 자신의 친구가 그녀를 배반했다고 믿었던 것이 틀렸다는 사실을 알았을 것이다. 감성 지능은 감성을 인식하는 능력, 감성이 나타나게 하는 방법, 따라서 거기에 맞게 감성에 대해 추측하는 능력을 포함한다.

---

7) (원저자 주) 예를 들어, 우리가 처음 이론을 제안한 이래로, 우리는 더 조심스럽게 우리 모형의 지능과 인간 효능성(human effectiveness) 부분을 구분해 왔고 각각은 중요한 방식에 따라 발달해 왔다. 지능 모형은 (a) 어떤 감각과 어떤 방법으로 감성이 정보자료를 전달하는지 기술하고, (b) 감성 지능의 중심이 감성의 이해나 감성에 의한 추론과 관계된다는 사실에 대한 명확한 논의를 (우리의 이론이든 다른 이론이든 이 사실은 최근까지 논의되지 않았었다(Mayer & Salovey, 1995) 추가함으로써 명확해졌다. 첨부하여, 우리의 그것이 특별히 감성적 효능성을 다루도록 사회적 적응성 모형에 집중했다.

표 9-1 "감성 지능"으로 명명된 세 가지 경쟁적 모형

Mayer & Salovey(1997)	Bar-On(1997)	Goleman(1995a)
전반적 정의	전반적 정의	전반적 정의(들)
"감성 지능은 능력의 집합으로 감성 지각과 이해가 그 정확성에서 변하는 방법을 설명한다. 더 형식적으로, 우리는 감성 지능을 감성을 지각하고 표현하는 능력, 생각 속의 감성을 복사하는 능력, 감성을 이해하고 추측하는 능력, 자신과 다른 사람의 감정을 조절하는 능력으로 정의한다"(Mayer & Salovey, 1997).	"감성 지능은... 일종의 비인지적 능력들, 역량들, 기능들의 배열로 환경적 요구와 압력에 성공적으로 대처하는 능력에 영향을 준다"(Bar-On, 1997, 14).	"여기서 감성 지능이라고 부르는 것은 자제심과 열정, 인내를 포함하는 능력과 감성을 유발하는 능력이다"(Goleman, 1995a, p. xii). "감성 지능을 나타내는 기능들에 대한 진부한 단어가 있다면 그것은 성격(character)이다"(Goleman, 1995a, p. 28).
기능과 특수한 예의 중요한 분야	기능과 특수한 예의 중요한 분야	기능과 특수한 예의 중요한 분야
• 감성의 지각과 표현 • 자신의 물리적 상태, 느낌, 생각 속에 감성을 식별하거나 표현 • 다른 사람, 예술작품, 언어 등에서 감성을 식별, 표현 • 생각 속의 감성 동화 • 생산적 방법으로 감성이 생각에 우선순위를 정한다 • 감성이 평가나 기억의 보조 수단이 된다 • 감성의 이해와 분석 • 복합적 감성과 동시적인 느낌을 포함한 감성을 명명하는 능력 • 감성의 변화에 관련된 관계를 이해하는 능력 • 감성의 반사적 조절 • 감성에 계속 충실할 수 있는 능력 • 반사적으로 감성을 통제하거나 조절하여 감성적, 지적 성장을 촉진시키는 능력 (Mayer와 Salovey, 1997, p. 11)	• 인간의 자아 성찰(省察)적 기능 • 감성적 자각 • 독단성 • 자존심 • 자기 활성화 • 독립성 • 대인 관계적 기능 • 대인적 관계성 • 사회적 책임 • 감정이입 • 적응성 척도 • 문제 해결 • 실제성 검사 • 유연성 • 스트레스 관리 척도 • 스트레스에 대한 참을성(耐性) • 충동 관리(impulse control) • 일반적 분위기 • 행복감 • 낙천성	• 자신의 감성 알기 • 어떤 느낌이 들었을 때 그것을 인식 • 순간 감성을 통제 • 감성 관리 • 느낌이 상황에 적합하도록 조작 • 자신을 달래는 능력 • 근심, 우울함, 성급함의 만연을 떨쳐버리는 능력 • 자생적 동기부여 • 목표를 위해 감성을 정리 • 만족을 뒤로 미루고 충동을 억제 • "유동적" 상태에 편승하는 능력 • 다른 사람의 감성 인식 • 강조된 자각 • 다른 사람의 필요와 요구에 귀 기울임 • 다른 사람의 정서 인식하기 • 감정이입 자각하기 • 다른 사람이 원하는 것 또는 욕구를 들어 주기 • 관계 조작 • 다른 사람의 감성을 다루는 기능 • 다른 사람과 깔끔하게 상호작용
모형 유형	모형 유형	모형 유형
능력 모형	혼합 모형	혼합 모형

네 번째 수준 높은 감성 지능은 자신의 감성과 다른 사람의 감성을 관리하고 조절하는 것으로 분노를 느꼈을 때 마음을 진정시키는 것이나 다른 사람의 근심을 덜어 줄 수 있는 능력과 같은 것이다. 이들 네 개의 수준을 정의하는 과제들은 척도 개발에 관한 부분에서 후에 자세히 이야기할 것이다.

감성 지능의 지적 능력 모형은 지능의 내적 구조에 대해 추측하고 인간의 삶에서 그 의미를 이해하게 한다. 감성 지능 이론이 추측하는 바는 감성 지능은 실제로, 다른 지능들처럼 세 개의 실험으로 증명할 수 있는 기준을 만족하는 지능의 일종이라는 것이다. 첫째, 선택적 채점 방법의 수렴성으로 평가될 수 있는 것으로서 지적 문제는 정오(正·誤)의 해답을 가져야 한다. 둘째, 특정된 기능은 지적 능력의 다른 측정들과 연관성을 가져야 하며(지적 능력들은 상호 연관되어 있기 때문에) 자기 보고적 감정이입과도 연관성을 가져야 한다(더 복잡한 이유는 다음 자료를 참조; Mayer, DiPaolo, & Salovey, 1990). 셋째는 절대 능력 수준(absolute ability level)은 연령과 함께 상승해야 한다.

모형은 더 나아가 감성적으로 지적인 사람은 (a) 생물 사회학적으로 적응성 있는 가정(biosocially adaptive households)에서 성장했고(즉, 감성적으로 민감한 보호자를 두었다), (b) 방어적이지 않으며, (c) 감성을 효과적으로 재구성하는 능력이 있고(즉, 실질적으로 낙천적이고 감사하는 마음을 지닌), (d) 우수한 감성적 역할 모형을 선택하며, (e) 느낌에 대해 교감하고 논의할 수 있고, (f) 심미안, 도덕 또는 윤리적 느낌, 사회적 문제해결, 지도력, 영적 느낌과 같은 특수한 감성적 영역에서 전문적 지식을 발달시키는 경향이 더 크다고 예측한다(Mayer & Salovey, 1995).

감성 지능의 혼합 모형

감성 지능의 혼합 모형(mixed models of emtional intelligence)은 지적 능력 모형(mental ability models)보다 상당히 다양하다. 한 가지 측면에서, 두 종류의 모형 모두 감성 지능에 대한 초기 학문적 논문들에서 제안되었다(예: Mayer, DiPaolo, & Salovey, 1990; Salovey & Mayer, 1990). 비록 이들 논문들이 감성 지능의 지적 능력 개념에서 출발했지만, 그들은 또한 아마 그와 같은 지능에 수반될 성격 특성을 자유롭게 기술했다. 따라서 감성 지능은 "성실하고 애정 어린 사람을 아무런 특징도 없는 세련되지 못한 사람과 구분하는 것으로 이야기되었다." 감성적으로 지적인 사람은 "많은 수의 장래 계획을 만들어 내고..., [더 잘]... 미래의 기회를 이용하며(p. 199)..., 힘든 과제에 대해 인내심을 보인다...,"(p. 200) 그리고 "삶에 대한 긍정적 태도를 갖는데 이 태도가 그들 자신과 다른 사람에게 더 좋은 결과와 더 대단한 보상을 이룩하게 한다..."(Salovey &

Mayer, 1990, pp. 199-200).

감성 지능에 대한 이들 논문이 등장하고 거의 바로 우리는 감성 지능을 지적 능력 개념으로 한정하고 이것을 온정, 사교성 및 유사하게 바람직한 덕목들의 중요한 특질로부터 구분한다면, 우리 자신의 이론적 연구가 더 유용해질 것이라는 점을 깨달았다. 그들을 분리해 둔다면, 그들이 인간의 행동과 일반적 생활 능력에 독립적으로 기여하는 정도를 분석하는 것이 가능할 것이다. 비록 온정이나 인내심 같은 특질이 중요하지만, 우리는 그것들은 직접 이야기하는 것이 현명하고 감성적 지능과는 구분돼야 한다고 믿는다(Mayer & Salovey, 1993, 1997).

감성 지능에 대한 이 핵심 개념을 섬세하게 다듬는 것과 반대로, 다른 사람들은 명시적으로 비능력적 특질을 혼합시켜 감성 지능의 의미를 확대시켰다. 예를 들어, 바온(Bar-On, 1997)의 감성 지능 모형은 다음과 같은 질문에 답하려는 의도를 가졌다. "왜 어떤 사람이 다른 사람보다 성공하는 능력을 더 갖는가?" 바온은 인생에서 성공과 관계된 것으로 보이는 성격 특성에 대한 심리학 논문들을 검토해서 성공과 관련된 기능의 폭넓은 다섯 가지 영역을 발견했다. 이들은 **표 9-1**의 두 번째 행에 나열되어 있으며 다음과 같은 내용을 포함한다. (a) 인간의 성찰적인 기능, (b) 대인 관계적 기능, (c) 적응성, (d) 스트레스 관리, (e) 일반적 분위기. 각 분야는 더 세분된다. 예를 들어, 인간의 성찰적 기능은 감성적 자각, 독단성, 자존심, 자기 활성화, 독립성으로 구분된다. 바온은 자신의 감성이론이란 용어 사용에 대한 정당성을 다음과 같이 주장했다.

지능은 능력과 역량, 기능들의 결합체로 기술되며 그것들은 일생을 효과적으로 살아가는데 이용될 수 있는 지식의 집합을 나타낸다(collection of knowledge used to cope with life effectively) 형용사적인 감성은 이런 특수한 형태의 지능이 인지적 지능과는 다르다는 사실을 강조하기 위해 적용되었다(Bar-On, 1997, p. 15).

바온의 이론적 연구는 지적 능력으로서 자질을 가진 것을 개인적 독립성, 자존심, 분위기와 같은 지적 능력과 별개로 간주되는 다른 특성들과 결합하여 혼합된 모형을 만든다(일반적으로 분위기와 지능 사이에 일관된 상호 연관성은 없다. 이에 대한 예는 다음 인용 자료를 참조하기 바란다. Watson, 1930; Wessman & Ricks, 1966, p. 123).

그의 모형의 광범위성에도 불구하고, 바온(1997)은 감성적 지능에 대한 그의 모형을 주장하는데 조심스러웠다. 비록 그의 모형이 일생의 성공을 예측하지만, 이 성공은 "그 사람이 달성하거나 획득하려고 했던 것의 최종 산물이다..." 더 나아가, 그의 감성 지능 지수 목록(Emotional Quotient Inventory-EQi, 다음에 검토된다)은 "성공 자체보다 잠재적 성공"과 관계있다. 더 넓은 범위에서, 그는 IQ와 함께 EQ가 인간의 일반 지능에 대해 더 균형 잡힌 설명을 할 수 있을 것으로 믿었다(Bar-On, 1977, p. 19).

감성 지능에 대한 세 번째 관점은 골만(Goleman, 1995a)의 의해 대중화되었다. 골만이 창조한 모형 또한 혼합 모형이며 **표 9-1**의 3행에 묘사된 다섯 가지 광범위한 영역에 의해 특징지어졌다. 이들 영역은 (a) 자신의 감성 알기, (b) 감성 조절, (c) 동기부여, (d) 다른 사람의 감성 인지, (e) (사람, 사건, 직무, 삶과의) 관계 조작을 포함한다.[8] 동기부여 밑에 있는 특수한 속성에 대한 그의 목록을 예를 들어 보면, 감성을 정리하는 것, 만족을 유보하고 충동을 억제하는 것, 유동적 상태에 편승하는 것이 포함된다(Goleman, 1995a, p. 43). 골만은 그가 감성 지능에서 더 광범위한 어떤 것으로 이동했다는 사실을 깨달았다. 그는 "자아 회복은...[이 모형의] 감성 지능에 대단히 유사하며" 그 속에 사회적(그리고 감성적) 역량들을 포함한다라고 말했다(Goleman, 1995a, p. 44). 그는 "감성 지능을 나타내는 기능들에 대한 진부한 단어가 있다면 그것은 성격이다."라고 할 만큼 멀리 나아갔다(Goleman, 1995a, p. 285).

골만(1995a, 1998a, b)은 그의 혼합 모형의 예측 타당성에 대해 특이한 주장을 했다. 그는 감성 지능이 가정, 학교, 직업에서 성공을 설명한다고 했다. 그가 말하기를, 젊은 시절에는 감성 지능이 무례함과 공격성을 억제하게 하여 더 많은 인기와 학습 수행의 진보(Goleman, 1995a, p. 192) 및 "약물, 흡연, 성"에 대해 더 현명한 결정을 내리도록 할 것이다(Goleman, 1995a, p. 268). 직업에서 감성 지능은 사람이 "공동작업, 다른 사람과 협동, 협조 시에 함께 일을 더 효율적으로 하는 방법을 학습"하는 데 도움을 준다(Goleman, 1995a, p. 163). 더 일반적으로, 감성 지능은 "그것이 연애나 친밀한 관계에서든 또는 조직의 정책에서 성공을 좌우하는 암묵적 규칙을 골라내는 것이든 삶의 어떤 분야에서 장점"을 부여할 것이다(Goleman, 1995a, p. 36).

골만은 "기껏해야, IQ는 인생의 성공을 결정하는 요인의 대략 20%에만 기여하기 때문에 나머지 80%는 다른 요인들의 몫이 된다."고 주장했다(Goleman, 1995a, p. 34). 우리도 동의하지만 그 20%란 수치는 (수학적 수단에 의해) IQ가 대략 $r = 0.45$ 수준에서 다양한 기준들과 상호 연관되어 있다는 사실에서 나온 것이다.[9] 골만은 감성 지능에 대해 다음과 같이 기술했다. "존재하는 자료는 감성 지능이 IQ만큼 또는 때때로 그보다 더 유력하다는 사실을 암시한다."(Goleman, 1995a, p. 34) 이것과 이 보다 더 강한 진술을 통해(예: Goleman, 1998a, p. 94; 1998b, p. 31), 골만은 감성 지능은 많은 인생의 과제에 대

---

8) (옮긴이 주) 보충 자료 참조.

9) (원저자 주) 상관관계는 통계학 이론의 표준 가정 하에 변량의 제곱근(예: $r = 0.447$은 0.20, 즉 20%의 편차에 대한 제곱근이다)이다.

한 성공을 예측할 때 $r = 0.45$보다 더 높은 수준을 나타내야 한다고 제안했다. 적어도 감성 지능에 대한 대중이 열광하는 이유가 바로 이런 강한 주장 때문이라고 결론 내리기는 힘들지 않다. 만약 실제로 어떤 단일한 심리학적 실체가 그와 같은 수준의 광범위한 성공을 예측할 수 있다면, 그것은 응용 심리학에 적용된 한 세기의 연구에서 발견된 어떤 것보다 뛰어난 발견이 될 것이다.[10)]

요약

감성 지능 모형에는 지적 능력 모형과 혼합 모형이 있다. 지적 능력 모형은 감성 자체와 그들이 생각과 상호작용에 집중한다(Mayer & Salovey, 1997; Salovey & Mayer, 1990). 혼합 모형은 지적 능력과 동기나 의식의 상태(예: "몰입") 및 단일한 실체로서 사회적 활동 같은 다른 다양한 특성들을 다룬다(Bar-On, 1997; Goleman, 1995a). **그림 9-2**는 이들 모형들에 의해 기술된 감성모형의 서로 다른 구성을 이전 그림에서 성격 요인에 투영했다. **그림 9-1**에서처럼 성격 요인들은 근본적으로 하위수준에 관련된 특수한 처리(동기, 감성, 인지), 하위 영역들의 상호작용에 관한 중위 기능, 인간 내적인 자아와 대인 관계적인 사회의 합성 모형인 상위 수준으로 구분된다.

제시한 바 있는 이들 도표는, 세 가지 모형이 다른 각도에서 감성 지능을 표현하는 것을 보여 준다. 바온(1997)과 골만(1995a)의 모형은 둘 다 다양한 수준에 분포되어 있다. 예를 들어, 바온의 적응성 기능들(문제 해결, 실제성 검사, 유연성)은 기본적으로 인지적 기능(오른쪽 아래)을 나타내며, 반면 그의 대인 관계적 기능들(대인적 관계성, 사회적 책임, 감정이입)은 주로 더 종합적인 대인 관계적 연관성(오른쪽 위)을 나타낸다. 대조를 통해, 메이어와 살로베이(Mayer & Salovey, 1997)의 모형은 감성과 인지능력 사이의 상호작용 영역에 적합하다. 도표는 모형간의 핵심적 차이는 지적 능력 모형은 감성과 인지능력에 의해 정의된 영역에서 작동하며, 반면 혼합 모형은 다수의 요인을 감성으로 간주했다.

---

10) (원저자 주) 이 원고의 초안을 검토한 후, 골만 박사는 그의 전반적 관점은 "...어떤 인생 영역에서 감성 지능은 IQ에서 측정된 것보다 긍정적 결과들과 더 높은 상호 연관성이 있는 것처럼 보인다. 이와 같은 영역은 예를 들어, 건강이나 결혼생활의 성공과 같이 감성적 자기 조절 또는 공감이 순수한 인지적 능력들 보다 더 현저한 기능인 영역은 '부드럽다'."는 것이다. 그가 언급했듯이, 그것은 "EI가 IQ보다 더 현저한 경우에는 IQ의 예언 능력이 일반적 경우보다 낮다"는 의미이다(D. Goleman, 1999년 6월 22일과 27일의 개인적 서신).

인간의 성격과 주요 성격의 하위 체계

하위 체계의 목적: 내재적 욕구의 만족 — 외부의 세계에 대한 반응

하위 체계 수준

하위 체계 수준			
고: 학습 모형	자성(自省)적 자질 ● 인간 관계 기술 ▲ 자아 동기화		인간 친화적 자질 ● 인간 친화적 기술 ▲ 인간 관계 유지
중간: 상호작용 기능	동기 유발과 정서적 상호작용 ● 스트레스 관리 기술		정서적 · 인지적 상호작용 ■ 정서의 지각/표현 ■ 사고에 있어서 정서 발현 ■ 정서 이해 ■ 정서 조절 ▲ 인간의 정서 탐구 ▲ 타인의 정서 감지 ▲ 정서 관리
저: 생물-관련 기제	동기 지향선	정서의 질 ● 일상적 기분	인지 능력 ● 순응 기술

그림 9–2 성격 근저의 3모형 정서적 지능 모형과 성격 및 주요 하위 체계에 대한 개관.

감성 지능과 연관된 다른 명칭의 개념들

감성 지능의 지적 능력 모형과 혼합 모형들은 다른 개념들과 어느 정도 중첩된다. 감성 지능과 관련된 능력 모형은 다른 몇 가지 가정된 지능들과 중첩된다. 혼합 모형은 그들의 외연(外延, breadth) 때문에, 몇 가지 다른 개념들과 중첩된다.

그림 9–2는 **그림 9–1**에서 그리고 있는 성격 요인의 일반적인 배열을 담고 있다. 그렇지만 그림은 (세 가지 서로 다른 이론에 의하여) 감성 지능의 일부분으로 얘기되는 특정한 성격 요인이 추가되었다. 바온(Bar-On, 1997)의 5개 부분 모형은 내적 특질(예를 들어, 내적 재능), 정서적 단계(예를 들어 일반적인 정서), 그리고 기타 분야들 속에 나누어진다. 골맨(Goleman, 1995a)의 5개 부분 모형은 내적 및 대인 관계적 특질 사이(예를 들어, 동기 자체, 관계 처리)에 뿐만 아니라 정서와 인식 사이의 상호작용 사이(예를 들어 다른 사람들 속의 정서 파악)에 나누어진다. 메이어와 살로비(Mayer & Salovey, 1997)의 4개 부분 모형은 정서-인식 상호작용 영역 내에 전적으로 위치하고 있다(예를 들어, 정서 파악; 정서 이해).

감성 지능의 지적 능력 모형과 근본적으로 관련된 개념들[11)]

지적인 능력 모형에 관련된 몇 가지 개념들은 비언어적 지각(예: Buck, 1984; Rosenthal et al., 1979)이나 감정이입의 정확성(Ickes, 1997)과 같은 그것의 특수한 기능들 중 하나 이상에 주의를 기울인다. 관련된 다른 개념들은 감성 지능과 비슷하거나 상호보완적이다. 예를 들어, 사아니(Saarni, 1990; 1997; 1999)의 감성적 역량은 감성을 끌어내는 사회적 거래 상의 능력과 기능의 표현으로 정의된다(예: Saarni, 1997, p. 38). 감성적 창의성(Averill & Nunley, 1992)은 감각에 대한 생각 속에 확산적이고 예측되지 않은 창의성 요인을 강조한다. 끝으로, 부분적으로 감성 지능과 중첩되는 방식으로 정의된 지능이 있다. 이들은 성격 지능(Gardner, 1993), 사회성 지능(Cantor & Kihlstrom, 1987; Sternberg, 1988; Sternberg & Smith, 1985; Thorndike & Stein, 1937) 및 심지어 융의 감각 기능(Jung, 1921/1971, p. 354)까지 포함한다.

부분적으로 중첩되는 지능들 중에 오직 사회성 지능(social intelligence)이 지적 능력으로서 만족스럽게 조작되어 왔다(예: Legree, 1995; Sternberg & Smith, 1985; Wong, Day, Maxwell, & Meara, 1995). 앞에서 말한 개념들 중에서 다른 것들은 감성적 창의성 같이 더 제한된 형식에서 조작되어 왔다(Averill & Nunley, 1992). 가드너(1993)의 성격 지능이나 융(1921, 1971, p. 34)의 감각 기능처럼 여전히 다른 지능들이 지적 능력으로는 실질적으로 작용하지 않는다(Sternberg, 1994).

이들 개념들 중 일부가 이론에서 부분적으로 중첩되기 때문에, 그들 사이에 실험상의 중첩 또한 존재할 것이다. 이들 지능 중 "최선"을 선택하는 경향은 어느 정도 이론에 대한 개인적 선호도에 달렸다. 궁극적으로 각 이론들은 현재 지능검사에서 누락된 능력을 설명하는 역할을 수행할 것이다. 감성 지능(지적 능력으로서)은 우리가 선호하는 이론인데 그 이유는 그것이 이론적으로 다른 대안들 보다 더 명확하게 전통적(즉, 언어와 수행) 지능과 구분되는 정의이기 때문이다. 예를 들어, 사회성 지능과 비교해 보면, 감성 지능은 개인적(사회에 대조되는) 성장에 중요한 인간 내적인 개인적 감성을 포함했다는

---

11) (옮긴이 주) 감성 지능(EQ)이 부부 생활에도 중요한 영향을 끼친다는 사실(fact)이 밝혀졌다: 세 유형의 부부를 대상으로 연구한 바에 의하면, 매력이나 인종상으로 서로 잘 어울리는 부부와 좀 어울리는 부부, 그리고 서로 어울리지 않는 부부로 구분했을 때 무엇이 영향을 끼치는 가를 연구한 결과, 재미있게도 잘 어울리는 부부일 경우에 감성의 영향이 가장 컸고, 좀 어울리는 부부일 경우에는 감성의 영향은 조금 약화되었고, 어울리지 않는 부부일 경우에 감성의 영향은 가장 약했다.

Ciarrochi, J., Forgas, J. p., & Mayer, J. D., (2001). *Emotional Intelligence in Everyday Life*. Taylor & Francis Group.

점에서 더 광범위하다. 반면에, 감성 지능은 또한 근본적으로 문제의 감성적 측면(사회적 또는 정치적 측면에 대조되는)을 고수한다는 측면에서 사회성 지능 보다 일정한 범위에 더 잘 집중하고 있다. 이런 사실 때문에 감성 지능은 언어적 지능(예: "케네디 대통령은 어떤 사람인가?")을 측정하는 오늘날 많은 검사에서 이미 발견된 사회적 지식 문제와 구분되며 비록 인정된 것처럼, 사회성 지능이 전통적 지능 측정들과 상당한 심리 측정학적 차별을 나타내더라도(예: Sternberg & Smith, 1985) 그러하다. 이처럼 이론적 범위를 확장하면서 감성 지능에 집중하는 것은 다른 대안들과 비교할 때, 전통적 측정의 척도에 대한 훌륭한 보완수단이 될 수 있다는 사실을 의미한다.

감성 지능의 혼합 모형과 관계된 개념

감성 지능의 혼합 모형과 중첩되는 개념 집단은 지적 모형의 개념 집단 보다 크다. 지적 능력 모형처럼 혼합 모형은 개념 집단의 한 요인이나(Davies, Stankov, & Roberts, 1998; Feist, 1996; Goleman, 1995a). 무엇보다도, 감성 지능의 혼합 모형 상의 각 부분에 대한 방대한 문헌들이 존재한다. 여기에 포함되는 문헌들에는 다음과 같은 내용들이 포함된다. 즉, 성취동기(McClelland, Atkinson, Clark, & Lowell, 1953), 감정부전(alexithymia; Bagby, Parker, & Taylor, 1994), 정서 반응성 감정이입(emotional responsiveness empathy, Mehrabian & Epstein, 1972), 개방성(Costa & McCrae, 1985), 낙천성(Scheier & Carver, 1985), 유쾌-불쾌 정서성(Green, Goleman, & Salovey, 1993; Mayer & Gaschke, 1988; Russell, 1979), 실용적 지능(Sternberg & Caruso, 1985; Sternberg, Wagner, Williams, & Horvath, 1995; Wagner & Sternberg, 1985), 자존심(예: Blascovich & Tomaka, 1991), 주관적 행복(subjective well-being, Andrews & Robinson, 1991)에 대한 내용이다.

다른 개념들은 부분적으로 감성 지능의 혼합 모형과 중첩되는데 그 개념들은 혼합 모형(mixed model)처럼 일생의 성공으로 이끈다고 여겨지는 많은 특성들의 합성체이기 때문이다. 골만(1995a)이 그의 모형이 블록과 블록(Block & Block, 1980)의 자아능력 모형과 차이가 거의 없다고 인정했던 것을 상기하자. 관련된 다른 개념은 일반 지능 자체와 실용적 지능 및 창의적 지능(예: Sternberg, 1997; Sternberg & Caruso, 1985; Sternberg & Lubart, 1995a, 1995b; Wagner & Sternberg, 1985), 구성적 사고(constructive thinking, Epstein & Meier, 1989), 앞에서 언급된 자아능력(Block & Block, 1980), 사회적으로 바람직한 것을 향한 동기(Paulhus, 1991), 사회적 직관(Chapin, 1967)을 포함한다. 더 나아가, 혼합 모형의 개인적 측면은 온정, 독단성, 자기수양 등과 같은 5대하위척도를 포함한 5대 성격 특질(예: McCrae & Costa, 1985)의 특수 영역과 상당히 많이 중첩된다(이와 같은 중첩은 나중의 토의에서 고려하게 될 성공을 예측하는 혼합 모형의 잠재력에 대해 많은 것을 이야기해 준다). 앞으로 혼합 모형의 이론가들은 자신의 감성 지능과 관련된 다른 개념들을 비교하여 구분하는 것이 필요할 것이다.

감성 지능의 측정

혼합 모형뿐만 아니라 감성 지능의 지적 능력 모형은 감성 지능을 측정할 수 있는 수단의 개발을 촉진시켰다. 우리는 이들 측정법을 여기에서 검토할 것이다. 감성 지능의 지적 능력 모형은 능력 측정을 통해 가장 직접적으로 평가되지만, 자기 보고에 의한 능력은 대안적 접근을 제공한다. 능력 측정은 어떤 과제에서 개인의 수행 수준을 나타낸다는 장점이 있다. 예를 들어, 자존심이 작지만 영리한 학생은 자신이 별로 똑똑하지 않다고 생각할 수 있으며, 평범하지만 다른 사람에게 영리한 사람이란 인상을 주고 싶어 하는 학생은 자신이 영리하다고 주장할 수 있다. 지적 능력 측정은 일반적으로 신뢰성 있고 타당성이 있으며 종종 $r = 0.8$이나 그 이상으로 상호 연관되어 있다. 자기 보고 측정은 타당성과는 거리가 멀고 실제 수행 수준과 상호 연관성도 낮은 것처럼 보인다. 예를 들어, 한 연구에서 사람들의 문제 해결 기능에 대한 자기 보고 척도 상의 점수(예: "어떤 문제를 풀려고 시도했을 때, 각각의 가능성을 보고 그 후에 최적의 방법을 결정한다")는 실제 지적 능력 검사와 단지 $r = 0.15$의 상호 연관성만 나타났다(Bar-On, 1997, p. 138).[12] 우리는 감성 지능의 능력 측정에서 출발하여 자기 보고 측정을 다루고 그 후에 둘 사이의 관계를 살펴볼 것이다.

능력 측정에 의해 평가된 지적 능력으로서 감성 지능

감성 지능 이론 이전의 감성 지능 측정

우리가 정의한 것처럼 감성 지능이 네 가지 광범위한 영역의 특수 과제인 감성의 지각, 동화, 이해, 관리로 구성되었다는 사실을 상기하자. 1990년에, 감성적(더 정확히 비언어적) 지각의 측정을 기술한 몇 개의 연구가 있었지만, 다른 영역에 관련된 능력과 과제에 대한 연구는 거의 없었다. 그와 같은 감성적 지각 검사에 관해서, 정서 민감도 검사

---

12) (원저자 주) 이 상호 연관성은 아마 관계를 약간 과소평가 했을 수도 있는데, 사람들에게 자신이 얼마나 지적일 것으로 믿는지 직접 물어보지 않았기 때문이다.

(Affect Sensitivity Test)는 짝을 이룬 사람들의 상호작용을 비디오로 녹화했는데 여기서 응답자는 대상자에 의해 표현되는 감정이나 생각을 지적했다(Campbell, Kagan, & Krathwohl, 1971; Kagan, 1978). 다른 검사들 또한 존재한다(예: 비언어적 민감성 분석 표로서, PONS; Rosenthal et al., 1979; CARAT; Buck, 1976).

이들 검사에서 참석자의 응답을 평가하기 위해 세 가지 방법이 일반적으로 적용되었다. 첫째는, 의견일치 방법으로 참가자의 응답을 집단의 다른 사람들과 비교하고(또는 사전 표준 샘플), 참가자는 자신의 응답과 집단의 합의 내용 사이의 일치도에 따라 점수를 받는다. 둘째는, 전문가 방법(expert method)으로 참가자의 응답을 전문가의 기준과 비교한다(예: 'Ekman'의 안면 부호화 체계). 세 번째 기준은, 대상자 방법으로 참가자의 응답은 그것을 평가하는 대상자의 답과 비교된다. 예를 들어, 어떤 쌍의 구성원이 비디오로 대화가 녹화되는 가운데 자신의 동료가 보고하는 감각을 식별하는 요구를 받았다(Ickes, Stinson, Bissonette, & Garcia, 1990). 다른 참가자는 연기자가 묘사하려는 감정이 무엇인지 예측해 보라는 요구를 받았다(Buck, Miller, & Caul, 1974).

이들 초기의 척도들은 실제 감성 지능에 대한 증거를 별로 제시하지 못했다. 척도 자체가 서로 연관성이 없어 보였다. 검사들은 상호간 미약하게 상호 연관되어, 어떤 검토자는 초기의 검사는 비언어적 감응(感應) 능력(receiving ability)에 대한 다른 측면에 민감하거나 비언어적 감응 능력이 단일 차원의 구성요인이 아니라는 결론에 도달하게 할 정도였다(Buck, 1984, pp. 277, 282-283). 하지만 어느 정도 흥미 있는 유형이 나타났는데, 이 유형은 사회 감성적 지각, 지능지수, 감정이입의 자기 보고 사이의 상호 작용을 포함할 뿐만 아니라 여성이 때때로 남성보다 약간 우월한 수행을 나타낸다는 사실의 발견과 관련되었다.

명시적인 감성 지능을 지향하는 초기 연구

감성 지능의 측정에 대한 우리의 초기 연구에서, 우리는 감성적 지각이 이전에 독립적으로 연구(얼굴, 추상적 무늬, 색깔)된 다양한 자극에 대해 일정할 수 있다는 사실과 극도로 단순화된 응답 척도를 이용하여 일반적 감성 지각 요인을 가릴 수도 있다는 사실을 제시했다(Mayer, DiPaolo, & Salovey, 1990). 예를 들어 PONS에서, 참가자는 짧은 비디오를 보고 그 비디오의 등장인물이 얼마나 즐거웠는지 또는 불쾌했는지와 같은 한두 가지 질문을 받았다. 우리는 그 척도가 선택할 수 있는 응답의 수가 많아지고 더 상세해지면 더 신뢰할 수 있을 것이라고 추측했다. 예를 들어, 표정이 주어졌을 때, 그것이 얼마나 화난 표정인가? 슬픈가? 행복한가? 기타 등등이다. 139명의 참가자들이 표정, 추상적 무늬, 색깔과 관련된 18가지 자극의 특정 감성적 내용을 판단했다. 감성을 식별하는 합의의 정확도는 신뢰할 수 있었고 이들 모든 자극에 대해 하나의 공통적인 감성 지각 요인이 있었다.

데이비스, 스탠코프, 로버츠(Davies, Stankov, & Roberts, 1998, Study 1)는 이 연구를 반복하여 더 확장했다. 그들은 안면, 색깔, 음악, 소음 간격의 네 가지 감성 지각 측정을 상호 연관시키고 이것들이 단일 요인으로 연관된 것을 발견했다. 그들의 연구에서, 감성 지각은 카텔(Cattell)의 메트릭스와 문자 삭제 과제에서 측정된 분석적 지능 측정과 무의미한 상호 연관성(결정적 지능에 대해 r = 0.05, 유동적 지능에 대해 r = 0.15)을 보였다(Roberts, Beh, Spilsbury, & Stnakov, 1991). 데이비스 등은 또한 이들 개별적 수행 과제의 신뢰성에 심각한 유보적 입장을 표시했다. 더 최근의 측정법에 대한 비평이 밑에 기술한 것처럼 이야기되고 있다.

1990년대 초에 감성 지능에 대한 더 수준 높은 기능 즉 감성의 이해와 감성의 관리와 관련된 연구들이 나타났다. 예를 들어, 메이어와 게허(Mayer & Geher, 1996)는 이야기 전개 속에서 감성 지각을 연구했다. 주 연구에 대한 사전 연구로서, 여덟 명의 대상자는 각각 자신의 생각을 간단한 문장으로 표현했다. 예를 들어 한 대상은 다음과 같이 기술했다.

> 나의 가장 친한 친구의 아버지가 이번 주말에 돌아가셨다. 그는 오랫동안 당뇨병을 앓아왔고, 그가 나이가 많아질수록 병은 점점 더 악화되었다. 나는 월요일에 그의 장례식에 갔다. 내 고등학교의 많은 친구들도 모두 장례식에 참석했으며 우리 모두는 친구를 위해서 그곳에 있고 싶었고 우리 모두는 그녀의 아버지를 알 뿐만 아니라 좋아했기 때문이다. 나는 내 친구가 그곳에 서서 우는 것을 보았을 때 젊고 건강한 부모님이 계신 내가 얼마나 행운아인지 깨달았다. 단순히 그녀의 엄청난 대가족이 교회당 안으로 쏟아져 들어오는 장면도 또한 나를 슬프게 했다(Mayer & Geher, 1996, p. 98).

참가자들은 주 연구에서 문장 속에 나타난 대상자의 감성 또는 그의 감성과 관계된 생각을 반드시 두 개의 선택사항 중 하나를 택하는 방식으로 식별하도록 요구받았다(예: 무의식적인-어떤 물건을 발로 건드리고 있다; 무서워하는-다른 사람과 떨어져 있다). 이 과제에서 기능은 집단의 합의에 의해 측정된 것으로서 자기 보고 SAT 점수(언어적 지능에 대한 근사적 측정) 및 자기 보고 공감성 특질과 상당한 상호 연관성을 보였다. 대상자의 동의에 의한 측정은 비슷하지만 정도가 약한 결과를 나타냈다. 레인 등(Lane et al., 1996)에 의해 이들과 밀접한 관계를 가진 과제가 개발되었다. 그 연구에서, 참가자들은 어떤 문장을 읽고(예: "나는 어떤 사람을 때리고 싶다.") 일곱 가지 감정 단어 중에서 일치하는 것 하나를 고르라는 요구를 받았다(예: 행복, 공포, 분노, 놀람, 혐오, 아무 감정 없음).[13] 과제의 다른 부분에서 그들은 문장의 의미에 맞는 얼굴 표정을 고르거나 얼굴 표정에 맞는 의미의 문장을 고르는 것과 같은 것이다. 유감스럽게도, 지능이나 공감에 대한 어떤 측정법도 이 연구에 포함되지 않았다. 레인 등과 유사한 과제를 이용한 연구는 성인 정신 지적 발달 장애 집단을 대상으로 한 지능과 과제 수행사이에 상호 연관성이 발견되었다(Simon, Rosen, & Ponpipom, 1996).

감성 이해에 대한 다른 검사에서, 애버릴과 눈레이(Averill & Nunley, 1992)는 참가자에게 세 가지 감정을 제시하고 그 세 가지 감정을 함께 느낄 수 있는 상황을 간략하게 묘사해 보라고 요구했다. 예를 들어, 세 가지 감정 “기쁨/안도/불안”에 대한 응답에서, 한 참가자는 산 정상에 도달한 기쁨과 떨어질지도 모른다는 불안, 실제로 떨어지지 않았다는 안도를 적었다. 점수는 전문가의 기준에 따라 평가되었다. 이 과제의 성공은 일반 지능뿐만 아니라 창의성의 측정과 적정하게 상호 연관성을 보였다.

이해와 관리 사이의 어떤 것을 측정하는 다른 과제가 또한 레인, 퀸란, 슈바르츠, 워커, 자이트린(Lane, Quinlan, Schwartz, Walker, & Zeitlin, 1990)에 의해 고안되었다. 이 검사에서, 참가자들은 다음과 같은 이야기를 읽는다.

> 당신과 당신의 가장 친한 친구가 같은 작업 라인에 있다. 매년 그 해의 가장 우수한 작업 수행에 대한 상이 수여된다. 당신과 친구는 이 상을 타기 위해서 열심히 일했다. 어느 날 수상자가 발표되었는데 당신의 친구였다. 당신은 어떤 기분일까?

수검자는 가능하다면 다양한 대안들과 비교되고 맞춰보는 개방적 응답을 제출한다. 예를 들어, 앞의 각본에 대해 낮은 수준의 의식에 속하는 응답은 “아마 며칠 동안은 나는 그 사실을 기분 나쁘게 느낄 것이고 무엇이 잘못되었는지를 고민할 것입니다. 나는 제 친구가 매우 기뻐할 것이란 사실을 잘 알고 있습니다.”라고 말하는 것이다. 높은 수준의 의식에 속하는 응답은 다음과 같이 대조된다. “나는 제가 수상하지 못한 것에 대단히 실망했지만, 다른 사람이 수상한다면 그 사람이 제 친구란 사실이 기뻤습니다. 제 친구는 수상할 자격이 있습니다! 그는 아마 행복과 자부심을 느끼겠지만 제 기분이 상했을까 약간 염려하고 있을 것입니다.”[14]

---

13) (원저자 주) 최초 연구에서는 어떠한 예도 제공되지 않았다. 우리는 이 연구와 어울리는 문장을 추론했다.

14) (옮긴이 주) 이 사례와 관련된 실례를 소개한다: EQ와 관련된 이 사례는, 6.25 전쟁 휴전 직후에 한국의 젊은이들이 미국으로 유학을 할 수 있는 희소한 기회가 있었다. 장학 유학생을 선발하는데 동점자가 2명이 나와서 최종 선발을 고민하던 당국이 당사자를 개별적으로 면담을 했다. 그 경

이 과제에 대한 우수한 수행은 같은 저자(앞의 내용 참조)에 의해 개발된 감성 지능 과제와 정적 상관관계가 있고 감정 표현상의 어려움에 대한 자기 보고적 측정인 토론토 감정 표현 불능증 척도(Toronto Alexithymia Scale; Taylor, Ryan, & Bagby, 1985)와 부적 상관관계가 있었다.

감성 지능에 대한 최근의 측정 연구

다요인 감성 지능 척도(MEIS) 연구. 우리의 연구 프로그램은 지적 능력으로서 감성 지능에 대한 제대로 된 검사법의 개발에 우선적으로 집중되어 있다(Mayer, Caruso, & Salovey, 인쇄 중). 우리는 다요인 감성 지능 척도(Multifactor Emotional Intelligence Scale, MEIS)를 개발했다. 이 검사법은 (a) 감성 지각, (b) 감성 촉진, (c) 감성 이해, (d) 감성 관리의 네 가지 부류 또는 부문으로 구분되는 감성 지능의 열두 가지 능력 측정으로 구성된다(Mayer & Salovey, 1997; Mayer, Caruso, & Salovey, 인쇄 중; Mayer, Salovey, & Caruso, 1997). 부문 1 과제들은 표정, 음악, 무늬, 이야기 속에서 감성의 지각을 측정한다. 이들 중 처음 세 가지는 앞에서 언급된 감성 지각 과제와 유사하고(Mayer, DiPaolo, & Salovey, 1990), 네 번째 이야기 과제는 똑같은 감성 이해 과제로서 앞에서 언급되었다(Mayer & Geher, 1996). 두 번째 감성 촉진은 공감에 대한 판단(예: "분노가 얼마나 큰가?")과 감각적 성향을 측정한다. 간단히, 이들 과제는 인지에 대한 감성적 촉진을 측정할 것으로 예상되었지만 다른 검사보다 미약한 요인을 나타내는 결과가 나왔고 몇 가지 이유로 제외되었을 것이다. 부문 3의 네 가지 과제는 감성의 이해를

위를 설명하고 의견을 물어보니 남학생은 나는 남자이므로 다음 기회에 다시 도전해 보겠으니 그 여학생을 먼저 보내라고 양보하겠다고 의견을 말했다. 상대 여학생은 다른 기회를 찾아볼 것이며, 남학생에게 유학 기회를 주면 좋겠다고 사양했다는 것이다. 학비와 생활비, 여비 지원, 유학 후 장래 보장 등 혜택이 많은—유능한 젊은이가 탐내는—미국 유학 기회를 마다하고 상대방에게 양보하는 미덕에 감동한 당국에서는—외국에서는 양보를 기대할 수 없고 자기가 먼저 유학 가겠다고 탐내고 있는데—두 사람을 모두 선발했으며, 그 중에 남학생은 한국 근대 역사 연구의 권위자가 되어 명문대학교 역사학 교수가 되었다. 이 실화에서 본문에 나오는 감성 지능은 역지사지, 즉 남을 먼저 배려하는 미덕인 감성과 인지가 교차에 의해서 나타난 결과라는 표현에 공감한다. 이 실화는 남을 먼저 배려하는 감성 지능의 덕목의 실례를 보여 준다. 앞의 표 9-1에서 제시되지 않아서 문제로 생각되는 EQ의 덕목으로 양보와 겸손, 보살피기(배려하기)가 빠져 있다는 것과 EQ가 긍정적일 뿐만 아니라 부정적인 심성(속이기, 골탕 먹이기, 비난하기, 괴롭히기), 즉 고약한 인간(toxic person)의 심성에 대한 논의가 빠져 있다는 것이다. 한국인의 결점 중에 남 잘되는 것을 못마땅하게 여기는 것이 지적되고 있다.

측정한다. 예를 들어, 어떤 사람이 다음과 같이 물었다. "낙천주의는 다음 두 감정 중 어느 것과 더 잘 결부되는가?" 그리고 참가자는 "기쁨과 환희"와 같은 덜 명확한 대안에 대해 "기쁨과 기대"를 선택해야 한다.

부문 4에서 두 가지 과제는 (a) 자신과 (b) 타인에 대한 감성 관리를 측정한다. 이들 과제는 참가자에게 다음과 같은 시나리오를 읽고 그것이 얼마나 적절한가에 따라 다섯 가지 반응에 대한 등급을 매기도록 한다.

> 당신의 직장 동료 중 한 사람이 당신에게 점심 식사를 같이 할 수 있는지를 물었는데 당황한 것처럼 보였다. 식당에서, 그는 다른 사람들과 떨어져 앉자고 이야기했다. 몇 분간 다른 이야기를 하다가 그가 자신의 마음속에 있는 것을 당신에게 이야기하고 싶다고 했다. 그는 자신의 이력서에 대학을 졸업했다고 허위로 기재했다는 이야기를 했다. 학위가 없다면 그는 여기에 취직할 수 없었을 것이다.
>
> (다음에 예시한 반응의 가치를 평가해 주시기 바랍니다.)
>
> 그에게 그 사실에 대해 어떻게 생각하는지를 물어보고 상황이 어떻게 돌아가는지 파악한다. 그에게 도움을 주지만 그가 진정으로 당신의 도움을 바라지 않는다면 억지로 돕지는 않는다.

503명의 성인이 몇 가지 기준 척도를 포함한 이들 검사를 받았다. 추가적인 229명의 청년들 또한 약간 생략된 형태의 간편 검사를 수행했다.

MEIS를 통해 발견된 사실. MEIS를 통한 연구는 몇 가지 중요한 사항을 발견했다(Mayer, Caruso, & Salovey, 인쇄 중). 첫째, 같은 과제에 대한 합의, 전문가, 대상자 기준 점수부여 방법들이 이론에 의해 예견된 수준까지 정답에 수렴했다. 이것은 모든 채점법에 대한 신뢰를 높였다. 이들 중에 합의 채점은 가장 포괄적인 방법인 것처럼 보였다. 앞에서 언급된 것처럼, 데이비스 등(1998)은 이 영역에서 초기 지적 능력 검사가 그리 높지 않은 신뢰성을 보였기 때문에 우려했었다. MEIS는 전면적인 $r = 0.96$의 알파 신뢰도에 도달했다.

두 번째 중요한 발견은 이들 열두 가지 과제에 의해 표현되는 감성 지능의 구조와 관계되었다. 우선, 과제들은 일반적으로 정적으로 서로 상호 연관되어 있었다. 검사의 삼요인적 구조에 대한 연구는 두 개의 똑같이 실제적인 요인적 모형을 제안했다. 첫째는 세 가지 요인 해법으로 (a) 감성적 지각, (b) 감성적 이해, (c) 감성적 관리의 요인들을 분리하는 것이다(대안으로 4요인 모형은 미약한 (d) 감성 촉진 요인을 포함하는 것도 가능하다.) 두 번째 요인 모형은 감성 지능의 일반 요인(general factor of emotional intelligence), *gei*를 기술하는 이들 세 가지(또는 네 가지) 요인들(전체 검사의 첫 회전 이전 요인에 의해 똑같이 잘 표현되는)에 근거를 둔 계층적 요인분석과 관련된다.

같은 연구에서 일반적 지능 요인, *gei*가 언어적 지능 측정($r = 0.36$)과 자기 보고 공감 측정($r = 0.33$) 모두에 상호 연관성이 있음을 나타냈다. 몇 가지 다른 기준 척도가 다루어 졌지만, 같은 일반적 요인들이 부모의 온정($r = 0.23$)과도 또한 상호 연관되어 있었다. 네 번째 중요한 발견은 감성 지능에서 능력은 연령에 따라 변하고 청년기에서 초기 성인기 사이에서 증가한다.

MEIS에서 발견은 감성 지능이 지적 능력으로서 통상적인 지능처럼 조작될 수 있는 자질이 있다는 사실을 가리킨다(Mayer & Salovey, 1993; Neisser, Boodoo, Bouchard, Boykin, Brody, Ceci, Halpern, Loehlin, Perloff, Sternberg, & Urbina, 1996; Scarr, 1989). 잘 조작될 수 있는 다른 지능들처럼, 감성 지능은 정답을 채점하는 기준에 대한 수렴성을 보여 준다. 감성 지능은 또한 그 과제들이 서로 연관되어 있다는 점에서 다른 지능들과 "같게 보인다". 발견된 사실들은 또한 감성 지능이 더 전통적인 지능(즉, 분석적 지능)과 관계있지만, 그것과 충분히 구분되어 참신하고 독특한 변화를 나타낸다. 그리고 끝으로, 감성 지능은 다른 표준 지능들처럼 연령에 따라 발달한다(Binet & Simon, 1905/1916, pp. 320-321; Brown, 1997; Fancher, 1985, p. 71). 이들 발견의 확실성은 다른 연구실에서도 반복되고 있다(Ciarrochi, Chan, & Caputi, 인쇄 중).

자기 보고 기법으로 측정된 지적 능력으로서 감성 지능

감성 지능의 지적 능력 모형은 지적 능력 과제에서처럼 자기 보고 척도에 의해 측정될 수 있다. 자기 보고는 수행을 평가하는데 덜 직접적인 방법이다. 그럼에도 이 방법은 나름대로의 장점이 있는데 상대적으로 실시하기 쉽다는 점과 수행 측정에서 얻기 어려운 내적 경험을 건드릴 수 있다는 점, 감성적 사고와 관련된 진행 중인 의식적 처리를 평가할 수 있다는 점이다. 능력 측정에서처럼, 감성 지능 특히, 부문 1(지각)과 부문 4(관리)에 대한 개인적 측면을 평가하는 몇 가지 자기 보고 척도가 있다.

감성적 지각(부문 1)에 대한 가장 독창적이고 흥미 있는 접근법은 버넷(Bernet, 1996) 양식의 감정 지각 척도(Style In the Perception of Affect Scale, SIPOAS) 속에 "BB" (Based on Body) 척도이다. BB 척도의 의도는 감각과 감성의 변화에 수반되는 약간의 신체적 변화(때때로)에 실제 연관성을 평가하는 것이다. 이것은 감성에 대한 다른 두 사고방식과 대조된다. "평가에 대한 강조" 척도(Emphasis on Evaluation, EE)는 사람이 자신의 감성을 타인, 생각, 기대의 측면에서 이해하려는 의도적인 시도를 반영하고 심리적 민감성과 연관된다. "논리 발견" 척도(Looking to Logic, LL)는 지능 선호와 감정 억제를 필연적으로 포함한다. 버넷(1996)은 심리요법에서 (자기 보고) 진전은 높은 BB 점수를 받은 사람들 중에서 가장 높게 나왔는데 그들은 언어 치료뿐만 아니라 신체 지향적 치료와 역경에 대한 영적 접근까지 포함한 다양한 치료 양식을 경험한 사람들이다. SIPOAS 점수와 감성 지능 사이의 정확한 관계는 아직 명확하지 않지만 더 많은 연구를 해 볼 가치가 있는 흥미 있는 측정법인 것처럼 보인다.

많은 척도들이 또한 감성의 관리를 측정한다(부문 4). 메이어와 가쉬케(Mayer & Gaschke, 1988)는 마음의 상태를 반영하는 경험을 상위경험이란 용어로 설명했다. 이 반성적 경험은 다음과 같은 말로 측정될 수 있다. "나는 정확히 어떤 느낌인지 알고 있다." 또는 "나는 지금 느낌이 혼란스럽다." 그 이래로 감성적 상위경험의 상태와 특질 모두에 대한 많은 수의 측정법이 개발되고 연구되어 왔다. 그와 같은 척도를 통해 발견된 사실은 예를 들어, 심정에 대한 관심과 명확성이 높은 사람이 부정적 사항에 대한 생각을 의식적으로 줄여 가는데 더 뛰어나다는 것이다(Salovey et al., 1995). 그와 같은 척도에서 측정된 성질이나 획득된 결과에 대한 더 자세한 사항은 최근의 여러 논문들과 논문 속의 단원들에서 볼 수 있다(예: Mayer & Stevens, 1994; Salovey et al., 1995; Salovey, Bedell, Detweiler, & Mayer, 인쇄 중). 그런 이유로 우리는 여기서 그들의 검토를 반복하지 않을 것이다. 대신 감성 지능 모형의 완전한 자기 보고적 운용에 초점을 맞출 것이다.

테트와 그의 동료들(Tett, Wang, Fisher, Martinez, Griebler, & Linkovich, 1997; Tett, Wang, Gribler, Thomas, & Martinez, 1997)은 감성 지능의 초기 모형에 근거한 10가지 척도를 개발했다(Salovey & Mayer, 1990). 감성 평가는 네 가지 척도로 구분된다. 네 가지 척도는 (a) 자신-언어적 감성 지각, (b) 자신-비언어적 감성 지각, (c) 타인-비언어적 감성, (e) 공감이다. 감성 조절은 (e) 자신의 감성 조절과 (f) 다른 사람의 감성 조절로 구분된다. 끝으로 감성의 이용은 네 가지 부가적 척도로 구분된다. 즉, (g) 유연한 사고, (h) 창조적 사고, (i) 기분 전환에 대한 고려, (j) 감성 유발이다. 각 척도들은 내적으로 일관성 있고 알파 계수는 $\alpha = 0.60$과 0.86의 범위에 있었다. 이들 척도에 대한 요인 분석에서 네 가지 요인, (a) 다른 사람의 감성 인식과 조절, (b) 자신의 감성 인식과 표현, (c) 감성적 안정성, (d) 부족한 만족 지연과 결부된 높은 자기보고 직관력이 나왔다. 이런 자기보고 측정은 명확하게 MEIS에서 획득된 결과와 어느 정도 차이가 있는 결과를 산출했다. 테트 등의 측정들은 다른 기준들과 아직 상호 연관되어 있지 않다.

혼합 모형으로 자기보고에 의해 측정된 감성 지능

감성 지능의 능력 모형이 조작 가능하고 측정될 수 있는 것처럼 혼합 모형도 조작 및 측정 가능하다. 지금까지, 모든 혼합 모형은 자기 보고 접근법에 의해 측정되었다. 혼합 모형 감성 지능(mixed-model emotional intelligence)에 대한 첫 번째 검사는 살로베이와 메이어(1990)의 연구에서 그 체계를 끌어 왔다. 슈테, 말로우프, 헐, 헤거티, 쿠퍼, 골든, 도른하임(Schutte, Malouff, Hall, Haggerty, Cooper, Golden, & Dornheim, 1998)은 의도적으로 1990년 모형을 혼합 모형으로 해석하여 그 모형에 유명한 연구들(특별히, Cooper & Sawaf, 1997; Goleman, 1995a)에서 감성 지능으로 정의된 다양한 속성들을 포함시켰다. 요인 분석 기법을 이용하여, 이들 저자는 자신들이 조사한 62가지 초기 검사 문항에서 4개의 요인을 추출했지만 하나의 단일 요인으로 결론을 내렸는데, 그 요인들 중 두 번째에서 네 번째 요인은 조사된 문항 중 일부에만 적재되어 있기 때문이었다. 1990년 모형의 모든 영역에 대한 문항은 공정하고 균등하게 이 단일 요인에 나타나고 있으며 그 요인은 $\alpha = 0.90$의 알파 계수값과 $r = 0.78$의 검사-재검사 신뢰도를 가졌다.

모형의 마지막 33개 문항 척도와 다른 측정들 사이의 상호 연관성 분석은 긍정적 정서성 및 개방성과 문항들이 중첩된다는 것을 제안했다(Schutte et al., 1998). 예를 들어, 척도가 토론토 감성 부전증 척도와 높은(그리고 부정적으로) 상호 연관성을 보였고 특질적 상위 심성 척도(Trait Meta-Mood Scale)의 주의력과 명확성 하위 척도와는 긍정적 상호 연관성을 보였을〔각각 $r(47) = 0.63, 0.52$〕 뿐만 아니라, 예상된 것처럼 일반적으로 긍정적 정서와 중첩되는 몇 가지 척도들과도 상호 연관성을 보였다(예: 인생지향 검사-비관주의, $r(23) = -0.43$, 중(Zung) 우울 척도, $r(37) = -0.37$, 특질 심성 전이 심성-회복, $r(47) = 0.68$). 이것은 또한 NEO척도의 개방성과 $r(22) = 0.54$의 상호 연관성을 가지고 있다(그리고 하위 수준에서 외향성과 긍정적으로 신경증과 부적으로 상호 연관되어 있다).

슈테(Schutte) 등의 연구(1998)는 특이하게 중요한 행동적 예측을 검사했다. 그들의 연구에서, 64명의 대학 1학년생이 학기를 시작할 때 33개 문항의 감성 지능 척도를 완결했다. 42명의 참가자에 대한 SAT 또는 ACT 점수도 또한 사용 가능했다. 감성 지능 척도는 그것의 점수가 SAT와 연관성이 없는데도〔$r(41) = -0.06$〕 불구하고 학생들의 학년말의 학업평균치(GPA)를 예측했다〔$r(41) = 0.32$〕. 이 연구는 감성 지능의 혼합 모형이 일반적인 인지적 측정의 예측보다 학문적 성공을 더 잘 예측할 수 있다는 생각에 대한 초기의 증거가 되었다. 다른 한편으로, 다른 연구는 행복감을 더 많이 느끼는 대학생들이 일반적으로 더 높은 학업 성취를 이루었다는 사실을 나타내 왔다(Wessman & Ricks,

1966, p. 123). 슈테 등의 척도(그리고 다른 감성 지능의 자기 보고 측정법)가 긍정적 감정과 높은 상호 연관성이 있기 때문에, 앞으로 연구는 그들 자기 보고 척도에서 일반적 기분의 영향을 받는 부분을 분리할 필요가 있다.

바온의 감성 지능에 대한 혼합 모형은 그의 감성지수 목록(EQi)에 따라 고안되고 조작 가능하게 되었다. 그의 EQi 척도(Emotinal Quotient Inventory, Bar-On, 1997, pp. 99-108)에 대한 요인분석은 이 장의 **표 9-1**(행 3)에 열거된 개인적 특성과 어느 정도 일관성을 가진 13개의 요인을 산출했다. 예를 들어, 첫째로 자기만족 요인은 "대부분의 상황에서 나에 대한 확신을 가지고 있다."와 같은 문항에 의해 측정된다. 둘째는 사회적 책임감 요인으로서 "나는 다른 사람을 돕는 것이 좋다."와 같은 문항으로 측정되고 세 번째인 충동 관리 요인은 "나는 한번 말하기 시작하면 멈추기 어렵다."와 같은 진술에 의해 측정된다. 처음 세 요인들은 각각 약 23%, 5%, 4%의 편차를 나타냈다. 나머지 요인들은 3에서 1% 사이의 검사 편차에서 설명되었다. 13개의 하위척도는 $r=0.50$ 주변의 상호 연관성을 가졌고 놀랄 것도 없이, 그 같은 상호 의존성에 의해 한 요인에 의한 검사법 또한 가능하다(Bar-On, 1997).

전체적 검사는 벡의 우울증 항목표(Beck Depression Inventory)와[15] 중의 자기평정 우울증 척도(Zung Self-Rating Depression Scale)와 같은 부정적 정서의 측정과 부정적이고 높은 연관성(범위 $r=.50$에서 .75)을 가졌다. 이것은 또한 긍정적 정서에 관련된 특질과는 긍정적 상호 연관성을 가졌다. 바온과 16PF에 대한 전국적 시행에서 나타난 것은 바온이 감성적 안정성 및 사회적 대담성과 사회적 온정을 포함한 외향성과 일관되게 긍정적으로 상호 연관되어(대부분 $r=0.40$과 0.60 사이) 있다는 사실이다(Bar-On, 1997, pp. 110-111). 명백하게 전체 척도나 하위 척도들 중 어느 것도 16PF에 내재된 지적 능력으로서 지능, 척도(Scale) B와 의미 있을 정도의 상호 연관성을 보이지 않았다. 그 사실에 일치되는 것으로, EQi를 WAIS-R과 연관시키는 연구는 $r=0.12$의 무시할 만한 상관관계를 보여 주었다(Bar-On, 1997, pp. 137-138).

EQi가 몇 가지 다른 척도들과도 역시 상관관계가 있지만(Bar-On, 1997), 실제 행동적 결과에 대한 예측을 보고한 것들은 거의 없다. 거기에 밀접한 연구는 직업 수행과 직무 만족도와 관련되었고 여기서 EQi는 직업적 "능력에 대한 인식(sense of competence)"의 자기 보고적 측정을 예측했다($r=0.51$). 여기서 발견된 사실을 해석하기는 어려운데 EQi와 역량의 인식 척도가 동시에 주어져서 내용과 오차에 의한 가변성을 공유할 것이기 때문이다. 그러므로 상호 연관성은 긍정적 정서성에 대한 일반적 감각과

15) (옮긴이 주) 한국판 척도가 개발, 이용되고 있음(학지사에서 시판하고 있음).

자존심을 동시에 반영할 수 있을 것이다. 반면에, 더 이상의 것이 관련될 수도 있다. 발견된 사실을 확실히 하기 위해서 더 많은 연구가 필요하다.

끝으로, 골만(1995b)은 또한 우트네 리더(Utne Reader)의 기사에 싣기 위해 감성 지능검사법을 편집했다. 골만의 척도는 10개의 문항으로 구성되고 각 문항에 대해 사람들은 가상적 상황에서 자신의 반응을 이야기해야 했다. 예를 들어 그 중의 한 문항은 다음과 같이 기술되었다.

> 당신이 어떤 과목에서 A 학점을 받기를 바라는 대학생인데, 중간고사에서 C 학점을 받았다는 사실을 알게 되었다고 가정하자. 당신은 대응은 무엇인가?

a. 당신의 성적을 올리기 위한 특별 계획을 작성하고 계획을 수행하겠다고 결심한다.
b. 앞으로 더 잘하겠다고 결심한다.
c. 그 과목에서 당신의 성적이 진실로 중요한지 자문해 보고 당신의 점수가 더 잘나온 다른 과목에 집중한다.
d. 당신이 배운 교수를 찾아가서 점수를 올려 달라고 교수를 설득 해 본다.

우리는 골만이 이 척도가 더 진지한 용도로 쓰이도록 하려는 의도가 있었는지를 의심했는데 최근에 그는 이 사실을 확인해 주었다(D. Goleman, personal communication, July 22, 1999). 그럼에도 골만의 척도는 MEIS(감성 관리 과제를 포함하고 있는)와 중첩되는 몇 가지 내용을 포함하고 데이비스, 스탄코브, 로버츠에 의해 연구되었다(Davies, Stankov, & Roberts, 1998). 골만의 척도는 세 번째 MEIS 요인과 같이, 자기 보고 공감과 높은 연관성이 있다(Davies, Stankov, & Roberts, 1998). 데이비스 등은 골만의 척도가 또한 감성 제어의 측정과 연관성이 있다는 사실을 발견했다(Roger & Najarian, 1989). 같은 저자들은 또한 그럼에도 불구하고 골만의 검사는 수용 불가능할 만큼 낮은 신뢰도를 보였다고 결론을 내렸다($\alpha = 0.18$; Davies, Stankov, & Roberts, 1998, pp. 33, 55).

요약

감성 지능의 혼합 모형을 측정하는 몇 가지 모형들이 존재한다. 집단으로서, 척도들은 감성적 개방성뿐만 아니라 긍정적 감정 모두에 긍정적으로 연관되어(또한 부정적 감정과는 부정적인 연관성이) 있다. 이들 감성 지능의 자기 보고 척도들이 기존의 성격 측정에 상향 또는 하향 편차를 더해 주는지에 대한 의문은 아직까지 해답이 제시되지 않고 있지만 그들의 문항 내용은 자신들이 하는 일이 가능할 만큼 충분히 식별력이 있다. 이런 면에서 슈테 등(Schutte. et al. 1998)에 의한 감성 지능의 측정이 분석적 지능에 대한 전통적 측정과는 별도로 학문적 성취를 예견할 수 있다는 발견은 도발적이다.

논의

이 장에서는 우선 감성 지능에 대한 몇 가지 경쟁적 모형들을 다루고 그들을 비교했다. "감성", "지능" 및 그들이 결합된 개념이 검토되었다. 감성 지능의 지적 능력 개념들과 혼합 모형 사이에 구분이 지어졌으며 혼합 모형에서 능력들이 성격의 비능력적 요인들과 결합했다.

다음 장에서 현재 감성 지능의 몇 가지 연구를 살펴볼 것인데 그들은 감성 지능의 지적 능력 모형을 지지한다. 몇 가지 핵심적 발견은 (a) 감성 지능 문제에 대한 정답을 발견하는 다양한 방법이 수렴하는 것처럼 보인다는 것과 (b) 감성 지능에는 명확하게 일반요인이 있다는 사실, (c) 이들 일반요인은 감성 지각, 이해, 관리에 관련된 특수한 하위요인으로 분리될 수 있다는 것, 더 나아가 (d) 몇 가지 개별적 연구에서 발견된 사실은 감성 지능이 일반적 지능 및 공감과 (낮거나 중간정도로) 상호 연관되어 있다는 것, (e) 관련된 능력들은 연령과 함께 성장한다는 사실이다. 감성 지능이 부모로부터 자상한 양육의 자기 보고와 관련된다는 사실에 대한 시사들은 더 의미 있다. 혼합 모형과 관계된 문제는 명확하지 않다. 슈테 등(1998)의 보고는 그들의 척도로 측정된 감성 지능이 SAT 점수에 의한 예측과는 어느 정도 별도로 대학생이 앞으로 획득할 점수를 예측할 수 있다는 사실을 암시한다. 바온의 EQi는 표준화되고, 요인 분석되었으며, 많은 다른 검사들과 연관되어 있지만, 그것의 학문적 또는 직업적 성공에 대한 예측은 아직 확인되지 않고 있다. 골만의 척도는 연구자들에 의해 아직 많이 사용되지 않고 있으며, 신뢰성이 부족한 것처럼 보인다.

몇 가지 문제는 아직 결론이 나지 않았다. 가장 중심적인 문제는 몇 사람이 주장한 것처럼, 감성 지능이 지능보다 성공을 더 잘 예측하는지 여부이다. 이 주장이 중요하고 또한 증명될 수 있을까? 그렇지 않다면, 감성 지능의 진정한 자극은 무엇인가? 그것이 현재 지능의 접근법에 대해 제기한(만약 있다면) 도전은 무엇인가? 그리고 마지막으로 앞으로의 연구는 우리에게 무엇을 말해 줄 것인가?

감성 지능에 대한 자극: 무엇이 현실적이고 무엇이 비현실적인가?

이 장의 설명을 시작하면서, 우리는 감성 지능이 학계와 대중에게 대단히 많은 관심을 끌었고 많은 자극을 주었다는 것을 언급했었다. 비록 우리가 감성 지능의 열렬한 지지자이고 그리고 그런 열광의 일부는 당연한 것이라고 하더라도, 열정의 일부는 적절치 못한 것처럼 보인다는 점도 또한 이야기를 해야 한다.

감성 지능에 대한 부당한 열광

이 장의 앞에서 예를 들어, 우리는 감성 지능이 아동들의 가정과 과제에 대한 다양한 성공적 행동을 어느 수준까지 예측하거나 또는 일반적 지능의 예측력보다 정확하다는 유명한 주장을 고려했었다. 그와 같은 주장은 몇 가지 방식으로 오해를 일으킬 수 있는 것처럼 보인다. 첫 번째 오해의 여지가 있는 것은 얼마나 정확한 예측이 이루어질 수 있는가에 대한 측면이다. 유명한 저술에 의하면, 지능이 어떤 성공에 대해 20%의 가변성을 가진 예측을 한다면, 감성 지능은 나머지 80%의 격차를 메우는 데 도움이 될 수 있다는 것이다. 비전문적 독자에게, "80%의 고려되지 않은 가변성" 수치 제기는 이제까지 실제로 인생의 성공에 대한 상당한 부분을 예측할 수 있는 변수가 간과된 것이 진실로 있을 수 있다는 것을 의미한다. 비록 그것이 바람직하지만, 한 세기의 심리학 연구에서 어떤 변수도 그처럼 대단한 기여를 하지 못했다.

성공에서 설명되지 않은 80%는 대부분 어느 정도 시간에 걸쳐 작용하는 수백 개의 변수들에 의한 복잡하고, 아마도 혼란스러운 상호작용의 결과인 것처럼 보인다. 어떤 사람의 성공에 대한 예측은 지진이나 허리케인, 증권시세의 등락, 선거 결과, 지정학과 같은 것들의 중기 또는 장기적 결과 예측과 많은 공통점을 갖는다. 예를 들어, 어떤 사람의 직업적 성공은 단순히 성격 요인 자체의 산물만이 아니라 경제적 영향력(예: 부동산 경기), 정치적 영향력(예: 선거용 환심 사기 프로젝트), 과학적 진보(예: 고객 서비스의 자동화), 대중 감정의 변화(예: 페루산 커피 수요)들의 산물이기도 하다. 우리는 그와 같은 결과를 우연보다는 높고 필연성보다는 낮은 수준으로 예측할 수 있다. 이런 이유 때문에, 성공을 예측하는 새로운 변수의 가치는 얼마나 많은 가변성이 아직 설명되지 않고 있는지에 대해서 보다 새 변수들이 얼마나 많은 가변성을 전형적으로 설명할 수 있는지에 대해 더 현실적으로 비교 되야 한다. 가장 좋은 새 변수는 전형적으로 예를 들어, 직업적 수행에 대한 예측을 1에서 4% 사이의 범위에서 증가시킨다. 그 1에서 4%는 수천 명의 사람에게 과학적 선택 방법이 적용되는 경우 대단한 절감을 의미하지만, 감성 지능의 실제로서 주장된 것과는 상당한 차이가 있다.

그와 같은 인기 있는 주장이 오해를 일으킬 수 있는 두 번째 방식은 그들이 통합된 단일 심리적 실체가 존재하며 그 실체는 "인내", "열정", "감성적 지각능력", "우수한 사회적 기능"과 같은 존재들을 결합시킨다고 암시하는 것이다. 그처럼 구분된 변수들을 함께 연구하고 그들이 통합적으로 어떤 기준을 예측하는 방법을 찾는 것은 아무런 문제가 없다. 하지만 그들을 단일한 실체, 즉 "감성 지능"으로 부르는 것 또는 어떤 단일 실체의 일부로서 부르는 것조차, 이 모든 다른 속성들이 하나의 꾸러미로 한데 합쳐질 수 있다는 잘못된 인상을 실제로 그들이 어느 정도 개별적 존재인 경우에도 줄 수 있다(**그림 9-2**에서 그들이 어떻게 산재해 있는지 상기하자). 추가하여, 그들을 단일한 실체로 부르는 것은 그 "꾸러미"가 어느 정도 새롭고 신비하게 강력하다는 것을 암시하는데 사실은 그것의 많은 원소들이 수년간에 걸쳐 연구되어 왔지만 아무런 특수한 예언적 능력을 보이지 않고 있는데도 그렇다. 끝으로 그와 같은 주장은 이 매우 바람직한 꾸러미가 전체로서 획득되거나 학습될 수 있다는 것을 제안하는데 실제는 그것이 많은 개별적이고 심지어 반대되는 자질들로 구성된다.

다음과 같은 유추를 고려해 보자. 함께 작용해서 자동차 사고를 유발하는 변수들, 즉 음주, 시야 제한, 자살 경향, 제동거리, 수면부족을 연구하는 것은 완전히 받아들일 수 있고 심지어 바람직하기까지 하다. 또한 그와 같은 자동차 사고를 예측하는 변수들로 수학적 합성함수를 만드는 것도 정당화될 수 있다. 하지만 음주, 시야 제한, 자살 경향 및 기타 등이 어떤 불운한 사람은 가지고 있고 운이 좋은 사람은 없는 단일한 증후군 "자동차 사고 경향성"의 모든 부분이 된다고 주장하는 것은 오류가 있는 진술이다. 시야 제한, 음주 및 다른 연관되지 않은 변수들은 각각 다른 원인에 의해 발생하고 다른 방식으로 처리된다. 그들이 단일한 증후군이며 운전 기능에 대한 급진적이고 새로운 이해를 정의한다고 주장하는 것은 과학이 아니라 선정주의이다.

끝으로, 이들 유명한 주장에 대해 오해할 수 있는 가장 중요한 방식은 그들의 영향력 있는 주장을 뒷받침하는 과학적 연구가 실제로는 실패했음에도 제시되는 것처럼 보이는 것이다. 예를 들어, 골만(Goleman, 1995a; 1995c)은 벨연구소 공학자의 연구를 참조했는데 그 연구에서 최고 성취자의 IQ는 다른 공학자들과 같았다. 기본적 차이는 최고 성취자는 그의 동료보다 감성 지능이 더 높았다. 불행하게도 이것은 추측에 지나지 않는데 공학자들은 명시적으로 지적 능력이나 혼합 모형의 접근법에 따른 측정법 중 어느 것으로도 감성 지능검사를 받지 않았기 때문이다(Kelly & Caplan, 1993).

작업장에서 성공을 예측하는 감성 지능에 관한 도에 넘친 주장은 우리의 현존하는 연구의 기저에 만연한 것처럼 보인다. 예를 들어, 바릭과 마운트(Barrick & Mount, 1991)는 어느 정도로 오대 성격 특질(Big Five personality dimensions)이 직업 수행을 예측하는지에 관한 117개의 기준에 관련된 타당성의 메타분석을 수행했다. 117개의 연구는 총 23,994명의 N에 대한 162개의 표본을 산출했다. 오대 성격 특질은 정서성, 외향성, 개방성, 수용성, 심리적 민감성을 포함한다. 각 특질은 그 자체로 고도로 상호 연관된 몇 개의 하위요인나 양상을 포함하는 합성물이다. 흥미롭게도, 이들 중 다수의 요인이 골만이나 바온이 감성 지능으로 기술한 것과 중첩된다. 예를 들어, 수용성은 부분적으로 (a) 신뢰, (b) 정직성, (c) 이타성, (d) 협조성, (e) 겸손함, (f) 친절함의 측면에서 혼합모형의 측면들과 중첩된다. 연구된 23,994명에 대해 수용성이 예측한 것은 무엇일까? 저자가 결론을 내린 수용성은 "그 일이 많은 사회적 요건을 포함하더라도(예: 영업 또는 관리) 직업 수행의 중요한 예측지수는 아니다"(Barrick & Mount, 1991, p. 21)는 것이다.

외향성 또한 (a) 온정, (b) 사교성, (c) 독단성, (d) 활동성, (e) 자극 추구성, (f) 긍정적 정서와 같은 혼합 모형의 요인들을 포함한다. 외향성은 전문직(예: 변호사, 회계사, 교사), 경찰 업무, 숙련 또는 반숙련 기능직(예: 배관공, 농부, 공장 노동자)에 종사하는 사람들의 성공을 예측하는데 약간 우수하고 타당성 있게 해나간다. 그리고 세 번째 특질로서, 성실성은 (a) 유능감, (b) 정연성, (c) 충실성, (d) 성취 갈망, (e) 자제(self-discipline), (f) 신중성을 포함한 혼합 지능 모형과 어느 정도 중첩된다. 성실성이 가장 우수한 예측지표라는 것이 발견되어, 모든 직업군에 걸친 일관된 예측을 보여 주었다(Barrick & Mount, 1991, pp. 17-18). 그와 같은 예측의 장점은 무엇인가? 전반적 상관관계는 유명한 저술에서 암시된 20에서 80%보다 훨씬 낮은 3%의 가변성에서 최대정점 r = 0.15 또는 2에 도달했다.

감성 지능에 대한 정당화될 수 있는 열광

고유의 감성 지능을 향한 진실한 열광. 감성 지능이 깁스(Gibbs, 1995, p. 60)가 "지능의 진실한 측정"이라고 언급한 것이 아니라면, 그것에 열광할 가치가 있을까? 우리는 확실히 가치 있다고 생각한다. 새로운 지능을 찾기 위한 면밀한 연구가 현재 지능 측정법에 대해 중요성 및 보강된 예언적 능력을 주었다. 우리는 지적 능력으로서 감성 지능이 특정 인간의 기능에 중요하지만 이전에는 간과되었던 능력 분야를 식별한 것이라고 믿는다. 이들 감성적인 지적 기능은 지적 능력과 비인지적 경향의 경계에 숨어 있었다. 많은 지능 연구자들은 스카(Scarr, 1989)가 "인간관계에서 관용성과 같은 인간 덕성과 음악, 춤, 미술에서 재능"은 지능으로 불려서는 안 된다는 진술로 전통적 지능에 대한 방어에 나섰을 때, 구원을 얻었다. 아직 이 둘 사이에 어중간한 영역이 남아 있다. 음악적 능력은 무엇보다도, 수학적 능력과 연관되어 있다. 바온(1997)은 때때로 일상적 특질이나 경향 속에 숨어 있는 능력인 이와 같은 직관력을 나타내는 "비인지적 역량"을 탐색했다. 우리 자신의 직관은 단순한 초 감성(hyper emotionality) 이상의 어떤 것이 때때로 접촉을 좋아하거나, 또는 약자에게 과도한 동정심을 보이는, 예민한, 또는 공감하는 사람으로 명명된 것들 중에 있다는 것이다.

"느낌상으로는 올바른 방식이란 존재하지 않는다."는 말은 인간 잠재력 운동의 전투 구호이지만, 그것은 느끼기 위한 올바른 방식이 존재할 수도 있다는 사실을 가리고 있다. 감성은 틀림없이 자연적 선택에 의해 진화되었다. 일관된 신호체계가 그들을 다른 것들보다 더 발달시킨 유기체에게 진화적 이점을 부여했다(Darwin, 1872/1965; Ekman, 1973). 일단 진화하면, 이들 감성은 문화에 의해 필요에 따라 변형된다. 따라서 장례식장이나 다른 장소에서 가져야 할 옳은 감정(들)은 감성 상의 진화적 발달과 어떻게 느낌과 행동해야 하는가에 대한 사회적으로 구성된 규칙이 결합된 산물이다.

감성 지능에 대한 지적 능력 검사가 진실로 정서를 이해하는 사람을 식별하는 적절한 도구일 수 있다. 지적 능력 검사는 심미적인 지성을 가졌지만 감성을 이해하지 못하는 사람과 감성을 실제로 이해하는 사람을 구분하는데 가장 적합하다. 능력에 기반을 둔 감성 지능 측정은 주어진 경력(예를 들면, 상담과 심리치료)에 맞지 않는 사람을 구분하는데 매우 적합한데 그들은 공감을 느끼며 듣고 민감하게 행동하는데 필요한 정서에 대한 이해가 부족하기 때문이다.

이들 발견에는 개인차뿐만 아니라 사회적 의미도 있는데 그 의미는 직업 선택에 대한 암시이다. 스카(1989)는 지능을 식별하는 것은 사회적 행동에 맞추어 실체를 이전보다 더 잘 평가할 수 있다고 믿었다. 그녀는 이것은 몇 사람이 온정과 같은 비지능을 지능으로 부르는 이유중의 하나라고 의심했다. 따라서 현존하는 지능(actual intelligence)을 식별하는 것이 평가를 재조정하게 할 것이다. 예를 들어, 다른 기능을 가지고 있으며 그것을 알고 있는 사람은 더 유연하게 자신의 능력과 한계에 대해 표현할 수 있다. 우리는 종종 자동차 안에 있는 사람이 쉽게 "아, 나는 지도를 볼 줄 모르는데, 당신이 어디로 가야 하는지 이야기해 주지"(낮은 공간적 지능)라고 말하고는 지도를 다른 사람에게 주는 것을 보게 된다. 우리는 다른 사람을 "약자에게 필요 이상으로 동정심이 있는", 또는 "접촉을 좋아하는", "대단히 민감한" 사람으로 간주해버리기보다 어떤 사람이 "아, 나는 감정을 이해할 수 없어. 당신이 내 아내를 더 편안하게 만드는 방법을 알아내도록 도와줘."라고 외치는 날이 올 것으로 기대한다. 감성을 해석하는 일을 그 일을 할 수 있는 능력이 있는 사람에게 넘기는 것이 사회적 가치들을 양 집단이 모두 수긍할 수 있는 방향으로 재조정하도록 할 것이다.

감성 지능과 성공에 대한 진실한 열광. 감성 지능 개념은 또한 어떻게 성공을 예측할 수 있는지에 대한 문제를 제기했다. 비록 성공이 감성 지능 단독으로 적절하게 예측될 수 없지만, 성공 예측은 지능 연구와 관련된 분야이고 더 일반적으로 성격 심리학에 관련된다(Ford, 1994; Sternberg, 1996). 성공 예측을 위한 저돌적 돌진은 감성 지능의 개념에 의해 고삐가 풀렸다. 이제까지 예측 과학은 무모한 주장과 자립에 대한 저술에 의해 지배되어 왔다. 성공에 대한 이런 관심이 더 신중한 방향으로 흐를 수 있다면, 열정에서 더 많은 이익이 초래될 것이다.

우리에게, 개인적 성공을 연구하는 것은 성격에 대한 측정 가능한 특성을 수집하고 그것을 측정 가능한 결과를 예측하는데 이용하는 것과 관계된다. 인지 영역 내에서 이것은 사례의 다양성 보다 더 광범위한 지능의 다양성을 측정하는 것을 의미한다(예: Gardner, 1993; Sternberg, 1996). 더 일반적으로, 그것은 만족스러운 삶에 기여할 뿐만 아니라 성공적 삶을 더 잘 정의하는데 기여하는 어떤 성격 부분을 조사하는 것을 의미한다. 어느 정도는, 감성 지능의 혼합모형이 그와 같은 연구를 시작했다. **그림 9-2**에서처럼, 우리가 이들 혼합 모형의 예언적 요인을 성격의 유전적 모형 위에 포개어 본다면, 선택된 형태들이 포괄적이거나 균형 잡힌 양식에 따라 지능이나 성격을 포함하지 않는 것이 분명해진다. 성공을 연구하는 사람은 다른 말로, 성격 체계에 걸쳐서 더 광범위하고 더 균형 잡힌 양식에서 변수들의 표본을 추출하는 것이 더 좋을 것이다. 400개 이상의 성격의 부분이 공통적으로 성격 심리학에서 논의되고(Mayer, 1995b), 이들은 혼합된 감성 지능 모형에 의해 고르지 않게 추출되었다. 일단 변수들이 수집되면, 어떤 체계의 성분들은 예상되지 않았고 서로 비선형적 관계를 가지고 있다는 것을 기억할 필요가 있다. 높은 자존심은 그 자체로 완벽한 놀라움이지만, 정상적 인간관계에 연관되지 않은 몇 명의 성격에서(예: 아돌프 히틀러, 조셉 스탈린) 그와 같은 자존심은[16] 사악한 행동을 촉진할 수도 있다(Baumeister, 1997; Mayer, 1993).

더 좋은 변수 선택에 추가하여, 우리가 어떤 종류의 성공을 이야기하고 있는지에 더 많은 주의를 기울일 필요가 있다. 여기에는 많은 다른 종류의 성공이 있고, 이런 성공은 우리가 성격을 그것을 둘러싼 주변 체계 가운데서 표현할 수 있다면, 상당히 확실해질 수 있는 특징에 따른다. 배경 속에서 성격의 위치는 현재 성격 심리학의 통합에서 중요한 초점이 되어 왔다(Mayer, 1998). 성격과 그 주변 체계는 두 가지 차원에 따라 배열될 수 있으며 그 차원은 우리가 초기에 성격의 내적 성분을 배열하는데 적용했던 것이다. 분자 질량 차원(molecular-molar dimension)은 기초 수준의 감성과 인지 처리를 더 합

16) (옮긴이 주) 자존심이 충족되지 않았거나 과잉 충족이 되면 오히려 본인에게도 유해하고 타인과 사회에 또는 개인과 집단에게 해악을 끼치는 것 같다. 따라서 자존심 수준에 대한 또는 충족과 결핍에 대한 수위 조절이 개인적으로나 공적으로 또는 심리치료 기법상으로 필요한 것 같다.

성적 처리로부터 구분하는 것이고 내외적 차원은 인간내적 처리와 대인 관계적 처리를 구분하는 것이다. 이들 두 차원을 확장하면 **그림 9-3**에서처럼, 우리는 성격이 자신의 신경학적 토대들(아래)와 그것의 외적 상황(오른쪽), 그것이 속한 집단(위; Mayer, 1995a; 1998)으로 둘러싸인 것을 볼 수 있다.

그림 9-3에서 성격은 이웃하는 체계의 중앙에 위치하고 있어서: 생물학적(아래), 상황(오른쪽), 집단(위), 성공의 다면적 속성을 실증하고 있다(Mayer, 1998 수정). 개인적인 성공은 성격과 모든 인접하는 체계의 모습이다. 예를 들어, 개인적인 성공 조건에는 좋은 건강(생물학적), 조용하고 행복한 정서(내적 정서), 풍부한 금전(상황적인 요인), 또는 다른 사람으로부터의 존경(상황), 뿐만 아니라 보답하는 가족 환경을 성공적으로 형성하는 것을(사회집단) 포함할 수 있을 것이다.

이러한 방식으로 검토해 보면, 성공은 우리가 어떤 체계를 보는가에 따라 바뀐다. 내적 성격은 행복이나 다른 긍정적 감정의 형대로 성공을 달성할 것이다. 생물학적 성공은 좋은 건강과 장수와 관계되고, 상황적 성공은 좋은 대우를 받는 것을, 집단에 근거한 성공은 애정 있는 가정과 다른 원하는 사회적 조직의 잘 적응한 일원이 되는 것이 관계된다. 이 방식으로 고찰해 보면, 모든 종류의 성공에 잘 맞는 성격은 없는 것처럼 보인다. 그 보다, 어떤 성격 형태는 어떤 종류의 성공에는 많은 도움을 줄 것이고 다른 종류의 형태는 다른 종류의 성공을 지원할 것이다. 우리가 다른 사람과 공유하는 희망은 인간을 성공으로 이끄는 것에 대해 이해하는 것으로 그것이 우선적으로 우리를 감성 지능에 대한 연구를 시작하게 한 (여러 개 중에서) 하나의 동기이다. 좋은 과학적 연구는 바로 그 측면에서 중요한 실용적 응용이 있어서는 안 되는 이유가 없지만, 그 사례가 실용단계까지 발전시키기보다 생각하는 기회를 더 많이 가져야 할 필요가 있다.

인생에서 성공의 탐구를 위한 새 영역의 지표 작성

한때 우리 학문에 전통적인 분석적 지능 이외에 인생의 성공을 예측하는 특성을 찾는 꽤 활발한 탐색이 있었다(예: McClelland et al., 1953). 이들 탐색 중 일부는 혼합된 결과를 낳았지만 잊혀졌다. 다른 탐색은 실패했거나 실패한 것처럼 보였다. 불필요한 실망을 피하기 위해, 실제적이고 가치 있는 것을 찾아야 한다. 1~5% 범위의 현존하는 구성요인을 능가하는 추가적 예언은 한동안 우리를 만족시킬 수 있을 것이다. 만약 우리가 그것을 어느 정도 능가하는 변수들을 발견한다면, 더 좋다.

우리는 성공의 개념(성질)을 정의하고 그러고 나서, 성공에 대한 기준을 주의 깊게 개발해야 한다. 지난 10년간 우리가 단지 이해하게 된 것처럼, 전통적 지능의 측정은 부분

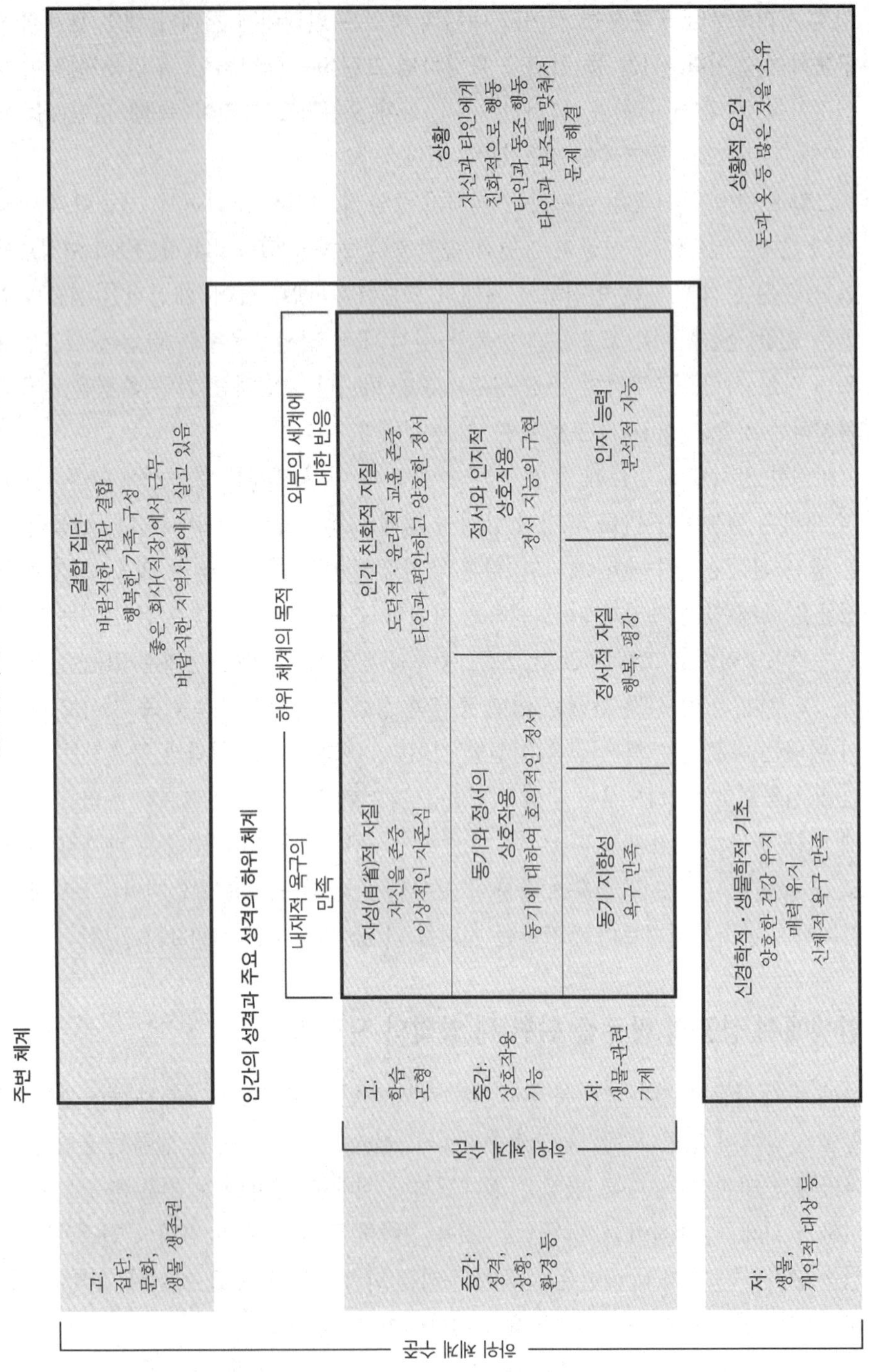

인간의 성격과 성공의 주변 체계
with examples of success relevant to each system

주변 체계

하위 체계 수준

고:
집단,
문화,
생물 생존권

결합 집단
바람직한 집단 결합
행복한 가족 구성
좋은 회사(직장)에서 근무
바람직한 지역사회에서 살고 있음

인간의 성격과 주요 성격의 하위 체계

하위 체계의 목적
내재적 욕구의 만족
외부의 세계에 대한 반응

중간:
성격,
상황,
환경 등

하위 체계 수준

고:
학습
모형

자성(自省)적 자질
자신을 존중
이상적인 자존심

인간 친화적 자질
도덕적 · 윤리적 교훈 존중
타인과 편안하고 양호한 정서

중간:
상호작용
기능

동기와 정서의
상호작용
동기에 대하여 호의적인 정서

정서와 인지적
상호작용
정서 지능의 구현

저:
생물-관련
기제

동기 지향성
욕구 만족

정서적 자질
행복, 평강

인지 능력
분석적 지능

상황
자신과 타인에게
친화적으로 행동
타인과 동조 행동
타인과 보조를 맞춰서
문제 해결

저:
생물,
개인적 대상 등

신경학적 · 생물학적 기초
양호한 건강 유지
매력 유지
신체적 욕구 만족

상황적 요건
돈과 옷 등 많은 것을 소유

그림 9–3 각 체계에 적합한 성공 사례와 성격 및 환경 체계.

적으로 놀라운 예언 지표처럼 보이는데 그들이 학교에서 성취를 너무 잘 예측하여 강력한 표준이 되었기 때문이다. 사람들은 물론 학교 성적에 관심이 있지만 학교 성적 또한 변수로서 독특한데 그것이 많은 행동적 관찰들의 집합체이기 때문이다. 어떤 사람의 성적은 그의 수 백일에 걸친 수 백회의 퀴즈, 시험, 다른 과제에 대해 다수의 관찰자(교사)에 의한 평가의 평균을 가리킨다는 사실을 고려하자. 우리는 이제 행동의 개별적 사례를 예측하는 것보다 집합적 행동(aggregated behavior)의 기록을 예측하는 것이 더 가능성이 높다는 사실을 알고 있다(Epstein, 1979).

감성 지능이나 다른 유형의 성공에 대한 집합적 기준(은 무엇이 될 것인가? 우리는 성공의 예측 지표를 도식화하는 그 같은 새로운 기준을 찾아야 할 필요가 있다. 이것을 추구하는 데는 많은 방향이 있을 것이다. 아마 특정한 감성적 장애(즉, 정신 의학적 진단)는 감성적으로 지적인 사람을 감성적으로 지적이지 않은 사람과 다르게 구분할 것이다. 아마 사회적 네트워크의 질이 중요한 기순이거나 부모의 양육에 대한 회고적 보고가 중요한 기준이 될 수 있다. 그와 같은 결과를 결합하는 것에 관하여, 일부 성격 심리학자들이 외적, 행동적, 생활공간의 측정을 한데 모으는 척도에 대해 연구해 왔다(예: Buss & Craik, 1983; Mayer, Carlsmith, & Chabot, 1998; Stokes, Mumford, & Owens, 1994). 예를 들어, 생활공간 척도는 기본적으로 결과 변수들, 성격의 모든 외부 환경(예: "당신은 비타민제 몇 병을 가지고 있습니까?" "당신은 공화당 청년단원 소속입니까?")의 폭넓은 다양성을 집합시켜 개인의 환경에 대한 새롭고 더 효과적인 설명과 그것에 관심 있는 사람에게 그들의 성공에 대한 새로운 측정법을 창조하는 하나의 수단이다.

따라서 감성 지능과 성공을 예측하는 변수에 대한 탐색 모두에 열광하는 이유가 있다. 고지식한 접근들은 우리가 추정하는 바와 같이, 과거에도 발생했던 성공 예측에 대한 실패를 향한 맹목적 돌진이 될 것이다. 하지만, 지능, 성격, 그리고 그들의 성공 예측에 대한 더 정교한 연구의 여지가 있다.

결론

현재 감성 지능에 대해 지적 능력 모형과 혼합 모형의 두 가지 모형이 존재하며 혼합 모형(mixed model)은 다양한 성격적 경향을 포함한다. 지적 능력 모형은 아마도 감성 지능으로 불리기에 적절한 유일한 모형일 것이다. 다른 것들은 "감성적" 및 "지능"이 암시하는 의미보다 더 일반적이다. "지능"이란 용어를 지적 능력들과 별개의 인간 노력의 모든 다양성을 묘사하기 위해 사용하는 것은 새로운 것이 아니지만 주어진 상황에서 자신을 단순히 반복 주장해 왔다.

현재의 연구는 감성 지능의 지적 능력 모형이 표준 지능으로서 기술될 수 있고 실험적으로 표준 지능에 대한 기준을 만족시킬 수 있다고 제안한다. 이것은 이전에 감성적이라고 불리던 특정한 사람이 정교한 정보자료 처리를 수행할 수 있다는 것을 의미한다. 감성 지능은 주의 깊게 고려되면, 또한 인지적 지능과 비지능적 경향의 경계를 조명한다. 예를 들어, 감성 지능의 사회화가 지적 측면과 지적이지 않은 측면을 포함하는 것이 명백해졌다. 오직 지적 측면은 우리가 주장하는 것처럼, 지능으로서 인용되어야 한다.

능력으로서 감성 지능의 개념은 감성 지능의 혼합 모형과 구분된다. 양쪽 모두 삶에서 인간의 효능성과 성공을 연구하는 데[17] 유용하다. 우리는 다양한 상황 속에서 인간의 효능성을 연구하는데 논리적이고 사려 깊은 접근법을 택하는 것이 유용하고, 실제로 많은 연구가 그렇게 하고 있다고 믿는다. 개인의 성공과 관련된 어떤 인간적 변수를 "감성 지능"으로 부르는 것은 하지만 어느 분야에서 진보를 촉진하기보다 방해하는 경향이 있다. 대중 매체에 의해 조정되는 것보다 더 신중한 수행이 요구된다.

첫 번째 감성 지능의 지적 능력 측정이 현재 존재하고 신뢰성이 있는 것처럼 보이며, 내용 및 구조적으로 타당성이 있는 것처럼 보인다. 어느 정도까지, 감성 지능 측정법의 운명은 삶의 활동(성공을 포함해서)에 대해 더 정확한 기준을 구체화시키는 성격 심리학의 발전과 연계되어 있다. 현재의 감성 지능과 상호 연관된 기성의 실생활 기준은 거의 없다. 무엇이 효과적인 감성적 삶인가 또는 무엇이 효과적이고 성공적인 삶인가와 같은 질문은 단지 계량 심리학(measurement psychology)에서 이야기되기 시작했을 뿐이다. 그와 같은 질문에 답하는 것은 이론가들과 연구자들 양쪽 부분에서 상당한 창의력을 요구한다. 삶의 활동 범위에 대한 확증은 감성 지능에 대한 연구뿐만 아니라 더 광범위하게 지능과 성격 심리학에도 이익이 될 것이다.

---

17) (옮긴이 주) 사연 많은 인생에서의 성공(life success)에 관해서 심리학자인 터만(Terman)은 벌어들인 수입(income)에 관계없이 사람들이 뛰어난 지적, 사회적 능력을 유효적절하고 유능하게 사용하는 정도와 수준을 말한다고 정의를 내렸다.

김정휘 옮김. (2006). 지능 심리학: 다양한 관점에서 지능 연구하기. 서울: 시그마프레스. 644.

헌사

저자는 이 장에서 우리의 연구를 도와준 여러 사람들에게 감사의 뜻을 전하고자 한다. 타마라 L. 브레스와 트레이시 A. 마틴은 논문의 내용을 풍요하게 해 준 문헌조사를 수행했다. 트레이시 A. 마틴과 쉐리 팔머는 도표의 내용을 평가하고 명확하게 하는 데 도움을 주었다. 쉐리 팔머는 컴퓨터로 도표를 작성했다. 우리는 그들의 모든 도움에 감사한다.

이 원고의 준비는 부분적으로 메이어(John D. Mayer)에게 지원된 뉴햄프셔 대학 학부 연구비와 NSF에 의한 SBR-9058020, ACS의 PBR-84, 피터 살로베이에 대한 NIH의 R01-CA68427과 P01-MH/DA56826의 연구비에 의해 지원 받았다. 이 장의 내용과 관계된 문의 사항은 존 D. 메이어, 심리학부, 뉴햄프셔 대학, 더햄, NH 03824, 또는 e-mail: jack.mayer@unh.edu로 연락하기 바란다.

참고 문헌

Adams, S. (April 7, 1997). Dilbert. In *The Boston Globe*. Boston, MA.

Andrews, F. M., & Robinson, J. P. (1991). Measures of subjective well-being. In J. P. Robinson, P. R. Shaver, & L. S. Wrightsman (Eds.). *Measures of personality and social psychological attitudes* (pp. 61-114). New York: Academic Press/Harcourt Brace Jovanovich.

Arnheim, R. (1974). *Art and visual perception (The new version)*. Berkeley, CA: University of California Press.

Averill, J. R., & Nunley, E. P. (1992). *Voyages of the heart: Living an emotionally creative life*. New York: Free Press.

Bagby, R. M., Parker, J. D., & Taylor, G. J. (1994). The twenty-item Toronto Alexithymia Scale-I. Item selection and cross-validation of the factor structure. Journal *of Psychosomatic Research, 38*, 23-32.

Bain, A. (1855/1977). The senses and the intellect. London: John W. Parker & Son. Reprinted in D. N. Robinson (Ed.), *Significant contributions to the history of psychology: 1750-1920. Series A: Orientations*; *Vol. 4*. Washington, DC: University Publications of America.

Bar-On, R. (1997). *The Emotional Quotient Inventory (EQ-i): Technical Manual*. Toronto: Multi-Health Systems.

Barrick, M. R., & Mount, M. K. (1991). The Big Five personality dimensions and job performance: A meta-analysis. *Personnel Psychology*, *44*, 1-26.

Baumeister, R. F. (1997). Evil: Inside human violence and cruelty. New York: W. H. Freeman & Company.

Bennetts, L. (1996, March). Emotional Savvy. *Parents*, *71*, 56–61.

Bernet, M. (1996). Emotional intelligence: Components and correlates. In Symposium #4057, Emotional health and emotional intelligence. Presentation at the 104th Annual Convention of the American Psychological Association. Toronto, Canada, August 9–13th.

Binet, A., & Simon, T. (1916). Application of the new methods to the diagnosis of the intellectual level among normal and subnormal children in institutions and in primary schools. In A. Binet, & T. Simon (E. S. Kite, Trans.) *The development of intelligence in children*. Baltimore: Wilkins & Wilkins. [Authorized facsimile, 1970, University Microfilms, Ann Arbor, MI] [Translation of the original 1905 work, Applications des méhodes nouvelles au diognostic du niveau intellectuel chez des enfants normaux et anormaux d'hospice et d'école primaire. *L' Année Psychologique*, *11*, 245–336].

Blascovich, J., & Tomaka, J. (1991). Measures of self esteem. In J. P. Robinson, P. R. Shaver, & L. S. Wrightsman (Eds.), *Measures of personality and social psychological attitudes* (pp. 115–160). New York: Academic Press/Harcourt Brace Jovanovich.

Block, J., & Block, J. H. (1980). The role of ego–control and ego resiliency in the organization of behavior. In W. A. Collins (Ed.), *The Minnesota symposium on child psychology* (Vol. 13, pp. 33–101). Hillsdale, NJ: Erlbaum.

Brown, B. (1997, June). Raw scores of cognitive ability are real psychological variables: IQ is a hyperspace variable. In V. C. Shipman (Chair), *IQ or cognitive ability?* Symposium presented to the 95th annual convention of the American Psychological Society, Washington, DC.

Buck, R. (1976). A test of nonverbal receiving ability: Preliminary studies. *Human Communication Research*, *2*, 162–171.

Buck, R. (1984). *The communication of emotion*. New York: The Guilford Press.

Buck, R., Miller, R. E., & Caul, D. F. (1974). Sex, personality, and physiological variables in the communication of emotion via facial expression. *Journal of Personality and Social Psychology 30*, 587–596.

Buss, D. M., & Craik, K. H. (1983). The act frequency approach to personality. *Psychological Review*, *90*, 105–126.

Campbell, R. J., Kagan, N. I., & Krathwohl, D. R. (1971). The development and validation of a scale to measure affective sensitivity (empathy). *Journal of Counseling Psychology*, *18*, 407–412.

Cantor, N., & Kihlstrom, J. F. (1987). *Personality and social intelligence*. Englewood Cliffs, NJ: Prentice Hall.

Chapin, F. S. (1967). *The social insight test*. Palo Alto, CA: Consulting Psychologists Press.

Ciainrochi, J. V., Chan, A. Y. C., & Caputi, P. (in press). A critical evaluation of the emotional intelligence construct. *Personality and Individual Differences*.

Costa, P. T., & McCrae, R. R. (1985). *The NEC Personality Inventory Manual*. Odessa, FL: Psychological Assessment Resources, Inc.

Cooper, R. K., & Sawaf, A. (1997). *Executive EQ: Emotional intelligence in leadership and organizations*. New York: Grosset/Putnum.

Davies, M., Stankov, L., & Roberts, R. D. (1998). Emotional intelligence: In search of an elusive construct. *Journal of Personality and Social Psychology, 75*, 989–1015.

Darwin, C. (1872/1965). *The expression of emotions in man and animals*. Chicago: University of Chicago Press.

Ekman, P. (1973). *Darwin and facial expression: A century of research in review*. New York: Academic Press.

Epstein, S. (1979). The stability of human behavior: On predicting most of the people most of the time. *Journal of Personality and Social Psychology, 37*, 179–184.

Epstein, S., & Meier, P. (1989). Constructive thinking: A broad coping variable with specific components. *Journal of Personality and Social Psychology, 54*, 332–350.

Fancher, R. E. (1985). *The intelligence men: Makers of the IQ controversy*, New York: W. W. Norton.

Feist, G. J. (1996, June). *Academic versus emotional intelligence as predictors of career success and life satisfaction*. [Poster presented at the 104th annual convention of the American Psychological Society], San Francisco, CA.

Ford, M. E. (1994). A living systems approach to the integration of personality and intelligence. In Sternberg, R. J., & Ruzgis, P. (Eds.). (1994). *Personality and intelligence*. Cambridge, UK: Cambridge University Press.

Gardner, H. (1993). *Frames of Mind (10th Anniversary Edition)*. New York: Basic Books.

Gardner, H. (1999). *Intelligence refrained*. New York: Basic Books.

Gibbs, N. (1995, October 2). The EQ factor. *Time*, pp. 60–68.

Goleman, D. (1995a). *Emotional intelligence*. New York: Bantam Books.

Goleman, D. (1995b). What's your EQ. *The Utne Lens, Utne Reader*. http://www.utne.com/lens/bms/eq.htm/.

Goleman, D. (1995c, September 10). Ideas and trends: The decline of the nice–guy quotient. *New York Times* (Sunday Week in Review), p. 6.

Goleman, D. (1998a). What makes a leader? *Harvard Business Review, 76*, 93–102.

Goleman, D. (1998b). *Working with emotional intelligence*. Bantam Books: New York.

Gottman, J. (1997). *The heart of parenting: How to raise an emotionally intelligent child*. New York: Simon & Schuster.

Green, D. P., Goldman, S. L., & Salovey, P. (1993). Measurement error masks bipolarity in affect ratings. *Journal of Personality and Social Psychology, 64*, 1029–104 1.

Greenspan, S. I. (1989). Emotional intelligence. In K. Field, B. J. Cohler, & G. Wool (Eds.). *Learning and education: Psychoanalytic perspectives*. Madison, CT: International Universities Press.

Griffith, B. (November 17, 1996). Zippy the pinhead. *The Boston Globe* [comics section]. Boston: MA.

Henig, R. M. (1996, June). Are you smarter than you think? *McCall's* 84–91.

Hilgard, E. R. (1980). The trilogy of mind: Cognition, affection, and conation. *Journal of the History of the Behavioral Sciences, 16*, 107–117.

Ickes, W. (1997). Empathic accuracy. New York: Guilford. Ickes, W., Stinson, L., Bissonette, V., & Garcia, S. (1990). Naturalistic social cognition: Empathic accuracy in mixed–sex dyads. *Journal of*

Personality and Social Psychology, 54, 730–742.

Izard, C. E. (1993). Four systems for emotion activation: Cognitive and noncognitive processes. *Psychological Review, 100*, 68–90.

Jung, C. (1921/1971). *Psychological types*. H. G. Baynes (Trans.), R. F. C. Hull (Rev. Trans.). Princeton, NJ: Princeton University Press. [Original work published 1921].

Kagan, N. (1978, August). Affective sensitivity test: Validity and reliability. Paper presented at the 86th meeting of the American Psychological Association, San Francisco.

Kelley, R., & Caplan, J. (1993). How Bell Labs creates star performers. *Harvard Business Review, 71*, 128–139.

Lane, R. D., Quinlan, D. M., Schwartz, G. E., Walker, P. A., & Zeitlin, S. B. (1990). The Levels of Emotional Awareness Scale: A cognitive–developmental measure of emotion. *Journal of Personality Assessment, 55*, 124–134.

Lane, R. D., Sechrest, L., Reidel, R., Weldon, V., Weldon, V., Kaszniak, A., & Schwartz, C. E. (1996). Impaired verbal and nonverbal emotion recognition in alexithymia. *Psychosomatic Medicine, 58*, 203–210.

Legree, P. J. (1995). Evidence for an oblique social intelligence factor established with a likert–based testing procedure. *Intelligence, 21*, 247–266.

Leuner, B. (1966). Emotional intelligence and emancipation. *Praxis der Kinderpsycholagie und Kinderpsychiatrie, 15*, 193–203.

MacLean, P. D. (1973). *A triune concept of the brain and behavior*. Toronto: University of Toronto Press.

Mayer, J. D. (1993). The emotional madness of the dangerous leader. *Journal of Psychohistory, 20*, 331–348.

Mayer, J. D. (1995a). The System–Topics Framework and the structural arrangement of systems within and around personality. *Journal of Personality, 63*, 459–493.

Mayer, J. D. (1995b). A framework for the classification of personality components. *Journal of Personality, 63*, 819–877.

Mayer, J. D. (1998). A systems framework for the field of personality psychology. *Psychological Inquiry*.

Mayer, J. D., Caruso, D., Zigler, E., & Dreyden, J. (1989). Intelligence and intelligence–related personality traits. *Intelligence, 13*, 119–133.

Mayer, J. D., Caruso, D., & Salovey, P. (in press). Emotional intelligence meets traditional standards for an intelligence. *Intelligence*.

Mayer, J. D., Chabot, H. F., & Carlsmith, K. M. (1997). Conation, affect, and cognition in personality. In C. Matthews (Ed.), *Cognitive science perspectives on personality and emotion* (pp. 31–63). New York: Elsevier.

Mayer, J. D., Carlsmith, K. M., Chabot, H. E (1998). Describing the person's external environment: Conceptualizing and measuring the life space. *Journal of Research in Personality, 32*, 253–296.

Mayer, J. D., DiPaolo, M. 'F., & Salovey, P. (1990). Perceiving affective content in ambiguous visual stimuli: A component of emotional intelligence. *Journal of Personality Assessment, 54*, 772–781.

Mayer, J. D., & Gaschke, Y. N. (1988). The experience and meta-experience of mood. *Journal of Personality and Social Psychology, 55*, 102-111.

Mayer, J. D., & Geher, C. (1996). Emotional intelligence and the identification of emotion. *Intelligence, 22*, 89-113.

Mayer, J. D., & Salovey, P. (1993). The intelligence of emotional intelligence. *Intelligence, 17*, 433-442.

Mayer, J. D., & Salovey, P. (1995). Emotional intelligence and the construction and regulation of feelings. *Applied and Preventive Psychology, 4*, 197-208.

Mayer, J. D., & Salovey, P. (1997). What is emotional intelligence? In P. Salovey & D. Sluyter (Eds.), *Emotional development and emotional intelligence: Implications for educators* (pp. 3-31). New York: Basic Books.

Mayer, J. D., Salovey, P., & Caruso, D. (1997). *Emotional IQ test (CD ROM)*. Needham, MA: Virtual Knowledge.

Mayer, J. D., & Stevens, A. (1994). An emerging understanding of the reflective (meta-) experience of mood. *Journal of Research in Personality, 28*, 351-373.

McClelland, D. C., Atkinson, J. W., Clark, R. W., & Lowell, E. L. (1953). *The achievement motive*. New York: Appleton-Century-Crofts.

McCrae, R. R., & Costa, P. 'F., Jr. (1985). Updating Norman's "adequate taxonomy": Intelligence and personality dimensions in natural language and in questionnaires. *Journal of Personality and Social Psychology, 49*, 710-721.

Mehrabian, A., & Epstein, N. (1972). A measure of emotional empathy. *Journal of Personality, 40*, 525-543.

Neisser, U., Boodoo, C., Bouchard, 'F. J., Boykin, A. W., Brody, N., Ceci, S. J., Halpern, D. F., Loehlin, J. C., Perloff, R., Sternberg, R. J., & Urbina, S. (1996). Intelligence: Knowns and unknowns. *American Psychologist, 51*, 77-101.

Paulhus, D. L. (1991). Measurement and control of response bias. In J. P. Robinson, P. R. Shaver, & L. S. Wrightsman (Eds.), *Measures of personality and social psychological attitudes* (pp. 17-60). New York: Academic Press/Harcourt Brace Jovanovich.

Payne, W. L. (1986). A study of emotion: Developing emotional intelligence; Self-integration; relating to fear, pain and desire. *Dissertation Abstracts International, 47*, (01), p. 203A. (University Microfilms No. AAC 8605928).

Peterson, K. S. (February 18, 1997). Signs of intelligence: Do new definitions of smart dilute meaning? *USA Today* Section D, p. 1.

Plutchik, R. (1984). Emotions: A general psychoevolutionary theory. In K. R. Scherer & P. Ekman (Eds.), *Approaches to emotion*. Hillsdale, NJ: Erlbaum.

Publilius Syrus (1961). "Sententiae" in J. W. Duff & A. M. Duff (Eds.), *Minor Latin poets*. Cambridge, MA: Harvard University Press. [Original work published c. 100 B.C.E.].

Roberts, R. D., Beh, H. C., Spilsbury, C., & Stankov, L. (1991). Evidence for an attentional model of human intelligence using the competing task paradigm. *Personality and Individual Differences, 12*, 445-555.

Roger, D., & Najarian, B. (1989). The construction and validation of a new scale for measuring emotional control. *Personality and Individual Differences, 10*, 845–853.

Rosenthal, R., Hall, J. A., DiMatteo, M. R., Rogers, P. L., & Archer, D. (1979). *Sensitivity to nonverbal communication: The PONS Test*. Baltimore, MD: Johns Hopkins University Press.

Russell, J. A. (1979). Affective space is bipolar. *Journal of Personality and Social Psychology, 37*, 1161–1178.

Saarni, C. (1990). Emotional competence: How emotions and relationships become integrated. In R. A. Thompson (Ed.), *Socioemotional development. Nebraska symposium on motivation.* (Vol. 36, pp. 115–182). Lincoln, NE: University of Nebraska Press.

Saarni, C. (1997). Emotional competence and self–regulation in childhood. In P. Salovey & D. J. Sluyter (Eds.), *Emotional development and emotional intelligence* (pp. 35–66). New York: Basic Books.

Saarni, C. (1999). *The Development of emotional competence*. New York: Guilford.

Salerno, J. C. (1996). *The whole intelligence: Emotional quotient (EQ)*. Oakbank, South Australia: Noble House of Australia.

Salovey, P, Bedell, B., Detweiler, J., & Mayer, J. D. (1999). Coping intelligently: Emotional intelligence and the coping process. In C. R. Snyder (Ed.), *Coping: the psychology of what works* (pp. 141–164). New York: Oxford University Press.

Salovey, P, & Mayer, J. D. (1990). Emotional intelligence. *Imagination, Cognition, and Personality, 9*, 185–211.

Salovey, P, Mayer, J. D., Goldman, S., 'Furvey, C., & Palfai, 'F. (1995). Emotional attention, clarity, and repair: Exploring emotional intelligence using the Trait Meta–Mood Scale. In J. W. Pennebaker (Ed.), *Emotion, disclosure, and health* (pp. 125–154). Washington, D. C.: American Psychological Association.

Salovey, P, & Mayer, J. D. (1994). Some final thoughts about personality and intelligence. In R. J. Sternberg, & P. Ruzgis (Eds.), *Personality and intelligence* (pp. 303–3 18). Cambridge, UK: Cambridge University Press.

Salovey, P, & Sluyter, D. J. (1997). *Emotional development and emotional intelligence*. New York: Basic Books.

Scarr, S. (1989). Protecting general intelligence: Constructs and consequences for intervention. In R. L. Linn (Ed.), *Intelligence: Measurement, theory, and public policy*. Urbana, IL: University of Illinois Press.

Schaffer, L. F., Gilmer, B., & Schoen, M. (1940). *Psychology* (pp. xii). New York: Harper & Brothers.

Scheier, M. F., & Carver, C. S. (1985). Optimism, coping and health: Assessment and implications of generalized outcome expectancies. *Health Psychology, 4*, 219–247.

Schutte, N. S., Malouff, J. M., Hall, L. E., Haggerty, D. J., Copper, J. T., Golden, C. J., & Dornheim, L. (1998). Development and validation of a measure of emotional intelligence. *Personality and Individual Differences, 25*, 167–177.

Segal, J. (1997). *Raising your emotional intelligence*. New York: Holt.

Shapiro, L. E. (1997). *How to raise a child with a high E.Q: A parents' guide to Emotional Intelligence.*

New York: Harper-Collins Publishers.

Simmons, S., & Simmons, J. C. (1997). *Measuring emotional intelligence with techniques for self-improvement*. Arlington, TX: Summit Publishing Group.

Simon, E. W., Rosen, M., & Ponpipom, A. (1996). Age and IQ as predictors of emotion identification in adults with mental retardation. *Research in Developmental Disabilities, 17*, 383-389.

Spearman, C. (1927). *The abilities of man*. New York: The Macmillan Company.

Steiner, C., & Perry, P. (1997). *Achieving emotional literacy: A program to increase your emotional intelligence*. New York: Avon.

Sternberg, R. J. (1988). *The triarchic mind: A new theory of human intelligence*. New York: Penguin Books.

Sternberg, R. J. (1994). Commentary: Reforming school reform: Comments on "Multiple intelligences: The theory in practice." *Teachers College Record, 95*, 561-569.

Sternberg, R. J. (1996). *Successful intelligence: How practical and creative intelligence determine success in life*. New York: Simon & Schuster.

Sternberg, R. J. (1997). The concept of intelligence and its role in lifelong learning and success. *American Psychologist, 52*, 1030-1045.

Sternberg, R. J., & Caruso, D. R. (1985). Practical modes of knowing. In E. Eisner (Ed.), *Eighty-fourth Yearbook of the National Society for the Study of Education* (Part H) (pp. 133-158). Chicago: University of Chicago Press.

Sternberg, R. J., & Lubart, T. I. (1995a). An investment perspective on creative insight. In R. J. Sternberg & J. E. Davidson (Eds.), *The nature of insight*. Cambridge, MA: MIT Press.

Sternberg, R. J., & Lubart, T. I. (1995b). *Defying the crowd: Cultivating creativity in a culture of conformity*. New York: Free Press.

Sternberg, R. J., & Ruzgis, P. (1994). *Personality and Intelligence*. New York: Cambridge University Press.

Sternberg, R. J., & Smith, C. (1985). Social intelligence and decoding skills in nonverbal communication. *Social Cognition, 3*, 168-192.

Sternberg, R. J., Wagner, R. K., Williams, W. M., & Horvath, J. A. (1995). Testing common sense. *American Psychologist, 50*, 912-927.

Stokes, G. S., Mumford, M. D., & Owens, W. A. (1994). *Biodata handbook: Theory, research, and use of biographical information in selection and performance prediction*. Palo Alto, CA: Consulting Psychologists Press.

Taylor, C. J., Ryan, D., & Bagby, R. M. (1985). Toward the development of a new self-report alexithymia scale. *Psychotherapy and Psychosomatics, 44*, 191-199.

Terman, L. M. (1921). II. Intelligence and its measurement: A symposium. *Journal of Educational Psychology, 12*, 127-133.

Tett, R., Wang, A., Fisher, R., Martinez, A., Criebler, J., & Linkovich, 'F. (April 4, 1997). *Testing a model of emotional intelligence*. 1997 Annual Convention of the Southeastern Psychological Association, Atlanta, GA.

Tett, R., Wang, A., Thomas, M., Griebler, J., & Martinez, A. (April 4, 1997). *Development of Self-Report Measures of Emotional Intelligence*. Paper presented at the 1997 Annual Convention of the Southeastern Psychological Association, Atlanta, GA.

Thorndike, R. L., & Stein, S. (1937). An evaluation of the attempts to measure social intelligence. *Psychological Bulletin, 34*, 275–284.

Time (October 2, 1995). [Cover]. New York: Time Warner.

Tomkins, S. S. (1962). *Affect, imagery, consciousness. Vol. 1: The positive affects*. New York: Springer–Verlag.

Wagner, R. K., & Sternberg, R. J. (1985). Practical intelligence in real–world pursuits: The role of tacit knowledge. *Journal of Personality and Social Psychology, 50*, 737–743.

Watson, C. (1930). Happiness among adult students of education. *Journal of Educational Psychology, 21*, 79–109.

Wechsler, D. (1940). Nonintellective factors in general intelligence. *Psychological Bulletin, 37*, 444–445.

Wechsler, D. (1943). Non–intellective factors in general intelligence. *Journal of Abnormal Social Psychology, 38*, 100–104.

Wechsler, D. (1958). *The measurement and appraisal of adult intelligence* (4th ed.). Baltimore, MD: The Williams & Wilkins Company.

Weisinger, H. (1997). *Emotional intelligence at work*. New York: Jossey–Bass.

Wessman, A. E., & Ricks, D. F. (1966). *Mood and personality*. New York: Holt, Rinehart, & Winston, Inc.

Wong, C. 'F., Day, J. D., Maxwell, S. E., Meara, N. M. (1995). A multitrait–multimethod study of academic and social intelligence in college students. *Journal of Educational Psychology, 87*, 117–133.

Woodworth, R. S. (1940). *Psychology* (4th ed.). New York: Henry Holt.

Young, P. T. (1936). *Motivation of behavior*. New York: John Wiley & Sons.

[보충 자료]

감성 지능의 영역과 요소

학자	영역	감성 지능의 구성 요소
Mayer & Salovey (1997)	감성의 인식과 표현	수준 1: 자신의 감성을 파악하기
		수준 2: 자신의 외부 감성을 파악하기
		수준 3: 감성 정확하게 파악하기
		수준 4: 표현된 감성을 구별하기
	감성의 사고 촉진	수준 1: 감성정보자료를 통한 사고의 우선순위를 정하기
		수준 2: 감정을 이용하여 판단하고 기억하기
		수준 3: 감성을 이용하여 다양한 관점을 취하기
		수준 4: 감성을 이용하여 문제 해결을 촉진하기
	감성의 반영적 사고	수준 1: 정적·부적 감성 수용하기
		수준 2: 자신의 감성 반영하기
		수준 3: 자신과 타인간의 관계의 감성을 반영하기
		수준 4: 자신과 타인의 감성을 조절하기
Goleman (1996)	자기인식	감성 자기인식, 정확한 자기평가, 자기 확신
	자기 통제	자기 통제, 신뢰, 양심, 적응, 개혁
	동기	성취동기, 열정, 진취성, 낙천성
	타인의 감정 인식	감정이입, 조직인식, 봉사, 타인 개발, 다양성
	사회관계 기술	지도력, 정보자료교환, 영향력, 변화촉진, 충돌 해결, 유대 형성, 협동, 팀 능력
Bar-On (1997)	개인 요인	자기중시, 자기인식, 확언성, 독립성, 자아실현
	인간관계	감정이입, 사회 책임성, 개인 간 인간관계
	스트레스 관리	스트레스 인내성, 충동 통제
	적응력	현실평가, 융통성, 문제 해결력
	일상적인 기분	낙천성, 행복감
이수정·이훈구 (1997)	정서 명확성	정서에 대한 모니터링, 정서 명명화
	정서 주의(注意)	정서의 표현성
	정서 개선	언어적 표현 능력 부족, 표현에의 억제

김경희 (1999)	자기정서 인식 및 표현	정서 평가, 정서 표현
	자기정서의 조절	부정적인 정서 조절, 인내심, 충동 억제
	자기정서의 이용	성취를 위한 노력, 실패 후의 재시도
	타인정서의 인식	타인의 감정 및 상태 이해, 타인에 대한 배려
	대인 관계 기술	교사와의 관계 및 또래와의 관계의 상호작용 능력

출처: 이기종. (2005). 감성 지능 구성요인에 관한 이론적 탐색: 姜永三 교수·趙元浩 교수 정년 기념 특집. 교육논총. 국민대학교교육연구소. *97*.

[보충 자료]

감성 지능의 중요성 및 영역

Ciarrrochi, Forgas와 Mayer 교수(2001)는 감성 지능이 심리학과 교육학 그리고 언론과 방송, 사회일반에서 지대한 관심을 불러일으킨 것은 현재의 시대사조(zeitgeist)에 잘 부합한다고 해석하면서 관련 사례를 다음과 같이 제시했다.

(1) 현 시대를 살아가는 사람들이 모두 공감하는 것은 과학기술적인 문제보다 사연만은 인간 실존에 관한 문제가 그 전 시대보다 훨씬 해결하기가 어렵다는 점이다. 이러한 관점에서 감성 지능은 인간의 문제 중 최소한 한 측면, 즉 이성과 감성 간에 괴리를 극복하여 이에 대한 통합적인 이해를 가능하게 해 줄 수 있다는 점에서 EQ에 대한 관심을 불러일으키는 것이다.
(2) 일반인들도 감성 지능에 대하여 높은 관심을 보이는 이유는 감성 지능이 개념이 내포하고 있는 의미, 즉 학업성적이 구체적으로는 학업 지능(academic intelligence, AI)이 우수하지 못해서 스트레스와 좌절을 겪는 학생도 감성 지능이 높다고 한다면 인생, 즉 학교 밖의 사회생활에서 크게 성공할 수 있다는 점 때문이다.
(3) 감성 지능이 인기가 있는 또 다른 이유는 EQ 개념이 전통적인 지능검사에 대한 비판을 제공한다는 점이다. 그 외에 매스컴에서 인생에서 성공의 처방으로 EQ를 소개하면서 호의적으로, 흥미위주로 다룬 영향도 무시할 수가 없을 것이다.
(4) 중요한 인생 문제를 의논하고 상담, 대처하는 데 있어서, 즉 특히 갈등적인 인간관계 해결에 있어서 EQ가 유용하다는 신뢰가 영향을 끼쳤을 것이다.

이들은『일상생활에서 적용되는 EQ(Emotional Intelligence in Everyday Life)』제목의 저서에서 EQ가 어떤 방식으로 심리적 질환, 교육 실제, 인간관계, 직장 생활, 건강, 경제, 그리고 행복 심리 등에 응용될 수 있는지 에 관해서 구체적으로 다루고 있다.

감성 지능(EQ)의 네 가지 영역을 능력이론(ability theory, 1997)에서 다음과 같이 소개하고 있다.

(1) 정서 지각과 표현에 대한 능력을 포함하는데, 이것은 자신과 타인의 정서에 대하여 정확히 평가하는 능력이다.
(2) 사고를 촉진하기 위하여 정서를 사용하는 능력을 포함하는데, 이것은 여러 감각과 정서를 정확히 연합시키는 능력
(3) 정서를 이해하는 능력으로서 정서를 분석하고, 어떤 정서 상태에서 다른 정서 상태로 전이 가능성을 이해하는 능력, 인간관계에서 복잡하고 역동적인 감정을 이해, 대처하는 능력
(4) 정서 관리 능력으로서 자신과 타인의 감정을 균형감각을 갖고 조정, 관리하는 능력이다.

EQ를 인지적이면서 동시에 비인지적 성향을 갖고 있다는 의미에서 혼합 정의가 광범위하게 제안되고 있다.

참고 문헌

문용린·곽윤정·강민수·최경아 옮김. (2010). 정서지능: 오해와 진실. 서울: 학지사. (Matthews, G., Zeidner, M., & Roberts, R. D., (2002). *Emotional Intelligence: Sciennce and Myth*. Massachusetts Institute of Technology.)

Ciarrchi, J., Forgas, J. P. & Mayer, J. D, (2001). *Emotional Intelligence in Everyday Life*. New York: Taylor & Francis.

Matthews, G., Zeidner, M., & Roberts, R. D., (Eds.). (2007). *The Science of Emotional Intelligence: Knowns and Unknowns*. New York: Oxford University Press.

제 10 장

사회성 지능*

John F. Kihlstorm
(미국 Berkeley 캘리포니아대학교 심리학과 교수)
Nancy Cantor
(미국 미시간대학교 심리학 교수)

> 자기 자신을 아는 능력과 다른 사람을 이해하는 능력은 사물이나 소리를 아는 능력처럼 제외할 수 없는 인간 조건의 한 부분이며, 이들 덜 감동적인 형태에 대한 것만큼이나 연구해야 할 가치가 있다.
>
> — 하워드 가드너(『지성의 구조』, 1983, p. 243에서)

지능은 일반적인 사전에서 정의된 것처럼 어느 정도 다른 두 개의 의미를 갖는다. 가장 잘 알려진 의미로, 지능은 개인의 학습 및 추론 능력을 뜻한다. 바로 이러한 의미가 지능검사나 지능지수와 같은 심리 측정학적 개념에 공통적으로 내재되어 있다. 이보다 덜 일반적 의미로, 지능은 **정보자료와 지식의 표상**(body of information and knowledge)으로 간주한다. 이 두 번째 의미는 미국의 중앙정보국(Central Intelligence Agency, CIA)이나 그에 해당하는 영국 기관인 MI-5나 MI-6와 같은 특정 정부 조직의 명

* Social Intelligence

칭 속에 내포되어 있다. 똑같이 두 의미는 모두 사회적인 지능 개념에 의해 생긴 것이다. 감성 지능은 에드워드 엘 손다이크(E. L. Thorndike, 1920)에 의해 처음 사용된 용어로서, 지능이란 용어는 다른 사람을 이해하고 관계를 유지하며 적응성 있는 사회적 상호작용에 적용하는 인간 능력으로 간주된다. 그러나 아주 최근에, 캔터와 킬스트롬(Cantor & Kihlstrom, 1987)은 사회적 지능을 사교계에 대한 개인의 지식 자산으로 재정의했다.

심리 측정학적 관점

사회성 지능에 대한 심리 측정학적 관점은 그 근원이 손다이크(1920)가 지능의 분야를 그것이 이해하고 다루는 부분에 따라 생각을 다루는 능력(추상적 지능), 구체적 사상(思想)을 다루는 능력(기량적 지능), 사람을 다루는 능력(사회성 지능)으로 구분한 것에서 출발했다. "성인 남녀 또는 소년과 소녀를 이해하고 다루는 능력을 의미하는 사회성 지능에 의해 인간관계에서 현명하게 처신하게 된다"(p. 288)는 그의 고전적 표현이 되었다. 비슷하게, 모스와 훈트(Moss & Hunt, 1927)는 사회성 지능을 "다른 사람과 잘 지내는 능력"(p. 108)으로 정의했다. 버논(Vernon, 1933)은 가장 광범위한 사회성 지능의 정의인 인간에게서 "일반적으로 사람들과 잘 지내는 능력, 사회성 기술, 또는 사회 속에 있을 때의 평안함, 사회 문제에 대한 지식, 집단의 다른 사람들로부터 자극에 대한 감수성 및 낯선 사람에 대한 순간적 분위기나 내재적인 성격 특성에 대한 통찰력"(p. 44)이라는 정의를 제시했다.

대조적으로, 웩슬러(Wechsler, 1939, 1958)는 이 개념에 거의 관심을 갖지 않았다. 하지만 그는 WAIS에서 그림들을 배열하는 문제는 사회성 상황을 이해하는 인간의 능력을 평가하기 때문에 사회성 지능은 측정할 수 있다는 점을 인정했다(Rapaport, Gill, & Shafer, 1968; Campbell & McCord, 1996).

하지만 그의 관점에서, "사회성 지능은 사회적 상황에 적용되는 일반 지능이다"(1958, p. 75). 이런 무시는 마타라조(Matarazzo)의 웩슬러 모노그래피 제5판에도 계속되며 거기에서 "사회성 지능"은 용어 색인에서도 제외되어 있다.

사회성 지능을 정의하는 것은[1] 특히 추상적 지능과 비교하기 쉬운 것처럼 보인다. 그

---

1) (옮긴이 주) 사회성 지능에 관해서 존 듀이(John Dewey)도 『교육에서의 도덕적 원리(Moral Principles in Education)』(1909)에서 사회적 상황을 관찰하고 이해하는 능력이라고 설명한 바가 있다. 손다이크는 지능에서 인지, 행동과 사회성 지능과 같은 삼차원 지능이론을 제안하고 추상적(학문적) 지능과 기계적(mechanical) 지능〔실용적 지능(practical intelligence)〕을 평가하는 데 이

러나 그것이 사회성 지능[2])을 측정을 하게 될 때, 손다이크(1920)는 애처롭게 다음과 같이 말했다.

> 사회성 지능을 간편하게 측정하는 방법을 고안하기는 어렵다... 사회성 지능은 탁아소나 놀이터, 병영, 공장, 세일즈룸(원문대로)에서 잘 나타나지만 검사실의 형식적으로 표준화된 상황에서는 나타나지 않는다. 이것은 응답하는 사람, 그 응답에 적합한 시기와 안면, 목소리, 몸 동작, 외관 등을 요구한다(p. 231).

그럼에도 불구하고, 심리 측정학적 전통의 목표에 충실하게 사회성 지능의 추상적 정의는 사회성 지능의 개인차를 측정하기 위한 표준화된 평가 수단으로 빠르게 전환되고 있다(추가적 검토를 위해, Taylor, 1990; Taylor & Cadet, 1989; Walker & Foley, 1973).

조지 워싱턴 사회성 지능검사

이러한 전환 중 첫 번째는 조지 워싱턴 사회성 지능검사이다(GWSIT; Hunt, 1928; Moss, 1931; Moss & Hunt, 1927; Moss, Hunt, Omwake, & Ronning, 1927; Moss, Hunt, & Omwake, 1949; Moss, Hunt, Omwake, & Woodward, 1955). 스탠퍼드-비네 지능검사나 웩슬러 성인 지능 척도와 같이 GWSIT는 몇 개의 하위 검사로 구성되고 이들의 결과를 합하여 총점을 계산한다. 하위 검사는 다음과 같다.

사회적 상황 판단
이름과 얼굴을 연관시킨 기억
인간 행동 관찰
말속에 숨겨진 정신 상태 인식
얼굴 표정을 통한 정신 상태 인식

용되는 측정 방법은 서로 달라야 한다고 제안했다.

2) (옮긴이 주) 옮긴이는 이 사회성 지능과 가드너가 다차원 지능론에서 제안한 인간 친화 지능과 서로 유사성이 있는 것으로 생각한다. 그리고 사회성 지능, 인간 친화 지능, 지도력 간에도 유사성이 있을 것으로 생각한다.

손다이크는 사회성 지능을 사람을 진솔하게 이해하고 잘 다루는 능력과 사회적 상황에서 현명하게 행동하는 능력이라고 정의했다. 즉, 사회성 지능은 사회적 상황(환경)에서의 지혜로 정의되며 이 사회성 지능은 사람들이 타인에 대해 어떠한 판단을 하는지, 그러한 판단이 얼마나 정확한지에 대해 연구한다. 사회적 행동의 의미를 이해하려는 시도는 길포드의 지능구조모형론(SOI)에서도 나타난다.

사회성 정보자료

유머 감각

처음 네 개의 하위 검사는 모든 GWSIT 개정판에서 적용된다. 최근의 개정판에서는 얼굴 표정과 사회성 정보자료 검사가 빠지고 유머 감각 검사가 추가되었다.

훈트(Hunt, 1928)는 초기에 GWSIT가 성인의 직업 상태와 대학생이 교과 과정이외의 참여하는 활동들의 개수, 부하가 동료들과 관계를 유지하는 능력에 대한 상사의 평가와 상호 연관성이 있다는 점을 보여 이 검사법의 타당성을 증명했다. 그러나 사회성 지능이 사교성으로서 개성 측정과 관계된 것인지 또는 외향성 측정과 관련된 것인지에 대한 몇 가지 논란거리가 뒤따라 생겨났다(Sternberg, 1930; R. L. Thorndike & Stein, 1937). 그러나 가장 중요한 사실은 GWSIT가 추상적 지능과 상대적으로 높은 연관성을 보이기 때문에 곧바로 비난의 대상이 되었다. 따라서 훈트(1928)는 합산된 GWSIT 점수는 초기 지능지수인 조지 워싱턴 대학 성인 경계상태 검사(GWMAT)와 r = 0.54의 상관관계를 가지고 있다는 사실을 발견했다(Broom, 1928). 손다이크(1936)에 의한 요인분석은 GWSIT의 하위 검사들이 GWMAT의 하위검사들과 매우 유사한 일반 요인으로 채워져 있다는 것을 보여 주었다. 우드로우(Woodrow, 1939)는 인지 검사에 대한 더 큰 종합검사와 GWSIT를 분석하였지만 사회성 지능의 특징적인 요인을 발견하지 못했다. 손다이크와 스타인(1937)은 GWSIT가 "언어나 생각에 의해 작용하는 능력들이 너무 큰 비중을 차지하며, 그때문에 사회성 지능의 차이가 추상적 지능의 차이 속에 묻혀버리는 경향이 있다"(p. 282)는 결론을 내렸다.

사회성 지능과 IQ 사이의 구분이 가능하지 않다는 사실은 어떤 척도가 타당한지에 대한 외적인 기준을 선택하는 것과 맞물려 GWSIT에 대한 관심이 줄어들고 결국 독립된 지적 존재로서 사회성 지능이란 전체 개념에 대한 관심도 줄어들게 되었다. 당연히 스피어만(1927)의 g 모형은 사회성 지능에 어떤 특별한 자리도 제공하지 않았으며[3] 서스

3) (원저자 주) 그럼에도 불구하고, 1933년에 스피어만은 "어휘"와 "심리적" 능력이 일반 추상적 능력과는 별개의 능력이라는 웨덱(Wedeck)의 박사학위 논문(1947년 웨덱의 진술)을 통과시켰다. 웨덱의 발견은 더 현대적인 요인분석 방법을 이용하여 확증하였다(O'Sullivan et al., 1965). 젠센(Jensen, 1998)은 스피어만에 의해 발견된 전통적인 *g*의 범위에서 공평한 조작을 통해 사회성 지능의 측정은 "어휘 및 정량적인 심리측정학적 능력과 대단히 낮은 연관성을 보였다."(p. 576)고 했으며 이것은 사회성 지능이 일반 요인 *g*와 별개라는 사실을 나타낸다고 주장했다. 그러나 젠센은 이들 능력을 "사회성 능력"이라는 호칭을 선호했는데 아마도 일반 지능과 일관성을 유지하기 위해서 그랬을 것이다.

톤(Thurstone, 1938)의 기본적인 지적 능력(primary mental abilities)의 목록에는 사회성 지능이 포함되거나 심지어 암시조차 되어 있지 않았다.

지능의 구조에서 사회성 지능

최초의 GWSIT에 대한 관심이 사라진 후 사회성 지능의 평가나 관련된 연구는 길퍼드(1967)에 의한 지능의 구조 모형 속에서 이 계통의 연구가 되살아난 1960년대가 될 때까지 급속히 감소했다(Walker & Foley, 1973). 길퍼드는 여섯 범주의 작용(인지, 기억, 확산적 생산, 수렴적 생산, 평가, 기억 파지력)와 다섯 범주의 내용(상징, 청각, 시각, 의미, 행동) 및 여섯 종류의 산출(단위, 분류, 관계, 체계, 변환, 함축)들이 결합하는 가능한 모든 방법에 근거를 둔 적어도 180가지의 독립된 지적 능력에 의한 체계를 가정했다. 흥미로운 점은 길퍼드는 자신의 지능구조 모형을 손다이크에 의해 처음 제안된 지능의 삼분 분류의 확장으로 생각한 것이다. 따라서 기호적인 내용과 의미적 내용 영역은 추상적 지능에 해당하고 숫자적 영역은 실질적 지능에, 행동적 영역은 사회성 지능에 해당한다.

길퍼드(1967)의 더욱 분화된 체계 내에서 사회성 지능은 행동적 조작의 영역 내에 있는 30(다섯 가지 조작×여섯 가지 산출)가지 능력에 의해 표현된다. 의미적 내용과 숫자적 내용에 대해 광범위한 연구와는 대조적으로 길퍼드의 집단은 행동적 내용에 관한 문제는 단지 자신들의 연구 계획의 끝에 가서 주의를 기울였다. 그럼에도 지능의 구조 모형에 의해 예상된 사회성 지능의 30가지 부분 중에 여섯 가지 인지적 능력(O'Sullivan, Guilford, & deMille, 1965; Hoepfner & O'Sullivan, 1969)과 여섯 가지 확산적 생산 능력(Hendricks, Guilford, & Hoepfner, 1969)에 대한 실제 검사가 고안되었다.

오설리반 등(1965)은 행동적 인지 범주를 "감정, 동기, 사상, 의도, 적성 및 개인의 사회성 행동에 영향을 줄 수 있는 다른 심리적 기질"(O'Sullivan, et al. p. 4)에 따라 "사람을 판단하는 능력"(p. 5)으로 정의했다. 그들은 사람이 다른 사람을 판단하는 능력은 일반적으로 사람을 이해하는 것 즉 "전형적 이해"(p. 5)와 다르고 자기 자신을 이해하는 능력과 아무 관계가 없다는 사실을 명확하게 했다.[4] 명백하게, 사회인지(social cognition)의 이들 두 측면은 표준 지능 모형의 범위 밖이다.

행동적 인지에 대한 검사를 구성하면서 오설리반 등(1965)은 "표현되는 행동, 특히 얼

4) (옮긴이 주) 우리나라에서는 열길 물속은 알아도 한 길 사람 속은 모른다. 그리고 신언서판(身言書判)이 다른 사람을 판단하는 준거로 쓰이고 있다. 그 외에 출신 지역에 따라서 사람 됨됨이를 판단하기도 한다. 따라서 모 지역 인물은 뒤 끝이 안 좋다는 속설이 있다.

굴 표정, 억양, 자세, 몸동작이 의도적 상태를 유추할 수 있는 암시"(p. 6)라고 가정했다. 현실 생활환경에서 실존 인물들을 대상으로 이들 암시를 해석하는 능력을 평가하는 것이 가치 있는 것임을 알고 있지만, 경제적 제약 때문에 연구자들은 사진, 만화, 그림, 음성 기록(영상 기록은 비용 때문에 사용이 어렵다)에 의지할 수밖에 없다. 가능한 어휘적 수단은 사용하지 않고 가정상 어휘 능력에 의해 사회성 지능이 오염되지 않도록 하기 위해서이다. 최종 분석에서 오설리반 등은 이론에 의한 검사법 개발에 대한 모범적이고 기념비적인 노력을 통해 적어도 세 종류의 각 영역에 대한 검사를 개발했으며 이들 각 검사는 다시 30가지 이상의 독립된 문항을 포함한다. 다음은 오설리반 등에 의해 정의된 여섯 가지 인지적 능력이다.

- 행동적 단위(behavioral units) 인지: 사람의 내적 정신 상태를 식별하는 능력
- 행동적 분류(behavioral classes) 인지: 유사성을 근거로 사람들을 정신적 상태에 의해 집단으로 분류하는 능력
- 행동적 관계(behavioral relations) 인지: 행동적 활동들 간의 의미 있는 관계를 해석하는 능력
- 행동적 계통(behavioral systems) 인지: 일련의 사회성 행동을 해석하는 능력
- 행동적 변환(behavioral transformation) 인지: 사회성 행동상의 변화를 유연하게 해석하고 대응하는 능력
- 행동적 함의(behavioral implications) 인지: 인간관계에서 다음에 일어날 일을 미리 예측하는 능력

이 검사법을 고안한 후 오설리반 등(1965)은 12가지 비사회성 요인에 대한 24개의 검사와 함께 여섯 가지 가상적인 요인을 나타내는 23가지 사회성 지능검사를 받은 306명의 고등학생을 대상으로 표준이 될 만한 연구를 수행했다. 직교회전을 포함한 원리적 요인 분석은 22가지 요인을 찾았고 그 중에 12개의 비사회성 요인이 포함되며 6개는 명백하게 행동적 인식으로 해석될 수 있다. 일반적으로 여섯 가지 행동적 요인은 비사회성 의미적 능력이나 공간적 능력의 영향이 없었다. 따라서 오설리반 등은 명확하게 추상적 인지 능력과는 근본적으로 별개로서 사회성 능력이 표현되는 것을 측정하는데 성공했다. 하지만, GWSIT에 대해 초기에 발견된 사실로부터 반향으로 후기의 연구는 IQ와 개별적인 길퍼드의 하위 검사를 비롯한 다양한 복합 사회성 지능 점수들 사이에 상당한 상관관계가 있음을 발견했다(Riggio, Messamer, & Throckmorton, 1991; Shanley, Walker, & Foley, 1971). 그럼에도 샨리 등(Shanley et al.)은 발견된 상관관계가 사회성 지능은 일반 지능의 사회성 영역에 적용된 것에 불과하다는 결론(Wechsler, 1958)을 입

증할 만큼 강하지 않다는 점에 동의했다.

길퍼드 학파의 검사법 개발을 위한 최근의 노력 중에 하나로, 헨드릭스 등(Hendricks et al., 1969)은 단지 다른 사람들을 그들의 행동을 통해 이해하는 것으로 헨드릭스 등이 "대인 관계를 위한 기초 해법 발견 기능"이라고 불리는 것뿐만 아니라 그들과 잘 지낼 수 있는 능력에 대한 검사를 개발하려고 시도했다(p. 3). 다른 사람과 잘 지내기 위해서 많은 확산적 사고를 창조적으로 수행해야 하기 때문에, 이들 연구자들은 이런 확산적 사고 능력을 창조적 사회 지능(creative social intelligence)이라고 불렀다. 다음과 같은 여섯 가지 확산적 사고 능력은 헨드릭스 등에 의해 정의된 것이다.

- 행동적 단위의 확산적 사고: 내재적 정신 상태를 교감할 수 있는 행동적 활동을 수행하는 능력
- 행동적 분류의 확산적 사고: 행동적 활동에 대한 인식 가능한 범주를 창조하는 능력
- 행동적 관계의 확산적 사고: 다른 사람의 행동에 영향을 주는 활동을 수행하는 능력
- 행동적 계통의 확산적 사고: 다른 사람과 일련의 상호작용을 지속 하는 능력
- 행동적 변환의 확산적 사고: 표현이나 표현의 결과를 변화시키는 능력
- 행동적 함의의 확산적 사고: 어떤 환경에서 나올 수 있는 많은 결과를 예측하는 능력

오설리반 등(1965)에 의해 행동적 인지 능력이 연구된 것처럼, 행동적 영역의 바로 그 본성 때문에 그 영역의 검사법을 개발하는데 심각한 기술적 문제를 일으켰고 특히 어휘(의미적) 능력과의 혼동이란 측면에서 어려움이 있었다. 물론, 이상적으로 확산적 사고는 현실 세계에서 실존 인물에 대한 실제 행동적 반응으로 측정될 것이다. 그렇게 할 수 없기 때문에 검사는 그림이나 몸동작, 음성화와 같은 비어휘적 행동에 의지할 수밖에 없다. 그러나 그와 같은 검사는 그 자체로는 사회성 지능과 관계없는 그림, 활동, 여러 사람 앞에서 말하기에서의 개인차에 영향을 받기 쉽다.

여전히 오설리반 등(1965)의 연구 유형에 따라, 창조적인 사회성 지능에 대한 종합검사로서 확산적 사고의 행동적 산출에 대한 22종류의 검사와 의미적 영역에 대한 (수렴적) 인지 행동과 수렴적 산출의 여덟 가지 범주를 나타내는 추가적인 16종류의 검사가 252명의 학생을 대상으로 수행되었다. 예상했던 것처럼, 확산적 사고가 인지능력에 대한 평가보다 더 어렵고, 확산적 사고에 대한 검사의 경우 정답이 없었기 때문에 검사 대상자들의 답은 양적인 측면과 사례 연구의 측면에 대한 개별적 판단에 의해 평가되어야 했다. 기본적 요인 분석(principal components analysis)에서 15개의 요인이 나왔으며 그 중 6개는 명백하게 행동 영역에서 확산적 사고로 해석할 수 있었다. 이 경우에도, 행동 영역에서 확산적 사고 능력은 근본적으로 확산적 의미 산출과 행동 영역에서 (수렴

적) 인지와 독립적이었다.

쳰과 미첼(Chen & Michael, 1993)에 의한 이후의 연구는 더 최신 요인분석을 적용하여 근본적으로 이들 결과를 확증하였다. 추가하여 쳰과 미첼은 길퍼드(1981)의 개정된 지능 구조 모형에 의한 이론적 예상에 대체로 일치하는 고차원 요인들을 추론했다. 오설리반 등(1965)의 자료에 대한 유사한 재분석 결과는 아직 보고되지 않고 있다.

요약하면, 길퍼드와 그의 동료들은 다른 사람을 이해하는 부분(행동적 내용 인지)과 다른 사람의 행동에 잘 적응하는 부분(행동적 내용의 확산적 사고)의 사회성 지능과 별개의 두 가지 영역을 측정할 수 있는 수단을 고안하는데 성공했다. 이들 요인적 능력들은 행동 영역 내에서 상대적으로 서로 간에 독립적이었고, 각각은 지능의 구조 모형에서 예상된(요구된) 것처럼 비행동적 능력에 대해 상대적으로 독립적이었다.

길퍼드 학파가 사회성 지능을 측정하기 위해 엄청난 노력을 기울였지만, 오설리반 등(1965)의 연구와 헨드릭스 등(1969)의 연구가 사회성 지능의 구성요인에 정당성을 부여하기 위한 방법의 일부분이었다는 사실이 이해되어야 한다. 그들의 연구는 다양한 행동적 능력에 대한 명백한 검사가 이론에 의해 예측된 것과 같은 결과를 보이며 행동적 영역 이외의 다른 능력에 의해 영향을 받지 않는다는 것을 보임으로써 근본적으로 확립된 수렴적이고 판별적 타당성을 기술하였다. 아직까지, 이들 검사들 중 어떤 것이 사회성 지능의 외적 준거을 예상하는 능력이 있다는 증거는 거의 없다.

지능의 구조에서 남아 있는 세 가지 구조(기억, 수렴적 사고, 평가)에 대한 검사는 길퍼드의 연구 프로그램이 종료될 때까지 개발되지 않았다. 헨드릭스 등(1969)은 "이들은 어느 정도 [지능 구조] 모형에서 알려지지 않은 부분 중 많은 것들을 구성한다"(p. 6)고 했다. 그러나 오설리반 등(1969)은 이들 능력들을 정의하는 방법을 간단히 묘사했다. 행동적 영역의 수렴적 사고는 "적절한 시기에 적절한 행동을 하는 것"(p. 5)으로 정의되었고 가정을 따른다면 예절에 대한 지식에 의해 평가될 수 있을 것이다. 행동적 기억은 사람의 사회성 특성(예: 이름, 얼굴, 개인적 특징)을 기억하는 능력으로 정의되고 행동적 평가는 행동의 적합성에 대한 판단 능력으로 정의된다.

사회성 지능의 수렴적이고 변별적 타당성

길퍼드의 연구에 이어서, 몇 명의 연구자들이 사회성 지능을 정의하고 일반 추상적 지능과의 관계를 결정하려는 시도를 계속했다. 이들 연구의 대부분은 분명히 다중특성-다중방법(multitrait-multimethod) 메트릭스(Campbell & Fiske, 1959)의 논리를 적용하여, 다중측정을 사회성 지능과 비사회성 지능의 측정에 사용했고 각 영역 내에서 선택적 측정의 수렴적 타당성과 그들의 영역 간 판별적 타당성을 검토했다(Sechrest & Jackson, 1961).

예를 들어, 키팅(Keating, 1978)은 콜버그(Kohlberg, 1963)의 도덕성 발달의 이론에서 유도된 레스트(Rest, 1975)의 한정적 주제 검사(Defining Issues Test)와 수검자에게 다양한 사회성 딜레마의 해결책을 물어보는 샤핀(Chapin, 1942)의 사회성 통찰력 검사(Social Insight Test), 사회성 기능의 효능성을 측정하는 캘리포니아 심리학 문항표(California Psychological Inventory)에서 유도된 자체보고 지수인 고우(Gough, 1966)의 사회성 성숙도 지수(Social Maturity Index)를 포함하는 종합검사 도구로 사회성 지능을 측정했다(Sipps, Berry, & Lynch, 1987). 다중특성-다중방법 분석을 적용하여 키팅은 정의된 것처럼 사회성 지능이 학문적 지능과 구분된다는 증거를 발견하지 못했다. 따라서 각 영역 내에서 검사들 간의 평균 상호 연관은 실제로 영역들 간의 상응하는 상호 연관 평균에 비해 낮았다. 비록 요인 분석을 해서 두 요인을 발견했지만, 각각은 두 종류의 지능검사를 혼합하여 구성된 요인이었다. 마지막으로, 키팅은 추상적 지능에 대한 세 가지 측정이 다른 두 종류의 사회성 지능 측정에 비해 고우의 사회성 성숙도 지수 결과를 더 잘 예견했다는 것을 발견했다. 그러나 키팅의 사회성 지능에 대한 추정적 측정은 근본적으로 매우 어휘 의존적이며 따라서 추상적 어휘와 추론 능력에 의한 영향이 있을 것으로 예상된다는 사실을 알아야 한다.

키팅의 연구(1978)에 대한 대응으로 퍼드와 티삭(Ford & Tisak, 1983)은 600명 이상의 고등학생이 참여한 더 실제적인 연구를 수행했다. 어휘와 수학적 능력에 대한 네 가지 측정은 학교 성적부와 표준 지능검사에서 유도되었다. 사회성 지능은 사회성 역량에 대한 자신, 동료간, 교사의 평가, 호간(Hogan, 1969)의 공감도 검사, 사회성 역량에 대한 자체보고, 개별적 면담에 의한 평가에 의해 측정되었다. 키팅(1978)의 연구 결과와는 대조적으로, 퍼드와 티삭은 학문적 지능과 사회성 지능의 측정은 다른 요인들로 이루어진 것을 발견했다. 더 나아가 자신, 동료, 교사의 평가와 호간의 공감도 지수가 사회성 역량에 대한 면담 평가 결과를 학문적 측정보자료다 훨씬 더 잘 예측했다. 퍼드와 티삭은 사회성 지능의 측정법을 선택했는데 그것에 대한 인지적 이해보다 사회성 상황 속에서 행동적 효율성을 기준으로 하여 선택한 결과로 생각했다. 다른 방법을 취해서 표준 지능검사를 포함한 어휘 능력 측정은 사회성 지능의 비어휘적 측정이 아닌 어휘적 측정에 높은 상관관계를 보이는 것 같았다.

비슷한 발견은 명백하게 사회성 지능의 다양한 측면을 다루는 개성에 대한 많은 종합검사를 집대성한 말로우(Marlowe, 1986; Marlowe & Bedell, 1982)를 포함한 다른 여러 연구자들(Brown & Anthony, 1990)에 의해서도 이루어졌다. 이들 도구에 대한 요인분석은 다른 사람에 대한 흥미와 관심, 사회성 수행 기능, 감정이입 능력, 감성적 표현성과 다른 사람의 감성적 표현에 대한 민감성, 사회성 불안 및 사회성 자기 효능감과 자존심의 부족과 같은 사회성 지능의 다섯 가지 중요 차원을 발견했다. 이들 사회성 지능의 차원에 대한 요인 점수는 근본적으로 어휘나 추상적 지능의 측정과는 관련성이 없었다.

그러나 말로우(1986)의 것과 같은 연구에 대한 평가에서, 사회성 지능과 일반 지능의 명백한 독립성은 적어도 부분적으로 방법의 다양성에 의한 산물일 수도 있다는 사실에 주목해야 한다. GWSIT와 길퍼드 학파에 의해 고안된 인지와 확산적 사고를 측정하는 종합검사와 다르게, 말로우의 사회성 지능에 대한 겉보기 측정은 어휘와 추상적 지능에 대한 그의 측정법이 일반적 목표 수행 검사의 일종인데 반해 모두 자기 보고성 지수이다. 자료 수집 방법상의 차이 하나만으로도 사회성 차원과 어휘적 및 추상적 차원들이 다른 요인들로 구성되는지 이유를 설명할 수 있을 것이다. 어떤 경우에는 자기보고 지수에 의한 사회성 지능 상의 개인차를 측정하는 것이 전통적 지능검사에서 벗어나는 출발점이며, 사회성 지능의 다양한 측면에 대한 목표 수행 측정을 이용하여 말로우가 발견한 것들을 확증하는데 중요한 것처럼 보인다.[5)]

예컨대, 프레더릭슨, 칼슨, 그리고 와드(Fredrickson, Carlson, & Ward, 1984)는 학업적성과 성취 그리고 의학적 문제 해결과 비의학적 문제 해결력을 측정하는 일련의 수행검사 총집을 함께 광범위하게 행동사정 절차를 이용했다. 그 외에 각 피험자 별로 의료상의 환자와 비 의료상의 환자를 대상으로 모의실험을 하고 10회 면담을 했다.

면담행동을 코딩한 자료를 근거로 각 피험자는 구조화, 온화함, 통제력을 평정했다. 적성, 성취도, 문제 해결 행동은 본질적으로 면담을 근거로 평정한 사회성 지능과는 상관이 없었다. 노우만과 리만(Lowman & Leeman, 1988)은 여러 가지 수행도를 측정한 자료를 이용하여 사회적 욕구와 흥미, 사회적 지식과 사회성 능력과 같은 사회성 지능의 세 가지 차원에 관한 증거를 수집했다. 흥미롭게도 이 세 가지 차원의 사회성 지능 모두는 평균 학년 점수, 학업지능의 대용물로서 산관이 부적이거나 존재하지 않았다.

반면에, 스트릭커와 록(Stricker & Rock, 1990)은 사회성 지능에 대한 검사 총집을 수행 측정으로 실시하고 평가 대상이 비디오에 의해 제시된 면접 상황에서 어떤 사람이나 상황을 정확하게 평가하는 것은 어휘적 능력과 상관관계가 있다는 사실을 발견했다. 웡, 데이, 맥스웰, 미아라(Wong, Day, Maxwell, & Meara, 1995)는 사회성 지각(어휘적 행동과 비어휘적 행동을 해석할 때 정확성)과 사회성 통찰력(사회성 행동을 해석할 때

---

5) (원저자 주) 비교를 위해, 키팅(1978)의 사회성 지능의 세 가지 측정 중 두 가지는 수행 측정이었다. 퍼드와 티삭(1983)은 자기 평가와 타인에 의한 판단을 혼합한 방법을 적용했다.

정확성), 사회성 지식(예절의 규칙을 인식하는 것)에 대한 측정법을 개발했다. 요인 분석에서는 사회성 지각과 통찰력은 밀접한 연관성을 갖지만 이들 중 어느 것도 사회성 지식과 관련이 적었고, 사회성 능력 중 어느 것도 전통적인 학문적 지능(traditional academic ability)과 관련성이 없었다.

웡 등에 의한 연구를 확대하여, 존스와 데이(Jones & Day, 1997)는 카텔(Cattell, 1971)의 유동지능과 결정지능의 구분에 분석의 근거를 두었다. 사회성 영역에서, 결정지능은 사회성 환경에 대한 개인의 축적된 지식 자산을 반영하며, 사회성 행동과 상황을 표현하는 개인의 어휘를 포함한다. 대조적으로 유동지능은 새로운 사회성 상황에 의해 발생한 문제를 빠르고 정확하게 해결하는 능력을 반영한다. 존스와 데이는 어휘와 그림에 의한 수행 측정법과 자기 평가, 교사 평가를 포함한 각 유형별 능력에 대한 네 종류의 측정법을 구성했다. 그들은 또한 학문적 능력에 대한 다수의 측정법을 사용했다. 사회성 지능과 학문적 지능 사이의 관계에 대한 다양한 특수 모형을 검증한 확증적 요인 분석에서 결정화된 사회 지능은 유동적 사회 지능과 구분이 가능했지만 학문적 지능과는 구분되지 않는다는 사실을 나타냈다.

명확하게, 사회성 지능의 다양한 측면들 간의 관계(수렴적 타당성)와 사회성 지능과 다른 지적 능력들 사이의 관계(판별적 타당성)에 대한 어떤 명확한 결론을 이끌어 내기 전에 수행에 근거를 둔 측정을 적용한 더 많은 연구들이 요구된다.

인지적 모형에 따른 사회성 지능

지능의 과학적 이론에 대한 사회성 이론의 역할이 작다는 일반적 규칙에 대한 예외중 하나로 가드너(1983, 1993)에 의해 제안된 다차원 지능 이론이 있다. 스피어만(1927)을 비롯한 일반 지능의 옹호자(예: Jensen, 1998)들과 달리, 가드너는 지능이 단지 유일한 인지 능력이 아니라 10가지 종류(또는 그 이상의)의 서로 다른 지능이 있으며, 각각은 가설적으로 다른 것들과 분리될 수 있고 또한 각각은 가설적으로 다른 두뇌 체계와 연결될 수 있다는 제안을 했다. 비록 제안된 지능(언어적, 논리-수학적, 공간적, 음악적, 신체 운동적)의 대부분은 어느 정도 서스톤의 기본정신 능력을 생각하게 하는 "인지적" 능력이지만, 두 가지는 명백하게 본성적으로 개성적이며 사회성인 것이다. 가드너는 자아 성찰(省察) 지능을 자신의 내적인 정서적 삶에 접근하는 능력으로 정의했고 대인 관계(인간 친화) 지능을 다른 사람을 구분하고 인식하는 능력으로 정의했다.

비록 가드너(1983)의 다차원 지능이 사람이나 학파에 따라 구성요인들이 달라질 수 있지만, 이들 능력은 대부분 공통적인 것으로 가정하고 가드너는 개인차의 증거를 수집하기 위해 척도 제작이나 요인 분석, 다중특성 다중방법 메트릭스, 외적 타당성 계수 기타 등과 같은 전통적인 심리 측정학적 절차에 의지하지 않았다. 그보다 그가 선호한 방법은 여덟 가지 다른 계통의 증거에 의해 제시된 수렴적 기호에 근거한 인상적인 분석법(impressionistic analysis)이다.

이들 기호 중 최고의 것은 두뇌 손상에 의한 분리(다른 부분이 상대적으로 영향을 받지 않은 반면 지능의 한 가지 형태가 선택적으로 손상되는 것과 같은)와 다른 영역은 평균적이거나 심지어 손상된 능력을 보이는 반면 한 부분에서 특히 우수한 능력을 보이는 사람의 경우와 같은 예외적 사례(선택적인 의미로, 어떤 사람은 어떤 분야에서 정상적인 능력을 보인 다른 분야들에 비해 대단히 낮은 능력을 나타내거나 대단히 높은 능력을 보일 수 있다)이다. 따라서 예를 들면, 가드너(1983)는 중추 신경적 사례 연구로부터 대뇌 피질의 전전두엽(Prefrontal) 손상은 다른 능력들은 온전하게 보존하면서 선택적으로 개성적 지능과 사회성 지능에 피해를 줄 수 있다고 주장했다. 피네아스 게이지(Phineas Gage)의 고전적 사례가 한 가지 경우가 될 것이다(MacMillan, 1986). 반대 현상은 루리아(Luria, 1972)에 자제츠키(Zazetsky), "부서진 세계 속의 사람(the man with shattered world)"으로 제시된 경우로 자제츠키는 후두와 두정엽의 손상에 의해 그의 지적 능력에 대부분이 손상되었으나 그의 개성적 사회성 능력은 상대적으로 온전히 남았다. 가드너는 또한 비록 다운 증후군과 알츠하이머병이 인지적으로 심각한 결과를 초래하지만 다른 사람과 지내는 능력에는 별 영향이 없다는 것과 픽병(Pick's disease)은 적어도 어느 정도 인지 능력은 영향을 주지 않으나 다른 사람과 상호작용하는 능력을 심하게 손상시킨다는 사실에 주목했다. 관련된 연구에서, 테일러와 커데트(Taylor & Cadet, 1989)는 세 가지 다른 두뇌 계통이 신경 중추적 기질(基質, subtreats)을 제공한다고 제안했다. 균형적이며 통합된 대뇌 피질의 하위 계통은 복합적인 사회성 판단을 위한 장기적 기억에 의존하고 전두엽에 유력한 하위 계통은 사회성 행동을 구성하고 생성하며 대뇌변연계에 유력한 하위계통은 사건에 대한 정서적 반응을 생성한다. 하지만, 감성적 특이성(LeDoux, 1996; Kihlstrom, Mulvaney, Tobias, & Tobis, 1999)과 함께, 사회성 인지와 행동에 대한 신경 중추적 근거에 대한 연구는 매우 인상적이며 사색적이란 사실을 주목해야 한다[사회성 인지와 사회성 지능의 신경심리학적 접근법에 대한 검토는 클라인과 킬스트롬(Klein & Kihlstrom, 1998)을 참조 요망].

비범한 인물(exceptional individuals)이란 측면에서[6] 가드너는 지그문트 프로이드와

---

6) (옮긴이 주) 비범하다는 것의 의미를 가드너는 다음과 같이 해석했다(문용린 옮김, 1999, 13-15).

마르셀 프루스트를 대인 관계적 지능 영역에서, 모한다스 간디와 린든 존슨을 인간 성찰적인 지능 영역에서 "천재"로 제시했다. 이들 개인들 각자는 다른 영역에서, "평범한" 능력을 바탕으로 개성 및 사회성 지능에서 대단히 높은 수준을 보였던 것으로 가드너는 주장했다. 부정적인 측면으로, 가드너는 유아 자폐증[캔너 증후군(Kanner syndrome), 윌리엄스 증후군(Williams syndrome)]이 다른 사람을 이해하는 능력과 사회성 세계를 헤쳐 나가는 능력에 심각한 장애를 일으키는 점에 주목했다.

추가하여, 가드너는 다른 유형의 지능을 암시하는 몇 가지 다른 기호를 가정했다. 이들 중에 식별 가능한 핵심 조작은 실험적 과제와 결합하여 핵심 조작을 분석할 수 있게 하며, 심리 측정학적 검사와 결합하여 그들을 수행하는 능력의 개인차를 보여 준다. 물론 사회성 지능의 측면에서 핵심 조작은 개성 인식과 인상의 형성, 인과 관계의 속성, 개성의 기억, 사회성 범주화, 인상 관리와 같은 사회성 인지에 대한 연구의 핵심을 이루는 것들이다. 사회성 인지에 관한 논문은 물론 이들의 조작에 관한 연구에 많은 실례를 제공하며 때로는 이들 실험적 절차가 개인적 차이에 대한 분석을 위한 기법으로 전환되기도 한다(예: Kihlstrom & Nasby, 1981; Nasby & Kihlstrom, 1986). 예를 들어, 카에스와 위트리욜(Kaess & Witryol, 1955)은 이름과 안면의 기억에 대해 연구했다. 제크레스트와 잭슨(Sechrest & Jackson, 1961)은 다양한 유형의 상황에서 다른 사람의 행동을 예측하는 것에 관해 조사했다. 스턴버그와 그의 동료들(Barnes & Sternberg, 1989; Sternberg & Smith, 1985)은 비언어적 의사소통을 해석하는 능력에 대한 개인차를 평가했다.

그렇지만, 사회성 인지와 관련된 핵심 조작이 질적으로 비사회성 인지와 관련된 것들

---

① 자신의 활동범위를 넘어서 인류 역사에서 뚜렷한 자취를 남긴 인물들. 예를 들면, 잔 다르크, 로즈 케네디 여사(케네디 대통령의 어머니), 철강왕 카네기, 잔인함으로 유럽을 지배한 최초의 동양인 칭기즈 칸. ② 위대한 창조적인 업적을 남긴 극소수의 인물로서 그들이 인류 문명사에 남긴 성과물이 비범하고 훌륭하기 때문에 인정받았던 인물들, 예를 들면 모차르트. ③ 마흔이 되기까지 어떤 주목도 받지 못하고 학계에서 너무 혁신적인 이론이라고 배척까지 받았던 인물, 예를 들면 정신분석학의 창시자인 프로이트. ④ 자신의 마음을 꿰뚫어 보는 통찰력이 뛰어났다고 해서 부각된 인물, 예를 들면 미국 여류 작가인 버지니아 울프. ⑤ 자신의 민족과 조국을 박해, 천대하는 사람들을 인내와 관용으로, 즉 무저항으로 감화시키는 데 뛰어났던 인물, 예컨대 인도의 시골 출신 변호사인 마하트마 간디와 넬슨 만델라 전 대통령. ⑥ 어린 나이에 국가의 외교 업무를 수행했다거나 26세라는 젊은 나이에 미국 독립선언서를 작성했다거나, 30세 전에 문명세계의 대부분을 정복한 알렉산더 대왕, 여성 최초로 노벨상을 수상한 마리 퀴리, 엄청난 역경을 극복하고 아프리카 대통령이 된 넬슨 만델라가 거둔 성공에 경이로움을 느끼게 된다.

출처: 문용린 옮김. (1999). 비범성의 발견, 서울: 해냄.

과 차이가 있는지 여부는 공개적인 의문이다. 비록 얼굴에 나타난 감정을 지각하는 것이 질적으로 문자 R의 모양을 머릿속에서 회전시키는 것과 다른 것처럼 보이더라도, 대부분의 사회성 인지 연구에 적용된 가정은 내재적인 지적 처리는 비사회성 인지에 적용되는 처리와 같다는 것이다. 따라서 예를 들어, 캔터와 미셀(Cantor & Mischel, 1979)의 개성 지각에 대한 원형 연구는 로쉬(Rosch, 1978)의 비사회성 범주에 대한 퍼지 이론적 접근에 의한 선구적 연구를 공정하고 직접적으로 변환하려는 의도였다. 그리고 비록 그것이 얼굴을 지각하는 것이 대부분의 사회성 자극으로서 특수한 규칙을 따르고 특수한 두뇌 영역에서 생각된다(Fara, 1996)고 제안할 만큼 실용적이더라도, 최근의 실험적 증거와 중추 신경적인 영상 증거는 얼굴 인식은 단순히 범주화의 하위 수준에서 사물 인식에 대한 경험의 확대는 한 가지 예에 불과하다는 것을 가리킨다(Gautier, 1998).

물론 사회성 영역과 비사회성 영역 사이에 잠재적으로 중요한 차이 중의 하나는 사회성 인지에서 관찰자의 지성에 나타나는 대상(예를 들어 사람)은 지적이고 의식적이다. 따라서 지각된 사람은 다양한 인상 관리 전략을 통해 지각하는 사람에게 형성되는 인상을 조정하려고 시도할 것이다(Goffman, 1959; Jones & Pittman, 1982). 문제를 더 복잡하게 하면, 지각하는 사람은 전략적 자기표현의 가능성을 인식할 수 있을 것이고 따라서 그에 따라 자신의 인식을 수정함으로 지각된 사람은 자신의 인상 관리 활동을 변조하여 이들 연관성을 최소화시키려 한다. 그와 같은 상호작용 의식(Goffman, 1967)은 비사회성 지각이나 인지에서는 발생하지 않을 것이다.

실험적이고 심리 측정학적 증거에 더하여, 가드너(1983)는 또한 질적으로 다른 지능의 형태가 특유의 발달적 이력(distinctive developmental histories)을 보일 것으로 가정했다. 개체발생적 관점(ontogenetic)은 사회성 영역에서 능력의 획득과 숙달은 다른 유아기에서 청년기와 성인기를 거쳐 노년기에 이르는 다른 능력들과 다른 발달 궤적을 따른다는 가설을 제안한다.[7]

유사하게, 계통 발생적 관점은 개인 및 개인 관계적 능력은 다른 진화적 경로를 또한 따를 것이란 가설을 제안한다.[8] 따라서 가드너(1983)는 갤럽(1970, 1988; Gallup,

---

7) (원저자 주) 사회적 지능의 발달에 대한 결론을 참조 요망.

8) (원저자 주) 유사한 개념이 비르네와 위텐(Byrne & Whiten, 1988; Whiten & Byrne, 1997)의 마키아벨리적 지능 개념 속에서 발전되고 있다. 험프리(Humphrey, 1976)의 뒤를 이어, 이들 저자는 협동과 경쟁에 대한 특수한 요구는 사회적 동물(특히 영장류)이 비사회적 종들에서는 발견되지 않는 지능 형태를 진화시켜 왔다고 제안했다. 실제로 위텐과 비르네(1997)는 사회적 지능은 "객관적 지능" 즉 비사회적 물질세계를 다루는 능력보다 앞서서 진화하고 일반적 지능의 진화는 집단 내에

Marino, & Eddy, 1997)의 인간과 침팬지는 다른 영장류(및 다른 포유류)와 달리 자기인식을 위한 거울에 비친 영상 검사에 합격할 수 있다는 발견을 이야기했다.

끝으로 가드너는 지능의 각 형태는 문제의 능력이 어떤 문화에 의해 조작되고 전달될 수 있는 특별 기호 체제 속에 부호화된다고 주장했다. 그가 제안한 능력 중에 일부에 대해, 기호 체제의 존재는 매우 명확한데 그것의 예는 기록 문자, 수학적 기호, 음표이다. 특수한 개인 기호 체계를 암시하는 증거로서, 가드너는 기얼츠(Geertz, 1975)의 자바, 발리, 모로코의 민족학적 연구를 이야기했다. 그 연구는 사람이 자아를 유지하고 자신의 사회성 관계를 지배하는 규칙 즉 사회화를 통해 개성 및 사회성 지능을 획득하는 것에 대한 수단의 상당한 문화적 다양성을 보여 주었다. 확실하게, 영어는 한 연구(Allport & Odbert, 1937)에서 계산한 바에 다르면 17,935개의 사람들의 인지적, 정서적, 동기적 상태와 행동적 경향 및 다른 심리적 특성을 나타낼 수 있는 대단히 많은 단어를 가지고 있다. 그리고 서구 문화 내에서, 고전적 인간 성격의 네 가지 측면 분류(우울함, 냉정함, 격함, 낙천적임; Kant, 1798/1978)와 5대 성격 차원(신경성, 외향성, 동조성, 성실성, 경험에 대한 개방성; John, 1990)[9]과 같은 구조가 다른 사람의 개성에 대한 골자를 인식하고 전달하는데 일반적으로 적용된다.

사회성 지능의 원형

사회성 지능은 심리 측정학자들이 조작 가능하도록 만들기 어렵다는 것이 알려졌지만, 그것이 사람들의 순수하고 직관적인 지능 개념에서는 중요한 역할을 하는 것처럼 보인다. 로쉬(1978), 캔터(Cantor & Mischel, 1979; Cantor, Smith, French, & Mezzich, 1980), 네이서(Neisser, 1979)의 초기 연구에 대한 추가 연구로서, 스턴버그와 그의 동료

서 조작 가능한 사회적 전문성에 대한 자연적 선택에 의해 진행된다고 제안하는 정도까지 도달했다. 매우 실제적인 면에서, 마키아벨리적 지능이란 개념은 웩슬러의 사회적 지능은 일반지능이 사회적 문제에 적용된 것에 불과하다는 주장에 반대된다. 위텐과 비르네에 따르면, 일반 지능이 사회적 지능에서 유도된다. 프리맥과 우드러프(Premack & Woodruff, 1978) 및 월든(Worden, 1996)도 참조하기 바란다.

9) (옮긴이 주) 5대 성격 차원(Big Five Personality dimensions)의 구성 내용은 다음과 같다.
신경증-불안, 성남, 적개심, 우울증, 충동성, 상처받기 쉬움
외향성-열정, 사교성, 주장성, 능동성, 흥분을 추구하는 긍정적인 감정
동조성-신뢰, 솔직성, 이타심, 순종, 겸손, 부드러움
성실성-능력, 정돈, 의무, 성취, 노력, 수양, 신중함
경험에 대한 개방성-공상, 미학, 느낌, 행동, 아이디어, 가치

들은 응답자들에게 자신들이 지능, 학문적 지능, 일상적 생활 지능, 비지능적 요인의 특징을 열거하도록 요구했다. 두 개의 추가적 응답자 집단은 각 세 가지 형태의 지능을 소유한 이상적인 사람의 행동적 특성을 나타내는 정도에 따라 앞의 참여자에 의해 만들어진 목록의 250개 행동 각각의 등급을 매기도록 했다(Sternberg, Conway, Ketron, & Bernstein, 1981). 보통 사람에 의해 부여된 등급에 대한 요인 분석은 각각의 배경 속에서 "사회성 역량"에 대한 한 가지 요인을 나타냈다. 사회성 역량(social competence)을 반영한 전형적 행동은 다음과 같다.

있는 그대로 타인을 받아들임
실수를 인정
세상사에 상당한 관심을 보임
약속 시간 준수
사회에 대한 양심
말이나 행동하기 전에 생각하기
호기심을 나타냄
성급한 판단을 하지 않음
공정하게 평가하기
주변에 있는 문제와 관련된 정보자료를 잘 평가함
다른 사람의 곤란이나 요구에 민감함
자신과 타인에게 정직하고 진실함
바로 주변 환경에 관심을 보임

흥미롭게도, 사회성 역량의 분리된 차원은 지능에 대한 전문가 집단에 의한 등급에서는 일관되게 나타나지 않는다. 그보다, 전문가의 차원은 어휘적 지능과 문제 해결 능력에 집중되고 사회성 역량은 오직 이상적으로 "실용적 지능"을 가진 사람의 등급에서만 명시적으로 나타났다. 아마 이들 전문가는 웩슬러(1939)의 사회성 지능에 반대되는 관점을 공유했을 것이다.

유사한 연구가 코스미츠키와 존(Kosmitzki & John, 1993)에 의해 수행되었다. 대체적으로 올릭크(Orlik, 1978)에 의해 선행된 연구에 근거를 두고, 이들 연구자들은 사람들이 사회성 지능에 대해 묵시적으로 품고 있는 개념을 구성하는 18가지 특질을 찾았다. 연구의 응답자들이 사회성 지능에 대한 자신들의 이해에 이들 특질이 얼마나 중요한 것인지 등급을 매겨달라는 요청을 받았을 때, 다음과 같은 차원들이 중심적인 전형으로 나타났다.

사람의 생각, 감정, 의도를 잘 이해하는 것
사람을 잘 대하는 것
인간관계의 규칙이나 기준에 대해 광범위한 지식을 가지고 있는 것
다른 사람의 관점을 취하는데 능숙한 것
사회적 상황에 잘 적응하는 것
남을 따뜻하게 잘 배려하는 것
새로운 경험, 사상, 가치에 대한 개방성

연구의 다른 부분에서, 응답자들은 자신이 좋아하는 사람의 등급을 이들 요인에 근거하여 매겨달라는 요청을 받았다. 특질에 대한 호감도를 차별화하기 위해 통계적으로 처리한 후, 한 요인에 대한 분석 결과 위에서 열거한 속성에 의해 정의되는 사회성 지능 요인이 명확하게 나타났다. 다른 두 요인은 사회성 영향과 사회성 기억으로 명명했다.

사회성 지능에 대한 최근의 심리 측정학적 연구는 스턴버그 등(1981)과 코스미츠키와 존(Kosmitzki & John, 1993)의 연구에 적용된 것과 유사한 방법론을 사용했다. 슈나이더, 액커만, 캔퍼(Schneider, Ackerman, & Kanfer, 1996)는 응답자에게 사회적으로 능력 있는 행동을 묘사해 달라고 요청했다. 이들 서술된 내용은 서로 비교된 후 사회성 능력 질문지로 간소화되었다. 이 질문지를 통해 응답자들은 각 문항들이 전형적인 사회성 행동을 기술하는 정도를 등급으로 평가해 달라는 요청을 받았다. 요인 분석은 외향성, 온정, 사회성 영향력, 사회성 통찰력, 사회성 개방성, 사회성 타당성, 사회성 부적응과 같은 사회성 능력에 대한 일곱 가지 특질을 발견했다. 이들 특질에 대해 합산된 점수는 근본적으로 정량적인 어휘추론 능력 측정과 연관성이 없었다. 이들 발견에 근거하여, 슈나이더 등은 다음과 같은 결론을 내렸다. "지금이 바로 사회성 능력이 하나의 통일된 존재라는 것, 즉 일반 지능이 사회성 상황에 적용된 것이라는 개념에 정착해야 할 때이다"(p. 479). 말로우(Marlowe, 1986)의 연구에서처럼, 그럼에도 불구하고 사회성 지능 측정을 자기 보고법에 의존했기 때문에 이 결론은 약점을 가지고 있으며, 이 약점은 사회성 영역에 대한 다양한 특질들을 객관적 수행 평가 결과에 의해 확증돼야만 해소된다.

스턴버그 등(1981)은 지능은 무엇인가(what intelligence is)를 설명하려는 명시적 이론과 대조적으로 암묵적 이론에서 지능이란 단어가 무엇을 의미하는지에 대한 사람들의 관점을 이해하려고 시도한다는 사실에 주목하고 있다. 사회성 지능은 스턴버그의 초기 인간 지능의 요인적 관점에서는 중요성이 없었는데(Sternberg, 1977, 1980, 1984b), 초기의 연구는 전통적 지능검사에서 나타나는 추론과 문제 해결 기능에 중점을 두었기

때문이다. 그러나 사회성 지능은 최근 스턴버그의 삼원적 지능 관점에서는 명시적으로 표현되었다(Sternberg, 1984a, 1985, 1988). 성공 지능의 삼원 이론에 따르면, 성공 지능은 분석적, 창조적, 실용적 지능으로 구성된다. 실용적 지능은 일상적 생활 환경에서 문제 해결의 개념으로 정의되고 명시적으로 사회성 지능을 포함하고 있다(Sternberg & Wagner, 1986). 스턴버그에 의하면, 각 유형의 지능은 세 가지 다른 종류의 요인 처리에 대한 조작들을 반영한다. 수행 요인은 다양한 영역에서 문제를 해결하는 것이며, 상위 집행 요인은 문제 풀이를 계획하고 평가한다. 그리고 이들 두 요인은 지식획득 요인에 의해 학습된다. 문제를 더 복잡한 단계로 끌어올리면, 스턴버그(1985, 1988)는 지능의 모든 형태에 대한 측정이 그 평가가 이루어지는 배경에 민감하다고 주장했다. 이것은 특히 실제적이고 사회성 지능의 경우 심할 것이다. 예를 들어, 사회성 판단에 대한 정답은 그 상황이 기업을 배경으로 하는가(Wagner & Sternberg, 1985) 군대를 배경으로 하는가(Legree, 1995)에 따라 달라질 것이다.

스턴버그가 제안한 삼원 신 지능론에 관한 한, 이들 능력과 그에 따른 그들에게 내재된 요인들이 어느 정도 서로 독립적일 수 있다. 예를 들어, 분석적 지능이 높은 어떤 사람이 동시에 창의성 지능과 사회성 지능도 높다는 관계가 성립하지 않는다. 어떤 상황에서, 다양한 지능들 사이의 관계는 실험적 문제이다. 물론 이 문제를 해결하기 위해서는 사회성 지능을 평가할 수 있는 적절한 수단 즉 문제의 영역을 잘 판단할 수 있고 추가적으로 신뢰성과 정당성을 가진 검사법이 요구된다. 현재는 이들 수단이 존재하지 않는 것처럼 보인다. 그러나 앞으로 시도하고자 하는 연구자들은 우선 보통 사람들의 머리속에 있는 사회성 지능의 직관적 개념에서 시작하는 것이 좋을 것이다. 무엇보다, 사회성 지능은 단지 학문적인 요인이 아닌 사회성 구성요인 이다.

사회성 지능으로서 성격

앞에서 살펴본 심리 측정학적 접근과 대조적으로, 성격에 관한 사회성 지능 관점(Cantor & Kihlstrom, 1987, 1989; Cantor & Fleeson, 1994; Cantor & Harlow, 1994; Kihlstrom & Cantor, 1989; Cantor & Kihlstrom, 1982; Cantor & Zirkel, 1990; Snyder & Cantor, 1998)은 사회성 지능을 어떤 중요성에 따라 높낮이(low to high)의 차원 순으로 비교하거나 순위를 정할 수 있는 어떤 특질이나 특질군으로서 개념화하지 않는다. 그보다는 성격의 사회성 지능 관점(the social intelligence view of personality)은 사회성 지능은 지적이라고 가정하는 것에서 시작하며, 그것은 사회성 지능이 선천적 반사작용과 조건반사, 진화된 유전 프로그램 기타 등에 의해서 조정된다기보다는 지각, 기억, 추론, 문제 해결과 같은 인지적 처리에 의해 조정된다고 가정하는 것이다. 따라서 사회성 지능 관점은 성격의 대중적 표현인 사회성 행동에서 개인차가 각 개인이 자신의 사회성 상호작용 속에 집어넣는 지식의 개인차에 따른 산물이라고 설명한다. 사회성 지식의 차이가 사회성 행동의 차이를 초래하지만 사회성 지능지수를 측정하는 방법을 만드는 것은 이치에 맞지 않다. 중요한 변수는 사람이 얼마나 많이 사회성 지능을 가지고 있느냐가 아니라 어떤 사회성 지능을 가지고 있느냐이다.

성격에 대한 인지적 관점의 진화

성격에 대한 사회성 지능의 관점은 성격 이론에 대한 사회 인지적 전통에 근원을 두며 이런 이론에서는 분석적이고 추론적 처리들이 사회성 적응 문제에 주류이다. 따라서 켈리(Kelly, 1955)는 인간을 순진한 과학자가 자신과 타인 및 전체 세계에 관련된 개인의 구성요인들에 근거하여 미래의 대인 관계적 사건에 대해 가설을 만든 것으로 간주했다. 이들 구성요인은 내용과 조직 측면 모두에서 개별적인 예이다. 사람은 자신의 구성요인 체계의 복잡성에 따라 서열화될 수 있지만, 켈리에게 중요한 문제는 사람의 개인적 구성요인이 무엇인가를 알아내는 것이었다. 복잡성을 넘어서, 개인적 구성요인 체계의 특이한 본질이 더 보편적인 비교를 방해한다.

비록 켈리의 이론이 약간 기존 관념에서 동떨어져 있지만, 비슷한 전개가 성격의 사회성 학습 이론의 발전에 나타났다. 사회성 학습 이론이 공식화(Miller & Dollard)된 초기의 주장은 프로이트 심리학과 헐(Hull)의 학습이론의 결합체로 성격은 대체로 학습된 행동이라는 것과 성격의 이해는 그것이 나타난 사회성 상황을 이해하는 것이 필요하다는 것이다. 하지만 인지적 학습 이론이 서서히 등장함(예: Tolman, 1932)에 따라 곧 인지적 경향이 사회성 학습 자체에 스며들게 되었다. 따라서 습관과 충동은 로터(Rotter, 1954)의 인지적인 사회 학습 이론에서는 거의 비중이 없었다. 강화조건의 객관적 우발성에 따르는 환경적 자극에 대한 유기체적 반응의 초기 행동주의자들의 개념과는 대조적으로(Skinner, 1953; Staats & Staats, 1963), 로터는 인간의 행동은 특정한 상황에서 자신의 목표와 자신의 행동에 의해 예상되는 결과에 따른 선택을 반영한다고 주장했다. 유사하게, 반두라(Bandura & Walters, 1963; Bandura, 1973)는 당근과 채찍에 의한 직접 경험보다 지각과 사례를 통한 사회성 지식의 획득을 주장했고 나중에(1986) 로터(1954)에 의해 강조된 결과 예측과 어떤 상황에서 사건의 통제력을 얻는데 필요한 행동을 수행하는 능력에 대한 평가인 자아 효능감 예측을 구분했다. 자아 효능감은 동기에 대한 인지적 근거를 제시하지만 자아 효능감의 판단은 배경에 따라 크게 달라진다는 사실을 이해해야 한다. 비록 로터(1966)가 통제의 외적 중심 대 내적 중심의 개인차 측정을 제안했지만, 반두라가 일반화된 자기 타당성의 기대치를 측정하는 보편적 도구를 제안하는 일은 없었을 것이다. 중요한 고려 사항은 어떤 사람이 능력에 대한 자기인식의 높낮이가 아니라 그 사람이 어떤 특정한 상황에서 특정한 행동을 수행할 수 있는 능력이 있다고 느끼는지의 여부이다.

성격에 대한 사회성 지능 관점의 바로 다음 계승자는 미쉘(Mischel, 1968, 1973)의 성격의 인지적인 사회 학습 재개념화이다. 때때로 행동주의자들의 표현을 통해 나타나기도 하지만, 미쉘(1968)의 성격에 이르는 특질에 대한 도전적 비평은 본질적으로 명백하게 인지적이다. "우리는 주관적으로 자극이 획득된다는 의미를 알아야 한다. 자극의 획득된 의미를 평가하는 것이 사회성 행동의 평가에 핵심이다"(p. 190). 따라서 우리는 사회성 행동에 대한 개인차를 이해하기 위해서 행동과 그 행동의 결과, 행동을 취했을 때의 상황에 주어진 의미에 대한 개인차를 이해해야 한다.

이것은 미쉘의 초기 이론에서 본질적으로 인지적인 것으로 규정된 주관적 의미를 강조한다. 그 이래로, 미쉘(1973)은 서로 다른 구성요인들의 광범위한 다양성을 포함시켜 그가 개념화한 성격의 범위를 확장시켰으며, 이때 일부 구성요인은 그 이전 켈리와 로터, 반두라의 연구나 다른 연구에서 파생된 것으로 인간의 인지 처리에 대한 실험실적 연구에서 생긴 성격 이론의 개념들 속에 도입된 것들도 반영한다. 모든 것이 수정 가능한 개인차와 상황의 양상을 지각하고 해석하는 방법을 결정하는 인지적 발달과 사회성 학습의 산물로서 설명된다. 따라서 그들은 자극 상황의 의미 구성 즉 상황 자체의 인지적 구성에 기여했고 사람은 그 구성에 따라 반응한다.

미쉘(1973)의 관점에서, 인지적 발달과 사회성 학습의 가장 중요한 산물은 모든 개인적 인지적이고 행동적 구성 능력들 즉 외적으로 표현되는 행동과 내적인 지적 활동을 포함하여 다양한 범위의 숙련되고 적응성 있는 행동을 수행할 수 있는 능력이다. 이들 구성 능력들은 미쉘이 사회성(또는 그 문제에 있어서 비사회성) 지능의 심리 측정학적 개념에 영향을 줄 만큼 밀접했다.

미쉘의 성격 심리학의 이론 체계에서 사건의 지각과 해석의 중요성 때문에 선택적 관심을 지배할 부호화된 전략과 성격적 구성요인들과 관계된 두 번째 성격 변수들이 요구된다. 이들 변수는 켈리의 범주와 같이 사람의 지각과 기억, 예상을 여과한다. 그러고 나서, 당연히 로터와 반두라에 이어서 미쉘 또한 자아 효능감 예측과 한께 환경적 사건들과 개인적인 행동들에 관련된 자극-결과 및 행동-결과와 자아 효능감의 예측을 강조했다. 또한 로터(Rotter)의 이론과 같은 계통으로, 미쉘은 다양한 결과에 관련된 주관적 가치에 의해 행동이 지배된다는 점에 주목했다. 마지막 관련 변수들은 자기 조절 체계와 계획, 자기 정의 목표와 결과들로 구성되며 그들은 사회성 통제나 외적 제약의 부재(또는 존재하더라도)시 행동을 지배한다.

지능 모형

인지적 관점에서, 미쉘의 "인지 사회성 학습 인간 변인들(cognitive-social learning person variables)"은 모두 자기 자신과 주변 사회성 환경에 관계된 지식 및 전문성-지능(expertise-intelligence)을 나타낸다. 위노그라드(Winograd, 1975)와 앤더슨(Anderson, 1976)에 이어서, 이들이 제안한 사회성 지능(Cantor & Kihlstrom, 1987)은 다음 두 가지 범주로 분류했다. 선언적 지식은 추상적 개념과 특수한 기억으로 구성되며 절차적 지식은 규칙과 기능 및 전략으로 구성되며 사람들은 거기에 따라 선언적 지식(declarative knowledge)을 조작하고 변형시켜 지식을 행동으로 변환시킨다. 실제로 개인의 선언적 지식 자산은 더 세부적으로 일반적 세계에 대한 지식인 배경에 무관한 의미 기억과 사건과 경험에 관한 삽화적 기억으로 구분되며 각각은 인간의 자서전적 기록(Tulving, 1983)을 구성하는 특정한 시공적 배경과 연결된다. 비슷하게, 절차적 지식(procedural knowledge)은 인지와 행동 기능의 개념에 따라 세분된다. 이들 개념들, 개인적 기억들, 해석 규칙, 행동 계획이 성격의 인지적 구조를 형성한다. 모두 합쳐서 이들은 사회생활에서 부딪치는 문제를 해결하는 개인의 접근법을 지시하는 전문성을 구성한다.

사회성 지능의 인지적인 구조는 사회성 인지에 관한 논문에서 나타난 구조와 비슷하다(Cantor & Kihlstrom, 1982; Fiske & Taylor, 1991; Kihlstrom & Hastie, 1997). 재미있게도 그 논문은 사회성 지능에 대한 개인차를 측정하려는 심리 측정학적 초기 노력에서 출발했다. 따라서 버논(Vernon, 1933)에 관한 한, 사회성으로 지적인 사람의 특징 중 하나는 성격에 대한 뛰어난 판단력이다. 이 명제는 본질적으로 사람이 성격에 대한 인상을 형성하는 방법(Asch, 1946)이나 타인을 지각하는데 적용하는 방법(Bruner & Tagiuri, 1954)뿐만 아니라 그런 인상이나 지각이 근거를 두는 성격에 대한 묵시적 이론들에 대한 연구로 이어진다. 확실하게 한정적으로 크론박(Cronbach, 1955)은 사람들의 성격에 대한 묵시적 이론은 성격의 중요한 특징에 대한 정신적 목록인 자신의 "일반화된 타인"(p. 179)에 관한 지식으로 구성되고 사람들 사이에서 각 특질의 평균과 분산을 평가할 뿐만 아니라 여러 영역 간 공변량을 평가한다고 주장했다. 크론박은 이들 직관적 지식은 사회화와 문화수용 과정의 결과로서 광범위하게 공유되고 획득된다고 주장했다. 그러나 그는 또한 이런 지식에 개인적인 차이와 문화적인 차이가 있을 수 있으며 그에 따라 사회성 행동에 대한 개인이나 집단의 차이를 초래한다고 가정했다. 인상의 형성과 묵시적 성격 이론, 최근의 인관 관계적 속성들(Kelley, 1967), 사회성 범주들(Cantor & Mischel, 1979; Cantor, Mischel, & Schwartz, 1982b), 필적(Schank & Abelson, 1977), 개인적 기억들(Hastie et al., 1980)이 성격의 구조와 처리에 대한 사회성 지능 분석의 토대를 제공한다.

켈리(1955), 미쉘(1973), 캔토와 킬스트롬(1987)은 사회성 개념에 성격의 인지적 구조로서 중심 위치를 부여했다. 지각의 목적이 활동이고 모든 지각 활동이 범주화 활동이라면(Bruner, 1957), 특정한 범주들 즉 사람들이 자기 자신과 타인, 대인 관계를 위한 행동, 행동이 나타나는 사회성 세계를 구성하는 범주들이 성격의 인지적 분석에 최우선적인 중요성을 갖는다. 이들 개념 중 일부는 다른 사람의 세계와 우리가 그들을 만나는 장소에 관계된다. 그런 개념은 성격 유형에 대한 지식(예 성취주의자와 이타주의자; Cantor & Mischel, 1979), 사회성 집단(예: 여성과 WASPS; Hamilton, 1981), 상황들(예: 미팅이나 입사면접; Cantor, Mischel, & Schwartz, 1982a)이 있다. 다른 개념은 인간 세계와 관련된 것으로 특수한 상황 및 일반 상황 하에서 우리는 어떤 유형의 인간인지에 대한 지식(예: 일터에서는 성취주의자 집에서는 이타주의자; Kihlstrom & Klein, 1994; Kihlstrom, Marchese, & Klein, 1997)와 역경을 이기는 방법에 대한 이론(예: 알코올 중독자의 가정에서 성장한 사람, 아동기의 성적 학대를 이겨낸 사람; Ross, 1989)이 있다.[10] 비사회성 영역의 범주화에 대한 연구의 근거(Rosch, 1978; Ross & Spalding,

10) (옮긴이 주) 역경 극복 역량(resilience) 관련 실례(實例)를 소개한다. 주인공을 용기 있는 또는 참으로 운명이 기구하고 불행한 여인으로 평가해야 하는지는 독자가 판단할 일이다.

이 사례의 주인공은 불우했던 과거를 딛고 65세에 석사학위를 획득한 미국 케임브리지 레슬리대학교 2012년 최고령 졸업생이 된 이은주 씨이다. 그는 초등학생 시절에 소녀가장이 됐다. 10대 때 이웃남성들에게 성폭행을 당했다. 20대엔 인신매매단에 걸려 기지촌 여성으로 전락했다. 그러나 그 어떤 시련도 그녀에게서 희망을 앗아가지는 못했다. 최근에(2012) 미국 매사추세츠 주 케임브리지 레슬리대학교 졸업식에서 65세인 이은주 씨는 자식뻘 되는 젊은 학생들 사이에 섞여서 심리학 석사학위를 받았다. 석사모를 쓴 2,000여 명의 졸업생 가운데 최연장자였다. 어린 시절부터 지긋지긋하게 따라붙은 숱한 고난을 이겨내고, 정신질환자 보호시설의 코디네이터로 주경야독하면서 일궈낸 결과물이었다.

이 씨의 아버지는 알코올 중독자였고, 어머니는 심한 우울증을 앓고 있었다. 그녀 밑으론 어린 동생이 셋이나 됐다. 초등학교를 졸업할 무렵, 어머니가 돌연 가출했다. 술에 빠진 아버지는 자녀에게 버팀목이 되지 못했다. "내가 죽으면, 엄마기 돌아올까?, 생각하기도 했고, 한밤중에 엄마가 돌아올까 봐 잠들지도 못한 날도 많았다. 하지만 졸지에 소녀가장이 된 그에게 고민은 사치였다. 어린 동생들을 돌보기 위해서 인근 연필공장에 취업을 했다. 그럭저럭 생계를 꾸려가는 것에 익숙

1994)에서, 사회성 개념은 범주들을 축약적으로 나타내는 대표적 범례에 따르는 개략적인 전형의 퍼지 집합(fuzzy sets)으로 구성되고 개념적 관계들을 반영한 복잡한 계층들을 통해 서로 연관된 것으로 간주될 수 있다. 이런 개념적 관계들의 일부는 보편적인 것이고 다른 개념들은 자신의 문화 속에 형성된 공감대에 의한 것일 수 있다. 그러나 켈리(1955)가 주장한 것처럼 일부는 사람에 따라 매우 특수한 성향을 띄는 것일 수도 있다. 개념들이 다른 사람과 공유되는지 여부에 상관없이, 사회성 세계에 대한 개인의 개념적 지식이 자신의 선언적인 사회성 지능의 중요한 부분을 형성한다.

다른 중요한 선언적인 사회성 지식 구조들은 개인의 자서전적 기억을 나타낸다(Conway, 1990; Rubin, 1996; Thompson, 1996, 1998). 사회성 지능의 배경에서, 자전적 기억은 인간 자신의 활동과 경험의 서술을 포함하지만 또한 특수한 다른 사람들의 활동과 경험에 대한 간접 경험을 통해 학습한 것들과 특정한 상황에서 드러나는 사건들을 포함한다(Hastie et al., 1980). 비록 사회성 개념들이 대체로 추상적이고 배경에 무관한 의미적 기억으로 구성되지만, 자전적 기억은 삽화적인 기억으로 각 이야기의 단편들은 시간

해진 16세에 동네 아저씨와 오빠들에게 성폭행을 당했다. "이렇게 사느니 죽는 게 낫겠다." 싶어 홍예문 다리 위에서 뛰어 내렸다. 뼈가 부서지는 아픔과 함께 흘러내린 핏물이 아스팔트 위에 흥건히 번지는 걸 보며 정신을 잃었다. 눈을 뜨고 보니 다리에 깁스를 한 채 도립병원에 옮겨진 것이다. 행인들의 도움으로 병원에 옮겨진 것이다.

담당 의사는 "복숭아뼈가 완전히 으스러져 다시 걷기 힘들 것"이라고 했다. 걷지 못하게 되는 것은 죽는 것보다 싫었다. 고통을 참아가며 매일 밤 걷기 연습을 한 결과 간신히 다시 일어설 수 있었지만, 평생 다리를 절게 됐다.

모진 불운의 그림자가 잠시 사라진 것처럼 느껴지던 때도 있었다. 병원에서 그녀에게 다정다감하게 대해 주던 대학생 야학 교사를 만나 의지하게 됐고, 결혼으로 이어졌다. 하지만, 남편은 가정을 돌보지 않고 밖으로 겉돌았다. 마침내 이 씨에게 이혼을 요구한 뒤 아이 둘을 데리고 집을 나가 버렸다.

수면제를 먹고 두 번째 자살을 시도했지만, 또 실패했다. 아무런 희망도 없이 하루하루 연명하던 어느 날, 우연히 알게 된 한 여자를 따라갔다가 인신매매단에 걸려 기지촌에 옮매이는 신세가 됐다. 인신매매가 성행하던 1972년 일이었다.

3년간 기지촌에서 살다가 미군 병사를 만나서 딸을 낳은 뒤 28세였던 1975년 미국으로 건너갔다. 그러나 불행은 미국까지 이 씨를 쫓아왔다. 둘째가 태어나자마자 미국인 남편은 집을 나갔다. 생활보조금을 받아서 생계를 이어나가다 세 번째 남편을 맞았으나, 그 역시 아이 하나를 낳은 뒤 떠나 버렸다. 자녀 셋 딸린 싱글맘 처지로 외국에 홀로 남겨진 이 씨는 두 주먹을 쥐었다. "아이들에겐 고생을 대물리지 않겠다"는 오기가 생겼다. 청소, 접시 닦이 등 온갖 허드렛일을 하며 돈을 벌었다. 그러던 중 정신질환자 수용 시설 환자 도우미로 취업할 기회를 잡아 비로소 생활에 여유가 생겼다.

과 공간 속에의 특정한 위치와 관계된다(Tulving, 1983). 추가하여, 모든 의식적인 자전적 기억 단편들은 어떤 행위의 작용물이나 희생자이거나 어떤 상태에 대한 자극 또는 경험이 쌓여 있는 자아의 지적 표현이다(Kihlstrom, 1997). 자아에 관한 관계의 일부로서, 자전적 기억의 각 단편은 또한 적어도 원칙상, 문제의 사건이 일어난 시기에 정신적 상태 및 동기적 상태와 관계가 있다. 따라서 자전적 기억은 내용이 풍부하면서 복잡한 구조를 가지며, 너무 복잡하고 풍부해서 대부분의 인지 심리학자들이 단어와 그림에 대한 기억에 관해서는 실험실적 과제에 의존하는 것이 놀라운 일이 아니다.

절차적 측면에서, 사회성 지능의 문항들 중 상당 부분이 사회성 경험을 이해하기 위한

막내아들이 고등학교에 입학하자, 50대 초반이 된 이 씨는 아들과 같은 학교 야간 검정고시반에 등록했다. 공부에 대한 열망이 여전히 남아 있었기 때문이다. 7개월만에 고교졸업시험(GED)을 통과했다. 60명의 졸업생들 앞에서 대표 연설을 하는 엄미를 보며, 큰 딸은 눈물을 흘렸다. 이 씨의 도전은 여기서 멈추지 않았다. 정규대학 입학 자격을 갖추기 위해서 2001년 덴버스의 노스쇼어(North Shore) 칼리지에 진학해 2년 과정을 마쳤고, 레슬리대학교 심리학과에 진학해서 5년만에 졸업했다. 이어 대학원에 등록해서 3년간 일과 학업을 병행한 끝에 석사학위를 2012년에 받았다. 보스턴 지역 언론인과 면담에서 이씨는 "불운했던 과거를 치유하고 싶어서 시작한 공부를 정신질환자들을 돕는데 활용하고 싶다."고 했다(조선일보, 2012, 6, 16).

인간 승리의 삶을 산 이 사례에서 주인공은 가해자인가, 피해자인가, 무엇이 그를 지옥과 같은 불행한 삶의 드라마에서 벗어나게 했는가. 자신의 내재적인 삶에의 의지력인가 또는 불행은 혼자 감당하기 어려운 외재적인 방해(주로 악의 축인 나쁜 남자 또는 불가사의한 운명의 장난에 의해서) 세력에 의해서 반복적으로 발생했는가? 주인공이 반복해서 불행을 경험할 경우에 위험 요인, 취약 요인, 보호 요인이 어떻게 작동했는가? 주인공이 겪은 불행에 대한 대처에 있어서 일정한 책임이 있는 남자에게 귀책사유에 대한 사법적, 경제적, 심리적 배상 책임을 어떻게 청구해야 하는가?

사회 안전망은 누구를 위해 작동하는가? 주인공의 불행했던 과거사의 극복이 또 다른 제2, 제3의 불행한 삶을 살고 있는 사람들의 치료에 도움이 될 것인가? 기대 효과는? 이 사례에서 미혼 남녀에게 이성교제나 결혼 문제나 이혼 문제에 대한 대처방안 수립에 있어서 반면교사(反面教師)로서의 교훈을 찾는 다면, 그것은 무엇일까. 비슷한 불행이 반복해서 발생되는 이유와 책임은? "주여! 당신의 도움이 필요합니다."라고 호소했을 것 같다. 담론이 필요한 주제이다. 이 주인공에게서 반복해서 발생된 불행한 인생사가 현재와 후일에 심리 사회적 외상 스트레스나 외상후 스트레스 장애(Posttraumatic stress disorder, PTSD)로 인해서 또 다른 심리적 고통으로 괴로움을 겪게 될 것이 예상되므로 심리치료와 스트레스 상담이 필요하고 종교에 의탁하면서 딱한 처지에 있는 사람을 대상으로 봉사활동을 하도록 전문가의 개입도 도움이 될 것으로 생각된다. 그 자신이 실존적 고통을 애써 피하려고 하지 않고 자의 반 타의 반 직면, 즉 맞닥뜨림으로써 자생적 생존력을 훈련했다고 생각된다. 주인공의 역경 극복 역량(resilience)을 양적으로, 귀인이론으로 평가한다면 어떤 결과가 나올 것인가?

해석 규칙으로 구성되어 있다. 이것들은 귀납적인 사회성 범주들과 연역적 범주로서 회원지위, 인과 관계적 속성 만들기, 다른 사람의 행동적 성향과 감성적 상태 추측, 호감과 의무에 대한 판단 형성, 인지적 부조화의 해결, 자기 자신이나 타인의 행동에 대한 기억을 저장하거나 회상하기, 앞으로 일어날 사건의 예측, 사회성 판단에 대한 자신의 가설 검증이다. 이들 절차 중 일부는 고정적인 반면 다른 것들은 발견학습 과정에 따르며 가변적이다(Nisbett & Ross, 1980). 일부는 생각에 의해 활성화되는 반면 다른 것들은 어떤 주의나 인지적 노력 없이 자동적으로 활성화된다(Bargh, 1994; Kihlstrom, 1987, 1996a, 1996b; Wegner & Bargh, 1998). 하지만 그것들은 모두 사회성 지능의 절차 목록의 일부이다.

지금까지의 설명 내용에서, 성격의 사회성 지능 이론의 관점에서 사회성 지능 평가는 심리 측정학적 관점에 의한 평가와는 매우 다른 특성을 갖는다는 점을 명백하게 해야 한다. 심리 측정학적 관점에서는 제시된 질문의 답은 정부(正否)로 답을 해야 한다. 즉, 다음과 같은 질문들이다. 똑똑한 사람이 우호적이기도 한가? 당신은 어떤 사람이 행복하거나 슬플 때 어떻게 알 수 있는가? 장례식에서 웃는 것은 적절한 행동인가? 이와 같은 방식에서는 적어도 이론적으로 사람의 사회성 지식의 정확성과 그의 행동의 타당성을 평가하는 것이 가능하다. 하지만 처음에 언급된 것처럼, 성격에 대한 사회 지능적 접근은 그와 같은 인간의 서열화를 거부한다. 그 사람이 어떤 기준과 비교해서 얼마나 사회성으로 지적인가를 묻는 대신, 성격에 대한 사회성 지능 관점은 어떤 사람이 자신의 대인 관계적 행동을 지시하는 것으로 어떤 사회성 지능을 가지고 있는지를 묻는다. 실제로, 성격에 대한 사회 지능적 접근은 개인이 소유한 사회성 지능의 목록을 평가하는 것보다 그것을 통해 개성이 구성되는 일반적 인지 구조와 처리 및 이들이 개인의 인생 역정(life course)에서 발달되는 방법, 당면한 사회성 상호작용에서 역할을 수행하는 방법에 관한 이해를 추구하는데 더 중점을 두고 있다. 이런 이유 때문에, 캔터와 킬스트롬(1987, 1989; Kihlstrom & Kantor, 1989)은 그것에 의해 어떤 사람의 사회성 지능이 평가될 수 있는 어떤 개인차에 대한 평가 수단도 제안하지 않았다.[11]

---

11) (원저자 주) 이런 규칙에 한 가지 예외는 PERSPACE로 대인 관계적 공간에 대한 개인적인 배경에 따른 자아 관념과 다른 측면을 평가하기 위해 고안된 컴퓨터 소프트웨어이다(Kihlstrom & Cunningham, 1991; Kihlstrom et al., 1997). 그러나 켈리(1955)의 역할 구성요인 보유 검사(Role Construct Repertory Test)처럼, PERSPACE도 순전히 의미를 표시하는 도구로 고안되었기 때문에 사람을 서열화하거나 수행의 정규적 표준과 그들을 비교하는 데 이용될 수 없다.

일생의 과제에 내재된 사회성 지능

성격에 대한 사회성 지능 관점이 평가란 측면에서는 사회성 지능에 대한 심리 측정학적 접근과 갈라졌지만, 그것은 현재 심리 측정학적 관점인 지능이 배경에 한정적이란 것에는 동의한다. 따라서 스턴버그(1985, 1988)의 삼원 지능 이론에서, 사회성 지능은 사람들이 물리적이고 사회성 세계에서 부딪치는 실제적 문제를 해결하려고 시도하는 지식의 더 큰 문항의 일부이다. 캔터와 킬스트롬(1987)에 따르면, 사회성 지능은 특별히 사회성 삶의 문제를 해결하거나 또는, 특별히 일생의 문제, 현재의 관심(Klinger, 1977) 또는 개인적 계획들(Little, 1989)과 같은 자신이 의해 스스로 선택하거나 외부로부터 다른 사람에 의해 자신에게 부여된 것들을 다루는데 적합하도록 구성되었다. 다르게 표현하면, 사람의 사회성 지능은 추상적으로는 평가될 수 없고 단지 그것이 발현되는 영역과 배경의 측면과 그것이 해결해야 할 일생의 문제 측면에서만 평가될 수 있다. 이런 경우에서조차, "타당성"은 외부의 관찰자의 관점에서 판단될 수 없고 그보다 자신의 과제들이 수행되는 피험자의 관점에서 평가될 수 있다.

일생의 과제는 개인과 상황의 상호작용에 대한 분석을 위한 통합적인 분석 단위를 제공한다. 그들은 명시적이거나 묵시적일 수도, 관념적이거나 상황적일 수도, 보편적이거나 특이할 수도, 지속적이거나 어떤 단계에 제한된 것일 수도, 희귀하거나 일상적일 수도, 불명확하거나 명백한 문제일 수도 있다. 그들의 형태가 어떻든, 그들은 개인의 삶에 의미를 주고 개인의 일상 활동을 조직하는 역할을 한다. 이들 일생의 과제는 개인에 대한 주관적 관점에서 정의되며, 그것은 사람이 자신을 "인생의 특정 시기에 해결하기 위해 일하거나 노력하는" 것으로 지각하게 하는 과제들이다〔Cantor, Kihlstrom, 1987, p. 168; "발달 심리학과 교육"에서는 이것을 발달 과업(developmental task)의 주제로 다룬다〕.[12] 최우선적으로, 일생의 과제는 개인에 의해 자신과 관계있고 시간을 필요로 하는 의미 있는 것으로서 표현된다. 그것은 개인의 활동에 대한 일종의 조직화된 체계를 제공하고 개인의 지속적인 일상생활 속에 심어진다. 그리고 일생의 과제는 그 사람이 살

---

12) (원저자 주) 우리의 친구 중에 한 사람은 자신의 일생을 솔직하고 확실하게 다음과 같이 이야기했다. "우선 나는 직업을 구해야 하고 그런 다음 결혼을 할 예정입니다." 이것은 아마도 아동으로서 그녀의 일생 과제는 아닐 것이며 더 나아가 대학이나 대학원의 과제도 아닐 것이다. 그리고 일단 그녀가 직업을 얻고 결혼하더라도 그녀가 다른 삶의 과제를 가지리라는 것은 의심의 여지가 없다. 대학에 다니는 그녀 연령대의 사람들은 두 과제 중 하나의 과제를 갖거나 전혀 없을 수도 있고 두 가지 과제를 모두 가지고 있을 수도 있다. 하지만 그것은 성취하는 순서가 반대이거나 다른 과제(아이를 낳아서 기르거나 늙거나 병든 부모를 돌보는 것과 같은)를 추가하여 혼합할 수도 있다.

고 있는 사회성 환경의 요구과 구조, 제약에 민감하다. 많은 일생의 과제가 특정한 삶의 시기(예: 은퇴) 또는 삶의 다른 내용(예: 이혼)에 대해 표준적이며 거기에 접근하는 방법은 사회 문화적 요인에 의해서 제한될 수 있다. 하지만, 에릭슨(Erickson, 1950)과 그의 이론에 따르는 사람들(Levison, 1978; Sheely, 1976)의 단계 구조적 관점과 달리, 개성의 사회성 지능 관점은 특정한 연령대의 모든 사람들이 같은 종류의 일생의 과제에 종사한다고 하지는 않는다. 대신, 사람이 다른 사회성 조직으로 들어가는 전환기가 명백하게 사람의 일생의 과제에 차이가 가장 확실해지는 시기이다.

예를 들어, 캔터와 그녀의 연구원들은 고등학교에서 대학으로 진학하는 변화를 인생의 과제를 연구하는데 특히 유용한 시기로 선택했다(Cantor, Acker, & Cook-Flanagan, 1992; Cantor & Fleeson, 1991, 1994; Cantor & Harlow, 1994; Cantor & Langston, 1989; Cantor & Malley, 1991; Cantor et al., 1991; Cantor, Norem, Niedenthal, Langston, & Brower, 1987; Zirkel & Cantor, 1990). 대학의 신입생 기간은 학문적 연구자들에게 연구하기 편리한 것 이상이다. 고등학교에서 대학으로 그리고 성인으로 전환은 중요한 발달적 이정표로 이 시기에 많은 사람들이 처음으로 가족을 떠나 다양한 독립적 습관과 생활 양식을 형성한다. 그리고 비록 대학에 입학할 때의 결정이 자신들을 위한 것이더라도(또는 결정 사항이 아니라 단지 당연한 사실일 수도 있지만), 학생들은 여전히 자신을 위해 기회가 주어지면 해야 할 것들에 대해 선택할 수 있는 많은 여지가 남아 있다. 즉, 그들은 앞으로 4년간 어떤 삶의 과제를 택해야 하는가와 같은 것들이다. 따라서 우리가 대학생들에게 자신의 일생의 과제를 열거해 보라고 했을 때, 그들은 사회성 삶의 과제(예: 친구 사귀기, 자기 자신을 형성하기)를 학문적 과제들(예: 좋은 학점유지 또는 진로 개척)만큼이나 많이 열거했다. 그리고 비록 학생들 과제의 대부분은 상대적으로 작은 수의 공통적 범주들로 구분될 수 있지만, 이들 과제들에 대한 자신들의 개인적 해석이 매우 독특하기 때문에 그만큼 독특한 활동 전략들이 나타난다.[13)]

삶의 과제를 추구하는 지적인 본성은 거기에 적용되는 전략에 의해 명백하게 나타난

---

13) (원저자 주) 물론 대학생들은 일생의 과제를 가진 유일한 사람이 아니다. 할로우와 캔터(Harlow & Cantor, 1996)는 사회적 봉사와 사회적 삶에 참가하는 것 같은 삶의 과제에 참가한 사람들이 은퇴한 사람들 특히 이 같은 집단에서 일이나 경력에 관련된 삶의 과제에서 뒤쳐진 사람들에게 삶의 만족을 위한 중요한 전제조건이라는 사실을 발견했다.
(옮긴이 주) 스트레스 심리학 영문 원서에서 대학생 스트레스를 한 장("Stress and the College Student")에 걸쳐서 설명하고 있다.

Greenberg, J. S. (1996). *Comprehensive Stress Management*. Madison: Brown & Benchmark.

다. 사람들은 때때로 실제적인 여러 가지 결과를 예상해 보고 자전적 기억 속에 저장돼 있는 이전 경험들과 그들을 연관시킴으로써 손에 있는 문제를 이해하기 시작한다. 그들은 활동을 위한 특정한 계획을 수립하고 앞에 놓인 환경적 요인을 검토하고 실제 결과가 자신들의 초기 예상과 맞는지를 결정함으로써 목표를 향한 진도를 조절한다. 일생 과제에 인지적 활동의 대부분은 문제 해결이며 결과에 대한 인과 관계적 속성을 형성하는 것과 만약 일이 계획대로 진행되지 않는다면 어떻게 진행될지를 알려 줄 수 있는 단서를 찾기 위해 자전적 기억을 조사하는 것을 포함한다. 일생 동안 추구하는 과제에 대한 지적 본성의 특히 중요한 증거는 필연적으로 계획이 빗나가거나 어떤 예상치 못한 사건이 진도를 방해할 때 나타난다. 그리고 사람이 목표에 이르는 새로운 경로를 조직하거나 심지어 고차원적인 일생의 과제에 필적하는 새로운 목표를 설정할 수도 있다. 지능은 사회적인 삶에서 우리를 반사작용이나 특성에 따른 반사작용, 본능과 같은 비사회성 영역으로부터 해방시킨다.

사회성 지능의 발달14)

비록 사회성 지능의 심리 측정학과 성격 관점이 많은 중요한 부분에서 반대되지만, 개인에 대한 비교 평가의 문제 같은 경우 최근의 사회성 지능의 발달에 대한 연구에서 두 관점이 일치한다(Greenspan, 1979; Greenspan & Love, 1997). 물론 사회성 지능은 항상 지적 발달 장애(mental retardation)의 개념에서 중요한 역할을 해 왔다. 이 정신건강의 학적인 진단은 정상 이하의 지적 기능에 대한 증거(IQ < 70)뿐만 아니라 “의사소통과 자기보호, 가정생활, 사회성 기능 및 대인 관계 기능, 사회성 자원 활용, 자기 감독, 기능적이고 학구적 기술, 작업, 여가, 건강, 안전”(미국 정신의학회, 1994, p. 46) 상의 손상에 대한 입증된 증거를 요구한다. 다른 말로, 지적 발달 장애의 진단은 학문적 지능과 함께 사회성 지능의 결함도 포함된다. 더 나아가, 준거상의 전술에서는 사회성 지능과 학문적 지능의 상호 연관성이 크지 않다는 것을 의미한다. 진단에서 두 가지 지능상의 결함이 필요하다는 것은 한 쪽 결함의 출현에 의해 다른 결함이 나타난 다는 사실을 추론할

---

14) (원저자 주) 적응 행동이 적어도 1950년대 이후에 지적 발달 장애에 대한 진단에 중요한 역할을 수행해 왔다는 사실(Heber, 1961)에도 불구하고, 엘리스(Eliis, 1963)의 『지적 발달 장애, 심리적 이론 및 연구 핸드북(Handbook of Mental Deficiency, Psychological Theory, and Research)』의 초판은 이 분야의 표준 교과서로서 사회성 지능을 다룬 부분이 없었고 누락된 것은 그린스펀(1979), 그린스펀과 러브(1997)에 의한 다음 판에서 수정되었다.

수 없다는 사실을 의미한다.

비록 지적 발달 장애의 상투적인 진단 준거가 지능지수와 지적 기능을 크게 강조하더라도, 그린스펀(Greenspan, 1979)은 그 대신 진단 기준이 사회성이고 실질적 지능을 강조해야 한다고 주장해 왔다. 이 목적을 위해, 그린스펀은 사회성 지능의 계층 모형을 제안했다. 이 모형에서, 사회성 지능은 다음 세 가지 요소로 구성된다. 사회성 민감성은 역할 말하기와 사회성 추론에 반영되며, 사회성 직관은 사회성 이해, 심리적 직관, 도덕적 판단과 관계된다. 사회성 의사소통은 참조적 의사소통과 사회성 문제 해결을 포괄한다. 실제로 사회성 지능은 단지 한 요소의 적응성 지능(다른 요소들은 개념적 지능과 실용적 지능이다)으로 실제로 광범위하게 해석된 개인 역량의 중요한 특질로서 신체적 능력과 사회 운동적 적응을 결합한다. 그린스펀은 사회성 지능에 대한 이들 요소 중 어떤 것에 대한 검사도 제안하지 않았지만 그런 검사가 일반적 사회 환경을 연구하는데 적용된 절차에서 만들어 질 수 있다는 뜻을 비쳤다.

이 모든 것은 단지 결함 있는 지적 기능에 대한 기능이 지능지수에 의해 명백하게 조작 가능 할 때에만 적절하고 유용하지만 아직 그것에 의해 결함 있는 사회성 기능 즉 결함 있는 사회성 지능을 결정할 수 있는 표준이 없다. 바인랜드 사회성 성숙도 지수(Vineland Social Maturity Scale, Doll, 1947)는 이 방향에서 중요한 진전이다. 이 기구는 사회성 연령(정신 연령과 유사한)과 사회 지수(지능지수와 같은 방식으로 사회성 연령을 햇수에 따른 연령으로 나누어 계산)가 통합된 지수를 만든다. 하지만, 사회성 지능과 적응 행동의 다른 측면을 평가하기 위한 이 도구는 지능지수가 비네와 시몬에 의해 처음 소개된 이후 반세기가 지난 다음에 도입되었다는 것이 이야기의 요점이다. 바인랜드는 최근 개정되었지만(Sparrow, Balla, & Cicchetti, 1984), 그것의 사회성 지능 측정에 대한 타당성이 희생되었는데, 그 이유는 언어적 기능, 동작 기능, 직업적 기술, 자기보호, 자기 지도가 사회성 관계와 함께 평가되기 때문이다. 대안으로, 테일러(Taylor, 1990)는 반(半) 구조적 사회적 지능 면접을 사회성 기억, 도덕성 발달, 사회성 암시의 인식과 반응, 사회성 판단을 포함하는 것으로 제안했다. 그러나 테일러는 그와 같은 면접은 개인의 특정한 환경을 고려하기 위해 문자로 표현되었기 때문에 개인들을 서로 비교하고 등급을 매길 수 있는 숫자화된 점수를 만들 수 없다는 점을 인정했다. 테일러의 관점에서 개인을 등급으로 구분하는 것보다 더 중요한 것은 그 사람이 경험한 다양한 환경 속에서 우수한 기능을 보인 분야와 저조한 기능을 나타낸 분야를 식별하고 사람과 그가 살고 있는 환경 사이에 적응이 잘되었는지 여부를 결정하는 것이다. 적응이 잘되었는지 결정하는 것은 당연히 캔터와 킬스트롬(1987)이 옹호하는 성격의 사회성 지능 관점의 중요한 주제이다.[15)]

서열화에 대한 심리 측정학적 강조에서 한 단계 더 나아가 일반 처리들에 대한 사회인지적 강조에 다가서면 자폐증에 대한 최근 연구 경향을 볼 수 있다. 특별히, 여러 사람들 중에서도 레슬리(Leslie, 1987)와 바론-코헨(Baron-Cohen, 1995)이 자폐증을 가진 아동과 성인은 "정신의 이론"(Premack & Woodruff, 1978; Flavell, Green, & Flavell, 1995; Gopnik & Meltzoff, 1997; Wellman, 1990)이 부족하다고 제안했다. 마음의 이론(theory of mind)이란 사람이 다른 사람에 의해 정신적 상태가 생기도록 하여 그 상태가 자신의 정신적 삶에 반영되도록 하는 것이다(Klein & Kihlstrom, 1998). 예를 들어, 바론-코헨, 레슬리, 프리트(Baron-Cohen, Leslie, & Frith, 1985)는 자폐증에서 핵심적으로 결여된 것은 자폐증에 걸린 아동은[16] 다른 사람의 믿음, 태도, 경험이 자신의 것과 다를 수 있다는 사실을 모른다는 것이다. 이 가정은 장애를 겪고 있는 사람들(자폐증뿐만 아니라 정신적 지적 발달 장애와 학습 장애를 포함하여; Greenspan & Love, 1997)에 대한 사회성 지능 평가 문제가 1970년대 이후 나타나기 시작한 정상적 아동에 대한 사회성 인지 발달에 대한 연구(Flavell, 1974; Flavell & Ross, 1981; Shantz, 1975)와 직접 연결되게 했다. 이 방법으로, 사회성 지능에 대한 과학적 이해가 전반적으로 사회성 인지의 개인차에 대한 연구와 이론에 영향을 주기 시작했다.

여전히, 문제는 남아 있다. 바론-코헨이 주장한 것처럼 자폐증에서 핵심적 결여가 사

---

15) (옮긴이 주) 우리나라에서 인사선발시에 중시하는 신언서판(身言書判)의 가치관과는 다른 유의미한 관점으로 생각된다.

16) (옮긴이 주) 자폐증 성향이 한국 초등학생에게서 미국이나 유럽 아동의 2.6배라는 것이 나타났다. 국내 아동 38명 중 1명은 자폐증 성향을 갖고 있는 것으로 나타났다. 미국의 예일대학교 의과대학 김영신 교수와 고윤주 한국 루돌프어린이 사회성발달연구소장, 그리고 미국, 캐나다 연구진 등이 참여한 국제공동연구팀은 2011년 5월 9일 "경기도 고양시 일산에 사는 7~12세 초등학생 55,000명의 2.64%가 자폐증 성향을 갖고 있었다고 밝혔다. 이것은 미국이나 유럽의 1%보다 두 배 이상 높은 수치이다. 일반학교에 다니는 어린이가 전체의 2/3를 차지했다. 그 중에서 남자 어린이와 여자 어린이의 비율은 2.5대1이었다. 이것은 자폐증을 앓는 남녀 비율이 5대1이라는 기존의 학설에 비해 여아의 수가 더 많다는 것을 뜻한다. 연구진은 학교생활기록부 등을 조사하는 기존 방식 대신에 5만 여 명의 아동을 일일이 면담했다. 이러한 방식으로 자폐증 조사를 한 것은 세계적으로 이번 조사가 처음으로 시도한 것이다. 이 연구에 참여한 김 교수는 "한국이 다른 나라보다는 자폐아동 비율이 더 높다고 보긴 힘들다"면서 "한국에서 자폐아동 수치가 높게 나온 것은 심층적인 평가방법을 새롭게 도입했기 때문"이라고 설명을 했다. 그는 "다만 자폐증이 생각했던 것보다 만연해 있다는 사실을 보여 주는 결과"라고 부언했다. 이 연구 결과는 「미국정신건강의학논문집(American Journal of Psychiatry)」 2011년 5월 9일자에 소개됐다. 2012년 6월에 국내 의과대학 교수진이 자폐증의 원인 유전인자를 찾아냈다고 발표했다.

회성 지능을 의미하는 것일까? 이런 측면에서, 가드너(1983)와 함께, 자폐증이 있는 사람은 다른 사람의 정신 상태를 이해하는데 결함을 보일 수 있지만 비사회성 개체나 사건을 인지적으로 다룰 수 있는 능력뿐만 아니라 다른 사람의 지식이나 믿음, 느낌, 소망을 이해할 필요가 없는 사회성 상황은 이해할 수 있는 능력이 남아 있다는 점은 흥미 있는 사실이다. 반면에, 브루너와 펠드만(Bruner & Feldman, 1993)은 사회성 인지에서 이와 같은 결여는 일반 인지적 기능에서 부차적인 결여라고 제안했다. 따라서 비록 정상적 또는 비정상적 발달에 대한 연구가 전보다 더 밀접하게 일반 사회 인지적 이론과 연관되지만 기본적 문제는 지속되고 있다. 기본적인 문제란 사회성 인지가 비사회성 인지와 분리된 기능인가 하는 것과 사회성 지능이 사회성 영역에 적용된 일반 지능과 다른 어떤 것인가 하는 문제이다.

심리학자들이 좋아하는 말처럼, 이들 문제에 해답을 얻기 위해서는 더 많은 연구가 필요하다. 그러나 우리는 앞으로 사회성 지능에 대한 연구가 지금까지 연구들이 가졌던 것과는 다른 특성을 가질 것으로 기대할 수 있다. 지능에 대한 연구가 거쳐온 과정에서 가장 두드러지면서 당혹스러운 특징은 우리가 지적 능력의 개인차를 평가하는 도구와 지능에 대한 인지적인 토대를 제공하는 지적 처리에 대한 이해 사이에 거의 접촉이 없었다는 사실이다(Sternberg, 1977). IQ 검사는 한때 “오늘날까지 심리학자의 가장 인상적인 수확”(Herrnstein, 1973, p. 62)으로 과장되었지만, 거의 완전히 이론과는 별개이며 학교에서 아동들이 하는 활동에 맞추어 실용적으로 구성되었던 것이다. 사회성 지능에 대해서도 역시 마찬가지로 이것은 너무나 빈번히 변칙적으로 개념화되었고 임시방편적으로 합쳐진 검사들에 의해 평가되어 왔다(Walker & Foley, 1973). 아마도 성격에 대한 사회성 지능 관점과 “심성의 이론(theory of mind)”과 같은 새로운 이론적 접근에 의해, 이런 상황이 변해서 미래의 이 같은 검토는 사회성 행동의 개인차의 원인인 일반적 사회 인지 처리들에 대한 이해를 기반으로 사회성 지능을 평가하는 내용을 쓸 수 있게 될 것이다.

참고 문헌

Allport, G. W., & Odbert, H. S. (1937). Trait-names: A psycho-lexical study. *Psychological Monographs*, *47*(Whole No. 211).

American Psychiatric Association. (1994). *Diagnostic and statistical manual of mental disorders*, 4th ed. Washington, DC: American Psychiatric Association.

Anderson, J. R. (1976). *Language, memory, and thought*. Hillsdale, NJ: Erlbaum.

Asch, S. E. (1946). Forming impressions of personality. *Journal of Abnormal & Social Psychology*, *41*, 258–290.

Bandura, A. (1973). *Aggression: A social learning analysis*. Englewood Cliffs, NJ: Prentice Hall.

Bandura, A. (1986). *Social foundations of thought and action: A social cognitive theory*. Englewood Cliffs, NJ: Prentice Hall.

Bandura, A., & Walters, R. H. (1963). *Social learning and personality development*. New York: Holt, Rinehart, & Winston.

Bargh, J. A. (1994). The four horsemen of automaticity: Awareness, intention, efficiency, and control in social cognition. In R. S. Wyer & T. K. Srull (Eds.), *Handbook of social cognition*, 2nd ed. (Vol. 1, pp. 1–40). Hillsdale, NJ: Erlbaum.

Barnes, M. L., & Sternberg, R. J. (1989). Social intelligence and decoding of nonverbal cues. *Intelligence*, *13*, 263–287.

Baron–Cohen, S. (1995). *Mindblindness: An essay on autism and theory of mind*. Cambridge, MA: MIT Press.

Baron–Cohen, S., Leslie, A. M., & Frith, U. (1985). Does the autistic child have a "theory of mind"? *Cognition*, *21*, 37–46.

Baron–Cohen, S., Tager–Flusberg, H., & Cohen, D. J. (Eds.). *Understanding other minds: Perspectives from autism*. Oxford, UK: Oxford University Press.

Broom, M. F. (1928). A note on the validity of a test of social intelligence. *Journal of Applied Psychology*, *12*, 426–428.

Brown, L. T., & Anthony, R. G. (1990). Continuing the search for social intelligence. *Personality & Individual Differences*, *11*, 463–470.

Bruner, J. S. (1957). On perceptual readiness. *Psychological Review*, *64*, 123–152.

Bruner, J. S., & Feldman, C. (1993). Theories of mind and the problem of autism. In S. Baron–Cohen, H. Tager–Flusberg, & D. J. Cohen (Eds.), *Understanding other minds: Perspectives from autism* (pp. 267–291). Oxford: Oxford University Press.

Bruner, J. S., & Tagiuri, R. (1954). The perception of people. In G. Lindzey (Ed.), *Handbook of social psychology* (Vol. 2, pp. 634–654). Reading, MA: Addison–Wesley.

Byrne, R., & Whiten, A. (Eds.). (1988). *Machiavellian intelligence: Social expertise and the evolution of intellect in monkeys, apes, and humans*. Oxford: Clarendon Press.

Campbell, D. T., & Fiske, D. W. (1959). Convergent and discriminant validation by the multitrait–multimethod matrix. *Psychological Bulletin*, *56*, 81–105.

Campbell, J. M., & McCord, D. M. (1996). The WAIS–R Comprehension and Picture Arrangement subtests as measures of social intelligence: Testing traditional interpretations. *Journal of Psychoeducational Assessment*, *14*, 240–249.

Cantor, N., Acker, M., & Cook–Flanagan, C. (1992). Conflict and preoccupation in the intimacy life task. *Journal of Personality & Social Psychology*, *63*, 644–655.

Cantor, N., & Fleeson, W. (1991). Life tasks and self–regulatory processes. In M. Maehr & P. Pintrich (Eds.), *Advances in motivation and achievement* (Vol. 7, pp. 327–369). Greenwich, CT: JAI Press.

Cantor, N., & Fleeson, W. (1994). Social intelligence and intelligent goal pursuit: A cognitive slice of motivation. In W. D. Spaulding (Ed.), Integrative views of motivation, cognition, and emotion. *Nebraska Symposium on Motivation, 41*, 125–180.

Cantor, N., & Harlow, R. (1994). Social intelligence and personality: Flexible life-task pursuit. In R. J. Sternberg & P. Ruzgis (Eds.), *Personality and intelligence* (pp. 13 7–168). Cambridge, UK: Cambridge University Press.

Cantor, N., & Kihlstrom, J. F. (1982). Cognitive and social processes in personality. In G. T. Wilson & C. M. Franks (Eds.), *Contemporary behavior therapy: Conceptual and empirical foundations* (pp. 142–201). New York: Guilford.

Cantor, N., & Kihlstrom, J. F. (1987). *Personality and social intelligence*. Englewood Cliffs, NJ: Prentice Hall.

Cantor, N., & Kihlstrom, J. F. (1989). Social intelligence and cognitive assessments of personality. In R. S. Wyer & T. K. Srull (Eds.), *Advances in social cognition* (Vol. 2, pp. 1–59). Hillsdale, NJ: Erlbaum.

Cantor, N., & Langston, C. A. (1989). "Ups and downs" of life tasks in a life transition. In L. A. Pervin (Ed.), *Goal concept in personality and social psychology* (pp. 127–168). Hillsdale, NJ: Erlbaum.

Cantor, N., & Malley, J. (1991). Life tasks, personal needs, and close relationships. In G. J. O. Fletcher & F. D. Fincham (Eds.), *Cognition in close relationships* (pp. 101–125). Hillsdale, NJ: Erlbaum.

Cantor, N., & Mischel, W. (1979). Prototypes in person perception. In L. Berkowitz (Ed.), *Advances in experimental social psychology* (Vol. 12, pp. 3–52). New York: Academic Press.

Cantor, N., Mischel, W., & Schwartz, J. (1982a). A prototype analysis of psychological situations. *Cognitive Psychology, 14*, 45–77.

Cantor, N., Mischel, W., & Schwartz, J. (1982b). Social knowledge: Structure, content, use and abuse. In A. H. Hastorf & A. M. Isen (Eds.), *Cognitive social psychology* (pp. 33–72). New York: Elsevier North-Holland.

Cantor, N., Norem, J., Langston, C., Zirkel, S., Fleeson, W., & Cook-Flanagan, C. (1991). Life tasks and daily life experiences. *Journal of Personality, 59*, 425–451.

Cantor, N., Norem, J. K., Niedenthal, P. M., Langston, C. A., & Brower, A. M. (1987). Life tasks, self-concept ideals and cognitive strategies in a life transition. *Journal of Personality & Social Psychology, 53*, 1178–1191.

Cantor, N., Smith, E. E., French, R., & Mezzich, J. (1980). Psychiatric diagnosis as prototype categorization. *Journal of Abnormal Psychology, 89*, 181–193.

Cantor, N., & Zirkel, S. (1990). Personality, cognition, and purposive behavior. In L. Pervin (Ed.), *Handbook of personality: Theory and research* (pp. 125–164). New York: Guilford.

Cattell, R. B. (1971). *Abilities: Their structure, growth, and action*. Boston: Houghton Mifflin.

Chapin, F. S. (1942). Preliminary standardization of a social impact scale. *American Sociological Review, 7*, 214–225.

Chen, S. A., & Michael, W. B. (1993). First-order and higher-order factors of creative social intelligence within Guilford's structure-of-intellect model: A reanalysis of a Guilford data base. *Educational &*

Psychological Measurement, 53, 619–641.

Conway, M. A. (1990). *Autobiographical memory: An introduction.* Milton Keynes, UK: Open University Press.

Cronbach, L. J. (1955). Processes affecting scores on "understanding of others" and "assumed similarity". *Psychological Bulletin, 52*, 177–193.

Doll, E. A. (1947). *Social maturity scale*. Circle Pines, MN: American Guidance Service.

Ellis, N. R. (Ed.). (1979). *Handbook of mental deficiency: Psychological theory and research.* New York: McGraw–Hill.

Erickson, E. H. (1950). *Childhood and society*. New York: Norton.

Farah, M. (1996). Is face recognition "special"? Evidence from neuropsychology. *Behavioural Brain Research, 76*, 181–189.

Fiske, S. T., & Taylor, S. E. (1991). *Social cognition*, 2nd ed. Reading, MA: Addison–Wesley.

Flavell, J. H. (1974). The development of inferences about others. In T. Mischel (Ed.), *Understanding other persons* (pp. 66–116). Oxford: Blackwell, Basil, & Mott.

Flavell, J. H., Green, F. L., & Flavell, E. R. (1995). Young children's knowledge about thinking. *Monographs of the Society for Research in Child Development, 60*, Whole No. 1.

Flavell, J. H., & Ross, L. (1981). *Social and cognitive development: Frontiers and possible future*. New York: Cambridge University Press.

Ford, M. E., & Tisak, M. S. (1983). A further search for social intelligence. *Journal of Educational Psychology, 75*, 196–206.

Fredrickson, N., Carlson, S., & Ward, W. C. (1984). The place of social intelligence in a taxonomy of cognitive abilities. *Intelligence, 8*, 315–337.

Gallup, G. G. (1970). Chimpanzees: Self–recognition. *Science, 167*, 86–87.

Gallup, G. G. (1998). Self–awareness and the evolution of social intelligence. *Behavioural Processes, 42*, 239–247.

Gallup, G. G., Marino, L., & Eddy, 'F. J. (1997). Anthropomorphism and the evolution of social intelligence: A comparative approach. In R. W. Mitchell, N. S. Thompson, & H. L. Miles (Eds.), *Anthropomorphism, anecdotes, and animals* (pp. 77–91). Albany: State University of New York Press.

Gardner, H. (1983). *Frames of mind: The theory of multiple intelligences*. New York: Basic Books.

Gardner, H. (1993). *Multiple intelligences: The theory in practice*. New York: Basic Books.

Gauthier, I. (1998). *Dissecting face recognition: The role of categorization level and expertise in visual object recognition. Unpublished doctoral dissertation*, Yale University.

Geertz, C. (1975). On the nature of anthropological understanding. *American Scientist, 63*, 47–53.

Goffman, E. (1959). *The presentation of self in everyday life*. Garden City, NY: Doubleday Anchor.

Goffman, E. (1967). *Interaction ritual: Essays in face–to–face behavior*. Chicago: Aldine.

Gopnik, A., & Meltzoff, A. N. (1997). *Words, thoughts, and theories*. Cambridge, MA: MIT Press.

Gough, H. G. (1966). Appraisal of social maturity by means of the CPI. *Journal of Abnormal Psychology, 71*, 189–195.

Greenspan, S. (1979). Social intelligence. In N. R. Ellis (Ed.), *Handbook of mental deficiency: Psychological theory and research*, 2nd ed. (pp. 483–532). Hillsdale, NJ: Erlbaum.

Greenspan, S., & Love, P. F. (1997). Social intelligence and development disorder: Mental retardation, learning disabilities, and autism. In W. E. MacLean (Ed.), *Ellis' handbook of mental deficiency: Psychological theory and research*, 3rd ed. (pp. 3 11–342). Mahwah, NJ: Erlbaum.

Guilford, J. P. (1967). *The nature of intelligence*. New York: McGraw–Hill.

Guilford, J. P. (1981). Higher–order structure–of–intellect abilities. *Multi variate Behavioral Research*, *16*, 411–435.

Hamilton, D. (1981). *Cognitive processes in stereotyping and intergroup behavior*. Hillsdale, NJ: Erlbaum.

Harlow, R. E., & Cantor, N. (1996). Still participating after all these years: A study of life task participation in later life. *Journal of Personality & Social Psychology*, *71*, 1235–1249.

Hastie, R., Ostrom, T., Ebbesen, E., Wyer, R. S., Hamilton, D., & Carlston, D. E. (1980). *Person memory: The cognitive basis of social perception*. Hillsdale, NJ: Erlbaum.

Heber, R. A. (1961). A manual on terminology and classification in mental retardation, 2nd ed. *American Journal of Mental Deficiency*, *65*, Monograph Supplement.

Hendricks, M., Guilford, J. P., & Hoepfner, R. (1969). Measuring creative social intelligence. *Reports from the Psychological Laboratory University of Southern California*, No. 42.

Herrnstein, R. J. (1973). *IQ in the meritocracy*. Boston: Atlantic–Little, Brown.

Hoepfner, R., & O'Sullivan, M. (1969). Social intelligence and IQ. *Educational & Psychological Measurement*, *28*, 339–344.

Hogan, R. (1969). Development of an empathy scale. *Journal of Consulting & Clinical Psychology*, *33*, 307–316.

Humphrey, N. (1976). The social functions of intellect. In P. P. G. Bateson & R. A. Hinde (Eds.), *Growing points in ethology* (pp. 303–317). Cambridge: Cambridge University Press.

Hunt, T. (1928). The measurement of social intelligence. *Journal of Applied Psychology* *12*, 317–334.

Jensen, A. R. (1998). *The g factor: The science of mental ability*. Westport, CT: Praeger.

John, O. P. (1990). The "big five" factor taxonomy: Dimensions of personality in the natural language and in questionnaires. In L. Pervin (Ed.), *Handbook of personality: Theory and research* (pp. 66–100). New York: Guilford.

Jones, E. E., & Pittman, T. S. (1982). Toward a general theory of strategic self–presentation. In J. Suls (Ed.), *Psychological on the self* (pp. 231–262). Hillsdale, NJ: Erlbaum.

Jones, K., & Day, J. D. (1997). Discrimination of two aspects of cognitive–social intelligence from academic intelligence. *Journal of Educational Psychology*, *89*, 486–497.

Kaess, W. A., & Witryol, S. L. (1955). Memory for names and faces: A characteristic of social intelligence? *Journal of Applied Psychology*, *39*, 457–462.

Kant. I. (1798/1978). *Anthropology from a pragmatic point of view*. Carbondale, II: Southern Illinois University Press. (Originally published 1798).

Keating, D. K. (1978). A search for social intelligence. *Journal of Educational Psychology*, *70*, 218–233.

Kelley. H. L. (1967). Attribution theory in social psychology. In D. Levine (Ed.), *Nebraska symposium on motivation* (Vol. 15, pp. 192–238). Lincoln: University of Nebraska Press.

Kelly, G. (1955). *The psychology of personal constructs*. New York: Norton.

Kihlstrom, J. F. (1987). The cognitive unconscious. *Science*, *237*, 1445–1452.

Kihlstrom, J. F. (1996a). Conscious and unconscious cognition. In R. J. Sternberg (Ed.), *The concept of cognition* (pp. 173–203). Cambridge, MA: MIT Press.

Kihlstrom, J. F. (1996b). Unconscious processes in social interaction. In S. Hameroff, A. W. Kaszniak, & A. C. Scott (Eds.), *Toward a science of consciousness: The 1st Tucson discussions and debates* (pp. 93–104). Cambridge, MA: MIT Press.

Kihlstrom, J. F. (1997). Consciousness and me–ness. In J. Cohen & J. Schooler (Eds.), *Scientific approaches to the question of consciousness* (pp. 451–468). Mahwah, NJ: Erlbaum.

Kihlstrom, J. F., & Cantor, N. (1989). Social intelligence and personality: There's room for growth. In R. S. Wyer & T. K. Srull (Eds.), *Advances in social cognition* (Vol. 2, pp. 197–214). Hillsdale, NJ: Erlbaum.

Kihlstrom, J. F., & Cunningham, R. L. (1991). Mapping interpersonal space. In M. Horowitz (Ed.), *Person schemas and interpersonal behavior patterns* (pp. 311–336). Chicago: University of Chicago Press.

Kihlstrom, J. F., & Hastie, R. (1997). Mental representations of persons and personality. In S. R. Briggs, R. Hogan, & W. H. Jones (Eds.), *Handbook of personality psychology* (pp. 711–735). San Diego, CA: Academic Press.

Kihlstrom, J. F., & Klein, S. B. (1994). The self as a knowledge structure. In R. S. Wyer & T. K. Srull (Eds.), *Handbook of social cognition*, 2nd ed. (Vol. 1, pp. 153–208). Hillsdale, NJ: Erlbaum.

Kihlstrom, J. F., Marchese, L. A., & Klein, S. B. (1997). Situating the self in interpersonal space. In U. Neisser & D. A. Jopling (Eds.), *The conceptual self in context: Culture, experience, self–understanding* (pp. 154–175). New York: Cambridge University Press.

Kihlstrom, J. F., Mulvaney, S., Tobias, B. A., & Tobis, I. P. (1999). The emotional unconscious. In E. Eich, J. F. Kihlstrom, G. H. Bower, J. P. Forgas, & P. M. Niedenthal, *Counterpoints: Cognition and emotion*. New York: Oxford University Press.

Kihlstrom, J. F., & Nasby, W. (1981). Cognitive tasks in clinical assessment: An exercise in applied psychology. In P. C. Kendall & S. D. Hollon (Eds.), *Cognitive–behavioral interventions: Assessment methods* (pp. 287–317). New York: Academic Press.

Klein, S. B., & Kihlstrom, J. F. (1998). On bridging the gap between social–personality psychology and neuropsychology. *Personality & Social Psychology Review*, 228–242.

Klinger, E. (1977). *Meaning and void: Inner experience and the incentives in people's lives.* Minneapolis: University of Minnesota Press.

Kohlberg, L. (1963). The development of children's orientations toward a moral order: I. Sequence in the development of moral thought. *Vita Humana*, *6*, 11–33.

Kosmitzki, C., & John, 0. P. (1993). The implicit use of explicit conceptions of social intelligence. *Personality & Individual Differences*, *15*, 11–23.

LeDoux, J. (1996). *The emotional brain: The mysterious underpinnings of emotional life*. New York: Simon & Schuster.

Legree, P. J. (1995). Evidence for an oblique social intelligence factor established with a Likert–based testing procedure. *Intelligence*, *21*, 247–266.

Leslie, A. M. (1987). Pretense and representation: The origins of "theory of mind." *Psychological Review*, *94*, 412–426.

Levinson, D. (1978). *The seasons in a man's life*. New York: Balantine.

Little, B. (1989). Personal projects analysis: Trivial pursuits, magnificent obsessions, and the search for coherence. In D. Buss and N. Cantor (Eds.), *Personality psychology: Recent trends and emerging directions* (pp. 15–31). New York: Springer–Verlag.

Lowman, R. L., & Leeman, C. E. (1988). The dimensionality of social intelligence: Social abilities, interests, and needs. *Journal of Psychology*, *122*, 279–290.

Luria, A. R. (1972). *The man with a shattered world: The history of a brain wound*. New York: Basic Books.

Macmillan, M. B. (1986). A wonderful journey through skull and brains: The travels of Mr. Gage's tamping iron. *Brain & Cognition*, *5*, 67–107.

Marlowe, H. A. (1986). Social intelligence: Evidence for multidimensionality and construct independence. *Journal of Educational Psychology*, *78*, 52–58.

Marlowe, H. A., & Bedell, J. R. (1982). Social intelligence: Evidence for independence of the construct. *Psychological Reports*, *51*, 461–462.

Matarazzo, J. D. (1972). *Wechsler's measurement and appraisal of adult intelligence*, 5th ed. Baltimore, MD: Williams & Wilkins.

Miller, N. E., & Dollard, J. H. (1941). *Social learning and imitation*. New Haven: Yale University Press.

Mischel, W. (1968). *Personality and assessment*. New York: Wiley.

Mischel, W. (1973). Toward a cognitive social learning reconceptualization of personality. *Psychological Review*, *80*, 252–283.

Moss, F. A. (1931). Preliminary report of a study of social intelligence and executive ability. *Public Personnel Studies*, *9*, 2–9.

Moss, F. A., & Hunt, T. (1927). Are you socially intelligent? *Scientific American*, *137*, 108–110.

Moss, F. A., Hunt, T., & Omwake, K. T. (1949). *Manual for the social intelligence test*, *Revised form*. Washington, DC: Center for Psychological Service.

Moss, F. A., Hunt, T., Omwake, K. T., & Ronning, M. M. (1927). *Social intelligence test*. Washington, DC: Center for Psychological Service.

Moss, F. A., Hunt, 'F., Omwake, K. T., & Woodward, L. C. (1955). *Manual for the George Washington University series social intelligence test*. Washington, DC: Center for Psychological Service.

Nasby & Kihlstrom. (1986). Cognitive assessment in personality and psychopathology. In R. E. Ingram (Ed.), *Information processing approaches to psychopathology and clinical psychology* (pp. 217–239). New York: Academic Press.

Neisser, U. (1979). The concept of intelligence. *Intelligence*, *3*, 217–227.

Nisbett, R. E., & Ross, L. (1980). *Human inference: Strategies and shortcomings in social judgment*. Englewood Cliffs, NJ: Prentice Hall.

Orlik, P. (1978). [Social intelligence.] In K. J. Klauer (Ed.), [*Handbook of pedagogical diagnosis*] (pp. 341–354). Dusseldorf: Schwann.

O'Sullivan, M., Guilford, J. P., & deMille, R. (1965). The measurement of social intelligence. *Reports from the Psychological Laboratory, University of Southern California,* No. 34.

Premack, D., & Woodruff, G. (1978). Does the chimpanzee have a theory of mind? *Behavioral & Brain Sciences*, *1*, 515–526.

Rapaport, D., Gill, M. M., & Schafer, R. (1968). *Diagnostic psychological testing,* Rev. ed. New York: International Universities Press.

Rest, J. R. (1975). Longitudinal study of the Defining Issues Test of moral judgment: A strategy for analyzing developmental change. *Developmental Psychology*, *11*, 738–748.

Riggio, R. E., Messamer, J., & Throckmorton, B. (1991). Social and academic intelligence: Conceptually distinct but overlapping constructs. *Personality & Individual Differences*, *12*, 695–702.

Rosch, E. (1978). Principles of categorization. In E. Rosch, & B. B. Lloyd (Eds.), *Cognition and categorization* (pp. 27–48). Hillsdale, NJ: Erlbaum.

Ross, B. H., & Spalding, 'F. L. (1994). Concepts and categories. In R. J. Sternberg (Ed.), *Thinking and problem solving* (pp. 119–148). San Diego, CA: Academic Press.

Ross, M. (1989). Relation of implicit theories to the construction of personal histories. *Psychological Review*, *96*, 341–357.

Rotter, J. B. (1954). *Social learning and clinical psychology*. Englewood Cliffs, NJ: Prentice Hall.

Rotter, J. B. (1966). Generalized expectancies for internal versus external control of reinforcement. *Psychological Monographs*, *80*(1, Whole No. 609).

Rubin, D. C. (Ed.). (1996). *Remembering our past: Studies in autobiographical memory*. Cambridge, UK: Cambridge University Press.

Schneider, R. J., Ackerman, P. L., & Kanfer, R. (1996). To "act wisely in human relations": Exploring the dimensions of social competence. *Personality & Individual Differences*, *21*, 469–482.

Sechrest, L., & Jackson, D. N. (1961). Social intelligence and the accuracy of interpersonal predictions. *Journal of Personality*, *29*, 167–182.

Schank, R., & Abelson, R. (1977). *Scripts, plans, goals, and understanding*. Hillsdale, NJ: Erlbaum.

Shanley, L. A., Walker, R. E., & Foley, J. M. (1971). Social intelligence: A concept in search of data. *Psychological Reports*, *29*, 1123–1132.

Shantz, C. V. (1975). The development of social cognition. In E. M. Hetherington (Ed.), *Review of child development research* (Vol. 5, pp. 257–323). Chicago: University of Chicago Press.

Sheehy, C. (1976). *Passages: Predictable crises of adult life*. New York: Dutton.

Sipps, C. J., Berry, C. W., & Lynch, E. M. (1987). WAIS–R and social intelligence: A test of established assumptions that uses the CPI. *Journal of Clinical Psychology*, *43*, 499–504.

Skinner, B. F. (1953). *Science and human behavior*. New York: Macmillan.

Snyder, M., & Cantor, N. (1998). Understanding personality and social behavior: A functionalist strategy.

In D. 'F. Gilbert & S. 'F. Fiske (Eds.), *Handbook of social psychology*, 4th ed. (Vol. 2, pp. 635–679). Boston: McGraw-Hill.

Sparrow, S. S., Balla, D. A., & Cicchetti, D. V. (1984). *Vineland adaptive behavior scale*. Circle Pines, MN: American Guidance Service.

Spearman. C. (1927). *The abilities of man*. New York: Macmillan.

Staats, A. W., & Staats, C. K. (1963). *Complex human behavior: A systematic extension of learning principles*. New York: Holt, Rinehart, & Winston.

Sternberg, R. J. (1977). *Intelligence, information processing, and analogical reasoning: The componential analysis of human abilities*. Hillsdale, NJ: Erlbaum.

Sternberg, R. J. (1980). Sketch of a componential subtheory of human intelligence. *Behavioral & Brain Sciences, 3*, 573–614.

Sternberg, R. J. (1984a). Toward a triarchic theory of human intelligence. *Behavioral & Brain Sciences, 7*, 269–315.

Sternberg, R. J. (1984b). Metacomponents and microcomponents of education: Some proposed loci of mental retardation In P. H. Brooks, R. Sperber, & C. McCauley (Eds.), *Learning and cognition in the mentally retarded* (pp. 89–114). Hillsdale, NJ: Erlbaum.

Sternberg, R. J. (1985). *Beyond IQ: A triarchic theory of human intelligence*. New York: Cambridge University Press.

Sternberg, R. J. (1988). *The triarchic mind: A new theory of intelligence*. New York: Viking.

Sternberg, R. J., Conway, B. E., Ketron, J. L., & Bernstein, M. (1981). People's conceptions of intelligence. *Journal of Personality & Social Psychology, 41*, 37–55.

Sternberg, R. J., & Smith, C. (1985). Social intelligence and decoding skills in nonverbal communication. *Social Cognition, 3*, 168–192.

Sternberg, R. J., & Wagner, R. (Eds.). (1986). *Practical intelligence: Nature and origins of competence in the everyday world*. Cambridge, UK: Cambridge University Press.

Strang, R. (1930). Measures of social intelligence. *American Journal of Sociology, 36*, 263–269.

Stricker, L. J., & Rock, D. A. (1990). Interpersonal competence, social intelligence, and general ability. *Personality & Individual Differences, 11*, 833–839.

Taylor, E. H. (1990). The assessment of social intelligence. *Psychotherapy, 27*, 445–457.

Taylor, E. H., & Cadet, J. L. (1989). Social intelligence, a neurological system? *Psychological Reports, 64*, 423–444.

Thompson, C. P. (1996). *Autobiographical memory: Remembering what and remembering when*. Mahwah, NJ: Erlbaum.

Thompson, C. P. (1998). *Autobiographical memory: Theoretical and applied perspectives*. Mahwah, NJ: Erlbaum.

Thorndike, E. L. (1920). Intelligence and its use. *Harper's Magazine, 140*, 227–235.

Thorndike, R. L. (1936). Factor analysis of social and abstract intelligence. *Journal of Educational Psychology, 27*, 231–233.

Thorndike, R. L., & Stein, S. (1937). An evaluation of the attempts to measure social intelligence.

Psychological Bulletin, 34, 275–285.

Thurstone, L. L. (1938). *Primary mental abilities*. Chicago: University of Chicago Press.

Tolman, E. C. (1932). *Purposive behavior in animals and men*. New York: Appleton–Century–Crofts.

Tulving, E. (1983). *Elements of episodic memory*. New York: Oxford University Press.

Vernon, P. E. (1933). Some characteristics of the good judge of personality. *Journal of Social Psychology, 4*, 42–57.

Wagner, R. K., & Sternberg, R. J. (1985). Practical intelligence in real–world pursuits: The role of tacit knowledge. *Journal of Personality & Social Psychology, 49*, 436–458.

Walker, R. E., & Foley, J. M. (1973). Social intelligence: Its history and measurement. *Psychological Reports, 33*, 839–864.

Wechsler, D. (1939). *The measurement and appraisal of adult intelligence*. Baltimore: Williams & Wilkins.

Wechsler, D. (1958). *The measurement and appraisal of adult intelligence*, 4th ed. Baltimore: Williams & Wilkins.

Wedeck, J. (1947). The relationship between personality and psychological ability. *British Journal of Psychology, 36*, 133–151.

Wegner, D. M., & Bargh, J. A. (1998). Control and automaticity in social life. In D. 'F. Gilbert & S. T. Fiske (Eds.), *Handbook of social psychology*, 4th ed. (Vol. 2, pp. 446–496). Boston: McGraw–Hill.

Wellman, H. M. (1990). *The child's theory of mind*. Cambridge, MA: MIT Press.

Whiten, A., & Byrne, R. (Eds.). (1997). *Machiavellian intelligence II: Extensions and evaluations*. Cambridge: Cambridge University Press.

Winograd, T. (1975). Frame representations and the procedural–declarative controversy. In D. Bobinow & A. Collins (Eds.), *Representation and understanding: Studies in cognitive science* (pp. 185–210). New York: Academic Press.

Wong, C.–M. T., Day, J. D., Maxwell, S. E., & Meara, N. M. (1995). A multitrait–multimethod study of academic and social intelligence in college students. *Journal of Educational Psychology, 87*, 117–133.

Woodrow, H. (1939). The common factors in 52 mental tests. *Psychometrika, 4*, 99–108.

Worden, R. P. (1996). Primate social intelligence. *Cognitive Science, 20*, 579–616.

Zirkel, S., & Cantor, N. (1990). Personal construal of life tasks: Those who struggle for independence. *Journal of Personality & Social Psychology, 58*, 172–185.

[보충 자료]

"거절당하면 IQ 25% 저하, 공격성은 증가"

거절이 개인의 지능지수(IQ)를 떨어뜨리고 공격성을 증가시킨다는 연구 결과가 나왔다.

미국 오하이오 주 케이스 웨스턴 리저브 대학교의 바우마이스터 교수는 2000년 4월에 영국 심리학회에서 발표한 논문을 통해, 거절을 당한 학생들은 곧바로 IQ가 25%나 떨어지고 분석 능력 점수도 30% 감소했으며, 공격성은 크게 높아졌다고 밝혔다. 실험은 서로 모르는 사람끼리 알게 한 뒤 같이 일하고 싶은 사람 두 명을 선정하게 하는 방식으로 진행됐다. 다음 단계에서는 실험 대상자가 선정한 사람이 함께 일하는 것을 거절했다고 알렸다. 그 뒤 조사를 한 결과 이와 같은 실험 결과가 나온 것이다.

바우마이스터 교수는 "부탁을 거절당한 아이가 난폭하며 공격적인 성향을 보인다는 것은 이미 알려져 있었으나 이번 실험으로 IQ에까지 영향을 끼친다는 것을 알아냈다."고 밝혔다.

그는 또 "사람은 IQ 테스트에서 나온 문제를 분석하기 위해서는 자제능력을 필요로 하는데 이것을 잃으면 충동적으로 변한다."며 "거절 행위가 개인의 자제력(self-control)을 방해한다."고 말했다(한국일보, 2002. 4. 1).

따라서 이 이론에 의하면, EQ가 반영된 리더십이란 비 난, 배척, 질책보다는 수용이, 존중이, 배려가, 격려가, 성취동기를 자극하는 지도력이며 바람직한 인사관리, 장학지도, 스트레스 상담, 위기상담, 가족치료의 결정적 요건임을 시사하는 것이다. 칭찬은 고래도 춤을 추게 만든다고 하지 않는가. 칭찬에 인색한 교사들이 학생 지도 방법을 바꿔보는 것이 필요하다. 상사가 섬기는 지도력(Servant Leadership)을 행사하는 경우에 지도자가 존경받는 세상이 아닌가?

학생이 공부를 잘하게 하는 방법이 오답의 원인과 정답의 요령을 터득하는 것이다. 무엇이 잘못돼서 실수가 생겼고 사고가 발생되었는가를 실패에서 배우면 두 번 다시 실 수를 반복하지 않게 된다. 그래서 공정관리에서 실패학이라는 과정이 있다는 것이다. 실패를 방지하기 위해서는 실패의 원인, 파급 효과, 손실 효과와 대책을 알아야 한다는 것이다.

칭찬은 고래도 춤을 추게 한다는 말이 있는 것처럼, 칭찬은 용기, 격려, 도전감, 자신감, 자기 효능성 등을 강화시켜 주지만, 거절이나 책망, 비난은 사기 저하, 좌절감, 학습된 무력감, 포기하게 만든다. 교사와 상사들은 학생에게, 직원들에게 칭찬과 격려, 상찬에 인색한데 이젠 학생지도와 인사 관리 정책을 긍정적 지도력을 발휘하는 쪽으로 변환하는 것이 필요하다.

제 11 장

지능과 성격*

Moshe Zeidner
(Haifa대학교 심리학과 교수. Mt. Carmel)
Gerald Matthews
(Dundee 대학교 심리학과 교수)

삶이 우리를 좌절시키고 지치게 할지라도 극복하는 것은 우리의 몫이다.
— 쿵푸 영화 《베스트 키드》에서 나오는 대사

개관

반세기 이상을 심리학자들은 발달과 매일 매일의 행동들이라는 과정 속에서 지능과 성격의 상호작용적 영향을 파헤치려는 희망 속에서, 인간 지능을 넓은 영역의 성격 특성들(traits)과 연결하는 길을 탐색해 왔다. 비록 이 구성개념(construct)들은 자주 분리되어 다뤄지지만, 구별이 인위적이라는 점에 대해서는, 비네(Binet), 터먼(Terman), 손다이크(Thorndike), 및 써스톤(Thurstone) 등 차이 심리학(differential psychology)과 관련된 많은 핵심 인물들이 인정한 바 있다. 가장 두드러진 것으로는 데이빗 웩슬러(David Wechsler, 1950)가 지능을 성격이 전체적으로 표현된 것으로 보고 특정한 정서 및 동기

* Intelligence and Personality

부여적 요인들(흥미, 의지, 등등)은 지능이라는 구성개념의 내적 요소들이라고 주장한 것이다. 웩슬러에 의하면, 지적인 성과를 결정하는 데 있어서 능동적이고 정서적 요인들이 지능과 제휴해서 기능하기 때문에 필요한 것은 성격 요인들이 제거되는 검사가 아니라 그와 같은 비지능적 요인들이 분명하게 드러나고 객관적으로 인정되는 검사라는 것이다. 오늘날에는 개인차 속의 가장 흥미로운 작업들의 어떤 부분은 성격과 지능이 결합되어 행해진다는 것에 공통적으로 동의하고 있다(Snow, 1995). 지능은 종종 성격이라는 구성개념의 인지적 부분으로 해석되기 때문에, 두 구성개념은 사실상 서로서로 얽혀 있는 것이다(Brody, 1972).

이 장에서는 지능과 성격 간의 관계의 공동영역에 빛을 비춘 과거와 현재의 시도들 중 일부를 개관하는 것으로 출발할 것이다. 우리는 성격-지능 상호작용을 이해하기 위한두 가지 접근방법을 비교함으로 시작할 것이다. 첫 번째는 전통적인 심리측정적(psychometric) 접근방법으로 대개 요인분석에 의해서 확인된 개인차의 상호 연관된 차원들에 기초한다. 다음으로는 지능과 성격 구성개념들 사이의 관계의 방향과 강도에 대한 경험적 연구들을 고찰할 것이다. 두 번째 접근방법은 인지과학(cognitive science)으로서의 구조보다는 과정에 중점을 둔다. 우리는 성격과 지능 양자 모두에 기여하는 생물학적, 인지적 및 적응적 과정들을 고찰할 것이다. 그리고 지능-성격 상호작용에 대한 미래의 연구를 위한 어떤 잠재력 있는 방향들을 지적하는 것으로 결론을 지을 것이다.

이 장에 포함된 자료들을 남김없이 망라하기보다는 필연적이고 전형적으로, 모든 연관된 주제들과 연구들을 모두 다루려면 전공 논문 길이의 한 개 장이 요구될 것이기 때문이다. 이 이상의 정보 자료를 위해서는 성격과 지능의 구성개념들 사이의 상호작용을 검토하는 두 권의 최근 출판된 편저서들인, 『성격과 지능(Personality and Intelligence』(Sternberg & Ruzgis, 1994)과 『성격과 지능에 대한 국제 핸드북(International Handbook of Personality and Intelligence)』(Saklofske & Zeidner, 1995)을 참고하기를 권한다.

성격과 지능을 통합하기 위한 접근방법

아이센크(Eysenck, 1994)가 시도한 것처럼, 성격-지능 상호작용을 검사하는 심리측정적 및 실험주의적 접근방법들 사이의 차이를 구별할 필요가 있다. 심리측정적 접근법은 공통의 측정틀 속에서 능력과 성격 차원들의 배열(alignment)에 관심을 둔다. 예를 들어 카텔(Cattell, 1971)은 다양한 인지적(능력) 및 비인지적(성격과 동기부여) 차원들 사이의 관계를 기술했다. 개인차에 대한 카텔의 모형은 지능, 성격, 동기부여가 행동에 끼치는 결합효과(conjoint effect)를 수용한다. 예를 들어 검사 상황을 검사 성적에 영향을 주는 각성과 부정적 정서를 일으킬 수 있어서, 지능적 행동에 대해 이끌어 낼 수도 있는 추론에 영향을 끼친다(Zeidner, 1998). 카텔은 또한 서로 다른 형질들 사이의 발달적 관계에 대해서도 기술했는데, 성격과 지능 사이에 인과 관계적 및 상호작용적 관계가 존재할 수 있다는 것이다. 이런 이유로 연구의 주요 과제는 형질들의 조작화와 평가, 그리고 인과 관계적 모형을 검증하는 종단적 관련 자료를 포함하는 형질들 사이의 상호 연관적 관계의 모델링이 된다.

실험주의적 접근방법은 이론적 틀이 요구된다. 최근에 수년간 아이센크(Eysenck, 1994)가 장려한 심리생물학적 이론들(psychobiological theories)은 지능의 인지심리학적 분석들에 의해서 도전을 받아 왔다(예: Sternberg, 1977). 인지과정들의 분석은 순수한 심리측정적 분석들이 간과한 지능과 성격의 상호관계를 밝혀낼 수 있을지 모른다. 예를 들어, 작동기억(working memory)은 두 유형의 형질들 모두와 연관되어 있다(Matthews & Dorn, 1995). 하지만 인지가 현재는 개인차 연구에서 일반적으로 이용되는 정보처리 모형의 발전을 통해서만으로는 이해될 수 없다. 인지과학의 "전통적 이론"에 의하면(Pylyshyn, 1984), 세 개의 보완적 수준의 설명이 요구된다. 첫 번째 수준은 생물학적 또는 "하드웨어" 수준으로서, 신경 기능의 행동적 결과를 기술한다. 이 접근방법은 정신생리학적 분석들을 통해서 그리고 간접적으로는 행동 유전학(behavior genetics)을 통해서도(예: Eysenck & Eysenck, 1985), 차이 심리학에서는 익숙한 방법이다. 둘째, 인지적 현상은, (1) 상징에 수행되는 연산 작용을 지배하는 규칙(알고리즘) 그리고 (2) 기억 저장처럼 실시간에서의 계산을 지원하는 처리 구조를 구성하는 인지적 구조(coginitive architecture)의 형식적 속성(formal properties)의 측면에서 설명될 수 있다. 처리 제한에 있어서의 개인차 측면에서 지능을 설명하는 것(예: Anderson, 1992)은 이 수준에서 표현된다. 세 번째, 외부환경에 적응하는 데 있어서의 그 사람의 목표, 의도, 그리고 노력의 측면에서의 설명이 요구된다(의미 또는 지식 수준). 정신분석같은 많은 전통적인 성격 이론들은 이 수준에서 표현되지만, 다른 수준의 설명 특히 인지적 구조에 대한 경시는 그러한 이론을 경험적으로 시험하는 것을 어렵거나 불가능하게 만든다. 지능의 적응적 면은 능력과 동기(Kanfer & Ackerman, 1989), 그리고 스턴버그의(Sternberg, 1985) 실용적 지능의 개념, 즉 실생활의 적응적 도전에 지능을 적용하는 것을 통해서 탐구되어 왔다.

매튜스(Matthews, 1997a)는 필리쉰(Pylyshyn, 1984)의 설명 수준이 어떻게 차이심리학에 적용되었는지를 논하고 있다. 세 개의 원을 그리는 설명의 사다리는 능력과 성격의 속성을 위한 부분적으로 유전적인 기초로 수용되기 위해 고리모양으로 재개념화했

표 11-1 성격과 지능을 구분하는 관계들

차원	지능	성격
특성	단방향적("적음"에서 "많음"까지)	양방향적(양극단)
목표와 최적의 평가상황	최대의 성과를 요구하는 검사 상황	실생활적 상황
검사 도구를 받아들이는 동기	동기부여 강함	다양하게 나타남
지침	최선을 다할 것	정직한 반응을 보일 것
반응 평가의 기준	현실적 기준	방향성과 강도(옳은 반응이란 없음)
검사 도구의 안정성	상대적으로 안정적	유동적
검사 도구의 신뢰성	일반적으로 높음	높은 것에서 낮은 것까지 다양함
해석 결과	비교적 직설적	개방되어 있고 논쟁적임
실제적 유용성	중간 정도	낮음에서 중간 정도

출처: B. Most & M. Zeidner, "1995 성격과 지능검사 도구: 방법과 문제들"에서 발췌. D. Saklofske & M. Zeidner 편, 『성격과 지능의 국제 핸드북(International handbook of personality and intelligence)』(pp. 475–503). New York: Plenum.

다(**표 11-1** 참조). 자연선택은 성공적인 적응선택을 뇌 속으로 고정화시켰고 그래서 지식과 생물학적 수준은 보이는 것처럼 연결되었다. 심리학자들은 아마도 수준들의 다른 두 개의 연결에 더 관심을 가질 것이다. 전략 이용 연구들은 어떻게 어떤 사람의 목표가 순차적 계산으로 번역되는지를 상세히 설명해 줌으로써 지식과 구조의 수준들을 연결시켰다. 또한 연결주의(connectionism)는 생물학적으로 타당해 보이는 모형 측면에서 계산을 표현한 첫 번째 시도였다. 개인차 요인들은 세 가지 차원 모두에 대한 이해를 필요로 한다. 예를 들어, 연구적 맥락에 따라서, 불안을 정보처리 과정의 순서도에서(Williams et al., 1988) 처벌과 공포의 신호기로 다루기 위해서(Gray, 1982) 두뇌 체계 측면에서 개념화하거나 또는 불안을 불안해하는 사람의 자기인식과 동기 측면에서(Matthews & Wells, 인쇄 중) 개념화하는 것이 유용할 수 있을 것이다.

심리측정적 관점

조작화와 평가

요인분석적 접근법은, 성격과 지능 측정치들이 함께 분석되면 그 두 구성개념들은 일반적으로 구별될 수 있다는 것을 보여 준다(McCrae, 1987). 여기서 제기되는 질문은, 어떤 기준에 기초해서 이 두 개념을 구별지울 수 있는가 하는 것이다. **그림 11-1**은 이 구별을 위한 구조를 제공한다.

특성으로서의 성격. 지능은 단일방향성(unidirectional)으로 간주되지만 성격은 양방향성(bidirectional)이라고 간주된다. 따라서 지능은 전형적으로 단일 방향 속에서 확장하는 것으로, 즉 "지능이 적은"에서 "지능이 많은"으로 확장되는 것으로 생각되고(Thorndike, 1982), 지능적 행동에 대한 최적의 매개변수를 정해야 하는지가 분명하다. 반면에 성격은 양극적인 것으로 인식된다. 성격 특성은 최적으로 정할 극단적 값을 가질 필요는 없으며 종종 중도적 값이 최적으로 간주된다. 따라서 지능 영역에서의 반응을 평가하는 데는 현실적 기준이 일반적으로 사용되지만(Nunnally, 1978과 비교), 성격의 영역에서의 행동은 종종 반응을 판정하는 어떤 실제적 기준도 갖고 있지 않다.

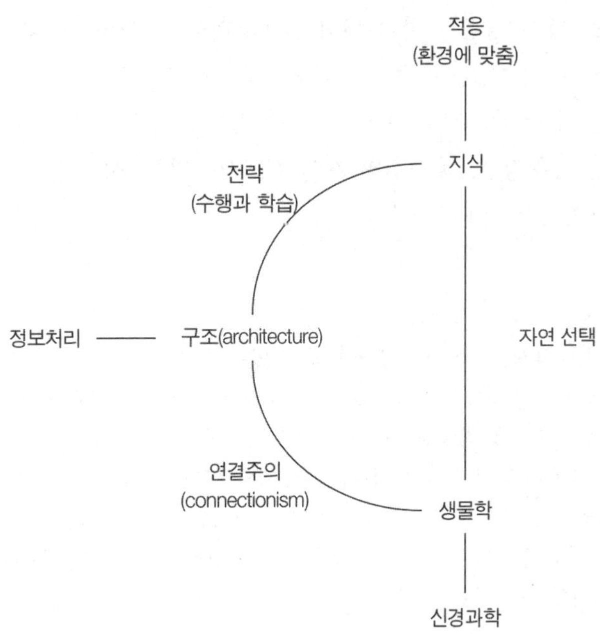

그림 11-1 개인차에 관한 인지과학을 위한 설명 수준(Matthews, 1997a)

목표와 최적 평가 상황. 지능검사는 수검자로부터 최대의 성적을 유도하는 것을 목표로 하며, 수검자는 문제를 풀거나 직면한 과제에 몰두하는데 최선을 다할 것이 기대된다. 결과적으로 일반적으로 지능은 평가적이고 최대 성과의 검사 조건에서 측정된다. 반면에 성격 측정은, 실생활 상황 속에서 어떤 사람이 가장 그렇게 할 공산이 있는 것에 대한 최선의 추정을 제공하기 위해 어떤 사람의 일반적 수행 결과를 측정(Ackerman & Heggestad, 1997)하도록 설계된다. 따라서 피험자는 가능한 한 가장 신뢰할 만한 반응을 할 것이 기대된다. 구별은 완전히 일직선적이 아닌 것으로, 이것은 어떤 연구자들이(Ackerman & Heggestad, 1997; Hofstee, 1997) 성격에 대해 최대한의 성과(예: 극심한 스트레스 하에서) 또는 "IQ 전형적"(예: 전형적인 지적인 업무)이라고 얘기하는 것이 때로는 올바를 수 있다고 언급할 때 반영되고 있다.

행동 수정에 있어서의 동기부여와 통제. 개인은 성격을 표시하는 데 있어서 어느 정도의 자발적 통제를 행한다. 예를 들어서, 시험에 대해서 불안해하는 사람은[1] 스트레스 관리 기법을 통해 자신의 불안을 처리할 수 있다. 반면에 지능은 개인적 통제 하에 있을 공산이 낮고 행동을 변화 또는 수정하도록 하는 명령에 대해 수용할 가능성이 낮다.

평가 조건 하의 명령. 지능은 일반적으로 지정된 시간과 장소에서 피험자가 반응해야 하는 표준 과제의 조합을 포함하는 검사조건을 이용해서 평가한다(Zeidner & Most, 1992를 비교해 보라). 지능은 관찰자 평점이나 자기보고 방식에 의해서는 효율이 좋지 않았다. 반면에 성격 연구자들은 주관적 매체(예: 투영적 장치들), 행동 평정(behavioral ratings), 및 증거수집의 자기질문 양식(예: 질문지)들로 아주 자주 일해 왔다. 실제로 성격에 대한 대부분의 측정은, 그 사람의 개인적 인상이던 그 사람을 관찰한 다른 사람의 인상이던, 누군가의 인상에 의존한다.

---

1) (옮긴이 주) 교사와 학생, 특히 대입 준비를 하고 있는 고3 학생은 시험으로부터 자유로울 수가 없으며 따라서 시험 불안을 경험하지만 교육 당국(예: 교육부나 시도 교육청, 개별 학교와 교사, 연구기관)에서 어느 누구도 개별 학생 또는 고3 학년생 집단이 경험하는 이 시험 불안(test anxiety)의 실태와 현황 조사, 예방과 심리 상담과 치료, 사전, 사후 개입에 대한 전문적, 교육 치료적 노력과 배려, 문제의 중요성을 인식하지 못하고 무대책, 무반응으로 둔감하게 대응해 오고 있는 데, 이런 둔감성을 시정하고 교육적, 심리적으로 필요한 대책을 사전에 추진하는 통찰력과 문제의식이 필요하다. 시험 불안 문제를 다룬 자료를 소개한다.

Cizek, G. J., & Burg, S. S., (2006). *Addressing Test Anxiety in a High-Stakes Environment-Strategies for Classrooms and Schools*. California: Corwin Press.

안정성. 이론가들이 일반적으로 인지적 특성은 상황이나 시간적 변화에 대해 상당한 안정적이라는 사실을 수용하는 반면(Willerman, 1979), 개인적 특성의 상황교차적 일관성은 보다 논쟁거리였다(Mischel, 1968). 성격에 관한 일부 최근 연구들(Costa & McCrae, 1986 참조)은 적어도 기초적 특성들에 관한 한 성인기의 안전성에 대한 유망한 발견들을 보여 주었다(관련 문헌들의 최근 고찰에 대해서는 Maciel, Heckhausen, & Baltes, 1994를 참조).

검사 도구의 신뢰도. 성격 표현의 양상으로부터, 성격 평가에 있어서의 관찰 단위들(기분, 기질, 정서적 상태 등)은 "이것 아니면 아닌(all or none)" 현상이라기보다는 "그럴 것 같은(probabilistic)"이기 때문에 현상의 측정이라는 목적에 있어서 상당히 다루기 어려운 문제가 된다. 성격 측정은 또한 폭넓은 다양성의 원인들로 인한 측정 오차의 취약성을 가진다(허위반응(faking), 반응경향(response set), 사회적 기대 등). 연구의 상당한 부분은 지능 측정에 비교해서 성격 측정의 낮은 신뢰도와 타당도를 증명하는데 할애되고 있다(Anastasi, 1986 참조).

결과의 해석. 성격 검사에서 대상(subject)의 해석은 대상에 따라서 상당히 달라질 수 있어서, 상당한 모호성을 야기시키고 측정오류를 증가시킨다. 더구나, 능력 측정과 대비해서 보면, 우리는 성격 측정에 대한 전형적 반응을 얻지 못할 수 있는데, 그 이유는 그 대상이 그것을 주는 것을 선택하지 않거나 그 대상이 그것을 줄 만한 충분한 자기인식을 가지고 있지 않기 때문이다(Thorndike, 1982). 능력검사 점수는 비록 정서적 및 능동적 요인의 역할을 평가하는 데는 어렵지만, 그 해석은 보다 간단하다.

실용적 유용성. 성격과 지능 측정 양자 모두 광범위한 영역과 배경 속에서 실용적 의사결정 목적으로 사용되어 왔다. 성격과 지능 측정 결과의 다양한 실용적 이용의 예로는 임상적 진단, 직업 지도와 상담, 학업 예측(school prediction)과 배치 대학 선정(placement college selection), 그리고 직원 선발과 배치(personnel selection and placement) 등이 포함된다. 둘 사이의 주요 차이는 지능검사가 좀 더 유효해 보인다는 것과 학업 예측 및 대학 배치와 선정에서 좀 더 널리 사용된다는 것이며, 반면에 성격 측정치는 임상적 진단과 상담(심리치료)에 더 많이 사용된다는 것이다(Jensen, 1980).

두 구성개념 사이의 차이에도 불구하고 일반적으로 의견일치를 보이는 부분은 지능과 동기적 성격 과정들은 상호간에 고립되어 이용되지 않는다는 것으로, 일단 활성화되면 그 과정들을 분리하거나 한 쪽이 다른 쪽에 상대적으로 기여하는 부분을 고립시키는 것이 기본적으로 불가능하게 된다. 따라서 어떤 실용적 상황에 응용하려는 시도에 있어서, 각각 실제적 지식을 끌어내며 가치, 믿음, 그리고 기준에 관련된 지식을 끌어내는, 정신적 및 동기유발-정의적 과정들(affective processes) 양자 모두를 적용할 필요가 있다. 대부분의 실제적 상황에서 지능과 성격 배경은 상승적 힘의 연합(coalition of synergistic forces)을 형성하게 되어 있다(Maciel, Heckhausen, & Baltes, 1994).

지능과 성격의 심리 측정적 척도들 사이의 경험주의적 연결

이어지는 절에서는, 성격과 지능의 심리측정적 척도 사이의 연결을 탐색하려는 경험주의 연구의 결과들에 대해 고찰할 것이다. 성격-지능 상호관계를 검사하는 데 있어서의 이론적 기반은 이전보다 훨씬 더 탄탄하고 일관성이 있는 상태이다. 비록 지능에 대해서는 서로 경쟁하는 몇 가지 이론들이 존재하기는 하지만, 대부분의 이론들은 지능의 위계모형에 수렴하고 있어서, 일반적 및 집단 요인들 양자 모두를 다루고 있다(예: Cattell, 1971; Gustaffson, 1977; Snow, Kyllonen, & Marshalek, 1984). 성격의 경우에는 지능보다 개인차의 구조에 대해서는 의견일치가 적기는 하지만, 지난 30년 동안의 이론적 및 경험적 연구는 많은 성격 분석표들에 걸쳐서 나타나는 다섯 가지 요인들(성격에 5대 요인, the Big Five; Costa & McCrae, 1992)의 조합에 몇몇 연구자들이 수렴되게 하였는데, 외향성(Extraversion), 친화성(동조성, Agreeableness), 성실성(Conscientousness), 신경성(Neuroticism), 이지성(Intellect) 등이 그것이다.

방법론적 고려

첫째, 독자들이 지능을 성격에 연결시키는 증거로 평가하는 데 도움이 될 만한 몇 가지 구별과 방법론적인 부분들에 대해 언급해 두는 것이 유용할 것이다. 시작을 위해서는 먼저 성격의 특성과 상태 사이의 구별에 대해 기억해 두어야 한다. 특성(traits)은 행동하는 넓게 결정한 성향이나 속성인 반면, 상태(state)는 그 사람의 특성과 현재의 상태 또는 상황 사이의 상호작용에 의해 결정된 일시적인 마음 상태와 기분이다(Spielberger, Gonzales, Taylor, Algaze, & Anton, 1978). 상태와 특성이 일반적으로 상호 연계되는 것은, 특성이란, 특정 상황에서 행동으로 표현될 공산이 있는 성향으로 실제 정의되기 때문이다. 예를 들어서 "특성 불안(trait anxiety)"은 다양한 조건(물리적 위험, 평가적 상황(evaluative situation), 사회적 조우, 스포츠 이벤트 같은)에 걸쳐서 걱정, 긴장, 및 생리적 각성으로 반응하는 어떤 개인의 경향을 말하지만, "상태 불안(state anxiety)"은 중요한 운동시합처럼 특정 상황에서 경험하는 특정한 수준의 불안을 말한다. 두 사람이 동일 수준의 특성 불안을 가질 수 있지만, 특정 상황 또는 "상태"에서의 불안 증가에서는 차이를 보이게 된다.

자이드너(Zeidner, 1995)는 지능과 성격 사이의 인과적 관계의 방향을 연구하는데 사용된 몇 가지 서로 다른 모형들을 그려냈다. 모형 A에서 지능은 독립변수로 그리고 성격은 종속변수로 묘사된다. 모형 B에서는 인과 관계가 역전되어, 이제 지능이 종속변수로 그리고 성격은 독립변수로 작용한다. 모형 C에서는 두 형질들 사이에 양방향적 관계와 상호 결정론이 존재한다. 모형 D에서의 관계는 그 관계의 원인이 되는 제 3의 외부 변수를 갖는 인위적(artifactual)인 것이다. 모형 E에서 성격은 지능 특성(입력으로서)과 지능의 구현수준(지능검사 성적으로 입증되는 출력으로서) 사이에 개입하는 개입적 또는 "방해적(nuisance)" 변수로 인식된다. 이 모형들 각각은 비록 그들 사이를 구별하는 것이 종종 어렵기는 하지만, 지능-성격 관계를 위해 가능한 모형으로 짝지어진 것들이다.

성격-지능 상호관계를 위한 메타분석 결과

135개의 별개의 연구들에 기초한 한 최근의 메타분석(Ackerman, Heggestad, 1997)은 능력과 성격의 5대 요인들 사이의 관계의 강도와 유형에 대해 빛을 비추는 데 도움을 주었다. 이 분석에서 관찰된 가장 큰 효과는 지능(g)과 개방성-이지성 요인(Openness-Intellect)($r = .33$) 사이의 의미 있는 정적인 상관관계인데, 이 요인은 폭넓은 부류의 지능 지향적 성격 형질들과 연관된 요인이다. 이에 더해 작지만 중요한 정적인 상관관계가 g와 외향성(Extraversion)($r = .08$) 사이에 존재하며, 작지만 중요한 능력에 대한 부적인 상관관계가 신경성(Neuroticism)에 존재하는($r = -.15$) 것으로 보고되었다. g와 성실성($r = .02$) 및 친화성($r = .01$)과의 상관관계는 무시할 만의 수준이었다. 이 저자들은 능력과 동시편재적으로 정적 상관관계(ubiquitous positive correlations)를 갖는 성격검사 문항들은 넓은 범위의 긍정적 정서(Positive Affect)의 범주에 속하게 되고, 능력과의 부적인 상관관계는 신경성(스트레스 반응) 및 정신증적 성향(Psychoticism)과 같은 부정적 정서(Negative Affect)의 범주로부터 나오는 경향이 있다고 제시했다. 킬로넨(Kyllonen, 1997)은 미국 공군 신병들의 표본들에서 5대 성격 요인과 일반, 언어, 및 수리 능력(General, Verbal, and Quantitative Ability) 측정치 사이의 상관관계에 대해 최근에 보고했다. 위에 보고된 메타분석에서와 똑같이, 개방성과 신경성 성격요인이 가장 강하게 능력 측정치와 연관되어 있는 요인들이었다. 개방성은 g($r = .45$), 언어 능력($r = .58$), 그리고 수리능력($r = .29$)과 의미 있는 상관관계를 보인 반면, 신경성 성격요인은 g($r = -.23$) 및 언어 능력($r = -.20$) 두 가지와 역(逆)의 상관관계를 가지고 있었다. 성실성, 친화성, 및 외향성과의 상관관계는 아주 낮아서, $-.11$에서 $.11$ 사이에 불과했다. 내친 김에 지적하자면 성격요인들은 아니고 오직 인지적 요인들(작동기억, 지식 등등) 만이 학습과제(예: 컴퓨터 프로그래밍, 비행공학, 경제학)에 대한 단기 성과와 정신운동 성과(psychomotor performance)(예: 비행, 조정)를 예측했다. 하지만, 성격은 더 크고 장기적인 성과(예: 업무 생산성)에 분명하게 영향을 끼쳤다.

이들 관련 자료로부터 끌어 낸 추론은 잠재적인 형질들의 수준에서 IQ와 성격은 직교하는(orthogonal) 특성들이라는 것이다(최근의 고찰에 대해서는 Eysenck, 1994를 참조한다). 더구나 어떤 IQ의 하위검사 유형들이나 세목들도 성격 변수들과 연관되어 있지 않음이 체계적으로 밝혀졌다(Eysenck, 1994). 비록 IQ 검사상의 실제 점수들이 비인지적 상태(피로, 불안, 각성 같은)의 전열에 영향을 받았을 수 있지만, 성격과 지능은 근본적으로 연관되어 있지 않다. 하지만, 그러한 결론은 증거에 대한 보다 정련된 검사를 통해 발견될 수 있는 성격-지능 연계를 너무 작게 말하는 것일 수 있다. 세 가지 특별히 생산적인 연구 영역들은 부정적 정서상태(negative affectivity), 외향성-내향성(extraversion-introversion), 및 개방성(openness)에 초점을 맞추었다. 또 다른 접근방법은 정신질환을 가진, 비행적인, 비정상적으로 높거나 낮은 IQ를 가진 아동들처럼 정상과 다른 다양한 행동을 보여 주는 사람들의 IQ를 평가하는 것이다.

지능과 부정적 정의

이제 신경증적, 불안, 우울 그리고 분노를 포함하는 부정적 정서 상태의 상위 범주들 하에 속해 있는 다양한 성격 형질들과 지능 사이의 관계를 검토해 보자. 대부분의 연구들은 불안을 통해 부정적 정서를 다루는데, 이때 불안은 어떤 상태로서, 염려, 걱정, 그리고 정서 및 신체적 긴장의 특징을 가진다. 불안은 지능검사 점수와 학업성적(Sarason, 1980)에서 데이트(Hope & Heimberg, 1990)까지 펼쳐진, 다양한 상황배경 속에서 지적인 기능과 성과에 장애가 발생할 수 있기 때문에 특별한 관심을 받는다. 사실 특성 불안(trait anxiety)과 지능의 심리측정적 검사 사이의 상관관계는 무시할 만한 수준이라는 것을 관련 문헌들은 제시하고 있다(Matarazzo, 1972). 그래서 웩슬러 척도(Wechsler scale)에 대한 패턴 또는 분산도 분석(scatter-analysis) 접근법들은 불안의 특성 측정 결과와 어떤 관계성도 보여 주지 않았다. 하지만, 상태적으로 유도된 불안(즉, 상태 불안)을 이용한 연구들은 지적 기능의 동일한 측정 도구 상의 성과에서의 감소를 실제로 나타내보였다. 우리가 현재적 불안(currently anxiety)(상태 불안)을 만성적 불안(특성 불안)으로부터 분리시킬 때에만, 불안으로 인한 지적 성과의 하락을 보여 줄 수 있다(Slegman, 1956). 불안의 상이한 요소들을 구별하는 것은 감정이 아닌 두려워함이 시간제한하의 손상된 지능검사 성적과 연관성을 갖는다는 것을 보여 준다(Matthews, 1986;

Morris & Liebert, 1969).

검사와 특성불안 양자는 인지적 검사 성적에 영향을 주는 데 있어서 상황변수들(예: 과제의 복잡성, 검사 분위기, 등등)과 개인적 변수들(예: 낙관주의, 개인적 자원, 사회적 지원)과 상호작용을 할 수 있다(이에 대한 고찰은 Zeidner, 1988 참조). 예를 들어, 복잡한 과제에 대한 고도로 검사에 불안해하는 사람의 성적은 평가 스트레스 요인들(evaluational stressors)에 의해 유해하게 영향을 받는다는 상당한 증거가 존재한다. 과제가 덜 복잡하면 할수록 그 영향은 약해진다. 사라손(Sarason, 1975)은 성적으로 인에 불안해하는 학생과 그렇지 않은 학생들 사이의 차이에 대해 보고했는데, 중립적 조건 하에서 불안해하는 학생들과 그렇지 않은 학생들 사이의 차이가 최소가 되었다.

불안은 현실 세상이라는 환경 하에서 지적 성취에 대해 조금 더 일반적인 영향을 끼칠 수 있다. 불안과 대학까지 포함되는 학업성적(Hembree, 1988; Siepp, 1991) 및 스포츠 성과(Zeidner, 1997) 두 기지 측정치 양자 사이에 약 -.2의 상관관계가 존재하는 것으로 추산된 바 있다. 신경증적 성격과 직업적 성과 사이의 관계 또한 -.2 정도인 것으로 연구들이 추산했는데, 성과가 신경증적 성격에 민감하다는 사전 이론을 가지고 시행된 것들이었다(Tett, Rothstein, & Jackson, 1991). 메타분석 관련 자료(Ackerman & Haggestad, 1997)는 g와 검사 불안에 대한 자기보고 사이에 -.33의 평균 상관관계가 있음을 보여 주었다. 검사 불안 측정 결과는 그러한 배경 조건하에서의 일반적 불안보다 상태 불안에 대한 더 강한 예보장치일 수 있다. 하지만 메타분석은 학업성적 범주의 예보장치로서는, 상태불안과 특성불안 사이에 거의 차이가 없음을 또한 보여 주었다. 실제 세상에서 불안의 유해한 영향은, 특성불안보다는 상태불안에 연결되는, 검사 상황에 대한 그 사람의 순간적 걱정에 의한 점수로부터의 편차 그 이상의 무언가를 대변할 수 있다.

우울증은 강한 부정적 정서, 매일매일의 사회적 기능의 손상, 그리고 절망감과 자기존중감 부족 등으로 특징지어진다. 준임상 수준 의 우울증(subclinical levels of depression)이 연구소 배경하의 지능검사에서의 손상된 결과와 신뢰성 있게 연관되어 있다고 제시할 만한 증거는 거의 없다(예: Matthews, 1986). 하지만 손상이 임상 대상 인구집단에서는 발견되었는데, 웩슬러 성인 지능 척도(Wechsler Adult Intelligence Scale)의 수행능력 하위검사의 경우 특히 그러했다(Endler & Summerfeldt, 1995). 수행능력 손상은 문제 해결과 독해와 같은 다양한 고도 인지 과제들에 걸쳐서 일반적으로 나타났다(Hartlage, Alloy, Vazquez, & Dykman, 1993). 현실 세계에서 지적 기능에 대한 우울증의 영향은 현재로서는 분명치 않다. 일부 기분장애의 중심이 되는 조증 증상에 대해서는, 비록 가벼운 수준의 증상(경조증)이 창의성의 증진과 연관성이 있을 수 있기는 하지만, 관련 연구가 거의 되어 있지 않다(Endler & Summerfeldt, 1995). 분노는 지능검사 결과에 대한 잠재적으로 중요한 영향을 끼칠 수 있는 또 다른 요인인데 아직 조사가 되지 않은 상태이다(Zeidner, 1995 참조).

불안 및 기타 부정적 정서들의 인과 관계적 상태에 대해서는 다소 논쟁의 여지가 남아 있는 상태이다. 상태 불안에 대한 걱정 요소가 작동기억 또는 주의집중 자원을 고갈시킨다고 종종 가정되며, 그래서 그 과제가 충분히 벅찬 것일 때 그 결과로 수행능력이 손상된다는 것이다(예: Eysenck, 1992; Sarason, 1975). 지능이 낮은 피험자의 경우, 어떤 과제가 그 사람에게 객관적으로 보다 어려운 것일 때, 보다 일반적인 불안 관련 손상에 특히 취약할 수 있는데, 이것은 메타분석에 의해 확인된 가설이다(Hembree, 1988). 다음 장에서 불안 장애에 대한 인지적 기제에 대해 다시 다룰 것이다. 인지적 수행능력에 대한 임상적 우울증의 인과 관계적 영향은 일반적으로 인정되고 있는데, 특히 주의집중 또는 기억을 요구하는 과제에 대해서는 더욱 그러하다(Endler & Summerfeldt, 1995). 하지만, 불안과 지능 사이의 부적인(negative) 상관관계에 대해서는 다른 설명도 존재한다. 첫째, 인지적 시험 상황에서의 불안은, 실패가 낮은 능력 또는 준비나 공부의 부족 탓일 공산이 있다는 다소 직설적인 평가에 의해 발생될 수 있다. 달리 말하면, 불안은 수행결과에 직접적인 영향을 끼치는 어떤 요인이라기보다는 낮은 지적 기술의 표식일 수 있다(Mueller, 1992). 둘째, 불안이 성취 지향적 상황 속에서의 자기 효능감 부족에 대한 믿음을 낳으면 낳는 만큼, 불안감이 높은 상태인 사람들은 지적인 성장을 그리고 그래서 학업 관련 맥락에 대한 이해를 증진시키는, 행동을 회피하려 할 수 있으며, 지적 기술의 부족은 상호 보강적 효과를 낳게 된다(Cattell, 1971). 셋째, 지능과 불안 간의 관찰된 관계는, 두 가지 모두에 영향을 끼치는 외부적 변수들(예: 사회계층, 자녀양육 패턴, 시험 상황)의 인위적 영향 때문일 수 있다(Weiner, 1973). 우울증에 대해 발견된 것들에 대해서도 유사한 설명이 가능하다. 예를 들어서 낮은 지능이 수행 실패의 연속으로 귀결되면 우울증을 낳을 수 있다는 것은 있을 법한 일이다.

외향성-내향성

외향성-내향성(extraversion-introversion, E)은 인간행동에 있어서의 개인차의 기초적 차원이며, 종종 강한 생물학적 기초를 가진 근원 특성(source trait)의 하나로 해석된다(Eysenck & Eysenck, 1985). 외향적인 사람은 개방적이고, 사교적이고, 충동적인 반면, 내향적인 사람은 사회적으로 수줍어하고 주의가 깊다. 외향성-내향성은 다양한 양상의 사람의 수행결과에 연관되어 있다(Matthews, 1992). 하지만 이미 우리가 검토해 본 바와 같이, 메타분석 관련 자료 속에서 지능과 단지 적은 정적인 상관성을 보여 준다(Ackerman & Heggestad, 1997). 그럼에도 불구하고 불안의 경우처럼, 보다 미묘한 어면 관계가 존재할 수 있다. 외향성과 지능 사이의 관계는 검사의 성격에 의해 완화될 수 있다. 로빈슨(Robinson, 1985)은 E가 상이한 지능 유형 및 지능 프로파일들과 밀접하게 연관되어 있지만 지능검사 결과의 절대 수준에 대해서는 그렇지 않다고 주장했다. 따라서 내향적인 사람과 외향적인 사람들은 전반적인 IQ에서 차이가 있는 것이 아니라 그 프로파일에서만 차이를 보이는 것으로서, 내향적인 사람들은 구술시험에서 그리고 외향적인 사람들은 작업검사(performance test)에서 상대적으로 더 좋은 결과를 보였다. 하지만, 이 결과는 반복검증은 가능하지 않을 수 있다(Saklofske & Kostura, 1990). 매튜스(Matthews, 1992)는 내향적인 사람들이 통찰력과 숙고가 요구되는 문제 해결 과제들에서 더 뛰어난 경향이 있음을 관찰했다. 역으로 외향적인 사람들은 빠른 속도가 요구되는 과제들일 때 혜택을 보았다(Rawlings & Carnie, 1989). 아이센크(Eysenck, 1994)는 E가 작업의 속도와 연관되어 있다는 것과 외향적인 피험자들은 검사를 수행할 때 더 낫은 전체 시간을 사용했음을 보여 주는 연구들을 고찰했다. 그래서 젠슨(Jensen, 1966)은 비록 외향적인 사람들에게 있어서, 의미 있게 더 많은 실수들을 저지르기는 했지만, E가 레이븐 행렬(Raven's matrices)을 푸는 속도와 .44의 상관도를 가졌음을 발견했다. 아이센크는(1994) 외향적인 사람들이 검사의 종료가 가까워질수록 포기하는 경향이 있으며, 검사 종료가 가까워질수록 올바른 해결방법을 획득하는데 더 많은 시간이 소요됨을 제시하는 증거들을 조사했으며, 더 큰 반응성 억제(reactive inhibition) 또는 더 낮은 코티솔 각성(cortisol arousal)이 원인인 과정으로 추정했다.

외향성 효과는 종종 스트레스, 각성, 그리고 정서에 연관된 요인들에 의해 완화된다. 이 작용의 어떤 부분들은 외향성과 각성 사이의 상호작용을 보여 주며(예: Revelle et al., 1980), 내향적인 사람들의 각성의 강직 또는 휴면 수준은 외향적인 사람들의 그것보다 높다는 각성이론의 가설들에 의해 영감을 받았다(Eysenck & Eysenck, 1985). 이 가설에 대해서는 신경전달 과정에 대한 절에서 좀 더 논의될 것이다. 외향성은 또한 긍정적 정서에도 연결되어 있었는데(Watson & Clark, 1992), E와 수행력 상황에서의 긍정적인 영향 사이에는 낮은 강도를 나타냈다(Matthews, 1997b). 하지만 만약 외향적인 사람들이 실제 세상이라는 배경조건에서 좀 더 정력적이고 활동적이면, 이들 긍정적 기분은 더 뛰어난 지적 성과 속으로 흡수될 수 있다. 만성피로 증후군(chronic fatigue syndrome, CFS) 환자들에 대한 연구들은 전면적 IQ에 있어서 상당한 장애를 포함하는 광범위한 결함을 보였다(Daugherty et al., 1991). 비록 피험자의 피로도와 지능검사 점수 사이에는 직선적 연관관계는 없었지만, 낮은 활력으로 특징지을 수 있는 기분을 가진 사람들에게서 높지는 않지만 신뢰할 만한 주의결핍이 발견되었다(Matthews, 1992).

마지막으로, 지능과 성격 사이에는 발달적 또는 성숙의 연계가 존재할 수 있다(Eysenck & Cookson, 1969). 이 저자들은 13세 내지 14세 즈음에 외향성과 IQ 사이에 정적인 것에서 부적인 것으로 변화되는 상관관계의 경향이 존재함을 제시했다. 분기점(crossover point)의 나이에 대해서는 불확실성이 존재하는 것으로 보인다. 예를 들어서 크룩스, 피어슨, 프란시스 및 카터(Crookes, Pearson, Francis, & Carter, 1981)는 15-16세인 소년과 소녀들에게서 외향성과 IQ 사이에 정적인 상관관계를 발견했다. 이 결과가 사실이라면 다양한 설명이 존재한다. 아이센크에 의하면(1994), 외향적인 기질과 잘 조화되는 초등학교에서의 자유롭고 편안한 분위기로부터, 내향적인 기질에 더 잘 맞는 중등학교에서의 보다 엄격한 분위기로의 변화와 관계가 있을 수 있다.[2] 두 번째 가능한 설명은 능력이 우수한 아동들은 내향적이 되고, 반면 능력이 부족한 아동들은 외향적이 된다는 것이다(Anthony, 1983). 또 다른 가능성 있는 설명은 내향적인 아동은 보다 느리게 성숙하기 때문에 초등학교 나이의 아동들에게 있어서의 내향성은 정신적 성취에 유익하지 않지만 중등학교에서는 그것이 도움을 주게 되기 때문이라는 것이다(Anthony, 1983). 아이센크는(1993) 내향성과 학교시험에서의 상대적인 성공의 증가 사이의 상관관계는 그러한 성공은 내향적인 행동양식인 개별 지도(private study)에 의해 촉진되는 것으로 추측할 수 있기 때문에 있음직한 일이라고 설명했다.

개방성: 지능과 권위주의

개방성의 특징은 생생한 상상력, 예술적 감수성, 깊은 감정, 행동의 유연성, 지적 호기심, 그리고 비인습적인 태도 등이다. 맥크래(McCrae, 1994)는 경험에 대한 개방성과 지적 능력(Intellectual Ability) 사이에 실질적으로 겹치는 부분이 존재한다고 주장했다. 액커만과 해게스터드의 메타분석(Ackerman & Heggestad, 1997)은 비록 이 요인이 유동지능(fluent intelligence)보다는 결정지능(crystallized intelligence)에 보다 강하게 관련되어 있지만, 이 요인이 다른 5대 요인들 중에서 어느 것보다 일반지능과 가장 강한 연관관계를 가진다는 것을 입증했다.

하지만 관련 자료의 해석은, 성격에 관한 저작들(예: McCrae, 1996)에서 많이 논의되어 오고 있는 개방성의 성질에 대한 불확실성에 의해 난제가 되었다. 트렙넬(Trapnell, 1994)은 비록 그것들이 성실성과 연결시키는 것을 선호하기는 했지만, 개방성의 두 가지 뚜렷한 특색으로 지적 역량(intellectual competency)과 자유주의(liberalism)를 꼽았

---

2) (옮긴이 주) 이 설명에 첨언을 하면 교육 수준과 창의력이 반비례한다는 설명이 연상된다. 교육 수준이 높으면, 창의력이 저하된다는 것이다. 즉, 발명 특허 출원자 중에 고학력자가 드물다는 것이다. 고 IQ 소유자가 창의력을 우수하게 발휘하는 것은 아니다. 관련된 구체적인 자료는 이 책의 6 장 '지능과 창의성'을 참조 요망.

다(이 관점에 대한 반론에 대해서는 Saucer, 1994 참조). 지적 역량은 개방성과 지능검사 결과 사이의 연관성을 가능하게 할 수 있다, 고프와 액커만(Goff & Ackerman, 1992)은 개방성, 결정지능, 그리고 지적인 동기와 관심을 평가하는 "일반적 지적 관여도(typical intellectual engagement, TIE)"의 측정결과 등의 세 가지 형질들이 상호적으로 상관되어 있음을 보여 주었다. 더 확장된 연구에서 롤프후스와 액커만(Rolfhus & Ackerman, 1996)은 개방성이 TIE와 .67의 상관성을 가지고 있으며, 비록 TIE 척도가 자기보고 지식에 대해 좀 더 광범위하게 연관되어 있기는 하지만 개방성과 TIE 측정치 두 가지 모두가 인문학에 대한 지식과 연관되어 있음을 보여 주었다. 타당해 보이는 것은, 개방적인 사람들일수록 그들이 특히 언어나 문화적 성격의 지적인 행동들에 대한 관여에 대해 더 의욕이 높기 때문에 결정지능이 더 높음을 보여 준다는 것이다.

이에 더해서, 개방성과 지능 사이의 관계는 또한 그 "자유주의적" 요소, 즉 사회적, 정치적, 및 종교적 가치들에 대해 조사하려는 흥미(willingness)와 전통적인 보수적 견해들의 거부와도 연관될 수 있다. 이 연계는, 민족적 편견, 정치적 보수주의, 및 비인습적인 것에 대한 도덕주의적 거부를 포함하는 상호 연결된 비민주적 정서들의 조합을 구성하는 태도적 체계인 권위주의(authoritarianism)에 대한 연구에 의해 가장 명확하게 나타난다(Adorno, Frenkel-Brunswick, Levinson, & Sanford, 1950). 트렙넬은 우익적 권위주의 척도와 개방성 사이에 −.57의 상관관계를 보고했다. 아도르노 등 및 다른 연구자들의 연구들은 권위주의 점수가 지능과 부적인 상관관계가 있으며 −.20에서 −.50 사이의 범위를 가진다는 것을 보여 준 바 있다.

한 가지 가능성은 상대적으로 낮은 지능을 가진 사람들만이 극단적인 전체주의 경향으로 표시되는 종류의 이데올로기를 수용할 수 있다는 것이다(Thompson & Michel, 1972). 또 다른 추론이 지적하는 것은 지능과 권위주의 양자 모두는 사회계층에 의해 혼란스럽게 된다는 것이다. 또한, 권위주의를 줄여주는 것은 지능보다는 주로 교육이나 문화적 세련도일 수 있다는 것이다. 크리스티(Christie, 1954)는 통제된 교육을 통해 권위주의와 지능 사이의 상관도는 상당히 떨어진다고 추산했다. 따라서 사회 내에서 개인적 및 사회적 자원(예: 사회적 지위, 지능, 교육)이 낮은 사람들은 위협을 받거나 당황하게 되면 문제 해결의 방법으로 권위주의적 믿음으로 돌아선다.

다른 증거들은 또한 사회적으로 형성된 신뢰 체계의 중요성을 지적한다. 아동과 학생들을 대상으로 진행한 미국의 연구들에 대한 조사(Argyle, 1961)에서는 지능과 종교적 신념, 태도, 및 경험들 사이에 부적인 상관관계를 발견했다. 상관도는 태도와 경험보다는(−.19에서 −.27) 종교적 보수주의에서(−.15에서 −.55) 일반적으로 더 높았다. 유사하게 몇 가지 연구들이 보여 준 것은 과학적으로 설명되지 않는(paranormal) 것들에 대한 믿음은 낮은 지능을 예견한다는 것(이에 대한 고찰은 Zeidner, 1995 참조)을 발견했는데, 아마도 높은 지능은, 그 사람이 불가사의한 생각들을 옹호하는 쪽으로 제시되는 순환논증과 단명하는 주장들에 대해 덜 취약하게 만들 수 있기 때문인 것으로 보인다(Zusne & Jones, 1982). 그럼에도 불구하고 흥미로운 것은, 1960년대와 1970년대 동안 많은 지적으로 뛰어난 학생들에게서 공통적인 반합리주의(antirationalism) 때문에 역사적 관계는 변화되었을 수 있다는 것과, 과학적으로 설명되지 않는 것들에 대한 믿음은 현재는 낮은 지능보다는 오히려 높은 지능과 연관성을 갖는다는 것을 최근 연구들이 제시한다는 것이다(Jones, Russel, & Nickel, 1997 참조).

비정상과 일탈

정상적인 성격 구조에 기반하는 차원 모형들이 다른 배경조건 속에서도 더욱 널리 사용되고 있음에도 불구하고, 성격 이상과 지능에 대한 연구들은 임상적 표상들을 사용하는 경향이 있어 왔다(Matthews, Saklofske et al., 인쇄 중). 아이젱크(Eysenck, 1994)는 IQ 측정치와 정신병리학 사이의 통계적 관계를 탐구하는 연구는 다음 세 가지 요인들을 보지 못하는 운명에 놓여 있다고 믿었다. 그 세 가지 요인들은 첫째, 성격과 지능의 상관관계 측정에 있어서 많은 연구자들이 적용한 생각 없는 "얼간이" 접근법(mindless "blunderbuss), 둘째, 그 준거의 악명 높은 비신뢰도, 즉 진단된 정신병리학(diagnosed psychopathology), 그리고 차이의 원천들에 대한 통계분석에 있어서의 문제들이 그것이다. 비정상의 어떤 양상들에 있어서 지능의 역할은 간과되어 왔는데, 특히 성격장애 사례에서 두드러졌다. 엔들러와 섬머펠트(Endler & Summerfeldt, 1995)의 문헌고찰 결론은 정보와 경험을 조직화하고 처리하는 특징적 방법들이 성격 장애의 탄생과 영속화에 있어서 주요한 역할을 하는 것으로 보인다는 것이었다. 이들 장애의 인지적 특징은 중요하지만, 지능의 역할에 대한 체계적 증거들은 심리측정적 검사들을 이용하는 연구들로부터는 거의 존재하지 않는다.

비행

평균적으로 범법자들은 표준 지능검사에서 비범법자들보다 여덟 가지 IQ 점수들이 낮게 나타난다(Lynam, Moffitt, & Stouthamer-Loeber, 1993). 이 관계는 사회적 계층이나 민족적 배경에도 불구하고 유지된다. 범죄와 심지어 공격성조차도 장기간에 걸쳐서 지적 기능을 억압하도록 작용할 수 있다(Huesmann, Eron, & Yarmel, 1987). 더구나 최근의 메타분석 연구(Ackerman & Heggestad, 1997)는 공격성과 g 사이에 크지 않은 역의 상관관계를 보고했다($r = -.19$). 웩슬러(Wechsler, 1958)는 반사회적 이상성격자 검사 프로파일의 가장 두드러지는 단일 특성은 척도의 언어적 부분에 대비되는 수행능력에 있어서의 체계적인 고 점수임을 지적했다. 마타라조(Matarrazo, 1972)는 비록 개인별 분석에 있어서 주의를 촉구하기는 했지만, 이 견해를 일반적으로 지지하는 30개의 연구들의 목록을 제시했다.

연구자들은 이 부적 관계들의 의미와 해석에 대해 논쟁해 왔다(Lynam, Moffitt, & Stouthamer-Loeber, 1993). 첫째로 범법적 생활양식은 낮은 지적 기능을 낳을 수 있다. 이러한 저하는 낮은 학업동기, IQ 검사에 대한 부정적 태도, 여러 번의 거리 또는 패싸움에서 받은 머리부상, 또는 약물남용이 중추신경계에 끼친 해로운 영향 등을 포함하는 다양한 요인들 중 하나의 결과일 수 있다. 블록에 의하면(Block, 1995), 높은 충동성(impulsivity)이, 중대한 범법자들의 특징인 낮은 언어적 IQ를 설명한다. 왜냐하면 효과적 검사 수행에는 속박되고 속도는 낮아지고 사색적인 행동이 요구되는데, 충동적이고 제멋대로인 사람들은 자신의 행동과 반응을 잘 조절할 수 없어서 하락된 검사 결과로 귀결된다는 것이다. 더구나 충동적이고 제어가 잘 되지 않는 아동들은 교육을 받는 중에, 언어적 검사가 의존하는 정보, 추론, 그리고 논리 등이 누적적으로 덜 축적될 수 있고, 그래서 그들은 준비가 되어 있지 않기 때문에 IQ가 나빠지는 것이다. 역경 극복 능력(자기 조절력, unresilient)이 부족하고 통제가 잘 되지 않는 아동이라면, 행동 장애(conduct disorder)에 빠지는 경향이 있을 것이고, 학교를 빠지는 시간들이 더 잦을 것이며, 그리고 지능검사에 있어서 성과의 버팀목이 되는 인지처리 과정을 발전시킬 기회를 잃을 것이라는 것이다. 이러한 행동 결함은, 자기통제 부족, 공격성을 통한 대처방법의 선호, 그리고 타인의 자신에 대한 태도에 대한 왜곡된 인식 등이 포함되는 자기조절의 결여로 연결될 수 있다(Schwean & Saklofske, 1995; Mathews, Schwean et al., 인쇄 중). 둘째, 낮은 IQ는 낮은 학업성과와 궁극적으로 학업중단에 의해 중개되는 비행으로 귀결될 수 있다. 세 번째 설명은 관찰된 관계는 사이비(擬似的, spurious)이며 제3의 변수(예: 사회 계층, 인종, 등등)가 낮은 IQ와 비행 양자 모두를 야기할 수 있다는 것이다.

조현병(調絃病, schizophrenia)[3]

희망(wish)과 현실을 혼동하는 경향이 증가하면서 정신건강이 악화되는 것처럼 조현병(schizophrenia)적 사고와 판단은 심각하게 손상된다(Coleman, Butcher, & Carson,

---

3) (옮긴이 주) 정신건강의학상의 진단과 분류 체계상 정신분열병이라는 병명은 더 이상 존재하지 않는데 불치병 또는 난치병이라거나 이런 환자는 격리, 수용되어야 한다는 등 근거 없는 편견과 낙인, 병명이 주는 부정적이며 차별적인 뉘앙스를 해소하기 위해서 "조현병"으로 고쳐서 사용하고 있다.

1984). 조현병적 마음은 비록 그 시야 속의 모든 것들을 비선택적으로 기록하기는 하지만, 적절한 동작신호와 부적절한 것 사이의 구별하는 것이 불가능하다(Williams & Beech, 1997). 지능검사 점수의 저하는 공통적이지만, 부분적으로는 피험자의 낮은 동기, 최소화된 협력, 그리고 검사시행자와의 손상된 접촉이 원인일 수 있으며, 상황에 따라 검사 점수의 유동성을 낳는다.

지능의 손상이 조현병의 취약성 요인인지 여부 또는 그것이 정신병의 결과를 대변하는 것인지 여부는 다소 불명확하다. 직접적인 경험적 근거는 상충되고 종종 혼란스럽다. 비록 심각한 조현병을 가진 사람의 지능은 평균보다 낮은 수 있다고 해도, 특히 편집증으로 진단된 사람들을 포함해서 많은 조현병 환자들이 평균적 또는 심지어 놀랍도록 지적인 우월성을 유지하는 것에 놀라게 된다. 어떤 연구들(Watson, Herder, Kucala, & Hoodecheck-Schow, 1987)은 발병 전 평가와 입원 사이에 실질적인 저하를 보고하지만, 반면 또 다른 연구들은 조현병 환자들에서의 지능 하락은 이미 존재하고 있던 조건 탓일 수 있고 조현병의 발병에 연관된 것은 내재적인 요인이 아님을 보여 주기도 한다. 최근의 한 연구에서는, 최초의 적성검사 점수들이 평균 이상이었던 조현병 환자들에게서 지능 점수의 의미 있는 저하가 관찰되지 않았으며, 검사 점수의 관찰된 하락은 대개 특정 기술인 수리능력 상의 하락에 기인하였다(Watson et al., 1987). 악화는 특정 기술들에 한정되었기 때문에, 보다 일반적인 지적 쇠락으로서보다는 특정한 지적 기능에 있어서의 상실로 가장 잘 해석된다.

어떤 연구들은 조현병의 공격 하에서의 지능 저하를 보여 주지만 진정기간에는 지능검사 상의 수행능력이 개선됨을 보여 준다(Scheartzman & Douglas, 1962). 오랜 입원

현대 의학적 발전 동향을 반영한 병명인 조현(調絃)은 "현악기의 줄을 고르다."라는 뜻이다. 뇌신경망이 느슨하거나 단단하지 않게 적합하게 조율해야 한다는 의미를 담았다. 또 현악기가 좋은 소리를 내는 것처럼 병으로 인한 정신의 부조화를 치료로 다스리면, 정상적인 생활이 가능하다는 뜻이 포함되어 있다.

최신 연구 결과에 의하면, 조현병의 발생은 뇌신경망의 이상과 관련이 있는데 주사 한 번으로 약효가 한 달 정도 지속되는 약이 나오는 등 치료법의 발전에 따라 질병을 조기에 치료받은 환자는 정상적인 생활이 가능하다. 치료를 잘 받고 자신의 분야에서 뛰어난 성과를 거두며 적응을 잘 해는 사람도 있다. 조현병 치료에서 조기치료 못지않게 중요한 점이 재발 방지이다. 재발할수록 점점 뇌는 망가지면서 치료가 어려워지므로 이런 상황을 방지하려면 약물을 꾸준히 장기 복용해야만 한다. 그러나 사회적 편견으로 인해서 환자가 자신의 질병을 부인하고 치료를 중단하는 일이 일어나기도 한다. 정부는 국민의 정신건강 증진을 위해서 국민 정신건강 향상을 위한 종합대책 마련을 추진하고 있다. 이 자료는 권준수(서울대학교 의대) 교수의 조언에 의해서 작성함.

경력을 가진 만성적 조현병 환자들은 최근에 발병되었거나 짧은 입원기간을 가진 환자들에 비해 더 큰 지적 결손을 표시한다. 하지만 이것은 입원이나 정신병증에 내재된 과정의 결과라기보다는 시간의 경과에 따라 입원한 코호트집단의 구성에 있어서의 변화 때문일 수 있다. 입원환자들에 대한 종단적 연구들은 점진적 퇴행을 발견하는데 실패했다(Hamlin, 1963). 즉 IQ와 병원 체류 및 재입원 사이의 연관성 때문에 만성 환자들이 급성환자들보다 덜 똑똑할 수 있다는 것이다. 머리가 좋은 편인 환자들이 IQ가 낮은 환자들보다 퇴원 이후 몇 년 동안의 재입원 횟수가 낮다는 것을 제시하는 일부 연구들이 있다(Heffner, Strauss, & Grisell, 1975). 따라서 급성 및 만성 조현병 환자들 사이에 지능 차이에 기여하는 IQ의 전조적 중요성이 나타나는 것이다.

아동의 지적 기능에 대한 정신병의 영향은, 특정 성격적 기능부조와 혼란으로 고통 받고 있으며 능력의 심각한 저하로 고통 받는다고 보고한 바 있는 성인과 아동들의 경우보다 더욱 유해할 수 있다(Sattler, 1988). 붕괴 정신병(disintegrative psychosis)을 가진 아동들은[4] 대개 첫 3~4년 동안에 일반적 발전기간을 가지는데, 그 후에 심각한 퇴행 및 행동 붕괴가 일어나며, 지능은 쇠퇴하고, 말하기와 언어 능력은 저하되며 사회적 기술이 감소한다. 이에 더해 아동들은 난폭하고, 짜증스러워 하고, 불안해하며 과잉행동을 보이게 된다. 전반적으로, 비록 보다 지적인 아동들은 좀 더 나은 가망성을 가질 수 있기는 하지만, 예후(prognosis)는 불량하다.

영재들과 지적으로 도전하는 사람들의 성격 특성

이전 장에서 비정상적 성격을 가진 사람들의 지적 능력에 대해 논하였다. 또한 우리는 비정상적인 지능을 가진 사람들의 성격에 대해서도 살펴볼 수 있다. 그들의 예외적으로 높거나 낮은 지적 재능 탓에, 영재인 사람과 지적으로 의심받는 사람들 양자 모두 종종, 특히 아동기에 특별한 적응 장애로 고통 받는다고 간주된다(Anastasi, 1958 참조).

지적으로 영재인 아동들

역설적으로, 지적으로 우수한 아동들에게서 적응에 특별한 장애가 있다는 것이 종종 제시된다. 터먼(L. Terman)이 시작한 1921년 유명한 스탠포드 영재 아동 연구(Stanford Gifted Child Study)는 캘리포니아에서 온 1,528명의 영재 아동들(평균 IQ = 151)의 신체적, 정신적 및 성격 속성들을 체계적으로 조사했으며, 이들이 성인 후기가 될 때까지

---

4) (옮긴이 주) 분열성 정신병(disintegrative psychosis)이라고도 하는데, 3세 후 또는 정상적인 언어 능력과 사회적 행동 및 다른 특성이 발달된 후에 나타나는 아동기 초기의 정신질환.

추적조사를 행했다(Terman, 1935; Terman & Oden, 1947; Terman & Oden, 1959). 이 영재 아동들은 키와 전반적 건강에서 일반 수준 이상이었을 뿐만 아니라, 통제군과 대비해서 그들의 교사들에 의해 상당히 더 "자신감 있고", "낙관적이며", "정서적으로 안정적"이라고 평가되었다. 성인기에 영재 표본은 결혼생활에 대한 적응에 있어서 통제군과 같거나 높은 수준이었으며, 심각한 성격 부적응(personality maladjustment)의 사례는 보통 또는 그 이하 수준이었다. 70세 이상이 된 이들 피험자들의 성격과 사회적 특성에 대한 관련 자료들은 여전히 수집되고 보급되고 있다. 흥미로운 것은 터먼의 피험자들 중 두 명인 리 크론박(Lee Cronbach)와 로버트 시어스(Robert Sears)는 나름대로 유명한 심리학자가 되는 쪽으로 성장했으며, 그 연구를 지원한 바로 그 대학에서 심리학의 교수 직위를 받았다. 비교할 만한 발견들은 수학영재들에 대한 존 홉킨스(John Hopkins)의 연구로부터 찾아낼 수 있다(Stanley, Keating, & Fox, 1974). 이들 수학 영재 학생들의 성격 프로파일들은 사회적 성숙과 심리적 건강을 시사하고 있으며 어떤 기준으로도 부적응과는 거리가 아주 멀었다. 듀크대학의 영재발굴프로그램(Duke University Talent Identification Program)에 참가하고 있는 46명의 영재 청소년학생들에 대한 한 연구(Mayer, Caruso, Zigler, & Dreyden, 1989)는 높은 지적 흡수력(intellectual absorption), 문제를 해결하고 있을 때 쾌감을 경험하는 경향, 지적인 작업을 하는 동안에 무관심이나 지루함의 수준이 낮은 것 등과 같은 몇 가지의 지능과 연관된 성격 속성들에 있어서 영재 아동들이 최상의 수준을 보이는 특성을 가지고 있음을 또한 제시했다. 전반적으로, 연구들은 영재들의 아주 높은 긍정적 성격 프로파일들을 제시했으며, 이것은 지능이 높은 아동이 수줍음을 타고, 체력적으로 약하고, 일반적으로 사회적으로 적응력이 낮다는 일반적 고정관념과는 현저히 대조되는 결과인 것이다.[5)]

지적으로 장애인 아동들

정신적으로 장애를 가진 아동들을 특정한 성격적 결함이나 문제를 가진 동질적인 집단으로 보는 경향이 종종 존재한다. 예를 들어서, 어떤 연구는 이들 아동이 때때로 실제연령으로는 더 어리지만 같은 정신연령을 가진 또래 아동들에 비해 보다 엄격한 행동 유형들로 특징지어진다는 점을 제시한다. 또한 성격이 정상인 아동들보다 더 낮은 속도로 발달이 진행될 수 있다는 점 또한 제시되었다. 그래서 동일한 정신연령을 가진, 정신적

---

5) (옮긴이 주) 예시한 연구 결과와는 상반되게 수준 높은 (수학, 예술) 천재들의 경우에 현실 생활에 적응을 못하고 불행한 그리고 은둔자의 삶을 누린 불운한 천재들의 사례도 있다. 그러나 Terman, Stanley, Keating과 Fox(1974) 등의 연구는 소수의 영재들의 생애가 불행하다는 신화가 오해이며 사실이 아니라는 것을 확신시키는 데 기여했다. 현실적으로는 이 양자가 공존한다.

으로 장애가 있는 아동들과 정상인 아동들은 성격 특성에서 유사하지만, 동일한 신체연령을 가진, 정신적 장애 아동들과 정상 아동들은 성격에서 차이가 날 수 있다(Nevo, 1998). 사실은, 명백한 생리적 결함을 가진 아동들을 제외하면, 지적 장애와 내재적으로 연관된 특수한 성격 특성의 존재에 대해서는 그에 반하는 증거들이 많이 존재한다(Nevo, 1998). 그러나 학교 및 사회를 배경조건으로 할 때의 부실한 인지적 수행성과와 반복적 실패가 사회적 적응과 거부라는 문제에 간접적으로 연결될 수 있다는 것은 타당해 보인다. 다시 말하면, 이것은 특정한 성격 속성들의 발달 및 표현 양자 모두에 영향을 끼칠 수 있는 것이다.

심리측정적 접근법: 결론

비록 개방성과 결정성 지능 사이에는 실질적인 연관성이 존재하기는 하지만, 성격과 능력 구성개념 사이의 상관관계는 보통 작은 수준이다. 하지만 어떤 배경조건에서는 가까운 경험적 연결이 발견된다. 시험 불안 같은 특정 배경조건에 연결된 불안 측정치는 저하된 검사 성적에 대해 어느 정도의 예견능력을 보여 준다. 불안과 외향성 양자는 시간압박, 스트레스, 또는 각성의 수준 같은 상황적 요인들이 조작될 때, 시험 성적을 예견하는 것을 보여 줄 수 있다. 정신병 환자들과 범법자들처럼 성격이 비정상인 피험집단들은 지적 기능의 손상을 보여 줄 수도 있다. 하지만, 비정상적 IQ(높거나 낮거나)를 가진 집단들은 역기능적 성격에 대한 신호를 보여 주는 경우는 상대적으로 낮으며, 높은 IQ는 유익한 것으로 나타난다. 이들 다양한 관계들에 대해 제안된 인과 관계적 가설들을 판별하는 것은 종종 어려운 일이다. 한편에서는, 불안, 우울증, 조현병 및 범법행위의 유해한 영향의 어떤 부분들에 의해 묘사되는 실제적 검사 성적에서 표현되는 것처럼, 성격이 IQ와 연관된 지적 역량에 손상을 주거나 그것을 촉진시킬 수 있다. 다른 한편으로는, IQ는 그 사람의 현실적으로 세상의 요구에 대한 적응에, 그래서 성격에 영향을 끼칠 수가 있다. 예를 들어, IQ가 낮은 아동에 대한 교육적 어려움은 불안이나 수행 장애로 다양한 경로로 이어질 수 있다. 추가적으로 성격과 IQ의 관계는 사회적 계층 같은 제 3의 변수에 의해 혼돈이 생겨날 수 있다.

인지과학적 관점

인지과학은 구조적 요인들보다는 과정에 중점을 두는데, 이 과정이 신경적인지, 계산적인지 또는 적응적인가에 초점을 둔다. 이 관점에서 개인차의 차원은 동적 체계(dynamic system)의 행동을 지배하는 안정적 매개변수를 언급한다. 다루어질 첫 번째 질문은 능력과 성격이 공통의 매개변수와 연관되어 있는가 하는 것이다. 예를 들자면, 지능과 성격 요인들이 정보처리 과정의 속도에 영향을 끼치는 "시간-속도(clock-speed)" 매개변수에 연계될 수 있는가 같은 것이다. 일반적으로는 두 종류 차원의 심리측정적 구별성은 그러한 겹침이 제한적임을 제시한다. 둘째로 보다 미묘한 질문은 지능과 성격이 상이한 매개변수들을 통해서 공통의 지능적 행동에 영향을 끼치는가 하는 것이다. 예를 들자면 지능과 일부 성격 특성들이 어떤 수행과제에 대한 반응 속도에 영향을 끼칠 수 있는데, 그 영향은 상이한 과정들, 즉 기초적 처리속도(basic processing speed)와 전략 선택(strategy choice)에 의해 중개될 수 있다. 이러한 형태의 중복은 상당히 다발적일 수 있다. 우선 처음에 우리는 성격과 지능 사이의 과정지향적 관계(process-oriented relationship)의 근거들을 이미 묘사한 세 가지 설명 수준인, 생물학적(biological), 인지 구조적(cognitive-architectural) 및 적응적 지식(adaptive-knowledge) 수준에서 간략하게 고찰할 것이다. 그 다음으로는 성격과 지능을 상호 연관시키는 통합적 인지-적응 구조(integrated cognitive-adaptive framework)의 개요를 설명할 것이다. 차이심리학의 정적인 구성개념을 과정지향적 개념들(process-oriented terms) 속에서 설명하는 것은 어렵다는 점을 시초부터 인식되어야 한다. 즉, 지능과 정보처리 속도 사이의 경험적 연관성이, 지능이 처리 속도의 직접적 표현이라든가 또는 지능이라고 부르는 처리속도를 통제하는 어떤 단일한 인지적 실체가 존재한다는 것을 반드시 의미하는 것은 아니다(Matthews & Dorn, 1995).

신경과정(neural processes)

생물학적 수준(biological level)에 대해서는 여기서 간략하게 다룰 것이다. 지능과 성격이라는 구성개념 두 가지 모두 그 생물학적 기초에 대해 많은 작업들이 존재한다. 양자 모두 부분적으로 물려받는 것으로 보이며(Bouchard, 1995; Loehlin, 1992), 양자 모두 광범위한 정신생리학적 연관성을 가지는데(Deary & Stough, 1996; Matthews & Gilliland, 인쇄 중), 그것들의 행동적 표현은 신경과정에 의해 영향을 받는다. 하지만, 두 구성개념 유형들이 공통의 신경적 기초에 연결되는지의 여부를 결정하려고 시도하는 연구들은 적다. 그보다는 전체적으로 지능과 성격은 예로 든 원용된 잠재적 연구들에 의해 보이는 것처럼 상이한 정신생리학적 지표들에 연결되는 것으로 보인다(Stelmack & Houlihan, 1995). 행동이 두 구성개념들과 연관된 상이한 조합의 신경과정들 사이의 상호작용을 반영하는지 여부 또한 불분명하다. 예를 들자면 지능검사의 성적을 통제하는 대뇌 피질 회로들이 성격과 연결된 피질하부 회로들에 의해 영향을 받는 것이 가능한가 하는 것이다. 만성적으로 공포를 느끼는 사람들이 이들 회로에서 기능 장애를 보인다고 추정할 수 있다면, 편도체에 집중된 공포 회로들에 의해 야기된 대뇌 피질의 처리 혼란이 투박하나마 사례가 될 수 있을 것이다(LeDoux, 1995).

두 구성개념들을 통합하기 위한 한 전략은 각성이론(arousal theory)을 통하는 것이다. 뇌파(腦波, electroencephalogram, EEG)와 기타 심리생리학적 도구들은, 다양한 서로 다른 신경체계들로부터의 산출물들을 통합하는 그 유기체의 기능적 상태의 지표를 제공할 수 있다(예: Mesulam, 1985). 지능을 각성에 연결하려는 시도들이 가끔 있었는데(예: Necka, 1997), 하지만 각성에 있어서의 개인차는 외향성-내향성 및 신경성의 성격 형질의 기초로서 모습을 보이는 것이 더 일반적이다(Eysenck & Eysenck, 1985). 아이센크 부부는(Eysenck & Eysenck, 1985) (1) 외향성인 사람들은 내향성인 사람들보다 각성수준이 낮은 경향이 있으며, (2) 각성은 역 U자 기능(소위 Yerkes-Dodson 법칙)에 의해 수행 성과에 연결된다고 상정했다.

성격과 각성제는 지능검사를 포함하는 다양한 과제의 수행결과에 상호작용적 효과를 분명히 가질 것이라는 이론이다. 예측과 일치하게 카페인과 시간압력에 의해 유도된 각성은 외향적인 사람의 시험성적을 증진시키지만 내향적인 사람의 점수에는 장해가 되는 경향이 있다(Revelle, Amaral, & Turiff, 1976). 하지만 다른 작업결과는 보다 복잡한 그림을 표시한다. 르벨, 험프리스, 사이먼 및 질리랜드(Rebelle, Humphreys, Simon, & Gilliland, 1980)의 연구는 피험자가 저녁에 검사를 받을 때는 카페인이 외향적인 사람들이 아니라 내향적인 사람들에게 유익했음을 입증했는데, 시간에 따라 외향성과 각성 사이의 관계가 달라진다는 것을 표시하는 것이었다. 르벨 등은 또한 검사 점수에 대해 사교성(sociability)보다는 무감각함(impassivity)이 더 예견적인도 보여 주었다. 매튜스(Matthews, 1985)는 각성의 자기보고 도구를 이용해서 르벨 등의 그것과 유사한 결과를 획득했다. 하지만 이들 관련 자료는 각성이 외향성의 효과를 중개하기보다는 완화시킴을 보여 주었다. 즉, 각성-성과 관계는 외향적인 사람과 내향적이 사람들에 있어서 질적으로 다르게 나타난다는 것이다. 유사하게 매튜스와 아멜랑(Matthews & Amelang, 1993)은 알파 뇌파도(EEG alpha)와 언어지능검사 성적 사이의 연관성이 외향성에 따라 달라지는 것을 발견했다. 매튜스(Matthews, 1992, 1997b)는 그러한 결과는 각성이 외향성 및 내향성의 피험자에게 있어서의 주의 효율성에 대해 질적으로 차별적인 영향을 끼치기 때문인 것으로 돌렸다.

이런 종류의 연구들은 신경 각성 과정들이 외향성-내향성 양자 모두 그리고 검사 성적에 연결되어 있음을 보여 주었지만, 그것들의 정확한 이론적 의미는 불분명하다. 문제가 되는 신경과정들은 정확하게 명시되지 않은 상태이며 따라서 그들의 상호작용을 모형화할 수 있는 기초는 마련되지 않았다. 외향성이 신경학적으로 구별되는 다양한 기능들과 연관되어 있을 공산이 크다는 것이 문제의 일부분이다. 예를 들어 뇌간유도 전위에 대한 연구들은 외향성을 하구(inferior colliculus)와 같은 어떤 특정 뇌 구조에 연결시킬 수 있게 해 주었다(Bullock & Gilliland, 1993). 하지만 이 구조들이 지능적 행동에 직접적으로 영향을 주는 것 같지는 않다. 매튜스와 할리(Matthews & Harley, 1993)는 인지적 성과에 대한 외향성 x 각성의 상호작용 영향(extraversion x arousal interaction effects)의 원인을, 신경망 내부에서의 무작위 소음(random noise) 수준의 변이로 보는, 이론적 연결주의 모형(speculative connectionist model)을 제안했다. 하지만 이러한 시도는 아직 걸음마 단계에 있다. 비록 각성이론이 성격과 지능을 연결시키는 유용한 발견적 방법으로 작용할 수 있을지는 모르지만, 잘 알려진 결점들(예: Matthews & Amelang, 1993) 때문에, 발전하고 있는 신경 기반 이론들에서의 그 유용성은 제한적일 수 있다.

인지과정

지능이 인지구조(cognitive structure)(엄격하게 말하자면, 필리쉰(Pylyshyn, 1984)이 사용한 기능적 구조)에 있어서의 개인차와 연관되어 있다는 의견에 대해, 우리는 상당히 확신을 가질 수 있다. 높은 IQ가 어떤 과제들에 있어서는 더 높은 처리효율과 연관되어 있다는 것은, 그 혜택이 작업기억, 주의 자원(attentional resources), 계산속도(rate of computation), 또는 다른 어떤 처리 특성 탓이던 간에, 분명하다. 구조 특성에 의해 부과된 처리 상의 감소된 제약은 우월한 획득 인지기술들 속에서 또한 해석될 수 있다(Anderson, 1992). 지능처럼 성격 특성들 또한 정보처리 과제 상의 성과와 연관되지만, 그러한 연관성이 자발적 전략(voluntary strategy)에 대비해서, 구조 내의 개인차를 반영하는 것인지는 명확하지 않다. 예를 들어서 불안해하는 사람들은 종종 마치 그들이 주의 능력에 기능적 결손이 있는 것처럼 행동한다. 하지만 이 결손은 자원의 기본적 부족보다는 내적 걱정에 능력을 분산시킨 것을 반영할 수도 있다(Matthews & Wells, 인쇄 중; Sarason, 1975). 거꾸로 말하면 주관적 각성은, 구조의 매개변수인, 자원의 총체적 가용성(total availability of resources)과 실제로 상관되어 있는 것으로 보인다는 것이다.

지능. 헌트(Hunt, 1978)와 스턴버그(Sternberg, 1977)의 선구적 연구들은 지능과 정보처리 연구들에 주요한 자극제가 되었다. 기초 처리속도(elementary processing speed; Neubauer, 1997), 작업기억(Kyllonen & Crystal, 1990), 그리고 전략 이용(Ferrara,

Brown, & Campione, 1986) 등을 포함하는 여러 가지 정보처리 구성개념들에 특별한 중요성을 부여해야 한다고 주장되어 왔다. 하지만 이들 구성개념들 중 어느 것도 심리측정적 기반의 *g*를 혼자서 교체할 가능성은 없어 보인다(Carroll, 1993). 그 대신에 스턴버그가 주장했듯이(Sternberg, 1977), 지능은 다수의 하위수준 요소들과 고위수준의 "메타성분(metacomponent)" 또는 통제과정들과 연관되어 있을 수 있고 그래서 지능을 위한 단일한 중대 과정은 존재하지 않는다. 지능은 구조의 상이한 수준들에서 독립적으로 처리되는 다양한 요소들에 널리 분포되어 있다. 지능과 특정 과제 사이의 관찰된 상관관계는 과제수행에 있어서의 개인차를 통제하는 요소들의 *g* 부하에 달려 있는 것이다(Sternberg, 1977). 우리는 생물학적 수준의 설명에서 제시된 것과 유사하게 성격의 역할에 대한 질문을 던져볼 수 있다. 지능과 성격 요인들 양자 모두에 연관된 요소들이 존재하는가? 지능 행동은 *g* 부하된 과정뿐만 아니라 성격에 민감도를 가진 인지과정에 의해서 통제되는 범위는 얼마만큼인가?

외향성. 이전 고찰들 속에서(Matthews, 1992, 1997b; Matthews & Dorn, 1995) 우리들 중 하나는 지능에 대해 성격 특성이 다양한 인지적 상관성(cognitive correlate) 또는 인지적 양식화(cognitive patterning)와 연관되어 있다는 결론을 내린 바 있다. 하지만 지능과는 대조적으로, 성격 특성들이 수행 결손뿐만 아니라 증진에도 연관되는 경향이 있는데, 이것은 이전에 논의된 성격-지능 상관관계의 낮은 강도를 설명할 수 있을지 모

표 11-2 외향성-내향성의 인지적 양식화: 내향적인 사람들과 비교한 외향적인 사람의 수행 특성

외향성의 특성	
우월성을 갖는 분야	주의 분할(divided attention) 주의산만에 대한 저항(resistance to distraction) 기억으로부터의 인출(retrieval from memory) 단기 기억(short-term memory)
취약성을 보이는 분야	경계(vigilance) 사색적인 문제 해결(reflective problem solving) 장기 기억(long-term memory)
낮은 반응 기준	
체계적인 영향이 낮은 분야	주의 선택성(attentional selectivity) 반응시간 과제(reaction-time task) 일반 지능(general intelligence)

른다. **표 11-2**는 외향성-내향성의 인지적 상관성을 요약한 것이다. 적어도 이들 효과의 어떤 부분은, 특히 주의와 기억 기능에 대한 연관성은, 비록 직접적 근거는 적지만, 구조 상에서 개인차를 대변하기에 충분히 강한 것으로 보인다. 적어도 표면적으로는 이들 인지적 상관성과 지능의 상관성 사이에는 겹치는 부분이 있는 것으로 보인다. 예를 들어 내향적인 사람들은 보다 더 사색적인 문제 해결에 있어서 좀 더 지능적인 것으로 나타나는 반면, 외향적인 사람들은 더 뛰어난 이중과제 수행성과를 보이는 사람들과 유사함을 보인다(예: Stankov, 1989). 그래서 적어도, 수행성과의 어떤 양상에 있어서의 개인차는 성격과 지능 양자 모두에 민감할 수 있다. 그러나 보다 잘 정련된 분석은 외향성과 지능에 민감한 특정과정들이 종종 상호간에 차이를 보임을 제시하는 경향이 있다. 예를 들어 외향적인 사람들의 이중과제 우월성은 자원 가용성이 더 큰 것을 반영하는 것일 수 있는데(Eysenck, 1981), 특히 언어적 과제인 경우 더욱 그러하다. 그렇기는 하지만 지능에 대해 중대한 과정들은 이중과제 수행성과와 연관된 추가적 복잡성을 처리하는 통제과정들인 것으로 보인다(Spilsbury, Stankov, & Roberts, 1990).

외향성의 인지적 상관성은 자극 수준(level of stimulation; Eysenck & Eysenck, 1985)과 동기유발적 신호(motivational signal; Derryberry & Reed, 1994)와 같은 맥락적 요인들(contextual factors)에 높은 민감도를 가진다. 앞서 논의된 것처럼 이들 상호작용들의 효과에 대한 한 해석은 각성이론과 같은 신경과정의 분석에 의존한다. 최소한 그러한 해석은 외향성 x 각성 상호작용이 과제의 정보처리 요구에 따라 달라지기 때문에 불완전하다. 매튜스와 할리(Matthews & Harley, 1993)는 일반적인 상호작용 효과는 하위수준의 활성화 확산(spreading activation) 과정에서 작용된다고 제안했다. 이들은 르벨 등에 의해 발견된(Revelle et al., 1980) 지능검사 성과에 대한 외향성과 각성 요인들의 효과는 "자동적(automatic)" 언어 처리과정(verbal process)들에 의해 매개될 수 있다고 추측했다. 다시 말하면, 구조의 속성들은 개체 및 맥락 양자 모두에 따라서 어느 정도까지 변할 수 있다는 것이다. 전반적으로 지능과 외향성은 비록 특정 매개변수들에 관련해서 일부 겹치는 부분이 존재한다 하더라도, 인지적 구조에 대한 다양한 조합의 매개변수 설정과 연관되어 있다는 인상을 갖게 된다.

불안. 외향성과 같이, 불안 효과도 인지 양식화의 측면에서 특징지어질 수 있다(이에 대한 고찰은 Eysenck, 1992; Wells & Matthews, 1994; Zeidner, 1998 참조). 이론적으로 불안은 정보처리과정에 개입되는 각각의 단계들에서 인지적 성과에 영향을 줄 수 있다. 그 단계들이란 새로운 정보의 부호화(encoding of new information), 단기 및 장기 저장(short-and long-term storage), 부호화된 자료의 정교화 및 처리(elaboration and processing of encoded material), 장기기억으로부터의 내용 인출(retrieval of content from long-term memory), 그리고 문제 해결 등이다. 따라서 불안은 주의집중의 감소, 주의산만 증가, 지능검사 정보의 부호화에 대한 영향, 그리고 주의산만에 특별히 민감한 과제들(예: 숫자-부호 코딩) 등의 결과를 산출할 수 있다. 불안은 단기 저장과 숫자맞추기 같은 과제의 효율성에 장애를 줄 수 있다. 불안에 가장 민감도가 높은 단기 기억 과제들은 또한 활성 정보처리(active processing of information)(작업기억 과제)를 요구할 수 있고 주의 자원뿐만 아니라 단기 파지(short-term retention) 또한 요구할 수 있는 그러한 것들이다. 지능검사 내용들은 주의자원과 작업기억에 대한 요구에서 차이가 있으며, 그래서 이들 정보처리 기능상의 장해가 어떤 주어진 지능검사에서의 장애로 반드시 귀결되는 것은 아니다(Matthews & Dorn, 1995). 정서적 혼란은, 종이와 연필 없이 수행해야 하는 복잡한 산술 계산처럼, 통제처리(controlled processing), 주의집중, 또는 작업기억에 대한 높은 수요를 요구하는 검사에 가장 유해할 것임을 예상할 수 있을 것이다. 고도 불안을 보이는 피험자가 시간의 경과에 따라 더 큰 파지 상실(retention loss)을 보이는 것처럼, 불안은 또한 학생의 장기 기억에도 영향을 끼칠 수 있다(Eysenck & Eysenck, 1985).

불안의 영향은 결손(deficits)에만 제한되지 않는다. 불안은 판단에 있어서의 부정적 편향(negative bias in judgement) 및 위협에 대한 선택적 주의(selective attention to threat)와도 연관성을 가지고 있다(Wells & Matthews, 1994; Zeidner, 1998). 그것은 쉬운 과제에 대한 성과를 촉진시킬 수도 있다(Zeidner, 1998). 그리고 다시, 불안효과(anxiety effects)가 인지적 구조에 연결될 것인지 여부에 대해서는 불확실한 부분이 존재한다(Matthews & Wells, 인쇄 중). 불안효과에 대한 인지적 간섭 가설(cognitive interference hypothesis)(Zeidner, 1998)은 불안에 휩싸인 사람이 주의 자원이나 작업기억 용량 상의 결핍을 일반적으로 가지는 것은 아님을 암시했던 것으로, 그들은 단순히 그것을 과제외 처리에 할당한 것뿐이다. 다른 한편으로 주의집중과 이탈과 같은 어떤 특정한 주의 기능들에서의 보다 근본적인 차이가 있을 수도 있다(Derryberry & Reed, 1997). 유사하게, 불안에 있어서의 주의 편향의 성질에 대해서는 여전히 논쟁 중이다. 윌리엄스 등에 의하면(Williams et al., 1988) 불안은, 분명히 구조(architecture)의 한 속성인, 위협평가(threat evaluation)를 통제하는 전주의 과정(preattentive process)에 있어서의 개인차와 연관되어 있다. 매튜스와 웰스는(Matthews & Wells, 인쇄 중) 주의 편향 효과(attentional bias effects)가 맥락적 및 전략적 요인들에 민감성이 있음을 입증하는 많은 근거들을 지적하고 있다. 그들은 편향이 위협을 감시하는 하나의 적응전략을 반영한다고 주장한다.

정보처리 모형의 한계. 지능과 성격 특성들이 많은 성과 양상들에 대해 결합해서(conjointly) 영향을 줄 수 있다는 점에는 논쟁의 소지가 별로 없다. 심지어 지능검사 성과도, 자극 수준과 시간압박 같은 맥락적 요인들을 고려해 넣었을 때에는 성격에 민감성을 가진다(Rebelle et al., 1980). 인지심리학적 연구들은 이와 같은 발견들에 대한 상세한 정보처리 모형들을 창출해 내는데 귀중한 역할을 해 왔다. 하지만 그러한 모형들은 그 설명에 있어서 종종 다소 피상적이다(Matthews, 1997a). 가장 단순한 설명은, 지능과 성격 요인들이 상이한 인지 양식화(cognitive patterning)에 관계되는 방식으로, 개인차 요인들이 인지적 구조의 다중 매개변수들에 영향을 준다는 것이다. 비록 그러한 설명은 성과 관련 자료를 설명하는 데에는 적절할 수 있을지 몰라도, 큰 그림 상으로는 그것들은 신경적 설명의 보강이 필요할 수 있다. 예를 들자면, 험프리와 르벨(Humphreys & Rebelle, 1984) 그리고 넥카(Necka, 인쇄 중)는 자원가용성에 있어서의 개인차가 어떻게 각성(신경적 구성개념)에 의해 영향을 받을 수 있는지를 논했다.

그럼에도 불구하고 어떤 면에서는 구조적(architectural) 설명들은 단지 제한적인 것이 아니라 잘못된 것일 수 있는데, 그것들이 의지적 전략선택(volitional strategy choice)을 경시하기 때문이다. 전략에 있어서의 개인차는 전략 실행을 지지하는 구조적 요소들 또는 과제 요구를 처리하는 그 사람의 선택 중 어느 한쪽을 반영할 수 있다. 후자의 경우에 우리는 다음 절에서 논의될 지식 수준 설명(knowledge-level explanation)을 유도해야만 한다. 어떤 유형의 설명이 적절한지를 확인하는 것은 종종 어려운 일이다. 외향적인 사람들이 특정 종류의 문제 해결에 대해 결함을 보이는 것은 "충동성 출구(impulsive exit)" 전략의 사용 탓일 수 있다(Weinman, 1987). 한 가지 설명은, 타당한 해결방법이 획득 가능한지의 여부를 결정하는데 사용되는 계산이 외향적인 사람들에서는 부족하다는 것이다(구조적 설명). 대안적으로 외향적인 사람들은 정확도보다는 속도에 더 가치를 부여하고 그래서 관련된 과제에서 실수를 범할 위험을 가지고 있다고 할 수도 있다(지식적 설명). 다음 절에서는 구조적 및 적응적 수준의 설명을 연결시키는 구성개념으로서의 전략의 역할을 탐구할 것이다.

적응적 과정

필리쉰의(Pylyshyn, 1984)의 지식 수준(knowledge level)에서, 우리는 외부환경의 요구에 대한 의도적 적응(intentional adaptation)의 과정들에 관심을 둔다(Lazarus, 1991 참조). "적응"이란 현실적으로 세상에서 기회와 위협에 대한 그 사람의 의지적 관리를 말하며, 진화론적 의미에서의 적응과 구별되어야 한다. 성격과 지능은 공통의 적응 목표 또는 공통의 적응적 결과에 관련되는 것인가? 성격의 동기적 양상은 일반적이다(commonplace). 가령 외향적인 사람의 사회적 동기나 불안해하는 사람의 자기보호에 대한 관심을 생각해 보라. 지능의 동기적 요소들은 덜 명백하다. 동기는 개인적 목표를 추구하는 데 있어서 시간과 정력을 투자하는 것이 수반된다. 일반적으로 지능은, 사람들이 자신의 기초적 장기 및 단기 목표를 달성하도록 또는 특정한 성과기준에 도달하도록 도와주는 능력 또는 적성으로 구성된다. 그렇기 때문에 지능은 목표 만족의 차원으로 이끌려 들어가며 그래서 일반적인 동기적 성향(motivational disposition)들과 더 연결되게 된다. 예를 들어 앞서 묘사한 개방성에 대한 연구들은 지능적인 사람들이 지적인 관심사를 가질 가능성이 좀 더 높다는 것을 보여 준다. 이 절에서 우리는 동기적 과정들, 더 넓은 자기조절 체계에 의한 그 과정들의 통제, 그리고 전략 선택을 통한 통제의 수행에 관련되는 근거들을 고찰할 것이다.

동기와 환경 통제. 적응에 대한 기본적 요구 조건은 외부환경에 대한 통제 정도이다. 환경통제를 달성하기 위해서 개인들은 환경적 수반성(contingency)과 맥락적 변화들에 대한 평가뿐만 아니라 관련된 맥락 속에서 대처하고 탁월하기 위해서 자기 자신의 능력을 분석하는 데에 상당한 시간과 노력을 소비한다(Zeidner & Endler, 1996 참조). 귀인 이론(attribution theory; Weiner, 1973)은 필수적 동기는, 자신의 개인적 특성에 대한 정확한 인식을 획득하는 것에 중점을 두면서 사건에 대한 예측성과 통제 수단을 획득하는 것이라고 단언한다. 원인의 소재지(locus of causality)가 귀인 영역(attributional dimension)이다. 원인소재를 내부로 돌리는 사람들은 자신의 행위와 행동이 자신에게 일어난 결과에 책임이 있다고 상정한다. 이와 대조적으로 외부적으로 통제하는 사람들은 원인소재가 자신의 손을 떠나 있으며 운명의 움직임에 종속된다고 믿는다. 내부적 원인소재는, 특히 긍정적 사건인 경우, 공통적으로 긍정적 정신건강 및 더욱 적응적인 기능성과 연관된다. 역으로 환경에 달린 문제라고 느끼며 자신에게 일어나는 일을 별로 통제하지 않는 사람들은 낮은 적응능력을 가질 수 있다.

지능은 보다 복잡한 추론과 대안들의 고려 그리고 대안들 중의 선택을 가능하게 함으로써 개인적 통제를 평가하는 과정에 영향을 줄 수 있고 그래서 1차 및 2차 평가 양자 모두가 행해지는 동안 더 큰 통제력을 쓸 수 있게 해 줄 수 있다(Zeidner, 1995). 나아가서, 자기 자신의 삶을 통제할 수 있다고 믿는 사람들은 역량과 기술을 획득하기 위한 노력을 계속할 것이며, 따라서 획득한 또는 결정화된 지능과 능력들을 증진시킬 것이다. 이러한 가설과 궤를 같이 하는 것으로, 중학생 및 고등학생들에게 있어서 지능이 외부적 원인에 소재를 두는 것과 완화적이고 역방향의 상관관계를 갖는 것으로 보고된 바 있다

(Samuel, 1980). 또한 어떤 학생들은 평균 IQ에 있어서 특정하게 관련된 부족을 가지고 있었는데(Seligman, 1975), 흑인 피험자들에 의해 낮은 통제 가능성(low controllability)의 현상들(학습된 무기력)로 보여졌다. 환경적 수반성(environmental contingency)에 대처하기 위한 동기는, 통제 불가능한 유해한 자극에 처음 노출되는 것에 의해 극적으로 감소되었다. 따라서 자신의 능력을 이용하는데 성공적이었던 사람들은 자신의 운명을 통제하는 데 있어서의 자신의 능력에 대한 믿음을 가지게 되고, 그래서 원인소재를 어디에 두는가 하는 것이 지능의 발달을 형성시킬 수 있는 것이다. 그러나 우리는 원인 방향이 무엇인지에 대해서는 실제로 분명하게 알지는 못한다. 귀인이 인지적 검사 성과에 영향을 끼치는 것인가? 또는 지능이 낮은 사람들은 자신의 능력보다는 운과 우연적 또는 외부적 요인들에 좀 더 의존하는 경향이 정말로 있는 것인가?

성취동기는 다음과 같은 두 가지 조건이 유지될 때 최선을 다하려는 일반적 노력을 칭하는데, (a) 그 사람의 성과의 질이 성공 또는 실패의 관점에서 판정되고, (b) 우수함에 대한 적절한 기준이 적용되는 것이다(Weiner, 1973). 그것은 사람들이 자신의 환경에 대한 통제감을 추구할 필요성과 관련이 있는데, 그것을 “효능(effectance)”에 대한 동기로 언급된다. 성취동기 이론(achievement motivation theory; Atkinson, 1964)에 의하면, 모든 개인들은 성취 관련 목표에 다가가려는 기초적 동기와 실패를 회피하려는 적대적 동기를 가지고 있다. 이들 동기의 강도는 사람에 따라서 그리고 상황에 따라서 달라진다. 애트킨슨(Atkinson, 1964)은 어떻게 동기와 기대가 두 상반되는 경향들 사이의 시도-회피 갈등에 영향을 주고, 두 경향들 중 강한 쪽이 행동으로 표현된다는 것을 상세하게 묘사하였다.

성취열(achievement strivings)은 5요인 모형(Costa & McCrae, 1992) 중 성실성(Conscientiousness, C)의 형질의 정의된 한 특성이다. 어떤 저자들은 C의 질서정연함(orderliness) 요소로부터 성취열을 구별하는 것이 유용함을 발견했다(Hough, 1992). 성취동기는 다음과 같은 여러 방법 중 하나를 통해 지적 발달과 성과에 영향을 끼칠 수 있다. 첫째, 성취동기는 사람들이 검사 이전의 모든 삶의 경험들을 통해 그들의 지적 기술들의 발달에 투자한 흥미, 열망, 그리고 노력의 수준을 결정할 수 있다. 둘째, 성취동기는 평가 또는 검사 상황 속에서 적용된 주의, 노력, 집중 그리고 인내심의 수준을 형성하는 데 도움을 줄 수 있다. 실제로 최근 연구는, 상이한 학교 과목들에 대한 기초적 흥미로 표현되는 어떤 학생의 동기가 인지적 능력과 성취에 의미 깊게 관련되어 있음을 제시했다(Snow, 1989). 셋째로 지능은 그 개인의 동기를 형성할 수 있다. 즉, 수리능력(quantitative ability)이 높은 사람은 수학과목에서 성취동기를 발달시킬 공산이 높은 것이다. 나아가서 높은 지능을 가진 학생들은 IQ 검사가 요구하는 다양한 지적 기술들을 획득하거나 발달시켜서 시험 상황에서 우수하게 수행하려는 강한 동기를 발전시킨다.

실제로는 어떤 연구자들은 성취욕구와 지능 사이에 얼마간의 정적인 관계를 보고했지만, 다른 연구자들은 그 상관관계가 통계적으로 신뢰할 만한 것은 아니라고 결론을 내렸다(이에 대한 고찰은 Zeidner, 1995를 참조). 성취동기 연구는 동기의 맥락적 의존성(context dependence of motivation)을 과소평가하고 있는지 모른다. 별다른 자격증 없이 학교를 떠난 성공적 기업가는 성공에 대해 고도로 동기부여되어 있을 수 있는데, 학업에 대해서는 그렇지 않다. C 형질처럼 성취열은 직무성과의 다양한 지표들을 예견한다(Barrick & Mount, 1991; Matthews, 1997c). 비선형적 관계의 가능성 또한 다소 경시되어 왔다. 기초동기 이론(basic motivation theory)은 성취욕구는 누적적 학업성적 측정 시에는 성과 결과에 직선형적 관계를, 즉각적 학습 성과 측정 시는 곡선형 관계를 보여 줄 것이라고 예견했다(Snow, 1989). 따라서 최적의 즉각적 학습은 성취욕구가 중간 위치에 있는 학생들로부터 나올 것이다. 나아가서 동기이론은 평균 수준 지능을 가진 사람들만이 그들의 성공 동기 또는 실패 회피를 위한 동기의 상대적 강도에 의존하면서, 성취 또는 실패 회피를 위해 강력하게 동기유발될 것이라고 예견했다(Weiner, 1972). 이와 같이 동기부여 기능으로서의 수행 차이는 능력에 있어서의 집단 매개체에 한정되는 경향을 나타낼 수 있다(Atkinson, 1974). 이러한 가설에 반대되는 이론으로서 헤크하우젠(Heckhausen, 1967)은 동기의 예견력은 고능력 집단에만 한정된다는 것을 발견했다. 칸퍼(Kanfer, 1990)는 중대한 완화요인은 자기인지 능력이라고 제안했다. 동기는 오직 능력이 높아서 실행목표 달성에 주의를 집중할 때만 혜택을 준다는 것이다. 낮게 인식된 능력은 목표 포기와 실행 장애에 이르게 되는 경향이 있다.

자기 조절. 동기와 적응에 있어서의 보다 과정 지향적인 개인차 분석은 자기 조절 연구들에 의해 제공되었다. 자기 조절이란 실제 및 이상적 자기상태를 정렬시키려하는 인공두뇌학적 통제회로의 유도 하에 환경과의 교류를 관리하는 것을 의미한다(Carver & Scheier, 1991). 자기 조절의 양상을 느슨하게 두 가지로 구별할 수 있다. 보다 수동적이고 상태 지향적(state-oriented) 양상은 그 사람의 자기 표상(self-representation)을 말하는 것으로 자기 평가(self-appraisal)와 자기조절의 목표 양자를 모두 포함한다. 보다 행동지향적인 양상은 이들 목표를 만족시키는데 사용된 대응전략에 대한 신뢰를 말한다. 두 가지 양상들은 지능과 연결되어 있다.

자기 표상: 자아개념과 자존감. 긍정적 자아개념 또는 자기존중에 대한 욕구는 보편적으로 발달한다. 사람들의 자아개념(self-image, 사람들이 자신을 어떻게 보게 되는가)과 자존감(자기 자신에 대해 긍정적으로 느끼는 정도)은 그들의 개인적 목표, 인식,

그리고 행동을 결정하는데 핵심적이다. 자아개념에 대한 가장 이른 그리고 가장 일반적인 양상은 아동과 부모의 표상 사이의 상호작용 속에서 발달한다. 자아개념에 있어서의 계속되는 변화는 또한 이후의 상호작용들의 결과로서 나타난다. 이론과 과거 연구 양자 모두 긍정적 자아개념과 높은 자존감이 더 높은 학업 능력과 성적과 관련이 있다는 견해를 지지한다. 자신에 대한 부정적 믿음은 낮은 능력, 부실한 학업성취 그리고 실패와 연관되어 있다(Purkey, 1970). 자신을 열등하게 생각하는 아동들은 자신의 능력을 과소평가하고 실패를 기대할 공산이 높으며, 어려움이 나타나면 쉽게 시도를 중지할 수 있다. (위기를 기회로 역전시켜서 인간 승리의 삶을 산 위인들의 실증적인 사례를 소개한 자료인 10장을 참조 요망—옮긴이 주.)

지능과 자아개념(self-concept) 사이의 가정된 관계에 있어서의 인과 관계적 역학은 애매한 상태이다. 한 가지 공통적으로 지지되는 견해는 인과 관계는 지능으로부터 자존감으로 흐른다는 것이다. 따라서 긍정적 자아개념과 적응은 오직 과거의 성취와 자신의 사회적 또는 교육적 위치와 학업적성에 관한 자신의 주관적 평가를 반영할 뿐이다. 실제로 마로야마, 루빈, 그리고 킹스베리에 의한(Maroyama, Rubin, & Kingsbury, 1981) 인과 관계 모형 연구는, 12세 때의 자존감은 7세 때의 능력에 의해 의미 깊게 예견된다고 제시했다. 이것이 의미하는 것은 인과 관계의 흐름이 능력에서 자존감으로 향한다는 것이다. 만약 이것이 옳다면, 적응 증진의 노력은 능력과 성취에 대해서는 거의 영향을 주지 못할 것이다.

자기 운영력(self-agency). 현재의 사회적-인지적 이론에 의하면, 인간의 행동은 환경이 객관적 속성들에 의해 그렇게 많이 좌우되지 않으며, 그보다는 능력의 생산적 사용과 지속적 노력의 확보에 의해서, 변화에 영향을 줄 수 있는 개인적 효능의 인지된 수준에 의해 지배된다는 것이다(Bandura, 1977). 자기 효능감(self-efficacy)이라는 용어는 적응적 행동이라는 수단을 통해서 도전적인 요구사항들을 제어할 수 있다는 믿음을 언급하기 위해 사용된다. 자기 효능감은 환경에 대한 통제감을 반영하는 "할 수 있다"는 인지 또는 스트레스와 불안을 처리할 수 있는 자신의 능력에 대한 낙관적 시각으로 개념화할 수 있다. 사회 인지적(social-cognitive) 관점에서 이루어진 최근의 연구는 자기 효능감과 학업능력 및 성취 사이의 의미 있는 관계를 지적한다(Bandura, 1986).[6] 능력이 획득 가능한 기술을 반영하는 것으로 보는 학생들은 탄력적인 자기 효능감을 증진시킨

6) (옮긴이 주) 한국에서는 이의철 교수(전 중앙대학교 심리학과)가 관련 연구와 역(저)서를 출판한 바가 있다.

다. 따라서 지적 능력을 지식과 역량을 획득함으로써 얻을 수 있는 기술로 간주하는 학생들은 기능적 학습 목표(functional learning goals)에 적응하려는 경향이 있다. 이 학생들은 그들의 지식과 역량을 확대할 수 있는 기회를 제공하는 도전을 추구한다. 이들은 실수를 스트레스의 원천이 아니라 역량 획득 과정의 자연스러운 부분으로 간주한다. 자기 효능감은 그 개인의 과제수행 경험에 따라 역동적으로 달라지며, 그 사람이 설정한 목표와 그것을 달성하는 데 있어서 자신이 인식한 성공에 의존한다(Kanfer, 1990).

자아 역경 극복 역량(ego resiliency)은 다소 유사한 구성개념으로서, 상시 변화하는 욕구와 실제적 제약의 복합체를 효과적으로 조정하고 감시하는 개인의 능력이다(Block & Kremen, 1996). 이 개념화를 뒷받침하는 기초적 전제는 인간의 목표는 가능한 한 과소 통제적이며 필요한 한 과다 통제적이라는 것이다. 따라서 자아 역경 극복 역량은 어떤 사람이 어느 방향이던(즉, 과소 통제적 또는 과다 통제적) 자아 통제의 특징 수준을 수정하는 동적 능력(dynamic capacity)을 의미한다. 이 동적 능력은 체계의 균형을 유지 또는 증진하려 하는 환경적 맥락이 요구하는 특성의 한 기능으로 간주된다(Block & Kremen, 1996). 자아 역경 극복 역량을 발휘하는 사람은 주변의 심리사회적 환경에 적응적으로 적절히 대응하며 그래서 그는 삶, 자기존중, 그리고 타인과의 조화에 대한 열정적 감정을 경험한다. 자아 역경 극복 역량은 자기 효능감의 요소들을 가지고 있지만 성공적 적응을 위한 경로로서 직접적인 환경통제에 대한 강조는 덜하다. 자아 역경 극복 역량은 인간 적응성(human adaptability)의 한 지표로서 인지적 기능과 관련되는 것으로 기대될 수 있다. 실제로 블록과 크레멘(Block & Kremen, 1996)은 남학생들 속에서 IQ와 자아 역경 극복 역량 측정치 사이에 의미 깊은 관계를 발견했다.

적응을 구조에 연결하기: 전략의 역할

검토된 연구는 성격의 동기적 및 자기 조절적 양상이 지능검사 성과에 어떻게 영향을 끼치는지에 대한 어느 정도까지는 다소 폭넓은 예견을 해 준다. 하지만, 특정 지능 행동에 대한 영향을 예견하는 데는 전략이라는 개념을 통해서 적응적 및 인지적 구조 수준의 설명의 통합하는 것이 요구된다. 첫째, 우리는 지능적 행위를 통제하는데 사용되는 집행기능(executive function)을 자기조절에 연결시키는 것을 추구할 수 있다. 아마도 보다 지능적인 사람은 결과적으로 개인적 목표를 더 잘 달성할 수 있을 것이다. 둘째, 우리는 성격 요인들이 전략선택에 어떻게 영향을 끼치는지와 지적 기능에 대한 이들 선택의 결과에 대해 조사할 수 있을 것이다. 이 접근방법은 불안과 우울증이 수행에 끼치는 영향에 대한 참신한 관점을 제공한다.

자기조절과 지능에 있어서의 집행기능. 지능의 한 양상은 어떤 사람의 인지적 기능성을 통제하는 인지적 자기조절 과정들("메타인지적" 또는 "집행기능")에 관련된다. 인지적 자기조절의 제명 아래에는 광범위한 행위들이 포함된다. 직면한 문제의 성격에 대한 숙고, 행위들의 계획, 자신의 행동의 결과 예측, 진행 중인 행위들에 대한 감시, 자신의 행동의 결과 확인, 타당성 검사, 자신의 행동에 대한 숙고 등이 여기에 포함된다 (Flavell, 1985). 자기조절적 전략들과 "메타인지적 지식(metacognitive knowledge)"은 그 사람이 자신의 문제 해결 행위에 따라 획득한 지식과 경험으로부터 의도적으로 구성한 것으로 믿어진다(Flavell, 1985).

증가된 지능은 전략 조절에서의 혜택과 연관되어 있다고 종종 믿어지고 있다(Borkowski & Pack, 1986). 고도로 지적인 주제에 대한 작업방법들은, 풍부한 인지적 목록들 속에 고도로 통합된, 잘 발달된 메타인지적 전략들에 의해 지배된다고 종종 주장되고 있다. 아마도 지능과 가장 근접되어 정렬된 세 가지 메타인지적 기술들은 (a) 학습과제 목표들의 명징한 정신적 표상의 형성, (b) 행동계획을 고안하고 교정하는 능력, 그리고 (c) 목표 및 기준과 현재의 행동들 사이의 불일치를 탐지하기 위한 자신의 행동에 대한 감시 능력 등이다(Boekaerts, 인쇄 중).[7] 메타인지적 전략들과 지능 사이의 연결에 대한 다른 이론적 설명은 스턴버그(Sternberg, 1985) 그리고 스노우와 로먼(Snow & Lohman, 1984)에 의해 제공된 바 있다.

어떤 사람의 메타인지적 전략의 사용은, 개인적으로 가장 중요한 목표를 달성의 자기조절을 통해 실제 세계의 환경에 적응하는데 기여해야만 한다(Kanfer, 1989). 자기조절 효율성, 즉 대안적 행동 경향에도 불구하고 자신의 목표를 추구하는 능력은, g 아래 포함되는 하나의 중요한 변수로 가정되어 왔다(Kuhl & Kraska, 1989). 따라서 보다 지능이 높은 학생들은 자기조절 기술들(적극적으로 설정된 목표, 계획하기, 문제 해결 중에 자신의 수행을 감시하기 등등)을 사용할 것으로 가정되며, 지능이 낮은 학생들은 이들 구조를 제공하는 자기조절 신호(cue)보다는 과제와 환경적 신호에만 의존한다. 이러한 가설들은 부분적으로, 외부적 조절 능력이 낮은 학생들의 학습과 성과를 증진시킬 수 있음을 입증하는 최근 연구들에 의해 지지되었다. 반면에, 자기조절은 능력이 높은 학생들의 자기조절적 행동들을 방해할 수도 있다(Veenman & Elshout, 1995). 불행하게도 연구자들은 보다 전통적인 지능이론들에서 사용된 자기조절로부터, 자기조절(또는 자기조절된 학습)을 개념화하는 데 사용된 구성개념들을 구별하는데 상당한 어려움을 겪

7) (옮긴이 주) 여기에 몇 가지를 추가하면 (1) 인간 친화능력, (2) 개방성, (3) 자성(自省) 상황과 주제 및 사연에 대한 통찰력이다.

어 왔다(Zeidner, Boekaerts, & Pintrich, 인쇄 중). 이들 구성개념들을 독립적 구성개념, 중복된 구성개념 또는 위계적으로 연계된 구성개념들(능력 영역 아래에 포함되는 자기 조절로)로 개념화해야 할지는 여전히 연구자들에게 불분명한 상태이다. 둘째, 경험적 문헌들의 고찰이 제시하는 것은, 전략 조절에 있어서의 지능의 실제적 역할(정상에서 영재까지의 범위 내의 인구집단들에 대해)은 약하거나 일관성이 없으며, 여전히 논쟁의 대상임을 제시하고 있는 것이다(Alexander & Schwanenflugel, 1994).

스트레스, 동기, 전략 이용. 정서에 대한 현재의 교섭적 관점(transactional perspective)들은 스트레스를 인식된 환경의 요구에 대한 부적응으로 본다. 스트레스는 환경의 인지된 요구가 이들 요구를 대처하기 위한 그 개인의 인지된 능력을 혹사시키거나 초과할 때 일어난다(Lazarus & Folkman, 1984). 스트레스는 비효과적이거나 잘못 인도된 자기조절의 결과로서 나타날 수도 있다(Matthews, Schwean et al., 인쇄 중). 스트레스의 정서적 표현은 평가와 대처 경향들과 밀접하게 연결되어 있다. 지능과 스트레스 반응들 사이의 관계에 대해서는 많은 고찰들이 있었지만 입증된 것은 거의 없었다. 지능은 개인적 성장과 적응을 촉진시키는 자원으로 보일 수 있으며, 스트레스 반응에 대한 환경적 스트레스의 영향을 완충시킬 가능성이 있다(Lazarus & Folkman, 1984). 아마도 지능은, 요구하는 상황들에 대한 보다 정확하고 유연한 평가를 통해서 좀 더 긍정적인 평가에 이르게 하는 것 같다. 나아가서 보다 지적인 사람들은 자기 자신들이나 그들의 환경을 어떻게 변화시킬지를 결정하는 데 있어서 사용되는 더 나은 문제 해결 기술들을 가지고 있다(Payne, 1991 참조). 하안(Haan, 1977)은 청소년 초기로부터 성인 중년기까지의 지능에 있어서의 변화가 대처 기제의 사용 증가와 정의 연관관계를 가지지만 방어기제와는 부적인 상관관계를 갖는다는 것을 발견했다. 하지만 지능이 스트레스성 상황에서 반드시 유익한 것은 아니다. 즉, 지능이 낮은 사람에게는 일어나지 않을 일이지만, 더 지적인 사람은 어떤 어려운 상황의 부정적 결과에 대해 미리 답을 알고 있을 수 있다. 인지자원 이론(cognitive resource theory; Fiedler & Garcia, 1987)은 스트레스 하의 리더십 행동을 리더 지능에 있어서의 개인차에 연관시키는 몇 개의 흥미로운 가설들을 발표했다. 그래서 스트레스는 수행에 혼란적 효과를 가지며, 리더가 자신의 인지적 자원들을 이용하는 능력에 제한을 준다고 가정한다. 이 이론의 주요 가설은 한 리더가 스트레스 하에 있게 되면 그 사람의 지적 능력들은 과제로부터 이탈된다고 설명하는 것이다. 결과로서 리더의 지능의 측정치는 스트레스 조건 하에서의 집단 수행결과와 상관관계를 가지지 않거나 심지어 역의 상관관계를 가질 것이다. 지능적인 리더들은 지능이 낮은 리더들보다 실패의 결과를 더 잘 예견할 수 있을 수 있어서 그것이 그들로 하여금 덜 기능적이게 만들 수 있을 것이다(Fiedler & Garcia, 1987).

불안처럼 스트레스 취약성(stress vulnerability)에 관련된 성격 요인들에 대한 연구들은, 스트레스 하에서의 지능적 행동에 영향을 줄 수 있는 전략 선택에 대해 입증했다(Matthews & Wells, 1996). 웰스와 매튜스(Wells & Matthews, 1994)의 주의와 정서 모형인 자기조절적 집행기능(Self-Regulative Executive Function, S-REF) 모형은 대처전략의 선택이 스트레스 상태에서의 자기인식(self-knowledge)에 의해 영향을 받는지를 묘사했다. 매튜스와 웰스(Matthews & Wells, 인쇄 중)는 이 모형이 어떻게 지식 수준(knowledge level)과 구조적 관심사들(architectural concerns)을 상호 연관시키는지를 논했다. 지식 수준에서 S-REF 모형은, 위협으로부터의 자기보호(범불안), 개인적 실패의 재평가(우울증), 정신적 또는 신체적 건강의 유지(공황장애), 그리고 오염의 회피(강박장애)처럼, 대응 행동이 어떻게 자기조절 목표들에 의해 영향을 받는지를 서술하고 있다. 스트레스에 대한 교류 이론(trasactional theory)이 명시한 것처럼(Lazarus & Folkman, 1984), 대처 또한 상황의 요구와 접근 가능한 대응전략의 개인적 수행능력에 대한 자신의 평가로부터 나온다. 이 모형은 또한 자기조절과 대응을 지원하는 인지적 구조에 대해서도 기술하는데, 집행체계는 "자동" 처리(automatic processing)로부터의 개입을, 자기인식(self- knowledge)의 안정된 저장고로부터 인출한 대처계획과 결합하는 것이다.

괴로워하는 상황에서 선택된 대처전략은 종종 "정서 집중적(emotion-focused) 대처전략"이다. 즉, 그 사람은 걱정과 자기성찰(self-scrutiny)을 발생시키는 자기조절 목표들로 과제 집중적(task-focused) 목표들을 바꾸는 쪽을 선택할 수 있다(Matthews, Schwean et al., 인쇄 중). 달리 말하면, 인지적 개입은 부적응적 자기조절을 반영하는 것이다. 우울증의 경우를 보면, 과제 동기의 결여가 성과 부족에 기여한다는 상당한 증거들이 존재한다(Johnson & Magaro, 1987). 우울증에 빠진 사람들의 지적 성과는, 주의의 자기초점(self-focus)에 의해 손상을 입으며(Strack, Blaney, Ganellen, & Coyne, 1985), 2차 과제로의 주의분산에 의해 증진된다. 포울즈(Foulds, 1952)는 포르테우스 메이즈(Porteus Maze) 지능검사에서의 우울증 환자의 낮은 점수가, 그들이 시험관에게 숫자들을 다시 반복해야 했을 때는 사라진 것을 보여 주었다. 이 결과는, 여분의 과제(extra task)가 자원 요구를 증가시켜서 우울증 환자의 불리함을 증가시킬 것이라는, 자원-결손 관계의 단순 설명으로부터 벗어난 것이었다. 유사하게 운전자 스트레스에 대한 연구들은 부정적 정서가 단일과제 운전에 심하게 손상을 주었음을 보여 주었던 것으로, 스트레스에 취약한 운전자가 이중과제 상황을 처리하는데 충분한 노력을 동원할 수 있게 작용하는 것이 나타났다(Matthews, Sparkes, & Bygrave, 1996).

불안에 있어서 대처행동의 역할은 더 논쟁적인데, 명확한 전반적인 동기적 부족 현상이 없었기 때문이다. 실제로 아이센크와 캘보(Eysenck & Calvo, 1992)는 불안에 빠진 사람은 증가된 보상 노력을 통해서 수행에 있어서의 인지된 부족을 보상하려는 동기가 부여되었을 수 있다고 주장했다. 불안한 피험자는 증가된 과제 초점(task focus)으로 정서 초점(emotion focus)으로부터 결과된 인지적 개입에 반격할 수 있다. 이와 같이 불안은, 관찰된 성과 효능성(performance effectiveness)보다는 처리 효율성(processing efficiency)에 더 강하게 연관될 수 있다. 불안한 사람은 트레일러를 연결해 놓은 자동차와 비교될 수 있을 것이다. 트레일러가 없는 자동차에 비교해서 주어진 수준의 속도에 도달하기 위해서는 추가적인 가속이 필요하게 된다. 그러나 적극적 전략 사용의 부족이 특성 불안적(trait-anxious) 피험자와 신경성인 피험자들에게서 관찰되었던 것으로(Mueller, 1992), 이것은 불안에 빠진 사람은 때로는 적응적으로 보상 노력을 적용하는데 어려움을 겪을 수 있음을 의미하는 것이다. 추가적으로, 불안에 빠진 사람들의 과제 중심적인 대처는 "잘못된" 과제에 적용될 수도 있다. 불안 속에서의 위협에 대한 선택적 주의는 위협에 대한 감시라는 과제중심적 대처전략을 이용한 결과일 수 있다. 위협에 대한 이러한 "과잉경계"는 당면한 명백한 과제로부터의 주의분산일 수 있다(Eysenck, 1992).

전략과 적응. 요약하자면, 지식 또는 적응 수준은 동기, 자기조절, 그리고 평가와 대처와 같은 스트레스 과정 등의 몇 가지 상호 연관된 구성개념들을 한데 모은다. 지능과 성격은 적응적 목표와 결과 측면에서 중복되는 부분이 있을 수 있다. 적응적 목표들은 아마도 1차적으로는 성격의 한 속성이지만, 성취 관련 목표들은 지능에도 또한 연관되는 것으로 보인다. 성격과 지능은 또한, 적응 성공에 대한 영향처럼 상호작용을 할 수도 있다. 비록 증거가 부족하기는 하지만, 양자 모두는 자기존중, 자기 효능감 및 대처와 같은 구성개념들에 연결될 수 있다. 관여된 적응적 과정들에 대한 이해는, 어떻게 자기조절이 선택과 집행 전략들을 통해서 인지적 구조에 의해 수행되는지에 대한 이해가 요구된다. 연구들은 적응과 정보처리 조건들에 개입된, 집행과 대처의 절차들을 명시하는 것을 지향해야만 한다. 그러한 연구는 아직 초기 단계에 있지만, 불안과 우울증의 수행성과를 대처전략의 선택과 수행에 연계시키는데 어느 정도의 진전이 이루어져 있다.

더 장기적인 관점: 인지-적응 체계

앞 절에서는 실험 배경조건 속에서 지적 기능에 대한 불안의 영향에 대해 설명하기 위해서 개입된 정보처리 절차들과 그 적응적 중요성 양자가 어떻게 필요하게 되는지를 보인

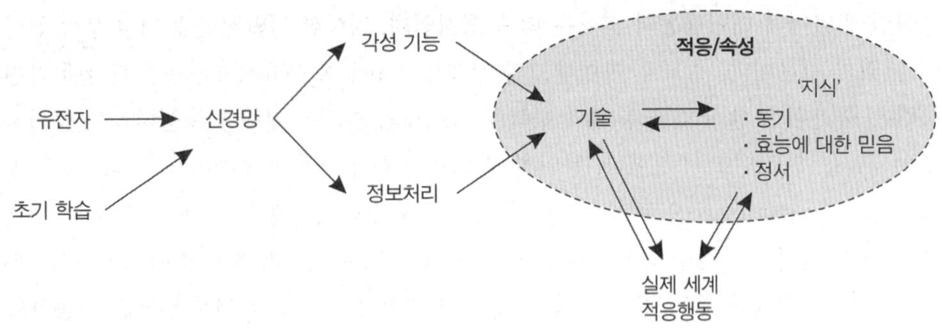

그림 11-2 성격과 능력에 대한 인지-적응 체계

바 있다. 매튜스(Matthews, 1997d, 인쇄 중)는 더 긴 시간 동안의 상이한 수준의 설명들을 통합하는, 보다 일반적인 인지-적응 체계를 발전시켰다. 부분적으로 개인차는, 비특정적 각성을 통제하는 신경체계 속으로(생물학적 수준의 설명) 그리고 정보처리 기능 속으로(인지적 구조 수준) 급송되어 들어오는, 상대적으로 안정적인 유전자와 초기 학습의 영향을 반영한다. 기초 기능들의 이 도구모음이 후속되는 기술 획득의 기초를 제공하는 것으로, 실제 세계에 대한 적응은 기초적(basic) 기능들(단기 기억)보다는 상황제약적(context-bound) 기술들(대화내용 기억하기) 쪽에 얼마간은 의존한다.

그림 11-2는 적응 수준의 설명에서의 동적인 상호작용을 묘사하고 있다. "지식"이란 자기조절에 개입된 심리적 기능의 일괄묶음인데, 물론 그 기능들은 보다 정련된 모형들에서는 서로 구별된다(예: Wells & Matthews, 1994). 한편으로는, 성공적 적응은 획득하는 경향이 있는 기술들의 적용을 나타내는 것이다. 실제 세계에서의 성공에 뒤따라서, 동기와 기술 적용에 있어서의 확신인 적절한 자기인식(self-knowledge)이 공급되는데, 이것들은 다시 실제적 기술들을 증진시킬 가능성이 높다. 다른 한편으로는, 사람들이 자신의 개인적 역량에 대해 비현실적인 믿음을 가질 수 있음을 고려하면, 적응은 부분적으로 지식 그 자체에 의해 구동되기도 한다. 자기 믿음(self-belief)과 동기는 사람들이 자신을 노출시키도록 선택한 환경에 영향을 끼치고, 이런 이유로 기술들을 배울 기회를 가지게 된다. 일반적으로, 사람들이 자신의 기술과 흥미에 맞는 환경의 틈새를 향해 끌리는 만큼, 삼각관계의 요소들 사이에는 어떤 긍정적 피드백이 있게 될 것이다.

표 11-3은 세 가지 개인차 구성개념들인 g, E, 및 N이 인지-적응 체계와 어떻게 연관될 수 있는지를 보여 준다. 능력과 성격 속성들은, 개인들이 특정한 정보 환경에 대한 적응을 공동으로 지원하는 계산상 독립적인 처리 기능들의 묶음들로서 개념화된다. 지능적인 사람들은 새로운 것과 복잡성에 알맞고(Sternberg, 1985 참조), 외향적인 사람들은

표 11-3 세 가지 개인차 요인들과 인지-적응 체계의 구성요소들 간의 관계

	지능	외향성	불안/신경성
각성 기능	?	대뇌피질-망상 각성능력 보상 신호에 대한 민감도?	자동적 각성?(1) 처벌 신호에 대한 민감도?
정보처리	처리속도(+) 작업기억(−) 집행기능(+)	이중 과제(+) 단기 기억(+) 반응 기준(−) 경계심(+) 문제 해결(−) 각성 의존적 영향	작업기억(−) 주의자원(−) 판단(부정적 편견) 선택적 주의(부정적 편견)
기술	지능적 기술 • 복잡성 처리 • 생소함 처리 • 상황별 전환	대화 행동의 신속성 사회적 조우	위험인지 안전 행동 보다 '실제적인' 의사결정[1]
지식	성취동기 자기 효능감? 지적 흥미	사회적 동기 자기 효능감 긍정적 영향 과제집중적 대처	자기보호적 동기 낮은 자기 효능감 부정적 영향 정서집중적 대처 영역 특정적 지식[2]
현실 세계 적용	학업 및 교육적 환경	압박도가 높은 직업[3] 데이트와 짝짓기	은밀한 위협[4]

1 불안 상태에만 관련
2. 특정한 위협 근원에 대한 지식: 예를 들면 사회적 위협, 물리적 위 협
3. 내향적인 사람들은 외부자극이 적은 행동에 잘 적응: 예를 들면 문학이나 과학 관련 업무
4. 정서적으로 안정된 사람은 은밀하게 위협적인 환경에 잘 적응.

사회적이고 정보적인 요구를 하는 환경에 알맞으며, 그리고 신경성이 더 많은 사람들은 위협이 미묘하거나 위장되어 있어서 위협에 대한 고도경계가 요구되는 환경에 적응되어 있다(Eysenck, 1992). 이러한 적응은, 인지적 구조에 의해 제공된 기반위에 구축된 획득 기술들 그리고 지식 양자에 의해 지원된다. 예를 들어서 외향적인 사람들의 처리 기능들은, 만만치 않은 사회적 조우(social encounter) 상황을 처리하고 신속한 행동을 취하기 위해 그들이 어떻게 효과적으로 대화를 나누어야 하는지 준비할 수 있게 만들어

준다. 지식 수준에서 외향적인 사람들은 자신의 능력에 대해 확신을 가지고 있으며, 까다로운 환경 속에서 가장 효과적인 대처에 반영된다(Matthews, 1997b, 인쇄 중). 역으로 내향적인 사람들은 작가나 예술가처럼 빈번하지 않은 자극으로 특징지어지는 환경에 적합한데, 그 안에서 지속적인 주의, 성찰적인 문제 해결, 그리고 단조로움의 인내 등을 위한 기술들을 이용할 수 있다. 아마도 지능은 성격보다는 기초 신경 및 인지적 처리 기능들로부터의 피드포워드(feed-forward)에 더 강하게 영향을 받는 것 같으며, 정보처리의 속도처럼 처리 수준 구성개념들(processing-level constructs)에 의해 영향을 받는, 지능검사 문제들을 푸는데 이용되는 획득된 추론 기술로 여겨질 수 있을 것이다.

인지-적응 접근방법은 성격과 지능 사이의 관계에 대한 신선한 시각을 제공해 준다. 두 종류의 개인차 요인들은 적응 수준(adaptive level)에서 가장 심하게 구별되는데, 여기에서 각 차원은 상이한 유형의 환경에 대한 인지적 적합도(cognitive fitness)를 표시한다. 하지만 상이한 적응을 지원하는 기술들은 어떤 공통적인 처리 구성요소들을 이용한다. 예를 들자면 우수한 단기기억은 유창하지만 비지능적 대화 내의 기술, 외향적인 기술을 배양하는데, 또는 g와 관련된 보다 지적인 문제 해결 기술들을 위해 사용될 수 있을 것이다. 추가적으로, 특정한 현실 세계 환경은 때로는 다중적응(multiple adaptation)에 관련될 수 있다. 예를 들어서, 훈련 환경은 색다름과 인지적 복합성(g에 적절한) 및 잠재적 정보 과부하(E에 적절한) 양자 모두를 가지고 있기 쉽다. 이에 따라서, 비록 E가 일반적인 직무수행과 관련되지 않음에도 불구하고, 훈련 중의 직무 수행은 단지 g뿐만 아니라 E에도 관련될 수 있다(Barrick & Mount, 1991). 달리 말하면, 성격은 때로는 특정한 환경에서 요구하는 상황 제약적(context-bound) 기술이나 실용지능(practical intelligence)에 관련될 수 있다. 외향적인 사람들이 속성에 적절한 환경에서는 내향적이 사람들보다 더 지능적으로 기능할 수 있다. 하지만, 이 실용 지능을 위한 토대가 되는 인지적 기초는 추론능력이 아니라 과부하와 사회적 조우를 다루기 위해 필요한 획득된 정보처리 기술들이다.

지능과 신경성 또는 외향성 같은 어떤 성격 요인 양자가 모두 높은 어떤 사람은, 지능은 높지만 N이나 E는 아주 낮은 다른 어떤 사람과는 다르게 생각하고, 느끼고, 행동할 것이라는 점은 이미 명백하다. 외향적인 사람과 내향적인 사람의 상이한 정보처리 특성들은 행동 차이의 근저가 될 수 있을 뿐만 아니라, 그들이 찾으려 하고 그 안에서 최상의 기능을 발휘할 가능성이 높은 환경의 종류(예: 직업적, 사회적, 대인 관계적)를 제시한다. 좀 더 전통적인 지능관은 성격과 지능 사이의 상호관계(interface)를 설명하는 데에, 그리고 이들 두 개의 넓은 영역들이 어떻게 인간행동과 개인차의 묘사에 기여할지에 대해서는 어느 정도 제한을 가질 수 있을 것이다.

미래의 연구 방향

능력, 성격 그리고 동기 영역들에 있어서 연구와 평가의 통합이 21세기의 개인차 연구를 위한 중요한 목표가 될 것으로 보인다. 이 목표를 달성하기 위해서 우리는 이 장을 자이드너(Zeidner, 1997)에 의해 최근에 제안된 성격-지능 상호관계(personality-intelligence interface)에 대한, 몇 가지 잠재적으로 유용한 미래 연구 방향들에 대해 강조하는 것으로 마치려 한다.

구성개념들에 대한 보다 정련된 개념화와 분류법

성격-지능 구성개념들과 담화 영역들(domains of discourse)에 대한 개념화에 좀 더 많은 생각이 부여될 필요가 있다. 상당히 느슨한 임시적 분류 구조들조차도, 탐구를 유도하며, 축적하는 개인 관련 자료들을 분류하는데 유용한 틀을 제공하는 데 도움이 될 수 있다. 능력 영역의 다차원적 성격에 대한 성장하고 있는 의견일치는(Carroll, 1993), 성격 분류법(McCrae & Costa, 1997)과 및 의지적 적성(conative aptitude)(Corno, 1997 참조)에 대한 보다 최근의 진전과 함께 성격-지능 관계를 확립하는 어떤 단단한 기반을 제공한다.

그 목적으로는 성격-지능 상호관계의 조사에, 행(rows)에는 능력 구성개념 (j)를 두고 열에는 성격 구성개념 (k)를 두는 구성개념들의 행렬(matrix)과, 미래의 여하한 결합 시도를 위한 담화(discourse)의 영역을 표시하는 전체적인 2차원적 행렬 (j × k) 또는 데카르트적 공간(Cartesian space)의 구축을 통한, 단면 분석적(facet-analytic) 접근방법을 적용하는 것이 유용할 수 있을 것이다. 세 번째 단면인 적용의 영역(학교, 직업, 군대)이 삼단면을 가지는 삼차원적 모형을 형성하도록 더해질 수 있다. 나아가서 우리는 지능과 성격 사이의 관계에 대한 집중된 예측을 할 수 있게 해 주는 이론 주도적(theory-driven) 연구가 더 필요하다. 따라서 최적의 접근방법은 성과 관련 자료들에 관한 잘 정립된 이론들을 찾아낸 다음, 검사를 위한 집중된 가설들을 명확하게 구성하고, 이들 이론들로부터의 추론들을 검사할 실험조건들을 마련하고, 가설들을 검증할 적절한 측정 도구들을 사용하며, 논의되고 있는 그 이론들에 비추어 신중하게 결과를 해석하는 것이다(Eysenck, 1994).

연구 설계, 측정 및 분석의 개선

상이한 개인차 구성개념들과 그것들이 관련되는 기저가 되는 과정들 사이의 상호적 관계들(interrelations)에 대한 더 많은 연구들이 필요하다(Snow, 1995). 현대적인 확인적 요인분석(confirmatory factor analysis), 구조방정식 모형(structural equation modelling), 다층 모델링 기법(multilevel modeling technique) 등과 같이, 설계와 분석에 있어서의 다양한 진전이 성격-지능 상관관계에 적용되기 위해 무르익은 상태이다(Boyle et al., 1995). 연구들은 또한 정서 평가 도구들을 구축할 때, 단일변량 또는 다중변량 문항 반응이론(item response theory, IRT) 모형과 같은 현대적 척도 기법들을 사용함으로써 혜택을 볼 수 있을 것이다. IRT 기법은 현재 이미 이용 가능한 상태이지만, 단일차원적 척도를 구축하기 위해 현대적 검사 이론을 이용하는 개인차 연구들은 소수에 그치고 있다(Most & Zeidner, 1995).

심리측정적 접근방법 속에서는, 비선형적 관계뿐만 아니라 지능의 1차 및 2차 함수들과 수행성과의 동기적 예측변수(motivational predictor)들을 도입하는 곱셈적 함수(multiplicative function)들의 검사를 위한 영역이 존재한다.

지능과 성격 사이의 상호작용의 의미와 성질에 대한 더욱 분명한 명세화

가설의 명확성과 시험 가능성을 유지하면서도 성격-능력 상호작용의 복잡성을 모델링하는 데에는 많은 작업들이 필요하다(Snow, 1995). 성격-지능 상호작용은 많은 형태를 가질 수 있고, 개별적 인과 관계 기제와 작용할 것으로 여겨지는 상호작용의 영향과 기제의 유형들에 대한 상이한 가설들을 반영할 수 있다. 우리는 구조방정식 모형과 같은 절차들을 통해서 시간의 경과에 따라 성격과 지능의 변수들 사이의 동적 교류들을 모델링하는 보다 종단적인 연구들을 필요로 한다.

핵심이 되는 가교적 개념들의 확인

심리측정적 접근방법은 지능과는 뚜렷하게 구별되는 성격 속성들을 제공하는 경향이 있다. 아마도 보다 생산적인 탐색은 지능과 일반 지능 사이의 회색지대인 "인지적" 또는 "지능적" 양식(cognitive and intellectual style)들의 영역을 조사하는 것일 것 같다(Messick, 1996). 다양한 양식적 개념들은 정서와 인지 사이의 유용한 가교 그리고 성격, 의욕(conation), 및 지능 사이의 교차로들을 개념화하는 수단들을 제공할 수 있다. 과거의 연구들에서 어려움들 중 하나는 부적절한 측정 모형들의 적용이었다. 양식에 대한 대부분의 측정이 부적절하게도 능력요인 모형을 따라감으로 해서 양극적이고 가치차별적인(bipolar and value-directed) 쪽이 아니라 단극적이고 가치 중심적인(unipolar and value-differentiated) 점수들을 생산해 냈다. 실제로 양식들은 "얼마나 많이"가 아니라 "어떻게"와 관련되어야만 한다. 심리측정주의자들이 우리 분야에 할 수 있는 중요한 공헌들 중 하나는, 성격과 지능 변수들 사이의 잠재적 가교로서, 양식적 변수들(stylistic variable)의 개선된 측정방법을 통하는 것이다. 최근 연구에서 제시된 것은, 지능이 정보를 다루는 일반적 방법을 반영하는 성격 변수들에 가장 밀접하고 조직적으로 연관되어 있고, 이전의 그리고 새로운 양식적 변수들에 대한 또 다른 신중하고 방법론적으로 더 분별 있는 시각을 갖는 것이 유용할 것이라는 것이다. "정신 자치제(mental self-government)" 이론(Sternberg & Grigorenko, 1995), "신중함(prudence)"(Haslam & Baron, 1994), "지혜(wisdom)"(Maciel, Heckhausen, & Baltes, 1994), "마음챙김(mindfullness)"(Brown & Langer, 1990), 그리고 "지적 몰입(intellectual absorption)"(Mayer, Caruso, Agiler, & Dreyden, 1989) 같은 몇 가지 양식적 변수들은 성격과 지능을 연결하는 가교적 개념들의 현시대적이고 동적인 표본들을 제공한다.

실용적 및 임상적 배경조건에 있어서의 심층 연구

개성과 지능 변수들은 다양한 실용적 영역 내에서 의사결정 목적을 위해 종종 공동적으로 사용된다. 필요에 의해서 인지적 및 성격 변수들이 최대 크기로 통합된 것은 직업적 및 응용적 배경조건에서 일어난다. 크론박과 스노우(Cronbach & Snow, 1977)의 적성 × 처치 상호작용(Aptitude × Treatment Interaction, ATI)과 같은 연구모형들은 지능과 성격(예: 외향성, 불안) 같은 개인의 특성이, 특정 결과를 산출하기 위해서 어떻게 상이한 가능한 처치들(예: 치료, 지시 전략, 교사 특성)과 상호작용을 하는지를 경험적으로 입증하려고 시도했다. 임상적, 직업적, 상담 및 학교의 심리학자들은 어떤 의뢰인이 평가와 진단 때문에 나타날 때마다 매번 공식 및 비공식 ATI를 수행한다. 하지만, 우리는 실행가들과 임상가들이 심리진단과 의사결정의 과정 속에서 성격, 의지, 그리고 지능의 변수들 사이의 통합을 어떻게 수행하는지에 대해서는 거의 알지 못한다. 실행가들이 정서와 능력 구성개념들 사이에서 통합에 기초한 결정을 내리는 데 있어서 고려하는 것들에 대해서는 더 많은 연구가 필요하다.

앞에서 논의한 것처럼, 지능은 그 사람의 현재의 조직화 및 통합 기능의 현 수준과 연관되어 있을 수 있다. 이런 이유로 지능은 부적응적인 사람들의 예후에 있어서 중요한 역할을 할 수 있다. 사실은, 모든 연구들이 그 연결을 입증하지 않음에도 불구하고, 지능이 심리적 처치와 치료에 있어서의 성공의 중요한 예측변수라는 주장을 지지하는 일부 연구들이 존재한다(Zeidner, Matthews, & Saklofske, 1998).

결론

이 고찰은 지능 및 발달과 매일매일의 행동의 과정 속에서 역동적으로 서로 간에 영향을 주는 인지적 및 정서-동기적 변수들이 속해 있는 다양한 성격 요인들 사이의, 다소 복잡한 상호작용 관계를 제시했다. 한 편으로 성격적 기질들과 동기적 요인들이 지능적 기능에 영향을 끼칠 수 있다. 단기적으로 성격이 수행에 끼칠 수 있는 영향들을 장기적으로 역량에 끼치는 영향과 구별하는 것이 중요하다. 특히 어떤 과제가 주의 또는 작업기억을 요구할 때를 포함해서, 어느 정도까지 지적 수행에 장해를 입히는 경향이 있는 다양한 부정적인 정서적 및 동기적 상태들에 대해서는, 탄탄한 경험적 증거들이 존재한다. 기능적 자원들과 동기적 과정들의 손실 양자 모두는, 정서적 장애 상태 그리고 준임상적 스트레스 상태 어느 경우에든 지능상 장애에 기여할 공산이 높다. 역으로, 자기 효능감과 성취욕구 같은 동기적 요인들에 의해 구동된 전략들은 수행의 유지나 증진을 지원할 수 있다. 이들 효과의 어떤 것들은, 스트레스나 각성에 알맞는 상황 의존적(context-dependent)인 것들일 수 있다. 성격 요인들이 특정 상황에서의 그 사람의 수행에 더해서 기초 역량들에까지 영향을 줄 수 있는지 여부는 아직 덜 분명하다. 열악한 자아관과 공격성 같은 어떤 성격 속성들은, 그 사람이 특정한 지적 기술들을 획득하고 발달시키려는 동기를 감소시켜서 지적 기능을 억압하는 역할을 긴 시간 동안 할 수도 있다. 정신병적 상태와 성격 장애 또한 일시적 수행과 기저 역량 양자 모두에게 영향을 줄 수 있다. 우리는 인지적, 적응적, 그리고 (아마도) 신경적 설명들 모두가 이들 효과들을 통제하는 과정들을 이해하는 데 있어서 필요할 수 있음을 제시하기 위하여, 하나의 인지적 과학 체계(cognitive science framework)를 이용했다.

다른 한 편으로, 지능은 개인적 역량에 대한 보다 긍정적인 인지를 조장하는 것을 통해서 성격과 정서 상태에 영향을 끼칠 수 있다. 따라서 지적 기능이 뛰어난 사람들은 대응관계에 있는 지능이 낮은 사람들보다 사회적으로 그리고 정서적으로 더 잘 적응함을 흔히 보여 주었다. 높은 지능은 어떤 학생이 일반적 및 학교 문화와 물리적 세계의 실상을, 통합된 학습과정 속에서 학습하는 것을 지원할 수 있으며, 그 사람이 보다 사회적으로 바람직한 속성들을 획득하는 데 도움을 줄 수 있다. 전반적으로 지능은 개인적 성장과 적응을 조장할 수 있는 개인적 자원으로서 작용할 수 있으며, 또한 심리적 스트레스와 질환의 기능 상실적 효과에 대항하는 완충장치로서도 쓰일 수 있다(Lazarus & Folkman, 1984 및 Lazarus, 1991 참조). 역으로, 지능검사에서의 부정적 결과에 대한 다소 진실한 평가는 부정적 정서의 발달에 기여할 수도 있다.

실용적 관점에서 보면 성격 변수들은 지능평가를 검사 점수를 전체적으로 무효화할 만큼의 상당한 충격을 지능적 수행에 주는 경우는 거의 없다. 수행에 영향을 끼치는 다양한 성격과 의지적 요인들(예: 불안, 동기)의 충격은 사실은 그 개인의 전반적 지적 능력의 핵심 양상들로 간주될 수도 있다(Matarazzo, 1972; Wechsler, 1944). 주장하건데, 어떤 성격 요인들(예: 고도 시험 불안, 낮은 동기)의 퇴화 효과 때문에 지능검사에서 형편없었던 사람들은 수행의 기준 측정치에서도, 대부분 같은 이유로 형편없을 수 있다. 이 장에서 제시된 인지-적응 체계는 실제 세계 기술들 속에서 정보처리 및 개인차 표현 양자 모두를 강조한다. 이 체계는 유전자로부터의 피드포워드와 개인-상황 상호작용으로부터의 피드백에 있어서의 개인차의 근원에 대한 인과 관계적 질문에 대해 미해결 상태로 남겨 두고 있다. 성격과 지능 그리고 그들 사이의 관계를 결정하는 것은, 생물학적 기반의 소인들(predispositions)과 환경이 제공하는 다양한 기회들 사이의 동적 상호작용인 것이 옳아 보인다. 특히, 성격은 관련된 맥락을 다루기 위해 획득한 기술들이 지원하는 상황 의존적 실용지능과 연관되어 있을 수 있다. 성격 평가는 그 개인이 더 또는 덜 "지능적으로" 행동할 상황에 대한 무언가를 우리에게 얘기하는 것이다.

개인차 연구의 현재 추세는 "각각의 사람들이 다른 모든 사람들과 비슷하거나, 일부의 어떤 사람들과 비슷하거나, 다른 어떤 사람들과도 비슷하지 않게 하는" 길에 대한 통합적 이해에 대한 희망을 가질 수 있게 해 준다(Revelle, 1995). 성격에 관한 진정으로 통합적인 과학은 우리의 길에서 학문적 편협성(disciplinary provincialism)의 잔재들을 말끔히 치우는 데 도움을 줄 것이다. 하지만, 단순한 절충주의와, 의지적 지능의 영역에 대한 통합적 접근과 그것과의 관계 회복의 기초를 형성하는 어떤 통합적 모형 사이에는 차이가 있다. 그러한 접근방법은 단순히 어떤 사람을 지능과 동기 또는 정서적 관점으로부터 바라보는 것이 아니라 이들 관점들로부터의 관련 자료를 통합하는 것이다. 진정한 통합은 보통의 상태뿐만 아니라 병적인 상태 양자 모두의 이해에 있어서 우리가 분명하게 한 걸음 전진하게 만들 것이며, 이것은 21세기의 개인차 연구에 있어서의 주요 도전일 것으로 보인다.

참고 문헌

Ackerman, P. L., & Heggestad, E. D. (1997). Intelligence, personality, and interests: Evidence for overlapping traits. *Psychological Bulletin, 121*, 219-245.

Adorno, T. W., Frenkel-Brunswick, E., Levinson, D. J., & Sanford, R. N. (1950). *The authoritarian personality*. New York: Harper & Row.

Alexander, J. M., & Schwanenflugel, P. J. (1994). Strategy regulation: The role of intelligence, metacognitive attributions and knowledge base. *Developmental Psychology, 30*, 709–723.

Anastasi, A. (1958). *Differential psychology*. New York: Macmillan.

Anastasi, A. (1988). *Psychological testing* (4th ed.). New York: Macmillan.

Anderson, M. (1992). *Intelligence and development: A cognitive theory*. Oxford: Blackwell.

Anthony, W. S. (1973). The development of extroversion, of ability, and of the relation between them. *British Journal of Educational Psychology, 43*, 223–227.

Argyle, M. (1961). *Religious behavior*. Chicago: Free Press.

Atkinson, J. W. (1974). *An introduction to motivation*. Princeton, NJ: Van Nostrand.

Bandura, A. (1986). *Social foundations of thought and action: A social cognitive theory*. Englewood Cliff, NJ: Prentice Hall.

Bandura, A. (1977). Self–efficacy: Toward a unifying theory of behavioral change. *Psychological Review, 84*, 191–215.

Barrick, M. R., & Mount, M. K. (1991). The Big Five personality dimensions and job performance: a meta–analysis. *Personnel Psychology, 44*, 1–26.

Beech, A., & Williams, L. (1997). Investigating cognitive processes in schizotypal personality and schizophrenia. In G. Matthews (Ed.), *Cognitive science perspectives on personality and emotion*. Amsterdam: Elsevier Science.

Block, J. (1995). On the relation between IQ, impulsivity, and delinquency: Remarks on the Lynam, Moffitt, and Stouthamer–Loeber (1993) interpretation. *Journal of Abnormal Psychology, 104*, 395–398.

Block, J., & Kremen, A. M. (1996). IQ and ego–resiliency: Conceptual and empirical connections and separateness. *Journal of Personality and Social Psychology, 70*, 349–361.

Boekaerts, M. (in press). Self–regulated learning at the junction of cognition and motivation. *European Psychologist*.

Borkowski, J. G., & Peck, V. A. (1986). Causes and consequences of metamemory in gifted children. In R. Sternberg & J. Davidson (Eds.), *Conceptions of giftedness* (pp. 182–200). Cambridge, UK: Cambridge University Press.

Bown, J., & Langer, E. (1990). Mindfulness and intelligence: A comparison. *Educational Psychologist, 25*, 305–335.

Boyle, G. J., Stankov, L., & Cattell, R. B. (1995). Measurement and statistical models in the study of personality and intelligence. In D. H. Saklofske & M. Zeidner (Eds.), *International handbook of personality and intelligence* (pp. 417–446). New York: Plenum.

Brody, N. (1992). *Intelligence* (2nd ed.). New York: Academic Press.

Bullock, W. A., & Gilliland, K. (1993). Eysenck's arousal theory of introversion–extraversion: A converging measures investigation. *Journal of Personality and Social Psychology, 64*, 113–123.

Carroll, J. B. (1993). *Human cognitive abilities*. New York: Cambridge University Press.

Carver, C. S., & Scheier, M. F. (1981). *Attention and self–regulation: A control–theory approach to human behavior*. Berlin: Springer–Verlag.

Carver, C. S., & Scheier, M. F. (1991). A control–process perspective on anxiety. In R. Schwarzer & R.

A. Wickland (Eds.), *Anxiety and self focused attention* (pp. 3–8). London: Harwood Publishers.

Cattell, R. B. (1971). *Abilities: Their structure, growth and action*. New York: Houghton Mifflin.

Christie, R. (1954). Authoritarianism re–examined. In R. Christie and M. Jahoda (Eds.), *Studies in the scope and method of "The Authoritarian Personality."* New York: Free Press.

Coleman, J. C., Butcher, J. N., & Carson, R. C. (1984). *Abnormal psychology* (7th ed.). Scott, Foresman, & Co.: NY.

Corno, L. (1997, July). *Conative individual differences in learning*. Paper presented at the Second Spearman Seminar on Intelligence and Personality, Plymouth, England.

Costa, P. T., Jr., & McCrae, R. R. (1986). Personality stability and its implications for clinical psychology. *Clinical Psychology Review*, *1*, 144–149.

Costa, P. T., & McCrae, R. R. (1992). *Revised NEO personality inventory and NEO five factor inventory. Professional manual*. Odessa, FL: Psychological Assessment Resources, Inc.

Crookes, T. G., Pearson, P. R., Francis, L. J., & Carter, M. (1981). Extraversion and performance on Raven's Progressive Matrices in 15–16 year old children. *British Journal of Educational Psychology*, *51*, 109–111.

Cronbach, L. J., & Snow, R. E. (1977). *Aptitudes and instructional methods*. New York: Irvington.

Daugherty, S. A., Henry, B. E., Peterson, D. L., Swarts, R. L., Bastien, S., & Thomas, R. S. (1991). Chronic fatigue syndrome in Northern Nevada. *Reviews of Infectious Diseases*, *13*, pp. 539–44 (supplement).

Deary, I. J., & Stough, C. (1996). Intelligence and inspection time: Achievements, prospects and problems. *American Psychologist*, *51*, 599–608.

Derryberry, D., & Reed, M. A. (1994). Temperament and attention: Orienting toward and away from positive and negative signals. *Journal of Personality and Social Psychology*, *66*, 1128–1139.

Derryberry, D., & Reed, M. A. (1997). Motivational and attentional components of personality. In G. Matthews (Ed.), *Cognitive science perspectives on personality and emotion*. Amsterdam: Elsevier Science.

Endler, N. S., & Summerfeldt, L. J. (1995). Intelligence, personality, psychopathology, and adjustment. In D. H. Saklofske & M. Zeidnein (Eds.), *International handbook of personality and intelligence* (pp. 249–284). New York: Plenum.

Eysenck, H. J. (1994). Personality and intelligence: Psychometric and experimental approaches. In R. J. Sternberg & P. Ruzgis (Eds.), *Personality and intelligence* (pp. 3–3 1). New York: Cambridge University Press.

Eysenck, H. J., & Eysenck, M. W. (1985). *Personality and individual differences: A natural science approach*. New York: Plenum.

Eysenck, H. J., & Cookson, D. (1969). Personality in primary school children–Ability and achievement. *British Journal of Educational Psychology*, *39*, 109–130.

Eysenck, M. W. (1981). Learning, memory and personality. In H. J. Eysenck (Ed.), *A model for personality*. Berlin: Springer–Verlag.

Eysenck, M. W. (1982). *Attention and arousal: Cognition and performance*. New York:

Springer-Verlag.

Eysenck, M. W. (1992). *Anxiety: The cognitive perspective*. Hillsdale, NJ: Erlbaum.

Eysenck, M. W., & Calvo, M. C. (1992). Anxiety and performance: The processing efficiency theory. *Cognition and Emotion*, *6*, 409–434.

Ferrara, R. ft, Brown, A. L., & Campione, J. C. (1986). Children's learning and transfer of inductive reasoning rules: Studies of proximal development. *Child Development*, *57*, 1087–1099.

Fiedler, F. E., & Garcia, J. E. (1987). *New approaches to effective leardership: Cognitive researches and organizational performance*. New York: Wiley.

Flavell, J. H. (1985). *Cognitive development*. Englewood Cliffs, NJ: Prentice Hall.

Foulds, C. A. (1952). Temperamental differences in maze performance II: The effect of distraction and of electroconvulsive therapy on psychomotor retardation. *British Journal of Psychiatry*, *43*, 33–41.

Goff, M., & Ackerman, P. L. (1992). Personality-intelligence relations: Assessment of typical intellectual engagement. *Journal of Educational Psychology, 84*, 537–552.

Gray, J. A. (1982). *The neuropsychology of anxiety: An inquiry into the functions of the septo-hippocampal system*. Oxford: Oxford University Press.

Grigorenko, E. L., & Sternberg, R. J. (1995). In D. Saklofske, & M. Zeidner (Eds.). (1995). *Thinking styles. International handbook of personality and intelligence* (pp. 205–229). New York: Plenum.

Gustafsson, J. (1997, July). *On the hierarchical structure of personality and ability*. Paper presented at the 2nd Spearman Seminar, Plymouth, England.

Haan, N. (1977). *Coping and defending: Processes of self-environmental organization*. New York: Academic Press.

Hamlin, R. M. (1963). The stability of intellectual functioning in chronic schizophrenia. *Journal of Nervous and Mental Disease*, *136*, 360–364.

Hartlage, S., Alloy, L. B., Vazquez, C., & Dykman, B. (1993). Automatic and effortful processing in depression. *Psychological Bulletin*, *113*, 247–278.

Haslam, N., & Baron, J. (1994). Intelligence, personality, and prudence. In R. J. Sternberg & P. Ruzgis (Eds.), *Personality and intelligence* (pp. 32–60). New York: Cambridge University Press.

Heckhausen (1967). *The anatomy of achievement motivation*. New York: Academic Press.

Heffner, P. A., Strauss, M. E., & Grisell, J. (1975). Rehospitalization of schizophrenics as a function of intelligence. *Journal of Abnormal Psychology*, *84*, 735–736.

Hembree, R. (1988). Correlates, causes, effects and treatment of test anxiety. *Review of Educational Research*, *58*, 47–77.

Hofstee, W. (1997, July). *Conceptual issues in the relation between personality and intelligence*. Paper presented at the Second Spearman Seminar, Plymouth, UK.

Hope, D. A., & Heimberg, R. C. (1990). Dating anxiety. In H. Leitenberg (Ed.), *Handbook of social and evaluative anxiety* (pp. 217–246). New York: Plenum Press.

Hough, L. M. (1992). The "Big Five" personality variables construct confusion: Description versus prediction. *Human Performance*, *5*, 139–155.

Huesman, L. R., Eron, L. D., & Yarmel, P. W. (1987). Intellectual functioning and aggression. *Journal of*

Personality and Social Psychology, *52*, 218–231.

Humphreys, M. S., & Revelle, W. (1984). Personality, motivation and performance: A theory of the relationship between individual differences and information processing. *Psychological Review*, *91*, 153–184.

Hunt, E. B. (1978). Mechanics of verbal ability. *Psychological Review*, *85*, 109–130.

Jensen, A. (1980). *Bias in Mental Testing*. New York: Free Press.

Johnson, M. H., & Magaro, P. A. (1987). Effects of mood and severity on memory processes in depression and mania. *Psychological Bulletin*, *101*, 28–40.

Jones, W. H., Rusell, D. W., & Nickel, T. (1977). Belief in the paranormal scale: An objective instrument to measure belief in magical phenomena and causes. *JSAS Catalog of selected documents in psychology*, *7*, 100.

Kanfer, R. (1989). Conative processes, dispositions, and behavior: Connecting the dots within and across paradigm.s In R. Kanfer, P. L. Ackerman, & R. Cudeck (Eds.), *Abilities, motivation, and methodology* (pp. 375–388). Hillsdale, NJ: Erlbaum.

Kanfer, R. (1990). Motivation and individual differences in learning: An integration of developmental, differential and cognitive perspectives. *Learning and Individual Differences*, *2*, 221–239.

Kuhl, J., & Kraska, K. (1989). Self–regulation and meta–motivation Computational mechanisms, development, and assessment. In R. Kanfer, P. L. Ackerman, & R. Cudeck (Eds.), *Abilities, motivation, and methodology* (pp. 343–374). Hillsdale, NJ: Erlbaum.

Kyllonen, P. (1997, July). *Learning, cognition, personality, and emotion*. Paper presented at the 2nd Spearman Seminar, Plymouth, England.

Kyllonen, P. C., & Christal, R. E. (1990). Reasoning ability is (little more than) working–memory capacity?! *Intelligence*, *14*, 389–433.

Lazarus, R. S. (1991). *Emotion and adaptation*. New York: Oxford University Press.

Lazarus, R. S., & Folkman, S. (1984). Coping and adaptation. In W. D. Gentry (Ed.), *The handbook of behavioral medicine* (pp. 282–325). New York: Guilford.

LeDoux, J. E. (1995). In search of an emotional system in the brain: Leaping from fear to emotion and consciousness. In M. S. Gazzaniga (Ed.), *The cognitive neurosciences* (pp. 1049–1062). Cambridge, MA: MIT Press.

Loehlin, J. C. (1992). *Genes and environment in personality development*. Newbury Park, CA: Sage.

Lynam, D., Moffitt, T., & Stouthame–Loeber, L. M. (1993). Explaining the relation between IQ and delinquency: Class, race, test motivation, school failure, or self control? *Journal of Abnormal Psychology*, *102*, 187–196.

Maciel, A. C., Heckhausen, J., & Baltes, P. B. (1994). A life–span perspective on the interface between personality and intelligence. In R. J. Sternberg & P. Ruzgis (Eds.), *Personality and intelligence* (pp. 61–103). New York: Cambridge University Press.

Maroyama, C., Rubin, R. A., & Kingsbury, C. C. (1981). Self–esteem and educational achievement: Independent constructs with a common cause. *Journal of Personality and Social Psychology*, *40*, 962–975.

Matarazzo, J. D. (1972). *Wechsler's measurement and appraisal of adult intelligence* (5th ed.). Baltimore: Williams & Wilkins.

Matthews, G. (1986). The effects of anxiety on intellectual performance: When and why are they found? *Journal of Research in Personality*, *20*, 385–401.

Matthews, G. (1992). Extraversion. In A. P. Smith & D. M. Jones (Eds.), *Handbook of human performance*. Vol. 3: State and trait, pp. 95–126. London: Academic.

Matthews, G. (1997a). An introduction to the cognitive science of personality and emotion. In C. Matthews (Ed.), *Cognitive science perspectives on personality and emotion*. Amsterdam: Elsevier Science.

Matthews, G. (1997b). Extraversion, emotion and performance: A cognitive–adaptive model. In C. Matthews (Ed.), *Cognitive science perspectives on personality and emotion* (pp. 339–342) Amsterdam: Elsevier Science.

Matthews, G. (1997c). The Big Five as a framework for personality assessment. In N. Anderson & P. Herniot (Eds.), *International handbook of selection and appraisal* (2nd ed.), pp. 175–200. London: Wiley.

Matthews, G. (1997d). Intelligence, personality and information processing: An adaptive perspective. In W. Tomic & J. Kingsma (Eds.), *Advances in cognition and educational practice. Volume 4: Reflections on the concept of intelligence*, pp. 475–492. Greenwich, CT: JAI Press.

Matthews, G. (1999). Personality and skill: A cognitive–adaptive framework. In P. L. Ackerman, P. C. Kyllonen, & R. D. Roberts (Eds.), *The future of learning and individual differences research: Processes, traits, and content* (pp. 251–273) Washington, DC: American Psychological Association.

Matthews, C., & Amelang, M. (1993). Extraversion, arousal theory and performance: A study of individual differences in the EEC. *Personality and Individual Differences*, *14*, 347–364.

Matthews, C., & Davies, D. R. (in press). Arousal and vigilances: The role of task factors. In R. B. Hoffman, M. F. Shernick, & J. S. Warm (Eds.), *Integrating perception across psychology. Perspectives on motivation, choice, and individual differences* (pp. 113–144), Washington, DC: American Psychological Association.

Matthews, C., & Doinn, L. (1995). Personality and intelligence: Cognitive and attentional processes. In D. Saklofske & M. Zeidner (Eds.), *International handbook of personality and intelligence* (pp. 367–396). New York: Plenum.

Matthews, C., & Gilliland, K. (1999). The personality theories of H. J. Eysenck andJ. A. Gray: A comparative review. *Personality and Individual Differences*, *26*, 583–626.

Matthews, C., & Harley, T. A. (1993). Effects of extraversion and self–report arousal on semantic priming: A connectionist approach. *Journal of Personality and Social Psychology*, *65*, 735–756.

Matthews, C., & Harley, T. A. (1996). Connectionist models of emotional distress and attentional bias. *Cognition and Emotion*, *10*, 561–600.

Matthews, C., Saklofske, D. H., Costa, P. T.,Jr., Deary, I. J., & Zeidner, M. (1998). Dimensional models of personality: A framework for systematic clinical assessment. *European Journal of Psychological Assessment*, *14*, 36–49.

Matthews, C., Schwean, V. L., Campbell, S. E., Saklofske, D. H., & Mohamed, A. A. R. (1999). Personality, self-regulation and adaptation: A cognitive-social framework. In M. Boekaerts, P. R. Pintrich, & M. Zeidner (Eds.), *Handbook of self-regulation*. New York: Academic.

Matthews, C., & Wells, A. (1999). The cognitive science of attention and emotion. In T. Dalgleish & M. Power (Eds.), *Handbook of cognition and emotion* (pp. 171-191), New York: Wiley.

Matthews, C., Sparkes, T. J., & Bygrave, H. M. (1996). Stress, attentional overload and simulated driving performance. *Human Performance*, *9*, 77-101.

Mayer, J. D., Caruso, D. R., Zigler, E. & Dreyden, J. I. (1989). Intelligence and intelligence-related traits. *Intelligence*, *13*, 119-133.

McCrae, R. R. (1987). Creativity, divergent thinking, and openness to experience. *Journal of Personality and Social Psychology*, *52*, 1258-1265.

McCrae, R. R. (1994). Openness to experience: Expanding the boundaries of Factor V. *European Journal of Personality*. *13*, 39-55.

McCrae, R. R., & Costa, P. T., Jr. (1997). Personality trait structure as a human universal. American Psychologist, 53, 509-516.

Messick, S. (1996). *Bridging cognition and personality in education: The role of style in performance and development*. Research Report, Educational Testing Service.

Mesulam, M. M. (1985). *Principles of behavioral neurology*. Philadelphia: F. A. Davis.

Mischel, W. (1968). *Personality and assessment*. New York: John Wiley.

Morris, L. W., & Liebert, R. M. (1969). Effects of anxiety on timed and untimed intelligence tests: Another look. *Journal of Consulting and Clinical Psychology*, *33*, 240-244.

Most, B., & Zeidner, M. (1995). Constructing personality and intelligence test instruments: Methods and issues. In D. Saklofske & M. Zeidner (Eds.). *International handbook of personality and intelligence* (pp. 475-503). New York: Plenum.

Mueller, J. H. (1992). Anxiety and performance. In A. P. Smith & D. M. Jones (Eds.), *Handbook of human performance* (3rd ed.) (pp. 127-160). London: Academic Press.

Necka, E. (1997). Attention, working memory and arousal: Concepts apt to account for the process of intelligence. In C. Matthews (Ed.), *Cognitive science perspectives on personality and emotion*. Amsterdam: Elsevier Science.

Neubauer, A. C. (1997). The mental speed approach to the assessment of intelligence. In W. Tomic & J. Kingsma (Eds.), *Advances in cognition and educational practice. Volume 4: Reflections on the concept of intelligence*. Greenwich, CT: JAI Press.

Nevo, B. (1998). *Human intelligence*. Tel-Aviv: Open University Press (in Hebrew).

Nunnally, J. C. (1978). *Psychometric theory*. New York: McGraw-Hill.

Payne, R. (1991). Individual differences in cognition and the stress process. In C. L. Cooper & R. Payne (Ed.), *Personality and stress: Individual differences in the stress process*. New York: John Wiley.

Purkey, W. W. (1970). *Self-concept and school achievement*. Englewood Cliffs, NJ: Prentice Hall.

Pylyshyn, Z. W. (1984). *Computation and cognition: Toward a foundation for cognitive science*. Cambridge, MA: MIT Press.

Rawlings, D., & Carnie, D. (1989). The interaction of EPQ extraversion with WAIS subtest performance under timed and untimed conditions. *Personality and Individual Differences*, *10*, 453–458.

Revelle, W. (1995). Personality processes, *Annual Review of Psychology*, *46*, 295–328.

Revelle, W., Amaral, P. & Turriff, S. (1976). Introversion/ extraversion, time stress, and caffeine: Effects on verbal test performance. *Science*, *192*, 149–150.

Rolfhus, E. L., & Ackerman, P. L. (1996). Self-report knowledge: At the crossroads of ability, interest and personality. *Journal of Educational Psychology*, *88*, 174–188.

Revelle, W., Humpheys, M. S., Simon, L., & Gilliland, K. (1980). The interactive effects of personality, time of day, and caffeine: A test of the arousal model. *Journal of Experimental Psychology: General*, *109*, 1–31.

Robinson, D. L. (1985). How personality relates to intelligence test performance: Implications for a theory of intelligence, aging research, and personality assessment. *Personality and Individual Differences*, *6*, 203–216.

Saklofske, D. H., & Kostura, D. D. (1990). Extraversion-intraversion and intelligence. *Personality and Individual Differences*, *11*, 547–551.

Saklofske, D. H., & Zeidner, M. (Eds.). (1995). *International handbook of personality and intelligence*. New York: Plenum.

Samuel, W. (1980). Mood and personality correlates of IQ by race and sex of subject. *Journal of Personality and Social Psychology*, *38*, 993–1004.

Sarason, I. G. (1975). Test anxiety, attention, and the general problem of anxiety. In C. D. Spielberger & I. G. Sarason (Eds.), *Stress and anxiety* (Vol. 1, pp. 165–210). New York: Hemisphere/Halstead.

Sarason, I. G. (1980). (Ed.). *Test anxiety: Theory, research and applications*. Hillsdale, NJ: Lawrence Erlbaum.

Saucier, C. (1994). Trapnell versus the lexical factor: Much ado about nothing? *European Journal of Personality*, *8*, 291–298.

Sattler, J. M. (1988). *Assessment of children* (3rd ed.). San Diego: Author.

Schwartzman, A. E., & Douglas, V. I. (1962). Intellectual loss in schizophrenics. Part I. *Canadian Journal of Psychology*, *16*, 1–10.

Schwean, V. L., & Saklofske, D. H. (1995). A cognitive-social description of exceptional children. In D. H. Saldofske & M. Zeidner (Eds.), *International handbook of personality and intelligence* (pp. 185–204). New York: Plenum.

Siegman, A. W. (1956). The effect of manifest anxiety on a concept formation task, a nondirected learning task, and on timed and untimed intelligence tests. *Journal of Consulting Psychology*, *20*, 176–178.

Seligman, M. E. P. (1975). *Helplessness*. San Francisco: Freeman.

Seipp, B. (1991). Anxiety and academic performance: A meta-analysis of findings. *Anxiety Research*, *4*, 27–41.

Snow, R. (1989). Cognitive-conative aptitude interactions in learning. In R. Kanfer, P. L. Ackerman, & R. Cudeck (Eds.), *Abilities, motivation, and methodology* (pp. 435–474). Hillsdale, NJ: Erlbaum.

Snow, R. (1995). Foreword. In D. H. Saklofske & M. Zeidner (Eds.), *International handbook of personality and intelligence* (pp. 11-15). New York: Plenum.

Snow, R., & Lohman, D. F. (1984). Toward a theory of cognitive aptitude for learning from instruction. *Journal of Educational Psychology*, *76*, 347-376.

Snow, R. E., Killonen, P. C., & Marshalek, B. (1984). The topography of ability and learning correlations. In. R. J. Sternberg (Ed.), *Advances in the psychology of human intelligence* (Vol. 2). Hillsdale, NJ: Erlbaum.

Spielberger, C. D., Gonzales, H. ft, Taylor, C. J., Algaze, B., & Anton, W. D. (1978). Examination stress and test anxiety. In C. D. Spielberger & I. G. Sarason (Eds.), *Stress and anxiety* (Vol. 5, pp. 167-19 1). New York: Wiley.

Stankov, L. (1989). Attentional resources and intelligence: A disappearing link. *Personality and Individual Differences*, *10*, 957-968.

Spilsbury, C., Stankov, L., & Roberts, R. (1990). The effect of a test's difficulty on its correlation with intelligence. *Personality and Individual Differences*, *11*, 1069-1077.

Stanley, J. C., Keating, D. ft, & Fox, L. H. (1974). *Mathematical talent: Discovery, description, development*. Baltimore: John Hopkins University Press.

Stelmack, R. M., & Houlihan, M. (1995). Event-related potentials, personality, and intelligence. In D. H. Saklofske & M. Zeidner (Eds.), *International handbook of personality and Intelligence* (pp. 349-366). New York: Plenum.

Strack, S., Blaney, P. H., Ganellen, R. J., & Coyne, J. C. (1985). Pessimistic self-preoccupation, performance deficits and depression. *Journal of Personality and Social Psychology*, *49*, 1076-1085.

Sternberg, R. J. (1977). Intelligence, information processing, and analogical reasoning. The componential analysis of human ability. Hillsdale, NJ: Erlbaum.

Sternberg, R. J. (1985). *Beyond IQ: A triarchic theory of human intelligence*. New York: Cambridge University Press.

Sternberg, R. J., & Ruzgis, P. (Eds.). (1994). *Personality and intelligence*. New York: Cambridge University Press.

Terman, L. M. (Ed.). (1935). *Mental and physical traits of a thousand gifted children*. Volume I. Stanford: Stanford University Press.

Terman, L. M., & Oden, M. H. (1947). The gifted child grows up. In L. M. Terman (Ed.). *Genetic studies of genius* (Vol 4). Stanford: Stanford University Press.

Tett, R. ft, Jackson, D. N., & Rothstein, M. (1991). Personality measures as predictors of job performance: A meta-analytic review. *Personnel Psychology*, *44*, 703-742.

Thompson, R. C., & Michel, J. B. (1972). Measuring authoritarianism A comparison of the F and D scales. *Journal of Personality*, *40*, 180-190.

Thorndike, R. L. (1982). *Applied psychometrics*. Boston: Houghton Mifflin.

Trapnell, P. D. (1994). Openness versus intellect: A lexical left turn. *European Journal of Personality*, *8*, 273-290.

Veenman, M. V. J., & Elshout, J. J. (1995). Differential effects of instructional support on learning in simulation environments. *Instructional Science*, *22*, 363–383.

Watson, C. G., Herder, J., Kucala, T., & Hoodecheck–Schow, E. (1987). Intellectual deterioration and personality decompensation in schizophrenia. *Journal of Clinical Psychology*, *43*, 447–455.

Watson, D., & Clark, L. A. (1992). On traits and temperament: General and specific factors of emotional experience and their relation to the five–factor model. *Journal of Personality*, *60*, 441–476.

Wechsler, D. (1944). *The measurement of adult intelligence* (3rd ed.). Baltimore, MD: Williams & Wilkins.

Wechsler, D. (1950). Cognitive, conative, and nonintellective intelligence. *American Psychologist*, *5*, 78–83.

Wechsler, D. (1958). *The measurement and appraisal of adult intelligence* (4th ed.). Baltimore: Williams & Wilkins.

Weiner, B. (1972). *Theories of motivation: From mechanisms to cognition*. London: Markham.

Weiner, B. (1973). *Theories of motivation*. Chicago: Rand McNally.

Wells, A., & Matthews, G. (1994). *Attention and emotion: A clinical perspective*. Hillsdale, NJ: LEA.

Willerman, L. (1979). *The psychology of individual and group differences*. San Francisco: W. H. Freeman & Co.

Weinman, J. (1987). Non–cognitive determinants of perceptual problem–solving strategies. *Personality and Individual Differences*, *8*, 53–58.

Williams, J. M. C., Watts, F. N., MacLeod, C., & Mathews, A. (1988). *Cognitive psychology and emotional disorders*. Chichester, UK: Wiley.

Zeidner, M. (1995). Personality trait correlates of intelligence. In D. Saklofske & M. Zeidner (Eds.), *International handbook of personality and intelligence* (pp. 299–3 19). New York: Plenum.

Zeidner, M. (1997, July). Personality, conation, and intelligence: Directions for future research. Paper presented at the 2nd Spearman Seminar, Plymouth, England.

Zeidner, M. (1998). *Test anxiety: The state of the art*. New York: Plenum.

Zeidner, M., Boekaerts, M., & Pintrich, P. (in press). Self–regulation: Current perspectives and directions for future research. In M. Boekaerts, P. Pintrich, & M. Zeidner (Eds.), *Handbook of self–regulation*. New York: Academic Press.

Zeidner, M., & Endler, N. (Eds.), *Handbook of coping: Theory, research, applications*. New York: Wiley.

Zeidner, M., Matthews, M., & Saklofske, D. H. (1998). *Intelligence and mental health. Encyclopedia of Mental Health*. New York: Academic Press.

Zusne, L., & Jones, W. H. (1982). *Anomalistic psychology: A study of extraordinary phenomena, of behavior, and experience*. Hillsdale, NJ: LEA.

[보충 자료]

세계 인구의 17%가 앓는 우울증

우울증에 관여하는 새로운 유전자가 한국과 미국의 공동 연구진에 의해서 발견됐다. 이 우울증은 자살이나 폭력으로 연결되기도 하는 사회경제적 손실이 큰 질병이다.

한양대학교 의과대학의 손현 교수와 미국 예일대학교의 연구팀은 기억과 감정을 조절하는 뇌 영역인 해마에서 "뉴리틴"이라는 유전자가 결핍되면 우울증이 생기고 이 유전자의 활동을 증가시키면 증상이 완화된다는 것을 미국국립과학원회보(PNAS) 2012년 6월 25일자에 발표됐다. 지금까지 뉴리틴은 신경세포를 이어 주는 "신경돌기"를 증가시키는 알려져 있었으나, 우울증과 관계가 있다는 것이 밝혀진 건 이번이 처음이다.

연구진은 우울증 환자에게 해마의 신경세포가 쪼그라드는 증상에 주목했다. 여기에 착안해서 신경돌기를 증가시키는 뉴리틴이 신경세포 위축 현상을 완화할 수 있을 것이라는 가설을 세웠다. 연구진은 흰 쥐들을 냉장고에 가뒀다가 꺼내거나 잠을 못 자게 하는 등의 방법으로 스트레스를 줘서 일부러 우울증을 유발했다. 이들 쥐의 해마를 분석했더니 뉴리틴 유전자가 크게 감소했다. 반면, 우울증 쥐의 해마에서 뉴리틴 유전자가 작동하게 했더니 증상이 완화됐다. 연구진은 정상적인 쥐를 대상으로 뉴리틴 유전자가 기능하지 못하도록 했더니 쥐들이 우울증 증상을 보인다는 점도 확인했다.

손현 교수는 "이번 연구 결과는 뉴리틴 유전자가 만드는 단백질이 우울증 치료 효과에서 중요한 역할을 하는 것을 과학적으로 규명한 것"이라며 "전 세계의 신약개발자들에게 우울증 치료 물질을 만들기 위한 새로운 목표를 제시한 것"이라고 말했다(이길성, 2012).

참고 문헌

김철중. 중앙일보. 2012. 2. 16.
유재민·김정휘. (2004). 아동과 청소년의 발달정신병리학. 서울: 시그마프레스.
이길성. 세계 인구의 17%가 앓는 우울증...뇌 해마에 "뉴리틴" 유전자 결핍이 되면 생겨. 조선일보. 2012. 6. 26.

제 12 장

지능과 교육*

Richard E. Mayer
(Santa Barbara의 California 대학교 심리학과 교수)

> 학교는 능력이 있는 자에게는 황금 길이 된다. 그러나 같은 논법으로 능력이 뒤진 자에게 있어서는 학교는 자기들의 장애를 알아내는 장소가 된다.
>
> — 심리학자 존 W. 가드너(John W. Gardner)

지능과 교육

지능과 교육 분야는 서로 밀접하게 결합되어 있어서 지능과 교육의 관련성에 대한 지식 없이 지능의 본질을 이해하는 것이 불가능할 정도이다. 엄밀한 의미에서 지능은 교육의 자녀인데(intelligence is the child of education) 지능검사 분야가 아동이 학교 공부를 해 나가는데 성공할 것인가를 예측할 수 있는 검사법 개발에 대한 필요성에 의해 탄생되었기 때문이다(Wolf, 1973). 이 장의 논제는 교육 분야가 심리학자들에게 지적 능력에서 개인차에 대한 더 신뢰할 만한 이론을 개발하도록 촉구하는 도구가 되어 왔다는 것과 새로운 지능에 대한 인지적 이론은 교육 관행을 개혁하는 도구가 될 수 있다는 것을 역

* Intelligence and Education

설하는 것이다. 간단히 말해, 지능과 교육에 관한 연구는 교육자들의 실제적 요구와 인지 과학자들의 기본적 연구 상의 초점사이에 유익한 상호작용의 사례를 제공할 것이다. 이 장의 첫 번째 부분에서는 지능 연구에 대한 교육자들의 기여를 살펴보고, 두 번째 부분에서는 교육에 대한 지능의 기여를 살펴볼 것이다.

지능 연구에 대한 교육자의 기여1)

역사적 관련성에 비추어 보면 지능과 교육의 연관성은 결코 우연이 아니다. 의무교육이 1800년대 후반에 일상화되자, 교육자들이 압도적으로 관찰한 사실, 즉 같은 연령의 학생들이 지적 능력에서 어떤 범위의 개인차를 보인다는 사실에 직면하게 되었다. 다른 진보 세력들처럼, 심리학적 이론에서 지능의 연구는 교육의 실제적 문제에 의해 동기가 유발되었다(Mayer, 1992). 이 경우, 개개의 학생들에게 부족한 점을 이야기하는 방식에

---

1) (옮긴이 주) 인간은 뇌의 10%만을 쓴다는 잘못된 두뇌 상식 다섯 가지를 소개한다. 다른 동물보다도 발달한 두뇌는 인류를 만물의 영장으로 만들었다. 그러나 사람들은 정작 인간의 두뇌에 대해 잘 모른다. 미국의 스미스소니언 협회에서 펴내는 과학 잡지인「스미스소니언」최신호(2011. 6.)에서 잘못된 두뇌 상식 다섯 가지를 다음과 같이 소개했다.

① 우리는 뇌의 10%만을 쓴다: 아니다. 자기공명영상(MRI)을 촬영해 보면, 아주 간단한 작업을 할 때도 뇌의 많은 부분이 활성화된다. 거꾸로 뇌의 아주 일부분만 다쳐도 심각한 장애가 나타난다.

② 나이 40이 넘어가면, 두뇌 기능이 저하된다: 반은 맞고 반은 틀리다. 나이가 들면 기억력이 떨어지는 대신 어휘력은 풍부해진다. 또 사람의 성격도 더 잘 판단하게 된다. 덕분에 갈등 조정 해결 능력도 뛰어나다.

③ 감각은 다섯 가지뿐이다: 우리는 학창시절 과학 시간에 두뇌는 미각, 시각, 청각, 촉각, 후각 등 다섯 가지 감각밖에 느끼지 못한다고 배웠다. 그러나 우리는 사지의 위치, 방향, 운동도 느끼고(자기수용적 감각), 또 신체적 고통도 뼈저리게 느낀다(통각). 그 밖에도 감각 종류는 많다.

④ 눈은 현실을 있는 그대로 본다: 아니다. 우리는 두뇌가 재구성한 이미지를 볼 뿐이면서 현실을 본다고 믿는다. 우뇌가 예상하지 못한 그림이 갑자기 나오면 눈은 그 장면을 보지 못한다. 농구 선수가 공을 몇 번 패스하는지 세보라는 주문을 받으면 중간에 고릴라 복장을 한 사람이 지나가도 알아채지 못한다. 인간은 보고 싶은 것만 선택적으로 보고 인지한다.

⑤ 남성과 여성은 두뇌 구조가 다르다: '화성에서 온 남자, 금성에서 온 여자' 이론이 잘못된 것은 아니다. 남녀의 연애 심리는 서로 다를 수도 있다. 그러나 기억력, 의사소통 능력부터 공감하는 능력에 이르기까지 남녀 두뇌는 거의 똑같은 방식으로 작동한다. 남성과 여성은 두뇌 구조와 기능이 다르므로 서로 다르게 학습한다는 것을 소개한 자료를 소개한다.

Gurian, M. (2000). *Boys and Girls Learn differently!*. San Francisco: Jossey-Bass.

대한 실제 교육학적 문제는 "자신의 학습 능력을 근거로 아동과 성인들을 구분하는 도구"에 대한 전 세계적인 탐구를 촉발시켰다(Wolf, 1973, p. 139).

1905년에, 비네와 그의 동료들은 혁신적이고, 직접적이며 가장 중요한 업적으로 간주되는 성공적인 해결책인 비네-시몬 지능 척도(Binet-Simon intelligence scale)를 개발했다. 특정 연령의 학생들은 종합검사 상의 질문들을 받았다. 만약 어떤 아동이 다른 아동들이 대답할 수 있는 질문에 대해 정확한 답을 하지 못한다면, 그 아동은 평균이하의 학습능력을 가진 것으로 간주되었다. 비네의 논리는 만약 모든 아동들이 학습 경험에 똑같이 노출되었는데도 어떤 아동이 적게 학습했다면, 그들은 명확하게 그들의 동료(또래)들보다 더 많은 학습장애를 가졌다는 것이다. 반대로, 만약 어떤 아동이 같은 연령의 대부분 아동들이 답하지 못한 질문에 정답을 말할 수 있었다면, 그 아동은 학습능력이 평균보다 높은 것으로 간주되었다(만약 그것은 같은 연령대의 모든 아동이 같은 학습 기회를 가졌다고 가정한다면). 중요한 사실은 비네의 지능검사가 학교에서 아동의 학습 능력을 예측하는데 어느 정도 성공적이었다는 것이다.

첫 번째 유용한 지능검사의 개발은 폭넓게 "심리학과 교육학의 후속 하는 발전에 중요한 영향을 끼친 근본적이며 비약적인 진보"로서 인식되었다(Wolf, 1973, p. 139). 비네의 검사는 1900년대 초판이 사용된 이후에 여러 번 개정되었고 뒤이어 개발된 지능(심리) 검사법의 초석 역할을 했다. 실제로, 학교에서 성공을 예측하는 어떤 지능검사법의 개발은 심리학자들이 세계에 크게 기여한 것들 중의 하나로서 예고편이 되었다. "아마도 어떤 심리학적 혁신도 비네-시몬 척도의 개발보다 서구 세계의 사회에 더 큰 충격을 준 것은 없을 것이다"(Jenkins & Paterson, 1961, p. 81).

비네의 성공 소식은 교육 현장의 거대한 경향에 필적하는 것으로 실제 현상을 설명하지 못하는 협소하고 의도적인 연구방법으로부터 인지 과학자들을 해방시켰다. 예를 들어, 비네(Wolf, 1973, p. 91에 언급된)는 1900년대 초의 실험 심리학자들의 방법론을 다음과 같이 비판했다.

> 피험자는 작은 방에 들어가서 전기적 신호에 응답하고 심지어 실험자에게 한마디 말도 없이 떠난다... 실험자는 단순하고 명확한 결과를 원하여 심지어 소수점 세 자리 범위에서 1000분의 1초 단위까지 측정하는 실험을 수행했다. 단순성은 실제로 이 방식에 의해서 얻어지거나 어떤 면에서 부여되었다... 그들의 목적은 단순성이지만, 이것은 문제가 될 수 있는 모든 복잡성을 억누르는 방식에 의해 생성된 단지 억지적인 것으로 인공적이다. 이 단순성은 단지 우리가 모든 개별적 차이들을 지워버릴 때만 가능하기 때문에 결론은 사실을 반영하지 못한다.

대신 비네(Wolf, 1973, p. 293에 인용된)는 현실 환경에서 제기된 주제에 대하여 과학적 방법을 적용할 것을 다음과 같이 주장했다. "먼저 관찰하고 실험하기, 실험한 후 관찰하기, 이것이 우리가 진실의 티끌이라도 얻을 수 있는 유일한 방법이다."

지능검사의 탄생은 심리학의 진보와 교육계의 실제적 요구 사이에 친밀한 관계 속에서 사례 연구(case study)를 나타낸다(Mayer, 1992). 갈톤(Galton, 1883)이 과장된 심리학 이론에 근거하여 지능검사를 개발했던 초기 시도는 실패하여 지능의 과학적 연구를 혼란에 빠뜨렸다(Sternberg, 1990). 그러나 학습 속도가 느린 학생을 식별하는 방법을 개발해야 하는 학교의 현실적 요구에 의해 지능에 대한 과학적 연구가 촉진되었을 때, 비네와 그의 동료들은 한 세기 동안 지능검사의 토대가 되어 왔던 개인차에 대한 새로운 실험적 심리학을 건설할 수 있었다. 흥미롭게도, 지능검사 분야의 창조는 갈톤의 단호한 과학적 연구로부터가 아니라 오히려 중요한 교육학적 문제에 관한 비네의 통찰력에 의해서 개발되었다.

오늘날도, 비네의 시대와 같이, 지적 능력에서 개인차를 이해하기 위한 지속적인 탐색은 교육의 실제적 필요에 의해 풍요해지는 동시에 도전 받고 있다. 이 절의 나머지 부분에서, 나는 지능의 상식적인 관점을 검토하고 교육적 요구에 의해 자극된 연구가 지능에 대한 심리학자들의 관점을 변화시키는 방법을 제시 할 것이다. 완전히 심리학적 이론들만 적용되는 입장과 달리, 교육은 실행 가능한 이론을 개발하도록 심리학자들을 자극함으로써 심리학적 지능 이론의 형성자가 된다.

지능에 관한 상식적인 관점

교육이 심리학자들의 연구를 지능 이론으로 계속 이끌어갈 수 있을 것인가? 이 문제에 답하기 위해, 교육적 배경에서 학생들을 관찰한 결과에 근거를 둔 지능에 대한 몇 가지 상식적 진술에서 우리는 논의를 시작하겠다.

1. 지능은 단일한 인지적인 기능이다: 어떤 사람들은 다른 사람들보다 더 많은 지적 능력을 가지고 있다. 학교 교실을 관찰해 본 사람은 누구나 학생들이 학습이나 과제를 수행하는 능력에서 차이가 나타난다는 사실을 인정할 수밖에 없다.
2. 지능은 일반적인 인지 기능이다: 수준 높은 지적 능력을 가진 사람은 그렇지 못한 사람보다 더 쉽게 학습한다. 비슷하게, 교실을 방문한 사람은 누구나 "영리하다(smart)"라고 간주되는 학생이 다른 학생들보다 더 빠르고 우수하게 학습함으로써 학문적 과제에서 폭넓은 다양성에 자신의 지능을 적용시키는 능력이 있는 것처럼 보이는 사실을 인식할 수밖에 없다.

3. 지능은 선천적인 인지 기능이다: 사람들은 정해진 자신의 지적 수준을 가지고 태어나며, 따라서 어떤 사람의 지적 능력의 수준은 그들의 인생에서 큰 변화를 일으키지 않을 것이다. 재론하면, 학교를 관찰해 본 사람은 누구나 지난 해에 "영리"했던 학생은 올해에도 "영리"한 경향이 있고 앞으로도 그럴 것이다.
4. 지능은 정적인 인지 기능(static cognitive skill)이다: 어떤 사람 의 지적 능력의 수준에는 문제에 대한 해결책을 생성하는 자신의 능력이 반영된다. 또 다시, 학급 관찰자는 학생이 문제에 대한 해답을 제시하는 시험을 지적 능력을 평가하는 근거로 삼을 수 있다. 어려운 문제에 답하고 도전적인 과제를 해결하는 학생은 그렇지 못한 학생보다 "영리"하다.

이들 진술은 개별적으로 지능과 교육에 대한 일반 지식과 일치하는 것처럼 보인다. 그들은 각각 단일한 기능, 일반적 기능, 선천적 기능, 정적인 기능으로서 고전적 지능관(a classic view of intelligence)을 반영한다. 하지만, 상식적 접근이 옳은 것처럼 보임에도, 지능 연구자 사이에 지능 관점의 변화에 대한 합의가 점점 더 증가하고 있다. 이 절의 주제는 지능 관점의 변화에 대한 추진력은 실제 학문적 배경 속에서 지적 능력을 이해해야 할 필요성에서 나왔다는 것이다.

지능은 단일한 인지적 기능인가?

첫 번째 상식적 진술은 지능이 단일한 통일된 능력이란 관념을 제공한다. 즉, 지능은 어떤 단일한 쓸모 있는 산물로 간주되고 학생에 따라 지능을 소유한 양이 다르다. 비록 지능의 단일 기능 관점이 초기의 일부 심리 측정학적 연구에 의해 뒷받침되었지만(Galton, 1883; Spearman, 1927), 그것은 교육 환경 하의 정밀검증을 위한 연구에서는 입증되지 않았다. 대조되는 관점으로 교육적 영감에 따른 연구에 의해 자극된 것은 지적 능력은 더 작은 요소 기능의 집합에 따라 변한다는 것이다.

문제는 지능이 단일한 기능과 작은 요인들의 집합 중에서 어느 것인가 이다. 심리측정학의 학자들은 이 문제를 20세기 전반기 동안 많은 수의 피험자를 포함하며 보다 더 정교한 통계적 분석에 근거를 둔 고도의 통제된 실험 연구를 이용해 답을 제시하려고 시도했다(Spearman, 1927; Sternberg, 1990; Thurstone, 1938; Guilford, 1959). 그 결과 범위가 1에서 7 또는 180개에 이르는 지능의 종류에 대한 개수와 관련된 답이 나왔다. 결국, 지능에 대한 심리 측정학적 접근은 무대에서 사라졌는데 부분적으로 그것이 지능의 본질에 대한 기본적 의문에 관하여 일관성 있는 해답을 제시하지 못했기 때문이다.

대조적으로 교육적으로 관련된 연구는 지능의 새로운 개념을 작은 요소 기능들의 집합으로 소개하는 데 도움을 주고 있다(Hunt, 1985; Sternberg, 1985). 특수교육이 필요한 학생을 판별하는 경우에는 비네의 획기적인 연구의 동기가 되었던 것과 같은 문제로서, 지능의 단일 기능 관점은 교육자들의 관찰과 일치하지 않았다. 지능검사에서 낮은 점수를 받은 학생은 그들이 지능이라고 불리는 것을 충분히 소유하지 못한 탓으로 짐작되었는데, "학습장애(learning disabilities, LD)"라고 불릴 수 있는 장애들의 종류에 있어서 광범위한 다양성을 나타내는 것처럼 보인다(Swanson & Keogh, 1990). 예를 들어, 서맥(Cermak, 1983)은 학습장애로 구분된 아동은 암송, 부호화, 재생 처리 상의 차이를 포함한 단순한 학문적 학습 과제에도 다양한 정보자료 처리 과정의 장애를 나타낼 수 있다는 사실을 보여 주었다.[2] 난독증(難讀症, dyslexia)과 같은 학습장애에 관한 집중적인 연구는 지능의 단일 능력 관점은 더 이상 유용한 개념이 아니라는 결론에 도달했다(Stanovich, 1986).

예를 들어, 벨몬트와 버터필드(Belmont & Butterfield, 1971)는 지능검사에서 낮은 점수를 받은 학생들 중 일부는 학습 과제에서 단순한 목록을 암송하는 처리를 정상 범위 안의 점수를 받은 학생들과 같은 방식으로 수행하지 못한다는 사실을 발견했다. 암송하는 방법에 대한 지도를 통해 낮은 지능검사 점수를 받은 학생들을 향상시켜 높은 점수를 받은 학생의 수준까지 끌어올렸다. 이런 종류의 결과들은 학문적인 학습과제 상의 수행 실패는 단일의 모든 것을 포함한 인지적 능력의 부족 때문이라기보다(암송 처리와 같은) 작은 요인의 정보자료 처리 기능상의 어려움이 가장 크게 기여할 수 있다는 사실을 의미한다.

1980년대에 나타난 지능에 대한 새로운 이론은 다차원 능력 관점(multiple-abilities view)을 반영한다. 예를 들어, 인지적으로 상호 연관된 접근법을 이용하여, 훈트와 그의 동료들(Hunt, 1985; Hunt, Lunneborg, & Lewis, 1975)는 언어 능력 검사에서 높은 점수를 받은 학생의 인지처리를 낮은 점수를 받은 학생의 처리와 비교했다. 흥미롭게도, 언어 능력이 높은 학생과 낮은 학생은 장기기억에서 어떤 문자를 인출하거나, 지적으로 두 문자를 비교하거나, 작동기억(working memory)에 일련의 문자들을 인출하는 것과 같은 다양한 요인처리에서 차이를 나타냈다. 인지적 요인에 대한 접근법을 이용하여, 스턴버그(1985)는 지능검사의 문제들을 요인 처리들에 의해 분석하고 높은 점수와 낮은 점수의 학생들 사이에 차이를 나타내는 더 큰 이유가 되는 특이한 정보자료 처리 과정을

---

2) (옮긴이 주) 학습 장애는 난산증, 난필증, 실어증, 실인증, 난독증 등의 증상이 나타나며 입력된 정보 자료를 출력하는데 요구되는 정보자료 처리 과정에, 즉 인지기능 장애가 있어서 나타난다. 국소적으로 미소 뇌 손상이 원인인 것으로 알려져 있다.

구분했다. 중요한 것은 지능검사의 수행상 차이는 사람의 정보자료 처리 과정 체제에서 재료가 부호화되고, 기억에서 인출되며, 조작되는 방법상의 차이에 의해 기술될 수 있다는 것이다.

요약하면, 교육자들의 요구는 지능의 단일 능력 관점을 뒤집고 다중 능력 관점의 출현에 중요한 역할을 했다. 특수교육에서, 변화하는 지능 관점은 지능검사의 총점에 근거를 둔 평가에서 특정 정보자료 처리 기능의 결핍을 목표로 한 진단적 측정으로 전환에 반영되었다. 비슷하게, 지적 능력에 관한 현대 이론은 일반지능에 대한 강조에서 지적 과제를 수행하는 데 요구되는 인지적 정보자료 처리 과정에 대한 분석을 강조하는 것으로 전환되었다.

지능은 일반적 인지 기능인가?

두 번째 상식적 진술은 지능이 일반적 인지 기능으로서 광범위한 과제들과 상황의 다양성에 적용될 수 있다는 생각에 근거를 두고 있다. 사람들은 지능을 요인들, 즉 이해 기능, 생성 기능, 계획 기능 같은 능력들의 집합으로 보더라도, 일반 지능 관점은 각 기능이 수필을 쓰거나 설명문을 읽거나 산술적 단어 문제를 푸는 것으로부터 폭 넓은 다양성을 가진 영역들에 걸쳐 적용될 수 있다는 생각을 유지하고 있다. 지능의 일반 지능 관점이 비록 매력적이기는 하지만, 그것은 이미 오래 전에 학교 교과목 사이의 전이 문제에 관심을 갖고 있는 교육 심리학자들에 의해 신뢰를 잃었다(Singley & Anderson, 1989; Thorndike, 1906; Thorndike & Woodworth, 1901). 하나의 대안적 관점으로서 교육 관련 연구와 일치하는 것은 지적 기능에 고유한 영역이 있다는 관점이다.

지적 능력이 넓은 다양성을 가진 영역들에 걸쳐 적용될 수 있는 일반적 기능인지 아니면 오직 한정된 한 가지 영역에서만 적용되는 특수한 기능인지가 의문이다. 지능의 일반기능 관점은 그 중심에 가장 초기의 교육학적 원칙 중의 하나인 형식적 교육 학설이라고 불리는 것이 있다. 형식적 교육의 학설은 라틴어와 기하학 같은 학교의 일부 교과목은 연관성이 없는 다른 교과목들을 학습하는 데 도움을 주는 지적 훈련으로서 학생들의 인지 기능 발달을 촉진시킨다는 생각이다. 이 관점에 따르면, 특정한 인지적 기능은 일반적이고 많은 학교 교과목에 걸쳐 사용될 수 있다.

손다이크와 그의 동료들(Thorndike, 1906; Thorndike & Woodworth, 1901)이 학설을 일련의 조사연구를 통해 검증했을 때, 그들은 라틴어를 공부한(그리고 가정에 의해 유용한 인지적 기능을 획득한) 학생들이 라틴어를 공부하지 않은 학생보다 부기와 같은 새로운 과목의 학습에서 더 우수한 결과를 나타내지 않는다는 사실을 발견했다. 학문적 기능의 일반적 전이에 대한 증거를 발견하는데 계속 실패했기 때문에 도달한 결론은 인지적 기능은 고유의 영역이 있다는 것이다. 즉, 그들은 일치하거나 고도로 유사한 과제에만 적용될 수 있다. 비록 손다이크(1906)가 특수한 행동만 수행한 상황에서 다른 유사한 상황으로 전이될 수 있다고 주장했지만, 주드(Judd, 1908)와 베르타이머(Wertheimer, 1959)는 후에 같은 영역 내에서 원칙들도 전이된다는 것을 증명했다.

지능 관점의 변화에 대한 교육자들이 기여한 현재의 예는 교육 심리학자들의 가장 장래성 있는 연구 분야, 교과목의 심리학(psychology of school subjects)에서 나왔다(Bruer, 1993; Mayer, 1999; Shulman & Quinlan, 1996). 교과목의 심리학은 읽기, 쓰기, 수학, 과학과 같은 내용 분야에서 학생이 학습하고, 사고하며, 발달하는 방식에 초점을 둔다. 학습의 일반 이론에 대한 실험 심리학자들의 전통적 강조를 답습하는 대신, 교과목 심리학자들(Psychologists of School subjects)은 학생이 수학적으로, 과학적으로, 역사적으로 생각하는 방식을 조사하려고 한다. 인지적 발달에 대한 일반 이론을 만드는 대신, 교과목 심리학자들은[3] 문학적, 수학적, 과학적 역량의 발달을 정확히 지적하려고 한다. 실험 심리학자들이 학습이나 인지, 또는 발달에 대한 일반이론에 대한 탐색을 포기해야 했던 반면, 교과목 심리학자들은 훨씬 더 큰 성공을 거두어 왔다(Mayer, 19932). 다시 한 번, 교육적 문제는 연구를 다시 교육적으로 관련된 영역에 집중되도록 하여 과학적 궁지로부터 심리학자들을 구원했다.

교과목 심리학 상의 연구는 종종 실용적 과제들의 인지적 분석에 근거를 두고 있다. 예를 들어, 쓰기는 다음과 같은 처리들에서 분석될 수 있다. 계획하기는 학생이 쓰려는 내용과 그것을 조직하는 방법을 결정한다. 변환하기는 학생이 문장을 기록하는 것이다. 검토하기는 기록된 것에서 문제를 찾아 수정하는 것이다(Hayes & Flower, 1980; Hayes, 1996). 비슷하게, 수학 문제 해결은 다음과 같은 처리에 의해 분석될 수 있다. 표현하기는 학생이 언어 문제의 지적 표현을 구성하는 것이다. 계획하기는 해법을 수행할 계획을 고안하는 것이다. 실행하기는 학생이 계획을 수행하는 것이다. 감독하기는 수행한 것을 평가하는 것이다(Mayer, 1985; 1999). 교과목에 관한 연구에 대한 중요한 기여는 계획하기처럼 겉보기에는 일반적 기능들이 수필을 계획하는 것이 단어 문제의 해법을 계획하는 것과 다르다는 점에서 고유한 영역이 있다는 사실을 보여 준 것이다.

교과목에 대한 전문적 지식에 대한 연구는 인지적 기능들의 영역 특수성(domain

---

3) (옮긴이 주) 국내에서 교육 심리학, 학습지도, 교수이론과 방법의 원리와 실제, 초·중등교육론에서 이 교과목 심리학의 원리와 방법의 응용, 개발, 연구와 담론, 전문가가 부족하다. 국내에서 강의용으로 사용되고 있는 교육심리학 저서나 역서에서 이 교과목 심리학을 다루고 있지 않은데 그러나 매우 중요한 교육학 주세이다.

specificity)에 대한 보완적 증거를 제시했다(Chi, Glaser, & Farr, 1988; Smith, 1991). 예를 들어, 연구자들은 물리학의 전문가는 알고 초심자가 모르는 것의 문제를 조사해 왔다(Chi, Feltovich, & Glaser, 1981; Larkin, McDermott, Simon, 1980; Larkin, 1983). 특별히, 물리학 전문가(적어도 10년 이상의 경력을 가진 물리학 교수와 같은)는 물리학 초보자와 사실적 지식, 즉 자신이 가진 기본 정보자료의 양과 조직, 의미적 지식과 문제를 이해하는데 이용되는 내재적 개념들의 측면에서 차이가 있었다. 지속적으로 나타나는 사항은 한 영역에서 어떤 사람을 전문가로 만드는 기능들은 그 사람이 다른 영역에서 전문가가 되는데 반드시 도움이 되지 않으며, 따라서 물리학에서 전문적 기능을 가진 것이 다른 분야에서 전문적 문제 해결로 전이되지 않는다.

전반적으로, 학교 교과목에 자리 잡은 연구는 지능 이론가들이 지적 기능을 일반적 기능으로 보는 관점에서 특정한 기능의 관점으로 전환하는 데 도움이 되었다. 교과목에 대한 인지적 과제 분석은 계획하기나 감독하기 또는 이해력과 같은 겉보기에 일반적 기능이 그들이 사용되는 과목의 특성이라는 것을 보여 주었다. 유사하게, 전문가 연구는 인지적 기능의 영역 고유성을 강조했다. 즉, 한 영역에서 전문적 문제 해결 기능을 가진 것이 다른 분야에서 문제 해결로 전이되지 않는다. 단순히 심리학자들의 연구실에서 개발된 과학적 원리들을 적용하는 입장을 취하기보다, 실제 교육 환경이 그런 원칙들의 형태를 만드는데 더 중요한 역할을 했다.

지능은 선천적 인지 기능인가?

세 번째 상식적 진술은 지능이 선천적 기량(innate skills)이라는 제안을 한다. 즉, 인간의 지적 능력의 범위는 그들의 키와 같은 다른 특질들처럼 자신의 유전자 속에 설정되어 있다.[4] 갈톤(Galton, 1883)은 처음으로 많은 인지적 기능들이 신체적 특징이 분포되어 있는 것처럼 사람들 속에 정규 분포되어 있다는 것을 제안했다. 예를 들어, 사람들은 반

---

4) (옮긴이 주) Bragg(1995)는 지능의 유형(types)을 세 가지로 구분, 설명하고 있다.

(1) 생물학적 지능: 구성요인을 예시하면, 유전+생리학+생화학+EEG, RT+AEP+GRS+CNV

(2) 심리측정상의 지능: 교육+문화적 요인+가족 양육+사회 경제적 지위+가족 환경(가족이 특별히 옹호하는 문화나 가치관)+지능검사(IQ Test)상의 지능

(3) 사회적 지능: 사회경제적 지위+동기+영양+문화적 요인(환경)+음주 습관+(학업) 스트레스 대처 책략+가족 환경+정신장애+교육 수준+성격+건강+성장 발달 경로+경험+장 의존성(장 독립성)+역경 극복 역량+인생 진로에 대한 목표(방향) 설정+열린 기회에 도전+역량 있는 멘토와의 만남

출처: 김정휘·주영숙. (2006). 교육 심리학 탐구. 서울: 형설출판사. 173.

응시간(예: 라이트가 켜지는 순간 손잡이를 잡기) 또는 지각적 구분(예: 두 물체 중 더 무거운 것을 찾기)과 같은 기본적 인지 과제의 수행에서 차이가 있었다. 지능검사 점수가 때때로 신체적 특성에서처럼 정규분포를 나타내는 것은 지능이 유전적으로 결정된다는 증거로 제출되었다(Jensen, 1980). 교육과 연관된 연구에서 대안으로 제안된 것은 학생은 그들이 재료를 처리하는 방식을 개선하는 것을 학습할 수 있다는 것으로, 즉 인지적 처리를 배울 수 있다는 것이다.

지능이 선천적인가 아니면 학습될 수 있는 것인가? 이 의문에 대한 연구가 심리학 연구실에서 학교 교실로 이동했을 때, 지능 이론들도 선천적 기량 관점(innate-skill view)에서 학습 가능한 기능 관점(learnable-skill view)으로 이동이란 도전에 직면했다. 1980년대와 1990년대 사이에 교육 심리학이 가장 현저하게 기여한 것 중의 하나는 인지적 정보자료 처리 교육에 집중한 것으로 이를 통해 학생들은 특수한 영역에 적용되는 인지적 정보자료 처리의 요인을 학습할 수 있었다(Pressley, 1990; Weinstein & Mayer, 1986). 예를 들어, 쇼엔펠트(Schoenfeld, 1985)는 수학에서 문제를 표현하는 전략을 학생들에게 가르쳤고, 켈로그(Kellogg, 1994)는 작문에 대한 계획 전략을 가르쳤다. 각각의 경우에서, 학문적 과제에 대한 수행이 개선되었고 이것은 선천적 지능이 학문적 성공의 유일한 결정요인이 아니라는 사실을 암시한다.

아주 최근에, 연구자들은 학생들의 학문적 과제에 대한 인지적 정보자료의 처리 능력을 발달시킬 수 있는 인지적 견습제도(cognitive apprenticeship)에 몰두했다(Collins, Brown, & Newman, 1989). 인지적 견습제도에서, 교사와 학생들은 문장 해석과 같은 인증된 학문 과제에 종사했다. 이와 같은 상황에서, 학생이 문제에 집중하는 동안 교사는 적절한 전략 모형을 만들고 도움과 조언을 제공하는 지도자의 역할을 한다. 예를 들어, 펄린스카와 브라운(Palinscar & Brown, 1984)은 학생들이 단락을 요약하고, 다음 단락의 내용을 예측하며, 어떠한 잠재적 해석상의 어려움을 해결하는 방법 또는 본문에 따라 답이 나오는 질문을 만드는 방법과 같은 기본적 독해 처리를 학습하도록 도왔다. 학생들과 교사가 그들이 본문을 읽음으로써 이들 기능을 학습하는 집단을 지도하는 역할을 맡았다. 결과가 가리키는 바는 독해를 위한 기본 처리들은 학습 가능하고, 따라서 어떤 면에서, 언어적 능력도 학습 가능한 능력처럼 보인다.

학습 전략의 교수법에 대한 연구는 지적 수행의 많은 측면이 학습 가능하다는 것을 논증함으로써 지능에 대한 기존의 관점의 변화에 기여했다. 비록 생물학(유전)이 인간의 지적 잠재력에 상한과 하한에 영향을 끼치지만, 학습 전략의 교수법에 대한 연구는 잠재력 범위가 꽤 넓다는 사실을 보여 주었다. 지능이 교육될 수 있는 정도는 지능 심리학분야에서 뜨거운 쟁점이 되어 왔지만(Detterman & Sternberg, 1982; Gustafsson &

Undheim, 1996), 교육과 관련된 연구는 학문적 과제 수행에 대한 개선 상의 대부분의 성공이 학생이 학문적 과제와 직접 관련된 특수한 요소를 학습했을 때 발생했다고 제안한다(Mayer, 1999). 다시 한 번, 실제로 교실에서 이루어지는 교수 학습 상황을 관찰할 때 지능 이론가들은 지적 능력(知力)을 학습 가능한 기량에 의지하는 것으로 보라는 도전에 직면해 있다.

지능은 정적인 인지 기능인가?

마지막으로 상식적 진술은 지능이 문제를 제시하고 사람들이 생성한 답을 조사하는 방법으로 가장 잘 측정될 수 있다고 가정했다. 산출에 대한 이러한 관심 집중은 지능검사에 대한 심리 측정학의 접근에서 긴 역사를 가지고 오늘날에도 지능에 대한 사상 속에 만연되어 있다(Carroll, 1993). 그러나 교육과 관련된 연구는 역동적인 검사를 통해 사람의 지적 능력에 대해 더 많은 것을 알 수 있다고 제안하며, 역동적 검사는 학생이 수업 진행 중에 학습하는 방법을 평가하는 기회를 제공한다. 지능의 정적 기능 관점(static skill view)보다는, 역동적 기능 관점(dynamic skill view of intelligence)이 지적 활동의 처리, 어떤 학생이 시험 문제에서 더 우수한 답을 제시하는 방법을 학습하는 능력을 포함한 것을 평가한다.

지적인 능력이 정적인가 아니면 동적인 기량인가?(Is intellectual ability a static or a dynamic skill?) 새로운 학생이 학교에 와서, 지능검사를 받은 후, "지적 장애(mental retarded)" 수준의 점수를 받은 상황을 고려해 보자. 비록 평가 절차가 과학적이고 정확해 보이더라도, 어떤 교육자는 결과에 불안을 느낄 수도 있다. 예를 들어, 포이에르스타인(Feuerstein, 1980)은 새로 입국한 이민 아동 중에 그들의 새 학교에서 "지적 장애"로 진단된 아동들을 조사했다. 실제로, 그들은 지능검사에서 낮은 수행을 보였는데, 흥미 있는 것은, 일부는 검사와 비슷한 문제를 해결하는 방법을 학습한 수업 과정을 통해 상당한 개선을 보였다. 간단히 말해, 이들 학생들은 그들이 학습했었던 것을 측정하는 정적 검사 측정과 학습의 기회가 주어졌을 때 동적 검사 상의 학습 잠재력 사이에 불일치가 나타난다. 포이에르스타인은 정적 검사(static test)는 아동들의 학습 잠재력에 대한 정확한 양상을 제공하지 못한 반면, 역동적 검사(dynamic test)는 학생이 어떤 학습 상황에 놓이게 되고, 그것들이 자신의 학습 능력을 나타낼 수 있도록 한다는 결론을 내렸다.

비슷하게, 긴스버그(Ginsberg, 1997)는 아동이 어떤 방식으로 생각하는지 —, 즉 어떻게 수학 문제를 푸는지를 이해하는 최선의 방법은 임상적 면담을 통하는 것으로 이런 면담은 아동과 성인이 구체적 문제 해결 방법에 대해 폭넓고 유연한 대화에 몰두할 수 있도록 했다. 긴스버그(1997, p. 10)는 전통적 지능검사는 지능의 정적 기능 관점에 근거를 둔 것으로 "동적인 변화를 연구하는데 부적합하다"고 지적했다. 따라서 역동적 기능 관점에 대한 동인은 학생의 지적 기능에 대한 사실적 평가를 제공하려는 요구에서 유래되었다. 비고츠키(Vygotsky, 1978)의 주어진 과제에 대해 학생이 현재 하는 것과 학생이 할 수 있는 능력이 있는 것 사이의 고전적 구분과 일관되게, 인증된 과제를 이용한 역동적 평가는 전통적 측정에서 가능한 것보다 학생의 능력에 대한 더 자세한 형상을 제공할 수 있다.

역동적인 평가에 대한 연구는 정적 기능으로서 지능 관점에 대한 수정의 중요한 유인 자극을 제공하고 다시 교육에 근거한 연구가 어떻게 지능 이론을 재구성하는지를 보여 주었다.

지능의 본질에 대한 관점의 변화

앞에서 언급된 검토는 교육과 연관된 연구가 어떻게 지능의 본질에 대한 네 개의 상식적 진술과 모순되는지 보여 준다. 상식적 진술과 대조적으로, 변화하는 지능의 관점은 다음과 같은 네 가지 대안적 진술과 각각의 진술은 더 깊은 과학적 연구의 근거가 된다는 제안을 한다.

1. 지능은 다양하고 이질적인[5] 구성요인 기능들의 집합이다. 논문을 쓰거나, 본문의 내용에 대한 비평, 또는 수학 문제를 푸는 것과 같은 어려운 학문적 과제에 대한 수행은 포괄적인 단일 능력보다는 많은 수의 작은 요인 처리에 의존한다. 단일 기능 관점에서 복합 기능 관점으로의 전환은 학습 장애(learning disability, LD)의 특징을 규정하는 방법 및 학교와 관계된 능력을 분석하는 방법과 같은 교육으로부터의 도전에 의해 촉진되었다.
2. 지적 기능은 영역 특수적이다. 논문 계획과 같은 한 영역에 대한 인지적 처리에서 역량은 단어 문제를 해결하기 위한 계획과 같은 다른 영역에서 상응하는 역량과는 다르다. 지적 능력의 일반적 기능에서 특수 기능 관점으로의 전환은 전이에 대한 교육방법이나 주어진 학교 교과 분야에서 전문가와 초심자(expert-novice)의 차이를 규정하는 방법과 같은 교육으로부터의 도전에 의해 촉진되었다.
3. 지적 기량은 학습될 수 있다. 학생의 지적 능력에 대한 검사의 수행을 개선시킬 수 있는 특정한 요인 기능의 교육은 그와 같은 기능이 어느 정도까지는 학습 가능하다고 제안한다. 선천적 기능 관점에서 학습된 기능 관점으로의 전환은 학습 기능을

5) (옮긴이 주) 이 내용은 지능관의 동향을 반영하여 옮긴이가 추가하였다.

어느 범위까지 배울 수 있는가와 같은 교육 관련 문제에 의해 촉진되었다.

4. **지적 기능은 역동적이다.** 지적 기능은 지속적인 실제 상황을 통해 나타났고 실제 상황 속에서 사람들은 그들이 학습하는 방법과 사고하는 방법을 보여 주는 기회를 제공했다. 정적 기능에서 역동적 기능의 관점으로의 전환은 학생의 잠재적 학습 능력에 대한 역동적 평가와 같은 교육 관련 문제에 의해 유발되었다.

한 세기 이상, 지능에 대한 연구가 교육 분야로부터 도전 받고, 그에 의해 풍요해지며, 궁극적으로 유도되어 왔다. 지적 활동에 대한 개인차의 연구로서, 지능 연구는 심리학(교육학) 연구실에서 교실로 이동하고, 단일하고 일반적이며 선천적이고 정적이며 상식적인 지능 관점이 다수에 의한 집합적이고, 특수하며, 학습 가능하고, 역동적인 기능으로서 지능의 변화된 관점에 자리를 내주었다. 간단히 말해, 지능을 이해하려는 과학적 진보는 심리학과 교육학 사이에 풍부한 상호작용 관계에 대한 사례연구에서 나타난다.

교육에서 지능의 기여에 관한 연구

지능검사에서 우수한 점수를 받은 학생이 어떤 교수법에서 뛰어나게 학습하고도 낮은 점수를 받은 학생이 다른 방법에서 최고의 학습효과를 보이는 상황을 고려하자. 예를 들어, 수학 능력 검사에서 낮은 점수를 받은 초등학생이 판에 박힌 절차를 적용하는 연습과 실습 방법에서 산수를 가장 잘 학습하는 반면 높은 수학적 능력을 가진 학생은 개념적 이해를 강조하는 지도에 의한 발견 학습법에서 가장 잘 학습한다고 가정하자. 교육과 관련하여 지적 능력에서 개인차가 얼마나 큰지를 나타내는 좋은 예 중에 하나는 방금 묘사된 예와 같은 적성 처치 상호작용(Aptitude×Treatment Interaction, ATI)이다(Cronbach & Snow, 1977; Gustafsson & Undheim, 1996)이다. ATI는 하나의 교육 방법이 어떤 지적 능력이 우수한 학생에게 더 많은 학습을 초래하고 다른 교육 방법은 지적 능력이 낮은 학생에게 더 큰 학습효과를 초래 할 때 나타난다.

ATI에는 몇 가지 가능한 교육 방법이 있는데, 개별화된 교육법, 능력별 집단 편성, 모든 학생에게 똑같이 다양한 교육법을 적용하는 방법, 능력이 떨어지는 학생에게 능력 개발 훈련을 제공하는 방법들이 포함된다(Mayer, 1987). 첫째, ATI의 직접적인 교육적 해석은 다른 유형의 학습자에게 다른 형태의 교육을 제공하는 것이다. 예를 들면, 수학을 예로 들면 고능력 학생은 많은 의미를 지닌 발견적 방법의 지도를 통해 배우게 되는 반면, 저 능력 학생은 판에 박힌 반복 연습 방법으로 배우게 된다. ATI에 대한 이런 해석의 단점은 저능력 학생의 교육법은 고능력 학생이 받는 교육법보다 하수(下手)라고 간주되는 것이다.

두 번째 ATI를 언급하는 방식은 모든 학생들에게 다양한 교육법을 제공하여 학생들이 자신에게 가장 적절한 방식으로 배우도록 하는 것이다. 수학을 예로 들어 보면, 이 방법은 교육자가 유도된 발견 학습과 반복 연습 학습법 모두를 저능력과 고능력 학생이 혼합된 학급에서 사용하는 것이다. 이 접근법의 단점은 교육 시간이 낭비되는 것으로 어떤 주어진 시간에서, 교사는 어떤 학생에게는 적합하지 않은 방법을 사용해야 하고, 더 나아가 저능력인 학생은 여전히 고능력 학생들이 선호하는 방법에 비해 열등한 것으로 여겨지는 방법에 집중하는 것처럼 보인다.

대조적으로, 세 번째 접근 방법은 능력이 부족한 학생에게 사전 교육을 제공한다. 그들의 능력을 고능력 학생의 수준으로 향상시킴으로써 그들은 고능력 학생에게 사용되는 것과 똑같은 질 높은 교육의 혜택을 받을 수 있다. 수학의 예에서, 이것은 저수행 학생의 수학적 능력을 향상시키도록 도와서 그들이 유도된 발견 학습법에 의한 지도를 받을 수 있도록 하는 것을 의미한다. 최근까지도, 이 접근법의 단점은 지적 능력을 가르치는 방법, 즉 학생이 더 우수한 학습자가 되도록 가르치는 방법에 대한 이해의 부족이다. 이 절에서, 우리는 지적 능력을 향상시키는데 목적을 둔 과정의 개발을 살펴보고 전형적 프로그램을 검토한다.

지적 능력에 대한 교육의 준거

지능에 관한 인지적 이론이 교육 실제에 정보자료를 제공할 수 있을까? 특히, 지능 이론이 교육을 통해 지능을 개선시킬 수 있는 방법을 결정하는 데 도움이 될 수 있을까? 이 고선직 문제를 언급한 최근의 진보를 검토하면서, 스턴버그(1997, p. 1137)는 "이제 긍정적 결과를 보이는 프로그램의 수가 개입이 성과가 있다고 결론을 내릴 수 있을 만큼 충분히 많다"라고 말했다. 만약 당신이 학생들을 더 영리하게 만드는 교육 프로그램을 개발하려고 한다면, 무엇을 할 것인가?[6] 이 문제에 답하기 위해, 학생을 더 지적으로 만

---

6) (옮긴이 주) 지능의 결정 요인으로서 유전의 영향력을 신뢰하는 초기 노력의 일환으로서 갈톤은 우생학을 창시했으며 갈톤은 우생학을 통해서 좀 더 영리한 인간을 길러내려는 희망을 실현하려고 했다. 모든 것이 급변하는 시대에 새로운 사회·경제·인지적·환경적·IT 기술·생명공학의 도전에 대처 능력이 있는 인재들을 많이 뽑아서 훈련시킬 필요가 있다. 따라서 이러한 시대적 요청에 부응할 가능성이 큰 인물의 능력을 개발하고 훈련시키는 방법을 다양하게 제시해야 한다는 필요에 따라서 영재 교육(gifted education)이 도입되었다. 따라서 교육계와 심리학에서는 학교교육을 확대하고, 학생을 학습시킬 수 있는 방법을 연구하여 교육에 활용하는 한편, 지능검사를 개발, 실시하

들기 위해 교육에 대해 메이어(Mayer, 1992, 1997)의 선행 연구 자료 분석에 근거를 둔 몇 가지 기준을 검토해 보자.

1. 교육 내용: 포괄적 능력보다 적합한 요소 기능. 비록 고전적인 지능 관점은 단일한, 포괄적인 능력으로서 지능 교육(teaching of intelligence)을 제안하지만, 지능에 관한 최신 관점은 학문적 선수 학습(academic prerequisities learning)에 대한 전제조건으로 보이는 잘 정의된 요소 기능을 가르치는 것이 현명하다고 제안한다. 가르칠 내용에 대한 문제와 관련하여, 첫 번째 준거는 작은 갖춤새의 입증된 인지적 기능을 가르치는 것이다.
2. 교육 방법: 문제 해결하는 산출보다 정보자료 처리 과정. 지능의 고전적 관점은 지적 능력에 대한 교육은 정확한 답을 산출하는 연습에 집중해야 한다고 제안한다. 운동 기능을 가르치는 것에 대한 가장 유명한 교육 방법은 재투입에 의한 훈련과 연습이기 때문에, 따라서 인지적 기능을 가르치는 데 있어서도 이와 똑같은 방법을 이용하는 것이 현명한 것처럼 보인다. 이 경우, "지적 능력을 가르치는 방법(how to teach intellectual ability)"은 정답 찾아내기를 훈련하고 연습하는 것이다. 하지만 지능연구에 대한 최신 관점은 교육이 인지적인 정보자료 처리의 기반, 즉 적절한 학습 방법을 개발하는 데 집중해야 한다고 제안한다. 따라서 두 번째 준거는 학습에 관계된 정보자료 처리에 대한 강조이다.
3. 교육 장소: 일반적 환경보다 특수 환경. 고전적 관점에 따르면, 지능에 대한 교육은 영역들의 광범위한 다양성에 걸쳐 사용될 수 있는 지적 능력이 강조되어야 한다. 여러 과목에 걸쳐 적용할 수 있는 일반 기능으로 지적 능력을 보는 것은 가장 효율적이고 건전한 교수법과도 일치하는 것처럼 보인다. 이 경우에는, "지적 능력의 교육 장소"는 일반적으로 상황과 무관한 과정이다. 대조적으로, 지능의 최신 관점에 따르면, 지적 능력을 가르치려는 시도는 그 기능이 요구되는 특정 환경에 연관돼야 할 필요가 있다. 따라서 세 번째, 준거는 학습 기능의 교육은 특정한 과목 영역 속에 포함되어야 한다.
4. 가르치는 시기: 저수준의 기초 기능을 숙달한 후보다는 그 이전에 가르쳐야 한다. 지능의 고전적인 관점은 수준 높은 지적 능력에서 교육은 학생이 관련된 저수준 기초 기능을

여 능력이 우수한 인재를 선발하는 등 많은 노력이 추진되었다. 지능의 성질을 필요에 따라서 용도에 맞게 이용하는 방안이 학생의 지력과 학습력을 향상시킬 수 있을 것으로 생각하며 교육 실제에서 이런 노력이 부족하다.

숙달하기 전에 교육되어서는 안 된다고 제안했다. 저차원 기능을 배운 후에 고차원 기능의 학습으로 이어지는 체계적 방식으로 가르치는 것이 교육학적으로 현명한 것처럼 보인다. 이 경우, "지적 기능을 가르치는 시기"는 저수준 기능을 가르친 이후로 자동화된다. 대조적으로, 지능에 관한 최근의 관점은 학습 방법을 아는 것, 즉 어떤 영역의 지적 능력이 기초 기능을 학습하는 전제조건이라는 사상을 촉진시켰다. 따라서 네 번째 준거는 학생들이 기초 학습 기능을 숙달하기 전에 학습 방법을 먼저 가르쳐야 한다는 것이다.

밝혀진 바와 같이, 인지 심리학상 지능의 발전은 지적 능력을 가르치는 내용, 방법, 장소, 시기와 관련된 결정을 위한 정보자료를 제공한다. 이 주제의 검토는 교육적 관행을 개선하려는 원동력은 인간의 지적 능력의 본질에 대한 이해에서 유래했다. 다음 절에서 우리는 이들 준거를 몇 가지 전형적인 교육적 프로그램 사례와 비교해 볼 것이다.

생각하기를 가리키는 것에 관한 프로그램 사례*

지능 훈련 프로그램에 대한 검토는 이 장의 범위를 넘어서지만, 이 절에서 나는 몇 가지 관련 프로그램 사례를 세 가지 범주로 분류하여 검토한다. 몇 가지 초기 프로그램은 내가 첫 번째 국면이라고 부르는 것으로 기준에 부합하지 않고 성공적이지 못한 것처럼 보인다. 다른 프로그램들은 나는 두 번째 국면으로 부르는데, 기준에 어느 정도 부합하고 부분적인 성공을 거두었다. 끝으로, 내가 세 번째 국면으로 부르는 더 최근의 프로그램은 더 날카로운 준거에 근거를 둔 것으로 매우 성공적이었다.

국면 1: 기준에 부합하지 않는 프로그램. 학생의 일반적 지적 기능을 개선시키려는 초기 시도는 라딘 학교 운동(Latin school movement)이 그 실례가 된다. 라틴 학교에 내재된 전제는 라틴어와 기하학과 같은 과목의 교육은 일반적으로 심성을 향상시킨다는 것이다. 앞에서 언급된 것처럼, 연구는 라틴어를 공부한 학생이 새로운 학과 과목을 학습하는 능력이 라틴어를 공부하지 않은 학생보다 더 뛰어나다는 것을 보여 주는데 실패했다(Thorndike, 1906; Thorndike & Woodworth, 1901). 지능을 발달시키는 수단으로서 라틴 학교 운동의 실패는 성공적 지능 교육 프로그램에 대한 기준을 만족시키지 못

---

* 관련 참고 자료를 소개한다. 한글판 번역서가 출판되고 있다.

Gelb, M. J. (1998). *How to Think Like Leonardo da Vinci: Seven Steps to Genius Every Day.* New York: A Dell Trade Paperback.

Thorpe, S. (2000). How to Think Like Einstein: Simple Ways to Break the Rules and Discover Your Hidden Genius. Illinois: Sourcebook, Inc.

한 것과 같다. 즉, 가르치는 내용과 관련하여, 초점이 단일한 일반적 기능에 있었다. 가르치는 방법에 있어서, 지능이 모든 영역들에서 적용될 수 있는 일반적 능력으로 간주되었다. 가르치는 시기에 관하여, 지적 능력은 저수준 기능을 숙달하기 전에 배울 수 있는 고수준 기능으로 간주되었다.

더 최근에는, 어린 아동들의 인지 기능을 향상시키기 위한 가장 포괄적인 국가적 시도 중의 하나로 두뇌 개발 프로젝트(Project Head Start)가 있다(Caruso, Taylor & Detterman, 1982; Zigler & Muenchow, 1992). 1965년 미국에서 시작된 두뇌 개발 프로젝트는 취학 전 프로그램의 전국적 네트웍을 형성하여 IQ 점수 상의 증가로 측정되는 불우한 아동의 인지적 능력 향상을 목표로 하였다. 지글러와 무엔초우(Zigler & Muenchow, 1992)는 어떤 단일 교육 프로그램도 위임되지 않았기 때문에 훈련된 교사의 부족과 품질관리의 부재가 발생했고 더 중요한 것은 두뇌 개발 프로그램은 근본적으로 인지적 능력 향상을 위해 고안되지 않았다는 사실을 알게 되었다. 지글러와 무엔초우(1992, p. 53)는 "두뇌 개발 프로그램은 인지적 발달에 대한 강조를 피하기 위해 고안되었지만, 여전히 그 무엇보다 인지적 측정, 즉 IQ에 근거를 두고 평가되었다."고 말했다.

두뇌 개발 프로그램에 기인한 IQ 변화의 평가는 명백하게 긍정적이지 않았었다. 일반적으로, 프로그램에 참여한 아동은 짝을 이루는 통제 집단에 대해 IQ 점수상 빠른 진전을 보였지만, 학생이 프로그램에서 떠나고 얼마 지나지 않아 차이는 사라졌다(Carter, 1984; Caruso, Taylor & Detterman, 1982; Nurss & Hodges, 1982; Zigler & Muenchow, 1992).[7] 인지 능력에 대한 발전이 사라지는 효과는 많은 정책 입안자들에게 프로그램의 효능성에 의문을 갖도록 했는데, 비록 프로그램 옹호자들이 불우한 환경의 학생들에게 유치원 과정이 끝난 후에도 계속되는 교육 서비스가 필요하다고 주장했음에도 불구하고 의문이 들게 했다(Zigler & Muenchow, 1992).

두뇌 개발 프로그램이 크고 지속적인 인지 능력의 증가를 보이는데 실패한 이유는 무엇인가? 한 가지 설명은 각각의 인지적 능력에 대한 성공적 교육의 기준을 검토하면 알 수 있다. 첫째, 가르치는 내용에 관하여, 프로그램은 개별적 인지 처리를 목표로 하지 않고 그보다는 동기와 건강 증진을 통해 학업 실패를 줄이는데 주목표를 두었다. 특별 학급에 배치되거나 학년 유급에서 그와 같은 감소를 표준에 대비해 측정되었을 때, 두뇌 개발 프로젝트는 효과적이었다. 하지만, 두뇌 개발 프로젝트는 지적 능력을 향상시키는

---

7) (옮긴이 주) 이 프로그램의 효과에서 나타난 문제점은 불우 아동이나 문화 실조된 환경에서 공부하고 있는 학생들에게서 지능 향상의 효과가 나타났으나 일시적이었다는 것이다. 즉, 단기적 효과에 그쳐 한계가 발견되었다.

데는 그리 성공적이지 못했는데 아마도, 그것의 교과 내용이 개별적 인지처리의 향상에 초점을 두지 않았었기 때문일 것이다. 둘째, 가르치는 방법에 관해서, 프로그램은 합의된 교육적 접근뿐만 아니라 품질관리를 위한 절차도 부족하였고 따라서, 프로그램이 산출보다 처리에 집중했는지 여부는 불투명하다. 셋째, 가르치는 장소에 관하여, 두뇌 개발 프로젝트의 전면적 접근은 한정된 영역의 기준을 어긴 것처럼 보인다. 자존심과 동기와 같은 일반적 특질을 향상시키려고 시도함으로써, 두뇌 개발 프로젝트는 특수한 학교 교과 분야에 대한 개별적 인지 처리를 목표로 하지 않았다. 끝으로, 두뇌 개발 프로젝트는 학생들이 기초적 학문 기능을 숙달하기 전에 학습 방법을 가르쳐야 한다는 기준과는 일치했다. 전체적으로, 두뇌 개발 프로젝트는 인지 능력의 효과적 지도법에 대한 네 가지 기준 중 세 가지를 만족시키지 못했고, 따라서 그것이 인지 능력의 지속적인 변화를 나타내는 데 실패한 것은 놀라운 일이 아니다.

라틴 학교 운동(Latin School movement)과 두뇌 개발 프로젝트는 둘 다 지적 능력을 가르치는 기준을 만족하는데 실패한 예이다. 특히, 두 프로그램은 특수한 학교 교과목 내용 분야 속에서 가르쳐지는 특정한 인지적 처리에 목표로 삼지 않았다. 흥미롭게도, 엄격한 평가는 두 프로그램이 학생의 지능상의 진전을 촉진하는데 매우 성공적이었다고 간주할 수 없다는 사실을 보여 주고 있다.

국면 2: 기준과 막연히 연관된 프로그램들. 연구상 집중적 관심의 대상이 되었던 초기 인지 훈련 프로그램 중 하나는 생산적 사고 프로그램이다(Covington, Crutchfield, Davies, & Olton, 1974). 생산적 사고 프로그램은 초등학교 학생들의 수준 높은 인지작용을 향상시키려는 목적에 따라 자기 진도에 맞추어 학습하는 16개의 만화 같은 소책자 집합을 포함한다. 각 소책자는 대략 30쪽 분량을 가지며 추리 이야기를 제공하는데, 그 이야기에는 다양한 문제 해결 방법을 기술하기 위한 인지적 모형 역할을 하는 두 명의 아동(짐과 릴라)과 두 명의 성인(짐의 삼촌 존과 미스터 서어치)가 등장한다. 이야기들은 단서를 포함하고 때때로 학생들에게 문제에 답할 것을 요구하는데, 그것은 "문제를 자신의 언어로 재구성하는 것"과 "자신의 의문 공식화", "미스터리를 설명하는 의견 생성"을 목표로 했다(Covington & Crutchfield, 1965, p. 3).

예를 들어, "강(江)배 강도(Riverboat Robbery)"에서 학생들은 누가 지방 강도(local robbery)인지 발견하기 위한 시도를 한다. 소책자의 일정 분량을 읽은 후, 학생들은 질문들에 대한 답을 만들라는 요구를 받고(누가 중요 용의자인지 명단을 만드는 것과 같은) 그 다음 자신들의 수행을 소책자 상의 인지적 모형과 비교하며 소책자에는 같은 질문에 대한 책자의 모형이 설명되어 있다. 소책자가 학교 교실 환경에서 사용될 때, 저자는 교사가 각 소책자에 대한 토의를 이끌어 가라고 제안했다(Chance, 1986).

십 여 편 이상의 평가 연구를 검토한 결과 생산적 사고 프로그램은 교육에서 강조되는 것과 같은 인지적 과제에 대한 진보를 촉진하는데 효과적이라는 사실을 발견했다(Mansfield, Buss, & Krepelka, 1978). 예를 들어, 올톤과 크러치필드(Olton & Crutchfield, 1969)는 생산적 사고 프로그램의 집중적 교육을 받은 5학년생들이 교육을 받지 않은 상응하는 통제 집단보다 추리소설 유형의 문제 해결에서 더 큰 검사전과 검사후 성과를 보인다는 사실을 발견했다. 하지만, 맨스필드 등(Mansfield et al., 1978)은 생산적 사고 프로그램으로 교육받은 학생은 교육받는 동안 제공된 문제와 다른 문제 해결에서는 일관되게 강한 성장을 보여 주지 않았다.

생산적 사고 프로그램의 무용담은 지적 능력에 대한 성공적 가르침의 네 가지 준거와 잘 맞는다. 가르치는 내용에 관한 고려에서, 메이어(Mayer, 2000)는 학생들을 전반적으로 영리하게 만들려고 시도하기보다는 의견을 생성하고 평가하는 것과 같은 작은 요소 기능의 집합에 집중했다. 가르치는 방법에 대한 고려에서, 저자는 학습의 다양한 부분에서 학생들이 자신의 사고 과정을 묘사하도록 요구하여 문제 해결을 위한 처리를 강조했다. 가르치는 장소 문제는 영역 특수성에 관한 가르침에 따른 준거를 어긴 것처럼 보이는데 생산적 사고 프로그램은 일반적이고 독립형 과정에서 가르쳐지기 때문이다. 하지만 평가 결과는 프로그램의 긍정적 효과가 대체로 교육 중에 강조된 것과 유사한 미스터리나 추리소설과 흡사한 문제의 해결 영역에 제한된다는 사실을 보여 주었다. 따라서 프로그램은 영역-특수성에 관한 학습의 기준에 적합한 것으로 증명되었다. 끝으로, 네 번째 준거와의 일치 여부에 관해서, 저자는 학생들이 모든 관련된 기초 기능을 숙달하는 것을 높은 수준의 인지 기능을 개선시키기 위한 교육을 받기 전에 요구하지 않았다. 여기에 더하여 초등학교 학생들에게 익숙한 재료를 사용했다.

인지교육의 프로그램 국면 2의 또 다른 좋은 예가 될 수 있는 것은 도구적 강화(instrumental enrichment)로서, 포이에르스타인 등(1980; Feuerstein, Jensen, Hoffman, & Rand, 1985)에 의해 이스라엘 내에서 "지적 장애아"로 분류된 이민 아동의 지적 능력을 향상시키려는 목적으로 개발되었다. 교육자료는 15개 단위의 필답형 연습문제로 구성되며, 각 단위는 지능검사 문항의 한 유형을 닮은 하나의 도구로 구성된다. 예를 들어, 첫 번째 도구는 점들의 조직으로 거기에서 학생은 점들의 집합을 연결하여 주어진 기하학적 도형을 만들어야 한다. 비록 만들어진 도형이 주어진 같은 크기를 갖더라도, 도형을 겹쳤을 때, 주어진 도형과 다른 방위를 가질 수 있다. 다른 단위들은 숫자 배열, 추론적 관계, 공간적 관계와 관련된다.

전형적인 수업에서, 교사는 단위로부터 예제(例題)를 제공하고, 학생들에게 문제를 풀어 보게 하며, 그 후에 문제 풀이 방법에 대한 학급의 토론을 이끌어 간다. 학급 토론의 핵심은 주어진 문제의 해결 방법이다. 첸스(Chance, 1986)에 따르면, 주당 3에서 5회의 1시간 수업에 2년 내지 3년 간 참석해야 하는 것으로 예상되었다. 프로그램 과정 중에, 학생들은 인지적 처리에 대한 설명을 주고받음으로써 경험을 쌓는데, 이때 인지 처리는 지능검사에서 나오는 것과 같은 다양한 종류의 문제들에 대한 풀이에 관련된 처리이다.

도구적 강화에 의해서 지적 능력 검사에 대한 학생의 수행을 향상시키는데 성공했다는 증거가 있다. 포이에르스타인(1980)은 특수교육 과정에 있는 청년기의 학생이 2년 과정의 도구적 강화 교육을 받은 경험이 있었을 경우, 통상적인 교육만 받은 상응하는 통제 집단보다 지능에 대한 비언어적 검사에서 더 큰 발전을 보였다. 또한 도구적 강화 교육이 교육 기간 중 사용된 것들과 유사한 검사 문항에서 IQ가 낮은 학생들이 중간 정도 IQ의 학생들과 같은 수준의 수행을 보이는 데 도움이 되었다는 증거도 있다(Arbitman-Smith, Haywood, & Bransford, 1978).

도구적 강화는 성공적 지능 교육 프로그램에 대한 네 가지 기준을 만족한다. 첫째, 가르치는 내용에 관해, 도구적 강화는 단일 능력으로 지적 기능을 향상시키려는 노력하기보다는 어떤 문제를 작은 단편으로 분리하는 방법과 같은 작은 요소 처리들의 집합에 집중한다. 둘째, 가르치는 방법에 관해서, 도구적 강화는 문제 해결을 위한 처리를 강조하고 여기에는 각 대상 문제에 대한 문제 해결 방법에 대한 설명을 주고받는 것이 문제 해결의 산출보다 더 강조된다. 하지만, 프로그램에 대한 중요한 비평은 인지적 모형 작성에 집중하는 것은 "학생들의 시간을 상당히 많이 요구한다"는 내용이다(Chance, 1986, p. 85). 셋째, 가르치는 장소에 관해서, 도구적 강화는 일반적이고 독립적인 과정에서 지능을 가르칠 때 최적인 것처럼 보인다. 하지만, 자세히 조사해 보면 "특정한 문제를 풀도록 학생을 교육시켜 비슷한 문제들을 스스로 푸는 능력을 갖도록 하는 데 강조를 두고 있다"는 사실이 나타난다(Bransford et al., 1985, p. 201). 따라서 도구적 강조는 지능검사 문항의 특정 영역 내에서 교육에 집중하는 경향이 있다. 끝으로, 도구적 강조는 고수준의 기능을 학생들이 모든 저수준 기본 기능을 완전히 숙달하기 전에 가르치려고 시도한다. 특히, 프로그램은 많은 사전 지식이나 경험이 필요 없는 문제를 사용함으로써 자동화된 기본 기능이 필요 없도록 배려한다. 전반적으로, 프로그램의 성공은 비록 비용이 많이 들고 제한적이더라도, 지적 기능을 가르치는 것에 대한 네 가지 기준과 일치한다.

국면 3: 기준에 밀접하게 결합된 프로그램. 인지 능력을 가르치기 위한 프로그램에서 세 번째 중요한 변화는 각각의 네 가지 기준에 대한 민감성이다. 수학 능력을 향상시키기 위한 수직선(number line) 교육과 같은 특수한 교과 분야 속에 내재된 매우 집중적인 기능을 가르치는 것(Griffin & Case, 1996; Griffin, Case, & Capodilupo, 1995; Griffin, Case, & Siegler, 1994)과 언어 능력 향상을 위한 음성학적 인식 교육에 반영되어 있다(Bradley & Bryant, 1978, 1985; Goswami & Bryant, 1992; Juel, Griffin, & Gough, 1986).

라이트스타트(rightstart) 프로그램은 초등학교 학생이 그들이 마음속에서 수직선을 이용하는 방법을 확실하게 학습하도록 하여 수학적 능력을 향상시키는데 주력한다. 수직선을 이용하는 기능은 수학적 역량을 발전시키는데 필요한 중요한 단계이며 산술적 절차에 대한 의미 있는 이해에 대한 전제조건으로 간주된다(Case & Okamoto, 1996). 학교에 입학한 많은 학생들이 두 숫자를 비교하거나, 수직선을 가시화하거나, 숫자를 나타내는 단어에 의해 지시된 양을 결정하거나, 계통적으로 사물을 헤아리는 것처럼 지적인 수들의 지선 이용하는 기능이 부족하다. 브루너(Bruner, 1993, p. 90)는 "(지적 수직선에 대한) 이해가 없다면... 그들의 유일한 대안은 임의의 절차들의 집합으로서 학교 수학을 이해하려고 시도하는 것이다"라고 지적했다.

라이트스타트 프로그램은 40개의 30분 수업으로 구성되고, 각 수업은 다른 종류의 숫자 게임을 포함한다(Griffin & Case, 1996). 예를 들어, 한 게임에서, 두 학생이 각각 주사위를 굴려서 더 높은 숫자가 나온 학생이 자신의 말을 게임 판에 그려진 수직선 경로를 따라 이동시킨다. 경로의 끝에 먼저 도달한 학생이 승리한다. 이 게임은 학생이 수의 크기를 비교하고, 수직선을 따라 전진하거나 후진하는 숫자를 헤아리며, 수를 헤아릴 때, 숫자와 객체를 일 대 일로 대응시키는 방법을 학습하는 데 도움을 준다.

수직선을 이용하는데 집중된 경험은 학생들이 수직선을 가지고 사고하는 방법을 학습하는 데 도움을 주는 것에 성공했다. 낮은 수행의 1학년생이 라이트스타트 프로그램에 참가하여 수직선 사고 기능에서 사전검사와 사후검사의 비교에서 큰 증가를 보였던 반면, 정규 수학 교육만 받은 유사한 아동들은 증가를 보이지 않았다. 더 중요한 사실은, 수직선의 사용에 대한 연습은 수학적 능력 측정에 큰 영향을 주었다. 낮은 수행의 1학년생으로 라이트스타트 교육을 받은 아동들은 사전검사와 사후검사 비교시 산수 시험에서 큰 진전을 보인 반면, 비교 교육을 받지 않은 학생들은 그렇지 않았다. 심지어 더 흥미 있는 것은, 학생들이 수직선을 가지고 사고하는 기능을 획득하도록 돕기 위한 집중적 학습 활동이 학교에서 수학 학습의 향상으로 나타났다. 그리핀과 케이스(Griffin & Case, 1996, p. 102)는 "북미의 하층 가정에서 자란 아동 중 상당수, 우리의 표본에서는 적어도 50%의 아동들이 1학년 수학과정을 통과하는데 필수적인 핵심적 인지 구조를 갖추지 못한 채 입학 연령에 도달한다"는 사실을 언급했다. 이들 학생들은 쉽게 수학적 능력이 떨어지는 것으로 간주되고 진전이 느린 학습자를 위한 교육 과정에 속하게 된다. 하지만, 초기 수학과정을 성공적으로 학습하기 위해 요구되는 특수한 사고 기능에 대한 집중적 교육은 이들 학생들이 이어지는 수학 학습에서 우수한 수준의 능력을 가진 학생들만큼 수행하는 것이 가능하게 만들었다. 수학을 학습하는 그들의 역량을 향상시킴으로써, 수직선 사고 기능을 가르치는 것은 그런 능력이 없이 학교에 입학한 학생들의 수학적 능력을 향상시키는데 기여했다.

수학적 능력을 향상시키는 수단으로서 수직선 교육은 지적 능력을 가르치는 네 가지 준거에 대한 민감성의 실례가 된다. 수학적 능력을 가르칠 때 내용, 즉 전체적인 수학적 능력이 아닌 수직선에 관련된 기능의 집합이란 설명서는 매우 구체적이다. 가르치는 방법에 대한 문제는 오직 정답을 얻는 것을 강조하기보다 머릿속에 수직선을 이용하는 방법과 관련된 처리를 강조함으로써 해결된다. 가르치는 장소의 민감성은 라이트스타트의 강조점이 어떤 일반적 능력보다 고도로 한정된 영역(즉, 수직선 상황에 결부된)에 있는 사실에 반영된다. 끝으로, 인지 능력을 가르치는 시기에 관해, 두뇌 개발 프로젝트는 기초 기능을 숙달하기 위한 전제조건으로 수학적 능력을 가르치는데 근거를 두며, 기초 기능이 숙달될 때까지 사고 기능 교육을 미루지 않는다. 간단히 말해, 수직선 교육은 네 가지 기준에 대해 고도로 예민화된 변형이 어떻게 수학적 능력을 가르치는데 성공적으로 적용될 수 있는가의 사례를 제시한다.

발달 초기의 산수 학습에 대한 전제조건으로서 수직선 사고 기능에 상응하는 역할에 있어서, 읽기 교육에 대한 가능한 전제조건으로서 음성학적 인식 기능이 관계된다(Adams, 1990; Bradley & Bryant, 1985; Juel, Griffin, & Gough, 1986; Wagner & Torgcscn, 1987). 음성학적 인식은 언어에서 사용되는 음성의 최소단위(음소라 불린다)를 아는 것으로 독립된 음소를 듣고 발음하는 기능을 포함한다. 음성학적 인식을 측정하는 방법은 학생에게 발음된 단어에서 어떤 음소를 제거해 보도록 하는 것(/t/가 없는 "top"을 말하기), 또는 어떤 단어에서 음소를 대체해 보는 것("park"에 대해 /k/대신 /t/로 끝나도록 하는 것)이나, 네 개의 단어 중 어떤 단어가 다른 세 단어에 포함된 음소가 없는지 구별하는 방법(단어 집합 "sun, sea, sock, rag" 중에서 "rag")이 가능하다. 예를 들어, 초등학교에서 읽기 학습에서 어려움을 겪고 따라서 언어 능력이 부족한 것으로 분류된 학생들은 종종 음성학적 기능이 부족한데, 그 반면 읽기 학습에 성공적인 학생은 우수한 음성학적 인식 기능을 가지고 있는 경향이 있다(Bradley & Bryant, 1978; Stanovich, 1991). 유사하게, 종단적 연구는 아동의 학교 입학시 음성학적 인식 기능과 이후 학교교육에서 획득한 읽기 점수 사이에 강한 연관성이 있음을 보였으며 심지어 일반적 인지 기능을 고려했을 때에도 그러했다(Bradley & Bryant, 1985; Juel, Griffin, & Gough, 1986; Wagner & Torgensen, 1987).

이제 발달 초기의 언어 학습에 중요한 것으로 보이는 특수한 인지 기능의 집합이 식별되었기 때문에, 다음 단계는 음성학적 인식 교육이 학생들의 읽기 학습에 도움이 되는지 여부를 결정하는 것이다. 예를 들어, 브레들리와 브리안트(Bradley & Bryant, 1983, 1985, 1991)는 음성학적 인식을 가르치기 위한 40개의 10분 수업을 개발했다. 한 수업에서 아동은 버스 그림을 보고 여러 장의 그림에서 같은 음으로 시작하는 단어의 그림을 선택하고, 다른 수업에서 아동은 여러 장의 그림을 보고 그 중에 다른 음으로 시작하는 그림을 고르도록 지도를 받는다. 5에서 6세의 40회에 걸친 음성학적 인식 수업을 받은 아동은 음성학적 인식과 읽기에서 다른 종류의 읽기 전교육을 받은 학생들 보다 이후 5년에 걸쳐 더 큰 진보를 보였다.

음성학적 인식 교육 연구(Phonological awareness training studies)에 대한 검토에서, 고스와미와 브리안트(Goswami & Bryant, 1992, p. 49)는 "음성학적 인식 교육의 성공이 학생이 읽기를 학습하는 데 도움이 되었다"는 결론을 내렸다. 더 나아가, "특별 교육이 제공되지 않으면 음성학적 인식이 부족한 아동은 읽기 학습을 잘 수행하지 못하는 것처럼 보인다"(Juel, et al., 1986, p. 249). 간단히, 음성학적 인식에 관한 사전 교육은 학생의 읽기 학습 능력을 개선시켰고, 따라서 학생의 언어적 능력도 개선시키는 것으로 보인다.

수직선 교육과 함께, 음성학적 인식 교육은 지적 능력을 가르치기 위한 네 가지 기준에 잘 부합되고 실제로는 그 기준들의 민감성을 나타낸다. 가르치는 내용에 대한 묘사는 특히 확실한데, 즉 포괄적 언어 능력보다 음성학적 처리에 관련된 기능의 집합이란 것이다. 가르치는 방법과 관련해서, 교육 방법이 정답을 산출하는 데만 집중하는 것(즉, 각 음소를 정확히 발음하는 것)이 아니라 그 보다 다양한 게임과 비슷한 상황에서 단어들을 분리하거나 혼합하기 위한 기술을 강조한다. 가르치는 장소 문제는 언어 능력의 개선은 일반적 영역 보다 고도로 한정된 영역을 통해서 이루어지기 때문에 면도날처럼 날카롭다. 끝으로, 인지적 능력을 가르치는 시기 문제가 많이 고려된 것처럼 보인다. 즉, 기초 학습 기능들(읽기와 쓰기 같은)이 자동화되기를 기다리기보다 기본 언어 능력(음성학적 인식의 형태에서)이 기초 기능 학습에 전제조건으로 간주된다. 간단히, 음성학적 인식 교육은 네 가지 기준을 고도로 예리하게 다듬은 변형이 언어 능력을 가르치는 데 성공적으로 적용되는 방법의 사례가 된다.

전반적으로, 지적 능력 교육의 세 번째 국면은 수학이나 읽기와 같은 특정한 과목 분야에서 학습의 전제조건으로 보여져왔던 특수한 기능들을 학생들이 획득하는 데 도움을 주기 위한 목적에 집중한다. 이 접근법에 의하면, 수학이나 언어 능력과 같은 인지 능력을 가르치는 것은 결코 어떤 부류의 본질적인 지적 부분을 연습하는 것을 의미하지 않는다. 그 보다, 인지적 능력을 가르치는 것은 전제조건인 인지 기능을 정확하게 구분하고 학생들이 그 기능을 개발하도록 돕는 것과 관계된다. 영역—특수성 학습 및 사고 기능을 가르치는 것은 학교 교과과정 상에 새로운 요인이 등장하는 것을 나타낸다 (Bruner, 1993; Mayer, 1999; Pressley, 1990; Weinstein & Mayer, 1986).

전체 결론

이 장의 논제는 지능과 교육 간의 관계가 상호작용적이라는 것이다. 이 장의 첫 번째 절에서는 교육상의 실제 상황이 지능에 대한 인지 이론에 기본적 변화를 일으키도록 어떻게 영향을 주었는지를 고찰했다. 지능 연구자들이 연구실에서 교육 현장으로 이동했을 때, 지능은 더 이상 단일하고, 일반적이며, 선천적이고 정적인 기능이 될 수 없었다. 대신, 교육에 자극된 연구는 연구자들에게 지적 능력은 복합적이며 구체적이고, 학습 가능하며, 역동적인 기능들로 구성된 것으로 간주하라고 부추겼다.

두 번째 절에서는 지능의 인지적 연구가 어떻게 교육적 관행의 기본적변화에 영향을 주었는지를 기술했다. 영역에 한정된 인지 기능의 집합으로서 지능관은 지적 능력을 가르치는 네 가지 기준이 가르치는 내용과 방법, 시기, 장소에 집중해야 한다고 제안한다. 특히, 지능 관점의 변화는 학교 교과내용이 기본적인지 처리를 그것이 부족한 학생들에게 가르치도록 확장돼야 한다고 제안했다. 기본 학문적 성과를 위한 전제조건으로 식별된 인지적 처리 교육의 가치는 수학적 능력을 증진시키는 수단으로서 수직선 처리를 가르치는 것과 언어 능력을 촉진시키는 수단으로 음성학적 인식을 가르치는 것에서 그 실례가 잘 나타난다. 지능관의 변화는 교과 내용상의 개혁과 특히, 전제조건이 되는 인지 처리를 그것이 부족한 학생에게 가르치는 데 있어서 추진력이 될 수 있다.

전반적으로, 교육적 요구가 지능에 대한 더 실제적 관점을 개발하는데 영향을 주었고 지능의 현재 관점은 학생이 더 우수한 학습자가 되도록 가르치는데 더 집중하는 방법을 개발하는 자극제가 되어 왔다.

◈ 참고 문헌

Adams, M. J. (1990). *Beginning to read*. Cambridge, MA: MIT Press.

Arbitman-Smith, R., Haywood, H. C., & Bransfoind, J. D. (1978). Assessing cognitive change. In C. M. McCauley, R. Sperber, & P. Brooks (Eds.), *Learning and cognition in the mentally retarded.* Baltimore, MD: University Park Press.

Belmont, J. M., & Butterfield, E. C. (1971). Learning strategies as determinants of memory deficits. *Cognitive Psychology, 2*, 411–420.

Bradley, L., & Bryant, P. (1978). Difficulties in auditory organization as a possible cause of reading backwardness. *Nature, 271*, 746–747.

Bradley, L., & Bryant, P. (1983). Categorizing sounds and learning to read–a causal connection. *Nature, 301*, 419–421.

Bradley, L., & Bryant, P. (1985). *Rhyme and reason in reading and spelling*. Ann Arbor, MI: University of Michigan Press.

Bradley, L., & Bryant, P. (1991). Phonological skills before and after learning to read. In S. A. Brady & D. P. Shankweiler (Eds.), *Phonological processes in literacy* (pp. 37–45). Hillsdale, NJ: Erlbaum.

Bransford, J. D., Arbitman-Smith, R., Stein, B. S., & Vye, N. J. (1985). Improving thinking and learning skills: An analysis of three approaches. In J. W. Segal, S. F. Chipman, & R. Glaser (Eds.), *Thinking and learning skills: Volume 1, Relating instruction to research* (pp. 133–206). Hillsdale, NJ: Erlbaum.

Bruer, J. T. (1993). *Schools for thought: A science of learning in the classroom.* Cambridge, MA: MIT Press.

Carroll, J. B. (1993). *Human cognitive abilities*. Cambridge, UK: Cambridge University Press.

Carter, L. F. (1984). The sustaining effects study of compensatory and elementary education. *Educational Researcher, 13*, 4–13.

Caruso, D. R., Taylor, J. J., & Detterman, D. K. (1982). Intelligence research and intelligent policy. In D. K. Detterman & R. J. Sternberg (Eds.), *How and how much can intelligence be increased?* (pp. 45–66). Norwood, NJ: Ablex.

Case, R., & Okamoto, Y. (1996). The role of central conceptual structures in the development of children's thought. Monographs of the Society for Research in *Child Development, 61*, Serial No. 246, Nos. 1–2.

Cermak, L. S. (1983). Information processing deficits in children with learning disabilities. *Journal of Learning Disabilities, 16*, 599–605.

Chance, P. (1986). *Thinking in the classroom.* New York: Teachers College Press.

Chi, M. T. H., Feltovich, P. J., & Glaser, R. (1981). Categorization and representation of physics problems by expert and novices. *Cognitive Science, 5*, 121–152.

Chi, M. T. H., Glaser, R., & Fain, M. J. (Eds.). (1988). *The nature of expertise*. Hillsdale, NJ: Erlbaum.

Collins, A., Brown, J. S., & Newman, S. E. (1989). Cognitive apprenticeship: Teaching the crafts of reading, writing and mathematics. In L. B. Resnick (Ed.), *Knowing, learning, and instruction: Essays in honor of Robert Glaser* (pp. 453–494). Hillsdale, NJ: Erlbaum.

Cook, L. K., & Mayer, R. E. (1988). Teaching readers about the structure of scientific text. *Journal of Educational Psychology, 80*, 448–456.

Covington, M. V., & Crutchfield, R. S. (1965). Facilitation of productive problem solving. *Programmed Instruction, 4*, 3–5, 10.

Covington, M. V., Crutchfield, R. S., & Davies, L. B. (1966). *The productive thinking program.* Berkeley, CA: Brazelton.

Covington, M. V., Crutchfield, R. S., Davies, L. B., & Olton, R. M. (1974). *The productive thinking program.* Columbus, OH: Merrill.

Cronbach, L. J., & Snow, R. E. (1977). *Aptitudes and instructional methods*. New York: Irvington.

Detterman, D. K., & Sternberg, R. J. (Eds.). (1982). *How and how much can intelligence be increased?* Norwood, NJ: Ablex.

Feuerstein, R. (1980). *Instrumental enrichment: An intervention program for cognitive modifiability.* Baltimore: University Park Press.

Feuerstein, R., Jensen, M., Hoffman, M. B., & Rand, Y. (1985). Instrumental enrichment: An intervention program for structural cognitive modifiability. Theory and practice. In J. W. Segal, S. F. Chipman, & R. Glaser (Eds.), *Thinking and learning skills: Volume 1*, *Relating instruction to research* (pp. 43–82). Hillsdale, NJ: Erlbaum.

Galton, F. (1883). *Inquiry into human faculty and its development*. London: Macmillan.

Ginsberg, H. P. (1997). *Entering the child's mind.* Cambridge, UK: Cambridge University Press.

Goswami, U., & Bryant, P. (1992). Rhyme, analogy, and children's reading. In P. B. Gough, L. C. Ehri, & R. Tineiman (Eds.), *Reading acquisition* (pp. 49–63). Hillsdale, NJ: Erlbaum.

Griffin, S., & Case, R. (1996). Evaluating the breadth and depth of training effects when central conceptual structures are taught. In R. Case & Y. Okamoto (Eds.), The role of central structures in the development of children's thought (pp. 83–102). *Monographs of the Society for Research in Child Development, 61*, Serial No. 246, Nos. 1–2.

Griffin, S., Case, R., & Capodilupo, A. (1995). Teaching for understanding: The importance of the central conceptual structures in the elementary mathematics curriculum. In A. McKeough, J. Lupart, & A. Mainini (Eds.), *Teaching for transfer: Fostering generalization in learning* (pp. 123–152). Mahwah, NJ: Erlbaum.

Griffin, S. A., Case, R., & Siegler, R. S. (1994). Rightstaint: Providing the central conceptual prerequisites for first formal learning of arithmetic to students at risk for school failure. In K. McGilly (Ed.), *Classroom lessons: Integrating cognitive theory and classroom practice*. Cambridge, MA: MIT Press.

Guilford, J. P. (1959). The three faces of intellect. *American Psychologist, 14*, 469–479.

Gustafsson, J., & Undheim, J. 0. (1996). Individual differences in cognitive functions. In D. Berliner & R. Calfee (Eds.), *Handbook of educational psychology* (pp. 186–242). New York: Macmillan.

Hayes, J. R. (1996). A new framework for understanding cognition and affect in writing. In C. M. Levy & S. Ransdell (Eds.), *The science of writing* (pp. 1–28). Mahwah, NJ: Erlbaum.

Hayes, J. R., & Flower, L. (1980). Identifying the organization of the writing process. In L. W. Gregg & E. R. Sternberg (Eds.), *Cognitive processes in writing* (pp. 3–30). Hillsdale, NJ: Erlbaum.

Hunt, E. (1985). Verbal ability. In R. I. Sternberg (Ed.), *Human abilities: An information-processing approach* (pp. 31–58). New York: W. H. Freeman.

Hunt, E., Lunneborg, C., & Lewis, J. (1975). What does it mean to be high verbal? *Cognitive Psychology*, *7*, 194–227.

Jenkins, J. J., & Paterson, D. G. (1961). *Studies in individual differences*. New York: Appleton–Century–CrOftS.

Jensen, A. R. (1980). *Bias in mental testing*. New York: Free Press.

Judd, C. H. (1908). The relation of special training and general intelligence. *Educational Review*, *36*, 28–42.

Juel, C., Griffith, P. L., & Gough, P. B. (1986). Acquisition of literacy: A longitudinal study of children in first and second grade. *Journal of Educational Psychology*, *78*, 243–255.

Kellogg, R. T. (1994). *The psychology of writing*. New York: Oxford University Press.

Larkin, J. (1983). The role of representation in physics. In D. Gentner & A. L. Stevens (Eds.), *Mental models* (pp. 75–98). Hillsdale, NJ: Erlbaum.

Larkin, J., McDermott, J., Simon, D. ft, & Simon, H. A. (1980). Expert and novice performance in solving physics problems. *Science*, *208*, 1335–1342.

Mansfield, R. S., Busse, T. V., & Krepelka, E. J. (1978). The effectiveness of creativity training. *Review of Educational Research*, *48*, 517–536.

Mayer, R. E. (1985). Mathematical ability. In R. J. Sternberg (Ed.), *Human abilities: An information–processing approach* (pp. 127–150). New York: W. H. Freeman.

Mayer, R. E. (1987). *Educational psychology: A cognitive approach*. New York: Harper Collins.

Mayer, R. E. (1992). Cognition and instruction: On their historic meeting within educational psychology. *Journal of Educational Psychology*, *84*, 405–412.

Mayer, R. E. (1997). Incorporating problem solving into secondary school curricula. In G. D. Phye (Ed.), *Handbook of academic learning* (pp. 473–492). San Diego: Academic Press.

Mayer, R. E. (1999). *The promise of educational psychology: Learning in the content areas*. Columbus, OH: Merrill/Prentice Hall.

Nurss, J. R., & Hodges, W. L. (1982). Early childhood development. In H. E. Mitzel (Ed.), *Encyclopedia of educational research*. New York: Macmillan.

Olton, R. M., & Crutchfield, R. S. (1969). Developing the skills of productive thinking. In P. Mussen, J. Langer, & M. V. Covington (Eds.), *New directions in developmental psychology*. New York: Holt, Rinehart and Winston.

Palinscar, A. S., & Brown, A. L. (1984). Reciprocal teaching of comprehension–fostering and monitoring strategies. *Cognition and Instruction*, *1*, 117–175.

Pressley, M. (1990). *Cognitive process instruction that really improves children's academic performance*. Cambridge, MA: Brookline.

Schoenfeld, A. H. (1985). *Mathematical problem solving*. New York: Academic Press.

Shulman, L. S., & Quinlan, K. M. (1996). The comparative psychology of school subjects. In D. Berliner & R. Calfee (Eds.), *Handbook of educational psychology* (pp. 399–422). New York: Macmillan.

Singley, M. K., & Anderson, J. R. (1989). *The transfer of cognitive skill*. Cambridge, MA: Harvard

University Press.

Smith, M. U. (Ed.). (1991). *Toward a unified theory of problem solving: Views from the content domains.* Hillsdale, NJ: Erlbaum.

Spearman, C. (1927). *The abilities of man.* New York: Macmillan.

Stanovich, K. E. (1986). Mathew effects in reading: Some consequences of individual differences in the acquisition of literacy. *Reading Research Quarterly, 21*, 360–407.

Stanovich, K. E. (1991). Discrepancy definitions of reading disability: Has intelligence led us astray? *Reading Research Quarterly, 26*, 7–29.

Sternberg, R. J. (1985). *Beyond IQ: A triarchic theory of human intelligence.* Cambridge, UK: Cambridge University Press.

Sternberg, R. J. (1990). *Metaphors of mind.* Cambridge, UK: Cambridge University Press.

Sternberg, R. 1. (1997). Intelligence and lifelong learning. What's new and how can we use it? *American Psychologist, 52*, 1134–1139.

Swanson, H. L., & Keogh, B. (Ed.). (1990). *Learning disabilities.* Hillsdale, NJ: Erlbaum.

Thorndike, E. L. (1906). *Principles of teaching.* New York: Seiler.

Thorndike, E. L., & Woodworth, R. S. (1901). The influence of improvement in one mental function upon the efficiency of other functions. *Psychological Review, 8*, 247–261.

Thurstone, L. L. (1938). *Primary mental abilities.* Chicago: University of Chicago Press.

Vygotsky, L. S. (1978). *Mind in society.* Cambridge, MA: Harvard University Press.

Wagner, R. K., & Torgesen, J. K. The nature of phonological processing and its causal role in the acquisition of reading skills. *Psychological Bulletin, 101*, 192–212.

Weinstein, C. E., & Mayer, R. E. (1986). The teaching of learning strategies. *Handbook of research on teaching* (3rd ed.) (pp. 315–327). New York: Macmillan.

Wertheimer, M. (1959). *Productive thinking.* New York: Harper & Row.

Wolf, T. H. (1973). *Alfred Binet.* Chicago: University of Chicago Press.

Zigler, E., & Muenchow, S. (1992). *Head start: The inside story of America's most successful educational experiment.* New York: Basic Books.

[보충 자료]

생존 뇌와 학습 뇌의 특징과 기능의 차이

심리적 외상이 학습에 집중하는 뇌(그리고 신체)에 개입하거나 어떤 변형이 있었을 경우, 뇌(그리고 신체)는 생존에 초점을 둔다. 학습 뇌(learning brain)는 새로운 것과 익숙한 것의 최적 균형을 추구하도록 추진되고 강화된 탐험(즉 새로운 지식과 뉴런/시냅스 연결 획득)에 종사한다. 생존 뇌

(survival brain)는 잠재적 혹은 실제적 위험이 야기하는 위협을 예측, 예방하고 그에 대한 보호를 추구하는데, 신체 기능 유지를 위한 경계와 방어적 조정을 유지하기 위하여, 위협을 알아내려는 탐색과 신체의 자원을 동원하고 보존하려는 시도를 통해 추진되고 강화된다. 학습 뇌(Ford, 2009)와 생존 뇌(Ford, 2009)는 비유적 표현이다. 실제로는 동일한 능력과 핵심 처리과정(뉴런의 망과 경로들; Magnea & Lanius, 2008)을 가진 동일한 뇌이지만, 환경에 대한 적응과 핵심 처리과정의 활용양상은 극히 다르다.

생존 뇌는 뇌의 원시적 영역(예: 뇌수, 중뇌, 편도핵과 같은 변연계의 부분들)이 개입하는 신속한 자동 처리과정에 의존하는데, 반면 환경에 대한 보다 복잡한 적응(즉, 학습)에 개입하는 뇌의 영역들은 대체로 우회한다. 학습뇌는 뇌의 외피 영역에 있는 좀 더 복잡하고 아마도 의식적으로 통제되는 영역을 이용하는데, 이들 영역은 완전한 발달의 최종 영역들이다〔예: 전측대상회, 대뇌 외측와(外側窩)의 바닥을 만드는 대뇌피질의 삼각형 부분(insula), 전전두엽, 해마와 같은 변연계의 다른 부분들〕.

생존 뇌는 외부위협에 대항해서 자동적으로 방어행동을 취하게 하는데 그렇게 하는 데 있어서, 뇌 및 신체의 체계로부터 신체가 피로, 상해 혹은 질병에 굴복하는 것을 방지하고 학습을 지원하는 데 필수적인(예: 보상 추구, 고통 참기, 정서 인지, 문제 해결, 이야기적 기억) 중대 자원들을 전용한다. PTSD는 생존 뇌가 학습 뇌를 압도하는 상황을 대표한다. PTSD는 따라서 상해 회피가 건강한 성장, 원기회복 그리고 학습 촉진보다 우선순위가 되는 생물학적 상충관계(biological trade-off)이다(Neumeister et al., 2007). 이 상충관계는 생명을 위협하는 위험에 있어서 고도로 적응적이어서, 신속한 자동적 자기보호 반응으로 생명을 구할 수 있게 한다. 하지만 사회적 관계, 교육 그리고 일과 관련된 그 사람의 마음의 평화, 행복, 건강과 성공 같은 큰 희생이 필요하다. PTSD의 생물학적 기초는 생존이지만, PTSD는 사람들로 하여금 완전한 삶을 사는 것을 방해하는 것이다.

생존 뇌는 위협을 자동적·무의식적으로 검색하고 그로부터 탈출하는 데 시선이 고정되어 있는 셈이며, 따라서 감정을 조정하는 능력('감정 조절')과 사고하고 선명하게 기억하는 능력('정보자료 처리')이라는, 두 개의 핵심적인 심리적 처리과정을 변형시킨다(Ford, 2005).

지능 심리학과 교육 심리학, 뇌 과학(Brain Science)에서 상술한 생존 뇌와 학습 뇌에 대한 주제로 연구나 전문적이고도 학술적인 담론이 아마도 없었던 것으로 짐작이 되며, 포드(Ford, 2009)가 독창적으로 제안한 임의적인 개념이지만, 연구 논의할 만한 의미 있는 학문적 주제이다. 많은 연구와 담론이 있을 것으로 기대된다.

참고 문헌

김정휘·허주연·추연구 옮김. (2012). 진단명: 외상후 스트레스 장애(PTSD)—원인과 증상, 치료와 예방 대책. 서울: 시그마프레스. (Ford, J. D., (2009). *Posttraumatic Stress Disorder: Scientific and Professional Dimensions*. Amsterdam: Academic Press.)

제 13 장

지능과 지혜*1)

Robert J. Sternberg
(Yale 대학교 심리학과 교수)

지혜가 있는 사람은 힘이 센 사람보다 더 강하고...
지혜는 너무 높이 있어서 어리석은 사람은 거기에 미치지 못하니...

— 성경, 구약 잠언 24장 5절, 7절

지혜는 학교 졸업장과는 어떠한 상관이 없다.
그것은 지식에 대한 끊임없는 열정과 탐구에서 얻어진다.

— 앨버트 아인슈타인

---

* Intelligence and Wisdom

1) (옮긴이 주) 스턴버그 교수가 편저자로 펴낸 지혜의 탄생이 최근에 국내에서 출판되었다〔최호영 옮김. (2010). 지혜의 탄생. 서울: 21세기북스〕.

지능을 다룬 전문 서적, 특히 인지 심리학이나 성격 심리학, 건강 심리학, 정신의학, 긍정 심리학, 상담심리학, 심리 치료·교육 철학 분야에서 놀라울 정도로 지혜를 다루고 있지 않다. 현대 심리치료라는 명저를 출간한 코르시니와 웨딩(Corsini & Wedding, 2013)은 지혜(wisdom)를 사연 많은 삶의 중심적인 논쟁, 특히 실존적 논점에 대한 심오하고 진지하며 체험적이고 진솔한 이해이며 이러한 논점은 우리가 형이상학적인 인간이기 때문에 우리 모두가 직면 하는 매우 보편적인 관심사이다. 이 지혜 속에는 우리의 실존적 삶에서 인간의 가능성과 한계 속에서 삶의 의미와 목적을 찾는 것, 갈등적이면서도 인간 친화적인 인간관계와 의롭고 희로애락을 다루는 것, 거대한 우주 속에

지능과 지혜

모한다스 간디(Mohandas Gandi)나 넬슨 만델라(Nelson Mandela)와 같은 몇몇 사람들은 지능과 지혜를 동시에 보여 준다. 조셉 스탈린(Joseph Stalin)이나 아돌프 히틀러(Adolph Hitler)와 같은 다른 사람들은 매우 협의의 측면에서 지적이었지만, 틀림없이 현명했던 것은 아니었다. 또한 어떤 사람은 현명하지만 아마도 통상적 의미에서 지적이라고 할 수는 없는데, 그런 사람은 아마도 상대적일 수도 있으며 우리가 알고 있는 나이 든 사람들 중에 지혜가 있지만 통상적 지능과 연관되는 전형적인 성취나 재능을 보이지 않는 사람들이 있다. 당연히, 지능적이지도 않고 지혜를 갖지도 못한 사람도 있다. 우리가 사람의 지혜와 지능 사이에 관계에서 알 수 있는 특정한 모든 가능한 관계에서, 정확히 무엇이 지능과 지혜 사이의 상호 작용의 본질인가?

지능 이론에서는 지혜에 대해 할 말이 별로 없는 것처럼 보인다. 지능 이론에 내재된 지력의 은유(Sternberg, 1990a)에도 불구하고, 지혜는 지능에 대한 대다수 이론의 범위에서 벗어난 영역으로 간주되는 것처럼 보인다. 그러나 지능은 지혜에 관한 많은 이론에서 중요한 역할을 한다(Sternberg, 1990b). 이 장에서 나는 지능과 지혜 이 두 능력 사이의 상호관계를 검토할 것이며, 두 개의 논문에 걸쳐 언급된 비대칭성은 지혜가 실용적 지능(practical intelligence, PI)이란 특수한 종류의 지능의 특수한 경우라고는 보는데서 초래되었다고 제안할 것이다. 사람들은 아마 지혜를 언급하지 않고 지능을 논의할 수 있지만, 지능을 다루지 않고 지혜를 적절하게 논의할 수는 없다.

서 미소(微小)한 존재라는 것, 인간 생명의 유한성에 대한 각성, 피할 수 없는 불 확실성과 나약함, 고통과 죽음을 다루는 것을 포함한다. 여기에 부유함과 가난함, 질병과 건강, 슬픔과 행복의 교차점에서 실존적 가치의 발견과 실현 가능성의 구현 노력을 선도하는 역량도 지혜에 포함된다. 이러한 쟁점에 대해 깊은 통찰을 발전, 실현시키는 사람, 그리고 그것을 다룰 수 있는 역량을 가지고 있고 실현하는 인물은 참으로 현명하다고 했다.

지혜는 지식보다 중요하며, 지식의 상위개념이다. 도교(道教)에서는 아주 명백하게 지식이 있는 사람이라고 해서 반드시 현명한 사람이 아니라고 했다. 지식은 분야 또는 영역, 실생활과 관련된 정보자료를 제공, 전수하지만 지혜는 우리를(인간을) 변형시킨다.

동양의 심리치료는 지혜의 육성을 삶의 중심 목표로 간주하지만, 개신교·유교에서 지혜는 자신을 이해하고 연구하며 예리하게 정련한다면, 그리고 자기 깨달음(각성)을 얻을 때 득도(得道)를 하게 된다고 믿는다. 지혜가 있는 사람을 현자(賢者)라고 칭송하는데, 그리스도나 석가모니, 소크라테스, 플라톤, 아리스토텔레스 등을 현인으로 존경한다. 아리스토텔레스를 지식인의 스승으로 존경한다.

지혜는 현인(賢人)과 의인(義人)뿐만 아니라 악인(惡人)도 가지고 있다고 생각한다.

지혜는 "올바른 판단을 내리는 능력과 지식, 경험, 이해, 등에 근거한 가장 건전한 행동 양식을 따르는 능력"으로 정의될 수 있다(*Webster's New World College Dictionary*, p. 1533). 그러나 사전적 정의는 심리학적 이해를 충족시키지 않는다. 여러 학자들이 지혜를 서로 다른 방식으로 이해하려고 시도해 왔다. 이들 시도 중 몇 가지는 철학적이지만(Robinson, 1990 참조), 나는 이 장의 내용을 심리학적 접근에만 한정할 것이다. 이들 시도에 내재된 몇 가지 접근법은 스턴버그(1990b)와 발테스(Baltes, 준비 중)에 의해 요약되었다. 접근법은 암묵적인 이론적 접근과 명시적인 이론적 접근으로 구분될 수 있다.

지혜에 대한 접근 및 지혜와 지능의 상호작용

지능과 지혜[2] 간의 관계를 이해하는 데에는 두 가지 중요한 접근법이 있는데 그것은 암묵적 이론 접근법과 명시적 이론 접근법이다.

암묵적 이론 접근법

지혜에 대한 암묵적 이론 접근법은 공통적으로 지능의 본질에 대한 사람들의 민간 개념을 연구해 왔다. 따라서 연구 목표는 지능에 대한 '심리학적 사실"인 설명을 제공하는 것이 아니라 사람들의 믿음 속에서 사실인 설명을 제공하는 것으로 그것의 옳고 그름과는 관련이 없다.

이런 종류의 초기 연구 중에 일부는 클레이튼(Clayton,1975, 1976, 1982: Clayton & Birren, 1980)에 의해서 수행되었으며, 그녀는 연령(청년, 중년, 노년)에 따른 세 종류의 성인 표본 집단에 대하여 잠재적으로 지혜와 관련된 단어 쌍들의 등급을 다차원적으로 평가했다. 그녀의 초기 연구(Clayton, 1975)에서, 평가된 용어들은 경험 많은, 실용적인, 이해심이 많은, 박식함과 같은 용어들이었다. 각 연구에서, 참가자들의 과제는 용어들

---

2) (옮긴이 주) 지혜의 인격화에 관해서 멘토(Mentor)와 멘티(Mentee)의 관계와 관련하여 설명이 가능하다(Keinäen과 Gardner, 2004). 멘토란, 절대적 권위와 지혜를 소유한 자로서 멘티들에게 어떤 조건 없이 존경받는 권위자로 묘사되어 있다. 호머(Homer)의 서사시인 『오디세이(The Odyssey)』에서 멘토가 반은 사람이고, 반은 신(神)인 존재로 묘사되는데, 이것은 멘티들이 도달하고자 하는 지혜의 인격화다(Sternberg, R. J., Grigorenko, E. L., & Singer, J. L., (Eds.) (2004). *Creativity: From Potential to Realization*. American Psychological Association in the United States of America.)

의 모든 가능한 쌍에서 유사성에 따라서 등급을 매기는 것이다. 측정이 수행된 연령집단에 대한 결과에서 나타난 중요한 유사성은 지혜에 대한 두 가지 일관된 차원이 드러난 것으로 클레이튼은 이것들을 정의적(情意的) 차원(affective dimension)과 반성적 차원(reflective dimension)이라고 불렀다. 이 두 가지 차원 중에서 반성적 차원은, 지능과 더 많이 중첩되는 것처럼 보였다. 또한 나이와 관련된 차원에 대한 제안도 있다. 연령 집단간에 가장 큰 차이는 지혜의 지적 표현이 점점 참가자의 연령이 많아질수록 더 세분화되는 것처럼 보이며(즉, 차원에서 증가한다.) 이것은 유센(Yussen, 1977)이 아동의 지능 개념이 연령에 따라서 더 세분화된다고 제안했던 연구를 생각해 왔다. 몇 사람의 이론가들은 또한 지능 자체가 연령에 따라서 세분화된다고 제안해 왔다(Sternberg & Powell, 1983 논문 참조).

홀리데이와 챈들러(Holliday & Chamdler, 1986) 또한 지혜를 이해하기 위해서 암묵적 이론 접근법을 사용했다. 대략 500명의 참가자들이 일련의 실험대상으로서 연구되었다. 연구자의 관심은 지혜의 개념이 일종의 원형(原型, Rosch, 1975)으로서 이해되는지 아니면 중심개념으로 이해될 수가 있는지를 결정하는 것이다. 로쉬의 원형 모형(prototype model)을 적용한 이와 같은 접근법은 네이서(Neisser, 1979)에 의해서 이전의 지능에 적용되었다. 홀리데이와 첸들러의 연구 중에서 한 연구에서 지혜에 대한 주요 요인분석은 다섯 개의 내재적 요소인 비범한 이해력, 판단과 의사소통 기능, 일반 역량, 대인 관계적 기능, 사회적 겸손함으로 나타났다. 이중에서 지혜의 마지막 구성 요소인 사회적 겸손함(social unobtrusiveness)을 제외한 이들 요소들은 또한 지능의 서구적 개념에 적용될 수 있다. 더 나아가 양과 스턴버그(Yang & Sternberg, 1997a)는 대만계 중국인의 지능 개념에서 마지막 요소와 유사한 요소를 발견했다. 이들 개념들에서, 마지막으로 추출된 요소는 어떤 사람이 자신의 지능을 나타낼 때를 알고 있는 지를 측정하는 것처럼 보인다. 실제로 지능에 대한 중국인의 개념은 지혜의 개념과 매우 밀접한 관계를 가진 것처럼 보이며, 아마도 중국에서 지능과 지혜 사이에 뚜렷한 언어적 차이가 없기 때문일 것이다(Yang & Sternberg, 1997, b).

스턴버그(1985b, 1990c)는 지혜의 암묵적 이론들을 조사한 일련의 연구 결과를 보고했다. 한 연구에서 200명의 교수들은 각각 미술, 경영, 철학, 물리학 분야의 교수들로서 각 분야에 대응되는 집단에 대한 사전 연구에서 얻어진 행동들은 교수들에게 자신의 전공 분야에서 각각 이상적으로 지혜로운 사람, 지적인 사람, 창조적인 사람에 대한 이상적 개념으로 생각하는 바에 따라 독특성을 평가해 달라는 요청을 받았다. 또 한편으로 평범한 사람은 이와 같은 요구를 받았지만 분야는 고려하지 않고 가상적으로 이상적인 사람(ideal individuals)에 대하여 평가해 줄 것을 요구했다. 세 종류의 등급에 걸친 상관성이 산출되었다. 철학을 제외한 각 집단에서 최고의 상관관계는 지혜와 지능 사이의 상관관계를 보여 준다. 철학에서 최고의 상관관계는 지능과 창의성 사이의 상관관계였다. 지혜와 지능 사이의 상관관계의 범위는 0.42에서 0.78까지로 중간 값은 0.68이었다. 모든 집단에 대하여, 가장 낮은 상관관계는 지혜와 창의성 간의 상관성이었다(상관성의 범위는 −0.24에서 0.48로 중간값은 0.27이었다.) 두 번째 연구에서, 40명의 대학생들이 40까지 행동으로 구성된 세 집합에서 각각을 자신이 원하는 만큼의 집단으로 분류했다. 각 집합에서 40가지 행동들은 이전 연구에서 높은 등급을 받은 지혜로운 행동, 지적인 행동, 창조적 행동 등이다. 그런 다음 이런 분류들은 각각 비 계량형 다차원 척도법의 대상이 되었다. 지혜에 대한 여섯 가지 요인이 나타났다. 즉, 추론 능력, 현명함, 사고와 환경을 통한 학습, 판단력, 정보자료 이용의 신속성, 통찰력이다. 이들 요인들은 사람들의 지능에 대한 암묵적 이론과 유사한 척도법에서 나온 요인들, 즉 실용적 문제 해결 능력, 언어 능력, 지적 균형과 통합, 목표지향과 획득, 상황적 지능, 유동적 사고와 비교될 수가 있다. 양쪽 모두의 경우, 인지적 능력과 그 능력의 이용이 중요했다. 그렇지만, 지혜에서 일반적으로 지능에서 중요한 요인으로 부각되지 않았던 몇 가지 종류의 균형이 중요하게 부각되는 것처럼 보인다.

세 번째 연구에서, 50명의 성인은 지적인 사람, 지혜로운 사람, 창의적인 사람이 묘사된 가상적인 사람의 등급을 매기도록 요구되었다. 이 세 가지 특성에서 가상적인 사람의 수준에 대한 등급의 쌍들 사이에 상관관계들이 계산되었다. 등급들 간에 상관관계는 지혜와 지능에 대해서는 0.94, 지혜와 창의성에 대해서는 0.62, 지능과 창의성에 대해서는 0.69를 보여서 지혜와 지능이 적어도, 미국에서는 사람들의 암묵적 이론 속에서 높은 상관관계를 갖는다는 사실을 재차 제안했다.

명시적 이론 접근법

명시적 이론은(일반적으로 믿는 바로는) 보통 사람들보다 전문적인 이론가들과 연구자들에 의해서 구안되었다(Sternberg, Conway, Ketron, & Bernstein, 1981). 지혜의 연구에서, 가장 명시적인 이론적 접근들은 인간의 발달 심리학으로부터 유래된 구성요인들에 토대를 두고 있다.

가장 포괄적인 연구 프로그램은 발테스와 그의 동료들에 의해서 수행되었다. 이 연구 프로그램은 지적 능력과 고령화에 대한 발테스의 지속적인 연구 프로그램과 관련이 있다. 예를 들면, 발테스와 스미스(Baltes & Smith. 1987. 1990)는 "어떤 14세 소녀가 임신을 했다. 그 녀는 무엇을 해야 하고 무엇이 고려돼야 하는가?"와 "15세 소녀가 당장 결혼을 원한다면, 그 녀나 사람들은 무엇을 고려하고 어떤 일을 수행해야 하는가?"와 같은 인생 관리 문제를 참가자들에게 제시했다. 이와 같은 문제는 실용적 지능을 측정하는데 이용될 수가 있으며 이에 대하여 발테스는 길게 묘사하고 있다. 발테스와 스미스는 이 문제와 다른 문제를 답하는데서 나타나는 참가자들의 응답 절차에서 지혜의 다섯 가지 요소 모형을 검증하였고 이것은 인생의 기본적 문제에 대한 전문적 지식으로서의 지혜(Smith & Baltes, 1990) 또는 삶에서 불확실하지만 중요한 문제에 대한 유용한 판단이나 조언으로서 지혜(Baltes & Staudinger, 1993)에 대한 개념에 근거를 두었다.

지혜에는 세 가지 종류의 요소가 있는데, 즉 일반적인 인간요인(general person), 전문적이고 특수한 요인(expertise-specific factors), 편의적이고 경험적 상황(facilitative experiential contexts)이 현명한 판단을 하는데 작용하는 것으로 제안되었다. 이들 요건들은 인생 설계, 인생 관리, 인생 회고(life review. 반성)에 이용된다. 실제로 지혜는 다음과 같은 다섯 가지 요건을 통해서 반영된다. (1) 풍부한 사실적 가치(사연 많은 삶의 각종 상황과 그 변동에 대한 일반적 지식과 특수한 지식), (2) 풍부한 절차적 지식(삶의 각종 상황과 그 변동에 대한 일반적 지식과 특수한 지식), (3) 전반적 삶에 대한 상황주의(contextualism), 삶의 배경에 대한 지식과 그들의 순간적, 즉 발달적 관계들), (4) 상대주의(가치, 목표, 우선순위에 대한 지식, (5) 불확실성(인생과 그 관리 방식에 대한 상대적 불확실성과 예측 불가성)이다. 초보자의 응답이 이들 요소를 적게 포함하는데 반해서 전문가의 응답에는 많은 요인들이 포함된다. 현재까지 수집된 자료는 이 모형을 뒷받침해 준다. 이들 요인들은 지능의 실용적 측면을 반영하는 것처럼 보이지만 예를 들면, 상대주의와 불확실성 요인들을 포함하는 면에서 실용적인 지능을 넘어선다.

수차례에 걸쳐서, 발테스와 그의 동료들(예: Baltes, Smith, & Staudinger, 1992; Baltes & Staudinger. 1983)은 제안된 지혜에 대한 이론적 접근과 측정법의 실험적 효능성을 나타내는 광범한 자료를 수집해 왔다. 예를 들면, 스타우딩거, 로페즈, 발테스(Staudinger, Lopez, & Baltes, 1997)는 지능 측정(성격 측정은 물론)은 일치하지는 않지만 지혜의 측정과 측정되는 구성요소의 측면에서 중첩된다는 사실을 발견했고, 스타우딩거, 스미스, 발테스(1992)는 인간을 상대하는 업무종사자들이 통제 집단보다 지혜와 관련된 과제수행이 더 우수하다는 사실이 나타났다. 그들은 또한 나이가 많은 성인이 그와같은 과제를 청년들만큼 잘 수행한다는 사실과 만약 그들의 연령과 그들이 평가하는 가상적 인물의 연령이 일치한다면 나이든 성인이 청년들보다 더 우수한 수행을 보인다는 사실을 밝혔다. 발테스, 스타우딩거, 마에어커, 스미스(Baltes, Staudinger, Maercker, & Smith, 1995)는 나이든 사람들이 지혜와 연관된 과제에서 지혜를 사용한 자신들의 수행을 임상 심리학자들만큼 우수한 것으로 간주한다는 사실을 발견했다. 그들은 또한 80세에 이를 때까지, 나이 많은 성인은 그와 같은 지혜 관련 과제를 청년들만큼 잘 수행해 낸다는 것을 나타냈다. 또 다른 연구에서, 스타우딩거와 발테스(1996)는 수행환경이 생태학적으로 참가자 자신의 삶과 관련되고 실용적 또는 "가상적"인 지적 상호작용을 일으키는 경우 지혜 관련 수행이 상당히 개선된다는 것을 발견했다.

따라서 지혜는 삶의 과정을 통해서 발전하면서 유동지능보다는 결정지능에 가깝게 행동하는 것처럼 보인다(Horn, 1994: Horn & Cattell, 1966). 특히, 결정지능은 지혜처럼, 일생의 대부분 계속 발전하다 일정한 수준을 유지하는 것처럼 보인다(Meacham, 1990). 대조적으로 유동지능은 성인기의 어느 시점에서부터 감소하는 것처럼 보인다.

스턴버그(1990c)도 명시적 이론을 제안하면서, 지혜의 발전은 다음과 같은 여섯 가지 선행 자극 요인(antecedent components)에 의해서 추적될 수 있다는 사실을 암시했다. 즉, (1) 그 한계뿐만 아니라 전제 조건과 그 전제조건이 의미하는 바에 대한 이해를 포함하는 지식. (2) 어떤 문제가 자동적 과성으로 처리될 수 있는 지와 어떤 문제가 그런 방식으로 해결되어서는 안 되는지에 대한 이해를 포함하는 처리. (3) 심도 있게 사물을 평가하고 판단하려는 열망에 의해서 표현되는 비판적인 사고 유형. (4) 모호함과 인생에서 장애물의 역할을 수용하는 것을 포함하는 성격. (5) 동기, 특히 알려진 사실과 그것이 의미하는 바를 이해하려는 동기. (6) 다양한 종류의 사고와 행동을 초래하는 환경에서 배경적 요소를 평가하는 것과 관련된 환경적인 배경이다. 이들 요소 중에서 처음 두 요인은 매우 미숙하게 지능의 결정적 측면과 유동적 측면에 상응하는 반면, 다른 요소들은 일반적으로 이해되는 것처럼 지능을 넘어선다.

스턴버그(1990c)의 이론이 지혜의 선행 자극 조건을 명시했기 때문에, 여기에서 제안된 규형 이론(balance theory. 인쇄 중인 논문이 거의 완성 단계에 있음.)은 처리들(환경적 상황에 대한 흥미와 대응의 균형)을 지혜의 목표(어떤 공통적 가치의 획득)와 관련시켜서 명시했다. 스턴버그(1990c)의 이론은 발전적이고 개인적인 자아의 전제조건을 명시하는 것으로 균형이론에 통합되며 이 내용은 뒤에서 구체적으로 재론할 것이다.

몇 명의 이론가들은 지혜를 형식적 조작기 이후의 사고(postformal-operational thinking) 개념으로 보고 있으며, 따라서 지혜는 삐아제의 인지 발달 단계를 넘어서 사고의 발전이 확장된 지적 기량의 한 형태로 간주한다(Piaget, 1972). 이 이론가들은 지혜를 그들이 피아제(1972)의 형식적 조작기를 지나간 지능의 발달을 지각하는 것과 비슷하거나 심지어 똑같은 방식으로 보는 것처럼 보인다. 예를 들면, 몇 명의 저자들은 현명한 사람(賢人)이란, [3] 반성적(反省的)이고 변증법적(辨證法的)으로 생각할 수 있는 사

3) (옮긴이 주) 그린스판(1997)에 의하면, 유능한 사람은 어떤 목적이나 과제를 완수하는 정도뿐만

람(who can think reflectively or dialectically) 이라고 주장했으며, 변증법적인 생각은 진리(truth)는 항상 절대적이라기보다는 역사적인 상황에서 정(正.)과 반(反, antitheses) 그리고 그 합(合, syntheses)의 진보라는 깨달음에 의한 사고이다(예: Basseches, 1984; Kitchener, 1983, 1986; Kitchener & Kitchener, 1981; Labourvie-Vief, 1980, 1982, 1990; Pascual-Leone, 1990; Riegal, 1973). 몇 가지 특수한 변증법적인 접근에 대하여 간단히 검토하고 고찰할 것이다.

키치너와 브레니(Kitchener & Brenner, 1990)는 지혜가 반대되는 관점들로부터 합성된 지식(synthesis of knowledge)을 요구한다고 제안했다. 이러한 관점과 비슷하게 라보비-비페(Labouvie-Vief, 1990)는 처리의 논리적 형태와 처리의 더 주관적 형태 사이에 유연하게 균형 잡힌 대화의 중요성을 강조했다. 파스쿠알-레오네(Pascual-Leone, 1990)는 사람의 정서, 인지, 의욕(동기), 경험의 모든 측면에 대한 변증법적 통합이 중요하다고 주장했다. 유사하게 올월과 퍼뮤터(Orwoll & Perlmutter, 1990)는 인지를 정서와 통합하는 지혜의 중요성을 강조했다. 크레머(Kramer, 1990)는 사고, 정서, 회고의 상대주의적이고 변증법적인 방식에 따른 통합의 중요성을 제안했다. 그리고 비렌과 피셔(Birren & Fisher, 1990)는 역시 지혜에 관한 몇 가지 관점을 모아서 인간 능력에서 인지적 측면, 능동적 측면, 정서적 측면의 통합의 중요성을 제안했다. 이들 모형들의 공통적인 형태는 발테스(인쇄 중)가 정신의 조화라고 언급한 정신의 여러 다른 측면들의 균형이다. 대조적으로 이 장에서 기술한 균형이론(Sternberg, 1998a)은 균형을 상호 경쟁하는 흥미들과 이들 경쟁적 흥미에 대한 대응으로서 환경에 대한 반응을 참조하는 개념으로 간주한다.

다른 이론가들은 자신의 한계를 알고 그리고 그것을 극복하려는 노력의 중요성을 제안했다. 예를 들면, 미참(Meacham, 1990)은 지혜의 중요한 측면은 일종의 상위 인지(metacognition)로서 자신의 약점을 자각하고 자신이 아는 사실과 모르는 사실이 무엇인지를 아는 것이라고 제안했다. 키치너와 브레너(Kitchener & Brenner, 1990) 또한 유사하게 자신이 자신의 한계를 아는 것에 대한 중요성을 강조했다. 알린(Arlin, 1990)은 지혜를 문제 발견과 연계시켰으며, 여기에서 문제 발견의 첫 번째 단계는 현재 문제를 정의한 방법이 적합하지 않을 수 있다는 사실을 인정하는 것이다. 이 관점은 아마도 지

아니라, 그러한 목적이나 과제들에 대하여 드러내는 질적인 수월성에 따라서 정의될 수가 있다. (Greenspan S., (1997). The role of intelligence in a broad model of Personal Competence. In D. P. Flanagan, J. O. Genshaft, & P. L. Harrison. (Eds.) *Contemporary intellectual assessment: Theories, test, and issues* (p. 113). New York: Guilford.

혜를 단지 지능과 연계시킨 것이 아니라 창의성과도 연계시키는데 창의성에서 문제 발견은 창의적 사고의 중요한 요건으로 간주된다(Gezels & Csikszentmihlayi, 1976; Sternberg & Lubart, 1995). 알린(Arlin)은 문제 발견을 형식적 조작기 이후 사고의 가능한 하나의 단계로 보았다. 그와 같은 관점은 형식적 조작기 이후의 단계로서 변증법적 사고의 관점과 필연적으로 모순되지는 않는다. 변증법적인 사고와 문제 발견은 구분되는 형식적 조작기 이후의 단계를 나타낼 수도 있고 같은 형식적 조작기 이후의 단계의 두 가지 표현일 수도 있다.

비록 대부분 지혜에 대한 발달적 접근법이 개체 발생적이지만(ontogenetic), 칙센트미하이와 라순데(Csikszentmihlayi & Rathunde, 1990)는 창조적이고 진화론적 접근법을 취하여 지혜와 같은 구성요인들은 적어도 하나의 문화적 관점에서 장기간에 걸쳐서 선택되어 온 것이 틀림없다고 주장했다. 몇 사람은 지능 역시 문화적인 진화의 측면에서 이해를 했다(Sternberg & Kaufman, 인쇄 중) 다른 말로, 현명한 사고는 어떤 문화에서 현명하지 않은 사고보다도 생명력이 길다. 이론가들은 지혜를 다음과 같은 세 가지 의미의 기본적 차원으로 구분한다. 즉, (1) 인지적 처리 또는 정보자료를 획득하고 처리하는 특정한 방법의 차원. (2) 가상적 또는 사회적으로 평가된 유형의 행동 차원. (3) 선한 것 또는 인간적으로 원하는 상태나 상황의 차원을 가진 것으로 정의했다. 다른 두 가지는 지혜와 무관한데 반해서 첫 번째 차원은 근본적으로 지적인 것처럼 보인다.

균형 관점: 지혜의 핵심으로서 암묵적 지식

스턴버그(1998a)는 지능과 지혜의 관련성에 대하여 특이한 접근법으로 설명을 하였다. 스턴버그(1985a)는 성공 지능의 세 가지 중요한 측면, 즉 분석적 지능(analytic intelligence, AI), 창조적 지능(creativity intelligence, CI), 실용적 지능(practical intelligence, PI)으로 구성되어 있다고 제안했다. 비록 이들 세 요소가 지혜 속에서 적어도 간접적으로 포함되더라도 지혜가 근본적으로 실용지능이 성장한 것으로 이해되는 점은 창의성이 창의적 지능이 성장한 것으로 이해되는 점과 같다. 많은 이론가들(Brand, 1996: Carroll. 1993: Jensen, 1998)이 사용하는 어느 정도 제한적인 지능의 정의는 지능이 근본적으로 분석적 지능이 파생적으로 성장한 것으로 이해한다. 그러나 스턴버그(1985a)의 신지능론인 삼원이론에서, 지능은 창조적 측면과 실용적 측면을 포함하는 더 광범위한 개념에서 이해되었다. 따라서 진실로 지능이 무엇인가는 그것을 좁게 정의하느냐 폭 넓게 정의하느냐에 달린 문제이다. 비슷하게 지능의 일반 지능에 대한 논쟁

(Schmidt, & Hunter, 1993: Jensen, 1993; Ree & Earles, 1993: Sternberg, & Wagner, 1993)은 일반 지능이 지능의 협소한 개념에 적용되는 것이지 넓은 개념에 적용되는 것이 아니기 때문에 의미 없다. 따라서 일반 지능의 존재 여부는 지능을 정의하는데 어느 정도의 범위를 선택하는 가에 달려 있다.

암묵적 지식의 본질

여기에서 제안되는 지혜의 관점은 그 핵심에 자기 자신과 타인, 상황적 배경에 대한 암묵적 지식의 개념이 존재한다(Polanyi, 1976). 암묵적 지식은 활동 지향적이고 전형적으로 다른 사람의 직접적인 도움이 없이도 습득할 수 있으며, 사람이 개인적으로 가치를 두는 목표를 도달할 수 있게 한다(Sternberg, Wagner, Williams, & Horvath, 1995). 암묵적 지식(tacit knowledge)은 따라서 다음과 같은 세 가지 특징을 갖는다.[4] (a) 암묵적

---

4) (옮긴이 주) 암묵적 지식(tacit knowledge)은 실용적 문제 발견-문제 해결과 관련이 있는, 경험에 바탕을 둔 실용적 지식이다. 마이클 폴라니(Polanyi, 1966)가 심리학계에 처음 소개한 용어로서 암시적이고 뚜렷하지 않은 특성을 지닌 일상의 경험으로부터 획득한 지식을 표현할 때 쓰인다. 스턴버그와 그의 동료들은 이 암묵적 지식을 실용 지능의 한 양상으로 보았으며, 사연 많은 직장이나 현실 생활에서 문제 발견과 해결 능력이나 수행력, 업무 성과를 이해하는 데 그대로 적용될 수 있음을 보여 주었다. 그리고 학습자가 자각이나 배울 의도가 없이도 습득될 수 있기 때문에 암묵적 특성을 가질 수 있다는 점을 암시했다. 따라서 암묵적 지식과 잠재적 교육과정(hidden curriculum)과도 밀접한 관련성이 있을 것으로 생각된다.

경험으로부터 무엇인가를 배우고 그 지식을 개인적으로 귀중하게 여기는 목표를 위해서 적용하는 실용적인 능력을 반영하는 지식이 암묵적 지식이다.

이 암묵적 지식의 두드러진 특징을 예시한다(Sternberg et al., 2000). 암묵적 지식은

① 환경의 도움을 거의 받지 않은 상태로(예를 들면, 가르침에 의해서라기보다는 개인적 경험을 통해서) 스스로 습득된다.
② 성격상 절차적 지식(procedural knowledge)으로 여겨진다. 그것은 특별 한 상황에서 일어나는 특별한 용도와 관계가 있다.
③ 본인의 경험을 통해서 습득되기 때문에 그 사람 자신에게 특별한 가치와 의미를 갖는다.
④ 절차적 행동에 관한 지식이다. 어떤 것을 아는 것이라기보다는 문제 발견-문제 해결 방법을(절차를) 아는 지식이다. 따라서 문제 해결 절차 (방법)을 안내하는, 행동을 알려 주는 지식이다.
⑤ 실용적 지식이다. 즉, 실용적으로 유익한, 쓸모가 있는 지식이다. 직장에서의 경험, 멘토링, 환자의 치료나 수술경험, 자동차의 시운전 경험, 첫 아기를 양육한 경험이 동생들을 양육할 때 요긴하게 활용된 경험 등이 여기에 해당한다.
⑥ 스스로 획득하는 지식이고 절차적 지식이며, 실용적 가치가 있는 지식인데, 이 세 가지는 서로

지식은 절차적이다. (b) 암묵적 지식은 사람이 가치를 두는 목표의 획득과 관계된다. (c) 암묵적 지식은 전형적으로 다른 사람의 도움이 거의 없어도 자생적으로 획득할 수 있다. 암묵적 지식은 실용적 지능의 중요한 부분을 형성하고 실제로 여기서 이용된 암묵적 지식의 특정한 개념은 지능의 삼원이론에서 유도된 것이다(Sternberg, 1985a, 1997a). 제안된 이론의 장점은 이것이 지능의 이론을 이끌어 내는 동시에 지혜가 그들과 전형적으로 마주치는 지능의 다양한 측면과 어떻게 다른지를 명확하게 한다는 점이다.

우리가 암묵적 지식을 절차적이고 행동과 밀접하게 관계된 것으로 언급할 때, 우리는 암묵적 지식을 단순히 "사실을 아는 것"이라기보다 "방법을 아는 것"으로서 간주한다(Ryle, 1949). 우리의 연구에서, 우리는 조건-행동 연속(산출 체계)가 암묵적 지식의 정신적인 표현을 이해하는데 유용한 형식으로 간주한다. 예를 들어, 어떤 사람이 자신의 상사에게 나쁜 소식을 전달해야 하고, 그때가 월요일 아침인데다, 상사의 지난 주말 골프 계획이 비로 무산되었고, 그 상사의 보좌관들이 "살얼음판을 걷는 것"처럼 보인다면, 그 소식의 전달을 연기하는 것이 현명할 것이다. 암묵적 지식은 특정한 상황들의 부류나 상황에서 특정한 용도에 단단히 결합된다는 사실에 주목하자.

암묵적 지식은 또한 실용적으로도 유용하다. 암묵적 지식은 사람이 가치를 두는 목표를 달성하는 도구가 된다. 따라서 사람들은 이 지식을 인생의 성공을 위해 이용하지만, 한편 암묵적 지식은 성공을 정의할 수도 있다. 추상적인 학문적 지식은 인간의 삶과 아무 관련이 없는 문제를 해결하는 절차에 관한 것으로서, 이런 관점에서 암묵적 지식의 구성요소로 간주되지 않는다.

상호의존적이다.

⑦ 직무 수행상의 지식(job knowledge)과 동의어가 아니다. 일부 직무 수행 상의 지식이 암묵적이기는 하지만 본질적으로는 선언적 지식과 절차적 지식과 더 유사하다.

⑧ 일반 지능(g)의 대체물이 아니다. 기존의 전통적인 능력 검사에서 제대로 측정하지 못하는 실용지능의 한 차원으로 생각된다. 일반 지능을 측정하도록 고안된 지능검사들은 주로 추상적이거나 학업지능을 측정하도록 고안되어 있는데 실용적 지능, 즉 암묵적 지식을 측정하는 검사 개발과 그 응용은 교육 심리학자나 심리측정 전문가의 몫이다.

⑨ 암묵적 지식을 측정하는 심리검사 또는 교육 평가 도구의 개발, 문항의 목록 찾기와 신뢰도와 타당도 검증, 도출하는 방법의 개발은 심리학과 교육학 관련 전문가의 몫이다.

Sternberg, R. J., Forsythe, G. B., Hedlund, J., Horvath, J. A., Wagner, R. K., Williams, W. M., Snook, S. A., & Grigorenko, E. L., (2000). *Practical intelligence in everyday life*. New York: Cambridge University Press.

끝으로, 암묵적 지식은 전형적으로 다른 사람의 직접적인 도움이 없이도 획득된다. 기껏해야, 다른 사람들은 이런 지식을 획득하는데 안내자 역할을 할 수 있을 뿐이다. 종종, 암묵적 지식의 획득에 대한 환경적 지원이 미약하거나 때로는 조직들이 실질적으로 이런 종류의 지식 획득을 억제한다. 예를 들어, 어떤 조직은 그 구성원들이 인사 결정이 실제로 어떻게 이루어지는지 알기를 원하지 않을 수 있는데 그들이 원하는 방식에 상반되게 이루어지기 때문이다. 발달적 관점에서, 이 관점은 지혜는 간접적으로 획득되는 것만큼 직접적인 교육에 의해 배울 수 없다는 사실을 제안한다. 사람은 지혜의 발달을 위한 여건과 학생이 지혜를 개발하도록 사례 연구를 제공할 수 있지만, 주변 여건에 관계없이 지혜로운 행동으로 간주될 수 있는 특정한 행동 방향을 가르칠 수는 없다. 실제로, 암묵적 지식은 배경에 단단히 결합되어 있고, 따라서 한 환경에 적용된 암묵적 지식은 반드시 다른 환경에 적용될 수 있는 것이 아니다. 어떤 사람의 암묵적 지식을 발전시키는 데 도움이 되기 위해, 사람들은 어떤 시간에 적절한 어떤 행동과 같은 직접적 교육보다 간접적인 학습 경험을 제공할 것이다.

암묵적 지식의 측정

실용적 지능에 대한 일련의 연구에서(Sternberg, Wagner, & Okagaki, 1993; Sternberg et al., 1995), 우리는 현실세계에 대한 연구에서 암묵적 지식의 평가를 개발하려고 시도해 왔다. 평가 요소구성을 위한 방법은 대체로 복합적이지만(Horvath, 1996), 사람들이 자신의 일에서 중요한 상황을 처리하는 방법에 대한 면담과 관계된다. 우리는 그러고 나서 이들 면담 속에 내포된 암묵적 지식을 추출했다. 그 다음 평가가 구성되었는데 여기서는 사람들에게 자신이나 타인, 직업상의 과업을 관리 할 때 발견되는 종류의 문제를 해결하도록 요구한다. 암묵적 지식 문제의 두 가지 예로 하나는 학문적 심리학자와 하나는 기업의 관리자에 대한 문제로, 스턴버그 등(1995)의 연구 부록에 제시되었다. 이들 문제 각각은 전형적으로 직업에 관련된 문제와 그 문제를 처리하기 위해 가능한 선택사항을 포함한 시나리오를 제시한다. 예를 들어, 학문적 심리학자는 심리학 교수가 그 일을 해결하는데 가용한 시간에 비해 많은 작업을 수행하는 문제를 해결해야 할 것이다. 참가자(학문적 심리학자)에게 주어지는 진술은 가상적 교수가 자신의 시간을 배당하는 방법을 제시하며, 참가자에게 각 선택 문항의 우수성을 리커르트법에 따라 1–9점 사이에서 평가하도록 요구한다. 모든 문항들에 대한 응답표는 일반적으로 지명된 전문가 집단의 평균 응답표와 비교하여 채점된다.

실용적 지능의 한 측면으로서 암묵적 지식

우리는 암묵적 지식이 실용적 지능의 핵심적 측면이라고 주장해 왔다(Sternberg, 1985b, 1997b; Sternberg & Wagner, 1993; Sternberg, Wagner, & Okagaki, 1993, Sternberg et al., 1995), 즉 지능을 다양한 종류의 정보자료 처리 요소들을 환경에 적응(adaptation), 환경의 조성(shaping), 환경의 선택(selection)을 위해 경험에 적용하는 능력이라고 주장해 왔다. 실용적 지능은 다양한 종류의 환경 속에서 적응, 조성, 선택을 요구하고 환경적 상황은 다른 종류의 반응을 요구한다. 그것은 개념적이고 통계적으로 지능의 분석적 측면과 창의적 측면으로부터의 연구와 구분되어 왔다(Sternberg, 1985a; Sternberg, Ferrari, Clinkenbeard, & Grigorenko, 1996; Sternberg, Grigorenko, Ferrari, & Clinkenbeard, 1999).

일련의 연구에서(Sternberg et al., 1995), 우리는 암묵적 지식이 어떤 일에 대한 경험과 함께 증가하는 경향이 있지만 중요한 것은 경험 자체라기보다 경험으로부터 학습한 것으로 보인다는 사실을 살펴보았다. 암묵적 지식의 측정들은 직종들 내의 측정과 직종들 간의 측정 모두에서 서로 상관성을 갖는 경향이 있다. 예를 들어, 와그너(Wagner, 1987)는 참가자로서 학문적 심리학자와 경영대학의 학부생들에 대한 암묵적 지식 측정 점수에서 0.6 수준의 상관성을 발견했다. 암묵적 지식에 대한 우리의 측정은 또한 판매, 경영, 대학 강의와 같은 직업상의 실제 수행을 예측했다. 이 예측은 통계학적으로 의미 있을 뿐만 아니라 양적으로도 매우 실제적이었고(전형적으로 대략 0.3 수준의 상관성을 가진), 대체로 학문적 지능(academic intelligence)에 대한 통상적인 검사의 예측과는 독립적이었다. 창조적 지도력 연구소(Center for Creative Leadership)의 연구에서(Sternberg, Wagner, & Okagaki, 1993), 우리는 경영에 대한 암묵적 지식이 두개의 경영에 대한 시뮬레이션에서 수행을 예측하는 최적의 단일 지표라는 사실을 발견했다. 이 관련성은 심지어 (전통적인) 인지적 능력들, 성격-척도 측정, 형식, 대인 관계적 성향은 계층적 회귀 방정식에 대입해 시뮬레이션에서 수행을 예측한 후에도 유지되었다. 암묵적 지식은 시뮬레이션 상의 수행을 예측하는데 여전히 의미 있고 실질적으로 기여했다. 이것은 상당히 광범위한 학문적 능력들에도 적용된다(Eddy, 1988). 하지만 예측이 문화에 대해 항상 독립적이지 않았고 다른 문화에서 심지어 부정적 결과를 나타내기도 했다(Sternberg & Grigorenko, 1997a).

암묵적 지식이 상대적으로 학문적 지능(academic intellectual abilities)에서 독립적이어야 하는 이유는 무엇인가? 또는 심지어 몇 가지 경우에는 학문적 지능과 반대의 관계를 가져야 하는가? 네이서(Neisser, 1979)에 따르면, 우리는 그것이 부분적으로 학문적 문제와 실제적 문제가 다르기 때문이라고 믿는다. 특히, 학문적 문제는 (a) 다른 사람에 의해 형식화되고, (b) 때때로 거의 또는 완전히 고유의 이해관계가 없으며, (c) 처음부터 필요한 정보자료가 모두 갖추어져 있고, (d) 사람들의 일상적인 경험과 별개이며, (e) 잘 정의되고, (f) "정"답을 갖는 특징이 있으며, (g) 정답에 이르는 방법이 한 가지인 특징이 있는 경향이 있다. 이와 대조적으로, 실제적 문제는 (a) 형식화되지 않거나 재구성할 필요가 있고, (b) 개인적 이익과 관계되며, (c) 해법에 필요한 정보자료가 부족하고, (d) 일상적 경험과 관계되며, (e) 모호하게 정의되었고, (f) 각각 장점과 신뢰성을 가진 다수의 "정"답 또는 적어도 "수용 가능한" 답이 존재하는 특징이 있으며, (g) 문제 해결 방법을 선택하는데 다수의 방법이 존재하는 특징을 갖는 경향이 있다(Sternberg et al., 1995).

실용적 지능과 그 속에서 암묵적 지능의 역할은 지혜를 이해하기 위한 출발점을 제공하지만, 그들이 지혜를 이해하는 완전한 기반을 제공하지는 않는다. 실용적 지능은 지혜가 관련된 것과 같은 특정한 부류들의 균형과 항상 관계되어 있지 않다. 특히, 실용적 지능이 환경에 대한 다르지만 가능한 반응들의 균형 잡기와 관계되지만, 그것이 항상 서로 다른 경쟁적 이해관계들 사이에 균형과 관계된 것은 아니다. 지혜의 균형 이론을 더 상세하게 고찰해 보자.

지혜의 균형 이론

여기에서 제안된 이론에서 균형(balance)은 결정적인 구성요소이다(Sternberg, 1998a). 앞에서 묘사된 몇 가지 이론들 또한 지혜에서 다양한 종류의 통합이나 균형을 강조했다. 적어도 다음과 같은 세 가지 종류의 균형들이 제안되었다. 즉, 다양한 사고 유형간의 균형(예: Labouvie-Vief, 1990), 인지적, 능동적, 정서적 체계와 같은 다양한 내적 체계간의 균형(예: Kramer, 1990), 다양한 관점들 간의 균형(예: Kitchener & Brenner, 1990)이다. 여기에서 제시된 관점들은 이들 세 종류의 균형 개념을 확장한 것이지만 지혜에서 특정한 종류의 균형을 제공하는 점에서 그들과 다르다.

균형이론(balance theory)은 지혜를 인간과 상황적 맥락사이의 상호작용에서 유래한 것으로 간주했는데, 이것은 지능(Sternberg, 1997a, Valsiner & Leung, 1994)이 인간과 맥락의 상호작용이나 그리고 창의성(Csikszentmihayi, 1996; Sternberg & Lubart, 1995)이 그런 것과 같다. 이런 이유 때문에, 이론에 의해 제안된 균형은 기능(인지적, 능동적, 감성적 기능과 같은)의 내적인 체계라기보다 인간과 자신의 배경 사이의 상호작용에 있다. 현재의 관점에서, 어떤 사람은 그들이 정보자료를 처리하는 수단인 내적 체계들의 측면에서 균형을 이루지만, 이들 처리의 결과인 산출에서 균형을 이루지 못할 수 있다. 지혜는 사람과 환경 사이의 상호작용에 의해서 생성, 발휘 되는 것이기 때문에, 정보자료 처리는 그 내부나 자체로 현명하지 않거나 무분별하다. 정보자료 처리가 지혜로운 정도는 어떤 현명한 해법이 그 배경에 적합한가에 달려 있다.

실용적인 지능을 뒷받침하는 무언의 지식은 자아성찰, 대인 관계적 및 인간외적 관심을 균형 짓는데 적용되어 공익을 성취하기 위하여 자연에 적응하고 자연을 형성하고 자연선택의 환경적 정황에 반응하는 균형을 달성한다. 가치관은 인간이 자신의 무언의 지식을 관심과 반응을 균형 짓는 방법을 조정한다. (또 다른 관련된 구성은 창의성이다. 지능과 창의성 사이의 상관관계는 Sternberg와 O'hara가 [이 책에서] 다소 길게 논의하고 있다.)

이 관점에서, 인지적 처리, 능동적 처리, 정의적 처리가 하나의 상황적 배경에서 형성하는 같은 균형은 어떤 현명한 해답을 생성하지만 그 해답은 다른 상황에서는 현명하지 않을 수 있다. 이 결과는 예를 들어, 다른 상황이라면 충분하고 정확했지만 이 상황에서는 부족하거나 정확하지 않은 암묵적 지식에 의해 유도되었을 수도 있다. 어떤 영역에서 판단이 일관되게 현명한 판단이기 위해서 상당한 암묵적 지식을 요구한다.

이해관계를 조절하는데 이용된 암묵적 지식으로서 지혜

여기에서 제시된 지혜의 정의(**그림 13-1** 참조)는 앞에서 기술된 암묵적 지식 개념과 균형 개념을 근거로 나타낸 것이다. 특히 지혜는 다양한 요소들의 균형을 통해 일반적 가치에 도달하는 목표를 위해 암묵적 지식의 적용으로서 정의되며 암묵적 지식은 가치들에 의해 조정된다. 다양한 요소는 다음과 같이 구성된다.

1. 이해관계: (a) 인간 내적, (b) 대인 관계적, (c) 인간 외적 이해관계와의 균형을 통해 환경적 상황에 대한 대응의 균형을 획득하고,
2. 환경적 상황에 대한 대응: (a) 존재하는 환경적 상황에 적응, (b) 현존하는 환경적 상황을 조성하기, (c) 새로운 환경적 상황의 선택

따라서 지혜는 모든 실용적 지능과 같이(Sternberg, 1985a) 환경적 상황에 대한 대응의 균형을 요구하지만, 단지 실용적 지능의 하위 갖춤새으로 이해관계의 균형과 관련되지만 모든 실용적 지능의 필수적 측면은 아닌 것들로만 구성된다.

지혜에 적용되면서, 암묵적 지식의 형태는 특수한 경향을 취한다. 지혜는 절차적 지식으로 일반적으로 어렵고 복잡한 상황에서 해야 할 행동에 관한 것이다. 지혜는 또한

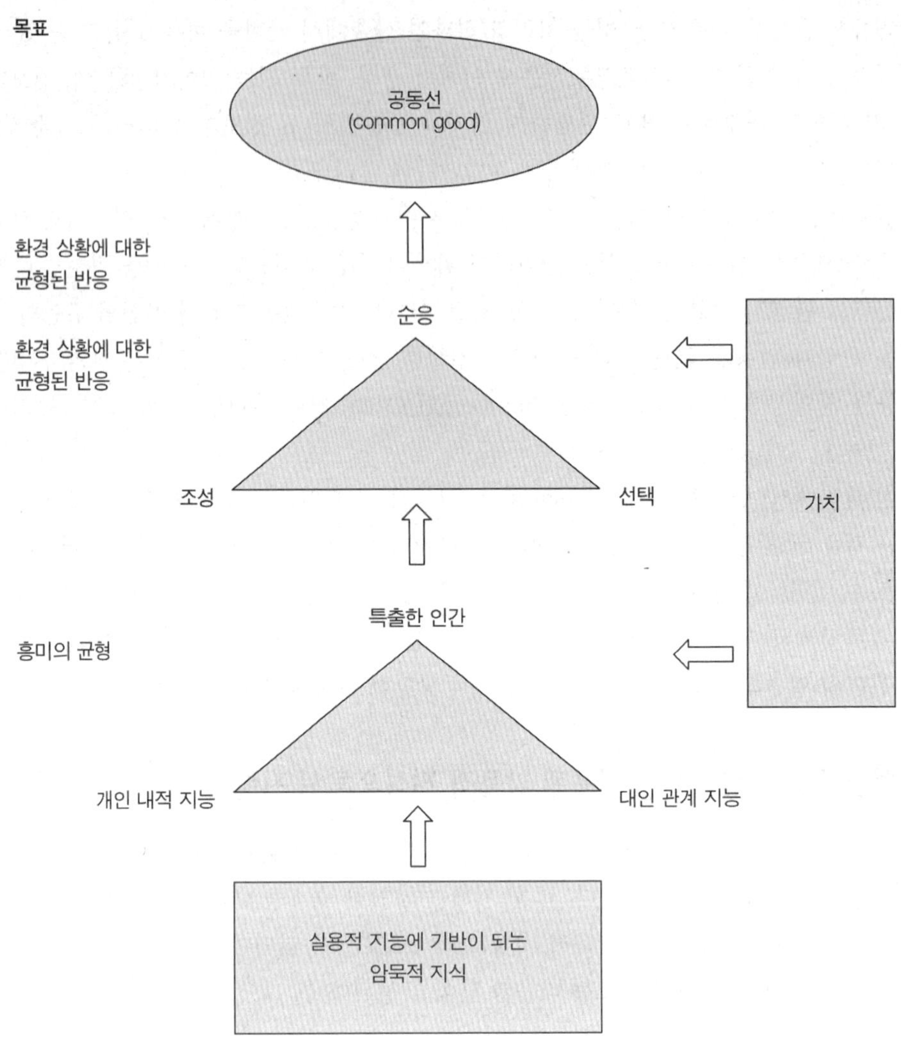

그림 13–1 지혜의 균형 이론

사람들이 가치를 두는 특정한 목표로 단지 어떤 목표가 아니라 그보다 환경에 대한 대응의 균형 즉 적응, 조성, 선택의 균형을 통해 모든 관련된 이해 당사자들에게 일반적 가치를 획득하는 목표를 획득하는 것과 관계있다. 끝으로, 지혜는 전형적으로 다른 사람의 도움이 거의 없이도 획득할 수 있다. 사람은 일반적으로 지혜를 경험을 통해 습득하는 것이지 공식적 교육을 통해 얻지 않는다. 공식적 교육은 지혜를 개발할 수 있는 한 가지 배경을 제공할 수 있지만, 복제된 사실들이 나누어지듯이 지혜를 나누어 줄 수는 없다.

지혜는 아마도 역할 모형을 통해 가장 잘 개발될 수 있으며 변증법적 사고를 자신의 문제 처리에 결합시켜 발전시킬 수 있는데 변증법적 사고는 신피아제 주의 이론에 따르면 후기에 발달하는 지능 단계의 특징과도 같은 부류의 사고이다(Basseches, 1984; Labouvie-Vief, 1990; Pascual-Leone, 1990; Riegel, 1973; Sternberg, 1998b, 1999). 변증법적 사고(dialectical thinking)는 시간의 측면이나 장소의 측면일 수 있다. 그것이 시간의 측면일 때, 변증법적 사고는 시간의 흐름에 따라 계속 진행되는 끝없는 과정을 통해 생각이 진화한다는 인식과 관계되며, 진화 과정은 정(正)이 있으면 그에 대한 반(反)이 뒤따르고 이 둘의 합(合)이 생성되며 순서에 따라 이 합은 다음 차례의 정이 된다(Hegel, 1807/1931). 변증법적 사고가 장소(공간) 측면에서 발생할 때, 그것은 어떤 주어진 시점에서 사람들은 자신에게 독자적으로 유효하거나 적어도 합리적으로 보이는 문제에 대해 발산적 관점을 갖는다.

따라서 지혜는 자신과 타인, 상황적 배경에 대한 암묵적 지식을 이끌어 낸다는 점에서 실용적 지능과 연관되지만, 그것은 실용적 지능에 관계된 암묵적 지식의 단지 하나의 정제된 하위 집합에 불과하다. 실용적 지능은 실제적 결과를 극대화하는 관점에서 정의된다. 실용적 결과는 어떤 사람이나 어떤 사람들을 위한 것일 수 있지만, 일반적으로 이런 결과는 개인적인 결과이고 대부분 전형적으로 자기 자신의 결과이다. 예를 들어, 사람이 자신이나 타인, 과제를 처리할 때(Wagner, 1987; Wagner & Sternberg, 1985), 그의 궁극적 목표는 자신의 이익을 극대화하는 것이다. 지혜는 실용적 지능이 단지 자신이나 다른 사람의 이익을 극대화하는 것보다 더 다양한 자기 이익(인간 내적)이 다른 사람의 이익(대인 관계적)과 자신의 거주지나 국가 또는 환경, 심지어 신과 같은 자신이 살고 있는 다른 배경적 측면(인간 외적)과 균형을 이루는데 적용될 때 관계된다.

따라서 실용적 지능(practical intelligence)이 어떤 형태의 이익을 극대화시키는 방향으로 그것이 개인적이거나 집합적이거나와 상관없이 적용될 수 있는 것에 비해 지혜는 실용적 지능이 특별히 인간 내적, 대인 관계적, 인간 외적 이해관계의 균형에 적용된 것이다. 그것은 실용적 지능의 매우 특수한 경우로 다원적이며 때때로 경쟁적 이해관계의 균형을 요구하는 실용적 지능이다. 실용적 지능은 이해관계의 균형과 관계가 있을 수도 없을 수도 있지만, 지혜는 관계가 있어야만 한다. 지혜의 산물은 전형적으로 충고의 형태를 가지며, 보통 다른 사람에게 하는 충고나 때때로 자기 자신에 대한 충고일 수도 있다.

이 관점의 의미 중의 하나는 사람이 실용적 지능을 적용할 때, 그는 의도적으로 자기 자신이나 가족, 친구에게 유익한 결과나 공통적인 가치에는 해가 되는 결과를 추구한다는 사실이다. 예를 들어, 독재자는 일반적으로 실제적으로 지적이며 전체 국가를 대체로 자신의 이익을 위해 통제하도록 관리한다. 히틀러나 스탈린 같은 독재자는 심지어 자신의 판단에 따라 요소들의 균형을 조절했지만 공동 선(common good)을 위해서 조정하지 않았다. 또는 사람은 실용적 지능을 다른 사람의 이익을 극대화하기 위해 적용할 수 있는데 변호사 같은 경우이다. 실용적 지능의 하위 집합 즉 지혜에서, 사람은 확실히 자신에게 유익한 결과를 추구한다(인간의 내적 이해), 하지만 그는 또한 자신의 이익을 다른 사람의 이익(대인 관계적 이해)과 관련된 배경적 요소들(인간의 외적 이해)과 균형을 추구한다. 그리고 그 균형은 환경에 적응하고, 환경을 변형시키며, 선택하는데 이용된다. 예를 들어, 가능한 많은 관련된 요소들에 대하여 들은 다음, 사람은 어떤 대학생에게 전공을 고수하면서 공부를 더 열심히 하거나(적응), 전공을 고수하면서 특정 필수과목을 보류하거나(변형), 다른 전공을 찾도록(선택) 조언할 수 있다.

사람의 동기가 어떤 특정인의 이익을 극대화하고 다른 사람의 이익을 최소화하는 것이라면, 지혜는 여기에 관련되지 않는데 비록 실용적 지능의 다른 측면들이 관계하더라도 그렇다. 지혜에서, 사람들은 일반적 가치를 추구하면서 이 일반적 가치가 어떤 사람에게는 다른 사람들보다 더 유익할 수 있다는 사실을 인식한다. 자신의 지적 능력을 사악한 천재가 되려는 방향으로 사용하는 사람은 학문적으로나 실제적으로 지적일 수 있지만, 그런 사람이 지혜를 가질 수는 없다. 나는 여기서 “선(good)”과 “악(evil)”의 구성요소가 무엇인지에 대한 논문을 쓰자는 것이 아니다. 그런 내용은 도덕 철학이나 종교의 영역에서 더 잘 다룬다고 믿기 때문이다.

나는 여기서 “이해관계”를 어떤 상황에 대해 지각된 사실과 결합된 개념으로서, 지혜가 적용되는 내용으로 언급했다. 이해관계는 다중적 지능 관점과 관련되며 그것은 지혜에 대한 많은 이론에서 일반적인 특징이다(Sternberg, 1990b). 확산적 이해관계는 다차원적 지능 관점을 포괄하고, 따라서 “이해관계”란 용어를 사용함으로써 우리는 “관점”이란 개념을 포함시키려는 의도를 가지고 있다. 그러나 이해관계는 단지 인지적 측면의 차이뿐만 아니라 정서적인 차이 및 동기적 차이까지 포함한다는 점에서 각 관점들의 범위를 넘어선다. 때때로 관점상의 차이는 인지적 차이에서 보다 동기적 차이에서 비롯되는 바가 크다. 예를 들어, 담배 업계의 최고경영자들은 오랫동안 자기 회사의 상품들을 옹호에 왔다. 그들의 관점은 많은 사람들의 관점과 다른데, 이런 차이에는 어떤 종류의 인지적 분석 상의 차이보다 수백만 달러 사업을 유지하려는 동기가 더 크게 작용했을 것이다. 경제적 이익은 이들 최고경영자들이 사회에서 담배 제품의 소비가 유지되는데 유리한 관점을 채택하게 한 동기라는 사실에 의심의 여지가 없다. 현명해지기 위해서는, 그러므로 우리는 단지 사람들의 인식을 이해하는 외에 그들의 동기와 심지어 감성까지도 이해해야만 한다. 그와 같은 이해를 위해 우리는 자신의 인식, 동기, 감정을 다른 사람들의 인식, 동기, 감정을 이해하는데 적용해야 한다. 그리고 나면, 지혜는 사람들의 인식, 동기, 감정을 포함하게 된다. 하지만 균형이론에서, 지혜에 대한 다른 이론들과 달리, 지혜 그 자체는 이들 세 종류의 기능간에 필수적으로 어떤 균형을 이루지 않는다.

지혜가 필요한 문제는 비록 그 각 사례에 따라 비중이 다르겠지만 항상 인간의 자성적 지능, 인간 친화적 지능, 인간 외적 이해의 각 요건 중에서 적어도 일부와 관련되어 있으며, 그 비중이 환경에 대한 적응이나 변형, 선택에서 서로 다른 것과 마찬가지이다. 예를 들어, 사람은 대학에 가는 것이 현명하다고 결정할 수 있는데, 이 문제는 겉보기에 오직 한 사람만 관계된 것처럼 보인다. 하지만 보통 한 사람의 결정으로 많은 사람들이 영향을 받는데 이를 테면 부모, 친구들, 지인들, 아이들과 같은 사람들이다. 그리고 결정은 항상 실현 가능한 선택의 범위가 어디까지인가를 고려하여 내려져야만 한다. 결정을 내리는 과정 속에서, 사람은 미래의 환경을 선택하고 그렇게 하면서 자신의 현재 환경에 적응하고 변형 시킬 뿐만 아니라 다른 사람도 환경도 변형시키게 된다. 유사하게, 낙태 여부에 대한 결정도 지혜를 요구하는데 그 결정은 단지 자신뿐만 아니라 태어날 태아와 아버지와 같은 가까운 다른 사람들 그리고 사회의 법률과 관습에 관계되기 때문이다. 사람은 동시에 자기 자신과 자녀를 위해 심도 있게 환경에 적응하고, 그것을 변형시키며, 그것을 선택한다. 개개의 경우, 사람은 자신을 위해 이해관계의 균형을 고려하지 않고도 실용적 지능에 따른 결정을 내릴 수 있다. 하지만 현명한 결정이 되려면, 그 결정은 다른 이해관계들과도 고려하여 공통가치를 추구해야만 한다.

가치의 역할

일련의 가치관을 상황(context) 배경에서 제외하고 지혜를 이야기하는 것은 불가능한데, 가치들은 통합에 의해 사람을 어떤 도덕적 입장, 즉 콜버그(Kohlberg, 1969, 1983)의 관점에 따르면, 단계에 이르게 한다. 모든 실용적 지능에 대해서도 같은 말을 할 수 있다. 사회성이고 문화적 상황에서 실용적 지능은 행동을 가치 있는 것의 함수로서 간주한다. 가치들은 사람들이 이해관계들과 환경에 대한 대응들이 균형을 이루는 방식을 조정하고 심지어 집합적으로 사람들이 공통적인 가치를 정의하는 방법에 기여한다. 나는 공통적인 가치가 무엇인지 또는 공통적인 가치를 획득하는데 어떤 가치가 얼마의 비율로 포함되어야 하는지를 설명하는 것이 학문으로서, 또는 심리학자들의 임무는 아니라고 믿는다. 그와 같은 설명은 종교나 도덕 철학자의 임무에 가깝다. 나는 잘해봐야, 사람이 어떻게 또는 왜 생각해야 하는지 보다 무엇을 생각해야 하는지를 설명해야 한다고 주장하는 어떤 심리학자에게도 회의적일 수밖에 없다. 하지만 나는 여기서 제공된 지혜의 개념과 콜버그(1969)의 이론에서 최고의 두 단계(4단계와 5단계)에서 적용되는 도덕적 추론의 개념 사이에 중첩되는 부분의 존재에 의해 지혜와 도덕 영역의 교차점이 있다는 사실을 보일 수 있다고 믿는다. 동시에, 지혜는 도덕적 추론 보다 광범위하다. 지혜는 도덕에 위협이 되는지 여부에 상관없이 인간 내적, 대인 관계적, 인간 외적 이해관계의 균형에 관한 인간의 어떤 문제에도 적용될 수 있다.

지혜에 내재된 지적 처리

실용적 지능의 모든 측면에 대한 사실로서(Sternberg, 1985a, 1997a), 지혜는 세 종류의 이해관계뿐만 아니라 이해관계의 균형에 의한 대응에서 세 가지 가능한 행동방식의 균형에도 관계된다. 세 가지 행동방식은 환경에 대한 자신이나 타인의 적응, 자신이나 타인에게 더 적합한 환경으로 바꾸기 위한 환경의 변형, 새로운 환경의 선택이다. 적응에서, 사람은 자신의 배경을 형성하는 환경에 순응하는 방법을 찾으려고 시도한다. 때로는 적응이 어떤 주어진 주변 상황 아래서 최적의 행동 방향이다. 하지만 전형적으로 사람은 어떤 환경에 적응하는 것은 자신의 변화뿐만 아니라 환경의 변화 또한 초래한다는 사실을 깨닫고 적응과 변형 사이의 균형을 추구한다. 어떤 사람이 그와 같은 적응이 불가능하거나 적어도 실용적이지 않다는 사실을 알았을 때, 그는 예를 들어, 어떤 직업이나 지역사회, 결혼, 또는 그 밖의 무엇이든지 전적으로 포기하고 새로운 환경을 선택하는 결정을 할 수도 있다.

행동에 내재된 지혜는 일련의 처리로, 그 처리는 일반적으로 순환적이고 처리의 집행 서열에 따라 변하는 방식에 의해 집행된다. 이들 처리들 중에, 내가 지능의 "상위요소"(meta components)라고 불렀던 것이 있는데(Sternberg, 1985a), 여기에는 (a) 어떤 문제의 존재 인식, (b) 문제의 본질 정의, (c) 문제에 대한 정보자료의 표현, (d) 문제 해결에 관한 전략 구상, (e) 문제 해결을 위한 자원 할당, (f) 자신의 해결 과정을 감독, (g) 문제에 관한 재투입 평가가 포함된다. 예를 들어, 대학 진학에 관련된 결정에서, 사람은 우선 대학에 가는 것과 가지 않는 것 모두 실행 가능한 선택 사항으로 본다(문제 인식). 그리고 대학에 간다는 것과 가지 않는 다는 것이 자신에게 정확히 어떤 의미인지를 결정한다(문제 정의). 다음으로 그 사람은 대학에 갈 때와 가지 않을 때 자신과 다른 사람에게 끼치는 비용과 이익을 고려하며(문제에 관한 정보자료의 표현), 기타 문제 해결을 위한 처리들을 계속 진행할 것이다.

지능의 이들 상위요소의 이용은 일반적으로 지적 사고의 특징이고(Sternberg, 1985a), 상위요소는 분석적 사고, 창의적 사고, 실용적 사고에 모두 이용된다. 지혜 속에서 상위요소 사용의 특징은 사람이 하나 또는 일련의 판단을 내릴 필요가 있는 집단들 사이에 다양한 이해관계의 균형을 맞추는데 이들 처리들이 적용된다는 사실이다.

지혜에서 균형이론은 지혜가 적어도 부분적으로 주어진 하나 또는 일련의 배경 속에서 획득된 암묵적 지식이 속한 영역에 한정된다고 제안한다. 암묵적 지식은 전형적으로 그 배경에 대해 학습하는 목적에 관련된 새로운 정보자료의 선택적 부호화와 이 새로운 정보자료가 기존의 자료와 얼마나 잘 맞는지 알아보기 위한 선택적 비교, 정보자료의 단편들을 전체적인 질서에 맞추어 넣는 선택적 결합에 의해 획득된다(Sternberg, Wagner, & Okagaki, 1993). 재론 하면, 지능의 모든 측면(분석적, 창의적, 실용적)에 걸친 처리들이 이용된다. 지식의 획득이 지혜에 도움이 될 수 있지만, 그 자체로 지혜롭지는 않다. 따라서 지식이 후에 현명한 목적에 사용된다는 점을 제외하고 지혜에서 이들 요소들이 사용되는데 어떤 특이점도 없다.

지혜나 다른 종류의 실용적 지능에서 상위요소나 지식획득 요소의 이용이 시사하는 바는 지혜와 지능 간의 핵심 관계이나(삼원이론에서 개념화된 것처럼). 지능의 모든 측면 즉 분석적, 창조적, 실용적 측면들이 처리 집행을 위한 상위요소와 학습을 위한 지식획득 요소의 이용과 관계된다. 차이점은 그들이 적용되는 배경의 유형이다. 분석적 지능은 상대적으로 익숙한 탈배경적이고, 추상적이며, 대체로 학문적인 유형의 상황에서 요구된다. 창의적 지능이 요구되는 상황은 상대적으로 익숙하지 않은 참신한 유형의 상황이다. 실용적 지능은 인간의 일상적 삶의 정상적인 과정에서 접하게 되는 고도로 문맥적인 상황을 위해 호출된다. 지혜는 오직 고도로 문맥화된 상황에만 적용된다. 그것은 사람이 지능(예: 지능검사나 성취검사 때와 같은)이나 창의성(즉, 독창적이며 질이 높지만 추상적이지 않은 사고)을 적용할 수 있는 추상적인 상황들의 유형에 적용되지 않는다.

한 가지 배경 속에서 지혜를 획득한 사람은 다른 배경에서 지혜를 발전시킬 수 있는 능력도 크겠지만, 다른 배경에서 현명해지기 위해 필요한 암묵적 지식은 그 자체가 다르다. 예를 들어, 한 사회에서 현명한 사람은 그 사회의 배경 속에서 유용한 조언을 해 줄 수 있다. 그러나 같은 내용의 조언은 다른 사회에서 자살적일 수 있다(예: 특정 개인에 적용되는 것과 같은 내용으로 정부 정책을 비평하는 것). 따라서 능력으로서 지혜는 전이될 수 있지만, 현명한 조언의 실제 내용은 변할 수 있다. 그러므로 현명한 사람은 조언을 하는 시기뿐만 아니라 해서는 안 되는 시기(Meacham, 1990)까지 알아야 하는데, 사람은 자신이 가진 암묵적 지식의 한계를 알고 있어야 하기 때문이다.

앞에서 언급된 것처럼, 하지만 우리의 연구는 영역들 간에 걸쳐 있는 암묵적 지식 점수들에서 의미를 가질 만큼 큰 상관성을 발견했다. 예를 들어, 우리는 학문적 심리학과 경영에 대한 암묵적 지식 검사 점수가 충분히 상관성을 가지며(Wagner & Sternberg,

1985) 그만큼의 상관성이 경영과 군대의 통솔력에 대한 검사 결과에도 있음(Forsythe et al., 1998)을 발견했다. 따라서 비록 지혜의 발달이 영역에 한정되더라도, 한 영역에서 학습한 암묵적 지식은 다른 영역으로 확장될 수 있다.

비록 암묵적 지식이 한 영역 내에서 획득되지만, 그것은 어떤 분야에 더 일반적으로 적용되며 칙센트미하이(Csikszentmihalyi, 1988, 1996)가 만든 분류를 따른다. 칙센트미하이는 영역을 사회성으로 정의된 분야의 형식적 지식으로 간주했다. 그래서 예를 들어, 실험을 구성하고, 실행하며, 그 결과를 분석하는 방법을 아는 것이 실험 심리학의 영역에 중요한 지식이 될 것이다. 하지만, 결과를 설득력 있게 말하거나 또는 결과를 발표하거나, 결과를 다음 연구 제안서의 내용으로 전환하는 방법을 아는 것은 분야에 대한 지식을 구성할 것이다. 따라서 학문적 지능은 주로 영역에 적용되고 반면 일반적인 실용적 지능과 특정한 지혜는 주로 분야에 적용되는 것처럼 보인다. 분야는 영역의 사회성 조직을 나타내기 때문에, 인간 내적, 대인 관계적, 인간 외적 상호작용의 발생은 주로 분야 내에서 일어난다.

영역에서 보다 분야에 대한 지혜의 중요성이 더 크다는 사실이 균형이론에서 명시적이고 형식적 지식이 아닌 암묵적이고 비형식적 지식이 지혜의 토대가 되는 이유를 명확하게 설명하는 데 도움이 된다. 어떤 학문에서 주제에 대한 형식적 지식은 확실히 그 분야의 전문성에 필수적이다(Chi, Glaser, & Farr, 1988; Hoffman, 1992). 그러나 영역에 근거한 전문성은 지혜의 필수조건도 충분조건도 되지 않는다. 우리들 대부분은 지혜의 척도를 적용했을 때, 어떤 척도에도 거의 최하위 수준에 가까운 영역에 근거한 전문가를 아마 알고 있을 것이다. 적어도 우리 중 일부는 또한 매우 현명한 사람이 공식적 교육은 거의 받지 않은 경우도 알고 있다. 그들의 교육은 "인생의 학교(school of life)"에서 이루어지며, 거기서는 암묵적(비형식적) 지식을 습득한다.[5]

지혜에서 발달적이고 개인적 차이의 근원

지혜의 균형이론은 지혜의 발달적이고 개인적 차이의 몇 가지 근원을 제안한다. 특히, 두 가지 종류의 근원은 최근에 지혜의 균형 처리에 영향을 주며 선행 조건인 것이다.

균형 처리에 직접 영향을 끼치는 발달적이고 개인적 차이. 여기에는 다섯 가지 원인

---

5) (옮긴이 주) "인간은 배우기 위해서 태어났다. 그러므로 인생이란 학교에 등록하여 평생 동안 배워야 한다. 부모와 선생님, 직장 상사나 동료, 나이 많은 연장자에게서 배워야 한다."는 말과 "내일의 지성인이 오늘의 지성인에게 삶의 방법을, 학문의 도를 배운다."는 말도 있다.

이 작용한다.

1. 목표. 사람들은 그들이 공통 가치를 추구하는 정도와 그에 따른 지혜의 기본적 목표를 지향하는 정도의 측면에서 차이가 있을 수 있다. 공통 가치의 추구는 일반적으로 지능과 관계없다. 사람은 분석적으로나 또는 창조적으로, 또는 심지어 실용적으로 다른 사람의 이익에 관심을 두지 않고도 지적일 수 있다.
2. 환경적 상황들에 대한 대응의 균형. 사람들은 자신들의 환경적 상황에 대한 대응의 균형에서 차이가 날 수 있다. 대응은 항상 개별적 판단과 환경적 상황의 상호작용을 반영하고, 사람들은 무수한 방법들 속에서 상황과 상호작용할 수 있다. 그와 같은 균형은 실용적인 지능의 모든 효용성들의 특징이다.
3. 이해관계의 균형. 사람들은 다른 방식으로 이해관계의 균형을 조정할 수 있다. 이런 균형은 지혜에서만 나타나는 특징이며 분석적, 창의적, 다른 종류의 실용적 지능에 필수적으로 적용되는 것이 아니다.
4. 암묵적 지식으로 표현되는 실용적 지능. 사람들은 다른 종류와 수준의 암묵적 지식을 판단이 요구되는 상황에 적용하며 그 판단은 자신의 대응에 영향을 준다. 지혜의 이런 측면은 실용적 지능 모두에 적용되지만 일반적으로 분석적 또는 창의적 지능에는 적용되지 않는다.
5. 가치. 사람들은 이해관계와 환경에 대한 대응의 균형에서 자신이 가진 암묵적 지식의 사용을 조절하는 다른 가치들을 가진다. 가치들이 지능이 측정되는 바로 그 순간 지능의 모든 측면 속으로 은연중에 개입되는데 어떤 지능검사도 어떤 사람의 가치(보통 지능검사 개발자의 가치)를 한 지능검사에서 측정할 값어치가 있는 것으로 반영하기 때문이다.

이들 차이의 근원들은 현명한 사람이란 어떤 사람인가와 그들이 다른 종류의 상황에 얼마나 잘 자신의 지혜를 적용할 수 있는지에 대한 편차를 생성한다. 지혜가 일반적으로 더 고차원의 지적이고 심지어 육체적인 성숙과 연계되는 한에 있어서는, 그것은 가정상 암묵적 지식과 가치관의 발달이 일생에 걸친 과정을 통해 전개되고 단지 아동기나 심지어 청년기에 끝나는 것이 아니기 때문이다.

개인차에 대한 앞에 언급된 근원들은 균형 처리에 관계된 것이고 다른 원인들은 이들 처리에 선행한다.

선행 변수들에서 발달적이고 개인적 차이. 발달적이고 개인적 차이를 초래하는 선행적 변수들은 나의 초기 이론(Sternberg, 1990c)에서 설명된 것들이다. 그들은 (a) 지식,

(b) 실용적 사고를 비롯한 분석적 사고와 창조적 사고(Sternberg, 1997b), 비판적 사고 형식(Sternberg, 1997b), (d) 성격 변수들, (e) 현명한 사고를 위한 동기, (f) 환경적 변수들이다.

지능의 균형이론에 대한 제안된 균형 이론의 관계

인지와 발달 논문으로부터, 몇 가지 지능 이론에서 균형이 중요하다고 제안했다. 예를 들어, 피아제(1972)는 지능의 발달은 동화(assimilation, 사람이 어떤 사물이나 개념을 이해하는 방식을 현재 존재하는 인지적 도식에 맞추는 수정)와 조절(accomodation, 사람의 현재 인지적 도식을 어떤 개념이나 사물을 이해하는 방식에 맞도록 수정) 사이의 평형(equilibration) 또는 균형(balance)이 관계된다. 다른 사례로, 스턴버그와 프렌쉬(Sternberg & Frensch, 1989)는 지적 사고의 균형 단계이론(balance-level theory of intelligent thinking)을 제안했는데 그 이론은 새로운 것에 대한 대처와 절차화 사이의 균형과 관계된다. 균형의 이와 같은 유형들은 역시, 이 기사에서 제안된 이론과 직접적인 관계는 없다.

균형 개념 또한 지혜의 이론들에서 중요한 역할을 했다. 지혜의 철학적 개념(Baltes, 준비중, Hartshore, 1987)과 특히 중국인의 개념(Yang, 준비중)은 발테스와 그의 동료들(Baltes, 1993; Staudinger & Baltes, 1994; Staudinger, Lopez, & Baltes, 1997)이 제안한 지혜의 개체 발생학적 이론과 같은 심리학적 이론들만큼 균형의 중요성에 주목했다. 하지만, 앞에서 언급된 것처럼, 이들 이론들은 환경에 대한 대응이나 이해관계의 균형보다 지적 작용의 조화(Baltes, 준비중) 속에 있는 균형을 강조했다.

스타우딩거와 발테스(1996)는 앞에서 언급된 것으로서 지혜와 관련된 수행의 특징이 되는 일단의 다섯 가지 기준을 명시했다. 대조적으로, 여기서 제안된 이론은 지혜를 어떤 과제를 통해 사람이 자신과 타인 배경들의 이해관계를 조정하도록 요구되는 정도 속에 내재된 것으로 간주하며 이를 통해 환경에 적응하거나 환경을 변형 또는 선택하는 결정이 내려진다. 비록 기본적 요구는 간단하지만, 실제 균형 조절은 매우 복잡하여, 아마도 지혜에 대한 어떤 이론도 이런 균형에 도달하는데 이용되는 규정"공식"을 제공할 수 있을 것 같지 않다.

균형이론에서 새로운 사실은 균형 개념 그 자체가 아니라 특정한 요소들 간의 균형 잡힌 연계를 설명하는 제안이다(인간 자성적, 대인 관계적, 인간 외적 이해관계들이 환경에 대한 적응, 변형, 선택간의 균형을 통해 균형을 이루어 공통 가치에 도달하는 것). 또한 새로운 사실은 지혜와 특정하게는 실용적 지능, 일반적으로는 지능 사이의 관계를 설명하는 제안이다. 균형이론은 더 나아가 다양한 방식으로 다른 지혜에 관한 이론과 관련되어 있다. 예를 들어, 여기서 제안된 이론에서 균형의 본성은 다른 몇 가지 모형(예: Kramer, 1990)에서 제안된 균형의 본질과 차이가 있는데, 거기서 균형의 본질은 인지, 의욕, 감성 계통의 인간 내적 균형이다. 현재의 모형에서, 사람은 판단 시에 자신이 원하는 어떤 체계도 이용할 수 있다. 하지만 사람은 이들 체계가 자신과 다른 사람의 내부에서 작용하는 방법을 이해해야만 한다. 인간의 내재적 균형은 그와 같은 체계의 균형을 말하는 것이 아니라 사람이 자체적으로 가진 다양한 이해관계의 균형을 의미한다. 예를 들어, 인간의 내재적 관점에서 지혜는 자신의 단기적 이해와 장기적 이해의 균형 또는 그가 즐기는 활동이 상당한 위험을 초래한다는 사실을 인식하면서도 어떤 활동을 즐기려는 자신의 욕구에 대한 균형일 것이다(더 자세한 논의는 다음 자료를 참조, Sternberg, 1998a).

지능 연구에서 다양한 구성요소들과 지혜의 관계

균형관점에 따르면, 지혜는 실용적 지능과 관계있으며, 이 관점은 또한 발테스와 그의 동료들(예: Baltes & Smith, 1990)의 포괄적 연구에 의해 만들어졌으나, 두 구성요소는 동일한 것이 아니다. 실용적 지능에서 일반적으로 암묵적 지식은 공통적 가치에 도달하기 위한 이해관계의 균형을 고려하지 않는 방식으로 이용될 수도 있다. 실용적 지능의 하위 집합, 즉 지혜는 암묵적 지식이 최대한으로 이용될 때, 환경에 적응하거나 환경을 변형 또는 선택함으로써 자신과 타인, 환경들 사이의 균형 잡힌 결합을 촉진시키는데 적용된다. 사람은 실제로 결합 이익이 촉진되는 가운데 자신은 손해를 입을 수도 있다. 이 관점에서, 지혜와 자기 본위(egocentric)는 공존할 수 없다. 실제적으로 지적이나 지혜롭지 않은 사람은 대단히 자기중심적일 것이다. 적어도 전통적 사회 기준에 따라 가장 성공한 사람들 중 일부는 다른 사람의 이해관계를 고려하지 않거나 심지어 적극적으로 다른 사람의 이해를 훼손하면서 자신의 지위를 차지한 사람인 것처럼 보인다. 그들은 실제적으로 지적인 것으로 간주될 수 있지만, 여기서 제안된 관점에서는 그들을 지혜로운 것으로 보지 않는다.

실용적 지능과 지혜가 동일한 것이 아니라는 구체적 사례를 고찰해 보자. 경영진과 노동조합의 협상에서, 협상자들은 종종 자신의 실용적 지능에 따른 선택, 즉 자신이 대표하는 쪽의 이해를 최대한으로 확대하는 능력에 따른 선택을 하게 된다. 하지만 양측이 모두 단지 자신만의 이익 극대화를 추구하는 협상은 전형적으로 아무런 결과도 내놓지 못한다. 만약 양 당사자가 합의에 도달할 수 있는 지혜가 없다면, 때때로 중재자가 개입하며, 사람들은 그에게 협상 당사자들이 타협에 이르도록 도울 수 있는 지혜를 기대한다. 그와 같은 사람은 자신의 역할(인간 내적)과 더불어 협상에 관계된 대인 관계적 요소와 인간 외적 요소를 고려해야 한다. 유사하게 국제 관계에서, 분쟁 당사자들이 합의에 도달하지 못한다면, 사람들은 분쟁국들이 어떤 유형의 타협에 이르도록 도와줄 수 있는 지혜를 가진 중재국(UN과 같은)을 원한다.

지혜는 사회성 지능(Cantor & Kihlstrom, 1987; Sternberg & Smith, 1985), 감성적 지능(Goleman, 1995; Mayer & Salovey, 1993; Salovey & Mayer, 1990), 인간 성찰 지능(省察 知能), 인간 친화적 지능(Gardner, 1983)과 같은 구성요소들과 적어도 어느 정도는 관계가 있는 것처럼 보인다. 그러나 여기에도 또한 차이가 있다. 사회성 지능은 어떤 결과, 어떤 목적으로든 다른 사람을 이해하고 그들과 잘 지내는데 적용된다. 지혜는 이해관계의 균형을 통해 공통적 가치를 추구한다. 따라서 쓸모없는 상품을 고객에게 팔 수 있는 방법을 생각하고 있는 영업사원은 고객의 요구를 이해하는데 사회성 지능을 이용함으로써 그렇게 할 수 있지만, 그 과정에 지혜를 적용하지 않는다. 감성 지능은 감성을 이해하고, 판단하며, 조절하는 것과 관계있다. 이들 기능은 지혜의 중요한 요소이다. 그러나 지혜로운 결정을 내리는 데는 감성을 이해하고 판단하며 조절하는 것 이상이 필요하다. 지혜로운 결정은 이해관계의 균형을 이루고 공통적 가치를 획득할 수 있도록 정보자료를 효과적으로 이용하기 위한 판단을 고안하는 정보자료 처리를 요구한다. 더 나아가 지혜는 대인 관계적 지능과 인간 내적 지능의 균형을 요구하면서, 동시에 인간 외적 요소에 대한 이해와 공통 가치의 획득을 위해 이들 세 요소들의 균형을 필요로 한다. 따라서 지혜는 이들 이론적으로 구분되는 두 종류의 지능 또한 어느 정도 초월하는 것처럼 보인다. 아마 구성요소들 간 가장 두드러진 차이는 지혜가 공통적 가치를 산출하는 것으로 인식된 목적을 향해 적용되는데 반하여 다양한 종류의 지능은 적어도 관계자들 중 일부를 위해 의도적으로 좋은 목적을 향하거나 나쁜 목적을 향해 적용될 수 있다는 점이다. 흥미롭게도, 여기서 제안된 지혜의 개념은 지능에 대한 미국인의 개념보다는 중국인의 개념에 매우 가깝다(Yang & Sternberg, 1997a, b). 사실 중국에서 지능의 특징을 이야기하는데 이용되는 단어 중 하나는 지혜의 특징을 이야기하는데 이용되는 단어와 같다.

지혜를 측정하는(측정하지 않는) 문제

실험적 연구 특히 발테스와 그의 동료들의 연구에서 지혜를 측정하는데 사용된 문제를 본 사람이라면, 그는 적어도 여기서 제안된 균형 이론에 따라 그들이 지혜를 어느 정도까지 측정했는지 평가할 수 있다. 인생 설계 과제(Baltes et al., 1995)는 지혜를 측정하는데 뛰어난 과제로 그것은 자신의 이해관계와 관계되지만 보통 자신이 깊은 관심을 두는 다른 사람에 대한 이해와 그 사람이 현재 살고 있고 앞으로 살게 될 배경들 역시 고려할 수 있기 때문이다. 사람이 자신의 절친한 친구가 전화를 걸어 자살하고 싶다고 말했을 때 무엇을 해야 하는지 결정해야 하는 과제(Staudinger & Baltes, 1996)도 또한 다른 사람의 이해관계가 관계되고, 자신이 관련되어 혹시 친구가 자살을 포기하도록 설득하는데 실패할 수 있다는 점에서 자신의 이해관계가 포함되며 또한 예상치 못한 전화통화라는 배경 속에서 행동의 어려움이 관계된다. 유사하게, 임신한 14세의 소녀나 당장 결혼을 원하는 16세의 소년을 상담하는 일(Baltes & Smith, 1990)은 둘 다 상담을 받는 사람의 이해관계와 그들 삶과 관련된 다른 사람들 그리고 조언이 잘못되었을 때 이에 따른 비용의 균형을 잡는 일이 관계된다.

아마도 여기에서 제안된 균형이론의 관점에서 지혜를 측정하는 가장 이상적인 문제는 복합적인 분쟁 해결 문제로, 다중 이해관계의 충돌과 이들 이해관계를 중재할 수 있는 명확한 해결책이 없는 상황 하에 판단의 형성과 관계된다(Sternberg & Dobson, 1987; Sternberg & Soriano, 1984). 예를 들어, 사람은 시어머니가 아들 부부와 같이 살아야 하는지에 대한 부부간의 분쟁을 해결하는 방법에 대해 질문을 받을 수 있다. 그와 같은 문제는 실용적 지능의 한 측면을 측정하고 스턴버그와 돕슨(Sternberg & Dobson, 1987)은 분쟁을 조정하는 전략은 심지어 고수준의 학문적 지능이 연관된 것을 발견했다. 이와 같은 문제와 관련하여, 발테스와 그의 동료들(Smith, Staudinger, & Baltes, 1994)이 임상 심리학자들이 지혜와 관계된 과제에 특히 능숙하다는 사실을 발견한 것은 이해할 수 있다. 지혜 관련 과제에 능숙할 것으로 기대되는 다른 집단은 경험이 풍부한 외교관과 그 밖의 협상가들로, 그들은 분쟁 중인 국가들이 그들의 의견 차이에 대한 해결에 도달하도록 도움을 주었다.

지혜의 부분은 어떤 행동 방향이 다양한 이해관계의 균형을 잘 이루는지를 결정할 뿐만 아니라 누구의 이해관계가 위협을 받고 있고 어떤 배경적 요소 하에서 사람이 활동 중인지를 결정한다. 고수준의 지혜가 표현되기 위해서 관련된 모든 이해 당사자들이 식별될 필요가 있다. 따라서 어떤 형태의 지혜는 경영자와 노동조합 사이의 분쟁을 해결하는데 관련될 수 있는데 그것의 해결 방식은 양쪽에 공평한 이익을 제공하는 것이다. 하지만 더 고수준의 지혜는 다른 당사자들의 이해관계도 관련되는데 주주들과 고객을 포함한 그 조직 주변에서 생활하는 사람과 아마도 그 밖의 다른 사람들도 역시 고려해야 할 필요가 있다.

앞에서 기술한 측정에 대한 암묵적 지식 접근법은 지혜를 측정하는 하나의 유용한 방법을 제공할 수 있다. 그러나 정확한 문제는 우리가 실용적 지능을 측정하는데 사용한 문제와 다를 것이다. 특히, 문제들은 단지 자신의 이익과 함께 다양한 인간 내재적(성찰적), 대인 관계적(인간 친화적), 인간 외적 이해관계를 극대화시키는 해답이 관계된다. 그러므로 이해관계는 더 크고 더 복잡한데 서로 다른 많은 이해 당사자들이 관련되어 있기 때문이다. 우리의 현재 연구에서, 우리는 이런 유형의 암묵적 지식 문제를 지혜와 그것이 다른 구성요소와 갖는 관계성을 평가하는데 이용했다.

우리가 앞에서 언급했던 문제나 발테스와 그의 동료들이 사용했던 문제와 대조적으로, 지능에 대한 스탠퍼드-비네(Thorndike, Hagen, & Sattler, 1986)나 웩슬러(Wechsler, 1991)와 같은 전통적 측정에서 나타나는 일반적인 문제는, 균형 이론에 따르면, 지혜의 측정이 미약하거나 전혀 이루어지지 않는다. 이들 전통적 지능검사 문제와 앞에서 거론된 지혜를 측정하는 종류의 문제들 사이에는 명백한 유사점이 없다. 심지어 그들이 다양한 영역에서 사고를 측정할 때조차, 그들은 전형적으로 환경에 적응하거나, 환경을 변형 또는 선택하려는 목적으로 인간 내재적(자성적), 대인 관계적(인간 친화적), 인간 외적 이해관계에 대한 판단들이 균형을 이루는 것과 관계가 없다. 유사하게, 지혜를 측정하는 문제들과 창의성을 측정하는 문제들 사이에 심리 측정학적 관점(예: Torrance, 1974)에 따르거나 또는 체계 관점(예: Sternberg & Lubart, 1995)에 따르면 명백한 유사성이 거의 없다. 예를 들어, 지혜와 관련된 문제는 예외적인 종이클립 사용법을 찾는 것이나 창의적인 짧은 이야기를 만드는 것, 또는 창의적인 그림을 그리거나 창의적인 과학적 실험이나 설명을 발견하는 것들 중 어느 것과도 거리가 멀어 보인다.

비록 지혜 문제들이 전통적 지능검사에서 볼 수 있는 문제들과 거리가 멀어 보이더라도, 사람들의 지혜에 대한 함축적 이론들은 지능에 대한 함축적 이론에 더 가까우며, 사람들은 대체로 지혜로운 사람이 지능도 높을 것으로 생각한다. 같은 관계가 정도는 약하지만 창의성에 대해서도 성립된다(Sternberg, 1985b). 지혜와 관련된 과제에 대한 점수 또한 지능을 측정하는 과제에 대한 점수와 중첩되고 성격을 측정하거나 사고 유형 측정과 같은 다른 능력 측정과도 중첩된다(Staudinger, Lopez, & Baltes, 1997). 예를 들어, 발테스와 그의 동료들이 검사하여 지혜가 높다고 판정한 전문적 임상 심리학자들과 같은 집단은 IQ도 높을 것으로 기대할 수 있다. 하지만, IQ가 높은 다른 집단(예: 전문적 물리학자나 수학자)이 필연적으로 현명할 것인지(그리고 물론 그들은 현명할 수도 있는데 단지 우리가 아직 이점에 대해 모를 수도 있다)는 알지 못한다, 나이든 성인이 지혜와 관련된 과제를 청년들만큼 잘 수행한다(예: Staudinger, Smith, & Baltes, 1992)는 증거는 지혜가 지능과 동조하는 한 그것은 유동적 능력보다 결정적 능력에 더 밀접하게 동조한다는 사실을 제안한다(Cattell, 1971).

결론

현실 세계에서 지혜가 기능하는 방법에 관한 내용과 심리학에서 개인적 차이의 변인으로서 더 많은 사실이 아직 알려지지 않았다. 다른 종류의 잠재능력이 적어도 부분적으로 유전적인 것처럼 보이는 한, 지혜에 대한 잠재력도 부분적으로 유전적이라고 추측하는 것이 마치 사실일 것 같다(Sternberg & Grigorenko, 1997b). 그러나 지혜에 필수적인 암묵적 지식은 환경적으로 획득되어야 하고, 따라서 유전적 요소는 지혜의 발전에 단지 필요조건이 될 수 있으나 충분조건은 결코 될 수 없다(실제로, 능력들은 항상 어떤 환경적 배경과 상호작용이나 공변량 속에서 자신을 나타내기 때문에, 어떤 능력에 대해서도 같은 내용을 주장할 수 있다). 더 중요하게 보이는 것은 사람이 가지고 있는 경험의 종류와 그가 그 경험들로부터 학습한 내용이다. 지혜의 발달과 표현은 또한 부분적으로 경향성이 있는 것처럼 보이는데 사람이 지신의 암묵적 지식을 단지 자신만의 이익만을 위해서가 아니라 다른 사람의 이익과 환경의 균형적 이익을 위해 사용하기를 원한다는 결정과 관계된다.

개인차 변수들과 지혜 그리고 학문적 지능(academic intelligence, AI)은 "다른 냄비 속에 있는 생선들" 즉 별개의 것일 수 있다는 사실을 암시하는 하나의 증거가 있다. 우리는 IQ가 지난 몇 세대에 걸쳐 상당히 높아졌다는 사실을 알고 있다(Flynn, 1987; Neisser, 1998).[6] 비록 결정적 능력에서 보다 유동적 능력에서 향상이 더 컸지만, IQ 향상은 결정적 능력과 유동적 능력 모두에서 나타났다. 아직 전 세계 민족들이 지혜에서 어떤 향상을 보였는지 분간하기는 어렵다. 물론 수차에 걸쳐 수행된 검사는 다른 사실을 나타낼 수 있다. 하지만 전 세계의 분쟁 수준은 완화되는 조짐이 전혀 없으며 이전에 조용하던 많은 지역에서 최근 분쟁이 격화되고 있다(구 유고연방에서처럼). 그래서 전문가로서 심리학자들은 지혜의 측정과 이론의 구상 및 이론에 근거한 지혜의 측정을 더 심각하게 다루어야 할 시기가 온 것 같다. 비록 이 분야에 많은 연구들이 존재하지만, 연구의 양은 지능에 대한 연구 양에 비하면 왜소해 보인다. 그리고 아마도 우리는 심지어 사람들이 지능을 발달시키도록 이끄는 방법에 대해 우리가 수십 년간 생각해 왔던 만큼 사람들의 지혜를 발달시키도록 이끌 수 있는 경험들을 만들어 낼 수 있는 방법에 대해서도 생각해야 할 필요가 있다(Perkin & Grotzer, 1997).

---

6) (옮긴이 주) 이 현상을 플린 효과(Flynn effect)라고 한다. 현 세대가 전 세대보다 지능이 향상되었다는 것이고 또 교육도 많이 받고 있는데 교육이 사람을 더 똑똑하게 만든다는 이론과도 관련이 있는 설명이다(Flynn, J. R., (2007). *What is Intelligence?* New York: Cambridge University Press.)

이론적 관점에서, 지혜는 전통적 방식으로 정의되는 지능 및 창의성과는 확연히 구분된다. 삼원이론의 관점에서(Sternberg, 19865a), 지혜는 주로 실용적 지능에서 유도되고, 전통적 지능은 주로 분석적 지능에서 나오며, 창의성은 주로 창의적 지능에서 발생된다. 지능의 세 가지 측면은 통계적으로도 구별된다(Sternberg, 1997a). 지적 자치 이론(theory of mental self-government, Sternberg, 1997b)의 관점에서 지혜는 주로 비평적(판단적인, 평가적인) 양식에서 나오며, 전통적 지능은 주로 집행적(실행하는, 집행하는) 양식에서, 창의적 지능은 주로 입법적(창의적, 반항적) 양식에서 나온다. 현명한 사람은 지식을 주로 어떤 분야의 배경 속에서 문제에 대한 판단의 균형을 이루는데 이용하는 반면 창의적인 사람은 일반적으로 지식을 주로 어떤 영역을 확장하는데 이용하며 종종 그 방식이 결정적으로 균형이 맞지 않고 극단적이다. 전통적인 개념으로 지적인 사람은 전통적인 배경 강화 영역들(통상적 지능검사에 추상적 추론 문항의 추가에서 볼 수 있는 것처럼)로부터 가능한 가장 추상적 지식을 사용하는 능력을 나타내는 사람이다. 성격의 관점에서, 지혜로운 사람은 모호성을 해결하려고 하는데 반해 전통적인 개념에서 지적인 사람은 모호성이 적거나 전혀 존재하지 않는 문제에서 뛰어난 사람이다(그리고 따라서 정오(正誤)에 의해 "객관적"으로 평가될 수 있다). 창의적인 사람은 종종 모호성을 만들어 내거나 적어도 모호성에 관대해야 한다(창의성의 투자이론에 따라 –Sternberg & Lubart, 1995).

지혜가 지능의 특수한 부분이라면 지능과 지혜는 밀접하게 연관되어 있다. 세상이 혼란에 빠져 있기 때문에 아마 우리는 학교에서 단지 지식에 기반을 둔 발전이나 그것이 넓거나 또는 좁게 정의되었는지와 상관없이 심지어 지능의 개발에만 관심을 두지 않을 필요가 있을 것이다. 아마 우리는 우리의 주의를 지혜의 발달로 돌려야 할 것이다. 우리가 지혜를 무시한다면 인류는 생존(生存)에서 위험을 각오(peril)해야 한다.

헌사

이 연구를 지원해 준 유관 기관에 감사한다: Javits Act program(Grant No. R206R950001). 미국 교육부 산하의 교육 연구와 개선청. 그러나 이 연구가 미국 정부의 정책이나 태도를 반영하는 것은 아니다.

참고 문헌

Arlin, P. K. (1990). Wisdom: the art of problem finding. In R. J. Sternberg (Ed.), *Wisdom: Its nature, origins, and development* (pp. 230–243). New York: Cambridge University Press.

Baltes, P. B. (1993). The aging mind: Potential and limits. *The Gerontologist*, *33*, 580–594.

Baltes, P. B. (in preparation). *Wisdom: The orchestration of mind and virtue*. Boston: Blackwell.

Baltes, P. B., & Smith, J. (1987, August). *Toward a psychology of wisdom and its ontogenesis*. Paper presented at the Ninety–Fifth Annual Convention of the American Psychological Association, New York.

Baltes, P. B., & Smith, J. (1990). Toward a psychology of wisdom and its ontogenesis. In R. J. Sternberg (Ed.), *Wisdom: Its nature, origins, and development* (pp. 87–120). New York: Cambridge University Press.

Baltes, P. B., Smith, J., & Staudinger, U. M. (1992). Wisdom and successful aging. In T. Sonderegger (Ed.), *Nebraska Symposium on Motivation* (Vol. 39, pp. 123–167). Lincoln, NE: University of Nebraska Press.

Baltes, P. B., & Staudinger, U. M. (1993). The search for a psychology of wisdom. *Current Directions in Psychological Science*, *2*, 75–80.

Baltes, P. B., Staudinger, U. M., Maercker, A., & Smith, J. (1995). People nominated as wise: A comparative study of wisdom–related knowledge. *Psychology and Aging*, *10*, 155–166.

Basseches, J. (1984). *Dialectical thinking and adult development*. Norwood, NJ: Ablex.

Birren, J. F., & Fisher, L. M. (1990). The elements of wisdom: overview and integration. In R. J. Sternberg (Ed.), *Wisdom: Its nature, origins, and development* (pp. 317–332). New York: Cambridge University Press.

Brand, C. (1996). *The g factor: General intelligence and its implications*. Chichester, UK: Wiley.

Cantor, N., & Kihlstrom, J. F (1987). *Personality and social intelligence*. Englewood Cliffs, NJ: Prentice–Hall.

Carroll, J. B. (1993). *Human cognitive abilities: A survey of factor-analytic studles*. New York: Cambridge University Press.

Cattell, R. B. (1971). *Abilities: Their structure, growth, and action*. Boston: Houghton Mifflin.

Chi, M. T. H., Glaser, R., & Farr, M. J. (Eds.). (1988). *The nature of expertise*. Hillsdale, NJ: Erlbaum.

Clayton, V. (1975). Erickson's theory of human development as it applies to the aged: Wisdom as contradictory cognition. *Human Development*, *18*, 119–128.

Clayton, V. (1976). *A multidimensional scaling analysis of the concept of wisdom*. Unpublished doctoral dissertation, University of Southern California.

Clayton, V. (1982). Wisdom and intelligence: The nature and function of knowledge in the later years. *International Journal of Aging and Development*, *15*, 315–321.

Clayton, V., & Birren, J. E. (1980). The development of wisdom across the life–span: A reexamination of an ancient topic. In P. B. Baltes & O. G. Brim (Eds.), *Life-span development and behavior* (Vol. 3, pp. 103–135). New York: Academic Press.

Csikszentmihalyi, M. (1988). Society, culture, and person: A systems view of creativity. In R. J. Sternberg (Ed.), *The nature of creativity* (pp. 325–339). New York: Cambridge University Press.

Csikszentmihalyi, M. (1996). *Creativity*. New York: Harper–Collins.

Csikszentmihalyi, M., & Rathunde, K. (1990). The psychology of wisdom: an evolutionary interpretation. In R. J. Sternberg (Ed.), *Wisdom: Its nature, origins, and development* (pp. 25–51). New York: Cambridge University Press.

Eddy, A. S. (1988). *The relationship between the Tacit Knowledge Inventory for Managers and the Armed Services Vocational Aptitude Battery*. Unpublished master's thesis, St. Mary's University, San Antonio, TX.

Flynn, J. R. (1987). Massive IQ gains in 14 nations. *Psychological Bulletin, 101*, 171–191.

Forsythe, C. B., Hedlund, H., Snook, S., Horvath, J. A., Williams, W. M., Bullis, R. C., Dennis, M., & Sternberg, R. J. (1998, April). *Construct validation of tacit knowledge for military leadership*. Paper presented at the Annual Meeting of the American Educational Research Association, San Diego, California.

Gardner, H. (1983). *Frames of mind: The theory of multiple intelligences*. New York: Basic Books.

Getzels, J., & Csikszentmihalyi, M. (1976). *The creative vision: A longitudinal study of problem finding in art*. New York: Wiley–Interscience.

Goleman, D. (1995). *Emotional intelligence*. New York: Bantam Books.

Hartshorne, C. (1987). *Wisdom as moderation: A philosophy of the middle way*. Albany: State University of New York Press.

Hegel, C. W. F. (1931). *The phenomology of the mind* (2nd ed.; J. D. Baillie, Trans). London: Allen & Unwin. (Original work published 1807).

Heider, F. (1958). *The psychology of interpersonal relations*. New York: Wiley.

Hoffman, R. R. (Ed.). (1992). *The psychology of expertise: Cognitive research and empirical AI*. New York: Springer–Verlag.

HolLiday, S. C., & Chandler, M. J. (1986). *Wisdom: Explorations in adult competence*. Basel, Switzerland: Karger.

Horn, J. L. (1994). Theory of fluid and crystallized intelligence In R. J. Sternberg (Ed.), *The encyclopedia of human intelligence* (Vol. 1, pp. 443–451). New York: Macmillan.

Horn, J. L., & Cattell, R. B. (1966). Refinement and test of the theory of fluid and crystallized intelligence. *Journal of Educational Psychology, 57*, 253–270.

Horvath, J. A., Sternberg, R. J., Forsythe, C. B., Sweeney, P. J., Bullis, R. C., Williams, W. M., & Dennis, M. (1996). *Tacit knowledge in military leadership: Supporting instrument development* (Technical Report 1042). Alexandria, VA: U.S. Army Research Institute for the Behavioral and Social Sciences.

Jensen, A. R. (1993). Test validity: *g* versus "tacit knowledge," *Current Directions in Psychological Science, 1*, 9–10.

Jensen, A. R. (1998). *The g factor: The science of mental ability*. Westport, CT: Praeger/Creenwoood.

Kitchener, K. S. (1983). Cognition, metacognition, and epistemic cognition: A three-level model of cognitive processing. *Human Development*, *4*, 222–232.

Kitchener, K. S. (1986). Formal reasoning in adults: A review and critique. In R. A. Mines & K. S. Kitchener (Eds.), *Adult cognitive development*. New York: Praeger.

Kitchener, K. S., & Brenner, H. C. (1990). Wisdom and reflective judgment: Knowing in the face of uncertainty. In R. J. Sternberg (Ed.), *Wisdom: Its nature, origins, and development* (pp. 212–229). New York: Cambridge University Press.

Kitchener, K. S., & Kitchener, R. F (1981). The development of natural rationality: Can formal operations account for it? In J. Meacham & N. R. Santilli (Eds.), *Social development in youth: Structure and content*. Basel, Switzerland: Karger.

Kohlberg, L. (1969). Stage and sequence: The cognitive-developmental approach to socialization. In G. A. Goslin (Ed.), *Handbook of socialization theory and research* (pp. 347–380). Chicago: Rand McNally.

Kohlberg, L. (1983). *The psychology of moral development*. New York: Harper & Row.

Kramer, D. A. (1990). Conceptualizing wisdom: The primacy of affect-cognition relations. In R. J. Sternberg (Ed.), *Wisdom: Its nature, origins, and development* (pp. 279–313). New York: Cambridge University Press.

Labouvie-Vief, G. (1980). Beyond formal operations: Uses and limits of pure logic in life span development. *Human Development*, *23*, 141–161.

Labouvie-Vief, C. (1982). Dynamic development and mature autonomy. *Human Development*, *25*, 161–191.

Labouvie-Vief, C. (1990). Wisdom as integrated thought: Historical and developmental perspectives. In R. J. Sternberg (Ed.), *Wisdom: Its nature, origins, and development* (pp. 52–83). New York: Cambridge University Press.

Mayer, J. D., & Salovey, P. (1993). The intelligence of emotional intelligence. *Intelligence*, *17*, 433–442.

Meacham, J. (1990). The loss of wisdom. In R. J. Sternberg (Ed.), *Wisdom: Its nature, origins, and development* (pp. 181–211). New York: Cambridge University Press.

Neisser, U. (1979). The concept of intelligence. In R. J. Sternberg & D. K. Detterman (Eds.), *Human intelligence: Perspectives on its theory and measurement* (pp. 179–189). Norwood, NJ: Ablex.

Neisser, U. (Ed.). (1998). *The rising curve*. Washington, DC: American Psychological Association.

Orwoll, L., & Perlmutter, M. (1990). The study of wise persons: Integrating a personality perspective. In R. J. Sternberg (Ed.), *Wisdom: Its nature, origins, and development* (pp. 160–177). New York: Cambridge University Press.

Pascual-Leone, J. (1990). An essay on wisdom: Toward organismic processes that make it possible. In R. J. Sternberg (Ed.), *Wisdom: Its nature, origins, and development* (pp. 244–278). New York: Cambridge University Press.

Perkins, D. N., & Crotzer, T. A. (1997). Teaching intelligence. *American Psychologist*, *52*, 1125–1133.

Piaget, J. (1972). *The psychology of intelligence*. Totowa, NJ: Littlefield-Adams.

Polanyi, M. (1976). Tacit knowledge. In M. Marx & F Coodson (Eds.), *Theories in contemporary psychology* (pp. 330–344). New York: Macmillan.

Ree, M. J., & Earles, J. A. (1993). g is to psychology what carbon is to chemistry: A reply to Sternberg and Wagner, *McClelland, and Calfee, Current Directions in Psychological Science*, *1*, 11–12.

Riegel, K. F. (1973). Dialectical operations: The final period of cognitive development. *Human Development*, *16*, 346–370.

Robinson, D. N. (1990). Wisdom through the ages. In R. J. Sternberg (Ed.), *Wisdom: Its nature, origins, and development* (pp. 13–24). New York: Cambridge University Press.

Rosch, F. (1975). Cognitive representations of semantic categories. *Journal of Experimental Psychology: General*, *104*, 192–233.

Ryle, C. (1949). *The concept of mind*. London: Hutchinson.

Salovey, ft, & Mayer, J. D. (1990). Emotional intelligence. *Imagination, Cognition, and Personality*, *9*, 185–211.

Schmidt, F L., & Hunter, J. F. (1993). Tacit knowledge, practical intelligence, general mental ability, and job knowledge. *Current Directions in Psychological Science*, *1*, 8–9.

Smith, J., & Baltes, P. B. (1990). Wisdom-related knowledge: Age/cohort differences in response to life-planning problems. *Developmental Psychology*, *26*, 494–505.

Smith, J., Staudinger, U. M., & Baltes, P. B. (1994). Occupational settings facilitating wisdom-related knowledge: The sample case of clinical psychologists. *Journal of Consulting and Clinical Psychology*, *66*, 989–999.

Staudinger, U. M., & Baltes, P. B. (1994). Psychology of wisdom. In R. J. Sternberg (Ed.), *Encyclopedia of human intelligence* (Vol. 2, pp. 1143–1152). New York: Macmillan.

Staudinger, U. M., & Baltes, P. M. (1996). Interactive minds: A facilitative setting for wisdom-related performance? *Journal of Personality and Social Psychology*, *71*, 746–762.

Staudinger, U. M., Lopez, D. F, & Baltes, P. B. (1997). The psychometric location of wisdom-related performance: Intelligence, personality, and more? *Personality & Social Psychology Bulletin*, *23*, 1200–1214.

Staudinger, U. M., Smith, J., & Baltes, P. B. (1992). Wisdom-related knowledge in life review task: Age differences and the role of professional specialization. *Psychology and Aging*, *7*, 271–281.

Sternberg, R. J. (1985a). *Beyond IQ: A triarchic theory of human intelligence*. New York: Cambridge University Press.

Sternberg, R. J. (1985b). Implicit theories of intelligence, creativity, and wisdom. *Journal of Personality and Social Psychology*, *49*, 607–627.

Sternberg, R. J. (1990a). *Metaphors of mind*. New York: Cambridge University Press.

Sternberg, R. J. (Ed.). (1990b). *Wisdom: Its nature, origins, and development*. New York: Cambridge University Press.

Sternberg, R. J. (1990c). Wisdom and its relations to intelligence and creativity. In R. J. Sternberg (Ed.), *Wisdom: Its nature, origins, and development* (pp. 142–159). New York: Cambridge University Press.

Sternberg, R. J. (1997a). *Successful intelligence*. New York: Plume.

Sternberg, R. J. (1997b). *Thinking styles*. New York: Cambridge University Press.

Sternberg, R. J. (1998a). A balance theory of wisdom. *Review of General Psychology*, *2*, 347–365.

Sternberg, R. J. (1998b). The dialectic as a tool for teaching psychology. *Teaching of Psychology*, *25*(3), 177–180.

Sternberg, R. J. (Ed.). (1999). *The nature of cognition*. Cambridge, MA: MIT Press.

Sternberg, R. J., Conway, B. F., Ketron, J. L., & Bernstein, M. (1981). People's conceptions of intelligence. *Journal of Personality and Social Psychology*, *41*, 37–55.

Sternberg, R. J., & Dobson, D. M. (1987). Resolving interpersonal conflicts: An analysis of stylistic consistency. *Journal of Personality and Social Psychology*, *52*, 794–812.

Sternberg, R. J., Ferrari, M., Clinkenbeard, P. R., & Grigorenko, E. L. (1996). Identification, instruction, and assessment of gifted children: A construct validation of a triarchic model. *Gifted Child Quarterly*, *40*, 129–137.

Sternberg, R. J., & Frensch, P. A. (1989). A balance-level theory of intelligent thinking. *Zeitschrift für Pädagogische Psychologie*, *3*, 79–96.

Sternberg, R. J., & Grigorenko, E. L. (1997a). The cognitive costs of physical and mental ill-health: Applying the psychology of the developed world to the problems of the developing world. *Eye on Psi Chi*, *2*, 20–27.

Sternberg, R. J., & Grigorenko, E. L. (Eds.). (1997b). *Intelligence, heredity, and environment*. New York: Cambridge University Press.

Sternberg, R. J., Grigorenko, E. L., Ferrari, M., & Clinkenbeard, P. R. (1999). A triarchic analysis of an aptitude-treatment interaction. *European Journal of Psychological Assessment*, *15*, 1–11.

Sternberg, R. J., & Kaufman, J. C. (Eds.). (in press). *The evolution of intelligence*. Mahwah, NJ: Lawrence Erlbaum Associates.

Sternberg, R. J., & Lubart, T. I. (1995). *Defying the crowd: Cultivating creativity in a culture of conformity*. New York: Free Press.

Sternberg, R. J., & Powell, J. S. (1983). The development of intelligence. In P. H. Mussen (Series Ed.), J. Flavell & F. Markman (Volume Eds.), *Handbook of child psychology* (Vol. 3, 3rd ed., pp. 341–419). New York: Wiley.

Sternberg, R. J., & Smith, C. (1985). Social intelligence and decoding skills in nonverbal communication. *Social Cognition*, *2*, 168–192.

Sternberg, R. J., & Soriano, L. J. (1984). Styles of conflict resolution. *Journal of Personality and Social Psychology*, *47*, 115–126.

Sternberg, R. J., & Wagner, R. K. (1993). The g-ocentric view of intelligence and job performance is wrong. *Current Directions in Psychological Science*, *2*, 1–5.

Sternberg, R. J., Wagner, R. K., & Okagaki, L. (1993). Practical intelligence: The nature and role of tacit knowledge in work and at school. In H. Reese & J. Puckett (Eds.), *Advances in lifespan development* (pp. 205–227). Hillsdale, NJ: Erlbaum.

Sternberg, R. J., Wagner, R. K., Williams, W. M., & Horvath, J. A. (1995). Testing common sense. *American Psychologist*, *50*, 912–927.

Thorndike, R. L., Hagen, F. ft, & Sattler, J. M. (1986). *Stan ford-Binet Intelligence Scale* (4th ed.). Itasca, IL: Riverside.

Torrance, E. P. (1974). *Torrance tests of creative thinking: Technical-norms manual*. Bensenville, IL: Scholastic Testing Services.

Valsiner, J., & Leung, M.-C. (1994). From intelligence to knowledge construction: A sociogenetic process approach. In R. J. Sternberg & R. K. Wagner (Eds.), *Mind in context* (pp. 202–217). New York: Cambridge University Press.

Wagner, R. K. (1987). Tacit knowledge in everyday intelligent behavior. *Journal of Personality and Social Psychology*, *52*, 1236–1247.

Wagner, R. K., & Sternberg, R. J. (1985). Practical intelligence in real-world pursuits: The role of tacit knowledge. *Journal of Personality and Social Psychology*, *49*, 436–458.

Webster's New World College Dictionary (3rd ed.). (1997). New York: Simon & Schuster.

Wechsler, D. (1991). *Wechsler Intelligence Scale for Children* (3rd ed.). San Antonio, TX: The Psychological Corporation.

Yang, S. (in preparation). Implicit theories of wisdom and intelligence in Chinese people in Taiwan.

Yang, S., & Sternberg, R. J. (1997a). Conceptions of intelligence in ancient Chinese philosophy. *Journal of Theoretical and Philosophical Psychology*, *17*, 101–119.

Yang, S., & Sternberg, R. J. (1997b). Taiwanese Chinese people's conceptions of intelligence. *Intelligence*, *25*, 21–36.

Yussen, S. R. (1977). Characteristics of moral dilemmas written by adolescents. *Developmental Psychology*, *13*, 162–163.

제 14 장

지능과 지적 발달 장애*1)

Douglas K. Detterman
(Cleveland, Case Western Reserve 대학교 심리학과 교수)
Lynne T. Gabriel
(Clevrland, Case Western Reserve 대학교 심리학과 교수)
Joanne M. Ruthsatz
(Cleveland, Case Western Reserve 대학교 심리학과 교수)

상처가 있다면 치유를 해야 하고 의사는 치료하는 방법을 알고 있으며 하나님은 상처와 치유의 의미를 깨닫게 하시지.

— 영화 ≪코넬리의 만돌린≫의 대사 중에서

지능과 지적 발달 장애: 과거, 현재, 미래

새로운 세기를 맞이한 이 시기에 적절하게 재검토해야 할 주제가 있는 것 같다. 우리는 어디에서 왔고 어디로 가고 있는 것인가? 특히 지적 발달 장애와 지능에 관한 진실을 살

---

* Intelligence and Mental Retardation

1) (옮긴이 주) 옮긴이는 이 글의 저자들이 특수교육 전공자가 아니라 심리학 교수들이고 동시에 심리학과 특수교육 간의 학제적 접근과 분석, 담론이 요구되는 주제라는 점을 발견할 수 있었다.

펴봐야 할 것이다. 지금까지 특정 분야에서 연구를 해 왔던 사람들은 그들이 살아온 세기 동안 지적 발달 장애와 관련된 노력에서 어떤 성과들을 달성했는가? 지적 발달 장애 연구를 지능의 본질을 이해 속에서 진행하여 왔는가? 이런 연구들은 지적 발달 장애를 이해하는 데 도움이 되었는가?

지적 발달 장애 분야에서 일하는 사람들과 매일의 발전을 지켜보는 사람들(교육자들)에게는 성과가 거의 없는 것처럼 보인다. 우리는 여전히 지적 발달 장애와 지능의 관계를 거의 이해하지 못하고 있다. 지적 발달 장애를 치료할 수 있는 방법은 없는 것이다. 그러나 비관론은 단순히 제한된 비전의 기능일 뿐이다. 우리는 현재를 바라보면서 과거의 시각을 잃었다. 아마도 단기간의 여행으로 보다 먼 지평선을 볼 수 있다면 이것은 보다 최적의 그림을 제공할 것이다.

이 장에서는 지적 발달 장애 관련 연구 동향에 관한 몇 가지 분야를 검토하고 이러한 질문에 답을 제공하는 이론을 검토할 것이다. 먼저 지적 발달 장애의 정의에 대해 살펴보고 어떻게 변화해 왔는지를 고찰할 것이다. 둘째는 인지의 처리과정이라는 용어로 지적 발달 장애를 이해하였던 기존 연구들을 검토할 것이다. 마지막으로 지적 발달 장애를 중재하고자 하는 시도에 관한 응용 연구의 샘플을 고려할 것이다.

지적 발달 장애의 정의

지적 발달 장애에 관한 연구는 지능의 연구에 국한되어 있다. 이것은 과거 수 십 년 동안 관련 연구자들이 지적 발달 장애가 일반적인 지능을 이해하는데 공헌해 왔음을 인정하는데서 비롯되었다. 심지어 오늘날 지능을 연구하는 소수의 연구자들은 지적 발달 장애를 일반적인 지능이론에 의해 설명할 필요가 없는 특별한 사례로 간주하고 있다. 실제로 지능은 지적 발달 장애의 정의에 있어서 핵심 요소이다. 지능검사는 지적 발달 장애를 정의하는 데 있어서 정확한 진단 준거(diagnostic criterion)[2]를 제공한다.

데터만(Detterman, 1983, 1987)은 일반 지능 이론과 지적 발달 장애의 정의에 관한 연구의 영향을 논의할 때 지적 발달 장애 연구의 역사에 있어서 세 단계가 있었음을 제시했다. 이 부분을 각 단계별로 지적 발달 장애의 정의에 대한 단계와 논의로 설명할 것

2) (옮긴이 주) 일반적으로 판단, 평가, 분류, 진단을 하는 경우에 하나의 내재적인 기준을 말한다. 둘째, 아주 특수하게는 설정된 목표 갖춤새(set)에서 성취 수준 상에서 발전(향상)이 있었다고 판단되는 경우, 학습의 표상으로서 학습 연구에 사용(예: 오류의 감소, 속도, 표적(목표)에 도달이나 해결하는 반응 양태). 셋째, 추리 통계상으로는 종속 변인이다.

Reber, A. S., (1995). *Dictionary of Psychology*. New York: Pennguin Books, 173.

이다. 그리고 과학 공동체의 변화된 지식으로서 정의가 어떻게 변화되어 왔는지 그 동향에 관해 초점을 맞출 것이다.

첫 번째 단계는 19세기 중반에서 20세기 초반까지 지속되었다.[3] 이 시기 동안에 사람들을 지적 발달 장애로 정의하려는 노력이 있었는데 이것은 정신적으로 병이 있거나 정신적으로 지적 발달 장애된 사람들이 구분되지 않았기 때문이다(Doll, 1962; Scheerenberger, 1987). 1800년대 후반에 지적 발달 장애에 대한 과학적인 연구가 시작되었을 때 비로서 공식적인 정의가 출현하기 시작했다. 특히 두 명의 프랑스 연구자인 이타르(Itard)와 에스퀴롤(Esquirol)은 손상된 정신적 처리 과정(deficient mental processes)이 일상생활에서 요구되는 것들을 수행하지 못하게 한다고 기술했다(Doll, 1962, 1967).

미국에서 비네(Binet) 척도의 소개는 이 영역에 중요한 영향을 끼쳤다. 1910년 초반에 지능이나 IQ의 개념은 지적 발달 장애를 진단하는 중요한 준거가 되었다(Reschly, 1992). 사실 지적 발달 장애에 관한 AAMR의 첫 번째 공식적인 분류기준은 1921년에 발표되었으며 진단 준거로서 비네(Binet)의 IQ를 사용할 것을 강력히 강조하였다. 이런 분류 기준은 지적 발달 장애의 세 가지 수준을 IQ에 의거하여 다음과 같이 제시했다. 즉, 우둔(愚鈍, moron: IQ 50~75), 치우(痴愚, imbecile: IQ 25~50), 그리고 백치(白痴, idiot: IQ 25 이하).

지능검사가 지적 발달 장애를 진단하는데 긍정적인 영향을 주지는 못했다. 지능검사를 사용하기 이전에는 지적 발달 장애를 진단, 판별할 방법이 없었다. 지적 발달 장애인은 종종 끔찍한 조건 하에서 삶의 대부분을 시설에서 살아야 했다. 그 당시에는 이들을 치료 대상으로 다룰 생각을 전혀 하지 못했다. 이런 환경 하에서 IQ 검사의 개발은 지적 발달 장애에 대한 가능성의 새 장을 열었다.

20세기 초반과 2차 세계대전을 거치는 동안 지적 발달 장애에 관한 연구는 두 번째 단계에 이르렀다. 20세기 초반에 대부분의 연구자들은 지적 발달 장애인이 많은 것을 할 수 없다는 확신을 가졌었다. 그들은 학습이나 보다 복잡한 인지적 기량(cognitive skills)

3) (옮긴이 주) 이 장의 저자들의 연락처는 다음과 같다.

Douglas K. Detterman, Department of Psychology, Mather Memorial Building 109, Case Western Reserve University, Cleveland, OH 44106

Lynne T. Gabriel, Department of Psychology, Mather Memorial Building 109, Case Western Reserve University, Cleveland, OH 44106

Joanne M. Ruthsatz, Department of Psychology, Mather Memorial Building 109, Case Western Reserve University, Cleveland, OH 44106 Intelligence and Mental Retardation

을 수행할 수 없을 것이라고 여겨졌다. 이 기간 동안의 관련 연구들은 지적 발달 장애를 가진 사람들이 할 수 있는 것과 할 수 없는 것을 결정하는데 초점을 두었다. 놀랍게도 연구자들은 지적 발달 장애인이 학습과 정보자료를 기억하는 것 등과 같은 과제들을 상당히 많이 수행할 수 있다는 것을 발견했다. 훈련을 통해 지적 발달 장애인은 일상생활에 필요한 많은 과제들을 학습할 수 있었다. 이러한 발견 때문에 돌(Doll, 1934, 1941)에 의해 제시된 정의에서는 지능 보다 사회성을 더 강조하도록 대치되었다. 그러나 사회성의 측정은 표준화된 IQ 검사만큼 중요하게 활용되지 않았고 IQ가 여전히 중요한 진단 기준이었다. 돌(Doll)의 정의는 결코 AAMR에 의해 채택되지 않았으나 이 정의는 1940년대와 50년대에 걸쳐 영향을 주었다(Reschly, 1992).

지적 발달 장애인이 학습과 기억을 할 수 있다는 "현저한" 발견은 연구자들이 지적 발달 장애인의 행동을 평균적인 지능을 가진 사람들의 행동의 연속체로 결론짓게 만들었다(Detterman, 1987). 이론가들에게 이런 연속체의 개념은 도전이었다. 즉, 일반적인 지능의 전체적인 스펙트럼에 대한 고려는 지적 발달 장애라고 불리는 사람들의 지능도 포함하는 것이다. 불행하게도 대부분의 이론가들은 이런 도전을 받아들이지 않았고 지능 이론의 주장은 지적 발달 장애인의 행동을 예견하는데 사용되지 않았다(Detterman, 1987).

지적 발달 장애 연구의 마지막 단계는 2차 세계대전 후반에서 오늘날까지이며 과거에 수행되었던 기술적인 연구들을 바탕으로 지적 발달 장애의 원인을 결정하는데 초점을 두어 왔다. 이 기간 동안 과학적 연구와 자기옹호, 그리고 시민의 권리가 출현했다. 이 기간 동안 진보된 정의 가운데 특히 AAMR(1992)의 정의는 자기옹호(advocacy)를 목적으로 사용된 것이지 연구를 위해서 사용된 것은 아니다(Lukkason, 1992).

1961년의 AAMR 정의의 버전은 지적 발달 장애는 "발달기간에 발생되고,[4] 지적 기능의 평균 이하, 적응 행동의 결함"(Heber, 1992, p. 3)으로 기술되었다. 비록 적응행동이 창의적인 진단이라 할지라도 IQ는 여전히 가장 중요한 진단 준거였는데 그 이유는 적응행동 검사가 표준화되지 않았기 때문이다(Reschly, 1992). 이 시기에 지적 발달 장애의 분류를 5단계로, 즉 경계선급, 경도, 중도, 중도(重度), 최중도(borderline, mild, moderate, severe, and profound)로 구분하였다. 경계선급(borderline)의 진단은 그 전에 인정했던 IQ 상한선인 70~75에서 85 수준으로 IQ 상한선을 확장하였다.

맥밀란(MacMillan)과 레쉬리(Reschly, 1997)는 이런 분류 기준에 두 가지 문제가 있음을 주목했다. 먼저 적응행동과 지능이 진단을 위해서는 필요할지라도 IQ는 앞의 단락에

4) (옮긴이 주) 이러한 이유로 지적 발달 장애로 기술함.

서 언급한 수준을 정의하는데 사용되었다. 둘째, 경계선급 진단은 상당히 논란의 여지가 있다. 전통적인 기준을 사용했을 때 지적 발달 장애인의 수가 전체 인구의 3%인 것에 반해 IQ 85라는 기준을 적용하면 전체 인구수에서 지적 발달 장애인이 약 16%를 차지한다는 것을 의미한다. 경계선급의 범주[5]에서 이런 증가는 소수민족과 낮은 사회경제적 지위(SES)의 사람들을 모두 지적 발달 장애로 포함시키고 있는 것이다(MacMillan & Reschly, 1997).

연구자들은 이런 새로운 기준을 몇 가지 배경에서 비판한다. 중요한 비판은 적응행동 영역의 평가 기준이 없다는 것이다. 종종 임상적인 판단이 공식적인 판단에 반해 사용되기도 한다. 지글러, 발라와 호다프(Zigler, Balla, & Hodapp, 1984)는 신뢰할 수 없는 진단 시스템의 결과로 손상된 적응행동을 진단하는 검사자들 간에 낮은 일치도를 보인다고 제안했다.

적응행동에 대한 또 다른 비판은 클라우센(Clausen, 1967, 1968, 1972)에 의해 제기되었는데 그는 IQ의 중요성을 감소해야 한다면 적응행동의 중요성도 감소해야 한다고 지적했다. 왜냐하면 두 차원은 매우 일치도가 높기 때문에 지적 발달 장애는 여전히 IQ만으로 진단되고 있고 IQ와 적응행동의 조화로 진단되는 것은 아니기 때문이다. 적응행동 검사는 IQ검사 점수의 .60의 일치도를 보인다. 이런 일치도는 두 검사의 일치도가 매우 높다는 것을 의미한다.

1970년대와 1980년대의 AAMR의 정의(Grossman, 1973, 1977, 1983)는 상당한 변화를 수용한 1961년 정의를 약간 수정한 것이다. 1973년도 버전은 지적 발달 장애를 "발달 기간 동안 나타나는(이러한 이유로 지적 발달 장애로 번역함) 심각한 기준 미달의 지능과 함께 적응행동의 결함을 동시에 갖는다."(Grossman, 1973, p. 5)고 정의한다. 심각하게 미달이라는 의미는 -2표준편차를 의미하다(예: IQ 70 이하). 이는 경계선급의 범주를 제거한 전통적인 기준으로 회귀하는 것이다. 또 다른 변화는 적응행동을 논의할 때 "관련되는" 또는 "동시에 존재하는"으로 대체한 것이다. 이런 변화는 비평에 대한 반대론에도 불구하고 적응행동의 중요성을 지능과 동일한 것으로 보았다(Macmillan & Reschly, 1997).

1983년의 정의는 1973년의 정의와 비슷함에도 불구하고 1983년의 정의는 전적으로 IQ 점수를 사용하도록 권장했다. 상한선은 정확하게 70–75 사이였다(Grossman, 1983). 비록 이런 애매한 정의가 엄청난 수의 개인들에게 서비스를 제공하는 사람들에

5) (옮긴이 주) 정상 지능과 지적 발달 장애 분류 기준상으로 경계선 상에 위치하고 있다는 의미. 경계선급 지능.

게는 도움을 줄 수 있을지는 몰라도 지적 발달 장애의 정확한 수를 규명해야 할 필요가 있는 연구자들은 딜레마에 빠졌다. 이런 부정확성은 지적 발달 장애의 범위를 결정하는 것을 어렵게 만들었다(Reschly, 1992).

연구자들이 원하는 정확한 기준은 서비스 제공자들에게도 실질적인 문제로 다가왔다. 보호를 요구하는 법은 특정한 서비스의 공급을 위해 특정한 기준을 정해야 했다. 예를 들어 IQ 50이거나 그 이하인 사람에게 요구되는 서비스는 수용 시설에서 제공하는 서비스가 적절하다고 한다면 IQ 51 이상인 사람들은 이런 서비스를 받을 수 없다. 심지어 서비스 제공자들 사이에서도 수용 시설에서 이득을 얻을 수 있는 사람에 대한 의견이 일치하지 않을 수 있다. 그리고 서비스 제공자들은 몇몇 가지의 선택권만 남길 수도 있다. 서비스 제공자들은 IQ 50이하가 되는 검사를 찾거나 검사의 점수를 조작할 수도 있을 것이다.

1992년에 발표된 AAMR의 정의는 다음과 같다.

> "지적 발달 장애는 현재 기능에 실질적인 제한성이 있는 것을 지칭한다. 지적 발달 장애는 유의하게 평균이하인 지적 기능과 동시에 그와 연관된 적응적 제한성이 두 가지 또는 그 이상의 실제 적응 기술 영역들 즉 의사소통, 자기관리, 가정생활, 사회성 기술, 지역사회 활용, 자기 지시, 건강과 안전, 기능적 학업 교과, 여가, 직업 기술의 영역에서 존재하는 것으로 특징 지워진다. 지적 발달 장애는 18세 이전에 나타난다(Lukkason, 1992, p. 3).

이전의 정의와 다른 가장 명백한 변화는 전반적 적응기술 수준보다는 오히려 특정한 10개의 적응기술 영역을 추가한 것이다. 그러나 적응기술의 문제는 30년 전이나 오늘날이나 여전히 존재하는 문제로 이른바 적응행동을 어떻게 정확하게 평가하는가의 문제이다. 어떤 연구자들은 이런 영역을 활용하는 적응행동의 평가를 위해 정신적 특성을 적절하게 측정할 만한 방법이 없다고 한다(Jacobson & Mulick, 1992, p. 11). 진단을 위해 70-75 범주로 IQ 상한선이 논의된다는 것은 불명확한 일이다. 이런 모호함은 연구 목적을 위해서도 매우 어려운 분류의 쟁점를 만들어 낸다. 연구를 위한 분류와 과학적 관심을 위해 정의의 불명확성은 비판되어 왔다(Belmont & Borkowski, 1994; MacMillan, Gresham, & Siperstein, 1993). 사실 정의는 옹호의 목적으로 디자인되었다(MacMillan & Reschly, 1997). 정의에는 "삐뚤어진 방"이 있다. 지적 발달 장애의 분류는 단일한 검사의 점수보다는 전문가의 판단에 보다 비중을 두어야 한다.

비록 AAMR과 다른 옹호단체가 지적 발달 장애인의 능력에 초점을 맞추고 충분한 지원을 얻을 수 있다고 하더라도 지적 발달 장애의 원인에 관심이 있는 과학적인 연구자들은 다른 방향으로 움직이고, 지적 발달 장애인의 결함이 무엇인가를 발견하기 위해 노력한다. 다시 말해 느슨하게 정의된 지능이 IQ 검사 상에서 수행되는 능력이라면 IQ 검사를 제대로 수행하지 않은 사람은 낮은 지능을 가질 것이다. 아마도 낮은 지능을 가진 사람들은 인지적 능력에 결함을 가지고 있을 것이다. 흥미로운 질문은 정확히 무엇이 결핍되어 있는가이다. 그리고 정상적인 지능을 가진 사람들은 무엇을 할 수 있는가? 그리고 지적 발달 장애인은 무엇을 할 수 없는가이다.

이러한 질문에 대한 해답을 찾기 위해 연구자들은 지적 발달 장애를 가진 사람들의 결함된 처리과정을 발견하기 위해 그들에게 또 다른 정신영역의 모형을 적용했다. 이런 접근을 지적 발달 장애의 결함 모형(deficit model of mental retardation)이라고 불려졌다. 한 때 지적 발달 장애의 처리과정 원인이 발견되었다는 희망과 처리과정의 기능을 개선시키기 위해 적절한 중재가 개발되었다는 것이다. 이런 식으로 지적 발달 장애의 발생률은 중재를 통해 축소될 수 있었고 심지어는 제거되었다. 지적 발달 장애 연구의 두 가지 영역은 기억력과 주의집중이었다.

지적 발달 장애자의 기억

가장 광범위한 지적 발달 장애자의 기억 모형 연구 가운데 하나는 에트킨슨(Atkinson)과 쉬프린(Shiffrin, 1968)의 연구이고, 그리고 와우흐(Waugh)와 노르맨(Norman, 1965)의 기억 모형은 엘리스(Ellis, 1970)에 의해 제시되었다.

엘리스(Ellis)의 기억 모형에서, 정보자료는 단기기억(VSTM; Very Short-Term Memory), 1차 기억(PM), 2차 기억(SM), 3차 기억(TM)이라는 일련의 저장 공간을 통해 저장된다. 저장 공간은 그들의 능력에 의해서, 어떻게 정보자료가 저장 공간으로부터 재빨리 사라지는가에 의해서, 망각이 일어나는 방법에 의해서 정의된다. 정보자료는 지각에 의한 주의집중과 시연이라는 두개의 처리과정의 수단으로 저장 공간 사이를 움직인다. 지각에 의한 주의집중 처리과정은 정보자료가 단기기억(VSTM)으로부터 1차 기억으로 이동하게 한다. 반면에 시연은 1차 기억 속의 정보자료가 쇠퇴하는 것을 막고 2차 기억으로 이동하게 만든다.

이러한 패러다임의 사용으로 연구자들은 기억과제를 수행하는 데 있어서 지적 발달 장애인과 정상인들 사이에서 나타나는 차이의 원인인 기억 저장이나 처리과정을 결정하기 위해 노력했다. 그러나 결함을 생성하는 하나의 저장 공간이나 처리과정을 발견하는 대신 연구자들은 모든 영역에서 결함을 발견했다. 각 기억 저장 공간이나 처리과정을 검사하는 선택적인 연구들은 다음과 같이 재검토 되었다.

단기 기억

단기 기억은 자극의 감각적이고 특정한 표현이고(Ellis, 1970), 비교적 제한적인 기능과 매우 짧은 지속기간을 가지고 있다(Sperling, 1960). 연구자들은 단기기억 과제에서 정상적인 지능연령이나 생활연령을 가진 사람들의 수행과 지적 발달 장애인의 수행을 비교하였다. 일반적으로 사용된 두 가지 유형의 과제는 불완전한 보고(partial report)와 차폐(masking)이다. 불완전한 보고 기술은 자극이 일어난 이후에 자극배열의 부분에 집중하는 다양한 간격의 단서 과제를 포함한다. 이 시간의 간격은 내적 자극 간격이라는 용어로 불린다. 그리고 지적 발달 장애인은 모든 내적 자극 간격에서 보다 느린 통제의 수행을 나타낸다(Friedrich, Likbuman, Craig, & Winn, 1977; Likbuman & Friedrich, 1972; Pennington & Luszcz, 1975). 일반적으로 지적 발달 장애인의 느린 수행은 단기 기억에 결함이 있음을 증명한다(Headrick & Ellis, 1964; Pennington & Luszcz, 1975). 그러나 불완전한 보고의 관련 자료는 전략의 사용이나 사전 학습에 의해 혼동이 될 수도 있다(Ross & Ward, 1978; Sheingold, 1973).

단기기억 연구에 사용된 또 다른 방법은 차폐이다. 차폐(masking)는 목표 자극이 짧게 제시되었을 때 자극을 차폐하는 것으로 이것은 목표자극을 감추는 것으로 목표를 지각하는 것을 어렵게 만든다. 이 방법을 사용한 연구는 지적 발달 장애인이 감소된 단기 기억 능력 때문에 효과적으로 정보자료를 처리할 수 없다고 보고했다(Galbraith & Gliddon, 1972; Hornstein & Mosley, 1987; Welsandt & Meyer, 1974). 지적 발달 장애인의 차폐에 관련 단서가 무엇인지를 결정하기 위해 충분히 오랜 시간 동안 단기기억 안에서 정보자료를 유지하는 것은 불가능하다(Hornstein & Mosley, 1987). 전반적으로 이 증거들은 단기기억에서 결함이 있음을 나타낸다.

1차 기억

1차 기억(Primary Memory)은 능력이 제한적이고 단기기억보다는 더 길게 지속된다(Ellis, 1970). 연구자들은 일반적으로 1차 기억을 최신 효과(最新 效果, recency effect)로 정의한다. 최신 효과(처음 내용보다 마지막 항목이나 내용을 보다 빨리 배우는 경향-옮긴이 주)는 목록에 있는 마지막 몇 개의 문항을 회상하는 것이 보다 더 나은 것으로 설명된다. 연구자들은 지적 발달 장애인과 정상적인 통제 집단이 마지막 몇 개의 목록의 위치를 거의 비슷하게 회상한다는 것을 발견했다(Ellis, 1970). 이들은 두 집단이 기능적으로 비슷한 1차 기억을 가지고 있으나(Belmont & Butterfield, 1969; Ellis, 1970) 전반적인 기억과제의 수행에 있어서 차이는 전략을 사용하지 못하는데 기인한다는 것으로 결론을 내렸다(Ellis, 1970). 지적 발달 장애인은 1차 기억의 결함이 없다는 관점은

널리 받아들여졌다. 그러나 이러한 발견에는 의문이 제기 되었다(Detterman, 1979). 몇몇 연구에서 적어도 1차 기억의 결함이 존재할 가능성이 제시되었다(Cohen & Sandberg, 1977; Dugas & Kelas, 1974).

시연

시연(rehearsal)은 1차 기억에서 정보자료를 유지할 수 있게 하고 가능한 한 단기기억으로 이동할 수 있게 한다. 시연은 이름붙이기, 반복하기, 군분류화(grouping)이다. 시연이 지적 발달 장애인 연구에서 확장되어 왔다는 것은 놀랄 일이 아니다. 대부분의 연구에서 지적 발달 장애인은 시연과 같은 전략을 같은 정신연령이나 생활연령을 가진 집단의 사람들에 비해 거의 사용하지 못하는 것으로 나타났다(Butterfield & Belmont, 1977; Borkowski & Cavanaugh, 1979; Campione, Brown, & Ferrara, 1982).

엘리스(Ellis, 1970)는 시연을 검사하고 1차 기억에서 단기기억으로 정보자료의 전이(轉移. transfer)를 검사하기 위해 많은 기억과제를 이용했다. 앞에서 언급한대로 지적 발달 장애인과 정상인 통제집단은 둘 다 비슷한 최신 효과를 보였다. 그러나 두 집단이 목록의 시작부터 기억한 목록을 비교했을 때, 또는 초두 효과(primary effect)를 비교했을 때 지적 발달 장애인은 더 적은 문항을 회상했다. 기억과제의 수행에서 나타나는 이런 차이는 시연 결함에 기인한다. 즉, 지적 발달 장애인이 정보자료를 유지하기 위해 시연을 사용하지 않는다는 것이다. 그들이 우발적으로 전략을 채택하지 않는다고 하더라도 지적 발달 장애인은 기억과제를 더 많이 수행하기 위해 전략을 채택하는 훈련을 받을 수 있다. 그러나 이런 전략들은 오래가지 못한다(Borkowski & Cavanaugh, 1979). 그러므로 시연에 있어서 결함이 존재한다는 사실은 광범위하게 받아들여졌다. 사실 시연의 결함은 1970년대와 1980년대에 걸쳐 연구자들의 주된 관심의 대상이었다. 시도된 연구는 지적 발달 장애 집단이 정보자료 처리 과정에서 전략을 사용하도록 하는 것이다. 교육적 중재를 고려할 때 우리는 가장 효과적인 접근이 전략을 사용하도록 조장하는 것일 것이다.

한 가지 이슈는 만일 전략 사용의 부재가 지적 발달 장애의 일차적 결함 또는 단순한 일차적인 결함의 반향이라면 지적 발달 장애인의 전략 사용에 대한 연구의 대부분이 결코 해결되지 않았다는 것이다. 낮은 지능은 단순히 잘못된 방식으로 정보자료를 처리하는 것이라는 생각은 희망적이다. 일단 사람들이 처리과정에 대해 정확하게 생각한다면 문제는 해결될 것이다. 반면에 사람들은 정보자료를 처리하는 과정에서 잘못된 전략을 사용할 수도 있다. 왜냐하면 그들은 그들이 언제 전략을 사용하는지에 대해 충분한 정보자료를 제공받지 못하기 때문이다. 통계학과 학생들이 통계학 책을 기억할 수 있는 반면에 요구되는 시간은 초과할 수 있다. 이와 같이 지적 발달 장애인도 보다 기본적인 정보자료 처리 과정의 결함 때문에 전략을 사용하는 것으로부터 충분한 반향을 얻지 못할 수도 있다.

전략의 사용을 보여 주기 위해 일차적 결함은 지적 발달 장애인이 전략을 사용할 때 정상적인 지능을 가진 사람들과 비슷한 수행을 한다는 것을 보여 주는 연구들을 요구하였다. 많은 시도들이 있었음에도 불구하고 우리는 지적 발달 장애와 정상인 집단들 사이에 동등한 수행이 나타난다는 상승한계 효과(ceiling effects)로부터 자유로운 연구를 알지 못한다.

2차 기억과 3차 기억

엘리스(1970)는 2차 기억(Secondary Memory)과 3차 기억(Tertiary Memory) 안에서 장기기억을 분리했다. 2차 기억은 제한된 저장 공간을 가지고 있지만 1차 기억보다는 더 많은 능력과 지속시간을 가지고 있다. 3차 기억은 반복 학습된 정보자료를 장기적으로 저장한다. 3차 기억의 능력과 지속시간은 실제로 제한이 없지만 정보자료는 간섭을 통해 소실되거나 복구가 어려워 접속할 수 없게 된다.

지적 발달 장애인의 3차 기억을 다루는 대부분의 연구들은 심각한 방법상의 문제를 갖고 있다(Belmont, 1966; Detterman, 1979). 기본적인 논쟁은 이 시스템에 일찍이 존재하는 결함 때문에 불가능한 것이 아니라 해도 장기기억에 접속하는 것이 극도로 어렵다는 것이다. 정보자료를 적절하게 부호화하지 못하는 지적 발달 장애인은 기억 속에서 정보자료를 충분히 붙잡아 둘 수 없고 정보자료를 장기적으로 저장하기 위해 전이할 수 없다. 그러므로 장기기억을 측정하는 것은 이러한 모든 요소들에 의해 방해를 받는다. 단순히 처리과정과 저장 공간을 고려하지 않고 장기기억을 측정할 수 없다. 그러나 몇몇의 연구들은 지적 발달 장애인이 장기기억에 결함을 가지고 있음을 보여 주었다(Prehm & Mayfield, 1970; Sperber, Ragain, & McCauley, 1976). 지적 발달 장애인의 3차 기억에 관해 확고한 결론을 내릴 만큼 연구가 충분하지는 않다.

전반적으로 엘리스(1978)는 지적 발달 장애인이 자극이 주어지는 시작점과 전체 시스템을 통해 지속되는 결함을 가지고 있다는 것을 제안했을 때 이런 논의는 정확한 것처럼 보였다. 데터만(1979)은 모든 처리과정에 어느 정도 결함이 있고 이를 "모든 결함"이라고 불렀다. "모든 결함"에 대한 가설을 지지하는 더 많은 증거가 지적 발달 장애인의 기본적인 인지처리 과정과 대학생의 인지처리 과정을 검사한 연구로부터 도출되었다(Detterman et al., 1992). 이 연구는 체계적으로 기억 공간, 기억 처리과정 또는 이 둘 다를 조사했고 지적 발달 장애 성인들은 거의 모든 저장 공간에 결함이 있거나 처리 과정에 결함을 가지고 있다는 것을 밝혔다. 지적 발달 장애인의 기억에 관한 기본적인 결론은 지적 발달 장애인이 특정한 결함을 가지고 있는 것이 아니라 그들의 부족한 수행을 단순히 설명함으로써 정의할 수 있다는 것이다.[6]

주의집중과 지적 발달 장애

이 장에서는 지적 발달 장애 연구에 적용된 주의집중(attention) 이론에 대해 간략히 설명할 것이다. 이런 이론들은 구조적 요소, 주의집중과 관련 있는 인지적인 처리과정뿐만 아니라 이 영역에서 실행된 몇 가지의 연구들을 포함한다.

1963년, 제아맨(Zeaman)과 하우스(House)는 지적 발달 장애인은 구별 과제의 수행에서 나타나는 개인차는 학습이나 소멸의 차이라기보다는 주의집중의 차이에 기인한다고 주장했다. 그들은 두 반응의 고리로써 차별화된 학습을 설명했다. 먼저 주의집중은 자극의 차원과 관련이 있다. 두 번째는 특정한 차원에 대한 단서를 수정하는 접근이다. 몇 가지의 매개 변수가 초기의 주의집중 선택, 초기의 단서 선택, 학습과 소멸의 비율, 그리고 자극 차원의 수를 포함하는 그들의 모형을 정의했다. 그러나 초기 단서에 대한 선택은 지능적이지 않고 학습 비율 매개 변수도 아니다.

피셔(Fisher)와 제아맨(1973)은 초기의 제아맨과 하우스의 주의집중 이론과 에트킨슨과 쉬프린(1968)의 기억 모형을 조합한 모형을 제안했다. 이 모형에 있어서 중요한 변화는 정보자료 유지를 위해 배당된 역할이다. 제아맨과 하우스(1979)는 자신들이 주장한 이론의 몇 가지 요소가 지능과 관계있다고 했다. 자극의 관련 차원에 주의를 기울이는 초기의 개연성은 높거나 낮은 지능을 가진 지적 발달 장애인의 수행을 구별했다. 그러므로 주의집중의 경향은 이 모형의 고정된 구성요소들을 포함한다. 학습과 소멸의 비율은 지능과 관련이 없다. 그러나 이 모형에서 단기기억의 능력과 주의집중 능력은 자극의 차원보다도 더 지능과 연관이 되어 있다.

1984년에 카르(Carr)는 주의집중이 제한된 능력 시스템 안에서 실행 과정이라고 했다. 주의집중 과정은 목표를 선택하고 목표에 도달하기 위해 순차적으로 계획하고 이러한 계획의 실행을 모니터한다. 주의집중 과정은 또한 관련 없는 자극을 걸러내고 관련 있는 정보자료를 단기기억 속에서 정확하게 처리한다. 카르는 지적 발달 장애인의 제한된 능력 시스템이 주의집중의 구성요소들에 의해 유출된다고 했다. 이것은 지적 발달 장애인에게 있어서 속도와 정확성의 교환과 단절, 그리고 작동과 저장의 교환과 단절의

6) (옮긴이 주) 지적 발달 장애를 결함으로 보지 않고 현실 생활에 필요한 능력(수행, performance)이 부족한 상태로 인식해야 한다는 이 관점은 참신하고 설득력이 있는 탁견으로 판단할 수 있다.

결과이다.

과거의 연구에 대한 결론

지적 발달 장애인의 인지적 능력에 대해 엄청난 양의 연구들이 1960년대부터 1980년대까지 수행되었다. 이 연구들 가운데 매우 적은 수의 연구들이 아직까지도 진행되고 있다. 관련 연구는 유용한 목적을 제공하였는가? 이 질문에 대한 대답은 “그렇다.”이다. 이 연구가 실행되기 전에 지적 발달 장애인은 간단한 교재만으로 학습이 가능하다고 여겨졌다. 지난 40년 동안 붐을 일으킨 인지에 관한 연구는 지적 발달 장애인이 학습을 할 수 있는 능력과 복잡한 교재를 기억할 수 있다는 것을 확실히 보여 주었다. 명백히 지적 발달 장애인에 대한 생각은 인지 심리학의 원칙에 맞지 않는 특정한 부류라고 보는 경향이 있었다. 오늘날 지능이나 인지에 대한 종합적인 이론은 지적 발달 장애를 천재와 같은 방식으로 설명해야 한다.

이런 이론은 특정한 성질을 완성하였는가? 이 질문에 대한 대답 역시 “그렇다.”이다. 예를 들어 유아 지능검사인 파겐(Fagan) 검사는 제아맨과 하우스의 주의집중 모형의 직계 후손이다. 이 장의 마지막 부분에서 우리는 이런 연구들이 학문적 중재로 전이되는 부분을 볼 수 있을 것이며 IQ의 전제 범위를 효과적으로 가로 지르는 것을 보게 될 것이다. 일반적으로 지적 발달 장애인에 대한 연구는 인지과제의 개발을 초래했다. 이 과제들은 −4표준편차(만큼 낮은 IQ)로 인해 낮은 기능을 가진 사람들도 사용할 수 있다. 이런 기술은 장래에 중요하게 사용될 것이다.

이런 연구가 성공적이라면 왜 대부분 소멸되었는가? 우리는 이 질문에 대한 대답을 일반적 지능의 특성에 둔다. 인지 처리과정은 독립적으로 존재하지 않고 복잡한 시스템 속에서 잘 통합되어 있다(Detterman, 1987a, 1994). 이런 인지 처리과정은 상호의존적이기 때문에 시스템의 단일 부분에서 결함을 정의하기란 어렵다. 만일 단일한 결함이 있다면 이런 결함은 거의 확실하게 전반적인 시스템의 기능에 영향을 끼친다(특히 결함이 시스템의 중요한 부분이나 중앙에 있다면). 오직 행동 측정만을 사용하여 특정의 결함을 정의하는 것은 어렵거나 불가능하다. 이것은 부분적으로 정신적인 지적 발달 장애의 사실이 될 수 있다. 왜냐하면 인지 처리과정은 지능이 높은 사람보다는 정신적으로 지적 발달 장애가 있는 사람과 더 높은 상관관계를 가지고 있음이 알려져 있기 때문이다(Detterman & Daniel, 1989). 결함의 정의는 행동 측정과 함께 생물학적 처리과정의 조정을 요구할 것이다. 그리고 우리는 이것이 지적 발달 장애에 대한 직접적인 인지 연구의 핵심이라 믿는다.

미래의 연구 방향

지적 발달 장애에 대한 연구는 앞으로도 지속될 것이다. 여러 종류의 새로운 연구의 방향이 지능의 개념을 더 광범위하게 이해하기 위한 시도로 상당수 시도될 것이다. 이런 두 가지의 방향은 표현형의 유전자와 현자(賢者) 증후군 신드롬(特異性 지적 발달 장애, savant syndrome) 이다.

표현형의 유전자

표현형(表現型)이란, 유전자의 관찰 가능한, 또는 측정 가능한 표현이다(Berini & Kahn, 1987). 행동적 표현형(behavioral phenotypes)의 연구는 단순히 특정 유전적 장애를 가진 사람들의 표현형을 연구하는 수단이다(O'Brien, 1992). 일반적으로 특정한 유전적 신드롬을 가진 사람들은 그들이 갖는 공통의 유전적 변이 때문에 지적 발달 장애의 또 다른 원인을 가진 개인과 비교되는 비슷한 신체, 행동적 특질을 가질 수 있다고 믿어진다(Dykens, 1995; Epstein, 1993).

행동적 표현형이 한번 판별되면 표현형 유전자로 사용할 수 있으며 표현형 유전자는 염색체의 물리적 범위를 정의하기 위해 분자 유전학적 기술을 사용한다. 염색체는 유전자 안에 포함되어 있는 것으로 염색체의 위-아래의 표현은 적어도 부분적인 표현형의 특질을 대표한다(Korenberg, 1993). 표현형 유전자는 공통적으로 이수배수체 신드롬(aneuploid syndromes)을 사용하여 연구한다. 이수배수체 신드롬(전체 세트에서 벗어난 염색체 수의 어떤 변이-옮긴이 주.)은 너무 적거나(터너 증후군), 너무 많은(다운 증후군) 유전자의 복제 수의 불균형 중 하나이다. 표현형 유전자의 목적은 유전자들이 특정한 표현형의 특질을 대표하는 것을 발견하는 것으로 특히 가장 압도적인 목적은 유전자 지도를 통해 장래에 장애를 예방할 수 있다는 것이다(Epstein, 1993).

표현형의 특질 중 몇몇은 성공적으로 밝혀지고, 또 다른 복잡한 특질들은 여전히 더 많은 조사를 요구한다. 다운 증후군과 연관된 대부분의 의학적 조건은 지도로 잘 나타나 있다(아마도 의학적 배경 때문에, 그리고 염색체의 지도를 정확하게 만들 수 있도록 연구자들의 훈련 때문에). 반면에 인지적 차원은 아직 유전자 지도로 나타내지 못하고 있다. 의학과 인지적 연구자들 사이의 협동은 지적 발달 장애와 더 많이 연관되어 있는 영역을 정의하기 위해 필요하다. 지적 발달 장애 영역에서 인지 처리과정에 대한 확장된 연구가 실행된다면 이것은 이미 개발되어 있거나 생물학적 처리과정과 연관되어 있는 인지적 방법을 적용하기 위한 눈부신 기회이다.

다운 증후군과 연관이[7] 있는 지적 발달 장애와 관련 있는 유전자를 포함하고 있는 영역은 매우 광범위하지만 제대로 정의되어 있지는 않다. 최중도의 지적 발달 장애는 21q21.1에서 21q21.3의 밴드(band)와 연관이 있다. 반면에 경도의 지적 발달 장애는 21q11.2에서 21q21.3의 밴드와 연관이 있고 21q22.12에서 영역(qter)의 밴드와 연관이 있다(Korenberg, 1995). 이런 영역들은 분자들 사이에 매우 광범위하게 퍼져 있으므로 주의 깊게 한정할 필요가 있다.

일반적으로 IQ 검사의 수행은 지적 발달 장애를 정의하는데 특징적으로 사용된다. 연구는 지능검사가 아마도 하나 또는 심지어 적은 수의 유전자가 아니라 많은 유전자들의 상호작용에 의해 영향을 받는 특질이라는 것을 보여 주었다. IQ 점수는 너무 복잡한 수치여서 작은 염색체의 영역을 적절하게 밝힐 수 없다는 것이 사실이다. 아마도 기본적인 인지 능력을 측정하는 과제를 이용하는 것은 도움이 될 수 있다. 기본적인 인지 능력을 대표하는 염색체 영역은 더 작을 수 있다. 그러므로 복잡한 인지 능력에 비해 더 쉽게 정의할 수 있다.

기본적인 능력을 측정하는 검사 중의 하나가 인지능력 검사이다(CAT; Detterman, 1988). CAT(Cognitive Abilities Test)는 통합되어 있고 인지 능력에서 개인차를 갖는 인지 과제를 컴퓨터로 실행할 수 있게 되어 있다. 이 과제는 간단하며 선택 반응 시간, 회상, 재인식과제, 자극 차별 그리고 학습을 평가하는 과제로 구성되어 있다. CAT는 모든 지능 수준을 가진 사람들에게 두루 쓰인다. 지적 발달 장애인에게 이 과제로 연구를 실시했고(Caruso & Detterman, 1983a; Conners & Detterman, 1987; Detterman, 1987b; Detterman & Daniel, 1989; Detterman et al., 1992) 다운 증후군인 사람들에게도 연구를 실시했으며(Kim, 1995; Detterman & Gabriel, & Spry, 1997), 그리고 정상적인 지능을 가진 사람을 대상으로 실시하였다(Caruso & Detterman, 1983b; Detterman, 1987a; Detterman & Andrist, 1990). 요컨대, 덜 복잡하고 잘 정의된 인지능력을 사용하는 것은 다운 증후군과 관련된 지적 발달 장애나 지적 발달 장애와 관련된 다른 유전적 장애의 표현형 유전자의 결실을 맺을 수 있다.

전반적으로 표현형 유전자는 다운 증후군과 다른 염색체 이상을 위해 유전적 기초를 정의하는 데 도움을 주기 위한 접근의 한 방법이다. 표현형 유전자는 다운 증후군과 관련된 표현형의 특질을 대표하는 염색체 영역을 지적하는 데 성공적이었다. 특히 21q22 밴드는 얼굴형, 지적 발달 장애, 심장병의 발생을 포함한다(Korenberg er al., 1990). 21

7) (옮긴이 주) 국내에서 다운 증후군 자녀를 3명이나 출산한 사례가 보고된 바 있다. 임신 중에 염색체 검사를 해서 알아낸 의사는 산모에게 낙태할 것을 권고했다.

번 염색체의 긴 가지 위에 있는 두 개의 영역은 지적 발달 장애를 만들어 낸다고 믿어져 왔다. 그러나 염색체는 의학과 심리학자들이 인지적 특질을 더 잘 정의하기 위해 필요하며 조사를 위해서도 필요하다. 다운 증후군의 분자 지도는 부분적으로 3 염색체성(2배체의 체세포의 염색체수가 2n+1이 되는 현상)을 가진 사람들로부터 더 많은 분자 관련 자료를 받아 성공적으로 완성될 것이다. 그리고 더 높은 판독 기술이 개발되어 표현형 유전자의 특질은 앞으로 더 잘 정의될 것이다.

현자 증후군에 대한 연구8)

지적 발달 장애 연구에서 두 번째로 유망한 분야는 현자(賢者, savant) 증후군의 일반적인 지능을 이해하는 것이다. 현자 증후군은 지적 발달 장애를 가진 사람 가운데 정상인보다도 하나 또는 그 이상의 더 나은 기술을 가지고 있는 사람을 의미한다(Hill, 1978). 현자 증후군들이 가진 기량은 적은 수의 일반 범주 속에서도 매우 적은 부분을 차지한다. 이러한 범주는 예술적 재능(Tredgold, 1914, 1922; Salfe, 1978; Rimland & Hill, 1984), 미세한(섬세한) 감각적 차별성(Tredgold, 1922; Horwitz, Kestenbaum, Person, & Jarvik, 1965), 특별한 음악적 재능(Rimland & Hill, 1984; Rimland & Fein, 1988; Anastasi & Levee, 1960; Owens & Grimm, 1941; Rimland & Fein, 1988; Sloboda, Hermelin & O'Connor, 1985; Viscott, 1970), 특이한 기억력(Jones, 1962; Tredgold, 1914; Treffert, 1988; Hill, 1979), 그리고 비범한 수학적 능력(Critchley, 1979; Rife & Snyder, 1931; Rimland & Hill, 1984) 등이 있다. 현자 증후군인 사람들이 가진 기술의 또 다른 범주는 달력 계산이다. 달력을 계산하는 것은 수 초 동안 일주일의 어느 날 즉 특별한 날을 달력을 보지 않고도 찾아내는 능력이다. 많은 사례가 문학 속에 등장하기도 하지만 달력을 계산하는 능력을 가진 사람들에 대한 대부분의 초기 기사는 매우 다양하게 기술되었다(Horwitz, Kestenbaum, Person & Jarvik, 1965).

20세기 마지막 수 십 년 동안 연구자들은 현자 증후군과 관련된 보고서를 제공하는

---

8) (옮긴이 주) 지적 발달 장애아 교육과 영재 교육의 원리와 실제 그리고 연구 분야에서 도전적 과제이며 거시적이고 심도 있는 탐구 주제인 이 현자 증후군에 대한 관련 연구 자료와 교육지도에 지침이 될 만한 자료가 불충분한 상황이다. 현자 증후군 연구와 교육지도, 생활지도에 지침이 될 만한 적합한 자료가 있어서 이 기회에 소개한다. 이 현자 증후군을 특이성 지적 발달 장애라고도 한다.

Treffert, D. A., (M. D.) (2000). *Extraordinary People: Understanding Savant Syndrome*. Lincoln: United States of America.

것 이상의 노력을 기울여 왔다. 이런 기술 뒤에 정신적인 처리과정을 발견하는데 초점을 맞추는 대신 다양한 관련 자료를 결정하기 위해 현자 증후군을 이용하는 방법에 초점을 맞추었다. 구체적 사고, 감각 박탈, 보상작용, 기억, 집중력 등과 같이 달력 계산을 설명하는 여러 가지 이론들이 제안되었다(Hill, 1984). 달력의 규칙에 관한 지식과 규칙성이 제시되었다(O'Connor & Hermelin, 1984). 비록 이 분야의 대부분 연구자들이 현자 증후군이 너무 복잡해서 이용하기 힘들다고 느끼기는 하지만 계산에 관한 몇 가지의 수학 공식이 제시되었다(Spitz, 1994). 그러나 어떤 사람들은 평균적인 지능을 가진 사람들도 동기와 시간만 주어진다면 달력을 계산하는 방법을 학습할 수 있다고 했다(Ericsson & Faivre, 1988; Hill, 1978; Hoffman, 1971). 사실 두 연구는 평균 지능을 가진 사람들이 달력을 계산하도록 훈련 하는데 성공했다. 달력을 계산할 수 있는 현자 증후군인 사람들이 소수이기 때문에 특수한 과제를 수행하도록 훈련받은 사람들은 연구를 위해 더 많은 사람들을 연구자들에게 제공할 수 있었다. 특수 과제를 수행하도록 훈련받은 사람들은 실제 현자 증후군 대상자들과 비교되었고 실제 현자 증후군인 사람들이 사용하는 방법에 대해 통찰을 제공했다. 특수한 기술 이면의 처리과정을 이해하는 것은 연구자들이 일반적 지능을 가지고 인지 처리과정에서 할 수 있는 것과 할 수 없는 것을 이해하는 데 도움을 주었다. 특수한 기술을 연구하면서 얻을 수 있는 특정한 이득은 모순적인 특수천재에 의해 나타나는 독특한 기술이다. 잘 통합된 시스템 속에서 사람들의 능력은 매우 높은 연관성을 가진다. 현자 증후군인 사람들이 단일하게 두드러진 기술을 보이기 때문에 인지 시스템의 한 부분은 나머지 시스템으로부터 독립적이어야 한다. 이러한 특수한 기량이 공헌하는 인지 시스템의 부분을 이해하는 것은 전체 시스템을 이해하는데 영향을 줄 수 있고 전형적인 사람들에게 통합할 수 있는 방법을 이해하는데도 영향을 줄 수 있다.

기본 연구에 대한 일반적인 결론

지적 발달 장애 분야의 연구자들은 지능을 광범위하게 이해하는 데 도움을 주었다. 지적 발달 장애인에게 통합된 심리학적 패러다임을 적용함으로써 우리는 그들의 인지 기능에 관해 더 많이 이해할 수 있게 되었고 지능의 전반적인 막연한 이해에 이를 연관시킬 수 있었다. 오늘날 지적 발달 장애 관련 연구는 유아적 단계에 머물러 있는 것이 사실이다. 이 영역의 연구에서 의문점들은 언제나 복잡하고 답은 더욱 복잡하다. 당시 엄청난 성과가 있었던 것은 사실이지만 보다 먼 미래에서 바라본다면 우습게 보일 수도 있을 것이다. 예를 들어 이런 연구자들은 지적 발달 장애인이 매우 원시적인 교재를 학습할 수 있는가에 대해 질문을 받을 것이다. 그러나 거의 모든 사람들이 지적 발달 장애인이 어떤 것도 학습할 수 없으며 일생을 갇혀서 살아야 한다고 생각하는 사람들로 가득 찬 환경 속에서 이런 연구는 일반적인 사회 속에 영향을 끼칠 수 있을 만한 결론을 내렸다. 이런 전망이 주어짐으로써 우리는 과거 100년 동안 놀랄 만한 성과를 달성했으며 특히 과거 50년 동안은 더욱 그러했다.

지적 발달 장애아에 대한 교육

지적 발달 장애아의 교육은 비교적 새로운 개념으로 과거 두 세기 동안 폭발적으로 성장해 왔다. 역사적으로 지적 능력에 제한을 가진 사람들은 무시되었고 잘못 다루어져왔다. 18세기 후반에 농아를 연구했던 프랑스 의사 진 마륵 이타르(Jean Marc Itard)는 정신적 능력에 제한이 있는 아동들이 환경적 영향의 도움을 받을 수 있음을 추측하기 시작했다(Kirk & Johnson, 1951).

이타르는 그의 이론을 확인할 기회를 발견했다. 이타르는 감각주의의 믿음 또는 오늘날 지능에 대한 환경의 영향으로 불리는 것에 대해 기술했다. 감각주의자들은 지능이 교육을 위한 감각적 노출을 통해 개발된다고 믿었다. 비록 이타르가 유전학이나 생득설로부터 많은 반대를 받았지만 그는 5년 동안 빅토르(Victor)라는 소년을 교육적으로 중재하기 시작했다. 빅토르는 아비뇽(Aveyron)의 숲속에서 홀로 살고 있다가 발견된 버려진 소년이다.

비록 이타르가 결국 빅토르를 교육하려는 시도를 포기하고 실패를 선언하기는 했지만 이것은 지적 발달 장애아를 교육적으로 중재하고자 한 시도의 고전이 되있다. 빅토르는 언어를 갖지 못했고 감각 실조(sensory deprivation)를 보였다. 그는 뜨거운 것과 차가운 것을 구별하지 못했다. 이타르는 감각의 사용을 통해 빅토르의 정신적 능력을 강화하려고 노력했지만, 그의 능력은 그다지 개선되지 못했다. 빅토르는 몇몇 단어를 읽을 수 있었고 물체들과 단어를 연관시킬 수 있었다. 그러나 빅토르는 죽을 때까지 대부분 말을 하지 못했다.

이타르가 결국 지적 발달 장애아를 연구하는 것을 포기하기는 했어도 그는 자신의 제자인 에드워드 세강(Edward Seguin)과 많은 다른 학생들에게 영감을 주어 지적 발달 장애아의 교육적 중재에 관한 연구를 시작하게 했다. 세강은 교육의 진보적 관점을 가장 잘 기억하고 있다. 그는 개별화 교육(individualization of education)을 실시하기 위해 아동이 흥미를 가지고 있는 영역부터 시작할 필요가 있고 아동과 교사 사이에 개방적이고 편안한 관계를 형성해야 할 필요가 있다고 강조했다. 오늘날 지적 발달 장애아의 중재와 치료는 이타르, 세강, 다른 초기의 철학자들이 기술했던 환경적 중재와 상당부분 동일하다는 것이 발견되었다. 다음 설명에서 지적 발달 장애의 예방과 치료를 목적으로 한 최근 조기 아동 프로그램에 관해 살펴볼 것이다.

초보 프로젝트(Abecedarian project)는 경도 지적 발달 장애(mild mental retardation)를 예방하는 것을 목적으로 한 유명한 시도 가운데 하나이다(Ramey & Campbell, 1992). 이것은 조기중재 프로그램 가운데 하나로 경도 지적 발달 장애가 환경적 중재를 통해 경도지적 발달 장애의 위험으로부터 아동들이 예방될 수 있다는 희망에서 출발되었다. 초보 프로젝트에 선발된 아동들은 저소득층 아동들이다. 저소득층 아동들은 학문적인 실패의 위험에 노출되어 있는데 이것은 일생이 불리하게 전개될 수 있음을 예견할 수 있다(Herrnstein & Murray, 1994). 저소득층 아동들은 중산층 가정의 아동들보다 학력이 정체될 확률이 높다(Lazar, Darlington, Murray, Royce, & Snipper, 1982). 초보 프로젝트는 유아기 때 중재를 하도록 되어 있고 인지적 능력의 강화를 통해 지적 발달 장애의 위험에 놓여 있는 아동들의 학문적 결과를 강화한다.

초보 프로젝트는 1972년에 미국 북 개롤라이너에서 시작되었다. 연구자들은 각 아동이 직면해 있는 지적 발달 장애의 위험요인을 추정하기 위해 목록을 나누었다. 목록에 해당되는 아동들은 실험군과 통제군으로 무작위로 선정되었다. 이 프로그램에 참여한 모든 아동들은 실험군과 통제군으로 나뉘었으며 사회성 서비스와 의료적 치료를 받았다. 통제군의 아동들은 실험군 아동들이 유치원에서 급식을 하기 때문에 이 효과의 상호작용을 위해 영양적인 지원을 받았다. 실험군과 통제군의 차이는 실험군 아동들이 프로그램에 참여하게 되는 시기인 평균 8.8주의 연령부터 유치원에 들어갈 때까지 교육적 중재를 받는다는 것이다.

실험군 아동들은 전통적으로 질 좋은 주간 보호 센터에 들어간다. 프로그램은 오전 7시 45분부터 시작되어 오후 5시 30분까지 주 5일, 매년 50주 동안 실시된다. 특별히 강조되는 것은 언어적 발달이다. 아동은 물놀이, 모래상자, 퍼즐, 일 대 일 교습과 같은 전형적인 유치원 활동에 참여한다. 검사는 54개월이 되면 실시한다. 실험군의 일반적인 인지 지수 점수는 101이었다. 이 점수에 대한 통제군의 평균은 91, $t=4.00$, $p < .001$이었다. 실험군 아동들은 통제군 아동들보다 10점을 더 얻었다. 이 프로젝트는 완결 프로그램(follow-through)인 2차 국면으로 접어들었다.

완결 프로그램은 실패의 위험이 있는 아동들에게 학령기 동안 중재의 효과를 연구하였다. 초보 프로젝트 연구자들은 조기 중재 프로그램 안에서 획득된 IQ에 대해 용암 효과(fade-out effect)가 있음을 인식하였다. 완결 부분은 다음과 같은 두 가지 쟁점에 대한 증거를 제공하도록 되어 있다.

1. 더 많은 교육적 지원을 통해 전통적인 용암 효과를 방지할 수 있는가?
2. 저학년에서 중재 프로그램을 시작한 집단은 학업성취가 증가될 수 있는가?

실험군과 통제군의 아동들은 무작위로 두 집단 가운데서 한 군데에 배정되었다. 실험군의 반은 저학년의 학령기 동안 특별한 서비스와 도움을 지속적으로 받았고, 반은 통제군에 배정되었다. 원래 통제군에 있었던 아동들도 다시 두 부류로 나뉘어졌다. 반은 실험군으로 들어갔고 반은 통제군에 남아 있었다. 연구를 위해 조사자들은 아동들을 이렇게 네 개의 집단으로 나누었다. 첫 번째 집단은 유치원과 완결 프로그램에서 실험적인 중재를 받았다. 두 번째 집단은 유치원에서 중재를 받았다. 그러나 나머지 중재는 학령기 동안 받지 못했다. 세 번째 집단은 학령기 동안 중재를 받지 못했으나 저학년의 학령기 동안 특별한 서비스를 받았다. 그리고 마지막 집단은 전 프로젝트 동안 아무런 중재를 받지 못했다.

완결 프로그램에 참여한 아동들은 두 개의 환경(가정과 학교)을 오가는 졸업 수준의 가정 또는 학교 교사들에게 수업을 받았다. 특수교사는 현재 학급에서 다루어지는 주제를 가지고 담임교사와 만남을 가졌고 완결 프로그램에 참여한 학생들의 진보에 대한 정보자료를 요구했다. 특수교사는 부가적인 검토를 거쳐 수업 교재를 보완했다. 교재는 매주 부모와 회의를 거쳐 제시되었는데 이 회의는 학문적 성취에 관한 것뿐만 아니라 아동의 행동에 대한 담임의 보고도 포함된다.

완결 프로젝트는 아동의 가정과 학교 환경이 서로 신뢰하고 협동하는 분위기를 조성하기를 바랐다. 부모는 특수교사가 아동을 위해 제공하는 교재를 검토하도록 훈련받았다. 교재를 검토하는데 걸리는 시간은 매일 약 15분 정도였다(Ramey & Campbell, 1992).

유치원에서 중재를 받은 아동들을 인지능력을 측정하는 아동용 웩슬러 지능검사에서 비록 차이는 적지만 더 높은 점수를 받았다. 그러나 완결 프로그램에 참여한 아동만이 의미 있는 IQ 점수를 얻은 것은 아니다. 두 집단 간에 현저하고 지속적인 IQ 차이가 없다는 것은 프로그램이 효과가 없었다는 것을 의미한다(Spitz, 1984). 지속적인 IQ 점수가 완결 프로그램에서 실현되지 않았기 때문에 각 집단의 학문적 성취가 평가되었다.

초보 프로젝트와 완결 프로그램에 참여한 아동들의 학문적 성취 점수가 증가한 것으로 나타났는데 이것은 중재 프로그램에서 상당한 시간을 보냈기 때문이다. 전체 프로젝트에 걸쳐 통제 집단의 서비스를 받은 아동들에게 학교에서 읽기를 위한 캘리포니아 성취검사(California Achievement test)와 우드콕크-존슨 검사(Woodcock-Johnson test)를 실시한 결과 이들은 가장 낮은 학업성취 점수를 얻었다. 통제 집단의 읽기 점수의 평균은 19%인 반면에 유치원과 완결 프로그램에서 중재를 받은 집단의 점수는 41%였다. 수학 학업 성취의 결과는 비슷한 양상을 보였다. 오랜 기간 동안 중재 서비스를 받은 아동들은 더 높은 점수 비율을 보였다. 통제 집단의 수학 평균은 33%인 반면에 학령기와 완결 프로그램에서 중재를 받은 집단은 51%였다.

초보 프로젝트의 결과는 다음과 같다. (1) 획득된(obtained) IQ는 집중적인 조기 중재 프로그램을 통해 얻어질 수 있다. (2) 획득된 IQ는 중재가 지속되지 않는다면 사라진다. (3) 심지어 중재가 지속된다 하더라도 획득된 IQ는 사라진다. 성취의 변수가 향상된 것처럼 보이는 것은 고등학생의 비율이 증가했고 특수교육에 배치된 학생의 수가 줄어들었기 때문이다. 잘 알다시피 중재의 사용을 통해 획득된 IQ가 지속되지는 않았다. 그러나 결과적으로 직접적인 효과가 없다는 것을 꾸준히 보여 준다. 오랜 기간 중재가 지속되면 이런 효과가 일어나는 것처럼 보인다. 자주 논쟁거리가 되는 중요한 쟁점은 덜 직접적인 효과는 얼마나 중요한가? 그리고 효과가 정당하다면 중재의 비용은 얼마나 중요한가이다.

초보 프로젝트 같은 프로그램은 전통적인 중재의 방법을 사용한다. 전략을 정의하는 연구는 교육적 능력에서 현재 논의가 되고 있는 학령기 지적 발달 장애 아동들의 교육적 성취에 영향을 정보자료 이런 방법들은 적어도 전략 사용에 관한 인지적 연구에서 직접적으로 영감을 받았다.

경도 지적 발달 장애 아동들은 학령기에 이르기 전까지는 지적 발달 장애로 진단되지 않는다. 몇몇 연구자들은 경도 지적 발달 장애 아동의 인지적 능력과 행동적 전략을 증가시킬 목적으로 프로그램을 개발해 왔다. 학습도구 심화(Instrumental Enrichment)는 포이에르스타인, 란디, 린더스(Feurestein, Randi, Rynders, 1988)[9]가 고안한 중재로 인지적 능력과 행동적 전략을 증가시키고자 하는 목적으로 고안된 중재들 가운데 하나이다.

포이에르스타인은 확고한 신념을 바탕으로 지능은 변환(modification)이 가능하다는 학습도구 심화 이론의 기초를 세웠다. 중재의 기초는 낮은 기능(low-functioning) 을 가진 사람들이 유아기나 아동기 때 환경과의 수정된 상호작용을 충분히 가지지 못했다는 신념으로부터 유래되었다. 환경을 해석해 주거나 관련 정보자료를 지적해 줄 수 있

---

9) (옮긴이 주) 강영심. (1998). 지적 발달 장애아를 위한 인지교육 프로그램 생각 주머니 I. 서울: 도서출판 특수교육.

는 교사, 부모, 보호자 같은 중재자가 없는 아동은 적절한 주의를 기울여주는 중재자가 있는 아동과 같은 방식으로 인지적 이득을 얻지 못했다. 포이에르스타인은 환경을 중재하는 것은 경도 지적 발달 장애 아동의 인지 구조를 수정하고 그들이 더 높은 수준으로 기능할 수 있게 할 것이라 믿었다. 포이에르스타인은 인간의 인지 능력을 수정하기 위해 필요한 세 가지 단계를 정의했다. 첫 번째 단계는 학습 잠재력 평가 검사(LPAD; Learning Propensity Assessment Device)[10]를 통해 아동을 평가하는 것이다. 이 검사는 아동의 학습 능력을 측정한다. LPAD는 아동의 학습 준비도나 능력을 발견하기 위한 역동적인 접근방법이고 고정된 평가 양식을 고려하는 전통적인 IQ 검사와는 다르다. 한 번 평가가 실시되면 아동은 학습을 하기 위한 학습인 도구 심화(Instrumental Enrichment, IE)라고 하는 프로그램의 두 번째 단계로 들어간다. 이 프로그램은 학문과 실제 사회성 상황에서 수행을 강화하기 위한 전략을 아동들에게 제공한다. 프로그램의 마지막 단계는 지적 발달 장애아를 위해 지원체제를 제공하기 위해 환경을 조절하는 것이다.

지적 발달 장애 아동의 인지구조를 수정하는 첫 번째 단계는 LPAD이다. LPAD는 먼저 평가로서 기능을 하고 그 다음 각 아동이 나타내는 인지적 결함을 이해하기 위한 도구로서 기능을 한다. 그리고 마지막으로 수정을 통해 얻어진 이점을 평가하기 위한 도구로 활용된다. 결함에 대한 정의는 왜 아동들이 낮은 기능을 가지고 있는가에 대해 교사들을 이해시켜 준다. 수정을 담당하는 사람들은 아동의 대답을 고려하기보다는 아동이 자신들의 대답에 도달하면서 획득되는 진보에 관심을 가진다. 아동들의 인지적 결함을 정의함으로써 수정자들은 각 아동을 연구하기 위해 특정의 과제나 전략들을 개발한다. 아동의 결함이 정의된 후에 치료를 시작할 수 있다. 치료 후에 아동은 비슷한 검사를 다시 받지만 얼마나 아동이 치료로부터 효과를 볼 수 있는가를 판단하기 위한 문항은 예외이다.

중재의 두 번째 국면은 IE인데 이것은 지적 발달 장애 아동을 위한 성공적인 중재 전략으로 여겨진다(Feurestein, Rand, Hoffman, Hoffman, & Miller, 1979). 전통적인 교육 목표와는 달리 아동은 정보자료의 구체화된 조각들을 배우지는 않는다. IE의 목표는 학습자들이 우발적으로 받아들이는 익숙하고 관련 있는 전략을 조정한 중재를 통해 각 아동의 학습능력을 증가시키는 것이다. 지적 발달 장애 아동을 위한 전형적인 IE 프로그램은 2년 동안 매주 5~7시간 실행된다.

IE는 입력, 정교화, 산출(input, elaboration, output)이라는 세 가지의 분리된 처리과

---

10) (옮긴이 주) www.fiecenter.org 참조.

정 단계로 구성되어 있다. 입력 단계 동안에 주의집중은 체계적으로 관련 교재를 받아들이는 학습자의 능력에 초점을 둔다. 중재자들은 아동들이 효과적인 방법으로 정보자료를 모을 수 있도록 흥미를 유발시킨다. 중재자들은 같은 간격으로 떨어져 있는 네 개의 점이 있는 종이를 아동에게 건넨다. 그리고 아동에게 점의 개수를 세어 보라고 한다. 아동은 체계적으로 정보자료를 받아들일 수 없기 때문에 계속해서 센 것을 잊어버린다. 그러면 중재자는 오른쪽에서 왼쪽으로, 위에서 아래로 세어 보라고 가르쳐 준다. 이것은 정보자료를 체계적으로 수집하는 데 도움을 줄 것이다. 아동이 전략을 내면화할 때까지 이런 훈련은 낯선 상황에서도 반복될 것이며 아동은 적절한 때에 전략을 떠 올리게 될 것이다.

처리 과정의 두 번째 단계는 정교화이다. 중재자들은 교수법에서 정보자료 모으기를 다룬다. 중재자들은 아동이 제공받은 교재로부터 과거의 정보자료와 가능한 미래의 결과를 통합하도록 도움을 준다. 지적 발달 장애 아동은 한 번에 한 가지 이상 정보자료를 처리하지 못한다. 그들의 학습 잠재력은 상당히 감소되어 있어 실제를 일시적으로 파악하지 못한다.

산출 국면은 지적 발달 장애 아동에게 있어서 가장 어려운 부분이다. 새로운 정보자료를 수집하고 의미 있는 방식으로 정교화한다고 하더라도 적절한 반응이나 결과를 생성해 내는 것은 어렵다. 중재자들의 지속적인 피드백을 통해서 아동들은 즉시 자신들이 이해한 정보자료를 반영하는 답을 공식화할 시간을 가질 수 있다(예를 들어 "잠시만 생각 해 볼께요."라고 할 수 있다).

지적 발달 장애 아동들을 위한 중재의 마지막 국면은 환경을 조정하는 것이다. LPAD와 IE의 중재과정을 거친 아동들은 수정된 인지 구조를 활용할 수 있고 그들의 요구를 사회 속에서 의미 있는 방식으로 활용할 수 있도록 지원을 받을 수 있다. 주로 지적 발달 장애가 있는 어른들이나 아동들은 자신들을 둘러싼 환경 속에서 고독하게 지내거나 고통을 받는다. 자극의 부족은 자신들이 가지고 있는 최적의 수준에서 기능을 발휘할 수 있는 능력을 방해할 것이다.

IE 프로그램은 실험적으로 진보된 효과를 보여 주었다. 랜드, 탄넨바움(Rand, Tannenbaum) 그리고 포이에르스타인(1988)은 600명의 문화 실조(cultural deprivation) 상태에 있는 지적 발달 장애 아동들에게 있어서 IE의 효과를 조사했다. 이 중 300명은 2년 과정으로 300시간 동안 IE의 서비스를 받았다. 이런 중재는 정규 학력 동안 지속되었다. 비교집단은 읽기, 수학, 쓰기에서 보충 수업을 300시간 받았다. 1년 후에 IE 집단은 PMA 검사(Primary Mental Ability Test)에서 비교집단보다 현저한 발전을 보였다. 검사 기간 동안 나타난 이런 차이는 검사가 종료 된 후 2년까지 지속되었다. 실험군이 얻은 이점은 저 기능을 가진 아동들에게 중재를 제공하였을 때 나타나는 용암 효과와는 다른 시간의 기능에 의해 증가되었다.

포이에르스타인의 중재 방법은 치료의 형태였다. IE 프로그램은 학습자의 인지 구조를 변화시키는 것을 강조하였다. 다른 연구는 지적 발달 장애된 학습자의 기능의 범위 내에서 학습 장면을 변화시키는 것을 강조하였다. 비록 대부분의 프로그램이 상호 통합적이지는 않지만 프로그램은 중요한 핵심을 가지고 있다. 최근의 연구는 또래 교수의 효과를 강조하였다. 또래 교수는 IE 프로그램과는 달리 교재 내용에 초점을 맞춘다. IE는 지적 발달 장애된 학습자들이 새로운 교재를 학습할 수 있는 능력을 강화하는 전략을 개발했다. 프로그램의 내용은 의도적으로 무상으로 제공된다. 또래 교수는 특정 영역에서 수행을 증가시키고자 하는 한두 가지의 과목에 초점을 맞춘다. 일반적인 과목은 독해와 수학이다. 그들이 공통적으로 공유하는 것은 학습자의 전략적 수행을 강조한다.

또래 교수(peer tutoring, 또래 개인지도)라는 용어는 같은 나이나 비슷한 나이의 또래 도움이(tutor)들을 언급하기 위해 문학적으로 사용되는 말이다. 우리는 같은 나이의 도움이들이 학습을 도와주는 것에 대해서 또래 교수라는 용어를 사용할 것이다. 이는 도움이와 도움 받는 사람(tutee)의 관계를 혼란스럽게 하는 것을 막아 줄 것이다. 동갑내기나 나이가 엇비슷한 도움이들의 상호작용을 비교해 보면 또래 교수에도 일장일단이 있다. 또래 교수 프로그램은 같은 반에 있는 학생들에게 유리하다. 일반적으로 학업성적이 좋은 학생이 특정 과목의 성적이 낮은 학생의 도움이가 된다.

또래 교수는 읽기, 철자, 수학, 쓰기에서 통제 집단과 비교했을 때 도움이와 도움 받는 학생, 모두 학업성취에 좋은 영향을 끼친다(Cloward, 1977; Cohen, Kulik & Kulik, 1982; Topping, 1987). 또래 교수는 목표하는 학습활동에 도움이와 도움 받는 사람을 활발하게 참여시킨다. 그리고 학업 성적을 높일 수 있는 기회를 제공한다(Delquadri, Greenwood, Whorton, Carta, & Hall, 1986). 또래 교수는 즉각적인 되짚어 주기를 제공하고 학생들의 공부시간을 증가시킨다. 학습 시간의 증가는 학업 성취와 정적인 연관을 가진다(Greenwood, 1981).

하지만 또래 학생들이 도움이와 도움 받는 사람으로 구분되는 사회성 관계 때문에 또래 교수 그 자체가 결점을 가진다. 아동기에 학생들은 짝을 이루면서 자신의 위치에 대한 사회성 관계가 민감하게 증가된다(DePaulo, Tang, Webb, Hoover, Marsh, & Litowitz, 1989). 급우들 간의 지도라고 알려진 상호간의 지도는 또래 교수에서 발생하는 사회성 위치의 문제에 대한 해결책을 제시한다. 서로 다른 연령(Cross-age)을 가진 아동끼리의 교수는 또 다른 대안이다. 이는 도움이와 도움 받는 사람의 규칙 속에서 또래 급우를 구분하는 것과 관련이 있는 사회성 낙인이 없이 많은 수의 유능한 도움이를 제공할 수 있다.

서로 다른 연령의 교수는 나이가 많은 아동이 어린 아동의 도움이가 된다. 미국에서 서로 다른 연령 교수는 여러 연령의 아동이 한 학급에서 수업을 받는(one-room school house) 상황에서 주로 이루어져왔다. 이런 배치에서 한 명의 교사는 주로 다른 연령대의 아동 몇몇을 지도하도록 되어 있어서 나이든 아동은 어린 아동의 학습을 도와주었다. 서로 다른 연령의 교수는 오늘날의 교실에서는 드물게 활용된다. 왜냐하면 오늘날은 연령별로 분리되어 교육을 받는 시스템이기 때문이다. 서로 다른 연령의 교수를 둘러싼 연구는 실패의 위험을 안고 있는 아동들을 교육적으로 중재하는데 효과가 있음을 입증한다(Cohen, Kulik, & Kulik, 1982; Limbrick, McNaughton, & Glynn, 1985; Maher, 1082; Sharpley, Irvine, & Sharpley, 1983). 서로 다른 연령의 교수는 학생들이 반응할 기회를 제공하고 학업 성적의 향상에 기여하는 학습 시간을 증가시킨다(Delquadri, Greenwood, Whorton, Carta, & Hall, 1986). 서로 다른 연령의 교수는 어린 튜티(younger tutee)와 나이든 튜터(older tutor)들과 전통적인 교수를 받고 있는 통제 집단을 비교해 보았을 때 학문적 성과가 가속화되었음을 알 수 있다. 가속화된 학업 성취는 학급에서 뒤쳐진 아동이나 실패의 위험을 안고 있는 아동들에게 중요하다.

낮은 성취나 문제를 가진 청소년을 도움이로 삼은 서로 다른 연령의 교수 프로그램은 이런 학생들에게 자신과 그들이 가르치는 어린 학생들에게 좋은 영향을 정보자료 비록 전통적으로는 성적이 좋은 학생들이 성적 낮은 학생들을 가르치지만 연구는 문제를 가진 청소년들이 어린 아동들을 효과적으로 지도할 수 있음을 보여 준다(Maher, 1982).

문제 청소년을 서로 다른 연령의 도움이로 활용한 프로그램은 인지적인 성장과 함께 효과적인 방법으로 긍정적 변화를 가져왔음을 보여 주었다. 도움이들의 자존감은 증가되었고(Pino, 1990; Yogev & Ronen, 1982) 무단결석은 줄어들었다(Lazerson, Foster, Brown, & Hummel, 1988). 성적이 낮은 고등학생들에게 도움이의 역할을 부여한 결과 효과적인 학업 성취의 결과는 퇴학의 비율을 감소시켰다(Sosa, 1986).

비장애 학생들을 장애 학생이 지도하는 연구는 드물다. 그러나 톱(Top)과 오스구소르페(Osguthorpe, 1987)은 78명의 4~6학년인 장애학생이 1학년 비장애 아동에게 읽기를 가르친 연구 결과를 제시했다. 장애 도움이들은 무작위로 도움이 집단과 통제집단으로 나뉘었다.

82명의 1학년으로 도움 받는 학생들은 특수교육을 받지 않는 학생들이었지만 교사들은 이들 아동들이 읽기 연습을 필요로 한다고 했다. 1학년 학생들도 무작위로 도움이와 통제집단으로 나뉘었다.

도우미들은 자신들의 새로운 역할에 대해 도움이 될 만한 기술을 훈련받았다. 특별한 읽기 교수법은 제공되지 않았다. 장애 도움이들은 자신들이 맡은 학생들을 격려하는 방법을 배웠고 적절하게 행동을 칭찬하도록 배웠다. 학생들은 도움 받는 기간 동안 주당 4일, 15~20분간 시간을 함께 보냈다. 프로그램은 14주 동안 지속되었다. 통제 집단은 전통적인 교실에서 비슷한 읽기 수업을 받았다.

읽기 성취검사(Woodcock-Johnson-III; Test of Cognitive Ability)[11]를 실시한 결과 도움이 장애 학생들은 통제 집단의 장애학생들보다 두드러진 성취를 보였다. 1대 1로 장애 도우미로부터 지도를 받은 1학년 학생들도 표준화된Woodcock-Johnson 읽기 검사를 실시한 결과 읽기 성취가 통제 집단보다 높았다.

교육적 개입에 대한 평가

비록 특수교육이 매우 특별하지는 않아도(Detterman & Thompson, 1997), 더 큰 가능성의 희망은 있다. 이 분야에서 진행되고 있는 연구들이 느리게 진보하는 것은 놀랄 일이 아니다. 직접적으로 사용할 만한 가치가 있는 중재 또는 적어도 간접적으로 지적 발달 장애에 관한 인지적 연구의 아류라 할 만한 중재는 권장할만하다. 이런 중재는 종종 연구 방법, 연구 대상, 평가 방법에 결함이 있다고 비판받는다(Spitz, 1986의 예를 참고하기 바람). 그러나 응용 연구가 기본 연구보다 덜 정확하다는 것은 놀랄 일이 아니다. 가장 최적의 이야기는 응용을 위해 기본 연구로 거슬러 올라갈 수 있는 선이 있다는 것이다. 한 세기 이전에는 그러한 연결 고리가 존재하지 않았다. 중재는 기본 연구로부터 지원을 받지 않는 기본적인 철학적 사고에 바탕을 둔다. 이것은 마지막 세기를 거쳐 변화했고 이러한 변화는 더 나아졌다.

일반적 결론

이 장에서는 지난 40년 동안 20세기를 거쳐 특히 강조되었던 지적 발달 장애 연구의 현상을 스케치 했다. 우리의 의도는 독자들에게 이 분야의 연구가 어디서 왔고 어디로 가는지 그 지향 방향에 대해 간단히 스케치하는 것이다. 우리는 풍경의 핵심적 특성을 기록하지만 또 다른 사람들은 다른 관점을 제공할 수도 있다. 이 장을 시작할 때 제시했던

---

11) (옮긴이 주) 우리나라에서 참고할 수 있는 문헌

박현옥. (2005). CHC 지능이론에 따른 지적 발달 장애아의 인지요인 특성과 읽기 기능 분석. 박사학위논문. 대구대학교 대학원.

질문들이 있다. 지적 발달 장애 연구는 어떤 업적을 이루었는가? 우리는 업적을 이루었다고 믿는다. 비록 진보는 더디지만 장기적인 안목으로 봤을 때 움직임은 분명히 있다. 특히 주목할 것은 응용 연구가 기본 연구와 밀접하게 연결되어 있다는 것이다. 비록 이런 연결 고리가 여전히 약하다고 할지라도 앞으로 더욱 강해질 것이라는 희망이 있다.

지적 발달 장애 연구에 관한 또 다른 업적은 지적 발달 장애인에 대한 우리의 개념이 변했다는 것이다. 한 때 구제불능으로 여겨졌던 이들은 이제 학습과 성취가 가능한 사람으로 간주되고 있다. 이는 100년 전에 비하면 매우 진보적인 변화이다.

지적 발달 장애 연구는 지능을 이해하는 데 공헌을 했는가? 이 부분도 의심할 여지가 없다. 먼저 초기에 지능검사는 지적 발달 장애를 구분하기 위해 사용되었다. 지적 발달 장애를 분류하기 위해 널리 사용된 IQ 검사는 IQ의 상관관계에 관해 엄청난 양의 관련 자료를 축적하게 했다. 둘째, 오늘날 인간 지능을 이해하기 위한 인지적 접근은 지능 연구의 우세한 접근 방법이며 지적 발달 장애 연구를 위한 직접적인 발자취가 될 수 있다. 이는 결코 작은 성취가 아니다.

마지막으로 지능 연구는 지적 발달 장애인에 대한 우리의 이해를 증가시켰는가? 어느 정도는 그렇다고 할 수 있다. 그러나 체계적인 방법으로 지적 발달 장애를 설명하고자 하는 지능 이론은 거의 없다. 몇몇 이론은 여전히 지적 발달 장애에 대한 설명이 지능 이론의 영역을 넘어선다고 믿고 있다. 우리는 이런 관점에 동의하지 않는다. 지적 발달 장애에 대한 설명이 지능 이론의 부분으로 통합될 때까지 지능 이론은 불완전할 것이다.

다음 세기에는 지능과 지적 발달 장애의 연결고리가 보다 완전해지고 완벽하게 설명되기를 바란다. 유적학적 진보, 뇌 영상과 기록, 신경과학은 지난 50년 이상 생물학적 진보와 함께 수집된 행동적 자료의 연결고리를 인정할 것이다. 지난 100년 동안 실제로 어떤 것들이 달성되었다면 아마 다음 세기 후반에는 이 장을 쓴 누구든지 우리가 대답하지 못한 새롭고 궁금한 질문에 대해 더욱 명확한 해답을 우리에게 제공할 수 있을 것이다.

지적 발달 장애자를 위하여 더 좋은 날과 기회, 생활환경이 실현될 것으로 기대되는 시기가 우리를 맞이하려고 기다리고 있다는 것을 확신한다.[12)]

---

12) (옮긴이 주) 고딕체의 내용은 옮긴이가 추가한 것이다. 그 근거가 되는 최신 연구 자료는 [보충자료]의 추가 설명 참조.

참고 문헌

Anastasi, A., & Levee, R. (1960). Intellectual defect and musical talent: A case report. *American Journal of Mental Deficiency*, *64*, 695–703.

Atkinson, R. C., & Shiffrin, R. M. (1968). Human memory: A proposed system and its control processes. In K. W. Spence & J. T. Spence (Eds.), *The psychology of learning and motivation: Vol. 2* (pp. 90–195). New York: Academic Press.

Belmont, I. M. (1966). Long-term memory in mental retardation. In N. R. Fills (Ed.), *International review of research in mental retardation: Vol. 1* (pp. 219–255). New York: Academic Press.

Belmont, J. M., & Borkowski, J. (1994). *Prudence, indeed, will dictate .. review of Mental retardation: Definition, classification, and systems of support* (9th ed.). Contemporary Psychology 39, 495–496.

Belmont, J. M., & Butterfield, F. C. (1969). The relations of short-term memory to development and intelligence. In L. P. Lipsitt & H. W. Reese (Eds.), *Advances in child developmental and behavior: Vol. 4* (pp. 29–82). New York: Academic Press.

Berini, R. Y., & Kahn, F. (1987). *Clinical genetics handbook*. Oradell, NJ: Medical Economics Books.

Borkowski, J. C., & Cavanaugh, J. C. (1979). Maintenance and generalization of skills and strategies by the retarded. In N. R. Ellis (Ed.) *Handbook of mental deficiency, psychological theory, and research* (2nd ed., pp. 569–617). Hillsdale, NJ: Erlbaum.

Butterfield, F. C., & Belmont, J. M. (1977). Assessing and improving the cognitive functions of mentally retarded people. In I. Bialer & M. Stemnlicht (Eds.), *The psychology of mental retardation: Issues and approaches*. New York: Psychological Dimensions.

Campione, J. C., Brown, A. L., & Femrara, R. A. (1982). Mental retardation and intelligence. In R. J. Sternberg (Ed.), *Handbook of human intelligence* (pp. 392–490). London: Cambridge University Press.

Carr, T. H. (1984). Attention, skill, and intelligence: Some speculations on extreme individual differences in human performance. In R. Sperber, C. McCauley, & P. Brooks (Eds.), *Learning and cognition in the mentally retarded* (pp. 189–215). Baltimore: University Park Press.

Caruso, D. R., & Detterman, D. K. (1983a). Stimulus encoding by retarded and nonretarded adults. *American Journal of Mental Deficiency*, *96*, 649–655.

Caruso, D. R., & Detterman, D. K. (1983b). Individual differences in short-term memory and their relationship to item identification. *American Journal of Psychology*, *96*, 527–537.

Clausen, J. A. (1967). Mental deficiency: Development of a concept. American *Journal of Mental Deficiency*, *71*, 727–745.

Clausen, J. A. (1968). A comment on Halpemn's note. *American Journal of Mental Deficiency*, *72*, 950.

Clausen, J. A. (1972). Quo vadis, AAMD? *The Journal of Special Education*, *6*, 51–60.

Cloward, R. D. (1977). Studies in tutoring. *The Journal of Experimental Education*, *36*, 14–25.

Cohen, P. A., Kulik, J. A., and Kulik, C. C. (1982). Educational outcomes of tutoring: A meta-analysis of findings. *American Educational Research Journal*, *19*, 237–248.

Cohen, R. L., & Sandberg, T. (1977). Relation between intelligence and short–term memory. *Cognitive Psychology*, *9*, 534–554.

Conners, F. A., & Detterman, D. K. (1987). Information processing correlates of computer assisted word learning in mentally retarded students. *American Journal of Mental Deficiency*, *91*, 606–612.

Critchley, M. (1979). *The divine banquet of the brain*. New York: Raven Press.

Delquadri, J. C., Greenwood, C. R., Whomton, D., Carta, J. J., & Hall, R. V. (1986). Classwide peer tutoring. *Exceptional Children*, *52*, 535–542.

DePaulo, B. M., Tang, J., Webb, W., Hoover, C., Marsh, K., & Litowitz, C. (1989). Age differences in reactions to help in a peer tutoring context. *Child Development*, *60*, 423–439.

Detterman, D. K. (1979). Memory in the mentally retarded. In N. R. Ellis (Ed.), *Handbook of mental deficiency, psychological theory, and research* (2nd ed., pp. 727–760). Hillsdale, NJ: Lawrence Erlbaum Associates.

Detterman, D. K. (1983, March). Assessing cognitive deficits in the mentally retarded. Paper presented at the Gatlinburg Conference on Mental Retardation, Gatlinburg, TN.

Detterman, D. K. (1987a). Theoretical notions of intelligence and mental retardation. *American Journal of Mental Deficiency*, *92*, 2–11.

Detterman, D. K. (1987b). What does reaction time tell us about intelligence? In P. A. Vernon (Ed.), *Speed of information processing and intelligence* (pp. 177–199). Norwood, NJ: Ablex.

Detterman, D. K. (1988). *CAT: Cognitive Abilities Tests*. Cleveland, OH: Case Western Reserve University.

Detterman, D. K. (1994). A system theory of intelligence. In D. K. Detterman (Ed.). *Current topics in human intelligence: Vol. 4. Theories of intelligence* (pp. 85–115). Norwood, NJ: Ablex.

Detterman, D. K., & Andrist, C. C. (1990). The effects of instruction on elementary cognitive tasks sensitive to individual differences. *American Journal of Psychology*, *103*, 367–390.

Detterman, D. K., & Daniel, M. H. (1989). Correlations of mental tests with each other and with cognitive variables are highest for low IQ groups. *Intelligence*, *13*, 349–359.

Detterman, D. K., Gabriel, L. T., Spry, K. (1997). Cognitive skills and aging in persons with Down syndrome. Manuscript submitted for publication.

Detterman, D. K., Mayer, J. D., Caruso, D. R., Legree, P. J., Conners, F., & Taylor, R. (1992). Assessment of basic cognitive abilities in relation to cognitive deficits. *American Journal of Mental Retardation*, *97*, 251–286.

Detterman, D. K., & Thompson, L. A. (1997). IQ, schooling, and developmental disabilities: What's so special about special education? *American Psychologist*, *52*, 1082–1091.

Doll, E. A. (1934). Social adjustment of the mental subnormal. *Journal of Educational Research*, *28*, 36–43.

Doll, E. A. (1941). The essentials of an all–inclusive concept of mental deficiency. *American Journal of Mental Deficiency*, *46*, 214–219.

Doll, E. A. (1962). A historical survey of research and management of mental retardation in the United States. In F. P. Trapp & P. Himmelstein (Eds.), *Readings on the exceptional child* (pp. 21–68). New

York: Appleton-Century-Crofts.

Doll, E. A. (1967). Historical review of mental retardation, 1800-1965: A symposium. *American Journal of Mental Deficiency*, *72*, 165-189.

Dugas, J. L., & Kellas, C. (1974). Encoding and retrieval processes in normal children and retarded adolescents. *Journal of Experimental Child Psychology*, *17*, 177-185.

Dykens, F. M. (1995). Measuring behavioral phenotypes; Provocations from the "new genetics." *American Journal of Mental Retardation*, *99*, 522-532.

Ellis, N. R. (1970). Memory processes in retardates and normals. In N. R. Ellis (Ed.), *International review of research in mental retardation*, *Vol. 4* (pp. 1-32). New York: Academic Press.

Ellis, N. R. (1978). Do the mentally retarded have poor memory? *Intelligence*, *2*, 41-54.

Epstein, C. J. (1993). The conceptual bases for the phenomapping of conditions resulting from aneuploidy. In C. J. Epstein (Ed.), *The phenotypic mapping of down syndrome and other aneuploid conditions* (pp. 1-18). New York: Wiley-Liss.

Ericsson, K. A., & Faivre, I. A. (1988). What's exceptional about exceptional ability? In L. K. Obler & D. Fein (Eds.), *The exceptional brain: Neuropsychology of talent & special abilities* (pp. 436-473). New York: Guilford Press.

Feuerstein, R., Rand, Y., Hoffman, M., Hoffman, M., & Miller, R. (1979). Cognitive modifiability in retarded adolescents: Effects of instrumental enrichment. *American Journal of Mental Deficiency*, *83*, 539-550.

Feuerstein, R., Rand, Y., & Rynders, J. F. (1988). *Don't accept me as I am: Helping retarded people to excel*. New York and London, Plenum Press.

Fisher, M. A., & Zeaman, D. (1973). An attention-retention theory of retardate discrimination learning. In N. R. Ellis (Ed.), *International review of research in mental retardation: Vol. 6* (pp. 159-256). New York: Academic Press.

Friedrich, D., Likbuman, T., Craig, F., & Winn, F. (1977). Readout times from iconic memory in normal and retarded adolescents. *Perceptual and Motor Skills*, *34*, 467-473.

Gabriel, L. T. (1997). An investigation of calendar calculation using "manufactured" savants. Unpublished master's thesis.

Calbraith, C. C., & Cliddon, J. B. (1972). Backward visual masking with homogeneous and patterned stimuli: Comparison of retarded and nonretarded subjects. *Perceptional and Motor Skills*, *34*, 903-908.

Greenwood, C. R. (1991). Classwide peer tutoring: Longitudinal effects on reading, language, and mathematics achievement of at-risk students. *Journal of Reading, Writing, & Learning Disabilities International*, *7*, 105-123.

Grossman, H. J. (Ed.). (1973). *Manual on terminology and classification in mental retardation*. Washington, DC: American Association on Mental Deficiency.

Grossman, H. J. (Ed.). (1977). *Manual on terminology and classification* (Rev. ed). Washington, DC: American Association on Mental Deficiency.

Grossman, H. J. (Ed.). (1983). *Classification in mental retardation* (3rd ed.). Washington DC: American

Association on Mental Deficiency.

Hasher, L., & Zacks, R. T., (1979). Automatic and effortful processes in memory. *Journal of Experimental Psychology: General, 108*, 356–388.

Hasher, L., & Zacks, R. T. (1984). Automatic processing of fundamental information. *American Psychologist, 39*, 1372–1388.

Headrick, M. W., & Ellis, N. R. (1964). Short–term visual memory in normals and retardates. *Journal of Experimental Child Psychology, 1*, 339–347.

Heber, R. (1961). Modifications in the manual on terminology and classification in mental retardation. *American Journal of Mental Deficiency, 65*, 499–500.

Herrnstein, R. J., & Murray, C. A. (1994). *The bell curve: Intelligence and class structure in Americans life*. New York: Free Press.

Hill, A. L. (1978). Savants: Mentally retarded individuals with special skills. In N. R. Ellis (Ed.), *International review of research in mental retardation, Vol. 9* (pp. 277–298). New York: Academic Press.

Hoffman, F. (1971). The idiot savant: A case report and a review of explanations. *Mental Retardation, 9*, 18–21.

Hornstein, H. A., & Mosley, J. L. (1987). Iconic memory deficit of mildly mentally retarded individuals. *American Journal of Mental Deficiency, 91*, 415–421.

Horwitz, W. A., Kestenbaum, C., Person, F., & Jarvik, L. (1965). Identical twins–"idiot savants" calendar calculators. *American Journal of Psychiatry, 121*, 1075–1079.

Jacobson, J. W., & Mulick, J. A. (1992). A new definition of mentally retarded or a new definition of practice? *Psychology in Mental Retardation and Developmental Disabilities, 18*, 9–14.

Jones, H. F. (1926). Phenomenal memorizing as a "special ability." *Journal of Applied Psychology, 10*, 367–377.

Kim, L. Y. (1995). *Contrast sensitivity in adults with Down syndrome and its effect on cognitive abilities and age*. Unpublished doctoral dissertation.

Kirk, S. A., & Johnson, G. O. (1951). *Educating the retarded child*. Boston, MA: Houghton Mifflin Company.

Korenberg, J. R. (1993). Toward a molecular understanding of Down syndrome. In C. J. Epstein (Ed.), *The phenotypic mapping of Down syndrome and other aneuploid conditions* (pp. 87–115). New York: Wiley–Liss.

Korenberg, J. R. (1995). Mental modeling. *Nature Genetics, 11*, 109–111.

Korenberg, J. R., Bradley, C., & Disteche, C. M. (1992). Down syndrome: Molecular mapping of the congenital heart disease and duodenal stenosis. *American Journal of Human Genetics, 50*, 294–302.

Korenberg, J. R., Kawashima, H., Pulst, S. M., Ikeuchi, T., Ogasawara, N., Yamamoto, K., Schonberg, S. A., West, R., Allen, L., Magenis, F., Ikawa, K., Taniguchi, N., & Epstein, C. J. (1990). Molecular definition of a region of chromosome 21 that causes features of the Down syndrome phenotype. *American Journal of Human Genetics, 47*, 236–246.

Lazar, I., Darlinton, R., Murray, H., Royce, J., & Snipper, A. (1982). Lasting effects of early education:

A report from the Consortium for Longitudinal Studies. *Monographs of the Society for Research in Child Development*, *47*(2–3, Serial No. 195).

Likbuman, T., & Friedrich, D. (1972). Threshold measures of sensory register storage (perceptual memory) on normals and retardates. *Psychonomic Science*, *27*, 357–358.

Limbrick, F., McNaughton, S., & Clynn, T. (1985). Reading gains for underachieving tutors and tutees in a cross–age tutoring programme. *Journal of Child Psychology and Psychiatry*, *26*, 939–953.

Luckasson, R. (Ed.). (1992). *Mental retardation: Definition, classification and systems of support*. Washington, DC: American Association on Mental Retardation.

Macmillan, D. L., Gresham, F. M., & Siperstein, C. N. (1995). Heightened concerns over the 1992 AAMR definition: Advocacy versus precision. *American Journal on Mental Retardation*, *98*, 325–335.

Macmillan, D. L., & Reschly, D. J. (1997). Issues of definition and classification. In W. F. MacLean (Ed.), *Ellis' handbook of mental deficiency, psychological theory and research* (3rd ed. pp. 47–74). New Jersey: LEA Publishers.

Maher, C. A. (1982). Behavioral effects of using conduct problem adolescents as cross–age tutors. *Psychology in the Schools*, *19*, 360–364.

O'Brien, J. (1992). Behavioral phenotypes and their measurement. *Developmental Medicine and Child Neurology*, *34*, 365–367.

O'Connor, N., & Hermelin, B. (1984). Idiot savant calendar calculators: Maths or memory? *Psychological Medicine*, *14*, 801–806.

Owens, W. A., & Grimm, W. (1941). A note regarding exceptional musical ability in a low grade imbecile. *Journal of Educational Psychology*, *32*, 636–637.

Pennington, F M., & Luszcz, M. A. (1975). Some functional properties of iconic storage in retarded and nonretarded subjects. *Memory and Cognition*, *3*, 295–301.

Pino, C. (1990). Turned on by tutoring. *American Educator*, *14*, 35–36.

Prehm, M. J., & Mayfield, S. (1970). Paired–associate learning and retention in retarded and nonretarded children. *American Journal of Mental Deficiency*, *74*, 622–625.

Ramey, C. T., & Campbell, F. A. (1992). Poverty, early childhood education, and academic competence: The Abecedarian experiment. In A. Huston (Ed.), *Children in poverty* (pp. 190–221). New York: Cambridge University Press.

Rand, Y., Tannenbaum, & Feuerstein, R. (1988) *Don't accept me as lam; Helping retarded people to excel* (Appendix D). New York and London: Plenum Press.

Reschly, D. J. (1992). Mental retardation: Conceptual foundefinitional criteria, and diagnostic operations. InS. R. Hynd & R. E. Mattison (Eds.), *Assessment and diagnosis of child and adolescent psychi atric disorders: Vol. II. Developmental disorders* (pp. 23–67). Hillsdale, NJ: Lawrence Erlbaum Associates.

Rife, D. C., & Snyder, L. H. (1931). Studies in human inheritance VI: A genetic refutation of the principles of "behavioristic" psychology. *Human Biology*, *3*, 547–559.

Rimland, B., & Hill, A. L. (1984). Idiot Savants. In J. Wortis (Ed.), *Mental retardation and developmental disabilities* (Vol. 13, pp. 155–169). New York: Plenum Press.

Rimland, B., & Fein, D. A. (1988). Special talents of autistic savants. In L. K. Obler & D. A. Fein (Eds.), *The exceptional brain: Neuropsychology of talent & special abilities* (pp. 474–493). New York: Guilford Press.

Ross, L. F., & Ward, (1978). The processing of information from short-term visual store: Developmental and intellectual level. In N. R. Ellis (Ed.), *International review of research in mental retardation*. Vol. 9 (pp. 1–28). New York: Academic Press.

Scheerenberger, R. C. (1987). *A history of mental retardation*. Baltimore: Brookes.

Schweinhart, L. J., & Weikart, D. P. (1989). The High/Scope Perry Preschool Study: Implications for early childhood care and education. *Prevention in Human Services*, *7*, 109–132.

Selfe, L. (1978). *Nadia: A case of extraordinary drawing ability in an autistic child*. New York: Academic Press.

Sharpley, A. M., Irvine, J. W., & Sharpley, C. F. (1983). An examination of the effectiveness of a cross-age tutoring program in mathematics for elementary school children. *American Educational Research Journal*, *20*(1), 103–111.

Sheingold, K. (1973). Developmental differences in intake and storage of visual information. *Journal of Experimental Child Psychology*, *16*, 1–11.

Sloboda, J. A., Hermelin, B., & O'Connor, N. (1985). An exceptional musical memory. *Music Perception*, *3*, 155–170.

Sosa, A. S. (1986). Valued youth partnership program: Dropout prevention through cross-age tutoring. *Newsletter, Intercultural Development Research Association* (ERIC Document Reproduction Service Nos. ED 279 764 and ED 279 765).

Sperber, R. D., Ragain, F. D., & McCauley, C. (1976). Reassessment of category knowledge in retarded individuals. *American Journal of Mental Deficiency*, *81*, 227–234.

Sperling, G. (1960). The information available in brief visual presentations. *Psychological Monographs*, *74*(11, Whole No. 498).

Spitz, H. H. (1986). *The raising of intelligence: A selected history of attempts to raise retarded intelligence*. Hillsdale, NJ: Lawrence Erlbaum Associates.

Spitz, H. H. (1994). Lewis Carroll's formula for calendar calculation. *American Journal of Mental Retardation*, *98*, 601–606.

Top, B. L., & Osguthorpe, R. T. (1987). Reverse-role tutoring: The effects of handicapped students tutoring regular class students. *The Elementary School Journal*, *87*, 413–423.

Topping, K. (1987). Peer tutored paired reading: Outcome data from ten projects. *Educational Psychology*, *7*, 133–145.

Tredgold, A. F. (1914). *Mental deficiency*. New York: William Wood.

Tredgold, A. F (1922). *Mental deficiency* (pp. 334–345). New York: William Wood.

Treffert, D. A. (1988). The idiot savant: A review of the syndrome. *American Journal of Psychiatry*, *145*, 563–572.

Viscott, D. S. (1970). A musical idiot savant. *Psychiatry*, *33*, 494–515.

Waugh, N. C., & Norman, D. A. (1965). Primary memory. *Psychological Review*, *72*, 89–104.

Welsandt, R. F, & Meyer, P. A. (1974). Visual masking, mental age, and retardation. *Journal of Experimental Child Psychology*, *18*, 512–519.

Yogev, A., & Ronen, R. (1982). Cross-age tutoring: Effects on tutors' attributes. *Journal of Educational Research*, *75*, 261–268.

Zeaman, D., & House, B. (1963). The role of attention in retardate discrimination learning. In N. R. Ellis (Ed.), *Handbook of mental deficiency* (pp. 159–223). New York: McGraw–Hill.

Zeaman, D., & House, B. (1979). A review of attention theory. In N. R. Ellis (Ed.), *Handbook of mental deficiency psychological theory and research* (2nd ed., pp. 63–120). Hillsdale, NJ: Erlbaum.

Zigler, F., Balla, D., & Hodapp, R. (1984). On the definition and classification of mental retardation. *American Journal of Mental Deficiency*, *89*, 215–230.

[보충 자료]

척수 손상으로 다리가 마비되더라도 화학·전기 자극 치료와 적합한 보상 피드백(되짚어 주기)이 제공되면 다시 걸을 수 있다는 사실이 쥐를 대상으로 한 실험 결과 밝혀졌다. 스위스 연방기술연구소는 2012년 5월 31일(현지 시간)에 ① 손상된 척수 조직에 화학약품을 주입하고 ② 척수 조직의 기저에 전기 자극을 가한 뒤, ③ 앞에 놓인 초콜릿 한 조각을 향해 걸을 수 있도록 2~3주간 의지력 훈련을 시키는 3단계 치료법으로 척수 두 곳이 끊긴 쥐를 다시 걷게 하는 데 성공했다고 밝혔다. 이번 연구 결과는 미국의 과학전문연구논문집인 「사이언스(Science)」 최신호에 발표되었다.

척수 조직이 끊어졌다는 것은 뇌에서 전달하는 운동 메시지가 다리로 전달될 수 없다는 것을 의미한다. 그러나 이 연구팀에 따르면, 척수 손상을 입은 쥐가 이번 치료법을 통해서 첫발을 내디딘 뒤 초콜렛을 먹기 위해서 날리고 계단을 오르며 장애물을 통과하는 능력까지 되찾게 되었다는 것이다. 이 연구에 참여한 그레구아르 쿠르틴 박사는 "이 정도의 성과를 나타내리라곤 기대하지 못했다."면서 "실험 쥐가 스스로의 의지로 발을 떼기 시작했다."고 말했다.

이 연구진은 "화학 치료+전기 자극+보상 피드백의 병행이 필요하다고 밝혔다. 즉, 실험의 첫 단계에서 손상된 척수 조직에 주입한 화학물질은 모노아민 촉진제로 불리는 것으로 뇌에서 분비되는 도파민, 아드레날린 등을 대신해서 척수신경을 자극하는 역할을 한다. 두 번째 단계인 전기 자극은 척추관 부근에 심은 전극을 통해서 이뤄지며, 척추 뇌(spinal brain)를 다시 일깨우게 된다. 세 번째 단계에서는 실험쥐가 자기 앞에 놓인 초콜릿을 먹기 위해서 걸어야 한다는 마음을 갖도록 훈련시킨다. 이 과정에서 연구팀은 쥐가 몸의 균형을 유지하도록 뒷다리에 로봇 보조장치를 달았다. 연구팀은 이 실험이 진행되면서 쥐의 손상된 척수 주변에 새로운 신경들이 형성되고, 뇌에도 변화가 생기는 것을 관찰할 수가 있었다.

■ **척수 손상 치료 3단계**

- 1단계: 척수신경 자극을 위해 특수 화학물질인 모노아민 촉진제를 손상된 척수 조직에 주입한다. ➡ 척수신경 자극 역할
- 2단계: 척주관 주변에 심은 전극을 통해 척수 조직 기저에 전기 자극을 가한다. ➡ 척추 뇌를 일깨우는 역할
- 3단계: 뒷다리에 로봇 보조장치를 장착시킨 후 전방의 초콜릿을 향해 걷도록 의지력을 훈련시킨다. ➡ 보상 피드백 제공

지금까지는 인간에 대한 척수 치료는 2011년에 자동차 사고로 가슴 아래 전신이 마비된 미국 오리건 출신의 한 남성이 척수 조직에 대한 전기 자극으로 다시 일어서는 단계까지 진행됐다. 전문가들은 "이번 연구는 상당히 이례적"이라며 "하체 마비 이후에 "걷기"동작의 회복이 헛된 생각이 아니라는 것을 보여 준다"고 평가했다. 영국 척수연구소 소장 마크 베이컨 박사는 이번 실험의 중요한 메시지가 뇌를 포함한 신경체계의 모든 부분에 적합한 보상 피드백을 제공하지 않으면 재활과 기능회복의 잠재력을 충분히 살리지 못한다는 것이라고 강조했다. 이번 실험에서 사용된 치료법을 사람에게 적용할 수 있는지는 추가적인 임상시험을 통해야 확인할 수 있다고 연구팀은 밝혔다. 다만 연구팀은 현실에서 일어나는 척수 손상은 실험실의 상황보다 더 복잡할 수 있다고 지적했다.

참고 문헌

박찬구. '척수 손상' 다리 마비 쥐 계단을 오르기 시작했다. 서울신문. 2012. 6. 2.

[보충 자료]

지적 발달 장애에 대한 20C 초기의 정의들

저자와 연도	지적 발달 장애의 정의
Tredgold (1908)	불완전한 대뇌발달로 인한 태어날 때부터 또는 어린 시기에서부터의 정신적 결함(mental defect)의 한 상태, 그러한 상태를 가진 사람은 사회의 한 구성원으로 그의 임무를 수행할 수가 없다(p. 2). 불치(incurability)를 강조하는 것은 지적 발달 장애를 궁극적 또는 영속적 위상(status)으로 보는 것이다.
Tredgold (1937)	정신결핍(mental deficiency)이란 누군가로부터 관리, 통제, 또는 외부적 지원 없이 자신의 존재를 유지하는 데 있어서 일반적 환경에 자신을 적응 할 수 없는 종류와 정도의 불완전한 정신적 발달상태를 말한다(p. 4). 불치를 강조하는 것은 지적 발달 장애를 궁극적 또는 영속적 위상으로 보는 것이다.

Doll (1941)	구조적인 원인(유전적 또는 후천적)으로 생긴 발달의 정지를 초래하는 것으로, 성숙기에 얻어진 또는 얻어질 것 같은 사회성 무능력의 상태로서 그 조건은 근본적으로 훈련을 통해 교정이 불가능하고 처치를 통해 치료가 불가능하다(p. 215). 지적 발달 장애를 적절히 정의하고 개념화하는 데 있어 중요하게 고려되어야 할 점들을 설명하거나 이와 관련짓는 과정에서 여섯 가지 일반적인 준거를 찾아냈다. 그 여섯 가지 준거는 (1) 사회성 무능력, (2) 그 원인으로서의 정상 이하의 지적 능력, (3) 그것은 발달적으로 정지되어 왔으며, (4) 성숙기에 획득되며, (5) 조직(constitution)의 문제에 기인하며, (6) 본질적으로 치료가 불가능하다는 것이다(p. 215). 정신박약(feeble-mindedness)은 본질적으로 치료가 불가능하다는 개념으로 진단 상황의 한 부분이다. 궁극적으로는 정상이 될 것이라는 기대를 할 수 있을 정도로 증상의 개선 가능성이 예후로써 제시된다면, 지적 발달 장애라는 진단은 정당하지 않다(Doll, 1947; Benton, 1964 재인용, p. 22). 불치(不治)를 강조하는 것은 지적 발달 장애를 궁극적 또는 영속적 상태로 보는 것이다. 여섯 가지 준거 가운데 앞의 네 가지는 최근의 정의에서도 주제로 다루어지고 있다.

출처: 박승희·신현기 옮김. (2003). 지적 발달 장애 개념화. 서울: 교육과학사.

[보충 자료]

AAMR(미국 지적 발달 장애협회)

미국 지적 발달 장애협회는 처음에 미국정신박약자연구협회로 발족했고(1919), 그 후 미국정신결함협회(American Association of Mental Deficiency, AAMD)로 바뀌었다가, 1987년에 미국 지적 발달 장애협회(American Association of Mental Retardation, AAMR)로 명칭이 바뀌었다. 최근에는 미국지적 발달 장애협회 대신에 공식적으로 2007년 1월 1일부터 미국 지적 및 발달장애협회(American Association on Intellectual and Developmental Disabilities, AAIDD)로 개정하였다. 이 단체는 1921년에 지적 발달 장애를 정의하고 최초의 편람을 발간한 이래 2002년까지 10차의 걸쳐 개정 출판하고 있다(1921; 1933; 1941; 1957; 1961; 1973; 1983; 1992; 2002).

지적 발달 장애를 기술하는 이러한 각 국의 용어 사용에 대해서 미국의 특수교육 현장과 저널에 발표되는 논문에는 아직도 많은 용어들이 혼용되고 있다. 예를 들면, Individuals(People; Person) with(Intellectual and) Developmental Disabilities(Mental Retardation) 으로 나타내고 있다는 것을 지적하고 있다. 또한 캐나다의 경우는 지적 발달 장애인에 대한 Montreal PAHO/WHO International Conference on Intellectual Disability, 2004)에서 Person with Intellectual Disabilities로 변경하여 사용하고 있다(이영철, 2007, 지적 발달 장애연구, 9집1

호). 일본의 경우는 문부과학성과 후생노동성 관계의 법령 가운데 명확한 정의는 제안되어 있지 않지만, 과거 문부성 초중등교육국 특수교육과 취학지도자료(1995)에서 정신박약(지적 발달 장애)이란 발달기에 발생하고, 지적 기능이 낮고, 적응행동의 곤란성을 동반한 상태를 말한다고 규정되어 있다. 그리고 일본 특수교육학회에서도 1993년까지는 정신박약의 명칭에서 그 후 지적 발달 장애라는 용어로 수정해서 사용하다가(梅谷忠勇, 堅田明義, 2002) 현재 일본에서는 2005년 이후 지적 발달 장애로 명칭을 변경하여 사용하고 있다.

미국정신건강의학회(America Psychiatric Association, APA)의「정신장애의 진단 및 통계편람(DSM-IV)」(1994)에서는 통상적으로 유아기, 소아기 또는 청년기에 처음으로 진단되는 장애의 한 가지로서 지적 발달 장애를 들고, 다음의 세 가지 진단 기준에 의한 정의가 실행되고 있다.

① 유의하게 평균 이하의 지적기능: 개인별 지능검사에서, 대략 70 또는 그 이하의 IQ(유아에 있어서도 명백하게 평균 이하의 지적 기능이라고 하는 임상적 판단에 의한다).
② 동시에 현재의 적응기능 (즉, 그 문화권에서 그 연령에 대해서 기 대되는 기준에 어울리는 유능함)의 결함 또는 부전이, 다음 조건 중에서 두 가지 이상의 영역에 존재: 의사소통, 자기관리, 가정생 활, 사회성/대인 관계의 기술, 지역사회 자원의 이용, 자율성, 기능 적 학업기량, 일, 여가, 건강 유지하기, 안전
③ 지적 발달 장애의 발생은 18세 이전(미만)이어야 한다.

그리고 세계보건기구(WHO)의「국제질환분류 제10판 (ICD-10)」(1992)에 의하면,「지적 발달 장애란, 정신의 발달정지 또는 발달부전의 상태. 이것은 발달기에 있어서 치밀성, 인지, 언어, 운동이라고 하는 전반적인 지능수준에 기여하는 능력 및 사회성인 능력의 장애에 의해서 특징 지워진다. 정신발달의 지적 발달 장애는 다른 어떠한 정신적 또는 신체적 장애의 유무에 관계없이 일어날 수 있다」고 규정하고, IQ에 관해서는 대략 69이하의 범위로 되어 있다.

우리나라의 경우는 특수교육진흥법시행령(2002)에서는 지능검사 결과가 지능지수가 75이하이며 적응행동에 결함을 지닌 자를 특수교육대상자로 규정하고 있다. 그리고 장애인복지법시행규칙(1999)에는 지능지수의 상한을 70으로 규정하고 있으며, 일반지능과 일상생활, 사회생활, 직업생활을 동시에 고려하여 지적 발달 장애 여부와 지적 발달 장애인의 장애등급을 1, 2, 3급으로 규정하고 있다.

[보충 자료]

AAMR의 지적 발달 장애에 대한 정의 변화

연도와 저자	정의	지능지수 절사점	진단	발달 기간	적응 행동	지능지수에 따른 심각도
다섯 번째 AAMR 정의 (Heber)	지적 발달 장애는 일반적 지적기능이 평균보다 유의미하게 낮으며, 이것은 발달기 동안에 나타나는데, 이것은 (1) 성숙, (2) 학습, (3) 사회성 적응 가운데 하나이상의 손상이 연계된다.	일반적 지적 기능의 측정 도구에 포함된 또래집단의 모집단 평균에 비해 1표준편차 이하	아래의 두 가지가 요구됨: 지능검사와 적응행동상의 한 가지 또는 이상에서의 손상 (예: 바이랜드 사회성숙도)	출생부터 대략 16세까지	환경의 자연적 및 사회성 요구에 대한 개인의 대처 방식의 타당성. 여기서는 두 가지 중요한 특성이 포함	V 수준: −1SD~−2SD IV 수준: −2SD~−3SD III 수준: −3SD~−4SD II 수준: −4SD~−5SD I 수준: −5 SD 이하
여섯 번째 AAMR 정의 (Heber)	지적 발달 장애는 일반 지적기능이 평균보다 유의미하게 낮으며, 이는 적응행동에서의 손상과 연계되며, 발달기 동안에 나타난다.	평균 1표준편차 이상 (이론적으로 모집단 16%)	표준화된 지능검사와 적응행동검사	출생부터 16세까지	성숙, 학습, 사회성 적응에 반영된 개인의 사회성 요구에 대한 개인 적응의 타당성	경계선급 MR; −1SD 경도 중등도 중도 최중도
일곱 번째 AAMR 정의 (Grossman, 1973)	지적 발달 장애란 일반적 지적 기능이 평균보다 유의미하게 낮고, 이와 동시에 결손을 보이고, 발달기 동안에 나타난다.	평균 2 이하 또는 2 이상 표준편차 (이론적으로 모집단의 3%)	표준화된 지능검사와 적응행동검사	최고 연령 18세까지	자신이 속한 동년배 및 문화집단 내에 기대하는 사회성 책임과 독립성 기준에 개인이 부합하는 정도의 타당성. (a) 영유아기; 감각운동기술, 의사소통, 자조, 사회화, (b) 아동기와 청소년	경도, 중등도 중도 및 최중도 지적 발달 장애와 평균지능 (학습지진;slow learner) 사이에 해당되는 것으로 정의되는 경계선급

					초기: 기본적 학업 기술의 일상생활의 적용, (c) 청소년 후기와 성인기; 직업적 및 사회성 책임감과 수행	
여덟 번째 AAMR 정의 (Grossman, 1983)	지적 발달 장애란 일반적 지적기능이 평균보다 유의미하게 낮으며, 그 결과로 또는 그와 연관되어 적응행동에서 손상을 보이는 것을 말하며, 이는 발달기 동안에 나타난다.	표준화된 지능검사 결과 지능지수 70 또는 그 이하, 상한점수는 한 지침이고 75또는 그 이상까지 확장 가능	표준화된 지능검사와 적응행동검사	임신부터 18세까지	개인이 속한 동년배 및 문화적 집단에게 기대되는 성숙, 학습, 개인의 독립성, 사회성 책임감의 기준에 부합하는 개인의 타당성에서의 유의미한 제한성	경도 중등도 중도 최중도

출처: 박승희·신현기 옮김. (2003). 지적 발달 장애 개념화. 서울: 교육과학사.

[보충 자료]

지적 발달 장애의 분류

가장 단순한 분류·유형화 방법은 특정 기능에 착안해서 그 기능의 우열에 의해 분류하는 방법이다. 종래 지적 발달 장애 분류에는 지적 지능 전반을 측정해서 그 합계 점수만으로 분류하는 편의적인 방법도 있다. 예를 들면 지능지수(IQ)-WHO의 기준에 의한 방법이다. 괄호 안은 일본에서 사용되는 IQ를 나타낸다.

기준 / 분류	WHO 기준 IQ	Binet 검사기준 IQ	Wechsler 검사기준 IQ	DSM- IV(1994) IQ
경도 지적 발달 장애	55(50)~70(75)	52~67	55~69	50~55에서 70
중(中)도 지적 발달 장애	40(35)~54(49)	36~51	40~54	35~40에서 50~55
중(重)도 지적 발달 장애	25(35)~39(34)	20~35	25~39	20~25에서 35~40
최중도 지적 발달 장애	~24(19)	20 미만	25 미만	20~25 이하

출처: 梅谷忠勇, 堅田明義(2002). 知的障害兒の心理學. 東京: 田研出版. p. 37 수정.

지적 발달 장애 유형별 이 분류 방법은 간단하여 세계 각 나라에서 쓰이고 있기 때문에 국제적으로 가장 공통성이 있는 분류 방법이 통용될 수 있을 것이다. 그러나 그 약점을 잘 이해해야 한다. 그 동안 지적 발달 장애에 대한 정의와 분류 동향을 살펴본 바와 같이 현재 완료형이 아니라 향후에도 계속 수정, 보완될 여지가 있다고 해석할 수가 있다.

지적 발달 장애이기 때문에 지적 기능 전반을 측정하여 일차원적으로 나열하여 그 축 위의 모인 정도에 따라 집단을 만들고 각 집단이 어떤 특징을 가지는지 이해할 수 있을 것이다. 이것은 일차원적 측정이 가능하다면 타당하다. 지적 기능을 모두 측정해서 일차원적으로 나열하는 것은 국어, 수학, 사회, 자연, 음악, 체육 등 교과의 평가점수를 합한 점수만으로 아동을 보려는 것이다. IQ에 의한 방법은 특정 지능검사로 여러 문항의 총점을 합한 점수에서 IQ를 산출하여 나누는 것이다. 이 IQ는 해당 아동의 지적 활동의 무엇을 나타내고 있는 것일까? 예를 들어, 어떤 5세아가 지능검사에서 5세아 상당의 문제를 풀었지만 그 앞의 문제를 풀 수 없이 1년 뒤에도 2년 뒤에도 같은 상황이었다고 한다. 단순히 계산하면 5세 당시에는 지능(정신)연령 5세는 생활연령 5세로 나누어 100을 곱하면 IQ는 100이 된다. 1년 뒤에도 지능 연령을 5세를 생활연령이 1세 늘어난 6세로 처리하면 IQ는 약 83이 된다. 풀 수 있는 과제는 같아도 연령이 증가함에 의해 IQ가 17이나 낮아진다. 2년 뒤에는 IQ는 약 71이다. 그러나 그 아동이 할 수 있는 것은 5세, 6세, 7세 모두 같다. IQ는 같은 연령 아동과 비교하는 지표이기 때문에 해당 아동의 임상형을 나타내지 않는 것은 확실하다. 그래서 이 IQ와 아울러 지능검사나 발달 검사에서 몇 세 해당의 과제를 해결할 수 있는가에 착안하는 것이다. 이에 해당하는 것이 지능연령이다.

앞에서는 5세 아동이 그 후에도 계속 5세 상당의 과제까지는 풀 수 있다는 예를 들었으나 실제 지적 발달 장애아의 경우는 발달 초기부터 그 해당 연령보다 낮은 연령에 해당하는 과제 밖에 풀 수 없는데 연령 증가와 함께 낮은 연령의 대상일지라도 계속 풀 수 있는 과제가 증가한다. 그러나 어느 연령이 되면 이런 과제의 증가가 거의 보이지 않게 된다. 이 연령을 '발달의 벽'이라고 한다. 여기에 대해서는 지적 기능에 관한 발달 이론에서 설명된다. 유명한 발달 이론으로 비고스키(Vygotsky, L. D., 1896~1934), 피아제(Piaget, J., 1896~1980), 와론(Wallon, H., 1878~1958)의 발달 이론이 있다. 이들 발달 이론의 어느 것이든 발달이 연속적으로 나아지는 시기와 급격히 변화하는 시기가 있다는 것이 발달 단계이론이다. 즉, 어떤 발달단계 안에서 경과하는 시기와 그에 이은 발달 단계로 이행하는 시기가 구성되어 있다. 어떤 발달 단계 안에서 경과하는 시기에서는 그 단계 안에서 필요한 구성요소를 가진 지적 기능으로 과제를 풀 수 있고 조금씩 어려워지는 과제도 풀 수 있게 된다. 그러나 그 시기에 이어지는 발달단계에서는 질적으로 다른 구성요소를 가지는 지적 기능의 사용이 요구되기 때문에 그 발달 단계에서 과제는 풀 수 없다고 생각할 수 있다. 지적 발달 장애를 분류하거나 유형화하는 것은 이 발달의 벽과 벽 사이가 하나의 분류 집단이 된다. 지능 연령으로 말하면 1세(유아기), 4세(유아기), 10세(아동기)가 각각 발달의 벽이 된다.

사람이 환경에 적응하기 위한 행동 가운데는 음식물과 물을 마시고, 의복을 입거나 벗는 등의 신체적·생리적 균형을 유지하고, 조절하는 것에서 사회성·직업적으로 자활하는 것까지 광범위한 수준의 행동(기술)이 포함되어 있다. 이러한 적응행동 장애의 판단·상태 파악을 하기 위해서는 통상적으로 검사법과 행동관찰법이 이용된다. 검사법으로는 사회생활 능력 검사(social competence test: Doll, E. A.) 등이 있고, 사람의 적응행동의 전 영역을 발달적으로 평가할 수 있는 검사는 없는 것이 현재의 상태이다. 따라서 이 검사법과 병행해서 아동의 가정, 학교, 지역사회에서의 일상생활장면에 있어서 행동 관찰을 실행하는 일이 중요하다.

미국의 돌(Doll, E. A.)이 만든 사회 성숙도 척도를 기초로 번안, 작성된 김승국, 김옥기(1985) 교수가 제작한 한국판 사회 성숙도 검사가 우리나라에서 사용되고 있다. 이 검사는 아동의 관찰평정 결과에 기초하여, 사회생활 연령(social age: SA)와 사회생활 지수(social quotient: SQ)를 산출하고, 사회생활 능력 수준을 판정한다. 이 검사의 문항 구성은 Doll-Vineland Social Maturity Scale 117문항으로 구성되어 있는데, ① 일반적 자립(SHG), ② 식사의 자립(SHE), ③ 착탈의 자립(SHD), ④ 이동능력(L), ⑤ 작업능력(O), ⑥ 의사교환능력(C), ⑦ 자기지향력(SD), ⑧ 사회성(S) 영역으로 구성되어 있다.

① 바인랜드 사회 성숙도 검사(The Vineland Social Maturity Scale)—Doll, 1953.
② A.A.M.D 적응행동검사(ABS)—Nihira, Foster, Shellhaas, Leland, 1974.

③ A.A.M.D 적응행동검사(ABS)의 학교판－Lambert, Winmiller, 1981.
④ 개정 바인랜드 사회성숙도 검사－Sparrow, Balla, Cichetti. 1984.
⑤ 독립적인 행동검사(The Scales of Independent Behavior)－Bruininks, Woodcock, Weatherman, Hill, 1984.
⑥ 적응 행동의 종합검사(The Comprehensive Test of Adaptive Behavior)－Adams, 1984.

[보충 자료]

지적 발달 장애와 관련된 주요 장애의 소개

터너 증후군(Turner syndrome)

사람에게 가장 흔한 염색체 이상 질환이다. 정상 여자에서는 성염색체인 X 염색체가 XX로 구성돼 있으나 X 염색체 한 개가 소실되거나 부분 소실돼 여아에서만 발생한다(XO). 일반인의 46개 염색체보다 적은 수의 염색체 수와 관련된 증후군이다. XO 유형으로 임신되는 태아의 95% 이상이 자연 유산된다는 점 때문에 이 증후군은 매우 희귀하다. 영아 1,500~4,000명 출생 당 1명 빈도로 발생되는 비교적 흔한 유전 질환이라 할 수 있다. 이 경우 저신장은 모든 환자에서 나타난다. 신생아 때는 손·발의 림프 부종과 목의 덧살 등의 진단이 되는 경우가 있다. 3세까지는 성장속도가 정상이지만 그 이후 성장 속도가 점차 감소해 결국 저신장이 된다. 또한 2차 성징의 결여, 불임도 나타날 수 있다.

이들의 대부분이 유방 발달이나 월경 등의 2차 성징이 나타나지 않는 성적 발달장애가 있어서 대다수 불임이 될 수도 있다. 가슴이 넓거나 양쪽 유방이 비교적 멀리 떨어져 있으며, 유두가 들어가 있다. 목이 짧고 윗머리카락이 아래까지 내려와 있다. 턱이 작으며 입천장이 좁고 높게 굽어져 있을 수 있다. 손·발톱이 얇고 위로 향해 있는 등의 증상이 나타난다. 키가 매우 작은 여아에서 이와 같은 증상이 나타날 때는 정확한 진단을 위해 반드시 전문검사가 필요하다.

터너 증후군은 잦은 중이염, 심장 혈관 기형, 신장기형, 갑상선 질환, 당뇨병, 만성대장염 등이 동반될 수 있어 주의를 요한다. 따라서 신체계측, 일반 혈액검사, 심장검사, 복부 초음파검사, 호르몬 검사, 부인과적 검사 등의 초기 평가가 반드시 필요하다.

치료는 신체적 이상이 동반되는 경우에는 필요에 따라 교정을 해야 한다. 또 전신장에 대한 치료를 하지 않는 경우 성인 신장이 약 142㎝정도에 멈추기 때문에 성장 호르몬 치료를 적극적으로 해야 한다. 다행히 의료보험 적용으로 의료비의 20% 정도를 환자가 부담하게 돼 과거에 비해 치료 혜택이 커졌다. 성적 발달장애 치료는 사춘기 연령이 되면 시작하는데 에스트로겐과 프로제스테론 같은 여성 호르몬의 대치요법이 필요하다.

출처: 추연구. (2005). 지적 발달 장애인의 인격발달연구, 특수교육재활과학연구. 44(1). pp. 69-77.

윌리엄스 증후군(William's syndrome)과 정적 반응 경향

윌리엄스 증후군은 약 1/20,000 비율로 출현하고, 대부분의 경우 7번 염색체의 한 가지 결함에 의해 발생한다(Ewart et al., 1993). 윌리엄스 증후군의 대부분의 사람들은 심장혈관 장애와 어린 요정 같이 귀엽고, 매력적이라고 표현되는 얼굴 모양이 특징적이다(Pober & Dykens, 1996). 윌리엄스 증후군의 인지 그리고 행동상의 특징은 '정적 반응경향'과 일치하는 사람이라는 것을 제안하고 있다(Zigler & Gates, 1999).

윌리엄스 증후군은 그의 인지-언어학적 특징에 의해서 보다 더 잘 알려 있고 이들은 훌륭한 언어 표현력과 언어학적 기능을 나타내고, 특히 통어론과 의미론의 면에서 훌륭하고 정서적인 운율법과 드라마적인 감각을 가진 서술적이고 유창한 표현력과 언어 구사력이 있고, 또 성인이 사용하는 어구를 반복하여 사용하고, 그것은 때때로 '칵테일 파티 연설'이라고 불려지는 사람이다(Reilly, Klima & Bullugi, 1990).

언어 능력이 뛰어나다고 하는 특징에 반해서 많은 윌리엄스 증후군의 사람은 비언어면, 즉 지각-공간 기능에 곤란함을 갖고 있다. 작은-운동 동작과 종이와 연필을 이용한 과제가 곤란하다는 지적이 있고, 특히 세부를 통합해서 전체를 구성하는 과제가 어려운 듯하다(Bihrle et al., 1989). 그러나 전체적인 곤란함이 있는 경우에도 특정한 시각-공간 기능은 문제가 없는 경우도 있다. 특히 사람의 얼굴인식과 재인과제에서 성적이 좋으며, 그것은 친한 사람이라도 또는 알지 못하는 사람이라도 변함이 없이, 열심히 바라본다(Bellugi, Wang & Jernigan, 1994). 따라서 윌리엄스 증후군의 사람은 '다른 사람의 감정면에 민감한' 것처럼 보이고, '얼굴의 어떠한 특징 그리고 모든 단서에 반응하는' 것처럼 보인다(Bellugi et al., 1994).

사람의 얼굴을 재인하는 능력과 다른 사람의 감정에 강한 흥미를 갖는다고 하는 특성은, 윌리엄스 증후군인 사람에게 잘 나타나는 특징적인 성격의 특징과 관련 있다. 예를 들면, 상냥하고 대단히 친하기 쉽고, 동정심이 많고, 애교가 많고, 활동적이며, 사교에 민감하고 매력적인 성격을 나타낸다. 이러한 성격이 귀엽고 매력적인 용모와 함께 다른 사람과 바람직하게 상호작용을 촉진하는 계기가 된다.

그러나 윌리엄스 증후군의 아동은 성장함에 따라서, 행동상 그리고 정서면에서 곤란함을 나타내게 되고, 그 중에는 동연배의 아동 관계를 형성하는 것이 곤란한 경우도 있다. 사교성은 남아 있기는 하지만, 그것은 대단히 불안감과 각성 수준이 높은 것이 특징이다. 사실 극단적인 불안감은 오늘날까지 알려져 있는 윌리엄스 증후군의 정서면의 문제에 공통적으로 발견되고 있다(Einfeld, Tonge & Florio, 1997). 더욱이 다동성(多動性,) 안정감, 짧은 주의집중시간 등도 잘 발견되고 있다(Dilts et al., 1990). 따라서 윌리엄스 증후군에서 불안장애와 주의결함 다동장애의 위험성이 높을 수 있다.

우리나라에서도 윌리엄스 증후군 관련 사례(case)가 드물게 알려지고 있음을 알 수 있다. 관련 사례를 소개한다.

윌리엄스 증후군인 태준이, 80군데 유치원에서 모두 절레절레

김씨는 "윌리엄스 증후군 아이들은 정상아와 장애아의 중간 정도의 체력과 지능을 가진다"며 "그래서 일반 아이들과도, 장애아들과도 어울리기 어려운 경계선상에 있다"고 말했다. 윌리엄스 증후군은 지능이 일반 아이들보다 크게 떨어지지 않아 IQ 70 이하가 돼야 받을 수 있는 장애등급을 받지 못하는 경우도 적지 않다. 그렇다 보니 부모들조차 자녀의 장애를 인정하지 않으려고 한다. "윌리엄스 증후군 아이들은 한눈에 장애아라는 생각이 들지 않아요. 조금 발달이 늦고, 다소 특이하고, 공부를 못하는 아이 정도로 느껴질 뿐이죠. 하지만 오히려 윌리엄스 증후군이라고 내놓고 얘기하는 순간 이 사회에서는 '장애아'로 낙인이 찍히는 거죠." 노씨는 윌리엄스 증후군이 지금까지 잘 알려지지 않은 이유에 대해 이 병을 앓고 있다는 사실이 알려질 경우 더 손가락질 하는 사회성 편견 때문이라고 했다. (중략)

서울아산병원 의학유전클리닉 000 간호사는 "윌리엄 증후군 아이들은 소리에 대단히 민감해서 집안 청소기와 믹서기 소리에 기절할 정도지만 그 예민한 청각은 음악적 재능과 운율이 있는 외국어 습득에 탁월한 능력을 보인다"고 말했다. "처음 보는 드럼과 핸드벨 등 악기를 박자와 리듬에 맞춰 연주하는 등 재능을 보이기도 한다"고 한다.

유나도 그런 음악적, 언어적 재능을 보인다. 노시정 씨는 "유나가 TV오락프로그램 '쟁반노래방'을 같이 보는데 '삐삐' 노래를 한 두 번 듣고는 따라서 불렀다"고 말했다. 그는 또 "유나가 AFKN을 굉장히 집중해서 본다"며 "가르쳐주지 않았는데도 적절하게 'Mom, here you are(엄마 여기 있어요)' 'Water Please(물 주세요)' 등을 사용해 깜짝깜짝 놀라곤 한다"고 말했다.

같은 병을 앓고 있는 혁훈이(가명, 7)의 경우도 마찬가지다. "지난 봄 지하철을 탔는데 외국 학생들에게 '헬로우' 하며 다가가서는 얘기를 나누기 시작하는 거에요. 20여명의 학생들과 지하철 내리기 전까지 40여분 동안 영어로 얘기하는 모습을 보고 놀랐어요." 혁훈이 어머니 이은형(가명, 34, 서울시 중랑구 상봉동)씨의 말이다. 그는 "혁훈이가 가르치지도 않은 영어를 잘 하는 것도 기특했지만 무엇보다 다른 사람들과 어울려 환하게 웃으며 얘기하는 모습에 너무 기뻐 눈물이 날 뻔했다"고 말했다.

진솔이(9, 초등2) 아버지 000(43, 서울시 중랑구 상봉동)씨도 "피아노를 따로 가르친 적 없는 진솔이가 제 언니가 치는 것을 보고 그대로 따라 하는 것을 보고 놀랐다"며 "진솔이가 윌리엄 증후군이라는 사실을 모르던 당시 선생님도 다른 아이들보다 뛰어나다고 칭찬했다"고 한다. 하지만 진솔이의 음악적 재능을 높이 샀던 선생님도 4개월을 넘기지 못하고 "조금 더 크면 가르치라"며 진솔이의 교육을 포기하고 말았다. 목씨는 "윌리엄스 증후군 아이의 특징을 이해하지 못한 채 가르치다 보니 이해력이 떨어지는 진솔이를 가르치는 것을 어려워한 것 같다"며 "윌리엄스 증후군 아이에 대해 잘 알고 가르쳐 본 선생님을 찾기가 하늘의 별 따기처럼 어렵다"고 말했다(미디어 다음: 2004.10.12)

지글러에 의해서 제안된 다섯 가지의 성격 양식에 관해서 생각해 보면, 윌리엄스 증후군의 사람은, 정적 반응경향의 소질을 현저하게 나타내는 일이 예상된다. 또 윌리엄스 증후군의 사람이 곧 다른 사람에게 원조를 요구하는 경향과 충동성과 주의집중 장애를 나타내는 일을 생각해 보면, 외적 지향성의 정도도 강한 것 같다. 성격양식은 지적 발달 장애의 다른 집단과도 높은 관련이 있을 것이라고 예측할 수 있다. 윌리엄스 증후군의 개관 중에서도 밝혀졌듯이, 이러한 성격양식은 특히 사회성 상호작용에 있어서 적응을 증가하는 요소이다. 그러나 이 양식의 부적응적인 특징도 아직 현저히 존재하고, 특히 불안과 주의결함 장애의 위험이 되는 것이다.

윌리엄스 증후군을 앓고 있는 아동들은 쉬지 않고 말을 계속한다. 모르는 사람에게도 끝이 없이 말을 걸며, 기교한 감탄사를 하거나 상대방의 말을 무의미하게 반복하기도 한다.

이들은 상대를 죽일 생각으로 날조해서 말하는 것은 아니며 꾸며낸 이야기를 함으로써 우위에 서려고 하는 것도 아니다. 다만 그들에게 있어서 언어는 정보자료를 전달하는 수단이 아닌 것이다.

언어를 조종하는 것, 그것만이 그들의 유일한 기쁨이다.

관계없는 내용, 상상 속의 일을 일관된 이야기로 통합하여 살아 있는 듯한 이야기를 만들고 거기에 다른 사람을 끌어들이는 것이 윌리엄스 증후군이다. 피상적으로는 사교적이고 재능이 풍부한 사람처럼 보이지만 실제로는 그렇지 않다.

윌리엄스 증후군의 좀 더 상세한 내용은 다음에 소개하는 관련 사이트를 참고하기 바란다.

http://www.williams-syndrome.org.uk/homecom.htm
http://www.healthcentre.org.uk/
http://www.williams-syndrome.org/welcome.htm
http://www.hometown.on.ca/williams/
http://www.w-b-s.de
http://raven.umnh.utah.edu/units/karyotyping/fishdeletion.html
http://www.liliclairefoundation.org

취약 X 증후군(Fragile X syndrome)과 부적 반응 경향

취약 X 증후군은 지적 발달 장애의 유전적인 원인으로써 보다 잘 알려져 있지만, 동시에 인간의 질병으로 새롭게 발견된 형태이고, DNA를 만들어 내는 3쌍 뉴클레오티드(three nucleotide sequence)의 증폭(또는 이상적 반복)에 의해서 발생한다(難波, 1996). 취약 X 증후군은 광범위한 학습과 행동상의 문제를 나타내는 증후군이다. 여성(1/600)보다도 남성(1/1000)에게 많이 나타나고, 또 장애도 남자가 무거운 경우가 많고, 중도(中度)의 지적 발달 장애를 나타낸다. 취약한 X 유전자의 보인자인 여성의 3분의 1은 경도의 지적 발달 장애와 학습곤란이 나타나고, 남성도 여성도 사회성 면에서 문제를 나타내는 경향이 있다. 취약 X 증후군의 사람들에게서 표시되는 행동면의 특징은 부적 반응경향과 대단히 닮았다고 볼 수 있다.

취약 X 증후군의 남성을 대상으로 한 초기의 연구에서 이 사람들을 자폐증이라고 진단하는 일이 많았다. 이러한 연구에서는 취약 X증후군과 자폐증의 양방향에 공통적인 증상에 초점을 맞추었다. 예를 들면, 상동(常同)의 행동, 동일성 고집, 접촉되는 것에 대한 과민성, 사회성의 결여, 아주 작은 수의 취약 X 증후군 남성에게만 완전한 자폐성 장애가 나타나는 것이 밝혀졌다. 자폐증이라고 하기보다도, 많은 취약 X 증후군의 남성에게 나타나는 것은 광범위한 사회성의 문제이고, 그 중에는 사회성 불안감, 내성적인 성격, 시선회피 등이 포함된다. 많은 남성은 다른 사람과의 친밀감을 느낌에 따라서 내성적인 성격과 틀어박혀 혼자 있는 경우가 감소해 가지만, X 증후군은 느긋하게 보이긴 하나 다른 사람과의 관계를 만들어 가는 자세는 자폐증에게 특유한 극도의 무관심과 사회성인 둔감함과는 대조적이다(Dykens & Volkmar, 1997). 취약 X 증후군 남성가운데는 불안장애(Bregman et al., 1989)와 다른 사람에게는 특히 정해져 있지 않지만 광범위한 발달장애의 진단기준에 합치되는 사람도 있다(Reiss & Freund, 1990).

취약 X 증후군의 많은 수의 여성은 같은 문제를 갖고, 내성적인 성격과 시선 회피, 사회성 불안, 틀어박힘 등의 사회성 장애를 나타내고 있다. 성인 여성 중에는 분열 기질과 회피성 인격장애의 기준에 딱 들어맞는 사람도 있다. 우울(depression) 상태는 지적 발달 장애를 갖는 취약 X 증후군이 아닌 여성과 비교해도 많이 나타난다.

사회성 문제와 관련하여 많은 남성과 여성도 주의집중 장애와 다동성을 나타낸다(Lachiewiez, 1992). 성인의 ADHD 또는 주의집중의 곤란함은 손상된 X 유전자의 보인자이지만, 인지적으로는 장애가 없는 남성에게도 여성에게도 발견되고 있다(Dorn, Mazzocco & Hagerman, 1994). 남성도 여성도 사회성과 주의에 문제가 나타나지만, 남성 쪽에 그 곤란함이 더욱 크다.

우리나라의 경우도 여러 종합 병원에서 취약 X 증후를 진단하기 위한 혈액검사를 실시하고 있다. 행동 문제를 해결하기 위한 간단한 약물 치료나 언어 치료, 감각 증진법과 같은 다양한 치료 방법들이 추천되고 있다. 또한, 취약 X 증후와 관련된 가족 내의 유전적인 특성을 이해시키는 유전 상담이 행해지고 있는 바, 이 증후를 지니는 다른 가족 구성원은 없는지, 그리고 장래에 이 증후를 나타낼 자손을 낳을 가능성이 있는 가족 구성원은 없는지 등에 대해서 조사 및 논의가 되고 있다.

취약 X 증후군의 남녀에게 나타나는 행동면의 특징은 부적 반응 경향의 특징과 비슷하다. 다른 지적 발달 장애인에게도 이러한 경향은 나타나지만, 취약 X 증후군의 사람은 특히 내성적이고 신중하고, 불안이 강하다. 따라서 취약 X 증후군을 연구하는 것은 부적 반응경향 연구의 장래에 있어서 유익하다고 생각된다.

취약 X 증후군에 관한 좀 더 상세한 내용은 다음에 소개하는 관련 사이트를 참고하기 바란다.

http://www.org.au/

http://www.nfxf.org/

http://www.fraxsocal.org/

스미스-마제니스 증후군(Simth-Magenis Syndrome)과 외적 지향성

스미스-마제니스 증후군은 약 1/25,000 비율로 출현하지만, 17번 염색체의 이상이 원인이다(Batshaw, 2002). 이 부위의 유전자 중 많은 부분이 현재 해독되고 있지만, 이 증후군의 복잡한 신체면과 행동면의 표현형에 관해서 어느 것도 설명하는 사람은 없다. 신체면에서는 작은 키와 짧은 손의 사람이 많고 시각면의 문제, 쉰 목소리, 두개(頭蓋)와 안면의 이상이 나타난다(Smith, Dykens & Greenberg, 1997).

스미스-마제니스 증후군은 다양한 중증 행동장애를 타나내는 경우가 많다. 이 가운데는 충동성,

공격성, 짜증, 주의집중장애, 주목요구, 다동, 수면장애 등이 포함된다(Simth, Dykens & Greenberg, 1997). 이러한 곤란은 다른 지적 발달 장애아에게도 나타나는 것이지만, 이 증후군의 사람은 더욱 빈도도 높고, 장애도 심각한 것으로 생각된다(Dykens & Smith, 1997).

머리를 두드리거나 자기의 팔뚝을 깨무는 등 자해(自害) 행위도 잘 나타나고, 4세에서 18세까지의 35사례 중 75%의 아동에게 인정되고 있다(Dykens & Smith, 1997). 그것보다는 적지만, 30%의 아동은 손, 발, 손톱을 잡아당기거나, 귀나 코에 물건을 집어넣는 등 이상한 자상행동이 나타난다. 더욱 더 특이하게는 상체를 압박하거나 자기가 끌어안는 동작을 하는 등의 이상행동도 많은 아동에게 나타나고(Finucane et al., 1994), 그것은 이 증후군 특유의 귀여운 특징이기도 하다.

최근의 35사례의 연구에서 전원이 주목요구 행동을 나타내고, 더욱이 이 문제는 다른 특징과 비교해서 가장 심한 것이라고 판명되고 있다. 사실 보호자와 교사도 형제와 동급생에 비해서 이 문제에 신경 쓰는 경우가 많고 늘 성인으로부터 지시와 설명과 승인을 필요로 하고, 또 성인과의 관계를 곧 갖거나 원조를 요구하기 때문이다. 이 요구가 많다는 경향은 이 증후군이 많은 아동에게서 나타나는 주의집중 장애와 다동(多動)과 관련이 있을 것 같다(Zigler & Gates, 1999). 이 아동들은 문제를 해결하기 위해서 필요한 주의집중의 지속이 어렵기 때문에, 곧바로 곁에 있는 어른에게 원조와 격려를 요구할 것이다. 이러한 점에서 스미스·마제니스 증후군은 외적 지향성의 경향이 있음을 알 수 있다.

스미스-마제니스 증후군에 관한 더 상세한 내용은 다음에 소개하는 관련 사이트를 참고하기 바란다.

http://www.smithmagenis.org/

http://www.ncbi.nlm.nih.gov/entrez/dispomim.cgi?id=182290

http://www.imgen.bcm.tmc.edu/molgen/lupski/sms/Index-SMS.htm

프라더-윌리 증후군(Prader-Willi Syndrome)과 성공에 대한 기대와 효과적인 동기유발

프라더-윌리 증후군의 식욕 증진과 과식이라고 하는 상태를 통해서 성공에 대한 기대가 낮고 효율적인 동기유발에 문제가 있을 것으로 제기된다. 성격(성공에 대한 예감)과 유전학적 원인의 관련성은, 앞에서 서술한 증후군과 비교해서 프라더-윌리 증후군을 선택한 것은 이 증후군의 많은 사람은 자기의 섭식에 관한 고민과 실패가 자기 생활의 많은 면에서 성공에 대한 기대에 불리한 영향을 받고 있는 것을 말로 진술하는 것이 가능하기 때문이다.

프라더-윌리 증후군은 출생에서 약 1/15,000의 비율로 발생하고, 경도의 지적 발달 장애를 동반하는 경우가 많다(Dykens et al., 1992). 또 이 증후군은 게놈 지도와 관련해서 최초로 발견된 사람의 질병이다. 특히 많은 사례에서, 15번 염색체의 특정 영역(15q11-q13)의 결함이 원인이고, 그것은 부계에 유래하는 것이다. 그 외의 사례의 15번 염색체가 모계로부터만 구성되는 편친성 디소미(disomy)가 15번 염색체의 쌍방이 모계로부터 올 것이라는 것과 관련이 있다(Nichols et al., 1989). 어느 쪽이라고 해도 프라더-윌리 증후군의 영역에 필요한 정보자료가 결여되어 있다는 것으로 생각된다. 만약 15번 염색체의 같은 영역의 정보자료 결여가 모계유래라고 한다면, 전혀 다른 발달 장애 보다 무거운 장애를 나타내는 엔젤만 증후군을 발생시킨다(川目, 1996).

프라더-윌리 증후군의 유아는 과긴장, 먹는 것과 삼키는 것에 곤란을 나타내고, 2세에서 6세의 아동은 식사, 음식물에 대한 이상적 흥미, 그리고 음식물을 찾아서 요구하는 행동을 나타낸다(Holm et al., 1993). 음식물과 관련된 이러한 행동은 시간의 경과와 동반해서 강해지거나 약해지면서 생애에 걸쳐서 나타나고, IQ가 높은 사람과 낮은 사람도 나타난다(Dykens & Cassidy, 1995).

일반적인 견해와 다르게 프라더-윌리 증후군에 있어서 과식은 성격의 우유부단함과 음식에 대한 의지의 결여에 의한 것은 아니다. 과식은 식욕과 만복감을 담당하는 뇌 부위인 시상하부의 기능장애에 의한 것이 아닐까라고 추측되고 있다(Swaab et al., 1995). 과식을 일으키는 결정적인 원인은 아직 밝혀지지 않았지만, 프라더-윌리 증후군의 사람은 만복감에 대해서 정상적인 감각을 가질 수 없고, 자기의향 그대로 맡겨져 버려 폭식하게 된다. 예를 들면 음식물과 칼로리에 관한 지식이 있다 해도, 그 지식을 바람직하게 식생활에 반영하는 것이 어렵고, 음식을 훔치거나, 쓰레기통을 뒤지거나, 입에 맞지 않는 음식도 먹어버리고 만다. 따라서 계속적인 섭식 지도 없이는, 프라더-윌리 증후군은 생사에 구애되고, 그 대부분의 사망 원인은 비만과 관련하는 것이다.

우리나라에서 최근에 알려지고 있는 일반적인 내용은 다음과 같다.

전생에 부모·자녀 사이보다 더한 모진 인연이 있었던지 지혜와 류씨는 '프라더 윌리' 증후군을 앓는 딸과 그 엄마로 만났다. '프라더 윌리'는 인구 1만~2만 명당 1명꼴로 발생하는 희귀질환으로 15번 염색체 이상이 원인이다.

식욕을 억제하지 못한다는 것이 대표적인 증상이다. '프라더 윌리'에 걸린 사람은 관련 호르몬 결핍으로 포만감을 느끼지 못한다. 또 음식물이 위장을 통과하는 속도가 정상인보다 3~5배 빠르다. 한마디로 잘 때도 배고픈 병이다. 심한 사례에서는 머리카락까지 뽑아 먹는다고 한다. 식욕을 통제(조절)하지 못하다 보니 비만이 되고 합병증으로까지 이어진다. 환자에 따라 성 발달 지연, 경증의 지적 발달 장애, 강박·자폐, 충치, 사시·난시도 동반된다. 류씨는 "한마디로 걸어 다니는 종합병원"이라고 말했다. (중략)

'프라더 윌리'가 나타나는 신생아는 돌까지 자기 목을 못 가눈다. 발육부진에다 잘 먹지를 못하고 울지도 못한다. 그러다가 돌이 지나면서 왕성한 식욕을 드러낸다. 국내에서 처음으로 '프라더 윌리' 진단이 나온 지는 5년 정도에 불과하다. 그전까지 '프라더 윌리' 환자는 유아 때 사망하거나, 커서도 '뚱뚱하고 먹을 것 밝히며 약간 지능이 떨어지는' 아이로 취급받았다. 류씨는 직업이 간호사여서 인터넷을 뒤지고 관련 문헌을 공부하면서 지혜에게 장애가 덜 일어나도록 키울 수 있었다. 지혜는 '프라더 윌리' 환자라고 하기에는 너무 날씬한 몸매를 유지하고 있다. 그렇게 되기까지 주변에서 "정신병자냐"라는 말을 들을 정도로 아이에게 집착해야 했다. 잠시 눈을 돌리면 어김없이 먹을 것에 손이 가는 아이. 엘리베이터를 탔을 때 냄새만으로 직전에 누가 과자를 먹은 것까지 알 수 있었다. 먹으려는 아이와 못 먹게 하려는 엄마의 싸움이 매일 계속됐다. 냉장고에 자물쇠를 채웠다는 어떤 환자 부모의 심정을 이해하고도 남는다(경향신문, 2004.4.11).

음식물에 대한 강박적인 생각은 대부분의 경우에 인정되지만, 음식물에 관계하지 않는 강박적인 행동을 나타내는 사람의 비율도 대단히 높다(Dykens, Leckman & Cassidy, 1996). 피부를 손가락으로 집는 일을 반복하고, 무엇인가를 많이 모으고, 말을 거는 질문을 반복하고, 대칭성에 구애되고, 정확함에 구애되고, 순서와 구성을 고집하고, 일상생활 가운데 동일한 성(性)을 고집하는 것 등이 나타난다. 이러한 증상은, 아동이라도 성인이라도 강박적인 장애로의 위험성을 갖는 것이다. 또 많은 사람은 다른 지적 발달 장애와 비교해서, 완고하고, 짜증, 정서 불안을 나타내는 비율이 높은 일도 지적되고 있다(Dykens & Kasari, 1999). 우울 상태 또는 충동을 제어하는 것의 문제를 타나내는 비율이 높은 일도 지적된다.

과식과는 달리 음식과 관련하지 않는 문제 행동은 약물치료와 행동요법에 의해서 개선 할 수 있는 가능성이 있다. 따라서 약물투여의 시도와 환경조성, 행동변용 기법 등은, 모두 비음식물의 강박증상, 우울, 간벽(버럭 신경질을 잘 내는 버릇) 등에는 효과가 있다. 그러나 현재까지는 식욕 억제제를 포함하는 어떠한 약물도 행동변용 기법도 과식에는 지속적인 효과가 없고, 특히 장기적인 효과라고 하는 면에서 효과가 보이지 않았다. 과식과 비만에 대한 대응으로는 생애에 걸쳐서 주위로부터의 원조가 필요하고 예를 들면, 칼로리를 줄인 식사, 일상적인 운동, 식사와 금전에 대한 빈번한 조언, 그리고 냉장고와 현관 열쇠를 걸어두는 등이 그 지원 내용이다. 임상적으로는 많은 프라더-윌리 증후군의 많은 사람은 안전한 식생활을 위해서는 무엇을 하면 좋을까를 정확하게 알고 있지만, 그것을 자기가 할 수 없는 것으로 욕구불만이 되거나, 실망하고 있는 모습이 나타난다. 많은 사람에게 과식이라고 하는 단지 한 가지의 증상을 완전히 실패함으로써, 다른 부분에도 큰 영향을 끼친다고 생각되고, 예를 들면, 낮은 자기평가, 슬픔, 패배주의자적인 태도, 문제 해결을 즐기지 못하여(효율적인 동기유발) 행동하는데도 영향을 끼치는 것이다. 이러한 임상적 관찰에 기초해서, 현재는 과식이 자기평가와 성공에 대한 기대에 어떻게 영향을 주는가를 검토하는 연구가 실행되고 있다.

프라더-윌리증후군에 관한 상세한 내용은 아래에 소개하는 사이트를 참고하기 바란다.

http://www.pwsausa.org/

http://www.ncbi.nlm.nih.gov/entrez/dispomim.cgi?id=176270

http://labmed.hallym.ac.kr/cytogenetics/PWS.htm

http://user.chollian.net/~psycoros/gene/prader.html

[보충 자료]

포이에르스타인(Feuerstein,1980)은 중재학습경험(MLE: Mediated Learning Experience) 이론을 제시하면서 발달장애 학생들의 지적 개발 가능성을 뒷받침하고 있다. 그는 극빈계층의 학습장애 학생을 대상으로 30년 이상의 연구를 통해 역동적인 평 가체제인 『학습 잠재력 평가도구(Learning Potential Assessment Device, LPAD)』를 개발하여 발달장애 학생들의 학 습 잠재력을 평가하는 진단 도구로 사용하였다(Feuerstein, 1979).

그는 비고스키(Vygotsky)의 근접발달대(ZPD) 개념을 받아 들여 지능의 잠재적 발달 가능성을

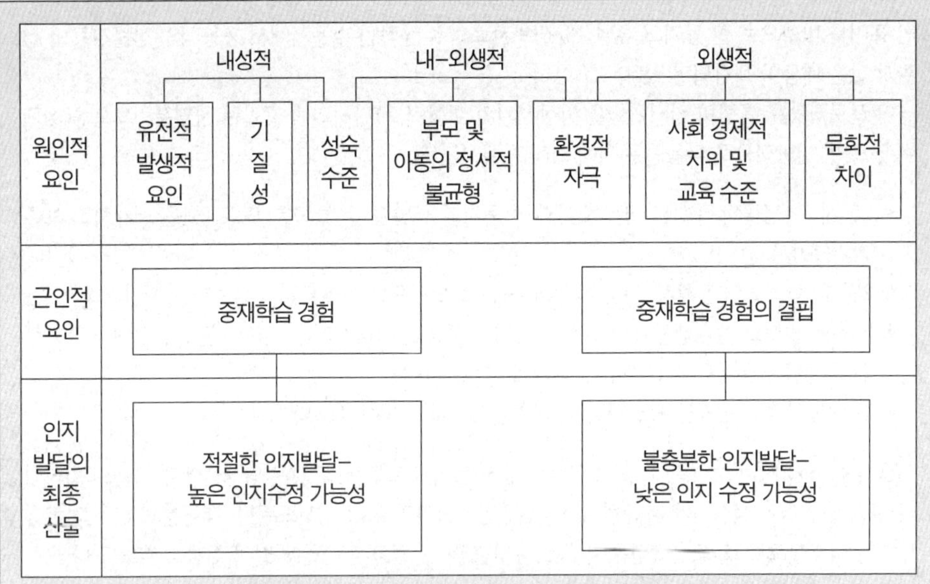

[그림 1] 인지발달에 영향을 주는 근인(近因)과 원인(遠因)(Feuerstein, 1991)

중시하였다. 지능은 불변의 실재가 아니라 역동적으로 변화하는 변인으로서 이전에 습득된 경험을 새로운 상황에 적응시키는 데에 사용하는 능력이라고 보고, 문화적 박탈을 극복하도록 설계된 중재학습 경험의 필요성을 강조하였다. 또한 그는 Piaget의 추상(abstraction) 개념을 중시하 여 추상능력의 부족이 인지적 수행 결함의 원인이라고 보고, 추상 경험을 중재하는 학습을 통해 지적 결함이 가벼운 발달장애 학생들의 잠재능력을 개발해 주는 도구적 확충(IE: Instrumental Enrichment) 프로그램을 개발하였다.

MLE 이론은 이러한 유기체적, 환경적 요인은 인지발달에 간접적인 영향을 주는 원인(遠因)이고 중재학습 경험이 직접적인 근인(近因)이라고 주장했다. 따라서 인지발달에 끼치는 원인의 영향력은 MLE 수준에 따라 다르며 그 결과 동일한 유기체적, 환경 적 요인들을 가지고 있다고 할지라도 다른 인지발달 유형이 나타나는 현상이 이론적으로 정당화되고 있다. 포에르스타인과 포에르스타인(1991)은 인지발달에 영향을 주는 원인과 근인(distal and proximal determinants)의 개념을 [그림 1]에 도식화시켜 나타내고 있다. 이 도표에 의하면 전통적으로 인지 결함의 주 원 인으로 여겨졌던 유전적, 발생적 요인, 기질적 요인, 성숙 수준, 부모 및 아동의 정서적 불균형, 환경적 자극, 사회 경제적 지위와 교육 수준, 문화적 차이 등은 아동의 인지 발달에 직접 적으로 영향을 끼치는 것이 아니라 간접적으로 영향을 주는 원인이며 결정적인 근인은 적절한 중재 학습경험의 유무라는 것이다.

Feuerstein의 도구적 심화(IE) 프로그램은 학생들에게 공식적 또는 비공식적인 학습활동을 직접 경험하도록 함으로써 인지능력을 향상시킬 수 있다는 명제를 바탕으로 하고 있다. 이 프로그램의 목표는 ① 문제해결과 관련이 있는 어휘, 개념, 조작, 관계의 습득, ② 자신의 사고과정(상위 인지)에 대한 이해와 통찰의 향상, ③ 자발적이고 자동적인 학습태도의 형성, ④ 과제에 대한 본질적인 흥미를 바탕으로 한 동기의 유발, ⑤ 정보자료의 수동적인 수용자에서 능동적인 창출자로의 전환과 같은 내용이 포함되어 있다.

이 프로그램은 특정의 인지기술을 향상시키기 위하여 14가지의 구조화된 지필훈련으로 구성되어 있으며, 일반적으로 다음의 순서에 의하여 실시된다.

- 1단계: 학생들이 제시된 과제에 대하여 동기를 유발할 수 있도록 프로그램을 소개하고 토론하기(10분)
- 2단계: 학생들이 혼자서, 짝을 지어서, 또는 소집단으로 지필훈련에 참여하는 시간(25분)
- 3단계: 원칙과 실제생활간의 격차를 줄이고 통찰을 향상시키기 위하여 훈련장면에서 직면했던 문제와 사용했던 방법들에 대 하여 토론하기(10분)
- 4단계: 학생들이 자신들의 언어로 직접 훈련결과에 대하여 요약하기

격차 줄이기(bridging)는 IE 프로그램의 중요한 개념으로서, 그것은 학생들에게 그들의 일반학급 활동에 전략이 적절하게 응용될 수 있음을 인식시키기 위하여 시도된다. 대부분의 인지적 훈련들과는 대조적으로 IE 프로그램은 훈련을 장기간 할 수 있고 수년간에 걸쳐 수행될 수도 있다.

IE 연구에는 문화적으로 소외된 학생, 교육적으로 지적 발달 장애 청소년들, 그리고 지능에 장애를 가진 청소년들이 포함되었으며, 모든 연구에서 학생들의 인지적인 수행이 향상된 것으로 나타났다(Feuerstien et al., 1980; Howie, Thickpenny, Leaf, & Absolm, 1985; Messerer, Hunt, Meyers, & Lerner, 1984).

그러나 IE 프로그램에 대하여 장기에 걸친 훈련의 문제, 14가지 지필과제 중 일부과제 만을 사용하고 있는 점, 그리고 격차 줄이기(bridging)가 어떻게 나타나는지에 대한 불명확한 설명 등이 평가를 어렵게 만들고 있다는 비판도 있지만, 특수교육의 변화라는 측면에서는 중요한 이정표가 되고 잇다. 그것은 교실 내에서의 인지적 훈련을 강조하는 자극제가 되었으며, 전통적인 지도방법을 계속적으로 수정해 나가도록 동기를 부여하고 있다. MLE이론의 중요한 공헌은 학생들을 능동적인 학습자로 보는 관점을 제공하였으며, 인지기술과 학습과제간의 격차를 줄이는 것과 정보자료 처리기술의 사용에 관한 집중적이고 장기적인 훈련의 필요성을 제시하였다는 점이다.

따라서 중재학습 경험을 질적, 양적으로 풍부하게 받을수록 지적인 문제를 가진 발달장애 학생들의 인지기능의 수정 및 개발될 가능성이 더욱 높아질 것으로 기대되고 있다.

[보충 자료]

태아의 유전병, 부모의 혈액 검사만으로도 확인 가능

임신한 여성의 혈액과 남편의 타액만으로 태아의 게놈 지도를 만들어서 다운 증후군 등 태아의 유전병 발병 여부를 알 수 있는 방법이 개발됐다. 현재는 태아의 유전병 여부를 알기 위해서 사용 되고 있는 침습 방법은 임신부의 자궁에 침을 찔러 임신부와 태아 의 건강에 해(害)를 끼칠 수 있다는 지적이 있어서 이 새로운 방법은 학계의 큰 주목을 받고 있다.

뉴욕 타임스는 미국 워싱턴 대학교 게놈학과의 연구진이 임신 18주의 임신부와 태아의 아버지에게서 각각 채취한 혈액과 타액에서 유전자 정보를 얻어 태아의 게놈 지도를 만드는 데 성공했다고 2012년 6월 6일 발표했다. 또 이렇게 얻은 게놈 지도를 태아 가 태어난 후 채취한 제대혈을 통해서 만든 게놈 지도와 비교한 결과 98%가 일치하는 것으로 나타났다. 연구진은 "게놈 지도를 통해서 질병과 관련된 유전자나 염색체를 분석한다면, 다운 증후군이나 마르판증후군(일명 거인병이라고 부르는 희귀병) 등 유전 병 발병 여부를 알 수가 있다"며 "이 방법은 시험단계가 아니라 지금도 충분히 상용화될 수 있는 수준으로 앞으로 5년 안에 가격은 매우 싸지고 정확도는 훨씬 높아질 것"이라고 말했다.

일부에서는 새로운 방법이 태아의 유전병 발병 여부를 보다 쉽게 알 수 있게 해서 낙태를 증가시킬 수 있다는 우려도 제기되 고 있다.

이번 연구 결과는 미국과학진흥협회(AAAS)가 발간하는 「사이언스 병진의학(Science Translational Medicine)」 최신호(2012)에 발표됐다.

참고 문헌

정윤식. 태아 유전병, 부모 혈액검사만으로 확인. 동아일보. 2012. 6. 8.

주제어 찾아보기

《ㄱ》

≪ㄴ≫

≪ㄷ≫

≪ㄹ≫

≪ㅁ≫

≪ㅂ≫

≪ㅅ≫

≪ㅇ≫

≪ㅈ≫

≪ㅊ≫

≪ㅋ≫

≪ㅌ≫

≪ㅍ≫

≪기타≫

주제어 찾아보기

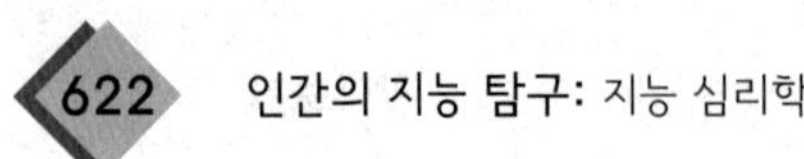

역자 소개

김정휘

중앙대학교 문리과대학 심리학과 졸업
서울대학교 학생지도연구소 연구생 과정 수학(상담심리학 전공)
서울대학교 교육대학원 석사
한국교원총연합회 재직
중앙대학교 대학원 박사
국민대학교 대학원 박사과정 수료(교육심리학)
강원대학교, 서울여자대학교, 덕성여자대학교, 한림성심대학, 한림대학교 출강
이화여자대학교 객원교수
춘천교육대학교 명예교수

♣ 저서·역서

학생체벌과 교육: 체벌해도 문제, 안 해도 문제(공저, 한국학술정보, 2011)
아동과 청소년의 심리치료(공역, 시그마프레스, 2010)
교육의 위기: 교사의 직무 스트레스와 탈진(역서, 박학사, 2009)
발달장애아동과 청소년 문제의 예방원리와 실제(역서, 시그마프레스, 2009)

추연구

대구대학교 특수교육과 졸업
대구대학교 특수교육 석·박사
현, 춘천교육대학교 교수

허주연

숙명여자대학교 대학원 아동복지학과 아동 심리치료 전공 박사학위과정 수료
아이나라 아동 청소년발달센터 놀이치료사
서일대학 사회복지학과 겸임 교수
경기공업대학 아동복지학과 출강
마음사랑 인지행동치료 심리검사 워크숍, MMPI-2 워크숍, 인지행동센터 TCI 교육 이수, MBTI 초급과정 이수

♣ 저서·역서

진단명 : 외상후 스트레스 장애(PTSD)의 원인, 증상, 진단, 치료와 예방(시그마프레스, 2012)

인간의 지능 탐구: 지능 심리학

발 행 일 | 2014년 5월 10일 초판 1쇄 발행
저 자 | Robert J. Sternberg
역 자 | 김정휘 · 추연구 · 허주연
발 행 인 | 구본하
발 행 처 | 도서출판 박학사
주 소 | 서울시 마포구 서교동 460-26 동아빌딩 2층
전 화 | (02)3142-3764~5
팩 스 | (02)3142-3766
웹사이트 | www.pakhaksa.co.kr
등록번호 | 제10-2230호

가격 28,000원 ISBN 978-89-98521-22-6